Schmidt-Matthiesen
Hepp

Gynäkologie und Geburtshilfe

Gynäkologie und Geburtshilfe

Lehrbuch für Studium und Praxis

Herausgegeben von

Heinrich Schmidt-Matthiesen, Frankfurt am Main
Hermann Hepp, München

Unter Mitarbeit von

Dietrich von Fournier, Heidelberg
Hans A. Hirsch, Tübingen
Volker von Loewenich, Frankfurt am Main
Hans-Dieter Taubert, Frankfurt am Main

9., völlig neu bearbeitete Auflage

Mit 328 überwiegend mehrfarbigen Abbildungen und 60 Tabellen

Schattauer Stuttgart New York

Die Deutsche Bibliothek - CIP-Einheitsaufnahme

Gynäkologie und Geburtshilfe : Lehrbuch für Studium und Praxis ; / hrsg. von Heinrich Schmidt-Matthiesen ; Hermann Hepp. Unter Mitarb. von Dietrich von Fournier ... - 9., völlig neu bearb. Aufl. - Stuttgart ; New York ; Schattauer, 1998
ISBN 3-7945-1750-4

Printed in Germany

Lektorat: Dipl.-Biol. Sabine Seifert
Illustrationen: Angelika Kramer
Umschlaggestaltung: Bernd Burkart
Satz, Druck und Einband: Mayr Miesbach, Druckerei und Verlag GmbH, Am Windfeld 15, 83714 Miesbach, Oberbayern, Germany

Gedruckt auf chlor- und säurefrei gebleichtem Papier.
ISBN 3-7945-1750-4

Vorwort zur 9. Auflage

Seit 25 Jahren ist dieses Lehrbuch jetzt auf dem Markt. Die Kinder, die das Licht der Welt erblickten, als sich die ersten Ärztinnen und Ärzte mit Hilfe unseres Textes auf Prüfung, Klinik und Praxis vorbereiteten, könnten bereits wieder Studierende der Medizin sein. Grund genug, den Autoren für ihr unermüdliches Engagement und den Leserinnen und Lesern für fünfundzwanzig Jahre Anregungen, konstruktive Kritik und wertvolle Verbesserungsvorschläge zu danken, die kontinuierlich in dieses Buch eingeflossen sind.

Das kleine Jubiläum, welches wir mit der vorliegenden neunten Auflage begehen dürfen, haben Herausgeber und Verlag zum Anlaß genommen, eine grundlegende Neugestaltung dieses Lehrbuches herauszubringen: Es bekam ein vollkommen neues Layout, und alle Zeichnungen wurden sowohl nach didaktischen als auch nach ästhetischen Gesichtspunkten neu angefertigt. Einen Teil der Fotos haben wir durch neue Aufnahmen ersetzt und weitere Abbildungen hinzugefügt.

Soweit zum Äußeren. Ein gutes Buch sollte auch optisch gefallen, und wir hoffen, daß uns dies mit dem neuen »Outfit« gelungen ist.

Bei einem Lehrbuch steht allerdings nach wie vor der wissenschaftliche Inhalt an erster Stelle. Deshalb wurde den zahllosen Neuerungen, Änderungen und Entwicklungen in unserem Fach Rechnung getragen, soweit diese sich bewährt und als berechtigt erwiesen haben. Dies gilt für die Endokrinologie, endoskopische Methoden und andere diagnostische wie therapeutische Techniken sowie für die Onkologie. Auch die neuen Bestimmungen zum § 218 wurden berücksichtigt.

Das Neugeborenen-Kapitel hat der deutsche Pionier der Neonatologie, Prof. Volker von Loewenich, völlig neu verfaßt. Im Anhang wurde die Strahlentherapie neu gestaltet, die medikamentöse Therapie aktualisiert.

Die vielen Wünsche der Leserinnen und Leser, denen wir für ihre Kooperation danken, fanden weitgehende Berücksichtigung. Unter anderem beschränkt sich der Kleindruck jetzt auf Themeninhalte, die fraglos über das alltägliche Basiswissen hinausgehen und Spezialbereiche vertiefen.

Insgesamt ist eine Synthese von bewährten Darstellungen und zeitgemäßen »Innovationen« angestrebt und, wie wir zuversichtlich hoffen, auch erreicht worden.

Das Ziel der Autoren war es, den am Lernzielkatalog orientierten Stoff didaktisch optimal, das heißt leicht verständlich und anschaulich darzustellen. Definitionen und ärztlich gebotene Handlungsgrundsätze haben wir markiert und wichtige Stichworte hervorgehoben, um bei der Wiederholung des Stoffes vor Prüfungen die schnelle Kenntniskontrolle zu erleichtern. Die Literatur ist soweit wie zum gegenwärtigen Zeitpunkt möglich aktualisiert worden.

Und noch einen Neubeginn bringt diese Auflage mit sich. Zum ersten Mal firmieren wir zu zweit als Herausgeber. Wir denken, auf diese Weise der Vielfalt der für den einzelnen kaum noch überschaubaren neuen Entwicklungen am besten entsprechen und Tradition und Fortschritt optimal verbinden zu können.

Ein besonderer Dank der Herausgeber gebührt dem Schattauer Verlag, der in großzügigem Entgegenkommen die vorliegende optimale Gestaltung der Neuauflage ermöglicht hat.

Wir hoffen, daß diese neu(nt)e Auflage die gleiche Akzeptanz wie die früheren findet und alle Erwartungen der Leserinnen und Leser erfüllt. Selbstverständlich sind wir auch weiterhin für Rückmeldungen und Anregungen dankbar - wir freuen uns, wenn wir ein Buch herausgeben, welches lebt.

Frankfurt am Main und München,
im Herbst 1997

Heinrich Schmidt-Matthiesen
Hermann Hepp

Vorwort zur 1. Auflage

Ziel des Medizinstudiums ist die Erlangung jenes Basiswissens, das man als Voraussetzung für jede Art ärztlicher Tätigkeit ansehen muß.
Probleme der Frauenheilkunde repräsentieren – nach örtlichen und personellen Gegebenheiten der jeweiligen Praxis etwas wechselnd – etwa 5–10% der ärztlichen Aufgaben. Bei diesem Kollektiv wird sich die Tätigkeit des Arztes vornehmlich auf folgende Aufgaben zu beschränken haben:

- Erkennung von *Notfallsituationen* in Gynäkologie und Geburtshilfe; Ergreifung der richtigen Sofortmaßnahmen.
- Berücksichtigung gynäkologisch-geburtshilflicher Krankheitszustände bei allgemein-*differentialdiagnostischen Erwägungen.*
- Beteiligung an den Bemühungen um *Früherkennung des Genitalkrebses.*
- Kenntnisse in der Nachsorge *behandelter Krebskranker.*
- *Betreuung von Schwangeren;* Erkennung sog. Risikoschwangerschaften und rechtzeitige Veranlassung entsprechender Maßnahmen.
- *»Kleine« Hormontherapie* bei leichteren Zyklusstörungen und Ausfallerscheinungen.
- Beratung im Sinne der *Familienplanung,* zumindest hinsichtlich gewisser Grundlagen.
- Spezifische Fachprobleme, die wesentlich über die oben gesteckten Grenzen hinausgehen, sollten nur bei besonderen, zusätzlichen Spezialkenntnissen des jeweiligen Arztes aufgegriffen werden; sonst sind sie bei der derzeitigen Facharztdichte dem Fachkollegen zu überlassen. Dessenungeachtet setzt schon die Erkennung der *Überweisungsnotwendigkeit* an den Facharzt gewisse Grundkenntnisse in Gynäkologie und Geburtshilfe voraus.

Das Stoffangebot soll den oben erwähnten Realitäten Rechnung tragen und nicht den Ehrgeiz verfolgen, ein subtiles Facharztwissen vermitteln zu wollen.
Ein auf praktische Nutzbarkeit ausgerichtetes Studium wird sich – bei aller Beschränkung auf Wesentliches und ungeachtet künftiger Prüfungstechniken – nicht mit reinem Faktenwissen zufriedengeben können, sondern das Verstehen von Zusammenhängen fordern müssen. Dies setzt gelegentlich, in Ergänzung zu anatomischen Grundkenntnissen, das Eingehen auf moderne Probleme der *Physiologie und Pathophysiologie* voraus. Der Lernende sollte eine derartige Ausweitung des Stoffes als wohlüberlegt akzeptieren und als Ausdruck unseres Bemühens begreifen, das Wissen lebendig zu machen und ihm damit Beständigkeit zu geben.
Mein besonderer Dank gilt zunächst den aktiven Mitarbeitern. Nur ihre Bereitschaft, sich hinsichtlich Darstellungsart und Stoffauswahl einem einheitlichen Konzept zu verpflichten, ermöglichte eine Umfangreduzierung. Darüber hinaus habe ich allen Kollegen zu danken, die durch Rat und Kritik an der Gestaltung dieses Buches mitgewirkt haben.
Dem Verlag, insbesondere Herrn Prof. P. Matis, ist für das großzügige Verständnis zu danken, das er allen redaktionellen Wünschen von Herausgeber und Mitarbeitern entgegenbrachte. Herrn Tschörner sei für seine Mithilfe bei der Bebilderung herzlich gedankt.
Wenn dies Buch hilft, den Weg vom Lernen zum Verstehen und Anwenden zu erleichtern und Unwesentliches vom Wichtigen zu trennen, ist sein Zweck erfüllt.

Frankfurt a. M., August 1972
H. Schmidt-Matthiesen

Inhalt

1
Geschlechtsspezifische Entwicklung der Frau und ihre Störungen

1.1 Pränatale Geschlechtsdifferenzierung 3

Normale Geschlechtsdifferenzierung **3**
Grundlagen und Definitionen 3
Entwicklung der Genitalien 5

Chromosomalbedingte Störungen der Geschlechtsdifferenzierung **5**
Gonadendysgenesie 5
Triplo-X-Frauen 8
Gemischte Gonadendysgenesie 9

Intersexualität **9**
Hermaphroditismus verus 10
Pseudohermaphroditismus masculinus 11
Testikuläre Feminisierung 11
Pseudohermaphroditismus femininus 12
Psychische Intersexualität 18

Fehlbildung des weiblichen Genitales (ohne Intersexualität) **18**
Aplasie von Uterus und Vagina (Mayer-v.-Rokitansky-Küster-Syndrom) 19
Hymenalatresie 19
Sonstige Fehlbildungen 20

1.2 Entwicklung der Fortpflanzungsorgane und der sekundären Geschlechtsmerkmale von der Geburt bis zur Geschlechtsreife 21

Stadien der Geschlechtsentwicklung **21**
Hormoneller Status des Neugeborenen **22**
Ruhestadium der Geschlechtsentwicklung **22**
Präpubertät **22**
Pubertät **23**
Normaler Verlauf 23
Störungen des Pubertätsablaufs 24

Adoleszenz **27**
Störungen 27

Geschlechtsreife **28**

1.3 Regelung der Genitalfunktion während der Geschlechtsreife 29

Hypothalamus **29**
Adenohypophyse **29**
Chemie und Funktion der Gonadotropine 29
Verhalten der Gonadotropine im Zyklus 31
Bestimmungsmethoden 33

Ovar **33**
Chemie und Funktion der Ovarialhormone 34
Ovarialzyklus 40
Verhalten der Ovarialhormone im Zyklus 41
Verhalten der Ovarialhormone nach erfolgter Konzeption und Nidation 41

Funktionelle Zusammenhänge und Wechselwirkungen im Regelkreis **41**
Zentrale hypothalamo-hypophysäre Impulsgebung 41
Rückwirkungen der Ovarialprodukte auf das hypothalamo-hypophysäre Regelzentrum 43

Synopse der Zyklussteuerung **43**

1.4 Menstruation ... 44

Endokrine Zusammenhänge ... 44
Normaler endometrialer Zyklus und Menstruation ... 45
Phasen ... 45
Menstruationshygiene ... 47
Medikamentöse Verschiebung der Menstruation ... 47

Anomalien der Menstruation und menstruationsähnliche Blutungen ... 50
Klassifikation der Blutungsanomalien ... 50
Dysfunktionelle Blutungen ... 50

Dysmenorrhö ... 56
Primäre Dysmenorrhö ... 56
»Erworbene«, sekundäre Dysmenorrhö ... 56

Prämenstruelles Syndrom ... 57

1.5 Amenorrhö ... 58

Zentrale Amenorrhö (hypothalamische Amenorrhö) ... 59
Hypophysäre Amenorrhö ... 61
Sheehan-Syndrom ... 61
Amenorrhö-Galaktorrhö-Syndrom ... 61
Hypophysentumoren ... 62

Ovarielle Amenorrhö ... 64
Gesamtinsuffizienz der Ovarien ... 64
Teilinsuffizienz der Ovarien ... 65

Uterine Amenorrhö ... 68

Amenorrhö bei distaler Gynatresie ... 69
Abklärung der Amenorrhö ... 69
Anamnese ... 70
Gestagentest ... 70
Östrogen-Gestagen-Test ... 71
HMG-Stimulationstest ... 71
Prolaktinbestimmung im Serum ... 72
Clomiphen-Stimulationstest ... 72
LH-RH-Stimulationstest ... 72

1.6 Hirsutismus ... 73

Endrokrinium und Haarkleid ... 74

Ursachen des Hirsutismus ... 75
Hirsutismus vor der Pubertät ... 75
Hirsutismus in der Geschlechtsreife ... 75
Hirsutismus nach der Menopause ... 76
Nichtendokrine Ursachen verstärkter Körperbehaarung ... 77

1.7 Klimakterium, Menopause und Postmenopause ... 79

1.8 Senium ... 84

2 Familienplanung

2.1 Gewünschte Konzeption 85

2.2 Konzeptionsverhütung 86

Bevölkerungsentwicklung 86
Ethische, religiöse und soziale Gesichtspunkte der Schwangerschaftsverhütung 87

2.3 Methoden der Konzeptionsverhütung 87

Wirksamkeit kontrazeptiver Maßnahmen 88
Kostenerstattung 89
Wahl der konzeptionsverhütenden Methoden 89

2.4 Hormonale Kontrazeptiva 89

Ovulationshemmer 89
Zusammensetzung 90
Wirkungsweise 91
Nebenwirkungen 92
Erstuntersuchung 99
Beginn der Einnahme 100
Dauer der Verordnung 100
Umstellung von Präparaten 101
Verabreichung an junge Mädchen 101
Verabreichung nach dem 35. Lebensjahr 101
Einnahmefehler 102
Therapeutische Anwendung von Ovulationshemmern 102
Menstruationshemmung 103

Andere Formen der hormonalen Antikonzeption 103
Depotinjektion 103
»Minipille« 104
Postkoitalpille (»Pille danach«) 104

Neuere Entwicklungen 104
Gestagenhaltige Implantate 105
Gestagenhaltige Vaginalringe 105
Medikamentöser Schwangerschaftsabbruch 105

2.5 Nichthormonale Kontrazeptiva 105

Intrauterinpessar 105
Scheidendiaphragma 109
lea-Kontrazeptivum 109
Portiokappe 110
Kondom 110
Kondom für die Frau 110

Chemische Verhütungsmittel 110
Spermizide Präparationen 110
Verhütungsschwämme 111

Periodische Abstinenz 111
Rhythmusmethode 111
Temperaturmethode 111
Symptothermale Methode 111

Billings-Methode 112
Coitus interruptus 113
Vaginalspülung 113
Laktation 113
Sterilisation 113
Rechtslage 113
Operative Maßnahmen 114

3
Sterilität und Infertilität

3.1 Ursachenklärung bei der Frau 117

Anamnese 117
Spezielle Fragestellungen und ihre Abklärung 118
Bestehen ovulatorische Zyklen? 118
Ist die Corpus-luteum-Phase als normal anzusehen? 119
Können Spermien den Zervikalkanal penetrieren? 119
Sind die Eileiter durchgängig? 121
Bestehen psychosexuelle Probleme? 122

Zusätzliche Untersuchungen 123

Therapie der weiblichen Sterilität und Infertilität 123
Therapie bei Zyklusstörungen 123
Ausschaltung störender Hormone als Sterilitätsursache 126
Behandlung der zervikalen Sterilität 126
Behandlung der Hypoplasie des Uterus 126
Behandlung der Endometriose 126
Operative Behandlung der Eileitersterilität 127
Sonstige operative Eingriffe zur Beseitigung sterilitätsbegünstigender Befunde 128

3.2 Ursachenklärung beim Mann 128

Anamnese 129
Untersuchung 129
Spermiogramm 129

Therapie männlicher Fertilitätsstörungen 130

3.3 Künstliche Befruchtung oder assistierte Reproduktion 130

Homologe Insemination 130
Heterologe Insemination 131
In-vitro-Fertilisation (IVF) und Embryotransfer (ET) 131
Gametentransfer 132

3.4 Adoption 132

Rechtslage bei Adaption 132

4
Normale Schwangerschaft

4.1 Befruchtung und Implantation 133

Befruchtung 133
Eientwicklung und Eiwanderung 134
Implantation 134

4.2 Plazenta und Fruchtwasser 136

Bauprinzip und Entwicklung 136
Funktionen der Plazenta 137
Reife normale Plazenta und Anhänge 138
Fruchtwasser 139
Produktion 139
Resorption 139
Beschaffenheit 139
Diagnostische Möglichkeiten 140

4.3 Normale Entwicklung der Frucht 140

Tragzeit und Körpermaße 141
Tragzeit und Reife 141

4.4 Schwangerschaftsveränderungen des mütterlichen Organismus ... 142

Abdomen ... 142
Herz, Kreislauf, Gefäße und Blut ... 143
Leber ... 143
Magen und Darm ... 143
Niere und Harnwege ... 143
Lunge und Atemwege ... 144
Stoffwechsel und Endokrinium ... 144
Wirbelsäule und Bewegungsapparat ... 144
Zentralnervensystem, Psyche ... 144
Haut ... 144
Wasser, Körpergewicht ... 145
Veränderungen im Genitalbereich und an den Brüsten ... 145

5 Regelwidrige Schwangerschaft

5.1 Trophoblastanomalien ... 147

Pathologische Insertion und Implantation ... 147
Lokalisation ... 147
Tiefe ... 147
Polarisation ... 147
Trophoblast beim Abortivei ... 147
Blasenmole (Mola hydatidosa) ... 147
Chorionkarzinom (Chorionepitheliom) ... 148
Sonstige Plazentaveränderungen ... 149

5.2 Regelwidrige Anlage, Fehlentwicklung und Erkrankung der Frucht ... 150

Abortivei ... 150
Gametopathien ... 150
Embryopathien ... 151
Virusinfekte ... 151
Stoffwechselbedingte Erkrankungen ... 152
Alkoholembryopathie (embryofetales Alkoholsyndrom) ... 152
Sonstige teratogene Noxen ... 152
Fetopathien ... 152
Dystrophie ... 153
Fetopathia diabetica ... 153
Infektiös bedingte Fetopathien ... 153
Medikamentöse Schädigung ... 153
Alkoholfetopathie ... 153
Morbus haemolyticus ... 153

5.3 Fehlgeburt ... 156

Fehlgeburtsstadien und Therapie ... 157
Drohender Abort (Abortus imminens) ... 157
In Gang befindlicher Abort (Abortus incipiens) ... 158
Abgelaufene Fehlgeburt ... 158
Sonderform: Verhaltener Abort (»missed abortion«) ... 158
Febriler Abort ... 159
Rh-Prophylaxe ... 159
Ursachenklärung ... 159

5.4 Schwangerschaftsabbruch ... 160

Rechtslage ... 161
Beratung ... 161
Ärztliche Pflichten ... 161
Fallspezifische Besonderheiten ... 161
Durchführung ... 162
Induktion frühzeitiger Abbrüche ... 162
Instrumentell-operative Ausräumung ... 162
Induktion der Spontanentleerung durch Prostaglandine ... 162
Gefahren ... 162
Rh-Prophylaxe ... 163

5.5 Ektopische Schwangerschaft (Extrauteringravidität) ... 163

Ursachen der EUG ... 163
Lokalisation ... 164
Allgemeine Folgen der ektopischen Implantation ... 164
Tubargravidität ... 164
Ovarial- und Tuboovarialgravidität ... 167
Abdominalgravidität ... 167

5.6 Mütterliche Erkrankungen und Schwangerschaft ... 168

Adaptationsstörungen ... **168**
Frühgestosen ... 168
Spätgestosen: Hypertensive Erkrankungen in der Schwangerschaft ... 169

Schwangerschaftsrelevante Allgemeinerkrankungen ... **173**
Herzfehler ... 174
Hypotonie ... 174
Vena-cava-Syndrom ... 175
Varikosis ... 176
Magnesiummangel ... 176
Anämien ... 176
Hämorrhagische Diathesen ... 177
Lungenerkrankungen ... 177
Präexistente Niereninsuffizienz ... 177
Pyelonephritis ... 177
Erkrankungen im Bereich von Magen, Darm, Gallenblase, Leber und Pankreas ... 178
Neuralgiforme Symptome ... 179
Epilepsie ... 179
Psychiatrische Erkrankungen ... 179
Hyperthyreose ... 179
Diabetes ... 180
Ovarialinsuffizienz, frühere Sterilitätsbehandlung ... 182
Veränderungen am Uterus ... 183
Karzinom ... 183

Infektionen während der Schwangerschaft ... **184**
Syphilis (Lues) ... 184
Toxoplasmose ... 185
Listeriose ... 185
Virusinfekte ... 186
Zervikovaginale Infektionen ... 186

6 Ärztliche Betreuung in der Schwangerschaft

6.1 Medizinische und rechtliche Grundlagen ... 187

Mütterliche und kindliche Morbidität und Sterblichkeit ... **187**
Auswirkungen anderer Faktoren ... 188

6.2 Schwangerschaftsbetreuung nach den Mutterschaftsrichtlinien ... 188

Risikoerkennung ... **188**
Konsequenzen ... 188

Feststellung der Gravidität und Erstberatung ... **189**
Schwangerenbetreuung in der ersten Schwangerschaftshälfte **194**
Überwachung der Schwangeren ... 194
Überwachung der Schwangerschaftsentwicklung ... 195

Schwangerenbetreuung in der zweiten Schwangerschaftshälfte ... **197**
Überwachung der Schwangeren ... 197
Überwachung des Kindes ... 200

Zusätzliche Untersuchungen ... **202**
Schwangerschaftskontrolle durch die Hebamme ... **202**
Kontrolle nach der Entbindung ... **202**
Mutterschutzgesetz ... **203**
Schutzvorschriften ... 204
Schutzfristen ... 204
Spezielle Leistungen während der Mutterschaft ... 204

7 Normale Geburt

7.1 Geburtsvoraussetzungen 205

Becken (knöcherner Geburtskanal) **205**
Ebenen 205
Querschnittsformen 205

Geburtsobjekt **206**
Lage 208
Stellung 209
Haltung 209
Leitstelle 209
Klinische Terminologie 209

Geburtswiderstände **210**
Geburtskräfte (Wehen) **210**
Schwangerschaftswehen 211
Vor- oder Senkwehen 211
Geburtswehen 211
Nachgeburtswehen 211
Nachwehen 211

7.2 Normaler Geburtsablauf 211

Geburtsmechanismus **211**
Geburtstermin, Geburtsvorzeichen und Warnzeichen **213**
Aufnahmeuntersuchung **213**
Befundbewertung 214

Geburtsphasen **214**
Eröffnungsperiode 214
Blasensprung 215
Austreibungsperiode 216
Nachgeburtsperiode 217

Versorgung von Episiotomie bzw. Dammriß **218**
Überwachung post partum **218**

7.3 Geburtserleichterung 219

Psychosomatische Vorbereitung **219**
Medikamentöse Geburtserleichterung **221**
Analgesie 221
Lokal- und Leitungsanästhesie 221
Allgemeinnarkose 221

8 Regelwidrige Geburt

8.1 Risikofaktoren 223

Risikofaktoren und perinatale Mortalität **224**
Sekundäre Klinikeinweisung **224**

8.2 Geburtsmechanisch bedingte Störungen bei Schädellagen 224

Beckenanomalien **224**
Größe 224
Formal abnorme Becken 224
Hindernisse im Geburtskanal 227

Anomalien des Geburtsobjektes **227**
Größe des Kopfes 228
Deflexionslagen (Haltungsanomalien) 228
Sonstige Anomalien der Frucht 228

Störungen der Anpassung (Einstellungsanomalien) **228**
Klinische Manifestation gestörter Geburtsmechanik **229**
Beckeneingangskomplikationen 229
Beckenmittenkomplikationen 230
Beckenausgangskomplikationen 231

8.3 Lageanomalien ... 231

Beckenendlage ... 231
Querlage ... 232
Einfache Querlage ... 232
Verschleppte Querlage ... 234

8.4 Uterusruptur ... 234

Ruptur des wehenlosen Uterus ... 234
Ruptur sub partu (unter Weheneinfluß) ... 235
Bei gesundem Uterus ... 235
Bei vorgeschädigtem Uterus ... 236

8.5 Anomalien der Wehentätigkeit ... 236

Hypotone bzw. normotone Wehenschwäche ... 236
Hypertone Motilität (hypertone »Wehenschwäche«) ... 237
Uterine Hyperaktivität (»Wehensturm«) ... 238

8.6 Regelwidrige Geburtsdauer ... 239

8.7 Plazentabedingte Komplikationen ... 239

Placenta praevia ... 239
Betreuung des Kindes post partum ... 241
Nachgeburtsperiode ... 241

Vorzeitige Plazentalösung ... 241
Plazentainsuffizienz ... 244
Mütterliche Zirkulationsstörungen und Uterusmangeldurchblutung ... 245
Fetalseitige Zirkulationsstörungen ... 245
Manifestationsarten ... 246

8.8 Nabelschnurkomplikationen ... 247

Vorliegen der Nabelschnur ... 247
Vorfall der Nabelschnur ... 247
Nabelschnurumschlingung ... 248
Nabelschnurknoten ... 248
Insertio velamentosa ... 248

8.9 Vorzeitiger Blasensprung ... 249

8.10 Abweichungen vom normalen Geburtszeitpunkt ... 249

Frühgeburt ... 249
Besonderheiten der Frühgeburt ... 251
Terminüberschreitung (Übertragung) ... 253
Überwachung ... 253
Geburtseinleitung ... 253

8.11 Mehrlingsschwangerschaft und -geburt 254

Schwangerschaft **254**
Besonderheiten in der Schwangerschaft 255

Geburt **255**
Geburtstermin 255
Geburtsprobleme 255
Geburtsleitung des 1. Zwillings 255
Verhalten nach Geburt des 1. Zwillings 256

Nachgeburtsperiode **256**
Perinatale Mortalität **256**

8.12 Intrauteriner Fruchttod und Totgeburt 257

Gefahren **257**
Klinisches Vorgehen **257**

8.13 Kindliche Gefahrenzustände unter der Geburt 258

8.14 Pathologie der Nachgeburtsperiode 259

Vor Ausstoßung der Plazenta **259**
Verstärkte Lösungsblutung, Ausbleiben der kompletten Spontanlösung 259
Keine Blutung, aber Ausbleiben der Plazentalösung 260

Nach Ausstoßung der Plazenta **260**
Verletzungen **261**
Blutungsschock **261**
Traumatischer Schock **262**
Fruchtwasserembolie **262**
Bakterieller Schock **265**
Koagulopathien in der Geburtshilfe **267**

8.15 Übersicht der geburtshilflichen Notfälle 268

Primär mütterliche Notfallsituationen **268**
Schocksymptome im Anschluß an eine offensichtliche Alteration 268
Unerwartete Schocksymptome 269

Beim Kind denkbare Notfallsituationen **269**

8.16 Operative Entbindung 269

Indikation **269**
Geburtsmechanische Indikationen 270
Kindliche Indikationen 270
Mütterliche Indikationen 270
Gemischte Indikationen 270

Operationsmethoden **270**
Schnittentbindung (Sectio) 271
Zangenentbindung 272
Vakuumextraktion 274
Manualhilfe bei Beckenendlage 275
Manuelle Extraktion bei Beckenendlage 277

Spätere kindliche Entwicklungsschäden **277**

9
Geburtshilfliche Untersuchungsmethoden

9.1 Feststellung der Schwangerschaft ... 279

9.2 Spezielle präpartale Diagnostik ... 280

Invasive Methoden: Fruchtwasser-, Chorion- und Fetalblutuntersuchungen ... 280
Nichtinvasive Methoden: Ultraschalluntersuchungen (Sonographie) ... 280
Ermittlung von Größe, Wachstum und Alter der Frucht ... 281
Palpatorische Methode ... 281
Sonographische Biometrie ... 281

9.3 Geburtshilfliche Untersuchungen ... 281

Äußere Palpation ... 281
Beckendiagnostik ... 282
Äußere Beckenmessung ... 282
Sonographie ... 283
Innere Austastung ... 283
Röntgendiagnostik, Computertomographie, Kernspintomographie ... 283
Betrachtung der Michaelis-Raute ... 283
Prüfung der Schambogenweite ... 284

Nachweis von Plazentainsuffizienz ... 284

9.4 Überwachung des Fetalzustandes ... 285

Optische Beurteilung des Fruchtwassers ... 285
Echokardiographie und Doppler-Sonographie ... 285
Kontrolle der fetalen Herzaktion ... 285
Auskultation ... 286
Phonokardiographie ... 286
Ultraschallkardiographie ... 286
Fetales Elektrokardiogramm ... 286
Kardiotokographie (CTG) ... 286

Mikroblutuntersuchung (MBU) ... 288

10
Das Neugeborene

10.1 Adaptation des Neugeborenen und ihre Störungen ... 289

Atmung und Kreislauf ... 289
Thermoregulation ... 289
Energiehaushalt ... 290
Das asphyktische Neugeborene ... 290
Reanimation ... 291

10.2 Versorgung des Neugeborenen ... 292

Nabel ... 292
Credé-Prophylaxe ... 292
Verabreichung von Vitamin K ... 292
Ernährung des Neugeborenen ... 293
Zufütterung ... 293
Gewichtszunahme ... 293
Postnataler Gewichtsverlust ... 293

Rooming-in ... 294

10.3 Routineuntersuchung des Neugeborenen ... 294

Besichtigung ... 294
Herz ... 294
Atmung ... 295
Abdomen ... 295
Genitale ... 295
Anus ... 296
Neurologische Untersuchung ... 296
Skelett ... 296
Kopf ... 296
Hüftgelenke ... 297
Augen ... 298
Laboruntersuchungen ... 298
Hämoglobin ... 298
Hypoglykämie ... 298
Mukoviszidose-Screening ... 299
PKU-Test ... 299
Hypothyreose-Screening ... 299
Galaktosämie-Screening ... 299
Weitere Tests ... 299

10.4 Wichtige Erkrankungen und Fehlbildungen des Neugeborenen ... 300

Frühgeburt ... 300
Infektionen ... 300
Septische Infektionen ... 300
Hepatitis-B-Exposition ... 300
HIV-Infektion ... 300

Drogenabhängigkeit der Mutter ... 300
Hypoglykämie ... 300
Hyperbilirubinämie ... 301
Herzfehler ... 302
Zwerchfellhernien ... 302
Halslymphome ... 302
Angeborene Struma ... 302
Spaltbildungen ... 302
Lippen-Kiefer-Gaumen-Spalten ... 302
Pierre-Robin-Sequenz ... 303
Omphalozele ... 303
Bauchspalten ... 303
Dysraphien ... 303

Verschlüsse des Magen-Darm-Traktes ... 304
Ösophagusatresie ... 304
Duodenalatresie ... 304
Darmatresien ... 304
Analatresie ... 305

Nierenfehlbildungen ... 305
Steißteratom ... 305
Geburtsverletzungen ... 305
Schädelfrakturen und Kephalhämatom ... 305
Galeahämatom ... 305
Klavikulafraktur ... 306
Lähmung des Armplexus (»Erb-Lähmung«) ... 306
Fazialisparese ... 306
Frakturen peripherer Knochen ... 307

10.5 Beratung bei der Entlassung ... 307

Ernährung ... 307
Körperpflege ... 307
Lagerung des Kindes ... 307
Impfberatung ... 307
Mitteilung gravierender Diagnosen ... 307
Umgang mit Eltern perinatal verstorbener Kinder ... 308

11 Normales Wochenbett

11.1 Umstellungsprobleme und Rückbildungsvorgänge ... 309

Psychische Umstellung ... 309
Endokrine Umstellung ... 309
Rückbildungsvorgänge am Uterus ... 309

11.2 Laktation ... 310

Zusammensetzung der Muttermilch ... 310
Abstillen ... 310

11.3 Prophylaktische Maßnahmen ... 311

Anti-D-Prophylaxe ... 311
Thromboseprophylaxe ... 311
Rötelnprophylaxe ... 311
Wochenbettgymnastik ... 311
Ärztliche Aufgaben und Beratung ... 311

12 Pathologisches Wochenbett

Wundheilungsstörungen ... **313**
Störung der Uterusrückbildung ... **313**
Asymptomatische Störung ... 313
Fieberhafte Rückbildungsstörung ... 313

Aszendierende Infekte ... **314**
Sepsis puerperalis ... 314
Harnwegsinfektionen ... 314

Mastitis puerperalis ... **314**
Infektionsweg ... 314
Beginnende Mastitis ... 314
Fortgeschrittene Mastitis bei beginnender Abszedierung ... 314

Beckenringlockerung ... **315**
Thrombophlebitis, Thrombose ... **316**
Wochenbettpsychose ... **316**
Differentialdiagostische Probleme ... **316**
Blutungen im Wochenbett ... 316
Fieber im Wochenbett ... 316

13 Gutartige gynäkologische Organerkrankungen

13.1 Vulva ... 317

Dystrophien ... **317**
Dysplasien ... **318**
Entzündliche Veränderungen ... **318**
Vulvitis ... 318
Bartholini-Zyste und Bartholinitis ... 320
Infektinduzierte Wucherungen ... 321
Pruritus vulvae ... 321

13.2 Vagina ... 322

Allgemeines ... **322**
Histologie ... 322
Mikrobiologischer Schutzmechanismus ... 322

Kolpitis und Fluor vaginalis ... **322**
Kolpitis und Fluor beim Kind ... 324

Zysten ... **325**
Kondylome ... **325**
Ulzera ... **325**

13.3 Uterus ... 325

Allgemeines ... **325**
Anatomie ... 325
Histologie ... 326
Formanomalien ... 326
Lageanomalien ... 326

Cervix uteri ... **327**
Normalbefunde und Altersabhängigkeit ... 327
Krankhafte Befunde ... 330

Corpus uteri, Myometrium ... **331**
Myome ... 331

Corpus uteri, Endometrium ... **335**
Abnorme Menstruation ... 335
Menstruationsunabhängige »endometriale« Blutungen (Metrorrhagien) ... 337
Endometritis ... 338
Korpuspolypen ... 338

Endometriose ... **339**

13.4 Adnexe 341

Eileiter **341**
Ovarien **341**
Anatomie und Funktion 341
Disposition zu Krankheiten 341

Entzündliche Adnexerkrankungen **342**
Aszendierende unspezifische Infektion 342
Von der Umgebung induzierte Entzündungen 345
Hämatogen entstandene Entzündungen 346
Entzündungen nichtinfektiöser Genese 346
Spätfolgen entzündlicher Adnexerkrankungen 346

13.5 Parametrien 347

Parametritis **347**

13.6 Spezifische Infektionen 347

Genitaltuberkulose **347**
Gonorrhö **348**
Untere Gonorrhö 349
Obere Gonorrhö 349

Syphilis **350**

Sexually transmitted diseases (STD) **350**
AIDS (Acquired Immune Deficiency Syndrome) 350

Ärztliche Meldepflicht **351**

13.7 Mamma 351

Allgemeines **351**
Entwicklung 351
Fehlentwicklung und Anomalien 351

Gutartige Tumoren **351**
Mastopathie (Mastopathia fibrocystica) **352**
Lokalisation 352
Bedeutung der Mastopathie 352
Klinik 353

Mastodynie **353**
Mastitis **353**
Mamillenabsonderung (Galaktorrhö) **354**

14
Gynäkologische Onkologie

Allgemeines 355
Tumorarten und Häufigkeit 355
Ärztliche Aufgaben bei Malignomverdacht/Malignom 355

14.1 Malignome der Vulva 356

Dysplasien und Präkanzerosen 356
Karzinome 357
Häufigkeit und Altersverteilung 357
Karzinogenese 357
Histologie 357
Metastasierung 357
Klinik 357
Behandlung der Rezidive 360
Heilungsaussichten 360

Maligne Melanome 360

14.2 Malignome der Vagina 360

Karzinome 360
Genese und Häufigkeit 360
Histologie 360
Klinik 360
Heilungsaussichten 361

Sarkome 361

14.3 Präkanzerosen und Karzinome der Cervix uteri 362

Allgemeines 362
Häufigkeit und Altersverteilung 362
Karzinogenese 362
Histologie 362

Dysplasien, Präkanzerosen 362

Karzinome 364
Ausbreitung, Metastasierung 366
Klinik 367
Notfälle 375
Nachsorge 376
Heilungsaussichten 376

14.4 Endometriumkarzinome 377

Allgemeines 377
Häufigkeit und Altersverteilung 377
Dispositionsfaktoren bzw. typische Korrelationen 377

Präkanzerosen 377
Karzinome 377
Histologie 377
Rezeptoren 377
Metastasierung 378
Prognoseparameter 378
Klinik 378
Nachsorge 380
Heilungsaussichten 380

14.5 Mesonephrogene Karzinome 380

14.6 Uterussarkome 380

14.7 Ovarialtumoren ... 380

Allgemeines ... **380**
Definition, Terminologie, Histologie ... 380
Altersverteilung und Häufigkeit ... 381
Ausbreitung bei Malignität ... 381

Klinik ... **381**
Notfälle ... 388
Nachsorge ... 389
Heilungsaussichten ... 389

Tubenkarzinome ... **390**

14.8 Mammakarzinom ... 390

Allgemeines ... **390**
Altersverteilung ... 390
Histologie ... 390
Lokalisation ... 391
Metastasierungswege und Organbefall ... 391
Prognose-(Risiko-)Merkmale ... 392

Klinik ... **393**
Nachsorge ... 401
Heilungsaussichten ... 401

14.9 Nachsorge ... 402

Krankheits- und Therapiefolgen ... **402**
Somatischer Insult ... 402
Endokrine Auswirkungen ... 402
Psychischer Insult ... 402
Vita sexualis ... 403

Umgang mit Krebskranken ... **404**
Spezielle Beratung ... 404

Kontrolluntersuchungen ... **405**
Fragestellung ... 406
Kontrollintervalle ... 406
Arztwahl ... 406
Alarmzeichen in Anamnese, Symptom und Befund ... 406
Untersuchungen ... 406

Soziale Hilfen ... **407**

15
Lageveränderungen der Genitalorgane, Harninkontinenz, Entleerungsstörungen

15.1 Normale Topographie und Funktion ... 409

Normaler Blasenverschluß ... **409**
Normale Blasenentleerung ... **410**

15.2 Deszensus und Prolaps ... 410

15.3 Harninkontinenz ... 412

Funktionelle Harninkontinenz ... **412**
Streßinkontinenz ... 413
Urge- bzw. Dranginkontinenz ... 415
Reflexinkontinenz ... 417
Überlaufinkontinenz ... 417

Extraurethrale Inkontinenz ... **417**
Harnwegsfisteln ... 417
Urinabgang bei Mißbildungen ... 417

Folgen der Harninkontinenz ... **417**

15.4 Entleerungsstörungen der Harnblase 417

Mechanische Störung 417
Funktionelle Störungen 418
Postoperative Entleerungsstörungen 419
Folgen der Entleerungsstörungen 419

16
Thromboembolische Komplikationen

Gefährdung 422
Fachbezogene Disposition 422
Zusätzliche, allgemeine Disposition 422
Klinische Manifestation 422
Prophylaxe 422
Postoperative bzw. postpartale Maßnahmen 422

17
Gynäkologische Untersuchungsmethoden

Allgemeines 423
Konsultation 423
Anamnese 423
Gefahren für Unerfahrene 424

Gynäkologische Untersuchung 424
Äußere Inspektion 425
Spekulumuntersuchung 425
Sekretuntersuchungen 425
Zytologieabstriche 426
Palpation 428
Ergänzende allgemeine Untersuchungen 429
Spezielle Untersuchungsmethoden 429

Untersuchung der Mammae 431
Inspektion 431
Palpation 432

Diagnosefindung und Aussprache 432
Organischer Befund 432
Psychosomatische und psychosexuelle Faktoren 432

Vorsorgeuntersuchung 433
Untersuchungsintervalle 433
Anamnestische Warnzeichen 433
Obligatorischer Untersuchungsumfang 434
Warnzeichen bei der Befunderhebung 434
Mammographie 434
Sonographie 434

18
Differentialdiagnostische Probleme

Irreguläre genitale Blutungen 437
Genitaler Fluor 439
Pathologische Resistenzen im kleinen Becken 441
Primär klinische Ermittlungen 442
Ergänzende Diagnostik 442

Akutes Abdomen 442
Ileus 446
Flüssigkeits- und Elektrolythaushalt 447
Harnwegsinfektionen 447
Leitsymptom: Fieber 447
Leitsymptom: Abdomineller bzw. pelviner Schmerz 448
Leitsymptom: Kreuzschmerzen 448

19
Frau und Gesellschaft

19.1 Rolle der Frau in der Gesellschaft 449

Wertungsdogmen und Rollenkonflikte **449**
Probleme der Jugendlichen 450
Situation der Frau jungen und mittleren Alters 450
Künstliche Rollenkonflikte 452
Die Frau im höheren Alter 452

Berufstätigkeit der Frau **452**
Ausbildung 452
Berufschancen 453
Ehe, Familie und Berufstätigkeit 453
Motivation zur Erwerbstätigkeit 454
Berufliche Möglichkeiten der Frau mit Familie 454
Überforderung und ihre Folgen 454
Lösungen und ihre Problematik 455

19.2 Psychosomatische Zusammenhänge 455

Allgemeines **455**
Der Reifungsprozeß und seine Störungen **457**
Zeitfaktor 458
Leitbilder 458
Erwartung und Wirklichkeit 458

Erlebnisreaktionen und Fehlreaktionen **459**
Ärztliche Konsequenzen 459

19.3 Sexualität 459

Normale sexuelle Reaktion **459**
Störungen der sexuellen Erlebnisfähigkeit **460**
Libidodysfunktion und Orgasmusstörungen 461
Vaginismus 462
Organisch bedingte Dyspareunie 462
Vergewaltigung 463
Psychosexuelle Folgen von Operationen 463

Sexualfunktion und Alter **464**
Diagnostik und Therapie **464**

Anhang

Antibiotikatherapie in Geburtshilfe und Gynäkologie 467

Aufstellung häufig gebrauchter Hormonpräparate 475

Anmerkungen zur gynäkologischen Strahlentherapie 486

Sachverzeichnis 495

Herausgeber und Autoren

Prof. Dr. Dietrich von Fournier
Ärztlicher Direktor der Abteilung Gynäkologische Radiologie
der Universitäts-Frauenklinik
Voßstraße 9
69115 Heidelberg

Prof. Dr. med. Hermann Hepp
Direktor der Frauenklinik im Klinikum Großhadern
Marchioninistraße 15
81377 München

Prof. Dr. Hans A. Hirsch
Direktor der Universitäts-Frauenklinik mit Poliklinik
Schleichstraße 4
72076 Tübingen

Prof. Dr. med. Volker von Loewenich
Leiter der Abteilung für Neonatologie
Klinikum der Wolfgang-Goethe-Universität
Theodor-Stern-Kai 7
60590 Frankfurt/Main

Prof. emer. Dr. med. Heinrich Schmidt-Matthiesen
Humperdinckstraße 11
60598 Frankfurt

Prof. Dr. Hans-Dieter Taubert
Abteilung gynäkologische Endokrinologie
Theodor-Stern-Kai 7
60596 Frankfurt/Main

Einleitung

H. Schmidt-Matthiesen

Allgemeine Hinweise zur Anatomie

Die Grundlagen für das Erlernen der Gynäkologie, für spätere Diagnostik und rationelle Therapie sind eine klare Vorstellung von anatomisch-topographischen Gegebenheiten (Abb. E.1) sowie die Kenntnis physiologischer und pathophysiologischer Zusammenhänge. Das weibliche Genitale, dessen spezielle Organanatomie und -histologie in den jeweiligen Kapiteln dargestellt wird, bietet folgende Besonderheiten:

- Es ist hinsichtlich seiner Entwicklung und funktionellen Integrität vom Einfluß der Hormone abhängig. Es macht besonders während Pubertät und Adoleszenz, Schwangerschaft und Senium tiefgreifende Veränderungen durch, die Beachtung verlangen.
- Die **Genitalorgane sind potentiell beweglich** und bieten naturgemäß zahlreiche Varianten hinsichtlich ihrer Lage. Die Position des Uterus ist einer-

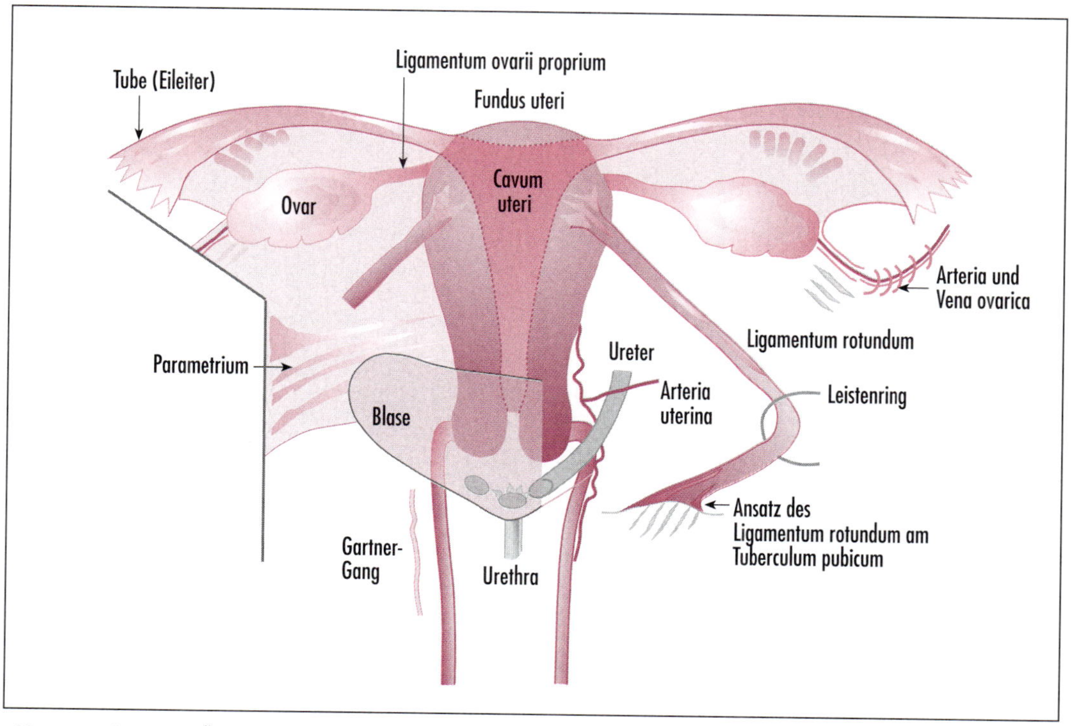

Abb. E.1 Schematische Übersicht der Anatomie des inneren weiblichen Genitales. Topographische Beziehungen zwischen Uterus, A. uterina, Ureter und Blase.

seits vom Füllungszustand seiner Nachbarorgane (Blase und Enddarm), andererseits vom Zustand des bindegewebigen Halteapparates (Parametrien, Ligamenta rotunda usw.) abhängig.

- Topographisch besonders bedeutsam ist die **enge Nachbarschaft von Cervix uteri und Ureteren.**
- Die starke, auf die Bedürfnisse der Schwangerschaft ausgerichtete **Vaskularisation** bedingt, speziell in Verbindung mit Menstruation, Gestation und malignen Erkrankungen, eine gewisse Disposition zu Blutungen.
- Über Vagina, Uterus und Tuben ist eine Kommunikation zwischen Außenwelt und Abdomen gegeben **(Infektionsweg!)**
- Raumfordernde oder entzündliche Krankheiten des Genitales können die **Nachbarschaft in Mitleidenschaft ziehen** und umgekehrt **von Erkrankungen dieser Umgebung mitbetroffen** werden.

In diesem Sinne sind Vesica und Ureteren, Rektum, Sigma, übriges Intestinum und Omentum sowie schließlich auch die anatomischen Elemente der seitlichen Beckenwand zu berücksichtigen (Nerven, Arterien, Venen und Lymphbahnen).

Spezielle Einzelheiten über die klinisch bedeutsamen anatomischen Tatbestände sind im jeweiligen sachlichen Zusammenhang dargestellt:

- Vulva, S. 317, Abb. 13.1–13.6
- Uterus-Beckenwand-Beziehungen, Abb. E.1, Abb. 14.8, 14.9
- Beckenboden und Halterungssystem der Genitalorgane im kleinen Becken, S.409, Abb.15.1, 15.2
- Vagina, S. 322
- Uterus, S. 325, Abb. 13.17
- Adnexe, S. 341, Abb. 13.23

1

Geschlechtsspezifische Entwicklung der Frau und ihre Störungen

H.-D. Taubert

1.1 Pränatale Geschlechtsdifferenzierung

Normale Geschlechtsdifferenzierung

Grundlagen und Definitionen

Beim Menschen wird wie bei allen Vertebraten das **chromosomale Geschlecht** im Augenblick der Befruchtung des Eies durch ein Spermatozoon festgelegt:

Eizelle	X
Spermatozoon	X
Zygote	XX (homogen)

chromosomales Geschlecht, weiblich

Eizelle	X
Spermatozoon	Y
Zygote	XY (heterogen)

chromosomales Geschlecht, männlich

Oogenese

Die Bildung und Reifung der Keimzellen bezeichnet man allgemein als **Gametogenese**, beim weiblichen Geschlecht als **Oogenese**. Aus den primordialen Keimzellen entstehen in der 5. Woche die **Oogonien**, die sich durch mitotische Teilungen bis zum 5. Monat auf 6 Millionen vermehren, aber zum größten Teil bis zur Geburt zugrunde gehen. Aus den Oogonien entwickeln sich zwischen dem 3. und 7. Monat **primäre Oozyten**, die bei der Geburt zwischen Prophase und Metaphase der ersten Reifungsteilung (Diktyotän-Stadium) in eine Ruhephase eintreten, die erst 12 bis 20 Jahre später endet, wenn eine Eizelle zur Ovulation kommt. Durch die Ausbildung einer Schicht epithelialer Zellen entsteht der Primärfollikel. Die Zahl der primären Oozyten vermindert sich laufend, vor allem durch **Atresie**, im geringen Maße auch durch Ovulation. Zur Zeit der Geburt enthalten die Ovarien etwa 400000 Primordialfollikel, zu Beginn der Pubertät noch 40000. Nicht mehr als 400 vollenden die erste Reifungsteilung, bei der eine **sekundäre Oozyte** und ein Polkörperchen entstehen. Die 2. Reifungsteilung schließt sich an, wird jedoch nur abgeschlossen, wenn eine Fertilisation stattgefunden hat. Es entsteht eine Oozyte mit haploidem Chromosomensatz und ein weiteres Polkörperchen. Durch die Vereinigung eines männlichen und weiblichen Gameten wird der diploide Chromosomensatz wiederhergestellt.

Karyogramm

Der Nachweis des chromosomalen Geschlechts ist durch **Chromosomenanalyse** möglich. Man legt eine Gewebekultur aus Lymphozyten, Knochenmarkszellen oder Fibroblasten an. Durch Zugabe des Mitosegiftes Kolchizin wird die Spindelbildung in den Metaphasenzellen arretiert. Durch geeignete Methoden werden dann die Chromosomen auf einem Objektträger verteilt, fotografisch vergrößert, ausgeschnitten und nach dem sog. **Denver-System** paarweise angeordnet, wobei vor allem die Länge des kurzen und langen Arms als Maßstab benutzt wird. Mit speziellen Färbetechniken ist es möglich, auch feinere Merkmale, sog. Banden, und andere strukturelle Abweichungen, wie Deletionen usw., zu identifizieren (s. Abb. 1.3). Durch die im X- bzw. Y-Chromosom enthaltene genetische Information wird die spätere Differenzierung der primordialen Gonade in Ovar oder Testis, also das gonadale Geschlecht, bestimmt. Für die Ausbildung eines normalen Ovars scheint das Vorhandensein von zwei X-Chromosomen Voraussetzung zu sein.

Wenn es während der Gametogenese zur meiotischen »Non-disjunction« kommt, kann es durch Vereinigung einer Gamete, meist der väterlichen (75%), ohne Sexchromosom mit einer normalen, ein X-Chromosom enthaltenden Keimzelle zur Bildung eines Individuums kommen, bei welchem sich nur eine rudimentär angelegte Keimleiste ohne Keimzelle findet (s. Abschn. »Gonadendysgenesie«).

Das Y-Chromosom scheint bei der Geschlechtsdifferenzierung stark determinierend zu wirken, da es auch in Gegenwart von mehr als einem X-Chromosom (z.B. XXY, Klinefelter-Syndrom) die Entwicklung der undifferenzierten Gonade in einen Testis bewirkt (Abb. 1.6). Bei diesem Vorgang, der in der 4.–6. Embryonalwoche abläuft, spielen zwei Faktoren eine Rolle: das sogenannte HY-Antigen, dessen Gen auf dem langen Arm des Y-Chromosoms lokalisiert ist, sowie der Testis-determining-Faktor (TDF), dessen Gen sich auf dem kurzen Arm befindet. Fehlt z.B. das Gen für den TDF, entwickeln sich in einem genetisch männlichen Individuum Ovarien, ein weibliches Genitale und ein weiblicher Phänotyp.

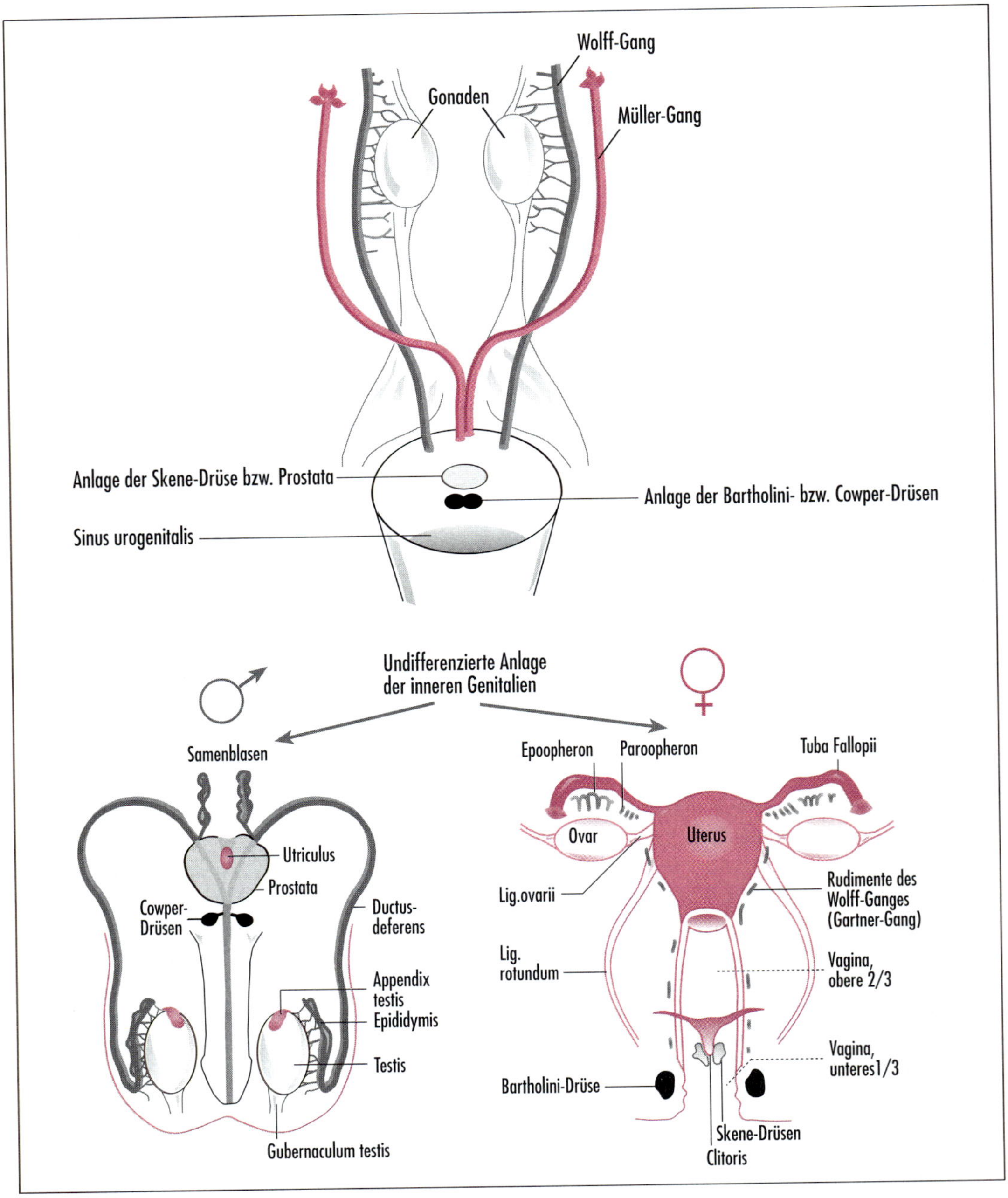

Abb. 1.1 Die Entwicklung der inneren Genitalien beim weiblichen und männlichen Geschlecht aus der undifferenzierten Anlage.

Die Sexchromosomen spielen nur bei der **initialen Determinierung** eine Rolle, denn die verschiedenartige Entwicklung der männlichen und weiblichen Geschlechtsmerkmale bzw. -organe, das morphologische Geschlecht des Phänotypus, beruht dann auf der **inkretorischen Funktion der Gonaden**.
Im Normalfall besteht eine Übereinstimmung von:

- Chromosomalem Geschlecht
- Gonadalem Geschlecht
- Phänotypischem Geschlecht (Phänotypus)
- Psychischer Geschlechtsidentifizierung

Entwicklung der Genitalien

Bei **weiblicher Anlage** bilden sich die Genitalien in der 4. Embryonalwoche aus den **Müller-Gängen**, deren Anlage sich aus Zölomepithel seitlich vom Urnierengang entwickelt. Der Müller-Gang läuft beiderseits in der Plica urogenitalis, lateral von der Urniere (Wolff-Körper, Mesonephros) und deren Ausführungsgang (Wolff-Gang). Aus den oberen Teilen der Müller-Gänge entwickeln sich die Tuben, die mittleren und unteren Abschnitte verschmelzen zum Genitalstrang (Abb. 1.1).
In der 6.–8. Embryonalwoche bildet sich am kaudalen Ende des Embryos aus Allantois und Enddarm die **Kloake**, die nach außen durch die Kloakenmembran verschlossen ist. Durch Einwachsen des Septum urorectale werden Allantois und Enddarm getrennt. Nach Eröffnung der Kloakenmembran bildet sich aus dem Enddarm das Rektum und aus der Allantois der **Sinus urogenitalis**. Durch Herabwachsen des Septum vesicourethrale wird dieser wiederum in **Harnröhre** und **-blase** sowie **Vestibulum vaginae** getrennt.
Bereits beim Embryo von 20 mm Länge erreicht der Genitalstrang den Sinus urogenitalis am sogenannten Müller-Hügel, wo später der Durchbruch in den Sinus erfolgt.
Durch **Lumenbildung im Genitalstrang** entstehen aus den fusionierten Müller-Gängen das Corpus und die Cervix uteri sowie die oberen zwei Drittel der Vagina. Das untere Drittel entstammt dem Sinus urogenitalis (Abb. 1.1).
Bei der erwachsenen Frau finden sich noch Rudimente des Wolff-Ganges in der Mesosalpinx, das Epoophoron und Paroophoron, sowie seitlich von Uterus und Vagina als **Gartner-Gang**. Der letztere kann als Ausgangspunkt zystischer Bildungen und maligner Tumoren klinische Bedeutung erlangen.
Auch die Ovarien machen altersabhängige Wandlungen durch: Die Zahl der bis zur 16.–20. Schwangerschaftswoche durch mitotische Multiplikation gebildeten 6–7 Mio. Oogonien nimmt anschließend durch Atresie unwiderruflich ab. Nach dem 40. Lebensjahr sind nur noch etwa 10000 Primordialfollikel vorhanden.
Bei **männlicher Anlage** entwickeln sich aus dem **Wolff-Gang** Samenblasen und Ducti deferentes. Der Utriculus prostaticus und die Appendix testis stellen Rudimente des Müller-Ganges dar.
Die Entwicklung der Wolff-Gänge wird beim männlichen Geschlecht durch die in den Hoden des Embryos gebildeten **Androgene** induziert. Für die gleichzeitige Rückbildung der Müller-Gänge ist ein als Anti-Müller-Hormon (AMH) bezeichnetes Peptid, das in den Sertoli-Zellen des embryonalen Testis gebildet wird, verantwortlich.

> ! Beim männlichen Geschlecht wird also nicht nur die Differenzierung der Gonadenanlage in einen Testis, sondern auch die Ausbildung der inneren und äußeren Genitalien auf **humoralem Wege** herbeigeführt. Eine vergleichbare Induktion durch ein dem TDF entsprechendes Prinzip (s.o.) bzw. durch Ovarialhormone findet während der Differenzierung der weiblichen Genitalien nicht statt!

Chromosomalbedingte Störungen der Geschlechtsdifferenzierung

Gonadendysgenesie

> Das gemeinsame Merkmal der im übrigen unterschiedlichen Dysgenesieformen ist das **Fehlen der Keimzellen** in den rudimentär angelegten Gonaden (Keimleisten; Abb. 1.2). Letztere bestehen nur aus dem Ovarialstroma-gleichenden Bindegewebe und Hiluszellen und sind deshalb nicht imstande, Östrogene zu bilden. Gelegentlich werden vereinzelte Primärfollikel gefunden. Die inneren und äußeren Geschlechtsorgane bleiben als Folge des Östrogenmangels auf dem Entwicklungsstand der Präpubertät stehen. Es bestehen eine **primäre Amenorrhö** und **Sterilität**.

Wir unterscheiden drei Formen der Gonadendysgenesie:

- **Ullrich-Turner-Syndrom:** Gonadendysgenesie mit Kleinwuchs und Fehlbildungen
- **XY-Gonadendysgenesie** ohne Kleinwuchs und Fehlbildungen (Swyer-Syndrom)
- **XX-Gonadendysgenesie** ohne Kleinwuchs und Fehlbildungen (reine Gonadendysgenesie)

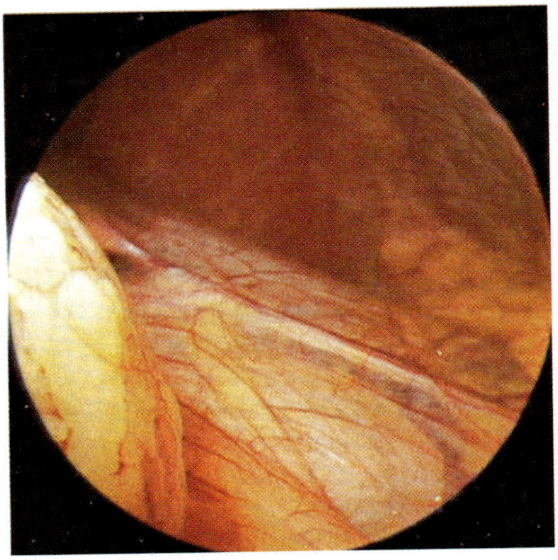

Abb. 1.2a Laparoskopische Darstellung der Keimleiste bei einer Patientin mit Turner-Syndrom und Karyotyp 45/XO.

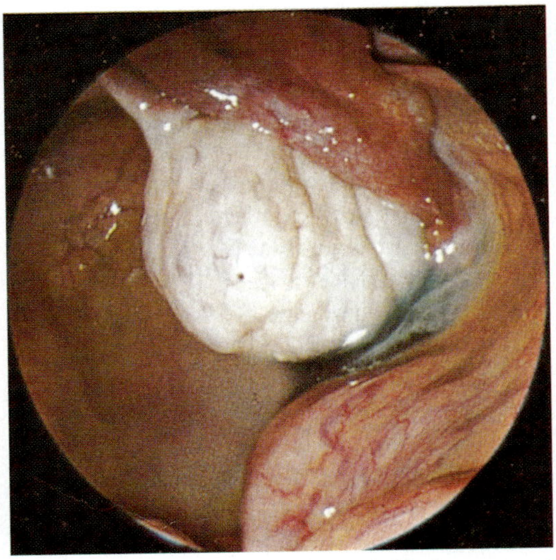

Abb. 1.2b Normales Ovar (mit ampullärem Ende der Tube, deren Durchgängigkeit mittels Methylenblaulösung demonstriert wurde).

Ullrich-Turner-Syndrom

Dieser häufigsten Form der Gonadendysgenesie (Inzidenz: 1 Turner-Syndrom auf 2000–2700 neugeborene Mädchen) liegt meist eine **gonosomale Monosomie (45/X)** zugrunde (Abb. 1.3).

Die Entwicklung der Gonaden geschieht zunächst in normaler Weise, doch kommt es dann im weiteren Verlauf der Embryonalentwicklung zum Untergang der Oozyten, da der vor einer vorzeitigen Atresie schützende Granulosazellmantel infolge des Fehlens eines zweiten X-Chromosoms nicht vollwertig ausgebildet wird. Relativ häufig finden sich auch 45/X-46/XX-Mosaike, gelegentlich auch komplexere Mosaikformen (z.B. 45/X-46/XX-47/XXX). Außer den erwähnten numerischen Aberrationen sind auch morphologische Störungen der X-Chromosomen als

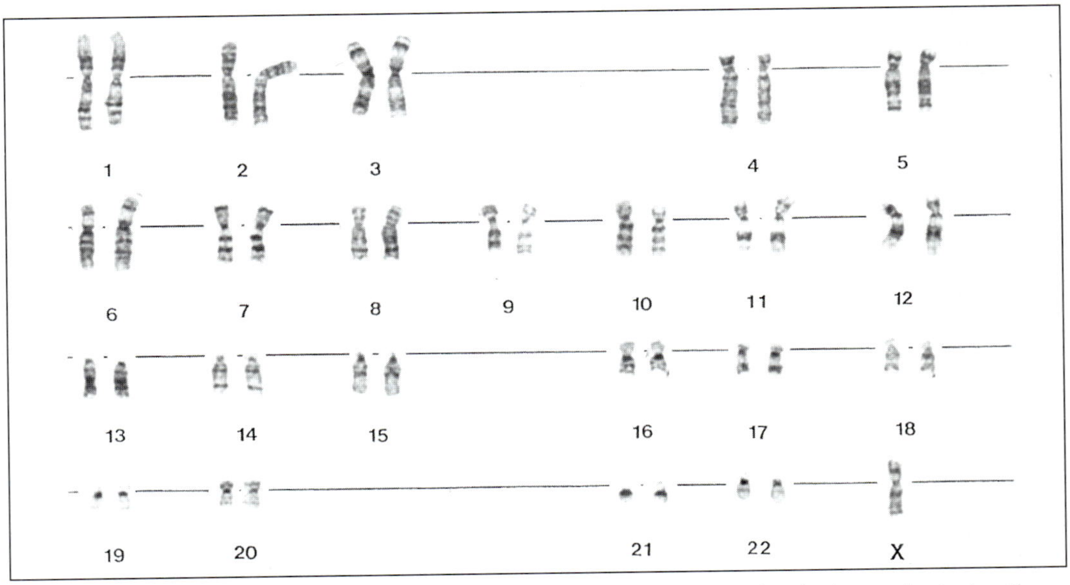

Abb. 1.3 »Karyotyp 45/X«. Chromosomendarstellung nach der Giemsa-banding-Technik (G-Technik); Identifizierung der einzelnen Chromosomenpaare nach dem Vorschlag der Pariser Konferenz, 1971. (Frau Dr. Brude, Institut für Humangenetik der Universität Frankfurt a. M.)

Ursache von Gonadendysgenesien beschrieben worden, die z. T. mit schweren Fehlbildungen verbunden waren (Isochromosomenbildung, Deletion des kurzen Armes).
In mehr als 60% der Patientinnen mit einem Turner-Syndrom findet sich ein Mosaik 45/X-46/X/mar. Das kleine Marker-Chromosom kann aus Material des X-Chromosoms oder des Y-Chromosoms bestehen. Mit herkömmlichen zytogenetischen Methoden ist eine Unterscheidung nicht möglich. Diese erfolgt mit molekularbiologischen Methoden, der PCR bzw. der In-situ-Hybridisierung. Sie hat durchaus klinische Konsequenzen, da in Gegenwart eines Y-Marker-Chromosoms das Risiko eines **Gonadoblastoms** erhöht ist.
Die als Folge des Östrogenmangels bei allen Formen der Gonadendysgenesie zu beobachtende **Hypoplasie der weiblichen Geschlechtsorgane** ist beim Turner-Syndrom mit **Kleinwuchs** und häufig mit zahlreichen kongenitalen **Fehlbildungen** vergesellschaftet. Die äußere Erscheinung ist durch den Minderwuchs, den kurzen Hals mit tiefem Haaransatz, das Flügelfell (Pterygium colli), Schildthorax, Cubitus valgus, später auch Osteoporose, gekennzeichnet. Die Sexualbehaarung ist in der Regel nur angedeutet (Abb. 1.4a). Neben anderen Fehlbildungen finden sich ferner hoher Gaumen, Spina bifida, Aortenisthmusstenose und andere kardiovaskuläre Störungen, Nierenfehlbildungen, Lymphödem an Hand- und Fußrücken, pigmentierte Naevi und Anomalien des Dermalleistenmusters der Fingerbeeren und der Handfläche. Es besteht primäre Amenorrhö. Die mittlere Körpergröße liegt zwischen 143 und 148 cm. Der Minderwuchs beruht nicht auf einem Mangel an Wachstumshormon. Patientinnen mit Ullrich-Turner-Syndrom können durchaus eine normale Intelligenz aufweisen, oft ist sie aber verringert. Es besteht eine Neigung zu Erkrankungen der Schilddrüse und zur Kohlenhydratintoleranz.

XY-Gonadendysgenesie (Swyer-Syndrom)

Bei der Chromosomenanalyse findet sich ein männlicher Karyotyp (46/XY; chromatinpositiv). Der Phänotyp ist weiblich (Abb. 1.4 b). Anstelle des Ovars findet sich eine Keimleiste.

Zur 46/XY-Gonadendysgenesie kommt es, wenn die Bildung des HY-Antigens durch ein abnormes X-Chromosom unterdrückt wird oder das HY-Antigen durch einen Rezeptordefekt nicht wirksam werden kann.
Im Gegensatz zum Turner-Syndrom bestehen weder Fehlbildungen noch Wachstumshemmungen. Die Symptomatik wird auch hier durch den Östrogenmangel bestimmt, d. h., es besteht eine **primäre Amenorrhö** mit mangelnder Ausreifung der Genitalorgane (Hypoplasie der Mamma und des Uterus, atrophisches Zellbild im Vaginalausstrich) und Sterilität. Beim Swyer-Syndrom läßt sich häufig das HY-Antigen nachweisen. In solchen Fällen ist das Risiko eines Dysgerminoms oder Gonadoblastoms besonders hoch. Die Entfernung der Keimleisten ist also indiziert.

XX-Gonadendysgenesie (reine Gonadendysgenesie)

Auch bei dieser Form der Gonadendysgenesie mit weiblichem Phänotyp finden sich anstelle der Ovarien nur rudimentäre Keimleisten.

Die Keimleisten enthalten häufig Hiluszellen, die Androgene bilden und ein gewisses Maß an Virilisierung bedingen können. Im Gegensatz zum Ullrich-Turner-Syndrom liegt keine Dysmorphie vor und das

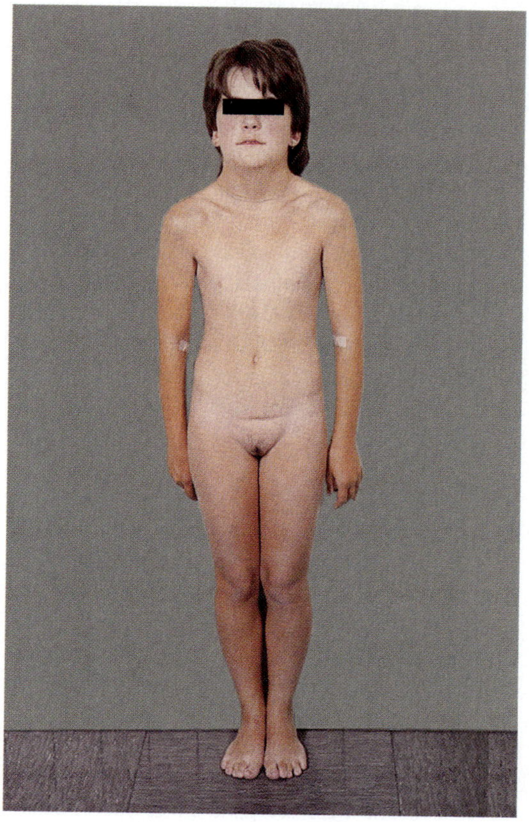

Abb. 1.4a Ullrich-Turner-Syndrom. 17jährige Patientin mit Kleinwuchs, tiefem Haaransatz, Flügelfell (Pterygium), Cubitus valgus, Schildbrust, fehlender Mammaentwicklung, Genitalhypoplasie und primärer Amenorrhö.

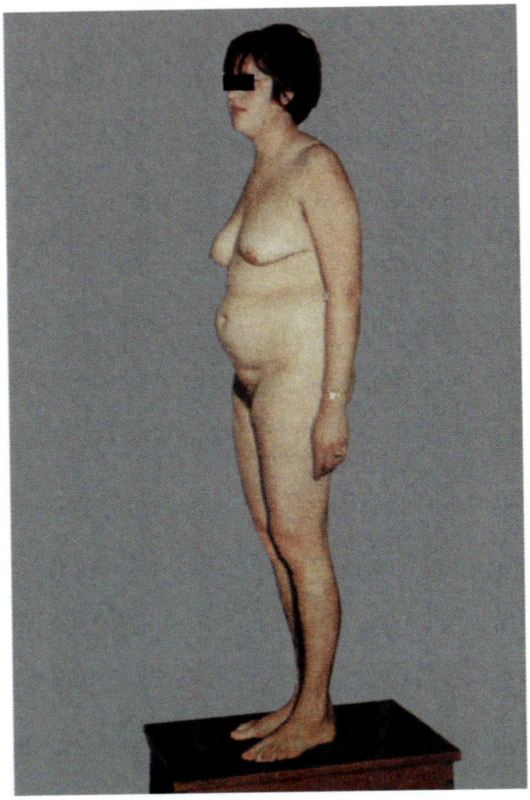

Abb. 1.4b 21jährige Patientin mit 46/XY-Gonadendysgenesie.

Längenwachstum verläuft ungestört. Die inneren und äußeren Genitalien sind normal weiblich angelegt, reifen jedoch als Folge des Östrogenmangels nicht aus. Es liegt ein autosomal-rezessiver Vererbungsmodus vor. Das Risiko einer malignen Entartung der Keimleisten ist im Vergleich zur 46/XY-Gonadendysgenesie gering.

▶ Diagnose

Beim Erwachsenen weisen Kleinwuchs, primäre Amenorrhö, erhöhte Gonadotropinausscheidung im Harn bzw. hohe Plasmawerte von FSH und LH und extragenitale Fehlbildungen auf das Vorliegen einer typischen Gonadendysgenesie hin. **Beim Neugeborenen** lassen typische Hand- und Fußrückenödeme an das Vorliegen des Turner-Syndroms denken.
Merkmale einer 46/XX- oder 46/XY-Gonadendysgenesie sind primäre Amenorrhö, mangelnde Ausreifung der sekundären Geschlechtsmerkmale und Genitalatrophie bei normaler Körpergröße.
Die endgültige Diagnose ergibt sich aus der **Untersuchung des Karyotypus** und des **Kerngeschlechtes**, ggf. einer Biopsie aus den rudimentären Gonaden. Die verschiedenen extragenitalen Fehlbildungen können nicht als spezifisch angesehen werden, sie finden sich auch bei anderen Chromosomenanomalien (Trisomie 17/18 u.ä.).
In den Keimleisten entwickeln sich bei einem Karyotypus 46/XY in 20–30% der Fälle **Seminome** und **Gonadoblastome**. Da sie häufig Verkalkungsherde aufweisen, sind sie röntgenologisch darstellbar. Um derartige, potentiell maligne Tumoren rechtzeitig erkennen zu können, sollte in jedem Fall eine Leeraufnahme des unteren Abdomens veranlaßt werden. Neben der Bestimmung von FSH, LH und Östradiol sollte mit der Bestimmung von T_4, TSH und Schilddrüsen-Antikörpern eine Schilddrüsenstörung ausgeschlossen werden. Zur Erkennung einer Nierenfehlbildung sollten eine Sonographie und eine intravenöse Pyelographie durchgeführt werden, zum Ausschluß einer kardiovaskulären Störung eine Echokardiographie oder Angiokardiographie.
Differentialdiagnostisch müssen die testikuläre Feminisierung, das Mayer-Rokitansky-Küster-Syndrom sowie der hypophysärbedingte Kleinwuchs in Betracht gezogen werden.

▶ Therapie

Man sollte die Patientin darüber aufklären, daß eine kausale Therapie des Leidens nicht möglich ist. Sie ist also unwiederbringlich **steril** und sollte zur Vermeidung von Östrogenmangelerscheinungen (s. S. 80 f.) auf jeden Fall über das 50. Lebensjahr hinaus mit Östrogenen substituiert werden.
Bei der Auswahl des Östrogens und der Dosierung wird man sich davon leiten lassen, ob die Patientin menstruieren möchte oder nicht. Sollte ersteres der Fall sein – womit in den meisten Fällen zu rechen ist – wird man ein Östrogen-Gestagen-Zweiphasenpräparat wählen (z.B. Cycloprogynova, Nuriphasic). Da sich diese Therapie nicht wesentlich von der des klimakterischen Syndroms unterscheidet, wird auf die entsprechende Darstellung auf S. 83 verwiesen.

! Bei einem Karyotypus 45/XY bzw. Mosaikformen mit einem Y-Chromosom sollten die Keimleisten prophylaktisch entfernt werden, da Malignome entstehen können.

Triplo-X-Frauen

Bei etwa 1,5‰ aller Frauen liegt infolge einer Non-disjunction bei der mütterlichen Gametogenese eine Trisomie des X-Chromosoms vor, der Karyotyp lautet also **47/XXX**. Klinisch fällt auf, daß diese phänotypisch normalen Frauen meist amenorrhoisch und steril sind. In manchen Fällen ist im Ovar Keimgewebe vorhanden. Dann kann auch ein normaler Zyklus vorliegen; in einem solchen Fall wären Schwangerschaften möglich.

▶ Diagnose

Chromosomenanalyse

▶ Therapie

Gegebenenfalls Substitution mit Östrogenen und Gestagenen

Gemischte Gonadendysgenesie

Ein dem Hermaphroditismus verus ähnliches Krankheitsbild stellt die gemischte Gonadendysgenesie dar. Das klinische Bild wird durch das Vorhandensein zweier Zellinien mit dem Karyotyp **45/X-46/XY** geprägt. In anderen Fällen findet man verschiedenartige Mosaike (45/X-47XY, 45/X-47/XYY etc.)

▶ Befunde

Die 45/X-Linie ist für die Ausbildung von Merkmalen des Turner-Syndroms (u.a. unilaterale Keimleiste) verantwortlich, die Y-haltige Linie für die kontralaterale Ausbildung eines Testis. Dieser bewirkt eine gewisse Maskulinisierung, doch erscheint das äußere Genitale trotz der Klitorishypertrophie eher weiblich als männlich. Ein Uterus ist fast immer vorhanden. Es besteht eine primäre Amenorrhö. Auf der Seite des rudimentären Testis findet sich oft eine Tube, gelegentlich auch ein Ductus deferens mit Epididymis. Der Testis kann im Leistenkanal, skrotal oder im Abdomen gelegen sein.

▶ Diagnose

- Chromosomenanalyse
- Laparoskopie zur Inspektion des inneren Genitales
- Histologischer Nachweis von testikulärem Gewebe

▶ Therapie

Die Behandlung erfolgt prinzipiell wie beim Hermaphroditismus verus, doch steht die Zuordnung zum weiblichen Geschlecht meist außer Frage. Die Häufigkeit gonadaler Tumoren ist bei diesem Krankheitsbild besonders hoch (mit 26 Jahren ca. 75%!). Der Testis und die kontralaterale Keimleiste sollten deshalb unbedingt entfernt werden. Damit verhindert man auch eine Virilisierung in der Pubertät. Eine **Östrogensubstitution** ist unerläßlich und wird wie beim Turner-Syndrom oder Climacterium praecox durchgeführt (s. S. 83).

Intersexualität

Intersexualität und Störungen der Geschlechtsdifferenzierung äußern sich beim Menschen durch eine **Diskrepanz zwischen dem morphologischen Befund an den Gonaden und den äußeren bzw. inneren Geschlechtsorganen**. Man begegnet zwei unterschiedlichen Sachverhalten:

- Die Entwicklung der äußeren Genitalien ist im Gonadenbefund völlig entgegengesetzt.
- Es besteht eine Zwischenform von maskulinem und femininem Phänotypus.

Im ersteren Fall wird die Diagnose oft erst während der Pubertät gestellt, wenn z.B. die Menarche ausgeblieben ist. Im zweiten Fall kann die Diagnose schon beim Neugeborenen bzw. dem Kleinkind gestellt werden, dabei erweist es sich oft als schwierig, primär eine richtige Geschlechtsbestimmung vorzunehmen.

Im Gegensatz zu den Gonaden entwickeln sich die übrigen inneren weiblichen und männlichen Geschlechtsorgane aus verschiedenen Anlagen. Dem Müller-Gang entstammen Tube, Uterus, Zervix und die oberen zwei Drittel der Vagina. Aus dem Wolff-Gang bilden sich Ductus deferens, Samenblase und Epididymis (s. Abb. 1.1).

Die Differenzierung der inneren und äußeren Genitalien erfolgt **beim weiblichen Geschlecht ohne Einwirkung von Sexualhormonen, beim männlichen ist sie hormonabhängig.** Wenn also in utero die Wirkung der Androgene ausfällt, kommt es auch beim Vorhandensein von Testikeln zur Ausbildung eines phänotypisch weiblichen Genitales, ungeachtet des chromosomal männlichen Geschlechtes. Umgekehrt kann die Entwicklung der inneren und äußeren weiblichen Genitalien durch endogen gebildete oder exogen zugeführte Androgene gehemmt oder gestört werden (Abb. 1.5).

Unter dem Begriff der Intersexualität werden heute die folgenden Störungen der Geschlechtsdifferenzierung verstanden:

- Hermaphroditismus verus; diesem Krankheitsbild ähnelt die gemischte Gonadendysgenesie.
- Pseudohermaphroditismus masculinus
- Testikuläre Feminisierung
- Pseudohermaphroditismus femininus

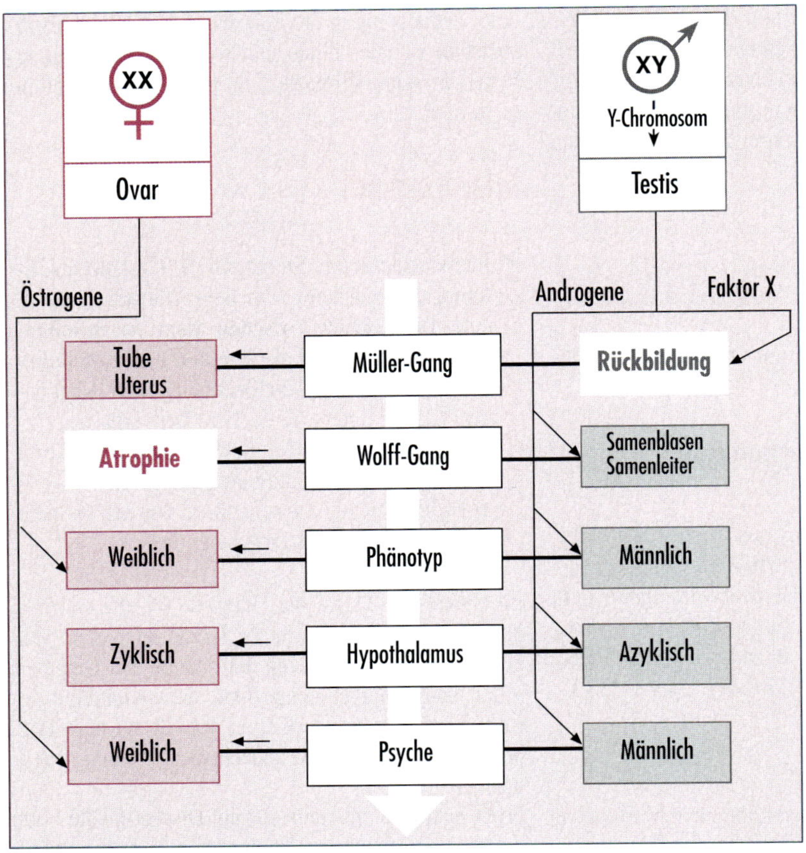

Abb. 1.5 Die zeitlich aufeinanderfolgenden Schritte bei der sexuellen Differenzierung und die Rolle der Sexualsteroide. Faktor X = Anti-Müller-Hormon (s. S. 5 u. 11).

Hermaphroditismus verus

Es handelt sich um ein gleichzeitiges Vorkommen von **Ovarial- und Hodengewebe** in einem Individuum, getrennt oder kombiniert (Ovotestis). Dieser Befund ist außerordentlich selten. Seit dem Jahre 1900 wurden nur einige hundert Fälle beschrieben. Chromosomal findet man entweder eine XX- oder eine XY-Konfiguration.

Befunde

Äußerlich bieten die Individuen das typische Bild der Intersexualität, wobei jedoch die weiblichen Merkmale überwiegen. So sind die Mammae bei der Mehrzahl der Betroffenen ausgebildet und $^{1}/_{3}$–$^{2}/_{3}$ menstruieren. Am äußeren Genitale fällt meist der kräftig entwickelte **Phallus** auf. Urethra und Vagina münden in einem Sinus urogenitalis. Meist ist ein hypoplastischer Uterus vorhanden. Wie bei allen intersexuell ausgebildeten Individuen fällt die Häufigkeit von Leistenhernien auf.

Am häufigsten findet sich die Kombination von Ovar und Testis oder Ovotestis und Ovar. Die Gonaden sind intraabdominal-labioskrotal gelegen.
Der ovarielle Anteil der Gonaden ist funktionell meist intakt. Deshalb kommt es zur pubertären Reifung mit ovulatorischem Zyklus. Der testikuläre Anteil läßt keine vergleichbare Ausreifung erkennen. Die Spermatogenese ist stets schwer gestört. Dagegen ist die endokrine Funktion meist erhalten und kann in der Pubertät eine Virilisierung zur Folge haben. Liegt ein Ovotestis vor, findet sich je nach dem Reifegrad der Komponenten ein Ductus deferens oder eine Tube.

Diagnose

Die Diagnose wird mit Hilfe der folgenden Methoden gestellt:

- Laparoskopie
- Chromosomenanalyse
- Histologischer Nachweis von Ovarial- und Testisgewebe

▶ **Therapie**

Sofern das Kind nicht übermäßig maskulinisiert ist und als Knabe aufgezogen wurde, sollte die weibliche Daseinsfunktion betont und unterstützt werden. Zur Vermeidung einer späteren Maskulinisierung und wegen des Risikos einer malignen Entartung (2%) sollte ein Testis oder ein Ovotestis entfernt werden. Zur Herstellung einer funktionsfähigen Vagina ist meist eine chirurgische Korrektur erforderlich. Eine Entfernung des Uterus kann notwendig werden, wenn eine Atresie des Zervikalkanals vorliegt. Muß das Kind als Knabe aufgezogen werden, sind eine plastische Rekonstruktion des Phallus, Entfernung der Gonaden und des Uterus und eine lebenslängliche Substitution mit Androgenen nicht zu umgehen. Die Belassung des testikulären Gewebes wäre wegen des Risikos der malignen Entartung (Gonadoblastom, Dysgerminom) nicht zu verantworten. Wegen der irreparablen Schädigung des Keimepithels wären diese Individuen auch dann steril, wenn das testikuläre Gewebe nicht exstirpiert würde.

Pseudohermaphroditismus masculinus

Bei diesem Krankheitsbild kommt es aufgrund eines **lokalen Androgenmangels** zu einer Störung der sexuellen Differenzierung genetisch und gonadal männlicher Individuen.

▶ **Ursachen**

Ursächlich besteht ein **Mangel an 5α-Reduktase** in den Zielorganen. Dieses Enzym bewirkt die Umwandlung von Testosteron in 5α-Dihydrotestosteron, das für die äußere Maskulinisierung verantwortlich ist.

Der Chromosomensatz enthält zwei Gonosomen (44/XY). Es besteht vermutlich ein autosomal-rezessiver Erbgang.

▶ **Befunde**

Wenn der Körperbau auch oft männlich geprägt erscheint, so kommen doch alle Übergänge zum weiblichen Phänotyp vor. Die Vagina endet blind. Im Inneren finden sich meist Tuben, aber kein Uterus. Es bestehen perineale Hypospadie und normal entwickelte Wolff-Gang-Strukturen: Samenleiter, Epididymis und Samenblasen. Die Testikel liegen meist intraabdominal an der Stelle der Ovarien oder im Leistenkanal. Pubes und Axillarbehaarung sind normal, eine Gynäkomastie kommt nicht vor.

Histologisch erkennt man nur wenig differenzierte Zellen im Samenepithel und Leydig-Zellen im Zwischengewebe.

▶ **Diagnose**

Es findet sich ein Karyotyp XY. Das Genitale ist intersexuell entwickelt. Das Serumtestosteron ist normal, 5α-Dihydrotestosteron erniedrigt. Der 5α-Reduktasedefekt ist in Gewebekulturen an Fibroblasten der Genitalhaut nachweisbar.

▶ **Therapie**

Eine Kastration sollte wegen des erheblichen Risikos der malignen Entartung der Testikel durchgeführt werden. Danach müssen Östrogene substituiert werden. Operative Korrekturen des äußeren Genitales müssen sich an der Geschlechtszuordnung orientieren.

Testikuläre Feminisierung

Bei diesen chromosomal und gonadal männlichen Individuen liegt ein kongenitaler Mangel eines zytoplasmatischen Androgenrezeptors, also eine **Androgeninsensivität**, vor. Es resultiert ein intersexuelles Genitale (Häufigkeit 1:20000).

▶ **Ursachen**

Die Androgeninsensivität ist nach der Gonadendysgenesie und der Vaginalaplasie die häufigste Ursache (10%) der primären Amenorrhö. Die komplette Form des testikulären Feminisierung wird X-chromosomal-rezessiv vererbt, doch scheint es sich bei manchen Fällen um eine Neumutation zu handeln. Der Gendefekt befindet sich auf dem X-Chromosom. Die seltenere inkomplette Form (ca. 10%) ähnelt klinisch der kompletten Form, zeichnet sich jedoch durch eine meist nur geringe Maskulinisierung aus (d.h. partielle Fusion der hinteren Labien und Hypertrophie der Klitoris). Da die in utero von den fetalen Testes gebildeten Androgene am Erfolgsorgan nicht wirksam werden, bleibt die Differenzierung des Wolff-Gang-Systems aus. Die Testes sind jedoch in der Lage, die Entwicklung der Müller-Gänge durch das Anti-Müller-Hormon weitgehend zu hemmen (Abb. 1.5). Es handelt sich also um die gestörte Virilisierung genetisch männlicher Individuen.

Da die Hoden während der Pubertät neben den unwirksam bleibenden Androgenen auch Östrogene produzieren, erfolgt eine mehr oder weniger normal wirkende Ausbildung weiblicher Konturen und äußerer Geschlechtsmerkmale.

▶ **Befunde**

Äußerer Habitus: Menschen mit testikulärer Feminisierung erscheinen äußerlich im allgemeinen als

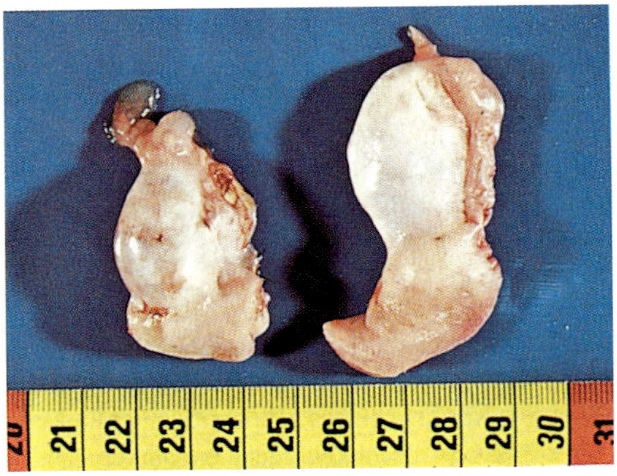

Abb. 1.6a Intraabdominell gelagerte Testes, die nach Abschluß der pubertären Entwicklung entfernt wurden.

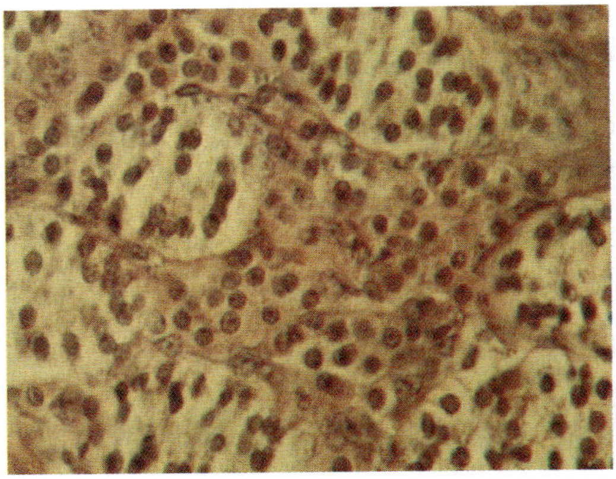

Abb. 1.6b Histologischer Schnitt des Operationspräparates aus a: Tubuli seminiferi mit fehlender Ausreifung des Germinalepithels.

normal weibliche Individuen mit guter Brustentwicklung, normal entwickelten äußeren Genitalien, hoher Stimmlage und einem weiblichen Fettverteilungsmuster. Charakteristisch und diagnostisch wichtig ist das Fehlen der Axillar- und Schambehaarung (**»hairless women«**). Die Körpergröße und die Ausprägung des Gebisses sind bei Frauen mit testikulärer Feminisierung überdurchschnittlich und entsprechen dem männlichen Geschlecht. Hierfür scheint ein auf dem Y-Chromosom lokalisiertes Gen bzw. mehrere Gene verantwortlich zu sein. Sexualhormone dürften dabei keine Rolle spielen.

Inneres Genitale: Die Vagina ist unterschiedlich lang ausgebildet, teilweise fehlt sie ganz. Sie ist um so kürzer, je ausgereifter die Hoden sind. Ein Uterus und die Eileiter fehlten zumeist. Die Testes liegen intraabdominell, inguinal oder labial.

▶ Diagnose

Die Diagnose ergibt sich leicht aus den genannten Befunden. Außerdem ist durch die Chromosomenanalyse das chromosomale Geschlecht XY nachweisbar. Das Serumöstradiol entspricht der frühen Follikelphase. Das Serumtestosteron liegt im unteren Normbereich des Mannes, ist also für die Frau erhöht. Als Folge der Androgeninsensivität hypothalamischer Zentren ist die Rückkopplung gestört und somit der LH-Spiegel meist erhöht.

▶ Therapie

Aufgrund ihres mehr oder weniger normal weiblichen Erscheinungsbildes werden die Individuen als Mädchen aufgezogen. Die Diagnose wird meist erst dann gestellt, wenn die Menarche ausbleibt, obwohl eine normale Brustentwicklung erfolgte. Die intraabdominell, im Leistenkanal oder den großen Schamlippen gelegenen Testes entarten in etwa 10% der Fälle maligne. Eine prophylaktische operative Entfernung der Testes sollte jedoch, wenn überhaupt, erst in Betracht gezogen werden, nachdem die pubertäre Entwicklung abgeschlossen ist (Abb. 1.6). Die Entscheidung sollte in jedem Falle individuell und unter Berücksichtigung der psychischen Situation des Patienten erfolgen. Wenn eine Kastration durchgeführt wird, ist eine lebenslängliche Substitution mit Östrogenen erforderlich (z.B. mit konjugierten Östrogenen oder in Kombination mit Gestagenen, wie im Cyclo-progynova, s. S. 71).

Da im Laufe von Kindheit und Adoleszenz meist eine psychosexuelle Identifizierung des an sich männlichen Individuums mit dem weiblichen Geschlecht erfolgt, sollte man jede zu weitgehende Aufklärung (tatsächliches Geschlecht!) vermeiden und die weibliche Daseinsform unbedingt unberührt lassen.

Pseudohermaphroditismus femininus

Bei dieser Form der Intersexualität kommt es aufgrund einer übermäßigen Androgeneinwirkung zu Vermännlichungserscheinungen bei genetisch weiblichen Individuen. Ätiologisch finden sich hier sehr unterschiedliche Sachverhalte.

Kongenitale Formen:

- Kongenitale Nebennierenrindenhyperplasie (adrenogenitales Syndrom = AGS)
- Androgeneinwirkung auf den weiblichen Embryo (virilisierender Tumor der Mutter, exogene Androgenzufuhr)

Erworbene Formen:
- Postnatale Manifestation einer Nebennierenhyperplasie (AGS)
- Virilisierender Tumor des Ovars
- Virilisierender Tumor der Nebenniere

Aus der **Art der Virilisierung** läßt sich der **Zeitpunkt** abschätzen, zu dem der androgene Stimulus wirksam zu werden begann (Tab. 1.1, Abb. 1.7).

Adrenogenitales Syndrom (AGS)

Die häufigste Form des Pseudohermaphroditismus femininus ist das adrenogenitale Syndrom (AGS), bei welchem die auf einem Enzymdefekt der Nebennierenrinde beruhende **übermäßige Produktion von Androgenen während der Embryogenese** oder aber, mit gewisser Verzögerung, **prä- und postpuberal** wirksam geworden ist. Die Häufigkeit der AGS wird für Mitteleuropa mit 1:7500 angegeben, der Vererbungsmodus ist autosomal-rezessiv.

Tab. 1.1 Fehlbildungen beim AGS.

Vor der 12. Fetalwoche:
– Hemmung des Descensus vaginae
– Persistierender Sinus urogenitalis
– Fusion der Labien
– Ausbildung eines Phallus
Nach der 14. Fetalwoche:
– Keine Persistenz des Sinus urogenitalis
– Keine Fusion der Labien
– Klitorishypertrophie mit oder ohne Einbeziehung der Urethra
Störungen in der Adoleszenz bzw. beim Erwachsenen:
– Umwandlung zum maskulinen Habitus
– Kräftige Muskulatur
– Hirsutismus
– Kopfbehaarungsänderung (»Geheimratsecken«)
– Akne und Seborrhö
– Vertiefung der Stimme
– Atrophie der Mammae
– Amenorrhö

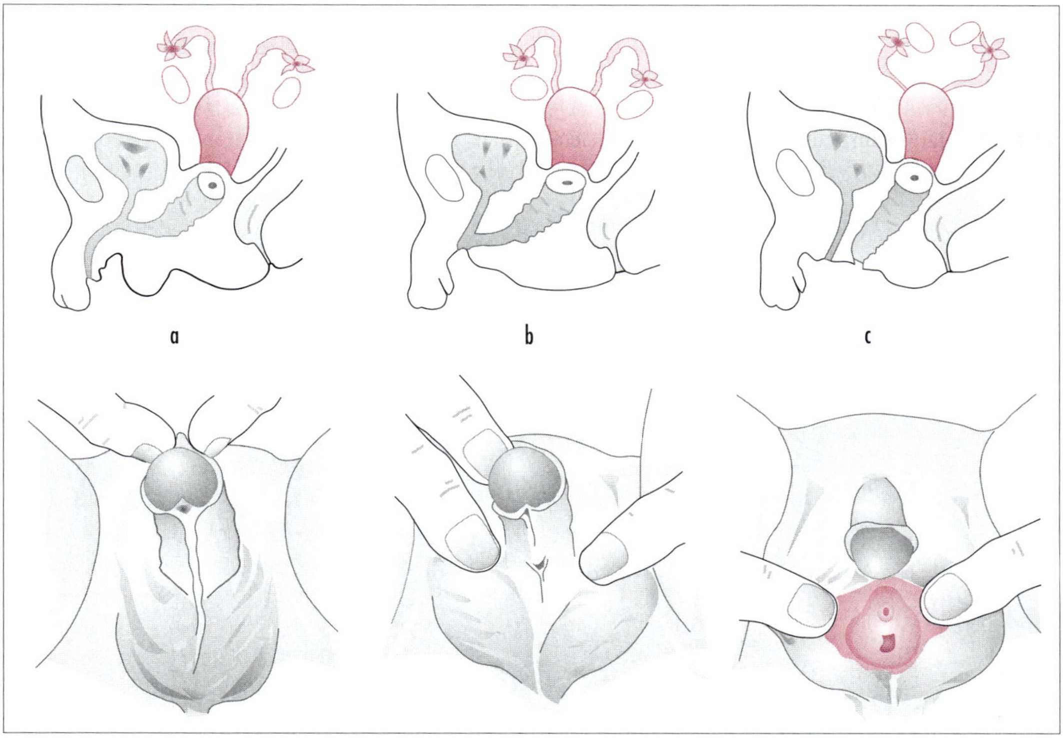

Abb. 1.7 Schematische Darstellung der verschiedenen Grade der Maskulinisierung beim androgenitalen Syndrom.
a Urethra mündet in die Vagina, penile Urethra, Verwachsung der kleinen Labien
b Klitorishypertrophie, die Vagina mündet in den Sinus urogenitalis, Meatus urethrae an der Basis des Phallus, unvollständige Fusion der Labien
c Klitorishypertrophie bei sonst normalem Genitale
a u. b Androgener Stimulus vor der 12. Embryonalwoche
c spätere Manifestation

▶ Ursachen

Beim AGS kommt es aufgrund von genetisch determinierten, kongenitalen Enzymschäden der Nebenniere, die sich zu unterschiedlichen Zeitpunkten manifestieren können, zum teilweisen oder völligen **Ausfall der Kortisol- und Kortisonbildung**. Hierdurch wird der Regelkreis zwischen Nebennierenrinde und Hypothalamus bzw. Hypophyse im Sinne einer negativen Rückkoppelung beeinflußt (Abb. 1.8).

Als Reaktion auf den verminderten Plasmaspiegel des Kortisols erfolgt eine vermehrte Ausschüttung von ACTH. Dies führt zu einer pathologischen Steigerung des Stoffwechsels der Nebennierenrinde, wobei es zur vermehrten Bildung von Kortisolvorstufen und, histologisch, zur benignen **Rindenhyperplasie** kommt. Die Steroidvorstufen werden vornehmlich zu Steroiden mit androgenen Wirkungen, z.B. DHEA-S, jedoch auch zu Pregnandiol und Pregnantriol, metabolisiert und im Harn augeschieden (Abb. 1.9). Der häufigste Enzymdefekt betrifft die 21-Hydroxylase (80%) (Tab. 1.2).

▶ Symptome

Das Erscheinungsbild des AGS wird durch die Einwirkung erhöhter Androgenmengen und durch den mehr oder weniger weitgehenden Ausfall von Gluko- und Mineralokortikoiden verständlich. Die resultierende Virilisierung nimmt, je nach dem **Zeitpunkt der ersten Androgeneinwirkung**, unterschiedliche Ausmaße an (Abb. 1.10 a–c; Tab. 1.1):

Bei der **klassischen,** durch einen **21-Hydroxylasedefekt** verursachten Form der AGS weisen weibliche Neugeborene eine Virilisierung erheblichen, wenn auch unterschiedlichen Ausmaßes auf. Ein Salzverlustsyndrom manifestiert sich schon in der 2.–3. Woche post partum. Die Hauptsymptome sind Erbrechen und Schock. Die Virilisierung schreitet im Kindesalter fort, es kommt vorzeitig zum Wachstum der Achsel- und Schambehaarung. Die Entwicklung der sekundären weiblichen Geschlechtsmerkmale und die Menarche bleiben aus. Die anabole Wirkung der Androgene führt im Falle eines präpuberalen AGS zunächst zu beschleunigtem Wachstum, durch vorzeitigen Epiphysenschluß bleiben die Kinder später hinsichtlich ihrer definitiven Größe jedoch hinter der Altersnorm zurück.

Bei der **Spätform** bzw. der **kryptischen Form des AGS** manifestieren sich die Auswirkungen des 21-Hydroxylasemangels erst in der Kindheit oder während bzw. nach der Pubertät. In diesen Fällen findet man keine genitalen Fehlbildungen, die Symptomatik beschränkt sich auf Menstruationsstörungen, Akne und Hirsutismus. Eine Verbindung zum HLA-System besteht: Das defekte Gen auf Chromosom 6 befindet sich nahe dem HLA-Locus B und D.

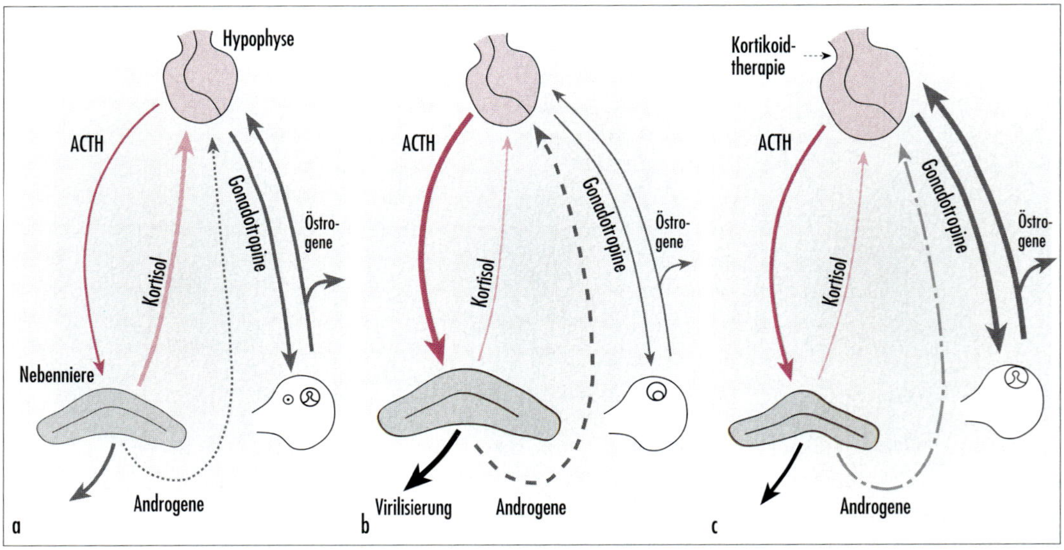

Abb. 1.8 Die funktionelle Verknüpfung von Adenohypophyse, Ovar und Nebennierenrinde.
a Normalperson
b Adrenokortikale Hyperplasie (unbehandelt)
c Adrenokortikale Hyperplasie (behandelt)

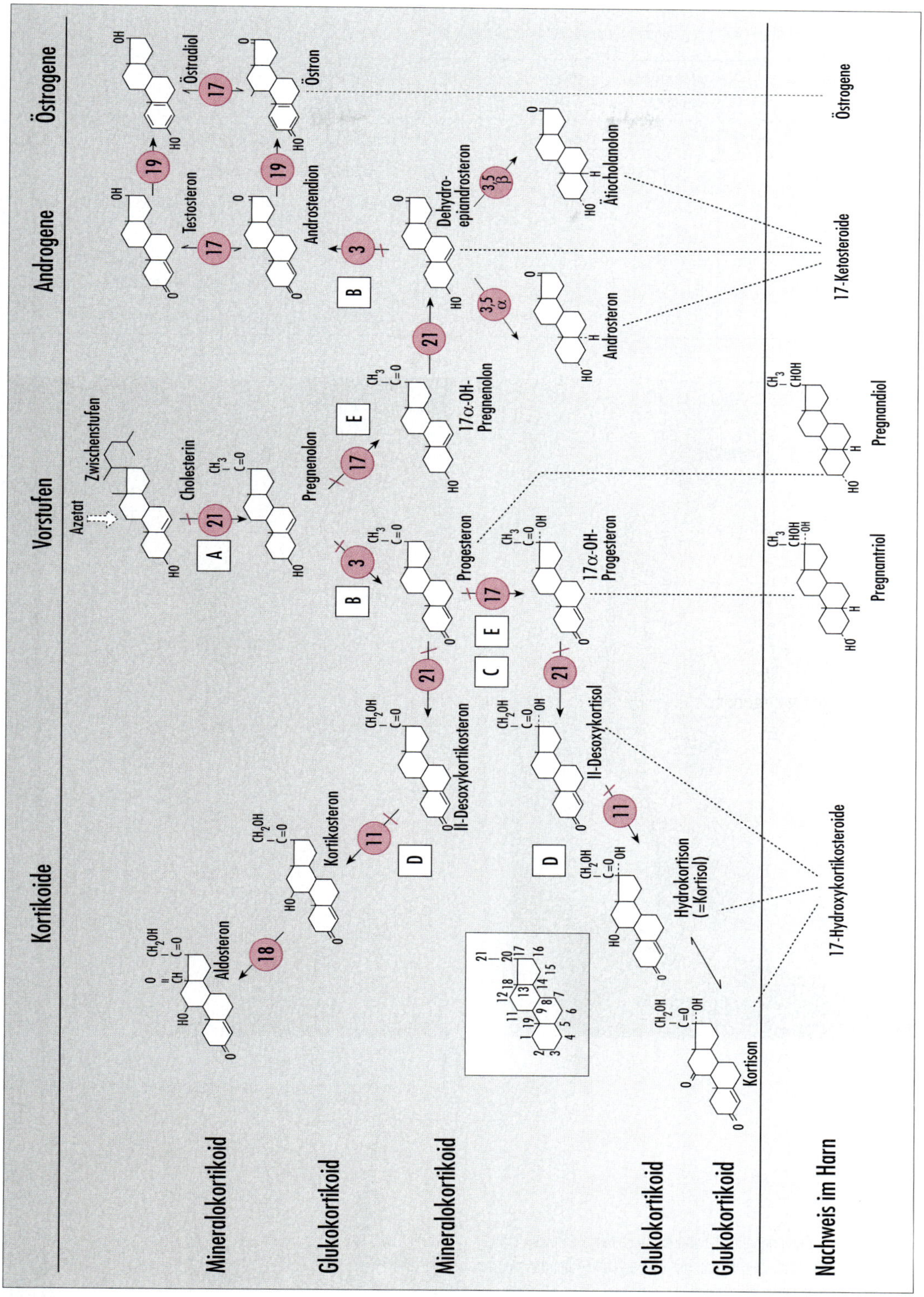

Abb. 1.9 Schematische Darstellung der Steroidgenese in der Nebennierenrinde und der bisher beschriebenen Enzymdefekte beim adrenogenitalen Syndrom. Die umrandeten Zahlen zeigen den Angriffspunkt der jeweiligen Enzymaktivität an. // = Enzymblock. A = 20,21-Ketodesmolase-Block, B = 3-β-ol-Dehydrogenasen- und D-4,5-Isomerasen-Block. C = 21-Hydroxylase-Block, D = 11-Hydroxylase-Block, E = 17-Hydroxylase-Block

Tab. 1.2 Differentialdiagnose hereditärer Störungen der Steroidbildung.

Enzymdefekt	Intersexuelles Genitale	Salzverlust	Hypertonus	Adrenale Androgene	Krankheitsbild
20,22-Ketodesmolase	– +	+	–	erniedrigt	Lipoidhyperplasie der NNR
17α–Hydroxylase	– –/?	–	+	erniedrigt	uneinheitliches Syndrom
3β-ol-Dehydrogenase	(+) +	+	–	erhöht	kongenitales adrenogenitales Syndrom
21-Hydroxylase					
ohne Salzverlust	+ –	–	–	erhöht	kongenitales adrenogenitales Syndrom
mit Salzverlust	+ –	+	–	erhöht	kongenitales adrenogenitales Syndrom
11β-Hydroxylase	+ –	–	+	erhöht	kongenitales adrenogenitales Syndrom

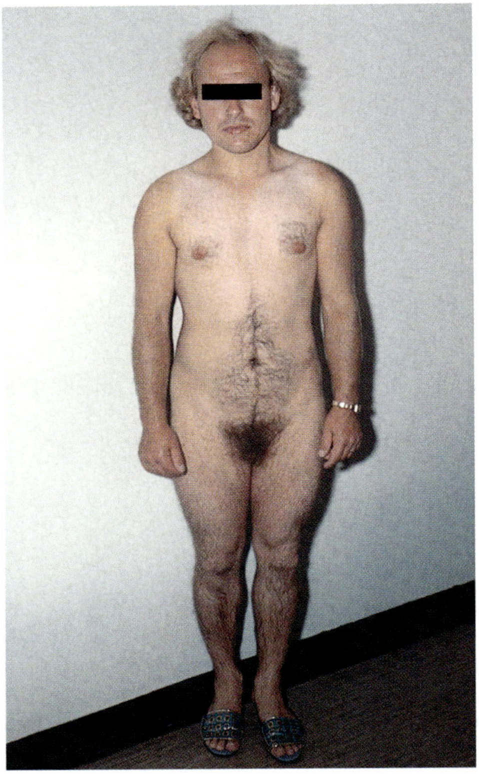

a

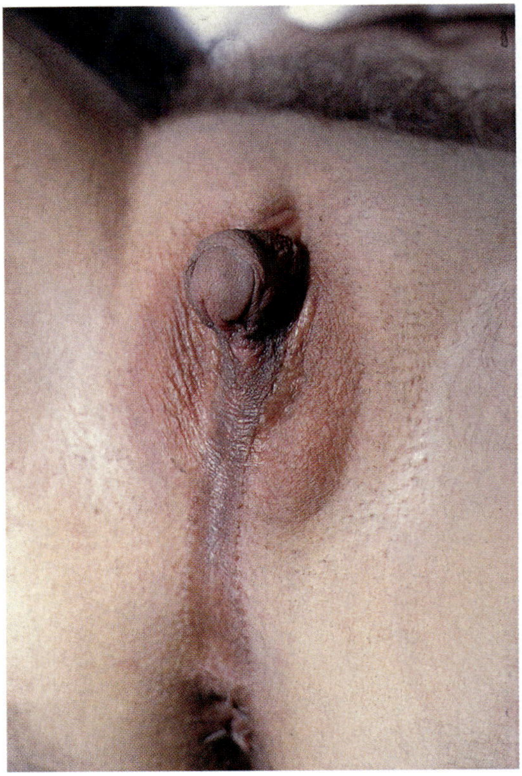

b

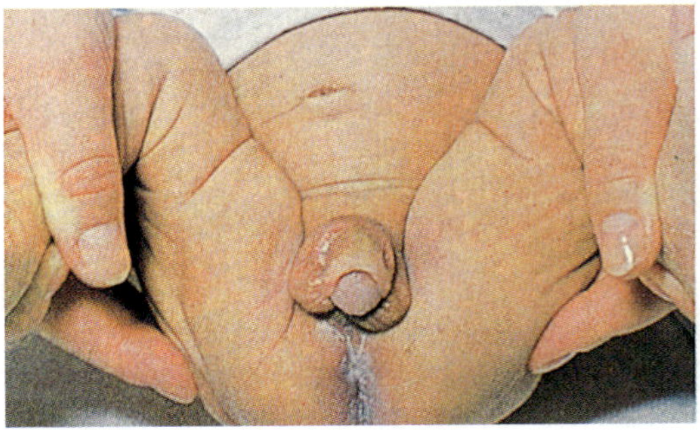

c

Abb. 1.10 a Adrenogenitales Syndrom bei einer 33jährigen Frau.
b Klitorishypertrophie und Fusion der kleinen Labien bei der gleichen Patientin (Schambehaarung entfernt).
c Intersexuelles Genitale mit skrotumartiger Verwachsung der kleinen Labien und Phallusbildung bei einem Neugeborenen mit AGS und Salzverlustsyndrom.

► Diagnostik

Am Anfang der Diagnostik sollte der Nachweis des chromosomalen Geschlechtes stehen (XX). Es ist sodann zwischen kongenitalen und später aufgetretenen Virilisierungserscheinungen zu unterscheiden.

Kongenitale Form: Am wahrscheinlichsten ist hier ein **angeborenes AGS**. Lediglich bei Patientinnen mit einem normalen DHEA-S-Spiegel im Serum ist eine Androgenbeeinflussung über die Mutter während der Fetalzeit denkbar. Im **Serum** findet man erhöhte Werte für:

- Testosteron
- DHEA-S
- Androstendion
- 17α-Hydroxyprogesteron
- ACTH

Erhöhte Werte im **Urin**:

- Pregnantriol
- Pregnantriolon

Der sehr seltene **Hermaphroditismus verus** könnte nur durch histologische Untersuchungen ausgeschlossen werden.

Postpartal manifestierte äußere Vermännlichung: Hierzu muß vor allem ein neoplastischer Prozeß ausgeschlossen werden. Bei Adenomen und Karzinomen der Nebennierenrinde sind im Serum erhöht:

- Dehydroepiandrosteron
- Testosteron
- Androstendion
- Andere Androgene
- 17α-Hydroxyprogesteron

Eine Unterscheidung zwischen gutartiger Hyperplasie, Nebennierenrindentumor bzw. einer Androgenbildung durch die Ovarien, bzw. der NNR, ist durch einen **Hemmtest** mit Dexamethason und einem Östrogen-Gestagen-Präparat möglich:

- Bei **benigner Hyperplasie der Nebennierenrinde** kommt es bei täglicher Verabreichung von 2–3 mg Dexamethason oder der entsprechenden Dosis eines anderen Kortikoids durch Hemmung der ACTH-Ausschüttung innerhalb weniger Tage zu einer Verminderung der Androgensekretion von 50% und mehr. Diese Reaktion fehlt bei Tumoren im allgemeinen.
- Eine **ovarielle Herkunft der Androgene** (z.B. polyzystisches Ovar, Hyperthekose) ist anzunehmen, wenn es während der zusätzlichen Gabe eines Östrogen-Gestagen-Präparates zu einer weiteren Senkung des Serumspiegels von Testosteron kommt.
- Wenn die Androgene einem **Ovarialtumor** entstammen (z.B. Arrhenoblastom, Thekom s.S.25), so erfolgt in der Regel kein Abfall des Serumspiegels, wenn die Ovarialfunktion durch einen Ovulationshemmer gehemmt wird.

Zur weiteren Abklärung bei Tumorverdacht werden radiologische Methoden, die Computertomographie und der sogenannte **Stufenkatheterismus** eingesetzt: Wenn z.B. in der Blutprobe aus der rechten Vena suprarenalis ein im Vergleich zum peripheren venösen Blut um ein Mehrfaches erhöhter Androgenspiegel festgestellt wird, ist das Vorhandensein eines Adenoms oder Karzinoms in der rechten Nebenniere anzunehmen.

► Therapie

Typisches AGS: Die Therapie der Wahl ist die **Langzeitgabe von Kortison**. Letztere bewirkt durch Verminderung der ACTH-Ausschüttung eine Herabsetzung der pathologisch gesteigerten Androgensynthese. Damit entfallen die unerwünschte anabole Wirkung (gesteigertes präpubertäres Wachstum) und die Hemmung der Gonadotropine (Amenorrhö). Hirsutismus und Virilisierung werden durch die Therapie leider nur wenig oder gar nicht beeinflußt. Die Steroidtherapie stellt zugleich die Substitution der unzureichend gebildeten Kortikoide dar. Da der Enzymdefekt selbst nicht behoben werden kann, ist eine lebenslängliche Substitution erforderlich.

Vor der Pubertät sollten die genitalen Fehlbildungen chirurgisch beseitigt werden (Korrektur oder Entfernung der Klitoris, Spaltung der fusionierten Labien, Erweiterung des Introitus vaginalis).

> ! Die Behandlung muß so früh wie möglich einsetzen. Im Idealfall kommt es nach der Beseitigung der Gonadotropinhemmung zur normalen weiblichen Entwicklung mit ovulatorischen Zyklen und normaler Menstruation. In diesen Fällen ist auch eine Schwangerschaft möglich. Die frühzeitige Behandlung ist auch erforderlich, um die psychosexuelle Reifung und Geschlechtsidentifizierung nicht zu gefährden.

Spätform der AGS: Es ist lediglich eine Suppression mit einem **Glukokortikoid** erforderlich (Late-onset-AGS).

Androgenbildung durch Tumoren: Sofern die krankhafte Androgenbildung durch Nebennierenrinden- oder Ovarialtumoren bedingt ist, besteht die Therapie in der **Exstirpation** des entsprechenden Tumors. Die Virilisierungserscheinungen können sich danach allmählich zurückbilden (s. a. Kap. »Hirsutismus«).

Hirsutismus bei polyzystischen Ovarien: Diagnostik und Therapie s. S. 66 f.

Psychische Intersexualität

Psychische Intersexualität manifestiert sich als **Homosexualität, Transvestitismus** und **Transsexualität**. Bei den beiden letztgenannten Störungen der psychosexuellen Prägung ist die angestrebte sexuelle Beziehung eindeutig heterosexuell, die eigene Rolle gegengeschlechtlich. Der Transvestit beschränkt sich darauf, die Rolle des anderen Geschlechts zu spielen, während der Transsexuelle auch körperlich dem anderen Geschlecht zugehören will und dabei chirurgische Eingriffe erheblichen Umfangs in Kauf zu nehmen bereit ist.

▶ Ursachen

Über die möglichen Ursachen besteht Unklarheit. Für chromosomale und genetische Störungen liegen keine Anhaltspunkte vor.

▶ Diagnose

Die Diagnose wird im wesentlichen durch eine umfassende Anamnese gestellt. Eine organisch bedingte Intersexualität muß ausgeschlossen werden.

▶ Therapie

Bezüglich der Homosexualität und des Transvestitismus muß auf die sexualmedizinische und psychiatrische Literatur verwiesen werden. Die chirurgische Angleichung umfaßt folgende Eingriffe:

Mann zu Frau:

- Orchidektomie
- Amputation des Penisschafts
- Anlegen einer Neovagina, die mit der Penishaut ausgekleidet wird
- Konstruktion von Schamlippen aus Skrotalhaut
- Danach Dauersubstitution mit Östrogenen

Frau zu Mann:

Hier ist die chirurgische Umwandlung weniger akzeptabel. Sie betrifft:

- Ovariektomie
- Kolpo-Hysterektomie
- Verlängerung der Urethra und Aufbau der Klitoris
- Evtl. Einpflanzung von Silastikkugeln als Ersatztestis
- Danach Dauersubstitution mit Androgenen

Fehlbildungen des weiblichen Genitales (ohne Intersexualität)

Die Fehlbildungen des weiblichen Genitales lassen sich zumeist durch eine unterschiedlich starke **Störung der Vereinigung der Müller-Gänge** und/oder durch ein **Ausbleiben der Lumenbildung** erklären (Abb. 1.11).

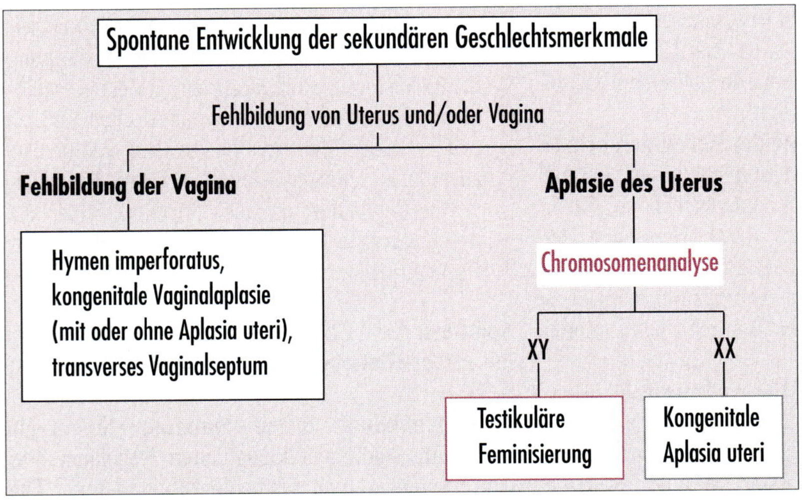

Abb. 1.11 Differentialdiagnose bei primärer Amenorrhö mit Fehlbildung von Uterus oder Vagina.

Aplasie von Uterus und Vagina (Mayer-Rokitansky-Küster-Syndrom)

Es handelt sich um ein **Ausbleiben der Kanalisierung des Genitalstranges**. Der Introitus ist normal angelegt, die Vagina fehlt. Rektal ist die rudimentäre Anlage des Uterus als strangförmiges Gebilde palpabel.

▶ Ursache

Welche Noxen etwa im 2. Embryonalmonat wirksam werden müssen, um diese Hemmungsfehlbildungen zu verursachen, ist ungewiß. Häufigkeit: 1:4000–5000 der gynäkologischen Patientinnen.

▶ Symptome und Befunde

Da die Patientinnen zunächst keine Beschwerden haben, wird die Diagnose in der Regel erst in der Pubertät gestellt, wenn die **primäre Amenorrhö** abgeklärt werden soll, oder wenn **Kohabitationsbeschwerden** offenbar werden. Es handelt sich stets um Individuen mit einem normal weiblichen chromosomalen und gonadalen Geschlecht, dementsprechend ist die Entwicklung des weiblichen Habitus, der Mammae und der Vulva normal. Bei einer Basaltemperaturmessung ergibt sich meist ein biphasischer Verlauf, da die Ovarialfunktion in der Regel nicht gestört ist. Während der hyperthermen Phase ergibt die Progesteronbestimmung Werte, die einer normalen Lutealphase entsprechen. Wenn ein rudimentäres Cavum uteri vorhanden ist, kann es als Folge von endometrialen Blutungen zur Hämatometra kommen (s. Hymenalatresie).

▶ Diagnose

Die Bestimmung des Kerngeschlechts (s. S. 3 und 72 f.) fällt positiv aus, die Chromosomenanalyse ergibt einen normal weiblichen Karyotyp (46/XX).
Laparoskopisch findet sich ein »leeres« Becken. An der seitlichen Beckenwand befinden sich rudimentäre Uterushörner und an deren kranialem Ende lange Tuben. Entsprechend dem Grad der Fehlbildung liegen die Ovarien ebenfalls kranial verlagert. Relativ häufig weisen die Ovarien eine glatte Oberfläche ohne Follikelsprungnarben auf und sind spindelförmig ausgezogen. Bei fast jeder 2. Patientin liegt gleichzeitig eine **Fehlbildung der Nieren oder der ableitenden Harnwege** vor (Pyelogramm veranlassen!).

▶ Differentialdiagnose

Auch bei der testikulären Feminisierung (s. S. 11) kann eine hochgradige Aplasie der Vagina vorliegen. In diesem Fall fehlt jedoch die Sexualbehaarung, die bei den Patientinnen mit Vaginalaplasie nach der Pubertät normal ist. Ferner ist das Kerngeschlecht bei der testikulären Feminisierung negativ, und es liegt ein Karyotyp 46/XY vor.

▶ Therapie

Die operative Bildung einer künstlichen Scheide ist nicht besonders schwierig. Bis regelmäßige Kohabitationen stattfinden, ist das längere Tragen eines elastischen Kunststoffphantoms nötig. In manchen Fällen kann durch konsequent durchgeführte Dehnungen mit einem Phantom auf unblutige Weise Kohabitationsfähigkeit hergestellt werden.

Hymenalatresie

▶ Ursache

Die Ursache der Hymenalatresie liegt im Fehlen des Durchbruchs der Membran am Müller-Hügel.

▶ Symptome und Befunde

Charakteristisch sind **»Molimina menstrualia« ohne Blutung**, also in Intervallen auftretende Schmerzen im Unterbauch, z.T. verbunden mit Übelkeit und allgemeinem Krankheitsgefühl. Die Beschwerden, die durch den Rückstau des Menstrualblutes in Vagina (Hämatokolpos), Uterus (Hämatometra) und Tuben (Hämatosalpinx) hervorgerufen werden, steigern sich meist von Mal zu Mal. Die Hämatosalpinx kann zur dauernden Schädigung des Organs führen.
Bei der Untersuchung zeigt sich eine Vorwölbung des Hymens, durch die das gestaute Blut dunkel durchschimmert. Rektal läßt sich meist eine zystische, in der Mittellinie gelegene Resistenz nachweisen, die oft über die Symphyse reicht. Eine genauere Abgrenzung ist gegebenenfalls durch eine sonographische Untersuchung möglich.

▶ Diagnose

Die Diagnose dieser relativ häufigen Fehlbildungen geschieht in der Regel erst während der Pubertät. Bei unklaren Unterbauchbeschwerden junger Mädchen sollte grundsätzlich erfragt werden, ob überhaupt Menstruationen erfolgen und in welchen Intervallen die Schmerzen auftreten.

▶ Therapie

Das gestaute und eingedickte Menstrualblut muß unbedingt abgelassen werden, da es sonst durch Rückstau zu einer permanenten Schädigung der Eileiter kommen kann. Die Spaltung des Hymen imperforatus erfolgt unter Antibiotikaschutz. Dieser Eingriff sollte wegen Infektionsgefahr nicht ambulant durchgeführt werden. Eine Aszension in die Tuben könnte Sterilität zur Folge haben.

Gelegentlich gibt es auch Fälle, bei denen es hinter einem hochsitzenden Vaginalverschluß zu einer Blutansammlung mit gleichen Symptomen kommt. In diesem Fall ist ein umfangreiches operatives Vorgehen notwendig.

Sonstige Fehlbildungen

> Durch mangelhafte Verschmelzung der Müller-Gänge bzw. einseitige Fehlanlage entstehen verschiedenartige Fehlbildungen von Uterus (Abb. 1.12) und Vagina.

Vaginalsepten

Die Vagina kann teilweise oder vollständig durch ein Septum geteilt sein. In der Regel bestehen keine Beschwerden. Der Befund wird oft erst anläßlich einer gynäkologischen Untersuchung oder einer Geburt diagnostiziert. Falls ein Konzeptions- oder Geburtshin-

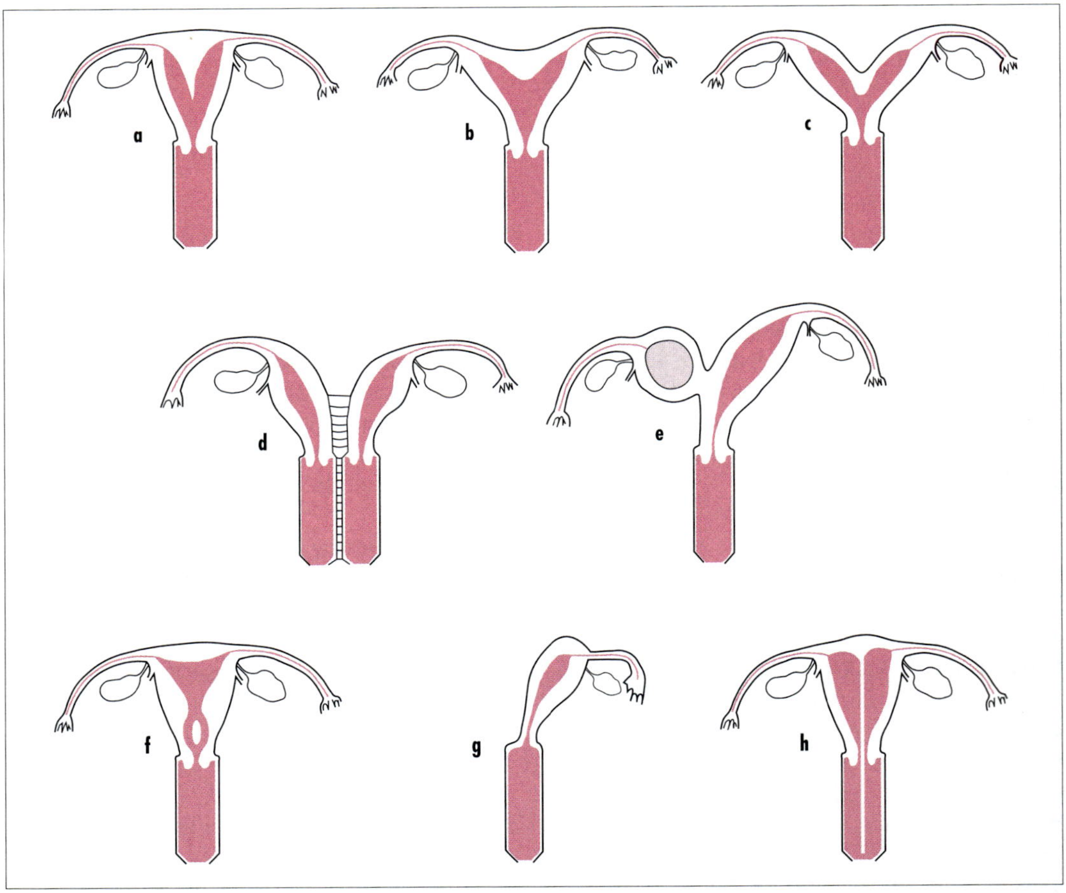

Abb. 1.12 Beispiele für Uterusfehlbildungen als Folge gestörter Vereinigung und Entwicklung der Müller-Gänge. Besonders häufig sind die Anomalien b (Uterus arcuatus) und c (Uterus bicornis unicollis). Im Beispiel e hat sich bei Fehlen der Kommunikation mit der Vagina eine Hämatometra im Nebenhorn ausgebildet.

dernis besteht, werden die Septen gespalten und abgetragen.

Fehlbildungen des Uterus

Die symmetrischen und asymmetrischen Fehlbildungen des Uterus sind in Abbildung 1.12 zusammengestellt. Bei den Uterussepten ist der Uterus äußerlich normal gestaltet. Das Septum kann auf die Zervix beschränkt sein (Uterus biforis, Abb. 1.12f) oder vom Fundus aus in das Kavum vorspringen (Uterus subseptus, Abb. 1.12a). In schweren Fällen besteht eine völlige Trennung des rechten und des linken Kavums, wobei sich das Septum häufig in die Vagina fortsetzt (Uterus septus duplex cum vagina septa, Abb. 1.12h). Die Bedeutung der Uterusfehlbildungen liegt auf drei Gebieten:

- Die Fehlbildungen können Menstruationsauffälligkeiten zur Folge haben (abgeschwächte, verstärkte, verlängerte Blutungen; Dysmenorrhö; Hämatometra).
- Sie können Sterilität bedingen oder begünstigen.
- Sie können Störungen des Schwangerschaftsverlaufes zur Folge haben (Aborte, Frühgeburten, Plazentainsuffizienz).

▶ Diagnose

Die Abklärungsdiagnostik umfaßt:

- Inspektion und Palpation
- Laparoskopie
- Röntgenkontrastfüllung des Cavum/Hysterographie)
- Endoskopische Untersuchung (Hysteroskopie)
- Hystero-Salpingo-Kontrastsonographie

▶ Therapie

Die genannten Folgen werden an den entsprechenden Stellen im Zusammenhang abgehandelt, insbesondere die operative Korrektur eines Uterus bicornis durch die Straßmann-Operation (s. S. 128) oder Laserresektion.

1.2 Entwicklung der Fortpflanzungsorgane und der sekundären Geschlechtsmerkmale von der Geburt bis zur Geschlechtsreife

Stadien der Geschlechtsentwicklung

Alle spezifisch weiblichen Organe und ihre Funktionen stehen in Beziehung zur **Fortpflanzung**, sind also auf Konzeption, Schwangerschaft, Geburt und Stilltätigkeit eingerichtet. Eine diesbezügliche Nutzung erfolgt im Einzelfall in sehr unterschiedlicher Weise. Dabei ist bemerkenswert, daß die Fähigkeit zur Fortpflanzung bei der Frau erst relativ spät erworben wird und – gemessen an der gesamten Lebensspanne – auch verhältnismäßig zeitig erlischt.

Unabhängig vom Ziel der Fortpflanzung kann man auch in der Befähigung zur **ungestörten sexuellen Tätigkeit** eine praktisch wesentliche Funktion der weiblichen Organe sehen, deren Störung klinische Bedeutung erlangt.

> Die Funktion der weiblichen Genitalorgane ist nicht nur von der anatomischen Integrität abhängig, sondern in obligater Weise an eine **Stimulierung durch bestimmte Wirkstoffe (Hormone)** gebunden. Diese Stimulierung ist **altersabhängig**.

Je nach Stadium der organischen Reife und der funktionellen Aktivität sind also zu unterscheiden:

• Neugeborenenstatus		(<1. J.)
• Ruhestadium der Geschlechtsentwicklung		(1.–8. J.)
• Präpubertät	Reifungsphase	(8.–12. J.)
• Pubertät		(12.–15. J.)
• Adoleszenz		(15.–18. J.)
• Geschlechtsreife		(18.–45. J.)
• Klimakterium	Prämenopause	(45.–55. J.)
	Postmenopause	
• Senium		(>55. J.)

Als wesentliche Zäsuren im Leben der Frau sind anzusehen:

- **Menarche** als Zeitpunkt der ersten Genitalblutung (mit 10,5–15,5 Jahren)
- **Menopause** als Zeitpunkt der letzten typischen Genitalblutung (im 45.–52. Lebensjahr; große Varianz)

Die typisch weiblichen Funktionen sind, mit gewisser Ausnahme der sexuellen Betätigungsmöglichkeit, lediglich während der Geschlechtsreife voll ausgeprägt. Der Prozeß der Reifung und die funktionellorganischen Besonderheiten der Geschlechtsreife selbst beanspruchen deshalb besondere ärztliche Beachtung.

Hormoneller Status des Neugeborenen

Beim Fetus findet sich – wie bei der Mutter – ein hoher Serumspiegel von Östradiol und Progesteron. Die Konzentration von HCG ist dagegen niedrig (ca. 18%). Mammae und Uterus des neugeborenen Mädchens zeigen deshalb eine im Vergleich zum Kleinkind auffallende Stimulierung des Wachstums, die sich postnatal wieder zurückbildet. Auch Vaginalmukosa und Endometrium zeigen östrogenbedingte Proliferationserscheinungen. Im Vaginalepithel ist Glykogen eingelagert. Das Vaginalmilieu weist wie bei der geschlechtsreifen Frau einen pH von 4,5–5 auf. Nach der Geburt kann es zum blutigen Ausfluß im Sinne einer Östrogenentzugsblutung kommen. Die inneren Geschlechtsorgane können also schon viele Jahre vor der Pubertät auf den organspezifischen Stimulus ansprechen.

Ruhestadium der Geschlechtsentwicklung

Bis zum 7./8. Lebensjahr ist die Sekretion der hypophysären (LH, FSH) und ovariellen (Östradiol, Androgene) Hormone sehr gering und gleichförmig, die Werte liegen deutlich unter denen, die in der Pubertät und beim Erwachsenen gefunden werden. Der Reifegrad der Gonaden und Geschlechtsorgane ändert sich bis zum Beginn der Pubertät nicht mehr wesentlich.

Präpubertät

Welche Ursachen beim präpuberalen Kind den Beginn der Geschlechtsentwicklung auslösen, ist noch nicht völlig abgeklärt. Die zeitliche Abfolge der endokrinologischen Veränderungen wurde in Abbildung 1.13 dargestellt.

Der eigentliche **Beginn der Pubertät** ist beim Mädchen durch den **Beginn der Östrogensekretion** gekennzeichnet. In den folgenden Jahren steigt die Produktion stetig an. Noch vor der Menarche werden die Werte der erwachsenen Frau erreicht. Die steigende Östrogensekretion bewirkt eine vermehrte Fettablagerung an Hüften, Mammae und Gesäß und beeinflußt das Breitenwachstum des knöchernen Beckens, während die adrenalen Androgene das Knochenwachstum fördern. Der Wachstumsschub kommt erst mit Schließung der Epiphysenfugen zum Abschluß.

Zwischen dem 10. und 11. Lebensjahr beginnt die Knospung der Brüste, die **Thelarche**. Die endgültige Entwicklung der Mammae ist etwa 2–4 Jahre nach der Menarche abgeschlossen, wenn Progesteron auch das alveoläre Wachstum angeregt hat und weiter unterhält. Die wichtigsten Stadien der pubertären Entwicklung des Mädchens und deren Charakteristika sind in Abbildung 1.14 aufgeführt.

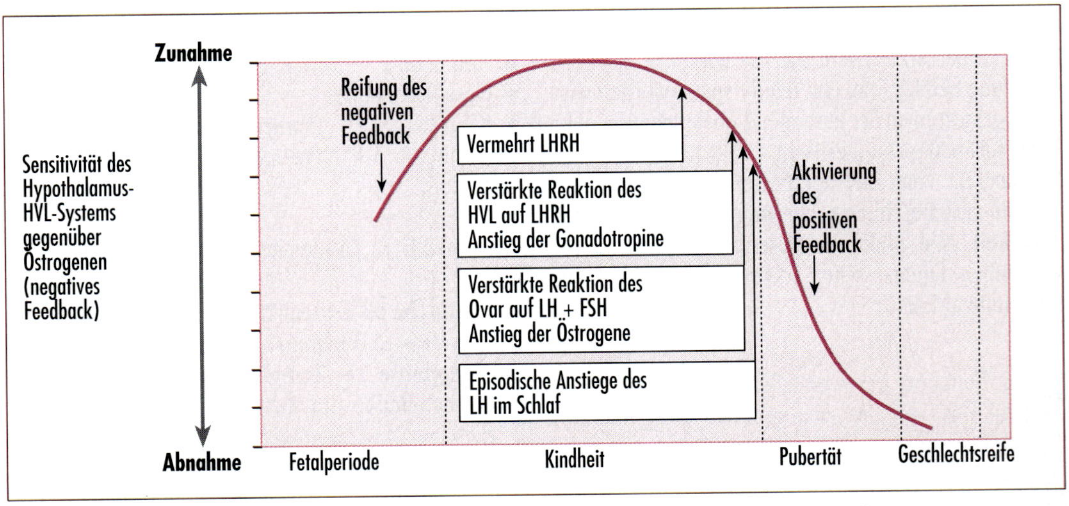

Abb. 1.13 Veränderungen in der Sensitivität des Hypothalamus-Hypophysen-Systems (»Gonadostat«) gegenüber Östrogenen in verschiedenen Lebensphasen.

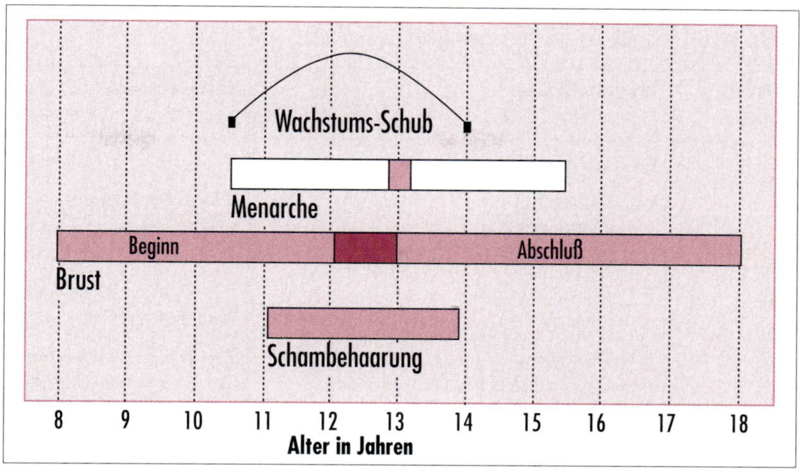

Abb. 1.14 Das zeitliche Auftreten von Reifemerkmalen beim pubertären Mädchen.

Pubertät

Die Pubertät stellt als Übergangsphase von Kindheit zu Adoleszenz eine Periode dar, in welcher das Mädchen physischen und psychischen Störfaktoren gegenüber besonders anfällig ist.

Normaler Verlauf

Unter normalen Verhältnissen verläuft die Pubertät in der folgenden Abfolge:
- Thelarche
- Pubarche
- Wachstumsschub
- Menarche

Zu Beginn der Reifungsjahre gewinnt der Hypothalamus die Fähigkeit, **GnRH (Gonadotropin-releasing-Hormon)** pulsativ mit einer Frequenz von 90 Min. freizusetzen. Dies führt zu synchronen »LH-Pulsen«, die anfangs nur in den Nachtstunden auftreten, sich aber mit der Zeit zu allen Tageszeiten erkennen lassen. Die durch Östrogene stimulierte **Brustentwicklung**, insbesondere der Milchgänge, wird um das 10. Lebensjahr bemerkbar. Gegen Ende der Reifungsjahre differenzieren sich unter Progesteroneinfluß Milchgänge und Lobuli und schließen damit die Differenzierung des Brustdrüsengewebes ab. Prolaktin wird erst eingeschaltet, wenn eine Schwangerschaft besteht. Etwa im 12. Lebensjahr wird die Funktion der Nebennierenrinde merklich aktiviert. Die vermehrte Androgenabgabe führt zur Ausbildung der **Schambehaarung**. Die scharfe Begrenzung des Schamdreiecks nach oben ergibt die für das weibliche Geschlecht typische Behaarungsform. 6–12 Monate später beginnt das Achselhaar zu wachsen.

Im 12. Lebensjahr, wenn der Warzenhof bereits pigmentiert ist, beginnt die **Proliferation der Vaginalschleimhaut**. Die Vagina wird länger und weiter, das vorher flache Epithel wird vielschichtig und lagert Glykogen ein. Da das in den abgestoßenen Oberflächenzellen enthaltene Glykogen durch die Döderlein-Bazillen der Vagina zu Milchsäure abgebaut wird, verändert sich das bisher alkalische Scheidenmilieu zum pH-Wert von 4,5–5.

Die spindelförmigen **Ovarien** des präpuberalen Mädchens wachsen und runden sich unter Einwirkung der Gonadotropine, ihr Gewicht nimmt von 0,5 auf 7,5 g zu. Die Reifung von Follikeln ist kurz vor der Menarche nachweisbar. Die vermehrt gebildeten Östrogene bewirken in dieser Phase ein rapides Wachstum der inneren Geschlechtsorgane und der Mammae (s. Synopse der pubertären Entwicklung, Tab. 1.3 a u. b). Die erste Monatsblutung, die **Menarche**, tritt durchschnittlich mit etwa 10,5–15,5 Jahren auf. Das mittlere Menarchealter liegt in Deutschland bei 12,7 Jahren. In den letzten 100 Jahren hat sich eine deutliche Vorverlegung des Menarchealters nachweisen lassen. Der Zeitpunkt der Menarche kann durch Krankheit, Unterernährung, soziales Milieu und Störungen anderer endokriner Organe (Schilddrüse, Nebenniere) verschoben werden. Um das 11.–12. Lebensjahr kommt es zu einem erheblichen **Wachstumsschub** (Abb. 1.14).

Die radiologische Bestimmung des **Knochenalters** dient der Ermittlung der vermutlichen Endgröße bei

Tab. 1.3 a Merkmale der pubertären Entwicklung des Mädchens.

Pubertäts-stadium	Brustentwicklung	Schambehaarung
I	B 1 = kein palpabler Drüsenkörper	P 1 = keine Schambehaarung
II	B 2 = Brustknospe: Warzenvorhof vergrößert, Drüsenkörper vorgewölbt	P 2 = wenige Schamhaare an den Labia majora, auf Fotos des ganzen Körpers nicht zu erkennen
III	B 3 = Drüsenkörper größer als Warzenvorhof	P 3 = kräftigere Behaarung von umschriebener Ausdehnung, auf Fotos sichtbar
IV	B 4 = Knospenbrust: Drüse im Warzenbereich hebt sich gesondert von der übrigen Drüse ab	P 4 = kräftige Haare wie beim Erwachsenen, aber in geringerer Ausdehnung
V	B 5 = reife Brust: Zurückweichen der Warzenvorhofwölbung in die allgemeine Brustkontur	P 5 = ausgedehnte kräftige Behaarung, nach oben horizontal begrenzt, seitlich auf die Oberschenkel übergreifend

Tab. 1.3 b Synopse der pubertären Entwicklung des Mädchens.

Alter	Merkmale
<8 J.	Infantile Verhältnisse
10–11 J.	Brustknospen (= Thelarche, B 2) Zunahme des Längenwachstums Reifung der Vaginalschleimhaut
11 J.	Erste Pubes (= Pubarche, P 2) 1. Sesambein des Daumens
11–12 J.	Pubes und Bruststadium 3 stärkstes Längenwachstum
13 J.	Menarche, unregelmäßige und anovulatorische Menses Axillarbehaarung Pubes und Bruststadium 4
14–15 J.	Regelmäßige und ovulatorische Menses Schwangerschaft schon möglich Pubes und Bruststadium 5
16–17 J.	Epiphysenschluß, Beendigung des Wachstums

Hochwuchs. Dieses Verfahren ist eine wichtige Entscheidungshilfe für oder gegen eine Wachstumshemmung mit hohen Dosen von Sexualsteroiden.

Störungen des Pubertätsablaufs

Pubertas praecox (sexuelle Frühreife)

Als sexuelle Frühreife bezeichnet man das Eintreten der **Thelarche, Pubarche oder Menarche vor dem 8. Lebensjahr**. Man spricht von **isosexueller Pubertas praecox**, wenn die verfrühte Entwicklung dem gonadalen Geschlecht entspricht. Kommt es jedoch, z.B. bei einem Mädchen mit kongenitalem adrenogenitalem Syndrom, zur Virilisierung, so liegt eine **heterosexuelle Pubertas praecox** vor.

Vollständige Pubertas praecox: Hier erscheinen die Geschlechtsmerkmale verfrüht, aber in der richtigen Reihenfolge. Nach einer Phase beschleunigten Wachstums schließen sich die Epiphysenfugen vorzeitig. Aus diesem Grunde bleibt die endgültige Körpergröße weit hinter dem Altersdurchschnitt zurück (primärer Hochwuchs, sekundärer Minderwuchs; ähnlich Abb. 1.15). Bei dieser Störung bestehen zwischen Hypophyse und Ovar normale Beziehungen. Gonadotropine und Östrogene sind nachweisbar. Diese Kinder können ovulieren und unter Umständen schwanger werden. Die vollständige Pubertas praecox kann konstitutionell auftreten (80–90%) oder durch Erkrankungen im Zwischenhirnbereich induziert werden.

Unvollständige Pubertas praecox: Hier fehlt die geordnete, zentrale Stimulierung. Die Gonadotropinfreisetzung ist nicht aktiviert, im Harn und Serum findet sich kein erhöhter Gonadotropinspiegel. Es besteht keine vorzeitige Fortpflanzungmöglichkeit (Tab. 1.4).

► Ursachen

Es kommen in Frage:

- Hormonbildende Tumoren des Ovars
- Exogene Zufuhr von Östrogenen

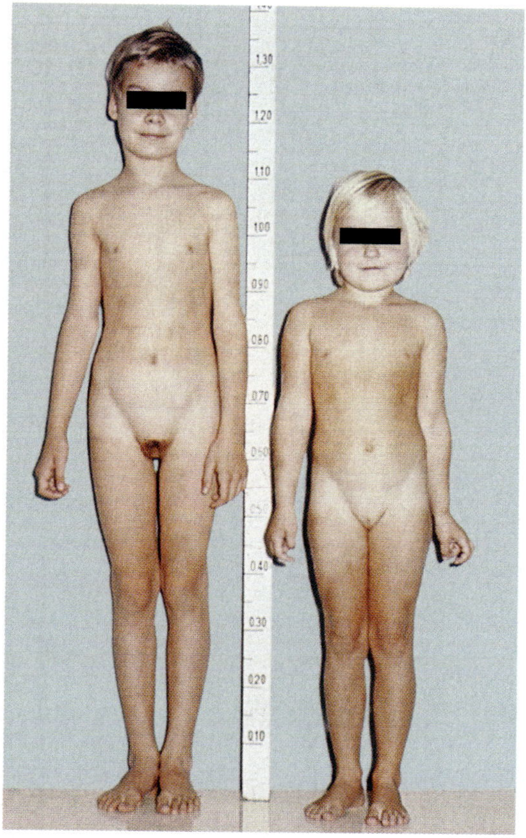

a

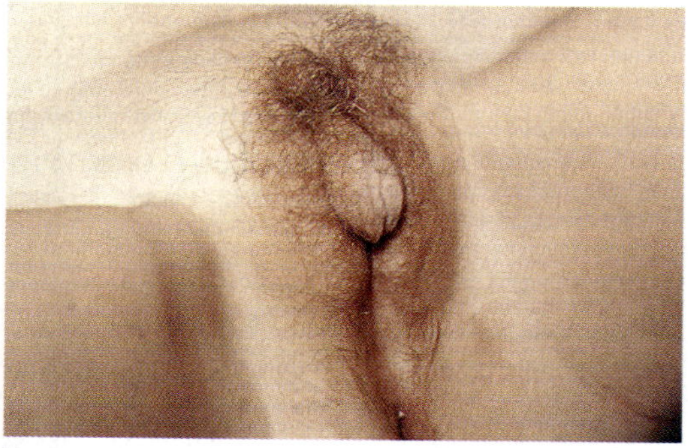

b

Abb. 1.15 Heterosexuelle Pubertas praecox.
a AGS bei einem 5 Jahre und 11 Monate alten Mädchen. Rechts zum Vergleich ein normal großes und entwickeltes Kind des gleichen Alters.
b Klitorishypertrophie und verfrühte Pubarche bei dem in **a** gezeigten Mädchen.

- Dysfunktion der Nebennierenrinde
- Seltene Leberaffektionen

Die häufigste Ursache sind östrogenproduzierende Granulosazell-(Thekazell-)Tumoren des Ovars oder HCG-bildende Disgerminome (s. S. 7), die bei Kindern oft sehr groß und tastbar sind und u.a. vaginale Blutungen auslösen können.

► Diagnose

Der Nachweis der abnormen Östrogeneinwirkung läßt sich leicht durch die **Vaginalzytologie** bzw. durch Messung des Östradiols im Serum erbringen. Sodann ist die Einnahme von Östrogenen durch das Kind auszuschließen. Ferner ist die Bestimmung von LH, FSH, Prolaktin und Testosteron erforderlich.
Durch **Röntgenaufnahmen des Schädels** oder eine **Computertomographie** können Verkalkungen der Hypophyse und andere Veränderungen der Sella turcica, z.B. durch Tumoren, nachgewiesen und damit Erkrankungen dieses Bereiches erfaßt werden. **Extremitätenaufnahmen** ermöglichen die Beurteilung der Epiphysenfugen und des Knochenalters. Geschlossene Fugen bzw. ein akzeleriertes Knochenalter deuten auf konstitutionelle Pubertas praecox hin, da bei einem hormonell aktiven Tumor die Dauer der Östrogenwirkung meist nicht ausreichend ist, um die Epiphysenfugen eindeutig zu verändern.
Eine mit heterosexuellen Begleiterscheinungen verbundene Pubertas praecox deutet auf Erkrankungen der **Nebennierenrinde** hin.

► Therapie

Konstitutionelle Form: Bei der konstitutionellen Pubertas praecox ist auch heute noch keine kausale Therapie möglich. Das therapeutische Ziel liegt in der **Verhinderung des vorzeitigen Epiphysenschlusses** und damit des sekundären Minderwuchses. Es bieten sich folgende Möglichkeiten:

- Gestagene: z.B. Chlormadinonacetat (6–12 mg/Tag), Medroxyprogesteronacetat (10–20 mg/Tag).
- Antiandrogene: Cyproteronacetat (70–150 mg/m^2 Körperoberfläche/Tag).
- Superaktive LH-RH-Agonisten: z.B. Buserelin, Enantone-Gyn.

Diese Präparate führen über eine Hemmung der Gonadotropinfreisetzung zu einer zeitweiligen Ruhigstellung des vorzeitig aktivierten Ovars. Einzelheiten sind der pädiatrischen Literatur zu entnehmen.
Adrogenitales Syndrom: Im Falle eines AGS muß eine lebenslängliche **Suppressionstherapie mit Kortikoiden** durchgeführt werden (s. S. 17).
Tumoren: Tumoren des Ovars oder der Nebennierenrinde oder sonstige Tumoren werden **operativ beseitigt**.
Bei jeder Art von Pubertas praecox bringt die Diskrepanz zwischen der verfrühten körperlichen Reife die-

Tab. 1.4 Ursachen für Pubertas praecox.

I. **Konstitutionelle oder idiopathische Pubertas praecox** (isosexuell, vollständiges Syndrom)
Komplette Form/inkomplette Form (vorzeitige Thelarche, Adrenarche)

II. **Organisch bedingte Pubertas praecox**

a) Störungen des Zentralnervensystems
1. Enzephalitis
2. Meningitis
3. Schädeltrauma
4. Hypothalamische Störungen
5. Tumoren (isosexuell, vollständiges Syndrom)
6. Hydrozephalus

b) Störungen endokriner Organe
1. Ovar
Granulosazelltumor, Thekome
Teratome
Chorionepitheliome (isosexuell, unvollständiges Syndrom)
2. Gonadotropin-sezernierende Tumoren
3. Störungen der Nebennierenrinde
Hyperplasie, adrenogenitales Syndrom (heterosexuell, unvollständiges Syndrom)
Tumoren, feminisierend oder maskulinisierend (iso- oder heterosexuell, unvollständiges Syndrom)
4. Schilddrüse
Hypothyreoidismus (isosexuell, vollständiges Syndrom)

c) Leber
Adenome, adrenale Resttumoren, Hepatoblastome (isosexuell, unvollständiges Syndrom)

d) Sonstiges
McCune-Albright-Syndrom, Neurofibromatose, tuberöse Sklerose

III. **Einnahme von Östrogen- und Androgenpräpararten**

ser Kinder und der geistigen Entwicklung wesentliche Probleme, insbesondere in der Sexualsphäre. Deshalb müssen Eltern und andere Erziehungspersonen über die Art der Erkrankung ausreichend aufgeklärt und mit den evtl. auftretenden Problemen vertraut gemacht werden, um das Kind vor psychischen Traumen und u. U. vor einer Schwangerschaft zu schützen.

Pubertas tarda (Verzögerung der sexuellen Reife)

Wenn bei verzögerter Entwicklung bis zum 18. Lebensjahr noch keine Menstruation eingetreten ist, spricht man definitionsgemäß von **primärer Amenorrhö**. Für die Praxis gilt, daß bereits das Ausbleiben der Menarche über das 15.–16. Lebensjahr hinaus als bedenklich angesehen werden muß und der Abklärung bedarf.

Dies gilt im besonderen, wenn die Reifung der inneren und äußeren Genitalien und der Mammae nicht dem Alter entsprechend erfolgt ist, und andere Entwicklungsstörungen wie Minderwuchs oder Turner-Stigmata vorliegen.

▶ Ursachen

Meist liegen Störungen im Bereich des Hypothalamus oder der übergeordneten Zentren vor, bzw. verschiedene Formen von Intersexualität oder einer Gonadendysgenesie. Auch schwere Allgemeinerkrankungen, Unterernährung, Fehlfunktionen anderer endokriner Drüsen und intensives körperliches Training beim Hochleistungssport können eine Retardierung der Allgemein- und Sexualentwicklung bewirken (Abb. 1.16).

▶ Symptome

Der **Östrogenmangel** stellt den gemeinsamen Nenner dar und erklärt das klinische Bild weitgehend. In Fällen von Intersexualität können Entwicklungsstörungen des Genitales, andere Fehlbildungen und Virilisierungserscheinungen vorliegen.

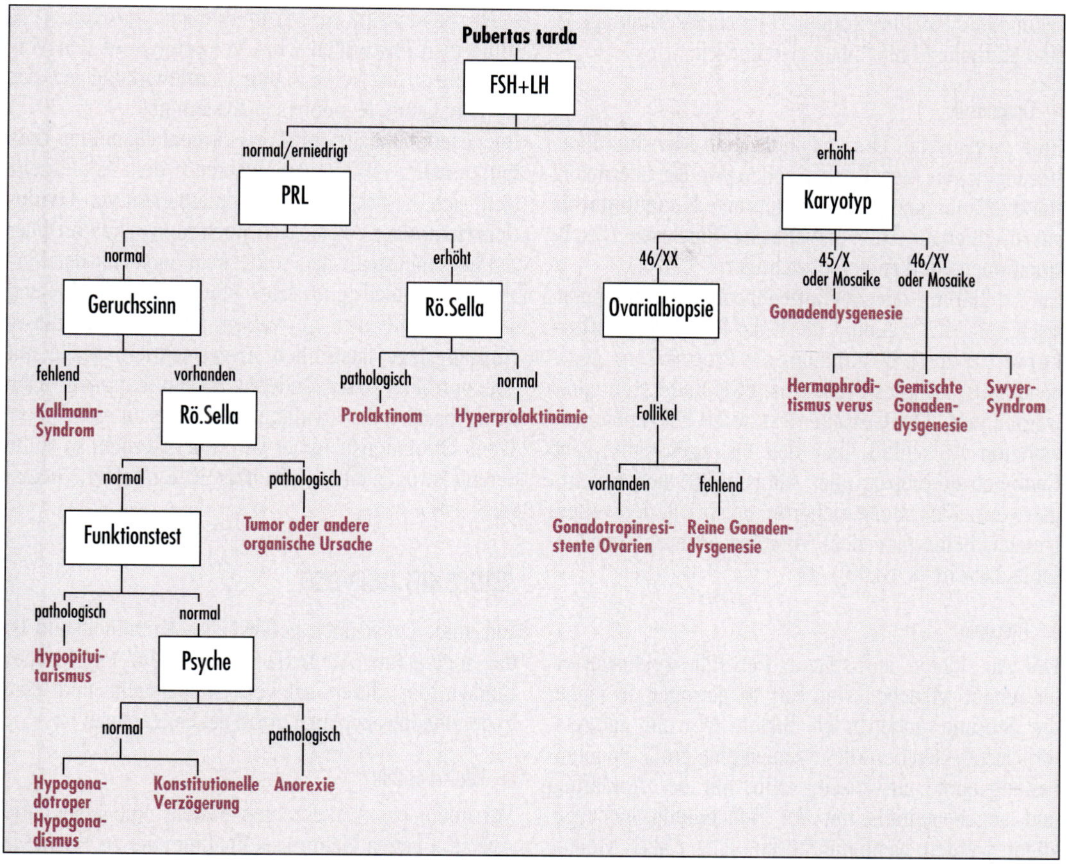

Abb. 1.16 Diagnostisches Vorgehen bei Pubertas tarda.

▶ Diagnostik

Die Entwicklung der Mammae, des Knochenalters, der Achsel- und Schambehaarung sowie des Uterus ist verzögert. Bei einer zentralbedingten Pubertas tarda sind LH, FSH und Östradiol niedrig, bei einer primären Ovarialinsuffizienz sind die Gonadotropine erhöht.

Die Prinzipien der endokrinologischen Abklärung werden in den Abschnitten »Amenorrhö« (S. 58) sowie »Intersexualität« (S. 9) abgehandelt.

▶ Therapie

Sofern es sich um eine echte Pubertas tarda handelt, also **potentiell funktionsfähige Ovarien vorhanden** sind, sollte die Behandlung dem Spezialisten vorbehalten bleiben. Wenn eine **Östrogentherapie** durchgeführt werden soll, sollte diese mit kleinen Dosen (zunächst ohne Pausen) begonnen werden. Nach 6 Monaten kann eine Umstellung auf zyklische Östrogengaben erfolgen, die dann nach 1–2 Jahren von einer Zweiphasentherapie mit Östrogenen und Gestagenen abgelöst wird.

Adoleszenz

Zwischen dem 15. und 18. Lebensjahr wird die Feminisierung der Körperformen weitergeführt. Der Schluß der Epiphysenfugen bewirkt das **Ende des Wachstums**.

Nach der Menarche verläuft der Zyklus zunächst meist anovulatorisch (»monophasisch«) und die Blutungen erfolgen für einige Zeit in unregelmäßigen Abständen. Es können mehrere Jahre vergehen, bis sich die Ovarialfunktion vollständig eingespielt hat, also »biphasisch« geworden ist. Bis dahin besteht verminderte Fertilität.

Störungen

Geringgradige Störungen von Rhythmik und Blutungsablauf sind zunächst als fast physiologisch anzusehen. Erst wenn es zur ausgeprägten Oligomenorrhö, zur Amenorrhö bzw. zu verstärkten Blutungen mit sekundärer Anämie kommt (»juvenile« Blutungen), sind ärztliche Maßnahmen erforderlich.

▶ Diagnostik

Eine organische Ursache liegt bei Menstruationsstörungen von Jugendlichen selten vor. Bei übermäßig starken Blutungen ist jedoch stets eine **Koagulopathie** auszuschließen. Auch **psychische Faktoren** (Streßsituationen) sind zu berücksichtigen.
Zur Abklärung der Zyklusgegebenheiten (monophasischer Zyklus?) genügt meist die **Basaltemperaturkurve**, die durch Bestimmung des Progesterons, gegebenenfalls auch des Prolaktins, FSH und LH, ergänzt werden muß. Der **Gestagentest** liefert bei Amenorrhö weiteren Aufschluß über den Östrogenstatus. Eine Endometriumbiopsie oder Abrasio läßt sich fast immer vermeiden. Bei Amenorrhö entspricht der weitere Untersuchungsgang dem Vorgehen während der Geschlechtsreife (s. S. 60).

▶ Therapie

Die Aussichten auf spätere Fertilität zyklusgestörter junger Mädchen sind um so geringer, je länger die Störung unbehandelt bleibt. Obwohl anovulatorische Zyklen bei Adoleszenten eine große Spontanheilungsquote aufweisen, sollte mit der Abklärung und gegebenenfalls mit der Behandlung nicht gezögert werden, wenn die Störung länger als 6 Monate anhält oder 2–3 Jahre nach der Menarche noch kein einigermaßen regelmäßiger Zyklus zustande gekommen ist.
Bei typischen **dysfunktionellen Blutungen** (s. S. 50) oder Amenorrhö mit **positiv ausfallendem Gestagentest** genügt zumeist die zyklusgerechte Verabreichung eines Gestagens vom 16.–25. Zyklustag. Nach etwa 3–6 Monaten sollte eine Behandlungspause mit Messung der Basaltemperatur eingeschaltet werden, um festzustellen, ob sich inzwischen ein ovulatorischer Zyklus eingespielt hat. Zur Behandlung anovulatorischer Zyklusstörungen junger Mädchen eignet sich besonders Dihydrogesteron, bei dessen Anwendung der Nachweis des Therapieerfolgs (Erhöhung der Basaltemperaturkurve) nicht wie bei anderen Gestagenen durch eine hypertherme Wirkung erschwert wird.
Bei Patientinnen mit **Amenorrhö und negativem Gestagentest** sollte eine sorgfältige Exploration möglicher emotioneller und seelischer Ursachen erfolgen, da in einem solchen Falle die Aussichten auf eine günstige Beeinflussung des Krankheitsbildes durch geschickte psychotherapeutische Führung gut sind. Wenn eine hormonelle Therapie nach dem Kaufmannschen Schema (s. S. 54) in Betracht gezogen wird, sollte man Präparaten wie Cycloprogynova den Vorzug geben, das keine starke Hemmwirkung auf das Hypothalamus-Hypophysen-System hat.
Im Zusammenhang mit der Hormonbehandlung dysfunktioneller Blutungen während der Adoleszenz stellt sich die Frage nach der Zulässigkeit von **Ovulationshemmern**. Wenn sich noch kein ovulatorischer Zyklus eingespielt hat, sollte man auch mit der Verabreichung niedrigdosierter Präparate zurückhaltend sein, obwohl nicht erwiesen ist, daß bei dieser Ausgangslage tatsächlich in vermehrtem Maße mit Amenorrhöen oder anderen Komplikationen nach dem Absetzen des Ovulationshemmers zu rechnen ist. Wenn Ovulationshemmer verordnet werden, so sollte deren Östrogenanteil nicht über 30 µg/Tablette liegen (s. S. 101).

Anorexia nervosa

Ein unter Umständen gefährliches Krankheitsbild ist die sogenannte Anorexia nervosa, ein psychisches Leiden, das durch schwere Magersucht und eine hypogonadotrope Amenorrhö gekennzeichnet ist.

▶ Klinisches Bild

Vor allem bei Adoleszenten besteht eine krankhafte Aversion gegen Nahrungsaufnahme, die zu Kachexie und Amenorrhö führt. Ursache ist oft eine tiefgreifende Fehlhaltung zur eigenen Körperlichkeit und Sexualität.

▶ Diagnostik

Die Diagnose wird anhand der Symptomatik und des klinischen Befundes gestellt. LH, FSH und Östradiol sind erniedrigt, Testosteron kann erhöht sein.

▶ Therapie

Wichtig ist eine sachgerechte Psychotherapie und eine konsequente, hochkalorische Diät. Ob eine Substitution von Östrogenen und Gestagenen erforderlich ist, muß im Enzelfall entschieden werden.

Geschlechtsreife

Normalerweise besteht während der vom 18.–45. Lebensjahr währenden Geschlechtsreife eine typische weibliche Ausreifung und zunächst auch volle Fertilität. Diese beginnt nach dem 30.–35. Lebensjahr langsam abzunehmen. Die typischen Organfunktionen während der Geschlechtsreife und ihre Störungen sind in den folgenden Abschnitten dargestellt.

1.3 Regelung der Genitalfunktion während der Geschlechtsreife

Folgende Glieder sind im ovariellen Regelkreis miteinander verbunden (Abb. 1.17):

- Hypothalamus
- Adenohypophyse
- Ovar

Die funktionsentscheidende zyklische Stimulation der Genitalorgane während der Geschlechtsreife geht von den im **Ovar** gebildeten Hormonen aus. Das Ovar als Produktionsstätte ist das Endglied einer Steuerungskette und, durch bestimmte Rückwirkungen seiner Produkte auf die vorgeschalteten Institutionen, mitregulierendes Glied eines Regelkreises (Abb. 1.17).

Hypothalamus

Obwohl zwischen Hypothalamus und Adenohypophyse keine Nervenverbindungen nachweisbar sind, besteht heute kein Zweifel, daß das Zentralnervensystem (kortikale Zentren, limbisches System) über bestimmte Kerngebiete im Hypothalamus einen wesentlichen, **regulatorischen Einfluß auf die Funktion der Adenohypophyse** ausübt. Auf diesem Wege können auch Umwelteinflüsse, psychische oder somatische Faktoren die Ovarialfunktion positiv oder negativ beeinflussen.

Im Hypothalamus der Frau befinden sich Kerngebiete, die als **übergeordnete Steuerungszentren** für die gonadotropen Zellen der Adenohypophyse und damit auch der Ovarialfunktion dienen. Die wichtigsten Zentren befinden sich im Bereich des Nucleus arcuatus und des mediobasalen Hypothalamus. Von diesen Kerngebieten gehen die Impulse aus, die über den Hypophysenvorderlappen für die Integrität der Ovarialfunktion sorgen.

Die Steuerung der hypophysären Bildung und Freisetzung von Gonadotropinen wird durch ein vor allem in den Neuronen der Eminentia mediana des Hypothalamus vorkommendes Neurohormon mit der in Abbildung 1.18 gezeigten Struktur vermittelt. Dieses Dekapeptid wird entweder als **Gonadotropin-releasing-Hormon (GnRH;** releasing hormone = Freisetzungshormon) bezeichnet, oder, im Hinblick auf seine Beziehung zur Ausschüttung von LH als **LH-RH**. Es entsteht durch Abspaltung aus einem Prohormon. Die Überleitung von neuralen Impulsen aus dem Hypothalamus an den Hypophysenvorderlappen geschieht durch LH-RH über das portale Gefäßsystem der Hypophyse. Hierbei spielen biogene Amine (Norepinephrine, Dopamin), Opioide (Endorphine, Enkephaline) und Prostaglandin eine vermittelnde Rolle. Die Abgabe von LH-RH erfolgt nicht kontinuierlich sondern in Form von »Pulsationen« (Abb. 1.19).

LH-RH wird nicht nur im Hypothalamus synthetisiert, sondern auch im Zytotrophoblasten und dem villösen Stroma der Plazenta. Die Konzentration von LH-RH außerhalb des Portalvenensystems, d. h. im peripheren Blutkreislauf, ist so gering, daß auch mit hochempfindlichen Methoden keine zuverlässige Messung möglich ist.

Adenohypophyse

Die Hypophyse mißt 15 × 9 × 6 mm und ist in der Sella turcica der Schädelbasis gelegen. Man unterscheidet die Adenohypophyse (Hypophysenvorderlappen) von der Neurohypophyse (Hypophysenhinterlappen). Sie werden von der Pars intermedia getrennt.

Das hypothalamische LH-RH stimuliert in der Adenohypophyse (in Synergie mit Östradiol) bei beiden Geschlechtern die Bildung und Freisetzung von zwei Glykoproteinen, die man wegen ihrer vornehmlichen Wirkung auf die Gonaden als **Gonadotropine** bezeichnet:

- Follikelstimulierungshormon (FSH)
- Luteinisierungshormon (LH)

Unabhängig davon wird noch ein weiteres, strukturell jedoch unterschiedliches Peptidhormon gebildet:

- Prolaktin (PRL). Die Funktion dieses Hormons wird in anderem Zusammenhang abgehandelt.

Ebenfalls aus einer α- und β-Kette besteht noch folgendes, hier gebildetes Hormon:

- Thyrotropin (TSH)

In der Neurohypophyse werden **Oxytozin** und **Vasopressin** gebildet.

Chemie und Funktion der Gonadotropine

FSH und LH bestehen aus einer α- und β-Kette. Die erstere ist bei den glandotropen Hormonen des HVL

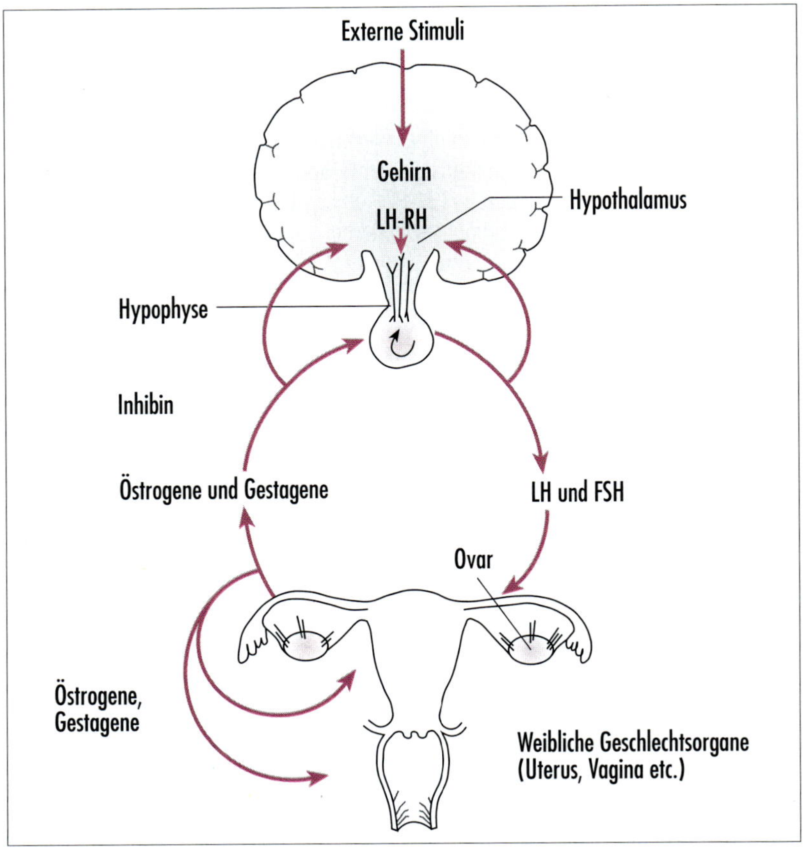

Abb. 1.17 Der ovarielle Regelkreis.

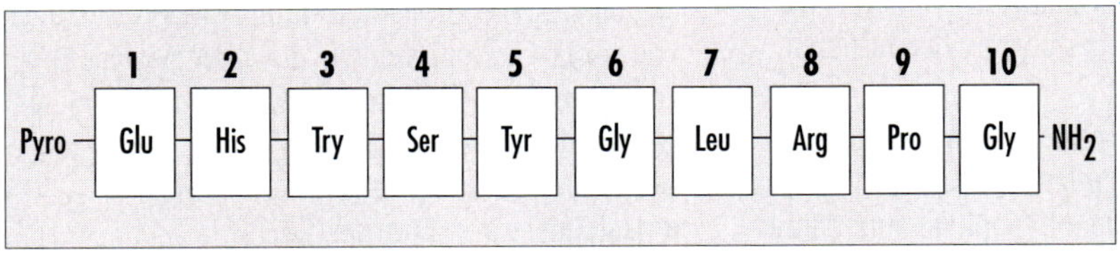

Abb. 1.18 Struktur des Luteinisierungshormon-Releasinghormons (LH-RH).

gleich, die β-Kette ist hormonspezifisch. Die Gonadotropine bewirken bei einer zeitlich und quantitativ fein abgestimmten Relation klar definierbare, anatomische Veränderungen am Ovar (Abb. 1.21; S. 34):

- Follikelreifung
- Ovulation
- Corpus-luteum-Bildung

Diese Vorgänge korrespondieren ihrerseits mit der Produktion der Ovarialsteroide (S. 34 f.).

FSH (Follikelstimulierungshormon, Follitropin)
Im **Ovar** bewirkt FSH (MW 34000; 20% Kohlenhydrate) die Reifung der Graaf-Follikel, stimuliert die Bildung von Östradiolrezeptoren und fördert die Bildung von Östradiol aus Testosteron durch Stimulierung von aromatisierenden Enzymen in der Granulosa. Im **Hoden** stimuliert FSH die Spermatogenese.

LH (Luteinisierungshormon, Lutropin)
Dieses Gonadotropin (MW 28000; 15% Kohlenhydrate) stimuliert im **Ovar** die Steroidbiosynthese der Theca interna. Es bewirkt im Endstadium der Follikelreifung und zur Zyklusmitte in der Wandung des reifenden Follikels die zur Ovulation führenden Veränderungen. Normwerte im Zyklus siehe Abbildung 1.20. Im **Hoden** stimuliert LH die Steroidbiogenese in den

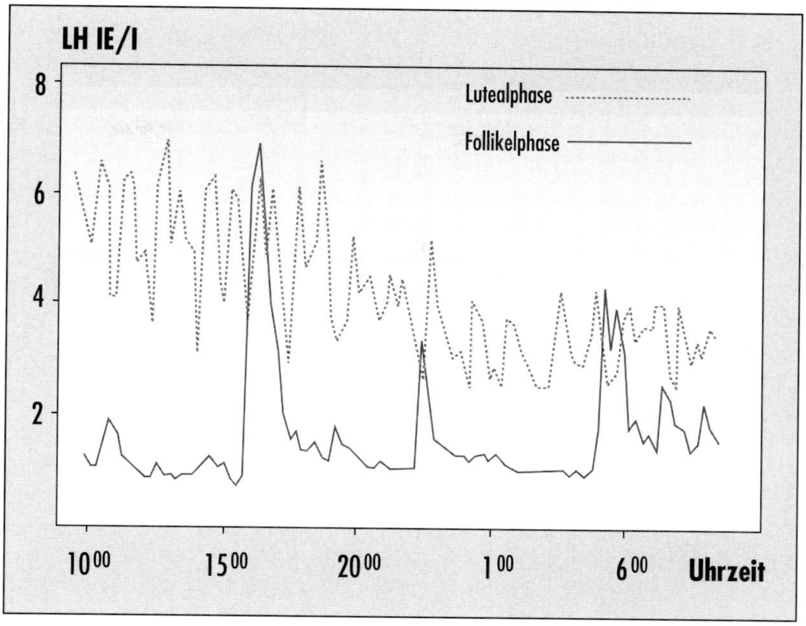

Abb. 1.19 Tagesprofil der LH-RH-Abgabe.

Leydig-Zwischenzellen (frühere Bezeichnung: »Interstitialzellen-Stimulierungs-Hormon«).

Das in der Plazenta gebildete Proteohormon **Human-Choriongonadotropin (HCG)** entspricht biologisch und immunologisch weitgehend dem LH. Es unterhält in der Frühgravidität die Funktion des Corpus luteum. Therapeutisch kann es anstelle von LH zur Stimulierungs eines insuffizienten Corpus luteum (s. S. 126) oder zur Ovulationsauslösung nach Stimulierung des Follikelwachstums mit HMG (s. S. 126) verwendet werden.

Prolaktin

Das dritte vom Hypophysenvorderlappen sezernierte Hormon ist das Prolaktin (MW 25 000). Seine Bedeutung für die Steuerung der Ovarialfunktion konnte bisher nicht eindeutig geklärt werden, doch bestehen Wechselwirkungen zu den Gonadotropinen. Beim Menschen besitzt es keine luteotrope Wirkung, bei hohen Werten kann es (durch Störung der Steroidbiosynthese) zur Corpus-luteum-Insuffizienz und sogar zur Anovulation kommen. Prolaktin stimuliert die **Laktogenese** und wirkt offenbar auch auf andere Organe, da sich z. B. in der NNR und in der Leber PRL-Rezeptoren finden. In der ersteren scheint es in den Androgenstoffwechsel einzugreifen, in der letzteren stimuliert es die Bildung von Somatomedin. Seine Sekretion unterliegt einer völlig anderen Dynamik als die des LH und FSH (Abb. 1.38). Im Normalfall wird die Bildung und Freisetzung von Prolaktin durch einen hypothalamischen Faktor **PIF (Prolaktin-Inhibierungs-Faktor)** gehemmt, der gleichfalls über das hypophysäre Pfortadersystem zum Hypophysenvorderlappen gelangt und mit Dopamin identisch sein dürfte. Die großen Mengen von PRL im Fruchtwasser stammen im wesentlichen nicht aus dem HVL, sondern aus der Decidua graviditatis.

Der Bestimmung von Prolaktin im Serum kommt eine eminente diagnostische Bedeutung zu, da es in vielen Fällen von Amenorrhö mit oder ohne Galaktorrhö als Zeichen einer hypothalamischen Störung erhöht ist. Ferner ist seine Sekretion bei vielen Hypophysentumoren stark vermehrt. Die normale Schwankungsbreite beträgt bei eumenorrhoischen Frauen etwa 100–600 μE/ml. Werte zwischen 600–1000 μE/ml sollten Anlaß zu weiteren Kontrollen geben, solche über 1000 μE/ml sind eindeutig erhöht. Bei der Bewertung erhöhter PRL-Werte im Serum muß beachtet werden, daß die Freisetzung von PRL in Streßsituationen und bei Einnahme vieler Pharmaka gesteigert werden kann.

Verhalten der Gonadotropine im Zyklus

FSH: Während der Menstruation und der frühen Follikelphase ist der Serumspiegel von FSH relativ hoch. In der späten Follikelphase – während des präovulatorischen Anstiegs der Östrogene – fällt der Serumspie-

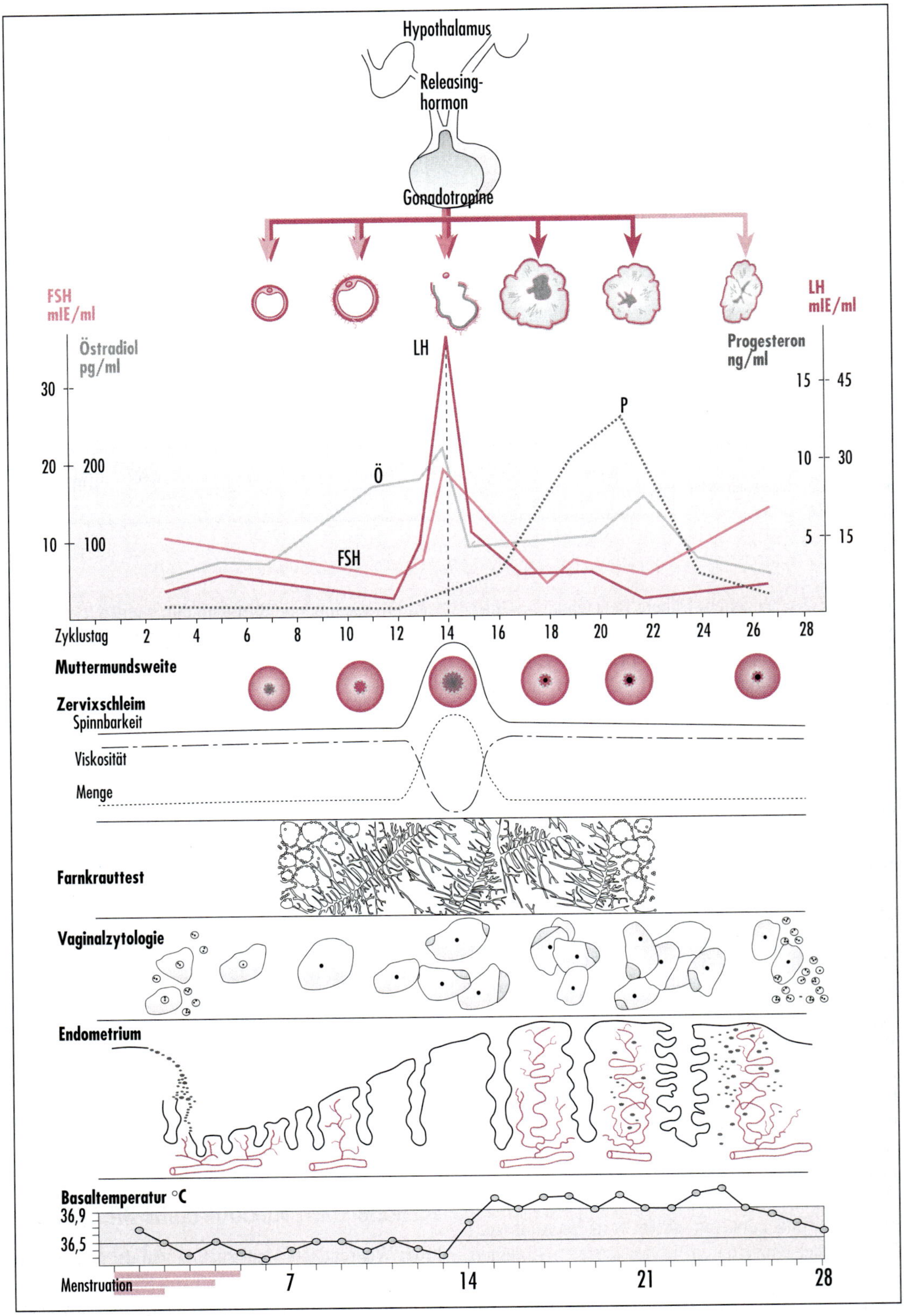

Abb. 1.20 Die zyklischen Veränderungen der Sexualhormone im Blut und deren biologische Wirkung.

gel ab und erreicht kurz vor dem ovulatorischen LH-Gipfel einen Tiefpunkt. In der Mitte des Zyklus findet sich, gleichzeitig mit dem LH-Gipfel, ein Anstieg des FSH, dessen funktionelle Bedeutung noch nicht geklärt ist.

LH: Während der Follikelphase ist der Serumspiegel von LH relativ gleichförmig. Lediglich in der Zyklusmitte kommt es zu einem sprunghaften und steilen Anstieg, der 1–3 Tage dauern kann. Der Serumspiegel kann hierbei um das 5- bis 6fach ansteigen. Dieser »ovulatorische LH-Gipfel« (LH-peak) führt etwa 10–30 Std. später zum Eisprung. Sein Nachweis im Harn oder Serum gilt heute neben dem postovulatorischen Anstieg des Progesterons als wichtiges Charakteristikum eines ovulatorischen Zyklus (Abb. 1.20).

Prolaktin: Im Gegensatz zum LH und FSH weist die Sekretion von Prolaktin während des Zyklus einen weniger charakteristischen Verlauf auf. Von einigen Untersuchern wurde ein Zyklusprofil beschrieben, das dem der Östrogene ähnelt (Abb. 1.20). Da die Prolaktinsekretion einer **zirkadianen Rhythmik** unterworfen ist, bei welcher nachts und in den frühen Morgenstunden wesentlich höhere Werte als zu anderen Tageszeiten gefunden werden, sollten Blutproben zur Prolaktinbestimmung möglichst nur zwischen 8 und 12 Uhr entnommen werden.

Bei der geschlechtsreifen Frau findet sich ein höherer Prolaktinspiegel im Blut als bei präpubertären Mädchen und nach der Menopause. Während der Schwangerschaft und der Stillzeit kommt es zu einem markanten Anstieg der Prolaktinsekretion.

Bestimmungsmethoden

Für die Differenzierung verschiedener Ursachen von Amenorrhö und anderen Zyklusstörungen ist der Nachweis der Gonadotropinausscheidung im Harn bzw. des Serumspiegels von LH, FSH und Prolaktin von großer diagnostischer Bedeutung.

Wegen der Aufwendigkeit der einschlägigen Methoden sollten derartige Bestimmungen in der Regel nur bei Patientinnen vorgenommen werden, bei denen aufgrund von Vorgeschichte und Symptomatik ein begründeter Hinweis besteht, daß das Ergebnis zur Abklärung des Krankheitsbildes beitragen kann. Für die klinische Praxis stehen die folgenden Methoden zur Verfügung:

- Radioimmunonachweis
- Immunometrische Methodik

Beim klassischen **Radioimmunonachweis** wird ein Anti-FSH-, Anti-PRL- oder Anti-LH- (= Anti-HCG-) Serum in Gegenwart einer standardisierten Menge eines radioaktiv markierten Antigens (z.B. ^{125}J-FSH) mit dem Serum, dessen Hormongehalt untersucht werden soll, inkubiert und die **Antigen-Antikörper-Reaktion** ausgewertet.

Dagegen wird bei **immunometrischer Methodik** ein markierter Antikörper im Überschuß zugesetzt. Dieses Verfahren bietet den Vorteil, daß man über einen weiten Dosisbereich die Messungen durchführen kann, ohne die Proben verdünnen zu müssen. Im zunehmenden Maße werden nichtradioaktive Markierungen verwendet, z.B. Europäum. Neuerdings stehen auch Testsätze zur Bestimmung des präovulatorischen LH-Gipfels an Morgenurinproben zur Verfügung, die von der Patientin selbst durchgeführt werden können, z.B. um den günstigsten Zeitpunkt für eine homologe Insemination zu ermitteln. Normalwerte für LH, FSH und PRL s. Tab. 1.5.

Tab. 1.5 Normalwerte von LH, FSH und PRL.

	LH mIE/ml	FSH mIE/ml	PRL µE/ml
WHO-Standard	68/40	78/549	75/504
Kinder bis 10 Jahre	3,5	4	400
Männer	3–11	2–10	100–500
Frauen			
Follikelphase	3–12	2–11	100–600
Periovulatorische Phase	25–80	10–30	100–600
Lutealphase	3–13	2–10	100–600
Postmenopause	20–80	25–60	100–500

Ovar

Das Ovar hat, ebenso wie der Testis, zwei untrennbar miteinander verknüpfte Funktionen: die **generative** Funktion, d.h., die Bereitstellung reifer und befruchtungsfähiger Gameten (Ovar, s. S. 1) und die **inkretorische** oder **vegetative** Funktion, d.h., die Bildung von Sexualsteroiden und einer Reihe von Peptiden, deren physiologische Bedeutung und Wirkungsmechanismen zum Teil noch ungeklärt sind. Die Granulosa-, Theka- und Interstitialzellen des Ovars enthalten spezifische, membranständige Rezeptoren, über die die Wirkungen der Gonadotropine vermittelt werden. Dabei kommt es zur Neusynthese von RNS und Proteinen.

Im Ovar der geschlechtsreifen Frau vollziehen sich unter dem stimulierenden und determinierenden Einfluß der Gonadotropine zyklische Veränderungen (Abb. 1.21):
- Follikelreifung
- Ovulation
- Gelbkörperbildung

Kommt es im Zusammenhang mit der Ovulation nicht zu Empfängnis und Schwangerschaft, bleibt also die damit einhergehende Stimulation des Gelbkörpers aus, setzt eine Rückbildung des Corpus luteum ein **(Atresie)**, die zu einem neuen Ovarialzyklus überleitet.
Die von den Gonadotropinen FSH und LH induzierten und stimulierten morphologischen Vorgänge im Ovar gehen mit der Bildung verschiedener Wirkstoffe einher:
Steroidhormone:
- Östrogene
- Progesteron
  Die **Östrogenbildung** korrespondiert mit den morphologischen Erscheinungen der **Follikelphase**, die **Progesteronproduktion** mit der **Corpus-luteum-Phase**.
- Androgene

Peptidhormon:
- Inhibin

Chemie und Funktion der Ovarialhormone

Östrogene

Als Östrogene bezeichnet man alle Wirkstoffe, die beim ovariektomierten Nager Brunft hervorrufen und bei der Frau in der ersten Zyklushälfte die Funktion des Ovars ersetzen können. Die Bezeichnung leitet sich vom griechischen »oistros« = Brunst und »gennao« = schaffen ab. Die natürlichen Östrogene sind C_{18}-Steroide, denen die anguläre Methylgruppe an C_{10} und die Seitengruppe an C_{17} fehlen (Abb. 1.22).

Die östrogene Wirkung eines Steroids scheint auf der Aromatisierung des Ringes A, dem Vorhandensein einer phenolischen Gruppe an C_3 und einer weiteren Sauerstoffunktion an C_{17} zu beruhen (Abb. 1.22). Östrogenwirksame Substanzen finden sich in den Geweben vieler Tiere und Pflanzen, ferner sind östrogenwirkende Substanzen, sog. Hormonmimetika, bekannt geworden, die keine Steroide sind (z.B. die Stilbene).

Die wichtigsten, natürlichen Östrogene sind Östradiol, Östron und Östriol, wobei Östradiol die biologisch aktivste Substanz ist (Abb. 1.22). Östron weist etwa 1/3, Östriol nur 1/10 der biologischen Wirksamkeit von Östradiol auf. Östriol wird im Zyklus als weitgehend inaktives Abbauprodukt angesehen, ist jedoch das ver-

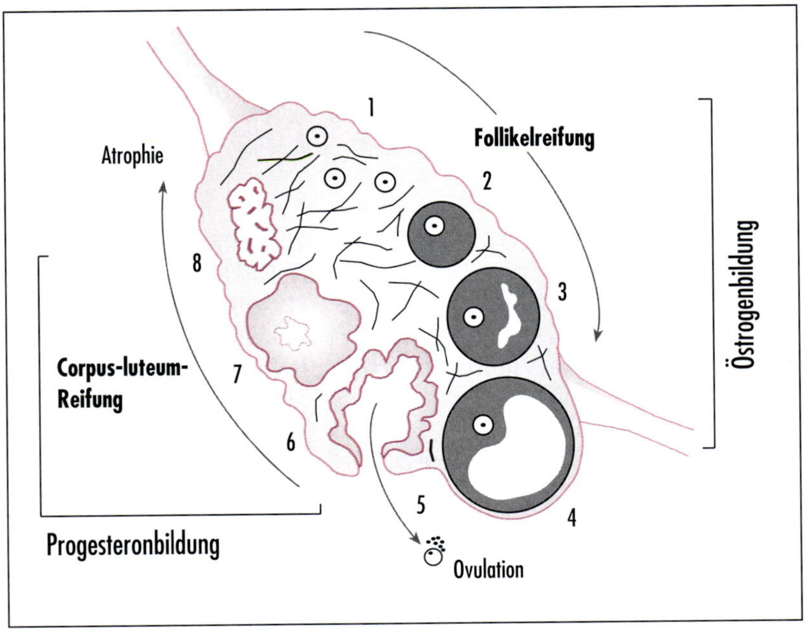

Abb. 1.21 Schematische Übersicht über Follikel- und Corpus-luteum-Reifung im Ovar.
1 = Primärfollikel
2 = Sekundärfollikel
3 = Tertiärfollikel
4 = sprungreifer Follikel
5 = Ovulation
6 u. 7 = Corpus luteum
8 = Corpus albicans

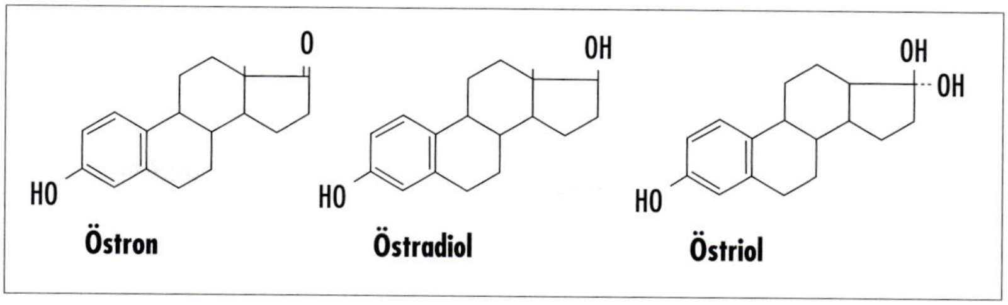

Abb. 1.22 Strukturformeln der wichtigsten Östrogene.

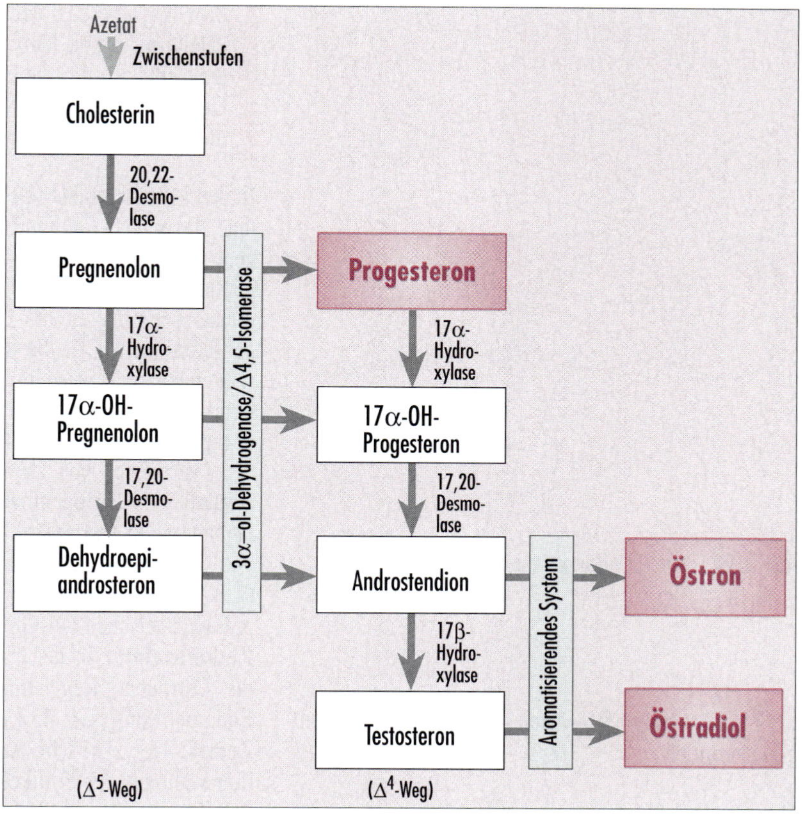

Abb. 1.23 Schematische Darstellung der Steroidbiosynthese im Ovar.

mutlich wichtigste Östrogen während der Schwangerschaft.

Biosynthese

Mehr als 90% des Östradiols und ca. 50% des Östrons werden im Ovar gebildet, der Rest peripher durch Aromatisierung von Androgenen. Die Biosynthese der Östrogene (Abb. 1.23) beginnt mit der durch LH induzierten Hydrolyse von Cholesterinestern in den Thekazellen. Die weiteren Schritte werden teils von LH, teils von FSH beeinflußt (Tab. 1.6). Neben der Theca interna ist auch die Zona granulosa beteiligt. Ferner ist eine extragenitale Synthese in der NNR und

Tab. 1.6 Beeinflussung der Steroidsynthese durch Gonadotropine.

	Theca interna	Zona granulosa	
	Cholesterin		
LH ⇨	↓		
	Pregnenolon		
	↓		
	Androstendion —	Androstendion	
	↓	↓	
	Testosteron —	Testosteron	
	↓	↓	⇧ FSH
	Östradiol	Östradiol	

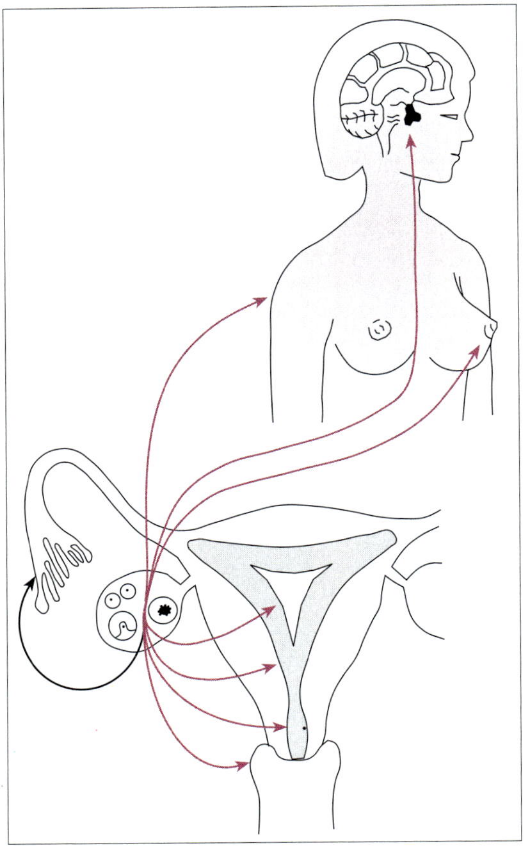

Abb. 1.24 Wichtige Wirkungsorte von Östrogenen.

der Plazenta möglich. – Auch im Testis werden Östrogene gebildet.

Östrogenproduktion und -nachweis

Die Sekretionsrate der Östrogene ist zyklusphasenabhängig und beträgt für Östradiol 30–300 µg/24 Std. Die Halbwertszeit für das freie Östradiol beträgt etwa 15 Min. In praxi wird das Ausmaß der individuellen Östrogenproduktion durch die Bestimmung des Östradiolserumspiegels mit einem Radioimmunonachweis beurteilt.

Normalwerte für Östradiol

- Kinder: 2–10 pg/ml
- Frauen (geschlechtsreife):
  Follikelphase: 30–50 pg/ml
  Präovulatorische Phase: 150–350 pg/ml
  Lutealphase: 100–200 pg/ml
- Postmenopause: 10–30 pg/ml

Umrechnung in SI–Einheiten: 1 pg/ml Östradiol = 3,67 pmol/l. Die für den normalen, ovulatorischen Zyklus typischen Änderungen im Serumspiegel des Östradiols werden durch diese »Normalwerte« nicht ausreichend erfaßt. Sie sind aus Abb. 1.20 zu entnehmen.

Wirkung der Östrogene

Die biologische Wirkung der Östrogene beruht vor allem auf einer Stimulierung der DNS-abhängigen RNS-Synthese, der Bildung neuer Messenger-RNS und damit auf einer Steigerung der Proteinsynthese. Folge ist Wachstum von Uterus, Eileitern, Vagina, Vulva und Mammae. Die Östrogene sind also für die Entwicklung der weiblichen Geschlechtsorgane verantwortlich, sie erhalten und regulieren ihre Funktion (Abb. 1.24).

In den »Zielorganen« (Uterus, Vagina, Zervix, Mammae, Hypophyse, Hypothalamus) werden die Östrogene durch spezifische, zytoplasmatische Rezeptoren gebunden und zum Zellkern transportiert. Darüber hinaus beeinflussen die Östrogene auch andere Organfunktionen, z.B. die der Leber und der Haut; sie wirken beispielsweise im arteriellen Bereich vasodilatatorisch. Hinsichtlich des Effektes sollte man noch den **permanenten Effekt**, die sog. Basisproduktion der Östrogene, von dem **zyklischen Effekt** jener zusätzlichen Östrogenmengen unterscheiden, die in Abhängigkeit vom ovariellen Zyklus gebildet werden und vor allem eine funktionelle Bedeutung haben (z.B. Beeinflussung des HVL zur Freisetzung des präovulatorischen LH-Gipfels).

Endometrium: In der ersten Zyklushälfte bewirken die Östrogene Regeneration und Proliferation des Endometriums (s. S. 45 f.).

Zervix: Der zyklische Anstieg der Östrogenproduktion während der Follikelphase führt zur Steigerung der Zervixsekretion. Durch Wassereinlagerung wird das Zervixsekret dünnflüssiger, spinnbar, durchsichtig und alkalisch. Es sind nur wenige Leukozyten erkennbar, der Gehalt an Elektrolyten, Spurenelementen und Immunglobulinen nimmt ab. Unter Einwirkung der Östrogene verändert sich das Netzwerk aus Muzinfäden in einer Weise, die das Eindringen der Spermien begünstigt. Zu dieser Zeit bildet der Zervixschleim beim Eintrocknen typische farnkraut- oder eisblumenartige Muster (»Farnkrautphänomen« oder »Farntest«; Abb. 1.34). Unter Progesteroneinfluß wird der Zervixschleim schnell gummös und zäh und somit für Spermien nicht mehr passierbar (s. a. Abb. 1.20).

Tube: Östrogene stimulieren die Motilität der Tube sowie die Bildung des Tubensekrets. Progesteron hat auch hier gegensätzliche Wirkung. In der Schwangerschaft bewirken Östrogene die Hyperplasie und Hypertrophie des Myometriums, Progesteron dagegen hemmt die Kontraktilität der glatten Muskulatur.

Vagina: An der Vaginalhaut bewirken die Östrogene eine Epithelproliferation, die sich im zytologischen Abstrich nachweisen läßt. Sie schaffen ferner die Voraussetzung für die Entstehung eines normalen Vaginalmilieus (s. Abschn. »Vagina«, S. 322).

Mammae: Östradiol und Progesteron bewirken an der Brustdrüse Proliferation und Differenzierung des Drüsengewebes, wobei die stärkste Proliferation in der Corpus-luteum-Phase stattfindet. Die hohe mitotische Aktivität geht mit einer gesteigerten Apoptose einher. Die häufige prämenstruelle Mastodynie wird auf eine Ödemneigung des Drüsengewebes zurückgeführt.

Extragenitale Östrogenwirkungen: Die Östrogene sind für die Ausbildung des subkutanen Fettpolsters und damit für die typisch weiblichen Körperkonturen verantwortlich. Im Synergismus mit Androgenen fördern sie das Wachstum der Scham- und Achselbehaarung sowie die Pigmentierung der Brustwarzen und der Vulva.

Die Beziehung zwischen Psyche und Östrogenwirkung sind außerordentlich komplex: Östrogene scheinen die Stimmungslage zu heben, Progesteron wirkt dagegen sedierend (näheres s. Kap. 19).

Schließlich zeigen die Östrogene Einflüsse auf den Lipidstoffwechsel, das Gerinnungssystem, die Durchblutung der Haut, die Gefäßintegrität und das Knochensystem: In der Pubertät fördern Östrogene die Schließung der Epiphysenfugen, im späteren Leben tragen sie zum Erhalt der Knochenmasse bei. Derartige extragenitale Wirkungen gewinnen in der Postmenopause klinische Bedeutung.

Normaler Östrogenstatus

Der individuelle Östrogenstatus läßt sich auch ohne Hormonanalyse anhand der somatischen Östrogeneffekte definieren:

- Zervixsekret: Farnkrauttest positiv
- Endometrium: Biopsie zeigt normale Proliferation
- Vaginalzytologie: normale Östrogenaktivität
- Im Falle einer pathologischen Amenorrhö: normale Abbruchblutung nach dem Gestagentest

Das Vorhandensein der genannten Kriterien berechtigt zu der Annahme, daß die Östrogenproduktion der Ovarien im Bereich der Norm liegt. Damit ist selbstverständlich eine ovarielle Funktionsstörung, z.B. ein Ausbleiben der Ovulation, nicht ausgeschlossen, wohl aber ein völliger Ausfall der Ovarfunktion.

Hormoninaktivierung bzw. -ausscheidung

Wenn ein Hormon seinen Zweck erfüllt hat, muß es biologisch inaktiviert werden, damit die Rezeptoren des Endorgans für eine neue Hormonwelle bereitstehen. Die Inaktivierung der Östrogene beruht auf zwei unterschiedlichen Mechanismen:

- Konjugation mit Glukuron- oder Schwefelsäure und Ausscheidung der wasserlöslichen Konjugate auf dem Harnweg, in geringerem Maße auch mit der Galle.
- Oxidation zu biologisch weniger aktiven Substanzen, die dann auf dem gleichen Wege eliminiert werden.

Die Inaktivierung der Östrogene findet hauptsächlich in der Leber statt.

Progesteron

> Progesteron ist das wichtigste der vom Corpus luteum gebildeten Hormone und bestimmt die Besonderheiten der zweiten Zyklusphase (Lutealphase).
> Progesteron ist ein C_{21}-Steroid, dessen Ring A gesättigt ist und das an C_{10} eine anguläre Methylgruppe aufweist (Abb. 1.25).

Biosynthese

Die Progesteronbildung erfolgt nur im Ovar und der Plazenta.

Progesteronproduktion und -nachweis

Der Serumspiegel beträgt während der Follikelphase etwa 0,5–1 ng/ml, jedoch während der Lutealphase 10–20 ng/ml.

Da die Halbwertszeit nur Minuten beträgt, ist der Serumspiegel niedrig, obwohl große Mengen synthetisiert werden. Die zyklischen Veränderungen des Serumprogesterons werden in Abbildung 1.20 dargestellt (1 ng/ml Progesteron = 3,18 nmol/l).

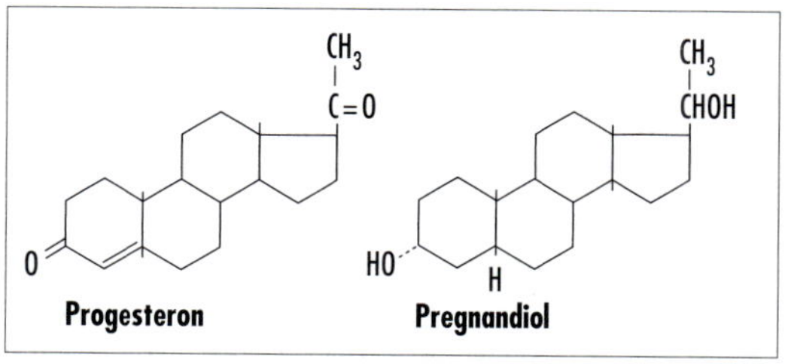

Abb. 1.25 Strukturformeln von Progesteron und seines wichtigsten Stoffwechselprodukts Pregnandiol.

Die Bestimmung des Progesterons erfolgt durch immunochemische Methoden im Serum, früher durch ein Analyse des Ausscheidungsmetaboliten. Etwa 15–30% des täglich gebildeten Progesterons werden als Pregnandiol-Glukuronsäure-Konjugat ausgeschieden (Follikelphase: 1–2 mg/Tag, Lutealphase: 2–4 mg/Tag).

Wirkung des Progesterons

> Progesteron bereitet den Organismus auf die **Schwangerschaft** vor, schafft wichtige Voraussetzungen für die Konzeption und Implantation und ist für den Schutz der Gravidität verantwortlich. Im Uterus wird es durch ein spezifisches Rezeptorprotein gebunden, dessen Bildung durch Östrogene stimuliert wird. Dies macht es verständlich, daß sich ein Effekt an den weiblichen Genitalorganen inklusive Mamma nur dann nachweisen läßt, wenn das betreffende Organ **vorher durch Östrogen stimuliert** wurde. Auch Progesteron wirkt über eine Beeinflussung des Nukleinsäure- und Proteinstoffwechsels. Es wirkt antiöstrogen und damit antiproliferativ.

Endometrium: Progesteron bewirkt die typische sekretorische Transformation des proliferierten Endometriums (s. S. 335 sowie Abb. 1.30 u. 1.31). Sein Einfluß ist vor allem im Hinblick auf die ungestörte Nidation bedeutsam.

Zervix: Progesteron bewirkt eine Verminderung des Sekrets, eine Erhöhung der Viskosität und Herabsetzung der Spinnbarkeit. Das Farnkrautphänomen schwindet. Die Penetration der Spermien wird hierdurch hochgradig erschwert (Abb. 2.4).

Vagina: Die Verminderung des Östrogeneinflusses und der zusätzliche Progesteroneffekt zeigen sich im zytologischen Ausstrich in Form einer erheblichen Verklumpungstendenz der vermehrt abschilfernden Zellen.

Myometrium: Verglichen mit der östrogenbestimmten Zyklusphase ist der Tonus des Myometriums unter Progesteroneinfluß niedriger, die Kontraktionen verlaufen langsamer. In der Schwangerschaft wird der Uterus durch Progesteron ruhiggestellt. Oxytozin wirkt bei einem hohen Progesteronspiegel weniger kontraktionserregend als sonst.

Sonstige Muskulatur: Auch außerhalb des Uterus setzt Progesteron den Tonus der glatten Muskulatur herab. Die Tonusverminderung von Ureter und Venen trägt zum häufigen Auftreten von Pyelitis und Varizen in der Schwangerschaft bei.

Mammae: Für die Entwicklung und Differenzierung der Brustdrüsen sind Östrogene und Progesteron erforderlich. Die ersteren stimulieren das Wachstum der Milchgänge. Progesteron fördert die Entwicklung der Azini.

Körpertemperatur: Progesteron und die synthetischen Gestagene (mit Ausnahme von Dihydrogesteron) bewirken durch Vermittlung des Wärmezentrums einen Anstieg der Körpertemperatur von 0,4–0,6 °C. Dieser Effekt, der diagnostisch weithin genutzt wird (s. Basaltemperaturkurve), ist nicht an die vorhergehende Einwirkung von Östrogenen gebunden (Abb. 1.20).

Normaler Progesteronstatus

In der Praxis läßt sich der individuelle Progesteronstatus auch ohne Hormonanalyse definieren:

- Basaltemperatur: Nachweis einer für 12–14 Tage um 0,4–0,6 °C erhöhten Basaltemperatur (Abb. 1.20 u. Abb. 3.2); während dieser hyperthermen Phase:
- Farnkrautphänomen: negativ
- Zytologie: typisches luteogenes Abstrichbild
- Endometriumbiopsie: Nachweis eines zyklusgerecht sekretorisch transformierten Endometriums

Androgene

> Als Androgene bezeichnet man Substanzen, welche die Entwicklung und Ausbildung männlicher Geschlechtsmerkmale fördern.

Das wirksamste Androgen ist Dihydrotestosteron (DHT), gefolgt vom Testosteron (Abb. 1.26). Andere Androgene, wie Androstendion, Dehydroepiandrosteron und Dehydroepiandrosteron-Sulfat (DHEA-S), sind vergleichsweise schwach wirksam. Intrazellulär wird Testosteron erst wirksam, wenn es zu 5α-Dihydrotestosteron reduziert worden ist (Abb. 1.26). Dies ist von Bedeutung, da 5α-DHT eine größere Affinität zum zytoplasmatischen Androgenrezeptor aufweist als Testosteron.

Biosynthese

Bei der nichtschwangeren Frau werden Androgene an folgenden Orten gebildet:

- Ovar
- NNR
- Fettgewebe, Leber, Lunge, Haut (aus Vorstufen durch periphere Umwandlung)

Im Ovar wird die Bildung der Androgene durch Gonadotropine, vor allem durch LH, stimuliert. Als Bildungsort kommen alle zellulären Komponenten, d.h.

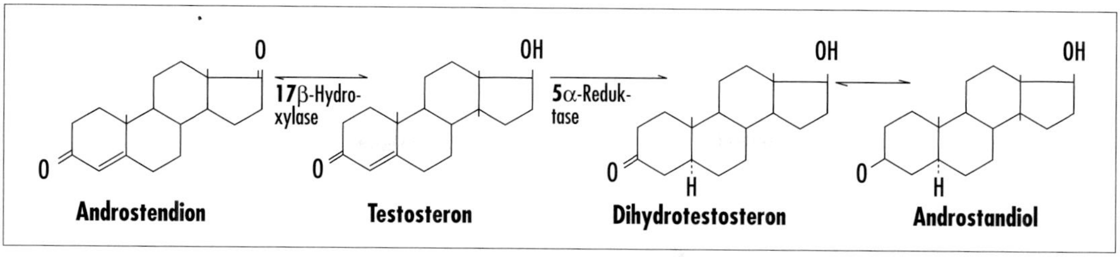

Abb. 1.26 Strukturformeln von Testosteron und dessen wichtigsten Stoffwechselprodukten.

die Granulosazellen, Thekazellen, Stromazellen und Hiluszellen in Betracht. Androgene werden in der NNR vorwiegend, aber keineswegs ausschließlich, in der Zona reticularis gebildet.
Die Bildung und Sekretion der Androgene durch Ovar und NNR wird durch **hypophysäre Hormone** gesteuert. Wie auch die Bildung von Kortisol unterliegt die der adrenalen Steroide einer Kontrolle durch ACTH.
Androgene zirkulieren im Blut zum größten Teil in gebundener Form, und zwar gekoppelt an Albumin und das sogenannte Sexhormon-Bindungsglobulin (SHBG). Der mengenmäßig geringe Anteil des freien, d.h. nicht an SHBG gebundenen Testosterons und DHT, ist für die biologische Wirkung verantwortlich. Daraus folgt, daß eine Erhöhung oder Verminderung des SHBG im Blut entsprechende Veränderungen im Serumspiegel des freien Testosterons zur Folge hat. Dies hat erhebliche klinische Bedeutung:

- Östrogene (z.B. Ovulationshemmer), Schwangerschaft sowie Thyroxin
  - erhöhen SHBG und
  - vermindern das freie Testosteron;
- Gestagene, Kortikosteroide und Androgene
  - vermindern SHBG und
  - erhöhen das freie Testosteron.

Androgenproduktion und -nachweis

Dihydrotestosteron: DHT ist das wirksamste Androgen. Es wird nicht nur intrazellulär im Erfolgsorgan aus Testosteron gebildet, sondern auch in erheblichen Mengen von den NNR und den Ovarien – zu etwa gleichen Teilen – sezerniert. Der Serumspiegel des freien DHT ist etwa halb so hoch wie der des Testosterons. Zyklische Schwankungen konnten bisher nicht nachgewiesen werden. Der Serumspiegel des gesamten DHT beträgt bei der gesunden Frau etwa 0,12–0,25 ng/dl.
Testosteron: Auch Testosteron, das nach dem DHT stärkste Androgen, wird vom Ovar und der NNR in etwa gleichen Mengen sezerniert. Etwa 50 % entstehen durch Umwandlung von Androstendion in der Leber und anderen Organen. In der periovulatorischen Phase des Menstruationszyklus erhöht sich der Anteil aus dem Ovar. Der Serumspiegel weist **Tagesschwankungen** auf, wie sie vom Kortisol bekannt sind. Ca. 98 % sind im Blut und SHBG gebunden, etwa 2 % liegen in freier Form vor. Der Serumspiegel beträgt bei der geschlechtsreifen Frau ca. 0,25–0,7 ng/ml, nach der Menopause unter 0,25 ng/ml, der des freien Testosterons bis 3,6 pg/ml (Testosteron: 0,1 ng/ml = 0,0347 nmol/l).
Androstendion: Dieses im Vergleich zum DHT nur schwach wirksame Androgen wird vorwiegend im Ovar und der NNR gebildet, etwa 10 % entstehen durch die periphere Konversion aus DHEA. Die Sekretion unterliegt einer gewissen **Tagesrhythmik**.
Dehydroepiandrosteron: DHEA entstammt zu 60–70 % den NNR und zu 10–25 % dem Ovar. Der Rest entsteht durch Umwandlung von DHEA-S. Im Blutserum findet es sich vorwiegend an Albumin und Globuline gebunden. Normbereich: 4–7 ng/ml.
Dehydroepiandrosteronsulfat: Im Gegensatz zu den bisher genannten Androgenen handelt es sich beim DHEA-S um ein Produkt der NNR, das im Blut an Albumin gebunden zirkuliert. Es besteht eine Tagesrhythmik ähnlich der des Kortisols. DHEA-S ist der wichtigste Vorläufer der Stoffwechselprodukte, die früher mit der Bestimmung der 17-Ketosteroide im Harn erfaßt wurden. Der Serumspiegel beträgt in der Präpubertät 100–550 ng/ml, in der Geschlechtsreife 1200–3000 ng/ml und in der Postmenopause 800–1000 ng/ml.
Sexhormon-Bindungsglobulin (SHBG): Dieses in der Leber gebildete Glykoprotein hat eine spezifische, hohe Affinität für die Bindung von Testosteron und Östradiol. Es spielt deshalb eine wichtige Rolle bei der Verteilung zwischen dem gebundenen und freien Testosteron. Sein Serumspiegel beträgt bei der geschlechtsreifen Frau 30–90 nmol/l. SHBG wird auch als Testosteron-Bindungsglobulin bezeichnet (TeBG).
3α-Androstandiolglukuronid: s. Abb. 1.26 u. S. 76.

Die verschiedenen Androgene werden immunologisch bestimmt. Hierbei muß allerdings beachtet werden,

daß z.B. ein Antikörper gegen Testosteron auch mit anderen Androgenen in gewissem Ausmaß reagieren kann. Falls vor der Bestimmung keine chromatographische Trennung erfolgte, könnten in einem solchen Falle auch DHT, Androstendion usw. zum Teil miterfaßt werden.
Beim Verdacht auf **Hyperandrogenämie** sind auf jeden Fall zu bestimmen:

- Testosteron
- DHEA-S

Wenn möglich auch:

- Freies Testosteron
- Androstendion
- SHBG

Bei Verdacht auf eine Spätform des AGS (s. S. 14):

- 17α-Hydroxyprogesteron.

Um möglichst reproduzierbare Ergebnisse zu erzielen, empfiehlt es sich, die Blutentnahme zu standardisierten Zeiten durchzuführen, z.B. zwischen 8 und 11 Uhr morgens. Die Patientinnen sollten seit mindestens 10 Tagen keine Sexualsteroide oder Kortikoide eingenommen haben (Ausnahme: Funktionstests).

Wirkung der Androgene

> Die im weiblichen Organismus gebildeten Androgene fungieren zum guten Teil und in allen Lebensaltern als **Vorstufen bei der Östrogensynthese**, erfüllen aber auch als Androgen per se **physiologische Aufgaben**.

Zu diesen zählen:
Sexspezifische Effekte:

- Sexuelle Differenzierung (somatisch und psychisch)
- Sexualverhalten, Libido
- Sekundärbehaarung

Extragenitale Effekte:

- Haut (Haarwurzel, Talgdrüse)
- Muskulatur (anaboler Effekt)
- Skelettsystem
- Leber

Wenn sich hingegen Tumoren aus steroidbildenden Zellen entwickeln, oder wenn, wie es im Falle von polyzystischen Ovarien, Hyperthecosis ovarii bzw. einer NNR-Überfunktion zu erwarten ist, vermehrt Androgene sezerniert werden, kommt es zum pathologischen Androgeneffekt. Die klinischen Folgen einer solchen Störung werden in den Abschnitten »Polyzystische Ovarien« (S. 65), »Intersexualität« (S. 9), »Pubertas praecox« (S. 24) und »Hirsutismus« (S. 73) abgehandelt.
Nach der Menopause können im Ovarialstroma noch beachtliche Mengen an Östrogenvorstufen (z.B. Androstendion) gebildet werden, die nach Aromatisierung in der Leber bzw. im Fettgewebe zu Östrogenen, vor allem Östron, **Postmenopausenblutungen** verursachen können.

Inhibin und andere ovarielle Peptide

In den Granulosazellen des Ovars und den Sertoli-Zellen der Testis wird ein Peptidhormon, **Inhibin**, gebildet, dessen Funktion die selektive Hemmung der FSH-Sekretion ist. Während der Follikelreifung steigt der Inhibinspiegel an und führt, zusammen mit Östradiol, zu einer Minderung der FSH-Produktion und Ausschüttung aus dem HVL. Nur ein Follikel, der aufgrund besonderer Reaktivität mit niedriger werdenden FSH-Spiegeln auskommt, kann zum dominanten Follikel werden und das Stadium der Sprungreife erreichen.
In diese Gruppe von Peptiden gehört auch das **Anti-Müller-Hormon (AMH)**, ein Glykoprotein, das ebenfalls von den Granulosa- und Sertoli-Zellen produziert wird.

Ovarialzyklus

Follikelreifung

Der prämenstruelle Anstieg des FSH (als Folge des Abfalls der Progesteronbildung im Corpus luteum) bewirkt die Stimulation einer neuen Follikelgeneration im Ovar. Durch Proliferation der Granulosazellen und Transformation der umgebenden Stromazellen entwickelt sich jeweils eine äußere bindegewebige Hülle (Theca externa) und eine innere, Thekazellen enthaltende Schicht (Theca interna).
Rekrutierungsphase: In Synergismus mit LH stimuliert FSH in den Granulosazellen die Synthese von Östron und Östradiol durch Aromatisierung der Vorstufen Androstendion und Testosteron (Abb. 1.23 u. Tab. 1.6). Die im Lauf der ersten zwei Zykluswochen zunehmende Östrogenproduktion bewirkt einen Abfall von FSH (negatives Feedback) und Rückbildungsvorgänge in den meisten stimulierten Follikeln (Atresie).
Selektionsphase: Lediglich der Follikel mit dem größten Wachstumsvorsprung und einem gewissen Minimalbestand an Östrogenen und FSH wird von der Stimulation durch hypophysäres FSH unabhängig, bleibt deshalb von der Rückbildung verschont und ge-

langt zur Ovulationsreife (**dominanter Follikel**). Der reifende oder reife Follikel enthält außer den Sexualsteroiden verschiedene hypophysäre Hormone, Enzyme und eine Reihe spezifischer Peptide, denen zumeist eine Hemmfunktion zukommt. Von besonderem Interesse ist dabei das in den Granulosazellen gebildete Inhibin. Seine Wirkung scheint in einer selektiven Hemmung der FSH-Freisetzung zu bestehen. Es wird deshalb angenommen, daß es bei der Regulierung der Feedback-Kontrolle zwischen Ovar und den übergeordneten Zentren eine Rolle spielt.

Ovulation

Die Ovulation, d.h. die Ruptur des sprungreifen Follikels und die Ausspülung des Eies inkl. Granulosazellen, wird durch den zur Zyklusmitte nachweisbaren LH-Gipfel (Abb. 1.20) und den damit korrespondierenden Beginn der Progesteronproduktion induziert, vermutlich über enzymatische Prozesse (Aktivierung von Proteasen).

Corpus luteum

Nach der Ovulation wird der gesprungene Follikel zu einem funktionell neuen Organ, zum Corpus luteum: Unter Einwirkung von FSH synthetisieren die großen Luteinzellen Östradiol, die kleinen Luteinzellen unter dem Einfluß von LH Progesteron und Androgene. Der Serumspiegel von Progesteron erreicht 4–5 Tage nach der Ovulation Werte von 10 bis 20 ng/ml. Etwa 10 bis 12 Tage nach der Ovulation setzt die Rückbildung des Corpus luteum zum Corpus albicans ein, sofern eine Konzeption ausgeblieben ist.

Verhalten der Ovarialhormone im Zyklus

Östrogene: Im Verlauf eines Zyklus steigen die Östrogene im Plasma und im Harn 2mal an. Ein erster Gipfel wird um die Mitte des Zyklus erreicht, also kurz vor der Ovulation. Danach erfolgt ein Abfall, dem während der »Blüte« des Corpus luteum ein zweiter Anstieg folgt (Abb. 1.20). Der Verlauf der Östrogenausscheidungskurve zeigt also, daß das Ovar in der Corpus-luteum-Phase nicht nur Progesteron, sondern auch Östrogene bildet.

Progesteron: Progesteron läßt sich während der Follikelphase im Serum in nur sehr kleinen Mengen nachweisen. Bereits 2–3 Tage vor der Ovulation zeigt sich ein kleiner Anstieg. Nach der Ovulation erreicht die Produktion Tageswerte von mehr als 20 mg. Diese reichen aus, um die FSH-Ausschüttung der Hypophyse und damit eine weitere Reifung von Follikeln während der Corpus-luteum-Phase zu hemmen. 17α-Hydroxyprogesteron steigt bereits während des präovulatorischen LH-Gipfels an. Dies ist als Folge der beginnenden Luteinisierung der Follikelwand (Granulosa) zu verstehen.

Verhalten der Ovarialhormone nach erfolgter Konzeption und Nidation

Mit der Implantation eines befruchteten Eies setzen Umschaltungen im Regelkreis ein: Zunächst ist eine Vermehrung der Gonadotropinausscheidung als Folge der HCG-Produktion im Trophoblasten nachweisbar. Anstelle des sonst üblichen prämenstruellen Absinkens der Östrogen- und Progesteronbildung kommt es zu einem relativ schnellen Anstieg, bedingt durch die anhaltende Stimulierung der Steroidsynthese im jetzigen **Corpus luteum graviditatis** durch HCG.

Funktionelle Zusammenhänge und Wechselwirkungen im Regelkreis

Zentrale hypothalamo-hypophysäre Impulsgebung

Die neuroendokrine Steuerung der Ovarialfunktion wird im wesentlichen durch die **Eigenrhythmik des hypothalamo-pituitären Systems** bestimmt, welches wiederum durch retrograde Signale des Ovars in einem zeitlich und quantitativ fein abgestimmten Verhältnis beeinflußt wird (Abb. 1.27 u. 1.28).

Auf welche Weise die ovariellen Steroidhormone, und hier in erster Linie das Östradiol, in die Freisetzung der Gonadotropine eingreifen, ist erst in Ansätzen erkennbar. Es kann als gesichert angesehen werden, daß Impulse aus höheren Zentren des Zentralnervensystems unter der Beteiligung von **Neurotransmittern** und **Peptiden mit Opiatwirkung** die Abgabe von LH-RH aus spezifischen Neuronen des mediobasalen Hypothalamus an den Kapillarplexus des hypohysären Portalvenensystems steuern. Letzteres transportiert dieses Releasing-Hormon zu den gonadotropinproduzierenden Zellen des Hypophysenvorderlappens. Für eine normale Gonadotropinsekretion scheint es dabei erforderlich zu sein, daß die Abgabe nicht kontinuierlich, sondern in Form von kurzdauernder **Pulsationen** erfolgt, die sich in entsprechenden Schwankungen des LH-Spiegels im Serum widerspiegeln. Der zeitliche Abstand zwischen derartigen »Pulsen« beträgt in der Follikelphase etwa 1–2 Std., in der Lutealphase 2–5 Std. (Abb. 1.19).

Auf welche Weise es in der Mitte des Zyklus zur plötzlichen Freisetzung großer Mengen von LH kommt, konnte noch nicht völlig geklärt werden. Man nimmt heute an, daß der steigende Östrogenspiegel in der mittleren und späten Follikelphase zur vermehrten Speicherung von LH im Hypophysenvorderlappen führt, so daß 24 Std. nach dem Erreichen des maximalen Östradiolspiegels und unter der permissiven Wirkung

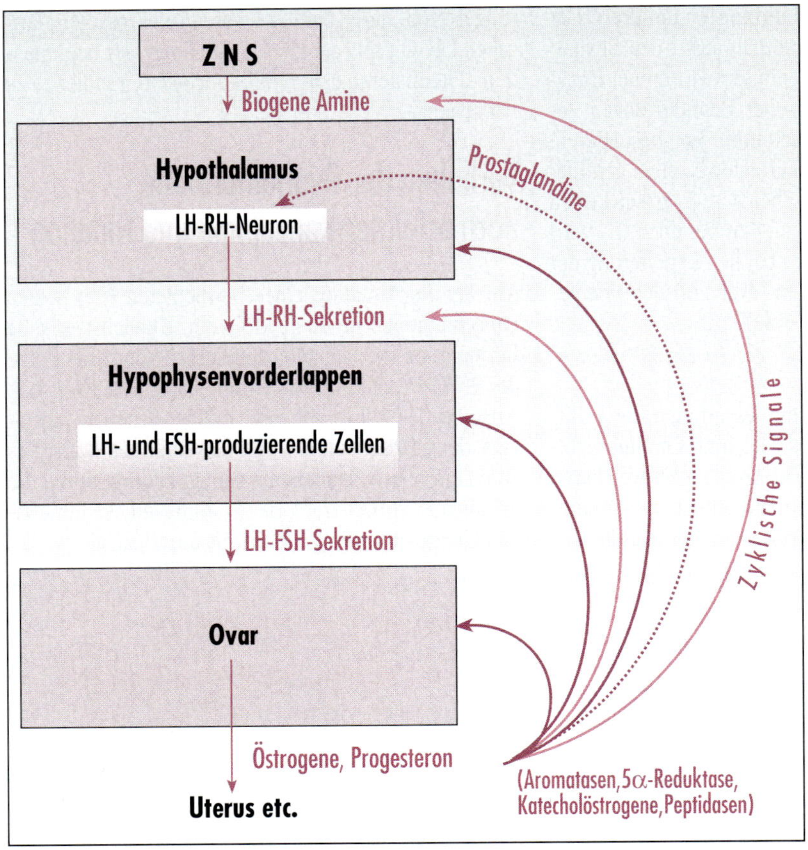

Abb. 1.27 Die neuroendokrine Steuerung der Ovarialfunktion; Wechselwirkungen.

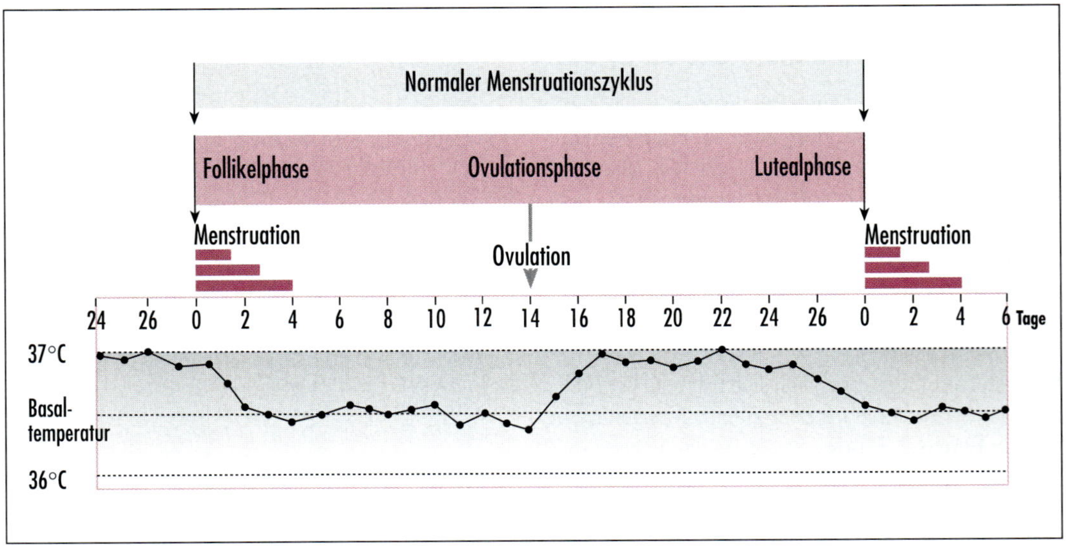

Abb. 1.28 Die Phasen des Menstruationszyklus. Der »biphasische« Verlauf der Basaltemperaturkurve ist typisch für einen ovulatorischen Zyklus (s. a. S. 45).

von LH-RH plötzlich große Mengen von LH freigesetzt werden (»präovulatorischer LH-Gipfel«), die etwa 24 Std. später die Ovulation herbeiführen.

Rückwirkungen der Ovarialprodukte auf das hypothalamo-hypophysäre Regelzentrum

Die Ovarialsteroide spielen für die Zyklussteuerung eine wichtige Rolle. Ihre Rückwirkung auf Hypothalamus und Hypophyse wird als Rückkoppelung oder **Feedback** bezeichnet. Man spricht von **negativem Feedback**, wenn ein Hormon, z.B. Östradiol, die Funktion des übergeordneten Organs hemmt, vom **positiven Feedback** hingegen, wenn eine Stimulierung erfolgt.

Das Konzept des negativen Feedback stützt sich auf folgende Erkenntnisse:

- **Hohe Dosen von Östrogenen wie auch Gestagenen hemmen die Gonadotropinsekretion** (s. a. Ovulationshemmer!).
- **Östrogene hemmen die FSH-Ausschüttung stärker als die des LH.** Der Abfall der Serum-FSH während der späten Follikelphase, der dem FSH-Gipfel vorausgeht, ist vermutlich als Reaktion auf den ansteigenden Östrogenspiegel anzusehen. Vermutlich ist dabei auch ein im Verlauf der Follikelreifung entstehendes Peptid (Inhibin) beteiligt, das die FSH-Sekretion durch den HVL selektiv hemmt.
- **Progesteron** scheint, in entsprechend hoher Dosis und im Synergismus mit Östradiol, die **Bildung bzw. Abgabe von LH und FSH zu hemmen.**
- Nach Erlöschen der Ovarialfunktion kommt es **nach der Menopause** infolge des Ausfalls der Östrogene zu einem **starken Anstieg des FSH und des Inhibins** und einem meist weniger deutlichen des LH (Entzug des negativen Feedback; »Enthemmung«).

Synopse der Zyklussteuerung

1. Die Follikelphase beginnt mit dem Wachstum einer neuen Generation von Follikeln. Sie endet mit der Ovulation.
2. Der Stimulus hierfür scheint vom hypothalamischen Sexualzentrum auszugehen. Mit dem Verblühen des Corpus luteum des vergangenen Zyklus wird der negative Rückkopplungseffekt gemindert. LH-RH wird vermehrt freigesetzt und stimuliert in Synergie mit Östradiol die Synthese und Freisetzung von FSH, die wiederum das Follikelwachstum fördern.
3. Etwa eine Woche post menstruationem beginnt ein steiler Anstieg der Östrogenproduktion. Lokal bewirken die Östrogene eine Hemmung des Follikelwachstums und im HVL eine Abnahme der FSH-Sekretion, die schließlich, mit Ausnahme des Follikels mit dem größten Wachstumsvorsprung, zur Atresie der anderen Follikel führt. Aufgrund des relativen FSH-Mangels (verminderte Aromatasenaktivität) entsteht in diesen Follikeln ein androgenes Milieu. Der »dominante« Follikel ist dank seines, im Vergleich zu den anderen hohen Gehaltes von FSH und Östradiol autonom geworden.
4. Der ansteigende Östrogenspiegel bewirkt zentral eine Hemmung der FSH-Ausschüttung.
5. Beim Überschreiten einer bestimmten Konzentration im Plasma stimuliert Östradiol gemeinsam mit dem vermehrt freigesetzten LH-RH den steilen Anstieg in der Freisetzung von LH.
6. Luteinisierung der Theka- und Granulosazellen. Dies macht sich in einem merklichen Anstieg der Progesteronsekretion bemerkbar.
7. Nach Abklingen des LH-Gipfels erreichen Östradiol und Progesteron während der Blüte des Corpus luteum einen zweiten Gipfel. Die FSH-Sekretion sinkt während dieses Zeitraumes auf die niedrigsten Werte ab.

1.4 Menstruation

> Die monatliche Blutung der geschlechtsreifen Frau, die Menstruation, ist der Ausdruck einer zyklischen hormonalen Stimulation des Endometriums bei **Ausbleiben einer Konzeption**. Sie ist das äußere Kennzeichen der Geschlechtsreife. Die Blutung markiert Ende und Anfang des ovariellen Zyklus (Abb. 1.29).

Der **menstruelle Zyklus** dauert im Normalfall 28 Tage, wobei eine Schwankung von +/–3 Tagen noch als regulär angesehen wird. Im normalen Zyklus findet die Ovulation am 12.–14. Zyklustag statt. Die Dauer der Corpus-luteum-Phase ist mit 13–14 Tagen stabiler als die Follikelphase.

Endokrine Zusammenhänge

Zyklische hormonale und endometriale Reaktion stehen in enger Beziehung. Grundsätzlich gilt folgendes:

- Östrogene (Follikelphase) bewirken die Proliferation des Endometriums.
- Östrogene und Progesteron (Corpus-luteum-Phase) bewirken die sekretorische Transformation.
- Das Absinken des Hormonspiegels löst die menstruelle Blutung aus.

Das Absinken des Hormonspiegels ist durch die am Ende des ovariellen Zyklus einsetzende Corpus-luteum-Rückbildung bedingt. Auch die operative Entfernung der Ovarien (oder des Corpus luteum) würde

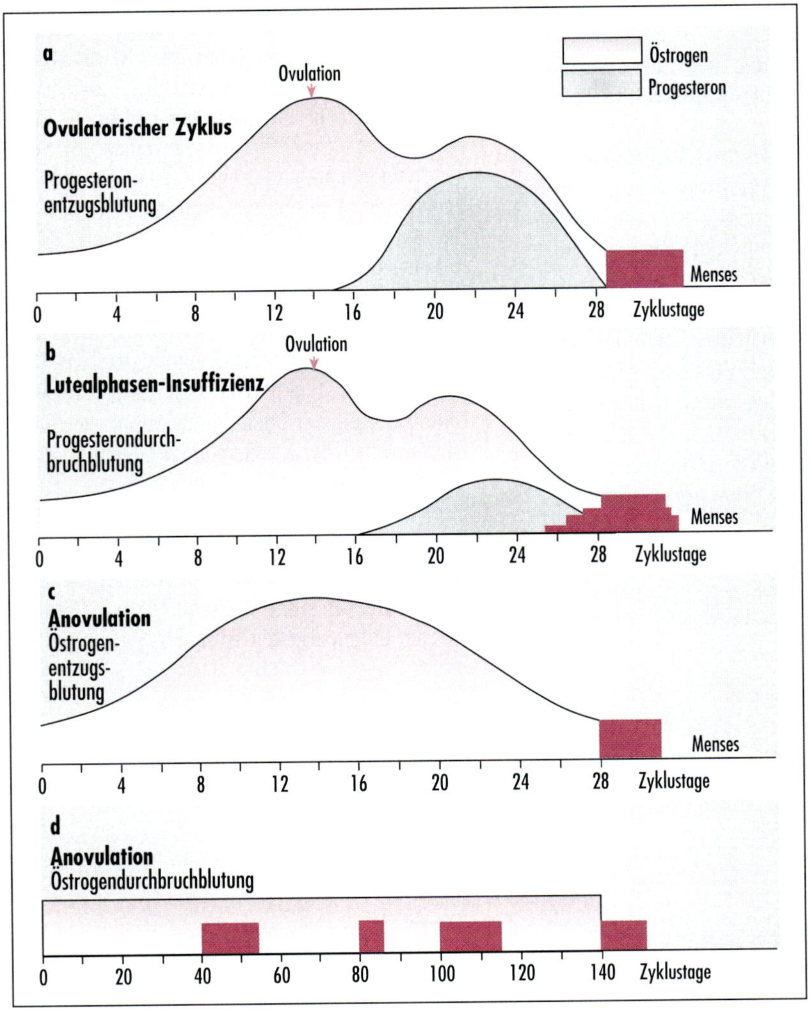

Abb. 1.29 Schematische Darstellung der hormoninduzierten Blutungen.

zum Absinken des Steroidspiegels und damit zur Blutung führen.

Normaler endometrialer Zyklus und Menstruation

Am Endometrium (Abb. 1.30 u. 1.31) haben wir eine beständige Schicht, die **Basalis**, von der kurzlebigen **Funktionalis** zu unterscheiden. Nur an dieser letzteren erfolgen unter dem Einfluß der Östrogene **Proliferation** sowie, unter dem kombinierten Einfluß von Östrogenen und Gestagenen, **funktionelle Ausreifung (Sekretion)**. Dieser Phase folgt im Falle der Befruchtung und Implantation die **Dezidualisation** oder, bei ausbleibender Konzeption, die den Zyklus beendende **Menstruation**.

Phasen

Proliferationsphase

Unter dem Einfluß der Östrogene wächst aus der post menstruationem verbliebenen Basalis und gewissen Funktionalisresten in etwa 10 Tagen eine neue Funktionalis heran, deren Drüsenschläuche schlank, wenig geschlängelt und relativ arm an Sekret sind. Das Stroma ist aus Retikulumzellen und einem zarten Fasernetz aufgebaut. Aus den in der Basalis liegenden Resten der arteriellen Spiralgefäße sprossen neue Gefäße zur Oberfläche (Abb. 1.31 a).

Sekretionsphase

Mit Einsetzen des zusätzlichen **Gestageneinflusses** ändert sich das Gewebsbild. Die Drüsen werden voluminöser. Die Schlängelung nimmt zu und geht schließlich in eine Sägeform über. Diese formale Än-

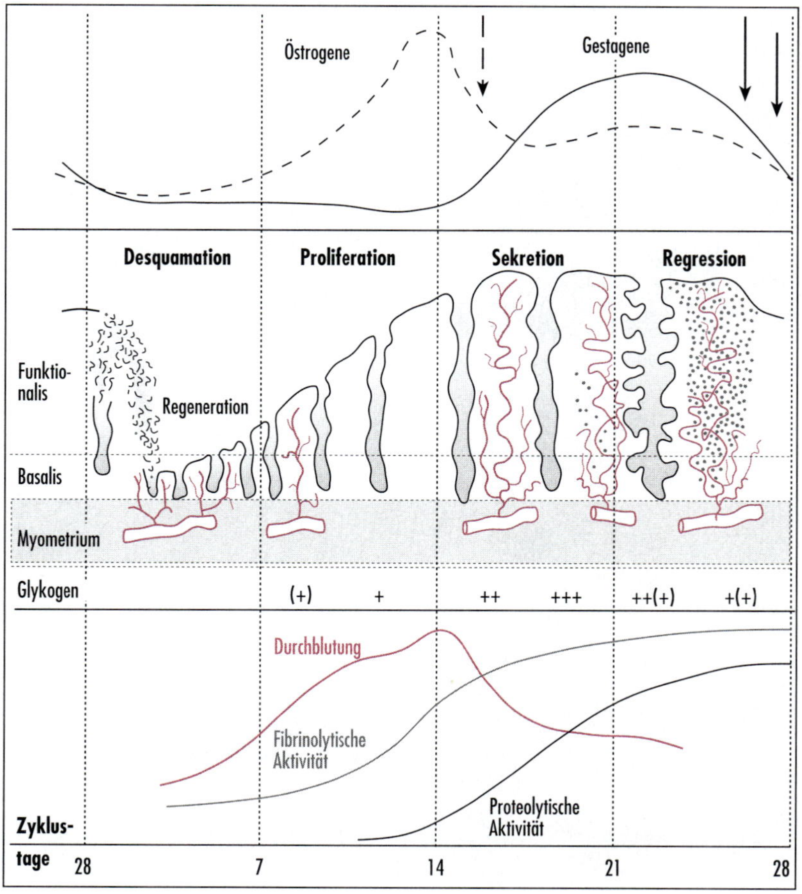

Abb. 1.30 Der endometriale Zyklus (Mitte) in Abhängigkeit von der Einwirkung der Ovarialhormone (oben). Das prämenstruelle Absinken des Hormonspiegels (oben rechts) induziert die Menstruation. Unten: gewebliche Besonderheiten im Endometrium (Glykogengehalt, Durchblutung, fibrinolytisch-proteolytische Aktivität).

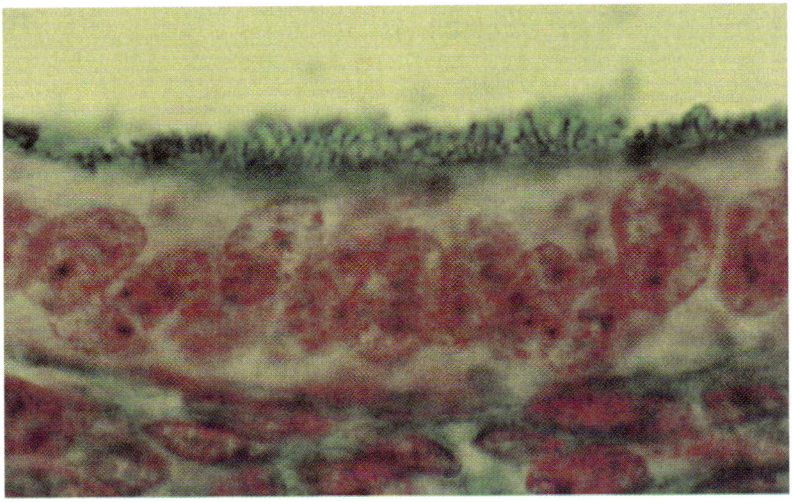

Abb. 1.31a Frühe Proliferationsphase. Drüsenepithel. Kerne baselstehend. Apikale Villi noch reaktionslos. Anfärbung saurer Mucoide. 750fach.

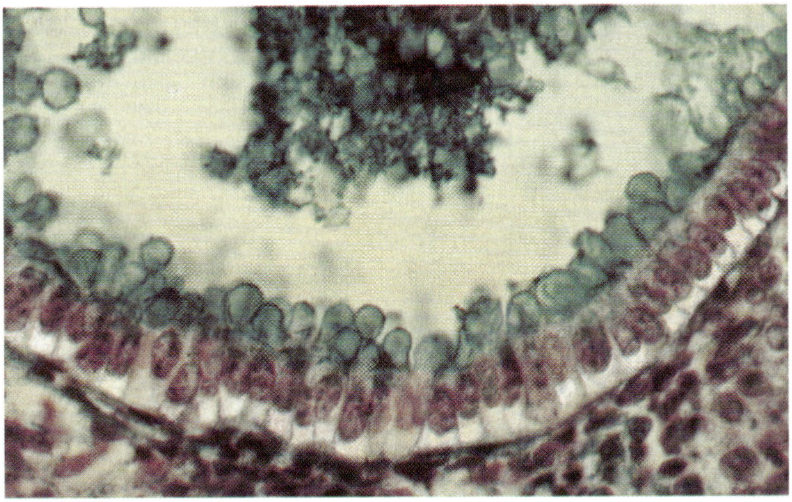

Abb. 1.31b Frühe bis mittlere Sekretionsphase. Drüsenepithel. Hochstand der Kerne, retronukleäre Vakuolen. Apikale Anreicherung von Sekretionsprodukten in blasigen (ablösungsreifen) Gebilden. 400fach.

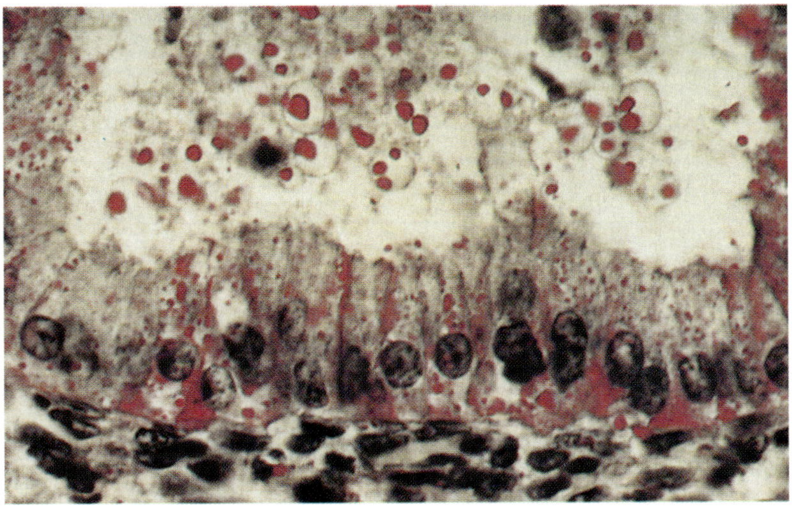

Abb. 1.31c Mittlere Sekretionsphase. Drüsenepithel. Ablösung der Sekretionsprodukte ins Lumen. PAS-Färbung. Rot = Glykogen (progesteronabhängig). 480fach.

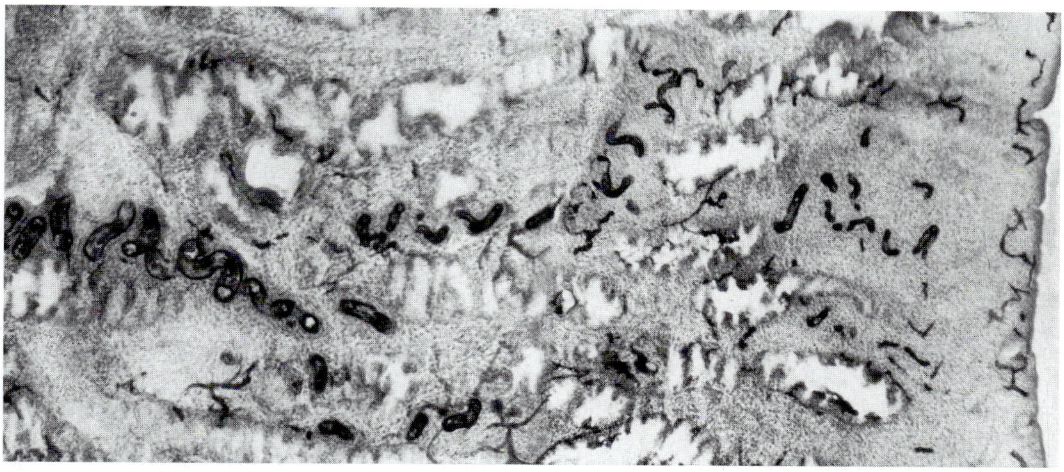

Abb. 1.31 d Endometrium der späten Sekretionsphase. Selektive Darstellung der arteriellen Blutgefäße und der Kapillaren. Man beachte die aus der Basalis hochsteigenden Spiralgefäße sowie die subepithelialen, für die Implantation wichtigen Kapillaren. Die Abbildung liegt horizontal, das Endometrium befindet sich rechts. Der Vergrößerungsmaßstab ist 25:1.

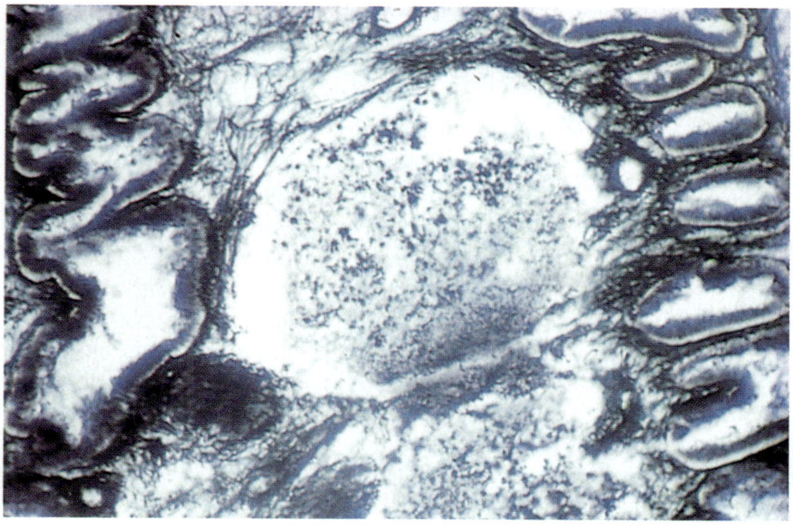

Abb. 1.31 e Menstrueller Zerfall der Funktionalis. Zirkumskripte Histiolyse. Silberimprägnation der Faserstrukturen.

derung ist mit dem Einsetzen einer intensiven Sekretbildung vergesellschaftet (»Sekretionsphase«). Das Sekret enthält Glykogen, saure Mukoide, Lipide, zahlreiche Enzyme u.a.m. Vor allen der Glykogengehalt wird als Kriterium normaler Hormonstimulation und funktioneller Reife betrachtet (Abb. 1.31 b u. c). Die Vaskularisation hat Ende der 3. Zykluswoche ihre volle Ausgestaltung erfahren (Abb. 1.30).

Dezidualisation

Kommt es im Zyklusverlauf zur **Konzeption**, so vollziehen sich im Zusammenhang mit der Implantation und dem persistierenden Gelbkörpereinfluß Veränderungen im Endometrium, die als Dezidualisation bezeichnet werden (s. S. 134). Sie ist vor allem um die Spiralgefäße ausgebildet.

Menstruation

Falls die Befruchtung des bei der Ovulation freigewordenen Eies sowie die Implantation ausbleiben und damit auch der Anlaß zur weiteren Funktionsstimulierung des Ovars entfällt, kommt es bei absinkendem Progesteron zu Änderungen des Stoffwechsels und Störungen der Mikrozirkulation, die, nach einer geweblichen Regression, schließlich in einer **Rupturblutung** und einer Aktivierung von örtlicher Proteolyse und Fibrinolyse enden: In kurzer Zeit zerfallen große Bereiche der Funktionalis und werden unter dem Bilde der Menstruationsblutung abgestoßen (Abb. 1.31 c).

Die »echte« Menstruation, d.h. die Blutung in einem biphasischen Zyklus, ist endokrinologisch betrachtet eine **Hormonentzugsblutung**, oder, auf das Endometrium bezogen, eine **Abbruchblutung**. (Zyklische Blutungen ohne biphasischen Einfluß müßten eigentlich Pseudomenstruationen heißen, doch dies ist nicht gebräuchlich.)
Die typische normale Menstruation tritt, dem ovariellen Zyklus entsprechend, in 28tägigen (+/–3) Intervallen auf und setzt relativ akut ein. Sie erreicht meist am 2. Tag ihren Höhepunkt. Bei einer Gesamtdauer von 4 (3–6) Tagen kommt es zu einem Blutverlust von ca. 50 ml (30–80 ml).
Hämostaseologisch gesehen handelt es sich bei der echten Menstruation um eine hyperfibrinolytische Blutung. Infolge der intrakavitären Fibrinolyse ist das **Menstrualblut normalerweise ungerinnbar**, bleibt also flüssig. Eine Koagelbildung ist pathologisch und deutet a priori auf Vorgänge außerhalb des eigentlichen, typischen Menstruationsvorganges oder auf quantitativ erhebliche menstruelle Blutung hin (organische Affektionen, dysfunktionelle Blutungen; s. d.).

Regeneration

Nach Abstoßung der enzymatisch aktiven Funktionalis geht von der Basalis die Regeneration der endometrialen Wundfläche aus, sofern ein ausreichender Östrogeneinfluß vorhanden ist.

Menstruationshygiene

Zum Auffangen des Menstruationsblutes werden saugfähige »Binden« oder »Vorlagen« benutzt oder sog. »Menstruationstampons« in die Vagina eingeführt, die in verschiedenen Größen angeboten werden. Die Anwendbarkeit der letzteren und die Größenwahl hängen, speziell bei Jüngeren, von der Weite der Hymenalöffnung und der Elastizität des Hymenalsaumes ab. Umgekehrt können starker Deszensus und weitklaffende Vulva den Effekt der Tamponmethode beeinträchtigen. Auch abnorm starke Menstruationen verbieten die Tamponhygiene. Schließlich können Tampons bei entsprechender individueller Anfälligkeit die Entstehung von Kolpitiden begünstigen (selten).
Für Waschungen des äußeren Genitales sind alkalifreie Seifen zu empfehlen, die den Säuremantel der Haut schützen. Scheidenspülungen sind, von seltenen Ausnahmen abgesehen (z.B. Pessarträgerinnen), als schädlich anzusehen und zu unterlassen. Die Anwendung von »Intimsprays« ist ärztlich kaum zu begründen; gelegentlich lösen sie lokale Reizzustände aus.

Medikamentöse Verschiebung der Menstruation

Im Zusammenhang mit besonderen Anforderungen und Ereignissen, z.B. Prüfungen, Urlaubsreisen, sportlichen Wettkämpfen oder anderen belastenden Situationen, wird an den Arzt nicht selten das Verlangen nach einer medikamentösen Verlegung der Menstruation herangetragen. Da die physische und psychische Leistungsfähigkeit der Frau, insbesondere auch die sportliche, im Prämenstruum eine Minderung, dagegen im Postmenstruum eine Steigerung erfährt, erscheint eine solche Maßnahme unter bestimmten Voraussetzungen durchaus gerechtfertigt. Während der Menstruation ist die Leistungsfähigkeit der Frau nicht, wie oft angenommen wird, herabgesetzt, sondern gegenüber der prämenstruellen Phase oft deutlich gebessert, sofern keine Dysmenorrhö besteht. Durch sachgerechte Verordnung von **Sexualsteroiden** kann die Menstruation vorverlegt oder ihr Eintreten verzögert werden.

Vorverlegung der Menstruation

Bei Frauen, die **Ovulationshemmer** einnehmen, wird die Tabletteneinnahme 3 Tage vor dem Zeitpunkt der gewünschten Blutung abgesetzt, d.h. die Einnahme sollte 7 Tage vor dem erwünschten Beginn des blutungsfreien Intervalls beendet sein (Abb. 1.32). Es empfiehlt sich nicht, mehr als 1/3 der Tabletten einer Monatspackung wegzulassen. Eine Menstruationsvorverlegung bei Anwendung eines Zweiphasenpräparates kann nur erfolgen, wenn die 2. Phase nicht kürzer als 5 Tage wird.
Eine Vorverlegung der Menstruation ist bei Frauen, die üblicherweise **keine Ovulationshemmer** nehmen, nur in Analogie zum oben beschriebenen

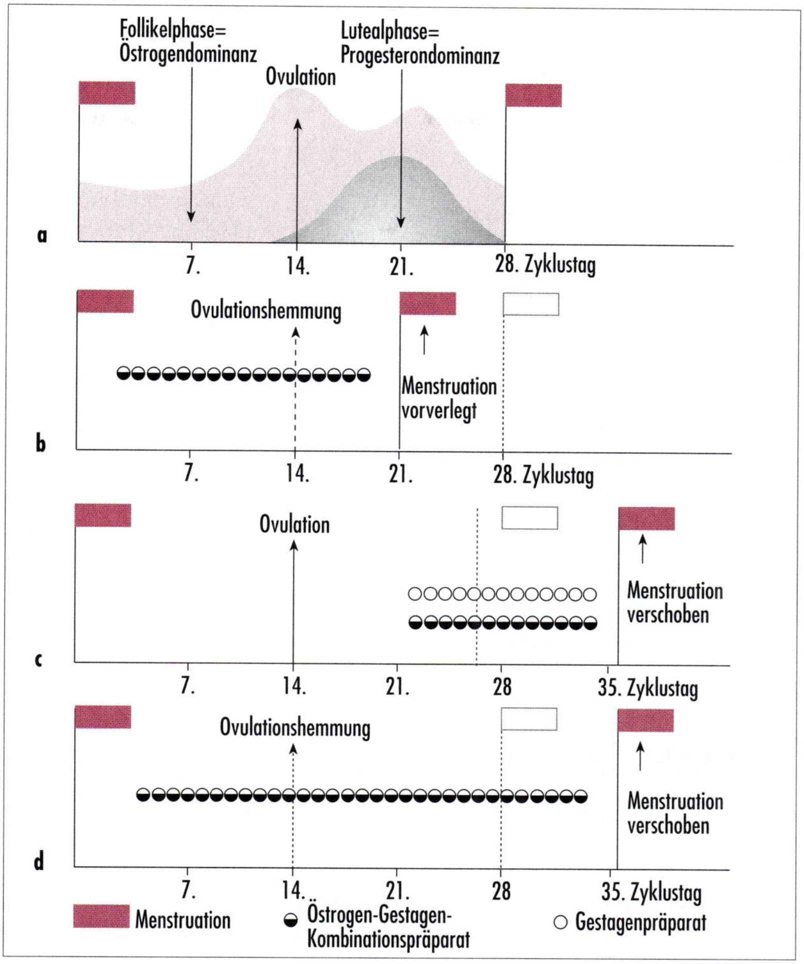

Abb. 1.32
a Schematische Darstellung der Östrogen-Progesteron-Sekretion im Zyklus.
b Vorverlegung der Menstruation durch Verabreichung der ovulationshemmenden Dosis eines Östrogen-Gestagen-Kombinationspräparates.
c Verschiebung der Menstruation durch Verordnung eines Östrogen-Gestagen-Päparates ab 22. Zyklustag.
d Verschiebung der Menstruation durch verlängerte Einnahme eines Ovulationshemmers.

Vorgehen möglich. Man verordnet also ein Kombinationspräparat, z.B. vom 5.–19. Zyklustag, wenn eine Vorverlegung um 6 Tage gewünscht wird (Abb. 1.32 b).

Hinausschieben der Menstruation

Zur Verzögerung des Menstruationseintritts ist keine Ovulationshemmung erforderlich, da die Menstruation durch rechtzeitige Einnahme eines Gestagens verschoben werden kann. Man beginnt möglichst 7 Tage, spätestens aber 3 Tage vor der erwarteten Regelblutung mit der Einnahme von tgl. 2 Tabl. eines Gestagens (s. S. 53). Noch wirksamer erwiesen sich jedoch Kombinationspräparate, z.B. 1 Tabl. Prosiston oder tgl. 1 Tabl. Östro-Primolut. Das betreffende Präparat wird 3 Tage vor dem Termin der erwünschten Blutung abgesetzt (Abb. 1.32 c).

Frauen, die **Ovulationshemmer vom Einphasentyp** einnehmen, müssen die Einnahme in entsprechender Weise fortsetzen. Wird z.B. die Verschiebung der Menstruation um 1 Woche gewünscht, so muß das Präparat 1 Woche länger als üblich genommen werden (Abb. 1.32 d). Bei **Zweiphasenpräparaten** ist zu beachten, daß nach Beendigung der 1. Packung die Einnahme mit den gestagenhaltigen Tabletten der 2. Phase fortgesetzt wird. Die wirkstofffreien Tabletten von Ovulationshemmern, die für ununterbrochene Einnahme konfektioniert sind, müssen selbstverständlich ersetzt werden (s. S. 100).

Anomalien der Menstruation und menstruationsähnliche Blutungen

Störungen der Menstruation begegnen uns in zweifacher Weise:

- **Störungen der Rhythmik** (zu häufig, zu selten, unregelmäßig)
- **Anomalien des Blutungscharakters** (zu schwach, zu stark, zu lange, Schmierblutungen [Spotting])

Die **Rhythmusstörungen** sind ausschließlich bedingt durch:

- Endokrine Störungen

Abweichungen im Blutungscharakter können zwei Ursachen haben:

- Endokrine Störungen
- Abnorme organische Konstellationen

Da die letzteren (s. Kap. 13) u. a. auch ernster Natur sein können, darf die Diagnose »endokrine Ursache« erst nach gründlichem Ausschluß organischer Veränderungen gestellt werden.

Klassifikation der Blutungsanomalien

Die Abweichungen von der typischen normalen Menstruation können im Hinblick auf die Blutung unterschiedlich definiert werden:

- Rein deskriptiv, also nach dem **Erscheinungsbild** (Abweichungen im Rhythmus, in der Stärke bzw. Dauer, Schmierblutungen; Abb. 1.33 a, 18.1).
- Nach der **Ursache**

Hierbei kommen in Frage:

- Organische Ursachen – die Annahme einer »Menstruationsstörung« ist in diesem Fall unzutreffend und irreführend (s. S. 336)
- Anomalien der endokrinen Stimulation. Man spricht in diesem Falle von **dysfunktionellen Blutungen** und unterscheidet:
  - Anovulatorische Blutungen (mit der Sonderform der Follikelpersistenz)
  - Ovulatorische Blutungsstörungen

Dysfunktionelle Blutungen

Anovulatorische Blutungen

Ein Zyklus **ohne Ovulation** und Corpus-luteum-Bildung manifestiert sich in menstruationsähnlichen Blutungen aus oberflächlichen Schichten des Endometrium. Ein anovulatorischer Zyklus geht naturgemäß mit **Sterilität** einher.

Am Endometrium findet man, je nach Konstellation, einen atrophisch-hypoplastischen Aufbau oder unregelmäßige Proliferation, ein normal proliferiertes Endometrium ohne sekretorische Umwandlung, seltener auch einmal hyperplastische Bilder. Bei langfristiger, vieljähriger Anovulation kann durch das Fehlen des transformatorischen Progesteroneffektes und die häufige Unvollständigkeit der »menstruellen« Abstoßung proliferierender Funktionalisanteile die Entwicklung atypischer Veränderungen begünstigt werden (s. Endometriumkarzinom S. 377).

Anovulatorische Blutungen treten vor allem in den Rahmenzeiten der Geschlechtsreife auf, also in der Adoleszenz und der Prämenopause. Während der eigentlichen Geschlechtsreife sind anovulatorische Zyklusstörungen seltener, aber eine wichtige **Ursache ungewollter Kinderlosigkeit**.

▶ Symptome

Die anovulatorischen Blutungen (»Menstruationen«) können hinsichtlich der Intervalle und der Blutungsintensität klinisch sehr unterschiedlich auftreten:

- Völlig unregelmäßige Abstände
- Regelmäßige, dabei normale (!) oder abnorme Intervalle (Oligomenorrhö, Polymenorrhö)
- Normale Stärke
- Abgeschwächt
- Abnorm gesteigert

Die Erscheinungen sind also vielfältig. Schließlich bestehen noch zwischen der Oligomenorrhö und der Amenorrhö fließende Übergänge (s. S. 58).

▶ Ursachen

Es handelt sich wahrscheinlich um eine zentrale Regulationsstörung, die durch psychische Insulte oder somatische Störungen bedingt sein kann.

▶ Diagnose

Bei deutlichen Zyklustempoanomalien (unregelmäßige Intervalle, Oligomenorrhö) ist stets mit dem zumindest zeitweiligen Ablauf monophasischer, anovulatorischer Zyklen zu rechnen. Von den unregelmäßigen, anscheinend »normalen« Zyklen sind nur etwa 10% anovulatorisch. Die Diagnose eines anovulatorischen Zyklus wird durch folgende Untersuchungen gesichert (Abb. 1.33 b):

- Basaltemperaturmessung: monophasischer Verlauf (Abb. 3.2)

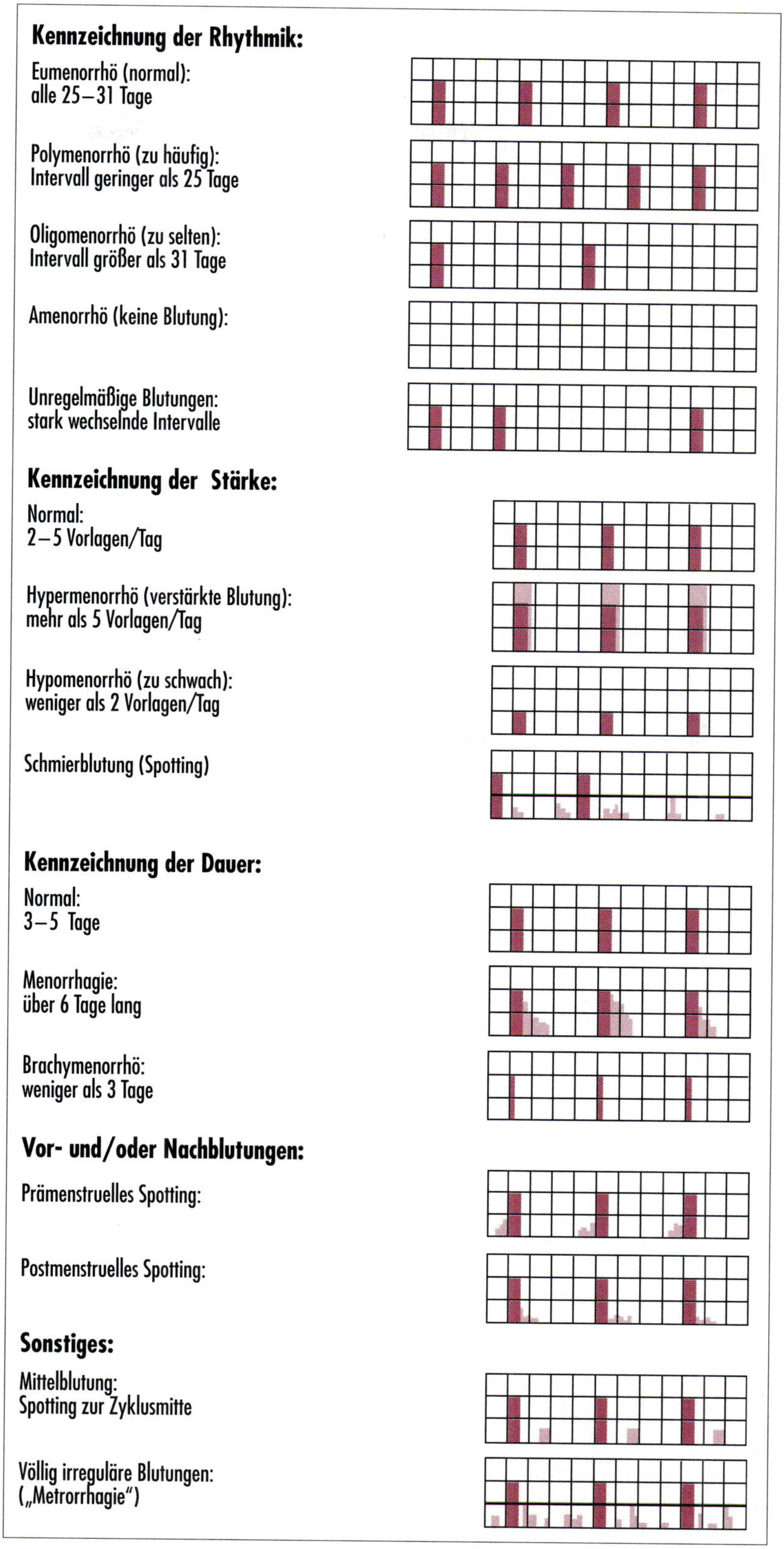

Abb. 1.33a Klassifikation und Terminologie der Blutungsanomalien nach dem Erscheinungsbild. Der dem Englischen entlehnte Terminus Spotting bezeichnet Schmierblutungen, deren Ursache vielfältig ist und die man nicht primär als Menstruationsstörung interpretieren darf!

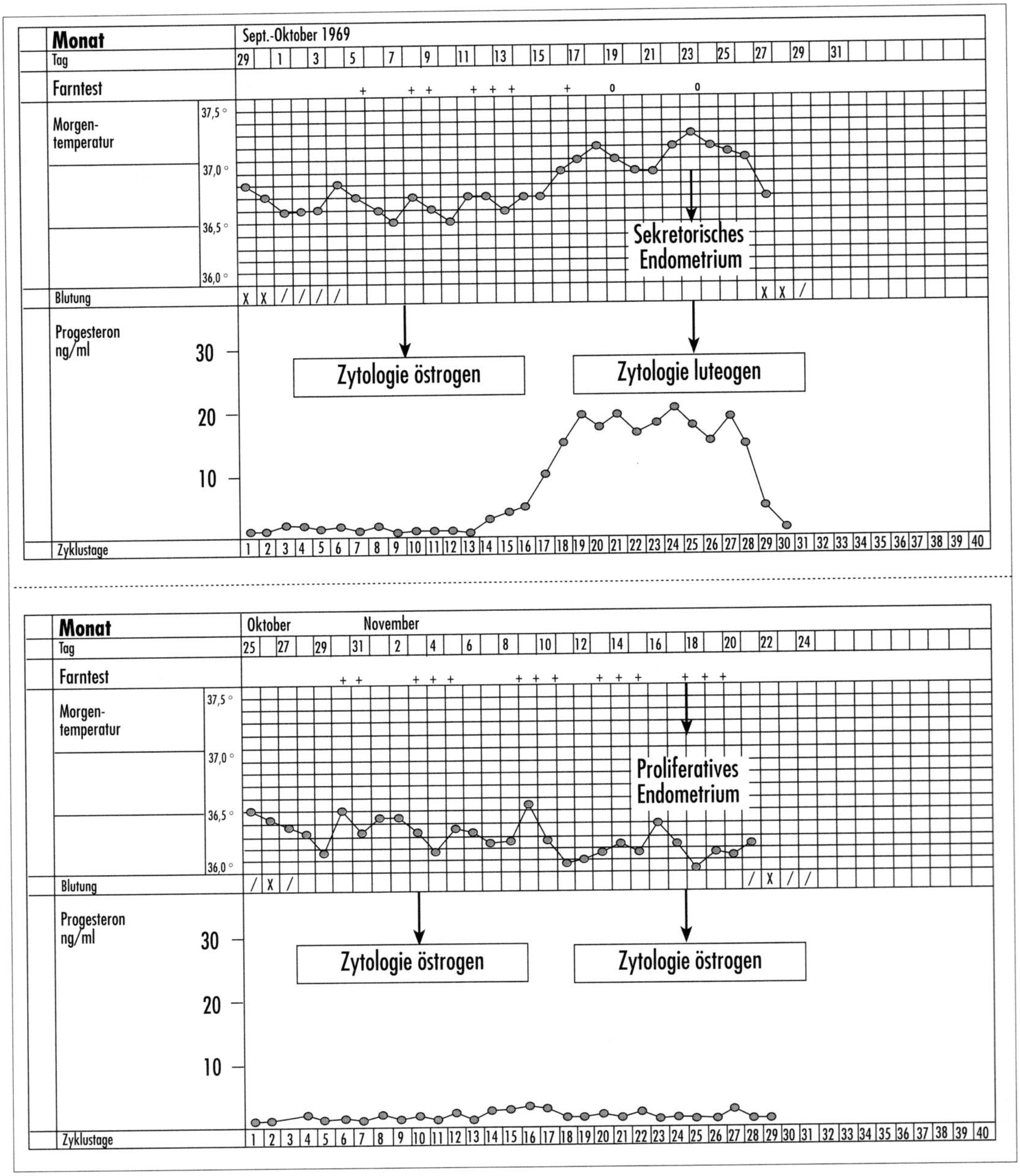

Abb. 1.33b Diagnostische Möglichkeiten zur Differenzierung des ovulatorischen (oben) vom anovulatorischen (unten) Zyklus.

- Endometriumbiopsie: atrophisches, hypoplastisches oder proliferierende Endometrium in der zweiten Zyklushälfte
- Zytologie: Fehlen des luteogenen Effektes jenseits des 25. Zyklustages
- Farnkrauttest: positiv bei Wiederholungen über eine Zeitraum von 4 Wochen (Abb. 1.34)
- Progesteron: fehlender Anstieg jenseits der 3. bis 4. Zykluswoche
- Gonadotropine: Fehlen des präovulatorischen LH-Gipfels

Bei anovulatorischen Zyklusstörungen sollte stets nach Symptomen einer Störung der Nebennierenrinde, der Schilddrüse sowie der Stoffwechsellage gefahndet werden. Bei entsprechendem Verdacht erfolgt eine weitere Abklärung:

- Nebennierenrinde: ACTH-Test, Kortisol

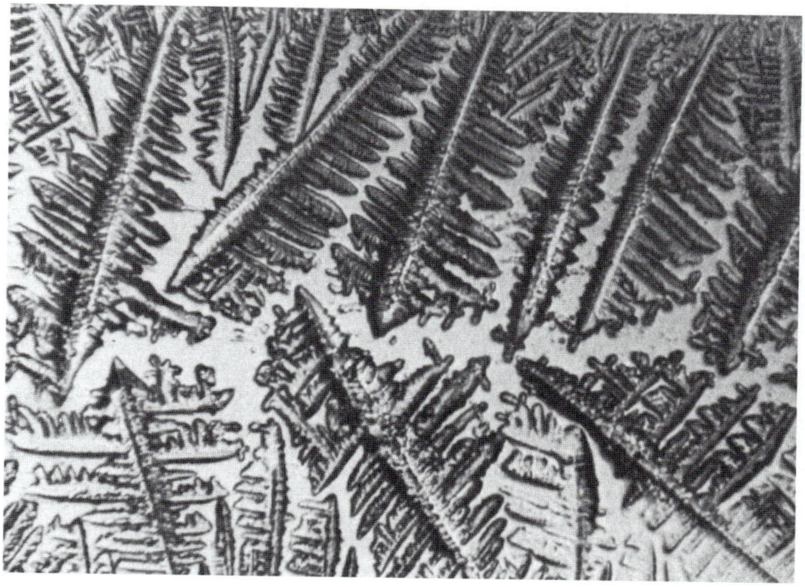

Abb. 1.34 Positives »Farnkrautphänomen« des Zervikalsekrets zum Zeitpunkt der Ovulation.

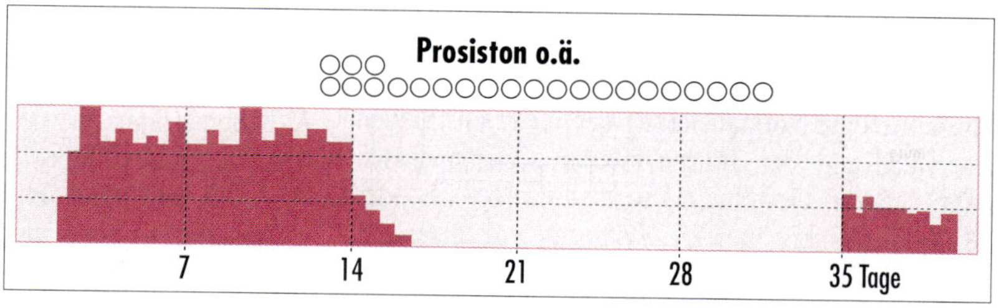

Abb. 1.35 Behandlung einer dysfunktionellen Blutung mit einem Östrogen-Gestagen-Kombinationspräparat per os.

- Schilddrüse: TSH, T_3, T_4, TRH-Test
- Stoffwechsellage: Leberfunktionstests, Glukosetoleranztest etc.

▶ Therapie

Die Behandlung anovulatorischer Blutungen hat folgende Ziele:

- Stillung der teils erheblichen akuten Blutungen
- Regulation der Blutungsintervalle, bis Spontanovulationen auftreten oder die Voraussetzungen für eine medikamentöse Ovulationsauslösung erfüllt sind (Kinderwunsch)

Blutungsstillung: Sofern schon eine behandlungsbedürftige Blutung besteht, eine prophylaktische Regulierung also nicht mehr möglich ist, sind **Östrogen-Gestagen-Kombinationspräparate** zu verabfolgen (Abb. 1.35), die sich der reinen Östrogen- bzw. Gestagentherapie als eindeutig überlegen erwiesen haben. Man verabreicht 2–3 Tage lang 2mal täglich 1 Tabl. Östro-Primolut, Prosiston o.ä. (s. Anhang). Danach wird die Dosis auf 1 Tablette tgl. reduziert. Die Einnahmedauer sollte 10 Tage oder, bei vorausgegangener starker Blutung, 20 Tage betragen (Erholungsphase). Gegebenenfalls Anämietherapie. Wenn die verstärkte Blutung ausschließlich dysfunktionell bedingt ist, also keine organische Ursache vorliegt, sollte die genannte Therapie nach 2–3 Tagen zur Hämostase führen. Ebenfalls 2–3 Tage nach Beendigung der Behandlung kommt es zu einer 4- bis 6tägigen Entzugsblutung.

Zyklusregulierung: Hier ist zu unterscheiden zwischen einer **kausalen Therapie** bei Kinderwunsch, bei der die Ovulationsauslösung im Vordergrund steht (s. S. 123) und der häufigeren, mehr symptomatischen und präventiven, nachfolgend beschriebenen **Regulierung**.

Da bei anovulatorischen Blutungen primär ein Mangel an Progesteron besteht, während meist ausreichend Östrogene gebildet werden, sind die **synthetischen Gestagene** das Mittel der Wahl bei der prophylaktischen Behandlung.

In den meisten Fällen wird sich, wenn noch kein ausgesprochener Östrogenmangel vorliegt, durch die

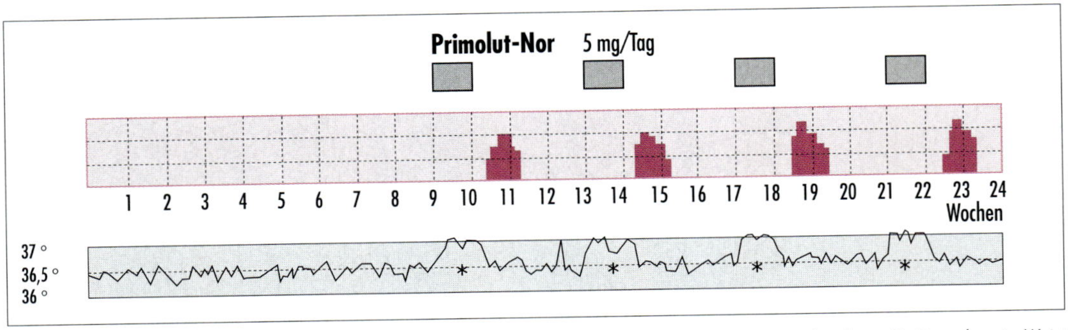

Abb. 1.36 a Behandlung einer anovulatorischen Zyklusstörung (Oligomenorrhö) mit zyklischer Gestagenverabreichung. Die Hyperthermie (*) ist ein pharmakologischer Effekt des Gestagens.

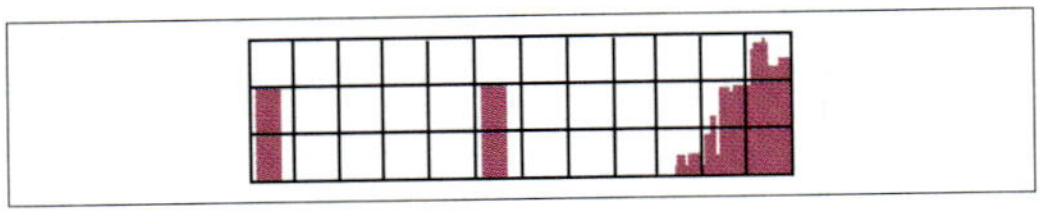

Abb. 1.36 b Blutungsverlauf bei Follikelpersistenz.

alleinige Substitution eines Gestagens in der 2. Zyklushälfte eine Normalisierung des intermenstruellen Intervalls und der Blutungsstärke erzielen lassen (Abb. 1.36a). Gewöhnlich wird vom 16., 17. oder 18. Zyklustag bis zum 25. Zyklustag z.B. eines der folgenden Gestagene verabreicht:

Clinofem	5 mg/Tag
Duphaston	10–20 mg/Tag
Gestafortin	2–4 mg/Tag
Orgametril	5 mg/Tag
Primolut-Nor	5 mg/Tag
Prothil	5 mg/Tag

Nach einigen Monaten zyklischer Gestagensubstitution sollte die Behandlung unterbrochen werden, um durch Messung der Basaltemperatur feststellen zu können, ob sich der Zyklus reguliert hat. Obwohl auch die synthetischen Gestagene eine gewisse Wirkung auf das Hypothalamus-Hypophysen-System ausüben, handelt es sich bei der zyklischen Gestagengabe mehr um eine symptomatische als um eine kausale Therapie.

Wenn sich durch reine Gestagentherapie keine Zyklus- und Blutungsnormalisierung bewirken läßt, müssen gelegentlich nach dem sog. **Kaufmann-Schema** zusätzlich Östrogene gegeben werden (Abb. 1.39). Bei dieser Behandlungsform wird also die gesamte Ovarialfunktion substituiert: Dies bedeutet eine Östrogengabe vom 5.–25. Zyklustag und eine zusätzliche Gestagengabe vom 16.–25. Zyklustag, wie dies z.B. im Zweiphasenpräparat Cycloprogynova, das keinen starken zentralen Hemmeffekt aufweist, berücksichtigt ist. Will man einer spontanen, nicht vorhersehbaren Ovulation und Konzeption verbeugen, ist ein Ovulationshemmer vom Sequentialtyp angezeigt, z.B. Nuriphasic.

! Da Östrogene eine dauernde Stimulation des Endometriums bewirken, die nicht durch den transformatorischen Einfluß des Progesterons modifiziert wird, besteht ein erhöhtes Risiko, daß sich aus einer adenomatösen Hyperplasie ein **Korpuskarzinom** entwickeln kann. Deshalb sollten alle anovulatorischen Zyklusstörungen – auch bei beschwerdefreien Frauen – prophylaktisch mit Gestagenen behandelt werden, erforderlichenfalls über viele Jahre hin.

Eine kausale Therapie der Anovulation mit Clomiphen sollte wegen der Nebenwirkungen und der zeitlich begrenzten Wirkung nur bei aktuellem Kinderwunsch empfohlen werden (s. S. 123).

Follikelpersistenz

Die meisten anovulatorische Blutungen treten dann ein, wenn der nicht gesprungene Follikel seine endokrine Funktion über eine gewisse Grenze hinaus reduziert. Diese Blutungen sind also **Hormonmangel-** oder **»Abbruchblutungen«** (Abb. 1.29c).

Im Gegensatz dazu kommt es gelegentlich, vor allem aber in der Prämenopause und, seltener, in der Adoleszenz und Postmenopause zu einem anderen Blutungsmechanismus: Bei diesen meist episodischen Fällen bleibt die endokrine Funktion des nicht gesprungenen Follikels relativ lange erhalten, man spricht deshalb von der **Follikelpersistenz**. Das Endometrium reagiert auf den permanenten Östrogeneinfluß mit einer

Proliferation, die schließlich das Bild der glandulär-zystischen oder adenomatösen Hyperplasie annimmt. Mit fortschreitender Proliferation kommt es allmählich zur Diskrepanz zwischen dem steigenden Östrogenbedarf des Endometriums und dem Angebot. Infolgedessen setzen, zunächst langsam beginnend und dann immer stärker werdend, herdförmige Blutungen ein. Sie werden als **Durchbruchsblutungen** bezeichnet. Das Endometrium wird infolge seines uneinheitlichen Aufbaues und des persistierenden Östrogeneinflusses (kein typischer Hormonentzug wie bei der Menstruation!) nur partiell und nicht als Ganzes abgebaut und abgestoßen. Im typischen Fall entwickelt sich eine **Dauerblutung**.

► **Symptome**

Nach einem für sonstige Zyklusgegebenheiten eindeutig verlängerten Intervall (bzw. schon in der Postmenopause) setzt eine Schmierblutung ein, die sich stetig verstärkt und in eine meist **starke Dauerblutung** mit Abgang von Blutkoageln übergeht. Meist sind therapeutische Maßnahmen erforderlich, um die Blutung zu beenden (Abb. 1.36b).

► **Diagnostik**

! Da bei den meist betroffenden älteren Patientinnen an die Möglichkeit eines Korpuskarzinoms oder einer anderen organischen Ursache der Blutung (submuköses Myom, Polyp etc.) gedacht werden muß, sollte bei einer erstmaligen derartigen Blutung stets eine **Abrasio** in Verbindung mit einer **Hysteroskopie** als zugleich diagnostische und therapeutische Erstmaßnahme erfolgen. Das Material muß histologisch untersucht werden.

► **Therapie**

Kommt es innerhalb des nächsten halben Jahres zur Wiederholung der charakteristischen Blutung, so kann die Rezidivbehandlung in der berechtigten Annahme, daß es sich wiederum um eine glandulär-zystische Hyperplasie handelt, medikamentös erfolgen (s. S. 54).

Jedes Rezidiv macht, ebenso wie die postmenopausale glandulär-zystische Hyperplasie, Überlegungen hinsichtlich der eigentlichen Ursache notwendig. Der in der Blutung und im histologischen Bild zu Ausdruck kommende **permanente Östrogeneinfluß** kann folgende Ursachen haben:

- Follikelreifungsstörung
- Medikamentös bedingt (z.B. Behandlung klimakterischer Beschwerden)
- Hormonaktiver Tumor

Eine entsprechende Abklärung ist notwendig.

Ovulatorische Blutungen

Auch im ovulatorischen Zyklus können Blutungen auftreten, die sich von der typischen Menstruation abgrenzen lassen.

Mittel- oder Ovulationsblutung

Dabei handelt es sich um meist schwache und kurz dauernde Blutungen zur **Zyklusmitte**. Sie sind vermutlich Folge eines relativen Östrogenmangels, wie er nach der Ovulation eintreten kann. Sofern keine sehr exakten Unterlagen über den wirklich regelmäßigen Zeitpunkt der Zwischenblutung vorliegen, sollte zunächst ein organischer Prozeß ausgeschlossen werden (s. S. 337 u. S. 378). Andernfalls werden vom 10.–15. Tag kleine Östrogengaben verabfolgt (z.B. 1- bis 2mal tgl. 1 Tabl. Progynon C).

Prämenstruelle Schmierblutungen

Bei einer **Corpus-luteum-Insuffizienz** kommt es häufig zu prämenstruellen Schmierblutungen. Diese reagieren günstig auf die zyklische Verabreichung von Gestagenen (z.B. Primolut-Nor, Clinofem, Duphaston oder Gestafortin vom 16.–25. Zyklustag, tgl. 1–2 Tabl.). Wenn die Gestagentherapie erfolglos bleibt und angenommen werden muß, daß auch die Östrogenbildung insuffizient ist, wird während der 2. Zyklusphase ein Kombinationspräparat wie Prosiston verordnet (16.–25. Zyklustag tgl. 1 Tabl.). Bei dem genannten Blutungstyp müssen vor einer endokrinen Therapie organische Ursachen ausgeschlossen werden (s. S. 336).

Postmenstruelle Schmierblutungen

Im Anschluß an die Menstruation oder nach einem Intervall von wenigen Tagen können Schmierblutungen auftreten. Als Ursache kommen – neben organischen Veränderungen (s. S. 336 u. S. 437) – mangelnde Regenerationsbereitschaft des Endometriums, ein relativer Östrogenmangel oder eine verzögerte Abstoßung des Endometriums in Frage. Wenn eine organische Ursache ausgeschlossen werden kann, verordnet man ab dem 2. Tag der Regelblutung ca. 7 Tage lang 1–2 Tabl. Progynon C tgl.

Dysmenorrhö

Mit dem Begriff Dysmenorrhö beschreibt man ein Krankheitsbild, das vor allem bei jungen Mädchen und jüngeren Frauen auftritt und durch **krampfartige Schmerzen** kurz vor und während der Menstruation gekennzeichnet ist.

Die Menstruation wird normalerweise nicht als eigentlich schmerzhaft empfunden. Eine Dysmenorrhö, bei der mitunter Arbeitsunfähigkeit bestehen kann und Bettruhe nötig wird, ist als pathologisch anzusehen. Wie schon die häufige Kombination mit Kreislaufstörungen, Ohnmachtsanfällen und dergleichen zeigt, handelt es sich um eine komplexe Erscheinung, wodurch die gezielte Therapie a priori erschwert wird. Konstitutionell überwiegen asthenische Frauen, infantile oder maskuline Typen. Fast jede zweite Frau leidet wenigstens zeitweise an derartigen Beschwerden.
Klinisch lassen sich zwei Formen der Dysmenorrhö unterscheiden:

- **Primäre Dysmenorrhö**, die bald nach der Menarche auftritt
- **Sekundäre »erworbene« Dysmenorrhö**, die später beginnt und sich im Laufe der Zeit verstärken kann

Primäre Dysmenorrhö

Die für die primäre Dysmenorrhö charakteristischen krampfartigen Schmerzen beruhen auf einer abnorm gesteigerten Kontraktilität des Myometriums. Diese wird durch **Prostaglandine** verursacht, die im Endometrium gebildet und zur Zeit der Menstruation unter Mitwirkung von Kininen freigesetzt werden.

▶ Ursache

Die eigentlichen Ursachen der primären Dysmenorrhö sind unklar, es lassen sich aber einige organische und psychische Faktoren erkennen. Auch die Stärke der Menstruationen sowie Nikotinabusus sind von Bedeutung.

Organische Ursachen:

- Uterus- bzw. allgemeine Genitalhypoplasie
- Uterusfehlbildungen
- Uteruslageanomalien (Retroflexio): nicht überbewerten (keine Operation)

Psychische Faktoren: Eventuell vorhandene pathologische Organbefunde werden sehr häufig überbewertet und dabei die psychischen Faktoren übersehen. Als typische diesbezügliche Konstellation kann die Beharrungstendenz auf einer infantilen Daseinsform angesehen werden. Die Menstruation wird als Ausdruck des Erwachsenseins und als provokative Konfrontation mit entsprechenden Problemen der Erwachsenenwelt bzw. des spezifisch »Weiblichen« reagiert und abgelehnt. Häufig findet sich eine auffallend enge, zur obligatorischen Abhängigkeit gewordene Bindung an die Eltern, speziell an den Vater (s. Kap. 19).

»Erworbene«, sekundäre Dysmenorrhö

Auch hier sind wieder organische und psychische, speziell psychosexuelle Faktoren zu beachten.

▶ Ursache

Organische Ursachen: Bei der sekundären Dysmenorrhö handelt es sich um Schmerzzustände, die auf allmählich entstandenen organischen Veränderungen beruhen. Als Ursachen kommen in Frage:

- Endometriose (s. d.)
- Adenomyose
- Myome (vor allem submuköse)
- Ovarialzysten
- Uterusfehlbildungen
- Zervikalstenosen oder -strikturen
- Varicosis pelvis
- Intrauterinpessare
- Endometritis, Salpingitis, Polyposis des Endometriums

Für die Endometriose ist es charakteristisch, daß die Schmerzen schon 1–3 Tage vor Menstruationsbeginn auftreten und mit dem Einsetzen der Blutung schwinden.

Psychische Faktoren: Hier sind zu beachten:

- Unerfüllter Kinderwunsch! Jede Menstruation muß in diesem Fall als Beweis erneuten »Versagens« und vergeblicher Hoffnung »schmerzlich« empfunden werden.
- Sekundäre Partnerkonflikte; Störungen der Vita sexualis (s. Kap. 19).

▶ Diagnose

Zur Abklärung beider Dysmenorrhöformen ist folgendes chronologisches Vorgehen zu empfehlen:

- Exakte Erhebung der gynäkologischen Anamnese und des gynäkologischen Befundes: primäre oder sekundäre Dysmenorrhö?
- Behutsame psychische Exploration durch einen erfahrenen Spezialisten (Erlebnisse? Kindheit? Elternhaus? Verhältnis zum Partner? Vita sexualis?).
- Versuch einer individuellen Wertung organischer und psychischer Faktoren.

- Laboranalytische Untersuchungen tragen zur Diagnosestellung wenig bei; gelegentlich kann der Nachweis des Progesterons in der Lutealphase zur Abgrenzung der primären von der sekundären Form nützlich sein.
- Wenn ein Verdacht auf das Vorliegen eines organischen Befundes besteht, sollten geeignete diagnostische Maßnahmen, einschließlich einer Laparoskopie, durchgeführt werden.

▶ Therapie

- Bei der primären Dysmenorrhö kann durch die Gabe von **Ovulationshemmern** Schmerzfreiheit erzielt werden. Die Wirkung von Ovulationshemmern bei der primären Dysmenorrhö dürfte darauf beruhen, daß die Freisetzung von Vasopressin und Prostaglandin $F_{2\alpha}$ durch die Sexualhormone vermindert oder die Reaktivität des Myometriums herabgesetzt, die Proliferation des Endometriums und die Stärke der Menstruationsblutung und der Anstieg des Prostaglandingehalts im Endometrium, der normalerweise in der Corpus-luteum-Phase erfolgt, verhindert wird. Dabei dürfte die Normalisierung der uterinen Durchblutung und damit die Aufhebung der lokalen Ischämie eine Rolle spielen. Es ist umstritten, ob triphasische Ovulationshemmer bei der Behandlung der Dysmenorrhö ebenso wirksam sind wie monophasische.
- In manchen Fällen können die Beschwerden auch durch die Gabe eines **Gestagens** (vom 15.–25. bzw. vom 5.–25. Zyklustag) günstig beeinflußt werden.
- Recht effektiv sind auch **Hemmer der Prostaglandinsynthetasen**, z.B. Mefenaminsäure oder Ketoprofen, bzw. Indomethazin. Mit der Einnahme muß ggf. bereits **vor** Beginn der Schmerzen begonnen werden, um den gewünschten Erfolgt zu erzielen.
- Bei offenbar **organischer** Genese der Dysmenorrhö kausale Therapie, falls möglich. Vor einer Retroflexiooperation sollte der Effekt einer Aufrichtung und Pessareinlage getestet werden. Bezüglich des Vorgehens bei Endometriose s. S. 340.
- Bei offenbar **psychischer** Genese psychotherapeutische Behandlung, autogenes Training, Aussprache mit beiden Ehepartnern bzw. den Eltern.
- **Symptomatische Therapie** kann zur Anfangsunterstützung der psychotherapeutischen Behandlung nützlich sein: Wärmeanwendungen, Gymnastik, Bäder, leichte Analgetika und Spasmolytika.

Prämenstruelles Syndrom

Im 4. und 5. Dezennium, gelegentlich auch früher, kommt es vor allem bei neurovegetativ disponierten Frauen in der 2. Zyklushälfte zu prämenstruellen Beschwerden, die durch eine individell unterschiedliche Kombination der nachfolgenden Erscheinungen charakterisiert sind:

- Nervosität
- Depressionen, Lethargie
- Migräne u.a. Kopfschmerzen
- Kreislauflabilität, Ödemneigung
- Völlegefühl, Gewichtszunahme, Nausea
- Mastodynie
- Flatulenz, Obstipation, Durst

Etwa ein Drittel aller Frauen dieses Alters leidet in mehr oder weniger ausgeprägter Weise an diesen Beschwerden. Es wurde angenommen, daß neben einem relativen Progesteronmangel eine Östrogendominanz vorhanden ist. Da jedoch die Anwendung eines Östrogenpflasters die Beschwerden lindern kann, wurde dieses Konzept in Frage gestellt. Sicher ist nur, daß der **β-Endorphinspiegel** im Prämenstruum bei diesen Frauen erniedrigt ist. Psychovegetativ labile Frauen scheinen für das Auftreten dieses Krankheitsbildes prädestiniert zu sein. Die Bedeutung des prämenstruellen Syndroms sollte wegen der z.T. erheblichen psychischen Auswirkung mit Disposition zu vielfachen Risiken nicht bagatellisiert werden.

▶ Ursachen

Eine gute Erklärung konnte bisher für die Entstehung dieses Krankheitsbildes, das zu erheblichen Konflikten im sozialen Umfeld führen kann, nicht gefunden werden.

▶ Diagnose

Die Diagnose ergibt sich aus der typischen Symptomatik und dem Auftreten der Beschwerden in den letzten 8–12 Tagen des (ovulatorischen!) Zyklus. Hormonanalytische Untersuchungen tragen zur Abgrenzung des Krankheitsbildes wenig bei.

▶ Therapie

Bei der Uneinheitlichkeit der zugrundeliegenden Mechanismen müssen drei verschiedene Angriffspunkte therapeutisch bedacht werden; später kann man sich auf die wirksamste Maßnahme beschränken:

- Prämenstruelle Gestagengaben: 1–2 Tabl. eines Gestagens (s. S. 54) oder niedrigdosierter Ovulationshemmer vom Kombinationstyp; evtl. Danazol in kleinen Dosen. Progestogel zur Lokalbehandlung bei Mastodynie.
- Östrogenpflaster in niedriger Dosierung
- Psychovegetativ wirksame Pharmaka: Amfetaminil, Pyridoxin

- Entwässernde Maßnahmen: Aquaphor, Lasix oder Hygroton o.ä., verbunden mit salzarmer Kost
- Mitunter auch wirksam: Dopaminagonisten (Lisurid, Bromocriptin); Magnesium; höhere Dosen von Vitamin E

Die Dauer der Medikation richtet sich nach den Beschwerden. Man sollte 1–2 Tage vor dem erfahrungsgemäß zu erwartenden Störungsbeginn mit der Therapie beginnen und bis zum Eintritt der Menstruation behandeln.

1.5 Amenorrhö

Bei der gesunden Frau beträgt die Dauer des intermenstruellen Intervalls in den Jahren der Geschlechtsreife 28 Tage, wobei eine Schwankungsbreite von ±3–5 Tagen noch als normal angesehen wird. Der Eisprung findet am 14. Tag statt. Wenn die Menstruation in größeren Abständen auftritt, spricht man von einer **Oligomenorrhö**, bleibt sie mehr als drei Monate ganz aus, von einer **Amenorrhö**.

Da es für eine solche formale Einteilung keine ätiopathogenetische Grundlage gibt, ist es einsehbar, in der klinischen Praxis den Sachverhalt gegebenenfalls mit dem Begriff einer **Oligo-Amenorrhö** zu beschreiben. Wir unterscheiden:

- **Physiologische Amenorrhö** (Präpubertät, Schwangerschaft, Laktationsperiode und Postmenopause)
- **Pathologische Amenorrhö**. Diese kann in Erscheinung treten als:
  - Primäre Amenorrhö
  - Sekundäre Amenorrhö

Unter **primärer Amenorrhö** versteht man das Ausbleiben der Regelblutung nach dem Erreichen des normalen Menarchenalters.
Eine **sekundäre Amenorrhö** liegt vor, wenn die zunächst vorhandenen Menstruationen sistieren. Ursächlich ist die pathologische Amenorrhö nicht als einheitliches Krankheitsbild, sondern als Symptom zu bewerten, das jedoch ernstgenommen werden sollte.

Die Ursachen der Störung können in jedem der am Zyklus, an der Blutung und am Blutabfluß beteiligten Organe ihren Sitz haben. Dabei kann es sich um eine Anomalie oder Erkrankung des betreffenden Organs handeln oder um eine sekundäre Störung, wobei die Noxen in den Regelkreis Hypothalamus-Hypophyse-Ovar hemmend eingreifen. In diesem Sinne kann jeder physische oder psychische Streß wirksam werden (Abb. 1.37). Gewisse Rückschlüsse auf die Ätiopathogenese erlaubt die Einteilung der Amenorrhö nach charakteristischen Ergebnissen hormonanalytischer Untersuchungen (s. a. Tab. 1.7):

Nach Gonadotropinwerten:

- Normogonadotrope Amenorrhö ohne wesentliches Östrogendefizit
- Hypogonadotrope Amenorrhö
- Hypergonadotrope Amenorrhö mit deutlichem Östrogendefizit

Nach Androgenbefund:

- Hyperandrogenämische Amenorrhö (mit Maskulinisierung)

Nach Prolaktinbefund:

- Hyperprolaktinämische Amenorrhö (mit Galaktorrhö)

Der Zugang zum Krankheitsbild kann sich auch an bestimmten **primären Anomalien** orientieren. Als solche sind anzusehen:

- Chromosomale, irreversible Störungen (Gonadendysgenesie, S. 5)
- Pseudohermaphroditismus femininus (S. 12)
- Hemmungsfehlbildungen:
  - Uterusaplasie (nicht korrigierbar)
  - Vaginalaplasie, -atresie (bedingt korrigierbar)
  - Hymenalatresie (korrigierbar, S. 19)

Die hier genannten Ursachen überwiegen bei der primären Amenorrhö. Für die sekundäre Amenorrhö (und partiell auch für die primäre Amenorrhö) sind die folgenden Begriffe kennzeichnend, die sich an dem im Vordergrund stehenden **Störfaktor im Regelkreis** (bzw. in der Reaktionskette) orientieren:

- Zentrale Amenorrhö: hypothalamisch-hypophysäre Störungen (hypothalamische Amenorrhö, hypophysäre Amenorrhö)
- Ovarielle Amenorrhö: ovarielle Störungen (Hypoplasie, polyzystische Ovarien; Tumoren)
- Sekundäre uterine Amenorrhö: Endometriumschädigungen
- Extragenitale endokrine Störungen (Thyreoidea; Nebennierenrinde)

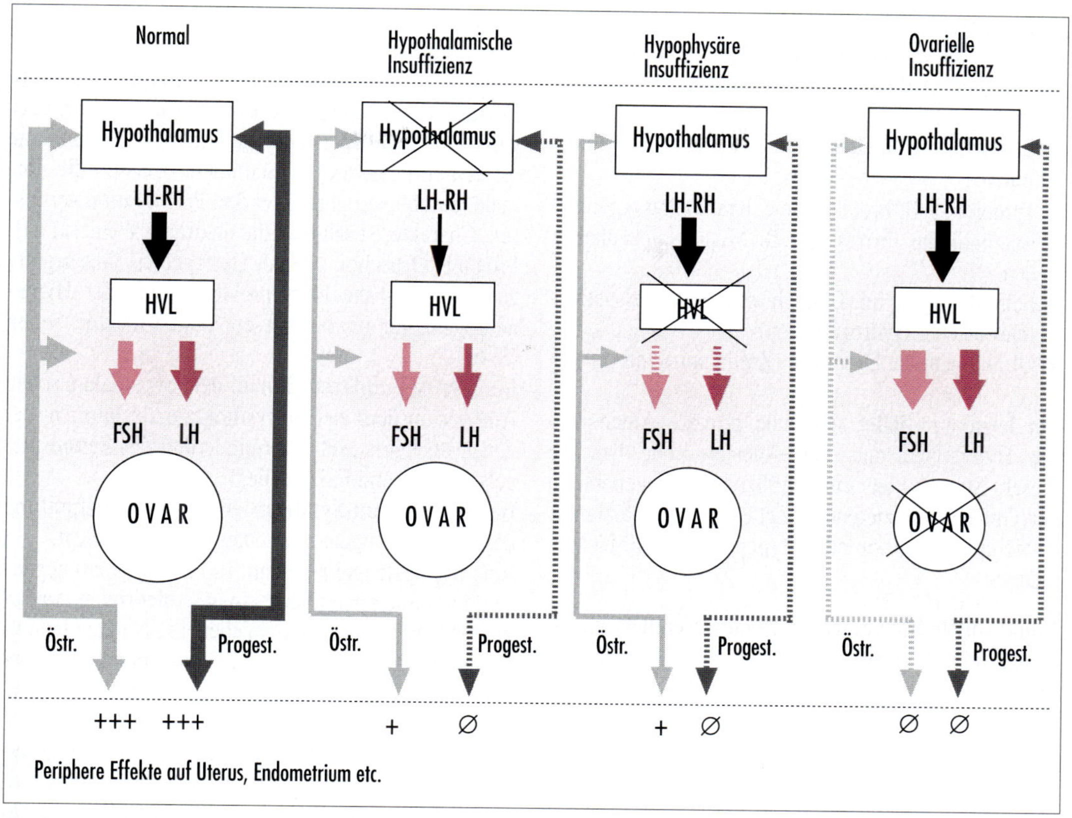

Abb. 1.37 Ätiologie der funktionellen Amenorrhö.

Ob bei den vielfältigen Störungsmöglichkeiten eine Amenorrhö entsteht oder nicht, hängt von folgenden Faktoren ab:

- Dauer und Intensität der Noxe
- Disposition des Individuums

Tab. 1.7 Einfluß verschiedener Pharmaka auf die Prolaktinsekretion.

Stimulierende Wirkung	Hemmende Wirkung
Psychopharmaka	Psychopharmaka
Narkotika	Dopaminagonisten
Antihypertonika	Prolaktinhemmer
Magen-Darm-Mittel	Uterustonika
Sexualhormone	Migränemittel
Glukokortikoide und	Antihypotonika
Dexamethason	Sympathikolytika
	Antihypertonika
	Hypnotika

Zentrale Amenorrhö (hypothalamische Amenorrhö)

Als zentrale Amenorrhö bezeichnet man ein Krankheitsbild, bei dem die Störung im **Zwischenhirn** lokalisiert ist, die anderen Glieder des Regelkreises aber potentiell intakt sind. Es handelt sich um eine kausal wenig einheitliche Gruppe von Störungen, deren Ursachen auch mit den heutigen Untersuchungsmethoden noch nicht ohne weiteres darstellbar sind. Auch durch den Einsatz spezifischer Untersuchungsmethoden läßt sich heute nicht immer eindeutig feststellen, in welchem Maße pituitäre Faktoren an der Genese einer derartigen Störung beteiligt sind. Aus diesem Grund dürfte die Bezeichnung **zentrale Amenorrhö** in der Praxis den Tatbestand besser beschreiben (60% der sekundären Amenorrhöen).

Ursachen

Eine zentrale Amenorrhö kann organische, dysfunktionelle und medikamentöse und iatrogene Ursachen haben.

Organische Ursachen sind selten. In Frage kommen:

- Tumoren, z.B. Prolaktinome, Kraniopharyngeome
- Entzündliche Prozesse, z.B. Meningoenzephalitiden
- Fehlbildungen im Bereich des Ventrikelsystems (chronischer Hydrozephalus)
- Olfaktogenitale Dysplasie (Kallmann-Syndrom)

Bei letzterem findet sich eine primäre Amenorrhö mit Hypogonadismus und Anosmie. Die Ursache dieser Störung ist eine frühzeitige Degeneration der GnRH-produzierenden Zellen im Hypothalamus sowie eine Dysplasie oder Hypoplasie des Rhinencephalons

Funktionelle Störungen scheinen wesentlich wichtiger zu sein. Sie sind in der Mehrzahl als psychogen-psychoreaktive Störung anzusehen. Die psychischen Insulte bewirken über das limbische System Aktivitätsveränderungen im Hypothalamus und damit wahrscheinlich Störungen in der Bildung und Abgabe des LH-RH. Da hierdurch die Bildung und Freisetzung der Gonadotropine herabgesetzt wird, kommt es zu einer **hypogonadotropen Amenorrhö**. In der Psychodynamik dieser Störungen sind vornehmlich Reifungsstörungen erkennbar (s. Abschn. »Psychosomatische Zusammenhänge«, Kap. 19).

Bei sekundären Amenorrhöen spielen Katastrophensituationen, Erlebnisse, Insuffizenzgefühle und Angst eine Rolle. Auffällig und in psychoanalytischer Hinsicht aufschlußreich ist die häufig abwegige Einstellung zur Nahrungsaufnahme. Dadurch werden auch andere Körperfunktionen in den Störungskreis einbezogen und ihrerseits wirksam. Patientinnen mit einer **Anorexia nervosa** weisen neben der Amenorrhö auch noch (sekundäre) Organschäden im Sinne einer extremen Atrophie auf.

Medikamentöse Ursachen: Bestimmte Psychopharmaka, vor allem Phenothiazinpräparate, können durch Beeinflussung hypothalamischer Funktionen das Bild einer **zentralen Amenorrhö** hervorrufen. Da hierbei der prolaktininhibierende Faktor ebenfalls gehemmt wird, kommt es zusätzlich noch zu den Erscheinungen einer Hyperprolaktinämie mit oder ohne Galaktorrhö, wodurch das klinische Bild dem **Chiari-Frommel-Syndrom** ähneln kann.

Diagnose

Das klinische Bild wird vom Ausmaß des Östrogenmangels geprägt. Handelt es sich um eine **primäre Form**, ist die pubertäre Reifung stark verzögert oder ganz ausgeblieben (Pubertas tarda, S. 26) und die Genitalien (z.B. die Vaginalmukosa) lassen die normale, durch Östrogene bewirkte Proliferation vermissen. Charakteristisch sind die niedrigen Werte für LH, FSH und Östradiol, und der Gestagentest fällt negativ aus (S. 70). Eine Hyperprolaktinämie oder Hyperandrogenämie ist bei diesen Gegebenheiten selten (S. 61).

Bei der **sekundären Form** der hypothalamischen Amenorrhö überwiegen dysfunktionelle Formen, bei denen oft keine grobe Verminderung des Serumspiegels von LH und FSH vorliegt.

Beim **Kallmann-Syndrom** ergibt eine Überprüfung des Riechvermögens, daß eine Anosmie vorliegt.

Eine **hypoöstrogene** Amenorrhö ist durch ein negatives Farnkrautphänomen, einen erniedrigten karyopyknotischen Index und gegebenenfalls eine Genitalhypoplasie gekennzeichnet. Bei einer **normoöstrogenen** Amenorrhö ist der Östrogenstatus (S. 37) positiv. Die Sekretion von LH und FSH kann im Normbereich liegen, erfolgt aber in azyklischer Weise **(dysgonadotrope Amenorrhö)**, oder sie ist vermindert **(hypogonadotrope Amenorrhö)**. Im letzteren Falle ist mit einem verminderten Ansprechen auf LH-RH und Clomiphen zu rechnen. Das typische pulsatile Sekretionsmuster von LH kann fehlen. Außerdem besteht oft eine Hyperprolaktinämie (Abb. 1.43 u. 1.44).

Therapie

Organische Ursache: Bei Tumoren ist eine entsprechende kausale Therapie erforderlich. Im Falle des Kallmann-Syndroms ist eine Substitution der fehlenden Östrogene wie im Klimakterium erforderlich, bei Kinderwunsch eine Stimulationstherapie mit HMG/HCG oder LH-RH (mittels Zyclomat).

Funktionelle Störung: Bei der funktionellen Form steht die psychische Führung der Patientin im Vordergrund, wobei Reifungskrisen, die familiäre und berufliche Situation, das Milieu sowie etwaige Streßsituationen beachtet werden müssen. Oft ist Psychotherapie unumgänglich, z.B. bei Anorexia nervosa bzw. Bulimie. Um der Patientin das Gefühl zu geben, eine »vollwertige« Frau zu sein und um dem Östrogenmangelsyndrom vorzubeugen, sollte gegebenenfalls eine zyklische Substitution von Östrogenen und Gestagenen nach dem Kaufmann-Schema erfolgen (z.B. mit Cycloprogynova). Nach einigen Monaten sollte eine Therapiepause eingelegt werden, um eine evtl. Beseitigung der Störung erkennen zu lassen. Die funktionell bedingte, zentrale Amenorrhö besitzt eine relativ hohe Spontanheilungsquote.

Hypophysäre Amenorrhö

Als hypophysär bedingte Amenorrhöen beschreiben wir in diesem Rahmen nur Störungen, die auf einer eindeutig organischen Erkrankung der Hypophyse beruhen.

Sheehan-Syndrom

Bei diesem Syndrom handelt es sich im klassischen, ausgeprägten Fall um die Folge einer postpartalen, ischämischen Nekrose der Adenohypophyse, welche durch Blutungen unter der Geburt bzw. Thrombosen der hypophysären Venen verursacht wird. Der Hypophysenvorderlappen reagiert in der Schwangerschaft hierauf besonders empfindlich.

► Symptome

Klinische Symptome treten auf, wenn mehr als ¾ des Hypophysenvorderlappens zerstört worden sind. Da auch die anderen glandotropen Hormone des Hypophysenvorderlappens ausfallen können, kann es zu dem Bilde einer pluriglandulären Insuffizienz mit folgenden Symptomen kommen:

- Amenorrhö
- Adynamie
- Hypothermie
- Agalaktie
- Reduzierung der Achsel- und Schambehaarung
- Pigmentverlust
- Libidoverlust

► Diagnose

Als Zeichen hypophysärer Insuffizienz ist das Serum-FSH und -LH vermindert. Auf LH-RH und Clomiphen erfolgt keine oder nur eine schwache Freisetzung der Gonadotropine, dagegen reagiert das Ovar in normaler Weise auf HMG. Auf Metopirongabe kommt es zu einer verminderten Abgabe von ACTH, und es bestehen Symptome eines Hypothyreoidismus. Kriterien der sekundären Ovarialinsuffizienz sind:

- Negativer Gestagentest
- Atrophisches Endometrium
- Hypoplastisch-atrophisches Genitale

► Therapie

Substitution der fehlenden peripheren Hormone. Die Sexualsteroide werden zweckmäßig nach dem Kaufmann-Schema verabfolgt (z. B. Cycloprogynova) (S. 54 u. 71).

Amenorrhö-Galaktorrhö-Syndrom

In etwa 20% der Fälle von sekundärer Amenorrhö mit negativem Gestagentest liegt die Ursache in einer **Hyperprolaktinämie**, da die Hypophyse auf eine Noxe hin vermehrt Prolaktin sezerniert.

Wie aus Abbildung 1.38 zu ersehen ist, unterliegt die Sekretion von Prolaktin einer anderen Dynamik als die der Gonadotropine, nämlich einer tonischen Hemmung durch den Prolaktin-Inhibierungs-Faktor (PIF), welcher mit Dopamin identisch sein dürfte. Für das Verständnis der Pathogenese des Amenorrhö-Galaktorrhö-Syndroms ist wichtig zu wissen, daß es zur Hyperprolaktinämie kommt, wenn PIF aus einem der im folgenden aufgeführten Gründe nicht wirksam werden kann:

- Hypothalamische Störung, d. h. verminderte Sekretion
- Hemmung durch Pharmaka (z. B. Phenothiazine, Tranquilizer, Psychopharmaka, Östrogene u. a.)
- Zerstörung des Portalvenensystems der Hypophyse durch Tumoren
- Tumorbildung im HVL (Prolaktinome)

Die Hyperprolaktinämie führt ihrerseits zu:

- Verminderter Sekretion von LH und FSH
- Verminderter Reaktionsfähigkeit des Ovars gegenüber LH und FSH
- Stimulation der Milchdrüsenfunktion

► Symptome

Im Vordergrund der Symptomatik steht die Amenorrhö und in vielen Fällen die Galaktorrhö. Die Hemmung der Follikelreifung hat Östrogenmangel zur Folge. Bei fehlender Ovulation besteht Sterilität. Prolaktinsezernierende Adenome des HVL sind meist nur einige Millimeter groß (Mikroadenom, -prolaktinom), können jedoch auch erhebliche Größe erreichen und durch Druck auf das Chiasma optici Gesichtsfeldausfälle verursachen.

► Diagnose

Die Diagnose einer Hyperprolaktinämie wird durch den Nachweis eines erhöhten Prolaktinspiegels im Serum gestellt. Da die Sekretion von Prolaktin durch

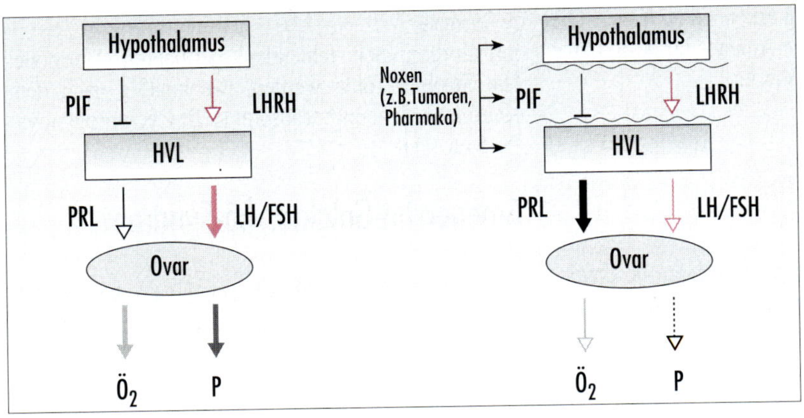

Abb. 1.38 Die Regulation der Prolaktinfreisetzung im Normalfall (links) und bei Hyperprolaktinämie (rechts). PRL = Prolaktin, PIF = Prolaktin-Inhibierungs-Faktor

Pharmaka (Tab. 1.8) und physischen als auch psychischen Streß verschiedenster Ausprägung gesteigert werden kann und einer deutlichen Tagesrhythmik unterliegt (Höchstwerte in der Schlafphase während der frühen Morgenstunden), sollte die Diagnose erst als gesichert angesehen werden, wenn der erhöhte Prolaktinspiegel durch mehrere Kontrollen bestätigt wurde und Störmomente ausgeschlossen werden konnten. Wie bereits auf S. 33 ausgeführt wurde, sollten alle Prolaktinwerte über 600 µE/ml als eindeutig erhöht angesehen werden. Bei Werten von 1500–10 000 µE/ml ist an ein Mikro- bzw. Makroprolaktinom zu denken. Die Werte können sogar auf über 20 000–50 000 und darüber steigen.

In jedem Fall von Hyperprolaktinämie muß ein **Tumor** des HVL mittels einer Computer- oder Kernspintomographie ausgeschlossen werden, evtl. ergänzt durch eine Gesichtsfeldbestimmung. Die einschlägigen Untersuchungen sollten in regelmäßigen Abständen wiederholt werden, da manche Mikroprolaktinome erst nach einer Latenzzeit von einigen Jahren manifest werden.

Da es auch bei einer Hypothyreose bzw. bei der Akromegalie zur Hyperprolaktinämie kommen kann, sollten diese Krankheitsbilder mit der Bestimmung von STH, T_4, TSH etc. ausgeschlossen werden.

▶ **Therapie**

Die Mittel der Wahl sind u.a. Bromocriptin, Metergolin, Cabergolin oder Lisurid. Da sie zumindest anfangs Übelkeit, Hypotonie u.a. Nebenwirkungen verursachen können, sollte die Behandlung mit kleinen Dosen begonnen werden. Die wirksame Dosis wird durch Kontrollen des Serumprolaktins ermittelt. Eine Suppression auf extrem niedrige Werte scheint (bei Frauen mit Kinderwunsch) keinen Vorteil zu bieten, da ein gewisser Prolaktinspiegel zur Aufrechterhaltung einer normalen Corpus-luteum-Funktion erforderlich sein dürfte. Der Abfall des Prolaktinspiegels führt bei den meisten Patientinnen zur Wiederherstellung normaler, ovulatorischer Zyklen.

! Bei Frauen mit Galaktorrhö bzw. Sekretion aus den Mamillen, deren Prolaktinspiegel normal ist, hat sich die Behandlung mit Prolaktinhemmern als wirkungslos erwiesen.

Wenn eine **Konzeption** erfolgt, sollten Bromocriptin, Metergolin und Lisurid sicherheitshalber abgesetzt werden, obwohl kein Anhalt für die Annahme besteht, daß sie teratogen wirksam sind. In der Schwangerschaft sollten diese Dopaminagonisten also nur bei spezieller Indikation verordnet werden (Progredienz der Erkrankung).

Wenn ein **Prolaktinom** vorliegt, muß in Zusammenarbeit mit dem Internisten, Neurochirurgen und Neuroradiologen entschieden werden, ob und wann der Tumor operativ entfernt werden muß. Da Prolaktinome in der Schwangerschaft eine rapide Größenzunahme durchmachen, aber auch hämorrhagisch degenerieren können, sollte die operative Entfernung vor einer geplanten Schwangerschaft diskutiert werden. Während einer Gravidität kann das Wachstum eines Prolaktinoms durch kernspintomographische Aufnahmen und die Bestimmung des Gesichtsfeldes überwacht werden.

Hypophysentumoren

Auch hormonell inaktive Hypophysentumoren können Amenorrhö verursachen, wobei teils Druckschäden, teils Hormoneffekte von Bedeutung sind.

Tab. 1.8 Ätiologie und diagnostische Merkmale der verschiedenen Amenorrhöformen. (Einteilung nach WHO-Kriterien)

Diagnose	Ätiologie	Gestagen-Test	Östrogen-Gestagen-Test	FSH	LH	Prolaktin	HVL-Tumor	WHO-Gruppe
Hypogonadotrope Amenorrhö	hypothalamo-pituitäre Insuffizienz	negativ	positiv	niedrig (bis normal)	niedrig	normal	klein	I
	hypothalamo-pituitäre Insuffizienz (mit Tumor)	negativ	positiv	niedrig (bis normal)	niedrig (bis normal)	normal	vorhanden	VII
Hypergonadotrope Amenorrhö	ovarielle Insuffizienz	negativ	positiv	erhöht (+++)	erhöht (+ bis ++)	normal	klein	III
Hyperprolaktin-ämische Amenorrhö	hypophysäres (Mikro-)Adenom Prolaktinom	negativ	positiv (bis normal)	niedrig (bis normal)	niedrig	erhöht	vorhanden	V
	unbekannt	negativ	positiv	niedrig (bis normal)	niedrig (bis normal)	erhöht	kein	IV
Normogonadotrope Amenorrhö	Endometriumdefekt (Uterusaplasie, Synechien, Asherman-Syndrom)	negativ	negativ	normal	normal	normal	kein	VI
Hypothalamo-pituitäre Dysregulation (Amenorrhö, Oligomenorrhö etc.)	Feedback-Defekt polyzystische Ovarien	positiv positv	positiv positiv	normal normal	normal erhöht	normal normal	kein kein	II

Ovarielle Amenorrhö

Gesamtinsuffizienz der Ovarien

Hypoplasie

Bei mangelhaft angelegten Ovarien (Hypoplasie) fehlt das Keimepithel völlig oder ist unzureichend ausgebildet bzw. vorzeitig erschöpft. Derartige Patientinnen sind steril, da etwa noch vorhandene Primärfollikel auf gonadotrope Stimuli nicht ansprechen. Die Entwicklung des Genitales und der sekundären Geschlechtsmerkmale ist stark retardiert, da keine oder nur sehr wenig Östrogene gebildet werden. Aus dem gleichen Grund wird die Freisetzung der Gonadotropine nicht gebremst, es handelt sich also um eine hypergonadotrope Amenorrhö bei primärer Ovarialinsuffizienz.

► **Befunde**

Die folgenden Befunde sind typisch:

- Serum-LH und -FSH stark erhöht
- Prolaktin im Serum normal
- Östrogene im Serum vermindert
- Uterus hypoplastisch
- Farntest negativ
- LH-RH-Test überschießende Reaktion
- HMG-Test negativ
- Gestagentest negativ
- Schilddrüsenfunktion normal

► **Diagnose**

Bei diesen Gegebenheiten würde eine Ovarialbiopsie ergeben, daß das Ovar keine oder nur wenige atretische Primärfollikel enthält. Bei sehr früher Manifestation kommt differentialdiagnostisch ein Turner-Syndrom, das Triplo-X-Syndrom (47/XXX) (s. S. 8) oder das Syndrom der gonadotropininsensitiven Ovarien in Frage.

► **Therapie**

Bei Gesamtinsuffizienz der Ovarien müssen die fehlenden Östrogene substituiert werden. Legt die Patientin Wert darauf, regelmäßige Blutungen zu haben, wird nach dem Kaufmann-Schema substituiert (Abb. 1.39). Beim Syndrom der gonadotropininsensitiven Ovarien kann es gelegentlich zu einer Remission kommen, wenn Östrogene für einige Zeit substituiert werden.

Ovarialtumoren

Hormonell inaktive Ovarialtumoren

Sofern derartige Tumoren das gesamte Ovarialparenchym zerstört haben, kommt es zwangsläufig zur Amenorrhö.

Östrogenbildende Ovarialtumoren

Es handelt sich vor allem um Granulosazelltumoren, die viel Östradiol sezernieren. In der Geschlechtsreife führen sie zu Regeltempoanomalien, in der Präpubertät und Postmenopause zu irregulären Blutungen. Differentialdiagnostisch muß ein Endometriumkarzinom ausgeschlossen werden.

! Es besteht das Risiko der malignen Entartung!

Androgenbildende Ovarialtumoren

Die Bildung und Freisetzung großer Mengen von Testosteron durch Arrhenoblastome, Hiluszelltumoren u. a. (s. Tab. 1.9) kann über eine zentrale Bremsung der Gonadotropinabgabe zu Zyklusstörungen führen. Dazu kommen Hirsutismus, Klitorishypertrophie, Vertiefung der Stimme, Akne und Seborrhö.

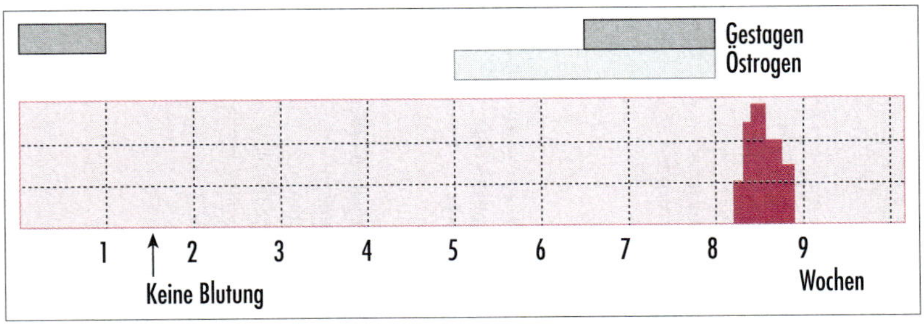

Abb. 1.39 Behandlung der Amenorrhö (Gestagentest negativ) mit einem Östrogen und einem Gestagen nach dem Kaufmann-Schema.

Tab. 1.9 Androgenproduzierende Tumoren des Ovars. (FIGO-Klassifizierung)

Bezeichnung	Altersmaximum	Malignität	Beidseitiger Befall
Tumoren des Germinalepithels			
– Sertoli-Leydig-Zelltumor (Arrhenoblastom)	20–40 J.	bis 100%	selten
– Granulosa-Theka-Zelltumor	30–70 J.	bis 100%	10–15%
– Lipoidzelltumor	20–35 J.	selten	selten
Hiluszelltumor	40 J.	selten	selten
Adrenaler Restzelltumor	11–40 J.	selten	selten
Dysgerminom	3–40 J.	100%	ca. 15%
Gonadoblastom	10–30 J.	bis 100%	35–50%

► **Therapie**

Die Behandlung besteht in der chirurgischen Entfernung.

Teilinsuffizienz der Ovarien

Eine vornehmlich ovarielle Amenorrhö kann auch beim Krankheitsbild der **polyzystischen Ovarien** (Stein-Leventhal-Syndrom) und bei der **Hyperthekosis** auftreten, teils als primäre, teils als sekundäre Amenorrhö. Nicht selten entwickelt sich die Regelstörung aus der physiologischen Anovulation der Adoleszenz.

Polyzystische Ovarien

Stein und Leventhal beschrieben 1935 ein Syndrom, das bei Frauen zwischen dem 15. und 30. Lebensjahr auftritt.

Der gemeinsame Nenner der Symptome ist eine ovarielle Funktionsstörung, die durch Anovulation charakterisiert ist und mit typischen Veränderungen in Aussehen, Funktion und Struktur der Ovarien einhergeht.

Wegen des einheitlichen morphologischen Substrates bei Uneinheitlichkeit der sonstigen Symptome spricht man heute vom Syndrom der polyzystischen Ovarien. Da es in etwa 10–20% der Fälle spontan zur Ovulation kommen kann, sind Remissionen und damit auch Schwangerschaften ohne spezifische Therapie möglich.

► **Symptome und Befunde**

Das klinische Bild wird in den meisten Fällen durch folgende Symptome und Befunde geprägt:

- Amenorrhö, Oligomenorrhö oder dysfunktionelle Blutungen
- Sterilität
- Adipositas
- Androgenisierungserscheinungen
- Hyperinsulinämie und periphere Insulinresistenz

Bezüglich der Genese des Syndroms der polyzystischen Ovarien ist bemerkenswert, daß viele Frauen schon in jungen Jahren, gelegentlich schon vor der Pubertät, stark an Gewicht zunehmen. Bei Adipösen ist der Serumspiegel des SHBG oft vermindert. Dies hat zur Folge, daß das freie Testosteron und das LH im Serum ansteigen, FSH aber unterdrückt wird. Bei vielen Patientinnen mit polyzystischen Ovarien findet sich neben einer Hyperandrogenämie eine Hyperinsulinämie, eine periphere Insulinresistenz und erniedrigte STH-Konzentrationen im Serum. Auch IGF-I und IGF-II scheinen in die Regulation der Östrogenbildung verwickelt zu sein, doch hat man die Zusammenhänge und physiologische Bedeutung dieser Befunde bisher nicht voll erkannt.

Der β-Endorphinspiegel ist im Serum erhöht, das Prolaktin ist meist normal.

Die erhöhte Testosteronbildung führt am Ovar zur Kapselfibrose, an den peripheren Erfolgsorganen zu Hirsutismus, Akne, Seborrhö, eventuell Vergrößerung der Klitoris und Hypoplasie der Mammae. Die Östrogenbildung liegt dabei meist im Bereich der Norm, da eventuelle enzymatische Blocks durch ein hohes Substratangebot und die Umwandlung dieser Vorstufen außerhalb des Ovars zu Östrogenen in einem gewissen Maße kompensiert werden können.

Organischer Befund: Als pathognomonisch wird die Vergrößerung der Ovarien auf das 2- bis 5fache der normalen Größe angesehen. Sie sind prall-elastisch und weisen keine Follikelsprungnarben auf. Unter der fibrotischen Kapsel kann man meist zahlreiche kleine

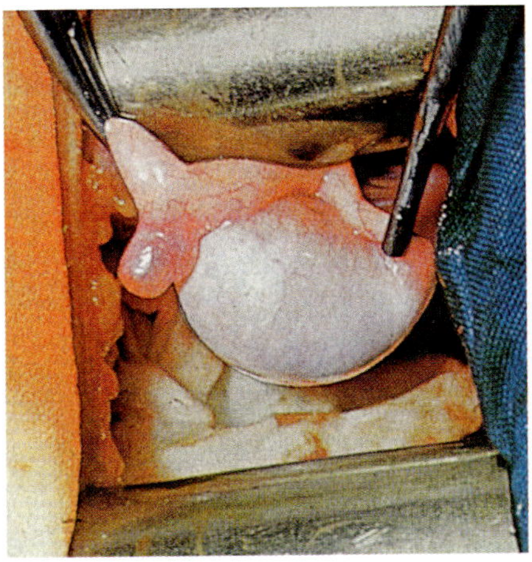

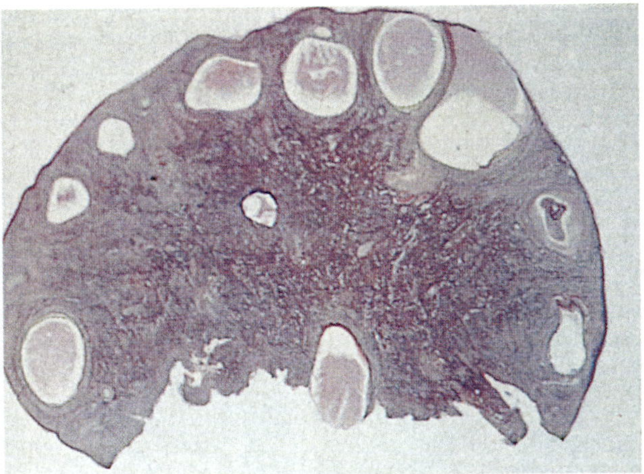

Abb. 1.40 a Polyzystisches Ovar. **b** Schnittbild durch ein polyzystisches Ovar mit zahlreichen subkapsulären Zysten.

Follikelzysten sehen, deren Durchmesser gewöhnlich kleiner als 1,5 cm ist. Ferner findet sich eine übermäßige Entwicklung der Theca interna mit Luteinisierung der Thekazellen, gelegentlich auch fokaler Luteinisierung des Stromas (Abb. 1.40). Wenn auch bei Laparotomien in einer erstaunlich großen Zahl von Fällen (ca. 20%) in einem oder beiden Ovarien Corpora lutea bzw. albicantia gefunden wurden, so dürfte die Fibrose der oberflächlichen Schichten des Ovars den normalen Ovulationsvorgang erheblich erschweren oder unmöglich machen.

▶ Ursachen

Die eigentlichen Ursachen für die Ausbildung polyzystischer Ovarien sind noch nicht genau bekannt, doch handelt es sich wahrscheinlich um ein Syndrom mit komplexer Genese, dessen Pathophysiologie in Abbildung 1.41 dargestellt ist. Diskutiert wird eine Follikelreifungsstörung, aufgrund derer sich kein dominanter Follikel entwickelt, und eine fehlgeleitete Differenzierung bestimmter, sexuell dimorpher Hirnareale, die in einer dem männlichen Geschlecht entsprechenden Weise erfolgt; ferner eine Störung der Steroidbiosynthese im Ovar.

Ein wesentlicher Faktor in der Pathogenese scheint die mangelnde Aktivität von Aromatasen in der Granulosazellschicht zu sein. Deren Aktivität wird im normalen Ovar durch FSH stimuliert, dessen Konzentration in der Follikelflüssigkeit zunehmen muß, um effektiv zu werden. Die Wirkung des FSH wird möglicherweise durch eine hyaline Verdickung der Lamina basalis zwischen Granulosa und Theca interna blockiert, die wiederum durch den Androgenexzeß herbeigeführt wird. Es liegen ferner Hinweise vor, daß auch Störungen der Nebennierenrinde und der Schilddrüse eine Rolle spielen können. Da der Serumspiegel von LH meist deutlich vermehrt ist, ist der Quotient von LH und FSH erhöht. Wohl im Zusammenhang mit diesem gonadotropen Dauerstimulus kommt es im Ovar zur Entgleisung der Steroidbiosynthese. Als deren Folge werden vermehrte Androgene gebildet und sezerniert. Vor allem das freie, d.h. nicht an Sexhormon-Bindungsglobulin (SHBG) gebundene und damit biologischen verfügbare Testosteron steigt im Serum an, ferner Dihydrotestosteron, 17α-Hydroxyprogesteron und Androstendion. Die vermehrt gebildeten Androgene werden extraglandulär zu Östrogenen umgebildet, und zwar Androstendion zu Östron, Testosteron zu Östradiol. Diese starre Östrogenbildung bewirkt im Hypophysenvorderlappen eine Verstärkung der LH-Sekretion, die ihrerseits androgenproduzierende Strukturen im Ovar und möglicherweise auch in der Nebennierenrinde stimuliert.

▶ Diagnose

Die Vermutungsdiagnose ergibt sich aus den genannten Symptomen und folgenden Hinweisen:

- Erhöhte LH- und Testosteronspiegel (erhöhter LH/FSH-Quotient: >3)
- Nachweis der Ovarialvergrößerung (Palpation, Sonographie, Laparoskopie; Abb. 1.42) und zahlreicher subkapsulärer kleiner Zysten
- Nachweis der azyklischen, aber im Normbereich liegenden endogenen Östrogenbildung
- Histologischer Nachweis der o.g. typischen Veränderungen.

Hormonanalysen: Der Serumspiegel des LH ist meist erhöht, der des FSH im Normbereich oder vermindert. Beim LH-RH-Test erfolgt ein übermäßiger Anstieg des LH. Das Serumtestosteron ist im peripheren Blut nicht bei allen Patientinnen erhöht, im Ovarialvenenblut dagegen stark. Das Androstendion und Dehydroepiandrosteron sind meist erhöht.

Bei erhöhtem Testosteronspiegel im Serum sollte grundsätzlich ein **androgenproduzierender Tumor** im Ovar oder der NNR durch einen kombinierten Suppressionstest (Ovulationshemmer plus Dexametha-

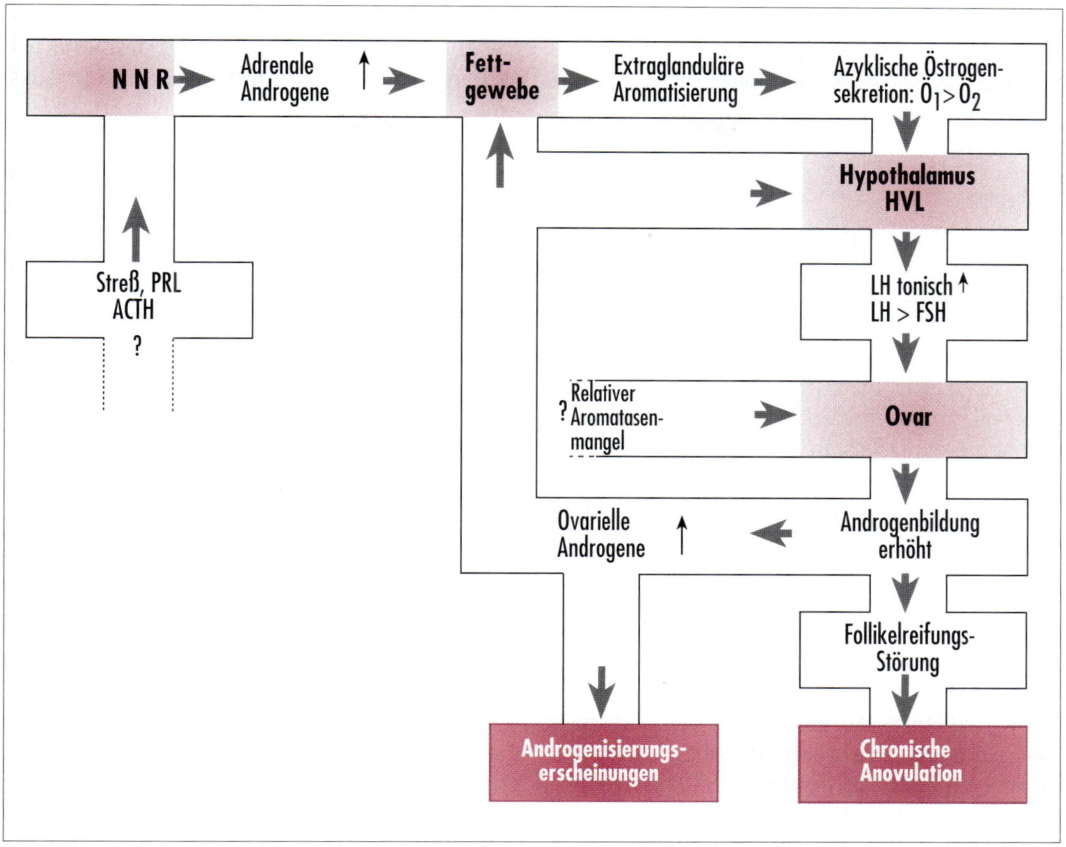

Abb. 1.41 Vereinfachte Vorstellung zur Pathophysiologie der hyperandrogenämischen Ovarialinsuffizienz. (Modif. nach Yen)

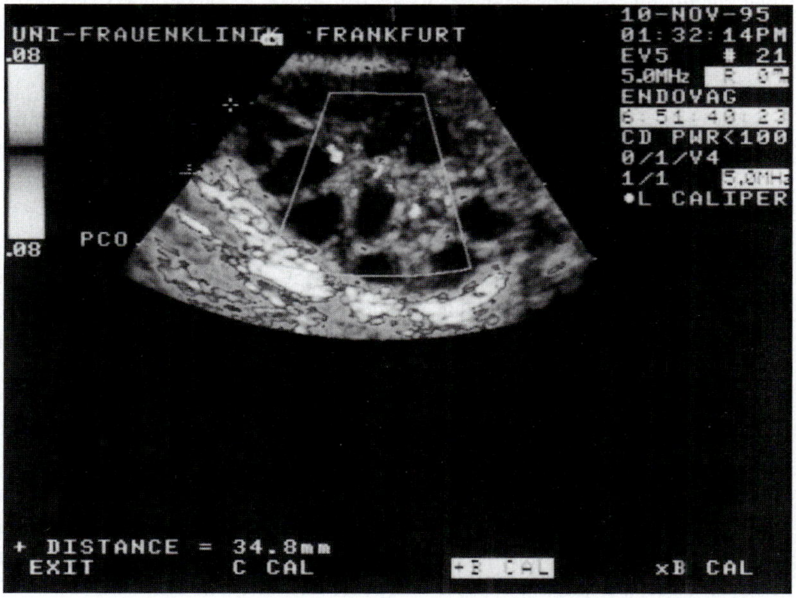

Abb. 1.42 Polyzystische Ovarien. Ultraschallbefund.

son) und andere geeignete Maßnahmen ausgeschlossen werden (Laparoskopie, Computertomographie, Venenkatheter zur selektiven Blutentnahme aus den Vv. ovaricae und suprarenalis zwecks Testosteronbestimmung).

▶ Therapie

Falls **kein Kinderwunsch** besteht, erfolgt entweder eine zyklische Therapie mit Gestagenen (z.B. 5 mg Medroxyprogesteronacetat täglich vom 16.–25. Tag nach Beginn der letzten Blutung) oder es wird ein Kombinationspräparat (s. Abschn. »Ovulationshemmer«) verabreicht. Im ersteren Falle kommt es – nach einer vollen sekretorischen Transformation des Endometriums – in regelmäßigen Abständen zur Entzugsblutung. Es handelt sich also um keine kausale, sondern um eine symptomatische Therapie. Sie bietet allerdings den Vorteil, der Entwicklung einer adenomatösen oder atypischen Hyperplasie des Endometriums als Folge des östrogenen Dauerstimulus entgegenzuwirken.
Als Alternative kommt die Ruhigstellung der Ovarien durch einen Ovulationshemmer vom Kombinationstyp in Frage, der ein antiandrogen wirksames Gestagen enthält (z.B. Diane-35). Hierbei kommt es zu einer Verminderung des Androgen- und LH-Spiegels im Serum, evtl. auch zu einer gewissen Verkleinerung der Ovarien. Da die Chance schwanger zu werden durch die zyklische Gestagentherapie etwas erhöht werden dürfte, sollte man einem Kombinationspräparat den Vorzug geben, wenn gleichzeitig Konzeptionsschutz gewünscht wird. Eine Behandlung sollte auch dann erfolgen, wenn bei fehlendem Kinderwunsch keinerlei Krankheitsgefühl besteht.

> ! Wichtig ist – wie bei anderen Typen der Hyperandrogenämie – eine konsequente Gewichtsabnahme.

Falls **Kinderwunsch** besteht, erfolgt als Therapie der Wahl die Gabe der Ovulationsauslöser Clomiphen (S. 124) bzw. HMG-HCG (S. 125), letzteres evtl. in Kombination mit superaktivem GnRH-Antagonisten. Bei Clomiphen-resistenten Fällen kann auch eine In-vitro-Fertilisierung (S. 131) nach Gonadotropinstimulation erfolgreich sein. Schließlich lassen sich mit einer einfachen Keilresektion von Ovarialgewebe ovulatorische Zyklen erzielen. Da der Erfolg des Eingriffs jedoch meist nicht von Dauer ist, sollte die Keilresektion in der Regel nur bei aktuellem Kinderwunsch durchgeführt werden, wenn alle anderen Therapieversuche erfolglos blieben. Der Effekt dieses Eingriffs ist wohl auf die Verminderung des androgenproduzierenden Gewebes (Hiluszellen) und damit auf die Eliminierung eines Störfaktors aus dem Regelkreis zurückzuführen.
Neuerdings wird – mit Erfolg – anstellte der Keilresektion per laparoscopiam mit dem Elektrokauter eine tiefe Koagulationsfurche über die ganze Länge der Ovarien gelegt.

Hyperthecosis ovarii

Vom Krankheitsbild der polyzystischen Ovarien ist die Hyperthekose der Ovarien abzutrennen.

▶ Befunde

Das klinische Bild ist gekennzeichnet durch:
- Oligo-/Amenorrhö
- Hirsutismus
- Virilisierungserscheinungen
- Androgenbedingte Alopezie

Auch hier sind die Ovarien vergrößert, lassen aber meist die zahlreichen Follikelzysten vermissen wie man sie beim polyzystischen Ovar findet. Die mikroskopische Untersuchung ergibt neben atretischen Follikeln mit luteinisierter Theca interna über das ganze Stroma verteilte Nester von großen, luteinisierten Zellen.

▶ Diagnose

Hormonanalysen: Testosteron und DHT sind im Serum stark erhöht, desgleichen 17α-Progesteron. Auch das Serumprogesteron ist oft höher als in der Follikelphase, übersteigt aber nicht 3 ng/ml. Im Gegensatz zum Syndrom der polyzystischen Ovarien ist das LH nicht erhöht, und es findet keine übermäßige Reaktion auf LH-RH statt.
Die endgültige Diagnose kann nur anhand des typischen histologischen Befundes gestellt werden.

▶ Therapie

Der Hirsutismus spricht auf eine Suppressionstherapie schlecht an. Bei Kinderwunsch erwies sich sowohl Clomiphen als auch die Keilresektion als wenig effektiv. Die schwere Androgenisierung erfordert u.U. eine Oophorektomie.

Uterine Amenorrhö

Wenn trotz einer normalen Hormonstimulation durch Östrogene und Progesteron die erwarteten Genitalblutungen ausbleiben, kommen ursächlich zwei Störungen in Betracht:

- Aplasia uteri
- Zerstörung des Endometriums

Wenn der Uterus primär nicht angelegt oder die Lumenbildung ausgeblieben ist, fehlt naturgemäß auch das Endometrium und damit das hormonale Erfolgsorgan. Diese Amenorrhö ist durch **primäres Fehlen des Endometriums** bedingt (uterine primäre Amenorrhö, s. S. 19, 68).

Andererseits kann es bei normaler Anlage im Zusammenhang mit schweren intrakavitären Entzündungen oder als Folge schwerer traumatisch-mechanischer Insulte des Endometriums einschließlich der Basalis sekundär zu mehr oder weniger vollständigen Verödungen des Cavum uteri kommen (»Asherman-Syndrom«; s. a. »Synechie«). Die häufigste Ursache ist eine, womöglich wiederholte Abrasio bei inkomplettem, induziertem und fieberhaftem Abort. Die Amenorrhö ist Folge eines **Endometriumverlustes** (sekundäre uterine Amenorrhö).

Amenorrhö bei distaler Gynatresie

Die Amenorrhö ist nur eine scheinbare. Es **fehlt** lediglich die **Abflußmöglichkeit** für das Menstrualblut.

Die Atresie, d.h. die Lumenverlegung im Genitaltrakt, kann angeboren (Hymenalatresie) oder erworben sein (z.B. Konisation der Zervix). Infolge der Abflußbehinderung des Menstrualblutes kommt es zum Rückstau mit Hämatokolpos (Blutansammlung in der Vagina), Hämatometra (Blutstau im Cavum uteri) und evtl. sogar zur Hämatosalpinx (Rückstau in die Tuben, s. S. 19). Hormonanalysen erübrigen sich, da die Diagnose durch die gynäkologische Untersuchung eindeutig gestellt werden kann.

Abklärung der Amenorrhö

Die Abklärung einer Amenorrhö kann z.T. bereits in der Praxis versucht werden (Abb. 1.43). Da sie jedoch Symptom schwerwiegender Erkrankungen sein kann, sollte man in folgenden Fällen den Spezialisten heranziehen:

- Auftreten von Begleitsymptomen:
  - Androgenisierung
  - Defeminisierung
  - Galaktorrhö
  - Minderwuchs, Fehlbildungen
  - Starker Gewichtsverlust

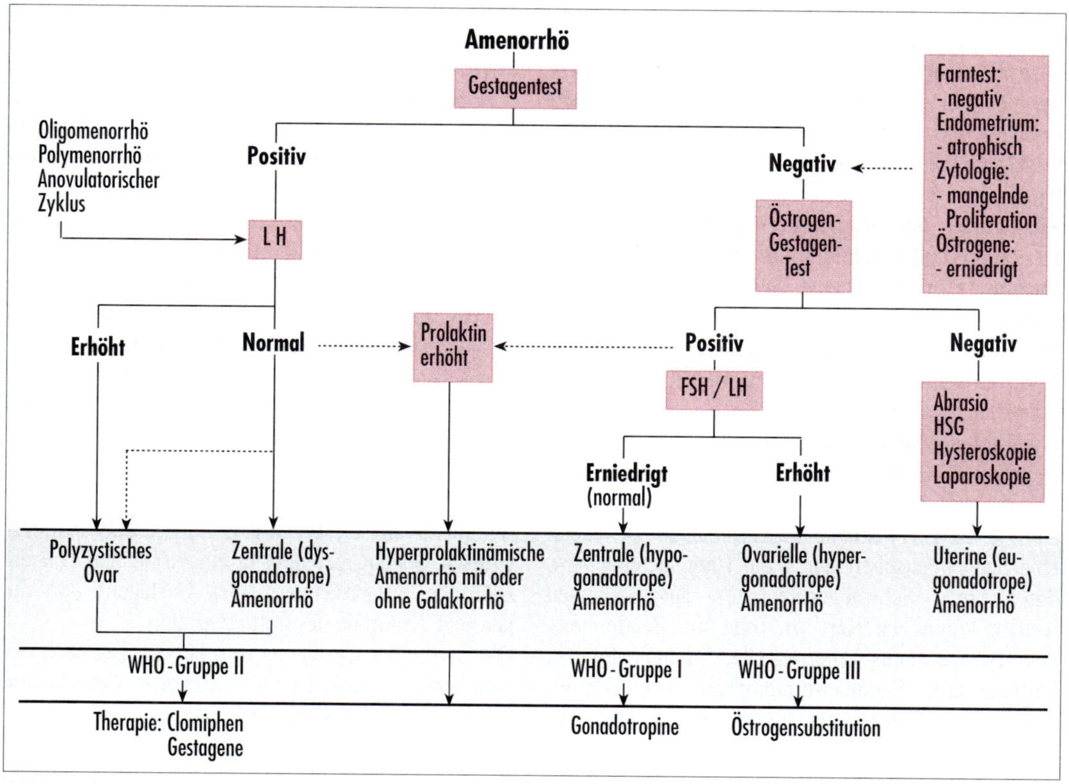

Abb. 1.43 Abklärungsweg der Amenorrhö.

ferner:
- Negativer Gestagentest
- Symptome schwerer Allgemeinerkrankungen bzw. anderer Endokrinopathien

Anamnese

Bei Erhebung der Anamnese wird vor allem der körperlichen und geistigen Entwicklung, dem Wachstum und gegebenenfalls dem Zeitpunkt der Menarche, Thelarche und Adrenarche besondere Beachtung geschenkt. Bei primärer Amenorrhö ist festzustellen, ob in Intervallen unklare Unterbauchschmerzen auftreten (Molimina menstrualia = distale Gynatresie?). Außerdem sollten folgende Fragen geklärt werden:
- Besteht eine psychische Streßsituation?
- Leidet oder litt die Patientin an schweren Allgemeinerkrankungen (z.B. Diabetes mellitus, Tuberkulose, Hämochromatose u.a.)?
- Werden Medikamente (insbesondere Psychopharmaka) eingenommen?
- Bestehen Begleitsymptome (Galaktorrhö, Gewichtsverlust, -zunahme, Androgenisierungserscheinungen)?

Allgemeine Untersuchungen: Eine unzureichende Entwicklung der Mammae, fehlende oder spärliche Scham- und Achselbehaarung (»Defeminisierung«) oder Hirsutismus, Akne, Seborrhö und Klitorishypertrophie (»Maskulinisierung«) deuten auf einen primären bzw. lang währenden Ausfall der endogenen Östrogene oder übermäßige Bildung von Androgenen hin.

Kleinwuchs und körperliche Fehlbildungen, wie Pterygium colli, Schildthorax und auffällig tiefer Haaransatz lassen an eine Dysgenesie der Ovarien denken.

Man sollte ferner auf Symptome anderer Endokrinopathien achten (Schilddrüsenstörungen, Cushing-Krankheit, Akromegalie etc.).

Gynäkologische Untersuchung: Hier ist vor allem zu klären, ob ein anatomisch-palpatorisch normales äußeres und inneres Genitale vorliegt und ob eine Aplasie oder Gynatresie auszuschließen ist. Wenn eine Schwangerschaft durch die Untersuchung bzw. durch einen Schwangerschaftstest ausgeschlossen werden konnte (s. Kap. 6), folgt die Bestimmung des Östrogenstatus (Uterusgröße, Vaginalzytologie, Farnkrauttest, Endometriumbiopsie). Die Bestimmung der Östrogene im Serum ist zunächst entbehrlich.

Zur weiteren Differenzierung der Gegebenheiten folgen dann:
- **Gestagentest**. Falls dann noch erforderlich:
- Östrogen-Gestagen-Test
- HMG-Stimulationstest
- Prolaktinbestimmung im Serum
- Clomiphen-Stimulationstest
- LH-RH-Stimulationstest

Gestagentest

Die Patientin erhält 7–10 Tage lang 2mal tgl. 1 Tabl. Clinofem, Primolut-Nor, Gestafortin o.ä. Erfolgt 2 bis 3 Tage nach Beendigung der Tabletteneinnahme eine vaginale Blutung, spricht man vom **positiven** Gestagentest, bleibt letztere aus, vom **negativen** Gestagentest.

Gestagentest positiv:
- Es ist ein Uterus mit reaktionsfähigem Endometrium vorhanden. Eine Gynatresie ist damit ausgeschlossen. Das Endometrium muß durch Östrogene stimuliert worden sein, sonst hätte keine Progesteronentzugsblutung stattfinden können. Es handelt sich um eine **normoöstrogene Amenorrhö**.
- Die Bildung von Östrogenen kann nur in einem Ovar mit funktions- und entwicklungsfähigen Follikeln erfolgen. Eine Ovarialhypoplasie liegt nicht vor.
- Östrogenbildende Follikel müssen durch hypophysäre Gonadotropine stimuliert worden sein. Die Freisetzung der Gonadotropine aus der Hypophyse setzt eine entsprechende Stimulierung durch das hypothalamische Gonadotropin-releasing-Hormon voraus **(normo- bzw. dysgonadotrope Amenorrhö)**.
- Wenn auf die Verabreichung eines Gestagens eine Blutung erfolgt, so sollte noch untersucht werden, ob im Serum ein tonisch erhöhter LH-Spiegel vorliegt. In diesem Falle ist die Wahrscheinlichkeit sehr groß, daß es sich um ein Syndrom der polyzystischen Ovarien handelt (S. 65). Diese Diskrepanz zwischen LH und FSH findet sich sonst nur noch bei der testikulären Feminisierung.

▶ Testbezogene Therapie

Bei positivem Gestagentest: Sofern **kein Kinderwunsch** besteht, genügen in einem solchen Fall die zyklische Verabreichung eines Gestagens und die jährliche Kontrolle des Östrogenstatus.

Die Gabe eines Gestagens vom 16.–25. Tag nach Beginn einer spontanen oder induzierten Menstruation sollte folgende Wirkungen erzielen:
- Regelmäßige Entzugsblutungen
- Volle sekretorische Transformation des Endometriums

- Vollständige Abstoßung des Endometriums wie bei einer spontanen Menstruation

Bei der Therapie der Amenorrhö mit Gestagenen in »zyklischer« Weise handelt es sich also um keine kausale, sondern eine symptomatische Therapie, für die sich allerdings noch keine echte Alternative abzeichnet. Wenn man jeweils nach einigen Behandlungszyklen die Verabreichung des Gestagens einstellt, hat sich bei manchen Patientinnen wieder ein spontanovulatorischer Zyklus eingespielt. Ob es sich in einem solchen Falle um eine Spontanremission (deren Rate bei der Amenorrhö mit positivem Gestagentest relativ hoch ist) oder einen Effekt des Gestagens auf das Hypothalamus-Hypophysen-System handelt, entzieht sich der Beurteilung.

Da das Endometrium bei einer »normalen« Amenorrhö einem dauernden östrogenen Stimulus ausgesetzt ist, der nicht – wie im Normzyklus – regelmäßig durch den Progesteroneffekt moduliert wird, besteht ein **erhöhtes Risiko** für die Entwicklung einer adenomatösen Hyperplasie und damit letztlich auch eines **Endometriumkarzinoms**. Allein schon aus diesem Grund sollte bei einer Amenorrhö mit positivem Gestagentest ein Gestagen verordnet werden.

Eine etwas problematische Situation ergibt sich, wenn die Patientin wohl eine Beseitigung der Amenorrhö wünscht, aber auf **keinen Fall schwanger** werden will. Eine pauschale Empfehlung kann für das Vorgehen in diesem Falle nicht gegeben werden, in Betracht käme jedoch:

- Zyklische Gestagengabe in Kombination mit Intrauterinpessar (s. S. 105)
- Sofern keine mechanisch-chemische Methode der Empfängnisverhütung akzeptabel erscheint, evtl. ein niedrigdosierter Ovulationshemmer (s. S. 99), da diese Präparate die Gonadotropinfreisetzung aus dem HVL nicht im gleichen Maße unterdrücken wie früher verwendete, die eine höhere Östrogendosis enthielten.

Bei Sterilität und **Kinderwunsch** sind weitere diagnostische Maßnahmen erforderlich, um rational behandeln zu können (s. S. 117). Ovulationsauslöser sollten nur bei aktuellem Kinderwunsch eingesetzt werden, da sie – im Gegensatz zu den Gestagenen – wohl eine Ovulation auslösen können, diese Wirkung aber meist nicht von Dauer ist. Überdies kann es bei der Anwendung dieser Präparate zu Nebenwirkungen kommen.

Gestagentest negativ: Entweder unterbleibt eine ausreichende Östrogenvorbereitung am Endometrium (bei **ovarieller** oder **zentraler** Amenorrhö) oder es fehlt ein reaktionsfähiges Endometrium (**uterine** Amenorrhö). Dies läßt sich mit dem **Östrogen-Gestagen-Test** unterscheiden (Abb. 1.44, S. 72).

Östrogen-Gestagen-Test

Man verabreicht 21 Tage lang 3mal tgl. 1 Tabl. Progynon C. Vom 12.–21. Tag der Behandlung erhält die Patientin zusätzlich ein peroral wirksames Gestagen. Einfacher ist die Gabe eines Zweiphasenpräparates.

Östrogen-Gestagen-Test negativ: Hierbei handelt es sich entweder um eine uterine Amenorrhö (S. 66) oder eine distale Gynatresie (S. 19).

Östrogen-Gestagen-Test positiv: Bei Blutungsauslösung ist das Vorhandensein eines reaktionsfähigen Endometriums erwiesen. Da es jedoch erst auf die kombinierte Östrogen-Gestagen-Gabe reagiert, muß die **endogene Östrogenbildung unzureichend** sein. Als Ursache kommen zentrale (hypophysäre, hypothalamische) oder ovarielle Störungen in Frage.

Bei negativem Gestagentest und positivem Östrogen-Gestagen-Test sowie in jedem Fall von Kinderwunsch sind Untersuchungen erforderlich, die hier nur kurz skizziert werden können. Es geht darum, festzustellen, auf welcher Ebene der uterinen Stimulation bzw. bei welchem Glied des Regelkreises die Störung lokalisiert ist. Abbildung 1.44 zeigt zunächst das Grundprinzip der Analyse: Nachdem die uterin-endometriale Reaktionsfähigkeit erwiesen ist (positiver Östrogen-Gestagen-Test), werden die übergeordneten Glieder des Regelkreises der Reihe nach hinsichtlich ihrer Funktion (direkte Untersuchung der Wirkstoffausscheidung [Östrogene, LH, FSH, Prolaktin]) sowie ihrer Stimulierbarkeit im speziellen Test überprüft. Die Ergebnisse erlauben die Diagnosestellung und bestimmen zugleich den therapeutischen Ansatzpunkt.

Zunächst wird eine Bestimmung des **Serum-FSH** durchgeführt. Liegt das Ergebnis oberhalb des Normbereichs, muß eine ovarielle Ursache der Amenorrhö angenommen werden (Gonadendysgenesie, Climacterium praecox, s. d.). Dies ist vor allem bei primärer Amenorrhö mit Defeminisierung, d. h. einer mangelnden Ausbildung der normal angelegten äußeren und inneren Geschlechtsorgane sowie der sekundären Sexcharakteristika, zu erwarten.

HMG-Stimulationstest

Dabei wird die Ovarialtätigkeit durch Gabe von HMG (Human-Menopausen-Gonadotropin) stimuliert. Ein normales Ovar muß mit der Bildung von Östrogenen reagieren, die sich im Serum oder Harn nachweisen lassen bzw. typische Effekte zur Folge haben (s. Feststellung des Östrogenstatus). Beim Nachweis eines normalen Anstiegs des Serumöstradiols oder entsprechender Östrogeneffekte wird der Test als »positiv« bewertet.

HMG-Test positiv: Die Amenorrhö ist durch mangelnde Freisetzung der Gonadotropine bedingt (zentrale Ursache der Amenorrhö, hypogonadotroper Hypogonadismus).

HMG-Test negativ: Die Ovarien enthalten keine oder nicht reaktionsfähige Follikel (ovarielle Ursache, u. U. »Resistant-ovary«-Syndrom, hypergonadotroper Hypogonadismus).

Wenn die FSH-Bestimmung einen gegenüber der Norm verminderten oder – wie es in der Praxis oft der Fall ist – einen normalen Wert ergibt, wird als nächstes das **Prolaktin** im Serum bestimmt.

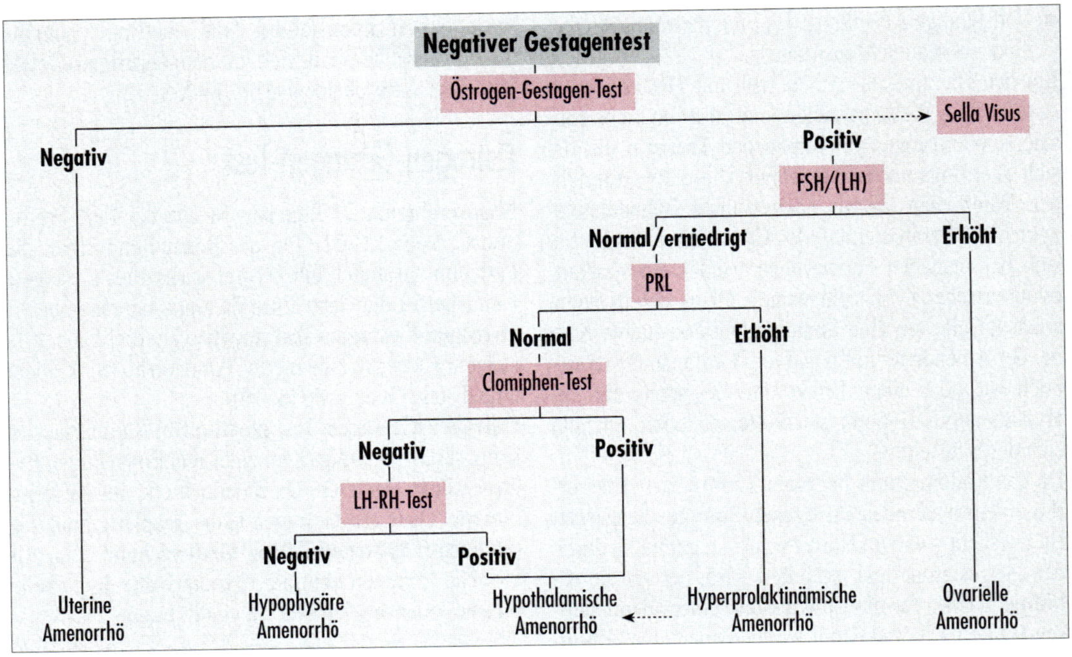

Abb. 1.44 Amenorrhöabklärung bei negativem Gestagentest. (PRL = Prolaktin)

Prolaktinbestimmung im Serum

Hyperprolaktinämie mit oder ohne Galaktorrhö findet sich bei ca. 20% aller sekundären Amenorrhöen als Zeichen einer hypothalamischen Funktionsstörung (Hemmung der Sekretion von LH-RH als auch von PIF; letzteres hat die vermehrte autonome Sekretion von Prolaktin durch den HVL zur Folge). Prolaktinwerte zwischen 600 µE/ml und 1000 µE/ml müssen als sehr verdächtig angesehen und dementsprechend durch weitere Bestimmungen überprüft werden. Bei Werten über 1000 µE/ml liegt eindeutig eine Hyperprolaktinämie vor. In einem solchen Fall muß ein raumbeengender Prozeß im Bereich der Sella turcica röntgenologisch ausgeschlossen werden. Da es sich relativ häufig um Mikroadenome des Hypophysenvorderlappens handelt, die sich bei konventioneller Aufnahmetechnik nicht darstellen lassen, sollte eine Kernspintomographie angewendet werden. Bei Vorliegen eines organischen Befundes erfolgt eine Bestimmung des Gesichtsfeldes zum Ausschluß eines raumfordernden Prozesses im Bereich des Chiasma opticum. Bei **normoprolaktinämischer Amenorrhö** folgt als nächster diagnostischer Schritt ein **Clomiphen-Stimulationstest**.

Clomiphen-Stimulationstest

Im Normalfall führt die Verabreichung von Clomiphen (100 mg/Tag, 5–10 Tage lang) zur vermehrten Gonadotropinsekretion aus dem Hypophysenvorderlappen, wobei der Hypothalamus den primären Angriffspunkt darstellen dürfte.

Clomiphen-Stimulationstest positiv:

- Auslösung einer Ovulation (meist nur bei positivem Gestagentest), die sich in einer Erhöhung der Basaltemperatur und einem Anstieg des Serumprogesterons manifestiert (**positiver Clomiphen-Ovulations-Test**).
- Anstieg des LH und FSH im Serum während der Einnahme von Clomiphen um etwa das Doppelte, sowie ca. 7 Tage nach Einnahme der letzten Tablette ein Anstieg des Serumöstradiols auf mindestens 200 pg/ml.
- Auslösung einer Entzugsblutung (ggf. nach erneuter Gestagengabe) bei einer Patientin, die vorher nicht auf Gestagene geblutet hat (**positiver Clomiphen-Stimulationstest**).

Clomiphen-Stimulationstest negativ: Bei einem negativ ausfallenden Test kann durch einen **LH-RH-Stimulationstest** der gonadotropen Partialfunktion des Hypophysenvorderlappens festgestellt werden, ob die gonadotropinproduzierenden Zellen imstande sind, auf die Gabe von LH-RH mit einer vermehrten Ausschüttung von LH und FSH zu reagieren.

LH-RH-Stimulationstest

Die Testdosis beträgt 25–100 µg.

LH-RH-Stimulationstest positiv:

- Etwa 5facher Anstieg des Serum-LH innerhalb von 30 Minuten nach Injektion
- Geringer und gegenüber dem LH verzögerter FSH-Anstieg

Bei **ovarieller** Amenorrhö erfolgt bei bereits erhöhten Ausgangswerten eine überschießende Reaktion. Dies trifft sowohl beim Syndrom der polyzystischen Ovarien als auch bei der Gonadendysgenesie zu, wenn auch aus anderen Gründen.

Bei **hypothalamischer** Amenorrhö ist damit zu rechnen, daß sich keine durch LH-RH gesteuerte pulsatorische LH-Freisetzung nachweisen läßt. Den **Pulsationstest** führt man durch, indem man über den Zeitraum von 4 Std. alle 10 Min. Blut für die Bestimmung von LH abnimmt. Im Normalfall sollte alle 1–2 Std. ein »Puls« nachweisbar sein. Dieser Test gehört nicht zur klinischen Routine.

LH-RH-Stimulationstest negativ: Erfolgt kein Anstieg, so liegt vermutlich eine hypophysäre Ursache vor. Es sollte jedoch beachtet werden, daß es sich hierbei um eine sekundäre und pituitäre Insuffizienz als Folge einer mangelnden Stimulation des HVL durch LH-RH handeln kann.

► Testbezogene Therapie

Bei negativem Gestagentest und positivem Östrogen-Gestagen-Test: Bei **hyperprolaktinämischer** Amenorrhö stellen Bromocriptin (2- bis 3mal tgl. 2,5 mg), Metergolin oder Lisurid (0,2 mg 2- bis 3mal tgl.) die Mittel der Wahl dar. Unter dieser Therapie sinkt der erhöhte Prolaktinspiegel innerhalb von Stunden ab und es kommt meist innerhalb weniger Wochen zur Regulierung des gestörten Zyklus mit Ovulationen und Sistieren von Galaktorrhö. Bei Absetzen der Therapie ist mit einem Rezidiv zu rechnen.

Bei Frauen mit Mikroadenomen sollte vor einer eventuellen Schwangerschaft eine operative Entfernung in Betracht gezogen werden, da es während der Schwangerschaft zur rapiden Vergrößerung mit intrasellären Blutungen kommen kann.

Wenn eine Patientin unter der Behandlung mit Bromocriptin konzipiert, ist das Präparat für die Dauer der Schwangerschaft möglichst abzusetzen. Sollte es jedoch während einer Schwangerschaft zur Vergrößerung eines Prolaktinoms und, durch Druck auf das Chiasma opticum, zur bitemporalen Hemianopsie kommen, kann Bromocriptin eingesetzt werden. Über welchen Zeitraum die Therapie fortgesetzt werden muß, läßt sich aufgrund der bisherigen Erfahrungen noch nicht mit Sicherheit sagen. Es bestehen Hinweise, daß sich der erhöhte Prolaktinspiegel auf Dauer normalisieren kann.

Bei **hypothalamisch-pituitärer** bzw. **ovarieller Insuffizienz mit Normoprolaktinämie** ist zur Wiederherstellung regelmäßiger Blutungen eventuell eine Gesamtsubstitution im Sinne des Kaufmann-Schemas erforderlich. Dabei empfiehlt es sich, ein Präparat wie Cycloprogynova zu verwenden, dessen zentraler Hemmeffekt gering ist. Da es sich bei der Hormontherapie derartiger Amenorrhöformen um keine kausale, sondern um eine mehr oder weniger symptomatische Behandlung handelt, muß stets erst erwogen werden, ob – im Falle einer zentralen Amenorrhö – einer geeigneten **psychotherapeutischen Führung** nicht der Vorzug gegeben werden sollte.

Vorgehen bei Amenorrhö mit Maskulinisierung: Bei erhöhten Werten des Serumtestosterons erfolgt die weitere Differenzierung durch den Dexamethason-Suppressions-Test und den Ovulationshemmer-Suppressions-Test. Wenn es weder auf die Verabreichung des Kortikoids noch der Östrogen-Gestagen-Kombination hin zur Senkung des Testosteronspiegels im Serum kommt, muß mit einem **androgensezernierenden Tumor** im Ovar oder der NNR gerechnet werden. Zur weiteren Abklärung ist der Einsatz spezieller röntgenologischer und szintigraphischer Techniken erforderlich. Da androgenbildende Ovarialtumoren oft nur wenige Millimeter groß sind, entziehen sie sich in der Regel der laparoskopischen Diagnose, können jedoch durch Katheterismus der Vena ovarica und den Nachweis eines einseitig erhöhten Hormongehaltes im Venenblut lokalisiert werden (s.a. Abschn. »Hirsutismus«).

1.6 Hirsutismus

Es gibt kaum ein Symptom, das von einer Frau als so unangenehm und ihrer Weiblichkeit abträglich empfunden wird wie verstärkter Haarwuchs an Körperteilen, die beim weiblichen Geschlecht normalerweise nur von feinem Flaumhaar bedeckt sind. Infolge derartiger, gelegentlich recht entstellender Veränderungen ihres äußeren Erscheinungsbildes leiden die Betroffenen oft erheblich: Kontaktarmut und Depressionen können sich u. U. bis zu Suizidversuchen steigern.

Bezogen auf Befund und Kausalität haben wir zu unterscheiden:

- Ausschließlicher Hirsutismus
- Virilisierung
- Hypertrichose

Hirsutismus (lat. »hirsutus« = rauh, stachelig) wird als vermehrte Körperbehaarung an gewissen Prädilektionsstellen definiert:

- Oberlippe und Kinn
- Sternum
- Warzenhof
- Linea alba
- Innenseite der Oberschenkel
- Insgesamt stärkere Behaarung an den Extremitäten
- Schambehaarung läuft spitzwinklig auf den Nabel zu

Der Hirsutismus wird im wesentlichen durch vermehrte Androgenwirkung verursacht. Er kann das einzige Symptom übermäßiger Stimulierung der Haut (Haarwurzeln) durch Androgene sein oder gemeinsam mit Seborrhö, Akne und androgenetischer Alopezie auftreten, in manchen Fällen auch mit Zyklusstörungen, Sterilität und Virilisierungserscheinungen.

Unter **Virilisierung** (oder Maskulinisierung) versteht man die primäre oder sekundäre Differenzierung der weiblichen äußeren Genitalien sowie des Körperbaues in männlicher Richtung:

- Klitorishypertrophie
- Männlicher Phänotypus
- Vertiefung der Stimme (Kehlkopfwachstum)
- Defeminisierung (Hypoplasie oder Atrophie von Mammae, Uterus, äußerem Genitale; Amenorrhö).

Diese Erscheinungen sind häufig verbunden mit:

- Hirsutismus

Evtl. auch mit:

- Seborrhö
- Androgenetischer Alopezie

Sie sind Folgen der Androgenisierung und fakultative Teilsymptome der Virilisierung.

Hypertrichose ist, abweichend vom Hirsutismus, als allgemeine Vermehrung der Körperbehaarung zu verstehen, bei welcher die Gesichts- und Sexualbehaarung nicht besonders betroffen ist. Sie wird als übermäßige Reaktion des Haarfollikelapparates bei verschiedenen Erkrankungen (s. u.) angesehen, bei denen, im Gegensatz zum Hirsutismus, Androgene keine wesentliche Rolle zu spielen scheinen.

Endokrinium und Haarkleid

Die **Sexualsteroide** wirken sowohl bei der Frau als auch beim Mann an manchen Körperstellen hemmend, an anderen fördernd auf den Haarwuchs (Abb. 1.45).

Androgene stimulieren den Haarwuchs im Gesicht, an Kinn, Sternum, der Linea alba und den Extremitäten, hemmen ihn dagegen am Vorderhaupt (»Geheimratsecken«). Obwohl Hirsutismus als ein empfindlicher Index hyperandrogener Aktivität angesehen wer-

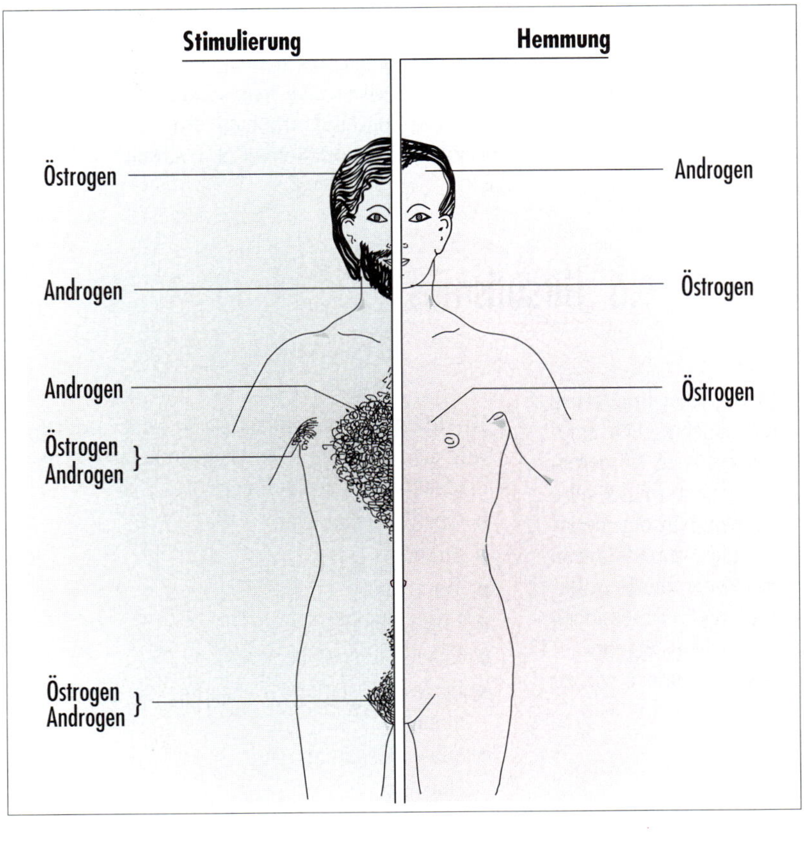

Abb. 1.45 Die Beeinflussung des Haarwuchses durch Östrogene und Androgene.

den kann, besteht jedoch zwischen der Androgenproduktion und der Stärke des Hirsutismus in der Regel keine direkte Korrelation. Einige Frauen reagieren mit verstärktem Haarwuchs bereits auf Androgenmengen, die bei anderen völlig unwirksam bleiben, und umgekehrt. Die Reaktion des Haarfollikels auf androgene Stimuli ist offenbar von Individuum zu Individuum sehr verschieden.

Östrogene stimulieren den Haarwuchs auf dem Kopf und hemmen ihn an Kinn und Brust.

Einfluß anderer endokriner Organe: Störungen des Haarwuchses werden nicht nur durch Erkrankungen der NNR und des Ovars, sondern auch anderer endokriner Organe verursacht. Bei Gesamtinsuffizienz der Hypophyse kommt es zum völligen Ausfall der Achsel- und Schambehaarung (der nicht allein auf der sekundären Insuffizienz von NNR und Schilddrüse beruht), das Haupthaar wird auffallend dünn. Bei Akromegalie nimmt die Behaarung dagegen meist etwas zu. Hypothyreoidismus führt bei Erwachsenen (im Gegensatz zum Kind, s. u.) zu vermindertem Haarwuchs (Leitsymptom: Ausfall der seitlichen Augenbrauen), bei Hyperthyreoidismus erhält das Kopfhaar eine auffallend feine Textur.

Rassische und familiäre Dispositionen: Frauen aus dem Mittelmeerraum sind in der Regel viel stärker behaart als Nordeuropäerinnen, und diese wiederum mehr als Mongolinnen. Wenn weibliche Verwandte der Patientin ähnlich stark behaart sind, läßt sich meist keine Endokrinopathie nachweisen. In einem solchen Fall muß eine genetisch bedingte Überempfindlichkeit der Haarfollikel gegenüber Androgenen angenommen werden.

Ursachen des Hirsutismus

Als mögliche hormonelle Ursachen von Hirsutismus und anderen Androgenisierungserscheinungen kommen u. a. in Betracht:

- Vermehrte Androgenbildung in Ovar und NNR
- Zunahme der Fraktion des freien Testosterons im Serum
- Verminderte Clearance von Testosteron
- Vermehrte Umwandlung von Testosteron in Dihydrotestosteron in der Haut bzw. den Haarfollikeln
- Vermehrte Bildung anderer Androgene
- Vermehrte »Androgensensitivität« im Zielorgan

Die Vielzahl der möglichen pathogenetischen Faktoren macht es verständlich, daß sich in der Praxis bei nur relativ wenigen Frauen mit Hirsutismus ein konstant erhöhter Testosteronspiegel im Serum nachweisen läßt.

Hirsutismus vor der Pubertät

Die Scham- und Achselhaare beginnen etwa zwei Jahre vor der Menarche zu wachsen. Verfrühtes Auftreten der Behaarung erfordert in jedem Falle eine gründliche endokrinologische Abklärung, insbesondere, wenn sich bei einem kleinen Mädchen ein männlicher Behaarungstyp abzuzeichnen beginnt (Abb. 1.45). Zu berücksichtigen sind:

- Kongenitales, adrenogenitales Syndrom
- Ovarialtumoren (Arrhenoblastom; Luteom der Mutter während der Schwangerschaft)
- Nebennierenrindentumoren (Adenome, Karzinome)

Das isolierte Wachstum von Haaren an der Vulva ist allgemein ohne klinische Bedeutung, solange das Schamdreieck unbehaart bleibt.

Hirsutismus in der Geschlechtsreife

Bei vielen Frauen mit leichteren Formen der Hirsutismus lassen sich mit den heute in der Praxis zur Verfügung stehenden diagnostischen Methoden keine eindeutigen Endokrinopathien nachweisen. Der dann weithin gebrauchte Begriff des idiopathischen Hirsutismus ist als eine Verlegenheitsdiagnose zu werten. Es wurde auf Seite 39 ausgeführt, daß in vielen Fällen nur eine Erhöhung des freien Testosterons vorliegen dürfte.

Es ist heute unbestritten, daß zumindestens die schwereren und schweren Formen des Hirsutismus auf einer vermehrten Produktion von Androgenen mit nachfolgender **Hyperandrogenämie** beruhen. Kausal kommen als endokrinologische Ursachen bzw. Ausgangsorte des Hirsutismus (und seiner Begleiterscheinungen: Seborrhö, Akne, androgenetische Alopezie) die folgenden in Betracht:

- Nebennierenrinde
- Ovar
- Hypophysenvorderlappen
- Peripher erhöhte Androgenaktivität
- Iatrogene Ursachen (Rezeptur)
- Schwangerschaft

Nebennierenrinde

Virilisierende Tumoren der NNR treten vor allem vor der Pubertät und nach der Menopause auf. Etwa die Hälfte dieser Tumoren befällt Kinder vor dem Alter von zwei Jahren. Rasch zunehmender Hirsutismus (95%), Virilisierung (50%) und – bei der geschlechtsreifen Frau – Menstruationsstörungen sind die Folge. NNR-Adenome und -Karzinome sezernieren vor

allem DHEA und DHEA-S, weniger Testosteron. Wie bereits auf Seite 14 ausgeführt wurde, kommt es auch bei verschiedenen Formen des kongenitalen adrenalen Hyperplasie (s. AGS) infolge von Enzymblocks zur Hyperandrogenämie. In den meisten Fällen ist das Krankheitsbild bereits bei oder kurz nach der Geburt evident, jedoch kann der Enzymdefekt so geringgradig sein, daß die Symptome erst nach der Pubertät in Erscheinung treten. In solchen Fällen spricht man vom **erworbenen adrenogenitalen Syndrom**.
Eine Überfunktion der NNR kann auch dann bestehen, wenn kein AGS und kein NNR-Tumor vorliegt. Über die Ursachen einer solchen Störung besteht noch keine volle Klarheit, doch dürfte die Überfunktion auch hier die einer an sich geringgradigen enzymatischen Störung sein. Im Gegensatz zum AGS scheint es sich hierbei um eine **Überfunktion aller Komponenten** zu handeln, denn in etwa 60% der Fälle ist der Kortisolspiegel und in ca. 75% der DHEA-S-Spiegel im Serum erhöht, der des ACTH dagegen normal. Eine derartige Überfunktion der NNR dürfte in etwa 70–80% der Fälle die Ursache einer **Hyperandrogenämie** sein.
Da auch ein Anstieg des Prolaktins im Serum zur vermehrten Sekretion von DHEA-S führen kann, sollte eine **Hyperprolaktinämie** sorgfältig ausgeschlossen werden.

Ovar

Androgenproduzierende Ovarialtumoren sind wohl selten, kommen aber in jedem Lebensalter vor. Die wichtigsten klinischen Daten sind in Tabelle 1.9 enthalten. Bei der geschlechtsreifen Frau führt ein solcher Tumor oft zu Menstruationsstörungen, einer rapiden Zunahme der Körper- und Gesichtsbehaarung, Akne, Seborrhö, einem temporalen Haarausfall und zu einer unterschiedlich stark ausgeprägten Virilisierung. Präpubertäre Mädchen zeigen das Bild einer heterosexuellen **Pubertas praecox**. Auch hier muß betont werden, daß androgenproduzierende Ovarialtumoren in einer paradox erscheinenden Weise auf HCG mit vermehrter und auf Kortikosteroide mit verminderter Sekretion von Testosteron reagieren können.
Hyperandrogenämie, insbesondere ein erhöhter Testosteronspiegel, findet sich häufig auch bei den folgenden Erkrankungen des Ovars:

- Polyzystische Ovarien
- Hyperthecosis ovarii
- Hiluszelltumor (selten)

Bei etwa 20–40% der Frauen mit Hirsutismus liegt eine Störung der Steroidbiosynthese im Ovar und in der NNR vor. Die primäre Ursache dürfte in einem solchen Fall in der NNR zu suchen sein.

Hypophysenvorderlappen

Hirsutismus wird in etwa 75% der Fälle durch die sekundäre NNR-Hyperplasie bei Cushing-Krankheit verursacht. Desgleichen kann es bei der Akromegalie zu einer erheblichen Verstärkung der Körperbehaarung kommen.

Peripher erhöhte Androgenaktivität

Vom idiopathischen oder konstitutionellen Hirsutismus spricht man, wenn sich kein erkennbares Krankheitsbild und bei der üblichen Hormondiagnostik keine Hyperandrogenämie als Ursache anbietet. Es gibt Hinweise, daß in solchen Fällen eine der folgenden Störungen vorliegen könnte:

- Erhöhte Endorgansensitivität
- Vermehrte Umsetzung von Androstendion zu Testosteron und Dihydrotestosteron
- Gesteigerte 5α-Reduktaseaktivität (3α-Androstandiolglukuronid evtl. im Serum erhöht)
- Erniedrigter Serumspiegel von SHBG

Iatrogene Ursachen

Zum Hirsutismus und anderen Androgenisierungserscheinungen kann es auch durch die Einnahme von Androgenen und **Anabolika** sowie Abkömmlingen dieser Präparate kommen. Das Ausmaß der Veränderungen, die den Grad der Virilisierung erreichen können, ist von der Dosis, Dauer der Einnahme und individuellen Disposition abhängig. Nichtendokrine Ursachen: s. S. 77.

Schwangerschaft

In der Schwangerschaft verstärkt sich bei vielen Frauen die Körperbehaarung, sie bildet sich jedoch nach der Entbindung weitgehend zurück. Wenn nach jeder Schwangerschaft ein Rest zurückbleibt, kann sich die Behaarung mit den Jahren merklich verstärken.
Eine erhebliche und schnell zunehmende Verstärkung der Körperbehaarung kann in der Schwangerschaft durch ein **Luteom** verursacht werden.

Hirsutismus nach der Menopause

Bei vielen Frauen verstärkt sich die Behaarung der Oberlippe um die Zeit der Menopause, oft schon Jahre davor, und gelegentlich sprießen bereits bei einer Frau in den Dreißigern einige borstige Haare am Kinn. In der Regel läßt sich bei diesen Frauen keine erhöhte Androgenbildung nachweisen. Es wird vermutet, daß das relative Übergewicht der Nebennierenrindenhormone nach Erlöschen der Ovarialtätigkeit eine Rolle spielen könnte.

Nichtendokrine Ursachen verstärkter Körperbehaarung

Bei einer allgemeinen Verstärkung der Körperbehaarung ohne Bevorzugung der Prädilektionsstellen (s. S. 73 f.) läßt sich zumeist keine Hyperandrogenämie nachweisen. Eine Ausnahme stellt die **Anorexia nervosa** dar, bei welcher manchmal ein erhöhter Serumspiegel von DHEA und Testosteron gefunden wird. Hier könnte es sich also definitionsgemäß um Hirsutismus, nicht um eine Hypertrichose, handeln.
Hypertrichose findet sich bei einer Vielzahl von Erkrankungen und als unerwünschte Nebenwirkung bei Anwendung einer Reihe von Pharmaka. Ein seltenes, vererbliches Krankheitsbild ist die Hypertrichosis lanuginosa, bei welcher die Lanugobehaarung über die Perinatalperiode hinaus persistiert.

▶ Diagnostik

Eine sorgfältige Untersuchung auf Hyperandrogenämie durch einen Spezialisten sollte bei den folgenden Gegebenheiten erfolgen:

- Bei schwerem Hirsutismus und Virilisierungserscheinungen
- Bei mäßigem und geringgradigem Hirsutismus, vor allem wenn
  - Menstruationsstörungen vorliegen,
  - ein Adnextumor besteht,
  - der Hirsutismus rasch zunimmt oder
  - Kinderwunsch besteht.
- Bei fertilen, eumenorrhoischen Frauen dagegen nur dann, wenn aufgrund der Behaarung ausgesprochener Leidensdruck besteht.

Die Klassifizierung des Hirsutismus erfolgt in der folgenden Weise:

- Leichter Hirsutismus: dunkel pigmentierte Haare an den Prädilektionsstellen
- Mäßiger Hirsutismus: dunkle, derbe Terminalhaare an den Prädilektionsstellen (vermehrte Schaftdicke!), aber noch kein vollständiger Bart
- Schwerer Hirsutismus: dunkel pigmentierte Terminalhaare an allen Prädilektionsstellen, über das ganze Bartareal, an den Phalangen, den Ohren; ggf. mit Virilisierungserscheinungen (s. d.)

Eine Aufstellung der wichtigsten differentialdiagnostischen Befunde und des Untersuchungsganges beim Hirsutismus der Frau ist in Tabelle 1.10 enthalten.

Laboranalytik: Zur Bestimmung des Testosterons, DHEA-S (wenn möglich auch des SHBG und freien Testosterons) sowie des Kortisols wird eine Blutprobe zwischen 8 und 10 Uhr morgens entnommen. Wenn ein oder mehrere Androgene im Serum erhöht sind, wird festgestellt, in welchem Organ die Ursache liegt:

- Ovar
- NNR
- Ovar und NNR

Eine **adrenale Überfunktion** ist anzunehmen, wenn DHEA-S stark erhöht ist, weniger das Testosteron, und es innerhalb von 4 Tagen unter der Einnahme von Dexamethason zu einem Abfall des DHEA-S auf weniger als 400 ng/ml kommt. Wenn die gleichzeitig durchgeführte Bestimmung des Kortisols eine unzureichende Unterdrückung ergibt, muß ein Cushing-Syndrom ausgeschlossen werden (weiteres Vorgehen: siehe Lehrbücher der Inneren Medizin).
Eine **ovarielle Ursache** für die Hyperandrogenämie ist anzunehmen, wenn Testosteron im Serum deutlich erhöht ist, DHEA-S dagegen nicht oder nur wenig. Bei Einnahme eines Ovulationshemmers (z. B. Diane-35) sollte es zu einer deutlichen Verringerung des Testosteronspiegels kommen.
Bei einer vermehrten Bildung von Androgenen in **Ovar und NNR** ist damit zu rechnen, daß die Suppression der Serumandrogene durch Dexamethason unvollständig ist.
Ergibt die Bestimmung der Androgene im Serum keine erhöhten Werte, muß angenommen werden, daß der Hirsutismus auf einer **Hypersensitivität** des Haarwurzelapparates gegenüber Androgenen beruht.
Mit einem **virilisierenden Tumor** muß grundsätzlich gerechnet werden, wenn die Bestimmung der Androgene im Serum folgende Ergebnisse hat:

- >2,0 ng/ml Testosteron
- >7000 ng/ml DHEA-S
- Kein Abfall auf Normalwerte bei einem der oben geschilderten Suppressionstests

! Auch im Falle einer Suppression besteht keine Garantie, daß nicht doch ein NNR- oder Ovarialtumor vorliegt (paradoxe Reaktion). In einem solchen Falle muß eine **weitere Abklärung** erfolgen:

- Röntgenologische Untersuchungen
- Sonographie
- Computertomographie
- Stufenkatheterismus

Tab. 1.10 Diagnostik beim Hirsutismus.

I. Anamnese 1. Alter bei Erkrankung – präpuberal – postpuberal – während der Schwangerschaft 2. Einnahme von Pharmaka – Androgene, Anabolika – Ovulationshemmer – andere Pharmaka 3. Dauer und Progredienz der Erkrankung 4. Familiäre und rassische Disposition 5. Begleitsymptome – Zyklusstörungen – Virilisierungserscheinungen – Hyperkortizismus – Akne, Seborrhö, Alopezie – Libidoveränderungen (postmenopausal!) 6. Bisherige Behandlung – Steroidhormone – kosmetische Maßnahmen **II. Untersuchung** 1. Stärke und Verteilung der Behaarung – Gesicht, Brust, Bauch, Beine? 2. Virilisierungserscheinungen – Klitorishypertrophie – Vertiefung der Stimme – maskuliner Habitus – Minderwuchs 3. Andere androgenetische Hautaffektionen – Seborrhö (fettige Haut, fettiges Haar, Schuppenbildung) – Akne (Gesicht, Dekolleté, Rücken) – Alopecia androgenetica 4. Symptome von Hyperkortizismus – Adipositas 5. Genitalbefund – polyzystisches Ovar – Hypoplasie – Tumor	**III. Laboranalytische Untersuchungen** 1. Androgene – Testosteron im Serum – DHEA-S freies Testosteron Androstendion SHBG – ggf. Suppressionstest (DXM, Ovulationshemmer) – ggf. ACTH-Test (17α-OH-Progesteron) 2. Zyklusdiagnostik – ovulatorischer Zyklus? Basaltemperaturkurve Vaginalzytologie Progesteron – Amenorrhö? Gestagentest Prolaktin – polyzystische Ovarien? Luteinisierungshormon 3. Verdacht auf – Hyperkortizismus Dexamethason-Suppressionstest Kortisoltagesrhythmik etc. – Intersexualität Chromosomenanalyse – Tumoren Röntgen, Laparotomie

Im letzteren Falle wird mit einem durch die Vena femoralis vorgeschobenen Katheter Blut in Höhe der Einmündungsstellen der Venen zur Bestimmung der Androgene entnommen.

▶ Therapie

Die Behandlung des Hirsutismus sollte vom Spezialisten durchgeführt werden.

Bei **androgenbildenden Tumoren** ist deren operative Entfernung als kausale Therapie erforderlich und naturgemäß effektvoll.

Bei **adrenalem Hirsutismus** wird die Androgenproduktion der NNR durch Kortikoide unterdrückt (s. S. 17). Damit kann eine gleichzeitig bestehende Zyklusstörung beseitigt werden, nicht aber die verstärkte Körperbehaarung. Dies würde die Anwendung eines der im folgenden aufgeführten Verfahren erfordern.

Bei **ovariellem**, nicht tumorbedingtem **Hirsutismus** können bestimmte Ovulationshemmer oder Cyproteronacetat und Äthinylöstradiol eingesetzt werden, evtl. kombiniert mit lokalen Maßnahmen.

Ovulationshemmer: Die Präparate können eine Östrogendosis bis zu 50 µg/Tag enthalten; das Gestagen darf keine androgene Partialwirkung haben. Wirkungsmechanismus: Verminderung der ovariellen Androgensekretion über eine Hemmung des LH, so-

wie Verminderung des freien Testosterons durch eine Erhöhung des SHBG (Östrogeneffekt!). Wenn das Gestagen eine antiandrogene Partialwirkung hat (z. B. Cyproteronacetat), so kommt eine kompetitive Hemmung am Androgenrezeptor hinzu. Mit einer Besserung ist in etwa 50 % der Fälle zu rechnen, doch sollte man bei schwerem Hirsutismus dem folgenden Behandlungsschema den Vorzug geben:
Cyproteronacetat (Androcur) und Äthinylöstradiol (Abb. A.1 u. A.2): 50–100 mg Cyproteronacetat (Androcur) vom 5.–14. Zyklustag, dazu 2mal tgl. 0,02 mg Äthinylöstradiol. Die unkonventionelle Verabreichungsweise nach dem umgekehrten **Zweiphasenprinzip** (nach Hammerstein) wird durch die lange Verweildauer des Cyproteronacetats im Körper erforderlich.

> ! Einnahme stets am 5. Zyklustag beginnen lassen. Im tablettenfreien Intervall besteht keine sicherer Kontrazeptionsschutz. (Cave: Möglichkeit einer Verweiblichung männlicher Feten!). Kontraindikationen für Sexualsteroide unbedingt beachten, da es sich um sehr hohe Dosen eines hochwirksamen Gestagens handelt!

Bei der Therapie mit Cyproteronacetat ist eine Behandlungsdauer von 8–12 Monaten erforderlich, bevor ein Erfolg zu erwarten ist, doch sind die Aussichten auf einen Rückgang des Hirsutismus wesentlich besser als bei allen anderen Methoden.
Sobald ein zufriedenstellender Erfolg erreicht ist, bzw. bei leichteren Fällen primär, ist der Einsatz eines niedriger dosierten Präparates in Erwägung zu ziehen (Diane-35, s. Anhang), das pro Tablette 2 mg Cyproteronacetat und 35 µg Äthinylöstradiol enthält und wie ein handelsüblicher Ovulationshemmer zu verordnen ist. In vielen Fällen läßt sich der gewünschte Erfolgt auch mit einer niedrigeren Dosis von Cyproteronacetat erzielen. Man verordnet Diane-35, das im üblichen Einnahmemodus angewandt wird, und zusätzlich 10 mg Cyproteronacetat während der ersten 15 Einnahmetage von Diane-35. Der Verdacht, daß Cyproteronacetat kanzerogen sein könnte, hat sich nicht bestätigt.
Wenn die hochdosierte Therapie mit Cyproteronacetat keine Besserung des Hirsutismus herbeiführt, bietet sich die parenterale Applikation mit einem Depotpräparat an (300 mg Cyproteronacetat i. m. alle 4 Wochen).
Lokal wirksame Maßnahmen: Da der Erfolg der hormonellen Therapie unsicher ist, sollte diese durch Lokalbehandlung an exponierten Stellen, wie dem Gesicht und der Linea alba, ergänzt werden. Bei der typischen Epilation wird die Haarwurzel mit einer feinen Nadel elektrisch koaguliert. Diese Behandlung sollte nur von einer erfahrenen Kosmetikerin durchgeführt werden. Rasieren und Epilieren mit Wachs, verschiedenen Kosmetika, Bimsstein usw. würden nur zu verstärktem Wachstum aus den Wurzeln der entfernten Haare führen und sind deshalb unbedingt zu unterlassen.
Keilresektion: Da es nach einer Keilresektion nur im Ausnahmefall zur Verminderung des Hirsutismus kommt, sollte dieser Eingriff nicht zur Behandlung verstärkter Behaarung vorgenommen werden (s. a. Abschn. »Hyperthecosis ovarii«, S. 66).

1.7 Klimakterium, Menopause und Postmenopause

> Das Klimakterium stellt den Abschluß der Geschlechtsreife und den stufenweisen Übergang ins Alter dar. Es ist ein physiologisches Ereignis, das pathologische Folgen haben kann, denn diese Lebensphase ist durch eine Vielzahl von endokrin und vegetativ bedingten Beschwerden belastet.

Die meisten Frauen machen das Klimakterium zwischen dem 45. und 55. Lebensjahr durch, doch besteht hier eine recht große individuelle Schwankungsbreite. Erlischt die Ovarialfunktion vor dem 40. Lebensjahr, so spricht man von **Climacterium praecox**. Die Ursache liegt meist in einer verfrühten Erschöpfung des Follikelapparates. Das äußere Zeichen für das Nachlassen der Ovarialfunktion ist das Sistieren der Menstruation.

> Die letzte reguläre Menstruation heißt **Menopause.** Die diesem Ereignis vorhergehende, bereits an Symptomen oft reiche Zeit wird als Prämenopause, die unmittelbar der Menopause folgende Zeit als Postmenopause bezeichnet. Das gesamte Beschwerdebild dieser Zeit wird auch als **Menopausensyndrom** (klimakterisches Syndrom) definiert.

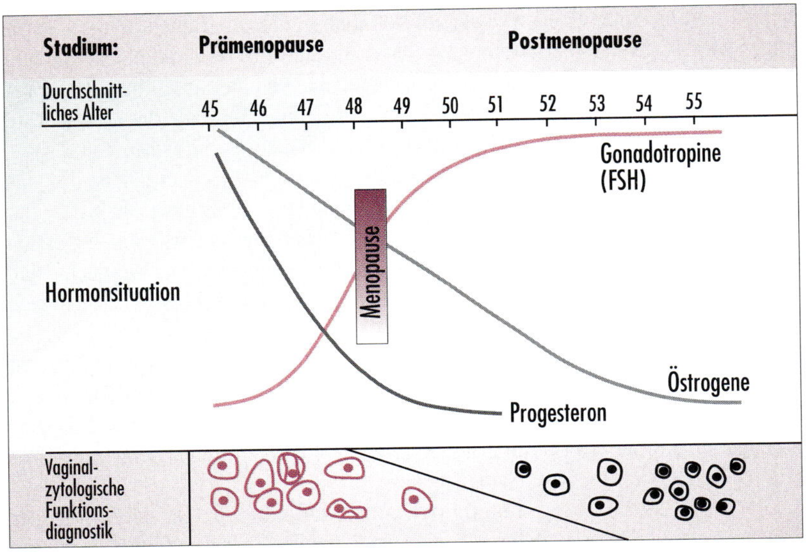

Abb. 1.46 Veränderungen der Hormonsituation im Klimakterium.

Symptome

Bereits vor dem Sistieren der Menstruation können an den Ovarien Organveränderungen, wie Gefäßsklerosierungen, Follikelverarmung und die Unfähigkeit der Enzymsysteme, weiterhin auf gonadotrope Stimuli anzusprechen, nachweisbar sein. Dieser Vorgang bahnt sich bereits in der Mitte des 4. Lebensjahrzehnts an. Zunächst findet sich eine **Insuffizienz der Lutealphase**, welche wohl eine wichtige Ursache für die verminderte Konzeptionsfähigkeit nach dem 35. Lebensjahr sein dürfte. Einige Monate bis Jahre vor der Menopause vollzieht sich der Übergang zu anovulatorischen Zyklen. Da die Ovarien auch unter diesen Umständen immer noch ausreichend Östrogene produzieren, um das Endometrium zu Wachstum anzuregen, ohne daß die progesteronabhängige Transformation stattfindet, ist das häufige Vorkommen von **Endometriumhyperplasie** (S. 55) im Klimakterium verständlich.
Allmählich stellt das Ovar die Östrogenbildung ein, da die noch vorhandenen Follikel atretisch geworden sind und nicht mehr auf gonadotrope Stimuli reagieren. Aber auch in der Postmenopause produziert das Ovar kleine Mengen von Androstendion, DHEA und Testosteron, die zusammen mit aus der Nebenniere stammenden Präkursoren, in den Stromazellen des Fettgewebes und anderen Organen in der Peripherie zu **Östron** aromatisiert werden das das wichtigste Östrogen bei der Frau in der Postmenopause ist. Endokrin ist das Klimakterium also durch einen Abfall der Östrogenbildung und, wegen des damit vergesellschafteten Wegfalls der negativen Rückkoppelung, eine überaus starke Zunahme der Gonadotropinausscheidung gekennzeichnet, die FSH mehr als LH betrifft (Abb. 1.46). Die Prolaktinproduktion sinkt ab. Auch die Bildung der Androgene – mit Ausnahme des Testosterons – geht zurück.
Bei adipösen Frauen ist sowohl die Produktionsrate des Androstendions in der Nebennierenrinde als auch die Aromatisierungsrate im Fettgewebe erhöht. Dies kann zur Folge haben, daß der Östrogenspiegel im Serum postmenopausal so hohe Werte erreicht, daß es zu endometrialen Blutungen kommen kann, z.T. unter dem Bild der glandulär-zystischen Hyperplasie (S. 54).

Das klinische Bild des klimakterischen Syndroms wird zum einen von den Folgen des **Östrogenmangels** bestimmt. Dies sind:

- Vegetativ-vasomotorische Störungen
- Genitalatrophie
- Uterine Blutungsstörungen
- Osteoporose
- Atherosklerose

Diese Erscheinungen sprechen auf eine Substitutionstherapie mit Sexualsteroiden, d.h. Östrogenen und Gestagenen, sehr gut an.

Als Begleiterscheinungen registriert man:

- Änderungen des psychischen Befindens
- Physische Beschwerden, die dem Alterungsprozeß anzulasten sind
- Psychosoziale und psychosexuelle Beschwerden

Diese sind keine direkten Folgen des Östrogenmangels, deshalb kann hier eine Östrogentherapie nur auf indirektem Wege wirksam werden. Etwa 50–80% der

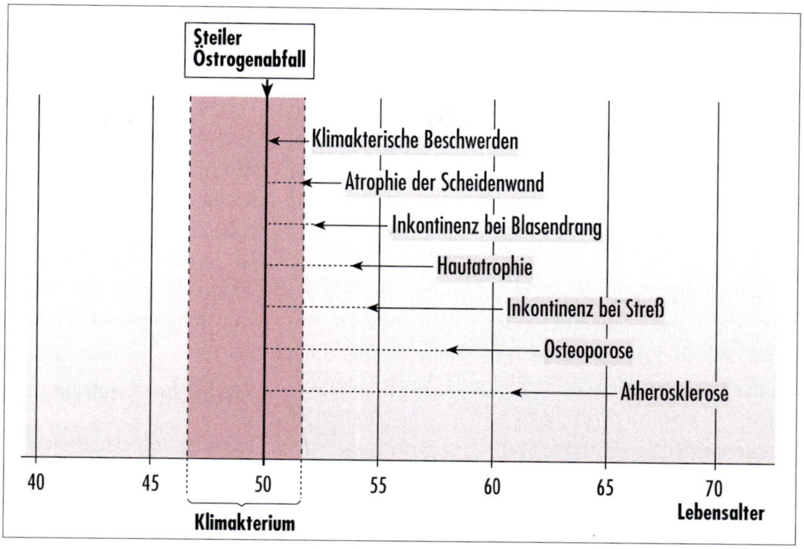

Abb. 1.47 Östrogenmangelsymptome und Alter.

klimakterischen Frauen bemerken die typischen Veränderungen und haben Beschwerden. Die Zahl derer, die behandlungsbedürftig sind, ist viel kleiner, denn sie liegt bei 10–25%. Aus Abbildung 1.47 ist ersichtlich, zu welchem Zeitpunkt während der Wechseljahre mit dem Auftreten bestimmter Beschwerden und Störungen zu rechnen ist, deren Art nachfolgend dargestellt wird.

Vegetatives Syndrom

Bei 60–70% aller betroffenen Frauen bestehen vegetative und vasomotorische Störungen, die mitunter schon vor der Menopause beginnen können. Dauer und Intensität der Beschwerden sind sehr verschieden. Hauptsymptome: Hitzewallungen (60–100%), Schweißausbrüche, Herzklopfen und Herzjagen (30%), Schwindel (45–50%), Erröten, Erblassen und Parästhesien.

Blutungsstörungen

Zur Menopause hin treten immer häufiger anovulatorische Blutungen (S. 53) unter dem Bild der Meno- oder Metrorrhagie, Oligo-, Hypo- oder Polymenorrhö auf (»klimakterische« Blutungen), die von den ebenfalls häufiger werdenden Blutungen organischen Ursprungs (Karzinom!) sorgfältig abzugrenzen sind.

Organisches Syndrom

Die wesentlichen organischen Folgen der endokrinen Umstellung sind:

- Haut- und Schleimhautatrophien
- Osteoporose und Arthropathien
- Gefäßerkrankungen

Die genannten Veränderungen sind keineswegs zwangsläufig bzw. so stark, daß sie immer subjektive oder klinische Bedeutung erlangen würden. Die Möglichkeit ist aber ernst zu nehmen.

Haut- und Schleimhautveränderungen: Bedingt durch den Östrogenmangel kommt es am Genitale zu **atrophischen Veränderungen**. Vor allem in der Vagina, ferner im Introitus- und Vulvabereich wird die Haut dünner, trockener und verliert ihre Elastizität. Die Vulnerabilität wird erhöht. Mitunter setzen Schrumpfungsprozesse ein. Die atrophischen Veränderungen beschränken sich nicht nur auf das Genitale, sondern erfassen die Haut generell. Bedingt durch die Verminderung der mitotischen Aktivität nimmt die Epidermisdicke ab. Der Verlust an Kollagen als auch eine Entwirrung der Kollagenbündel in der Subkutis hat zur Folge, daß die Haut dünn, trocken und faltenreich wird. Diese Veränderungen können durch eine konsequent durchgeführte Östrogentherapie im gewissen Maß rückgängig gemacht werden, wie auch atrophische Erscheinungen an der Mundschleimhaut und Bindehaut des Auges (Trockenheit, Problem mit Haftschalen).

Atherosklerose und Gefäßleiden: Ischämische Herzerkrankungen sind bei postmenopausalen Frauen die wichtigste Todesursache. Im 50. Lebensjahr liegt das Risiko einer Frau, in ihrer verbliebenen Lebenszeit an einer Koronarsklerose zu erkranken, bei ca. 46%, und daran zu versterben (Median 74 Jahre), bei 31%. Dabei erhöht sich das bis dahin im Vergleich zu gleichaltrigen Männern geringere Risiko, einen Myokardinfarkt zu erleiden, auf das beim männlichen Geschlecht gegebene Niveau. Dieses Risiko kann durch eine konsequent durchgeführte **Östrogentherapie** etwa um die Hälfte gesenkt werden. Östrogene wirken der Entwicklung einer Atherosklerose entgegen, und zwar über eine Senkung des LDL und eine Erhöhung des HDL im Plasma um jeweils 10–20%. Es kommt ferner zu einer günstigen Beeinflussung der glatten Gefäßmuskulatur und einer Verminderung der Thromboxan-A_2-Produktion in den Thrombozyten. Wie auch bei der Osteoporose scheint die orale Anwendung der Östrogene ebenso wirksam zu sein wie die parenterale und transdermale.

Osteoporose: Östrogene hemmen den von den Osteoklasten ausgehenden Knochenabbau und die bei Östrogenmangel auftretende Kollagenolyse. Dabei dürfte Kalzitonin eine Rolle spielen, da dessen Bildung durch Östrogene angeregt wird. Bei Östrogenmangel ist der Kalzitoninspiegel dagegen erniedrigt. Die Knochenmasse beginnt schon im 4. Lebensjahrzehnt um 0,5–1% pro Jahr abzunehmen. In der Peri- und Postmenopause nimmt der Knochenabbau zu und erreicht bei manifester Osteoporose Werte um 3%. Außer dem Östrogenmangel erhöhen folgende Faktoren das Risiko, im Alter eine Osteoporose zu erleiden:

- Frühe Menopause
- Nulliparität
- Graziler Habitus
- Mangel an körperlicher Belastung
- Familienanamnese
- Rassische Zugehörigkeit
- Maximale Knochenmasse zur Zeit der Skelettreife
- Kalziumarme, eiweißreiche Diät
- Alkoholabusus, Kaffee

Als Folge osteoporotischer Prozesse, vor allem einer Demineralisierung der Wirbelkörper mit Einbruch der Deckplatten und Bildung von Keilwirbeln, kommt es zum Verlust der normalen Krümmung (»Witwenbuckel«), Abnahme der Körpergröße und Einschränkung der Beweglichkeit. Die hierdurch bedingten Rückenschmerzen und arthritischen Beschwerden führen bei vielen Frauen dieser Altersklasse zu einer deutlichen Leistungsminderung. Da die Festigkeit der Knochen, insbesondere der langen Röhrenknochen, im Vergleich zu gleichaltrigen Männern wesentlich herabgesetzt ist, erleiden postmenopausale Frauen weitaus häufiger Frakturen als diese. Eine Frau von 50 Jahren hat ein Risiko von 15%, sich im weiteren Verlauf ihres Lebens – vor allem im hohen Alter (Median 79 Jahre) – eine Schenkelhalsfraktur zuzuziehen, von denen jede zehnte tödlich endet. Dieses Risiko kann durch eine **Substitutionsbehandlung mit Östrogenen** um ca. 25% verringert werden. Da der Verlust an Knochensubstanz bereits Jahre vor dem Auftreten von Beschwerden röntgenologisch, z.B. anhand einer Verminderung der Kortikalisdicke des Radius oder durch eine Osteodensitometrie der Wirbelsäule und des Femurhalses, nachweisbar ist, kann so die Häufigkeit von Wirbelfrakturen um etwa die Hälfte gesenkt und sogar ein erneuter Zuwachs an Knochenmasse erzielt werden.

Psychisches Syndrom

Es wäre fehlerhaft, wenn man die Symptome dieser Altersphase als rein endokrin induziert und determiniert betrachten würde: Persönlichkeitsstruktur, sexuelle und soziale Bindungen bestimmen den Stellenwert, den das »Altern« – das durch klimakterische Menstruationsstörungen und die Menopause signalisiert wird – im Bewußtsein der Betroffenen einnimmt. Damit werden zugleich die psychovegetativen Auswirkungen quantitativ und qualitativ determiniert. Manche Frauen zeigen gar keine Auffälligkeiten. Andere, für die das Altwerden den Verlust von Attraktivität und Bindungen oder nur Vereinsamung und Sinnentleerung zu bedeuten scheint, klagen häufig, u.a. über Reizbarkeit, Schlaflosigkeit, Nervosität und depressive Verstimmung (etwa 50%). Hieraus ergeben sich oft **sekundäre Konfliktsituationen** in Beruf, Familie und Eheleben, die nicht allein durch die Verordnung eines Medikamentes gelöst werden können, sondern vom Arzt Einfühlungsvermögen und eine gewisse Grundkenntnis psychotherapeutischer Führung erfordern. Bemerkenswert ist, daß eine Östrogentherapie zu einer Stimmungsaufhellung bei depressiv gestimmten Patientinnen führen kann.

▶ Diagnose

Die Diagnose des Menopausensyndroms ergibt sich meist aus Alter und Symptomatik. Die Diagnose kann durch den Nachweis eines stark erhöhten Serum-FSH bestätigt werden, differentialdiagnostisch müssen organische Ursachen, wie Gefäßerkrankungen, Hypertonie und andere interne sowie psychiatrische Störungen ausgeschlossen werden. Hitzewallungen können auch auf einer Hyperthyreose beruhen. Bei unregelmäßigen Blutungen muß ggf. mit Zytologie und Abrasio eine organische Ursache ausgeschlossen werden.

Die Postmenopause ist sicher eingetreten, wenn folgende Symptome vorliegen:

- Amenorrhö

- FSH wiederholt erhöht
- Gestagene können keine Entzugsblutungen mehr auslösen

▶ Therapie

Die Vielfältigkeit der Einflußfaktoren und der Symptomatologie macht es verständlich, daß mit ganz unterschiedlichen Behandlungsmethoden Erfolge erzielt werden können. Im einzelnen kommen, je nach Sachlage, in Frage:

- Hormonsubstitution
- Sedativa, Psychopharmaka
- Psychotherapie, Versuche einer neuen Sinngebung im Berufsleben
- Balneotherapie; diätetische Maßnahmen (Übergewicht vermeiden)

Da es sich beim Menopausensyndrom im wesentlichen im die Folge eines Östrogenmangels handelt, stellen die Östrogene ohne Zweifel das Mittel der Wahl dar, sind allerdings nicht ganz ohne Risiko: Eine ausschließliche Östrogensubstitution begünstigt die Entwicklung adenomatöser Endometriumhyperplasien und deren karzinomatöse Umwandlung um den Faktor 2,3. Das Risiko eines **Endometriumkarzinoms** nimmt mit der Dauer der Östrogengabe deutlich zu. Man nimmt an, daß vor allem der permanente, ausschließliche Östrogeneinfluß bedenklich ist, der im Gegensatz zur physiologischen Sequenz bzw. Kombination von Östrogenen und Gestagenen während der Geschlechtsreife steht.

Ob eine Östrogen-Langzeittherapie von >5 J. auch die Entstehung von **Mammakarzinomen** begünstigt, ist noch umstritten. Sorgfältige, regelmäßige Brustkontrollen sind jedenfalls angezeigt. Man bedenke jedoch, daß die Mortalität postmenopausaler Frauen durch ischämische Herzerkrankungen und zerebrovaskuläre Insulte um eine Zahl gesenkt werden kann, die größer ist als die Gesamtzahl der Todesfälle durch Mammakarzinom. Das Thromboembolierisiko ist bei einer Athinylöstradiol-Substitutionstherapie offenbar erhöht, aber nur bei Verwendung von Östradiol. Das Gesagte macht die folgenden Grundsätze der Substitutionstherapie verständlich:

- Bei Frauen, die klimakterische Beschwerden haben, aber noch menstruieren bzw. bei einer Östrogengabe sofort mit Blutungen reagieren, besteht die Therapie der Wahl aus einer biphasischen **Östrogen-Gestagen-Kombination**, die eine normale Blutungsrhythmik garantiert und zugleich auch das Risiko einer Induktion von Endometriumhyperplasien und -karzinomen bei alleiniger Östrogentherapie ausschließt: Vom 5.–25. Tag ein natürliches Östrogen (Östradiol, Östradiolvalerat) und vom 14.–25. Tag zusätzlich ein Gestagen, wie dies z.B. im Cycloprogynova realisiert ist. Am 28. Tag ist mit einer Menstruation zu rechnen. Falls in der Einnahmepause Beschwerden auftreten, läßt man das Östrogen kontinuierlich einnehmen und ergänzt es vom 1.–14. Tag jeden Monats um ein Gestagen (s. Trisequens).

Wenn **Blutungen unerwünscht** sind, kann man eine kontinuierliche Östrogen-Gestagen-Therapie durchführen. In den ersten Behandlungsmonaten kommt es allerdings noch öfter zu Durchbruchblutungen. Nach einigen Monaten ist eine Therapiepause einzulegen, um prüfen zu können, ob eine Substitution noch weiter erforderlich ist. Die Therapiedauer muß der wirklichen Notwendigkeit angepaßt und darf nicht kritiklos prolongiert werden.

- Zwingt eine **Osteoporose** zur Hormontherapie, so muß die Tagesdosis 1,25 mg/Tag konjugierte Östrogene bzw. 2 mg Östradiol betragen. Östriol ist in diesen Fällen ungeeignet. In Frage kommen sowohl Kombinationspräparate (z.B. Klioges N) als auch Sequenzpräparate (z.B. Presomen compositum). Da die Diät postmenopausaler Frauen meist zu wenig Kalzium enthält, sollte dieses substituiert werden (z.B. Milchprodukte, 1–1,5 g Kalzium).
- Wenn sich die Symptomatik auf den **Genitaltrakt** beschränkt, die allgemeinen Beschwerden nicht besonders schwer sind, die Osteoporoseprophylaxe nicht erforderlich ist und keine Blutungsneigung mehr besteht, kann man sich auf Östriolgaben beschränken, die bei normaler Dosis kaum Einfluß auf das Endometrium nehmen. Sicherheitshalber kann man das Östriol, wie oben erwähnt, ebenfalls mit Gestagen kombinieren. Bei lokalen Erscheinungen (z.B. Colpitis atrophicans) kann Östriol auch als Vaginaovulum oder -creme lokal angewendet werden.

> ! Etwa 20% der vaginal applizierten Dosis werden durch die Mukosa resorbiert, insgesamt mehr als bei oraler Einnahme.

- Beim **Menopausensyndrom** sind auch androgenhaltige Depotpräparate außerordentlich wirksam. Da sie zu irreversiblen Virilisierungserscheinungen und einer gewissen Gewöhnung führen können (Euphorie, Libidosteigerung), werden sie möglichst nicht mehr verordnet.

Bei der zyklischen als auch kombinierten Darreichungsform der Sexualsteroide kann das Östrogen auch durch ein Membranpflaster transdermal verabreicht werden. Dabei wird alle 4 Tage ein Membranpflaster auf die Hüfte geklebt. Das Gestagen wird in Tablettenform oral zugegeben, und zwar zyklisch oder kontinuierlich. Neuerdings gibt es Kombinationspräparate zur transdermalen Applikation, die neben dem Östrogen auch ein Gestagen enthalten. Wenn sich eine Therapie mit Sexualsteroiden verbietet, können die vasomotorischen Symptome in manchen Fällen durch Gabe eines niedrigdosierten Clonidinpräparates (Dixarit) günstig beeinflußt werden.

▶ Therapiedauer

Eine pauschale Empfehlung über die Länge einer Substitutionstherapie kann nicht gegeben werden.
Die typischen **Hitzewallungen** sind meist nicht von langer Dauer und erfordern deshalb die Substitution mit Östrogenen nur für einige Jahre. Im Gegensatz hierzu ist eine Behandlung oder Prophylaxe der postmenopausalen **Osteoporose** über einen längeren Zeitraum, mindestens 8–10 Jahre, erforderlich, ggf. sogar länger. Wird die Behandlung zu zeitig abgebrochen, kann der Verlust von Knochensubstanz erneut auftreten. Im Prinzip könnte eine Östrogensubstitution bis ins hohe Alter weitergeführt werden. Ob dies echte Vorteile bieten würde, läßt sich zum gegenwärtigen Zeitpunkt noch nicht sagen.

Auch die Behandlung **atrophischer Veränderungen** im Bereich des äußeren Genitales und des unteren Harntrakts (Colpitis atrophicans seu senilis, Dyspareunie, Urethritis, Trigonitis) muß über längere Zeit durchgeführt werden. Durch die lokal (Östriol-Vaginalcreme oder -ovula) oder oral verabreichten Östrogene kommt es zur Epithelproliferation der Schleimhäute und einer vermehrten Durchblutung des Bindegewebes. Wichtig ist, daß eine optimale Wiederherstellung des Zustands der Schleimhäute erst nach 18–24 Monaten zu erwarten ist. Tritt der gewünschte Erfolg ein, empfiehlt es sich, die Therapie mit reduzierter Dosis zur Erhaltung des Erfolgs weiterzuführen.

! Kommt es bei postmenopausalen Patienten unter einer kontinuierlichen Hormontherapie zu Blutungen, so ist sorgfältig zu prüfen, ob dies durch die Art der Hormontherapie eindeutig (!) erklärbar ist oder ob man zum Ausschluß einer **organischen Ursache** – speziell der adenomatösen Hyperplasie bzw. des Endometriumkarzinoms (S. 377 f.) – abradieren muß. Der histologische Befund bestimmt dann das weitere Vorgehen.

1.8 Senium

Etwa zwischen dem 60. und 65. Lebensjahr finden die Wechseljahre durch den Übergang in das Senium ihren Abschluß. Diese Altersphase der Frau ist durch die Folgen des nunmehr seit Jahren bestehenden Östrogenmangels gekennzeichnet, dessen Auswirkungen durch die nachlassende Sekretion anabol wirkender Steroide durch die NNR noch verstärkt werden.

Ausgeprägte Atrophisierung der Schleimhäute und Schrumpfungserscheinungen im Genitalbereich können führen zu:

- Colpitis senilis (atrophicans)
- Inkontinenzerscheinungen
- Senkungsbeschwerden
- Dyspareunie

Daneben ist das klinische Bild charakterisiert durch:

- Osteoporose
- Atrophie des Unterhautbindegewebes
- Atherosklerose

Die typischen klimakterischen Beschwerden bestehen nur im Ausnahmefall weiter. Sozio-ökonomische Situation: s. Kap. 19. Diagnose und Therapie s. Abschn. »Klimakterium und Menopause«, S. 79.
Uterine Blutungen im Senium werden zumeist durch ein **Karzinom** bedingt sein (Abrasio obligatorisch!). Sie können aber auch Folge einer endogenen Östrogenproduktion bei hormonaktivem Ovarialtumor (Granulosazelltumor) oder einer exogenen Östrogenzufuhr sein. Auch äußere Zeichen einer Östrogen- oder Androgenwirkung müssen, beim Ausschluß exogener Hormonzufuhr, an hormonaktive Tumoren denken lassen und diagnostische Maßnahmen auslösen.

Literatur

Fogel CI, Woods NF (Hrsg). Women's Health Care. London, Dublin: Sage Publications 1995.
Kuhl H, Taubert HD. Das Klimakterium. Stuttgart: Thieme 1987.
Moore K, Persaud TVN. Embryologie. 4. Aufl. Stuttgart: Schattauer 1996.
Runnebaum B, Rabe T. Gynäkologische Endokrinologie. Berlin: Springer 1994.
Schneider HPG. Endokrinologie und Reproduktionsmedizin I. In: Klinik der Frauenheilkunde und Geburtshilfe. Bd 1. 3. Aufl. Wulf KH, Schmidt-Matthiesen H (Hrsg). München: Urban & Schwarzenberg 1995.
Wolf A, Esser Mittag J. Kinder- und Jugendgynäkologie. Stuttgart: Schattauer 1996.

2

Familienplanung

H.-D. Taubert

Unter Familienplanung im Sinne einer bewußten Elternschaft ist einerseits, im positiven Sinne, die gewollte, baldmögliche **Empfängnis**, andererseits die **Vermeidung** derselben durch **antikonzeptionelle Maßnahmen** (Konzeptionsverhütung) zu verstehen.

2.1 Gewünschte Konzeption

Das Ausbleiben einer gewünschten Empfängnis wird meist durch pathologische Befunde verursacht (s. Kap. 3 Sterilität und Infertilität). Es kommt aber auch vor, daß eine gewollte Empfängnis bei an sich fertilen Partnern ausbleibt, da deren Sexualverhalten unzweckmäßig ist, d.h., die physiologischen Voraussetzungen der Empfängnis nicht berücksichtigt (s. S. 118, 133). Nachfolgend wird deshalb kurz auf ein **konzeptionsförderndes Verhalten** eingegangen.

Die wichtigsten Vorbedingungen für die Entstehung einer Schwangerschaft bei an sich fertilen Frauen sind:

- Regelmäßige Kohabitationen in der fertilen Phase des Zyklus
- Vor und während der Ovulation optimale Beschaffenheit des Zervixschleims

In einem 28tägigen Zyklus dürfte der Eisprung am 13.–14. Tag (evtl. auch am 12. und 15. Tag) zu erwarten sein. Ist der Zyklus verlängert, z.B. auf 30–31 Tage, so ist zu beachten, daß die Ovulation ca. 3 Tage später zu erwarten ist. Da sich noch 3 Tage nach einer Ejakulation motile Spermatozoen im Zervixschleim finden, kann man den **Beginn der fertilen Phase 2–3 Tage vor dem Eisprung** ansetzen. Sie **endet wenige Stunden nach dem Eisprung**. In dieser Zeit sollte möglichst häufig Geschlechtsverkehr ausgeübt werden. Die Erfahrung zeigt, daß sich damit die Zahl der Konzeptionen erhöhen läßt.

Von der weitverbreiteten Praxis, vom Ende der Menstruation bis zum Eisprung Abstinenz zu üben, um dadurch eine Verbesserung des Spermas zu bewirken, wird abgeraten; die Effektivität dieser Maßnahme ist nicht bewiesen. Außerdem kann dadurch der Ovulationstermin verpaßt werden.

Zur Bestimmung des Ovulationstermins können folgende Methoden eingesetzt werden:

- Bestimmung der **Zervixschleimbildung** (s. Billings-Methode, S. 112): Ein klarer, fädenziehender Mukus zeigt an, daß der Eisprung kurz bevorsteht.
- Messung des **präovulatorischen LH-Anstiegs** im Urin: Dieser Test kann von der Frau selbst durchgeführt werden (z.B. Ovu-Quick, Clear-Test). Tritt die Farbreaktion ein, so ist mit dem Eisprung am nächsten Tag zu rechnen.

Die Messung der **Basaltemperatur** sagt nichts über den bevorstehenden Eisprung aus, sondern nur über den vergangenen. Wenn die Temperatur ansteigt, dürfte der Eisprung bereits 2–3 Tage zurückliegen. Die Methode ist nur zur retrospektiven Beurteilung des Zyklus geeignet (s. S. 119).

Bei manchen Frauen kommt es, bedingt durch anatomische Verhältnisse, leicht zum Ausfließen des Spermas aus der Vagina. Dies kann in einem gewissen Maße durch **Beckenhochlagerung**, z.B. durch ein Kissen, für 10–15 Minuten verhindert werden.

Wenn eine Schwangerschaft gewünscht wird, aber nicht bald zustande kommt, liegt die Vermutung nahe, daß bei einem oder beiden Partnern ein ernst zu nehmendes Hindernis vorliegt. In einem solchen Fall sollte man bald kompetente ärztliche Hilfe in Anspruch nehmen (s. Kap. 3).

2.2 Konzeptionsverhütung

Bevölkerungsentwicklung

Die Familienplanung als Antikonzeption, im positiven Sinne als bewußte Elternschaft verstanden, ist nicht nur ein persönliches Problem der jeweiligen Partnergemeinschaft, sondern im Hinblick auf die Bevölkerungsexplosion auch ein öffentliches Anliegen.

Im Jahre 1970 gab es in der Welt 3,632 Milliarden Menschen. Da 123 Millionen Neugeborenen nur 50,8 Millionen Verstorbene gegenüberstanden, betrug die Nettozunahme der Weltbevölkerung in diesem Jahr 71,2 Millionen, was einer Wachstumsrate von 2% entspricht. Seitdem liegt die jährliche Zuwachsrate bei 80–90 Millionen Menschen pro Jahr. Dies stellt die größte Zuwachsrate in der bisherigen Geschichte der Menschheit dar.

Auch unter Einsatz moderner antikonzeptioneller Methoden gelang es nur wenigen Ländern mit intensiven Familienplanungsprogrammen, wie z.B. der VR China, die Zuwachsrate wirkungsvoll zu bremsen. Wie aus Abb. 2.1 ersichtlich ist, erreichte die Menschheit im Jahre 1850 erstmals die Zahl eine Milliarde. Bei dem gegenwärtigen Tempo der Bevölkerungszunahme muß erwartet werden, daß die Weltbevölkerung, die im Jahre 1976 die Viermilliardengrenze überschritt, im Jahre 1995 auf 6 Milliarden angestiegen sein wird. Eine Stabilisierung ist praktisch nicht in Sicht.

Diese Bevölkerungsexplosion betrifft keineswegs alle Länder in gleichem Ausmaß, sondern zur Zeit vor allem jene Völker, die ihr am wenigsten gewachsen sind. Sie erschwert oder verhindert dort jeden wirtschaftlichen und sozialen Fortschritt. Mit fortschreitender Industrialisierung wird die Geburtenzahl bewußt eingeschränkt. Sie wird tragbar, wenn zwischen Geburts- und Sterberate ein gewisses Gleichgewicht eintritt. Demgegenüber steigt die Bevölkerung gerade in den wenig entwickelten Ländern der Erde um so mehr an. Diese Zunahme kann man vor dem Hintergrund verbesserter Hygiene und größerer Lebenserwartung (d.h. längerer Fruchtbarkeit) sehen, sie ist aber zugleich der Ausdruck eines emotional gefärbten Widerstandes mancher Völker gegen jede bewußte Antikonzeption bzw. in anderen Fällen ein Beweis für die praktischen Schwierigkeiten einer organisierten Antikonzeption auf breiter Basis.

Trotz Einführung der Ovulationshemmer, der Intrauterinpessare und der weitgehenden Liberalisierung der Schwangerschaftsunterbrechung in vielen Ländern ist das Problem der Familienplanung bisher nur für den Einzelnen, nicht aber für die Weltbevölkerung zufriedenstellend gelöst.

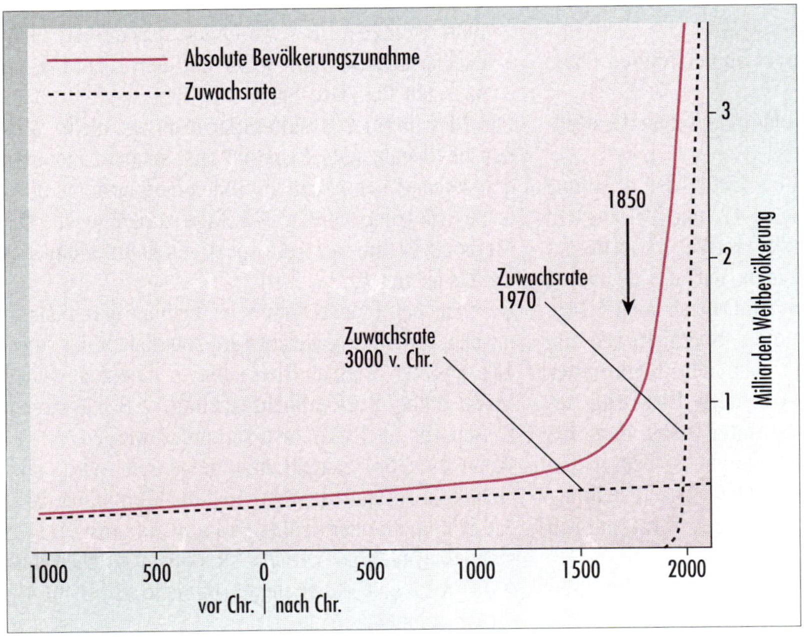

Abb. 2.1 Zunahme der Weltbevölkerung in den Jahren 1000 v. Chr. bis 2000 n. Chr.

Ethische, religiöse und soziale Gesichtspunkte der Schwangerschaftsverhütung

Die Verhütung unerwünschter Schwangerschaften ist auf mehreren Wegen möglich:
- Hemmung der Ovulation
- Verhinderung der Konzeption
- Störung der Nidation
- Hemmung der Spermiogenese
- Unterbrechung der Schwangerschaft

Wohl nahezu überall in der Welt sind sich Menschen, die sich ernstlich mit dem Problem der Bevölkerungskontrolle befaßt haben, grundsätzlich einig, daß es der Würde des Menschen und der Achtung vor dem Leben am meisten entsprechen würde, wenn man nur von den beiden erstgenannten Verfahren (bzw. von der Spermiogenesehemmung) Gebrauch machen müßte. Doch bestehen z.B. bereits hier zwischen den verschiedenen Religionsgemeinschaften und Kulturkreisen erheblich unterschiedliche Anschauungen. Während die katholische Kirche in ihren offiziellen Verlautbarungen (HUMANAE VITAE, 1968; VERITATIS SPLENDOR, 1993) nach wie vor jede Empfängnisverhütung mit Ausnahme der periodischen Abstinenz ablehnt, bestehen seitens der evangelischen Kirche keine derartigen Bedenken. Beide Kirchen sind sich jedoch mit anderen Religionsgemeinschaften in der Ablehnung der Schwangerschaftsunterbrechung als primärer Methode der Bevölkerungskontrolle einig, einer Methode, die ja seit einigen Jahren z.B. in Ländern mit unterschiedlicher politischer, wirtschaftlicher und kultureller Struktur weitgehend freigegeben ist, obwohl erhebliche Bevölkerungsanteile starke religiöse Bindungen aufweisen. Wie problematisch die Diskussion religiöser und ethischer Gesichtspunkte der Fertilitätskontrolle werden kann, erweist sich am Beispiel der Postkoitalpille (s. S. 104) und, möglicherweise, der Intrauterinpessare (s. S. 105). Die bisherige Lehrmeinung besagte, daß die erwähnten Mittel zwar die Nidation, nicht aber die Befruchtung verhindern. Aufgrund neuerer Erkenntnisse muß dies jedoch in Frage gestellt werden. Ob hier jedoch individuelles »Leben« vernichtet wird oder nicht, ist letztlich eine Frage der (problematischen) Definition: Beginnt die individuelle Existenz in dem Moment, in welchem sich die haploiden Chromosomensätze von Ovum und Spermatozoon vereinigen, oder erst in dem Moment, in dem sich die Zygote nicht mehr in zwei Individuen teilen kann bzw. mit dem mütterlichen Organismus in Beziehung getreten ist?

Es ist eine ernüchternde Feststellung, daß trotz aller Bemühungen internationaler Organisationen (z.B. International Planned Parenthood Federation, The Population Council, World Health Organisation) und verschiedener Regierungen erst wenige auf die Dauer erfolgreiche Familienplanungsprogramme entwickelt worden sind. Dabei wird oft übersehen, daß es nicht nur die Aufgabe solcher Programme ist, **Geburten zu verhindern**, sondern der **Wohlfahrt von Kindern und Eltern zu dienen**, indem die Zahl der Geburten vermindert wird, ferner die sexuellen Beziehungen von dem Aspekt unerwünschter Schwangerschaften zu lösen und die Welt von der Bedrohung durch unkontrollierte Bevölkerungszunahme zu befreien.

Die Motivierung des einzelnen gegenüber Familienplanungsprogrammen und sein Interesse an der Anwendung empfängnisverhütender Methoden hängen nicht nur von seiner Herkunft aus einer bestimmten sozioökonomischen Schicht, Religionsgemeinschaft oder politischen Konstellation ab, sondern vor allem vom Ausmaß der Erziehung, Information und individueller Bedürfnisse. So dürfte es nicht überraschen, daß in einem unterentwickelten Land wie Indien Appelle an die Vernunft der armen Bevölkerungsschichten, doch nicht so viele Kinder in die Welt zu setzen, unglaubhaft bleiben, wenn man z.B. den angesprochenen Eltern keine Alternative für die Altersversorgung bietet, die sie sich später von den Kindern erhoffen.

2.3 Methoden der Konzeptionsverhütung

Zur Verhütung einer unerwünschten Schwangerschaft bieten sich heute vielfältige Möglichkeiten:

Bei der Frau:
- Hemmung der Ovulation
- Störung des Eitransports
- Unterbrechung oder Störung der Funktion des Ovidukts
- Verhinderung der Nidation
- Störung der Corpus-luteum-Funktion
- Erschwerung der Spermienpenetration und -aszension

Beim Mann:

- Hemmung der Spermiogenese
- Unterbrechung oder Blockierung der ableitenden Samenwege

Die besonders hohe Wirksamkeit der **Ovulationshemmer** beruht auf ihren multiplen Angriffspunkten. Eine praktikable Methode der **Spermiogenesehemmung** konnte bisher nicht entwickelt werden. Die ideale Methode zur Konzeptionsverhütung sollte zuverlässig, für beide Partner **akzeptabel, ungefährlich, einfach anwendbar** und **billig** sein.

Die Gleichsetzung der Begriffe »Antikonzeption« und »Pille« ist weder zutreffend noch wünschenswert, denn keine der heute verfügbaren antikonzeptionellen Methoden vermag den individuellen Erfordernissen des einzelnen Paares in jeder Weise zu entsprechen. Obwohl sich die Frau in den meisten Fällen als das zuverlässigere Element erwiesen hat, sollte ihr – schon in bezug auf evtl. Nebenwirkungen – nicht allein die Konzeptionsverhütung überlassen werden. Kontrazeptiv wirksame Methoden können auch vom Mann angewendet werden, doch erfordert praktisch jede Methode gewisse Zugeständnisse beider Partner.

Dem Arzt steht heute eine so große Zahl kontrazeptiv wirksamer Methoden zur Verfügung, daß es möglich sein sollte, fast jeder Frau, auch bei Vorliegen bestimmter Erkrankungen oder Vorschäden, eine zumutbare und sichere Methode der Empfängnisverhütung zu empfehlen. Die Häufigkeit der in Deutschland bei der Antikonzeption favorisierten Methoden beträgt etwa 60% für die Ovulationshemmer, 25% für Kondome und ca. 10% für Intrauterinpessare. Die Zahl der durchgeführten Sterilisationen ist erheblich.

Als wichtigste praktisch relevante kontrazeptive Methoden kommen in Betracht:

- **Natürliche, »begrenzte« Sterilität:**
  - Laktation
- **Hormonale Kontrazeption:**
  - Ovulationshemmer
  - Depotinjektionen (Dreimonatsspritze).
  - Minipille
  - Postkoitalpille (»Morning after pill«)
- **Mechanische Verhütungsmittel für die Frau:**
  - Intrauterinpessar
  - Scheidendiaphragma
  - lea-Kontrazeptivum
  - Portiokappe
  - Kondom für die Frau
- **Mechanische Verhütungsmittel für den Mann:**
  - Kondome
- **Chemische Verhütungsmittel:**
  - Spermizide Vaginalgels
  - Spermizide Vaginaltabletten, -suppositorien oder Verhütungsschwämme
- **Periodische Abstinenz:**
  - Rhythmusmethode
  - Temperaturmethoden
  - Persona-System
  - Symptothermale Methode
- **Volksmethoden:**
  - Billings-Methode
  - Coitus interruptus
  - Vaginalspülung
- **Sterilisation:**
  - Bei der Frau: vaginale oder abdominale Tubenligatur, laparoskopische Elektrokoagulation
  - Beim Mann: Vasektomie

Wirksamkeit kontrazeptiver Maßnahmen

Die Wirksamkeit empfängnisverhütender Methoden und Maßnahmen, ausgedrückt durch den **Pearl-Index** (Zahl der Schwangerschaften, die nicht auf Anwendungsfehlern beruhen, per 100 Frauenjahre = 1200 Anwendungsmonate), ist aus Tab. 2.1 ersichtlich. Im Falle der Postkoitalpille wird die Effektivität in Prozenten ausgedrückt.

Die verschiedenen antikonzeptionellen Methoden und Techniken lassen sich nach ihrem **Zuverlässigkeitsgrad** einteilen: Am wirksamsten ist zweifellos die hormonale Kontrazeption durch Ovulationshemmer und

Tab. 2.1 Die Zuverlässigkeit konzeptionsverhütender Maßnahmen.

Methode	Schwangerschaften pro 100 Frauenjahre (= 1200 Anwendungsmonate)
Hormonale Kontrazeption	
Kombinationspräparate	0,03–0,1
Minipille	0,4–4,3
Depotpräparate	0,03–3,6
Intrauterinpessare	0,8–6
Periodische Enthaltsamkeit	
(»Rhythmusmethode«)	14–35
Temperaturmethode	0,5–3
Scheidendiaphragma	
(mit oder ohne Spermizid)	2,0–2,5
Coitus interruptus	10–38
Spermizide Präparation	5–42
Vaginalspülung	21–41
Operative Sterilisation	0,05–0,3
Keine Kontrazeption	60–80
Postkoitalpille	0,1–2,6

Depotpräparate, doch bieten auch die streng durchgeführte Temperaturmethode und das Intrauterinpessar gleichfalls gute Sicherheit. Der Konzeptionsschutz durch Scheidendiaphragma ist geringer, jedoch besser als bei den verbleibenden Methoden.

In verschiedenen Bevölkerungsschichten und Kulturkreisen findet man mit der gleichen Kontrazeptivmethode oft recht unterschiedliche **Versagerquoten**. Im allgemeinen ist die Zahl der Versager bei Gruppen mit niedrigem Einkommen und geringer Schulbildung größer als bei wirtschaftlich und bildungsmäßig besser gestellten. Hieraus erklärt sich z. B. die große Schwankungsbreite des Pearl-Index bei Anwendung des Scheidendiaphragmas. Man muß also bei jeder einzelnen Methode zwischen theoretischer und praktischer Zuverlässigkeit unterscheiden. Ein Vorteil der hormonalen Kontrazeption liegt darin, daß hier beide nahezu identisch sind.

Kostenerstattung

Für Pflichtversicherte ist der Bezug rezeptpflichtiger kontrazeptiver Mittel bis zur Vollendung des 20. Lebensjahrs völlig frei, inkl. der Rezeptgebühr. Dies gilt für hormonale Kontrazeptiva, nidationshemmende Mittel und Intrauterinpessare (inkl. der Applikation). Bei Älteren erfolgt eine Kostenerstattung nur bei medizinischer Indikation. Dies gilt auch für eine Sterilisation.

Wahl der konzeptionsverhütenden Methoden

Bei der Empfehlung einer bestimmten konzeptionsverhütenden Methode müssen die **Vorteile** sorgsam gegen die unter Umständen nicht unbedeutenden **Risiken** abgewogen werden. In der Praxis wird man sich hierbei an den folgenden Gesichtspunkten orientieren:

- Alter
- Zyklusverhalten
- Stadium der Familienbildung
- Sicherheitserwartung und Zuverlässigkeit
- Gefährdungsfaktoren

Bei einem jungen Mädchen bzw. einer Frau ohne häufigen oder regelmäßigen Geschlechtsverkehr könnte man z. B. erwägen, ob anstelle eines hormonalen Kontrazeptivums eine Methode empfohlen werden kann, die nur im Zusammenhang mit der Kohabitation angewendet werden muß (Scheidendiaphragma, chemische Verhütungsmittel, Kondom). Es muß jedoch die Gewißheit bestehen, daß die Patientin imstande ist, die betreffende Methode in einer Weise anzuwenden, die optimale Sicherheit bietet. Darüber hinaus sollte in einem solchen Fall Aufklärung erteilt werden, daß im Notfall eine Schwangerschaft durch rechtzeitige Einnahme der sogenannten Postkoitalpille verhindert werden kann. Wird noch ein Ovulationshemmer verschrieben, so sollten regelmäßige Kontrollen erfolgen, um unerwünschte Nebenwirkungen zu vermeiden.

Zwischen der Geburt des letzten Kindes und dem Beginn der Menopause liegt bei vielen Frauen ein Zeitraum von vielen Jahren, in welchem ihre natürliche Fruchtbarkeit wohl nachläßt, sie aber immer noch schwanger werden können. Da die Frau in dieser Lebensphase durch Kindererziehung, Haushalt und/oder Beruf besonders stark in Anspruch genommen ist, sollte eine Methode empfohlen werden, die bei einer einfachen Anwendungsweise einen hohen Grad an Sicherheit gewährt. Wenn die Patientin keine weiteren Schwangerschaften wünscht, sollte eine Sterilisierung (ggf. des Mannes) als Alternative zur jahrelangen Einnahme eines Ovulationshemmers erwogen werden.

2.4 Hormonale Kontrazeptiva

Bei den heute für die Praxis zur Verfügung stehenden hormonalen Kontrazeptiva unterscheidet man:

- Östrogen-Gestagen-Präparate
- Reine Gestagenpräparate

Ovulationshemmer

> Bei den Ovulationshemmern, populär als » Pille« bekannt (die eigentlich keine Pille, sondern eine Tablette ist), handelt es sich um oral hochwirksame Präparate zur Konzeptionsverhütung, die als aktive Bestandteile jeweils ein Östrogen und ein Gestagen enthalten.

Man unterscheidet drei Formen (Abb. 2.2):

- **Einphasen- oder Kombinationspräparate:** Die ursprünglich von Pincus und Mitarbeitern entwickelte Form enthält in jeder Tablette ein Östro-

Kontrazeptives Prinzip	Applikationsweise	Trivialbezeichnung	Beispiele für Handelspräparate	Anwendungsschema: Menses x x x – Zyklustage 1 3 5 7 9 11 13 15 17 19 21 23 25 27 – Menses x x
Östrogen-Gestagen-Präparate			Certostat Femovan Marvelon	
Einphasenmethode	Oral	„Pincus-Pille"	Stediril-30/28 Neogynon 28	Pl. … Pl.
		„Pille danach"	Tetragynon	
Abgestufte Einphasenmethode	Oral	–	Sinovula Triquilar	
Zweiphasenmethode	Oral	Sequentialpräparate	Oviol	
Reine Gestagenpräparate				
Depotinjektion	i.m.	Dreimonatsspritze	Depo-Clinovir	= 3 Monate
kleine Dosen kontinuierlich	Oral	Minipille	Microlut Micronovum	Dauereinnahme

= Gestagen = Östrogen Pl.=Placebo

Abb. 2.2 Die verschiedenen Typen der Kontrazeptiva.

gen und ein Gestagen. Die sogenannten »Mikropillen« sind niedrigdosiert und haben heute einen Äthinylöstradiolanteil von 35, 30 oder 20 µg. Sie sind prinzipiell das 1. Mittel der Wahl und von den Präparaten zu unterscheiden, deren Anteil an Äthinylöstradiol ≥50 µg beträgt.

- **Abgestufte Einphasenpräparate:** Um evtl. durch den Gestagenanteil bewirkte Nebenwirkungen herabzusetzen, wurde die Gestagendosis während der ersten 10 Einnahmetage gegenüber der 2. Phase stufenweise verringert. Bei den sogenannten Dreistufenpräparaten wird auch die Östrogendosis verändert (Abb. 2.2).
- **Zweiphasen- oder Sequentialpräparate:** Für die erste Einnahmephase enthalten diese Präparate nur ein Östrogen. Um regelmäßige Entzugsblutungen gewährleisten zu können, wird in der 2. Phase ein Gestagen hinzugefügt (s. Kaufmann-Schema, S. 52; Abb. 2.2). In Deutschland war bisher nur ein Zweiphasenpräparat im Handel, dessen Östrogenphase auf 7 Tage verkürzt und die Gestagenphase auf 15 Tage verlängert wurde. Ein neues Präparat dieser Art enthält auch in der Östrogenphase eine geringe Menge an Desogestrel.

Im Jahre 1994 handelte es sich bei ca. 60% der verschriebenen Ovulationshemmer um Mikropillen, bei ca. 6% um höher dosierte Präparate, in ca. 20% um Stufenpräparate und in ca. 11% um Sequentialpräparate. Der Anteil der Minipillen, der Depotgestagene und der Postkoitalpille lag jeweils unter 0,8%.

Zusammensetzung

Für den Hormongehalt eines Ovulationshemmers sind zwei Aspekte maßgebend:

1. Die Dosierung muß ausreichen, um die Ovulation zu verhindern.
2. Die Zahl und das Ausmaß der Nebenwirkungen sollten dabei minimal gehalten werden.

Die meisten Ovulationshemmer enthalten als Östrogenkomponente Äthinylöstradiol, einige noch dessen

Tab. 2.2 Partialwirkungen verschiedener Gestagene.

Gestagengruppe	Partialwirkung östrogen	antiöstrogen	androgen	antiandrogen
Norgestrel u. ä.	–	++	+	–
Norethisteron u. ä.	+	+	+	–
Progesteronderivate	–	+	–	+

3-Methyl-Äther Mestranol. Die Ovulation kann bei alleiniger Anwendung durch die tägliche Verabreichung von 50 µg Äthinylöstradiol vom 4.–25. Zyklustag gehemmt werden. Mestranol erwies sich in der Dosis von 80–100 µg/Tag als ovulationshemmend.

Die in den heute üblichen Ovulationshemmern enthaltenen **Gestagene** sind entweder Derivate des 17α-Hydroxyprogesterons oder des Nortestosterons. In der Praxis wird häufig übersehen, daß es kein absolut »reines« Gestagen gibt, da alle diese Präparate gewisse Partialwirkungen besitzen.

Wie aus Tab. 2.2 zu ersehen ist, kann man die etwas verwirrende Vielfalt der in Ovulationshemmern verwendeten Gestagene vermindern, indem man sie in der folgenden Weise einteilt:

- **Gonane** (= 13-Äthylgonane): Levonorgestrel, Norgestimat (Prohormon von Levonorgestrel), Desogestrel und Gestoden
- **Estrone** (= 13-Methylgonane): Norethisteron und Präparate, die im Körper erst in Norethisteron umgewandelt werden müssen
- **Pregnane** (= Progesteronderivate): Chlormadinonacetat, Medroxyprogesteronacetat, Medrogeston
- **Nortestosteronderivat:** Dienogest

Bei der Bewertung der in Tab. 2.2 aufgeführten Partialwirkungen muß darauf hingewiesen werden, daß diese zumeist in Tierexperimenten ermittelt worden sind und deshalb nur mit größter Vorsicht auf den Menschen übertragen werden können.

Von klinischer Bedeutung ist u.U. die androgene und antiandrogene Partialwirkung. Da Norgestrel und, in schwächerem Maße, Norethisteron im Serum den Anteil des freien Testosterons durch Verdrängung vom Sexhormon-Bindungs-Globulin erhöhen, kann – besonders bei entsprechender Disposition – die Entwicklung von Seborrhö und Akne begünstigt werden. Man wird also Frauen, die an einer androgenetischen Affektion oder Hirsutismus leiden, möglichst kein Präparat verordnen, das eines dieser Gestagene in höherer Dosierung enthält.

! Bei den heute gebräuchlichen niedrigdosierten Präparaten spielt die androgene Partialwirkung kaum noch eine Rolle. Die antiandrogene Partialwirkung von Chlormadinonacetat und Cyproteronacetat, evtl. auch Dienogest, macht man sich in solchen Fällen ggf. zu Nutzen (s. Kap. Hirsutismus).

Der gern benutzte Ausdruck »Ovulationshemmer der 3. Generation« ist für die Verschreibungspraxis ohne Belang. Bezüglich der Bewertung der Gestagenpotenz wird auf den Anhang verwiesen.

Wirkungsweise

Kombinationspräparate: Da bei den Kombinationspräparaten (Abb. 2.2) schon die erste »Pille« ein Gestagen enthält, treten frühzeitig Veränderungen auf, die für die Proliferationsphase des Zyklus nicht physiologisch sind, z.B. eine verfrüht einsetzende, abortive sekretorische Transformation des Endometriums. Verschiedene dieser Nebenwirkungen sind von Bedeutung für die **kontrazeptive Sicherheit** der Ovulationshemmer, die im wesentlichen auf den folgenden Effekten beruht:

- Ovulationshemmung (zentrale, wichtigste Wirkung!) (Abb. 2.3)
- Änderung des Zervixsekretes (Viskositätssteigerung) (Abb. 2.4)
- Endometriumeffekt (Atrophie und deziduale Stromaveränderung)
- Tubenmotilitätsänderung

Die Ovulationshemmung beruht auf einer verminderten Freisetzung von FSH und LH, vor allem des FSH. Der präovulatorische Anstieg des LH wird unterdrückt. Durch hochdosierte Ovulationshemmer wird die Fähigkeit der Hypophyse, auf die Verabreichung von LH-RH mit einer Abgabe von LH und FSH zu reagierten, stark eingeschränkt. Hierbei scheint es sich um ein dosisabhängiges Phänomen zu handeln, denn niedrigdosierte Ovulationshemmer (<50 µg Östrogen) besitzen in dieser Hinsicht eine geringere Hemm-

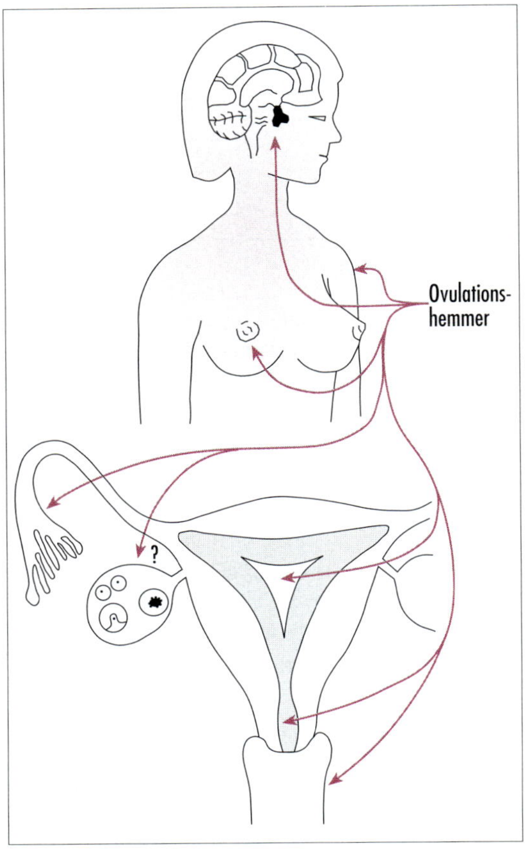

Abb. 2.3 Die Beeinflussung wichtiger Organfunktionen durch Ovulationshemmer.

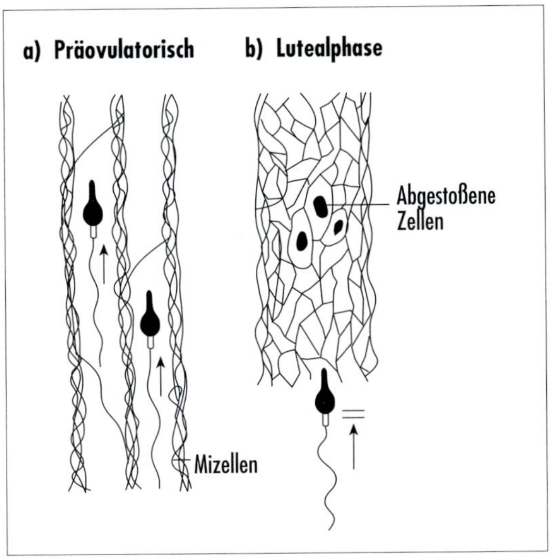

Abb. 2.4 Die Molekularstruktur des Zervikalsekrets.
a Unter Östrogeneinfluß (präovulatorisch): parallele Anordnung der Mukopolysaccharid-Mizellen, Vorwärtsbewegung der Spermatozoen wird begünstigt.
b Unter Progesteroneinfluß (Lutealphase): unregelmäßige, gitterartige Anordnung der Mizellen, Vorwärtskommen der Spermatozoen wird stark behindert.

wirkung (»Mikropille«). Auch bei der Minipille kommt es bei einem kleinen Teil der Frauen zur Ovulationshemmung.
Selbst in jenen extrem seltenen Fällen, bei denen es trotz regelmäßiger Einnahme doch zur Ovulation gekommen ist, dürften die anderen Effekte eine Schwangerschaft meist verhindern.

Sequentialpräparate: Die Sequentialpräparate erschienen im Hinblick auf das Endometrium dem normalen Zyklusablauf besser angepaßt als die Kombinationspräparate. Die kontrazeptive Wirkung beruhte bei den ersten jedoch nur auf der Ovulationshemmung durch das Östrogen der 1. Phase. Da sie deshalb nicht die gleiche Sicherheit boten wie die Kombinationspräparate, werden sie nicht mehr als Kontrazeptiva verwendet, sondern nur als Therapeutika.
Bei den sog. »normophasischen« Präparaten (z.B. Oviol) wurde die Östrogenphase auf 7 Tage verkürzt, wodurch das Gestagen bereits vor dem vermutlichen Ovulationstermin zur Wirkung kommen kann. Diese Präparate zeichnen sich durch hohe Sicherheit und gute Zykluskontrolle aus.

Nebenwirkungen

Obwohl 60–90% aller Frauen, die Ovulationshemmer anwenden, mit dieser Form der Antikonzeption zufrieden sind, klagen viele über Nebenwirkungen und Begleiterscheinungen. Diese können, wenn auch selten, ernster Natur sein. Dabei sollte jedoch nicht übersehen werden, daß hormonale Kontrazeptiva, abgesehen vom Konzeptionsschutz, einige sekundäre Vorteile bieten (s.a. »Therapeutische Anwendung«, S. 102).
Östrogene und Gestagene beeinflussen eine große Zahl von Organfunktionen (Abb. 2.3), von denen die wichtigsten im folgenden zusammengefaßt wurden:

Allgemeinbefinden

Neben Störungen der Menstrualfunktion klagen nicht wenige Frauen über Beeinträchtigung des Allgemeinbefindens. Diese Beschwerden ähneln denen, über die in den ersten Wochen einer Schwangerschaft häufig geklagt wird.

Die **östrogene Komponente** wird für die folgenden Beschwerden verantwortlich gemacht:

- Kopfschmerzen
- Übelkeit, Erbrechen
- Ödeme, Gewichtszunahme

Der **gestagenen Komponente** werden angelastet:

- Müdigkeit, Antriebsmangel
- Appetitsteigerung
- Depressive Verstimmungen

Ein statistisch signifikanter Zusammenhang mit der Einnahme von Ovulationshemmern konnte bisher nur für Kopfschmerzen und Übelkeit ermittelt werden. Die Häufigkeit und Schwere derartiger Beschwerden kann innerhalb weniger Einnahmezyklen erheblich zurückgehen.

Schwere, in ihrer Intensität zunehmende Kopfschmerzen oder Migräneanfälle können Vorzeichen einer **zerebralen Durchblutungsstörung** sein. Der Ovulationshemmer muß in einem solchen Fall unverzüglich abgesetzt und ärztliche Hilfe gesucht werden. Wenn die Migräne stets im einnahmefreien Intervall auftritt, kann man die Anfälle kupieren, indem man die Ovulationshemmer über mehrere Monate lang ohne Pause einnehmen läßt und damit eine iatrogene Amenorrhö herbeiführt.

Mortalität

Die großen epidemiologischen Studien über erwünschte und unerwünschte Nebenwirkungen von Ovulationshemmern wurden mit den relativ hochdosierten Präparaten der Anfangszeit (1968–70) durchgeführt. Heute kann man davon ausgehen, daß die Verringerung der Östrogendosis zu einer deutlichen Reduzierung der Mortalität führte, auch bei Raucherinnen >35 Jahren mit Herz-Kreislauf-Leiden.

Menstrualfunktion

Bei Einnahme von Ovulationshemmern, vor allem von Kombinationspräparaten, wird die Menstrualfunktion in folgenden Punkten positiv beeinflußt:

- Fast immer regelmäßige Zyklen
- Meist eine Verkürzung der Blutungsdauer
- Verringerte Blutung bei Hypermenorrhö
- Häufige Besserung von Dysmenorrhö

Es gibt jedoch auch negative Nebenwirkungen: Bei manchen Frauen, insbesondere solchen, die niedrigdosierte Ovulationshemmer einnehmen, bleibt die Entzugsblutung aus. In jenen Fällen handelt es sich nicht um eine übermäßige Unterdrückung der gonadotropen Partialfunktion durch den Ovulationshemmer, sondern um eine direkte Einwirkung auf das Endometrium. Man spricht dann von einer **Menstruationshemmung** oder vom **Oversuppression-Syndrom**. In solchen Fällen ist eine Schwangerschaft auszuschließen (HCG im Serum!), auf ein Präparat mit höherer Östrogendosis bzw. -potenz umzustellen (sofern keine Kontraindikationen gegeben sind) oder eine nichthormonale Form der Antikonzeption zu wählen.

Eine nicht unerheblich große Zahl von Frauen, die Ovulationshemmer einnehmen, klagt, vor allem während der ersten 3 Monate der Einnahme und bei Verwendung von niedrigdosierten Präparaten, über **Schmierblutungen** (unregelmäßige Blutungen unterschiedlicher Dauer und Intensität bis zu 3 Tagen Dauer, die nicht so stark wie eine Menstruation sind) und **Durchbruchsblutungen** (zu zeitiger Beginn der Menstruation). In praxi:

- Ausschluß einer organischen Ursache (Ektopie, Polypen, Tumoren)
- Verabreichung von 20 µg Athinylöstradiol während des Blutungszeitraums
- Umstellung auf ein Präparat mit höherer Gestagendosis bzw. ein Sequentialpräparat

Ovulationshemmeramenorrhö: Beim Absetzen des Ovulationshemmers kommt es bei weniger als 3% der Frauen zu einer postkontrazeptiven Amenorrhö, die auf einer zentralen Regulationsstörung beruhen kann. Oft bestand bereits vor der Einnahme eine primäre Regelstörung. Ein Kausalzusammenhang zwischen der hormonalen Kontrazeption und der nachfolgenden Amenorrhö ist zu bezweifeln. Die Spontanheilungsquote liegt bei 50%. Bei Kinderwunsch ist die Anwendung von Clomiphen oder Gonadotropinen indiziert.

Schwangerschaft

Die Einnahme von Ovulationshemmern vor einer Schwangerschaft hat keinen Einfluß auf Verlauf, Dauer und Komplikationen; die Zahl der Totgeburten und fetaler Mißbildungen ist nicht erhöht, das Geburtsgewicht normal. Die Einnahme von Androgenen während der Schwangerschaft hat keine Virilisierung weiblicher Feten zur Folge, die Entwicklung männlicher Feten wird durch Antiandrogene nicht gestört. Nach Absetzen der Ovulationshemmer kann der erste Eisprung mit 1–2 Wochen Verspätung einsetzen, eine vorübergehende Beeinträchtigung der Fertilität bei einem Teil der Frauen normalisiert sich innerhalb von 2–3 Jahren

Blutkrankheiten

Bei der Sichelzellenanämie und der Thalassämie besteht keine Kontraindikation zur Anwendung von Ovulationshemmern. Auch bei einer Thrombozytopenie können Ovulationshemmer angewendet werden, sofern sich das Blutbild normalisiert hat.

Bei einer Afibrinogenämie (Willebrand-Jürgens-Syndrom) können die bei der Ovulation und durch Angiodysplasien im Magen-Darm-Trakt auftretenden schweren Blutungen durch Einnahme von Ovulationshemmern beseitigt werden.

Die Verringerung des monatlichen Blutverlusts durch Ovulationshemmer hat zur Folge, daß Eisenmangelanämien weitgehend vermieden werden. Bei einer aplastischen Anämie sollte man jedoch auf Ovulationshemmer verzichten.

Hyperprolaktinämie und Prolaktinom

Bei Anwendung der heute üblichen niedrigdosierten Ovulationshemmer kommt es kaum zu einem merklichen Prolaktinanstieg im Serum; Prolaktinome kommen nicht häufiger vor als sonst. Niedrigdosierte Ovulationshemmer dürfen an Frauen mit Hyperprolaktinämie verabreicht werden, wenn sich der Prolaktinspiegel medikamentös normalisieren läßt und ausreichende Überwachung gewährleistet ist.

Genitaltrakt

Ovulationshemmer erhöhen das Risiko einer Vulvovaginitis durch eine Candidiasis oder Chlamydien. Dagegen ist das Risiko einer Gonokokken-, Trichomonaden- oder E.-coli-Infektion nicht erhöht. Die Häufigkeit einer Zervizitis nimmt bei hormonaler Kontrazeption zu. Aszendierende Infektionen sind dagegen seltener, da der Zervikalmukus durch das Gestagen für Spermien, die pathogene Keime einschleppen können, inpenetrabel wird.

Brustdrüse

Klagt eine Patientin während der Einnahme eines Kombinationspräparates über **Mastodynie**, so ist die Umstellung auf ein Präparat mit niedriger Östrogen- und höherer Gestagendosis zu erwägen. Bei manchen Frauen kommt es während der Anwendung von Ovulationshemmern zu einer milchigen Sekretion aus den Mamillen **(Galaktorrhö)**. Diese Begleiterscheinung muß ggf. von einem pathologischen Amenorrhö-Galaktorrhö-Syndrom abgegrenzt werden (s. S. 61).

Bei Einnahme von Kombinationspräparaten kommt es zu einer Verminderung benigner Brustdrüsenerkrankungen. Dieser Effekt ist um so stärker ausgeprägt, je länger das Präparat eingenommen wird und je höher die Gestagendosis ist.

Während der **Stillzeit** sollten Ovulationshemmer aus folgenden Gründen nicht eingenommen werden:

- Es kann zu einer – wenn auch nicht sehr starken – Hemmung der Laktation kommen.
- Die Milch kann in ungünstiger Weise verändert werden.
- Steroidhormone können in die Milch übergehen.

Gegen die Einnahme einer Minipille während der Stillzeit bestehen dagegen keine Bedenken.

Gerinnungssystem

Vor allem bei Frauen, die Ovulationshemmer mit einer Östrogendosis von ≥ 50 µg/Tag einnehmen, wurden vermehrt thromboembolische Erkrankungen beobachtet. Östrogenhaltige Präparate führen ohne Zweifel zu folgendem:

- Aktivitätszunahme der meisten Gerinnungsfaktoren
- Zunahme der Thrombozytenaggregation
- Abfall der Antithrombin-III-Konzentration

Aus diesen Veränderungen läßt sich die Entstehung von **Thromboembolien** jedoch nicht zufriedenstellend erklären. Es scheint sich vielmehr um einen Summationseffekt von Gefäßveränderungen, hämodynamischen Besonderheiten und Änderungen der Blutzusammensetzung bei gleichzeitiger Disposition zu handeln (Nikotinabusus, Adipositas, Hyperlipidämie, Hypertonus). Für die meisten Effekte scheint der Östrogenanteil im Ovulationshemmer verantwortlich zu sein.

Es ist auffällig, daß sich bei ungewöhnlich vielen jungen Frauen Thromboembolien bereits im ersten Jahr der Anwendung von Ovulationshemmern ereignen. Oft wird es nicht die erste Episode dieser Art gewesen sein, und es ist zu erwarten, daß auch bei nahen Verwandten eine genetisch bedingte Thrombophilie vorliegt.

> ! Bei einer Vorgeschichte von Thrombosen und embolischen Erkrankungen sowie von Erkrankungen, bei denen eine erhöhte Thrombosegefahr besteht, z.B. dem nephrotischen Syndrom oder der Polyzythämie, sind Ovulationshemmer kontraindiziert. Aus dem Katalog der Risikofaktoren (s. S. 95) ist ersichtlich, bei welchen Gegebenheiten mit einem erhöhten Risiko für das Auftreten einer thromboembolischen Erkrankung zu rechnen ist.

Auch eine **Mutation im Faktor V** (Arg506Gln) muß sowohl bei jungen Frauen, die Ovulationshemmer einnehmen, als auch bei postmenopausalen Frauen, die eine hormonelle Substitutionstherapie durchführen, als weiterer Risikofaktor angesehen werden. Bei jungen Frauen, bei denen nach Einnahme von Ovulationshemmern thromboembolische Komplikationen auftraten, wurde in 12,6% der Fälle ein heterozygoter Genotyp festgestellt, bei positiver Eigenanamnese sogar in 24,1% der Fälle. Da sich die Risiken multiplizieren, besteht bei Frauen mit heterozygoter Mutation im Faktor V ein 30fach, bei homozygoter Mutation ein 300fach erhöhtes Thromboserisiko. Bevor in solchen Fällen Östrogene verordnet werden, sollte eine Bestimmung der Faktor-V-Genmutation veranlaßt werden. Bevor eine solche Mutation nicht ausgeschlossen worden ist, sollten keine weiteren Untersuchungen bezüglich Protein C, Protein S und Antithrombin III erfolgen.

Indikationen für Analysen der Faktor-V-Mutation zur Vermeidung schwerer Tromboembolien (nach Leidenberger et al., 1997):

- Positive Familienanamnese
- Auftreten thromboembolischer Komplikationen in jungem Lebensalter
- Verschreibung von Ovulationshemmern bei Prädisposition für Thromboembolien
- Hormonsubstitution bei Frauen mit Verdacht auf Prädisposition für Thromboembolien
- Wiederholte Thromboembolien

Operationen: Mit postoperativen thromboembolischen Erkrankungen muß gerechnet werden, wenn die Familienanamnese Hinweise auf eine familiäre Disposition zeigt, individuelle Risiken bestehen und der Eingriff eine längere Immobilisierung mit sich bringt. Um dieses Risiko zu vermeiden, sollte der Ovulationshemmer 4–6 Wochen vor einem Eingriff abgesetzt und erst 2 Wochen nach voller Mobilisierung wieder eingesetzt werden. In Notfällen kann die Einnahme zur Vermeidung starker Blutungen fortgesetzt werden, sofern eine adäquate Thromboseprophylaxe gewährleistet ist.

Intrakranielle Blutungen: Das Risiko einer Apoplexie liegt bei 10/100000 Frauen jährlich. Bei niedrigdosierten Ovulationshemmern steigt das Risiko um den Faktor 2–3. Derartige Insulte können bereits wenige Tage nach Einnahmebeginn auftreten, aber auch erst nach Jahren. Wichtig ist, daß das Risiko nach Absetzen des Ovulationshemmers weiter besteht. Besonders gefährdet sind Raucherinnen. Folgende Symptome können Vorboten eines zerebralen Insults sein und Anlaß geben, das Präparat sofort abzusetzen:

- Kopfschmerzen oder Migräne
- Vertigo
- Amnesien
- Nausea

Subarachnoidalblutungen sind dagegen nicht viel häufiger als bei Frauen, die keine hormonelle Kontrazeption betreiben.

Gefäßsystem und Herz

Bei den meisten Frauen hat die Einnahme von Ovulationshemmern einen leichten und meist reversiblen **Anstieg des systolischen und diastolischen Blutdrucks** zur Folge. Pathologische Werte werden allerdings relativ selten erreicht, ihre Häufigkeit nimmt jedoch mit der Einnahmedauer zu. Vor der Erstverschreibung und bei allen Kontrolluntersuchungen sollte also stets der Blutdruck gemessen werden.

! Bei Werten **über 140/90 mmHg** sollte möglichst **kein Ovulationshemmer** verschrieben werden. Steigt der Blutdruck während der Einnahme auf solche Werte an, sollte das Präparat abgesetzt werden, um feststellen zu können, ob eine Remission eintritt. Bei höheren Werten ist eine internistische Abklärung des Befundes angezeigt.

Sofern sich der Blutdruck nach dem Absetzen normalisiert, kann man evtl. einen weiteren Behandlungsversuch mit einem niedrigdosierten Kombinationspräparat oder einem reinen Gestagenpräparat unternehmen.

! Die meisten ernsthaften Komplikationen bei Einnahme von Ovulationshemmern gehen vom Gefäßsystem aus. Es besteht kein Zweifel, daß sie das Risiko erhöhen, folgende Erkrankungen zu erleiden oder daran zu sterben:

- Koronarerkrankung
- Myokardinfarkt
- Zerebraler Insult (ischämisch oder hämorrhagisch)

Gefährdet sind vor allen Dingen Frauen, bei denen einer oder mehrere der folgenden **Risikofaktoren** vorliegen:

- Alter über 35 Jahre
- Rauchen
- Hypertonus
- Hyperlipidämie
- Nierenerkrankungen
- Diabetes

Herzinfarkt: Bei Frauen im Alter von 15–45 Jahren ist ein Herzinfarkt mit einer Prävalenz von 2:100000 Frauen/Jahr äußerst selten. Begünstigend wirken: Übergewicht, Rauchen, Diabetes mellitus, Hochdruck, Hyperlipoproteinämie sowie erhöhte Blutviskosität. Ovulationshemmer erhöhen das Risiko um den Fak-

tor 2; Frauen, die rauchen und über 35 Jahre alt sind, sind einem 20fach erhöhten Risiko ausgesetzt.
Entgegen der bisherigen Meinung scheinen Ovulationshemmer keine **Atherosklerose** zu verursachen: Bei der Ausbildung einer Atherosklerose kommt es anfangs zur Oxydation mehrfach ungesättigter Fettsäuren, die so verändert werden, daß sie von Leberzellen nicht mehr aufgenommen und eliminiert werden können. Makrophagen der Gefäßwand nehmen oxydiertes LDL und Remnants auf und bilden Atherome. Äthinylöstradiol jedoch verhindert als wirksamer Radikalenfänger in der Intima die Oxydation von LDL durch freie Sauerstoffradikale und somit den Einbau von Cholesterin in die Arterienwände.
Vasomotorische Wirkungen: Äthinylöstradiol wirkt durch Prostazyklin und Stickoxyd vasodilatatorisch, durch Endothelin-1 vasokonstriktorisch. Außerdem hemmen Östrogene den Einstrom von Kalzium in die glatte Muskulatur der Gefäßwand und damit die Kontraktilität.
Rauchen: Die wichtigste Auswirkung des Rauchens ist die Vasokonstriktion der Arterien. Dazu kommt eine Erhöhung des Cholesterins, der Triglyzeride und des LDL. Rauchen hemmt ferner die Deformierbarkeit der Erythrozyten, läßt die Thrombozytenaggregation ansteigen, vermindert HDL und Vitamin C und erhöht den Sauerstoffbedarf des Herzens.
Hochdruck: Die Entstehung eines Hypertonus geht vor allem auf das Äthinylöstradiol zurück, eventuell verstärkt durch das Gestagen; reine Gestagene haben keinen Anteil an der Entwicklung des Hochdrucks. Die Pathogenese ist nicht bekannt.

Gastrointestinale Erkrankungen

Da Äthinylöstradiol und Gestagene aus dem Darm innerhalb von 2–3 Stunden resorbiert werden, hat späteres **Erbrechen** keine Folgen auf die Wirksamkeit von Ovulationshemmern. Eine schwere **Diarrhö** dagegen kann ihre Wirksamkeit bedenklich vermindern. Bei Colitis ulcerosa und Crohn-Krankheit, einer Dünndarmresektion, Ileostomie oder Kolektomie dürfte dies jedoch nicht der Fall sein.
Der Verlauf verschiedener Formen der **Porphyrie** wird durch Ovulationshemmer in unterschiedlicher Weise beeinflußt. Eine sorgfältige Überwachung der Grundkrankheit ist dringend erforderlich.
Äthinylöstradiol kann zu einem erheblichen Anstieg der Triglyzeride führen und damit zu einer reversiblen **Pankreatitis**. Bei einer chronischen Form sollte man von Ovulationshemmern absehen.
Ovulationshemmer vermindern die Ausschüttung von **Cholezystokinin**, das die Peristaltik, die Gallenblasenfunktion und die Enzymproduktion im Pankreas anregt, jedoch die Motorik des Magens und den Appetit verringert.

Leberstoffwechsel

Die in Ovulationshemmern enthaltenen Sexualsteroide beeinflussen die Leberfunktion; dies ist aus der Zunahme des Sexhormon-Bindungs-Globulins, des Angiotensinogens, Transkortins und vieler anderer Proteine im Serum ersichtlich. Bei der gesunden Frau führen diese Veränderungen zu keiner Beeinträchtigung der Leberfunktion. Bei Einnahme von Ovulationshemmern, die pro Tablette <50 µg Östrogen enthalten, sind derartige Effekte noch weniger nachweisbar. Es kann jedoch folgendes auftreten:

- Enzyminduktion
- Verringerung der Bilirubinkonjugierung und -ausscheidung

Als Folge der Cholestase steigt die Zahl der Gallenblasenerkrankungen bei Einnahme von Ovulationshemmern auf das Doppelte an.

> ! Bei einer Vorgeschichte von **cholestatischem Ikterus** sollten **keine Ovulationshemmer** eingenommen werden. Nach einer akuten Hepatitis müssen die Leberfunktionsproben 3 Monate lang normal ausgefallen sein, bevor man bei dringender Indikation wieder einen Ovulationshemmer verordnet.

Sofern die Patientin nicht früher eine Lebererkrankung durchgemacht hat oder berechtigter Verdacht auf eine Leberfunktionsstörung besteht, ist keine laboranalytische Überwachung erforderlich.
Nicht nur die östrogene Komponente, sondern auch die gestagene wird für die Entstehung von **Leberzelladenomen** bzw. **fokal-nodulären Hyperplasien der Leber** verantwortlich gemacht. Das Risiko, an einem solchen Tumor zu erkranken, liegt bei 3 pro 100000 Frauen pro Jahr. Eine maligne Entartung ist selten, jedoch können durch Kapselrisse hervorgerufene intraperitoneale Blutungen Todesfälle verursachen.

Kohlenhydratstoffwechsel

Die Nebenwirkungen von Ovulationshemmern auf den Kohlenhydratstoffwechsel sind nicht einheitlich. So vermindern Ovulationshemmer mit einem Progesteronderivat als Gestagen im Gegensatz zu solchen mit einem Nortestosteronderivat die Glukosetoleranz kaum und bewirken keine Erhöhung des basalen Insulinspiegels.

Alle Veränderungen der Glukosetoleranz durch Ovulationshemmer sind bei gesunden Frauen reversibel. In diesem Zusammenhang muß beachtet werden, daß Ovulationshemmer die Nierenschwelle für Glukose herabsetzen können.
Bei einem **Diabetes Typ I** wird der Nüchternspiegel von Insulin und Glukose auch durch Mikropillen erhöht und die Glukosetoleranz vermindert. Sofern keine Angiopathie vorliegt, können Mikropillen für einige Zeit verabreicht werden, sofern engmaschige Überwachung gewährleistet wird. Wenn eine Diabetikerin schon über 10 Jahre erkrankt und über 35 Jahre alt ist, sollte man auch von Mikropillen absehen.
Bei **Diabetes Typ II** kann eine Mikropille die Glukosetoleranz verschlechtern und damit eine Angleichung der Insulindosis erforderlich machen. Besteht zusätzlich eine Hypertriglyzeridämie, ist die Umstellung auf eine Minipille zu empfehlen.
Frauen mit leichtem, **unkomplizierten Diabetes** können Ovulationshemmer verwenden, müssen aber eine möglicherweise notwendige Neueinstellung der Insulindosis berücksichtigen.

> ! Bei latentem Diabetes sollte man von der Anwendung von Ovulationshemmern absehen, da die Entwicklung eines klinisch manifesten Diabetes gefördert werden könnte. Auch bei prädiabetischen Frauen sollte äußerste Zurückhaltung geübt werden.
> Frauen mit kompliziertem Diabetes (Hypertonus, Retinopathie, Angiopathie, Nephropathie) sollten grundsätzlich keine Ovulationshemmer benutzen. Hier wird man auf natürliche Methoden, Barrieremethoden oder Intrauterinpessare ausweichen.

Lipidstoffwechsel

Die in Ovulationshemmern enthaltenen Östrogene erhöhen den Serumspiegel der Triglyzeride, Phospholipide, HDL, VLDL und senken den Spiegel des LDL in dosisabhängiger Weise. Gestagene vom Nortestosterontyp hemmen diese Erhöhung des Lipidspiegels, auch die des HDL (die an sich günstig zu beurteilen wäre!) entsprechend ihrer Wirkungsstärke. Der Gesamteffekt eines Ovulationshemmers auf die Serumlipide hängt also von der Dosierung des Östrogens und Gestagens und dem Wirkungsspektrum des letzteren ab.
Frauen mit einer **Hyperlipidämie** neigen a priori vermehrt zu kardiovaskulären Erkrankungen. Dieses Risiko wird durch Ovulationshemmer noch gesteigert, besonders in Kombination mit Rauchen, Diabetes mellitus, Adipositas und Hypertonus. Die Anwendung von Ovulationshemmern ist hier also kritisch zu sehen und von der individuellen Konstellation abhängig zu machen. Sie sind nur bei Gesamtcholersterolwerten <6,5 mmol/l sowie Ausschluß der genannten Risikoverstärker und familiärer kardiovaskulärer Belastung diskutabel, sonst aber, vor allem bei Gesamtcholesterol >7,8 mmol/l, kontraindiziert. Letzteres gilt auch bei Triglyzeridwerten von >2,3 mmol/l.

Gewichtszunahme

Etwa 10% der Frauen nehmen während der ersten 6 Monate unter Ovulationshemmung 2–3 kg zu. Östrogene bedingen durch Kochsalz- und Wasserretention eine schnelle Gewichtszunahme, Gestagene eine langsame durch Steigerung des Appetits und der Nahrungsaufnahme.

Einfluß von Medikamenten

Medikamente können einerseits die Wirksamkeit von Ovulationshemmern beeinflussen, andererseits können Ovulationshemmer ihrerseits Einfluß auf den Stoffwechsel von Pharmaka nehmen. Man kennt verschiedene Wege, die eine Zu- oder Abnahme der Wirksamkeit von Ovulationshemmern bzw. anderer Pharmaka herbeiführen können. Die wichtigsten sind:

- Enzyminduktion in der Leber
- Verstärkter bzw. verminderter Abbau in der Leber
- Veränderung der Konjugation und Metabolisierung im Dünndarm
- Verringerung der Reabsorption im Dickdarm
- Beeinflussung des enterohepatischen Kreislaufs von Äthinylöstradiol

Durch Stimulieren bestimmter Leberenzyme, z. B. der Glukuronyltransferase, durch verschiedene Medikamente (Rifampicin, Hydantoine, Barbiturate) kann die Inaktivierung von hormonalen Kontrazeptiva beschleunigt ablaufen. Damit könnte die antikonzeptionelle Sicherheit kompromittiert werden. Auch eine Beeinträchtigung des enterohepatischen Kreislaufs der Steroide durch Antibiotika kann die Wirksamkeit von Ovulationshemmern vermindern.

Tumorwachstum

Das Risiko eines **Endometriumkarzinoms** wird durch die Einnahme eines Ovulationshemmers vom Kombinationstyp um etwa 50% vermindert, und dieser Schutzeffekt überdauert die Beendigung der Einnahme. Auch die Einlage eines IUP kann das Risiko eines Endometriumkarzinoms verringern.
Bei **Myomen** sind sowohl Wachstum als auch Rückbildungen beschrieben worden.

Die Häufigkeit von **Ovarialkarzinomen** wird unter langfristiger Gabe von Ovulationshemmern ebenfalls reduziert. Im Gegensatz dazu scheint die Häufigkeit von Zervixdysplasien zuzunehmen, nicht jedoch die der Zervixkarzinome.
Der von Zellkulturen abgeleitete Verdacht, Cyproteronacetat sei für die Leber kanzerogen, ist als gegenstandslos anzusehen. Bei über 15jähriger Anwendung wurde kein Fall eines hepatozellulären Karzinoms bekannt. Bei jahrelanger Anwendung von oralen Kontrazeptiva scheint sich jedoch das Risiko, an einem **Leberadenom** zu erkranken, etwas zu erhöhen.
Wenn es auch unbestritten ist, daß selbst große epidemiologische Untersuchungen z. T. sich widersprechende Ergebnisse zeigten, besteht heute ein weitgehender Konsensus in der Frage, daß hormonale Kontrazeptiva das Risiko, an einem **Mammakarzinom** zu erkranken, nicht pauschal erhöhen. Ob diese Aussage auch für junge Frauen gilt, die Ovulationshemmer sehr früh und vor der ersten Schwangerschaft eingenommen haben, muß allerdings in Frage gestellt werden.

Psyche und sexuelles Verhalten

Die psychischen Nebenwirkungen der Ovulationshemmer sind außerordentlich unterschiedlich und von der jeweiligen Persönlichkeitsstruktur, der sozialen Umwelt, der Partnerbeziehung und der zur Ovulationshemmereinnahme führenden Motivation abhängig. Im einzelnen sind beschrieben: Libidoverstärkung sowie Libidoverminderung, Dysphorie und Antriebsschwäche sowie depressive Verstimmungen. Die negativen Effekte finden sich vor allem bei hypochondrischen Patientinnen sowie in Verbindung mit verschiedenartig strukturierten Schuldgefühlen. Die Reaktion ist in gewissen Grenzen von der Zusammensetzung der Präparate abhängig. Depressive Verstimmungen können auf einer Störung des Tryptophanstoffwechsels im Gehirn durch synthetische Östrogene beruhen.
Grundsätzlich gilt: Bei Frauen, die Ovulationshemmer auf eigenen Wunsch und ohne inneren Vorbehalt einnehmen, sind die (tatsächlichen oder vermeintlichen) Nebenwirkungen meist geringer als bei Frauen, die zur Ovulationshemmung überredet oder hinsichtlich der Nebenwirkungen speziell gewarnt worden sind.

Neurologische Erkrankungen

Bei schweren Anfallsleiden kann die Anfallshäufigkeit durch Östrogene erhöht werden, während Progesteron dämpfend wirkt. Epileptikerinnen bedürfen einer sehr zuverlässigen Kontrazeption, da **Antiepileptika** im Falle des Versagens der hormonalen Kontrazeption fetale Mißbildungen verursachen und durch eine Enzyminduktion in der Leber den Serumspiegel der hormonalen Kontrazeptiva derart senken können, daß deren Zuverlässigkeit in Frage gestellt werden kann. Um unnötig hohe Dosierungen der Ovulationshemmer zu vermeiden, könnte man ein niedrigdosiertes, gestagenbetontes Kombinationspräparat kontinuierlich verordnen, d.h. ohne die übliche Einnahmepause.
Bei multipler Sklerose und Myasthenia gravis scheinen Ovulationshemmer keine Verschlechterung des Krankheitsbildes zu bewirken. Ob sich die bei Gabe von reinen Östrogenen festgestellte Besserung der Alzheimer-Krankheit auch auf Ovulationshemmer übertragen läßt, ist noch nicht bekannt.

Skelettsystem

Ob Äthinylöstradiol bei jungen Frauen eine Zunahme der Knochenmasse bewirkt, ist bis jetzt noch nicht erwiesen. Unumstritten ist jedoch, daß Ovulationshemmer keinen Verlust an Knochenmasse verursachen, da die Unterdrückung des endogenen Östradiols durch zugeführtes Äthinylöstradiol wettgemacht wird. Dagegen kann eine Behandlung mit Depot-Medroxyprogesteronacetat über längere Zeit einen merklichen Rückgang der Knochenmasse zur Folge haben.

Arthritis

Ovulationshemmer scheinen den Verlauf einer rheumatischen Arthritis zu lindern. Dieser Schutzeffekt ist von der Einnahmedauer und der Dosis des Ovulationshemmers unabhängig und findet mit der Beendigung der Einnahme ein Ende.

Hautkrankheiten

Ovulationshemmer erhöhen das Risiko, an einem Ekzem zu erkranken oder ein Chloasma zu erwerben. Entgegen der früheren Meinung wird weder die Entstehung noch der Verlauf eines Melanoms oder einer Psoriasis durch hormonale Kontrazeptiva beeinflußt.

Harnwegserkrankungen

Die Mikropillen haben keinen Einfluß auf die Entstehung von Harnwegsinfekten. Nach einer Nierentransplantation sollten keine Ovulationshemmer verordnet werden, da das Risiko eines Herzinfarkts dadurch zu hoch wäre. Als Alternative käme eine Minipille in Frage, doch kann deren Zuverlässigkeit durch Wechselwirkungen mit anderen Mitteln kompromittiert werden.

Otologische Erkrankungen
Der Verlauf einer Otosklerose wird durch hormonale Kontrazeptiva nicht beeinflußt. Über deren mögliche Rolle beim Entstehen eines Hörsturzes ist nichts bekannt.
Ovulationshemmer, deren gestagene Komponente eine androgene Partialwirkung aufweist, können zu einer Vertiefung der Stimme führen, die bei Frauen, welche Sprech- und Singberufe ausüben, fatale Folgen haben kann. Hier wäre unter Umständen phoniatrische Kontrolle erforderlich.

Ophthalmologische Erkrankungen
Bei plötzlich auftretenden, heftigen und migräneartigen Kopfschmerzen kann es sich um eine akute Durchblutungsstörung der Netzhaut handeln, die umgehender ärztlicher Hilfe bedarf.
Ovulationshemmer vermindern die Produktion von Tränenflüssigkeit. Dies kann zur Conjunctivitis sicca und Schwierigkeiten bei der Handhabung von Kontaktlinsen führen.
Ob Ovulationshemmer Einfluß auf die Glaukombildung haben, ist noch umstritten. Da diese an sich seltenen Störungen ernste Folgen haben können, sollte bei der Verschreibung eines Ovulationshemmers auch eine kurze ophthalmologische Anamnese erhoben werden.

Tab. 2.4 Relative Kontraindikationen bzw. Risikofaktoren für hormonale Kontrazeptiva.

Hochdruck (bzw. Vorgeschichte)
Koronar-, Arterio- und Zerebralsklerose
Herz- und Kreislauferkrankungen
Hyperkoagulabilität, Gefäßverletzungen
Mikroangiopathien (Retina, Niere, Haut, Muskel)
Migräne
Nierenerkrankungen
Dyspnoe
Diabetes
Porphyrie
Gallenblasenerkrankungen
Uterus myomatosus
Hypophysenadenom
Laktation
Ungeklärte Amenorrhö und Zyklusstörungen
Epilepsie, Chorea
Adipositas
Rauchen
Alter >35 Jahre
Hyperlipoproteinämie
Hypertriglyzeridämie
Hypercholesterinämie
Erniedrigtes HDL, erhöhtes LDL
Bewegungsmangel, Bettruhe

Erstuntersuchung

Vor der Verordnung eines Ovulationshemmers sollte stets eine gründliche Vorgeschichte erhoben werden.

Tab. 2.3 Absolute Kontraindikationen für hormonale Kontrazeptiva (Ö = Östrogene, G = Gestagene).

Schwangerschaft	(Ö, G)
Tromboembolien, Thrombophlebitis zerebrale Apoplexien bzw. Vorgeschichte dieser Erkrankungen	(Ö)
Raynaud-Krankheit, periphere Durchblutungsstörungen	(Ö)
Leberzellschäden, schwere Leberfunktionsstörungen, Dubin-Johnson- und Rotor-Syndrom, cholestatischer Ikterus, Schwangerschaftsikterus	(Ö, G)
Chronische hämolytische Anämie	(Ö, G)
Hochdruck >160/95 mmHg	(Ö)
Hormonabhängige maligne Tumoren, Hodgkin-Krankheit	(Ö, G)
Zyklusabhängige Migräne	(Ö)
Ungeklärte abnormale Genitalblutung	(Ö, G)

Oft kann das Risiko nur anamnestisch ausgeschaltet werden! Es folgt eine umfassende gynäkologische Untersuchung (Spekulumuntersuchung, Palpation der Beckenorgane und Untersuchung der Mammae). Das Ausgangsgewicht und der Blutdruck werden festgehalten, ein vaginalzytologischer Abstrich wird entnommen und der Urin auf Eiweiß und Zucker untersucht.
Die in Tab. 2.3 u. 2.4 verzeichneten Vorerkrankungen bzw. Tatbestände stellen **absolute** bzw. **relative Kontraindikationen** für die Verordnung von Ovulationshemmern dar.

Wahl des Präparates

Um unerwünschte Nebenwirkungen so gering wie möglich zu halten, sollten primär niedrigdosierte Präparate verwendet werden. Wenn keine besondere Indikation für den Einsatz höherer Östrogene vorliegt, sollte man zunächst Präparate mit 20–35 μg Äthinylöstradiol in Erwägung ziehen.
Bei der Verordnung eines Ovulationshemmers kommt dem Konstitutionstyp kaum die Bedeutung zu, die

man ihm früher zuschrieb. Der Patientin mit maskulinem Habitus, Seborrhö, Akne und evtl. Hypertrichose wird man allerdings kein Präparat mit Nortestosteronderivaten verordnen, da diese eine gewisse androgene Komponente aufweisen.

Beginn der Einnahme

! Die Einnahme beginnt bei niedrigdosierten Präparaten am 1. Tag der Menses, bei höher dosierten auch noch am 3.–5. Tag. Einzelheiten der Verordnung sollten der Packungsbeilage entnommen werden.
Das Präparat sollte möglichst stets zur gleichen Tageszeit eingenommen werden. Bei abendlicher Einnahme, evtl. auf vollen Magen, wird etwaige Übelkeit als weniger lästig empfunden. Ca. 2–3 Tage nach dem Verbrauch der 21–22 Tabletten tritt eine, meist schwächere, Entzugsblutung ein.
In den ersten 2 Wochen des ersten Behandlungszyklus ist kein absolut sicherer Konzeptionsschutz gegeben.

Auch wenn die Blutung nach der Einnahmepause (6 bzw. 7 Tage) noch nicht beendet ist, muß mit der Einnahme unbedingt wieder **pünktlich** begonnen werden. Eine Verlängerung des einnahmfreien Intervalls ist nicht zulässig, einer Verkürzung steht nichts im Wege.
Einige Präparate, z.B. Ovanon 28, enthalten außer den Hormontabletten 6–7 Tabletten ohne Wirkstoff, die während der sonst üblichen Einnahmepause genommen werden. Da die Einnahme ohne Unterbrechung erfolgt, besteht bei dieser Form der Therapie keine Gefahr, daß die Frau vergißt, die Tabletteneinnahme zum richtigen Zeitpunkt wieder aufzunehmen (s. Abb. 2.2).

Dauer der Verordnung

Die erste Verordnung sollte nur für **3 Monate** erfolgen, nach Ablauf dieser Zeit wird die Patientin zu einer Kontrolluntersuchung bestellt. Wenn keine Beschwerden bestehen und Blutdruck, Gewicht, Eiweiß- und Zuckerproben im Urin sowie Mammae und Beckenorgane normal sind, kann die Verschreibung für 6 weitere Monate erfolgen. In halbjährlichen Abständen erfolgen **Kontrolluntersuchungen**, die in gewissen Abständen eine zytologische Kontrolle der Zervix einschließen sollten.

! Bei den folgenden Gegebenheiten sollten hormonale Kontrazeptiva abgesetzt werden:

- Erstmaliges Auftreten eines Migräneanfalles oder von starken Kopfschmerzen
- Akute Sehstörungen
- Thrombotische und thromboembolische Erscheinungen (bei Immobilisierung usw.), Venenentzündungen
- Cholestatischer Ikterus oder abnorme Leberwerte
- Oberbauchschmerzen (Lebererkrankung?)
- Starker Blutdruckanstieg
- Rapides Wachstum von Myomen
- Schwangerschaft
- 4–6 Wochen vor einer geplanten Operation.

Begrenzung der Einnahmedauer

Viele Frauen nehmen Ovulationshemmer über 10–12 Jahre ohne jegliche Beeinträchtigungen. Da die Nebenwirkungen mit der Einnahmedauer jedoch ansteigen, sollten Ovulationshemmer nicht länger als erforderlich eingenommen werden.
Es liegen keine Hinweise für die Annahme vor, daß das Auftreten der ohnehin seltenen **Ovulationshemmer-Amenorrhö** (ca. 1 %) durch häufige Einnahmepausen verhindert werden kann. Da aber thromboembolische Komplikationen vor allem in den ersten Monaten nach Beginn der Wiederaufnahme der Pilleneinnahme auftreten, können sich aus dieser auch heute noch weithin geübten Praxis, z.B. jedes Jahr eine zweimonatige **Pillenpause** einzulegen, für die betroffenen Frauen gesundheitliche Nachteile ergeben. Aus diesem Grunde sollte man das Absetzen von Ovulationshemmern nur unter folgenden Aspekten empfehlen:

- Unerwünschte Nebenwirkungen oder Komplikationen
- Vorteilhaftere Alternativmethode anwendbar
- Kinderwunsch der Patientin
- »Pillenmüdigkeit« der Patientin

Da Jugendliche oft die Befürchtung äußern, die Einnahme von Ovulationshemmern könnte ihre spätere Fertilität ungünstig beeinträchtigen, besteht in dieser Altersgruppe eine gewisse psychologische Berechtigung für eine Einnahmepause. Durch eine Messung der Basaltemperatur oder eine Progesteronbestimmung kann der Nachweis geführt werden, daß es nach dem Absetzen der Pille zur Ovulation kam. Der Nutzen einer solchen Demonstration muß allerdings im Einzelfall sorgfältig gegen das Risiko einer Schwangerschaft abgewogen werden.

Sofern eine Patientin nicht raucht und keine weiteren Risikofaktoren vorliegen, besteht kein Grund, die Einnahmedauer auf die Zeit zwischen dem 20. und 35. Lebensjahr zu begrenzen.

! Raucherinnen sollten nach dem 35. Lebensjahr möglichst eine andere Form der Antikonzeption betreiben (S. 105) oder zu rauchen aufhören.

In der Praxis sieht sich der Arzt einer Vielfalt von teils berechtigten, teils unberechtigten Klagen über Nebenwirkungen von Ovulationshemmern ausgesetzt, zu denen er Stellung nehmen muß (s. S. 92 ff.). Evtl. Beschwerden bessern sich meist bei der Weiterführung der Einnahme und sind in der Regel im 3.–4. Zyklus verschwunden.

Umstellung von Präparaten

Bei Übergang von einem höher auf ein niedriger dosiertes Präparat besteht im ersten Behandlungszyklus ein gewisses **Konzeptionsrisiko,** worauf die Patientin aufmerksam gemacht werden sollte. Umgekehrt besteht diese Einschränkung nicht. Man kann das Risiko vermeiden, indem man die 1. Tablette des neuen, niedriger dosierten Präparates bereits am 1. Tag der Entzugsblutung, nicht erst nach der üblichen Pause von 6–7 Tagen, einnehmen läßt oder auf die Einnahmepause ganz verzichtet.

Verabreichung an junge Mädchen

Es liegen keine überzeugenden Beweise für die Annahme vor, daß durch die verfrühte Einnahme eines Ovulationshemmers eine dauernde Blockierung des Ovulationsvorgangs bei einem endokrin gesunden Mädchen herbeigeführt werden kann. Hierfür spricht die Erfahrung, daß es bei hochwüchsigen Mädchen, die bereits vor der Menarche zur Wachstumshemmung mit Ovulationshemmern behandelt wurden, im Verlauf der Pubertät nicht gehäuft zu Zyklusstörungen kommt.
Entgegen früheren Anschauungen ist mit keiner Beeinflussung des Längenwachstums zu rechnen, da die heute üblichen Ovulationshemmer hierfür keine ausreichende Dosis an Östrogen enthalten.
Aus prinzipiellen Erwägungen wären **mechanische Verhütungsmittel** bei Jugendlichen immer dann vorzuziehen, wenn ihre Anwendung erfolgversprechend ist (Kondom, chemische Verhütungsmittel). Andernfalls sollten **niedrigdosierte Kombinationspräparate** verordnet werden, um dem größeren Übel einer Schwangerschaft unter ungünstigen Verhältnissen vorzubeugen.
Da die Versagerquote der **Intrauterinpessare** (IUPs) bei Jugendlichen hoch ist und es in dieser Altersklasse häufiger als bei älteren Frauen zu Adnexitiden kommt, die eine Verklebung der Eileiter zur Folge haben könnten, sollte man die Anwendung von IUPs bei Jugendlichen kritisch bewerten.

Rechtslage bei Verordnung an Jugendliche

Da nach § 182 StGB Jugendliche unter 16 Jahren vor dem Geschlechtsverkehr zu bewahren sind, ist die Verschreibung an unter 16jährige problematisch. Eine pauschale Empfehlung für das beste Vorgehen kann nicht gegeben werden, doch sollte man die Verschreibung vornehmen, wenn das Risiko einer Schwangerschaft real erscheint.
Bei über 16jährigen Mädchen ist die Einwilligung der Eltern nicht erforderlich, wenn das Einverständnis der jungen Patientin mit einem gewissen Maß an Einsicht verbunden ist. Diese ist wiederum abhängig von den Verständigungsmöglichkeiten zwischen Arzt und Patientin. Da auch bei sexuell aktiven Jugendlichen oft ein erstaunliches Maß an Unkenntnis bezüglich der Möglichkeiten von Empfängnisverhütung zu finden ist, sollte die Aufklärung besonders sorgfältig vorgenommen werden.

Verabreichung nach dem 35. Lebensjahr

Die Empfängnisbereitschaft sinkt ohne Zweifel nach dem 35. Lebensjahr, noch deutlicher nach dem 40. Lebensjahr, ab. Trotzdem kann der Arzt einer Frau diesen Alters nicht garantieren, daß sie ohne Anwendung von Verhütungsmitteln nicht mehr schwanger werden könnte. Eine unerwünschte Schwangerschaft kann in diesem Alter, abgesehen vom deutlich höheren Risiko einer kongenitalen Mißbildung des Kindes, zu einer erheblichen sozialen Belastung der Frau und der Ehe führen. Da das **kumulative Mortalitätsrisiko** zwischen 35 Jahren und der Menopause bei Frauen, die Ovulationshemmer einnehmen, höher ist als bei solchen, die nichthormonale Kontrazeptiva benutzen oder sich sterilisieren ließen, sollte der Gebrauch von Ovulationshemmern auch bei Nichtraucherinnen in diesem Alter grundsätzlich in Frage gestellt werden.
Die weitere Verordnung sollte man von folgenden Faktoren abhängig machen:

- Besteht eine therapeutische Indikation für den weiteren Einsatz eines Ovulationshemmers (z.B. Hypermenorrhö)?

- Verbietet sich z.B. die Anwendung eines Intrauterinpessars oder die Sterilisation des Partners?

Wenn diese Vorbedingungen erfüllt sind, kann ein Ovulationshemmer so lange verordnet werden, bis es wahrscheinlich ist, daß die Frau nicht mehr ovuliert.

> ! Bei Frauen diesen Alters ist es von ganz besonderer Wichtigkeit, jede unregelmäßige Blutung als organisch bedingt anzusehen, bis das Gegenteil bewiesen werden konnte (s. S. 378 u. 437).
> Cave: Ein Korpuskarzinom kann durch eine Hormontherapie bis zu einem gewissen Grad maskiert werden!

Einnahmefehler

Bei sog. »Versagern« (Schwangerschaft) liegt die Ursache meist in der **unregelmäßigen** bzw. **vergessenen** Einnahme der Pille. Bei Vergessen sollte die Pille am nächsten Tag eingenommen werden, die nächste Pille wird dann zur gewohnten Zeit genommen. Werden 2 Pillen vergessen, so sollte für den Rest des Zyklus zusätzlich ein anderes Mittel der Kontrazeption verwendet werden. Wenn 3 und mehr Pillen ausgelassen werden, ist eine Blutung schwer zu vermeiden. In einem solchen Fall sollten mechanische Verhütungsmittel für den Rest des Zyklus angewendet werden. Die Einnahme des Ovulationshemmers wird abgebrochen und nach 6 Tagen neu begonnen (Abb. 2.5)

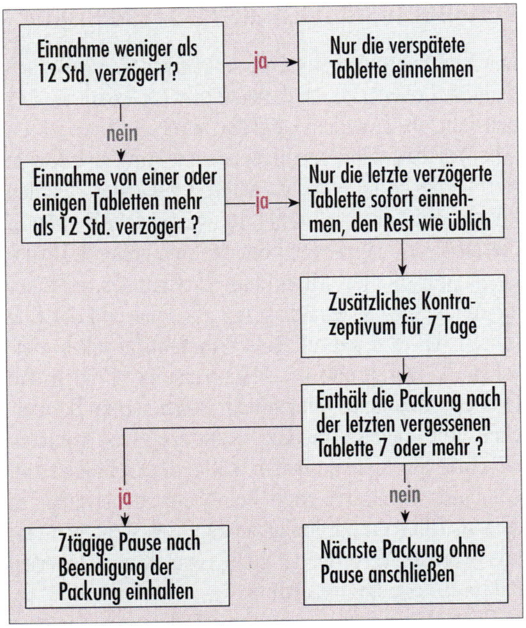

Abb. 2.5 Vorgehen bei Vergessen von einer oder mehreren Tabletten eines Ovulationshemmers.

Bei anhaltendem **Erbrechen** innerhalb von 3 Std. nach Einnahme muß eine zweite Tablette innerhalb von 12 Std. genommen werden.

Bei anhaltender **Diarrhö** ist die Resorption der Hormone unsicher; es ist in einem solchen Fall besser, zusätzliche Verhütungsmittel zu verordnen.

Als besonders riskant gilt eine Verlängerung des siebentägigen einnahmefreien Intervalls, besonders bei Zweiphasen- und Dreistufenpräparaten, da in der ersten Phase kein Gestagen angewendet wird bzw. nur in niedriger Dosis. Dies ist bei Kombinationspräparaten mit starker Gestagenkomponente nicht der Fall.

Therapeutische Anwendung von Ovulationshemmern

Abschließend soll kurz behandelt werden, bei welchen Indikationen Ovulationshemmer therapeutisch eingesetzt werden können.

Mittelschmerz: Manche Frauen leiden in der Zyklusmitte an heftigen Schmerzen, die mit der Ruptur des Graaf-Follikels zusammenhängen. Ovulationshemmer können hier Abhilfe schaffen.

Endometriumhyperplasien: Bei einer durch Abrasio nachgewiesenen adenomatösen Hyperplasie 1. oder 2. Grades läßt sich ein Rezidiv oder das Risiko einer Progression mit maligner Entartung durch die Einnahme gestagenreicher Ovulationshemmer (oder anderer Gestagenpräparate) zumeist verhindern.

Hypoplasie des Uterus: Eine Hypoplasie kann durch hochdosierte Kombinationspräparate unter Umständen günstig beeinflußt werden – allerdings nicht auf Dauer. Da die Hypoplasie praktisch keine Beschwerden verursacht und auch als Ursache von Sterilität sicher sehr überschätzt wird, ist der Wert einer solchen Behandlung recht fraglich.

Dysmenorrhö: Schmerzhafte, krampfartige Schmerzen im Unterbauch vor und während der Menstruation, die nicht auf Verwachsungen oder Endometriose im kleinen Becken beruhen, können durch Ovulationshemmer gemildert werden. Die Besserung von funktionell bedingter Dysmenorrhö ist so überzeugend, daß sie als wichtigste Indikation für den therapeutischen Einsatz von Ovulationshemmern angesehen werden kann.

Hypermenorrhö: Durch Einnahme eines gestagendominierten Ovulationshemmers können übermäßig

starke Regelblutungen wesentlich vermindert werden.
Endometriose: Dank des antiproliferativen Effekts des Gestagens vermögen Kombinationspräparate oft eine deutliche Besserung der Beschwerden bei Endometriose herbeizuführen. Die Einnahme von Ovulationshemmern nach einer Endometrioseoperation ist weniger wirksam als die Einnahme von Gestagenen oder GnRH-Analogen, denn sie führt nicht zur Atrophie der Endometrioseherde.
Prämenstruelles Syndrom: Viele Frauen leiden im Prämenstruum an Ödemen, Mastodynie, Aggressivität und depressiven Verstimmungen. Die Ursache ist nicht bekannt. Die Bedeutung des prämenstruellen Syndroms sollte wegen der damit z.T. verbundenen erheblichen psychischen Alteration mit Labilitätssteigerung nicht bagatellisiert werden. Ovulationshemmer und Minipille vermindern bei vielen Frauen die Symptome des prämenstruellen Syndroms. Wirksamer erwies sich jedoch eine hochdosierte transdermale Östrogentherapie oder eine ausgeprägte Hemmung der Ovarialfunktion mit GnRH-Analogen und Östrogensubstitution.
Funktionelle Ovarzysten: Diese werden durch Einnahme von gestagendominierten Kombinationspräparaten vermindert. Die Indikation zum operativen Eingriff sollte streng gestellt werden, da spätere Fertilitätseinbußen die Folge sein können.
Benigne Brusterkrankungen: Gutartige fibrozystische Brusterkrankungen 1. und 2. Grades können auf niedrigdosierte Ovulationshemmer oder Depotgestagene ansprechen. Bei einer Mastopathie mit Atypien sind hormonale Kontrazeptiva nicht angezeigt.
Hirsutismus und Akne: Androgenetische Hauterkrankungen sind therapeutisch die Domäne von antiandrogen wirksamen Gestagenen, z.B. Cyproteronacetat oder Chlormadinonacetat. Cyproteronacetat wird in Dosen von 2–100 mg/Tag mit Äthinylöstradiol oder Östradiolvalerat angewendet. Einzelheiten: Kapitel »Hirsutismus«, S. 71; Anhang.

Menstruationshemmung

Wenn im siebentägigen hormonfreien Intervall Ödeme, Migräne und Zwischenblutungen auftreten, kann mit der ununterbrochenen Einnahme eines niedrigdosierten Kombinationspräparates die Menstruation unterdrückt werden. Da in diesem Fall der Serumspiegel des aus dem Präparat stammenden Äthinylöstradiols und des Gestagens nicht absinkt, fällt möglicherweise ein auslösender Faktor weg. Bei folgenden Krankheitsbildern kann eine Menstruationshemmung versucht werden:

- Zyklusabhängige Ödeme und Kopfschmerzen
- Migräne im hormonfreien Intervall
- Prämenstruelles Syndrom
- Therapieresistente Dysmenorrhö
- Enzyminduktion durch andere Pharmaka
- Hämorrhagische Diathese

In diesen Fällen und wenn keine regelmäßigen Entzugsblutungen erwünscht sind, kann die Einnahme über 6–12 Monate oder länger durchgeführt werden. In diesem Fall würde sich Depo-Clinovir als parenterale (i.m.) Alternative anbieten.
Verschiebung und Vorverlegung der Menstruation s. Kapitel »Menstruation«, S. 44.

Andere Formen der hormonalen Antikonzeption

Depotinjektion

Es wurden verschiedene injizierbare Gestagenpräparate mit einer Wirkungsdauer von 1–3 Monaten entwickelt, von denen in der Bundesrepublik Deutschland die 3-Monats-Injektionen Depo-Clinovir und Noristerat im Handel sind. Das aus dem Depot langsam resorbierte Gestagen (Medroxyprogesteronacetat bzw. Norethisteronönanthat) wirkt hemmend auf die hypothalamisch-hypophysäre Achse. Dadurch wird die Freisetzung der Gonadotropine stark herabgesetzt und die Ovulation verhindert. Die unzureichend stimulierten Ovarien bilden wenig Östrogene. Dementsprechend kommt es nur zu einer schwachen Proliferation des Endometriums, die außerdem durch den permanenten Gestageneinfluß gehemmt wird. Als Folge treten zunächst unregelmäßige, meist schwache Blutungen auf, die später infolge hochgradiger Atrophie des Endometriums oft ganz ausbleiben.

Indikationen: Vorteile ergeben sich:
- Wenn eine regelmäßige Einnahme eines Ovulationshemmers nicht möglich ist bzw. nicht gewährleistet werden kann.
- Wenn keine Östrogene eingenommen werden sollen.
- Wenn aus medizinischen Gründen eine lang dauernde Unterdrückung der Ovarialfunktion (Myome, Endometriose) indiziert ist.

Kontraindikation: Es gelten alle unter Ovulationshemmern aufgeführten Kontraindikationen, soweit sie sich nicht ausdrücklich auf Östrogene beziehen. Da es bei mehrfacher Injektion von Depo-Clinovir zu einer gewissen Kumulierung des Gestageneffekts im Organismus kommen kann, bleibt gelegentlich die Periode auch nach dem Absetzen für 1–2 Jahre aus. Das Präparat sollte deshalb bei Frauen, die später Kinder wünschen, möglichst nicht verwendet werden.

Anwendung: Depo-Clinovir wird alle 3 Monate tief intraglutäal injiziert. Eine Injektion bietet 90 Tage lang sicheren Konzeptionsschutz. Im Falle eines Noristerats werden die ersten 3 Injektionen im Abstand von 8 Wochen verabreicht, die weiteren dann gleichfalls alle 12 Wochen.

»Minipille«

Wie bereits auf S. 91 ausgeführt wurde, können Gestagene auch dann kontrazeptiv wirken, wenn ihre Dosierung zur Hemmung der Ovulation nicht ausreicht. Die bisher größten Erfahrungen liegen mit der »Minipille« vor, die pro Tablette nur 0,03 mg D-Norgestrel (Microlut, s. Anhang), 0,03 mg Norethisteronacetat (Micronovum, s. Anhang) bzw. 0,5 mg Äthinylöstrenol (Exlutona) enthält. Als wesentlicher Vorteil dieser Art der hormonalen Antikonzeption muß die **Reduzierung der täglichen Steroidmenge** angesehen werden. Sie ist vor allem bei Frauen indiziert, die keine Östrogene einnehmen sollen (Thromboseneigung). Hierbei ist allerdings zu beachten, daß der endogene Östradiolspiegel im Serum bei Einnahme von Minipillen nicht immer vermindert ist, sondern sogar erhöht sein kann.

Wirkungsweise: Entsprechend der geringen Steroidmenge ist der Einfluß auf die endokrine Steuerung der Ovarialfunktion relativ gering, obwohl es selbst bei diesen niedrigen Dosierungen nicht selten zur Hemmung der Ovulation kommt. Der kontrazeptive Effekt beruht auf Veränderungen des Zervikalsekrets, der Kapazitierung der Spermien im weiblichen Genitaltrakt (?), möglicherweise auch der Tubenmotilität und der Milieubedingungen für die Erhaltung des Blastozysten.

Wirksamkeit: Die Schwangerschaftsrate liegt etwas höher als die der konventionellen Ovulationshemmer (s. Tab. 2.1). Die Akzeptanz wird durch Unregelmäßigkeiten im Zyklusablauf (Schmierblutungen, Durchbruchsblutungen, Menstruationshemmung) ungünstig beeinflußt.

Postkoitalpille (»Pille danach«)

Wenn keine kontrazeptive Methode vor dem Geschlechtsverkehr angewandt wurde oder – im Falle einer Vergewaltigung – nicht angewandt werden konnte, läßt sich eine Schwangerschaft noch durch die sogenannte Postkoitalpille verhindern.

Wirkungsweise: Alleinige, hohe Östradioldosen können die Implantation der Zygote (nicht die Konzeption!) verhindern. Wegen schwerer Nebenwirkungen ist aber das Kombinationspräparat Tetragynon vorzuziehen (50 μg Äthinylöstradiol und 250 μg Levonorgestrel pro Tabl.). Es macht offenbar das Endometrium für die Nidation ungeeignet.

Wirksamkeit: Die Versagerquote liegt zwischen 0,01 und 2,6% (hier kommt der Pearl-Index nicht zur Anwendung!).

Kontraindikationen: Die Methode ist unter folgenden Voraussetzungen nicht zulässig:

- Wenn seit dem ungeschützten Koitus mehr als 48 Std. verstrichen sind
- Wenn bereits zu einem früheren Zeitpunkt ungeschützter Verkehr ausgeübt wurde
- Wenn im gleichen Zyklus schon einmal Tetragynon verwendet wurde

Bei Vorliegen oder einer Vorgeschichte von thromboembolischen Erkrankungen ist die Indikation streng zu stellen. Die wichtigsten Nebenwirkungen sind Übelkeit und Erbrechen. Wenn letzteres innerhalb von 2 Std. nach der Einnahme erfolgt, ist die Einnahme zu wiederholen.

Anwendung: Spätestens 48 Std. nach der ungeschützten Kohabitation oder dem mutmaßlichen Versagen mechanischer Kontrazeptiva werden 2 Tabletten Tetragynon eingenommen, die restlichen 12 Stunden später. Sind mehr als 48 Stunden nach dem Koitus vergangen, kann man eine Schwangerschaft noch bis zum 6. Tag durch die Einlage einer kupferhaltigen Intrauterinspirale verhindern (s. S. 105).

Neuere Entwicklungen

Im Ausland wurden einige interessante Varianten der hormonalen Kontrazeption entwickelt, die allerdings zur Zeit in Deutschland noch nicht erhältlich sind.

Gestagenhaltige Implantate

Die meisten Erfahrungen hat man mit dem »Norplant«-System gemacht. Es besteht aus Silastic-Kapseln mit einer Abmessung von 34 × 2,4 mm, die mit Levonorgestrel gefüllt sind. Sechs dieser Implantate werden jeweils unter Lokalanästhesie durch einen kleinen Schnitt unter die Haut des Unterarms implantiert. Das Gestagen wird kontinuierlich von den Implantaten abgegeben, es verhindert eine Schwangerschaft etwa in der Weise wie eine Minipille für einen Zeitraum von 5 Jahren. Da die Milchsekretion nicht beeinflußt wird, kann das Norplant-System auch in der Stillzeit verwendet werden. Blutungsstörungen sind häufig und beeinflussen die Akzeptanz negativ. Eine Weiterentwicklung stellt das Norplant-2-System dar.

Gestagenhaltige Vaginalringe

Vielversprechend und offenbar sehr sicher sind hormongefüllte Vaginalringe, die in Analogie zum Ovulationshemmer 21 Tage in der Vagina getragen werden und danach für 7 Tage entfernt werden. Im Gegensatz zum Norplant-System enthält der Vaginalring nicht nur ein Gestagen, sondern auch ein Östrogen. Die Hormone werden langsam an die Vaginalmukosa abgegeben und von dort resorbiert. Damit wird die primäre Leberpassage vermieden, und der Serumspiegel des Östrogens und Gestagens ist gleichförmiger und niedriger als bei oraler Anwendung.

Medikamentöser Schwangerschaftsabbruch

Mit der Entwicklung eines hochwirksamen Antiprogesterons, des Mefipristones (RU 486), steht jetzt ein Frühabortivum zur Verfügung, mit dem die bereits implantierte Frühschwangerschaft zur Abstoßung gebracht werden kann. Diese Substanz blockiert die Bindung von Progesteron an den Progesteronrezeptor und scheint auf diese Weise das Zusammenspiel zwischen Progesteron und endogenen Prostaglandinen zugunsten der letzteren zu stören. Wirksamer als die alleinige Gabe erwies sich die Kombination mit einem synthetischen Prostaglandin. Dieses Präparat ist in Deutschland noch nicht zugelassen.

2.5 Nichthormonale Kontrazeptiva

Intrauterinpessar

Die modernen Intrauterinpessare (IUPs) bestehen aus einem, oft T-förmigen, Kunststoffträger (Polyäthylen), der entweder am vertikalen Arm mit einer Kupferwicklung versehen ist oder Progesteron bzw. ein anderes Gestagen (Levonorgestrel) enthält. Diese Wirkstoffe sind für die Wirksamkeit der Pessare von ausschlaggebender Bedeutung. Wirkstofffreie (inerte) IUPs, wie die früher weit verbreitete Lippes-Loop, sind in Deutschland nicht mehr erhältlich. Der Kunststoff enthält Bariumsulfat, um bei Verdacht auf eine Uterusperforation und eine Verlagerung des IUP in die Bauchhöhle eine Lokalisierung durch Röntgenstrahlen zu ermöglichen.

Wirkungsweise: Neuere Untersuchungsergebnisse lassen an der herkömmlichen Vorstellung zweifeln, daß IUPs die **Nidation hemmen**. Vielmehr scheinen sie die **Fertilisation des Ovums durch ein Spermatozoon** zu verhindern. Vor allem die kupferhaltigen IUPs verursachen im Cavum uteri und in den Tuben einen chronischen, entzündlichen Reizzustand bzw. eine Fremdkörperreaktion. Dabei reichert sich das uterine und tubäre Sekret mit Leukozyten, Enzymen und Prostaglandinen an. Dies führt zu einer so nachhaltigen Schädigung von Ovum und Spermatozoon, daß die Fertilisation nicht mehr möglich ist. Außerdem werden viele Spermatozoen durch Makrophagen phagozytiert bzw. gelangen nicht in die distale Tube, da auch die Transportmechanismen nicht mehr funktionieren. Deshalb finden sich in den Tuben von IUP-Trägerinnen viel weniger Spermatozoen als normal.
Der mechanisch-entzündliche Effekt wird beim progesteronhaltigen IUP (Progestasert) noch dadurch erweitert, daß durch die lokale Abgabe von Progesteron eine Störung der phasengerechten Reifung des Endometriums- und des Zervikalsekrets herbeigeführt wird.
Als positiver Nebeneffekt kann angesehen werden, daß die Trägerin in Abhängigkeit von der Liegedauer ein bis zu 50% reduziertes Risiko trägt, an einem Endometriumkarzinom zu erkranken.
Heute sind vornehmlich folgende IUP-Typen gebräuchlich (s. Abb. 2.6a):

- Kupferhaltige Intrauterinpessare (z.T. in verschiedenen Größen): Gyne-T, Intrauterinpessar Kupfer T 200, Multiload Cu 375 (Cu 250; Cu 250 short) und Nova-T.
- Gestagenhaltige IUPs: Progestasert (Progesteron), Mirena (Levonorgestrel)

Wirksamkeit: Die Intrauterinpessare gehören zu den wirksamsten Kontrazeptiva, sie sind wesentlich sicherer als die konventionellen Methoden der Antikonzeption (s. Tab. 2.1). Bei Anwendung moderner Typen wie des T Cu 380A (in Deutschland noch nicht erhält-

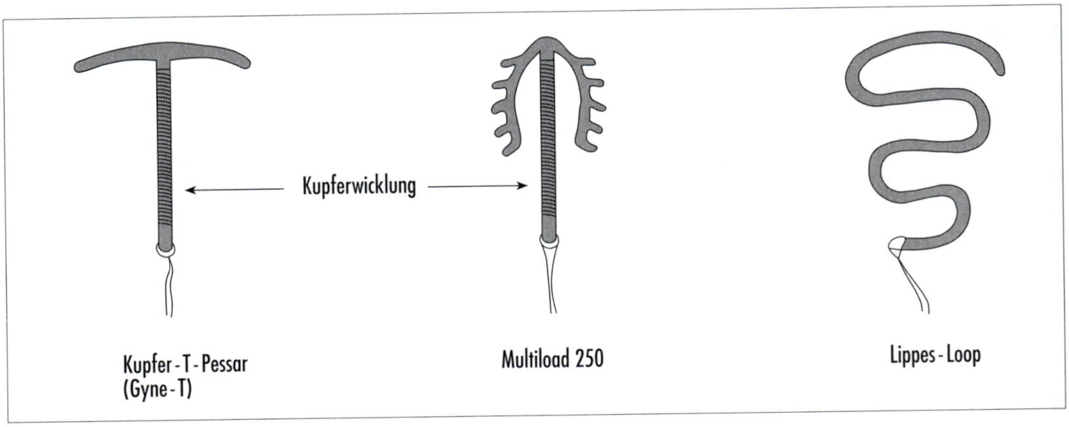

Abb. 2.6 a Verschiedene Typen von Intrauterinpessaren.

lich) kann man mit weniger als einer Schwangerschaft pro Jahr bei 100 Frauen rechnen.
Es ist zu beachten, daß IUPs eine Extrauterinschwangerschaft (EUG) nicht verhindern können; dies gilt besonders für die inerten und progesteronhaltigen IUPs. Bei Cu-IUPs ist die Zahl der die Ampulle erreichenden Spermien deutlich reduziert, aber das Risiko einer Konzeption und einer EUG auch nicht auszuschließen.
Die Wahrscheinlichkeit, daß es sich im Falle einer Konzeption bei liegendem IUP um eine EUG handelt, ist etwa 1:30, also höher als bei Frauen ohne IUP-Einlage (1:125).

Indikation: Intrauterinpessare sind besonders für folgende Frauen geeignet:
- Bei denen die Fertilität bereits altersgemäß im Rückgang begriffen ist (ca. über 35 J.)
- Die mindestens eine Geburt durchgemacht haben
- Die Ovulationshemmer nicht vertragen bzw. nicht nehmen sollen

> ! Junge Mädchen und Frauen, vor allem solche, die noch nicht schwanger gewesen sind, sollten möglichst keine Intrauterinpessare benutzen.

In dieser Altersklasse sind folgende Risiken zu beachten:
- Partielle oder vollständige Ausstoßung
- Schwangerschaft (hochfertiles Kollektiv!)
- Hohe Disposition zu aszendierenden Infektionen, u.U. mit Beteiligung der Eileiter (mögliche Beeinträchtigung der Fertilität)

Besondere Indikationen: Das Intrauterinpessar ist eine **Alternative zur hormonalen Kontrazeption**, vor allem in Einnahmepausen. Es stellt dann bei Patientinnen, die mechanische oder chemische Mittel nicht regelmäßig anwenden sollen oder können, das Mittel der Wahl dar. Das Progestasert sollte in Betracht gezogen werden, wenn die betreffende Patientin sehr starke oder schmerzhafte Regelblutungen hat.
Im Notfall kann ein Intrauterinpessar auch zur **postkoitalen Interzeption** verwendet werden, wenn sich die Anwendung von Hormonen (s. Postkoitalpille) verbietet oder bereits ein zu langer Zeitraum verstrichen ist. Die Nidation kann innerhalb von 5 Tagen post coitum mit recht hoher Sicherheit unterbunden werden. Diese Methode sollte aus folgenden Gründen nur von einem Erfahrenen angewendet werden:
- Es handelt sich oft um Jugendliche, bei denen die Einlage schwierig sein kann.
- Oft besteht die Gefahr einer aszendierenden Infektion (z.B. bei einer Vergewaltigung).

Kontraindikationen: Ein IUP sollte in folgenden Fällen möglichst vermieden, könnte aber im Ausnahmefall in Betracht gezogen werden (Kategorie 3 einer Expertengruppe der WHO, 1996 [modifiziert]):
- Hohes Risiko einer venerischen Erkrankung
- Hypermenorrhö mit klinischen Zeichen einer Anämie
- 48 Stunden bis 4 Wochen post partum
- HIV-Infektion oder AIDS
- Benigne trophoblastische Erkrankung

In folgenden Fällen ist ein IUP absolut kontraindiziert (Kategorie 4):
- Schwangerschaft
- Floride bzw. in den letzten 3 Monaten bestehende venerische oder entzündliche Erkrankung des inneren Genitales

- Sepsis post partum oder post abortum
- Blutungsanomalien, schwere Anämien
- Verzogenes Cavum uteri (Fehlbildungen, Myome)
- Unbehandeltes Endometrium-, Ovar- oder Zervixkarzinom, maligne trophoblastische Erkrankungen
- Genitaltuberkulose
- Wilson-Krankheit
- Kupferallergie
- Herzklappenfehler
- Postpartale Endometritis oder infizierter Abort während der letzten 3 Monate

Anwendung: Die Einlage wird im allgemeinen zwischen dem 3. und 6. Tag nach Beginn der Menstruation vorgenommen, kann aber auch zu anderen Zeiten des Zyklus erfolgen:

- Zu dem genannten Zeitpunkt kann eine Schwangerschaft ausgeschlossen werden.
- Nachblutungen werden nicht als besonders lästig und störend empfunden.
- Zervikalkanal zu diesem Zeitpunkt relativ weit.

Post abortum oder **post partum** sollte die Einlage möglichst erst zum Zeitpunkt der ersten spontanen Menstruation erfolgen, obwohl die Einlage auch unmittelbar nach der Geburt und Fehlgeburt bzw. Interruptio möglich ist. Bei einem derartigen Vorgehen, das man gelegentlich bei unzuverlässigen Patientinnen in Erwägung ziehen wird, muß man mit einer höheren Ausstoßung und Dislozierungsrate rechnen.

Als Beispiel für die verschiedenen im Handel erhältlichen Modelle wird in Abb. 2.6b die Einführung eines Kupfer-T-Pessars schematisch dargestellt: Wenn Anamnese und Untersuchung der Beckenorgane keinen Hinweis auf entzündliche Adnexprozesse, Myome, Endometritis oder Ovarialtumoren ergeben, wird ein zytologischer Abstrich vorgenommen, die Lage des Uterus bestimmt, die Portio mit dem Spekulum eingestellt und eine Zange an der vorderen Muttermundlippe fixiert. Danach wird mit einer Sonde die Länge von Zervikalkanal und Cavum festgestellt. Nach Desinfektion der Vagina wird, im Falle des Kupfer-T-Pessars, das Einführrohr mit dem zusammengefalteten Pessar bis an den Fundus uteri eingeführt. Dies wird durch einen farbigen Markierungsring erleichtert, mit dessen Hilfe die Sondenlänge des Uterus auf dem Einführrohr eingestellt werden kann. Danach

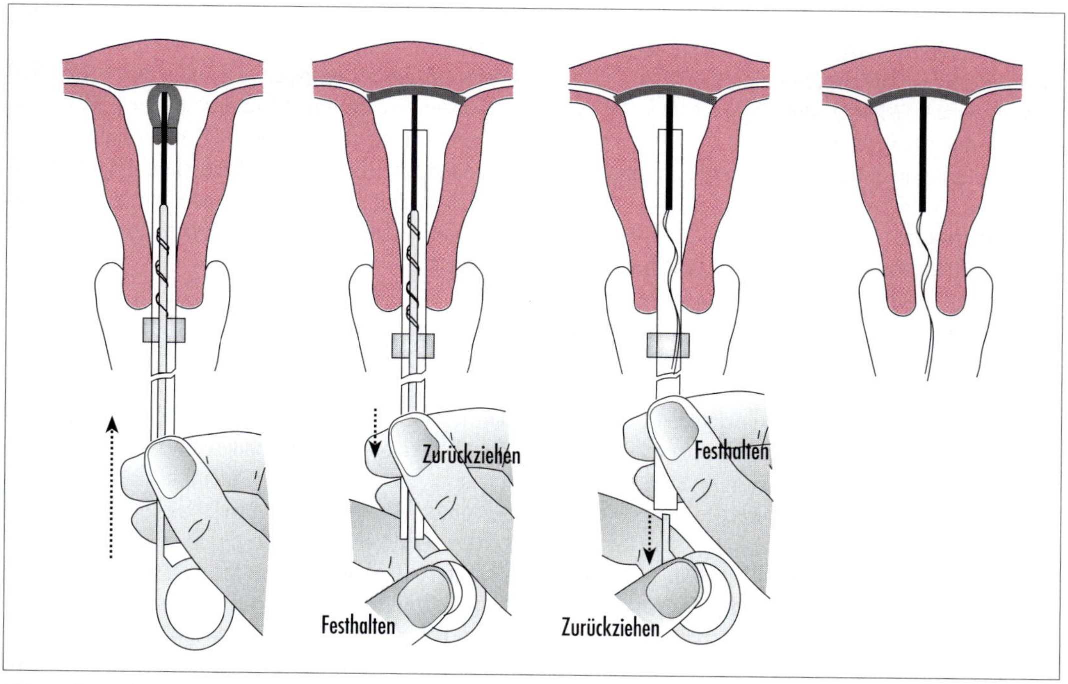

Abb. 2.6b Einlegen eines Intrauterinpessars (Kupfer-T). Das Einführrohr wird mit dem gefalteten Pessar behutsam eingeführt, bis das Intrauterinpessar mit dem Fundus uteri in Kontakt kommt. Ohne die Lage des Kolbens zu verändern, wird das Einführrohr ca. 1 cm zurückgezogen. Hierdurch öffnen sich die horizontalen Arme des Kupfer-T-Pessars. Ohne die Lage des Einführrohrs zu verändern, wird der Kolben entfernt. Danach wird auch das Einführrohr entfernt. Das Fädchen wird so gekürzt, daß es gerade aus dem äußeren Muttermund herausragt. Damit kann jederzeit überprüft werden, ob das Pessar noch in utero ist.

wird das Einführrohr über den Kolben so weit zurückgezogen, daß sich das Pessar entfalten und seine vorgesehene Form annehmen kann.
Die Einführungstechnik der anderen Intrauterinpessare unterscheidet sich von der des Kupfer-T-Pessars, Einzelheiten sind den von den Herstellern zur Verfügung gestellten Informationsschriften zu entnehmen.

! Die Lage des Intrauterinpessars in utero sollte innerhalb einer Woche nach Einlage durch Ultraschall überprüft werden. Weitere Kontrolluntersuchungen erfolgen in Abständen von 1, 3 und schließlich 6 Monaten.

Die Kupferpessare müssen innerhalb von fünf Jahren, das Progestasert bereits nach 1½ Jahren ausgetauscht werden, da dann die Abgabe von Kupferionen bzw. Progesteron so weit absinkt, daß kein sicherer Konzeptionsschutz mehr besteht. Im Gegensatz hierzu können Pessare vom Typ der Lippes-Loop unbeschränkt in utero belassen werden.

Nebenwirkungen:
- Zwischenblutungen
- Unterbauchschmerzen, Krämpfe
- Endometritiden, aszendierende Infekte (4%)
- Verletzungen (Uterusperforation 0,02%)
- Schmerzhafte Menstruationen
- Verstärkte Menstruationen
- Extrauteringravidität im Fall einer Konzeption.

Komplikationen

Schwangerschaft: Bei der Einlage von Intrauterinpessaren ist unter den Bedingungen der täglichen Praxis mit einer Versagerquote von 1–2 Schwangerschaften pro 100 Frauenjahre zu rechnen, unter ungünstigen Umständen mit einer noch höheren. Bleibt die Menstruation aus, muß die Schwangerschaft durch HCG-Nachweis im Serum und Sonographie sicher nachgewiesen werden. Da das Risiko einer EUG erhöht ist (1:30), muß abgeklärt werden, ob es sich um eine intra- oder extrauterine Gravidität handelt und wo das IUP liegt. In etwa 50% der Fälle wird es intrazervikal, bei 20% im unteren Drittel des Cavum uteri und nur bei den verbleibenden Fällen korrekt liegen.
Verbleibt das IUP bei einer Schwangerschaft in utero, liegt das Abortrisiko bei ca. 50%, das Risiko einer Frühgeburt ist 4mal höher. Im 2. Trimester steigt das Risiko einer Sepsis und einer intrauterinen Infektion auf das 20fache, wobei die Mortalität 50% erreichen kann.

Ist das Fadenende sichtbar, sollte das IUP gezogen werden; liegt das IUP nicht unterhalb des Fruchtsackes, sondern intrakavitär, ist die hysteroskopische Entfernung des IUP indiziert. Wenn das Intrauterinpessar gezogen wird, ist mit einer Abortrate von 10% zu rechnen.
Kann das IUP jedoch nicht gezogen werden, ist ein Schwangerschaftsabbruch nur indiziert, wenn eine intrauterine Infektion zur Sepsis der Mutter führt. Eine eugenische Indikation für einen Abbruch ist nicht gegeben, da die Fehlbildungsquote nicht erhöht ist.

! Jede Schwangerschaft bei liegendem IUP ist als Risikoschwangerschaft zu betrachten.

Expulsionen: Zum Verlust eines IUP durch Ausstoßung kommt es in etwa 10% der Fälle, meist schon im 1. Monat. Eine Expulsion kann unbemerkt geschehen. Ist der Kontrollfaden nicht mehr sichtbar, muß mit einem bildgebenden Verfahren (Sonographie, Röntgen) nach dem IUP gefahndet werden, um eine Perforation und Verlagerung in die Bauchhöhle auszuschließen.
Häufiger sind partielle Expulsionen und Dislokationen. Sie äußern sich vor allem durch Blutungen und Schmerzen.
Perforationen: Uterusperforationen durch ein IUP sind selten und kommen fast nur bei der Einlage vor. Ein gewisses Risiko besteht bei der Einlage post partum oder post abortum, bei Uterusfehlbildungen und Lageanomalien. Eine komplette oder partielle Perforation kann »silent« erfolgen oder erhebliche Schmerzen verursachen.

! Kupferhaltige IUP können im Abdomen schwerwiegende Entzündungen verursachen!

Schmerzen und Blutungen: Vor allem in den ersten Monaten kann es, insbesondere während der Menstruation, zu myometralen Kontraktionen kommen, die durch Prostaglandinfreisetzung noch verstärkt werden. Die korrekte Lage des IUP sollte überprüft werden. Aspirin oder andere Prostaglandinsynthetasehemmer können die Beschwerden bessern.
Kupferhaltige IUP verstärken und verlängern bei vielen Frauen die Menstruationsblutung und verursachen – vor allem in den ersten Monaten – häufig Schmierblutungen. Der chronische Blutverlust führt häufig zu einer Eisenmangelanämie. Die gestagenhaltigen Modelle dagegen schwächen die Blutungen ab, indem sie die Proliferation des Endometriums hem-

men. Besonders effektiv ist ein levonorgestrelhaltiges IUP, da es ein völliges Ausbleiben der Menstruation bewirkt (in Deutschland noch nicht eingeführt).

Infektionen: Entzündliche Erkrankungen des inneren Genitales (Endometritis, Salpingitis) sind bei Trägerinnen eines Intrauterinpessars etwa doppelt so häufig wie bei Frauen, die keine solche Kontrazeption betreiben. Das Risiko ist in den ersten 3–4 Monaten nach der Einlage am höchsten, vor allem bei Frauen, die sexuell übertragbaren Erkrankungen ausgesetzt sind. Bereits nach der ersten Infektion dieser Art besteht die Gefahr einer dauernden Schädigung der Eileiter, die ektope Schwangerschaften, Sterilität und chronische Unterbauchbeschwerden zur Folge haben kann.

Scheidendiaphragma

Das Scheidendiaphragma besteht aus einer gewölbten Gummischeide, in deren Rand eine elastische Spirale eingelassen ist. Es wird vor dem Geschlechtsverkehr in die Scheide eingeführt, wo es vom hinteren Scheidengewölbe bis unter die Symphyse reicht, die Scheide also in Hälften teilt (Abb. 2.7a).

Wirkungsweise: Ein völlig dichter Verschluß gegen das Eindringen von Spermien in die Zervix ist nicht möglich. Um vom hinteren Scheidengewölbe jedoch in die Zervix zu gelangen, müssen die Spermien einen längeren Weg durch das für sie ungünstige, saure Scheidensekret zurücklegen, wobei sie weitgehend ihre Motilität einbüßen. Hierbei wird die Sicherheit der Methode noch wesentlich erhöht, wenn gleichzeitig ein **Spermizid** auf beiden Seiten des Diaphragmas, vor allem aber auf den Rand, aufgebracht wird.

Wirksamkeit: Bei zuverlässigen Patientinnen hat die Methode einen recht akzeptablen Sicherheitsgrad, bei ungenauer Anwendung sinkt dieser jedoch beträchtlich ab. Die Methode sollte also nur dann empfohlen werden, wenn die Patientin die Einführungstechnik usw. richtig beherrscht und beide Partner das Diaphragma beim Verkehr nicht als störend empfinden.

Anwendung: Ein passendes Diaphragma muß vom Arzt mittels genormter Gummiringe angepaßt werden (verfügbar in Größen von 60–105 mm Durchmesser). Einige Wochen nach dem ersten Geschlechtsverkehr, nach Entbindung, operativen Eingriffen an den Genitalien, starker Gewichtszunahme bzw. -abnahme sollte überprüft werden, ob das vorhandene Diaphragma noch paßt.

Die Insertion des flach zusammengepreßten Diaphragmas soll nicht mehr als 6 Stunden vor dem Koitus erfolgen. Nach einer Ejakulation darf es 6 Std. lang unter keinen Umständen entfernt werden. Wenn innerhalb dieser Zeit ein erneuter Koitus erfolgt, sollte nochmals eine spermizide Vaginalcreme mit dem Applikator eingeführt werden. Innerhalb von 24 Std. sollte das Diaphragma entfernt werden.

lea-Kontrazeptivum

Eine Weiterentwicklung des Diaphragmas ist das auch in Deutschland erhältliche lea-Kontrazeptivum, das sich an der Zervix festsaugt und das Einwandern von Spermatozoen in den Uterus und die Tuben verhindert. Es besteht aus Silikon, wird nur in einer Größe geliefert und erfordert keine Anpassung wie ein herkömmliches Diaphragma.

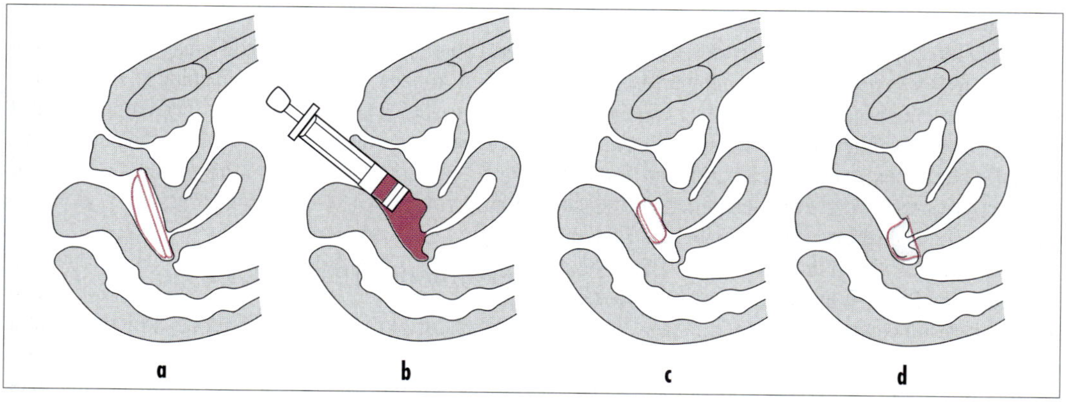

Abb. 2.7 **a** Scheidenpessar. **b** Applikation eines spermiziden Gels mit einem Einführungsrohr. **c** Spermizides Vaginalzäpfchen. **d** Zervixkappe.

Anwendung: Aus Sicherheitsgründen sollte das lea-Kontrazeptivum ebenfalls mit einem Spermizid bestrichen werden. Nach dem Geschlechtsverkehr beläßt man es mindestens 8 und höchsten 48 Stunden in der Vagina.

Portiokappe

Im Gegensatz zum Scheidendiaphragma wird die Portiokappe, die entweder aus weichem Latexgummi oder einem Plastikmaterial besteht, über die Portio gestülpt, z.B. die Preventive cervical cap oder das Durex check pessary (Abb. 2.7d).

Wirkungsweise: Die Portiokappe verhindert die Berührung des Ejakulats mit der Portio.

Wirksamkeit: Diese entspricht etwa dem Scheidendiaphragma oder dem Kondom. Die Portiokappe kann also empfohlen werden, wenn keine 100%ige Sicherheit gefordert wird.

Kontraindikation: Entzündliche Veränderungen an Zervix und Portio, Zervixrisse, Endometritis, Kolpitis.

Anwendung: Manche Portiokappen müssen nach Beendigung der Menstruation durch einen Arzt eingesetzt und kurz vor Eintreten der nächsten Blutung wieder entfernt werden, bei anderen Modellen entspricht die Anwendungsweise der des Scheidendiaphragmas.

Kondom

Die Anwendung des Kondoms ist sehr einfach und die kontrazeptive Wirksamkeit bei Anwendung guter Präparate sehr hoch. Seine Benutzung bietet ferner den Vorteil, weitgehend vor der Übertragung einer venerischen Infektion, insbesondere des HI-Virus, zu schützen (»safer sex«). Die Anwendung erfordert keine Voruntersuchung oder Verschreibung durch einen Arzt. Versager beruhen auf Defekten, Reißen der dünnen Gummimembran oder Austritt von Sperma, wenn das Kondom vom Penis abgleitet. Als Nachteile müssen angesehen werden, daß das Kondom teuer ist und evtl. durch eine rauhe Oberfläche beim Geschlechtsverkehr Schmerzen verursachen kann. Gleichzeitige Anwendung eines spermiziden Vaginalgels durch die Frau bietet erhöhte Sicherheit und dient als Gleitmittel. Partner, die das Kondom über längere Zeit als einzige kontrazeptive Methode verwenden, sollten vom Arzt informiert werden, daß bei Zwischenfällen, z.B. Reißen des Kondoms, die Postkoitalpille verordnet werden kann.

Kondom für die Frau

Das Kondom für die Frau ist in Deutschland noch nicht erhältlich. Es handelt sich um einen Polyurethanschlauch, der an einem Ende verschlossen ist und an jedem Ende einen biegsamen Ring aufweist. Die Oberfläche ist mit einem Gleitmittel beschichtet. Das verschlossene Ende wird vor die Portio cervicis gebracht. Es schützt vor einer Schwangerschaft und vor sexuell übertragbaren Krankheiten und wird wie das Kondom nur einmal verwendet

Chemische Verhütungsmittel

Chemische Verhütungsmittel müssen vor dem Verkehr in die Scheide eingeführt werden, wo sie die ejakulierten Spermien abtöten, bevor diese in den Zervikalkanal eindringen können.

Wirksamkeit: Die meisten chemischen Verhütungsmittel bieten einen wesentlich geringeren Konzeptionsschutz als mechanische. Wenn ein hoher Sicherheitsgrad gefordert wird, kann ihre Anwendung nur bedingt empfohlen werden. Ob sich der Pearl-Index bei der alleinigen Anwendung chemischer Verhütungsmittel wesentlich unter die in Tab. 2.1 mitgeteilten Werte senken lassen wird, wie in letzter Zeit verschiedentlich berichtet wurde, müssen zukünftige Erfahrungen zeigen.

> ! Die Immissio bzw. Ejakulation sollte erst erfolgen, nachdem sich das Suppositorium bzw. Schaumovulum völlig aufgelöst hat. Diesbezügliche Angaben auf dem Beipackzettel sollten von der Patientin sorgfältig beachtet werden.

Da Spermizide antibakteriell und antimykotisch wirken können, bietet ihre regelmäßige Anwendung bei besonderer Gefährdung (häufiger Partnerwechsel u.ä.) einen gewissen Schutz vor venerischen und genitalen Infektionen, vor allem in Kombination mit einer Barrieremethode (Kondom, Diaphragma).

Spermizide Präparationen

Anwendung: Die Anwendung sollte in Kombination mit einem Diaphragma erfolgen. Ein Einführungsrohr aus Plastik wird mit dem spermiziden Vaginalgel (Contracep Grün [Import]) gefüllt, dann tief in die Vagina eingeführt und durch Druck auf den Stempel entleert (Abb. 2.7b). In gleicher Weise wird ein Vaginalzäpfchen (a-gen 53) oder ein Schaumovulum (Patentex oval N) angewendet. Die Applikation sollte höchstens eine Stunde vor dem Koitus erfolgen, bei Wiederholung innerhalb von 6 Std. ist eine erneute Anwendung erforderlich.

Verhütungsschwämme

In Deutschland bisher nicht erhältlich, in den USA (Handelsname »Today-R«) dagegen populär, sind die sogenannten »Verhütungsschwämme«. Sie bestehen aus einer Polyurethanscheibe von 2,5 cm Dicke und 5,5 cm Durchmesser, die mit dem Spermizid Nonoxynol-9 getränkt ist. Die Sicherheit ist nicht sehr hoch, man schätzt, daß ca. 20–25 Schwangerschaften/100 Frauenjahre vorkommen. Die bisherigen Berichte über Nebenwirkungen beschränken sich auf Pruritus und Allergien. Das Toxic-shock-Syndrom wurde kasuistisch berichtet.

Anwendung: Nach Anfeuchten mit etwas Wasser wird der Schwamm in der Vagina vor den äußeren Muttermund plaziert. Der Schwamm kann bereits einige Stunden vor dem Koitus eingelegt werden, sollte aber erst 6 Stunden nach der Ejakulation entfernt werden. Die Schwämme sind für den einmaligen Gebrauch bestimmt.

Periodische Abstinenz

Man unterscheidet:
- Rhythmusmethode
- Temperaturmethode
- Persona-System
- Symptothermale Methode

Rhythmusmethode

Die Wirksamkeit der Methode beruht auf der Konstanz der Lutealphase (etwa 14 Tage), wodurch eine annähernde Berechnung des Ovulationstermins möglich ist, sowie der auf etwa 24–72 Std. begrenzten Lebensdauer von Spermatozoen im weiblichen Genitaltrakt. Dieses Vorgehen hat den Vorteil, daß keinerlei chemische oder mechanische Mittel erforderlich sind, der Organismus durch keine Steroide belastet wird und überdies keine Unkosten entstehen. Es ist überdies die einzige von der römisch-katholischen Kirche akzeptierte Methode, wenn man von völliger Abstinenz absieht. Jede größere Zykluslabilität macht diese Methode jedoch unbrauchbar.

Anwendung: Die fertile (»verbotene«) Phase, in welcher Abstinenz geübt werden muß, wird nach Ogino wie folgt berechnet:
- Berechnung des 1. potentiell fertilen Tages: Vom kürzesten Zyklusintervall werden 18 Tage abgezogen.
- Berechnung des letzten fertilen Tages: Vom längsten Zyklusintervall werden 11 Tage abgezogen.

Die Berechnung sollte anhand eines Menstruationskalenders der letzten 6–12 Monate erfolgen, sich also keineswegs nur auf das Erinnerungsvermögens der Patientin stützen. Beispiel:

Kürzester Zyklus innerhalb von 12 Monaten:

  25 Tage
– 18 Tage
———
  7 Tage

Längster Zyklus innerhalb von 12 Monaten:

  31 Tage
– 11 Tage
———
  20 Tage

Der Geschlechtsverkehr sollte also nur vor dem 7. und nach dem 20. Zyklustag ausgeübt werden. Die Sicherheit der Rhythmusmethode kann durch die Kombination mit der **Temperaturmethode** und/oder Beobachtung der **zervikalen Schleimbildung** (Billings-Methode) wesentlich erhöht werden.

Temperaturmethode

Durch die Messung der **Basaltemperatur** (s. S. 119) über mehrere Zyklen wird anhand des Kurvenverlaufs der durchschnittliche Termin der Ovulation bestimmt. Wie aus Abb. 2.9 ersichtlich ist, nutzt man diesen Termin zur Bestimmung des Beginns der hyperthermen Phase. Die »unfruchtbare« Phase beginnt am 3. Tag der Hyperthermie und endet mit dem Eintritt der Menstruation. Die »verbotene« Phase berechnet man, indem man vom 1. Tag der Hyperthermie 6 Tage abzieht. Folglich sind in diesem Beispiel die Tage 1–8 und 15–34 »unfruchtbar«. Für den Pearl-Index werden Werte von 0,5 bis 3,0 angegeben.

Persona-System

Eine interessante und vielversprechende Modifikation der »periodischen Abstinenz« oder Zeitwahlmethode ist das Persona-System für die immunochemische Bestimmung von LH und Östradiolglukonurid im Harn, die mit einer neuartigen Methode in einem Schritt (Sandwich-Technik) durchgeführt wird.

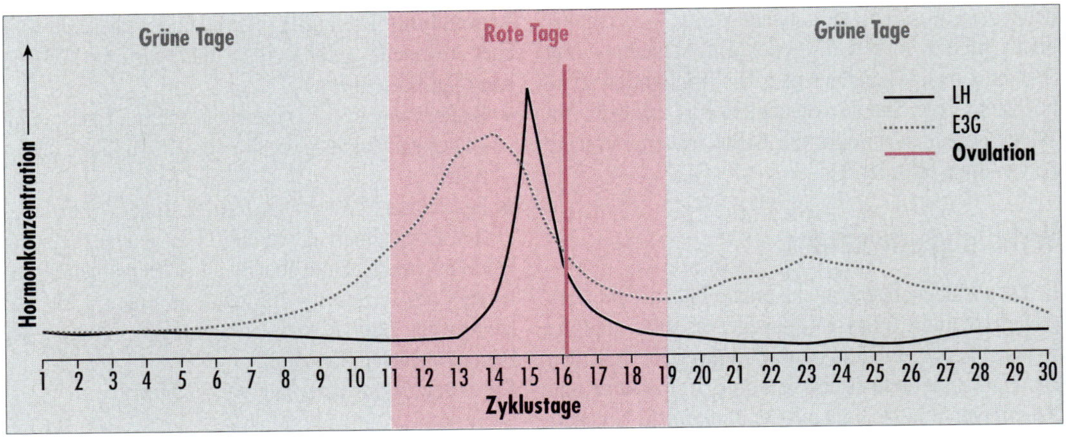

Abb. 2.8 Zyklusprofil von LH und Östradiol-3-Glukonurid mit der Darstellung der fertilen Phase (»Rote Tage«) bei der Anwendung des Persona-Systems. (Mit freundlicher Genehmigung der Unipathie GmbH, Lyskirchen)

Der Testsatz enthält Plastikträger, die mit dem doppelten Antikörper beschickt sind. Die Auswertung erfolgt durch den mikroelektronischen Monitor, der die erhobenen Werte mit den gespeicherten Daten früherer Zyklen vergleicht. Der Monitor markiert den Beginn und das Ende der fertilen Phase (s. Abb. 2.8), in der Abstinenz geübt oder ein Kontrazeptivum (Kondom, Diaphragma) benutzt werden muß, durch das Aufleuchten eines roten Lämpchens. Ein grünes Lämpchen zeigt an, daß bis zur nächsten Messung keine Konzeption zu befürchten ist.

Die Sicherheit des Testsystems wird vom Hersteller mit 94% angegeben, ist also geringer als die der hormonalen Kontrazeptiva.

Das Persona-System kann selbstverständlich auch zur Ermittlung des Konzeptionsoptimums in der Sterilitätstherapie verwendet werden.

Symptothermale Methode

Hier wird die Temperaturmethode mit der Beobachtung des **Zervixschleims** kombiniert (Billings-Methode). Die kontrazeptive Sicherheit ist hoch, wenn die relativ aufwendige symptothermale Methode richtig durchgeführt wird, d.h. der Geschlechtsverkehr erst nach dem Eisprung erfolgt. Die Schwangerschaftsrate kann dann zwischen 0,7 bis 2,6/100 Frauenjahre liegen.

Billings-Methode

Unter den sogenannten »natürlichen« Methoden der Empfängnisverhütung erlangte das von Billings beschriebene Verfahren eine gewisse Verbreitung. Es beruht auf dem Nachweis des für die Follikelphase und die periovulatorische Phase typischen, klaren und fädenziehenden Zervixschleims durch die Frau selbst. Schutz vor einer Konzeption ist erst gegeben, wenn sich der Zervikalschleim in der postovulatorischen Phase unter dem Einfluß des vom Corpus luteum sezernierten Progesterons in der typischen Weise verändert hat und für Spermien undurchdringlich wird. Daraus geht hervor, daß die Sicherheit der Methode nicht nur von der Motivation und Disziplin der Frau abhängig ist, sondern auch von biologischen Variablen wie Infektionen von Vagina und Zervix. Der Pearl-Index schwankt von 2 bis 35.

Coitus interruptus

Die Unterbrechung des Geschlechtsverkehrs vor der Ejakulation ist eine sehr alte Methode der Empfängnisverhütung. Ihr Vorteil besteht darin, daß keinerlei besondere Vorbereitung erforderlich ist. Es dürfte vor allem der weitverbreiteten Anwendung dieser Methode zu danken sein, daß die Bevölkerungszahl in Mittel- und Westeuropa während der letzten Jahrhunderte relativ stabil blieb.

Der Coitus interruptus stellt hohe Anforderungen an die Selbstbeherrschung des Mannes und ist für Männer mit sehr schnell erfolgender Ejakulation keine geeignete Methode. Bei den Partnerinnen hat man Beschwerdebilder im Sinne der Parametropathia spastica, der Pelipathia vegetativa u.ä. entstehen sehen.

Die Sicherheit ist nicht besonders hoch. Dieses Bewußtsein der Unsicherheit kann bei der Frau zur Konzeptionsangst und damit zu psychosexueller Hemmung und Anorgasmie führen.

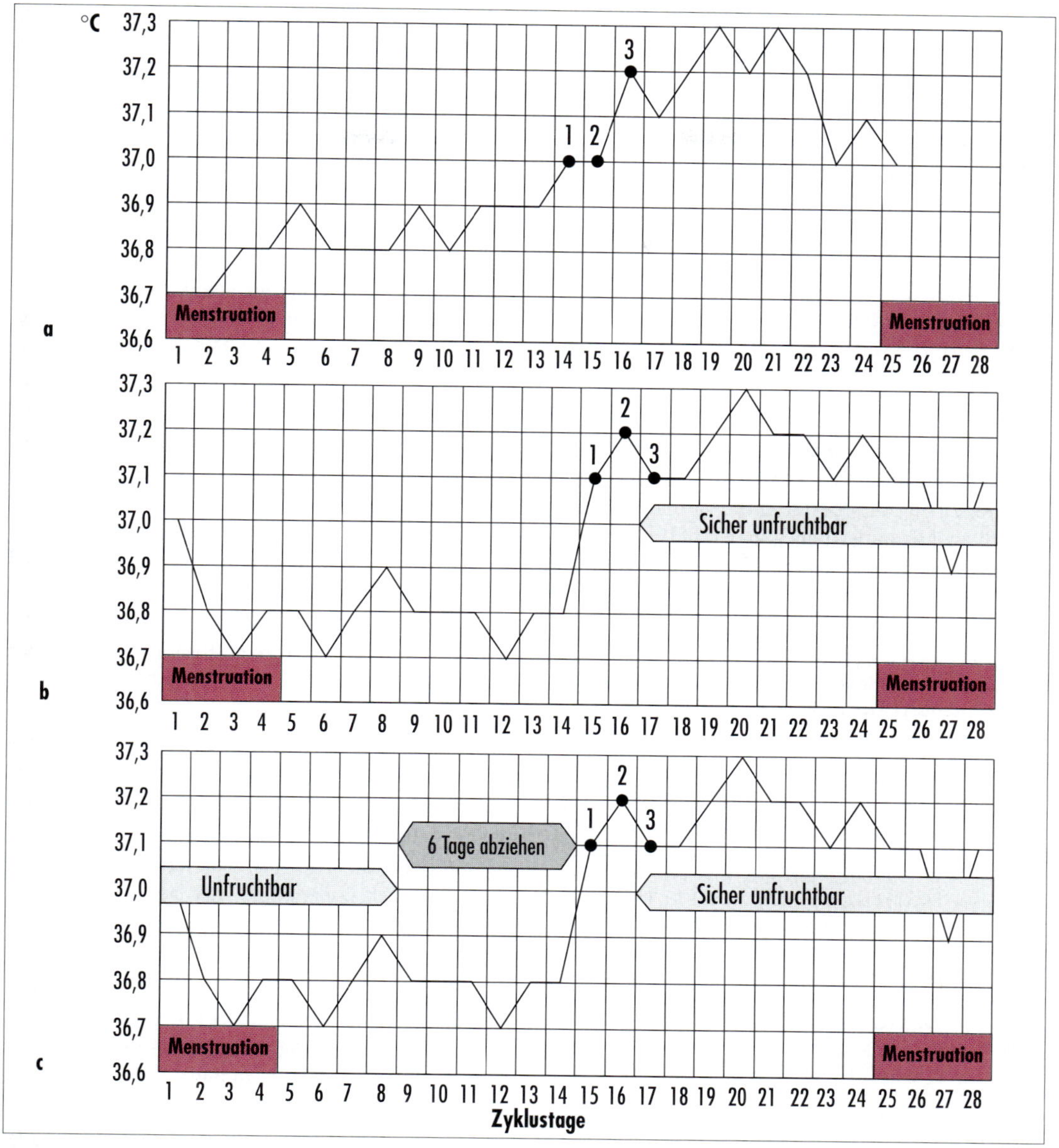

Abb. 2.9 Die »kombinierte« Form der Temperaturmethode.
a Auch in Zyklen ohne sprungartigen Anstieg der Balsatemperatur läßt sich der Beginn der hyperthermen Phase abgrenzen.
b Nach dem 3. Tag der hyperthermen Phase und bis zum Beginn der folgenden Menstruation besteht keine Konzeptionsmöglichkeit.
c Bestimmung der »unfruchtbaren Phase« in der 1. Zyklushälfte (man bestimmt durch mehrmonatige Messung der Basaltemperatur den mittleren 1. Tag der hyperthermen Phase und subtrahiert hiervon 6 Tage).

Vaginalspülung

Die Vaginalspülung post coitum ist keine wirksame Methode der Antikonzeption, da die Spermien innerhalb von Sekunden nach der Ejakulation in den Zervikalkanal eindringen und durch die Spülflüssigkeit nicht wieder entfernt bzw. inaktiviert werden können.

Laktation

Das Stillen ist wahrscheinlich die älteste Methode der Geburtenregelung. Wenn eine Frau voll stillt, nicht zufüttert und amenorrhoisch ist, dürfte die Chance, schwanger zu werden, unter 2 % liegen. Im allgemeinen kommt es während der Laktation nicht zur Ovulation, doch kann gelegentlich auch die noch stillende

Frau konzipieren. Da unter diesen Umständen eine Konzeption besonders unerwünscht ist, sollte die Laktationsperiode nur mit größter Zurückhaltung als sichere Periode angesehen werden. Man kann von folgendem ausgehen:

- Bei ausschließlicher Brustfütterung kann kein Eisprung erfolgen.
- Bei Zufütterung innerhalb von 4 Monaten muß mit einer Ovulation gerechnet werden.

Sterilisation

Rechtslage

Im Rahmen der Familienplanung und Eheberatung stellt sich zunehmend die Frage nach der freiwilligen Sterilisation eines Ehepartners. Sie ist in der Bundesrepublik und damit jetzt auch in den fünf neuen Bundesländern nicht von einer staatlichen Genehmigung abhängig.

Im Gegensatz zur Sterilisation bei gegebener Indikation bestand in der Frage der Zulässigkeit einer »Gefälligkeitssterilisation« sowohl im juristischen als auch im medizinischen Schrifttum lange Zeit Streit; so haben sich z.B. die Deutschen Ärztetage 1970 und 1976 dafür ausgesprochen, die Sterilisation nur aus medizinischen, genetischen oder schwerwiegenden sozialen Gründen zuzulassen (so heute immer noch § 6 der Musterberufsordnung). Diese Standesregel entfaltet jedoch schon lange keine normative Kraft mehr. Die überwiegende Meinung in der Literatur und vor allem in der Rechtsprechung (z.B. BGHSt 20, 81 und BGH NJW 1976, 1790) geht trotz konstruktiv verschiedener Ansätze heute von einer allgemeinen Zulässigkeit der freiwilligen Sterilisation aus, auch wenn sie alleine auf dem ernsthaft vorgetragenen **Wunsch der Frau** beruht und keine Indikationen im engen Sinne vorliegen. Danach sind derartige Eingriffe zulässig, wenn die Patientin rechtzeitig vor dem Eingriff hierin persönlich einwilligt, nachdem sie zuvor wirksam aufgeklärt worden ist.

Da die operativ herbeigeführte Unfruchtbarkeit bei beiden Geschlechtern mehr oder weniger irreversibel ist (die Erfolgsquoten der Rekanalisierung schwanken zwischen 10 und 30%), sollte das Ehepaar vorher ausführlich über andere sichere Methoden der Empfängnisverhütung aufgeklärt werden. Ferner sollte ausdrücklich darauf hingewiesen werden, daß bei der Unsicherheit des Daseins unerwartete Änderungen des Familienstatus denkbar sind (Scheidung, Tod eines Partners oder eines Kindes). Die Entscheidung ist auch unter diesem Gesichtspunkt kritisch zu überdenken (z.B. Folgen der Sterilisation bei Wiederheirat!).

Zuweilen wurde diskutiert, ob man im Hinblick auf die grundsätzliche Zulässigkeit einer freiwilligen Sterilisation an eine gewisse Altersgrenze denken soll. Die Praxis und die Rechtsprechung haben derartige Altersgrenzen jedoch nicht aufgegriffen. Maßgeblich ist, ob dem Arzt die Entscheidung der Frau nach entsprechender Beratung und Aufklärung nachvollziehbar erscheint. Der BGH (a.a.O.) wörtlich: »Wo es um Selbstbestimmung und Eigenverantwortung geht, muß die Rangordnung in der Motivation zunächst der Einzelpersönlichkeit überlassen bleiben; dies gilt um so mehr, als dem Arzt nicht zugemutet werden kann, den Gründen für den Entschluß im einzelnen nachzugehen und sie auf ihre Berechtigung zu überprüfen.«

Das bedeutet, daß bei abgeschlossener Familienplanung oder rational vorgetragenem Verzicht auf weiteren Kinderwunsch der Entscheidung der Frau in aller Regel Vorrang vor gesellschaftlichen Wertungen einzuräumen ist. Daß dieser Vorrang immer mehr schwindet, je jünger die Frau ist, versteht sich von selbst.*

Die freiwillige Sterilisation einsichtsfähiger Minderjähriger ist ab 1.1.92 unzulässig (§ 1631c BGB). Für die Sterilisation geistig behinderter Volljähriger gelten die Bestimmungen des o.g. Betreuungsgesetzes bzw. § 1905 BGB.

Die Einwilligung des Ehepartners zur Sterilisation ist nicht erforderlich.

Kein Arzt kann zur Vornahme einer Sterilisierung genötigt werden.

Indikation: Auch wenn eine Indikation im engeren juristischen Sinne nicht erforderlich ist (abgesehen von der Kostenübernahme im Falle einer Privatversicherung), gibt es dennoch ärztliche Vorstellungen über die Zweckmäßigkeit einer Sterilisation bei bestimmten Gegebenheiten. Als Indikationen werden mehr oder weniger vorbehaltlos anerkannt:

- Zwei Kaiserschnitte
- Schwere irreversible Erkrankungen der Frau
- Genetische Belastung eines Partners (besonders bei erwiesener Auswirkung)
- Unverträglichkeit oder Undurchführbarkeit anderer Antikonzeption bei Vorhandensein von zwei oder mehr Kindern.

Entscheidung und Durchführung: Da die Sterilisation bei beiden Partnern durchgeführt werden kann, sollte ernsthaft überprüft werden, wer sich der Operation unterziehen sollte.

Bei der Auswahl wird man sich am Gesundheitszustand, der Lebenserwartung, der genetischen Belastung und der psychischen Belastbarkeit orientieren. Eine Sterilisation des Mannes wäre z.B. unumgänglich, wenn bei der Frau dringende gynäkologische Kontraindikationen oder interne Erkrankungen, die das Narkoserisiko erhöhen würden, vorlägen. Das Gefühl, »nicht mehr fruchtbar zu sein«, kann durchaus zu psychischen Störungen führen, die sich sekundär ungünstig auf die Harmonie der Ehe auswirken können. Aus diesem Grunde sollte man sehr sorgfältig prüfen, eventuell unter Hinzuziehung eines erfahrenen Psychiaters, welcher der Ehepartner dieser Belastung besser gewachsen sein dürfte (s. Kap. 19).

Operative Maßnahmen

Die operative Sterilisation ist die weltweit verbreitetste Methode der Kontrazeption. Man kann sie nicht oder nur bedingt ungeschehen machen.

* Aus: Der Frauenarzt. Jg. 30, Heft 8, 789 (1989).

Bei der Frau

Die Zahl der sterilisierten Frauen dürfte bereits über 100 Millionen liegen. Zu unterscheiden ist die Sterilisation von der Kastration, bei der die Ovarien entfernt werden. Letztere stellt wegen des damit verbundenen Eingriffs ins Endometrium keine Methode der Kontrazeption dar.

Abdominale Durchtrennung und/oder Unterbindung der Eileiter. Vorteil: sicher (Versagerquote 0,05–1%). Nachteil: Laparotomie nötig. Wenn technisch möglich, sollte eine »Minilaparotomie« durchgeführt werden. Hierbei wird das Abdomen durch einen ca. 3 cm langen, suprapubischen Querschnitt eröffnet und der Uterus durch eine bewehrte Sonde nach vorn gebracht. Wenn der Eingriff post partum erfolgt, muß unter dem Nabel ein kleiner Längsschnitt gelegt werden. Die Durchtrennung der Eileiter stellt die Methode der Wahl beim Kaiserschnitt dar.

Vaginale Unterbindung der Eileiter. Vorteil: operativer Eingriff wenig belastend. Nachteil: höhere Versagerquote, bis 5,2%.

Tubenkoagulation per laparoscopiam. Vorteil: keine Laparotomie, kurzer Krankenhausaufenthalt von 2–3 Tagen. Versagerquote etwa 0,9%. Nur anwendbar, wenn keine intraabdominellen Verwachsungen vorliegen.

Vaginale Hysterektomie. Nur bei zusätzlicher Indikation! Vorteil: absolut sichere Methode.

Hysteroskopische Koagulation des intramuralen Tubenanteils. Wegen der außerordentlichen hohen Versagerquote kann diese Methode nicht empfohlen werden.

Kontraindikationen: Eine laparoskopische Sterilisation verbietet sich bei einer Vorgeschichte von schweren Herz- und Lungenleiden, vorangegangener Peritonitis oder Ileus bzw. intrabdominalen Tumoren.

Komplikationen: Mit schwerwiegenden Komplikationen ist in ca. 2% der Fälle zu rechnen, bei der Minilaparotomie liegt der Prozentsatz etwas höher. Während einer Laparoskopie kann es zu Verletzungen der Gefäße und des Darmes, zum subdermalen Emphysem, zu Herzstillstand oder Gasembolien kommen. Die globale Mortalität bei der Tubensterilisation schwankt zwischen weltweit 19/100000 Frauen bis 4/100000 in den USA.

Bei einer Sterilisation kann die Blutversorgung des Ovars kompromittiert werden und eine ovarielle Funktionsstörung mit irregulären Blutungen nach sich ziehen. Ferner kann es später zu vagen Schmerzzuständen im Bereich des inneren Genitales sowie zu psychosexuellen Störungen kommen.

Sollte es trotz Sterilisation zur Schwangerschaft kommen, ist in einem hohen Prozentsatz mit einer Extrauteringravidität zu rechnen.

> ! Es besteht Lebensgefahr! Zügige diagnostische Abklärung (HCG im Serum, Sonographie) ist erforderlich.

Manche Frauen (1–3%) entscheiden sich später wegen einer Veränderung ihrer Lebenssituation zu einer Refertilisierung. Bei Anwendung mikrochirurgischer Technik sind die Aussichten auf Erfolg relativ gut, sofern der Defekt im isthmischen Teil der Tuben liegt, die operierte Tube mindestens 5 cm lang und der Fimbrientrichter erhalten ist.

Beim Mann

Vasektomie: Exzision eines Segments aus jedem Vas deferens, die unter Lokalanästhesie durchgeführt werden kann. Cave: Motile und befruchtungsfähige Spermien können oft mehr als 2 Monate nach der Operation im Ejakulat nachgewiesen werden.

Literatur

Adashi EY, Rock JA, Rosenwaks Z. Reproductive Endocrinology, Surgery and Technology. Vol. I, II. Philadelphia, New York: Lippincott-Raven 1996.

Leidenberger FA et al. Thromboserisiko bei der Anwendung östrogenhaltiger Medikamente durch die Arg506Gln-Mutation im Faktor V (Faktor-V-Leiden). In: Molekularbiologie Aktuell, Info Nr. 3. Hamburg 1997.

Runnebaum B, Rabe T. Gynäkologische Endokrinologie und Fortpflanzungsmedizin. Bd 1 u. 2. Heidelberg, Berlin, New York: Springer 1994.

Schneider HPG. Sexualmedizin, Infertilität, Familienplanung. In: Klinik der Frauenheilkunde und Geburtshilfe. Wulf KH, Schmidt-Matthiesen H (Hrsg). Urban & Schwarzenberg: München 1989.

Taubert HD, Kuhl H. Kontrazeption mit Hormonen. 2. Aufl. Stuttgart: Thieme 1995.

3

Sterilität und Infertilität

H.-D. Taubert

In der Bundesrepublik Deutschland sind 10–20% der Ehen ungewollt kinderlos. Dieser Prozentsatz ist wesentlich höher als früher, so dürfte sich die Zahl gegenüber den Verhältnissen im 17. Jahrhundert etwa verfünffacht haben. Über die Ursachen dieser Zunahme lassen sich keine eindeutigen Aussagen treffen, jedoch dürfte die Tatsache, daß die erste Geburt heute im Durchschnitt später erfolgt als früher, eine Rolle spielen. Bei Kinderlosigkeit kann es sich um **Sterilität** oder **Infertilität** handeln.

Als **Sterilität** und **Impotentia generandi** bezeichnen wir das Unvermögen der Frau zu konzipieren oder, sinngemäß, das Unvermögen des Mannes, eine fertile Frau zu befruchten.
Bei **Infertilität** ist das Fortpflanzungsvermögen insofern gestört, als es wohl zur Konzeption kommen kann, die daraus resultierende Schwangerschaft aber gestört verläuft und mit einer Fehlgeburt oder der Geburt eines nicht lebensfähigen Kindes endet.
Beide Begriffe müssen streng von der **Impotentia coeundi** unterschieden werden, denn hierbei handelt es sich um anatomische oder funktionelle Beschränkungen der Kohabitationsfähigkeit bei an sich fertilen Individuen.
Man ist berechtigt, von einer **sterilen Ehe** bzw. **Partnerschaft** zu sprechen, wenn bei bestehendem Kinderwunsch, d.h. regelmäßigem Verkehr ohne Anwendung von Verhütungsmitteln, innerhalb von 2 Jahren keine Schwangerschaft eingetreten ist.

Spätestens nach 2 Jahren sollte eine Ursachenklärung angestrebt werden, da die Aussichten auf eine Konzeption sonst recht gering sind. Auch die Tatsache, daß selbst bei der gesunden Frau die Fertilität in Abhängigkeit vom Alter relativ früh absinkt, macht die baldige Abklärung dringlich. Sie sollte bei Frauen über 30 Jahren bei Kinderwunsch bereits nach einem Jahr kinderloser Ehe erfolgen. Wenn aus der Anamnese ersichtlich ist, daß offensichtlich eine Störung vorliegt, z.B. eine Amenorrhö, rezidivierende Adnexitiden oder wiederholte Aborte, so wird man sofort eine eingehende Abklärung herbeiführen.
Die **Ursachen** für Sterilität und Infertilität sind etwa in 30% beim Mann, in 50% bei der Frau und in 20% bei beiden Partnern zu suchen. Man hat es primär also nicht mit einer sterilen Frau, sondern mit einer sterilen Ehe bzw. Partnerschaft zu tun. Die Ursachenforschung muß beide Partner mit einbeziehen. Die Skala der möglichen Ursachen ergibt sich von selbst, wenn man Anatomie und Physiologie der Befruchtung, Eiwanderung und Implantation bedenkt. Sehr vereinfacht ergibt sich dann das Schema der Abb. 3.1.

3.1 Ursachenklärung bei der Frau

Anamnese

Bei jeder Sterilitätspatientin sollte eine eingehende Anamnese erhoben werden. Diese erstreckt sich auf Allgemeinerkrankungen, allgemeingynäkologische Fragestellungen (Operationen, Entzündungen, Zyklus usw.) und vor allem auf Einzelheiten des sexuellen Verhaltens (s. Kap. 19). Es erfordert ärztlicherseits ein hohes Maß an Taktgefühl und Einfühlungsvermögen, um zu eruieren, ob konjugale bzw. psychosexuelle

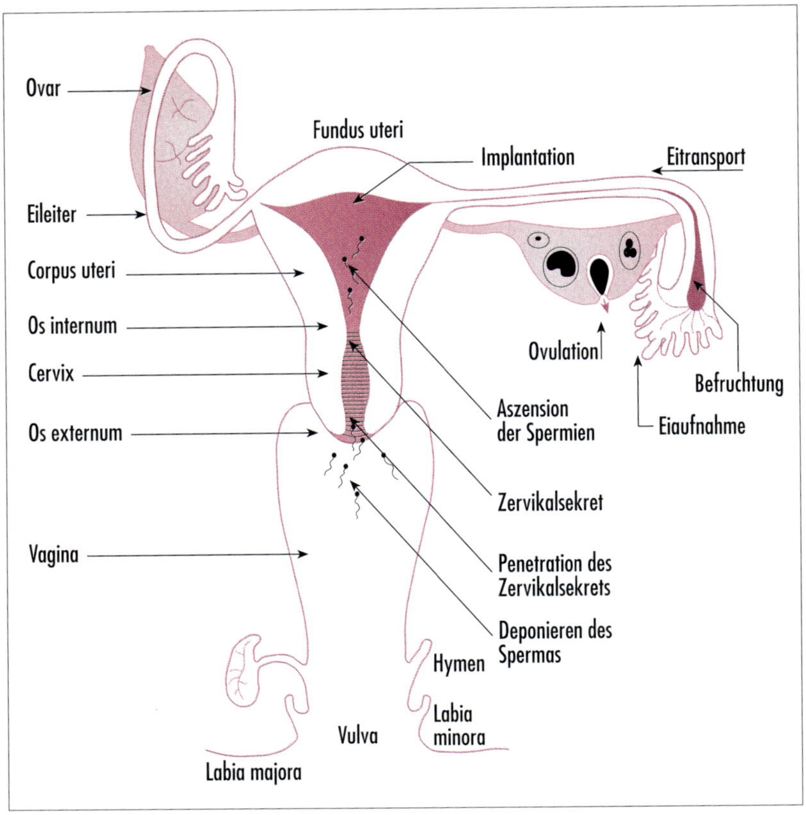

Abb. 3.1 Schematische Darstellung der Lokalisation wichtiger Sterilitätsursachen.

Probleme, Dyspareunie (Schmerzen beim Verkehr), Vaginismus, Libido- oder Orgasmusstörungen bestehen. Von besonderer Bedeutung ist die Feststellung, ob das Konzeptionsoptimum berücksichtigt wurde. Dies darf keineswegs a priori vorausgesetzt werden. Oft genügt schon die erste Beratung in dieser Hinsicht, um die sog. Sterilität kurzfristig zu beheben.

Spezielle Fragestellungen und ihre Abklärung

Die Abklärung von Sterilität und Infertilität muß stets beide Partner berücksichtigen. Die Untersuchung des Mannes sollte auch dann erfolgen, wenn bei der Frau eine mögliche Ursache gefunden wurde. Erweist sich andererseits der Mann als zeugungsunfähig, erübrigen sich weitere Explorationen bei der Frau.
Im Hinblick auf die möglichen Ursachen sind verschiede Tatbestände abklärungsbedürftig. Schließlich können noch psychosexuelle Probleme vorliegen und die Konzeption erschweren. Es sind zu ermitteln:

Zyklusverhältnisse:
- Bestehen ovulatorischen Zyklen?
- Ist die Corpus-luteum-Phase als normal anzusehen?

Partnerbefunde (S. 128):
- Ist der Mann zeugungsfähig?
- Ist die Penetration des Zervikalsekretes durch die Spermien möglich?

Eileiterbeschaffenheit:
- Ist die Aszension der Spermien in die Eileiter möglich?
- Ist der Eileiter in der Lage, das Ei bei der Ovulation aufzunehmen und nach der Befruchtung passieren zu lassen?

Endometriumzustand:
- Kann sich der Blastozyst in ein normal entwickeltes Endometrium implantieren?

Bestehen ovulatorische Zyklen?

Der Nachweis der Ovulation ist mit mehreren indirekten Methoden möglich. Je mehr übereinstimmende Befunde vorliegen, um so sicherer ist die Aussage.

Absolut beweisend ist nur die kaum in der Praxis mögliche laparoskopische Beobachtung bzw. eine Konzeption.

Basaltemperatur (Abb. 3.2): Etwa 1–2 Tage nach der Ovulation steigt die Basaltemperatur an. Die Messung erfolgt morgens, möglichst zum gleichen Zeitpunkt, mit einem normalen Fieberthermometer bzw. einem elektronischen Zyklusthermometer für 3 Min. unter der Zunge oder in der Vagina. Axillare Messungen sind nicht verwertbar.

Vaginalzytologie: Ein in der ersten Zyklusphase östrogenes vaginalzytologisches Funktionsbild wird während der hyperthermen Phase durch Progesteron luteal umgewandelt.

Zervikalsekret: Präovulatorisch finden eine Vermehrung der Sekretmenge, der Spinnbarkeit und eine Verminderung der Viskosität statt. Das Farnkrautphänomen ist nachweisbar, der Schleim ist glasklar, schlüpfrig und eiweißähnlich. Nach der Ovulation wird das Farnkrautphänomen negativ, die anderen Parameter nehmen ab.

Endometriumbiopsie: Eine Gewebeentnahme mit der Novak-Kürette aus dem Fundusbereich des Corpus uteri am 24.–25. Zyklustag, bzw. 3–4 Tage vor der erwarteten Menstruation, sollte histologisch ein zyklusgerecht sekretorisch umgewandeltes Endometrium zeigen.

Progesteronbestimmung: Wenn die Bestimmung des Serumprogesterons einen Wert über 3 ng/ml ergibt, hat aller Wahrscheinlichkeit nach eine Ovulation stattgefunden. Während der Blüte des Corpus luteum sollte man Werte über 10 ng/ml finden; niedrigere Werte zu Beginn und am Ende der Lutealphase (Abb. 1.20). Vor allem bei niedrigen Werten muß beachtet werden, daß auch ein luteinisierter, nicht gesprungener Follikel Progesteron zu sezernieren vermag.

> ! Aus ein oder auch zwei normalen Progesteronwerten kann noch nicht abgeleitet werden, daß die Corpus-luteum-Funktion normal ist.

Ist die Corpus-luteum-Phase als normal anzusehen?

Die Basaltemperatur sollte nach der Ovulation nicht in Stufen (Kletterkurve), sondern schnell auf das um etwa 0,5 °C erhöhte Niveau ansteigen. Die hypertherme Phase muß mindestens 10–11 Tage lang ausgeprägt nachweisbar sein. Eine Endometriumbiopsie sollte ein zyklusgerecht sekretorisch transformiertes Endometrium und die Progesteronbestimmung normale Serumwerte ergeben (>10 ng/ml; 3–4 Bestimmungen während der hyperthermen Phase des Zyklus.

Können Spermien den Zervikalkanal penetrieren?

Die Gegebenheiten im Zervikalkanal sind keineswegs stets so, daß die Spermien ungestört aszendieren können. Selbst im Normalfall weist das Zervikalsekret nur in der späten Follikel- und Ovulationsphase die physikochemischen Eigenschaften auf, die das Einwandern von Spermien gestatten.

Eine Störung der Aszension der Spermien kann durch die folgenden Veränderungen an der Zervix verursacht werden:

- Mangelnde Bildung des Zervikalsekrets (ungenügende Stimulation durch Östrogene)
- Entzündlich bedingte Sekretveränderungen (chronische Endozervizitis, Mykoplasmainfektion)
- Anatomische Veränderungen des Zervikalkanals (Stenosen bei Hypoplasie oder nach Konisationen, Emmet-Riß nach Geburten oder Aborten)
- Immunologische Faktoren (Hemmung der Aszension durch Spermienantikörper)

Zur Prüfung der funktionellen Beziehungen zwischen Spermien und Zervixsekret sind die folgenden Methoden gebräuchlich:

- Postkoitaltest nach Huhner-Sims
- Postinseminationstest
- Miller-Kurzrock-Test
- Spermienantikörper

Postkoitaltest nach Huhner-Sims: Mit diesem In-vivo-Aszensionstest wird untersucht, ob die ejakulierten Spermien das Zervikalsekret penetrieren und damit in das Cavum uteri und die Eileiter aszendieren können. Die Patientin muß zur Ovulationszeit 2–8 Std. nach einer Kohabitation (nach mindestens 2tägiger Karenz) zur Untersuchung kommen. Möglichst hoch aus dem Zervikalkanal wird ein Tropfen Sekret entnommen und bei 100facher Vergrößerung mikroskopisch untersucht. Im Normalfall finden sich pro Blickfeld mindestens 10–20 Spermien, von denen fast alle lebhafte Vorwärtsbewegungen zeigen können.

Die Spinnbarkeit des Zervikalsekrets sollte 8–10 cm betragen (hierzu wird eine Platinöse in das Os cervicis eingeführt und mit dieser das Sekret ausgezogen oder »gesponnen«). Das Farnkrautphänomen sollte optimal (3+) sein und das Zervikalsekret keine oder nur wenige Bakterien und Leukozyten enthalten.

Postinseminationstest: Finden sich trotz optimaler Beschaffenheit des Zervikalsekrets post coitum keine bzw. keine beweglichen Spermien, sollte der Aszensionstest einige Stunden nach einer Insemination mit dem Sperma des Ehemanns wiederholt werden (s. auch S. 129). Ergibt sich hierbei ein besseres Ergebnis als beim Postkoitaltest, sind weitere homologische Inseminationen vertretbar. Finden sich wiederum keine bzw. keine beweglichen Spermien, werden die im folgenden aufgeführten Tests durchgeführt.

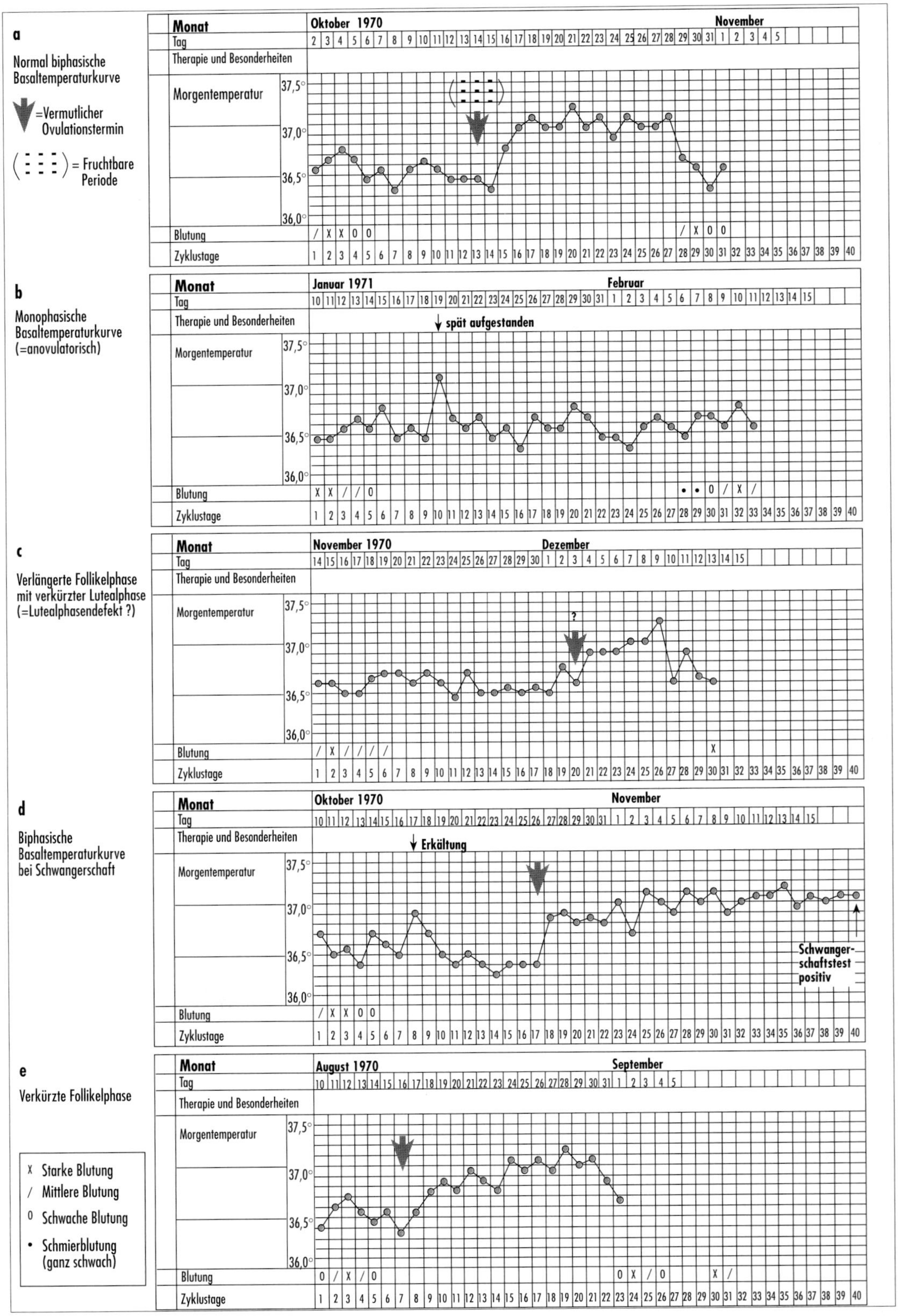

Abb. 3.2 Zykluskontrolle durch Messung der Basaltemperatur.

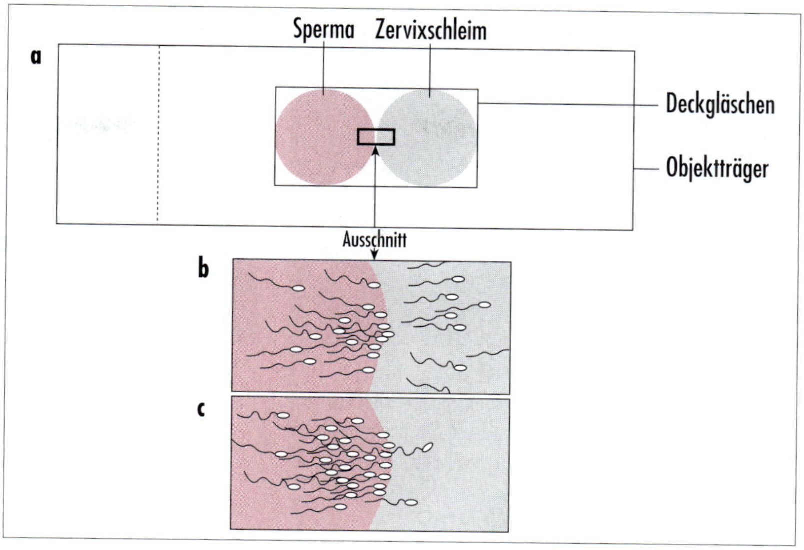

Abb. 3.3 Der In-vitro-Penetrationstest nach Miller-Kurzrock. **a** Auf einem Objektträger wird ein Tropfen Sperma des Ehemanns direkt neben einem Tropfen Zervixschleim der Ehefrau aufgetragen. Normalerweise penetrieren die Spermien die Berührungsfläche und dringen in den Zervixschleim ein.
b Positiver Test
c Negativer Test
b u. c Vergrößerung des in **a** gezeigten Ausschnitts

Miller-Kurzrock-Test: Wenn die Penetration des Zervikalsekrets durch Spermien mangelhaft bzw. wenn keine Aszension im Postkoitaltest nachweisbar ist, kann durch den Miller-Kurzrock-Test geprüft werden, ob in vitro eine Penetration des Zervikalsekrets der Patientin und einer anderen fertilen Frau durch Spermien des Ehemanns und eines Donors erfolgt. Hierdurch ist die Abgrenzung eines pathologischen »Zervixfaktors« von der mangelhaften Penetrationskraft der Spermien möglich (Abb. 3.3).
Spermienantikörper: Es stehen noch keine wirklich zufriedenstellenden Methoden für die Bestimmung von Spermienantikörpern im Serum oder Zervixschleim zur Verfügung.

Sind die Eileiter durchgängig?

Pertubation: In der präovulatorischen Zyklusphase, ggf. im Anschluß an den Huhner-Sims-Test kann, bei Fehlen entsprechender entzündlicher Veränderungen am Genitale, eine CO_2-Insufflation der Eileiter vorgenommen und die Durchgängigkeit auf akustische oder tonometrische Weise geprüft werden. Die Methode wird heute kaum noch angewendet.

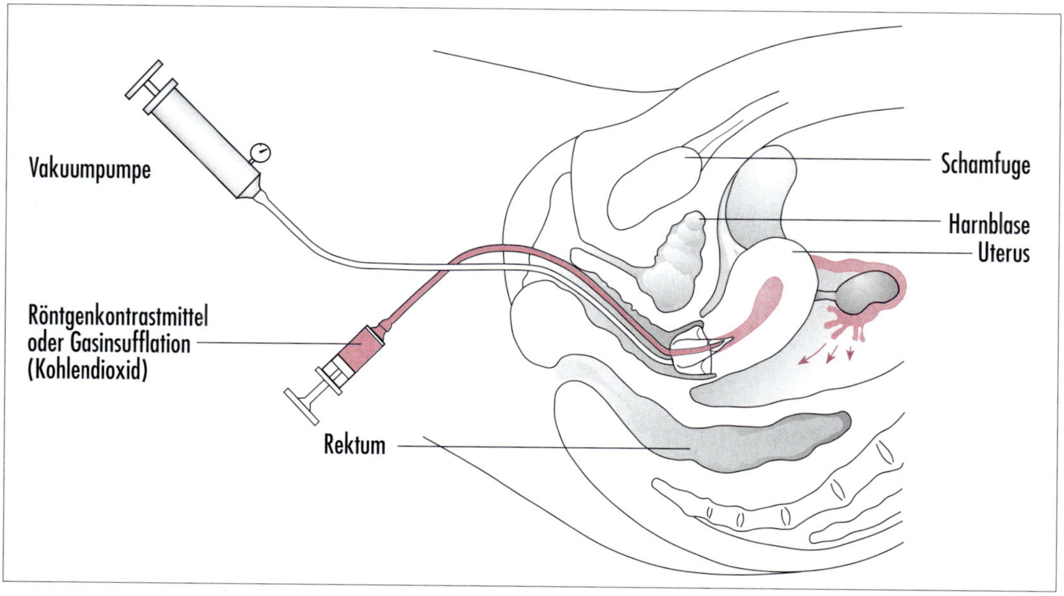

Abb. 3.4 Technik der Pertubation bzw. Röntgenkontrastdarstellung der Eileiter mit dem Portio-Adapter. Bei Durchgängigkeit Austritt von Gas bzw. Kontrastmittel am Tubenostium. (Nach Semm und Fikentscher)

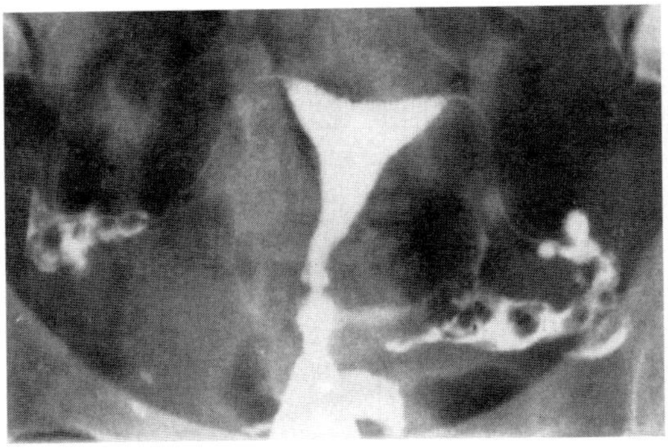

Abb. 3.5 Hysterosalpingographie.
a Das Cavum uteri ist glatt begrenzt, der intramurale, isthmische und ampulläre Teil beider Tuben ist normal dagestellt. Das Kontrastmittel ist durch das Ostium ausgetreten und hat sich zwischen Darmschlingen verteilt: normale Tubendurchgängigkeit.

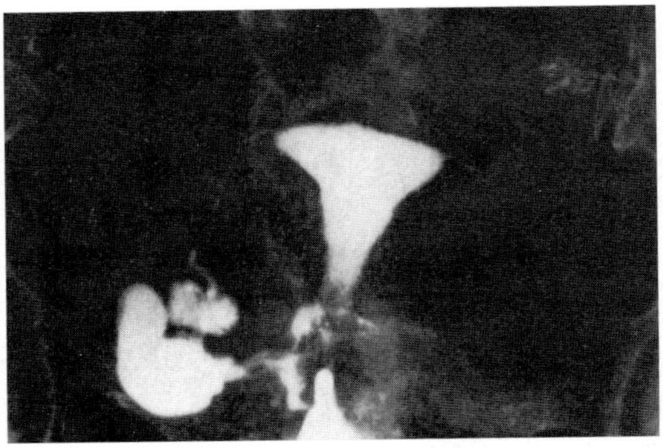

c Saktosalpinx rechts mit geringgradigem Durchtritt von Kontrastmittel, interstitieller Tubenverschluß links.

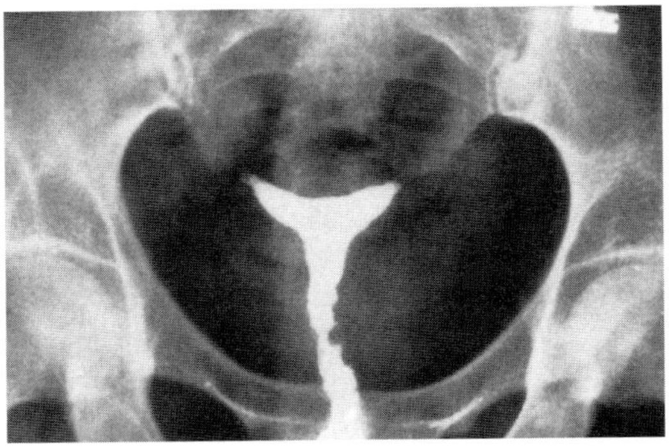

b Interstitieller Tubenverschluß.

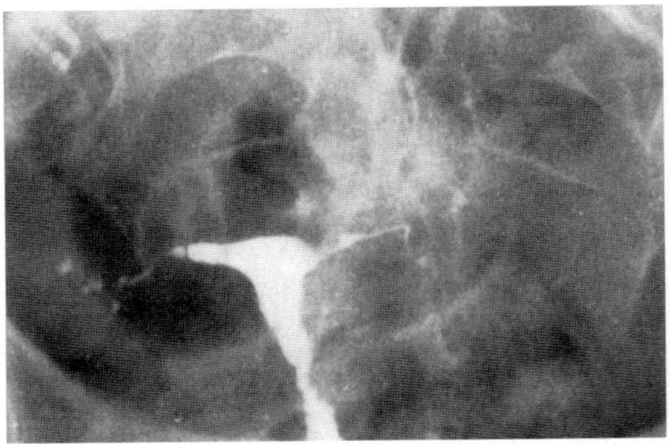

d Hypoplastischer Uterus (»T-Form«) mit beidseitigem Tubenverschluß. Unregelmäßige Kontrastmittelfüllung des Tubenlumens: Verdacht auf Genital-Tbc.

Hysterosalpingographie: Ein Röntgenkontrastmedium wird retrograd in das Cavum uteri und die Eileiter eingespritzt und eine Röntgenaufnahme angefertigt (Abb. 3.4 u. 3.5). Diese Methode eignet sich besonders zur Darstellung von Mißbildungen oder Tumoren des Cavum uteri (Polypen, submuköse Myome), Synechien, Hypoplasie, Veränderungen im Tubenlumen (Endometriose, Tbc) oder zum Nachweis verschlossener Tuben.

Hysterosalpingo-Kontrastsonographie: Entspricht der Hysterosalpingographie, aber keine Strahlenbelastung.

Laparoskopie: Eine typische gynäkologische Laparoskopie wird mit der retrograden Durchspülung mit Blaulösung (Methylenblau) in Uterus und Tuben kombiniert (Abb. 3.5). Man registriert Adhäsionen, Entzündungserscheinungen, Endometriose, Ovarveränderungen und, mit Hilfe der Blauinjektion, die Eileiterdurchgängigkeit unter Sicht. Im begrenzten Umfang können Verklebungen des Fimbrienendes, Verwachsungsstränge sowie Zysten durch ein Operationslaparoskop beseitigt werden. Die Chromolaparoskopie erfordert einen 2- bis 3tägigen Krankenhausaufenthalt und muß unter Intubationsnarkose durchgeführt werden.

Bestehen psychosexuelle Probleme?

Die psychologische Ausgangslage der Ehe bzw. Partnerschaft, Angst vor Scheidung bzw. Trennung, Eheprobleme, sexuelle Schwierigkeiten, berufliche oder soziale Konfliktsituationen, auch die dem Partner gegenüber nicht zugegebene Sorge vor der durch eine Schwangerschaft veränderten häuslichen und ehelichen Situation können im Gesamtbild eine nicht unwesentliche Rolle spielen, deren Bewertung jedoch auch für den erfahrenen Arzt schwierig ist. Einem dem Arzt gegenüber geäußerten »Kinderwunsch« liegt häufig eine ausgeprägte Ambivalenz zugrunde. Im gegebenen Fall sollte die Patientin, möglichst auch der Partner, einer psychotherapeutischen Beratung zugeführt werden.

Zusätzliche Untersuchungen

Bei allen Patientinnen sollte eine Bestimmung des Hämoglobins, der Leukozytenzahl, des Blutzuckers sowie eine serologische Reaktion auf Lues und auf Rötelnantikörper durchgeführt werden, ggf. auch ein HIV-Test. Bei Verdacht auf das Vorliegen einer Tuberkulose oder wenn die letzte Lungenaufnahme mehr als 2 Jahre zurückliegt, sollte eine Thoraxaufnahme angefertigt werden. Die endokrinologische Abklärung bei Anzeichen vermehrter Androgenproduktion wurde auf S. 37 ff., die von anovulatorischen Zyklusstörungen und Amenorrhö auf S. 48 ff. und 56 ff. abgehandelt. Da die Infektion mit Chlamydia trachomatis für viele Fälle von Tubensterilität verantwortlich zu sein scheint, ist eine serologische Kontrolle bzw. ein routinemäßiger Abstrich aus dem Zervikalkanal geboten.

Therapie der weiblichen Sterilität und Infertilität

Die Therapie der Sterilität ist vorwiegend Aufgabe des Facharztes und kann deshalb im Rahmen dieses Buches nur angedeutet werden. Von mancher Seite wird auch heute noch die Meinung vertreten, bei Vorliegen einer offensichtlichen Sterilitätsursache solle diese zunächst unter Verzicht auf weitere diagnostische Maßnahmen behandelt werden. Es liegen jedoch, wie schon oben ausgeführt wurde, überzeugende Hinweise dafür vor, daß den diagnostischen Maßnahmen selbst ein beachtlicher Heilungserfolg zukommt. In großen Untersuchungsreihen konnte gezeigt werden, daß fast die Hälfte aller Schwangerschaften im Zusammenhang mit diagnostischen Maßnahmen, wie z.B. dem Huhner-Sims-Test, einer Hysterosalpingographie oder der Gaspertubation, zustande kam, bevor eine Behandlung im eigentlichen Sinne des Wortes begonnen werden konnte. Die Schwangerschaftsrate scheint also bereis durch einen gründlichen Untersuchungsgang wesentlich gebessert werden zu können.

Therapie bei Zyklusstörungen

Die beiden häufigsten Zyklusstörungen bei Sterilität sind:

- Anovulation
- Corpus-luteum-Insuffizienz

Anovulatorische Zyklusstörungen

Zur Ovulationsauslösung stehen heute zur Verfügung:

- Synthetische Ovulationsauslöser (Clomiphen)
- Gonadotropine (HMG = Human-Menopausen-Gonadotropin; FSH = Follikelstimulierungshormon)
- Dopaminagonisten: Bromocriptin (Pravidel), Lisurid (Dopergin), Lisergol (Metergolin)
- Hypothalamisches Neurohormon LH-RH

Durch die Anwendung der synthetischen Ovulationsauslöser kann die bei hypothalamisch-hypophysärer Dysfunktion gestörte Steuerung des Ovulationsvorganges reguliert werden, sofern eine gewisse Basisfunktion von Hypothalamus, Hypophyse und Ovar erhalten ist (Abb. 3.6). Mit der Gonadotropintherapie

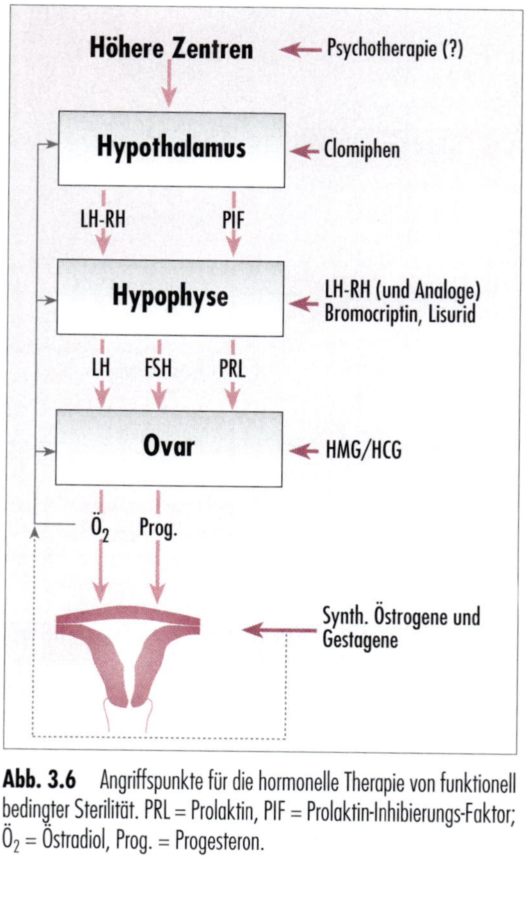

Abb. 3.6 Angriffspunkte für die hormonelle Therapie von funktionell bedingter Sterilität. PRL = Prolaktin, PIF = Prolaktin-Inhibierungs-Faktor; $Ö_2$ = Östradiol, Prog. = Progesteron.

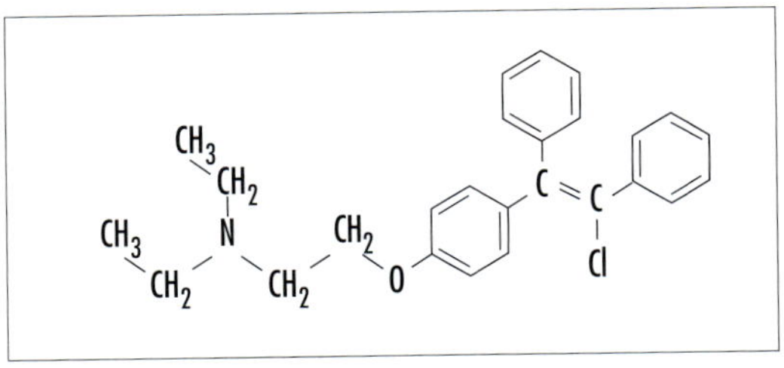

Abb. 3.7 Strukturformel von Clomiphen.

ist eine Substitution der ausgefallenen gonadotropen Partialfunktion des Hypophysenvorderlappens bei hypothalamisch-hypophysärer Insuffizienz möglich. Hierbei wird das Follikelwachstum im Ovar durch HMG (= FSH + LH) oder auch nur FSH stimuliert, bis der sprungreife Follikel durch eine einmalige Gabe von HCG, das dem LH biologisch weitgehend gleicht, zur Ovulation gebracht wird. Die Sekretion der Gonadotropine kann durch LH-RH, das mit einer Minipumpe (Zyklomat) über einen Zeitraum von mehreren Tagen bis Wochen in pulsatorischer Weise infundiert wird, angeregt werden. Bei hyperprolaktinämischer Amenorrhö sollten heute primär die Prolaktinhemmer zur Anwendung gebracht werden.

Clomiphen

Die Einführung des Clomiphens (Abb. 3.7) in die klinische Praxis um 1960 stellte schlechthin eine Revolution der Sterilitätsbehandlung dar. Über seinen vermutlich recht komplexen Wirkungsmechanismus bestehen unterschiedliche Meinungen. Es kommt jedoch sicher zur vermehrten Freisetzung der Gonadotropine und einer Aktivierung der Steroidbiosynthese im Ovar. Der Erfolg der Clomiphenbehandlung ist an folgende Voraussetzungen gebunden:

- Normogonadotrope Zyklusstörung (positiver Gestagentest!)
- Ehemann fertil
- Postkoitaltest normal
- Eileiter durchgängig, keine periampullären Verwachsungen

Vorgehen (Abb. 3.8): Nachdem die genannten Vorbedingungen erfüllt worden sind, wird durch Verabreichung eines Gestagens eine Abbruchblutung erzeugt. Erfolgt auf die Dosis von 50 mg/Tag, gegeben vom 5.–9. Zyklustag, eine Ovulation, so wird die gleiche Dosis ca. 3 Monate lang angewendet. Andernfalls wird die Dosis im 2. Behandlungszyklus auf 100 mg/Tag erhöht. Wenn es auch bei dieser Dosis nicht zur Ovulation kommt, kann ein weiterer Versuch mit der Kombination von Clomiphen und HCG (100 mg Clomiphen Tag 5–9 des Zyklus, 10 000 IE HCG ca. Tag 15) unternommen werden.

Der günstigste Moment für die Injektion von HCG wird am besten durch eine sonographische Überwachung des Follikelwachstums ermittelt. Das Stadium der Sprungreife ist etwa bei einem Durchmesser von 20 mm erreicht. Da Clomiphen dank seiner antiöstrogenen Wirkung die

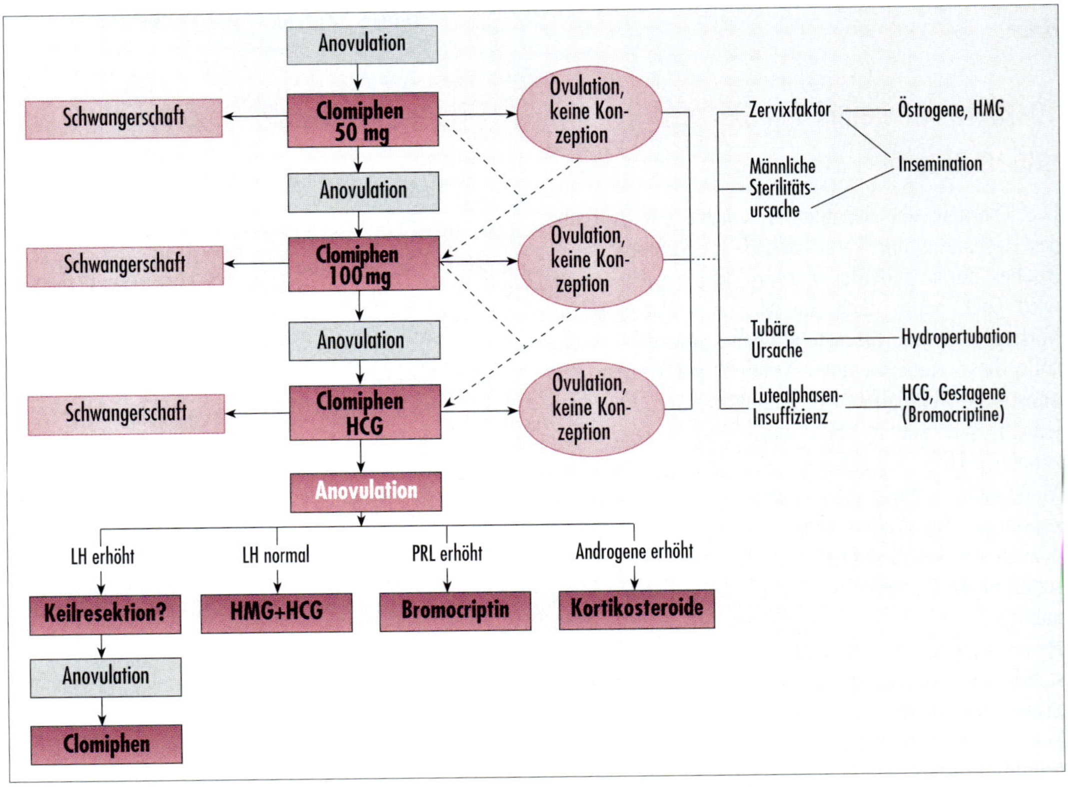

Abb. 3.8 Therapeutische Möglichkeiten mit Clomiphen bei anovulatorischer Sterilität.

Beschaffenheit des Zervikalsekrets verändern (erhöhte Viskosität) und damit die Penetration der Spermien behindern kann, empfiehlt es sich, etwa im 2. Behandlungszyklus erneut einen Postkoitaltest durchzuführen. Wenn der Test ungünstig ausfällt und Spinnbarkeit und Farnkrauttest beeinträchtigt sind, kann bei weiterer Clomiphenbehandlung in der 1. Zyklushälfte ein Östrogen zur Verbesserung des Zervikalschleims verabreicht werden (Progynon C 0,02 mg, 1 Tabl. 3mal tgl. Tag 8–14).

Wenn auch durch eine Kombination von Clomiphen und HCG keine Ovulation ausgelöst werden kann, ist eine Behandlung mit Gonadotropinen bzw. LH-RH erforderlich. Da die Lutealphase nach Clomiphen-induzierten Ovulationen oft insuffizient ist, sollte die Corpus-luteum-Funktion ggf. (Nachweis ungenügender sekretorischer Umwandlung durch Endometriumbiopsie) durch Gabe von HCG stimuliert (2500 IE jeden 3. Tag nach Anstieg der Besaltemperaturkurve) werden. Bei erhöhter adrenaler Bildung von Androgenen kann die Wirksamkeit von Clomiphen durch eine Suppressionstherapie mit Kortikoiden verbessert werden. Hinsichtlich der Sterilitätsbehandlung bei polyzystischen Ovarien s. S. 66

Nebenwirkungen: Clomiphen muß als potentiell gefährliches Medikament angesehen werden. Durch übermäßig gesteigerte Abgabe von Gonadotropinen kann eine beträchtliche Überstimulierung der Ovarien mit Zystenbildung, evtl. auch Aszites und akuten Unterbauchsymptomen, verursacht werden. Clomiphen sollte nicht verabreicht werden, wenn Ovarzysten, Hypophysen- oder Ovartumore, Endometriose, ungeklärte uterine Blutungen, Hyperprolaktinämie oder Leberfunktionsstörungen vorliegen.

Therapieerfolg: Bei Clomiphenbehandlung ovulieren 60–70% der behandelten Frauen, Die Zahl der Schwangerschaften liegt mit etwa 30–35% niedriger, läßt sich aber durch Ausschluß bzw. sachgemäße Therapie anderer Sterilitätsursachen auf über 50% heben. Wiederum etwa 20% der Schwangerschaften enden als Aborte. Im Gegensatz zur Gonadotropintherapie ist die Zahl der Mehrlingsschwangerschaften nicht wesentlich erhöht (die Zahl der Zwillinge ist allerdings verdoppelt). Neuerdings wird empfohlen, die Behandlung mit Clomiphen zur Ovulationsauslösung zeitlich zu begrenzen, d.h. die Zahl der Behandlungszyklen ist möglichst auf 6 zu beschränken.

Gonadotropine

Bei Unterfunktion der gonadotropinproduzierenden Zellen der Adenohypophyse ist eine Clomiphenbehandlung erfahrungsgemäß wenig erfolgversprechend, doch sprechen derartige hypogonadotrope Fälle gut auf die Behandlung mit Gonadotropinpräparaten, die aus dem Harn menopausaler Frauen (»Human-Menopausen-Gonadotropin« = HMG) gewonnen wurden, an. Es handelt sich hierbei um Präparate, die sowohl FSH als auch LH enthalten. Da der Anteil des LH zur Auslösung der Ovulation nicht ausreichend ist, wird, sobald der Follikel durch individualisierte Dosierung von HMG bis zur Sprungreife stimuliert wurde, HCG in einer Dosis von 5000–10000 IE einmalig i.m. als »Ovulationshormon« gegeben. Neuerdings steht auch ein reines FSH-Präparat zur Verfügung. Wenn die entsprechenden Indikationen eingehalten werden, kann mit HMG eine Schwangerschaftsrate von mehr als 50% erzielt werden. Zur Erzielung einer Schwangerschaft sind meist mehrere Behandlungszyklen erforderlich. Auch bei der heute üblichen, individuell angepaßten Dosierung und verbesserten Überwachung (Sonographie, Östradiol im Serum) kommt es aber noch in etwa 10–15% der Fälle zu Mehrlingsschwangerschaften, darunter einer beträchtlichen Anzahl von Drillingen, Vierlingen usw. Auch hier ist die Fehlgeburtsrate erhöht.

Da die Verabreichung von HMG zu heftigen Überstimulierungen der Ovarien (Abb. 3.9) evtl. mit Aszites, Dehydration, Schock und Meigs-Syndrom führen kann, sollte diese Behandlungsweise zunächst die Domäne von Spezialisten bleiben. Die Stimulationstherapie mit FSH scheint das Risiko eines Ovarialkarzinoms um den Faktor 3 zu erhöhen.

Prolaktinhemmer

Die Behandlung der hyperprolaktinämischen Amenorrhö wurde auf S. 71 geschildert.

LH-RH

Alle Versuche, LH-RH oder eines seiner superaktiven Analoga als Ovulationsauslöser anstelle von HMG/HCG einzusetzen, ergaben nicht den gewünschten Erfolg. Da die endokrinologische Forschung in den letzten Jahren ergeben hat, daß der HVL Gonadotropine nicht kontinuierlich, sondern in Form von »Pulsen« in gewissen Zeitabstän-

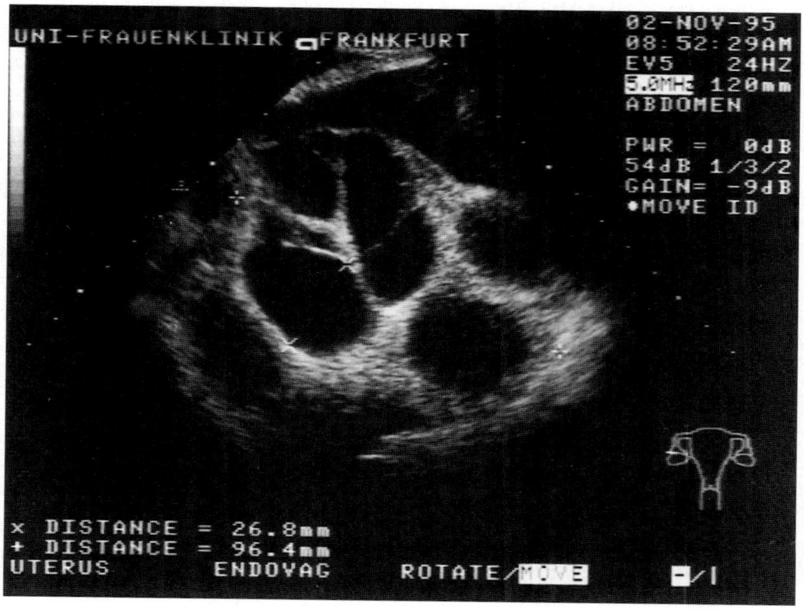

Abb. 3.9 Überstimulierung der Ovarien durch HMG.

den freisetzt, erschienen diese Mißerfolge verständlich. Man hat deshalb computergesteuerte Mikropumpen konstruiert, die über einen venösen oder subkutanen Dauerkatheter alle 3/4–2 Std. eine bestimmte Menge LH-RH applizieren.

Corpus-luteum-Insuffizienz

Das klinische Bild der Corpus-luteum-Insuffizienz (Lutealphasendefekt) wird durch unzureichende Bildung von Progesteron durch das Corpus luteum oder die vorzeitige Regression dieses Organs verursacht. Es kann durchaus zur Konzeption kommen, doch trifft der Blastozyst bei der Implantation auf ein nicht optimal und synchron entwickeltes Endometrium. Als Ursache kommt eine Reihe von Störungen in Frage:

- Mißverhältnis von LH und FSH in der frühen Follikelphase
- Unzureichender präovulatorischer LH-Anstieg
- Verminderter LH-Spiegel während der Lutealphase. Ferner:
- Störungen der Schilddrüsenfunktion
- Hyperprolaktinämie
- Diskutiert wird auch eine mögliche Rolle von Progesteron-, Östrogen-, LH- und IGF-1-Rezeptoren

Die insuffiziente Steroidbiosynthese im Corpus luteum kann durch Injektionen von HCG stimuliert werden (5000 IE am 7./8. Tag nach LH-Gipfel, ggf. nochmals am 12. Tag). Da die Insuffizienz des Corpus luteum häufig auf einer unterwertigen Proliferation der Granulosazellen in der frühen Follikelphase beruht, bietet sich eine Stimulationstherapie mit Clomiphen oder HMG als Alternative an. Auch der Einsatz von Prolaktinhemmern ist in manchen Fällen gerechtfertigt, da es bereits bei einer mäßigen Erhöhung des Prolaktinspiegels im Serum zur Störung der Steroidbiosynthese kommen kann.
Bei einer subklinischen Hypothyroxinämie kann eine verkürzte Lutealphase oder unterwertige Progesteronsekretion durch L-Thyroxin (und Clomiphen) korrigiert werden.

Ausschaltung störender Hormone als Sterilitätsursache

Bei adrenogenitalem Syndrom, Nebennierenrindenhyperplasie oder Cushing-Syndrom wird die erhöhte Inkretion der Androgene bzw. Kortikoide durch Verabreichung von Dexamethason oder eines anderen synthetischen Kortikoids gehemmt (S. 15).

Behandlung der zervikalen Sterilität

Bei insuffizienter Bildung des Zervikalsekrets ist die Anwendung von Östrogenen vom 3. Zyklustag bis zum Zeitpunkt der Ovulation angezeigt. Östriol (Ovestin, Gynäsan) erwies sich als besonders geeignet (Dosis 0,25–0,5 mg/Tag), da es in dieser Dosierung die Ovulation nicht beeinflußt. Wenn im Zervikalsekret Antikörper gegen Spermien gebildet werden, ist noch keine spezifischen Behandlung möglich. Der Antikörper geht gelegentlich zurück, wenn der Kontakt zu Sperma mittels Coitus condomatus für 6–9 Monate verhindert wird. Dann kann es evtl. zur Schwangerschaft kommen. Ferner kommt eine intrauterine Insemination oder eine In-vitro-Fertilisation (IVF) in Frage. Eine chronisch entzündete Zervix sollte, sofern keine anderen Sterilitätsursachen nachweisbar sind, durch Kauterisierung, antibiotische Therapie oder Elektrokonisation saniert werden.

Behandlung der Hypoplasie des Uterus

Durch eine hormonelle »Scheinschwangerschaft« (Dauermedikation von Östrogen-Gestagen-Kombinationen in steigender Dosis für 3–6 Monate) kann ein gewisses Wachstum des Uterus (und auch der Mammae) erzielt werden. Die Wirkung überdauert das Ende der Behandlung allerdings oft nur für einen begrenzten Zeitraum. Die Bedeutung der Hypoplasie wurde in der Vergangenheit überbewertet. Auch durch Einlegen einer Intrauterinspirale soll auf den Uterus ein gewisser Wachstumsreiz ausgeübt werden.

Behandlung der Endometriose

Es kann als gesichert angesehen werden, daß auch eine klinisch nicht erkennbare, asymptomatische Endometriose, insbesondere der Eileiter, einen fertilitätshemmenden Effekt haben kann. Es kommt hierbei, vermutlich durch Entzündungsvorgänge, zu einer Störung des biologischen Milieus im kleinen Becken. Wenn anläßlich einer Chromolaparoskopie die Diagnose einer solchen asymptomatischen Endometriose gestellt wird, ist eine Suppressionstherapie mit Danazol (oder einem Gestagen) bzw. einem LH-RH-Analogon über einen Zeitraum von 3–6 Monaten erfolgversprechend (s. S. 339).

Operative Behandlung der Eileitersterilität

Bei der operativen Beseitigung von Verwachsungen nach Verschlüssen der Eileiter werden selten Schwangerschaftsraten von mehr als 40% erzielt (Tab. 3.1). Es ist hierbei zu beachten, daß durch die Eröffnung des Lumens keineswegs volle Funktionsfähigkeit des Eileiters garantiert wird. Die Mukosa kann durch entzündliche Prozesse oder Vernarbungen so weit geschädigt worden sein, daß der Eitransport bzw. die Erhaltung des befruchteten Ovums nicht gewährleistet ist. In vielen Fällen kommt es nach der Operation erneut zu Verklebungen oder Verwachsungen, die im ungünstigsten Fall die Passage des Blastozysten hemmen und so zur Ursache einer Extrauteringravidität werden können.

Tab. 3.1 Schwangerschaftsrate bei Sterilitätsoperationen

	Schwangerschaftsrate
Salpingolyse: Freipräparieren der Fimbrien, Eröffnung des Ostiums	> 25%
Tubenimplantation: Resektion des isthmischen Tubenanteils, Reimplantation der Tube in das Kavum	etwa 15%
Salpingostomie: Herstellung einer neuen Tubenöffnung	etwa 15%
Tubenanastomose: Resektion des erkrankten Segments, End-zu-End-Anastomose	<10%

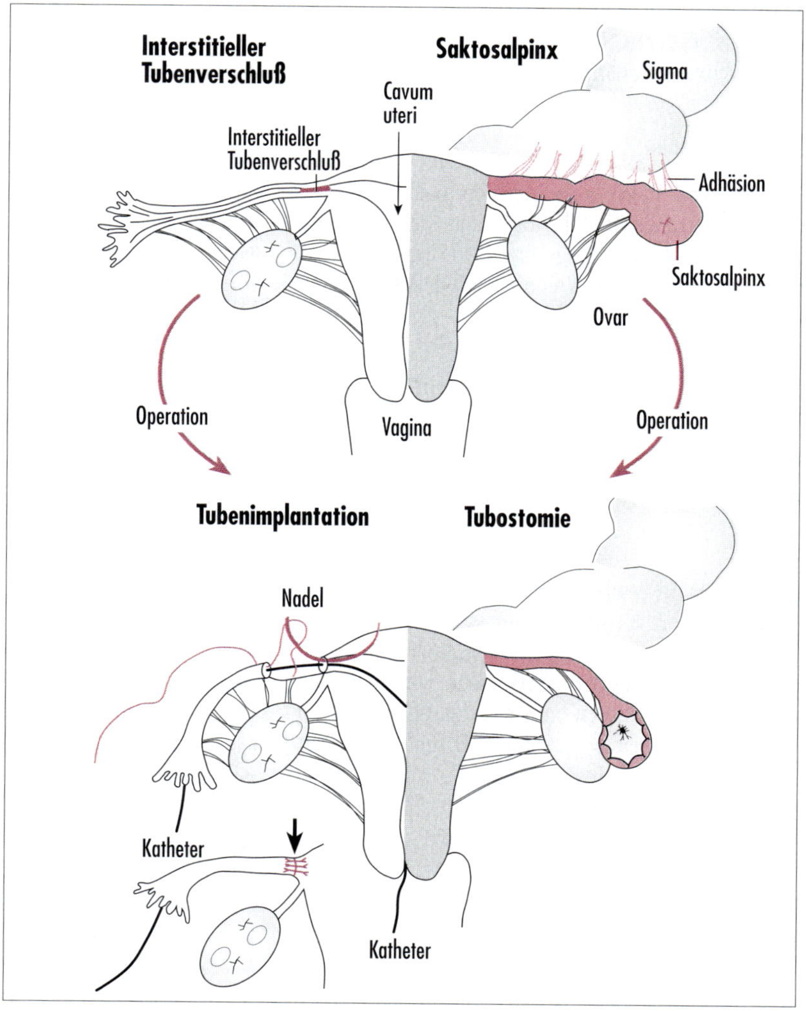

Abb. 3.10 Häufige operative Eingriffe bei Tubensterilität.

Die Erfolgsrate wird wesentlich durch die Lokalisation des Eileiterverschlusses, das Ausmaß peritubärer und periovarieller Adhäsionen sowie die Schädigung des Eileiters bedingt (Abb. 3.10). Die Anwendung mikrochirurgischer Techniken muß heute als Standard gefordert werden.

Sonstige operative Eingriffe zur Beseitigung sterilitätsbegünstigender Befunde

Myomektomie

Submukös und intramural gelegene Myome können die Implantation des Blastozysten stören, das Kavum verziehen, die Tubenmotilität beeinträchtigen und Menstruationsstörungen verursachen. Bei einer, nach Vorbehandlung mit LH-RH-Analoga, schonend durchgeführten Myomektomie (S. 334) kann man, sofern keine anderen Sterilitätsursachen vorliegen, mit einer Schwangerschaftsrate von 30–40% rechnen.

Lagenanomalien

Obwohl eine Retroflexio uteri normalerweise kein Konzeptionshindernis darstellt, kann es bei einer hochgradigen Rückverlagerung des Uterus vorkommen, daß das Zervikalsekret nicht mit dem Ejakulat im hinteren Vaginalgewölbe in Kontakt kommt. Findet sich bei Dysmenorrhö, Hypermenorrhö, habituellen Aborten und Sterilität keine andere Ursache als eine Lageveränderung des Uterus, so ist eine Lagekorrektur unter Umständen berechtigt.

Endometriose

Diese kann gelegentlich (s. S. 339) als Sterilitätsursache in Frage kommen und eine Operation rechtfertigen. Als Nachbehandlung sollte 6 Monate lang Danazol, ein LH-RH-Analogon oder ein Gestagen verabreicht werden.

Uterusmißbildungen

Ein Uterus arcuatus oder bicornis kann Ursache von habituellen Aborten sein. Durch die Ausschaltung des Septums und Schaffung eines einheitlichen Cavum uteri (Strassmann-Operation) gelingt es, die Zahl der ausgetragenen Schwangerschaften von ca. 5% vor der Operation auf über 80% danach zu erhöhen. Neuerdings trägt man ein solches Septum auch hysteroskopisch mit einem Laserstrahl ab.

Polyzystische Ovarien

Durch die Keilresektion polyzystischer Ovarien (Abb. 1.40) kann bei manchen Patientinnen, die auf Clomiphen nicht angesprochen haben, ein normaler, ovulatorischer Zyklus – und damit die Fertilität – wiederhergestellt werden. Zu beachten ist, daß bei einem solchen Eingriff peritubäre und periovarielle Verwachsungen entstehen können. Eine neuere Alternative zur Keilresektion ist die furchenartige Kauterisierung der Ovarien durch das Laparoskop.

3.2 Ursachenklärung beim Mann

> Bei etwa 30% aller kinderlosen Ehen liegt die alleinige Sterilitätsursache auf seiten des Mannes, und in weiteren 20% der Fälle kommt eine männliche Fertilitätsstörung als einer von mehreren möglichen Faktoren in Betracht. Offensichtlich kann also die Untersuchung einer sterilen Ehe nur dann als abgeschlossen betrachtet werden, wenn auch beim männlichen Ehepartner die Fertilitätsverhältnisse abgeklärt worden sind.

Bei einem fertilen Mann wird in den Tubuli seminiferi eine normale Zahl der Spermatozoen gebildet und über die Epididymis in die Vasa deferentia geleitet, in deren ampullären Ende sie gespeichert werden. Um die Spermatozoen zum richtigen Zeitpunkt des weiblichen Zyklus in die Vagina deponieren zu können, muß der Mann zur Erektion und Ejakulation fähig sein. Während der letzteren kommt es zur Vermischung der Spermatozoen mit den Sekreten der Samenblasen und der Prostata. Die während des Orgasmus durch die Urethra ejakulierten Spermien sind funktionell offenbar noch nicht völlig ausgereift, dieser Reifungsprozeß wird anscheinend während ihrer Aszension durch die zervikalen und uterinen Sekrete zum Eileiter fortgesetzt.

Für die Bildung und Ejakulation eines normalen Spermas müssen zwei Voraussetzungen erfüllt sein:

- Normale Spermiogenese
- Normale Sekretion von Androgenen.

Im Gegensatz zum Ovar scheinen für die inkretorische und gametogenetische Funktion des Hodens zwei separate Regelkreise zu bestehen (Abb. 3.11). Nach heutiger Auffassung wird die Spermiogenese durch FSH, die Funktion der Leydig-Zellen durch LH (identisch mit ICSH = Interstitialzellen-stimulierendes Hormon) gesteuert.

Die Androgene spielen eine wesentliche Rolle für die Spermiogenese. In den akzessorischen Geschlechtsdrüsen bewirken sie die Bildung wichtiger Bestandteile des Seminalplasmas, an den peripheren »Zielorganen« (äußeres Genitale, sekundäre Geschlechtsmerkmale, Behaarungstyp, Skelettbildung, psychische Prägung) die typisch maskuline Differenzierung.

Anamnese

Bei der Erhebung der Vorgeschichte sind besonders folgende Punkte zu beachten:

- Bestehen Hinweise auf psychische oder somatische Impotenz, Ejaculatio praecox, Mißbildungen oder Verletzungen an den Genitalien, Varikozele (wegen der Einmündung der linken V. spermatica in die V. renalis häufiger linksseitiges Vorkommen)?
- Hatte der Patient Mumps oder andere Virusinfektionen?
- War er ionisierenden Strahlungen ausgesetzt?
- Besteht Abusus von Nikotin, Alkohol, Drogen?
- Liegt eine Vorgeschichte von Diabetes mellitus, Hypertonus, neurologischen Störungen, Erkrankungen von Leber und Schilddrüse oder Geschlechtskrankheiten vor?

Untersuchung

Da die Fertilitätsuntersuchung des Mannes im allgemeinen eine Aufgabe des **Andrologen** ist, werden hier nur die Grundzüge der Untersuchung skizziert.

In Analogie zum diagnostischen Vorgehen bei der Frau sollten untersucht werden:

- Entwicklung der sekundären Geschlechtsmerkmale (Habitus, männlicher Behaarungstyp)
- Untersuchung von Penis und Skrotum (einschließlich Sonographie zur Erkennung einer asymptomatischen Varikozele)
- Rektale Palpation der Prostata und Samenblase, ggf. Prostatamassage zur mikroskopischen und bakteriellen Untersuchung
- Spermauntersuchung
- Blutbild
- Urinstatus

Spermiogramm

Die Untersuchung des Spermas erfolgt an einer frisch in ein weithalsiges Glasgefäß ejakulierten Probe. Die Untersuchung wird nach 4- bis

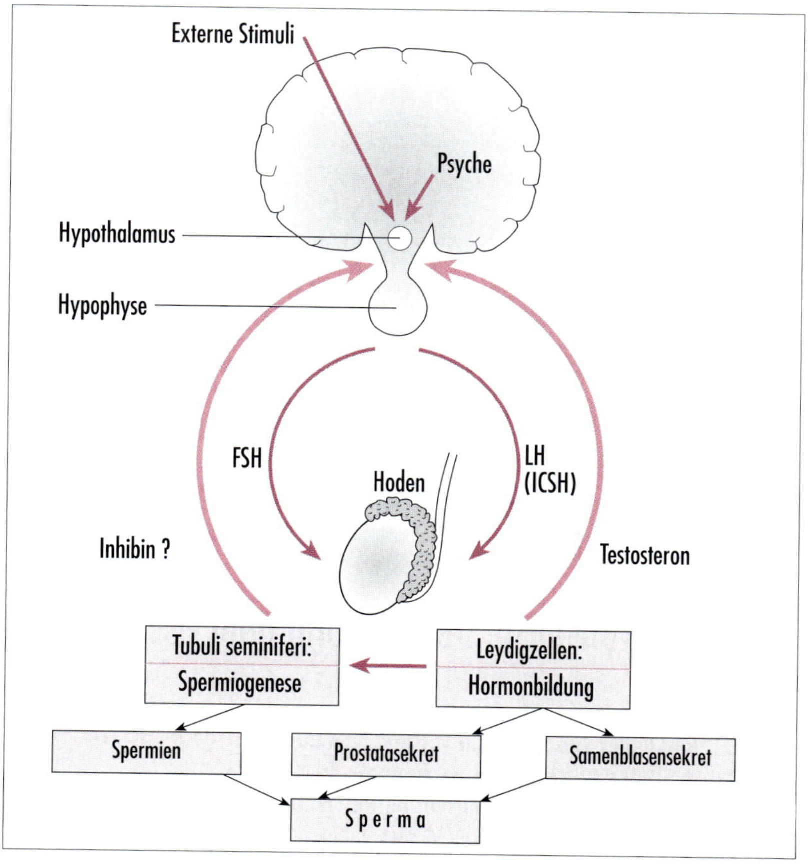

Abb. 3.11 Die Steuerung der Hodenfunktion.

Tab. 3.2 a Normalwerte im Spermatogramm (Nach WHO, 1992).

Volumen des Ejakulats:	2–5 ml
pH:	7,2–7,8
Spermienkonzentration:	20–250 Mio./ml
Gesamtspermienzahl:	400 Mio./Ejakulat oder mehr
Motilität:	≥50% mit Vorwärtsbewegung ≥25% mit schneller und linearer Beweglichkeit innerhalb von 60 Min. nach Gewinnung der Probe
Morphologie:	≥30% mit normaler Form
Anteil lebender Spermien:	≥75% vitale Spermien (nicht anfärbbar)
Liquifizierung:	ca. 20 Min.
Leukozyten:	<1 Mio./ml
Fruktose (gesamt):	>13 µMol/Ejakulat

Tab. 3.2 b Nomenklatur von Spermabefunden (WHO, 1990).

Normozoospermie:	normales Ejakulat
Oligozoospermie:	Spermienzahl/ml >20 Mio.
Asthenozoospermie:	≤50% Spermien mit schneller oder träger Beweglichkeit, oder <25% mit schneller Beweglichkeit (s. o.)
Teratozoospermie:	≤30% Spermien mit normaler Morphologie
Oligoasthenoteratozoospermie:	alle 3 Variablen sind gestört
Azoospermie:	keine Spermien im Ejakulat
Aspermie:	kein Ejakulat
Kryptozoospermie:	≤1 Mio. Spermien/ml
Polyzoospermie:	≥250 Mio. Spermien/ml

5tägiger sexueller Karenz durchgeführt, da die Spermienzahl/ml Ejakulat bei häufigem Geschlechtsverkehr beträchtlich absinken kann. Die Normalwerte wurden in Tab. 3.2 zusammengestellt. Eine Spermienzahl von 20–250 Mio./ml mit >50% gut beweglichen und >50% normal geformten Spermatozoen wird als normal angesehen. Eine Befruchtung kann jedoch im Einzelfall auch bei einer Spermienzahl, welche unter der 20-Mio./ml-Grenze liegt, erfolgen. Da die Spermienzahl bei aufeinanderfolgenden Untersuchungen bis zu ± 50% schwanken kann, sollte das Spermatogramm nicht nur beim Vorliegen eines pathologischen Befundes innerhalb von 4–8 Wochen mindestens einmal wiederholt werden. Bei **Azoospermie** (Begriffsbestimmungen s. Tab. 3.2b) und **Kryptozoospermie** sollte eine Bestimmung des FSH und ggf. des LH im Serum erfolgen. Erhöhte Werte deuten auf einen irreparablen Schaden des Tubulusepithels hin, eine weitere Behandlung erscheint hier aussichtslos. Wenn bei Azoospermie histologisch normale Samenreifung nachgewiesen werden kann, gibt eine röntgenologische Darstellung bzw. chirurgische Exploration der ableitenden Samenwege Aufschluß über etwaige Stenose (Tuberkulose, Gonorrhö) oder eine kongenitale Agenesie des Ductus deferens.
Bei Verdacht auf eine genetische Störung (z.B. ein Klinefelter-Syndrom), muß eine Chromosomenanalyse (Karyogramm, 47/XXY) erstellt werden. Es ist bemerkenswert, daß das Klinefelter-Syndrom (Chromatinkörperchen, Hyalinisierung der Tubuli seminiferi, Azoospermie) bei Männern mit Fertilitätsstörungen wesentlich häufiger (2–3%) als in der Gesamtbevölkerung (0,2–0,3%) diagnostiziert wird.
Der Nachweis eines erniedrigten Fruktosespiegels im Seminalplasma gilt als Hinweis auf mangelnde Androgenbildung bei Insuffizienz der Leydig-Zwischenzellen.

Therapie männlicher Fertilitätsstörungen

Die Gesamtergebnisse bei der Behandlung männlicher Fertilitätsstörungen sind auch heute noch keineswegs als zufriedenstellend anzusehen.
Insuffizienz der Leydig-Zwischenzellen (abnormer Fruktosewert): Deren Funktion wird durch Verabreichung von HCG (als Ersatz für LH) angeregt oder die Substitution der fehlenden Androgene durch Proviron oder Andriol vorgenommen (**Cave:** regelmäßige Palpation der Prostata während der Behandlung empfehlenswert).
Asthenozoospermie: Aufgrund neuerer Untersuchungen erscheint eine mehrwöchige Therapie mit Kallikrein als wenig aussichtsreich (Padutin 100, 3× 2 Tbl.).
Oligozoospermie II. Grades (<10 Mio. Spermatozoen/ml): Hier ist es in den letzten Jahren gelungen, durch eine Behandlung mit Tamoxifen oder hohen Dosen von HMG (in Kombination mit HCG) eine in manchen Fällen deutliche Besserung der Spermiogenese, und damit auch Schwangerschaften, zu erzielen (langwierige und kostspielige Behandlung).
Verschlußzoospermie (FSH normal, Spermiogenese erhalten): Hier ist der Versuch einer Gangbarmachung der ableitenden Samenwege nicht ganz ohne Aussicht, wenn der Eingriff mittels mikrochirurgischer Methodik erfolgt.
Hyperzoospermie (>250 Mio. Spermatozoen/ml): Diese wird vor allem als eine Ursache von Aborten angesehen. Durch Suppression der Spermiogenese mit Testosteronpräparaten kann eine Normalisierung des Befundes bewirkt werden.
Varikozele: Eine relativ gute Prognose besteht bei Fertilitätsstörungen, die durch eine Varikozele bedingt sind. Die Therapie besteht in hoher, extraperitonealer Unterbindung oder Embolisierung der V. spermatica.
Aplasien und Stenosen der ableitenden Samenwege: Hier sind chirurgische Interventionen mit plastischen Wiederherstellungsoperationen erforderlich; es sind jedoch nur in vereinzelten Fällen Erfolge erzielt worden.
Genetisch bedingte Fertilitätsstörungen: Bei diesen, z.B. dem Klinefelter-Syndrom, ist eine kausale Therapie nicht möglich.

3.3 Künstliche Befruchtung oder assistierte Reproduktion

Unter **homologer Insemination** versteht man die künstliche Befruchtung mit dem Sperma des Ehemanns, bei der **heterologen Insemination** wird das Sperma eines Spenders (Donor) verwendet.

Homologe Insemination

Die Anwendungsmöglichkeiten und Erfolgsaussichten der homologen Insemination werden allgemein, insbesondere von Laien, überschätzt. Die Erfolgsrate liegt zwischen 10 und 30%. Eine Insemination mit dem Sperma des Ehemanns erscheint nur unter folgenden Aspekten sinnvoll:

- Wenn der Ehemann aus psychischen oder anatomischen Gründen zu keiner normalen Kohabitation bzw. Ejakulation fähig ist.
- Wenn bei Oligozoospermie, bei Asthenozoospermie bzw. erniedrigtem Fruktosegehalt des Spermas durch Insemination die Möglichkeit gegeben wird, eine im Vergleich zum natürlichen Koitus größere Zahl von Spermien mit dem Zervikalsekret in Kontakt zu bringen.
- Wenn eine Kohabitation zum fertilen Zeitpunkt des Zyklus nicht möglich ist, aber eine Insemination evtl. mit tiefgefrorenem Sperma durchgeführt werden kann.
- Wenn bei der Ehefrau Strikturen oder kongenitale Mißbildungen in der Vagina eine normale Kohabitation verhindern.

Da die Umstände bei einer homologen Insemination für beide Ehepartner zu einer erheblichen psychischen Belastung werden können, sollte man das Pro und Contra vor Beginn einer solchen Behandlungsserie sorgfältig besprechen.

Bei der **prä-** oder **intrazervikalen Insemination** wird das frisch durch Masturbation gewonnene bzw. tiefgefrorene Sperma (evtl. »Split ejaculate«) durch einen Zervixadapter in Kontakt mit dem äußeren Muttermund gebracht. Durch den Adapter wird eine Berührung mit dem Vaginalsekret vermieden, in welchem Spermatozoen nach kurzer Zeit ihre Motilität einbüßen. Die Optimierung des Zeitpunktes in bezug auf die Ovulation wird durch sonographische Überwachung des Follikelwachstums ermöglicht.

Die **intrauterine Insemination** wird angewendet, wenn die prä- und intrazervikale Insemination innerhalb eines vernünftig bemessenen Zeitraums nicht zum gewünschten Erfolg führt oder der Postinseminationstest ein negatives Resultat ergibt. Sie kann in manchen Fällen zur Schwangerschaft führen. Die Methode ist auch bei immunologisch bedingter und idiopathischer Sterilität mit Erfolg angewandt worden. Die Konzeptionsrate dürfte etwa der bei präzervikaler Insemination entsprechen. Im Gegensatz zu der letzteren kann bei der intrauterinen Insemination kein natives Sperma verwendet werden, sondern eine Suspension von Spermatozoen in einem Kulturmedium. Die Insemination selbst erfolgt mit einem dünnen Katheter in das obere Drittel des Cavum uteri.

Heterologe Insemination

Wenn der Ehemann ohne jeden Zweifel zeugungsunfähig ist, bietet die Insemination mit dem Sperma eines Spenders einen letzten Ausweg, den Kinderwunsch eines Ehepaares zu erfüllen. Wie zu erwarten ist, liegen die Erfolgsquoten bei der heterologen Insemination wesentlich höher als bei der homologen.

Seit der 73. Deutsche Ärztetag im Jahre 1970 eine Entschließung annahm, nach welcher eine heterologe Insemination nicht mehr als »standeswidrig« angesehen, ihre Durchführung wegen noch offener zivilrechtlicher Fragen jedoch nicht empfohlen wird, hat dieses Problem auch in der Bundesrepublik Deutschland an Aktualität gewonnen. Es gibt für den Arzt wenige Situationen, in welchen ein gleiches Maß an Einfühlungsvermögen in die psychologische Ausgangslage der Patientin erforderlich ist, wie bei der Beratung eines Ehepaares über die Durchführung einer heterologen Insemination. Auf der einen Seite besteht wenig Zweifel, daß die Zahl der Scheidungen in kinderlosen Ehen höher ist als in Ehen mit einem Kind, durch eine heterologe Insemination also eine gewisse Zahl von Ehen gerettet werden könnte. Auf der anderen Seite sollte nicht übersehen werden, daß ihre erfolgreiche Durchführung beim Ehemann Minderwertigkeitsgefühle erzeugen kann; bei Heranwachsen des Kindes könnte es, vor allem wenn es den Modus seiner Erzeugung erfährt, zu erheblichen Spannungen zwischen »Vater« und Kind kommen.

Schließlich ist die Rechtslage voller Probleme. Nach Bestimmungen des Gesetzes über die Gleichstellung des unehelichen Kindes hat dieses das Recht, seinen Vater kennenzulernen; es könnte also mit Hilfe der sog. Personenstandsgesetzgebung vom Arzt später die Identifizierung des »biologischen« Vaters fordern. Aus den gleichen Gesetzen könnten sowohl ein Unterhaltsanspruch gegenüber dem biologischen Vater als auch ein Anspruch des Spenders gegen das Kind abgeleitet werden. Würde der Arzt die Preisgabe der Identitäten verweigern, könnte er zur Erfüllung der Forderungen herangezogen werden.

Vor einer heterologen Insemination müßte ferner sichergestellt werden, daß der Ehemann das Kind später adoptieren wird. Auch hier ergeben sich zivilrechtliche Bedenken aus dem Anfechtungsrecht des Ehemannes (§ 1593 BGB), das durch Einwilligung oder Vertrag nicht aufgehoben werden kann.

In-vitro-Fertilisation (IVF) und Embryotransfer (ET)

Im Jahre 1978 berichteten Steptoe und Edwards erstmals über die Geburt eines Kindes, das außerhalb des Mutterleibes **in vitro** gezeugt worden war. Sie hatten den Ovarien einer Frau, deren Eileiter irreversibel geschädigt waren, ein Ovum entnommen, in vitro mit den Spermatozoen des Ehemannes fertilisiert und den entstandenen Embryo im Uterus der Frau zur Nidation gebracht. Obwohl das Verfahren von zahlreichen Arbeitsgruppen in aller Welt übernommen und auch verbessert worden ist, haben die Ergebnisse nicht ganz die Erwartungen erfüllt. Man kann damit rechnen, daß mit dieser Methode der Wunsch nach der Geburt eines gesunden Kindes bei 10–20% der Patientinnen erfüllt werden kann. In einigen Zentren liegt die Erfolgsquote bei 30%.

Verfahren wird in folgender Weise: Durch die Gabe hoher Dosen von Clomiphen, HMG oder einer Kombination beider Ovulationsauslöser werden die Ovarien bewußt überstimuliert, um mehrere befruchtungsfähige Oozyten zu erhalten. Wenn die sonographische Kontrolle ergibt, daß mehrere Follikel das Stadium der Sprungreife erreicht haben, wird eine Dosis zu 5000 IE HCG i.m. verabreicht. Ca. 35 Std. später, bevor es zur spontanen Ovulation kommen kann, werden die Oozyten per laparoscopiam oder transvaginal unter Ultraschallkontrolle durch Punktion der Follikel gewonnen. Die Befruchtung erfolgt einige Stunden später nach einer Vorinkubation der Eizellen durch die Zugabe von Spermien, die vom Seminalplasma getrennt und in einem Kulturmedium gleichfalls inkubiert und kapazitiert worden waren. Im 4- bis

8-Zell-Stadium wird ein Embryo bzw. werden mehrere Embryonen (höchstens drei!) mit einem weichen, dünnen Plastikkatheter transzervikal in das Cavum uteri plaziert. Kindliche Mißbildungen und Extrauteringraviditäten wurden nicht häufiger als sonst beobachtet.
Inzwischen ist es gelungen, mittels eines Mikromanipulators Eizellen mit einem einzelnen isolierten Spermatozoon zu befruchten. Mit dieser als **Intra-cytoplasmatic-sperm-Injektion (ICSI)** bekannten Methode lassen sich Schwangerschaften von über 25% erreichen, auch bei hochgradigen Störungen der Spermiogenese in bezug auf Zahl, Motilität und Morphologie der Spermien. Die wichtigste Indikation für diese technisch sehr aufwendige Methode sind also andrologische Ursachen, die sich jeder anderen Art der Therapie entziehen. Es ist sogar gelungen, Ova mit Spermatozoen, die aus den Tubuli seminiferi abgesaugt wurden und völlig unbeweglich waren, zu fertilisieren.

Gametentransfer

Wenn lediglich eine Störung des Eiaufnahmemechanismus vorzuliegen scheint, ist die sog. **GIFT-Methode** (Gamet-in-fallopian-tube-Transfer), auch Gametentransfer genannt, indiziert. Die Gewinnung der Oozyten geschieht durch eine Punktion per laparoscopiam. Die Fertilisation erfolgt nicht in vitro, sondern in der Ampulle des Eileiters, nachdem die Oozyten sofort, zusammen mit Spermien, durch das Ostium in den peripheren Teil des Eileiters plaziert worden sind. Im Gegensatz zur IVF ist also der Gametentransfer nur durchführbar, wenn die Eileiter intakt sind. Bei richtiger Indikationsstellung kann die Schwangerschaftsrate günstiger sein als bei der IVF.
Eine weitere Variante der »assistierten Reproduktion« ist die unter dem Akronym **EIFT** (Embryo-in-fallopian-tube-Transfer) bekannte Methode. In Unterscheidung zum GIFT wird nicht eine Oozyte zusammen mit Spermien in das ampulläre Ende des Eileiters plaziert, sondern eine extrakorporal gezeugte Zygote. Diese Methode scheint sich besonders bei männlichen Fertilitätsstörungen zu bewähren.
Die ethischen und moraltheologischen Aspekte dieser Verfahren, vor allem aber Extreme (z. B. Verwendung von Donor-Eizellen oder »Leihmüttern«, Experimente mit »überzähligen Embryonen«) sind sicher noch nicht ausreichend diskutiert worden. Die rechtlichen Aspekte regelt das Gesetz zum Schutz von Embryonen vom 1. 1. 1991.

3.4 Adoption

Liegt bei einem oder beiden Ehepartnern eine therapieresistente Unfruchtbarkeit vor oder läßt sich keine Ursache für die Kinderlosigkeit finden, so bleibt als letzter Ausweg zur Erfüllung des Kinderwunsches eine Adoption. Der erfahrene Arzt wird die Möglichkeit, ein Kind anzunehmen, bereits dann diskutieren, wenn sich die Sterilitätsbehandlung sehr in die Länge zu ziehen droht, nicht erst wenn alle Hoffnungen aufgegeben werden müssen. Es ist gar nicht so ungewöhnlich, daß eine Frau konzipiert, wenn sich das Ehepaar zur Adoption entschlossen hat, also dem »Erfolgszwang« einer Sterilitätsbehandlung entgangen ist.
Adoptionen werden durch die Vermittlungsstellen bei den kommunalen Jugendämtern bzw. dem Diakonischen Werk und dem Caritasverband vermittelt. Eine ärztliche Bescheinigung über die Unfruchtbarkeit der Ehe wird nicht mehr gefordert. Die rechtlichen Voraussetzungen werden im folgenden behandelt.

Rechtslage bei Adoption

Die Adoption, d.h. die Schaffung eines Eltern- und Kindschaftverhältnisses durch Rechtsakt statt durch Geburt, wird im BGB, Paragraph 1741–1772, geregelt. Die Annahme als Kind wird vom Vormundschaftsgericht nach gutachterlicher Stellungnahme der Vermittlungsstelle auf Antrag des bzw. der Annehmenden ausgesprochen. Grundsätzlich müssen die Annehmenden voll geschäftsfähig sein. Handelt es sich um ein Ehepaar, soll der eine Partner das 25. Lebensjahr vollendet haben, der andere das 21. Lebensjahr. Die letztere Bestimmung gilt auch, wenn jemand sein nichteheliches Kind oder das Kind des Ehepartners annehmen will. In der Regel wird ein Ehepaar das Kind gemeinschaftlich adoptieren.
Zur Annahme ist bei Kindern über 14 Jahren die Einwilligung des Kindes erforderlich. Ist das Kind noch nicht 14 Jahre alt oder geschäftsunfähig, muß der gesetzliche Vertreter die Einwilligung erteilen. Zur Annahme eines nichtehelichen Kindes ist die Einwilligung der Mutter und des leiblichen Vaters erforderlich, im Fall eines ehelichen Kindes die beider Elternteile. Die Einwilligung darf erst, um Überstürzung zu vermeiden, erteilt werden, wenn das Kind 8 Wochen alt ist.
Das Vormundschaftsgericht versagt die Bestätigung der Annahme, wenn durch sie kein Eltern-Kindschafts-Verhältnis begründet werden soll, sondern andere Zwecke, z. B. der Erhalt eines Adelsnamens oder Umgehung der Erbschaftssteuer, verfolgt werden.
Durch die Adoption erhält das Kind die rechtliche Stellung eines ehelichen Kindes; es erhält den Familiennamen des Annehmenden und ist ihm gegenüber, sofern das nicht vertraglich ausgeschlossen wird, erbberechtigt; der Annehmende wird jedoch nicht gesetzlicher Erbe des Kindes.
Möglich ist eine sog. Inkognito-Adoption: bei ihr erfahren die Eltern (bzw. die Mutter) des Kindes nicht den Namen des Annehmenden, sondern nur dessen Lebensverhältnisse.

Literatur

Schneider HPG. Endokrinologie und Reproduktionsmedizin II. Klinik der Frauenheilkunde und Geburtshilfe. Bd. 2. 3. Aufl. München: Urban & Schwarzenberg 1996.
Schneider HPG. Endokrinologie und Reproduktionsmedizin I. In: Klinik der Frauenheilkunde und Geburtshilfe. Bd 1. 3. Aufl. Wulf KH, Schmidt-Matthiesen H (Hrsg). München: Urban & Schwarzenberg 1995.

4

Normale Schwangerschaft

H. Schmidt-Matthiesen

4.1 Befruchtung und Implantation

Befruchtung

Die Vereinigung der Gameten erfolgt normalerweise in der **Ampulle des Eileiters**, also im distalen, weiten Anteil (Abb. 4.1). Das Ei gelangt unmittelbar an diesen Befruchtungsort, wenn es bei der Ovulation in regelrechter Weise vom Fimbrientrichter aufgefangen bzw. abgenommen worden ist.

Die **Spermien** (s. S. 119, 129) müssen zum Zwecke der Befruchtung bis zur Ampulla tubae aszendieren. Dabei kommen sie mit mehreren Medien in Kontakt. Während das **Vaginalmilieu** spermizid wirkt (pH!), scheint das **Sekret des Zervikalkanals** funktionsfördernd zu wirken (Zervixfaktor). Im Verlauf der weiteren Aszension bis zur Ampulle erhalten die Spermien, vermutlich unter dem Einfluß der Sekrete

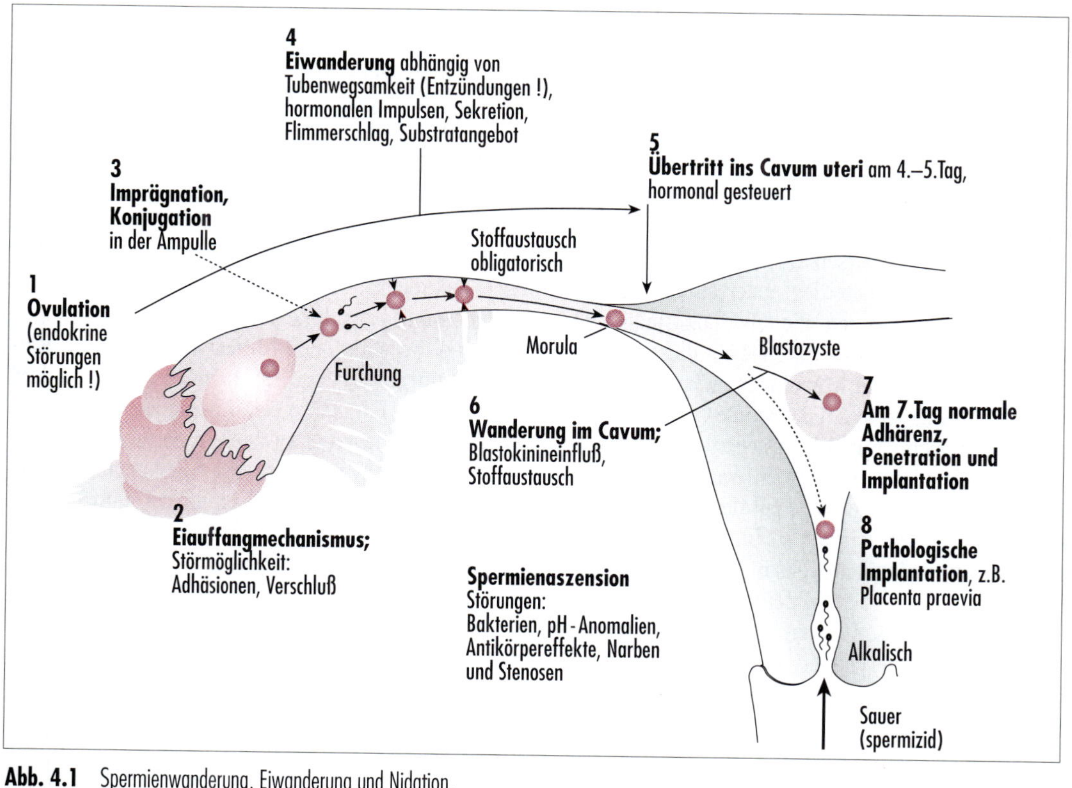

Abb. 4.1 Spermienwanderung, Eiwanderung und Nidation.
Chronologischer Ablauf (1–7) unter Angabe der Begleitumstände und Störmöglichkeiten.

des Endometriums und der Tube, ihre volle Funktionsfähigkeit. Über Störungen der Eiaufnahme und der Spermienaszension s. S. 119 u. 121.

! Die Vereinigung der Gameten muß infolge der nur kurzen Lebensfähigkeit des unbefruchteten Eies innerhalb der ersten Stunden nach der Ovulation erfolgen.

Nach dem Eindringen des Spermiums in die Eizelle (**Imprägnation**) kommt es im Kern der Eizelle zur zweiten Reifungsteilung mit Ausstoßung eines Polkörperchens. Der Spermienkopf wandelt sich zum Vorkern um. Es folgt die Verschmelzung der beiden haploiden Chromosomensätze von Eizelle und Spermienkopf (**Konjugation**). Die nunmehr vorliegende entwicklungsfähige Zelle, die **Zygote**, besitzt einen diploiden Chromosomensatz. Wegen der häufig falsch benutzten Terminologie sind nachfolgend die einzelnen Begriffe nochmals definiert.

- **Konzeption:** zur Befruchtung führende Kohabitation
- **Imprägnation:** Eindringen des Spermiums in das Ei
- **Konjugation:** Verschmelzung der Kernanteile zu einem Kern

Eientwicklung und Eiwanderung

Das befruchtete Ei wandert in Richtung Uteruskavum. Diese Wanderung ist das Ergebnis einer komplexen Aktion von Flimmerschlag, Tubensekretion und Tubenmotilität und unterliegt einer äußerst differenzierten Steuerung durch die Ovarialhormone. Die Tubenpassage dauert etwa 3 Tage. In dieser Zeit hat sich die Zygote bis zur **Morula** entwickelt. Der Übertritt der Morula in das Cavum uteri, der ebenfalls durch hormonelle Impulse gesteuert ist, erfolgt am 4.–5. Tag. Während der weiteren Wanderung über die Endometriumoberfläche wird aus der Morula die **Blastozyste**. Diese erreicht am 6. Tag post ovulationem den endgültigen Implantationsort, der häufiger an der Hinterwand als an der Vorderwand gelegen ist. Ist die Blastozyste zum Zeitpunkt der Implantationsreife bereits in tiefere, zervixnahe Kavumbereiche gelangt, so kommt es zwangsläufig zur Ausbildung einer **Placenta praevia**.

Das sich teilende Ei ist während der Wanderung nicht autonom, sondern von seinem Kontaktmedium (Oberfläche von Endosalpinx und Endometrium) und dessen funktioneller Integrität abhängig; diese wiederum ist an eine reguläre endokrine Stimulation gebunden.

Implantation

Der Keimling ist im Blastozystenstadium zur Implantation befähigt. Diese wird mit der **Adhärenz**, d.h. der Fixierung der bis zu diesem Zeitpunkt wandernden Blastozyste am gewählten Implantationsort, eingeleitet. Bei dieser Fixierung soll der Embryonalanteil basal zu liegen kommen (Abb. 4.2). Bleibt diese Polarisation aus, so geht der Keimling zugrunde, oder es kommt später zur Insertio velamentosa (s. S. 139, 147).

Die **Implantation** beginnt am 6. Tag post ovulationem. Sie ist kein einseitig aktiv-invasiver Vorgang, sondern beruht auf einer enzymatischen Wechselwirkung zwischen Blastozyste und Endometrium und hat eine bestimmte hormonale Stimulation und stoffliche Ausreifung der **Endometrium-Funktionalis** zur Voraussetzung. In der **avaskulären Frühphase** der Implantation bezieht die Blastozyste ihre Nährsubstrate direkt aus ihrer endometrialen Umgebung (Grundsubstanzanteile, Speicherstoffe, inkorporierte Stromazellen). Diese Phase wird deshalb auch als **histiotrophe Phase** bezeichnet. Viren, Toxine, Antikörper u .a. teils schädigende Stoffe können zu dieser Zeit direkt auf das Implantat übergehen. Bis zum 12. Tag erfolgt dann der Übergang zur **hämotrophen Phase**. Der Trophoblast eröffnet die dünnwandigen mütterlichen Gefäße (Abb. 4.2), deren Blut nun frei in die Trophoblastlakunen strömt und die hämatogene Substratzufuhr einleitet. Die penetrierenden Aktionen der Implantation beschränken sich auf das obere Drittel der Funktionalis. Ein tieferes Eindringen (Basalis, Myometrium) ist pathologisch (s. S. 147).

Während die wirksamen Milieueinflüsse in der Präimplantationsphase und auch noch zur Zeit der histiotrophen Frühphase der Implantation zahllosen Zufällen unterliegen – was sich in der hohen Absterberate der Früchte während dieser Zeitspanne niederschlägt –, sind mit dem Abschluß der Implantation konstante Bedingungen geschaffen. Gleichzeitig ist die Verbindung zwischen Trophoblast und Endometrium auch strukturell konsolidiert. Die Absterberate sinkt steil ab. Aus den genannten Gründen sehen viele Autoren erst von diesem Zeitpunkt an den Tatbestand der »Schwangerschaft« als gegeben an.

Aus dem Embryoblastanteil der früheren Blastozyste entwickelt sich der **Embryo**. Da der Embryoblast hinsichtlich der direkten Substratversorgung aus der Umgebung ungünstiger gestellt und auch wohl emp-

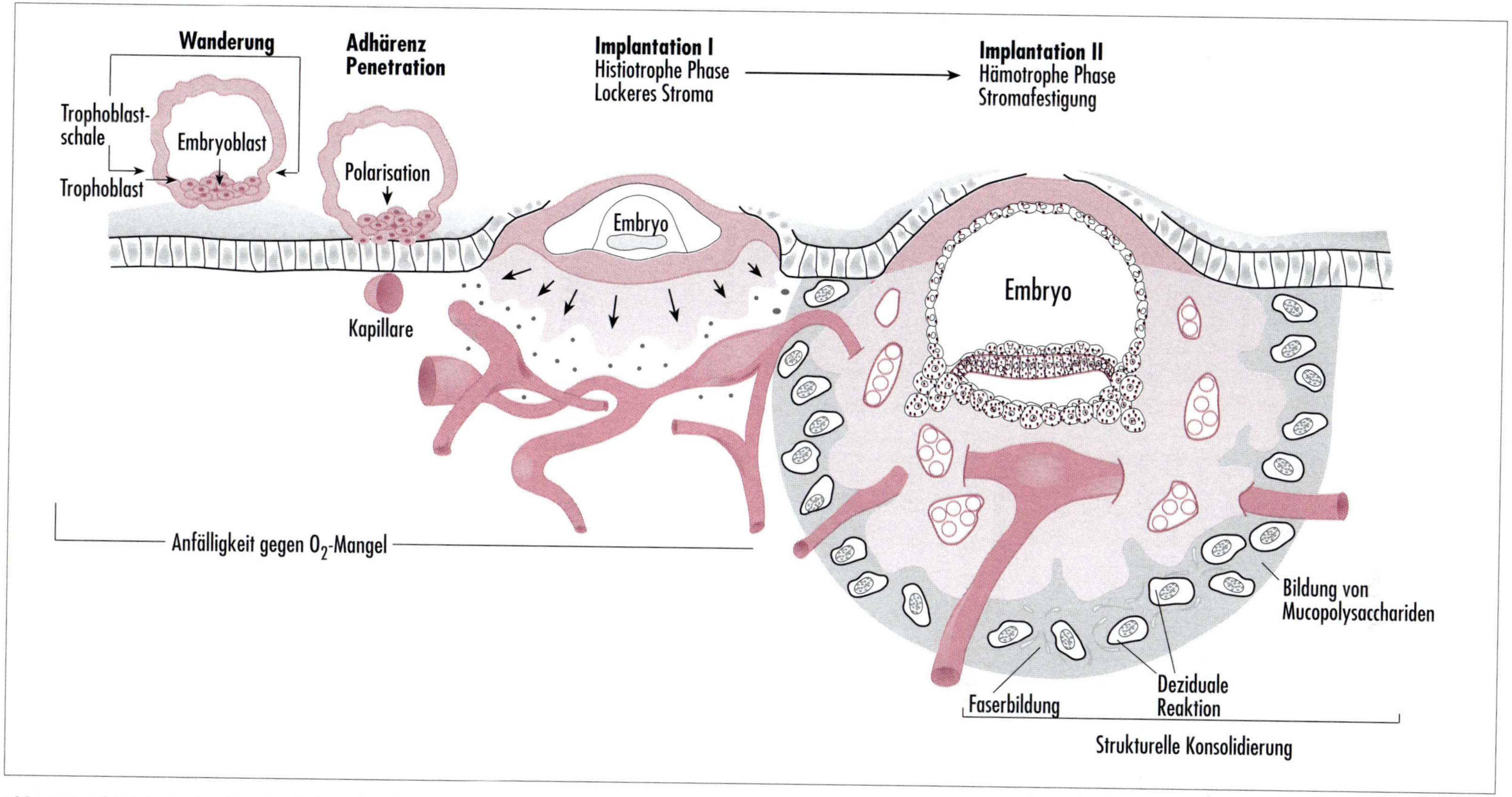

Abb. 4.2 Ablauf der Implantation (von links nach rechts).
Position 1 und 2 kennzeichnen die Tatbestände am 5.–6. Tag post ovulationem. Position 3 entspricht dem 7. Tag und Position 4 dem 10.–12. Tag post ovulationem. Vereinfacht und schematisiert.

findlicher gegenüber O_2-Mangel ist als der periphere Trophoblast, wird sich an ihm eher ein Defizit entwickeln und manifestieren können (s. S. 150 Abortivei, Mißbildungen usw.).

Das Oberflächenepithel des Endometriums schließt den durch die Implantation vorübergehend entstandenen Defekt. Die Funktionalis des Endometriums wandelt sich durch reaktive Veränderungen (Vaskularisation, Transformation der Stromazellen) zur **Dezidua** um. Die dem Cavum uteri zugewandte, das Implantat überdeckende Deziduaschicht wird mit weiterem Wachstum der Frucht immer mehr angehoben und zur **Decidua capsularis**. Schließlich verklebt sie mit der Dezidua der gegenüberliegenden Cavum-uteri-Wand.

Die ursprünglich soliden Trophoblastsprossen differenzieren sich zunächst in zwei Schichten, das äußere **Synzytium** und die innere **Langhans-Zellschicht**, und bilden die **Primärzotten**. Durch Einsprossen von Mesenchym entstehen die **Sekundärzotten**. Nach der Vaskularisation spricht man schließlich von **Tertiärzotten**.

Die anfänglich von der gesamten Oberfläche ausgehenden Zotten bleiben nur an der basalen, der Uteruswand zugekehrten Seite erhalten; die übrigen bilden sich zurück (Abb. 4.7). Ebenso schwindet die Langhans-Zellschicht allmählich. Die endgültige Beschaffenheit einer **reifen Zotte** ist in Abb. 4.4 ersichtlich.

Aus klinischer Sicht haben wir folgendes festzuhalten:
Präimplantationsphase und Implantationsphase sind von zahlreichen, teils unkontrollierbaren Einflüssen des inneren und äußeren Milieus abhängig. Zufälligkeiten von Ernährung, Durchblutung, Temperatur sowie diskrete Abweichungen der hormonalen Regulation und Stimulation können sich in unvorhersehbarer Weise deletär auswirken. Die Verlustrate der Schwangerschaftsprodukte ist bis zum Abschluß der Implantation außerordentlich hoch.

Auch manche Störungen der weiteren Schwangerschaftsentwicklung (Abort, Placenta praevia, Fehlentwicklungen im Sinne des Abortiveies und manche Mißbildungen) haben ihre Ursache in Störungen während der Präimplantations- und Implantationsphase. Eine besondere Bedeutung scheint dem **Sauerstoffmangel** des wandernden Eies und des jungen Implantates zuzukommen.

Literatur

Diedrich K et al. Physiologie der Reproduktion. In: Endokrinologie und Reproduktionsmedizin III. Bd 3. Klinik der Frauenheilkunde und Geburtshilfe. Krebs D, Schneider HPG (Hrsg). München: Urban & Schwarzenberg 1994.

Langmann J. Medizinische Embryologie. 8. Aufl. Stuttgart: Thieme 1989.

Moore K, Persaud T. Embryologie. 4. Aufl. Stuttgart: Schattauer 1996.

4.2 Plazenta und Fruchtwasser

Bauprinzip und Entwicklung

Die Plazenta stellt die Stoffwechselbrücke zwischen mütterlichem Organismus und Fetus dar.

Abb. 4.3 zeigt schematisch und sehr vereinfacht das Bauprinzip der Plazenta. Der **Stoffaustausch** zwischen den beiden Kreisläufen vollzieht sich durch Zotten- und Kapillarwand hindurch, er ist abhängig von folgenden Faktoren:

- Konzentrationsgefälle
- Durchströmung (und Kontaktzeit)
- Beschaffenheit der Trennmedien
- Distanz der Austauschmedien (Diffusionsdistanz)

Dazu kommen noch **energieliefernde Prozesse** und spezielle Zellfunktionen als weitere Parameter.

Dem zunehmenden Stoffbedarf des wachsenden Feten entspricht die typische **»Ausreifung« der Plazenta** im Schwangerschaftsverlauf:

- Vermehrung der Zottenzahl
- Vermehrung der Zottenoberfläche
- Intensivierung der Vaskularisierung
- Distanzverkürzung zwischen mütterlichem und fetalem Blut, indem die Zottengefäße an die Wandung rücken (Abb. 4.4) und die Zottenwand immer dünner wird.

Die Zottenkapillaren besitzen zahlreiche Anastomosen, durch die bestimmte Bereiche wahlweise ausgeschlossen bzw. angeschaltet werden können.

An der **reifen Plazenta** vom Ende der Schwangerschaft lassen sich folgende, für die Funktion aufschlußreiche Größen bestimmen:

- Zottenoberfläche: 11–14 m^2
- Durchblutung intervillöser Raum: 500–600 ml/Min.
- Durchblutung auf der fetalen Seite: 200–250 ml/Min.

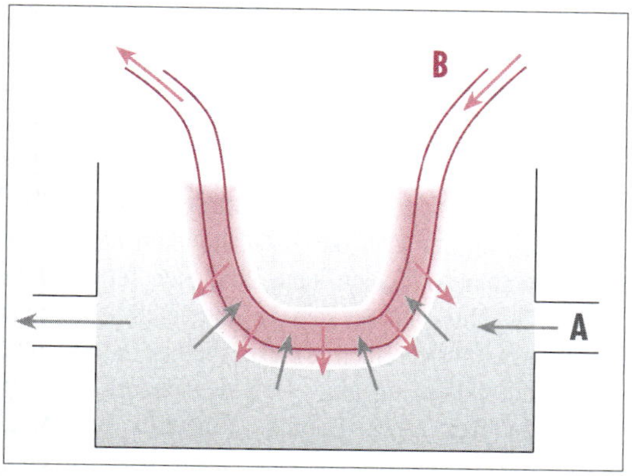

Abb. 4.3 Modell für die Wechselwirkung zwischen zwei Flüssigkeitssystemen. Die kleinen Pfeile repräsentieren einen Stoffaustausch zwischen den Lösungen A und B.
Man denke sich einen von links nach rechts mit der Lösung A durchströmten Raum. In die Flüssigkeit tauchen Schlingen ein, die mit der Lösung B durchströmt werden und deren Wandung semipermeabel ist. Bestehen Konzentrationsunterschiede der in A und B gelösten mittel- und niedermolekularen Substanzen, so kommt es nach den Gesetzen der Diffusion und Osmose durch die Wandung hindurch zum Stoffaustausch zwischen den beiden Lösungen.
In der Plazenta entspricht die Lösung A dem mütterlichen Blut, das durch den intervillösen Raum strömt. Die Lösung B entspricht dem fetalen Blut, das durch die Zottenkapillaren fließt, die ihrerseits vom mütterlichen Blut umflossen werden.

Funktionen der Plazenta

Die Funktionen der Plazenta sind Austauschvorgänge sowie produktive Leistungen (Tab. 4.1).
Die **Austauschvorgänge** erfolgen – je nach Substrat – nach verschiedenen Mechanismen:

- **Diffusion** bzw. »erleichterte« Diffusion ist nur für Gase, Wasser, Kreatinin, Glukose sowie niedermolekulare Medikamente anzunehmen (s. Abb. 4.3).

Bei Medikamenten ist die Passage bis zu einem Molekulargewicht von etwa 600 ohne weiteres möglich, bis zur oberen Molekulargewichtsgrenze von 1000 aber zunehmend von der Fettlöslichkeit abhängig. Größere Moleküle können vermutlich nicht permeieren.

Tab. 4.1 Funktionen der Plazenta.

Austauschvorgänge	
Mütterliche Seite	Fetale Seite
O_2 ··········►	
◄··········	CO_2
Nährsubstrate, mütterliches IgG ··········►	
◄··········	Stoffwechselschlacken
Produktive Leistungen (u. a.)	
Human chorionic gonadotropin (HCG)	
Human placental lactogen (HPL)	
Human chorionic thyreotropin (HCT)	
Human chorionic corticotropin (HCCT)	
Östriol, Östradiol, Östron } aus Vorstufen	
Progesteron } aus Vorstufen	
Eiweißkörpersynthese, u. a. Schwangerschafts-β_1-Glykoprotein (SP1), plazentares Protein 5 (PP 5)	
Nukleinsäuresynthese	
ATP-Bildung	

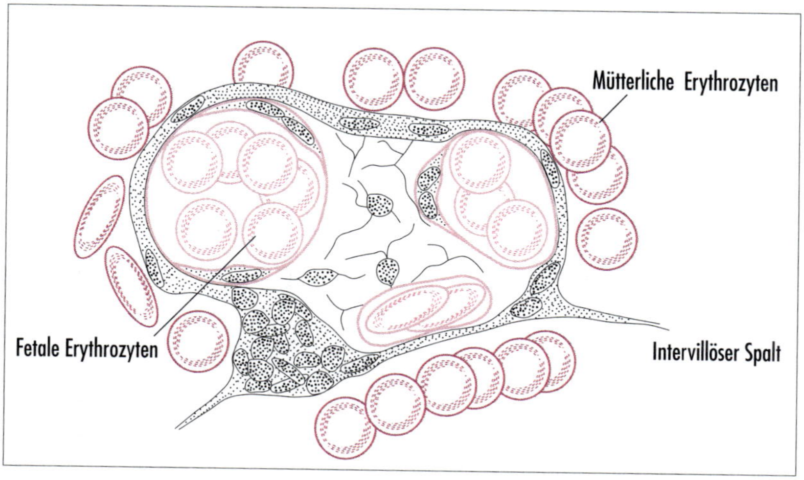

Abb. 4.4 Schematische Darstellung einer reifen Plazentazotte. Man beachte die Dünnwandigkeit der Zotte, die periphere Lage der fetalen Kapillaren (hellrot) und die unmittelbare Nachbarschaft des mütterlichen Blutes bzw. der Erythrozyten (rot).

- **Aktiver Transport**, enzymatisch gesteuert, ermöglicht den Austausch von Hydratationswasser, anorganischen Ionen, Aminosäuren, Fettsäuren, Vitaminen und Hormonen. Ihm kommt damit eine besondere Bedeutung für anabole Prozesse zu. Der aktive Transport ist als energieverbrauchender Vorgang von der Bereitstellung von Adenosintriphosphat (ATP) abhängig. Die Bildung von ATP ihrerseits wird durch das Ausmaß des Sauerstoffangebotes limitiert.
- **Pinozytose** ermöglicht den Übertritt von Proteinen und Lipiden auf die fetoplazentare Einheit.
- **Diapedese** ist für Erythrozyten und Leukozyten möglich.

Die **produktiven Leistungen** der Plazenta (Tab. 4.1) sind ebenso wie der aktive Transport teils durch den Grad der anatomischen Integrität, teils durch das Sauerstoffangebot, den Östrogenspiegel sowie gewisse kooperative Leistungen des Feten limitiert. So ist z.B. die Östriolbildung von der Lieferung von Vorstufen durch den Fetus abhängig.

Die Funktion der normalen Plazenta ist, bezogen auf den Bedarf des Feten, als **Überschußfunktion** zu betrachten. Ein vermindertes Angebot bzw. ein Ausfall kleinerer Plazentaareale wird durch eine Intensivierung der Zirkulation, durch glykolytische Prozesse und spezielle Hilfsleistungen der Plazenta (Umwandlung der Glykolyse-Milchsäure in Brenztraubensäure) kompensiert. Erst mit zunehmenden Ausfällen wird die Kompensationsmöglichkeit gefährdet, bis es schließlich zum Zusammenbruch des fetalen Stoffwechsels und zum Absterben des Feten kommt. (s. Plazentainsuffizienz, S. 244).

Eine indirekte Kontrolle über die Leistungsfähigkeit ist durch die **Überwachung des kindlichen Befindens** möglich. In direkter Weise läßt sich die Funktion durch die Bestimmung der von der Plazenta produzierten **Hormone** beurteilen (s. Abb. 9.7).

Reife normale Plazenta und Anhänge

Die grob-morphologische Beschaffenheit der **reifen Plazenta** und ihrer Anhänge nach der Ablösung post partum ist normalerweise recht einförmig. Die Plazenta ist in der Regel ein rundlich-kompaktes Gebilde, an dem Nabelschnur und Eihäute hängen. Sie hat normalerweise einen Durchmesser von 15–20 cm, eine Dicke von 2–3 cm und ein Gewicht von ca. 500 g (Mittelwerte). Man unterscheidet eine **materne Seite** (Abb. 4.5 links), an der man die Vollständigkeit der 20 bis 30 Plazentome erkennen kann, und eine **fetale Seite** (Abb. 4.5 rechts), auf der sich die Zottengefäße sichtbar zur Nabelschnur vereinen. Gelegentlich ist die Plazenta nicht rund und ein einzelnes Gebilde, sondern sie zeigt die Andeutung einer Teilung (**Placenta bipartita**, Abb. 4.6) oder eine völlige Isolierung gewisser Anteile, die als **Nebenplazenten** (Abb. 4.6) bezeichnet werden und nur durch einige Gefäße, die über die Eihäute laufen, mit der Hauptplazenta in Verbindung stehen.

Die **Eihäute** (Chorion, Schwammschicht und Amnion) setzen am Rand der Plazenta an und sind normalerweise gefäßlos. Sie lassen nur dann Gefäße erkennen, wenn sich Nebenplazenten erhalten haben oder wenn die Zottengefäße sich nicht im Plazentabereich, sondern im Eihautbereich zur Nabelschnur vereinigen (sog. Insertio velamentosa).

Die **Nabelschnur**, die Fetus und Plazenta verbindet, enthält zwei Arterien, die das O_2-arme venöse Blut des Fetus zur Plazenta führen, sowie eine Vene, die das O_2-reiche und mit Nährsubstraten angereicherte arterielle Blut zum Fetus zurückbringt.

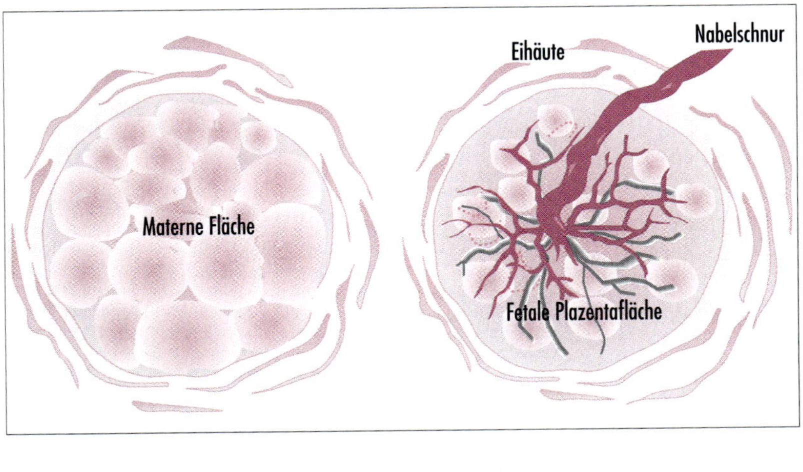

Abb. 4.5 Die ausgestoßene Plazenta. Materne und fetale Seite.

Terminologie	Insertio centralis	Exzentrischer Ansatz	Insertio marginalis	Insertio velamentosa	Placenta bipartita und Nebenplazenten
Befund	(bzw. leicht exzentrisch) 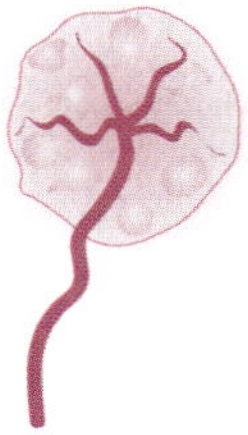	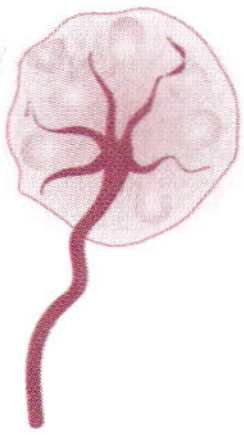	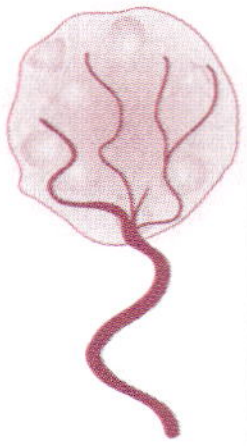	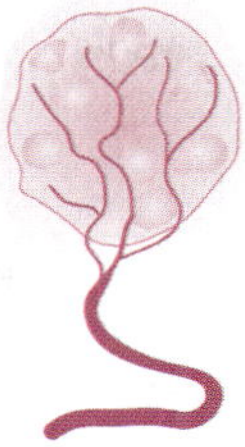	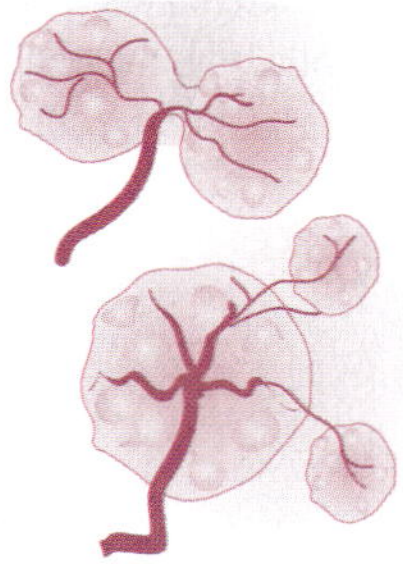
Häufigkeit	68 %	21 %	10 %	1 %	
Häufigkeit bei Mißbildungen	42 %	30 %	28 % !		
Klinische Komplikationen	Ø	Ø	Asphyxiebegünstigung	Asphyxiebegünstigung Verblutungsgefahr beim Blasensprung	Plazentalösungsstörungen

Abb. 4.6 Die verschiedenen Arten der Plazentaausbildung und Nabelschnurlokalisation. Man beachte die unproportional ansteigende Häufigkeit der abnormen Nabelschnuransätze bei Mißbildungen, ferner die klinische Bedeutung der Anomalien.

Die Nabelschnur ist ca. 50 cm lang. Sie zeigt normalerweise einen zentralen (Abb. 4.6), seltener einen exzentrischen oder marginalen Ansatz. Als besondere Anomalie ist die **Insertio velamentosa** anzusehen, bei der zahlreiche Gefäße erst über die Eihäute laufen, bevor sie sich zur Nabelschnur vereinen (Abb. 4.6, vgl. auch Abb. 8.19).

Fruchtwasser

Das Fruchtwasser umgibt den Embryo bzw. Feten und schützt ihn gegen zahlreiche Außeneinflüsse (Temperatur, Trauma, Druck). Die Menge nimmt bis zur 36. Woche stetig zu und erreicht etwa 1000 ml. Dann, speziell bei Terminüberschreitung, kommt es wieder zur Verminderung. Eine pathologische Verminderung wird als **Oligohydramnie**, eine Vermehrung über 2000 ml als **Hydramnion** (s. S. 201) bezeichnet.

Produktion

Das Fruchtwasser ist komplexer, teils fetaler, teils mütterlicher Herkunft. Es entstammt dem Durchtritt von Plasmaanteilen in Abhängigkeit von hydrostatischen und osmotischen Gegebenheiten. Eine »aktive Sekretion« konnte nicht erwiesen werden. Ferner wird seitens des Feten noch Urin in die Fruchthöhle ausgeschieden.

Resorption

Die Bildung steht mit der Resorption in gewissem Gleichgewicht. Bei der Aufnahme spielen der fetale Magen-Darm-Trakt und der Respirationstrakt eine zentrale Rolle.
Das Fruchtwasser unterliegt einem ständigen Austausch. In Abhängigkeit von der Substanz werden meist nur wenige Stunden benötigt.

Beschaffenheit

Das Fruchtwasser ist eine leicht trübe, aber ungefärbte alkalische Flüssigkeit. Es enthält wenig Protein und Glukose, hingegen relativ viel Laktat, Harnstoff und Kreatinin.

Diagnostische Möglichkeiten

Fruchtwasseruntersuchungen haben sich bei bestimmten Fragestellungen als wertvoll erwiesen (s. Geburtshilfliche Untersuchungsmethoden, S. 280).

Literatur

Künzel W. Die feto-plazentare Einheit. In: Schwangerschaft I. Bd 4. Frauenheilkunde und Geburtshilfe. 3. Aufl. Künzel W, Wulf KH (Hrsg). München: Urban & Schwarzenberg 1992.

Schuhmann R, Stoz F. Funktionelle Morphologie und Pathologie der Plazenta. In: Schwangerschaft I. Bd 4. Frauenheilkunde und Geburtshilfe. 3. Aufl. Künzel W, Wulf KH (Hrsg). München: Urban & Schwarzenberg 1992.

Vogel M. Atlas der morphologischen Plazentadiagnostik. 2. Aufl. Heidelberg: Springer 1996.

4.3 Normale Entwicklung der Frucht

Man unterscheidet zwischen der hochsensiblen **Embryonalperiode** (3.–8. Woche post conceptionem) und der sich anschließenden **Fetalperiode**.
Für die normale Entwicklung in der **Embryonalperiode** sind determinierend:

- Genetische Mitgift
- Realisierung der genetischen Information

Ferner sind für das Substratangebot entscheidend:

- Umweltbedingungen in der Präimplantationsphase
- Implantationsmilieu
- Hämatogenes Stoffangebot und Stoffaustausch
- Organintegrität, Stoffwechsel

Hinsichtlich der ablaufenden Gestaltungsvorgänge am Embryo wird auf Abb. 4.7 und spezielle Lehrbücher verwiesen. Die Genitalentwicklung ist auf S. 3 dargestellt.

Die postembryonale **Fetalentwicklung** wird aus klinischer Sicht vor allem von drei Faktoren bestimmt:

- Genetische Gegebenheiten und Realisierung
- Substratangebot (Plazentafunktion, Ernährung)
- Tragzeit

Die **normale Entwicklung der Frucht** sowie von Plazenta und Eihäuten zeigen Abb. 4.7 und 4.8. Unter

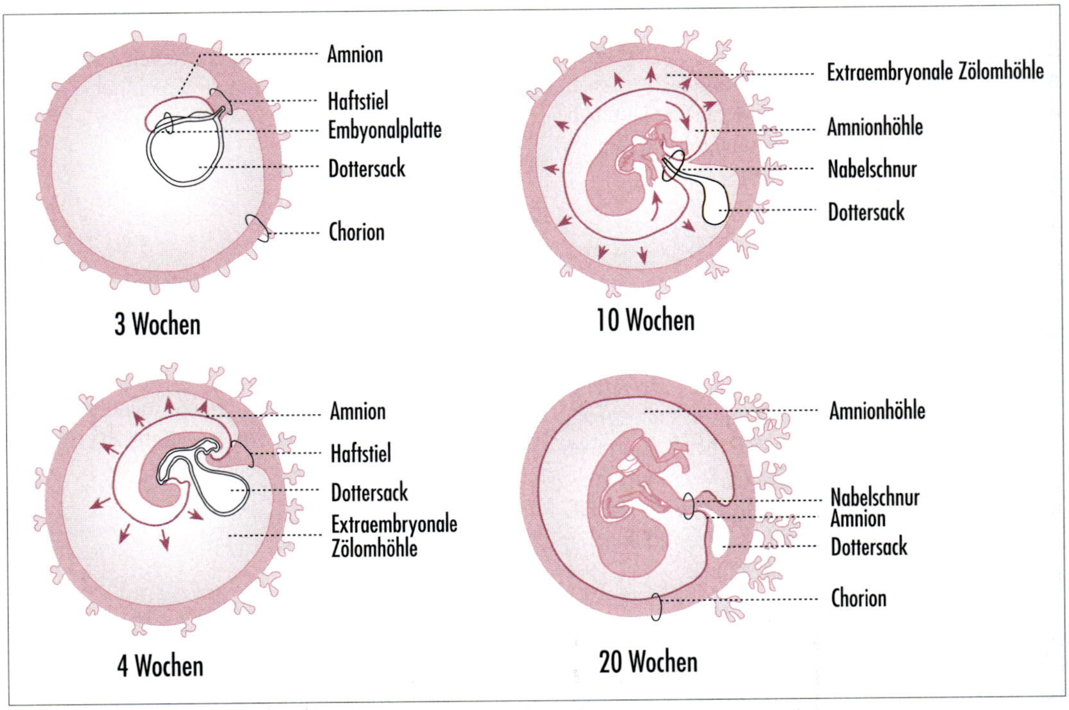

Abb. 4.7 Entwicklung von Frucht, Plazenta und Eihäuten.

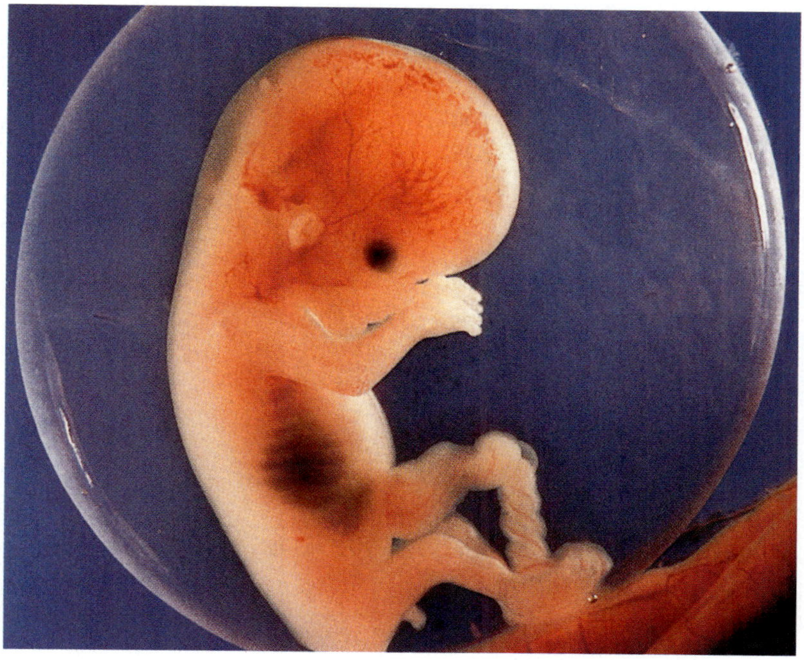

Abb. 4.8 Entwicklungszustand in der 11. Woche p. c. Intakte Fruchtblase.
(Mit freundlicher Genehmigung von R. Jonas)

regelrechten Bedingungen, d.h. ohne pathologische Gegebenheiten, vollziehen sich in direkter Abhängigkeit von der **Tragzeit** Änderungen folgender kindlicher Parameter (Abb. 4.9):

- Körperlänge
- Körpergewicht
- Körperproportionen

Tragzeit und Körpermasse

Als Faustregel für die grobe **Längenberechnung** (in cm) kann die Berechnung nach Haase herangezogen werden:

Ende Mens III	3 × 3 = 9	
Ende Mens IV	4 × 4 = 16	entspricht Monat²
Ende Mens V	5 × 5 = 25	
Ende Mens VI	6 × 5 = 30	
Ende Mens VII	7 × 5 = 35	
Ende Mens VIII	8 × 5 = 40	entspricht Monat × 5
Ende Mens IX	9 × 5 = 45	
Ende Mens X	10 × 5 = 50	

Auch die **Gewichtszunahme** folgt einer deutlichen Gesetzmäßigkeit (Abb. 4.9). Mit zunehmendem Wachstum verschiebt sich das Verhältnis der Kopfgröße zum übrigen Körper immer mehr zugunsten des Körpers, bis schließlich zum Geburtstermin eine Relation von etwa 1:4 bis 1:5 erreicht ist.

Über die zeitabhängigen Größen des biparietalen und des abdomino-transversalen Durchmessers s. S. 281, Abb. 9.3.

Tragzeit und Reife

> Wird ein Kind Ende der 40. Schwangerschaftswoche geboren, so gilt es als **ausgetragen**. Dieser Begriff ist ein reiner Zeitbegriff (**Tragzeit**) und unabhängig vom Zustand des Kindes.
> Im Gegensatz dazu spricht man von **Reife**, wenn das Kind bei der Geburt gewisse äußere Normen erfüllt, die man aufgrund empirischer Erkenntnisse am Ende der Schwangerschaft erwarten darf.

Ein reifes Kind zeigt folgende Befunde:

Körperlänge	48–54 cm
Gewicht	2800–4100 g
Kopfumfang	34–36 cm
Haut	noch Reste der Käseschmiere sichtbar
Lanugobehaarung	an Rücken und Schultern sowie Oberarmstreckseiten
Fingernägel	überragen die Fingerkuppe

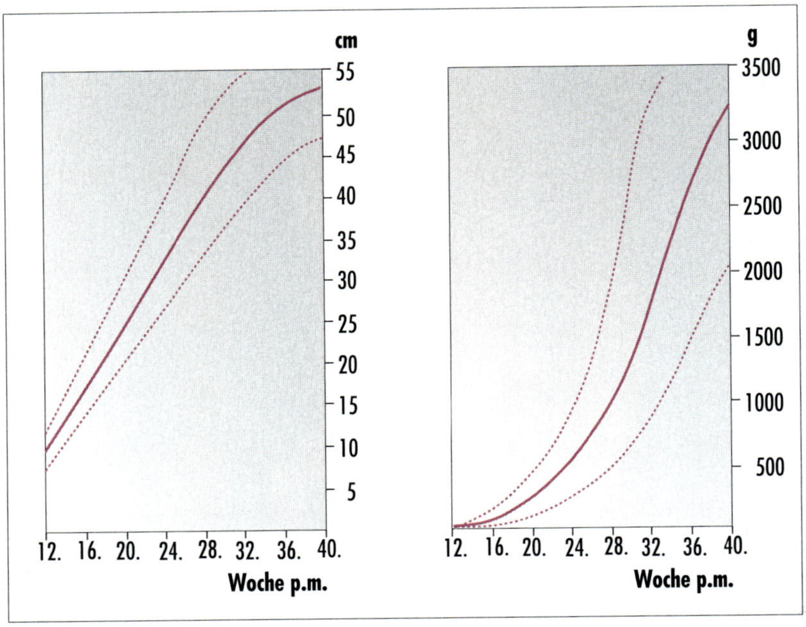

Abb. 4.9 Die Beziehung zwischen Schwangerschaftsdauer post menstruationem und Körperlänge (links) bzw. Gewicht (rechts) des Feten.

Zehennägel	schneiden mit den Zehenkuppen ab
Hoden	im Skrotum gelegen
Große Labien	bedecken Klitoris und kleine Labien
Stimme	kräftig

! Normalerweise korrespondieren Tragzeit und Reifezustand. Eine Diskrepanz zwischen Tragzeit und körperlicher Entwicklung ist ein Kriterium einer **pathologischen Schwangerschaftsentwicklung** (s. hypotrophes Kind, Plazentainsuffizienz, S. 246).

Literatur

Künzel W, Gips H. Die fetoplazentare Einheit. In: Schwangerschaft I. Bd 4. Klinik der Frauenheilkunde und Geburtshilfe. 3. Aufl. München: Urban & Schwarzenberg 1992.

Künzel W, Wulf KH. Adaptation maternaler Organsysteme und deren Erkrankung. In: Schwangerschaft II. Bd 5. Klinik der Frauenheilkunde und Geburtshilfe. 3. Aufl. München: Urban & Schwarzenberg 1994.

Schindler AE. Physiologie und Pathologie der Eihäute und des Fruchtwassers. In: Schwangerschaft I, Bd 4. Klinik der Frauenheilkunde und Geburtshilfe. 3. Aufl. Künzel W (Hrsg). München: Urban & Schwarzenberg 1992.

Schuhmann P, Stoz F. Funktionelle Morphologie und Pathologie der Plazenta. In: Schwangerschaft I, Bd 4. Klinik der Frauenheilkunde und Geburtshilfe. 3. Aufl. Künzel W (Hrsg). München: Urban & Schwarzenberg 1992.

4.4 Schwangerschaftsveränderungen des mütterlichen Organismus

Mit Eintritt und Entwicklung der Schwangerschaft zeigen sich am Körper der Mutter vielfältige, meist als normal anzusehende **Sekundärerscheinungen und funktionelle Anpassungsvorgänge**. Sie können allerdings auch pathologischen Charakter annehmen (s. Adaptionsstörungen, schwangerschaftsrelevante Allgemeinerkrankungen).

Abdomen

Hier sind im Laufe der Schwangerschaft zunehmend zu beobachten:

- Zunahme des Leibesumfanges
- Pigmentierung der Mittellinie
- Striae

Die rötlich-lividen **Striae** (Abb. 4.10) verblassen nach der Schwangerschaft wieder, hinterlassen aber oft perlmuttartig glänzende Reste.

Herz, Kreislauf, Gefäße und Blut

An Herz, Kreislauf und Blut vollziehen sich während der Schwangerschaft erhebliche Veränderungen, die man zum größten Teil als Anpassung an die vermehrte Belastung und die Bewältigung spezieller Aufgaben (vermehrte Uterusdurchblutung) verstehen kann.
Vom **Herz** her sind erwähnenswert:
- Hypertrophie
- Lageveränderungen, evtl. mit akzidentellen Geräuschen
- Permanente Frequenzerhöhung
- Minutenvolumensteigerung (ca. 30%)

Hinsichtlich der **Durchblutung** sind zu berücksichtigen:
- Vermehrte venöse Kongestion
- Venendrucksteigerung an den unteren Extremitäten
- Neigung zur Entstehung oder Verstärkung von Varizen

Unter Umständen sind spezielle therapeutische Maßnahmen erforderlich, so die Verordnung von Perlonstützstrümpfen oder Gummistrümpfen. Letztere sind wirkungsvoller und bei schweren Fällen unumgänglich.

Besonders charakteristisch sind auch die **Blutveränderungen** in der Schwangerschaft:
- Zunahme des Blutvolumens
- Änderung in Zusammensetzung und Eigenschaften:
  - Leukozytenanstieg bis zu max. 15000/mm^3
  - sekundäre Hydrämie (Plasmavermehrung > Erythrozytenvermehrung; Hämatokritabfall)
  - Verminderung des relativen Eiweißgehaltes (vor allem Albumine)
  - Verminderung des onkotischen Druckes
  - ab 2. Trimenon häufig Magnesiummangel (z.T. damit zusammenhängend nächtliche Wadenkrämpfe [Magnesiumgaben!])
- Neigung zu Anämien

Die im letzten Schwangerschaftsdrittel fast regelmäßig feststellbare **Anämie** ist z.T. nur relativ und durch die Hydrämie bedingt. Zusätzlich ist jedoch auch mit einer Sideropenie und echten Anämie zu rechnen.
Die **Blutsenkung (BSG)** steigt in der Schwangerschaft erheblich an und verliert damit ihre diagnostische Verwertbarkeit.

Auch am **Blutgerinnungssystem** laufen typische Schwangerschaftsveränderungen ab:
- Anstieg des Fibrinogenspiegels von 300–400 mg% auf 500–600 mg%
- Zunahme der Faktoren VII und X

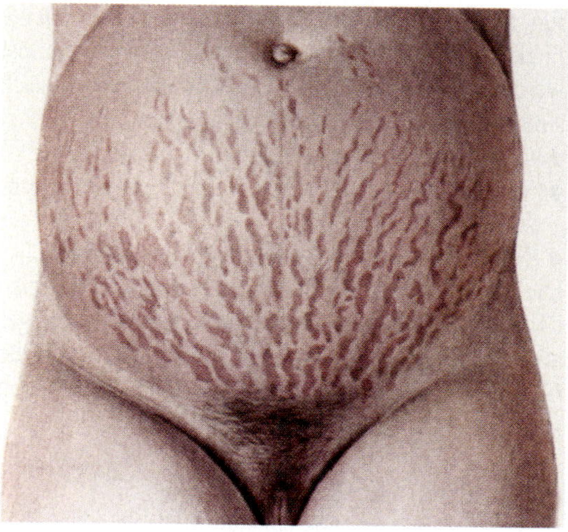

Abb. 4.10 Frische Striae gravidarum bei Erstgravidität.

Leber

Die Leber unterliegt in der Schwangerschaft vermehrter Belastung, der sie normalerweise jedoch ohne Dekompensationserscheinungen nachkommen kann. Selbst nach früheren Hepatitiden kommt es selten zu Insuffizienzerscheinungen oder Krankheitssymptomen. Die sog. Leberfunktionsprüfungen sind in der Schwangerschaft nur mit größter Vorsicht zu interpretieren, da es schon normalerweise erhebliche unspezifische Veränderungen gibt. Lediglich der Bromthaleintest scheint eine gewisse Aussage zu erlauben.

Magen und Darm

Seitens des Intestinaltraktes kommt es relativ häufig zu harmlosen, jedoch lästigen Erscheinungen. Insbesondere sind zu nennen:
- Magensaftreflux mit Sodbrennen und sekundärer Ösophagitis, die günstig auf Antazida reagieren
- Obstipationsneigung durch Tonus- und Peristaltikverminderung

Die diätetische Behandlung der letzteren entspricht der Behandlung der atonischen Obstipation. Falls notwendig, dürfen Medikamente in Form der Quellmittel und Ballaststoffe (Normacol, Agiolax) sowie milde Abführmittel angewandt werden. Drastika sind ebenso zu vermeiden wie paraffinhaltige Gleitmittel.

Niere und Harnwege

Für die **Niere** stellt die Schwangerschaft eine besondere Belastung dar. Erkrankungen sind deshalb häufig; frühere, außerhalb der Schwangerschaft latente Funktionseinschränkungen können erneut manifest werden. Als typisch und nicht a priori pathologisch sind folgende Besonderheiten anzusehen:

- Glukosurieneigung im 2. und 3. Trimenon
- Vermehrte Ausscheidung von Kreatinin und Harnstoff
- Teils verminderte Ausscheidung von Harnsäure

Die entsprechenden Blutspiegelwerte liegen also üblicherweise für Kreatinin und Harnstoff niedriger als normal, für die Harnsäure z.T. höher. Obwohl die **Glukosurie** meistens nierenbedingt ist, sollte doch stets ein Diabetes ausgeschlossen werden.

Für die **ableitenden Harnwege** typisch:

- Atonie bzw. tonogene Dilatation

Diese nimmt jenseits des 4. Schwangerschaftsmonats zu, rechts stärker als links (bei ca. 25% sonographisch darstellbar). Die erschlafften Ureteren neigen zu verstärkter Schlängelung und Schlingenbildung, die bis zur Abknickung und partiellen Unwegsamkeit führen können. Intermittierende **Schmerzen** sowie **Begünstigung von Infektionen** sind die Folge.

Lunge und Atemwege

In der Schwangerschaft kommt es durch verschiedene, im einzelnen nicht ganz überschaubare Zusammenhänge zu folgenden Erscheinungen:

- Einschränkung der Funktion
- Vermehrte Ventilation

Stoffwechsel und Endokrinium

Bemerkenswert sind folgende **Stoffwechselumstellungen** in der Schwangerschaft:

- Grundumsatzsteigerung
- Begünstigung der Diabetesmanifestation
- Vermehrung der Blutlipide um 25–50%
- Positive Natriumbilanz (Retention)
- Steigender Eisenbedarf

Im **Endokrinium** sind folgende Veränderungen schwangerschaftstypisch:

- Vergrößerung des Hypophysenvorderlappens und Zunahme der Prolaktinbildung
- ACTH-Anstieg
- Steigerung der Kortisolbildung und -ausscheidung
- Steigerung der Aldosteronbildung und -ausscheidung
- Reversible Schilddrüsenhyperplasie

Wirbelsäule und Bewegungsapparat

Die schwangerschaftsspezifische **Gewebsauflockerung** beschränkt sich nicht nur auf den Geburtskanal, sondern betrifft auch alle sonstigen bindegewebigen Strukturen des Körpers. In Verbindung mit dem **zunehmenden Körpergewicht** kommt es deshalb häufig zu Beschwerden:

- Kreuzschmerzen, Rückenschmerzen
- Statische Ermüdbarkeit
- Zervikalsyndrom-ähnliche Beschwerden
- Beckenringlockerung (s. S. 315).

Therapeutisch sind gegebenenfalls körperliche Schonung sowie krankengymnastische Behandlung nötig.

Zentralnervensystem, Psyche

Veränderungen der **Stimmungslage**, des Antriebs usw. sind in der Schwangerschaft außerordentlich häufig. Berücksichtigt man die Bedeutung, die eine Schwangerschaft für Gegenwart und Zukunft hat, und bedenkt man die Abhängigkeit der Schwangeren von ihrer Umwelt, ihre existentiellen Probleme (z.B. bei Ledigen), so werden zahlreiche Äußerungen, Beschwerden und Verhaltensweisen verständlich. Man bedenke, daß die Schwangere, vor allem die Erstgravide, eine ganz neue Einstellung zum Dasein finden muß. Dies gilt sowohl innerlich als äußerlich. Für die Erwerbstätige kommt der Entscheidungszwang hinsichtlich der Zukunft hinzu, mitunter auch verbunden mit wirtschaftlichen Problemen. Schließlich kann sich bei selbstunsicheren Persönlichkeiten zunehmend die Angst auswirken, bei der Geburt oder später zu »versagen«. Die Abgrenzung reaktiver Verstimmungen von **echten Psychosen** sowie die Bewertung der letzteren im Hinblick auf die Zulässigkeit der Schwangerschaft sollte dem Spezialisten vorbehalten bleiben.

Haut

Die Neigung zur verstärkten **Pigmentbildung** im Bereich der Linea alba, des Nabels und der Mammae wurde schon erwähnt. Im Gegensatz zu diesen belanglosen Erscheinungen sind die fleckenförmigen Pigmentierungen im Gesicht, die man als **Chloasma** bezeichnet, auffällig und in ausgeprägter Form auch entstellend. Sie bilden sich nach der Schwangerschaft meistens ganz oder weitgehend zurück. Gleiches gilt für die Schwangerschaftsdermatosen (Pruritus, Prurigo, Herpes gestationis u.a.).

Wasser, Körpergewicht

Neben der zuvor erwähnten Elektrolytretention (Na, K) wird, z.T. funktionell sinnvoll, auch vermehrt Wasser eingelagert, speziell im subkutanen Gewebe. Der gesamte **Gewichtszuwachs** der Schwangeren bis schließlich 9–12 (–18) kg geht z.T. zu Lasten des Wasserreservoirs.

Je nach Konstitution und Gewebsbeschaffenheit der Schwangeren zu Beginn der Schwangerschaft kann die Wasseraufnahme und damit die Gewichtszunahme mitunter sehr groß sein. Man muß sich vor einer Wertung dieses Befundes stets fragen, ob die initiale Gewichtszunahme nicht nur harmloser Ausdruck eines Nachholeffektes ist.

Veränderungen im Genitalbereich und an den Brüsten

Nach Eintritt einer Schwangerschaft kommt es zu charakteristischen Erscheinungen an den Genitalorganen, die man auch als »**wahrscheinliche Schwangerschaftszeichen**« bezeichnet:

- Amenorrhö
- Lividität von Introitus, Vagina und Portio (Auflockerung von Vagina und Uterus)
- Vergrößerung des Uterus (aktives Wachstum und passive Dehnung)
- Stimulation des Drüsengewebes der Mammae durch Prolaktinzunahme (Vorbereitung der Laktation). Zugleich Spannung der Brüste, Bildung von Kolostrum.

Literatur

Künzel W, Wulf KH. Adaptation maternaler Organsysteme und deren Erkrankungen. Schwangerschaft II. Bd 5. Klinik der Frauenheilkunde und Geburtshilfe. 3. Aufl. München: Urban & Schwarzenberg 1994.

Gille J et al. Herz-Kreislauf-System während der Schwangerschaft. In: Schwangerschaft II. Bd 5. Klinik der Frauenheilkunde und Geburtshilfe. 3. Aufl. Künzel W, Wulf KH (Hrsg). München: Urban & Schwarzenberg 1994.

Braems GA et al. Das endokrine System während der Schwangerschaft. In: Schwangerschaft II. Bd 5. Klinik der Frauenheilkunde und Geburtshilfe. 3. Aufl. Künzel W, Wulf KH (Hrsg). München: Urban & Schwarzenberg 1994.

5

Regelwidrige Schwangerschaft

H. Schmidt-Matthiesen, H. Hepp

5.1 Trophoblastanomalien

Pathologische Insertion und Implantation

Lokalisation

Eine zervixnahe Implantation im Cavum uteri führt zwangsläufig zur Entwicklung einer **Placenta praevia**. Implantiert sich die Blastozyste außerhalb des Cavum uteri, resultiert eine **Extrauteringravidität**.

Tiefe

Dringen die Trophoblastzotten zu tief in das Endometrium oder gar in das Myometrium ein – was bei einer Insuffizienz der endometrialen Reaktion auf den Implantationsvorgang möglich wird **(Placenta accreta, increta)** –, so resultieren **Plazentalösungsstörungen post partum** (s. S. 259).

Polarisation

Zu Beginn der Implantation soll der Embryoblast basal liegen, also dem Implantationsboden zugewandt. Fehlt diese basale Polarisation, so kommt es zu exzentrischem Nabelschnurabgang oder gar zur Entwicklung einer **Insertio velamentosa**. Bei dieser laufen zahlreiche Gefäße erst über die Eihäute, bevor sie sich zur Nabelschnur vereinen (s. Abb. 4.6). Je exzentrischer die Nabelschnur inseriert, um so häufiger finden sich Fehlbildungen beim Fetus. Bei Insertio velamentosa ist die Mißbildungsfrequenz um ein Vielfaches höher als bei normaler Insertion.

Trophoblast beim Abortivei

In Fällen, bei denen man bei der histologischen Untersuchung von Abortmaterial die Entwicklung einer Embryoanlage vermißt (s. »Abortivei«), findet man auch primäre oder sekundäre Anomalien am Trophoblast. Die Vaskularisierung der angedeutet hydropischen Zotten ist abnorm gering, die Trophoblasthülle (Synzytium und Zytotrophoblast) atrophisch.

Blasenmole (Mola hydatidosa)

> Gelegentlich (~ 0,06 %) kommt es im Zusammenhang mit chromosomalen Anomalien und verschiedenen anderen Faktoren (höheres Alter u. a.) zu einer **blasenartigen Degeneration der Zotten**. Die Veränderung kann sich auf Teilbereiche beschränken oder den gesamten Trophoblasten betreffen. Im letzteren Fall geht die Embryonalanlage frühzeitig zugrunde, sofern sie a priori überhaupt entwicklungsfähig war.

Makroskopisch sind die traubenartig angeordneten, hydropischen Bläschen bis zu Bohnengröße unverkennbar. (Abb. 5.1). Mikroskopisch fallen die Gefäßarmut und die zur Einschmelzung führende Umwandlung des Stromas auf. Neben einer hydropischen Stromadegeneration findet sich eine auffällig **gesteigerte epithelial-synzytiale Aktivität**. Diese letztere korreliert mit folgenden Erscheinungen:

- Gesteigerte HCG-Produktion. Bei etwa 10 % als Folge:
- Luteinzystenbildung in den Ovarien
- Gesteigerte Proliferationstendenz: z. T. invasives oder gar destruktives Tiefenwachstum in Dezidua und Myometrium (destruierende Blasenmole)

Symptome

Die Blasenmole begegnet uns in zweifacher Weise:

- Als scheinbar intakte, aber **auffällig intensiv wachsende Schwangerschaft** (s. S. 195) mit hochpositivem Schwangerschaftstest, aber meist ohne fetale Lebensäußerungen
- Als Zufallsbefund **(Bläschenabgang!)** beim Leitsymptom »Blutung« bei typischen Abortvorgängen, wobei es sich meist um Spätaborte handelt

Diagnose

Bei auffallendem Uteruswachstum ist – auch bei sonst symptomlosem Verlauf – stets die **HCG-Bestimmung** im Serum zu veranlassen (RIA, EIA). Bei abnorm hohen HCG-Werten ist die Annahme einer Blasenmole berechtigt.

Auch **Ultraschalluntersuchungen** sind wertvoll, indem sie einerseits das Fehlen eines Embryos oder Fetus anzeigen, andererseits die hydropische Verdickung der Plazenta sichtbar machen (»Schneegestöber«-Sonogramm).

Therapie

Falls die Diagnose gestellt wird, bevor Abortvorgänge (Blutungen) einsetzen:

- Blutkonserven bereitstellen
- I. v. Infusion anlegen. Zufuhr eines geeigneten Prostaglandins, z.B. Nalador 500. Eventuell zusätzlich noch Oxytozingaben
- Spontanausstoßung abwarten, danach behutsame Nachtastung und vorsichtige Nachkürettage nach vorheriger Gabe von Kontraktionsmitteln

Oder:

- Lokal-zervikale Prostaglandinapplikation (»softening«), später dann behutsame Zervixdilatation und Absaugen der Mole mittels Vakuum-»Kürette« (s. »Schwangerschaftsabbruch«, S. 162), bei gleichzeitiger Gabe von Kontraktionsmitteln. Eventuell Nachkürettage
- Histologische Untersuchung
- Bei destruierender Blasenmole zusätzlich: Zytostatikatherapie (s. »Chorionkarzinom«).

Falls die Blasenmole bereits ausgestoßen ist, entfallen Weheninduktion und Dilatation. Das übrige Vorgehen ist identisch.

> ! Die Kürettage einer Blasenmole ist gefährlich **(Perforationsgefahr, Verblutungsgefahr)**. Sie darf nur klinisch und mit größter Behutsamkeit durchgeführt werden.

Abb. 5.1 Blasenmole.

> ! Da keine Garantie für Vollständigkeit der Abrasio besteht, sollte nach einigen Wochen nochmals kürettiert und das Material (zum Ausschluß einer Chorionepitheliomentwicklung) erneut histologisch untersucht werden.
> Während der nächsten 12 Wochen sind bis zur 3maligen Negativität zunächst wöchentlich weitere **Schwangerschaftsteste** anzusetzen (am besten HCG-Bestimmung im Serum).

Ein Positivbleiben spricht für unvollständige Entleerung, ein erneut positiv werdender und quantitativ ansteigender Test für die Entwicklung eines Chorionepithelioms aus minimalen Resten.

Chorionkarzinom (Chorionepitheliom)

Aus zurückgebliebenen, klinisch okkulten Resten einer Blasenmole, ebenso häufig aber auch aus Resten von Aborten, Extrauteringraviditäten oder normalen Schwangerschaften, schließlich auch ohne anamnestisch faßbare Hinweise auf frühere Schwangerschaftsvorgänge können sich Trophoblasttumoren entwickeln, die sich histologisch von der Blasenmole abgrenzen lassen, in soliden Einheiten oder plexiformen Strängen invasiv-destruierend wachsen und als Chorionkarzinome (Chorionepitheliome) bezeichnet werden.

Diese Tumorgruppe ist in sich, speziell hinsichtlich des klinischen Verhaltens, sehr heterogen, ohne daß man dies, wie bei anderen Karzinomen, histologisch eindeutig definieren und vorhersagen könnte. Eher läßt sich aus den HCG-Werten ein Rückschluß ziehen.

Wirklich aufschlußreich für Diagnose und Prognose ist ausschließlich der **klinische Verlauf**, der dann folgende **Differenzierung** erlaubt:

- Nicht metastasierendes Chorionkarzinom
- Metastasierendes Low-risk-Chorionkarzinom
- Metastasierendes High-risk-Chorionkarzinom

Als Kriterien für die Einordnung **»low«** oder **»high«** risk gelten:

- Höhe des HCG-Spiegels (unter oder über 100000 IE)
- Intervalle nach Schwangerschaftsvorgängen (kürzer oder länger als 4 Monate)
- Metastasentendenz (Metastasen in Lunge bzw. Pelvis oder noch zusätzlich in Leber, ZNS u.a. [extrem ungünstig])

▶ Symptome

Je nach Fall bestimmen verschiedene **Manifestationen** das klinische Bild:

- Uterine Symptome (Blutungen; weiche Konsistenz, Vergrößerung)
- Tumoren in der Umgebung (dunkle Knoten in der Vagina; im Introitus; im kleinen Becken; Stadium II)

Oder schon:

- Fernmetastasen mit ihrer Symptomatik (Lunge [oft; Stadium III], Leber, Knochen, ZNS [seltener; Stadium IV])

▶ Diagnose

Bei ansonsten unauffälligen uterinen Blutungssymptomen wird man mitunter, ohne an ein Chorionkarzinom zu denken, eine routinemäßige

- Abrasio

vornehmen und erst durch die Histologie zur Diagnose gelangen.

In anderen Fällen, vor allem dann, wenn schon eine Blasenmole vorausging, wird der Verdacht naheliegen und zu erweiterten Maßnahmen Veranlassung geben:

- HCG-Bestimmung im Serum

Bei suspekten Werten:

- Sonographie des Uterus, des kleinen Beckens und der Leber, ggf. Laparoskopie
- Thoraxkontrolle. Ggf. CT, MRT

Die Abrasio hat dann evtl. nur noch den Zweck der Diagnosesicherung. Nur selten wird es gelingen, mit ihr allein auch schon die Krankheit zu beseitigen. Oft liefert die Abrasio auch einen falsch-negativen Befund. Sind bereits Fernmetastasen der Ausgangspunkt der Verdachtsdiagnose (d.h. bei Abwesenheit uteriner Blutungen), wird man oft auf eine histologische Bestätigung verzichten und sich lediglich an den HCG-Werten orientieren müssen.

▶ Therapie

Falls intrauterine Trophoblastwucherungen vermutet werden, sind folgende Schritte zu unternehmen:

- **Entfernung** (Induktion der Ausstoßung; Saugkürettage s. S. 162; Abrasio), nicht zuletzt wegen der Blutungen und zur Diagnosesicherung. Als definitive kurative Therapie reichen diese Maßnahmen meist nicht aus, auch nicht die früher gebräuchliche, heute verlassene Uterusexstirpation.
- **Zytostatikatherapie**: Diese stellt sowohl bei destruierender Blasenmole als auch bei den Chorionkarzinomen – bei örtlicher oder metastatischer Entwicklung – die Methode der Wahl dar. Mittel der Wahl ist bei den Low-risk-Fällen das Methotrexat. Bei den High-risk-Fällen mit multipler Metastasierung oder bei Rezidiven kommen **Kombinationsschemata** mit Actinomycin D u. a. zur Anwendung, ultrahohe Methotrexatdosen oder ggf. zusätzlich radiologische Maßnahmen, z.B. bei therapieresistenten ZNS-Metastasen.

▶ Verlaufskontrollen, Prognose

Die malignen Trophoblasttumoren sind die einzigen soliden Malignome, die durch ausschließliche Zytostatikatherapie auf Dauer geheilt werden können (87–96%). Dies gelingt leider nicht in allen Fällen.

Der Therapieeffekt läßt sich zuverlässig durch die **Kontrolle der Serum-HCG-Werte** überprüfen. Je schneller und kompletter der Abfall, um so besser ist die Prognose. Nach Erreichen negativer HCG-Werte wird noch einige Wochen weiterbehandelt, dann die Therapie abgesetzt, die HCG-Kontrolle aber langfristig fortgesetzt.

Nach ca. zweijähriger Rezidivfreiheit sind sogar wieder Schwangerschaften diskutabel.

Sonstige Plazentaveränderungen

Die später im einzelnen beschriebenen Veränderungen bei Plazentainsuffizienz, Diabetes, Spätgestose, Rh-Inkompatibilität, Infektion sowie der Übertragung gehen mit Veränderungen einher, die nur z. T. typisch, meist aber unspezifisch sind.

Literatur

Holzmann K. Trophoblasttumoren. In: Spezielle gynäkologische Onkologie I. Bd 11. Klinik der Frauenheilkunde und Geburtshilfe. 3. Aufl. Schmidt-Matthiesen H (Hrsg). München: Urban & Schwarzenberg 1991.

Benirschke K et al. Pathology of the human placenta. 3. Aufl. Heidelberg, New York: Springer 1995.

Schmidt-Matthiesen H, Bastert G. Gynäkologische Onkologie. 5. Aufl. Stuttgart: Schattauer 1995.

5.2 Regelwidrige Anlage, Fehlentwicklung und Erkrankung der Frucht

Noxen vielfältiger Art, z.B. Sauerstoffmangel, Hyper- und Hypoglykämie, Toxine, Antikörper, Viren, Strahleninsulte und Medikamente können die in Kapitel 4 erwähnten Voraussetzungen für eine normale Embryonal- und Fetalentwicklung modifizieren und dadurch schädigende Einflüsse entfalten. Je nachdem, in welcher Phase der Entwicklung bzw. an welchem Entwicklungsprodukt Schäden induziert werden, unterscheidet man zwischen:

- Genopathie (Genalteration)
- Gametopathie (Gametenschädigung)
- Blastopathie (Alteration der Blastozyste)
- Embryopathie (Schädigung der Embryonalentwicklung)
- Fetopathie (Erkrankung des Feten)
- Plazentopathie (Erkrankung der Plazenta)

Darüber hinaus gibt es als Produkt von im Einzelfall nicht zu klärenden Störungen noch das sogenannte

- Abortivei

Abortivei

Man spricht vom Abortivei, wenn zwar der Trophoblast bedingt entwicklungsfähig ist, der Embryoblast jedoch frühzeitig zugrunde geht.

▶ Ursachen

Es ist noch unklar, ob die am Trophoblasten nachweisbaren histologischen Abweichungen (s. S. 147) die Ursache für das Zugrundegehen der Embryonalanlage sind oder ob beide, Trophoblast und Embryoblast, von ein und derselben Störung betroffen werden. Bei 50% der Abortiveier konnten autosomale Trisomien und andere **Chromosomenanomalien** gefunden werden (bei Schwangerschaftsabbrüchen ≥3%). Ferner könnten **Milieuanomalien** während der Eiwanderung und Frühimplantation, wie z.B. Sauerstoffmangel, Hypo- und Hyperglykämien oder Abweichungen in der Zusammensetzung der zwischenzelligen Umgebung eine Rolle spielen.

▶ Klinisches Bild

Die Schwangerschaft verläuft zunächst unauffällig, der Schwangerschaftstest fällt anfänglich normal aus. Bald treten Blutungssymptome auf; die Größe des Uterus kann, muß aber nicht hinter der erwarteten Größe zurückbleiben. Es kommt zum spontanen **Frühabort** oder zum typischen **verhaltenen Abort**. Bei 50–90% der Spontanfehlgeburten im 2. Schwangerschaftsmonat handelt es sich um Abortiveier.

▶ Therapie

Die Behandlung der Fehlgeburten richtet sich nach den üblichen Grundsätzen (s. S. 156).

Gametopathien

Bei der Reifungsteilung der Gameten können durch Non-disjunction **Abweichungen der Chromosomenzahl** entstehen, also haploide Sätze mit 22 bzw. 24 Chromosomen. Sind derartige Gameten an einer Befruchtung beteiligt, so resultiert eine sogenannte **monosomale Zygote** (45 Chromosomen) bzw. eine **trisomale Zygote** (47 Chromosomen).

Die **Monosomien** sind meist nicht entwicklungsfähig. Bei ihnen kommt es, ebenso wie bei 80% der Trisomien, zur Abortiveientwicklung und Fehlgeburt.
Von den **Trisomien** kommen nur etwa 20% zur Entwicklung. Die bedingt lebensfähigen Kinder zeigen jedoch relativ typische Mißbildungen in Abhängigkeit von der betreffenden Chromosomenkonstellation. Die praktisch wichtige, da mit Lebensfähigkeit einhergehende **Trisomie 21** (Down-Syndrom, »Mongolismus«) ist durch folgende Befunde charakterisiert:

• Kopf und Hals	Kurzschädel, kleine Ohren, schmale Lidspalten, flache Nasenwurzel, Epikanthus
• Hände	Vierfingerfurche, kurze Kleinfinger
• Gelenke	überstreckbar
• Herz	angeborene Vitien
• Intelligenzgrad	Schwachsinn

Die Wahrscheinlichkeit, daß eine Frau ein Kind mit einer Trisomie 21 bekommt, steigt in Abhängigkeit vom Alter:

20–24 Jahre	0,03–0,06%
30–34 Jahre	0,10–0,16%
35–37 Jahre	1,6%
38–40 Jahre	2,0%
41–43 Jahre	5,0%
44–46 Jahre	9,1%
47–48 Jahre	18,8%

Auch eine Röntgenstrahlenexposition scheint die Entstehung von Trisomien zu begünstigen.

► Diagnostik

Da keine therapeutischen Möglichkeiten bestehen, ist es um so wichtiger, die Diagnose schon antenatal früh zu stellen, so daß gegebenenfalls noch eine Schwangerschaftsunterbrechung vorgenommen werden kann. Die Diagnostik, die vom 35. Lebensjahr an indiziert ist, gelingt durch humangenetische Untersuchungen an **Chorionbiopsien** bzw. **-aspiraten** (8.–11. Woche) oder am **Fruchtwasser**, welches sich von der 15.–16. Woche an mittels Amniozentese (s. S. 280) gewinnen läßt. Das Abortrisiko der Materialgewinnung ist mit 1–2% gering.

Ein, allerdings unsicherer, erster Hinweis auf ein mögliches Down-Syndrom ist der nichtinvasive **Triple-Test**, mit dem in der 14.–18. SSW das mütterliche Serum auf charakteristische, terminabhängige Abweichungen von HCG (+), freiem Östriol (–) und AFP (–) untersucht wird. Das Ergebnis kann als Entscheidungshilfe für die invasive Diagnostik herangezogen werden.

> ! Die antenatale Abklärung eventueller Chromosomenanomalien sollte **bei allen Schwangeren über 35 Jahren** durchgeführt, zumindest empfohlen werden. Ebenso gilt dies nach früherer Geburt eines chromosomal kranken Kindes und bei anamnestischer familiärer Belastung.

Embryopathien

> Schäden, die **in der Zeit der Organogenese** (3.–8. Woche p.c.) auftreten, bezeichnet man als **Embryopathien**. Sie können neben direkten **letalen Krankheitserscheinungen** unter Umständen auch zu **Mißbildungen** führen, deren Art vom jeweiligen Zeitpunkt der Noxeneinwirkungen abhängt und bei denen keine Chromosomenaberrationen nachweisbar sind.

Abb. 5.2 gibt eine Übersicht über die sogenannte sensible Phase der jeweiligen Organentwicklung. Praktisch wichtig sind:

- Virusinfekte
- Störungen des Stoffwechsels
- Chronischer Alkoholabusus
- Mögliche Medikamentenwirkungen (vgl. S. 193)

Virusinfekte

Viren, die im mütterlichen Blut kreisen, können schon vom Tage der Nidation an auf die Frucht übergehen und schädliche Wirkungen (Mißbildungen, Abort, Fruchttod, Frühgeburt) entfalten: Rötelnviren, Herpesviren, Hepatitisviren (B), Masernviren, Grippeviren, Varizellenviren, Mumpsviren, Zytomegalieviren, Parvovirus B 19 (Ringelröteln), HIV usw.

Am bedeutsamsten ist die **Rötelninfektion**, da bei ihr etwa 7–16% der Embryonen absterben und sich bei den übrigen Mißbildungen entwickeln können (Gregg-Syndrom).

Die Wahrscheinlichkeit einer Fehlbildung (Schätzungen!) hängt vom **Zeitpunkt der Infektion** ab:

1.– 6. Woche:	50–60%
7.–12. Woche:	ca. 25%
13.–17. Woche:	ca. 10%
18.–22. Woche:	<3,5%

In Abhängigkeit von der Expositionszeit kann es zu folgenden Mißbildungen kommen:

- Augendefekte (Katarakt, Kolobom, Optikusatrophie; 50%)
- Innenohrschäden (>50%)
- Mikrozephalie
- Herzmißbildungen
- Hepatosplenomegalie

Hat eine Schwangere, die früher keine Infektion durchgemacht hat (ca. 10% der 30jährigen Frauen) bzw. deren Titer unter 1:32* liegt oder deren Hämolysezone im HIG-Test weniger als 8 mm Ø aufweist, Kontakt mit Rötelnkranken gehabt, so sollte innerhalb der ersten 3 (maximal 7) Tage Röteln-Immunglobulin appliziert werden. Es spricht für eine Erkrankung, wenn es bei 2maliger Titerkontrolle innerhalb von 10 Tagen zu einer 3- bis 4fachen Titersteigerung kommt, oder – auch bei routinemäßiger Untersuchung ohne Verdacht – ein Titer von 1:256 oder mehr bestimmt wird. Als sichere Nachweismethode gilt für die Zeit von 2–4 Wochen nach der Infektion der Röteln-IgM-Antikörpernachweis.

Darüber hinaus kann im Rahmen der pränatalen Diagnostik durch Entnahme von fetalem Blut mittels Nabelschnurpunktion in der 22.–24. SSW eine fetale Infektion nachgewiesen werden.

---

* Auch bei Titern von 1:8 bzw. 1:16 kann Immunität vorliegen, wenn vom Labor Unspezifität ausgeschlossen werden kann. Große Unterschiede in der Methodik! Rückfrage ratsam.

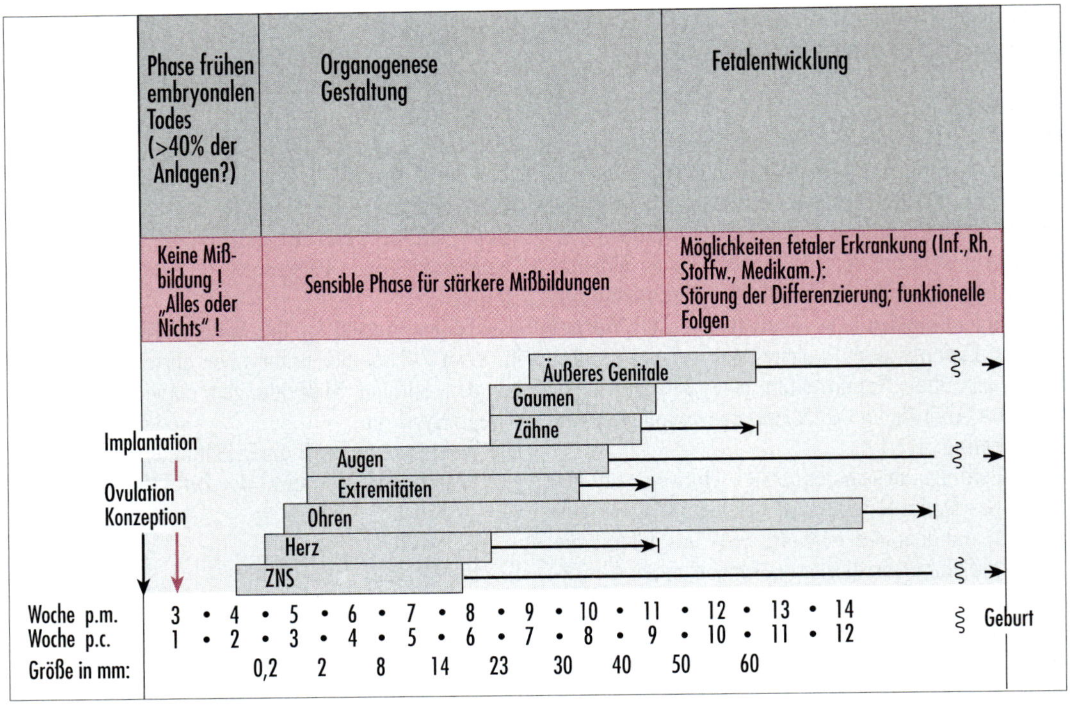

Abb. 5.2 Dispositionsphasen im Schwangerschaftsverlauf für frühen Embryonaltod, Mißbildungen und Fetalerkrankungen.

Liegen spezifische Antikörper im fetalen Blut vor, steht der Abbruch der Schwangerschaft zur Diskussion.

Stoffwechselbedingte Erkrankungen

Embryopathia diabetica

In Abhängigkeit von der Schwere des Diabetes und dessen Einstellung können (häufiger als im Normalkollektiv) **Mißbildungen** an Herz, Ohr, Kolon und Knochensystem (kaudale Wirbelsäule) auftreten.

Tierexperimente lassen annehmen, daß sowohl eine **Hyperglykämie** als auch eine **Hypoglykämie** Mißbildungen auslösen können.

Embryopathia thyreotica

Bei starken Abweichungen der Schilddrüsenfunktion vom Normalen können **Aborte** auftreten oder sich **Mißbildungen** beim Kind entwickeln.

Alkoholembryopathie (embryofetales Alkoholsyndrom)

Ein hoher, anhaltender Alkoholkonsum der Schwangeren (>50–80 g/Tag) hat bei 25–50% oder mehr Schäden der Frucht zur Folge.

Die Embryopathie ist durch **Mißbildungen** an Herz, Gelenken, Skelett, Genitalien, Nieren, durch Mikrozephalie, Augenschäden und kraniofaziale Dysmorphie charakterisiert. Dazu kommen prä- und postpartale **Wachstumsstörungen** sowie spätere Anomalien des Verhaltens. Man muß bei 0,1–0,3% der Schwangeren mit solchen Gefahren rechnen.

Sonstige teratogene Noxen

Unter anderen teratogenen Noxen können auch Medikamente je nach Einwirkungszeitpunkt embryotoxische Wirkungen entfalten (s. S. 193).

Fetopathien

Mit dem Begriff der Fetopathie kennzeichnet man intrauterine Erkrankungen, die **nach Abschluß der Organogenese** erfolgen. Die resultierende Schädigung des Feten kann bis zum intrauterinen Fruchttod führen.

Der Verdacht auf eine Fetopathie ergibt sich vornehmlich aus dem Tatbestand einer **Erkrankung der Mutter**. Eine Ausnahme macht lediglich der Morbus

haemolyticus fetalis, bei dem die Mutter selbst keine Krankheitssymptome zeigt.
Im einzelnen sind folgende Fetopathien zu berücksichtigen:

- Dystrophien
- Fetopathia diabetica
- Infektbedingte Fetopathien
- Medikamentöse Intoxikation, Alkoholintoxikation
- Morbus haemolyticus fetalis

Dystrophie

Sofern der Fetus unter einem ständigen Ernährungsdefizit heranwächst, kommt es zwangsläufig zu einer gewissen **somatischen Retardierung**.
Ursächlich kommen Fehlernährungen der Mutter (z.B. extremer Eiweißmangel) oder Störungen in der Substratübertragung auf den Fetus in Frage. Einzelheiten sind im Abschn. »Plazentainsuffizienz«, S. 244, abgehandelt. Das geborene Kind wird als **dystrophisches, dysmatures** oder **hypotrophes Kind** oder als **»small for date baby«** bezeichnet.

Fetopathia diabetica

Wie schon der Embryo, so ist auch der heranwachsende Fetus einer Diabetikerin einer speziellen Gefährdung ausgesetzt. Die damit zusammenhängenden diagnostischen, prophylaktischen und therapeutischen Maßnahmen sind auf S. 180 ff. und S. 298 im klinischen Zusammenhang dargestellt.

Infektiös bedingte Fetopathien

Falls eine Schwangere an einer Allgemeininfektion erkrankt, kann es unter Umständen in einem nicht vorhersehbaren Ausmaß zur **diaplazentaren Infektion** und Erkrankung des Feten kommen.
Diesbezüglich beanspruchen besondere Aufmerksamkeit:

- Toxoplasmose (s. S. 185)
- Listeriose (s. S. 185)
- Lues (Syphilis) (s. S. 184)
- Virusinfekte (s. S. 186)

Medikamentöse Schädigung

Über derartige Möglichkeiten s. S. 193!

Alkoholfetopathie

Zu den Erscheinungen der Alkoholembryopathie tritt noch der intrauterine **Minderwuchs**. Die Kinder werden zu ca. 50% hypotroph als »small for date baby« geboren. Minderwuchs und statomotorische sowie **geistige Retardierung** bestimmen auch das weitere Leben.

Morbus haemolyticus

Die Blutgruppeninkompatibilität zwischen Mutter und Fetus beinhaltet ein Risiko für den Fetus. Es ist bei der **Rh-Inkompatibilität** erheblich und z.T. mit letalem Ausgang verbunden, während die **AB0-Inkompatibilität** weniger folgenschwer ist, wenn sie erkannt und rechtzeitig behandelt wird.

Morbus haemolyticus fetalis bei Rh-Inkompatibilität

> Der Morbus haemolyticus fetalis wird durch eine serologische Unverträglichkeit zwischen Mutter und Kind ausgelöst, die durch bestimmte Blutgruppenmerkmale bedingt ist. Dabei dominiert die Inkompatibilität im sog. Rhesussystem. Die Definition **»Rh-positiv«** ist an die Anwesenheit des Blutgruppenmerkmals D gebunden. Fehlt dieses, spricht man von **»Rh-negativ«**.

15% der europäischen Bevölkerung sind Rh-negativ, 85% Rh-positiv. Innerhalb dieses letzten Kollektivs muß man aus praktischen Gründen noch zwischen homozygot Rh-positiv (etwa 43%) und heterozygot Rh-positiv (etwa 57%) unterscheiden.
Bei etwa 13% der Ehen ist der Mann Rh-positiv und die Frau Rh-negativ. Das Merkmal D (Rh-positiv) wird dominant vererbt. Ist der Mann heterozygot, können selbstverständlich auch Rh-negative Kinder erwartet werden.
Nach Einführung der **Anti-D-Prophylaxe** post partum (1968) dürfte es eigentlich gar keine Manifestation mehr geben. Tatsächlich kommt es wegen Versäumnissen oder anderen Besonderheiten, wenn auch selten, aber immer wieder zu Sensibilisierungen. Nach der jetzt **routinemäßigen Anti-D-Prophylaxe** bei Rh-negativen, noch nicht sensibilisierten Schwangeren in der 28.–29. Woche dürfte diese Gefahr zukünftig entfallen.

Pathogenese
Das Primärereignis im Sinne einer Conditio sine qua non ist der **Übertritt von Rh-positivem Blut auf eine Rh-negative Frau**. Dieser kann durch eine serologisch unverträgliche Transfusion mit Rh-positivem Blut erfolgen. Dies wäre die Ausnahme. Der übliche

Weg ist die fetomaternale Mikrotransfusion Rh-positiven Blutes während Schwangerschaft, Geburt und Nachgeburtsperiode.

Sensibilisierung
Der Übergang Rh-positiver kindlicher Erythrozyten auf die Rh-negative Mutter ist vornehmlich im Zusammenhang mit Spätaborten oder Entbindungen möglich. Die Mutter bildet Antikörper gegen das Rh-Merkmal der eingedrungenen kindlichen Erythrozyten. Da die quantitative Bildung von Antikörpern 1–3 Monate benötigt, wird das erste Rh-positive, sensibilisierende Kind nicht betroffen.

! Das 1. Rh-positive Kind einer Rh-negativen Mutter wird üblicherweise gesund geboren!

Manifestation
Bei der nächsten Schwangerschaft bei einem wiederum Rh-positiven Fetus kann es nun frühzeitig zum **Übergang der vorhandenen Antikörper auf den Fetus** kommen. Im fetalen Organismus läuft dann eine Antigen-Antikörper-Reaktion an den Erythrozyten ab, die primär zur **Hämolyse** und **Anämie** führt, womit gleichzeitig eine permanente **Hypoxie** heraufbeschworen wird. Reaktiv kommt es zur Persistenz fetaler Blutbildungsherde und damit zu einer später klinisch faßbaren Leber- und Milzschwellung.
Die Hämolyseprodukte werden teils über die Plazenta, teils über die fetalen Nieren ausgeschieden und bedingen die **Gelbfärbung des Fruchtwassers** sowie andere diagnostisch wesentliche Veränderungen.
Der in schweren Fällen auftretende **Hydrops universalis** ist Folge einer Hypoproteinämie und, evtl., einer Störung der Kapillarpermeabilität.

! Die kindliche Gefährdung resultiert aus Anämie und Hypoxie sowie dem Versagen vitaler Funktionen. 10% der Feten sterben bereits vor der 34. Woche intrauterin ab. Im Falle einer Krankheitsmanifestation nimmt die Gefährdung im Schwangerschaftsverlauf ständig zu!

Sofern die Kinder lebend geboren werden, kommt eine neue Gefährdung hinzu: Durch den Fortfall der Ausscheidungsfunktion der Plazenta kommt es zum schnellen Anstieg der Hämolyseprodukte im kindlichen Blut. Näheres siehe Morbus haemolyticus neonatorum (S. 301)

Konditionalfaktoren
Die Entwicklung eines Morbus haemolyticus fetalis ist nur möglich, wenn folgende Voraussetzungen gegeben sind.
Vorgegebene Fakten:
- Mutter Rh-negativ
- Früheres Kind Rh-positiv

Variable Vorgänge:
- Übergang kindlicher Erythrozyten auf die Mutter
- Bildung von Antikörpern
- Erneute Schwangerschaft mit Rh-positivem Kind
- Übergang der Antikörper auf den Fetus

Es ist wichtig, daß die skizzierte Reaktionskette keineswegs obligatorisch durchlaufen werden muß. Ehen, bei denen die Frau Rh-negativ und der Mann Rh-positiv ist, haben nur mit einer Wahrscheinlichkeit von 5–10% mit der Geburt eines erkrankten Kindes zu rechnen. Dies hängt mit verschiedenen variablen Möglichkeiten zusammen.
Blutgruppenmerkmal des Feten: Ist der Vater heterozygot Rh-positiv (D/d), so ist die Möglichkeit gegeben, daß das Kind Rhesus-negativ und damit ungefährdet ist.
Übergang der kindlichen Erythrozyten: Das Ausmaß der fetomaternalen Mikrotransfusion ist je nach Geburtsverlauf sehr unterschiedlich. Eine schonende Geburtsleitung ist deshalb bei allen Rh-negativen Patientinnen vordringlich. Eine abnorm starke Einschwemmung könnte die Wirksamkeit der postpartalen Anti-D-Prophylaxe gefährden.
Antikörperbildung: Diese ist von vielen Faktoren abhängig, z.B. von der Menge der übergetretenen Rh-positiven Erythrozyten sowie von der Schnelligkeit ihrer Zerstörung im mütterlichen Blut, was einerseits wiederum von ihrer Menge, andererseits von der Existenz gewisser Schutzsysteme abhängig sein dürfte. So stellt z.B. die Existenz der Blutgruppe 0 bei der Mutter im Falle der kindlichen Blutgruppenmerkmale A bzw. B einen gewissen Schutzmechanismus dar. Die gegen A bzw. B gerichteten Antikörper beschleunigen den Abbau der eingedrungenen kindlichen Erythrozyten. Auch die Immuntoleranz kann eine Rolle spielen, wenn z.B. die Mutter der Schwangeren bzw. Kreißenden Rh-positiv war.
Übergang der Antikörper auf den Fetus: Dieser Vorgang und die Reaktion darauf dürften ebenfalls von gewissen individuellen Gegebenheiten abhängig sein.

! Das 2. und jedes weitere Rh-positive Kind einer Rh-negativen Mutter kann, muß aber nicht erkranken!

▶ Prophylaxe

Hier sind folgende Möglichkeiten gegeben:

- **Präpartale Prophylaxe:** Bei einer Rh-negativen Frau schon während der 28.–30. Woche Injektion von Anti-D- Immunglobulin, um eine evtl. Sensibilisierung bis zur Geburt zu verhindern (s. S. 197).
- **Postpartale Prophylaxe:** Bei jedem Kind einer Rh-negativen Mutter ist unmittelbar nach der Geburt der Rh-Faktor (D) zu bestimmen. Ist das Neugeborene Rh-positiv und sind bei der Mutter noch keine oder erst am Tag der Geburt schwache Antikörper gefunden worden, so erhält die Wöchnerin innerhalb von 72 Std. Anti-D-Immunglobulin injiziert. Man erwartet davon einen schnellen Abbau der sub partu übergetretenen fetalen Rh-positiven Erythrozyten und damit das Ausbleiben der Sensibilisierung. Auch nach Fehlgeburten oder Abruptiones ist bei Rh-negativen Patientinnen eine Anti-D-Prophylaxe geboten (s. S. 159, 163).
- **Serologische Kontrollen während der Schwangerschaft:** Mit dem routinemäßig angesetzten Antikörper-Suchtest (s. S. 191) läßt sich eine Sensibilisierung nachweisen. Die erste Ermittlung hat weitere Kontrollen sowie ggf. auch Fruchtwasseruntersuchungen (s. S. 280) zur Folge, deren Ergebnis das therapeutische Vorgehen bestimmt.

▶ Diagnostik und Therapie bei Sensibilisierung

> ! Ein grundsätzlicher Nihilismus ist nicht gerechtfertigt. Andererseits ist die Beurteilung des Einzelfalles schwierig und dem nicht speziell Erfahrenen unmöglich. Die Aussagefähigkeit des Antikörpertiters ist begrenzt, dieser Befund genügt nicht zur exakten Definierung der fetalen Gefährdung! Deshalb Überweisung der sensibilisierten Schwangeren an ein **spezielles Therapiezentrum!**

Das therapeutische Vorgehen, speziell die Entscheidung über den zweckmäßigsten Termin zur Beendigung der Schwangerschaft, orientiert sich an folgenden Faktoren:

- Kindliches Befinden
- Sonographiebefund (Hydrops?)
- Ergebnis einer speziellen Fruchtwasseruntersuchung (Bestimmung des ΔE-Wertes)

Da die Hämolyseprodukte z.T. in das Fruchtwasser ausgeschieden werden, liefert dessen Untersuchung objektive Hinweise über das Ausmaß der kindlichen Erkrankung und damit Gefährdung. Die Gewinnung des Fruchtwassers erfolgt durch **Amniozentese** nach vorheriger Lokalisation der Plazenta. Gewisse spektrophotometrische Befunde (ΔE) erlauben dann unter Verwendung eines empirisch gefundenen Diagramms die Einstufung des Falles in die Gruppe der leichten, mittelschweren und schweren Erkrankungen. Die Untersuchungen werden möglichst schon in der 20.–24. Woche durchgeführt.

Die Laborinformationen werden durch zusätzliche Kontrollen des kindlichen Befindens mittels **Kardiotokographie** und **Sonographie** ergänzt (s. S. 281, 286). Bei Hämolysezeichen im Fruchtwasser (ΔE) oder sonographischen Hinweisen (Doppler-Anämiezeichen) erfolgt eine **Nabelschnurpunktion** (Cordocentese) zur Bestimmung des fetalen Hb und Hkt. Läßt sich dabei eine Anämie nachweisen, so erfolgt als therapeutische Maßnahme eine **intrauterine Transfusion** (intraperitoneal oder besser intravasal per Cordocentese) mit dem Ziel, das Leben des Kindes bis zum Erreichen der Entbindungsreife zu erhalten. In mittelschweren und leichten Fällen genügt die vorzeitige Entbindung in der 34.–38. Woche, um dem letalen Ausgang zuvorzukommen

> ! Therapeutisch sind zwei Interessen gegeneinander abzuwägen:
> Die Schwangerschaft **muß beendet werden, bevor das Kind irreversibel geschädigt ist** und in utero abstirbt. Die Beendigung der Schwangerschaft darf aber auch **nicht zu früh** erfolgen, da dann die Probleme der künstlichen Frühgeburt in den Vordergrund treten können und ihrerseits das Schicksal des Kindes bestimmen.
> Die Entbindung ist als **Risikogeburt** zu betrachten. Beim geborenen Kind sind unter Umständen sofortige Notfallmaßnahmen erforderlich, bevor dann die typische Austauschtransfusion zum Einsatz kommt.

Morbus haemolyticus bei AB0-Inkompatibilität

> ! Im Bereich der klassischen Blutgruppen sind vor allem folgende Konstellationen im Hinblick auf eine potentielle Gefährdung bedeutsam:
> - Mutter 0
> - Kind A_1 oder B

Die Blutgruppe A_1 und mehr noch die Blutgruppe B wirken als relativ starke Antigene, gegen die die Mutter Antikörper bildet, sofern fetales Blut in ihren Kreislauf gelangt.

Im Gegensatz zu der Rh-Inkompatibilität gilt für die AB0-Unverträglichkeit folgendes: Eine ernsthafte kindliche Gefährdung in utero ist nicht gegeben, sie setzt erst **nach der Geburt** ein, wenn es durch Anstieg der Hämolyseprodukte zum frühzeitigen und schweren **Ikterus** und damit zu der Gefahr einer Ablagerung von Bilirubinoiden in gewissen Organen kommt (z.B. Kernikterus).

Risikoselektion

Bei Neugeborenen von Müttern der Blutgruppe 0 muß unmittelbar p.p. die Blutgruppe bestimmt werden. Falls A, B oder AB, so engmaschige Überwachung (Cave: AB0-Inkompatibilität).

▶ Diagnose und Therapie

(s. S. 301)

Literatur

Burgio GR et al. Trisomy 21. Berlin, Heidelberg, New York: Springer 1981.

Diedrich K et al. Physiologie der Reproduktion. In: Endokrinologie und Reproduktionsmedizin III. Bd 3. Klinik der Frauenheilkunde und Geburtshilfe. 3. Aufl. Krebs D, Schneider HPG (Hrsg). München: Urban & Schwarzenberg 1994.

Fuhrmann W. Humangenetische Beratung. In: Schwangerschaft I. Bd 4. Klinik der Frauenheilkunde und Geburtshilfe. 3. Aufl. Künzel W, Wulf KH (Hrsg). München: Urban & Schwarzenberg 1992.

Löser H. Erkennungsmerkmale der Alkoholembryopathie. Deutsche Ärztliche Blätter 37, 1982: 34.

Neubert D. Ökologische Schwangerenberatung. In: Schwangerschaft I. Bd 4. Klinik der Frauenheilkunde und Geburtshilfe. 3. Aufl. Künzel W, Wulf KH (Hrsg). München: Urban & Schwarzenberg 1992.

5.3 Fehlgeburt

Die Beendigung einer Schwangerschaft vor Beginn der 28. Woche wird als Fehlgeburt, Abortus oder, einfacher, als Abort bezeichnet (Tab. 5.1).

Diese alte Definition ist längst korrekturbedürftig, da die Untergrenze der Überlebensfähigkeit der »Abort«-Feten durch Fortschritte der Neonatologie inzwischen auf die 22.–24. Woche herabgesetzt worden ist (s. S. 251). Dies sollte auch die Definition bestimmen. Aus ähnlicher Sicht werden nach neuer Gesetzeslage (1994) totgeborene Feten jetzt schon ab 500 g als **Totgeburten** und nur solche <500 g als **Fehlgeburten** registriert. Für erstere besteht Meldepflicht.

Aus praktischen Gründen unterscheidet man den **Frühabort** (bis zur 16. Woche) von dem klinisch anders ablaufenden **Spätabort** (definitionsgemäß von der 16. bis Beginn der 28. [22.–24.] Woche).

Ferner muß man zwischen dem typischen **Spontanabort** und dem legal oder illegal induzierten bzw. **artifiziellen Abort** differenzieren.

Vom Verlauf her kann die Fehlgeburt **afebril** oder **febril** sein. Grundsätzlich umfaßt das Abortgeschehen nacheinander die Ablösung der Plazenta von der Uteruswandung, die Erweiterung des Zervikalkanals und schließlich die partielle oder vollständige Expulsion des Schwangerschaftsproduktes aus dem Uterus. Dem Arzt begegnen also ganz unterschiedliche Stadien des Abortgeschehens.

Von den in der 6. Woche verifizierten Graviditäten enden ca. 5% bis zur 12. Woche, weitere 10–12% bis zur 24. Woche. Zusätzlich ist zu berücksichtigen, daß ca. 30% der Konzeptionen unbekannt bleiben, also sehr frühzeitig und unbemerkt abgehen. Die »Verlustrate« liegt also pauschal bei fast 50%!

Tab. 5.1 Übersicht der Abortterminologie.

Klassifizierung	Abortus, Fehlgeburt (bis zur 28. Wo.) – Frühabort (bis zur 16. Wo.) – Spätabort (16. bis 28. Wo.)
Erscheinungsform	
typisch	Abortus imminens Abortus incipiens abgelaufener Abort – Abortus completus – Abortus incompletus
atypisch	verhaltener Abort (»missed abortion«)
Induktion	spontan artifiziell – legal – illegal
Verlaufsform	afebril febril – unkompliziert – kompliziert

Fehlgeburtsstadien und Therapie

Drohender Abort (Abortus imminens)

Für den drohenden Abort sind folgende Befunde kennzeichnend:
- Leichte bis mäßige, schmerzlose Blutung
- Die Uterusgröße entspricht der erwarteten Norm (Ausnahme möglich!)
- Der Zervikalkanal ist geschlossen (Abb. 5.3 links)

Bei diesem Befund ist nicht vorherzusehen, ob die Blutung später sistieren und die Schwangerschaft ihren weiteren ungestörten Verlauf nehmen wird, oder ob letztere – wie meist – irreparabel gestört ist. Ein »positiver« Schwangerschaftstest ist nicht beweisend für das Intaktsein der Schwangerschaft, da es erst mit gewisser Latenz zum Absinken des konventionellen Testes kommt. Exakte Informationen erhält man jedoch durch quantitative Bestimmung von **HCG im Serum** (RIA oder EIA). Sonographisch ist ab der 7./8. Woche p. m. mit einem zuverlässigen Nachweis bzw. relevanten Ausschluß fetaler Lebensäußerungen zu rechnen. In Zweifelsfällen sollte man abwarten, den weiteren Verlauf beobachten und versuchen, die Schwangerschaft zu erhalten. Wenn der Test jedoch negativ ausfällt oder die HCG-Werte pathologisch abfallen, ist ein aktives Vorgehen gerechtfertigt.

▶ Therapie

Die therapeutischen Möglichkeiten sind begrenzt. Sie umfassen:
- Bettruhe (Nutzen im 1. Trimester nicht beweisbar)
- Milieuberuhigung, Konfliktbeseitigung, Bekämpfung negativer Erwartungshaltung
- Gezielte Immuntherapie (in Erprobung)
- Progesteron mit Vorbehalt, nur bei spezieller Indikation (z. B. Hypoplasie, erwiesene Lutealinsuffizienz)
- Wehenhemmung im Falle drohender Aborte jenseits der 16.–20. Woche. Voraussetzung: sonographisch normaler Befund

Die Gründe für die Hormontherapie sind zum größten Teil spekulativ. Beweise für einen Nutzen haben sich bis heute nicht erbringen lassen.

Im weiteren Verlauf kann folgendes eintreten:
- Sistieren der Blutungen (ca. 40 %). Oder:
- Zunahme der Abortvorgänge (Abortus incipiens)

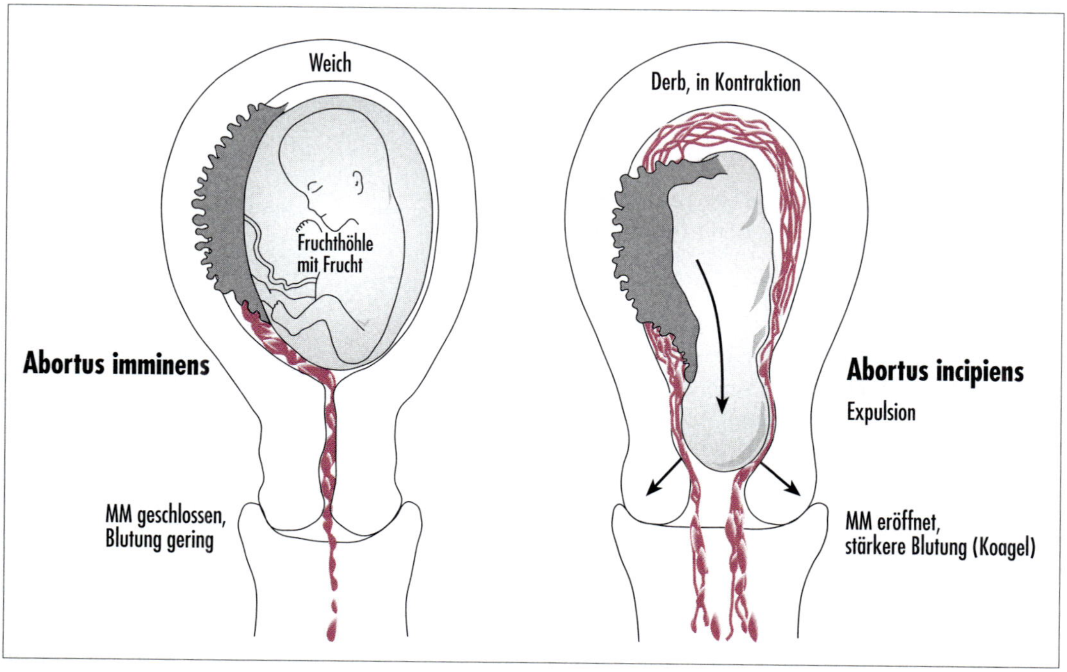

Abb. 5.3 Die Befunde beim Abortus imminens (links) bzw. beim Abortus incipiens (rechts).

! Das Sistieren der Blutung ist kein absoluter Beweis für das Intaktsein der Schwangerschaft. Im Abstand von etwa einer Woche sollten Schwangerschaftstest bzw. HCG-Werte überprüft werden. Ggf. Sonographie. Bleiben die Befunde unauffällig, kann mit der normalen Weiterentwicklung der Schwangerschaft gerechnet werden.

In Gang befindlicher Abort (Abortus incipiens)

Für den in Gang befindlichen Abort sind folgende Befunde typisch:

- Mittelstarke bis starke Blutung (Koagelabgang)
- Der Zervikalkanal ist deutlich eröffnet
- In der Tiefe sind z.T. Gewebsanteile sichtbar (Abb. 5.3 rechts)

Da an der irreversiblen Schwangerschaftsstörung nicht zu zweifeln ist, ist ein konservatives Vorgehen nicht mehr gerechtfertigt.

► Therapie

Die Therapie ist im typischen Fall relativ einfach:

- Analgetikagaben und Spasmolytika (z.B. Dolantin), abwarten
- Nach der Ausstoßung Nachkürretage (s.u.)

Abgelaufene Fehlgeburt

Wenn nach dem Ausstoßen von Gewebsanteilen die Schmerzen schwinden und eine gewisse Beruhigung eintritt, kann man den Abort als abgelaufen ansehen.

Dennoch ergeben sich ärztliche Probleme: Es ist zumeist nicht exakt zu entscheiden, ob das Schwangerschaftsprodukt, bestehend aus Embryo bzw. Fetus, Plazenta und Eihäuten, komplett ausgestoßen ist **(Abortus completus)**, oder aber noch Reste in utero verblieben sind **(Abortus incompletus)**.

! Da die irrtümliche Annahme einer kompletten Entleerung gefährliche Folgen nach sich ziehen kann (Blutungen, Infektion, Plazentapolyp), sollte man in praxi jeden Abort wie einen Abortus incompletus behandeln.

► Therapie

Zur sicheren und vollständigen Entleerung des Uterus ist eine behutsame **Nachkürettage** notwendig (Abb. 5.4). Dabei sind wegen der weichen Konsistenz des abortierenden Uterus Perforationen häufiger als bei diagnostischen Ausschabungen.

Sonderform: Verhaltener Abort (»missed abortion«)

Wenn bei einer Schwangerschaftsstörung die zuvor erwähnten Kennzeichen des Abortes (Blutung und/oder Ausstoßung von Gewebsanteilen) fehlen und lediglich ein Sistieren des Uteruswachstums auffällt, evtl. vergesellschaftet mit bräunlich-schwärzlicher Absonderung, spricht man von einem verhaltenen Abort.

Solche Konstellationen bieten besondere diagnostische und therapeutische Probleme.

► Diagnose

Vor aktiven Maßnahmen muß die **Schwangerschaftsstörung zweifelsfrei erwiesen** sein:

- Bei mehrfacher Kontrolle kein Uteruswachstum mehr feststellbar
- Der Urin-Schwangerschaftstest wird negativ bzw. Serum-HCG-Werte sinken schon vor der 12. Schwangerschaftswoche ab
- Keine Lebensäußerungen nachweisbar

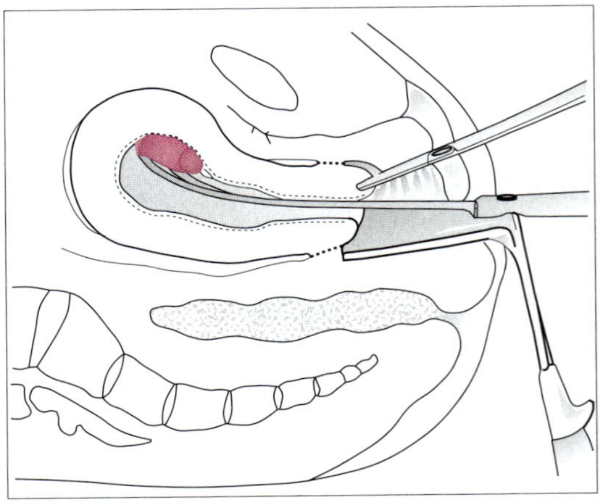

Abb. 5.4 Nachkürettage beim Abortus incompletus. Ein Plazentarest wird mit der Kürette entfernt.

Die letzte Forderung gilt nur für Schwangerschaften jenseits der 8. Woche, bei denen man bei intakter Gravidität durch Ultraschall bereits Herzaktionen und Bewegungen nachweisen kann.

▶ Therapie

> ! Die Ausräumung einer verhaltenen Fehlgeburt, die durch vorherige intrazervikale Instillation von Prostaglandin-E_2-Gel erleichtert wird, sollte nur klinisch erfolgen, da bedrohliche Blutungen von hyperfibrinolytischem Charakter auftreten können.

Febriler Abort

> Der Begriff »febril« ist relativ. Temperaturen bis 37,5 °C sind, vor allem im Stadium der Ausstoßung, noch als normal anzusehen. Ab einer rektalen Temperatur von 38 °C und laborchemischen Infektionszeichen (Leukozytose, CRP-Anstieg) besteht das Krankheitsbild eines febrilen Aborts. Je höher die Temperatur steigt, um so größer sind die Gefahren (febriler Abort → septischer Abort).

▶ Symptome und Terminologie

Abgesehen von den typischen Begleiterscheinungen jedes Abortes und der Temperaturerhöhung >38 °C ist das klinische Bild vielgestaltig:

- **Unkomplizierter, fieberhafter Abort:** Die Infektion ist im einfachsten Fall auf das Kavum des druckempfindlichen Uterus beschränkt.
- **Komplizierter, fieberhafter Abort:** Hier ist die Infektion aszendiert und hat die Adnexe, seltener auch Parametrium oder/und Pelveoperitonealraum erfaßt. Man tastet die entsprechenden schmerzhaften Auftreibungen (s. Adnexentzündung).
- **Septischer Abort:** Die Infektion hat die bedrohlichen Allgemeinerscheinungen des septischen Schocks (s. S. 265) ausgelöst. Diese Komplikation ist um so eher zu erwarten, je höher das Fieber ist.

Bei fieberhaften Aborten muß auch an die Möglichkeit eines Abtreibungsversuches mit all seinen Gefahren gedacht werden, z.B. an eine Perforation.

> ! Im Hinblick auf die Gefährlichkeit der Situation sollte jeder fieberhafte Abort in eine Klinik eingewiesen werden. Er bedarf der Intensivüberwachung!

▶ Prophylaxe und Therapie

Maßnahmen bei gutem Allgemeinzustand und Temperaturen von >38 °C: Zur Prophylaxe eines evtl. möglichen und bevorstehenden bakteriellen Schocks (s. S. 265):

- Antibiotika in hoher Dosierung (s. Anhang)
- Heparin 2500–5000 E i.v. (Initialinjektion)
- Heparin 20000 E in der Dauerinfusion für 24 Std. oder fraktioniert s.c.

Die Behandlung der entzündlichen, begleitenden Organaffektionen folgt den im Kapitel »Adnexentzündung« dargelegten Grundsätzen (s. Kap. 13).

Die Abortbehandlung selbst wird unterschiedlich gehandhabt: Manche Therapeuten pflegen, sofern es nicht blutet, mit der Nachkürettage bis zur Entfieberung zu warten; andere räumen sofort aus, falls der Zervikalkanal offen und eine schonende Kürettage (Vakuum-Aspirationskürettage) möglich ist.

Maßnahmen beim bakteriellen Schock: Der bakterielle Schock ist an anderer Stelle (S. 265) ausführlich beschrieben worden. Die dort erwähnte Therapie gilt auch im Zusammenhang mit einer Fehlgeburt. Hinsichtlich der Uterusentleerung wird empfohlen, bei offenem Muttermund und laufender Heparininfusion behutsam digital auszuräumen, bei geschlossenem Zervikalkanal jedoch abzuwarten.

Rh-Prophylaxe

> ! Bei allen Rh-negativen Frauen ist nach einer Fehlgeburt so bald wie möglich, jedenfalls innerhalb von 72 Stunden, **Anti-D-Immunglobulin** zu injizieren.

Ursachenklärung

Eine Fehlgeburt bedeutet für eine Frau, die sich ein Kind wünscht, ein nachhaltiges und bedrückendes Erlebnis, das ihr weibliches Selbstwertgefühl belastet, seelische Konflikte auslösen und im Wiederholungsfall sogar den Bestand der Ehe gefährden kann. Ursachenklärung sollte deshalb ein besonderes Anliegen des Arztes sein. Leider bleibt die Mehrzahl der Fehlgeburten ursächlich unklar. In diesen Fällen sollte man nicht versäumen, die Patientinnen auf die große Häufigkeit von Fehlgeburten hinzuweisen, um die Überwertung hinsichtlich der Zukunft zu verhindern.

Kommt es jedoch zu drei oder mehr aufeinanderfolgenden Fehlgeburten, so spricht man von **habituellen Aborten** und wird annehmen müssen, daß

Tab. 5.2 Beziehung zwischen Zeitpunkt und Ursache von Aborten. Typische Systematik.

Mens I	Abortiveier	90%		Primär Blutung
Mens II	Abortiveier	50%		Primär Blutung
Mens III	Abortiveier	10%	Uterusform- und -lageanomalien	Primär Blutung
Mens IV	Zervixinsuffizienz		Uterusform- und -lageanomalien	Primär Blutung / Primär Fruchtwasserabgang
Mens V	Zervixinsuffizienz			Primär Fruchtwasserabgang
Mens VI	Zervixinsuffizienz			Primär Fruchtwasserabgang
Mens VII	Zervixinsuffizienz			Primär Fruchtwasserabgang

hier tatsächlich permanente individual-spezifische Störungen vorliegen und die Aborte nicht »zufällig« waren.

Ursächlich kommen in Frage:

- **Chromosomenanomalien** bei >50%; bei 5–6% auch bei den Eltern auffällige Befunde, deshalb unter Umständen Genetiker konsultieren
- **Frühe Störungen der Blastogenese und Implantation**, häufig mit Abortiveibildung (Tubenfaktor; primäre und sekundäre Endometriumfaktoren; höheres Alter)
- **Endokrine Faktoren:** Spätovulation, CL-Insuffizienz, LH-Hypersekretion, PCO-Syndrom; auch Diabetes (Typ I, dekompensiert), Hyper- und Hypothyreose
- **Immunologische Faktoren** (Anti-Phospholipid-Syndrom; inadäquate anti-idiotypische Reaktion; TLX-/HLA-Antigene)
- **Intoxikationen** (S. 193) und **Infektionen** (S. 184), die zur Schädigung oder zum Absterben des Embryos bzw. Feten führen (ca. 3%)
- **Gesteigerte Thrombophilie** (Lupusantikoagulans LAC)
- **Uterine Faktoren:** Hypoplasien, Mißbildungen, Synechien, Myome; extreme Lageanomalien
- **Zervixinsuffizienz**, Kontraktionsneigung
- **Psychische Faktoren**

Gewisse Rückschlüsse sind aus dem Zeitpunkt und den Begleitumständen der Fehlgeburt zu ziehen (Tab. 5.2): So sind 50–90% der Fehlgeburten im 2. Schwangerschaftsmonat durch die Entwicklung von **Abortiveiern** zu erklären. Fehlgeburten im 3. und 4. Monat sind oft durch **Kavumdeformationen** (Myome, Mißbildungen) oder **Lageanomalien** (Retroflexio uteri) bedingt. Spätaborte, besonders dann, wenn sie mit Fruchtwasserabgang beginnen, sind typisch für die **Zervixinsuffizienz** (s. S. 197)

Literatur

Berle P. Fehlgeburt. In: Endokrinologie und Reproduktionsmedizin III. Bd. 3. Klinik der Frauenheilkunde und Geburtshilfe. 3. Aufl. Krebs D, Schneider HPG (Hrsg). München: Urban & Schwarzenberg 1994.

Fuhrmann W. Humangenetische Beratung. In: Geburtshilfe I. Bd 4. Klinik der Frauenheilkunde und Geburtshilfe. 3. Aufl. Künzel W, Wulf KH (Hrsg). München: Urban & Schwarzenberg 1992.

5.4 Schwangerschaftsabbruch

In den letzten Jahren ist immer wieder über eine Neufassung des § 218 diskutiert worden, in dem ein Schwangerschaftsabbruch als strafbar deklariert wird. Auch das Bundesverfassungsgericht wurde eingeschaltet.

Die **Grundprobleme** einer gesetzlich verbindlichen Regelung sind alt:

1. Der Staat hat das Rechtsgut des »werdenden Lebens« zu schützen.
2. Der Abbruch ist keineswegs absolut ungefährlich, die Reduzierung wäre also aus gesundheitlichen Gründen wünschenswert.
3. Bei einer uneingeschränkten Freigabe wird für viele Frauen die Motivation zur Antikonzeption weiterhin abnehmen, deren defizitäre Anwendung das Problem der Unterbrechung praktisch geschaffen hat.
4. Unter Hinweis auf das »Recht am eigenen Körper« haben viele Frauen den Abbruch als »ihre Sache« deklariert und die völlige Beseitigung aller Hindernisse gefordert.

Bei derart widersprüchlichen Auffassungen und Zielen ist es offenkundig, daß es keine Ideallösung geben kann, sondern nur einen Kompromiß unter Abwägung aller Argumente.

Rechtslage

Seit dem 29. 6. 95 gilt folgende gesetzliche Regelung (§ 218a)

- **Fristbegrenzte Schwangerschaftsabbrüche auf Wunsch** sind zwar rechtswidrig, aber nicht strafbar,
  - »wenn die Schwangere den Schwangerschaftsabbruch verlangt und dem Arzt durch eine Bescheinigung … nachgewiesen hat, daß sie sich mindestens drei Tage vor dem Eingriff hat beraten lassen,
  - wenn der Schwangerschaftsabbruch von einem Arzt vorgenommen wird und
  - wenn seit der Empfängnis nicht mehr als **zwölf Wochen** vergangen sind«.
- **Schwangerschaftsabbruch bei medizinischer Indikation:** Ein Schwangerschaftsabbruch ist nicht rechtswidrig, »wenn er … nach ärztlicher Erkenntnis angezeigt ist, um eine Gefahr für das Leben oder die Gefahr einer schwerwiegenden Beeinträchtigung des körperlichen und seelischen Gesundheitszustandes der Schwangeren abzuwenden, und die Gefahr nicht auf eine andere für sie zumutbare Weise abgewendet werden kann«. Eine zeitliche Begrenzung gibt es bei dieser Indikation nicht.

Die bisherige embryologische Indikation ist gestrichen worden. Entsprechende Fälle werden der medizinischen Indikation zugerechnet und unterliegen nicht mehr dem Zeitlimit von 22 Wochen.

- **Kriminologische Indikation:** Ein Abbruch ist ferner auch dann nicht rechtswidrig, »wenn nach ärztlicher Erkenntnis an der Schwangeren eine rechtswidrige Tat (Vergewaltigung; sexuelle Nötigung) begangen worden ist, dringende Gründe für die Annahme sprechen, daß die Schwangerschaft auf dieser Tat beruht, und seit der Empfängnis nicht mehr als **zwölf Wochen** vergangen sind«. Hier ist eine vorherige Beratung zwingend.

> ! Eine Schwangerschaft der 12. Woche nach der Gesetzesdefinition entspricht etwa der 14. Woche bei üblicher ärztlicher Berechnung (Dauer post menstruationem).

Soweit das Grundsätzliche.

Beratung

Mindestens drei Tage vor einem indikationslosen, fristgerechten Abbruch sowie einem solchen aus kriminologischer Indikation muß eine Beratung durch eine anerkannte Konfliktberatungsstelle erfolgen. Die Inhalte der (mit Ausnahme bei der medizinischen Indikation) geforderten vorherigen **ergebnisoffenen Beratung** sind seitens des Verfassungsgerichtes klar definiert:

- Konfliktberatung, ggf. Hinzuziehung von Spezialisten (z. B. Psychologen), juristische und medizinische Information über die Sachlage
- Information über die im Falle der Schwangerschaftsaustragung möglichen Hilfen, welche die gegenwärtige Situation der Schwangeren sowie die spätere Lage von Mutter und Kind erleichtern sollen (Hilfen bei Wohnungssuche, bei der Betreuungssuche für das Kind, bei der Ausbildungsfortsetzung).
- Auch Antikonzeptionsberatung

Die Beratung hat sich von dem Bemühen leiten zu lassen, die Frau zur Fortsetzung der Schwangerschaft zu ermutigen. **Die beratende Person darf den Abbruch nicht selbst vornehmen**.

Ärztliche Pflichten

Der den Abbruch vornehmende Arzt muß die Schwangere zuvor über Ablauf, Folgen, Risiken und mögliche psychische Auswirkungen des Eingriffs aufklären. Er hat ggf. die Bescheinigung über die o. e. Beratung zu prüfen.

Bei den fristbegrenzten Schwangerschaftsabbrüchen muß er sich über das Alter der Gravidität und damit über die Frage der Zulässigkeit eines Eingriffs informieren. Die Mitwirkung an einem Schwangerschaftsabbruch ist nur dann zwingend, wenn es gilt, einer anders nicht abwendbaren Gefahr des Todes oder einer schweren Gesundheitsschädigung zu begegnen.

Fallspezifische Besonderheiten

Ungeachtet der grundsätzlichen Freigabe des Abbruchs sind dennoch einige Unterschiede in bezug auf den Entscheidungsgrund zu beachten:

- Bei **medizinischer Indikation** entfällt eine Konfliktberatung. Die Kosten werden von den Krankenkassen übernommen (ca. 4% aller Abbrüche).
- Bei **kriminologischer Indikation** ist der Abbruch innerhalb der Frist nicht gesetzwidrig. Es besteht

Beratungspflicht. Kostenübernahme seitens der Krankenkassen (0,04%).

- Der **fristgerechte Abbruch auf Wunsch und ohne Indikation** ist zwar straffrei, aber rechtswidrig. Er setzt die Konfliktberatung voraus (s.o.). Die Kosten des Abbruches werden nicht von den Kassen übernommen. Bei erwiesener Bedürftigkeit können jedoch seitens der Länder Beihilfen gewährt werden.

Durchführung

Falls für einen Schwangerschaftsabbruch entschieden wird (>150000/Jahr), muß die Durchführung so schnell wie möglich erfolgen, um risikoarm zu bleiben. Die Ausnutzung der letzten zwei im Rahmen des Gesetzes bleibenden Wochen ist ärztlicherseits bereits mit Vorbehalt zu betrachten.

Induktion frühzeitiger Abbrüche

- Extrem früh vaginal applizierte **Prostaglandine** können die Induktion eines Abbruches bewirken (delayed menstruation).
- In den ersten 6(–9) Wochen läßt sich auch mittels eines **Antigestagens** (Mifepriston, RU 486, in der BRD noch nicht zugelassen) ein Frühabort auslösen. Fehlerquote 0,5–8%.

Bei beiden Methoden ist eine HCG-Erfolgskontrolle nötig.

Instrumentell-operative Ausräumung

Bis zur 12. Woche p. m. läßt sich das Schwangerschaftsprodukt in der Regel nach einer mäßigen **Zervixdilatation** (u.U. nach vorheriger intrazervikaler Prostaglandin-Gel-Applikation zwecks »Erweichung«) instrumentell entfernen oder, besser, mittels einer sog. **Vakuum-»Kürette«** absaugen. Wegen der möglicherweise unvollständigen Entleerung beim Absaugen (Plazentareste) wird eine schonende Nachkürettage angeschlossen.

Induktion der Spontanentleerung durch Prostaglandine

Jenseits der 12.–14. Woche gelingt es relativ sicher, durch i.v. Applikation bestimmter **Prostaglandinderivate** Wehen auszulösen und die **Spontanausstoßung** zu erwirken. Eine vorherige intrazervikale Prostaglandin-Gel-Applikation erleichtert die Zervixerweiterung. Die Methode wird gerade zu jener Zeit wirksam, bei der die operative Ausräumung problematisch zu werden beginnt.

Das bei der Ausräumung anfallende Gewebe muß histologisch untersucht werden, um im Falle einer klinisch noch okkulten **Extrauteringravidität** diesen Tatbestand erkennen zu können (nur Dezidua, keine Zotten!).

Gefahren

Aus dem geschilderten Procedere ergeben sich auch die speziellen Gefahren:

- Die **instrumentelle Entfernung** setzt eine angemessene Erweiterung der Zervix voraus, die ihrerseits die Gefahr eines **Zervixrisses** beinhaltet, vor allem bei fortgeschrittenen Schwangerschaften. An die Dilatation schließt sich die instrumentelle Entleerung des Uterus an. Diese kann – gleichgültig, ob man mit konventionellen Instrumenten wie Abortzange bzw. Kürette oder mit der Saugmethode arbeitet – Verletzungen der Wandung, eine Perforation oder gar eine Darmverletzung zur Folge haben. Solche Komplikationen können mit **Blutungen** und/oder **aszendierenden Infekten** einhergehen, die ihrerseits folgenschwer sein können.
- Im Falle der **medikamentösen Abortinduktion** liegen die Gefahren einerseits in der medikamentösen Induktion selbst (mitunter schwere **Nebenwirkungen** der Prostaglandine), andererseits im Wesen einer Fehlgeburt jenseits der 12.–14. Woche: Zervixrisse, Blutungen – evtl. noch Verletzungsmöglichkeiten bei der Nachkürettage.

! Bezogen auf den Zeitpunkt der Manifestation ist also mit folgenden Komplikationen zu rechnen:

- **Sofortkomplikationen** (in unmittelbarem Bezug zum Eingriff):
  - Verletzungen (Zervixriß, Perforation, Darmaffektion), Blutungen, Schock
  - Narkose- und Prostaglandinnebenwirkungen
- **Frühkomplikationen** (in den ersten Tagen p. op.):
  - Nachblutungen
  - Infektionsfolgen (1,5–10%): Endometritis, Salpingitis, Pelveoperitonitis. Extrem selten: Ileus, bakterieller Schock, Nierenversagen
- **Spätkomplikationen**, besser als Spätfolgen zu bezeichnen:
  - Menstruationsstörungen
  - Adhäsionsbeschwerden (Salpingitisfolge!)
  - Sterilität

- **Komplikationen bei späteren, gewollten Schwangerschaften:**
  - Abortneigung, vor allem auch mehr Spätaborte
  - Erhöhte Rate an Extrauteringraviditäten
  - Frühgeburt, Plazentainsuffizienz, gesteigerte perinatale Sterblichkeit. Nachgeburtskomplikationen
- **Psychische Auswirkungen:** Schuldgefühle, sekundäre psychosexuelle Störungen

Die jeweiligen therapeutischen Maßnahmen ergeben sich aus den speziellen Tatbeständen. Unter Umständen kann auch eine Revision des Abdomens per laparotomiam nötig werden.

Diagnostisch-therapeutische Schwierigkeiten können sich mitunter für nachbehandelnde Ärzte ergeben, die sich in Unkenntnis des vorausgegangenen Procedere (was ist eigentlich gemacht worden?) pathologischen Verläufen und Symptomen gegenübersehen. Die Betreuung solcher Fälle verlangt eine Intensivüberwachung.

Die erwähnten Risiken lassen sich in Grenzen individuell kalkulieren. Sie sind u. a. von folgenden Faktoren abhängig:

- **Zeitpunkt des Abbruches:** Die Risiken des Eingriffs steigen mit fortschreitender Schwangerschaft. Korrekt durchgeführte Abbrüche bis zur 7. oder 8. Woche dürften kaum riskanter sein als eine diagnostische Abrasio. In der 9.–10. Woche wird man mit 5–10% Sofort-, Früh- und Spätkomplikationen rechnen müssen. Die Risikorate steigt dann weiter an, besonders steil in der 12.–16. Woche, was sich leicht aus der zunehmenden Größe des Objektes verstehen läßt.

Die Zahl der tödlichen Komplikationen wurde bei Abbrüchen bis zur 8. Woche p. m. mit 0,5/100000 und bei Abbrüchen jenseits der 16. Woche p.m. mit 7,8/100000 ermittelt.

- **Art der Betreuung und Durchführung:** Die potentiellen Gefahren lassen sich begrenzen, wenn der Abbruch nach den o. e. Methoden unter optimalen Bedingungen in einer auch für Notfallsituationen eingerichteten Institution erfolgt.
- **Zahl der Abbrüche** (Risikozunahme).

Rh-Prophylaxe

! Nach einem Schwangerschaftsabbruch ist bei allen Rh-negativen Frauen innerhalb von 72 Stunden **Anti-D-Immunglobulin** zu applizieren.

Literatur

Eser A, Hirsch HA. Sterilisation und Schwangerschaftsabbruch. Stuttgart: Enke 1980.

Lau H. Indikationen zum Schwangerschaftsabbruch. 2. Aufl. München: Demeter 1982.

Schmidt-Gollwitzer M et al. Schwangerschaftsabbruch. In: Endokrinologie und Reproduktionsmedizin II. Bd. 2. Klinik der Frauenheilkunde und Geburtshilfe. 3. Aufl. Schneider HPG (Hrsg). München: Urban & Schwarzenberg 1996.

5.5 Ektopische Schwangerschaft (Extrauteringravidität)

Unter einer ektopischen Schwangerschaft bzw. Extrauteringravidität (EUG) versteht man eine Schwangerschaft, bei der sich das befruchtete Ei **außerhalb des Cavum uteri** implantiert. Auf 100 ausgetragene Schwangerschaften kommen heute zwei Extrauteringraviditäten.

Die Extrauteringravidität kann zu einem hochakuten, **lebensbedrohlichen Ereignis** werden, das nur durch schnelles und zweckmäßiges ärztliches Handeln beherrscht werden kann. Bei tödlichen Fällen waren die EUG als »gastrointestinale Störungen« (25%), oder »intrauterine Schwangerschaften« oder »aszendierende Infekte« (30%) fehlinterpretiert worden.

Ursachen der EUG

Sobald das befruchtete Ei ein bestimmtes Entwicklungsstadium erreicht hat, beginnt es – unabhängig von der jeweiligen Lokalisation – mit der **Implantation**. Letztere ist u. a. eine Funktion der Zeit. Normalerweise hat das Ei zum Zeitpunkt der Implantationsreife längst das Cavum uteri erreicht.

Eine Extrauteringravidität kann also nur unter folgenden Umständen auftreten:

- Behinderung der Eiaufnahme durch den Fimbrientrichter
- Verzögerung der Eiwanderung im Tubenlumen
- Verlängerung des Weges

Die genannten Störungen sind bei folgenden Gegebenheiten möglich:
- Periampulläre Verwachsungen nach früheren Entzündungen (Salpingitis, Appendizitis, Peritonitis, laparotomiebedingt)
- Verklebung oder Kompression des Eileiterlumens (frühere Salpingitis, Endometriose, frühere, konservativ gehandelte EUG)
- Tubenspasmen
- Abnorm lange Eileiter, wie man sie bei einer Hypoplasia uteri findet

Begünstigt werden kann eine EUG ferner durch:
- Kontrazeption mittels Intrauterinpessar
- Luteale Insuffizienz

Lokalisation

Je nach Implantationsort unterscheidet man:
- **Tubengravidität** (die typische »Extrauterine«)
- **Ovarial-** bzw. **Tuboovarialgravidität**
- **Abdominalgravidität**

Allgemeine Folgen der ektopischen Implantation

Bei einer dystopen Implantation sind die räumlichen Möglichkeiten einer Fruchtentwicklung (Expansion) beschränkt. Ferner sind die Ernährungsbedingungen der Frucht reduziert (ungeeigneter Implantationsboden). Dies bewirkt Entwicklungsstörungen und schließlich das **Absterben der Frucht**. Dieser Vorgang geht mit reduzierter HCG-Bildung bzw. einem Absinken des HCG-Spiegels und, dem folgend, uterinen Blutungen einher (»Entzugsblutungen« der Dezidua). Schließlich kann die Expansion der Frucht ebenso wie die Regression (durch Lösung plazentarer Anteile) zu inneren **Blutungen** führen. Wachstumsauftreibung (= Spannung), evtl. Ruptur und/oder Blutungen in das Lumen lösen **Schmerzen** aus, die oft der erste Anlaß für den klinischen Verdacht sind. Die klinischen Erscheinungen, speziell Schmerzen und Störungen des Allgemeinbefindens, variieren stark nach Ort der Implantation und Zeitpunkt.

Tubargravidität

95–99% der ektopischen Schwangerschaften sind Tubargraviditäten. Je nach Implantationsort unterscheiden wir:
- Interstitielle Graviditäten
- Isthmische Graviditäten
- Ampulläre Graviditäten

Die Häufigkeit entspricht etwa einem Verhältnis von 1:25:40 (Abb. 5.5).
Ungeachtet großer Varianz der klinischen Erscheinungen kann man dennoch gewisse typische Eigenheiten der interstitiellen bzw. isthmischen Implantationen einerseits und der ampullären Lokalisation andererseits beschreiben (Abb. 5.5).

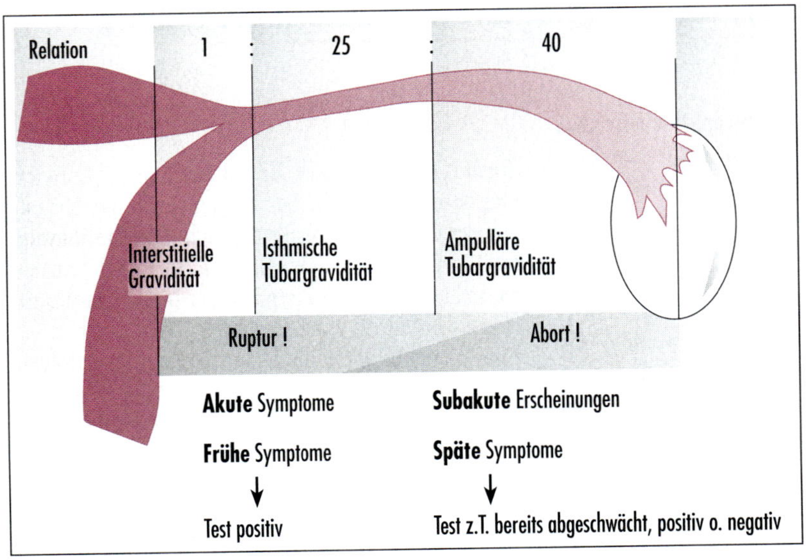

Abb. 5.5 Terminologie der Eileiterschwangerschaften in Abhängigkeit vom Sitz. Angabe der Relationen. Darstellung der für den jeweiligen Sitz charakteristischen klinischen Erscheinungen.

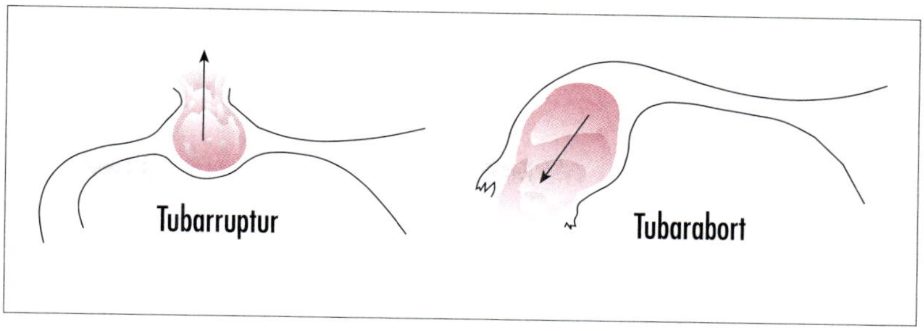

Abb. 5.6 Ruptur des Eileiters bei Schwangerschaftslokalisation im mittleren Teil der Tube (links), Tubarabort bei distalem Sitz der Eileiterschwangerschaft (rechts).

▶ **Symptome**

Interstitielle bzw. isthmische Tubargravidität

Bei diesen Lokalisationen pflegt die Symptomatik **akut** und meist dramatisch zu sein.

Das Tubenlumen ist hier eng. Die Expansion der wachsenden Frucht löst also schon in der 5.–6. Woche frühzeitige und heftige einseitige Schmerzen aus. Die Fruchtvergrößerung führt zumeist auch bald – sofern nicht schon vorher eingegriffen wurde – zur **Ruptur** des Eileiters (= äußerer Fruchtkapselaufbruch; Abb. 5.6 links), die mit plötzlichem, vernichtenden Rupturschmerz und mit meist schwerwiegenden inneren Blutungen einhergeht. Ruptur und Blutung induzieren **Schock** und **akutes Abdomen**.

> ! Bis zum frühen Zeitpunkt dieser Symptomatik ist die Gravidität meist noch intakt (positiver Urin-HCG-Test). Bei 35% der Operierten beträgt die Symptomzeit bis zur Operation nur 1–3 Tage! 40% zeigen bei der Klinikaufnahme bereits Schockzeichen!

Ampulläre Tubargravidität

Diese Fälle verlaufen meist, zumindest anfänglich, **weniger dramatisch**. Die Diagnose kann dann schwierig und aufwendig sein (Abb. 5.7).

Der betroffene Tubenanteil ist weitlumig. Die Symptomatik wird deshalb zunächst nur durch die Folgen der Schwangerschaftsentwicklungsstörung bestimmt: Parallel zur absinkenden HCG-Bildung zeigen sich bei >70% in der 5.–7. Woche uterine Blutungen (Hormonentzugsblutungen aus der Dezidua) leichter Art. Man denkt an einen Abortus imminens bei intrauteriner Gravidität. Im typischen Fall lassen sich aber doch gleichzeitig oder mit geringer Latenz (6.–8. Woche) bei ca. 80% einseitige **Spannungsschmerzen** nachweisen, die teils wechselnd stark, teils zunehmend sind.

Es kommt ferner zu unterschiedlich starken Blutungen in das Eibett und Tubenlumen. Dies bewirkt, zusätzlich zum Implantat, eine weiter zunehmende Auftreibung der Tube, die mit einer Steigerung bereits vorhandener Beschwerden verbunden ist. Nach partiellem Abfluß des Blutes in den Douglas-Raum folgt die Entstehung einer **retrouterinen Hämatozele**. Expansionsdruck und Blutungskräfte führen nur selten zur Tubarruptur (ca. 20%), statt dessen vielmehr zum sog. **Tubarabort** (Abb. 5.6 rechts). Der Blutverlust ist sehr wechselnd. Da er meist erst allmählich entsteht, sind auch die Blutverlustfolgen in typischen Fällen nicht dramatisch, wenn auch meist objektivierbar. Falls die EUG verkannt und die Krankheit verschleppt wird, kann sich – sehr selten – auch noch eine Infektion etablieren und das Krankheitsbild verfälschen.

> ! Bei der langsameren Entwicklung der Symptomatik kann zum Zeitpunkt der klinischen Konfrontation der **Schwangerschaftstest** mit Urin schon **negativ** sein (im Gegensatz zu den lediglich reduzierten Serum-HCG-Werten). Der negative Ausfall spricht also nicht absolut gegen eine Tubargravidität.

▶ **Befunde**

Je früher der Arzt mit dem Krankheitsbild konfrontiert wird, und je weiter distal die EUG sitzt, um so geringer sind nicht nur die oben aufgeführten Symptome, sondern auch die pathologischen Befunde. Dies erklärt die Varianz der nachfolgend aufgeführten Merkmale:

- Anamnestische Hinweise auf Schwangerschaft
- Urin-Schwangerschaftstest positiv, schwach positiv oder bei verschleppten Fällen auch negativ
- HCG im Serum stets weniger als vom Zeitpunkt her zu erwarten, aber immer positiv im Sinne von »Schwangerschaft«
- Sonographie: kein Hinweis auf intrauterine Schwangerschaft (vor 6. Woche p.m. unsicher!); evtl. Flüssigkeit im Douglas-Raum (Blut)

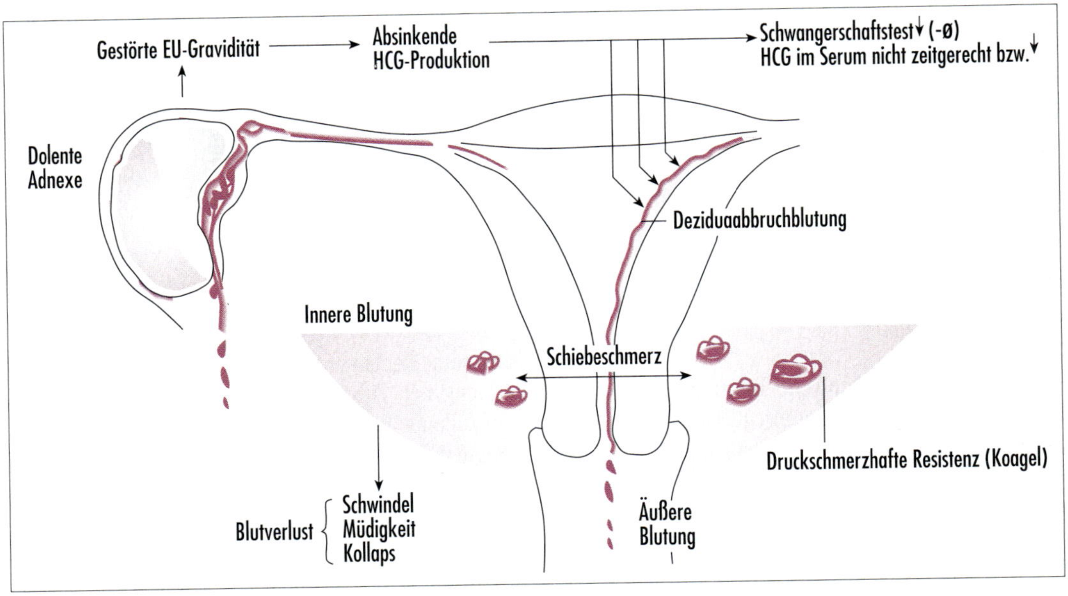

Abb. 5.7 a Befunde und Symptome bei der ampullären Tubargravidität.

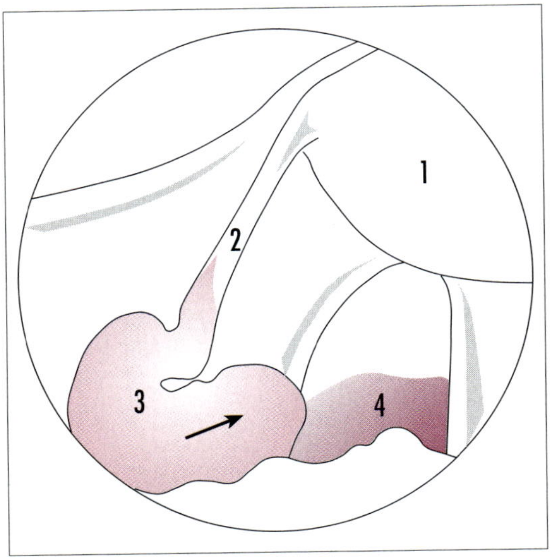

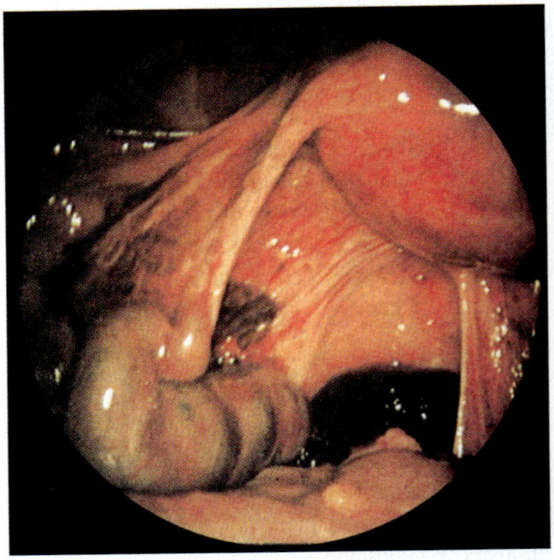

Abb. 5.7 b Tubargravidität im ampullären Bereich. Koagel im Douglas-Raum. 1 = Corpus uteri; 2 = Tuba Fallopii links; 3 = Extrauteringravidität; 4 = Blut.

Tastbefunde (behutsame Palpation!):

- Uterus palpatorisch evtl. aufgelockert, Bewegungsschmerz
- Ggf. Schmerzempfindlichkeit im Douglas, auch teigige Resistenzen, falls bereits Blutungen in die Bauchhöhe erfolgt sind und der Douglas-Raum nicht durch Verwachsungen (Netz) abgedeckt ist
- Angedeutete, mäßige oder extrem starke Schmerzempfindlichkeit eines Eileiters oder des seitenentsprechenden Uterusanteils (bei interstitieller Gravidität)
- Angedeutete, mäßige oder unverkennbar starke Auftreibung des Eileiters
- In hochakuten Fällen: Abwehrspannung der Bauchdecke (bei schwerer intraabdomineller Blutung)

Sonstige Merkmale:
- Temperatur o. B.
- BSG meist o. B. (Abgrenzung gegen akute Salpingitis!)
- Hinweise auf Blutverlust (Schwindel, Müdigkeit, Blässe). Oder:
- Schwerer Blutungsschock (bei Ruptur!)

> ! Schockerscheinungen lassen erwarten, daß der bisherige Blutverlust mindestens 800–1000 ml beträgt. Dies gilt für ein Drittel der Fälle!

▶ Diagnose

Die Vermutungsdiagnose ergibt sich zwanglos aus der Anamnese (Frühschwangerschaft, Schmerz [90 %], Blutung [75 %]) und den Befunden (Tastbefund, Sonographiebefund, HCG, afebriles Bild, Blutverlustzeichen).
Die Modalitäten von Diagnosesicherung und Therapie hängen von der individuellen Konstellation ab. Da man heute – im Gegensatz zu der früheren Praktik der routinemäßigen operativen Entfernung der befallenen Tube – aber die Erhaltung des Eileiters anstrebt, wird die Frühdiagnose gefordert und das Procedere darauf abgestellt:
- **Bei möglicher Extrauteringravidität, aber nur sehr vagen Hinweisen** (HCG, intrauterine Gravidität nicht [noch nicht] sonographisch darstellbar, fehlende oder sehr diskrete Befunde bzw. Symptome): Überwachung; Serum-HCG-Verlaufskontrolle
- **Falls HCG stetig abfällt und Symptome schwinden oder vage sind bzw. bei unsicherer Diagnose:** Abrasio (Zotten? Intrauterine Abortvorgänge?)
- **Bei allen klinisch bzw. sonographisch/vaginalsonographisch verdächtigen Fällen, insbesondere bei einschlägiger bzw. zunehmender Symptomatik:** Laparoskopie
- **Sofern die Symptome dramatisch sind und evtl. auch noch mit Schockerscheinungen korrelieren**: Bei sonographischem Nachweis von reichlich Flüssigkeit im Douglas-Raum (Blut?) wird man die primäre Laparotomie vorziehen. Die in solchen Fällen früher zunächst noch vorgeschaltete Douglas-Punktion (Nachweis von altem, geronnenem Blut) wird wegen der Unzuverlässigkeit mehr und mehr verlassen.

▶ Therapie

Nichtinvasive Therapie: Bei Frühfällen einer offensichtlichen, symptomfreien oder -armen EUG können folgende Maßnahmen zur Rückbildung der EUG führen und den operativen Eingriff unnötig machen:
- Niedrigdosierte Methotrexatgaben. Oder:
- Endoskopisch geleitete Lokalinstillationen von Prostaglandin oder Glukose. HCG-Kontrollen!

Invasive Therapie: Deren Art hängt vom Zustand des betroffenen Eileiters ab:
- Falls irgend möglich, sucht man ihn ganz oder partiell zu erhalten, was bei etwa 50–60 % möglich und vor allem bei einer Frühdiagnose selbst auf dem schonenden Wege der operativen Laparoskopie gut praktikabel ist. Ansonsten, bei problematischem Befund, Laparotomie und mikrochirurgische Versorgung.
- Eine Exstirpation der Tube kommt nur bei offensichtlich irreparabler Schädigung in Frage (~25 %).

Bei organerhaltenden Operationen sind, je nach Befund der nicht betroffenen Tube, bei 50–60 % später intrauterine Schwangerschaften möglich, aber auch EU-Rezidive (10–30 %).

Ovarial- und Tuboovarialgravidität

Diese ektopischen Schwangerschaften (2 %) sind weder von der Symptomatik noch vom Befund her sicher von der Tubargravidität abzugrenzen. Vorgehen identisch.

Abdominalgravidität

In seltenen Fällen kommt es zu einer, zumindest anfänglich, entwicklungsfähigen Abdominalgravidität: Das Ei implantiert sich auf der Serosa oder entwickelt sich (bei primärer Ansiedlung im Fimbrientrichter, am Ovar usw.) sekundär in das freie Abdomen hinein.
Da die Raumbeengung fehlt, sind die **Symptome** ganz **uncharakteristisch**. Einige Abdominalgraviditäten wurden sogar ausgetragen und die Kinder durch Sectio entbunden. Meist zeigen sie Schäden durch primären Sauerstoffmangel (insuffizientes Eibett) oder anhaltende mechanische Alteration.

Literatur

Baumann R. Aktuelles diagnostisches Vorgehen bei Verdacht auf Extrauteringravidität. Gynäkologe 24, 1991: 47.
Herendael BJ van. Operative gynäkologische Endoskopie. Stuttgart: Schattauer 1995.
Husslein P. Neue Tendenzen in der Therapie der Extrauteringravidität. Gynäkologe 24, 1991: 52.
Inthraphuvasak I et al. Mikrochirurgie des Eileiters. Stuttgart, New York: Schattauer 1990.
Mettler L, Semm K. Diagnostik und konservierende Behandlung der Tubargravidität per pelviscopiam. Geburtshilfe und Frauenheilkunde 47, 1987: 717.
Pape C. Extrauteringravidität. In: Endokrinologie und Reproduktionsmedizin III. Bd 3. Klinik der Frauenheilkunde und Geburtshilfe. Krebs D, Schneider HPG (Hrsg). München: Urban & Schwarzenberg 1994.
Semm K. Operationslehre für endoskopische Abdominalchirurgie. Stuttgart: Schattauer 1984.

5.6 Mütterliche Erkrankungen und Schwangerschaft

Adaptationsstörungen

Im Schwangerschaftsverlauf können sich Anpassungsstörungen in zweifacher Form manifestieren: als sog. **Frühgestose** (in der Frühgravidität) sowie als **Spätgestose** oder Schwangerschaftstoxikose, die erst in der zweiten Schwangerschaftshälfte bzw. im letzten Trimenon aufzutreten pflegt.

Frühgestosen

Übelkeit, **morgendliches Erbrechen (Emesis)** und **gesteigert häufiges, uncharakteristisches Erbrechen (Hyperemesis)** sind graduell unterschiedliche Erscheinungen, die fließend ineinander übergehen können. Während man die leichten Störungen – von der subjektiven Belästigung abgesehen – als bedeutungslos ansehen kann, nehmen die schweren Fälle immer mehr den Charakter des Pathologischen an und verlangen stationäre Behandlung.
Die leichten Formen des Schwangerschaftserbrechens sind häufig (etwa 30–60% aller Schwangeren), die mittelschweren und schweren selten (etwa 1 Fall auf 200 Schwangere).
Die Symptome pflegen in der 6.–8. Schwangerschaftswoche post menstruationem einzusetzen und zumeist nach der 12.–14. Woche zu schwinden.

▶ Ursachen

Eine einheitliche Ursache läßt sich nicht definieren. Vermutlich handelt es sich um die Auswirkung einer Summation verschiedener Faktoren. Diesbezüglich sind denkbar:

- Konfrontation mit dem »fremden« Protein von Trophoblast und Frucht
- Tiefgreifende Umstellungen im Endokrinium
- Änderungen im Stoffwechsel

Diese objektiven Belastungen sind besonders ausgeprägt, wenn folgende Tatbestände vorliegen:

- Blasenmolen
- Mehrlingsschwangerschaften

Die genannten Tatbestände verlangen eine Anpassung des Organismus an die veränderten Bedingungen, die unterschiedlich gut gelingt.

Unter sonst gleichen objektiven Belastungen werden sich Adaptationsstörungen besonders leicht manifestieren, wenn eine ausgeprägte **neurovegetative Labilität** vorliegt. Damit werden individuell-konstitutionelle Faktoren angesprochen. Ferner werden in diesem Zusammenhang **psychische und soziale Faktoren** bedeutsam. Besonderheiten der Persönlichkeitsstruktur und die Einstellung zur Schwangerschaft selbst sind nicht zu unterschätzen. Sie können den Boden bereiten, auf dem sich die oben erwähnten schwangerschaftsspezifischen Belastungen zur Neurose ausweiten können. Besonders häufig finden sich Abwehreinstellungen gegenüber dem Kind oder dem Kindesvater, Konfliktsituationen in der engeren Umwelt, Insuffizienzgefühle usw. Es ist stets wieder eindrucksvoll, wenn man beobachtet, wie der Besuch eines Angehörigen in der Klinik oder die Ankündigung der bevorstehenden Entlassung bei bereits symptomlosen Patientinnen zu Rückfällen führt. In diesem Sinne kann das Krankheitsbild durchaus neurotische Züge annehmen.

Übelkeit und morgendliches Erbrechen

Morgendliche Übelkeit und Erbrechen bleiben zumeist ohne nachhaltigen Einfluß auf das körperliche Befinden während des übrigen Tages. Gelegentliche Müdigkeit, Schwindelerscheinungen usw. sind nicht Folge, sondern beigeordnetes Symptom einer gewissen neurovegetativen Labilität. Im Patientinnenkollektiv finden sich häufig Asthenikerinnen mit konstanter Hypotonie oder orthostatischer Regulationsstörung. Im Urin tritt frühzeitig Aceton auf. Die Kochsalzprobe ($AgNO_3$-Zusatz) bleibt stets positiv.

▶ Therapie

Die Erscheinungen lassen sich folgendermaßen mildern:

- Statt der konventionellen drei Hauptmahlzeiten sollten viele kleine Imbisse eingenommen werden.
- Das Frühstück sollte die Schwangere im Bett zu sich nehmen.
- Der Fettkonsum ist einzuschränken.
- Medikamentös können Antiemetika verabfolgt werden (Peremesin- oder Vomex-A-Supp.).

Man sollte aber die Indikation im Hinblick auf die anempfohlene Zurückhaltung gegenüber Medikamentgaben während der Embryonalperiode streng stellen.

Hyperemesis

> Man spricht von Hyperemesis, wenn die Patientin dauernd erbricht und die Nahrungsaufnahme gefährdet ist. Unabhängig von der primären Ursache des gesteigerten Erbrechens führt dieses seinerseits in Kürze zu einem schweren Krankheitsbild.

Letzteres ist, als Folge der fehlenden Nahrungszufuhr und des ständigen Erbrechens von Magensaft, gekennzeichnet durch:

- Exsikkose mit Volumenmangel → Hämatokrit+
- Zunehmenden Substanzabbau (N-Mangel) → Gewichtsabnahme
- Mangel an Kohlenhydraten → gesteigerte Lipolyse, metabolische Ketoazidose
- Elektrolytveränderungen → Laborbefunde
- Speziell Chlormangel → hypochlorämische Alkalose
- Extrem: Salzverlustsyndrom → Nierenschaden (Rest-N+, Kreatinin+)
- Leberaffektion (Nekrosen, fettige Degeneration) → Ikterus, Bilirubin, Transaminasen

▶ Therapie

Sofern sich aus einer Emesis eine Hyperemesis entwickelt, ist die **stationäre Einweisung** der Patientin geboten.
Die Therapie hat folgende Schwerpunkte:

- Flüssigkeitszufuhr (tgl. 3000 ml und mehr), Hämatokritkontrolle
- Parenterale Gabe von Kohlenhydrat- und Aminosäurenlösungen (tägliche Zufuhr von 2000 bis 2500 kcal [8400–10500 kJ])
- Korrektur des Elektrolytbestandes, NaCl-Zufuhr i.v. Cave: Hypokaliämie
- Korrektur evtl. metabolischer Störungen des Blut-pH

Ergänzend sind zweckmäßig:

- Antiemetika (Peremesin-Supp., Vomex-A-Supp.), Sedativa
- Vitamingaben (Vitamin-B-Komplex, Vitamin C), in Extremfällen Versuch mit NNR-Präparaten bzw. ACTH
- Beachtung des Blutdruckes, ggf. Therapie der Hypotonie (s. S. 174)
- Abschluß der Patientin von konfliktauslösenden Personen

Nach Einleitung der Korrekturen per infusionem sind auch **andere, denkbare Ursachen des Erbrechens auszuschließen**: Hyperthyreose, NNR-Insuffizienz, Cholezystopathie, Pankreatitis, Zwerchfellhernie und Magen-Darm-Ulzera.
Der Verlauf ist durch laufende Kontrollen des Gewichtes und einschlägige Laboruntersuchungen zu objektivieren.

> ! Die Entlassung sollte nicht zu früh erfolgen (Rezidivgefahr!).

Spätgestosen: Hypertensive Erkrankungen in der Schwangerschaft

Schwangerschaftsinduzierte Störung (Gestationshypertonie)

In der Schwangerschaft kommt es bei ca. 5 %, auch bei bis dahin völlig gesunden Frauen, zur **Ödembildung** (E). Nicht selten finden sich auch **Proteinurie** (P) sowie bei 3–10 % **Hypertonus** (H). Man ordnete früher dieses Erscheinungsbild als schwangerschaftsbedingte, »genuine« Störung ein und bezeichnete es als »Gestose«; die erwähnten Symptome sehr unterschiedlichen Stellenwertes (!) wurden zum Begriff der **»EPH-Gestose«** zusammengefaßt.

> Der Begriff EPH-Gestose wird heute verlassen und statt dessen das eigentliche Alarmsymptom, der Hypertonus (≥140/90), als Oberbegriff benutzt: **Gestationshypertension** oder auch **schwangerschaftsinduzierte Hypertension (SIH)**.
> Eine **Gestationsproteinurie** kann als weitere charakteristische Störung in Erscheinung treten (>0,3 g/24 h).
> Sind beide Störungen assoziiert, spricht man von einer **proteinurischen Gestationshypertension**.
> Aus den beiden graduell variablen Erscheinungen hat man einen Gestoseindex entworfen (Tab. 5.3). Dieser erlaubt eine graduelle Einordnung. Als extreme Erscheinungsformen sind **Präeklampsie, Eklampsie** und **HELLP-Syndrom** abzugrenzen.

Besonders gestosegefährdet sind:

- Sehr junge Erstgebärende (Erstgebärende dominieren generell)
- Frauen mit Mehrlingsschwangerschaften
- Adipöse Schwangere
- Diabetikerinnen

Tab. 5.3 Versuch einer Gestoseeinteilung durch Erfassung verschiedener Parameter. (Nach Gille)

Gestoseindex	0	1	2	3
RR systolisch	<140	140–160	160–180	>180
RR diastolisch	< 90	90–100	100–110	>110
Proteinurie-Teststreifen	0 bis (+)	+ bis ++	+++	++++
Proteinurie g/l 24-Std.-Urin	<0,3	0,3–1	>1–3	>3

Wertung der Indexsumme aus systolischem Blutdruck, diastolischem Blutdruck und Urinbefund (Streifenbefund oder quantitativer Befund): 1–3 leichte, 4–6 mittelschwere und 7–9 schwere Gestose

- Schwangere mit familiärer Belastung hinsichtlich SIH
- Schlechter Sozialstatus

Die Ursachen sind im Grunde noch nicht gesichert. Man diskutiert die Wirkung pressorischer Substanzen bei verminderter Bildung vasodilatorischer Prostaglandine, mit der Folge von Gefäßspasmen, Endothelschädigung und Disposition zur intravasalen Gerinnung. Ferner besteht eine Hämokonzentration, die ihrerseits die Mikrozirkulation reduziert (hohe Viskosität). Auch immunologische Faktoren der Gestose werden diskutiert.
Ödeme werden nur dann als weiterer Risikohinweis gewertet, wenn sie generalisiert und innerhalb kurzer Zeit auftreten (>2 kg/Woche) auftreten. Die lokalisierten Ödeme an den unteren Extremitäten sind, da auch bei ganz unauffälligen Schwangeren zu beobachten, als bedeutungslos anzusehen und ohne Korrelation zu fetalen Risiken.

Chronische, präexistente Störung

Von der schwangerschaftsinduzierten Hypertension ist die präexistente, **chronische Hypertension** abzugrenzen, die ebenso wie die **chronische Nierenerkrankung** besondere Bedeutung in der Schwangerschaft gewinnen kann. Verschlechtern sich diese Befunde während der Schwangerschaft, spricht man nicht mehr von einer »Gestose«, sondern von einer **»Pfropfgestose«** oder einer **chronischen Hypertension mit Pfropfpräeklampsie**.

Die Pfropfgestose ist gefährlicher und schlechter beeinflußbar als die genuine Gestose. Man findet sie, im Gegensatz zu der letzteren, häufiger bei folgenden Gruppen:
- Ältere
- Mehrgebärende

Klinische Einteilung
Häufig ist die strenge Unterscheidung der beiden Grundformen problematisch (z.B. bei leerer Anamnese), ohne daß dies aber von großer Bedeutung für die aktuellen Maßnahmen ist. Als ein hinsichtlich der Genese indifferenter Sammelbegriff ist der Terminus **»Hypertensive Erkrankung in der Schwangerschaft« (HES)** gebräuchlich.
Die Einteilung der Gestosen bzw. Pfropfgestosen in klinische Schweregrade, die Prognose und Therapie bestimmen, ist immer kontrovers gewesen. Man sollte sie nur im Sinne einer an sich kontinuierlich steigenden Gefährdung und Therapieintensität verstehen. Die bekannten, auch in dem »Gestoseindex« auftauchenden Zäsuren in »leicht« bis »schwer« erleichtern zwar die Therapieentscheidung, sind aber, von der Eklampsie abgesehen, etwas Künstliches.

Leichte HES: Die Parameter sind eindeutig:
- RR ≥140/90, <160/110
- Proteinurie >0,3 / <5 g/l/Tag

Wesentlich ist noch die gute Befindlichkeit der Schwangeren.

Schwere HES: Hier muß man noch über RR (≥160/110) und Proteinurie (>5 g/l/Tag) hinaus differenzieren: Bei einem Teil der Fälle treten neben Hypertonus und Proteinurie noch weitere Erscheinungen auf, die alarmierend wirken und die Wertung **Präeklampsie** rechtfertigen:
- Rapide Verschlechterung des Allgemeinzustandes und/oder zentrale Symptome wie
- Zunehmender Kopfschmerz
- Schwindelgefühl, ggf. Bewußtseinseintrübung
- Ohrensausen, Sehstörungen (Flimmern)
- Hyperreflexie
- Schmerzen im Epigastrium
- Motorische Unruhe

Ähnlich gewichtige Merkmale dieses zunehmenden Schweregrades sind:

- Hämokonzentration (Hk >40)
- Oligurie (>400/24 h)
- Lungenödem, Zyanose

! Wird die Präeklampsie nicht rechtzeitig und wirkungsvoll behandelt, so können sich zwei extreme Störungstypen entwickeln:
- **Eklampsie**
- **HELLP-Syndrom**

Eklampsie (~0,5‰): Diese ist durch folgende Erscheinungen charakterisiert:
- Tonisch-klonische Krämpfe von ca. 1 Min. Dauer, oft mit Zungenbissen verbunden
- Zyanose
- Apnoe
- Bewußtlosigkeit

Der eklamptische Anfall setzt teils nach den zuvor erwähnten Prodromalerscheinungen, teils aus heiterem Himmel (Eklampsie = »Aufblitzen«) ein.
Die Anfälle können während der Schwangerschaft, unter der Geburt, kurz nach der Geburt oder auch noch im Wochenbett auftreten.
Nach dem Anfall bleibt für eine unterschiedlich lange Zeit eine Bewußtseinstrübung bis zur Nichtansprechbarkeit bestehen. In praxi wird dies nicht mehr eindeutig faßbar, da inzwischen die Therapie ihrerseits zur tiefen Sedierung geführt hat.
Ist nichts über bereits vorausgehende Hypertonie und Proteinurie bekannt und wird man erst mit der bewußtlosen Patientin konfrontiert, muß man differentialdiagnostisch noch an Epilepsie, diabetisches Koma, Urämie und Hirnblutung denken.

! Die Situation ist unter folgenden Umständen als besonders ernst zu werten
- Wenn der erste Anfall weit vor dem Geburtstermin erfolgt
- Wenn der erste Anfall nach der Entbindung einsetzt
- Wenn der Anfall sich mehrfach wiederholt

Je mehr Anfälle erfolgen, um so schlechter ist die Prognose!

HELLP-Syndrom: Diese schwere Sonderform der Präeklampsie weist zusätzlich folgende Symptome und Befunde auf:
- Rechtsbetonte Oberbauchsymptome; Übelkeit
- Hämolyse **(H)** mit Bilirubinanstieg und Absinken des Haptoglobins
- Anstieg der Leberenzyme **(EL)** SGOT, SGPT, LDH
- Thrombozytenabfall **(LP)** <100000
- Eventuell Fieber

Risiken der HES
Bei der HES sind, parallel zum Schweregrad, Mutter und Fetus gefährdet.
Der **Mutter** drohen bei der HES, besonders bei der Eklampsie, Folgen der **Mikrozirkulationsstörungen**: Kapillarschäden, umschriebene Hämorrhagien (ZNS, NN, Leber) und Gewebsnekrosen. Es resultieren entsprechende Organ-Funktionsstörungen oder -ausfälle, z.B. Amaurose oder Nierenversagen. Durch hämodynamische Überlastung im Zusammenhang mit den Anfällen kann es schließlich zum Herzversagen kommen. Der anfallsbedingte Tod ist nicht selten (5–15%). Die Gestose repräsentiert >20% der Ursachen bei der Müttersterblichkeit!
Die Gefährdung des **Feten** durch die Gestose – auch die weniger dramatischen Fälle – läßt sich durch die nachweisbare Reduzierung der Durchblutung des intervillösen Raumes und morphologische Veränderungen an der Plazenta erklären, sie kommt also durch **Plazentainsuffizienz** zustande. Letztere manifestiert sich in dreifacher Weise:
- Entwicklung eines »small for date baby« (Mangelgeburt, hypotrophes Kind)
- Aspyhxieanfälligkeit sub partu
- Intrauteriner Fruchttod
- Frühgeburtlichkeit; diese tritt relativ häufig auf (5–15%), ihre Ursache ist wohl komplexer Natur

Die degenerativen Vorgänge im Plazentagewebe können in extremen Fällen bis zu 90% der Substanz ergreifen. Die Austauschfläche, die normalerweise etwa 11–14 m^2 beträgt, ist durchschnittlich auf 7 m^2 reduziert. Sinkt sie unter 4,5 m^2, ist der intrauterine Fruchttod unvermeidlich. Die **perinatale Sterblichkeit** erreicht je nach Schweregrad und Art der Gestose 30%.
Schließlich kommt es bei der Präeklampsie vermehrt zur **vorzeitigen Plazentalösung** (s. S. 241), die Mutter und Fet gefährdet.

▶ **Therapie**

Die Therapie erfolgt, je nach Schweregrad der HES, in Stufen.

Maßnahmen bei leichter Gestose
Bei den leichten Fällen kann mit einer ambulanten Therapie begonnen werden. Bleibt diese nach zwei Wochen noch erfolglos oder treten die Erscheinungen einer mittelschweren EPH-Gestose auf, muß stationär behandelt werden.

Die Initialtherapie hat zwei Schwerpunkte:
- Ruhe
- Ernährungsumstellung

Die wichtigste Forderung nach körperlicher und seelischer **Ruhe** und Schonung kann durch Krankschreibung, häusliche Bettruhe oder stationäre Aufnahme erfüllt werden. Die Frauen sollten eine seitliche Lagerung anstreben. Notfalls, d.h. bei ausbleibendem Effekt oder ungünstigen individuellen Gegebenheiten, sind noch **Sedativa** einzusetzen.

Die **Ernährung** ist eiweiß- und vitaminreich sowie kohlenhydratarm zu gestalten. Die Kochsalzreduzierung soll moderat sein.

Genügen diese Maßnahmen nicht zur Normalisierung, sind nunmehr **Antihypertonika** indiziert. In Frage kommen bei einer noch unauffälligen Befindlichkeit der Schwangeren folgende, erst nach 2–3 Tagen wirksam werdende Substanzen:
- α-Methyldopa (z.B. Presinol) und/oder
- Dihydralazin (Nepresol) p. os
- β_1- Rezeptorenblocker (Acebutolol, Atenolol)

Ein therapeutisch bewirkter extremer RR-Abfall kann u.U. die Versorgung des Feten beeinträchtigen!

Schließlich kann evtl. noch **Acetylsalicylsäure** in der Vorstellung kausaler Effekte niedrigdosiert eingesetzt werden (Hemmung der Thromboxangenese).

Zu dem Gesagten kommt noch, als besonders bedeutsame Aufgabe, die **Überwachung** des fetalen Befindens hinsichtlich folgender Parameter:
- Wachstum (Ultraschallmessungen)
- Herzaktion (Kardiotokographie)
- Funktion der fetoplazentaren Einheit (Östriolbestimmung)
- Doppler-Sonographie

Maßnahmen bei schwerer Gestose und Präeklampsie

Steigern sich die Symptome trotz der oben genannten Maßnahmen, treten schließlich noch die Zeichen der Präeklampsie hinzu, wird eine **Intensivüberwachung** obligatorisch und zur Basis einer individuellen **Intensivtherapie**.

Intensivüberwachung:
- Beobachtung des Befindens und Verhaltens der Schwangeren und des Feten
- Laufende Messung von Puls und Blutdruck
- Kontrolle des zentralen Venendrucks
- Messung der stündlichen Urinausscheidung (Dauerkatheter!)
- Messung der Eiweißausscheidung im Urin
- Gesamteiweißbestimmung
- Hk-Bestimmung, Elektrolytbestimmung, Kreatinin, Harnsäure, Glukose, GOT, GPT i. S., Bilirubin i. S., freies Hämoglobin (Hämolyse!), Fe i. S.
- Thrombozytenzählung, Retikulozyten, Haptoglobinbestimmung (Hämolyse?)
- Gewichtskontrollen bzw. Ödemkontrollen

Schließlich, nicht minder bedeutsam:
- Kontrollen des kindlichen Befindens: CTG täglich; Sonographie wöchentlich

Intensivtherapie:

Diese ist vornehmlich symptomatisch:
- **Sedierung:** z.B. Diazepam (Cave: neonatale Depression). Umstritten
- **Bekämpfung der Hypoproteinämie und Hypovolämie** und damit indirekt der Ödeme:
  - Humanalbumin und Plasmaexpander, letztere in Abhängigkeit von ZVD.
  - Diuretika sind in der Regel als kontraindiziert anzusehen, da sie der Hypovolämie Vorschub leisten.
- **Acetylsalicylsäuregaben:** Manche erhoffen sich davon günstige Auswirkungen auf die pathogenetischen Mechanismen.
- **Ausgewählte Antihypertonika:** Diese werden, je nach Situation (speziell den RR-Werten) angewendet. Bei großer Erfolgseile das umgehend wirksame Dihydralazin (Nepresol) perfusorgesteuert i.v. Falls RR >200/120, vorher langsame initiale Bolusinjektion von 5–10 mg.

Bei zentralen Symptomen, besonders bei einer Zunahme:
- **Antikonvulsive Therapie**: Magnesium

Um schließlich bei ausgeprägter Störung einer fetalen Bedrohung durch Hypoxie (Plazentainsuffizienz, therapiebedingte mütterliche Hypotonie u.a.) zuvorzukommen, gegebenenfalls:
- **Vorzeitige Schwangerschaftsbeendigung** bei zu erwartender Lebensfähigkeit des Feten

Behandlung des eklamptischen Anfalles und seines Folgezustandes

Der eklamptische Anfall (0,01%) ist eine für Mutter und Kind außerordentlich bedrohliche Komplikation. Die Mortalität steigt mit der Zahl der Anfälle.

Grundsätzlich kann man davon ausgehen, daß die **Beendigung der Schwangerschaft** eine kausale Therapie darstellt. Diese Beendigung darf jedoch nicht durch Maßnahmen erzwungen werden, die ihrerseits eine zusätzliche Gefährdung der Schwerkranken mit sich bringen. Man verfolgt deshalb eine gewisse »mittlere Linie«: Als erstes Einleitung von Sofortmaßnahmen zur Verhinderung weiterer Anfälle. In zweiter Linie, nach gewisser Beruhigung des akuten Krank-

heitsbildes, Überlegungen über die schonendste Art der Schwangerschaftsbeendigung.
Intensivüberwachung (s. S. 172) mit folgenden ergänzenden Maßnahmen:

- Verhütung von Zungenbissen im Anfall (Gummikeil bereit)
- Freihalten der Atemwege (Absaugen)
- Herstellung der Beatmungsbereitschaft
- Laufende Kontrolle der Atemfrequenz
- Kontrolle des Patellarsehnenreflexes

Therapeutisch gleichzeitig sofortige Einleitung massiv sedierender Maßnahmen, bei den schon Anbehandelten die **Intensivierung der sedierenden Therapie**:

- **Chlormethiazol** (Distraneurin): 100 ml 0,8 % i. v.
- **Magnesiumaskorbinat** (3–5 g): langsam (10 – 15 Min.) i. v. zur Senkung der muskulären und zentralen Erregbarkeit, später behutsam weiter als Tropfinfusion. Kalziumampullen als Antidot bereithalten. Applikation, falls Atemfrequenz unter 14–16/Min. absinkt (Folge von Überdosierung).

Ferner Fortsetzung der schon erwähnten Maßnahmen, in Abhängigkeit von den laufenden Kontrollbefunden:

- **Antihypertensiva:** (Dihydralazin-Bolusinjektion und RR-gesteuerte nachfolgende Dauerinfusion). Cave: Plötzlicher Abfall des RR! Optimal: –10 mmHg/Std.
- **Volumenauffüllung:** bei ZVD <4 cm H_2O; vorsichtig auch Humanalbumin, Sorbit, HAES. Ziel: ZVD +5 bis +10
- Evtl. Unterstützung der Herzleistung
- Evtl. Korrektur der Serumelektrolyte
- Evtl. Azidosekorrektur
- Parenterale hochkalorische Ernährung

Nicht zur Routine gehörend, aber diskutabel:

- Buphenin bzw. Fenoterol zur Uterusrelaxierung (Durchblutungsverbesserung zu erwarten) und
- Mannit bei reduzierter Urinausscheidung trotz Volumenauffüllung. Diuretika wie Furosemid sind nur selten (z. B. bei Lungenödem) angezeigt und nur bei sicherem Ausschluß einer Hypovolämie (ZVD, Hk) zulässig, sonst kontraindiziert.

Behandlung beim HELLP-Syndrom

Neben den bisher erwähnten Maßnahmen (ausgenommen die Magnesiumtherapie) sind hier bei eindeutigen und schweren Fällen noch indiziert:

- Gerinnungskorrektur: Frischplasma bzw. Fresh-frozen-Plasma und Thrombozytensubstitution
- Notfalls Schnittentbindung (s. S. 271)
- Ggf. später, nach Thrombozytenanstieg, präventive LD-Heparingaben

▶ Verlauf

Bei **Besserung der Symptome und des Zustandes** wird eine baldige **Entbindung** angestrebt, besonders beim HELLP-Syndrom. Die Sedierung ist in zunehmendem Maße zu lockern.
Bei **Therapieresistenz** der pathologischen Erscheinungen drohen ernste Gefahren:

- Entwicklung eines Status eclampticus mit zunehmenden zerebralen Schäden
- Nierenversagen, zunehmende Leberfunktionsstörung
- Vorzeitige Lösung der Plazenta
- Hämorrhagisches Syndrom
- Absterben des Kindes

Sind wirklich alle medikamentösen Möglichkeiten erschöpft, bleibt nur noch die Hoffnung, den Zustand, auch bei fetaler Unreife, durch die umgehende Beendigung der Schwangerschaft zu bessern – wobei die Entbindung die Patientin, zumindest vorübergehend, zusätzlich belastet. Die Entscheidung sollte nur nach einem Konsilium mit Nephrologen, Neurologen u. a. Spezialisten getroffen werden.
Die **Entbindung** soll so schonend wie möglich erfolgen. Dies bedeutet für die Mehrgebärende normalerweise: Geburt per vias naturales, also Oxytozininfusion, Blasensprengung (Amniotomie), Vakuumextraktion oder Forzeps.
Bei Erstgebärenden, sonstigen geburtsmechanischen Schwierigkeiten und besonderer Dringlichkeit (Status eclampticus, HELLP-Syndrom) wird sich die **Sectio** meist nicht vermeiden lassen.
Bei schwerer HES werden immerhin ca. 40 % der Frauen durch Sectio entbunden.

▶ Nachsorge

Jede Patientin, die eine schwere EPH-Gestose durchgemacht hat, muß etwa 6–12 Wochen nach der Entbindung einer fachinternen Durchuntersuchung zugeführt werden, damit evtl. Restschäden und mögliche Ursachen erfaßt und behandelt werden können.

Schwangerschaftsrelevante Allgemeinerkrankungen

> Viele primär nicht schwangerschaftsbedingte, präexistente oder aktuelle Erkrankungen nehmen während der Gravidität einen besonderen Verlauf. Umgekehrt können sie ihrerseits die Schwangerschaft beeinflussen. Es bestehen also wechselseitige Beziehungen.

Herzfehler

Vegetativ-nervös bedingte Herzbeschwerden sind in der Schwangerschaft nicht selten, nicht zuletzt durch die raumfordernde Auswirkung der Spätschwangerschaft mit Verlagerung des Herzens. Diese Erscheinungen müssen durch den Kardiologen von organisch bedingten Störungen abgegrenzt werden. Letztere sind bei bis zu 2% der Schwangeren zu erwarten. Mehr als $^{2}/_{3}$ der Vitien sind rheumatischer Genese, die Mitralstenose überwiegt.

▶ Symptome

Diese sind z.T. präexistent, z.T. treten sie erstmals oder verstärkt während der Schwangerschaft auf:

- Müdigkeit
- Leistungsschwäche
- Dyspnoe
- Husten
- Pektanginöse Beschwerden
- Ödeme

▶ Auswirkungen

> ! Die Schwangerschaft ist als Risikoschwangerschaft anzusehen und entsprechend zu betreuen.

Die Bewertung der Vitien ist nicht von deren Art, sondern vom Ausmaß der Funktionseinschränkung abhängig. Die Beurteilung liegt, ebenso wie die einschlägige Betreuung, in der Zuständigkeit des Kardiologen (diagnostische Überwachung; Schonungsanweisungen, Anämietherapie, Medikationen, Diät).
Während die **Schweregrade 1** und **2** keine Bedeutung für Schwangerschaft und Geburt haben, ist beim **Schweregrad 3** eine Intensivbetreuung obligat, die besonders im Zeitraum 28.–34. Woche (zunehmende Hypervolämie und erhöhtes HMV) und 2 Wochen präpartal stationär durchzuführen ist, da Dekompensation möglich ist. Eine Low-dose-Heparinprophylaxe thromboembolischer Komplikationen ist zu diskutieren.
Beim **Schweregrad 4** sollten Schwangerschaftsabbruch und Sterilisierung erwogen werden, da die Sterblichkeit >20% erreichen kann. Gleiches gilt für zunächst geringere Schweregrade, die aber trotz spezieller Therapie frühzeitig Tendenz zur Verschlechterung zeigen.
Die Häufigkeit fetaler Wachstumsretardierung (Plazentainsuffizienz) und die perinatale Sterblichkeit ist bei den Schweregraden 3 und 4, in Abhängigkeit von der Qualität ärztlicher Betreuung, mehr oder weniger stark erhöht (bis zu 30%). Auch Mißbildungen und Gefährdung durch Gestosen sollen häufiger sein. Die Fetalüberwachung in der Schwangerschaft muß also auch intensiviert werden (Sonographie, CTG u.a.).
Eine evtl. akut notwendig werdende operative Therapie eines Herzfehlers kann zumeist bei Erhaltung der Schwangerschaft durchgeführt werden.
Die **Entbindung** muß schonend erfolgen: kein Pressen, Entwicklung mittels Vakuumextraktion oder Forzeps. Intensivüberwachung, auch post partum (Phase der hämodynamischen Umstellung), da u.a. auch die Gefahr eines Endokarditisrezidivs besteht. Antibiotikaprophylaxe.

Hypotonie

Die Hypotonie in der Schwangerschaft, die bei systolischen RR-Werten ≤100–110 bedeutsam wird (3–15%), beinhaltet neben z.T. deutlichen Symptomen bei der Mutter auch Risiken für den Fetus.

▶ Symptome

Die Symptome sind z.T. präexistent und ändern sich nicht, z.T. verstärken sie sich. Mitunter treten sie erstmalig auf. Ein Teil der schwangerschaftsrelevanten Hypotonien geht ohne Beschwerden einher und bleibt deshalb oft unbeachtet.
Im typischen Fall finden sich:

- Kalte Akren, z.T. mit Zyanose; Blässe
- Parästhesien an den Extremitäten
- Flimmern vor den Augen, Ohrensausen, Kopfschmerz
- Müdigkeit, Schläfrigkeit; in Extremfällen:
- Kollaps, Ohnmachtsanfälle
- Obstipation
- Sodbrennen
- Varizen
- Ödemneigung

▶ Auswirkungen

Die Hypotonie geht naturgemäß mit **reduzierter Perfusion von Uterus und Plazenta** einher. Daraus ergeben sich folgende Auswirkungen:

- Erhöhung der Abort- und Mißbildungsrate
- Frühgeburtenneigung
- Mangelentwicklung des Feten (bei ca. 60%)
- Sekundäre Wehenschwäche (ca. 40%)
- Vermehrte fetale Befindlichkeitsstörungen ($pO_2\downarrow$, $pH\downarrow$)
- Erhöhung der Frequenz operativer Entbindungen
- Schlechteres Befinden des Neugeborenen, höhere perinatale Morbidität und Mortalität

▶ Befunde

Die Patientinnen sind überwiegend asthenisch und bieten Erscheinungen, die man als **VES (vegetativ-endokrines Syndrom)** bezeichnet hat. Bezogen auf Pathogenese und Befunde sind verschiedene Arten der Hypotonie zu unterscheiden:

- Essentielle Hypotonie mit oder ohne Orthostase-effekt (sympathikoton, asympathikoton, vagovasal)
- Sekundäre, symptomatische Hypotonie
  - bei Volumenmangel (Emesis, Diarrhö)
  - unter antihypertensiver Therapie (z.B. mit α-Methyldopa)
  - bei kardialen Störungen

▶ Therapie

Schwangere mit Blutdruck von ≤110(100)/70 mm RR sind grundsätzlich als behandlungsbedürftig anzusehen. Bei Fehlen jeglicher subjektiver Beschwerden muß individuell über eine etwaige medikamentöse Therapie entschieden werden.

Bei **essentieller Hypotonie** sind zunächst die allgemeinen und physikalischen Möglichkeiten auszuschöpfen:

- Hautreize (Bürsten), Schwimmen, Gymnastik
- Ruhe im Liegen bei Linkslagerung
- Stützstrümpfe

Reichen diese Maßnahmen nicht aus, muß eine medikamentöse Therapie einsetzen, die aber individuell differenziert werden muß. Bei der häufigsten Form der essentiellen Hypotonie, der **sympathikotonen Störung** (Pulsanstieg und Einschränkung der Amplitude):

- Dihydroergotamin (DHE) als Langzeittherapeutikum (z.B. DET MS retard 2 × tgl.)

Nur bei Orthostasereaktion ohne Pulsanstieg (asympathikotone Hypotonie) mit Kollaps und Ohnmachtsneigung **(vagovasale Störung)** notfalls:

- Sympathikomimetika (z.B. Novadral-Retard, Effortil u.a.). Vorsichtige Anwendung, um die mögliche, dosisabhängige und nunmehr durch Vasokonstriktion bedingte Durchblutungsminderung des Uterus zu vermeiden.

Falls die Hypotonie als Teilerscheinung einer **NNR-Schwäche** anzusehen ist:

- Mineralkortikoide als die Mittel der Wahl

Bei den **symptomatischen Formen der Hypotonie** muß naturgemäß eine kausale Therapie erfolgen.

Vena-cava-Syndrom

Im Gegensatz zu den zuvor erwähnten, vornehmlich bei aufrechter Haltung auftretenden Störungen tritt das Vena-cava-Syndrom ausschließlich im Liegen, genauer: **in Rückenlage,** auf (Abb. 5.8). Es äußert sich in plötzlicher **Beklemmung**, die sich zum Schockzustand entwickeln und **fetale Schäden** bewirken kann. Ursächlich handelt es sich um eine im Liegen einsetzende Abdrosselung der V. cava inferior durch den zurücksinkenden, schweren graviden Uterus. Der venöse Rückfluß aus den unteren Körperpartien wird behindert, Füllung und Auswurfleistung des Herzens werden vermindert. Beim Aufrichten oder in linker Seitenlage schwinden die Erscheinungen sofort (Abb. 5.8).

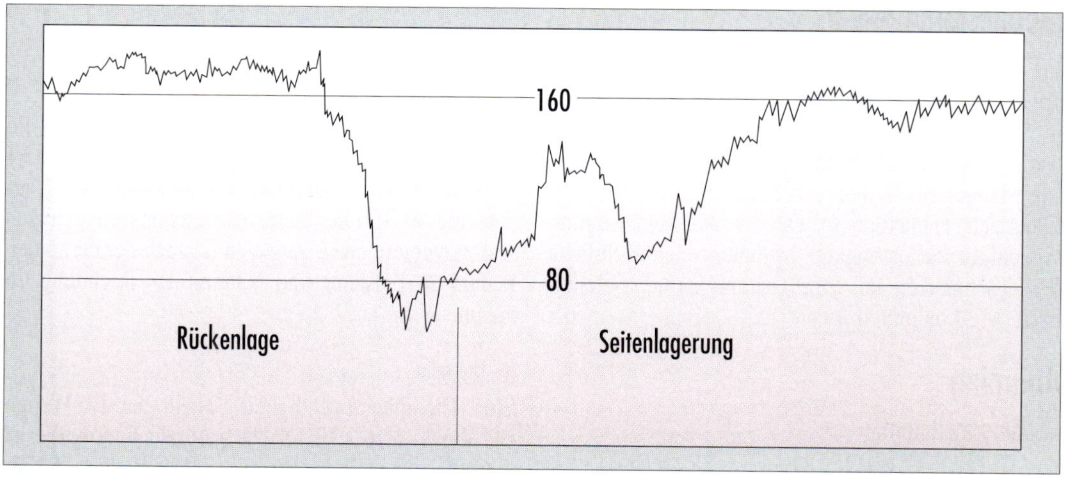

Abb. 5.8 Fetale Pulsdezeleration beim Vena-cava-Kompressions-Syndrom.

Varikosis

Die Neigung zu Varikosis wird während einer Schwangerschaft wegen der **allgemeinen Gewebsauflockerung**, der vermehrten zirkulierenden Blutmenge und der im Bereich der unteren Körperbereiche beeinträchtigten Hämodynamik gesteigert. Vorhandene Befunde an den unteren Extremitäten verschlechtern sich, die Disposition zur Thrombophlebitis und Phlebothrombose nimmt zu. Neue Varikositäten oder Verschlechterung präexistenter Befunde sind bei 30–50% der Schwangeren etwa ab Schwangerschaftsmitte zu erwarten.
In der Spätschwangerschaft, besonders präpartal, können auch im Vulvabereich Varizen auftreten und monströse Formen annehmen.

▶ **Prophylaxe**

Den genannten Erscheinungen hat man frühzeitig durch Beratungen (Vermeidung längeren Stehens, Hochlagerung der Beine, Hochstellen des Fußendes des Bettes) sowie Verordnung von Stützstrümpfen oder Gummistrümpfen zu begegnen. Dies nicht nur aus prophylaktisch-kosmetischen Gründen, sondern vor allem wegen der Begünstigung einer Stammvarikose und den bei >10% bestehenden Schmerzen an den unteren Extremitäten. Diese Schmerzen müssen gegen ähnliche Beschwerden bei Magnesiummangel abgegrenzt werden; diese sind von einer Varikosis unabhängig.

▶ **Therapie**

Thrombophlebitiden oder Thrombosen werden in typischer Weise behandelt. **Cumarine sind in der Gravidität kontraindiziert**.

Magnesiummangel

Im 2. Trimenon entwickelt sich bei vielen Schwangeren ein Magnesiummangel, der oft symptomlos bleibt, in Summation mit anderen Tatbeständen aber auch bedeutsam werden kann. So vermutet man unter Mg-Mangel eine höhere Abortrate, Einfluß auf Mißbildungen, Hämatopoese, Ödeme und Begünstigung vorzeitiger Wehentätigkeit. Mitunter treten nächtliche Wadenschmerzen auf. Eine Therapie ist unproblematisch (Mg-Longoral o.ä.).

Anämien

Eisenmangelanämie

Bei den in der Schwangerschaft aufgedeckten Anämien handelt es sich zu über 95% um Eisenmangelanämien, die bei 20–40% der Schwangeren anzutreffen sind. Bei deren Entstehung sind der **erhöhte Eisenbedarf** der Schwangeren und ein entsprechendes Defizit der Ernährung bedeutsam. Die Manifestation beginnt im 2. Trimenon. Der Anämiebegriff bedarf aber im Falle der Schwangerschaft einer gewissen Einschränkung: Durch die von der Schwangerschaftsmitte an zunehmende **Hydrämie** kommt es auch ohne Mitwirkung eines Eisenmangels zum Absinken des Hämoglobinwertes.

> Von einer Schwangerschaftsanämie kann deshalb erst bei Hb-Werten <11,2 g% (bzw. <70%) gesprochen werden. Dies trifft bei etwa 10–15% der Schwangeren zu.

Schwerwiegende Anämien mit Hb-Werten unter 10 g/% (bzw. <62%) lassen sich bei etwa 1–2% der Schwangeren nachweisen.

▶ **Symptome**

Die Symptomatik darf als bekannt vorausgesetzt werden: Es dominieren Müdigkeit, Leistungsschwäche, Schwindelerscheinungen, mitunter Belastungsdyspnoe. Die Symptome können bereits in der Phase der larvierten Sideropenie auftreten.

▶ **Auswirkungen**

Neben der genannten Symptomatik, also der subjektiven Auswirkung, sind auch objektive Gefahren gegeben:

- Erhöhte Infektanfälligkeit der Schwangeren
- Gefährdung des Feten durch O_2-Mangel (s. Plazentainsuffizienz, S. 244)

Die fetale Gefährdung wird bei mütterlichen Hb-Werten <8 g% (bzw. <50%) kritisch, <6 g% (bzw. etwa 45–40%) vital.

▶ **Prophylaxe**

Diese ist zumindest dann geboten, wenn ein Defizit aufgrund unzureichender Ernährung oder erhöhten Bedarfs (Mehrlinge) anzunehmen ist. Täglich sind 50–100 mg elementares zweiwertiges Eisen oral zu verabreichen: Zugleich ist auch dem erhöhten Bedarf an Folsäure und Vitamin B_{12} Rechnung zu tragen.

▶ **Therapie**

Eine Therapienotwendigkeit besteht bei Hb-Werten <11,2 g% (bzw. <70%). Die perorale **Ferrogabe** ist mit 100–150 mg/tgl. anzusetzen. Der Bedarf an **Folsäure** und **Vitamin B_{12}** läßt sich durch die Verwendung von Kombinationspräparaten decken (z.B. Eryfer compos., Ferro-Sanol).

! Keine Schwangere sollte mit Hb-Werten <11,2 g/% (bzw. <70%) zur Entbindung kommen.

Sonstige Anämien

Verglichen mit der Eisenmangelanämie sind die übrigen seltenen Anämieformen ohne praktische Bedeutung. Diagnostik und Therapie gehören in die Hand des Spezialisten.

Hämorrhagische Diathesen

Hier ist vor allem die **Werlhof-Krankheit** zu nennen, eine Autoimmunthrombozytopenie. Solange die Thrombozyten nicht <60000/mm^3 absinken, ist weder für Schwangerschaft noch Geburt mit Komplikationen zu rechnen. Die Frauen sollten laufend überwacht und 1–2 Wochen vor dem errechneten Termin im Krankenhaus aufgenommen werden. Bei Thrombozytenwerten <30000/mm^3 und gleichzeitig bestehender hämorrhagischer Diathese empfiehlt sich eine Glukokortikoidgabe oder eine hochdosierte intravenöse Immunglobulintherapie.
Grundsätzlich sollte man bei allen Schwangeren, die blaue Flecke aufweisen oder über verstärkte Blutungen anläßlich früherer Eingriffe oder Hypermenorrhöen berichten, einen kompletten Gerinnungsstatus erheben lassen. Manche hämorrhagischen Diathesen werden erstmals anläßlich einer Schwangerschaft aufgedeckt.

Lungenerkrankungen

Tuberkulose

Unter den Kreißenden begegnen uns
- 1–2% inaktive Tuberkulosen
- 0,1–0,8% aktive Tuberkulosen

▶ Auswirkungen

Eine aktive Lungentuberkulose ist heute keine grundsätzliche Indikation zur Schwangerschaftsunterbrechung. Die mütterliche Mortalität ist seit Einführung der Chemotherapie auf 0 gesunken. Während der Schwangerschaft und ganz besonders im Wochenbett besteht aber die Gefahr der **Exazerbation** (5–15%).
Eine diaplazentare Infektion des Feten dürfte in der zweiten Schwangerschaftshälfte zwar möglich, aber doch extrem selten sein. Demgegenüber ist eine postpartale Übertragung durch Schmier- und Tröpfcheninfektion bei offener Tbc der Mutter naturgemäß naheliegend. Dies bedeutet postpartal zunächst **Abtrennung des Neugeborenen** sowie **Stillverbot**.

▶ Therapie

Die außerhalb der Schwangerschaft erforderliche Behandlung läßt sich auch während der Gravidität weitgehend durchführen. Sie sollte in den speziellen geburtshilflichen Abteilungen von Heilstätten erfolgen, die auch Entbindungsmöglichkeiten bieten.

Asthma bronchiale

▶ Auswirkungen

Beim Asthma bronchiale ist im allgemeinen keine Verschlechterung durch die Schwangerschaft zu erwarten. Es besteht in typischen Fällen keine Indikation zur Abruptio. Allerdings ist eine enge Zusammenarbeit zwischen Internist und Frauenarzt zu fordern.

▶ Therapie

Theophyllin ist bei einer medikamentösen Therapie das Mittel der Wahl. Vom 2. Trimenon an wird bei Unverträglichkeit von Theophyllin Fenoterol (z.B. Berotec-Aerosol) verabfolgt. In schweren Fällen können Steroide nötig werden.

Präexistente Niereninsuffizienz

Präexistente Nierenaffektionen können eine **Pfropfgestose begünstigen** und auf diesem Wege indirekt gefährlich werden (s. S. 170) oder sich ihrerseits unter der Belastung der Schwangerschaft verschlechtern.
Sofern aus der Schwangerschaftsanamnese eine derartige Bedrohung der Mutter bekannt ist oder sich neben der Hypertonie und Proteinurie Zeichen einer zunehmenden Niereninsuffizienz manifestieren (Kreatinin-Wert), ist der Abbruch der Schwangerschaft aus mütterlich-medizinischer Indikation mit gleichzeitiger Sterilisation zu erwägen.
Andererseits wird über unkomplizierte Schwangerschaftsverläufe nach Nierentransplantation berichtet.

Pyelonephritis

Eine Pyelonephritis gravidarum ist bei etwa 1–5% der Schwangeren nachweisbar. 5–10% aller Schwangeren haben eine asymptomatische (afebrile) **Bakteriurie**. Bleibt letztere in der Frühschwangerschaft unerkannt,

manifestiert sich im letzten Trimenon nicht selten (bis zu 40%) eine Pyelonephritis.
Erreger sind E. coli, seltener Enterokokken, Proteus vulgaris, Streptokokken oder Staphylokokken. Als prädisponierende Faktoren sind Schwangerschaftsglukosurie, Albuminurie, ansteigender Urin-pH-Wert, Diabetes mellitus, frühere Harnwegserkrankungen, Steine, tonogene Dilatation der Ureteren und Anämie zu nennen.

▶ Symptome

Typisch sind:

- Schmerz im rechten Nierenlager (selten links)
- Pollakisurie
- Nykturie
- Fieberschübe mit Schüttelfrost

In den letzten Jahren werden zunehmend afebrile Verlaufsformen beobachtet. Insbesondere die asymptomatische Form kann, unerkannt und unbehandelt, eine chronische Pyelonephritis zur Folge haben.
Als uncharakteristische Symptome können Kopfschmerzen, Müdigkeit, Appetitstörungen und Rückenschmerzen auftreten.

▶ Diagnose

Die Diagnose wird bei entsprechender Symptomatik über Teststreifen und Urinkultur gestellt (Keimzahl, Erreger und Resistenzbestimmung). Auch die obligatorische Sedimentuntersuchung leitet zur Diagnose.

▶ Therapie

Gezielte, hochdosierte **Antibiotikatherapie** (nach Resistenzbestimmung; s. Anhang). Nach der akuten Therapiephase ist eine Langzeitnachbehandlung für mindestens 4 Wochen angezeigt. Außerdem reichlich Flüssigkeitszufuhr und Stuhlregulation. Im Verlauf der weiteren Schwangerschaft und 4–6 Wochen nach der Entbindung sind Kontrollen des Urins notwendig, bis sichergestellt ist, daß die Erkrankung ausgeheilt ist, da sonst die Gefahr einer chronischen Pyelonephritis mit Übergang zu einem chronischen Nierenversagen sehr groß ist.

Erkrankungen im Bereich von Magen, Darm, Gallenblase, Leber und Pankreas

Sodbrennen

Dies ist ein häufiges, von etwa der Hälfte der Schwangeren erwähntes Symptom. Ursache ist meist ein Reflux des Mageninhaltes in die Speiseröhre, bedingt durch eine Tonusminderung der Ösophagusmuskulatur und Erschlaffung des kardioösophagealen »Sphinkters«. Die Beschwerden nehmen mit der Schwangerschaftsdauer zu.
Die Therapie mit Antazida ist oft ohne Wirkung, da nur selten eine Hyperazidität besteht. Nach den Mahlzeiten sollte die Schwangere die Horizontallage vermeiden, also keine Nahrungsaufnahme spät am Abend. Außerdem sollte auf saure Getränke, Bohnenkaffee, Fleischbrühe usw. verzichtet werden.

Anorexie

Bei diesen Frauen besteht ein erhebliches Risiko für die Entwicklung einer Plazentainsuffizienz und eine retardierende Entwicklung des Feten.

Gastroduodenalulzera

Bei den meisten Ulkuskranken kommt es in der Schwangerschaft zu einer Besserung. Eine Zunahme der Beschwerden ist selten. Perforationsgefahr besteht lediglich bei einem akuten Streßulkus.

Colitis ulcerosa

Eine Verschlechterung der meist präexistenten Krankheit während der Schwangerschaft ist nicht die Regel, bei floriden Fällen aber besonders im 1. Trimenon und im Wochenbett zu befürchten, begünstigt durch die hormonalvegetative Umstellung und evtl. durch psychosoziale Konflikte. Die Behandlung folgt internistischen Gesichtspunkten, bei kritischer Exazerbation evtl. auch Operationsindikation.

Appendizitis

Eine Appendizitis ist eine häufige Ursache des »akuten Abdomens« in der Schwangerschaft (Häufigkeit ca. 1:1000 Geburten).
Die typischen Appendizitissymptome sind oft verdeckt, da die Appendix im Verlauf der Schwangerschaft bis in den **rechten Oberbauch verlagert** werden kann. Es fehlt daher häufig die typisch lokalisierte Abwehrspannung mit Entlastungsschmerz. Ebenso sind Leukozytenzahl, Linksverschiebung und BSG keine zuverlässigen Indikatoren, da diese Befunde in der Gravidität ohnehin verändert sind.
Differentialdiagnostisch kommen in der Frühgravidität die Extrauteringravidität, ferner generell die Stieldrehung der Adnexe (Kap. 14.7), eine latente Uterusruptur sowie eine Pyelonephritis und Uretersteine

in Betracht (s. S. 177). Die Indikation zur Laparotomie ist aufgrund der Gefahr einer Perforation mit diffuser Peritonitis großzügig zu stellen (Irrtumswahrscheinlichkeit etwa 30 %).

Ileus

Neben der Appendizitis muß bei akutem Abdomen mit Erbrechen, besonders nach vorausgegangenen Bauchoperationen, auch ein mechanischer Ileus in Betracht gezogen werden (Häufigkeit: 0,005–0,008 % in der Schwangerschaft).
Bei gegebener Operationsindikation ist in Abhängigkeit von der Tragzeit (Lebensfähigkeit des Kindes?) in gleicher Narkose evtl. auch die Schnittentbindung durchzuführen.

Hepatopathien

Führendes Symptom jeder Hepatopathie in der Schwangerschaft ist der **Ikterus**. Zu unterscheiden sind:

- **Icterus in graviditate** (Gelbsucht unabhängig von der Schwangerschaft):
  - Virushepatitis (häufigste Ikterusursache in graviditate), akute gelbe Leberatrophie, Leberzirrhose
  - Gallenstein-(Verschluß-)Ikterus
  - Hämolytischer Ikterus
- **Icterus e graviditate** (Gelbsucht vorwiegend durch die Schwangerschaft bedingt):
  - Akute Fettleber (selten)
  - Ikterus bei Gestose
  - Idiopathischer Schwangerschaftsikterus mit den Leitsymptomen Ikterus und Pruritus. Die Ätiologie ist unklar. Erstsymptome treten meist in der 2. Schwangerschaftshälfte auf.

Cholezystitis

Diagnose und Therapie dieser in der Gravidität sehr seltenen Affektion (ca. 0,02 %) unterscheiden sich nicht von dem Vorgehen außerhalb der Schwangerschaft.

Akute Pankreatitis

Symptomatik, Diagnostik und Therapie dieser in der Gravidität seltenen Erkrankung entsprechen denjenigen außerhalb der Schwangerschaft.

Neuralgiforme Symptome

Durch die allgemeine **Gewebsauflockerung** inkl. der Bandstrukturen von Wirbelsäule und Gelenken in der Schwangerschaft können neuralgiforme Symptome und Parästhesien auftreten. Im Bereich von Schulter und Arm bestehen Ähnlichkeiten mit dem Zervikalsyndrom und der Brachialgia paraesthetica nocturna. An der Entwicklung des Karpaltunnelsyndroms der Hand dürfte auch eine Ödemneigung beteiligt sein. Bei Beschwerden im Ausstrahlungsbereich des N. ischiadicus sind meist Druckwirkungen des kindlichen Schädels von Bedeutung.
Bei ausgeprägter und langanhaltender Hyperemesis gravidarum kann es durch Vitamin-B-Defizit zu den Symptomen einer Polyneuropathie kommen.
Krampfartige Schmerzen im Wadenbereich sind mitunter Ausdruck eines Magnesiummangels oder einer Varikose.

Epilepsie

Auch eine jugendliche Epilepsie gilt nicht mehr als Kontraindikation für eine Schwangerschaft. Ein Status epilepticus in der Gravidität ist selten, dann jedoch stets lebensbedrohlich. Die Therapie der Epilepsie unterscheidet sich nicht von derjenigen außerhalb der Schwangerschaft. Die Dosierung ist so gering wie möglich zu wählen, insbesondere im 1. Trimenon. Bei einem Anfall im letzten Trimenon ist differentialdiagnostisch die **Eklampsie** zu berücksichtigen.

Psychiatrische Erkrankungen

Während der Schwangerschaft sind endogene Psychosen im Gegensatz zur Zeit des Wochenbettes (1:9) selten. Gelegentlich können sie Anlaß zum Schwangerschaftsabbruch geben. Stets ist qualifizierte psychiatrische Beurteilung erforderlich. Die Psychosen sind von reaktiven Verstimmungen (auf die Schwangerschaft bzw. damit verbundene Konflikte) abzugrenzen.

Hyperthyreose

Die Hyperthyreose ist teils schon bekannt und in Behandlung, teils deuten die bekannten Symptome wie Tachykardie, Herzklopfen, innere Unruhe und Schweißneigung darauf hin. Diese sonst recht charakteristischen Erscheinungen sind in der Schwangerschaft keineswegs signifikant, sie müssen aber ggf. die Diagnostik durch den Spezialisten anregen.
Mit einer behandlungsbedürftigen Hyperthyreose ist bei 0,04–0,08 % der Schwangeren zu rechnen.

▶ **Auswirkungen**

Eine Hyperthyreose geht mit einer erhöhten Abort- (7–8%), Frühgeburts- (4–5%) und Mißbildungsrate (6%) einher. Mitunter findet sich eine angeborene Hyperthyreose beim Feten als Folge eines Übergangs schilddrüsenstimulierender Immunglobuline.

▶ **Therapie**

Jede eindeutige Hyperthyreose sollte unter laufender Kontrolle behandelt werden. Therapie der Wahl ist die Monotherapie mit Propycil oder Thiamazol/Carbimacol. Thyroxin ist ungeeignet, Radio-Jod-Therapie kontraindiziert. Als Therapienebenwirkung können konnatale Struma sowie eine konnatale Hypothyreose vorkommen. Die Therapie soll deshalb auch mit der niedrigstmöglichen Dosis erfolgen.

Diabetes

Im Gegensatz zur Vor-Insulin-Ära sind Schwangere mit bekanntem, **manifesten Diabetes** relativ häufig. Sie stellen ca. 0,1% der Schwangeren. Von diesem Kollektiv ist ein zweites abzugrenzen, bei dem es erstmalig unter der Schwangerschaft zu einer diabetogenen Stoffwechsellage gekommen ist. Dies gilt für etwa 3% aller Schwangeren! Man spricht vom **Gestationsdiabetes**, der durch die postprandiale Hyperglykämie charakterisiert ist und nach der Schwangerschaft wieder zu schwinden pflegt.

> ! Die Bedeutung des Diabetes in der Schwangerschaft beruht auf der nicht unerheblichen Gefährdung von Mutter und Kind (Abb. 5.9), besonders bei präexistentem Diabetes.

▶ **Auswirkungen**

Die **mütterliche Gefährdung** ist bedingt durch:

- Verschlechterung der diabetischen Stoffwechsellage
- Anfälligkeit gegenüber Harnwegsinfektion (≥30%)
- Gestose (10–25%) bzw. Disposition zur Pfropfgestose (bei ca. 6% der schwangeren Diabetikerinnen besteht eine chronisch-rezidivierende Pyelonephritis!).
- Erhöhte Sectiofrequenz

Da die verschiedenen Komplikationen ihrerseits kausale Beziehungen untereinander aufweisen, sind komplexe Störungen häufig und erschweren Diagnostik und Therapie.

Die **kindliche Gefährdung** scheint einerseits mit der diabetischen Stoffwechsellage der Mutter direkt zusammenzuhängen, andererseits steht sie vermutlich in enger Beziehung zu den Folgen des Diabetes bei der Mutter selbst (Angiopathie, Pyelonephritis, Pfropfgestose). Im einzelnen sind zu fürchten:

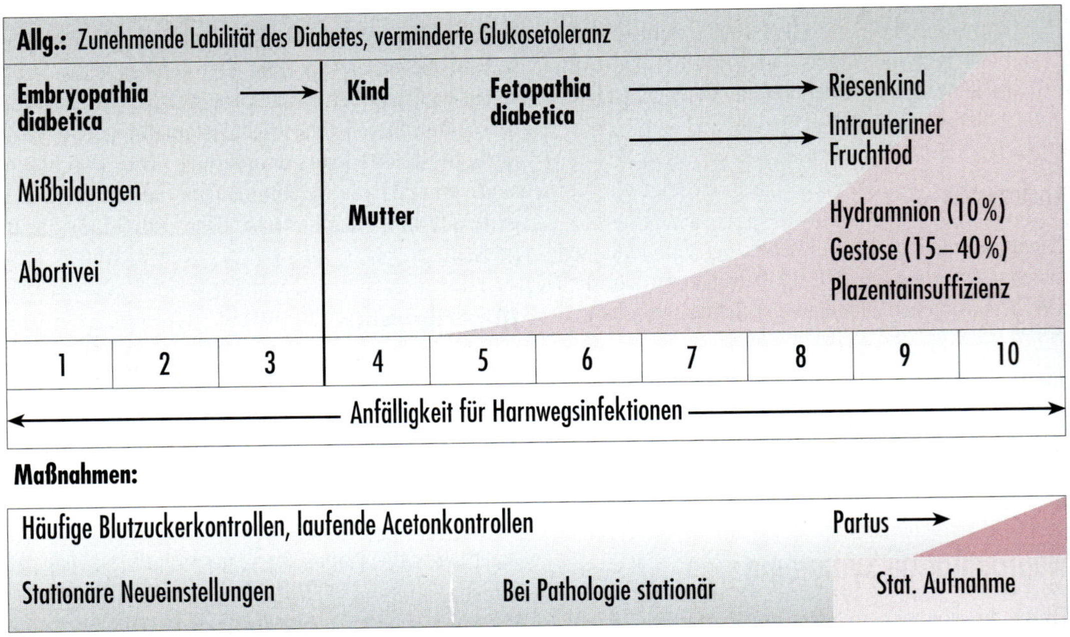

Abb. 5.9 Übersicht der Besonderheiten beim Zusammentreffen von Diabetes und Schwangerschaft.

- Störungen der Frühentwicklung (diabetische Embryopathie, Abortivei, Abort)
- Diabetische Fetopathie (≤40%)
- Hydramnion (Folge fetaler Polyurie)
- Plazentainsuffizienz (8–30%)
- Erhöhte perinatale Mortalität:
  - Frühgeburt
  - geburtsmechanische Probleme (Makrosomie 6–15%)
  - verminderte Belastbarkeit sub partu
  - postpartale Stoffwechselprobleme
  - Atemnotsyndrom (30%)

Diabetische Embryopathie
Während die Abortfrequenz bei der Diabetikerin vermutlich nur geringgradig erhöht ist, können **Mißbildungen** 2- bis 3mal häufiger als bei Nichtdiabetikerinnen sein (4–10%!). Von besonderer Bedeutung scheint eine schon zum Zeitpunkt der Konzeption vorhandene und/oder bis zur 8. Woche gewichtige Störung der Normoglykämie zu sein. Daher beim manifesten Diabetes Konzeption erst nach optimaler Einstellung anstreben.

Diabetische Fetopathie
Charakteristisch ist der Gegensatz zwischen äußerem Aspekt der oft abnorm großen, schweren Kinder (**»Makrosomie«**) und der **Retardierung** funktioneller Reifung. Man findet in unterschiedlicher Ausprägung Ödemneigung, Persistenz extramedullärer Blutbildungsherde (mit Hepatomegalie und z.T. typischer Erythroblastose), auch Kardiomyopathie, Nebennierenrinden-Funktionsabweichungen sowie multiple Stoffwechselstörungen.

Plazentainsuffizienz
Die bekannten Gefahren (s. S. 244) scheinen durch die diabetische Stoffwechsellage und die häufig vorhandene Gestose besonders unberechenbar und noch verstärkt zu sein.

Perinatale Morbidität und Mortalität
Beide sind bei manifestem Diabetes je nach Güte der ärztlichen Betreuung unterschiedlich erhöht. In speziellen Zentren liegt die perinatale Mortalität nur noch bei etwa 4–4,5%.

▶ Symptome

Während der ersten Schwangerschaftsmonate:
- Erhöhte Neigung zu Emesis und Hyperemesis

Diese Erscheinungen haben bei Diabetikerinnen eine besondere Bedeutung, da sie durch Störungen der Nahrungszufuhr die Stoffwechselführung erschweren und, bei der Hyperemesis, die Tendenz zur Acetonämie und -urie vermehren. Stationäre Behandlung ist ratsam.
In der zweiten Schwangerschaftshälfte zeigen sich relativ häufig zusätzliche Störungen:
- Hydramnion (bei etwa 10%)
- Pyelonephritiden
- Gestosen (15–40%)

Diese Erscheinungen müssen im Zusammenhang mit dem Diabetes gewertet und behandelt werden.

▶ Therapie

Da sich bei der manifesten Diabetikerin die Stoffwechsellage mit Eintritt einer Schwangerschaft ändert bzw. beim Gestationsdiabetes eine neue Situation vorliegt, sind schon bei Beginn der Schwangerschaft ein **Staging** und die exakte Einstellung des Diabetes mittels **Diät** und ggf. **Insulin** nötig. Diese sollte stationär und vom Internisten vorgenommen werden, der auch weiterhin in die Kontrollen eingeschaltet werden muß. Diese erfolgen bis auf weiteres in etwa zweiwöchigen Abständen. Zu Beginn und alle vier Wochen Hb-A_1-Bestimmung. Sofern es zur Acetonurie (tgl. Selbstkontrolle!) kommt, ist umgehend eine erneute stationäre Überprüfung angezeigt.

> ! Grundsätzlich gilt: Mit allen Mitteln ist eine **optimale Einstellung des Diabetes** anzustreben: Nüchternblutzucker 60–120 mg/dl, postprandiales Blutzucker-Soll: <140 mg/dl. HB A_1 <8%. Ketonurie ∅. Eine optimale Einstellung wirkt komplikationshemmend. Ferner: Die Situation ändert sich im Verlauf der Gravidität (Abb. 5.10).

Bei **Harnwegsinfekten** ist im Hinblick auf die Infektanfälligkeit der Diabetikerin eine konsequente **Antibiotikatherapie** erforderlich (s. Anhang; zur Gestose s. S. 169).
Die Behandlung nichtoptimaler Verläufe sollte stets stationär auf einer **Spezialabteilung** erfolgen.

▶ Verlauf

Auch bei einem anscheinend normalen Verlauf der Schwangerschaft ist noch mit **Plazentainsuffizienz** und **Dystrophie des Feten** (meist Makrosomie) zu rechnen.
Damit berühren wir die direkte Gefährdung des Feten, die vermehrte Kontrollen unter Einbeziehung von US und CTG erfordert (im 3. Trimenon wöchentlich, gegen Ende 2- bis 3mal wöchentlich).

! Da die Risiken für Mutter und Kind während der letzten Schwangerschaftswochen rapid ansteigen, sollte eine zunehmend **engmaschige Kontrolle** in einer Klinik erfolgen, in der Geburtshelfer und Internist die gemeinsame Betreuung übernehmen können.
Der Zeitpunkt der **stationären Aufnahme** wird je nach Qualität der Blutzuckereinstellung und Kooperationsbereitschaft der Patientin individuell festgelegt. Ab der 36. SSW sollte die Indikation zur Hospitalisierung großzügig gestellt werden.

In der Klinik ist die Einstellung nochmals zu überprüfen, der **Zustand des Feten** abzuklären (US) und sein Befinden laufend zu überwachen (CTG; Wehenbelastungstest, Blutflußmessung der fetalen, plazentaren Gefäße mittels Doppler-Sonographie; ggf. Östriolbestimmung). Danach ist das geburtshilfliche Vorgehen festzulegen.
Eine **vorzeitige Entbindung** kann unter folgenden Voraussetzungen dringlich werden:

- Manifeste Diabetesschäden bei der Mutter (Retinopathie, Nephropathie, Angiopathie)
- Unbefriedigende Einstellung
- Zusätzliche Komplikationen (Pfropfgestose usw.)
- Ungünstiger Verlauf früherer Schwangerschaften (Kind †)
- Direkte kindliche Gefährdung

In diesem Sinne ist sowohl eine **Wachstumsretardierung** als auch eine extreme Größe des Kindes zu werten (**Makrosomie**, evtl. mit Hydrops), ein pathologisches Kardiotokogramm, pathologische Doppler-Parameter sowie ein Absinken der Östriolausscheidung (Hinweis auf Insuffizienz der fetoplazentaren Einheit). Schließlich ist ein plötzlicher **Rückgang des Insulinbedarfs** als Alarmzeichen anzusehen, dem der intrauterine Tod bald folgen wird.
Bei unkomplizierten Fällen, wie zumeist bei leichtem Diabetes, wird man evtl. bis zum Termin abwarten können. Ob die Geburt vaginal oder durch Sectio erfolgt, muß im Einzelfall entschieden werden.

! Das Neugeborene ist als Risikokind zu betrachten.

Seine besonderen Probleme und die therapeutischen Maßnahmen sind auf S. 298 dargestellt. Nach der Entbindung sinkt der Insulinbedarf der Mutter ab und stellt sich allmählich wieder auf die frühere Höhe ein (Abb. 5.10).

Spätere Schwangerschaften
Von weiteren Schwangerschaften ist abzuraten, wenn folgende Faktoren vorliegen:

- Retino- oder Nephropathie
- Therapieresistente Hypertonie
- Tod des Kindes trotz sorgfältiger Betreuung bei mehreren Schwangerschaften

Dies wären auch Indikationen zum Schwangerschaftsabbruch.

Ovarialinsuffizienz, frühere Sterilitätsbehandlung

Diese Tatbestände korrelieren häufiger mit Störungen der Frühschwangerschaft **(Abort)** sowie der Neigung zu vorzeitiger Wehentätigkeit bzw. **Frühgeburten**.

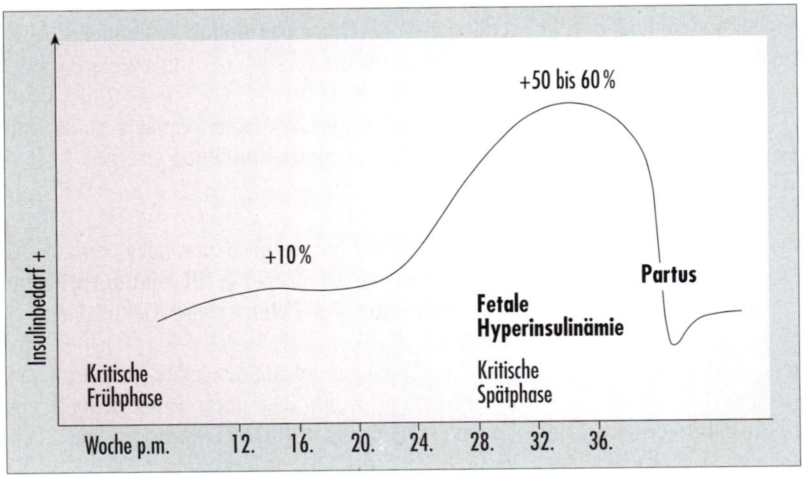

Abb. 5.10 Tendenz des Insulinbedarfs in den verschiedenen Phasen der Schwangerschaft. Große individuelle Schwankungen!

Auch unter der Geburt treten vermehrt Abweichungen vom Normalverlauf auf (geburtsmechanische Störungen, Wehenschwäche).

Veränderungen am Uterus

Mißbildungen des Uterus (Abb. 1.12) gehen mit einer vermehrten Abortrate, mit Plazentainsuffizienz und Frühgeburtsneigung einher. Typisch sind späte Fehlgeburten. Die präventiven Maßnahmen entsprechen denen beim Uterus myomatosus.

Myome (s. Abb. 13.17) können, je nach Lage oder Größe, die Konzeption erschweren sowie **Aborte** begünstigen. In der zweiten Schwangerschaftshälfte muß man mit einer zunehmenden **Plazentainsuffizienz** rechnen (ein Teil der Plazenta sitzt regelmäßig über dem Myom). Ferner besteht eine **Frühgeburtsneigung**. Beobachtet man diese Gefahren und zieht die notwendigen Konsequenzen (Wehenhemmer, vorzeitige Entbindung bei bedenklicher Retardierung oder gestörtem kindlichen Befinden), so ist die Prognose als gut zu bezeichnen. Die Entbindung wird man bei ausgeprägten Veränderungen des Uterus mittels Sectio vornehmen und dabei ggf. Myome enukleieren oder, bei Extremfällen, den Uterus exstirpieren. Große subseröse Myome sollte man schon vor einer angestrebten Schwangerschaft entfernen. Bei einem akuten Abdomen infolge eines ernährungsgestörten Myoms ist eine Myomenukleation in graviditate indiziert.

Nach vorausgegangenen **Operationen am Uterus**, z.B. in Form einer Myomenukleation, einer Schnittentbindung oder Korrektur einer Fehlbildung, können selten einmal dadurch Komplikationen auftreten, daß die Uterusnarbe dem zunehmenden Wachstumsdruck nicht standhält, sondern langsam – und dann klinisch »stumm« – oder plötzlich rupturiert (s. S. 234). Mitunter wirkt ein kleines Trauma, z.B. ein Sturz, als auslösender Faktor. Die Schwangeren sollten sich deshalb vorsichtig verhalten. Auch unter der Geburt muß naturgemäß die evtl. reduzierte Belastbarkeit des Uterus beachtet werden.

Karzinom

Die Folgen dieser Koinzidenz und die sich stellenden Fragen sind einfach zu formulieren:

- Kann man die Schwangerschaft erhalten, ohne eine Verschlechterung des Verlaufs nach einer ggf. unabhängig von der Schwangerschaft praktizierbaren Therapie fürchten zu müssen?
- Werden die gebotene Primärtherapie und evtl. ratsame Folgetherapien durch eine gleichzeitige Schwangerschaft behindert oder unmöglich gemacht?
- Gibt es einen Kompromiß zwischen dem Wunsch, die Gravidität bis zur Lebensreife des Kindes zu erhalten und dennoch keinen Verlust an Heilbarkeit durch die verzögert erfolgende Therapie in Kauf zu nehmen?

Hinsichtlich der **Wechselwirkungen** zwischen Gravidität und Karzinomwachstum gibt es viele widersprüchliche Aussagen. Konsequente Therapie vorausgesetzt, ist die Prognose des Zervixkarzinoms nicht verschlechtert, beim Mammakarzinom soll die Prognose der N+-Fälle schlechter sein als ohne Koinzidenz mit Schwangerschaft. Dies kann aber auch dadurch bedingt sein, daß während der Gravidität entdeckte Mammakarzinome häufig verschleppt sind. Das praktische Vorgehen hängt naturgemäß von der jeweiligen Konstellation ab.

Zervixkarzinom

Entscheidungskriterien sind Stadium, einschlägig gebotene Therapie und, vor allem, der Zeitpunkt innerhalb des Schwangerschaftsverlaufs.

Bei einer Diagnosestellung im **1. Trimenon** wird man (im Hinblick auf die unzulässige Therapieverzögerung bis zur Entbindung) den Rat zu einem Schwangerschaftsabbruch geben und nach der Abruptio wie üblich therapieren (s. Kap. 14.3).

Eine Ausnahme wäre ein **primärer Verdachtsfall**, den man bei junger Gravidität durch Konisation/Biopsien abzuklären suchte und dabei ein Mikrokarzinom fand. Es ist nun eine Frage des jeweiligen Typus, der Größe und des Sicherheitsabstandes »im Gesunden«, ob man die Gravidität unter sorgsamer Kontrolle weiterlaufen lassen darf oder wie oben erwähnt vorgehen muß. Bei onkologisch günstiger Konstellation wird man erst post partum, wenn überhaupt, die pelvinen LK ausräumen bzw. die typische Radikaloperation durchführen.

Im **2. Trimenon** ist die Entscheidung problematisch. Man wird zumeist doch den Abbruch erwägen müssen. In Grenzfällen und bei Zugänglichkeit einer Spezialklinik für Frühgeburten (mit integrierter Neonatologie) kann man schon ab der 27.–28. Woche mit der Geburt eines überlebenden Kindes rechnen. Man wird aber stets erwägen müssen, ob man der durch die Karzinomdiagnose schon schwerbelasteten Patientin (mit evtl. reduzierter Lebenserwartung) auch noch die Angst (bzw. die konkrete Belastung) zumuten kann,

die mit einer derart extremen Frühgeburt nun einmal verbunden ist. Die psychosozialen Auswirkungen müssen erkannt und berücksichtigt werden.
Bei Diagnosestellung im **3. Trimenon** wird man zu überlegen haben, ob man die 33.–34. Woche und damit den Zeitraum guter Überlebenschancen ohne große Risiken abwarten kann. Man wird dann das Kind per Sectio entwickeln und umgehend die stadienspezifische Therapie anschließen. Sollte die Gravidität schon weiter fortgeschritten sein, könnte man sogar eine Spontangeburt hinnehmen; die Prognose soll dadurch nicht verschlechtert werden. Wir würden darin aber doch Nachteile für die Therapiedurchführung selbst sehen (Infektion, Verzögerung).

Mammakarzinom

Im Gegensatz zum Zervixkarzinom besteht hier keine Schwierigkeit, die **primäre Operation** ohne Zeitverlust und ohne Beeinträchtigung der Gravidität vorzunehmen.
Falls die Erhaltung der Schwangerschaft angestrebt werden soll, wird man, je weiter man vom Zeitpunkt der frühesten Entbindungsmöglichkeit entfernt ist und je größer der Tumor und die vermutlichen Risiken sind, die Ablatio bevorzugen, weil dann zumindest keine Radiatio erforderlich wird, die mit der Gravidität nicht vereinbar wäre.
Wenn die kompletten p. op. Befunde vorliegen, das Risiko abschätzbar ist und die Frage der adjuvanten medikamentösen oder radiologischen Zusatzmaßnahmen aktuell wird, steht man nun vor ähnlichen Problemen wie beim Zervixkarzinom: Darf man mit diesen Maßnahmen – z. B. einer adjuvanten **Chemotherapie** – bis zur Lebensreife des Kindes abwarten oder zwingt die individuelle Konstellation doch zu einer Beendigung der Gravidität? Im **1. Trimenon** wird man die Gravidität dann ggf. abbrechen, **jenseits der (28.–)34. Woche** nach prophylaktischen Maßnahmen hinsichtlich eines Frühgeburten-Atemnotsyndroms (s. S. 251) die Schwangerschaft baldmöglichst beenden. Abstillen!
Das Vorgehen im **2. Trimenon** läßt sich nicht pauschal entscheiden. Der Arzt muß besonders verantwortungsbewußt zu raten suchen, damit die Schwangere die ihr dargelegten Gefahren nicht verdrängt, obwohl bei nüchterner Betrachtung im Falle einer histologisch positiven Axilla die Langzeitprognose der Patientin, ob mit oder ohne adjuvante Chemotherapie, dubios ist. Man sollte als beratender Arzt dafür Sorge tragen, daß die Schwangere ihr Krankheitsproblem genau erkennt und nun in der Lage ist, eine eigene Entscheidung zu fällen, die man, so oder so, voll respektieren sollte.

Ovarialkarzinom

Bei der Mehrzahl der Ovarialkarzinome (Stadium II–IV) wird infolge der schon vorgegebenen Ausbreitung im Abdomen jede Frage einer Schwangerschaftserhaltung gegenstandslos sein. Die systemische Therapie ist zumeist zwingend, die Prognose für die Mutter ohnehin extrem schlecht.
Es gibt dennoch einige **Sonderfälle**, bei denen man die Erhaltung der Gravidität ernsthaft erwägen kann: Es sind die in Tab. 14.2 geschilderten **Borderline-** und **Low-risk-Fälle**. Ein typisches, organschonendes Operieren ist naturgemäß nur im 1. und 2. Trimenon technisch praktikabel. Glaubt man sich nach der einseitigen Adnexektomie, Schnellschnitt und dem im Rahmen des Möglichen vorgenommenen Staging berechtigt, die Schwangerschaft weitergehen zu lassen, so wird man dann natürlich zu dem frühesten pädiatrisch zulässigen Termin die Sectio vornehmen und diese Laparotomie mit einem nunmehr optimalen Staging verbinden.

Infektionen während der Schwangerschaft

Von den zahlreichen Infektionen interessieren hier nur jene, die nicht nur die Mutter, sondern auch die Frucht betreffen und schädigen können. Um diese evtl. bedeutsamen Krankheiten erkennen und wirksam bekämpfen zu können, sollte man während der Schwangerschaft selbst bei scheinbar »banalen« Infekten die Art der jeweiligen Infektion zu definieren suchen.

Syphilis (Lues)

Eine Lues latens wird bei den serologischen Routinekontrollen erfaßt. Da der TPHA-Test (als Suchreaktion) unspezifisch positiv ausfallen kann, sollte bei positivem Ergebnis umgehend eine Kontrolle mit weiteren Methoden erfolgen, bevor die Therapie dann ohne Zeitverlust eingeleitet wird.

▶ Auswirkungen

Die bekannte Annahme, daß die Spirochäten bei unbehandelter Lues nicht vor dem 4.–5. Monat auf die Frucht übergehen, wird zur Zeit in Frage gestellt; es soll auch früher möglich sein. Die Art der Manifesta-

tion beim Fetus wird vom Zeitpunkt der Infektion beeinflußt. Letztere ist zudem um so stürmischer, je kürzer die Infektion der Mutter zurückliegt.
Sofern die Feten nicht schon in utero an einer Spirochätensepsis sterben und später mazeriert ausgestoßen werden, sondern lebend zur Welt kommen, können Hauterscheinungen (Pemphigoid, makulopapulöses Exanthem), Leber- und Milzschwellung sowie serös-eitriger Schnupfen auf die luische Fetopathie hindeuten.

> ! Nur 10–20 % der Kinder luischer Mütter sind bei der Geburt als krank erkennbar.

▶ Therapie

Diese besteht in der Gabe von 6–12 Mega Penicillin. In der 32.–34. Woche Therapiewiederholung. Bei Penicillinallergie Erythromycin.

Toxoplasmose

Der Durchseuchungsgrad der Bevölkerung beträgt vermutlich ≥50 %. Erreger ist Toxoplasma gondii, das durch Tröpfcheninfektion, Schmierinfektion, Nahrungsmittel (rohes Fleisch) und Tierkontakt übertragen wird (Katzenkot, indirekt auch Gartenerde, Müll u. ä. im Haushalt mit Katzen).

> Die klinische Erfahrung spricht dafür, daß eine Toxoplasmose nur dann für die Schwangerschaft bedeutsam ist, wenn die Infektion erstmals **während** derselben auftritt (bei 0,3–0,5 %) und im Stadium der Parasitämie eine **diaplazentare Infektion der Frucht** erfolgt. Letzteres ist im 1. Trimenon bei 10–15 % zu erwarten, im 2. bei etwa 40 % und im 3. bei >50 %.
> Eine länger zurückliegende Infektion dürfte unerheblich sein. In praxi geht es also darum, eine Toxoplasmainfektion während der Schwangerschaft als solche zu erkennen und zu behandeln, um eine Fetopathia toxoplasmotica zu verhindern.

▶ Symptome

Die Erkrankung verläuft meist **uncharakteristisch**. Bei ausschließlichen Fiebersymptomen wird sie oft als »Grippe« mißdeutet. Lediglich die selteneren Fälle mit einer vornehmlich zervikonuchal lokalisierten Lymphknotenschwellung lassen primär an eine Toxoplasmose denken.

▶ Auswirkungen

Die Organmanifestation der Toxoplasmose ist durch folgende Trias gekennzeichnet:

- Meningo-Enzephalo-Myelitis
- Herdförmige intrakranielle Verkalkungen
- Chorioretinitis

Die intrakraniellen Affektionen können zum Hydrozephalus führen. Am Auge können sich Iritiden, Mikrophthalmus, Katarakt, Kolobom und Optikusatrophie entwickeln. Leber und Milz sind deutlich vergrößert. Die Folgen der Fetopathia toxoplasmotica sind unterschiedlich:

- Intrauteriner Fruchttod oder
- Frühgeburt bzw. normalzeitige Geburt mit konnataler Toxoplasmose, Einschränkung der Sehfähigkeit, späterer Debilität, Idiotie oder Epilepsie

> ! Bei 90 % der infizierten Feten manifestiert sich die Erkrankung erst **nach** der Geburt, die Kinder werden symptomlos und unauffällig geboren.

▶ Diagnostik

Da die Durchseuchung der Bevölkerung groß ist und damit die meisten Frauen ohnehin seropositiv sind, ohne den Zeitpunkt ihrer Erkrankung zu kennen, ferner auch im Fall einer Erkrankung in der Schwangerschaft nur z. T. direkte Hinweise gegeben sind (Lymphadenitis), ist die Diagnose problematisch. Eine, allerdings dubiöse, Behandlungsnotwendigkeit scheint in folgenden Fällen gegeben:

- Serologische Hinweise (IgG, IgM, Sabin-Feldmann-Test)
- Komplementbindungsreaktion

▶ Therapie

Bei Behandlungsbeginn vor der 20. Woche Spiramycin, später Kombinationen von Pyrimethamin (Daraprim) und Sulfametoxydiazin (Durenat); Folsäuregaben.

Listeriose

Mit einer Listerienerkrankung des Feten muß man bei etwa 0,05 % der Schwangerschaften rechnen.

▶ Symptome

Die Infektion der Erwachsenen mit Listeria monocytogenes verläuft wie die Toxoplasmose **uncharakteristisch**. Neben unklaren Fieberschüben können, meist zweiphasische, fieberhafte Harnwegsinfekte und

Diarrhö bei gegebener Disposition (Tierkontakt, infizierte Nahrungsmittel) auf die Listeriose hindeuten.

▶ Auswirkungen

Eine während der Schwangerschaft erfolgende Infektion gefährdet den Fetus. Nach diaplazentarer Übertragung auf den Fetus entwickelt sich eine miliare **Granulomatosis septica** mit den Herderscheinungen in den Organen, einschließlich der Möglichkeit einer Enzephalitis. Auch die Haut kann in auffälliger Weise von den granulomatösen Herden befallen sein. Leber und Milz sind vergrößert. Als Folge der Fetopathie sind zu erwarten:

- Abort bzw. intrauteriner Fruchttod (40–70%)
- Frühgeburt bzw. termingerechte Geburt jeweils mit Symptomen und Befunden der Erkrankung

Die lebend geborenen Kinder zeigen Störungen der Atmung sowie zerebrale Symptome und gelegentlich die charakteristischen granulomatösen Hautaffektionen.

▶ Diagnostik

Aus den oben genannten Gründen wird die Diagnose zumeist erst retrospektiv bei der Abklärung eines intrauterinen Fruchttodes gestellt. Die Listerien können in diesem Falle in Fruchtwasser, Mekonium und Blut nachgewiesen werden. Bei der Mutter gelingt mitunter der direkte Erregernachweis in Zervixsekret, Stuhl, Urin, Rachenabstrich und Blut. Bei serologischer Kontrolle gelten Antikörpertiter von 1:200 und mehr oder Anstiege um zwei Titerstufen als verdächtig.

▶ Therapie

Eine antibiotische Therapie mit Ampicillin oder Mezlocillin über 2–3 Wochen scheint aussichtsreich zu sein.

Virusinfekte

Virusinfekte können während der Zeit der Organogenese zu Mißbildungen oder frühem Absterben der Frucht Veranlassung geben (**Embryopathie**, s. S. 151). Sie sind auch in späteren Monaten bedeutsam, da sie eine **Fetopathie** mit intrauterinem Fruchttod bzw. Frühgeburt zur Folge haben können. Therapeutisch bzw. prophylaktisch steht momentan lediglich das Immungammaglobulin zur Verfügung, dessen Effektivität in dem erwarteten Sinne leider nicht absolut sicher ist. Bei der Parvovirusinfektion (B19) und beim Auftreten eines Hydrops fetalis ist ein fetaler Blutaustausch sinnvoll.
Eine diaplazentare HIV-Infektion der Frucht wird sich nicht während der Schwangerschaft, sondern erst p. p. und mit großer Latenzzeit auswirken. Über die Bedeutung von AIDS für Schwangerschaft und Geburt s. S. 191 und S. 270.

Zervikovaginale Infektionen

Diese Infektionen (s. S. 199), besonders das Vorkommen von B-Streptokokken, Chlamydien, Gonokokken, Candida und Mischinfekt bei Vaginose, begünstigen durch Eipolaffektion (Freisetzung von Zytokinen und proteolytischen Enzymen) den vorzeitigen Blasensprung und die Frühgeburt. Die Infektion des Feten ist ein weiteres Risiko.

Literatur

Beller FK, Kyank H. Erkrankungen während der Schwangerschaft. Stuttgart: Thieme 1990.

Enders G. Infektionen und Impfungen in der Schwangerschaft. 3. Aufl. München: Urban & Schwarzenberg 1995.

Friese K, Kachel W. Infektionserkrankungen der Schwangeren und des Neugeborenen. Heidelberg: Springer 1994.

Gille J. Die gestörte Schwangerschaft. In: Klinik der Frauenheilkunde und Geburtshilfe. Bd. 5. 2. Aufl. München: Urban & Schwarzenberg 1986.

Gille J et al. Herz-Kreislauf-System während der Schwangerschaft. In: Schwangerschaft II. Bd 5. Klinik der Frauenheilkunde und Geburtshilfe. 3. Aufl. Künzel W, Wulf KH (Hrsg). München: Urban & Schwarzenberg 1994.

Gille J. Schwangerschaftsinduzierte Hypertonie. In: Schwangerschaft II. Bd 6. Klinik der Frauenheilkunde und Geburtshilfe. 3. Aufl. Künzel W, Wulf KH (Hrsg). München: Urban & Schwarzenberg 1994.

Girndt J. Hypertonie und Hypotonie in der Schwangerschaft. Weinheim: VCH 1987.

Graeff H, Kuhn W. Coagulation Disorders in Pregnancy. Philadelphia: Saunders 1980.

Grospietsch G. Erkrankungen in der Schwangerschaft. Stuttgart: Wissenschaftliche Verlagsgesellschaft 1988.

Kaulhausen H, Schneider J. Schwangerschaftsbedingte Hypertonie. Stuttgart: Thieme 1983.

Künzel W, Wulf KH. Schwangerschaft II. Bd 5. Klinik der Frauenheilkunde und Geburtshilfe. 3. Aufl. München: Urban & Schwarzenberg 1994.

Künzel W, Wulf KH. Adaption maternaler Organsysteme und deren Erkrankung. In: Schwangerschaft II. Bd 5. Klinik der Frauenheilkunde und Geburtshilfe. 3. Aufl. dsb. München: Urban & Schwarzenberg 1994.

Loos W, Rath W. Das HELLP-Syndrom, ein Gestaltwandel der Präeklampsie. Geburtshilfe und Frauenheilkunde 52, 1992: 581.

Petersen EE. Infektionen in der Gynäkologie und Geburtshilfe. Stuttgart: Thieme 1988.

Rath W et al. Neue Erkenntnisse über hämostaseologische Veränderungen bei Gestose und HELLP-Syndrom. Geburtshilfe und Frauenheilkunde 51, 1991: 741.

6

Ärztliche Betreuung in der Schwangerschaft

H. Schmidt-Matthiesen, H. Hepp

6.1 Medizinische und rechtliche Grundlagen

Die Schwangerschaft stellt eine erhebliche **Belastung** für den mütterlichen Organismus dar. Zusätzliche **Überforderungen** oder **Fehlverhalten** können Komplikationen und Gefahren für das Kind herbeiführen. Doch auch unabhängig von äußeren Faktoren sind abnorme Schwangerschaftsentwicklungen und Komplikationen möglich. Deren Bedeutung kann relativiert oder beseitigt werden, wenn jede Abweichung vom Normalverlauf umgehend erkannt und im Rahmen des Möglichen behandelt wird.
Um den beiden oben genannten Gefahrenmöglichkeiten optimal zu begegnen, hat man ein für Arbeitgeber und schwangere Arbeitnehmerinnen verbindliches **Mutterschutzgesetz** (s. S. 202) sowie die für die ärztliche Betreuung während der Schwangerschaft verbindlichen **Mutterschaftsrichtlinien** geschaffen.
Beide Regelungen sind durch die bekannten Daten über mütterliche und fetale Morbidität und Letalität gerechtfertigt.

Mütterliche und kindliche Morbidität und Sterblichkeit

Bei Schwangerschaft, Geburt und p. p. beträgt die **mütterliche Sterblichkeit**[1] in der BRD 0,05–0,08‰. Sie ist seit 1950 um 90% zurückgegangen. Die perinatale **kindliche Sterblichkeit**[2] lag 1993 bei 5,4‰ (1950: 50‰).

! Man hat zeigen können, daß die Müttersterblichkeit und die perinatale Morbidität um so niedriger liegen, je intensiver die Schwangerenbetreuung ist.

Bei Kindern von Müttern, die sich nicht oder nur sporadisch einer Vorsorge unterzogen, liegt die kindliche Sterblichkeit 4- bis 6mal höher als bei den optimal kontrollierten (42%) Frauen.

Tab. 6.1 Ursachen mütterlicher und perinataler Mortalität.

Mutter † 5–8/100000 (1989)
Fehlgeburt <16% Extrauteringravidität, Blutungen 12–15% Gestose ca. 13% Infektion 15% Embolie 10–20% Sonstiges 20–30%
Kind Perinatale Sterblichkeit (nach WHO) in der BRD bei 5,4‰ (1993)
Die verstorbenen Kinder sind zu 40–70% – Frühgeborene! Weitere Ursachen sind: – Mißbildungen – Hirnblutungen – Hypoxie (Plazentainsufffizienz, Nabelschnurkomplikationen, geburtsmechanische Belastung; bei Eklampsie) – Rh-Inkompatibilität – Diabetes – Affektionen der Atemwege (hyaline Membranen, usw.)

[1] Während der Schwangerschaft bzw. 42 Tage post partum auf Lebendgeburten bezogen.
[2] Totgeburt oder Tod vor dem 8. Tag post partum, dabei aber folgende Voraussetzung: Der Fetus muß schwerer als 1000 g sein.

Auswirkungen anderer Faktoren

Nicht nur die Schwangerenbetreuung, auch sozioökonomische Faktoren spielen für den Schwangerschaftsverlauf und -ausgang eine wesentliche Rolle:

- Niedriger Sozialstatus
- Berufstätigkeit als Selbständige
- Körperliche Schwerarbeit
- Streß, Hektik
- Partnerschaftsprobleme bzw. Unehelichkeit
- Abhängigkeit von Genußmitteln, Rauchen, Alkohol

Leider lassen ausgerechnet die Frauen aus diesen Risikogruppen ihre Gravidität meist unzureichend überwachen! Hier summieren sich also die Risiken.

Man gewinnt einen Eindruck von den Gefahrenschwerpunkten für Mutter und Kind, wenn man die mütterliche und perinatale Mortalität nach Ursachen aufschlüsselt. Es ergeben sich dann die in Tab. 6.1 aufgeführten, je nach Kollektiv naturgemäß schwankenden Zahlen.

6.2 Schwangerschaftsbetreuung nach den Mutterschaftsrichtlinien

Die Mutterschaftsrichtlinien beinhalten standardisierte Leistungskataloge für die Betreuung gesunder Schwangerer (kassenseitig nach § 196 RVO erstattungspflichtig) sowie Ergänzungsprogramme für den Fall pathologischer Tatbestände (nach § 182 RVO erstattungspflichtig). Die Kontrolle der Schwangeren erfolgt im Standardfall bis zum 8. Monat (inkl.) in vierwöchigen Abständen, dann zweiwöchig.

! Die Kennzeichnung eines Falles als **»Risikofall«** sollte folgende Konsequenzen haben:

- Häufige Kontrollen
- Ggf. Überweisung an einen Spezialisten (Gynäkologe, Internist)
- Einsatz aller diagnostisch-therapeutischen Mittel
- Ggf. Einweisung in ein großes geburtshilfliches Zentrum zur Intensivbetreuung

Risikoerkennung

Eine wesentliche ärztliche Aufgabe bei der Schwangerenbetreuung ist die **frühzeitige Erkennung potentieller oder realer Risiken**. Anamneseerhebung, Untersuchungen und Aussprachen müssen von diesem Ziel mitbestimmt werden. Auch diskrete Hinweise müssen registriert werden. Deshalb sei vor der Abhandlung der praktischen Schwangerenbetreuung eine Übersicht der beachtenswerten, suspekten Tatbestände gegeben (Tab. 6.2). Die im Einzelfall relevanten Faktoren, Tatbestände oder Verdachtshinweise müssen im **Mutterpaß** eingetragen werden.

Konsequenzen

1990 wurden 34% der Schwangerschaften aufgrund erhobener Befunde als **Risikoschwangerschaften** eingestuft. Anamnestisch gelangte man zu noch höheren Werten.

Mit der Feststellung »Risikoschwangerschaft« werden automatisch seitens der Kassen über den Standardkatalog hinaus (Tab. 6.5) **weitere Regelleistungen** angeboten. Dies sind häufigere Kontrollen, zusätzliche Ultraschalluntersuchungen, kardiotokographische Untersuchungen, Amnioskopien, Fruchtwasseruntersuchungen und Hormonanalysen. Spezielle Einzelheiten sind in den entsprechenden Kapiteln aufgeführt.

Obligatorisch wird eine **vorzeitige** und **prophylaktische Klinikeinweisung** in folgenden Fällen:

- Herzfehler Schweregrad 3–4 (pränatal 28.–35. Woche; präpartal)
- Diabetes (zur 30.–36. Woche)
- Rh-Inkompatibilitäten und positiver AK-Titer
- Therapieresistente Symptome einer Spätgestose (SIH/HES)
- Blutungen; drohende Fehlgeburt
- Akutes Abdomen
- Drohende Frühgeburt (vorzeitige Wehentätigkeit)
- Alle Anzeichen gestörter fetaler Befindlichkeit (Herzaktion, Größenentwicklung u. a.)

Tab. 6.2 Schwangerschaftsrisiken.

- **Präexistente, belastende individuelle Fakten:**
  Familiäre Belastung (genetisch, Diabetes, Hypertonus u.a.)
  Besondere psychische Belastungen, Konflikte, Streß; soziale Probleme
  Adipositas; Untergewichtigkeit, Kleinwuchs, Skelettanomalien
  Alkohol- oder Nikotinabusus, Drogensucht

- **Präexistente oder aktuelle, schwangerschaftsrelevante Allgemeinerkrankungen der Mutter:**
  Herzfehler; Hypertonie
  Kreislaufstörungen, Hypotonie, Varikosis
  Hämorrhagische Diathesen
  Lungenaffektionen
  Niereninsuffizienz, Pyelonephritis
  Erkrankungen des Magen-Darm-Traktes
  Lebererkrankungen
  Diabetes bzw. familiäre Disposition
  Hyperthyreose
  Allergieneigung
  Neurologisch-psychiatrische Krankheiten
  Infektionskrankheiten
  Karzinom

- **Risikohinweise aus bestimmten anamnestisch faßbaren gynäkologisch-geburtshilflichen Tatbeständen:**
  Ovarialinsuffizienz; Sterilitätsbehandlung
  Auffälligkeiten am Uterus: Mißbildungen, Myome, Zustand nach Operationen am Uterus (Sectio; Myomenukleation)
  Frühere Bluttransfusionen
  ≥2 Aborte, auch artifizielle
  Intrauteriner Fruchttod
  Mangelgeburt bzw. Plazentainsuffizienz; Frühgeburt
  Rh-Inkompatibilität; sonstige fetale Erkrankungen bzw. Schäden
  Mütterliche Schwangerschaftskomplikationen:
  Gestosen, Thromboembolie; Placenta praevia, vorzeitige Plazentalösung u.a.
  Frühere Geburtskomplikationen
  Schon >4 Kinder geboren (Vielgebärende)
  Kinder >4000 g
  Mehrlinge

- **Risikorelevante Besonderheiten der jetzigen Schwangerschaft:**
  Derzeitiges Lebensalter <18 oder >35 bzw. 40 Jahre (Mehrgravide)
  Aktuelle, allgemeine Erkrankungen
  Allgemeininfekte
  Aktuelle psychische oder soziale Belastungen
  Anhaltender Medikamenten-, Alkohol- oder Nikotinabusus; Drogenabhängigkeit
  Gestationsdiabetes
  Gestosen, Pfropfgestosen, Hypertonie ≥140/90
  Albuminurie ≥1‰; Pyelonephritis
  Abnorme Gewichtszunahme, generalisierte Ödeme
  Hypotonie
  Neigung zu Vena-cava-Syndrom
  Anämie <10 g/%
  Zervixinsuffizienz
  Gesteigerte Kontraktionsbereitschaft
  Abortus-imminens-Blutungen
  Blutung bei Placenta praevia; vorzeitige Plazentaablösung
  Abnorm großes Kind
  Retardiertes Wachstum, Plazentainsuffizienz
  Fruchtwasser +/-
  Mehrlinge
  Rh-Inkompatibilität
  Lageanomalien
  Unklarer Geburtstermin; Übertragung

Feststellung der Gravidität und Erstberatung

Meist kommt die Patientin von sich aus bei folgenden Anzeichen mit der präzisen Frage: **Besteht eine Schwangerschaft?** Dafür sprechen:
- Ausbleiben der Menstruation und/oder
- Auftreten von Übelkeit
- Spannungsgefühl in der Brust

Nur bei sehr unregelmäßigem Zyklus bzw. unaufmerksamer Beobachtung der Menstruationstermine wird die Frage gelegentlich primär vom Arzt gestellt. Ca. 80% der Schwangeren lassen sich zur Zeit vor der 13. Woche untersuchen.

▶ Anamnese

Im Hinblick auf die Grundfrage »Schwangerschaft?« sind folgende Informationen wichtig:

- Eingetretene Amenorrhö
- Zeitpunkt der letzten Menstruation
- Eventueller Konzeptionstag
- Übliche Zykluslänge
- Evtl. Unregelmäßigkeiten
- Evtl. schon vorgenommener Test

Falls später die Annahme »Schwangerschaft« bestätigt wird, stehen weitere klinisch wichtige Fragen an (s. Tab. 6.2):

- Bisheriger Schwangerschaftsverlauf, Befinden und Beschwerden
- Familiäre Belastungen (z.B. Mißbildungsneigung)
- Evtl. Sterilitätsbehandlung, Fehlgeburten
- Frühere Schwangerschaften und Geburten (Zahl, Zeit, Verlauf, Komplikationen; kindliche Entwicklung, Schäden)
- Evtl. psychosoziale Probleme und die berufliche Konstellation
- Frühere und derzeitige Krankheiten; Operationen (besonders am Uterus)
- Medikamentöse Behandlungen

Berechnung des voraussichtlichen Geburtstermins: Geht man vom **1. Tag der letzten normalen Menstruation** aus, ergibt sich bei der Berechnung der normalen **Schwangerschaftsdauer** folgender Mittelwert:

> Schwangerschaftsdauer post menstruationem: 280–282 Tage.

In Wirklichkeit ist die Schwangerschaft natürlich um etwa 14 Tage kürzer, da die Konjugation und damit der Schwangerschaftsbeginn erst nach der Ovulation möglich ist, die ihrerseits beim 28tägigen Zyklus etwa am 14. Zyklustag erfolgt. Weicht der Ovulationstermin vom Normalen ab, so ändert sich damit auch die sog. Schwangerschaftsdauer post menstruationem. Zur **praktischen Berechnung des Geburtstermins** benutzt man bei regelmäßigem, 28tägigem Zyklus, sofern man kein spezielles Rechengerät besitzt (Gravidarium, Gengenbach-Rechenschieber), die **Naegelesche Regel**. Diese für praktische Belange absolut ausreichende Regel besagt:

> Geburtstermin = Datum der letzten Menstruation +7 Tage −3 Monate.

Bei regelmäßig verkürztem oder verlängertem Zyklus wird der oben errechnete Termin um so viele Tage gleichsinnig korrigiert, wie der jeweilige Zyklus vom 28tägigen Idealzyklus abweicht. Bei unregelmäßigem Zyklus oder unsicheren Angaben kann bei Unkenntnis des Konzeptionstermines nur ein Vermutungstermin errechnet werden, der dem frühestmöglichen Termin entsprechen sollte und mehrfach überprüft und evtl. korrigiert werden muß. Die Ultraschalldiagnostik ermöglicht in der 8.–9. Woche durch Messung des Chorionhöhlen-∅ und der Scheitel-Steiß-Länge am zuverlässigsten die Festlegung des Gestationsalters mit einer Schwankungsbreite von ± 4 Tagen. Sie dient als Grundlage für die weiteren Untersuchungen im Verlauf der Schwangerschaft.

Geht man vom **Konzeptionstermin** aus, so ergibt sich als Mittelwert für die **Schwangerschaftsdauer:**

> Schwangerschaftsdauer post conceptionem: 267 Tage.

Sofern der Konzeptionstag bekannt ist, errechnet sich der **Geburtstermin** wie folgt:

> Geburtstermin = Konzeptionstermin −7 Tage − 3 Monate.

► Diagnose

Nachdem man eine vorläufige Berechnung über die mutmaßliche bisherige Dauer der Schwangerschaft angestellt hat, erfolgen gezielte diagnostische Maßnahmen zur Bestätigung der Vermutungsdiagnose.
Man unterscheidet **sichere** und **wahrscheinliche Schwangerschaftszeichen**. Zu ersteren gehören:

- **Immunologischer Schwangerschaftstest** (HCG-Nachweis; nicht im Standardprogramm!)**:** Wird **Morgenurin** verwendet, sind diese hochempfindlichen Tests (näheres s. S. 279) vom 36.–40. Tag post menstruationem an bzw. 8–10 Tage nach dem Ausbleiben der erwarteten Menstruation eindeutig und zuverlässig positiv. Die HCG-Bestimmung im **Serum** mittels RIA oder EIA liefert bereits wenige Tage nach der Nidation (im Normalzyklus 23.–24. Zyklustag) Hinweise auf die eingetretene Gravidität und erlaubt auch eine zuverlässige Kontrolle der weiteren Entwicklung.

Weitere sichere Schwangerschaftszeichen:

- **Nachweis der Frucht oder ihrer Lebensäußerungen** (Herzaktion, Bewegungen)

Dies ist erst von der 7.–8. Woche p.m. an möglich (Sonographie u.a.).

► Untersuchung

Bei der gynäkologischen Untersuchung werden als sog. **»wahrscheinliche« Schwangerschaftszeichen** registriert:

- Uterusauflockerung
- Vergrößerung des Uterus je nach Schwangerschaftszeit
- Lividität von Vagina und Portio
- Schwellung der Brüste, Bildung von Kolostrum

Wegen der ohnehin teils erheblichen individuellen Unterschiede in der primären Uterusgröße läßt sich eine schwangerschaftsbedingte Vergrößerung des Uterus bis zur 7. oder 8. Schwangerschaftswoche nicht eindeutig als solche erkennen. Erst jenseits der 8.–10. Woche wird die Korrelation zwischen Schwangerschaftszeit und Uterusgröße offensichtlich.

Bei der Palpation sind noch folgende Befunde bedeutsam:
- Größe und Lage des Uterus (evtl. Retroflexio?)
- Beweglichkeit des Uterus (evtl. Adhäsionen?)
- Evtl. auffälliger Adnexbefund (Hinweis auf Extrauteringravidität?)

▶ Zusatzuntersuchungen

Läßt sich die Annahme der Schwangerschaft bestätigen, so folgen die in den Mutterschaftsrichtlinien festgelegten obligatorischen **Zusatzuntersuchungen**:
- Allgemeinuntersuchung (Herz, Lunge, Leber, Abdomen, usw.)
- Körpergewichtsbestimmung
- Blutdruckmessung (tolerabler Grenzwert 135/85)
- Urinuntersuchung (Mittelstrahlurin): Eiweiß, Zucker (Diabetes?), Sediment
- Ggf. bakteriologische Untersuchungen (bei auffälliger Anamnese, kankhaftem Sedimentbefund, RR+); Uricult 95–100% zuverlässig
- Hämoglobin (ggf. Erythrozytenzählung, falls <70%)

Aus einer **Blutprobe**:
- Bestimmung der Blutgruppe und des Rh-Faktors D (sofern noch unbekannt)
- Antikörpersuchtest (indirekter Coombs-Test)
- TPHA-Test (Syphilis-[Lues-]Suchreaktion, LSR)
- Röteln-HAH-Test (bei fraglicher Immunität). Titer von 1:32 und mehr sprechen für eine Immunität. Vorgehen bei erhöhtem Titer bzw. fehlender Immunität und Rötelnkontakt s. S. 151.
- Chlamydien-Screening (z.B. spezieller Zervixabstrich)

Bei begründetem Verdacht (Risikokollektiv, Anamnese) wird man noch folgende **Infektionen** auszuschließen suchen:
- HIV-Infektion (Test nach Aufklärung und Zustimmung)
- Toxoplasmose, Listeriose (s. S. 185) u.a
- Zytomegalie
- Herpes simplex 1/2

Alle Informationen, Untersuchungen und Befunde sind im **Mutterpaß** einzutragen.

> ! Pathologische Befunde verlangen weitere Diagnostik und gezielte therapeutische Maßnahmen. Aus dem »Vorsorge«-Fall wird ein »Krankheits«-Fall.

▶ Beratung

Vor der abschließenden Beratung hat der Arzt sich darüber klar zu werden, ob sich aus der Anamnese oder dem aktuellen Befund der Tatbestand eines besonderen Schwangerschaftsrisikos ergibt (s. Übersicht S. 189).

Dann erfolgt die Beratung der Patientin, bei der folgende Punkte anzusprechen sind:
- **Schwangerschaft:** ja oder nein
- **Derzeitiger Befund:** normal oder nicht normal
- **Voraussichtlicher Geburtstermin**
- Ggf. weitere **diagnostische** oder **therapeutische Maßnahmen**
- Ggf. Empfehlung zur Konsultation eines **Humangenetikers** vor der 8.–15. Woche (bei Frauen über 34 Jahren, bei anamnestischem Risiko, bei Angst) sowie Information über mögliche pränatale Diagnostik (s. S. 280)
- Ggf. **Erläuterung individueller Risiken** und entsprechender Konsequenzen (auch für das Verhalten der Patientin)

Wenn die Ergebnisse wichtiger Untersuchungen noch nicht vorliegen (Labor, Serologie), muß baldmöglichst nachinformiert werden. Mitunter sind weitere Explorationen nötig.

Falls der **HIV-Test** positiv ist, muß eine Spezifitätssicherung vorgenommen werden. Erst nach gesicherter Diagnose Aufklärung über die Krankheit. Gefährdung des Kindes (13–30%) besprechen und die Frage des Schwangerschaftsabbruches diskutieren. Soll die Schwangerschaft ausgetragen werden, sind besonders intensive Kontrollen und Präventivmaßnahmen gegen mögliche Infektionen anderer erforderlich.

▶ Verhaltensempfehlungen

Ernährung: Eine vermehrte Nahrungsaufnahme ist grundsätzlich weder notwendig noch zweckmäßig. Die normalerweise gewohnte Mischkost sollte jedoch etwas modifiziert werden: Fette sind zu reduzieren, die Eiweißzufuhr (Fleisch, Fisch, Eier, Milch und Milchprodukte) ist bewußt zu steigern. Rohes Fleisch (Tatar, Mett, blutige Steaks) sowie Leber unbedingt meiden (Toxoplasmen!). Der Phosphor- und Kalziumbedarf wird durch zusätzliche Milchspeisen (einschl.

Quark) gedeckt. Notfalls (Abneigung gegen Milch) muß eine medikamentöse Zufuhr erfolgen.
Einem **Eisenmangel** sollte man durch prophylaktische Eisengaben zuvorkommen (s. S. 176). Sofern die Anämie bereits manifest ist, konsequente Therapie.
Zur Zeit wird eine routinemäßige Zulage von **Magnesium** erörtert, die Frühgeburts-, Gestose- und Retardierungsrisiken reduzieren soll. In der Nahrung sind Kakaoprodukte, Nüsse, Vollkornbrot und Hülsenfrüchte Mg-reich.
Zur Vermeidung eines **Jodmangels** wird die Verwendung von jodiertem Speisesalz oder, besser, die Einnahme von Jodtabletten empfohlen.
Der Vitaminbedarf dürfte bei einer obst- und gemüsereichen Kost gedeckt sein, mit Ausnahme des **Vitamin-B_1**-Bedarfs. Diesbezüglich sind Vollkornbrot und Knäckebrot zu berücksichtigen.
Folsäuremangel kann einen Neuralrohrdefekt begünstigen. Falls ein solcher bei früherer Schwangerschaft aufgetreten war oder Folsäuredefizite denkbar sind (sehr junge Schwangere, niedriger Sozialstatus u.ä.), werden perikonzeptive oder generelle Folsäuregaben empfohlen. Als Dosierung diskutiert man >0,3 mg/die.
Eine **Kochsalzüberschwemmung** (Salzgebäck!) ist zu vermeiden, auch eine gewisse Einschränkung des sonstigen Salzkonsums ist zweckmäßig. Bei Ödemen ist die salzarme Kost ein Teil der Therapie.
Hoher **Kaffeekonsum** ist nachteilig, er kann die Untergewichtigkeit des Feten fördern.
Schwangerschaftserbrechen: Übelkeit und geringfügiges morgendliches Erbrechen sind bis zur 12. Woche nicht als pathologisch anzusehen. Hyperemesis s. S. 169.
Duschen, Baden, Sauna: Beim Duschen und Baden sollten wegen der erschwerten Kreislaufanpassung der Schwangeren Temperaturextreme vermieden werden. Um einen zu starken Anstieg der Körperkerntemperatur zu verhindern, sollten Saunazeiten von 8–10 Min. nicht überschritten werden. Vor der 6.–8. Woche generelle Zurückhaltung.
Rauchen: Das Rauchen sollte wegen seiner Gefährlichkeit für das Kind (Plazentainsuffizienz, Mangelentwicklung, vermehrte Komplikationen, erhöhte perinatale Mortalität, evtl. auch vermehrte Mißbildungen, Enzephalopathien; in der Kindheit z.T. höhere Morbidität) konsequent verboten werden. Auch das Rauchen aller ständigen Kontaktpersonen wirkt sich schädlich aus.
Alkoholkonsum: Im Hinblick auf die Alkoholembryo- bzw. -fetopathie (s. S. 152 u. 153) ist Zurückhaltung gegenüber Alkohol nötig, besonders im 1. Trimenon. Ärztlicherseits muß auf die Gefahr hingewiesen werden!
Habituelle Aborte: Sind mehrere Aborte vorausgegangen, ist der Patientin eine besondere körperliche Schonung anzuraten. Kohabitationen sind während der ersten 3–4 Schwangerschaftsmonate einzuschränken. Zwischen der 14. und 20. Woche müssen die Patientinnen kurzfristig bestellt werden, damit eine evtl. bedeutsame **Zervixinsuffizienz** rechtzeitig erkannt werden kann (s. S. 160, 198). Ggf. können Wehenhemmer jenseits der 18. Woche eingesetzt werden, falls Spätaborte vorausgingen (s. S. 250).
Sexualverhalten: Über das »richtige« Sexualverhalten gibt es keine Untersuchungen. Normalerweise scheint die Kohabitation ohne nachteilige Folgen zu sein. Berücksichtigt man jedoch die Tatsache, daß im Sperma Prostaglandine enthalten sind und daß während des Orgasmus Uteruskontraktionen mit Dezelerationsfolgen nachgewiesen wurden, dann möchte man (rein spekulativ) bei habituellen Aborten (s. S. 159) sowie bei Frühgeburtsneigung, Zustand nach Cerclage, bei Placenta praevia sowie schwerer Plazentainsuffizienz zur Zurückhaltung raten.
Reisen: Gegen eine vernünftige Form des Reisens (kürzere Strecken, sichere Verkehrsmittel, Reisepausen) ist grundsätzlich nichts einzuwenden. Lediglich bei habituellen Aborten bzw. Frühgeburten in der Anamnese ist eine gewisse Zurückhaltung anzuraten. Als **günstigste Reisezeit** ist der 4.–7. Schwangerschaftsmonat anzusehen, da hierbei die Gefährdung am geringsten und die allgemeine Beweglichkeit noch ausreichend ist. Gegen Flugreisen in Druckkabinen ist grundsätzlich nichts einzuwenden.
Hochgebirgsurlaub, Wintersport: Zu beachten ist die erschwerte Anpassung der Schwangeren an zunehmende Höhe innerhalb einer gegebenen Zeit. Schneller pO_2-Abfall, z. B. bei Seilbahn- oder Liftfahrten in größeren Höhen, ist als bedenklich anzusehen, wobei Höhendifferenz und absolute Höhe zu beachten sind. Mittlere Höhenlagen sind generell zu bevorzugen (<1500–2000 m). Bei guten und kritikfähigen Skiläuferinnen ist auch in der Schwangerschaft in der Zeitspanne vom 4.–7. Monat nichts gegen Skilaufen einzuwenden. Voraussetzung sollten gute Schnee- bzw. Pistenverhältnisse sein. Langlauf ist dem Abfahrtslauf vorzuziehen, letzterer aber nicht grundsätzlich bedenklich.
Strahlenexposition: Wegen der möglichen schädlichen Auswirkung einer Strahlenbelastung der Frucht sollten während der Schwangerschaft keine Röntgenuntersuchungen ohne vitale Notwendigkeit erfolgen.
Pharmaka: In den Kapiteln über die Nidation sowie die Plazenta wurde erwähnt, daß Medikamente bis zu

einem Molekulargewicht von etwa 600–1 000 passiv die Plazenta passieren und auf die Frucht übergehen können. Hinsichtlich einer **medikamentösen Gefährdung** sind drei Zeiträume zu unterscheiden:

In der **initialen Entwicklungszeit** bis zum 17. Tag p. c. (bzw. dem 31. Tag p. m.) gilt das **»Alles-oder-nichts-Gesetz«**, d.h., daß in jedem Falle einer schädlichen Einwirkung das Schwangerschaftsprodukt entweder zugrunde geht oder ungestört weiterlebt.

Die sich anschließende Zeit der **Embryo-** bzw. **Organogenese** (18.–55. Tag p. c. bzw. 32.–69. Tag p. m., evtl. noch einige Tage länger?) ist besonders empfindlich. Schädigende Einflüsse treffen einmal die Embryonalentwicklung selbst (Mißbildungen!), zum anderen kann es durch Intoxikation zum direkten Absterben der Frucht kommen. Hinsichtlich der Mißbildungsinduktion besteht eine Phasenspezifität (s. Abb. 5.2), die Art der Mißbildung ist also mehr durch den **Zeitpunkt** als durch die **Art** der Einwirkung bestimmt.

In der sich anschließenden **Fetalperiode** entfallen teratogene Gefahren. Es kann aber zu Intoxikationen und echten Erkrankungen des Feten kommen.

Schließlich sind besondere Überlegungen notwendig, wenn kurz vor der Geburt oder sub partu Medikamente verabfolgt werden. Deren Wirkungen können sich noch nach der Geburt zeigen oder überhaupt erst dann bedeutsam werden (funktionelle Störungen wie Atemdepression nach Gabe von Opioiden).

! Während der Schwangerschaft und Geburt, ganz besonders in der Frühschwangerschaft, sollte

Tab. 6.3 Risikohaltige Substanzen bzw. Medikamente.

1. Embryotoxische, teils teratogene Substanzen:
- **Gifte** (Pb, Cd, Hg u.a.)
- **Zytostatika, Folsäureantagonisten**
- **Vitamin A hochdosiert; Vitamin-A-Retinoide**
- **Lithium**
- **Alkohol** (Alkohol-Embryopathie)
- **Thalidomid** (Thalidomid-Embryopathie)
- **Antikonvulsiva, Antiepileptika, dosisabhängig (?)** (Hydantoin-Embryopathie)
- **Cumarinderivate** (Warfarin-Embryopathie)
- **Stilboestrol** (Stilboestrol-Embryopathie; später Vaginalkarzinomrisiko)
- **Chinin in höherer Dosis**
- **Androgene und Antiandrogene**
- **Codein** (Anomalien Respirationstrakt?)
- Phenothiazine (Herzmißbildungen?)
- Diphenhydraminhaltige Antihistaminika (orale Spaltbildungen?)
- Meprobamat u. a. Psychopharmaka (z.T.) (Herzmißbildungen?)
- Schaden denkbar, möglichst vermeiden:
  - **Streptomycin**
  - **Tetracyclin**
  - **Antimykotika systemisch**
  - Kanamycin
  - Polymycin
  - Gentamycin
  - Chloramphenicol?
  - Metronidazol u. Derivate
  - Nikotin
  - Thyreostatika
  - orale Antidiabetika
  - LSD, Heroin, Marihuana?

2. Fetotoxische Medikamente:
- **Gifte**
- **Zytostatika**, Folsäureantagonisten?
- **Chinin in höherer Dosis**
- **Cumarinderivate**
- **Nikotin**
- **Alkohol** (bei Abusus)
- LSD, Heroin, Marihuana? (Entzugssymptome p.p.)
- Sedativa, Psychopharmaka, Phenothiazine
- Phenazetine
- Salizylate u. a. Prostaglandin-Synthesehemmer in höherer Dosierung
- β-Blocker (Propanolon, Hexamethoniumbromid)
- Theophyllin (?)
- Thyreostatika
- **Chloramphenicol** (Grey-Syndrom)
- **Streptomycin** (Innenohrschädigung)
- **Tetrazykline** (Wachstumshemmung, Zahnverfärbung)
- Kanamycin
- Gentamycin
- Antimykotika systemisch
- Sulfonamide (Ikterus)

3. Evtl. wehenanregende Medikamente:
- Drastische Abführmittel (?)
- Ergotaminhaltige Präparate in hoher Dosis (?) (die meisten »Migränemittel«)

4. Sub partu zu vermeidende Medikamente:
Unter der Geburt bzw. schon in den vorhergehenden Tagen ist die Gabe von Reserpin, trizyklischen Antidepressiva, Neuroleptika, Diazepam sowie atemdepressorischen Medikamenten (Opiate) zu vermeiden bzw. bei respiratorischer Depression durch Naloxon zu antagonisieren.

größte Zurückhaltung bei der Applikation von Medikamenten geübt werden.
Im Falle echter therapeutischer Maßnahmen ist das therapeutische Ziel gegen mögliche Risiken abzuwägen.

Da der Übergang auf Embryo bzw. Fetus u.a. vom Konzentrationsgefälle und damit von dem mütterlichen Blutspiegel abhängig ist, sollte grundsätzlich (sofern möglich) die **perorale Applikation** der intravenösen Gabe vorgezogen werden.
In Tab. 6.3 findet sich eine Aufstellung der in der Schwangerschaft absolut oder relativ risikohaltigen Substanzen bzw. Medikamente. Mitunter bestehen allerdings widersprüchliche Auffassungen. Dennoch sollte man sicherheitshalber in den genannten Fällen Vorsicht üben.
Falls in der Aufstellung Medikamentgrupppen ohne konkrete Einzelbezeichnungen genannt sind, kann es in der Gruppe auch Ausnahmepräperate geben. Man muß dies ggf. ermitteln.
Impfungen: siehe Tab. 6.4.

Tab. 6.4 Schutzimpfung in der Schwangerschaft: + = unbedenklich; (+) = bei Reisen in Endemiegebiete oder Kontakt; – = keine Impfung bei Graviden; [ ] = Impfstoff in Entwicklung.

	Schwangerschaftsmonat		
	I–III	IV–VIII	IX–X
Lebendimpfstoffe			
Poliomyelitis	+	+	–
Masern	–	–	–
Röteln	–	–	–
Varizellen	–	–	–
Gelbfieber	(+)	(+)	(+)
Mumps	–	–	–
[Zytomegalie, Herpes simplex, Hepatitis A]	–	–	–
Tot-Subunit-Impfstoffe oder Toxoide			
Poliomyelitis (Salk)	+	+	+
Influenza	(+)	(+)	(+)
Tollwut	(+)	(+)	(+)
Hepatitis B [Hepatitis A]	+	+	+
[Zytomegalie, Herpes simplex]	(+)	(+)	(+)
Zeckenenzephalitis (FSME)	(+)	(+)	(+)
Tetanus	+	+	+
Diphtherie	(+)	(+)	(+)
Typhus (oral)	(+)	(+)	(+)
Cholera	(+)	(+)	(+)
Meningokokken A+C	(+)	(+)	(+)

Schwangerenbetreuung in der ersten Schwangerschaftshälfte

Nach der 1. Untersuchung erfolgen im Rahmen der verbindlichen, offiziellen Mutterschaftsrichtlinien weitere Kontrollen in vierwöchigen Intervallen, nur bei Mehrlingsschwangerschaften und bei Auffälligkeiten öfter. Überwacht werden:
- Der Gesundheitszustand der Schwangeren
- Das Wachstum des Kindes

Überwachung der Schwangeren

Zur Beurteilung werden neben den Angaben der Schwangeren über das Befinden (auch nach fieberhaften Krankheiten fragen) die stets erneut zu kontrollierenden obligatorischen Untersuchungsbefunde herangezogen:
- **Gewichtskontrolle**
- **Blutdruckmessung** (Soll: ≤ 135/85)
- **Urinuntersuchung** (Mittelstrahlurin): Eiweiß; Zucker; Sediment, besser Uricult-Untersuchung. Die Diabetikerin führt Blutzuckerselbstkontrollen und Urinproben auf Zucker und Acetonwerte durch.

Pathologische Befunde bedürfen weiterer Abklärung und Therapie.

Besonders sind Hinweise auf eine mögliche **diabetogene Stoffwechsellage** zu beachten. Dies sind neben dem Urinbefund:
- Familiäre Belastung (Verwandte 1. und 2. Grades)
- Höheres Alter; Adipositas
- Glukosurie im 1. Trimenon
- Gestose
- Geburtsanamnestische Hinweise (Aborte, Geburt überschwerer Kinder [>4000 g], schwere Gestosen, Hydramnion, Mißbildungen, perinataler Todesfall)

Ggf. sollte dann **Blutzuckerscreening** oder oraler **Glukosetoleranztest (GTT)** erfolgen. Gegenwärtig wird empfohlen, Screening oder GTT auch bei unverdächtigen Schwangeren vorzunehmen, allerdings erst zwischen der 24. und 28. Woche.
Bei **früheren Organerkrankungen** an Herz, Lunge, Leber, Niere usw. ist der Zustand des entsprechenden Organs zu überprüfen und hinsichtlich der Wertigkeit für die jetzige Schwangerschaft abzuklären.
Bei kurzfristig zurückliegenden, fieberhaften Erkrankungen ist stets zu prüfen, ob es sich evtl. um eine für

die Schwangerschaft bedeutsame **Infektion** gehandelt haben könnte (Röteln, Toxoplasmose).

Überwachung der Schwangerschaftsentwicklung

Stets stellt sich für Schwangere und Arzt die gleiche Frage: **Ist die Schwangerschaft intakt?** Als Indikatoren für die ungestörte Entwicklung gelten:
- Asymptomatischer Verlauf (Anamnese)!
- Typische Größenzunahme des Uterus (Palpation) bzw. der Frucht (Ultraschall)
- Geschlossener Muttermund (Spekulum)
- Lebensäußerungen der Frucht (Herzaktionsnachweis; Kindsbewegungen)

Die **Größenzunahme des Uterus** ist mit der Schwangerschaftsdauer in Beziehung zu setzen. Als Richtlinien gelten:
- 12. Woche: Uterusfundus etwa in Höhe der Symphysenoberkante
- 16. Woche: Uterusfundus 2–3 Querfinger oberhalb der Symphyse
- 20. Woche: Fundus zwischen Symphyse und Nabel

Der intakte **Muttermundverschluß** wird im Spekulum geprüft.

Die **fetale Herzaktion** läßt sich mit Spezialgeräten ab der 7. bzw. 8. Woche p. m. nachweisen, mit Stethoskop etwa ab der 22. Woche.

Kindsbewegungen werden von der Mehrgebärenden in der 18. Woche, von der Erstgebärenden in der 20. Woche registriert.

Die erste routinemäßige **Ultraschalluntersuchung** erfolgt zwischen der 9. und 12 Woche (s. Abb. 6.1 a und b). Sie gibt Aufschluß über die Lokalisation und zeitgerechte oder gestörte Entwicklung der Frucht, Lebenszeichen sowie evtl. Mehrlingsschwangerschaft.

Auffällige Tatbestände

! Bei den laufenden Kontrollen können uns gewisse auffällige Tatbestände begegnen und diagnostische wie therapeutische Maßnahmen verlangen:
- Uterus-Lageanomalie (Retroflexio)
- Abweichung der Uterusgröße vom erwarteten Befund (+/–)
- Mehrlinge (s. S. 254)
- Blutungen
- Schmerzen im Abdomen
- Muttermunderweiterung (isthmozervikale Insuffizienz)
- Abweichungen im Zeitpunkt der ersten Kindsbewegungen (+/–/ø)

Lageanomalie (Retroflexio uteri gravidi): In den ersten 12 Schwangerschaftswochen ist die Retroflexio zumeist bedeutungslos und bedarf keiner Maßnahmen: Der Uterus pflegt sich unter dem zunehmenden Wachstumsdruck der Gravidität meist von selbst zu strecken. Prophylaktische digitale Manipulationen und Pessareinlage sind innerhalb der genannten Zeit als unnötig und eher fehlerhaft anzusehen.

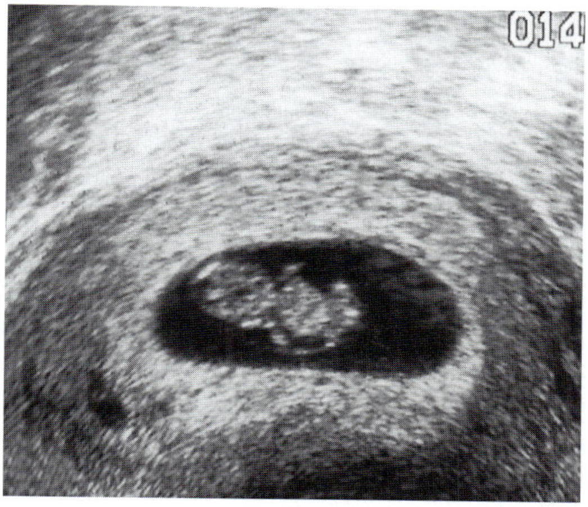

Abb. 6.1 a Sonographie, 9.–10. SSW.
(Mit freundlicher Genehmigung von C. Sohn, Universität Heidelberg)

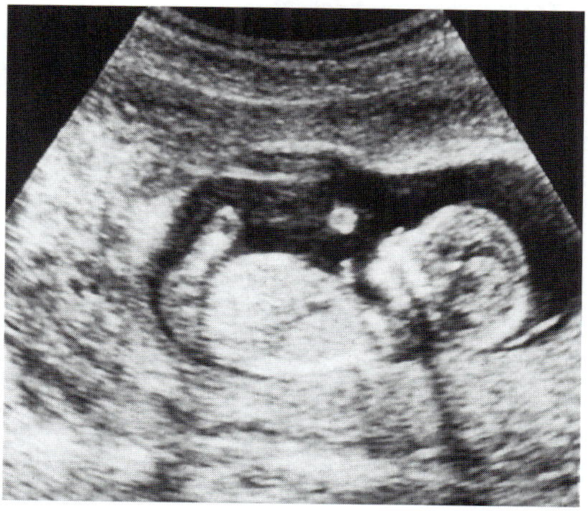

Abb. 6.1 b 13. SSW.
(Mit freundlicher Genehmigung von C. Sohn, Universität Heidelberg)

Wenn es sich um ganz extreme Abknickungen handelt oder die Retroflexio bis zur 15. Woche persistiert, wird aktives Vorgehen notwendig. Im letzteren Falle droht die Gefahr der Einklemmung des weiter wachsenden Uterus im kleinen Becken (Inkarzeration mit akuter Harnverhaltung). Die **manuelle Aufrichtung** wird notfalls in Narkose durchgeführt. Kurzfristig Tokolytika (s. S. 250) zur Hemmung der Kontraktionen.

Abweichung der Uterusgröße vom erwarteten Befund: Ist die Abweichung eindeutig, so muß mit folgenden Anomalien gerechnet werden:

- **Uterus größer als erwartet**
  - Rechenfehler? Überprüfen
  - Mehrlinge? Sonographie
  - Blasenmole? Schwangerschaftstest, Sonographie
  - Myomwachstum? Palpation, Sonographie
- **Uterus kleiner als erwartet**
  - Rechenfehler? Überprüfen
  - Gestörte Schwangerschaft? EUG? HCG, Palpation, Sonographie u. a.

Die wichtigste Methode zur Abklärung einer fraglichen Schwangerschaftsstörung in der Frühschwangerschaft ist die HCG-Bestimmung im Blut (RIA, EIA), ergänzt durch die Sonographie. Näheres s. S. 279.

Blutungen (s. Abb. 6.2): Bei Blutungen in der Frühschwangerschaft muß stets an folgendes gedacht werden:

- Abortvorgänge (s. S. 156 ff.)
- Extrauteringravidität (s. S. 163)
- Blasenmole (s. S. 147)

Sie sind also meist schwangerschaftsbedingt. Dessen ungeachtet müssen auch nicht schwangerschafts-

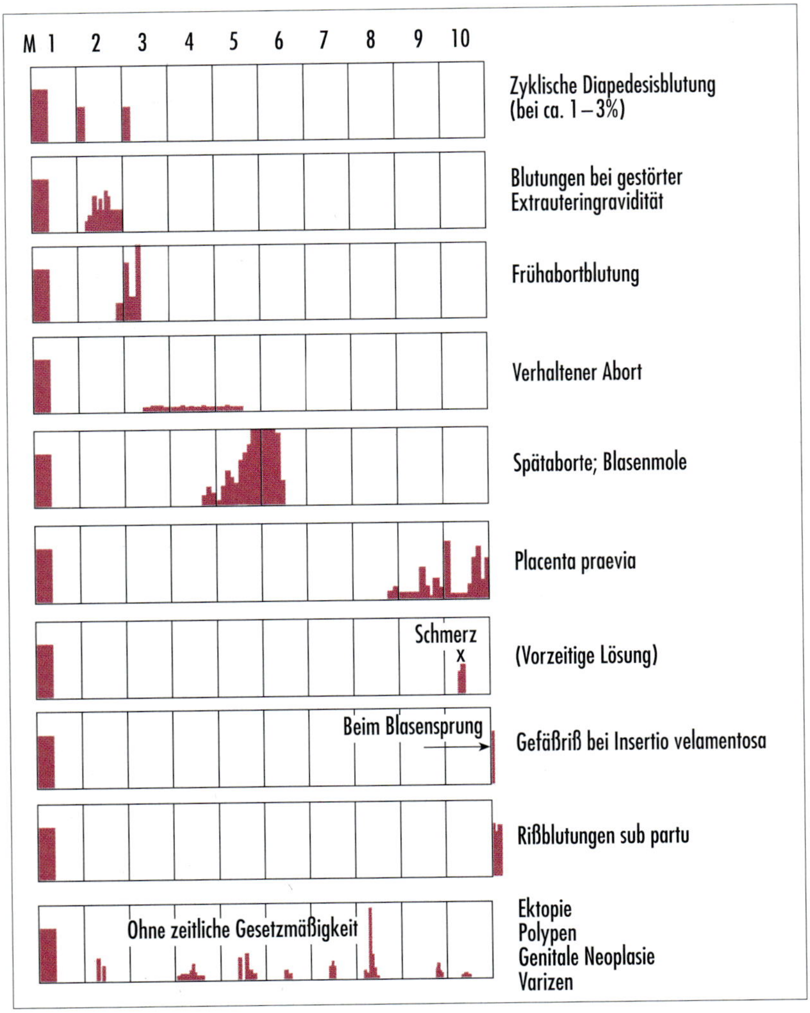

Abb. 6.2 Blutungsursachen während Schwangerschaft und Geburt in Abhängigkeit vom Zeitpunkt.

bedingte Blutungen sorgfältig ausgeschlossen werden (z.B. Ektopien, Polypen, Karzinom).

Schmerzen im Abdomen: Einseitige Unterbauchschmerzen in der 5.–9. Schwangerschaftswoche lassen an die Möglichkeit einer **Extrauteringravidität**, speziell einer Tubargravidität, denken. Sonographie u.a.m. notwendig (s. S. 163)!
Schmerzen im rechten Unter- bzw. Mittelbauch können Symptome einer **Appendizitis** sein. Im Verlauf der Gravidität wird die Appendix nach oben verlagert, der typische Druckschmerzpunkt liegt also höher als sonst. Da in der Schwangerschaft ohnehin eine Leukozytose vorliegt, ist die Diagnose vornehmlich auf Symptome und Tastbefund angewiesen.
Doppelseitige Schmerzen im Leistenbereich sind durch Spannung der Lig. rotunda zu erklären und bedeutungslos. Sie verschwinden spätestens im 6. Monat.

Zervixveränderungen, Muttermunderweiterung, Fruchtblase sichtbar:

> Normalerweise sollen die Zervix gut formiert, d.h. palpatorisch ca. 3 cm »hoch« (lang), der Muttermund geschlossen und die Fruchtblase nicht sichtbar sein.

Gewinnt man – was nach der 14.–16. Woche durchaus zu beurteilen ist – den Eindruck, daß sich die Zervix »verkürzt«, daß der Zervixkanal zu klaffen beginnt und in der Tiefe die Fruchtblase erkennen läßt, so besteht Verdacht auf **Zervixinsuffizienz**. Diese begünstigt Spätaborte und Frühgeburten, die dann meist mit einem vorzeitigen Blasensprung beginnen. Der erwähnte Befund ist demnach besonders ernst zu werten, wenn in der Vorgeschichte Spätaborte bzw. Frühgeburten erwähnt wurden.
Die Therapie besteht in **Wehenhemmergabe** (s. S. 250) und **Cerclage** (eine einfache Verschlußoperation). Eine lediglich anamnestisch orientierte (Aborte, Frühgeburt), prophylaktische Cerclage bei noch normalem Befund ist umstritten, ihr Nutzen nicht nachweisbar. Ausschluß eines Vaginalinfektes geboten.

Unzeitige Kindsbewegungen:

> ! Die Angaben über den Termin der ersten Kindsbewegungen sollten genau registriert und mit der rechnerischen Erwartung verglichen werden.

Eine Übereinstimmung ist bei etwa 50–70% der Schwangerschaften zu erwarten. Geringfügige Abweichungen sind belanglos. Wenn die Kindsbewegungen genau vier Wochen zu früh angegeben werden, ist ein Berechnungsfehler wahrscheinlich, die »letzte Menstruation« war vermutlich abgeschwächt und bereits eine Blutung in der Schwangerschaft. Eine vorzeitige Registrierung findet sich auch bei Zwillingsschwangerschaften.
Bleiben die Kindsbewegungen weit über den erwarteten Zeitpunkt aus, so ist mit einem Terminirrtum, einer verhaltenen Fehlgeburt, einer Molenschwangerschaft oder einer eingebildeten Schwangerschaft zu rechnen.

Schwangerenbetreuung in der zweiten Schwangerschaftshälfte

> ! Die Kontrollen erfolgen im Regelfall zunächst monatlich, in den letzten zwei Monaten in zweiwöchigen Abständen.
> Im Vordergrund stehen:
> - Überwachung des mütterlichen Gesundheitszustandes
> - Überwachung der Kindsentwicklung
> - Beratung der Schwangeren

Überwachung der Schwangeren

Bei der Mutter werden die schon beschriebenen Routineuntersuchungen vom 6. Monat an durch weitere Untersuchungen ergänzt:

- **Hämoglobinbestimmung** (Anämie?), bei Hb <70% Erythrozytenzählung. Der Wert soll über 70–75% (11,2–12 g%) liegen.
- **Zweiter Anti-D-Antikörpersuchtest** bei allen Schwangeren im Zeitraum 24.–27. Woche (bei schweren Fällen früher)
- Ggf. spezielles **Diabetesscreening** in der 24.–28. Woche (Blutzucker >140mg/dl 1 h nach Gabe von 50 g Glukose ist pathologisch)
- Im Zeitraum 28.–30. Woche bei allen Rh-negativen Schwangeren mit negativem Antikörpertest prophylaktisch Injektion von **Anti-D-Immunglobulin**
- Nach der 32. Woche, so spät wie möglich, **Hepatitis-B-Screening** obligatorisch. HBsAg-Untersuchung

Die **Gewichtszunahme** steigt im 2. Trimenon an von ca. 370 g/Woche (im Mittel) auf schließlich 450 g/Woche, sollte also stets unter 500 g/Woche bleiben. Stärkere Abweichungen bedürfen der Klärung (Eßgewohnheiten, Niere [Gestose], Cor), besonders bei generalisierten Ödemen. Insgesamt ist in der Schwangerschaft mit einer Gewichtszunahme von 9–12(–18) kg zu rechnen.

Auffällige Tatbestände

> !
> - Vorzeitige Wehenbereitschaft
> - Zervixinsuffizienz, Muttermunderöffnung
> - Blutungen
> - Anämie (<10 g/%)
> - Diabetes, Acetonurie
> - Hypertonus, Proteinurie, abnorme Gewichtszunahme, generalisierte Ödeme (HES)
> - Infektionen
>
> Schließlich, am Ende der Gravidität:
> - Hinweise auf geburtsmechanische Gefahren
> - Terminüberschreitung

Vorzeitige Wehenbereitschaft: Bei dem häufiger werdenden Auftreten schmerzhafter Kontraktionen vor Beginn der 38. Woche droht definitionsgemäß die Frühgeburt.
Sofern eine Frühgeburt nicht als sinnvolle Reaktion anzusehen ist, wie z.B. bei intrauterinem Fruchttod, sind – solange die 36.–37. Woche noch nicht erreicht ist – unverzüglich Maßnahmen zur **Wehenhemmung** einzuleiten. (s. S. 250). Ab 26. Woche CTG-Überwachung (s. S. 286).
Die **Initialbehandlung** der drohenden Frühgeburt sollte stets **stationär** erfolgen. Lediglich die Prophylaxe (z.B. bei anamnestisch erwiesener Neigung zu Frühgeburten) kann unter sehr behutsamer Dosissteigerung und häufiger Kontrolle ambulant erfolgen (z.B. Buphenin-Retard-Kapseln oder Spiropent).

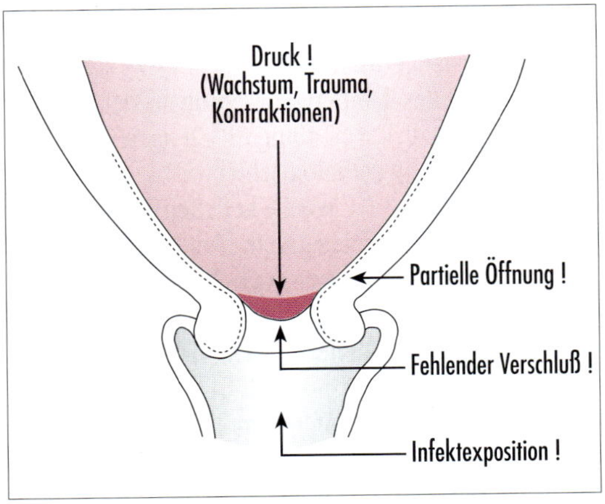

Abb. 6.3 Die Bedeutung der klaffenden Zervix für die Integrität des unteren Eipols: Begünstigung von Infektion und Blasensprung.

Zervixinsuffizienz, Muttermunderöffnung: Man sollte bei allen Kontrolluntersuchungen grundsätzlich den Muttermund behutsam palpieren sowie im Spekulum einstellen.

> ! Wird vor der 35.–36. Woche die Zervix zunehmend kürzer, der Muttermund weiter oder, im Spekulum, gar die Fruchtblase sichtbar, so ist der Tatbestand einer Zervixinsuffizienz gegeben. Es drohen **Blasensprung** und **Frühgeburt** (Abb. 6.3).

Therapeutisch ist eine **Tokolyse** einzuleiten (s. S. 250) und ggf., in Abhängigkeit von der Kindsreife, die Zervixverschlußoperation **(Cerclage)** zu erwägen, besonders bei Mehrlingsschwangerschaften.
Bei der vaginalen Spekulumeinstellung ist besonders auf Hinweise einer **Infektion** zu achten (Abstriche; Infektionsrisiko s. S. 199)

Blutungen:

> ! Jede Blutung in der Schwangerschaft stellt eine Indikation zur sofortigen Klinikeinweisung dar.

Näheres s. Abb. 6.2 sowie Abschn. »Placenta praevia« (s. S. 239) und »Vorzeitige Plazentalösung« (s. S. 241).

Anämie:

> ! Werden bei der Schwangeren Hämoglobinwerte <11,2 g% (= 70%) bestimmt, droht eine sekundäre Gefährdung des Kindes.

Die Therapie ist umgehend und konsequent einzuleiten (s. S. 176).

Diabetes: Bei manifestem Diabetes wird die Schwangere je nach Schwere der Erkrankung in der 30.–36. Woche einer mit der Behandlung diabetischer Schwangerer vertrauten Klinik zugewiesen, damit die nochmalige Überprüfung der Stoffwechsellage und des fetalen Befindens erfolgen und der zweckmäßige Entbindungstermin festgelegt werden kann (s. Diabetes und Schwangerschaft, S. 180). Bei erschwerter Stoffwechselführung **(Acetonurie)** oder fetalen Auffälligkeiten sollten schon früher stationäre Kontrollen erfolgen.

Zeichen von HES (Gestose, Pfropfgestose): Besonders sorgfältig sind Hinweise auf die Entwicklung einer Gestose zu beachten (s. S. 169). Dies sind:

- **Blutdruckerhöhung** ≥140/90 mmHg. Evtl. zusätzlich:
- **Proteinurie** >1‰ bzw. >1 g/24 Std. Bei bereits verschleppten Fällen:
- **Einschlägige zentrale Symptome**

Leicht verstärkte Gewichtszunahme bzw. **Ödeme** in den abhängigen Körperpartien hat man früher als äquivalente Befunde aufgefaßt, was nicht zutreffend ist. Dennoch können diese Erscheinungen ggf. frühzeitige Aufmerksamkeit auslösen und die Früherkennung einer HES begünstigen.

> ! Man sei sich bewußt, daß eine Gestose **Gefahren für die Mutter** (Eklampsie, Tod) **und für das Kind** (Plazentainsuffizienz, intrauteriner Fruchttod) heraufbeschwört. Deshalb frühzeitig Überweisung zum Spezialisten bzw. in die Klinik (s. S. 171).

Infektionen: Infektionskrankheiten in der Schwangerschaft sind stets ernst zu nehmen. Sie können direkt oder indirekt Auswirkungen für das Kind haben. Besonders sind zu beachten:

- Viruserkrankungen – auch HIV-Infektion
- Syphilis (Lues)
- Toxoplasmose
- Listeriose
- Hochfieberhafte Allgemeininfektionen beliebiger Art
- Harninfekte (häufig symptomlos)
- Vaginalinfekte

> ! Infektiöse Erkrankungen können während der Fetalperiode zu **Fetopathien** führen, die unbehandelt einen intrauterinen Fruchttod oder einen dauernden Schaden zur Folge haben können. Vaginalinfekte können einen vorzeitigen **Blasensprung** begünstigen sowie zur **Infektion des Kindes sub partu** führen.

Einzelheiten sind im Abschn. »Infektionskrankheiten in der Schwangerschaft« (S. 184) sowie unter »Embryopathie« (S. 151) und »Fetopathie« (S. 152) abgehandelt. Man beachte, daß einige der genannten Krankheiten unter sehr **uncharakteristischen Symptomen** auftreten (Listeriose, Toxoplasmose) und leicht als »Grippe« mißgedeutet werden können. Bei der Befunderhebung muß deshalb stets nach Lymphknotenschwellungen gefahndet werden. Die Vaginalinfekte (s. S. 186) können sich durch Fluor, Brennen oder Juckreiz bemerkbar machen, aber auch völlig symptomlos sein.

Hochfieberhafte Infektionskrankheiten beliebiger Art haben eines gemeinsam: Sie können durch die **Hyperthermie** wehenauslösend wirken, also Frühgeburten begünstigen. Schließlich können die Feten durch die Temperaturerhöhungen selbst geschädigt werden (Erhöhung des O_2-Verbrauchs). Die Bekämpfung des Fiebers muß deshalb ein echtes therapeutisches Anliegen sein. Gegebenenfalls sind zusätzlich wehenhemmende Mittel einzusetzen.

Besondere Beachtung und Therapie verlangen zervikovaginale Infekte. Speziell die häufigen (2–30%), oft symptomlosen **Candida-** und **Chlamydieninfekte** beinhalten eine ernste Gefahr für das Neugeborene. Deshalb ist ggf. die Keimflora 2–3 Wochen vor dem Termin zu überprüfen. Pathogene Keime sind gezielt zu beseitigen (s. Tab. A.7). Ein anderes Vorgehen wäre die prophylaktische vaginale Antimykotikumapplikation anläßlich der letzten Kontrolle ante partum. Ebenso wichtig ist die Erkennung präpartaler **Herpesinfektionen** wegen der geburtshilflichen Konsequenzen (s. S. 270).

Bei Schwangeren, deren Vaginalsekret einen **pH von >5** aufweist, ist bei ca. 50% mit einem vorzeitigen Blasensprung (und evtl. Frühgeburt) zu rechnen. Dieser Befund ist offenbar Ausdruck einer bakteriellen Vaginose, die ihrerseits den Blasensprung begünstigt. Ihre Bekämpfung (Tab. A.7) ist also eine logische Aufgabe der Schwangerenbetreuung. Bei einem pH <4,5 beträgt das Risiko <10%.

Hinweise auf geburtsmechanische Komplikationen: Gegen Schwangerschaftsende gewinnen auch kindliche **Lageanomalien** sowie andere geburtsmechanische Auffälligkeiten Beachtung. Bei Querlagen, Beckenendlagen, **Mehrlingsschwangerschaft** oder dem Verdacht auf **relatives Mißverhältnis** sollte das für die Entbindung vorgesehene Krankenhaus erstmals in der 38. Woche aufgesucht werden, damit dort der Befund registriert und das weitere Vorgehen besprochen werden kann (s. Risikofaktoren, S. 223).

Fragliche oder sichere Terminüberschreitungen: Bei Überschreitung des Geburtstermins oder, im Falle von Terminunklarheiten, vom frühestmöglichen Geburtstermin an, sind laufend folgende Untersuchungen vorzunehmen:

- Amnioskopische Kontrollen sowie kardiotokographische Kontrollen der Herzaktion (s. S. 285)

- Gewichtskontrollen
- Geburtshilfliche Untersuchungen (Portio reif?)
- Ultraschallkontrollen
- Plazentare Funktionstests (s. S. 246, 284)

Die Untersuchungen dienen dazu, den Zeitpunkt einer aussichtsreichen und/oder notwendigen **Geburtseinleitung** (Fetalzustand!) exakt bestimmen zu können (s. S. 253).

Überwachung des Kindes

Zur Überwachung der Schwangerschaftsentwicklung sind zu prüfen:
- Uterusgröße (Fundusstand)*
- Kindsgröße
- Kindslage, Beziehung zum Becken (bei fortgeschrittener Gravidität)*
- Kindliches Befinden (Herzaktion*, Bewegungen, Mißbildungen?)
- Plazentasitz und -beschaffenheit
- Fruchtwassermenge

Zu diesem Zwecke:
- Gynäkologische Untersuchung
- Geburtshilfliche Untersuchung (s. S. 281)
- Ultraschalluntersuchung (19.–22. Woche sowie 29.–33. Woche)
- Herzaktionsnachweis (Methoden s. S. 285)

Bestimmung der Uterus- bzw. Kindsgröße: Man darf davon ausgehen, daß normalerweise eine enge Korrelation zwischen Schwangerschaftsdauer und Uterus- bzw. Kindsgröße zu erwarten ist, deren Überprüfung wichtig und aufschlußreich ist, wenn die Frage nach der normalen Entwicklung des Kindes gestellt wird. Abweichungen sind in beiden Richtungen (+/–) von Bedeutung! Über die Untersuchungsmethoden (Palpation, Ultraschall) und die Interpretation der Ergebnisse s. S. 381 f.

Kindslage, geburtsmechanische Beurteilung:

> ! Normal ist die Schädellage. Bei der Erstgraviden soll der Kopf 4 Wochen vor dem errechneten Termin fest im Beckeneingang stehen (kein Ballottement mehr!).

Tut er dies nicht und ist er beweglich, so besteht Verdacht auf relatives Mißverhältnis, Einstellungsanomalie oder Hindernisse im kleinen Becken (s. S. 229). Bei einer Mehrpara darf der Kopf bis Geburtsbeginn beweglich bleiben.

Kindliches Befinden: Neben der Größenentwicklung von Uterus bzw. Kind ist vor allem auch das aktuelle kindliche Befinden zu überprüfen. Als Kriterien werden herangezogen:
- Ermittlungen über die Herzaktion (s. S. 285)
- Kindsbewegungen
- Fruchtwasserbefunde (seltener; s. S. 285)
- Sonographie zur Erkennung kindlicher Mißbildungen
- Ggf. α-Fetoproteinbestimmung im mütterlichen Blut

Auffällige Tatbestände

> !
> - Überfällige Kindsbewegungen
> - Abweichung von der errechneten Uterus- bzw. Kindsgröße
> - Verdacht auf Plazentainsuffizienz
> - Hydramnion, Oligo- bzw. Ahydramnie
> - Auffälligkeiten des kindlichen Befindens
> - Verdacht auf Mißbildung
> - Positiver Antikörpersuchtest (indirekter Coombs-Test)

Abweichungen von der errechneten Uterus- bzw. Kindsgröße:

> ! Wenn bei Bestimmung des Fundusstandes oder der sonographischen Größenmessung des Kindes (s. S. 281) eine Abweichung von dem für die jeweilige Schwangerschaftszeit typischen Befund festgestellt wird, ist die Ursachenklärung vordringlich.

Palpatorische Funduskontrolle:
- **Fundusstand zu hoch**
  - Rechenfehler?
  - Hydramnion?
  - Gemini?
  - Riesenkind?
  - Myom?
- **Fundusstand zu niedrig**
  - Rechenfehler?
  - Oligohydramnie?
  - hypotrophes Kind bei Plazentainsuffizienz?
  - intrauteriner Kindstod?
  - Querlage?

---
* Auch durch Hebamme möglich.

Sonographische Bestimmung des biparietalen Durchmessers:

- **Biparietaler Durchmesser zu groß**
  - Rechenfehler?
  - Riesenkind? (Diabetes?)
  - Hydrozephalus?
  - rundliche Kopfform?
- **Biparietaler Durchmesser zu klein**
  - Rechenfehler?
  - hypotrophes Kind bei Plazentainsuffizienz?
  - Mikrozephalie?
  - abnorme schmale Kopfform?

Plazentainsuffizienz: Dieser Verdacht ergibt sich erst sekundär aus den anderen erwähnten Besonderheiten (Größenentwicklung, CTG, Diabetes, Gestose, Lebensweise [Rauchen, Alkohol], s. S. 246, 284)

Hydramnion: Das Hydramnion (Vermehrung des Fruchtwassers auf mehr als 2 l) darf nicht als belanglos betrachtet werden. Einerseits kann es als Hinweis auf **Diabetes** oder fetale **Mißbildungen** gedeutet werden (Ösophagusatresie, Neuralrohrmißbildungen, Anenzephalie), andererseits mindert es durch die Uteruswandspannung die Durchblutung und damit sekundär die Versorgung des Feten. Schließlich bestehen oft erhebliche Beschwerden, wie abdomineller Spannungsschmerz, gestörte Nahrungsaufnahme, Dyspnoe. Auch sind vorzeitige Weheninduktion, vorzeitiger Blasensprung und Frühgeburt möglich.
Bei schwerem Hydramnion sollte eine Entlastung des Uterus durch transabdominelle **Punktion** herbeigeführt werden. **Wehenhemmergaben** verbessern durch die relaxierende Wirkung die Durchblutung und beugen der drohenden Frühgeburt vor.

Oligo- bzw. Ahydramnie: Bei Vorliegen einer Oligo- bzw. Ahydramnie ist zunächst ein Blasensprung auszuschließen und ultrasonographisch nach Fehlbildungen der fetalen Nieren zu suchen (**Potter-Syndrom**).

Auffälligkeiten des kindlichen Befindens:

> ! Werden **abnorme Herzfrequenzbefunde** erhoben (Tachykardie, Bradykardie, stolpernde Herztöne), evtl. in Korrelation mit abnormen kindlichen Bewegungen, ist eine Gefährdung des Kindes zu befürchten. CTG-Überwachung ab 28. Woche sowie sofortige Ursachenklärung!

In Frage kommen:

- Nabelschnurkomplikationen (Umschlingung, Knoten, Vorliegen der Nabelschnur)
- Plazentainsuffizienz
- Kindliche Erkrankungen (Rh-Inkompatibilität, Infektion)

Die Schwangere ist umgehend einer Fachabteilung zu überweisen, die entsprechende diagnostische und therapeutische Möglichkeiten hat (Ultraschalldiagnostik, Kardiotokographie u. a., s. S. 285 f.)

Mißbildungen: Ausgangspunkt entsprechender diagnostischer Maßnahmen (Sonographie, α-Fetoprotein im Fruchtwasser, Fetoskopie) sind folgende Hinweise:

- Anamnese
- Virusinfekte
- Medikamentenmißbrauch im 1. Trimenon
- Stoffwechselerkrankungen der Mutter
- Hydramnion
- Oligohydramnion
- Pathologischer α-Fetoproteinbefund im mütterlichen Serum (MS-AFP)

Positiver Antikörpersuchtest (indirekter Coombs-Test): Fällt der Antikörpersuchtest positiv aus, so ist ein **Morbus haemolyticus fetalis** möglich. Die Titerhöhe erlaubt leider keinen zuverlässigen Rückschluß auf das Ausmaß der aktuellen Gefährdung des Kindes. Letztere läßt sich lediglich durch Fruchtwasser- bzw. Fetalblutuntersuchungen objektivieren (s. S. 155, 280).

▶ Beratung

Neben der Beratung über das grundsätzliche Verhalten (s. S. 191) sowie Informationen über evtl. Auffälligkeiten müssen mit fortschreitender Schwangerschaft weitere **datenspezifische Fragen** angesprochen werden:

- 20.–25. Woche: Zu dieser Zeit ist mit der **Schwangerengymnastik** zu beginnen, sofern keine ausgesprochenen Kontraindikationen vorliegen (Neigung zu Spätabort bzw. Frühgeburt).
- 34. Woche: Nach Abschluß der 34. Woche beginnt die **Schutzfrist.** Die Patientin ist über die ihr jetzt noch zumutbare Belastung zu informieren.

Bei Annäherung des Geburtstermins ist mit der Schwangeren zu besprechen, welche **Rahmenbedingungen für ihre Entbindung** erforderlich sind und welche **Entbindungseinrichtung** optimal scheint. Die Schwangere ist dann dieser Institution zwecks

Untersuchung und Beratung vorzustellen, bei Risikofällen schon 4 Wochen vor dem Termin.

Eine **Haus- oder Praxisgeburt** wird wegen der immanenten Risiken seitens der Fachgesellschaft mit Vorbehalt bzw. Ablehnung betrachtet: das Kind hat ein Recht auf optimale Rahmenbedingungen, hinter dem mütterliche Wünsche zurücktreten sollten. Man beachte, daß selbst dann, wenn ante partum kein Risiko evident ist, bei ca. 12–20% unter der Geburt dann doch akute Risiken auftreten. Die perinatale Mortalität ist bei den erst sekundär sub partu eingewiesenen Gebärenden (10–15%) >3mal so hoch wie bei den primären Klinikgeburten (Sectiorate 25%).

Abschließend sind die **Modalitäten der Geburt** durchzusprechen, etwaige Sorgen oder Unklarheiten beizulegen. Falls mit einer operativen Entbindung zu rechnen ist, muß dies angesprochen werden.

! Schließlich ist ausführlich zu erläutern, bei welchen speziellen Anzeichen Hebamme und/oder Arzt verständigt bzw. das Krankenhaus aufgesucht werden muß.
Dies sind:
- Blasensprung
- Blutungen
- Wehenbeginn, »Schmerzen«
- Überschreitung des errechneten Geburtstermins

Zusätzliche Untersuchungen

Eine Übersicht der Kontrolluntersuchugen bei **normalem Schwangerschaftsverlauf** liefert Tab. 6.5. Alle erhobenen Befunde sind im **Mutterpaß** sorgfältig einzutragen!

Bei speziellen Fragestellungen, besonders zur Früherkennung einer **Risikoschwangerschaft** und zu ihrer weiteren Betreuung (Wachstumsretardierung, Diabetes, Gestose, Mehrlinge, Verdacht auf vorzeitige Wehen, Anämie u. a.), sind **zusätzliche Untersuchungen** indiziert:
- Weitere Ultraschalluntersuchungen
- Kardiotokographische Untersuchungen
- Blutuntersuchungen
- Fruchtwasseruntersuchungen nach Amniozentese
- Amnioskopie
- Östriolbestimmungen im Serum (RIA)
- Kulturen von Vaginal- bzw. Zervikalsekret

Schwangerschaftskontrolle durch die Hebamme

Nach den aktuellen Mutterschaftsrichtlinien können bestimmte Untersuchungen im Rahmen der Schwangerenbetreuung von der Hebamme übernommen werden:
- Gewichtskontrolle, Blutdruckmessung
- Urinuntersuchung auf Eiweiß und Zucker
- Kontrolle des Gebärmutterfundusstandes
- Feststellung von Lage, Stellung und Haltung des Kindes
- Kontrolle der Herztöne
- Beratung der Schwangeren

Voraussetzung ist, daß Arzt/Ärztin dies im Einzelfall angeordnet haben bzw., bei erwiesenem **unauffälligen Verlauf** der Gravidität, keine Bedenken gegen dieses Vorgehen äußern. Die über die genannten Punkte hinausgehenden Untersuchungen bzw. Maßnahmen müssen ärztlicherseits vorgenommen werden. Die Einbeziehung der Hebamme wird mit fortschreitender Schwangerschaft und der Annäherung des Termins immer sinnvoller.

Kontrolle nach der Entbindung

Zur Routinebetreuung laut Mutterschaftsrichtlinien gehören auch noch postpartale Kontrollen:
- Eine Kontrolluntersuchung (mit Hb-Bestimmung) in der 1. Woche
- Eine Untersuchung 6–8 Wochen nach der Geburt

Bei der letztgenannten Kontrolle sind folgende Punkte zu überprüfen:
- Allgemeinstatus
- Gynäkologischer Befund (Uterusrückbildung? Wundheilung?)
- Blutdruck und Urin

Bestanden während der Schwangerschaft oder im Wochenbett Hinweise auf eine Harnwegsinfektion, so ist eine **bakteriologische Kontrolle** angezeigt. Es ist gebräuchlich, die Kontrolle mit der ersten postpartalen **Krebsvorsorgeuntersuchung** inkl. Zytologieabstrich zu verbinden.

Die **abschließende Beratung** hat auf das weitere Verhalten sowie auf persönliche Probleme (Antikonzeption) einzugehen.

Sofern die Patientin stillt, muß auf die Notwendigkeit einer Kalziumzufuhr (Milch, Ca-Brausetabletten) hingewiesen werden.

Tab. 6.5 Kontrolluntersuchungen bei normalem Verlauf der Schwangerschaft.

Bei Beginn der Betreuung:	Bei weiteren Kontrollen:
Anamnese (Fam.-A., Eigen-A., Grav.-A.) Gynäkologische Untersuchung zur Feststellung der Schwangerschaft (notfalls Schwangerschaftstest) Zervixabstrich zur Chlamydiendiagnostik Allgemeine Untersuchung, Mammae Beratung	Zwischenanamnese Gynäkologisch-geburtshilfliche Untersuchung inkl. Muttermund- und Herzaktionskontrolle Beratung
RR-Messung Gewichtsbestimmung Mittelstrahlurin-Untersuchung (E, Z, Sediment), ggf. Urinkultur; Glukosetoleranztest Hb-Bestimmung, falls <11,2 g% zusätzlich Erythrozytenzählung	RR-Messung Gewichtsbestimmung Mittelstrahlurin-Untersuchung (E, Z, Sediment), ggf. Urinkultur Ab 6. Monat: Hb-Bestimmung, falls <11,2 g% zusätzlich Erythrozytenzählung
Aus einer Blutprobe:	
Lues-Suchreaktion (TPAH-Test)	Ggf. weitere Untersuchungen
Röteln-HAH-Test*	Ggf. Wiederholung
Ggf. Toxoplasmose-, Listerioseuntersuchungen u. a.	
Blutgruppenbestimmung* bei Blutgruppe 0: Hämolysine?	Ggf. Wiederholung
Rh-Faktor D*	
Antikörpersuchtest (ind. Coombs-Test)	Wiederholung bei Rh-positivem Vorbefund in der 24.–29. Woche. Bei Rh-negativen Frauen Kontrolle in der 28.–29. Woche und, im Zusammenhang mit der Blutentnahme, Injektion von Anti-D-Immunglobulin.
Empfohlen: HIV-Test	Hepatitis-B-HBsAg-Screening nach der 32. Woche
1. Ultraschallscreening 9.–12. Woche	2. und 3. Ultraschallscreening (19.–22. und 29. – 33. Woche): Fetalgröße? Wachstum normal? Mißbildungen? Plazentalokalisation? Fruchtwassermenge?

* Falls nicht bereits bekannt. Ein Röteln-HAH-Titer von 1:32 und mehr spricht für ausreichenden Schutz gegen eine Infektion. Bei niedrigerem Titer sollt man vom Labor eine Interpretation erbitten (große Differenzen!).

Mutterschutzgesetz

Das geltende Mutterschutzrecht unterscheidet verschiedene Gruppen von Frauen:

1. Frauen, die in einem Arbeitsverhältnis stehen oder mit Heimarbeit befaßt sind. Auf diese Gruppe findet das Mutterschutzgesetz Anwendung sowie daneben, aufgrund eigener Versicherung oder als mitversichertes Familienmitglied, die Reichsversicherungsordnung.
2. Frauen, die in keinem Arbeitsverhältnis stehen, die aber als selbständig Versicherte oder Mitversicherte Anspruch auf Leistungen aus der gesetzlichen Krankenversicherung haben. Für diese Gruppe sind die Bestimmungen der RVO maßgebend.
3. Frauen, die nicht versichert sind und nicht über ausreichendes Einkommen verfügen. Für diese Gruppe ist das Bundessozialhilfegesetz maßgebend.
4. Beamtinnen. Für diese Gruppe gilt eine Sonderregelung.

Das Mutterschutzgesetz umfaßt Schutzvorschriften und besondere Leistungen.

Schutzvorschriften

Generelle Beschäftigungsverbote: Werdende Mütter dürfen nicht beschäftigt werden, soweit nach ärztlichem Zeugnis Leben oder Gesundheit von Mutter oder Kind bei Fortdauer der Beschäftigung gefährdet sind. Mit dieser Bestimmung ist ein breiter Spielraum für prophylaktische Maßnahmen bei gefährdeter Schwangerschaft gegeben. Die Beschäftigung mit Akkord- und Fließbandarbeit sowie Arbeit mit ständigem Strecken, Beugen oder Hocken sowie Gerätebedienung mit Fußbetrieb ist grundsätzlich verboten. Ausnahmen sind im Einzelfall von der Aufsichtsbehörde auszusprechen, wenn die Art der Arbeit eine Beeinträchtigung der Gesundheit von Mutter oder Kind nicht befürchten läßt. Unzulässig sind ferner Arbeiten, bei denen regelmäßig Lasten von >5 kg oder gelegentlich solche von >10 kg gehoben werden. Schließlich dürfen keine schädlichen Außeneinwirkungen vorliegen.

Schutzfristen

Vor der Niederkunft: Werdende Mütter dürfen generell nicht beschäftigt werden, wenn ärztlicherseits Bedenken gegen die Arbeit und ihre Begleitumstände geäußert werden. Ferner dürfen werdende Mütter in den letzten 6 Wochen vor der Entbindung nicht beschäftigt werden, sofern sie nicht ausdrücklich darauf bestehen.
Nach der Niederkunft: Wöchnerinnen dürfen bis zum Ablauf von 8 Wochen nicht beschäftigt werden. Die Frist verlängert sich für Mütter nach Früh- und Mehrlingsgeburten auf 12 Wochen.
Verbot von Mehrarbeit, Nacht- und Sonntagsarbeit: Werdende und stillende Mütter dürfen nicht mit Mehrarbeit, nicht in der Nacht zwischen 20 und 6 Uhr und nicht an Sonn- und Feiertagen beschäftigt werden. Ausnahmen: Haushalte mit hauswirtschaftlichen Arbeiten, Gaststätten- und Beherbergungsgewerbe (bis Mens IV; bis 22 Uhr), Verkehrswesen, Krankenpflege- und Badeanstalten, kulturelle Veranstaltungen. Bei den letztgenannten Tätigkeitsbereichen muß jedoch in jeder Woche einmal ununterbrochene Ruhezeit von 24 Stunden im Anschluß an eine Nachtruhe gewährt werden.
Höchstarbeitszeiten: Werdende und stillende Mütter dürfen eine tägliche Höchstarbeitszeit von 8½ Std. nicht überschreiten. Je Doppelwoche darf nur 90 Std. gearbeitet werden. Bei hauswirtschaftlichen Arbeiten und in der Landwirtschaft sind 9 Std. tgl. oder in der Doppelwoche 102 Std. als oberste Grenze anzusehen. Für Schwangere unter 18 Jahren liegen die Zeiten generell bei 8 Std. tgl. oder 80 Std./Doppelwoche.
Kündigung: Eine Kündigung während der Schwangerschaft und bis zum Ablauf von 4 Monaten nach der Niederkunft ist unzulässig, wenn dem Arbeitgeber die Schwangerschaft bzw. die Niederkunft bekannt war oder sie ihm innerhalb von 2 Wochen nach Ausspruch der Kündigung mitgeteilt wird. Die Frau kann ihr Arbeitsverhältnis ohne Einhaltung einer Frist zum Ende der Schutzfrist kündigen.

Spezielle Leistungen während der Mutterschaft

An Selbstversicherte werden nach der Reichsversicherungsordnung bei Schwangerschaft und Entbindung als Mutterschaftshilfe gewährt:

- Ärztliche Betreuung und Hilfe sowie Hebammenhilfe
- Arznei-, Verband- und Heilmittel
- Entbindungskostenbeitrag
- Hilfe und Wartung durch Hauspflegerinnen
- Mutterschaftsgeld während der Schutzfristen

Neben der ärztlichen Betreuung während der Schwangerschaft ist bereits die erste ärztliche Untersuchung zur Feststellung der Schwangerschaft in die Leistung mit einbezogen. Auf die Gewährung von Klinikentbindung besteht ein Rechtsanspruch.

Literatur

Becker G, Reinwein, D. Checkliste Endokrinologie und Stoffwechsel (inkl. Schwangerschaft). 3. Aufl. Stuttgart: Thieme 1995.

Berg D. Schwangerschaftsbetreuung und Perinatologie. 3. Aufl. Stuttgart: Thieme 1988.

Braems GA et al. Das endokrine System während der Schwangerschaft. In: Klinik der Frauenheilkunde und Geburtshilfe, Schwangerschaft II. Bd 5. Künzel W, Wulf KH (Hrsg). München: Urban & Schwarzenberg 1994.

Dudenhausen JW. Allgemeine Schwangerenberatung. In: Schwangerschaft I. Bd 4. Klinik der Frauenheilkunde und Geburtshilfe. 3. Aufl. München: Urban & Schwarzenberg 1992.

Enders G. Infektionen und Impfungen in der Schwangerschaft. 3. Aufl. München: Urban & Schwarzenberg 1995.

Fabel G. Medikation in Schwangerschaft und Stillzeit. Stuttgart: Schattauer 1993.

Fendel H, Sohn C. Dopplersonographie in der Geburtshilfe. Berlin, Heidelberg, New York: Springer 1989.

Fuhrmann W. Humangenetische Beratung. In: Schwangerschaft I. Bd 4. Klinik der Frauenheilkunde und Geburtshilfe. 3. Aufl. München: Urban & Schwarzenberg 1992.

Gille K et al. Herz-Kreislauf-System während der Schwangerschaft. In: Klinik der Frauenheilkunde und Geburtshilfe. Schwangerschaft II. Bd 5. Künzel W, Wulf KH (Hrsg). München: Urban & Schwarzenberg 1994.

Grospietsch G. Erkrankungen in der Schwangerschaft. Stuttgart: Wissenschaftliche Verlagsgesellschaft 1988.

Hirschel B. AIDS: 2. Aufl. Huber 1995.

Kleinebrecht J. Arzneimittel in der Schwangerschaft. 2. Aufl. Stuttgart: Deutscher Apotheker Verlag 1986.

Künzel W, Wulf KH. Beratung und Untersuchung in der Schwangerschaft. In: Schwangerschaft I. Bd 4. Klinik der Frauenheilkunde und Geburtshilfe. 3. Aufl. München: Urban & Schwarzenberg 1992.

Künzel W, Wulf KH. Schwangerschaft II. Bd 5. Klinik der Frauenheilkunde und Geburtshilfe. 3. Aufl. München: Urban & Schwarzenberg 1994.

Künzel W, Jovanovic V. Überwachung des Feten durch Kadiotokographie und Doppler-Sonographie. In: Schwangerschaft I. Bd 4. Klinik der Frauenheilkunde und Geburtshilfe. 3. Aufl. München: Urban & Schwarzenberg 1992.

Künzel W. Gesundes Leben während der Schwangerschaft. Berlin, Heidelberg, New York: Springer 1988.

Kunz J, Schreiner W. Pharmakologie während der Schwangerschaft und Stillzeit. Stuttgart: Thieme 1982.

Murken J. Pränatale Diagnostik und Therapie. Stuttgart: Enke 1987.

Mutterschaftsrichtlinien, geänderte: Frauenarzt 33, 1992: 940. Ergänzung: DÄBI 92, 1995: C 201

Schillinger H. Atlas der Ultraschalldiagnostik in der Schwangerschaft. Stuttgart: Schattauer 1984.

Schlenker KH. Ultraschall-Screening. In: Geburtshilfe I. Bd 4. Klinik der Frauenheilkunde und Geburtshilfe. 3. Aufl. Künzel W, Wulf KH (Hrsg). München: Urban & Schwarzenberg 1992.

Schöndorf H. Die Geburt. Antworten auf Fragen werdender Eltern. Stuttgart: Schattauer 1992.

Sohn C, Holzgreve W. Ultraschalldiagnostik in Gynäkologie und Geburtshilfe. Stuttgart: Thieme 1995.

Wulf KH. Die Bedeutung der Risikofaktoren für den Verlauf von Schwangerschaft und Geburt. In: Aktuelle Probleme in Geburtshilfe und Gynäkologie. Beck L (Hrsg). Berlin, Heidelberg: Springer 1986.

7

Normale Geburt

H. Schmidt-Matthiesen, H. Hepp

7.1 Geburtsvoraussetzungen

Bei der Geburt öffnet sich der bisher als Verschluß des Fruchthalters wirkende Muttermund. Das Kind passiert den Geburtskanal und wird nach Überwindung der Beckenbodenenge geboren. Dieser Vorgang unterliegt **geburtsmechanischen Gesetzmäßigkeiten** und ist darüber hinaus von den **Geburtskräften** und **Weichteilwiderständen** abhängig.

Geburtsmechanisch gesehen wird die Geburt von der Form und Größe des Beckens und von Größe, Lage, Stellung und Haltung des Kindes bestimmt.

Becken (knöcherner Geburtskanal)

Das **kleine Becken** ist der geburtsmechanisch wichtigste Teil des Beckens.

Ebenen

Bei seitlicher Betrachtung läßt sich der Beckenraum in **vier Parallelebenen** gliedern (Abb. 7.1):

- **Obere Schoßfugenrandebene** = Beckeneingangsebene
- **Untere Schoßfugenrandebene**
- **Interspinalebene** = Beckenmittenebene, entspricht ± 0 (Bezugsebene)
- **Beckenboden**, der sich allerdings weniger als Ebene verstehen läßt, da er u.a. auch von der dynamisch reagierenden Levatormuskulatur gebildet wird

Die genannten Ebenen werden benutzt, um den **Stand des vorangehenden Teils** unter der Geburt zu definieren. Die besonders wichtige Beziehung der Leitstelle zur Beckenmittenebene wird durch Zentimeterangaben (+/–) ergänzt (s. Abb. 7.1).

Querschnittsformen

Für den Geburtsvorgang sind die Größe und Form der Geburtskanalquerschnitte in den oben erwähnten Ebenen besonders wichtig.

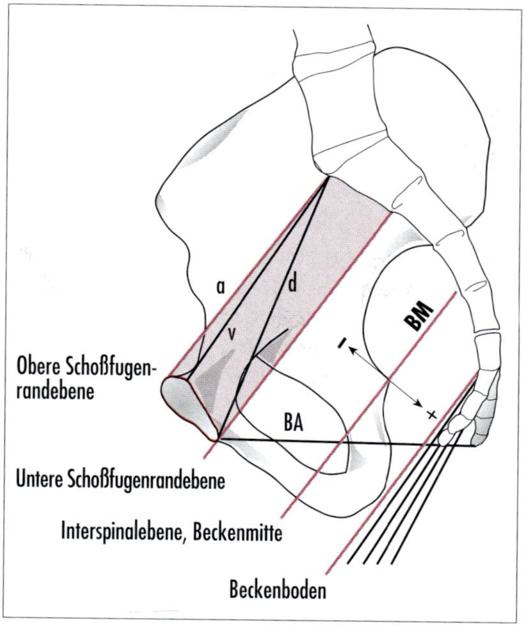

Abb. 7.1 Die geburtshilflich wesentlichen Ebenen des Beckens sowie typische Meßstrecken (a = Conjugata vera anatomica; v = Conjugata vera obstetrica; d = Conjugata diagonalis. Hellrot = Beckeneingangsraum. BM = Beckenmitte, BA = Beckenausgangskonjugata; sie vergrößert sich unter der Geburt durch Zurückweichen des Steißbeins um etwa 2 cm). Der geburtsmechanisch wichtige Höhenstand der Leitstelle (= tiefste Stelle des Kopfes in der Geburtslinie, s. Abb. 7.12) wird, unter Bezugnahme auf die Beckenmittenebene (BM), durch cm-Angaben definiert (–/+).

Die **Beckeneingangsebene** ist im typischen Falle queroval (Abb. 7.2). Zur Größenbeurteilung gibt man die Maße des Querdurchmessers (Diameter transversalis) und des geraden Durchmessers an (Conjugata vera, Abb. 7.1). Ferner werden 1. und 2. schräger Durchmesser unterschieden.
Die **Interspinalebene** (Beckenmittenebene) ist annähernd keisförmig (Abb. 7.3).
Der **Beckenausgang** ist, funktionell gesehen, gerad- bzw. längsoval.

Die **ventrale Begrenzung des Beckenausganges** wird vom Schambogen gebildet (Abb. 8.7). Der **dorsale Grenzpunkt** ist die Steißbein- bzw. Kreuzbeinspitze. Die **laterale Begrenzung** ergibt sich durch die Strukturen des muskulären Beckenbodens, also durch die Weichteile. Diese werden unter der Geburt zur Seite und nach hinten abgedrängt (Abb. 7.3, Pfeilrichtung; Abb. 7.23). Die Verbindung von Symphysenunterkante und der zurückgedrängten Steißbeinspitze gibt den **geraden Durchmesser des Beckenausgangs** an.
Die absoluten Maße des knöchernen Beckens (Tab. 7.1) sind, von Extremfällen abgesehen, nur in Relation zur Größe des kindlichen Kopfes bedeutsam.

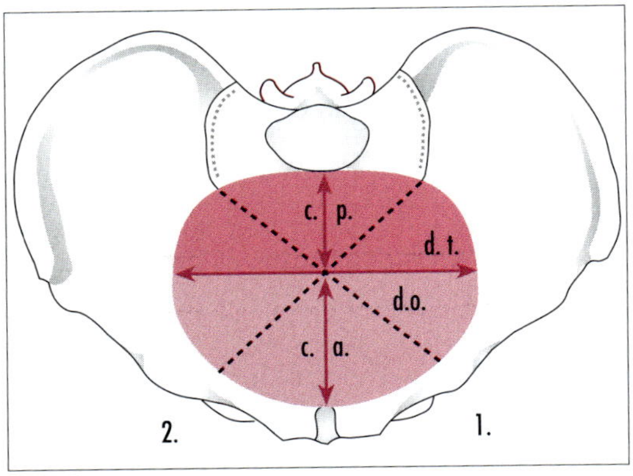

Abb. 7.2 Beckeneingangsform beim typischen weiblichen Becken. Der größte Querdurchmesser (d. t. = Diameter transversalis) teilt die Conjugata vera in einen vorderen (c. a. = Conjugata anterior) und einen hinteren Teil (c. p. = Conjugata posterior). Markierung des 1. u. 2. schrägen Duchmessers (d. o. = Diameter obliquus).

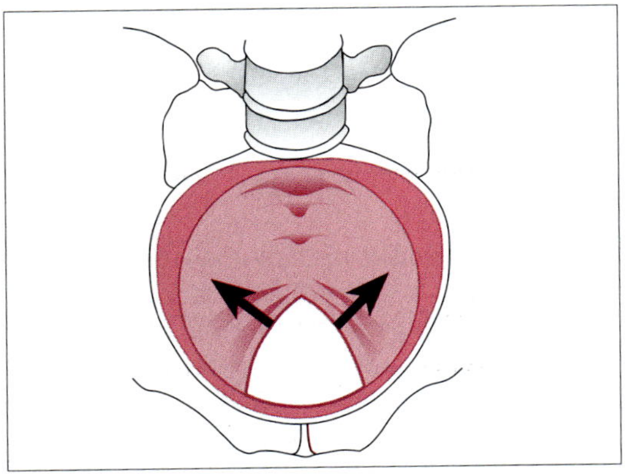

Abb. 7.3 Geburtshilflich wirksame Querschnittsform in Beckeneingang (rot), Beckenmitte (hellrot) und Beckenausgang.

Geburtsobjekt

Der geburtshilflich wichtigste Teil des Kindskörpers ist der normalerweise (95–96 %) bei der Geburt vorangehende **Kopf**. Er besitzt den größten Umfang und gleichzeitig die geringste Verformbarkeit.

Die einzelnen Schädelknochen (Scheitelbeine, Stirnbeine, Schläfenbeine und Hinterhauptsbein) sind noch nicht fest (knöchern) miteinander verbunden, sondern im Bereich der **Nähte** (Suturae) etwas gegeneinander verschieblich. An den Punkten, an denen mehrere Nähte zusammenstoßen, sind flächenhafte Knochenlücken, die **Fontanellen**, vorhanden.
Fontanellen und Nähte sind infolge ihrer markanten Form und Tastbarkeit die **wichtigsten Orientierungshinweise** bei der geburtshilflichen Untersuchung (Abb. 7.4). Dies gilt besonders für **große Fontanelle** (viereckig) ↔ **Pfeilnaht** ↔ **kleine Fontanelle** (dreieckig).

Tab. 7.1 Die Normalmaße des weiblichen Beckens: BE = Beckeneingang; BM = Beckenmitte; BA = Beckenausgang.

Meßobjekt	Position	cm	
Gerade Durchmesser:			
– Conjugata vera anatomica	BE	11,5	
– Conjugata vera obstetrica	BE	10,6–11,0	
– Conjugata diagonalis		12,5–13,0	– 9 cm
– Beckenausgangskonjugata	BA	9,0 (+2)	
– Conjugata externa		20,0	
Querdurchmesser:			
– Diameter transversalis	BE	13,0–13,5	
– Distanz der Spinae ischiadicae	BM	10,5	
– Distanz der Tubera ischiadica	BA	11,0	
Schräger Durchmesser:			
– Diameter obliquus	BE	12,0–12,75	

Von oben gesehen wirkt der kindliche Kopf annähernd oval (Abb. 7.5 links). Je mehr er gebeugt wird, um so mehr nimmt der **Umfang** – bei gleicher Blickrichtung – Kreisform an (Abb. 7.5 rechts).

Um die Größe und Form des Kopfes exakt definieren zu können, sind verschiedene **typische Meßstrecken (Diameter)** und die dazugehörigen **Umfänge (Zirkumferenzen)** vereinbart worden (Abb. 7.6).

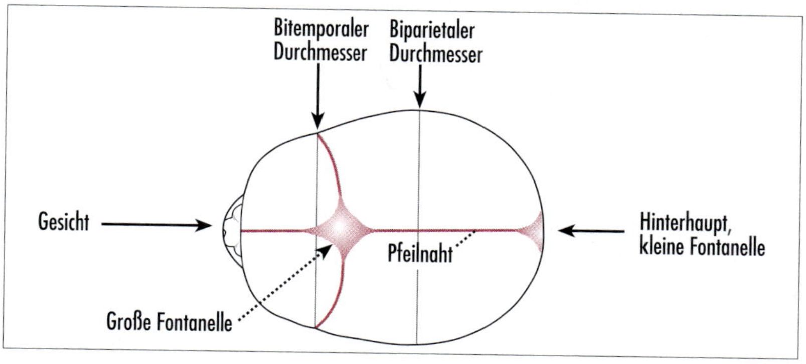

Abb. 7.4 Der kindliche Schädel von oben. Fontanellen, Pfeilnaht, Meßlinien.

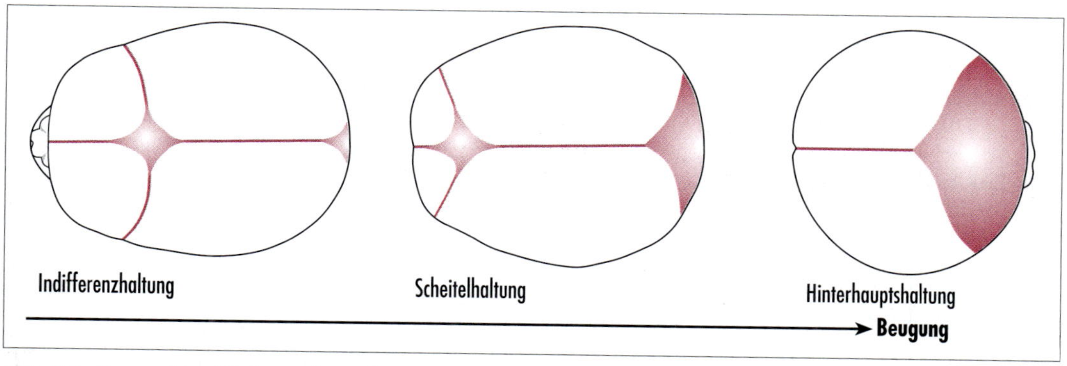

Abb. 7.5 Formwandel und Umfangsänderung des sich im Geburtskanal präsentierenden kindlichen Kopfquerschnittes in Abhängigkeit von der Kopfhaltung.

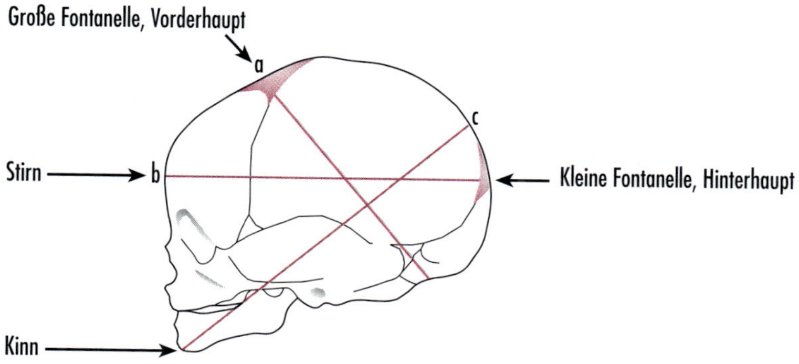

Quermaße
Diameter biparietalis etwa 9,3 cm, Diameter bitemporalis etwa 8,0 cm

Längsmaße
- Diameter suboccipitobregmaticus (a) 9,5 cm
- Diameter frontooccipitalis (b) 12,0 cm
- Diameter mentooccipitalis (c) 13,5 cm

Dazugehöriger Umfang
- Circumferentia s. b. (a) 32 cm
- Circumferentia f. o. (b) 34 cm
- Circumferentia m. o. (c) 35 cm

Abb. 7.6 Der kindliche Schädel von der Seite. Fontanellen. Meßstrecken: a = Diameter suboccipitobregmaticus; b = Diameter frontooccipitalis (»Hutmaß«); c = Diameter mentooccipitalis. (über die dazugehörigen Umfänge s. o.)

Von den Umfängen des kindlichen Kopfes interessiert vor allem jener, der im speziellen Einzelfall senkrecht zum Geburtskanal steht und unter der Geburt das Ausmaß der notwendigen Erweiterung bestimmt. Dieser **Umfangswert ist von der Haltung des kindlichen Kopfes abhängig** (Abb. 7.5, 7.7 u. 7.10). Bei starker **Beugung** beträgt er im Durchschnitt 32 cm. Mit zunehmender Deflexion nimmt der maximale Umfang des Durchtrittsplanums immer mehr zu, bis er bei der sog. **Stirnhaltung** mit etwa 36–37 cm den Höchstwert erreicht. Bei der **Gesichtshaltung** ist der geburtsmechanische Umfang wieder zurückgegangen (Abb. 7.7 u. 7.10). Praktisch ist also festzustellen, daß der gebeugte Kopf den geringsten Raum benötigt und die geringsten Ansprüche an die Dehnung und Erweiterung des Geburtskanals stellt.

Der Umfang des **Schultergürtels** beträgt 32–34 cm. Infolge seiner Verformbarkeit kann er sich gut den räumlichen Gegebenheiten anpassen.

Der Umfang des **Beckengürtels** beträgt bei gestreckten Beinen 24 cm, bei hochgeschlagenen Beinen etwa 27 cm, bei angezogenen Füßen etwa 32 cm.

Für die **Geburtsmechanik** sind neben den absoluten Maßen noch die folgenden Tatbestände bedeutsam:

- Lage des Kindes in utero
- Stellung des Rückens
- Haltung des Kopfes (bzw. Leitstelle)
- Einstellung des vorangehenden Teiles im Beckeneingang

Die genannten Begriffe bedürfen der Definition. Ihre Kenntnis ist die Voraussetzung für jede Verständigung über geburtshilfliche Tatbestände.

Lage

Mit Lage bezeichnet man die **Lage des Gesamtkindes** (bzw. seiner Längsachse) innerhalb des mütterlichen Körpers (Abb. 7.8). Es gibt:

- Längslagen
- Querlagen
- Schräglagen

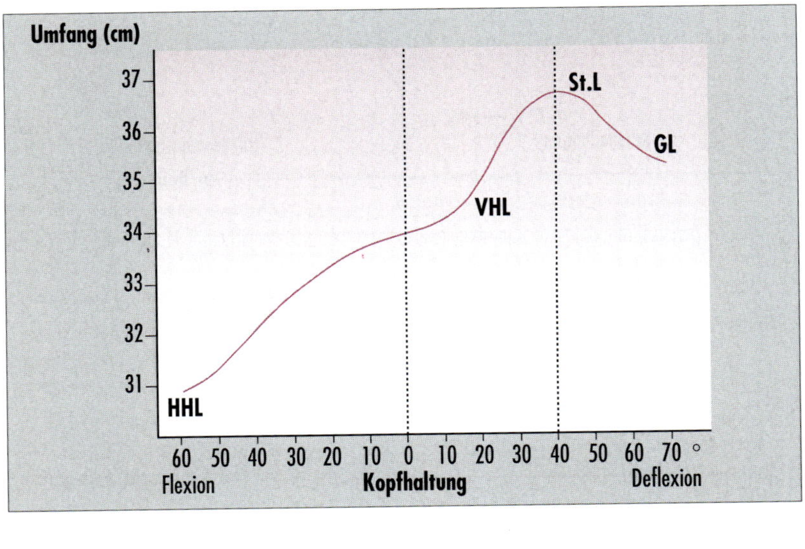

Abb. 7.7 Abhängigkeit des im Geburtskanal bedeutsamen Kopfumfanges von der Kopfhaltung. HHL = Kopfhaltung bei Hinterhauptslage; VHL = Kopfhaltung bei Vorderhauptslage; St.L = Kopfhaltung bei Stirnlage; GL = Kopfhaltung bei Gesichtslage.

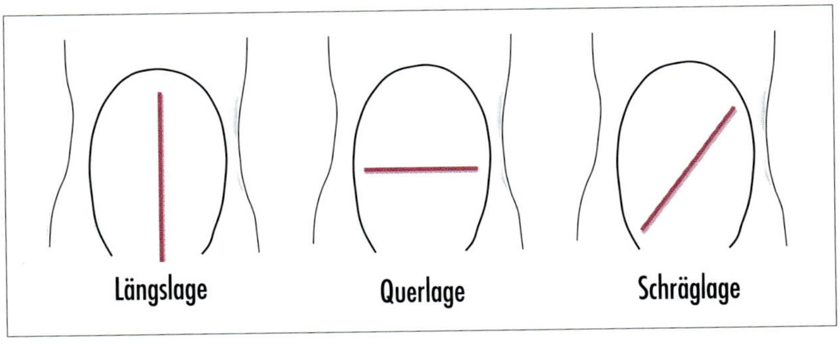

Abb. 7.8 Lagemöglichkeiten des Kindes im mütterlichen Körper.

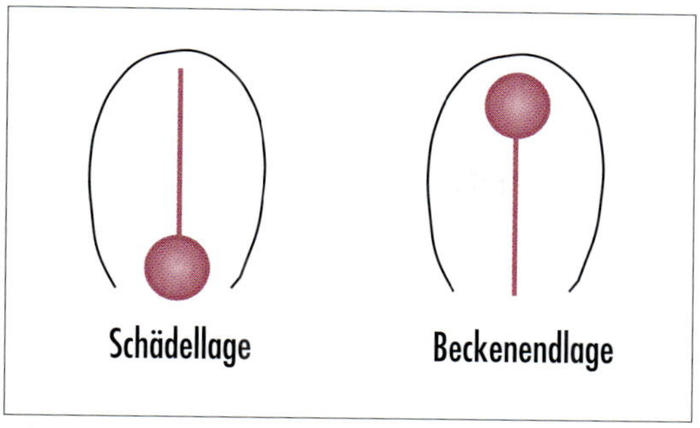

Abb. 7.9 Alternativen bei Längslage.

Das **Normale ist die Längslage** (99% aller Geburten). Innerhalb der Längslagen unterscheidet man:
- Schädellagen
- Beckenendlagen (Abb. 7.9)

Das **Normale ist die Schädellage** (95–96% aller Geburten).

Stellung

Mit Stellung definiert man die **Stellung des kindlichen Rückens** innerhalb des Uterus:
- I. Stellung = Rücken nach links gewandt
- II. Stellung = Rücken nach rechts gewandt

Der Zusatz **»a«** wird benutzt, wenn der Rücken etwas nach vorne tendiert, der Zusatz **»b«** bei Stellung nach dorsal. Als Extremstellungen gibt es noch die **dorsoanteriore** bzw. die **dorsoposteriore Stellung**.

Haltung

Mit Haltung meint man die **Haltung des kindlichen Kopfes**. Diese kann sein (Abb. 7.10):
- Indifferent
- Gebeugt (flektiert)
- Gestreckt (deflektiert)

Das **Normale ist die anfängliche Indifferenzhaltung** im Beckeneingang und ihr baldiger **Übergang in eine Flexion** (94%).

Leitstelle

Bei Schädellagen bestimmt die Haltung des Kopfes auch die sog. Leitstelle.

Darunter versteht man jenen Teil des Feten, der in der Beckenführungslinie (Beckenachse) am **tiefsten** steht, also vorangeht (s. auch Abb. 7.8 u. 7.12).

Klinische Terminologie

Sub partu bietet sich dem Untersucher nur die **führende Leitstelle** an. Aus ihr schließt man auf die **Kopfhaltung**, oder, dem klinischen Sprachgebrauch entsprechend, auf die sog. **»Einstellung«**, d.h. die geburtsrelevante Präsentation des Kopfes innerhalb des Geburtskanals:

Abb. 7.10 Die verschiedenen Haltungsmöglichkeiten des kindlichen Kopfes, die dazugehörigen, im Geburtskanal führenden Leitstellen und die sich im Geburtskanal präsentierenden Umfänge (in cm). Oben: indifferente Ausgangshaltung. Unten: von links: Flexionshaltung, Leitstelle kleine Fontanelle. – Deflexions-Stirnhaltung, Leitstelle Stirn. Hier ist u.a. der sich im Geburtskanal präsentierende Kopfumfang, also der Raumbedarf, stark vergrößert. – Maximale Deflexion, Leitstelle Gesicht. – Die gezeichneten parallelen Begrenzungslinien kennzeichnen den Raumanspruch im Geburtskanal.

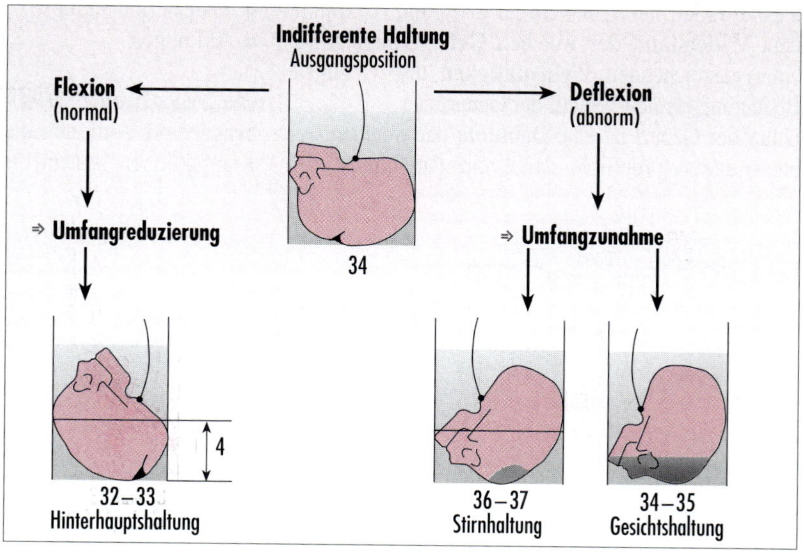

- Kopf flektiert: Leitstelle kleine Fontanelle = **Hinterhauptseinstellung**
- Kopf indifferent gehalten: Leitstelle Pfeilnaht = **Scheiteleinstellung**
- Kopf deflektiert: Leitstelle große Fontanelle = **Vorderhauptseinstellung**
- Kopf extrem deflektiert: Leitstelle Nase o.ä. = **Gesichtseinstellung**

Die **Hinterhauptseinstellung** (Leitstelle kleine Fontanelle) **dominiert sub partu** (95%). Dabei dreht sich das Hinterhaupt bei 94% nach vorn (s. Abb. 7.13) und nur bei 1% nach hinten. Scheitel- und Vorderhauptseinstellungen finden sich bei etwa 0,5% der Geburten. Eine Gesichtseinstellung begegnet uns bei etwa 0,4%.

Bei der praktischen Anwendung der Terminologie werden die verschiedenen Begriffe zusammengezogen. So spricht man z.B. bei der typischen **Schädellage** (Längslage) mit **Hinterhauptseinstellung** (kleine Fontanelle führt), I. (II.) Stellung des Rückens und einer typischen Rotation des Hinterhauptes nach **vorn** von einer **I. (II.) vorderen Hinterhauptslage** (= vord. HHL).

Der Begriff der Einstellung bzw. Einstellungsanomalie wird im Kapitel 8 »Regelwidrige Geburt« im Zusammenhang anschaulich gemacht.

Geburtswiderstände

Zur Abschätzung der Geburtswiderstände ist vornehmlich die **Größe des Kindes** (vor allem des kindlichen Kopfes) in Relation zu **Form und Größe des mütterlichen Beckens** wichtig (vgl. S. 206); Formanomalien sollten präpartal abgeklärt werden. Ist diesbezüglich kein Problem zu erwarten, so kommt dem **Widerstand der weichen Geburtswege** sowie einer ausreichenden **Wehentätigkeit** die wichtigste Bedeutung für den Verlauf der Geburt zu.

Unter der Geburt ist eine **Dehnung** der weichen Geburtswege erforderlich, damit ein Durchtreten des Kindes möglich wird. Hierbei sind die größten Widerstände seitens der Weichteile im Bereich von Zervix bzw. Muttermund sowie des Beckenbodens zu erwarten (s. Abb. 7.23). Der zur Dehnung dieser Bereiche erforderliche Kraftaufwand ist zum einen von der Nachgiebigkeit bzw. der Rigidität des Gewebes, zum anderen vom muskulären Kontraktionszustand (Beckenboden) abhängig (beeinflußt z.B. durch Alter, Parität, muskuläre Entspannung).

Die Eröffnung des Muttermundes beansprucht üblicherweise die meiste Zeit der Geburt (**Eröffnungsperiode**), bevor die Passage des Kindes durch den Geburtskanal erfolgen kann (**Austreibungsperiode**).

Geburtskräfte (Wehen)

Die treibende Kraft bei der Eröffnung des Muttermundes und der Dehnung der Weichteilgewebe des Beckens zur Geburt des Kindes ist die **Wehentätigkeit**: Wehen sind Kontraktionen der Uterusmuskulatur, die abhängig vom Zeitpunkt ihres Auftretens und ihrer Qualität klassifiziert werden:

- **Schwangerschaftswehen**
- **Vor- und Senkwehen**
- **Geburtswehen**
- **Nachgeburtswehen**
- **Nachwehen**

Die physiologischen Wehen werden durch das im Hypophysenlappen produzierte **Oxytozin** ausgelöst. Die einzelne Kontraktion (Wehe) läßt folgende Phasen unterscheiden:

- Anstieg
- Plateau (mit Akme)
- Abklingen

Die Dauer beträgt 20–60 Sek. (s. Abb. 7.11). Unabhängig vom Auftreten dieser zeitlich umschriebenen Kontraktionen besteht ein sogenannter Dauer- oder

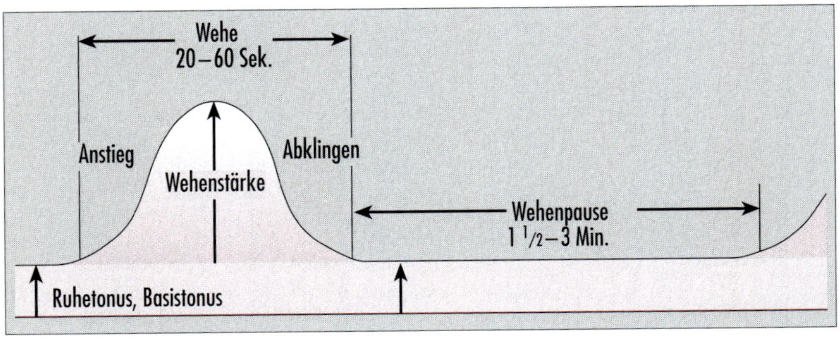

Abb. 7.11 Wehen unter der Geburt.

Ruhetonus der Gebärmuttermuskulatur (ca. 1–1,6 kPa/ 8–12 mmHg).

Zur **Objektivierung der Wehentätigkeit** wird heute in der Regel die **externe Tokographie** eingesetzt, durch welche über einen externen Druckabnehmer im Bereich der Bauchdecke über dem Fundus uteri Häufigkeit und Dauer der Kontraktionen registriert werden. Sub partu kann, wenn erforderlich (z.B. protrahierter Geburtsverlauf, Sectio), bei offener Fruchtblase über eine intraamniale Drucksonde der intrauterine Druckverlauf quantitativ gemessen werden **(interne Tokometrie)**.

Voraussetzung für die geburtsmechanische Effektivität einer Wehe ist neben ihrer Kraft insbesondere der koordinierte Ablauf: Man spricht von der »fundalen Dominanz« der Wehe, d.h., die Kontraktion beginnt im Fundusbereich und hat dort ihre größte Stärke und Dauer; diese nehmen zervixwärts ab.

Schwangerschaftswehen

Bei diesen sog. **Alvarez-Wehen** handelt es sich um unkoordinierte Kontraktionen kleiner Teilbereiche, die nur zu einer geringen intraamnialen Drucksteigerung führen. Sie fördern zum einen die lokale (intervillöse) Blutzirkulation, zum anderen führen sie zu der im Rahmen des Uteruswachstums erforderlichen (Arbeits-)Hypertrophie des Myometriums. Sie sind in dem Zeitraum 30.–32. Woche besonders häufig.

Vor- oder Senkwehen

Diese treten in der Regel in den letzten Wochen vor der Geburt auf; es handelt sich hierbei um Kontraktionen in unregelmäßigen Abständen, die über eine mäßige Erhöhung des intrauterinen Drucks bereits zu einer Dehnung des unteren Uterinsegments und zum Tiefertreten des kindlichen Kopfes führen.

Geburtswehen

Bei zunehmender Häufigkeit und Koordination der Vorwehen ist der Übergang zu den (regelmäßigen) Geburtswehen fließend. Unterschieden werden unter der Geburt die **Eröffnungswehen** (bis zur vollständigen Eröffnung des Muttermundes) und die **Austreibungswehen**, die bei aktivem Mitpressen der Gebärenden dann als **Preßwehen** bezeichnet werden. Der intrauterine Druck während der Wehenakme steigt unter der Geburt von ca. 3–6–8 kPa (Eröffnungsphase) bis ca. 15–30 kPa (Preßphase) an; die Wehenfrequenz steigt von ca. 5 Kontraktionen/Std. bis zu 30 Kontraktionen/Std.

Nachgeburtswehen

Nach der Geburt des Kindes führen diese Kontraktionen durch Verkleinerung der Haftfläche zur **Plazentaablösung** von der Uteruswand und in der Folge zur Ausstoßung der Plazenta.

Nachwehen

Diese übernehmen im Anschluß die wichtigste Aufgabe der **Blutstillung** durch Kompression der Blutgefäße, bis diese durch Thromben verschlossen sind. Im weiteren Verlauf des Wochenbettes tragen sie zur Involution des Uterus bei.

7.2 Normaler Geburtsverlauf

> Als normale Geburt bezeichnen wir die am Ende der Schwangerschaft erfolgende **spontane Geburt** eines normal großen Kindes aus **vorderer Hinterhauptslage**. Obwohl 94 % aller Geburten aus dieser Lage erfolgen, treffen die anderen oben genannten Kriterien nur in etwa 80 % der Geburten zu.

Geburtsmechanismus

Die normale Geburtsmechanik läßt sich leicht aus der Form des Geburtsobjektes und der verschiedenen Querschnitte des Geburtskanals begreifen. Man berücksichtige:

- Der Kopf bietet innerhalb des Geburtskanals bei zwangloser Haltung einen ovalen Querschnitt, der bei der Beugung des Kopfes kreisförmig wird.
- Der Beckeneingang ist queroval.
- Die Beckenmittenebene ist rund.
- Der Beckenausgang ist geradoval.

Von diesen Fakten ausgehend läßt sich der normale Geburtsmechanismus als ein **Anpassungsphänomen** begreifen:

Der indifferent gehaltene kindliche Kopf tritt mit querverlaufender Pfeilnaht in den queroval ausladenden Beckeneingang ein und nutzt so den vorhandenen Raum optimal (Abb. 7.12).
Während des Tiefertretens sub partu beugt sich der Kopf. Damit nähert sich sein aktuelles Durchwanderungsplanum der Kreisform und erlaubt eine optimale Anpassung an die runde Beckenmitten-Querschnittsform (Abb. 7.3, 7.5). Gleichzeitig dreht sich der Kopf mit dem Hinterhaupt nach vorne (Abb. 7.13). Auf dem Beckenboden steht die Pfeilnaht im geraden Durchmesser, das Hinterhaupt ist dem Beckenausgang zugewandt. Aus dieser Position heraus streckt sich der Kopf und trägt damit der Abbiegung des Geburtskanals nach vorn (»Knie«) Rechnung (Abb. 7.16).

Mit der Geburt des Kopfes tritt die Schulter in den Beckeneingang ein. Beim Tiefertreten vollzieht sie ähnliche Drehungen wie der Kopf zuvor, so daß sich der schon geborene Kopf mitdrehen muß (»äußere Drehung«).

Der normale Geburtsmechanismus ist also durch folgende Tatbestände charakterisiert:
- Beckeneingangspassage mit querstehender Pfeilnaht

Beim Tiefertreten:
- Beugung des Kopfes
- Rotation des Hinterhauptes nach vorn
- Deflexion des Kopfes im Beckenausgang

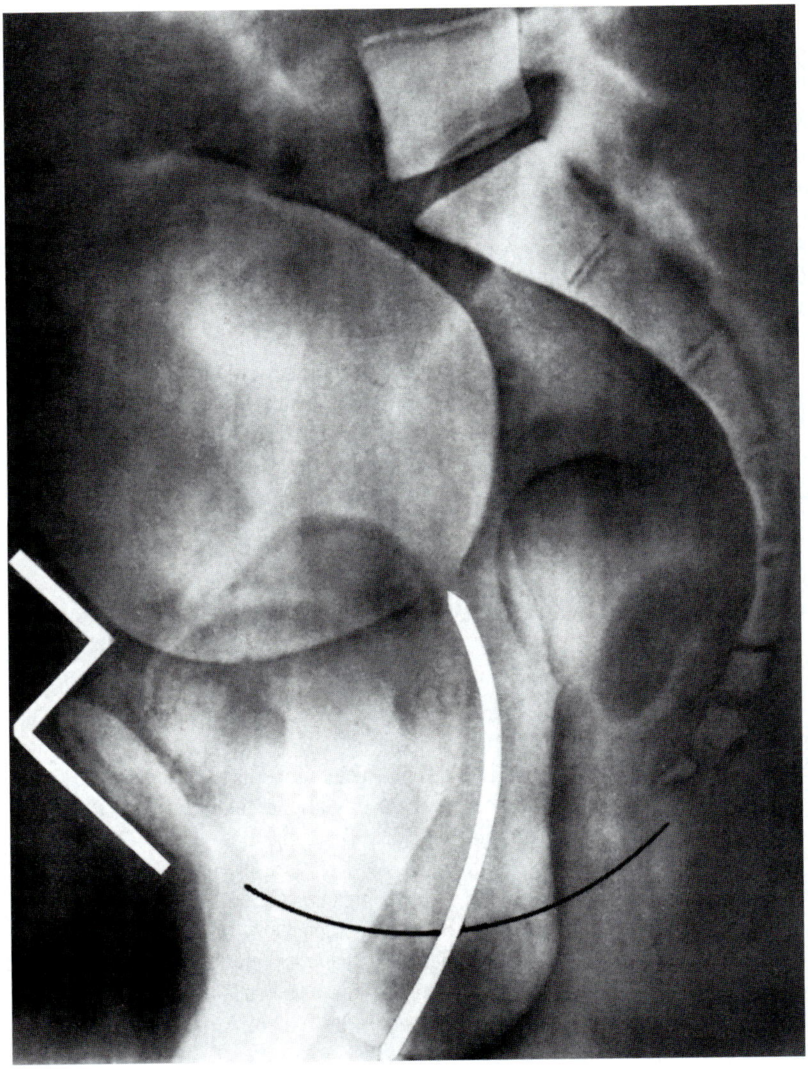

Abb. 7.12 Normale Position eines normalgroßen Schädels bei normalem Becken bei Geburtsbeginn (Röntgenaufnahme nach Guthmann). Kopf mit querverlaufender Pfeilnaht in den Beckeneingang eingetreten. Symphysen- und Kopfvorderfläche lassen eine optimale Niveaudifferenz erkennen (mit dem Zangemeister-Handgriff nachweisbar), es liegt also kein Anhalt für ein Mißverhältnis vor. Weißer Bogen: Markierung der Geburtslinie, d. h. des Weges der Leitstelle durch das Becken.

Geburtstermin, Geburtsvorzeichen und Warnzeichen

Der **errechnete Geburtstermin** stellt nur eine statistische Größe dar. Das Diagramm (Abb. 7.14) zeigt, daß am errechneten Tag (s. S. 190) nur etwa 4% der Frauen niederkommen, selbst im Zeitraum von ±10 Tagen sind es erst 66,6%. Stets sind vor allem biologische Fakten zu berücksichtigen.
Entscheidend ist die rechtzeitige Aufdeckung besonderer **Geburtsrisiken** (s. S. 223 ff.) mit rechtzeitiger **Überweisung** in eine Klinik der Maximalversorgung. Abzuwägen ist auch, ob eine stationäre oder ambulante Klinikgeburt zu empfehlen ist.

! Die Einweisung in eine geburtshilfliche Abteilung erfolgt bei folgenden Warn- oder Geburtszeichen:
- Fruchtwasserabgang (Bedeutung s. S. 249)
- Blutung (s. S. 239 u. 241)
- Regelmäßige Wehentätigkeit
- Abgang von blutigem Schleim (»Zeichnen«)
- Terminüberschreitung (s. S. 253)

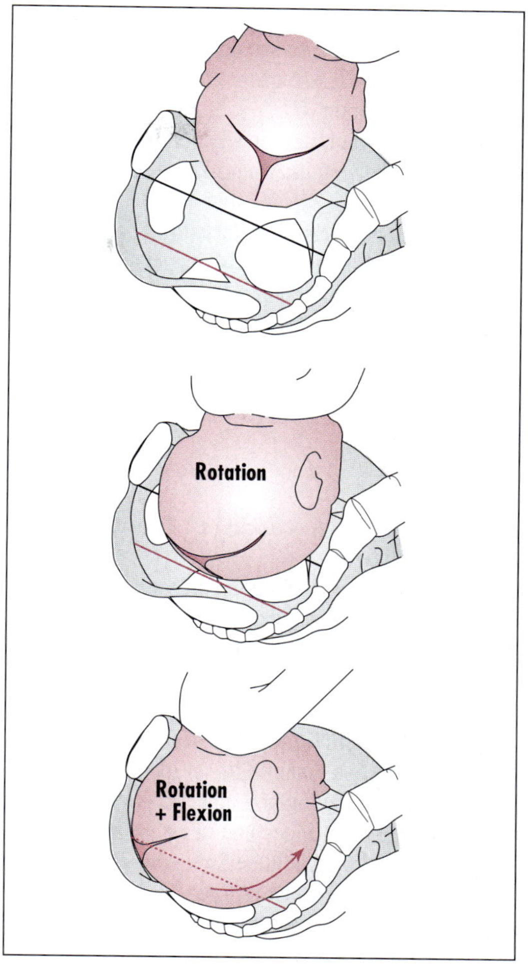

Abb. 7.13 Haltungs- und Stellungsänderungen des kindlichen Kopfes während des Tiefertretens sub partu.

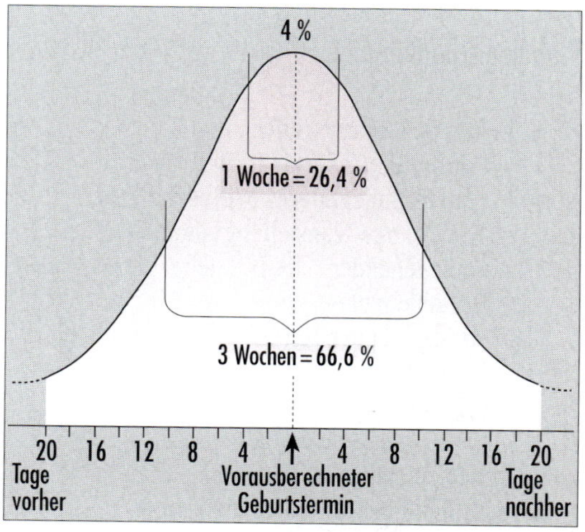

Abb. 7.14 Definitive Verteilung der Geburten in Relation zum errechneten Geburtstermin.

Aufnahmeuntersuchung

Die **äußere Untersuchung** (s. S. 281 ff.) erfolgt mit den vier **Leopold-Handgriffen** und dem **Zangemeister-Handgriff.** Hierbei erhält man Aufschluß über:
- Kindslage
- Kindsgröße
- Beziehung des vorangehenden Teiles zum Beckeneingang

Die **innere Untersuchung**, die heute vaginal ausgeführt wird, gibt Informationen über:
- Position der Portio* (zentriert [mediosakral/sakral])
- Portio-/Zervix-Konsistenz* (weich/mittel/derb)
- Zervixlänge* (Zervix aufgebraucht [bzw. 1/2/3 cm lang])
- Muttermundweite*
- Höhenstand der Leitstelle* (Beckeneingang, Beckenmitte, Beckenboden)
- Art des vorangehenden Teils (Kopf, Steiß)
- Haltung (Einstellung) des Kopfes

Die markierten Tatbestände (*) lassen sich zu einem **Score der Geburtsreife** kombinieren. Diese manuelle Diagnostik kann bei unklaren Befunden (abnorme Kopfgröße, Fehlbildung, abnormer Plazentasitz u.a.) durch die apparative Diagnostik mittels **Sonographie** ergänzt werden.

Die **Kontrolle des kindlichen Befindens** gehört generell zur Aufnahmeuntersuchung:

- Prüfung von Herzfrequenz und Fluktuation im Kardiotokogramm (CTG; s. S. 285)
- Prüfung der Fruchtwasserfarbe (nach Blasensprung sichtbar; gegebenfalls Amnioskopie, s. S. 285)

Schließlich ist der **Gesundheitszustand der Kreißenden** zu überprüfen und die Existenz geburtsrelevanter pathologischer Befunde auszuschließen oder zu konkretisieren (s. S. 189, 223).

Befundbewertung

Normalbefunde

- **Geburtstermin erreicht (±6 Tage)**
- **Schädellage**
- **Kopf fest im Beckeneingang** oder, bei Mehrgebärenden, zumindest zentriert
- **Zeichen der Geburtsreife** vorhanden:
  - Muttermund zentriert
  - Zervix »aufgebraucht«
- **Kindliches Befinden unauffällig:**
  - Herzaktion unauffällig (120–160 Schläge), normale Fluktuation im CTG (s. S. 285)
  - Größe des Kindes und des Kopfes unauffällig (in Zweifelsfällen Sonographiekontrolle)
  - Fruchtwasser klar (Amnioskopie s. S. 285)
- **Zustand der Kreißenden unauffällig:**
  - Puls, Blutdruck, Urin o.B.
  - Hb o.B.
  - Temperatur normal

Pathologische Befunde

- **Fehlende Geburtsreife:**
  - Portio sakral, Zervix noch formiert
- **Verdacht auf relatives Mißverhältnis** (s. S. 229) bzw. Einstellungsanomalie:
  - vorangehender Teil steht hoch über Beckeneingang
  - vorangehender Teil bei I.-Para beweglich
  - Kopf überragt Symphyse
- **Lageanomalien:**
  - Quer- oder Schräglage
  - Beckenendlage
- **Kindliche Gefährdung** angedeutet:
  - Herzfrequenz <120 bzw. >160, pathologisches CTG (s. S. 285)
  - Fruchtwasser grünlich verfärbt
- **Verdacht auf Placenta praevia oder vorzeitige Lösung** (s. S. 239, 241):
  - Blutungen schon vor bzw. bei Wehenbeginn
- **Uterusrupturgefahr** (s. S. 234):
  - Schmerzen auch in der Wehenpause
- **Pathologische Befunde bei der Kreißenden:**
  - Präexistente Allgemeinerkrankungen (s. S. 173, 189)
  - Puls, RR, Urin pathologisch (s. S. 169, 177)
  - Erhöhte Temperatur (>38 °C)

Über die Bedeutung der genannten Erscheinungen s. Kap. 5. Als geburtshilflich relevante Besonderheit sind auch zu bewerten:

- Hepatitis-B-Virusinfektion
- HIV-Infektion
- Herpes genitalis

! Bei positivem HIV-Test ist für die Geburtsleitung folgendes zu beachten: vor allem **primäre Sectio** erwägen. Das Anlegen einer »Skalp-Elektrode« (Kopfschwartenelektrode) im Zusammenhang mit der CTG (s. S. 286) sowie Fetalblutanalysen sub partu sind unzulässig (Vermeidung fetaler Wunden).

Geburtsphasen

Die Geburt wird in drei Phasen eingeteilt:

- **Eröffnungsperiode**
- **Austreibungsperiode**
- **Nachgeburtsperiode**

Eröffnungsperiode

Die Eröffnungsphase beginnt mit den ersten Geburtswehen und endet mit der vollständigen Eröffnung des Muttermundes (»MM«). Das **Stadium** der Eröffnungsperiode ergibt sich aus der **Weite des Muttermundes** und dem **Höhenstand** des Kopfes bzw. der Leitstelle.

Hat die Eröffnung gerade erst begonnen, so ist Zeit für eine »Vorbereitung« der Gebärenden im Sinne psychoprophylaktischer Information, falls dies nicht bereits in der Schwangerschaft geschehen ist. Gegebenenfalls Abführmaßnahme (Einlauf) durchführen. Bei fortgeschrittener Eröffnungsperiode wird die Patientin gleich im Kreißbett gelagert. Im weiteren Verlauf der Geburt sind zu überwachen:

- **Allgemeinbefinden der Kreißenden** (RR, Temperatur)
- **Wehentätigkeit** (evtl. Wehenmittelgabe oder Wehenhemmung)
- **Geburtsfortschritt** (MM-Weite)
- **Kindliches Befinden**: sorgfältige Registrierung der Herzaktion durch intermittierende oder kontinuierliche Kardiotokographie (CTG), Fruchtwasserbeobachtung (s. S. 285)
- **Schmerzäußerungen** (Analgesie, ggf. Periduralanästhesie)

Der Fortschritt der Geburt und die **Dauer der Eröffnungsperiode** hängen in sehr individueller Weise von der Intensität und der Zahl der Eröffnungswehen und der Dehnbarkeit der Zervix bzw. des Muttermundes ab, d.h. unter anderem auch von der Parität (Abb. 7.15). Die Varianz ist groß:

- Bei Erstgebärenden 6–12–18 Std
- Bei Mehrgebärenden 2–6–10 Std

Die Entfaltung der Zervix erfolgt nicht nur durch Dilatation durch den tiefertretenden vorangehenden Kindsteil, sondern auch durch wehenbedingte Umbauvorgänge innerhalb der Muskulatur des Corpus uteri. Dabei spielt die Retraktion des passiven unteren Uterinsegments eine große Rolle.
Während der Eröffnungsperiode tritt der Kopf in den Beckeneingang und macht seine erste Haltungsänderung durch (Abb. 7.13). Zugleich dreht sich das Hinterhaupt nach ventral. Am Ende der Eröffnungsperiode kann der Kopf mit seiner Leitstelle (kleine Fontanelle) in Beckenmitte (Pfeilnaht schräg) oder auch schon auf dem Beckenboden stehen, die Pfeilnaht verläuft dann nach weiterer Kopfdrehung in geradem Durchmesser. Die kleine Fontanelle ist dann unter der Symphyse tastbar.

Blasensprung

Gegen Ende der Eröffnungsperiode kommt es im typischen Fall zum **»rechtzeitigen«** Blasensprung und Fruchtwasserabgang. Das abfließende Fruchtwasser sollte klar sein. Eine Grünfärbung (= Mekoniumabgang) deutet auf einen vorausgegangenen Sauerstoffmangel des Kindes hin. Ein Blasensprung vor Wehenbeginn wird als **»vorzeitig«** bezeichnet, ein solcher nach Wehenbeginn, aber vor der völligen Muttermundöffnung, als **»frühzeitig«**.

Unmittelbar nach dem Blasensprung müssen eine Befundkontrolle und, vor allem, eine Prüfung der kindlichen Herzaktion erfolgen. Mitunter manifestieren sich bis dahin latente Nabelschnurkomplikationen (Vorliegen der Nabelschnur; Nabelschnurumschlingung): Man registriert ein aufschlußreiches Absinken der Herzfrequenz.
Nach dem Blasensprung kann die bis dahin **»externe« Kardiotokographie** durch Ansetzen einer **Skalp-Elektrode** (Kopfschwartenelektrode) am kindlichen Kopf zur **»internen« (EKG-)Kardiotokographie** umgewandelt werden (Ausnahme: HIV-positive Kreißende). Ferner sind von nun an auch **Fetalblutanalysen** möglich (s. S. 288).
Ist die Fruchtblase zu Beginn der Preßwehen noch nicht gesprungen, wird sie instrumentell gesprengt.

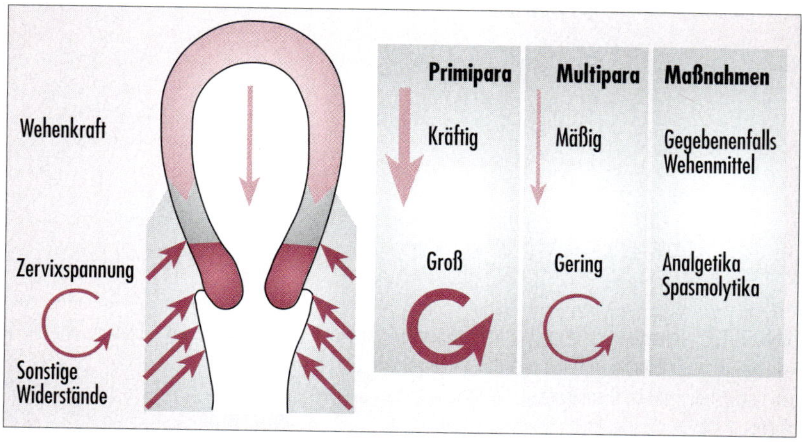

Abb. 7.15 Fördernde und hemmende Kräfte bei der Geburt.

Austreibungsperiode

> Die Austreibungsperiode reicht vom Zeitpunkt der vollständigen Eröffnung des Muttermundes bis zur Geburt des Kindes.

In dieser Phase verkürzen sich die Abstände zwischen den einzelnen Wehen auf 2–5 Minuten. Die Dauer dieser Periode beträgt für die Erstgebärende durchschnittlich 30–50 Min., für die Mehrgebärende <20 Min.

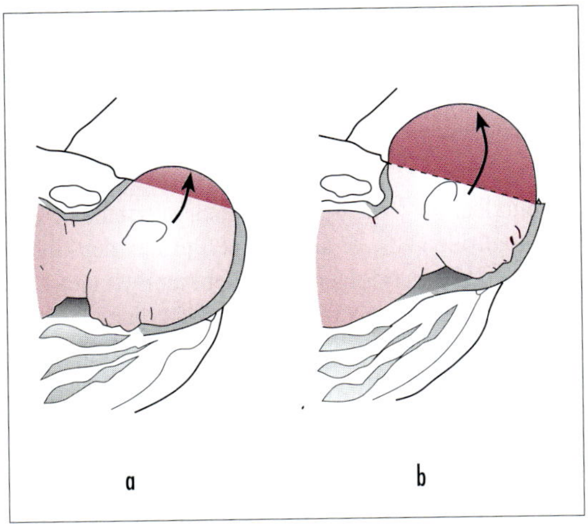

Abb. 7.16 »Einschneiden« **(a)** und »Durchschneiden« **(b)** des kindlichen Kopfes.

Mit **Tiefertreten des Kopfes** beginnt der reflektorisch ausgelöste **Preßdrang**. Vorbedingungen zum koordinierten Mitpressen sind:

- Der Muttermund muß vollständig eröffnet sein.
- Der Kopf sollte möglichst mit der Leitstelle auf dem Beckenboden stehen.
- Die Pfeilnaht sollte möglichst im geraden Durchmesser stehen.

Mit Tiefertreten des Kopfes in den Weichteilkanal wird dieser ausgewalzt; der **Kopf »schneidet ein«** (Abb. 7.16a): in diesem Augenblick ist der vorangehende Teil des Kopfes während einer Wehe in der Vulva sichtbar, in der Wehenpause sinkt er zurück.

Zur Vermeidung von Einrissen, einer Überdehnung des Dammes und zur Verminderung der auf den kindlichen Kopf einwirkenden Druckkräfte wird häufig eine rechtzeitige **Episiotomie**, ein Dammschnitt, vorgenommen (bei Erstgebärenden z. Zt. bei ca. 60%). Dieser Schnitt erfolgt zumeist als mediane Episiotomie; sie läßt sich leicht versorgen und heilt gut. In Sonderfällen (großes Kind, operativ-vaginale Entbindung) ist die mediolaterale Episiotomie indiziert (Abb. 7.17).

Nach dem Dammschnitt passiert der Kopf den Weichteilausgang mit seiner größten Zirkumferenz: Der **Kopf »schneidet durch«** (Abb. 7.16b). Im Moment des »Durchschneidens« sollte das Mitpressen unterbleiben, um den Austritt des Kopfes schonender und steuerbar zu gestalten. Ziel des in dieser Phase einsetzenden **Dammschutzes** (Abb. 7.18) ist es, vor allem den Austritt des kindlichen Kopfes zu leiten, um die

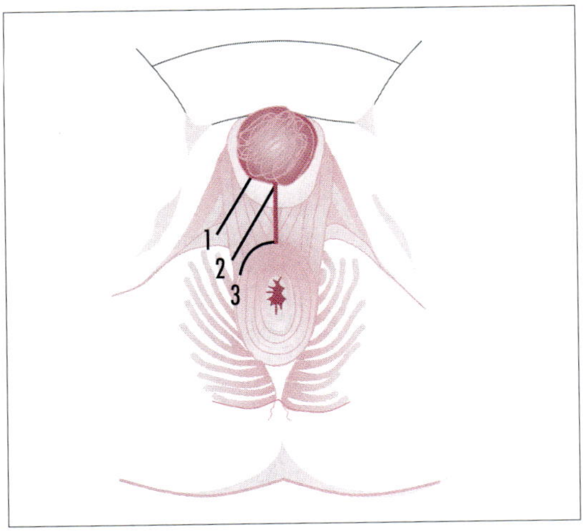

Abb. 7.17 Laterale Episiotomie (1), mediolaterale Episiotomie (2) und mediane Episiotomie (rot) mit seitlicher Verlängerung (3). Darstellung der Muskulatur im Dammbereich. Geburtsphase: Einschneiden des Kopfes.

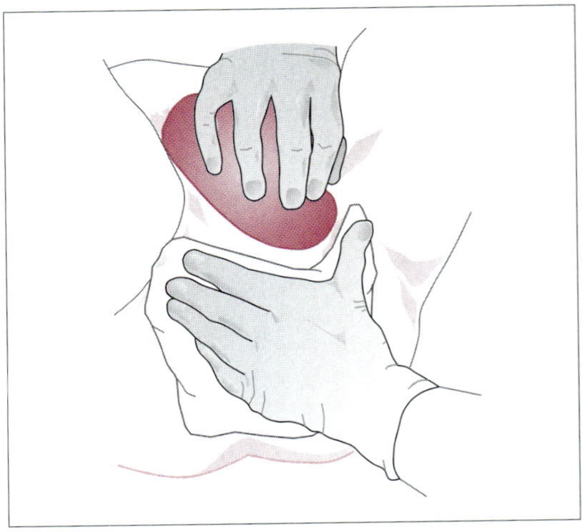

Abb. 7.18 Dammschutz bei Einschneiden und Durchtritt des Kopfes.

durch ein zu schnelles Herauspressen erfolgende brüske Druckentlastung des Schädels zu verhindern.

! Die Preßperiode sollte niemals länger als 30 Min. betragen, da sonst fetale Gefahrenzustände entstehen können.

Nach Entwicklung des Kopfes wird letzterer zur Seite gedreht und gesenkt, damit die vordere Schulter unter dem Schambogen hervortreten kann (s. Abb. 7.19). Dann wird der Kopf gehoben, um auch die hintere Schulter über den Damm zu leiten.

Neben der **Überwachung der Geburt hinsichtlich eines geburtsmechanisch normalen Verlaufes** steht vor allem die **Überwachung des Kindszustandes** im Vordergrund. Das fetale Befinden entscheidet darüber, ob man eine natürliche Geburt anstreben und abwarten kann oder ob man die Geburt durch operative Maßnahmen, einschließlich Kaiserschnitt, beenden muß.

In der Austreibungsperiode ergeben sich für Arzt und Hebamme also folgende Aufgaben:

- Überwachung des Zustandes der Kreißenden (RR, Temperatur u. a.)
- Anleitung zum richtigen Pressen (Zeitpunkt und Durchführung); Atemtechnik überwachen bzw. korrigieren
- Laufende kontinuierliche Herzaktionsregistrierung des Kindes (CTG)
- Kontrolle des Tiefertretens und der Rotation des Kopfes; evtl. spezielle Lagerung der Kreißenden (s. Kap. 8)
- Vorbereitende Maßnahmen für die Betreuung des Neugeborenen; evtl. notwendige Asphyxietherapie vorbereiten (s. Kap. 10)
- Episiotomie, Dammschutz und Herausleiten des Kindes (Hebamme oder Arzt)
- Abnabeln, normalerweise 1–2 Min. p. p. Bei asphyktischen Kindern, Frühgeborenen sowie bei Rh-Inkompatibilität wird die Sofortabnabelung empfohlen. Typische Erstversorgung des Neonatus (s. S. 294)

Nachgeburtsperiode

Die Nachgeburtsperiode beginnt nach der Geburt des Kindes und ist nach Ausstoßen der Plazenta und der Eihäute beendet.

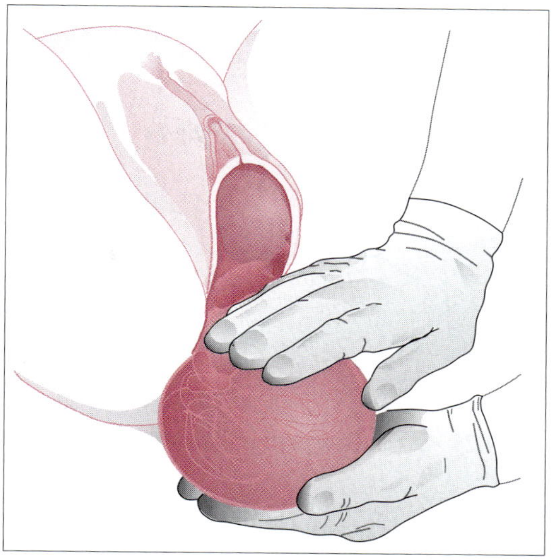

Abb. 7.19 Entwicklung der vorderen Schulter. Der Kopf wird mit den flach aufgelegten Händen gefaßt und kreuzbeinwärts gesenkt, bis der vordere Arm bis zur Mitte des Oberarmes geboren ist.

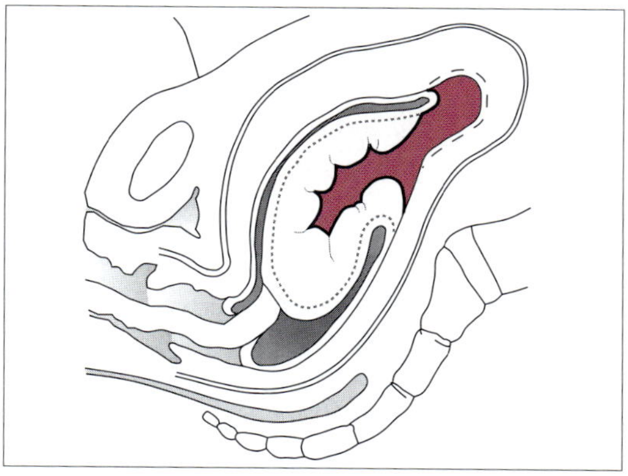

Abb. 7.20 Lösung der Plazenta post partum. Retroplazentares Hämatom.

Mit Einsetzen der Nachgeburtswehen kommt es zu einer Verkleinerung der Plazentahaftfläche und damit zur **Abscherung der Plazenta** von der Uterusinnenwand. Durch Eröffnung von maternen Gefäßen bildet sich ein retroplazentares Hämatom (Abb. 7.20). Die Plazenta ist im Durchschnitt etwa 5–10 Min. nach der Geburt des Kindes von der Haftfläche gelöst. Die Plazentalösung wird durch Beachtung der **Lösungszeichen** erkannt:

- Auftreten der **Lösungsblutung**
- **Schröder-Zeichen:** Der Uterus steigt über den Nabel hoch und kantet sich nach rechts. Er ist, im Gegensatz zum vollgebluteten, atonischen Uterus, hart (Abb. 7.21)

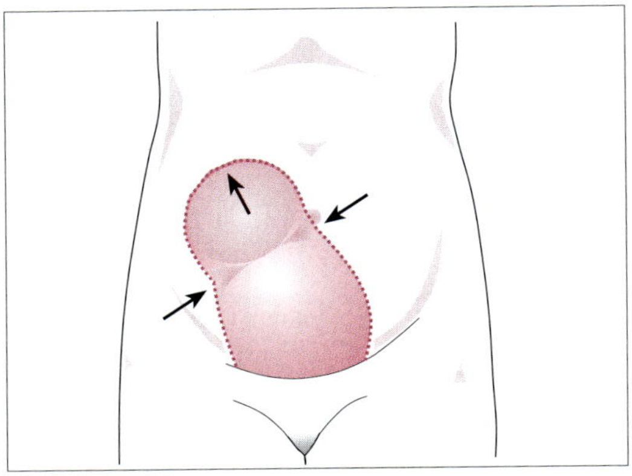

Abb. 7.21 Schröder-Lösungszeichen: Hochsteigen und Kanten des Uterus.

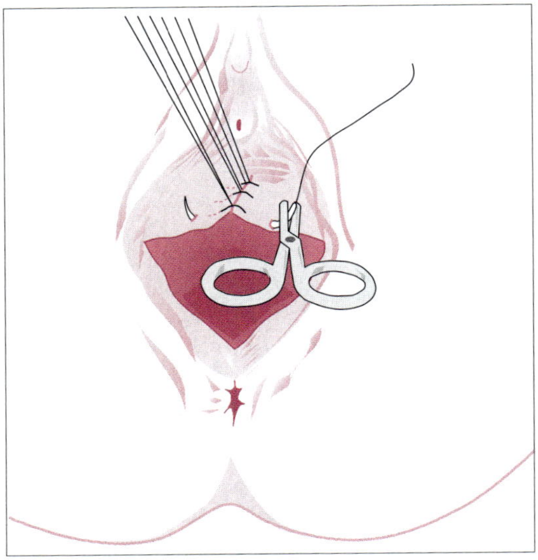

Abb. 7.22 Naht einer medianen Episiotomie bzw. eines Dammrisses II. Grades. Haltung des Nadelhalters bei der Naht der Vaginalwunde.

- **Küstner-Zeichen:** Beim Eindrücken der Bauchdecke oberhalb der Symphyse wird der Uterus nach oben geschoben. Befindet sich die Plazenta noch im Uterus, wird sie mit nach oben genommen. Mit ihr zieht sich auch die Nabelschnur zurück. Ist die Plazenta jedoch in die Vagina ausgestoßen, so bleibt die Nabelschnur unverändert sichtbar.

Die Plazentalösung wird in der Regel durch prophylaktische Wehenmittelgabe (Syntocinon i.v.) unterstützt und beschleunigt, speziell bei Disposition zur Atonie. Ist die Plazenta 30 Min. nach der Geburt des Kindes nicht gelöst, spricht man von einer **pathologischen Plazentaretention** (Maßnahmen s. S. 259).

! Von größter Bedeutung in der Nachgeburtsperiode ist die Beachtung des (gemessenen) Blutverlustes. Er beträgt normalerweise 300 ml (sog. Lösungsblutung).
Beträgt der Blutverlust mehr als 500 ml, müssen umgehend Diagnostik zur Klärung der Ursachen der Blutung und gezielte Therapie erfolgen (s. S. 260, 267).

Wegen der starken Blutungsgefahr besteht in der Nachgeburtsperiode ein besonders hohes mütterliches Risiko. Deshalb ist während der gesamten Nachgeburtsperiode das mütterliche Befinden (Blutdruck, Puls, Temperatur) zu beobachten.
Nach Ausstoßen der gelösten Plazenta durch Pressen oder nach Entfernung durch leichten Zug an der Nabelschnur ist eine sorgfältige **Überprüfung von Plazenta und Eihäuten** auf Vollständigkeit notwendig. Dabei ist evtl. Nebenplazenten (Gefäße ziehen von der Plazenta auf die Eihäute hinüber!) besondere Beachtung zu schenken. Ferner sind an der Plazenta zu registrieren: Verkalkungen, Infarkte, Hämatome, abnorme Gefäße oder Kleinheit, Verfärbungen, Anomalien der Nabelschnurinsertion (exzentrisch, marginal, auf den Eihäuten).

! Nach der Geburt der Plazenta und Nachweis von deren Vollständigkeit sollte man prinzipiell ein **Kontraktionsmittel** geben, um die Kontraktion des Uterus post partum zu unterstützen und damit den Blutverlust zu verringern. In jedem Fall ist auf eine evtl. einsetzende Atonie der Uterusmuskulatur zu achten. Neben dem Wehenmittel Oxytozin (Syntocinon) dürfen jetzt auch die sub partu unzulässigen reinen Kontraktionsmittel der Secale-Gruppe (Methergin u.ä.) bzw. Kombinationspräparate (Syntometrin) eingesetzt werden.

Versorgung von Episiotomie bzw. Dammriß

Dammrisse oder Dammschnitte sind prinzipiell zu versorgen (Abb. 7.22). Die operative Versorgung erfolgt stets in Anästhesie (s. S. 221) und hat jede einzelne anatomische Schicht zu berücksichtigen (Vagina, Muskulatur, Dammhaut).

Überwachung post partum

! Die Entbundene verbleibt zur Überwachung für etwa 2 Std. im Kreißsaal.

Sie wird nach Fritsch gelagert, indem die Beine nach Applikation einer Vorlage mit festem Schenkelschluß überkreuzt werden. Bei dieser Lagerung steigt evtl. ausfließendes Blut in das Schambeindreieck hoch und wird sichtbar.

Sofern es in dieser Phase blutet, spricht man von **Nachblutungen**. Über Ursachen und Therapie s. S. 260. Eine Diskrepanz zwischen sichtbarem Blut und Verschlechterung des Allgemeinzustandes (Puls und Blutdruck) muß an eine Blutung nach innen (Vollbluten des Uterus bei Atonie, Hämatom) oder andere Schockursachen denken lassen (z.B. Fruchtwasserembolie, Chorionamnionitis, s. S. 262 ff.).

Die Patientin darf erst verlegt bzw. aus der Beobachtung entlassen werden, wenn 2 Stunden post partum das Befinden normal ist, der Uterus eine gute Kontraktion zeigt und keine Blutung besteht.

7.3 Geburtserleichterung

Der Geburtsschmerz ist weder ein einheitliches noch obligatorisches Phänomen. Er hat somatische und psychologische Anteile. Im somatischen Bereich sind vielfältige Möglichkeiten zur **Induktion von Schmerzreizen** gegeben:

- Dehnungsreize
- Tonische Spannungsreize
- Schmerzreize bei einem Sauerstoffdefizit im Gewebe, z.B. bei der Wehe usw.

Die Auswirkung der Schmerzreize ist in gewissen Grenzen von der Intensität der Schmerzreize unabhängig und wird auch von zentralnervösen Gegebenheiten, Affekten und vielfältigen **psychologischen Zusammenhängen** bestimmt. Will man sich die psychologische Situation der Kreißenden klarmachen, so hat man zwei Fragen zu stellen:

1. Welche Vorstellung und Erwartungen verbindet die Gebärende mit dem Geburtsvorgang selbst?
2. Welche Voraussetzung, Bedeutung und Konsequenz haben Geburt und Mutterschaft für die Gebärende?

Die erste Frage hängt eng mit dem Problem der **Information** zusammen. Diesbezüglich zeigt die Erfahrung, daß bei sehr vielen Frauen eine oft durch Laiengespräche geförderte Fehlinformation vorliegt, die, statt Beruhigung und Zuversicht zu wecken, eine Verunsicherung und Beängstigung bewirkt. Je näher die Geburt rückt, um so größer wird die Erwartungsangst.

Die zweite Frage versucht zu verdeutlichen, daß die **Einstellung zur Geburt** auch sehr persönliche Aspekte hat. Als Extreme können hier einerseits die vorbehaltlose **Bejahung** der Mutterschaft, andererseits die mit heftigen Abwehraffekten verbundene **Ablehnung** genannt werden. Abwehr kann sich aus gestörter Partnerschaftsbeziehung herleiten oder aus einem »Verhindernwollen« der bevorstehenden Realität »Mutterschaft« mit allen Konsequenzen, auch aus gewissen Zwängen. Schließlich kann vielleicht auch das »Behaltenwollen« des Kindes, d.h. fehlende Bereitschaft, es mit dem Partner bzw. der Umwelt zu teilen, eine Verzögerung des Geburtsvorganges und zunehmende Schmerzen bewirken. Die Abwehr manifestiert sich in einer blockierenden Anspannung der Beckenbodenmuskulatur (Abb. 7.23), einer allgemeinen Verkrampfung, Atemstörung u.a.m.

Schließlich gehen noch **Fehlverhalten** bei Verstörtheit und individuelle **Persönlichkeitsmerkmale** in das sog. Gebärverhalten ein (Kontaktarmut, Widerspenstigkeit, Perfektionismus, idiopathische Inaktivität u.a.). In Anlehnung an Read sind die Zusammenhänge im Sinne eines Circulus vitiosus in Abb. 7.24 dargestellt. Die Bekämpfung des Geburtsschmerzes muß schon vor der Geburt einsetzen.

> ! Unabhängig von dem Erwähnten können extreme, eindeutig pathologische Erscheinungen auftreten, die man als solche erkennen muß:
> - Schmerzen bei vorzeitiger Lösung der Plazenta
> - Schmerzen bei drohender Uterusruptur (s. S. 234)
>
> Die Tatsache, daß bei der Geburt üblicherweise Schmerzen geäußert werden, darf nicht dazu verleiten, alle Schmerzen als »normal« anzusehen!

Psychosomatische Vorbereitung

Bei der heute üblichen, sich über mehrere Wochen erstreckenden Intensivvorbereitung handelt es sich weder um eine ausschließliche Psychoprophylaxe noch um rein krankengymnastische Übungen. Die klassischen Begriffe (»Psychoprophylaxe«, Schwangerschaftsturnen nach Read) sind deshalb meist nicht mehr zutreffend. Es handelt sich vielmehr um eine Kombination verschiedener Maßnahmen:

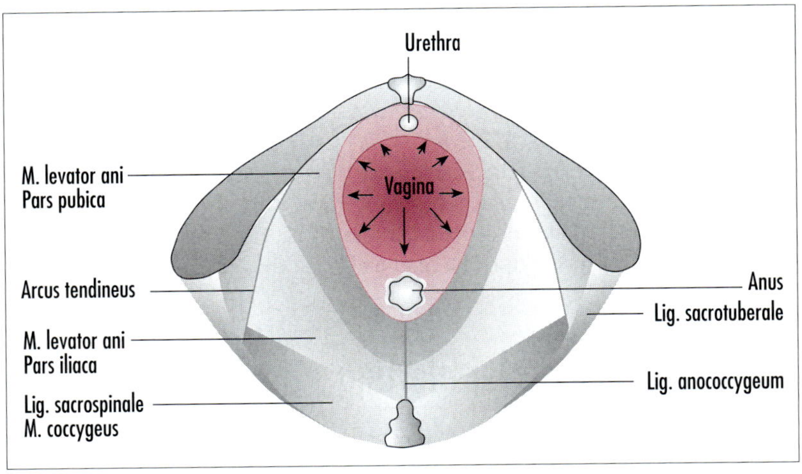

Abb. 7.23 Der Beckenboden unter der Geburt. Die Pfeile im Vaginallumen zeigen die Dehnungsrichtung während der Passage des kindlichen Kopfes an. Die Hauptbelastung betrifft also die schlingenförmigen muskulären Beckenbodenstrukturen, deren Nachgiebigkeit (Beschaffenheit und Entspannungsfähigkeit!) den Widerstand bestimmt.

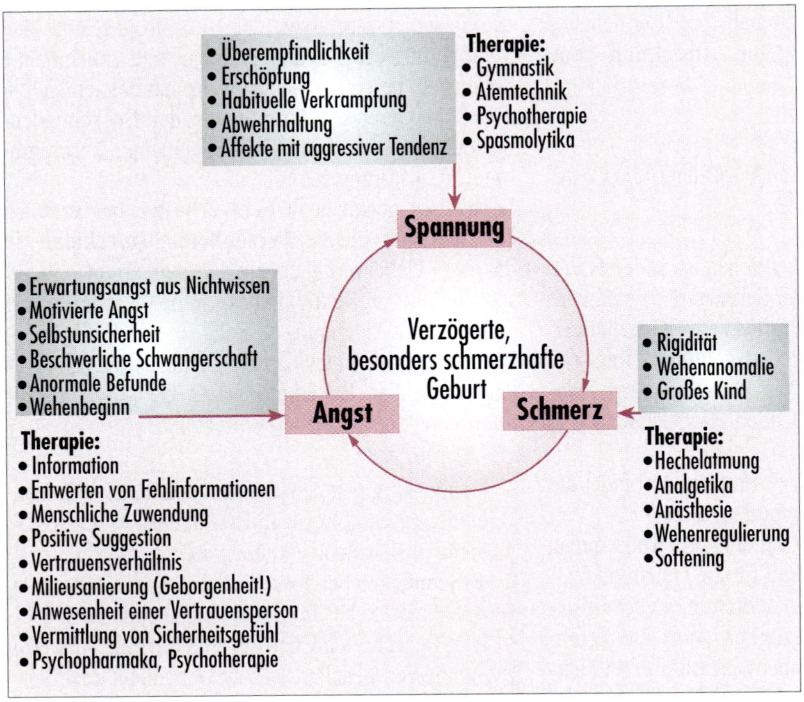

Abb. 7.24 Psychosomatische Zusammenhänge bei verzögerter, besonders schmerzhafter Geburt.

- Information über den Geburtsvorgang und das Verhalten unter der Geburt (Unterricht und Gespräche unter Einbeziehung des Partners), psychologische Vorbereitung
- Übungen zur körperlichen Entspannung
- Spezielle Atemübungen (tiefe Bauchatmung, Hecheln)
- Eingehen auf individuelle Probleme
- Kreißsaalbegehung, Arzt- und Hebammenkontakt

Die Gespräche haben den Zweck, durch psychologisch geschickte Information die übliche Gedankenassoziation (Geburt = Schmerz, Geburt = Gefahr) zu beseitigen und durch **positive Assoziationen** zu ersetzen (die Geburt ist ein normaler Vorgang, »Ich bin gut auf die Geburt vorbereitet«). Auch die ganz persönlichen Sorgen und Befürchtungen können z. T. beseitigt werden. Die krankengymnastischen Übungen schaffen die Voraussetzung für ökonomisches und **koordiniertes Verhalten unter der Geburt**. Eine optimale Atemtechnik wirkt sich schmerzlindernd aus und ist zudem wertvoll für die Sauerstoffversorgung des Feten.

Die normale Schwangerenbetreuung durch den Arzt kann die intensive Geburtsvorbereitung nicht ersetzen, dennoch kann sie psychoprophylaktisch sehr effektiv sein. So ist bei der Befunderhebung immer wieder **das Normale zu betonen** und damit verborgenen Befürchtungen entgegenzuwirken. Ferner soll die Schwangerenbetreuung ein **Vertrauensverhältnis** zwischen Arzt und Patientin schaffen, die wichtigste Voraussetzung für eine Geburt »in Geborgenheit« und ohne Angst.

Sofern die Patientin an keinem Lehrgang teilgenommen hat, kann noch nach der Kreißsaalaufnahme die Zeit der Vorbereitung dazu benutzt werden, gewisse Fragen abzuklären, Erläuterungen über den Geburtsvorgang und das jeweilige Verhalten zu geben und ein gewisses Sicherheitsgefühl zu vermitteln.

! Bei allen Untersuchungen ist – soweit zutreffend – immer wieder deutlich festzustellen: Es ist alles normal, es wird alles glattgehen.
Eine besonders wichtige Verpflichtung für Arzt und Hebamme: Die Erörterung von unklaren Befunden und Anomalien sowie Diskussionen zwischen Arzt und Hebamme über die Therapie gehören nicht ans Krankenbett!

Medikamentöse Geburtserleichterung

Der Arzt sollte sich zu Beginn jeder Geburt über die Vorstellungen der Patientin über Geburtserleichterung, Überwachung und Schmerzbekämpfung informieren und sich während der Geburt hinsichtlich seiner Maßnahmen von der jeweiligen Schmerzempfindlichkeit und Reaktion der Patientin leiten lassen.

Für jede Art einer medikamentösen Geburtserleichterung ist zu fordern, daß sie für Mutter und Kind unschädlich ist, ferner keine Wehendepression zur Folge hat und das Einsetzen der Spontanatmung nach der Geburt nicht erschwert.

Analgesie

Zum Zwecke der Analgesie (in weitestem Sinne) können folgende Mittel Verwendung finden:

- Psychopharmaka (Beseitigung von Spannung und Angst): Meprobamate
- Spasmoanalgetika: Als Mittel der Wahl gilt heute Pethidin, das zweckmäßigerweise in der Eröffnungsphase bei 3–5 cm großem Muttermund in einer Dosis von 50 mg i.m. appliziert wird. Wiederholungen möglich, jedoch nicht mehr kurz vor der Geburt des Kindes (Atemdepression!). Auch Zurückhaltung bei gestörtem Fetalbefinden und bei Frühgeburt

Eine zweckmäßige **Atemtechnik** (Bauchatmung, später Hecheln) während der Wehen ist eine sehr wirksame Ergänzungsmaßnahme zur Verminderung von Schmerzempfindungen.

Lokal- und Leitungsanästhesie

Die Wahl der Methode hängt u.a. vom Stadium der Geburt ab.

Eröffnungsperiode

- Periduralanästhesie: Sie wird meist bei einer Muttermundsweite von 3–5 cm eingesetzt. Dabei erfolgt die Lokalanästhetikumgabe (etwa 8–11 ml Bupivacain 0,25%) nach Punktion des Periduralraumes in Höhe L3/L4.

Austreibungsperiode und Geburtsbeendigung

- Periduralanästhesie
- Spinalanästhesie (Sattelblock)
- Transvaginale Pudendusanästhesie
- Damminfiltration.

Der **Pudendusblock** gilt als Standardanästhesiemethode bei Spontangeburt mit starker Schmerzhaftigkeit in der Austreibungsperiode. Mittels einer Führungskanüle, die transvaginal mediodorsal von der Spina ischiadica lokalisiert wird, werden 8–10 ml eines Lokalanästhetikums in unmittelbarer Nähe des N. pudendus in das Gewebe injiziert. Es kommt zur Analgesie im unteren Scheidendrittel, im Vulvabereich und Dammgebiet.

Die ausreichende Infiltration des Dammes mit einem Lokalanästhetikum ermöglicht eine schmerzfreie Durchführung der Episiotomie und der späteren Naht.

Allgemeinnarkose

Zur Durchführung geburtshilflicher Operationen kommen entweder Kurznarkotika oder, für den Fall einer abdominalen Schnittentbindung, die Intubationsnarkose in Betracht, sofern nicht schon eine Periduralanästhesie liegt.

Literatur

Berg D. Schwangerschaftsberatung und Perinatologie. Moderne Betreuung des Feten und Neugeborenen. 3. Aufl. Stuttgart: Thieme 1988.
Diener. Das Schmerzbuch. München: Urban & Schwarzenberg 1996.
Dudenhausen JW. Praxis der Perinatalmedizin. Stuttgart: Thieme 1984.
Fendel H, Sohn C. Dopplersonographie in der Geburtshilfe. Berlin, Heidelberg, New York: Springer 1989.
Hempelmann G, Salomon F. Allgemeinanästhesie, Spinalanästhesie und Periduralanästhesie sub partu. In: Geburt I. Bd 6. Klinik der Frauenheilkunde und Geburtshilfe. 3. Aufl. Künzel W, Wulf KH (Hrsg). München: Urban & Schwarzenberg 1996.
Künzel W. Überwachung, Diagnostik und Therapie des Feten während der Geburt. In: Geburt I. Bd 6. Klinik der Frauenheilkunde und Geburtshilfe. 3. Aufl. Künzel W, Wulf KH (Hrsg). München: Urban & Schwarzenberg 1996.
Künzel W. Anatomische Grundlagen der Geburt. In: Geburt I. Bd 6. Klinik der Frauenheilkunde und Geburtshilfe. 3. Aufl. Künzel W, Wulf KH (Hrsg). München: Urban & Schwarzenberg 1996.
Künzel W, Jovanovic V. Überwachung des Feten durch Kardiotokographie und Doppler-Sonographie. In: Geburt I. Bd 4. Klinik der Frauenheilkunde und Geburtshilfe. 3. Aufl. Künzel W, Wulf KH (Hrsg). München: Urban & Schwarzenberg 1992.
Künzel W, Wulf KH. Geburt I. Bd 6. Klinik der Frauenheilkunde und Geburtshilfe. München: Urban & Schwarzenberg 1992.
Schöndorf H. Die Geburt. Antworten auf Fragen werdender Eltern. Stuttgart: Schattauer 1992.
Schlensker KH. Ultraschall-Screening. In: Geburt I. Bd 4. Klinik der Frauenheilkunde und Geburtshilfe. 3. Aufl. Künzel W, Wulf KH (Hrsg). München: Urban & Schwarzenberg 1992.
Sohn C, Holzgreve W. Ultraschalldiagnostik in Gynäkologie und Geburtshilfe. Stuttgart: Thieme 1995.
Stauber M. Psychosomatische Geburtsvorbereitung. In: Geburt I. Bd 6. Klinik der Frauenheilkunde und Geburtshilfe. 3. Aufl. Künzel W, Wulf KH (Hrsg). München: Urban & Schwarzenberg 1996.

8 Regelwidrige Geburt

H. Schmidt-Matthiesen, H. Hepp

8.1 Risikofaktoren

Nicht alle Geburten erfolgen zum errechneten Termin, spontan und aus vorderer Hinterhauptslage. Die im vorangehenden Kapitel angegebenen Zeiten für die Geburtsdauer werden häufig überschritten. Das Kind bleibt keineswegs immer von der Geburtsbelastung unberührt, sondern erzwingt mitunter seinerseits spezielle Maßnahmen. Alle diese **Abweichungen vom normalen Ablauf der Geburt tragen den Stempel des Pathologischen**. Im Einzelfall können folgende Tatbestände bedeutsam werden:

- **Störungen der Geburtsmechanik bei Schädellagen:**
  - Geburtskanalanomalie
  - Geburtsobjektbedingt (großes Kind, Hydrozephalus, Deflexionshaltung)
  - Fehlende Anpassung (hoher Gradstand, tiefer Querstand)
  - Hindernisse
- **Lageanomalien:**
  - Beckenendlage
  - Quer- und Schräglagen
- Ferner **Anomalien der Wehentätigkeit sub partu**

Die genannten Sachstände bewirken u.a. eine Verzögerung des Geburtsverlaufes. Man hat sie, sprachlich nur bedingt korrekt, als **Dystokien** bezeichnet.

Folgende Tatbestände bringen ebenfalls besondere, bei der Normalgeburt nicht existente Probleme mit sich:

- **Pathologische Insertion der Plazenta** (Placenta praevia)
- **Vorzeitige Lösung der Plazenta**
- **Plazentainsuffizienz**
- **Nabelschnurkomplikationen**
- **Vorzeitiger Blasensprung und Frühgeburt**
- **Übertragung**
- **Mehrlinge**
- **Totgeburt**
- **Koagulopathien sowie andere mütterliche Erkrankungen** (Diabetes, SIH, fieberhafte Infektion u.a.m.)
- **Störungen des kindlichen Befindens** ante partum oder sub partu

Kreißende <18 und >35 J. sowie Vielgebärende haben vermehrt mit Störungen unter der Geburt zu rechnen.

Auch bestimmte **anamnestische Tatbestände** deuten auf die Möglichkeit einer komplizierten Geburt hin. Dies sind:

- Frühere protrahierte Geburten
- Frühere operative Entbindungen
- Frühere Komplikationen in der Nachgeburtsperiode
- Offensichtliche Schädigungen eines Kindes im Zusammenhang mit früherer Geburt

Schließlich gelten alle Geburten nach einer **Risikoschwangerschaft** als speziell gefährdet.

> ! Bei allen genannten Tatbeständen (etwa 20–30%) sollte die Entbindung in einem Krankenhaus erfolgen, das über alle Möglichkeiten der Diagnostik, Therapie und Intensivüberwachung verfügt. Es ist wünschenswert, die Patientin schon vorher jenem Arzt vorzustellen, der später die Entbindung zu leiten hat.
> Bei der Entbindung selbst sollten folgende Voraussetzungen erfüllt sein:
> - Kontinuierliche Überwachung unter der Geburt
> - Ständige Operationsbereitschaft

- Bereitstellung optimaler Reanimationseinrichtungen
- Direkter Kontakt mit einem Pädiater bzw. einer Neugeborenenintensivstation

Risikofaktoren und perinatale Mortalität

Die Bedeutung der genannten Risikofaktoren spiegelt sich in den Ermittlungen über perinatale Mortalität verschiedener Kollektive wider: Die Mortalität steigt z.B. mit zunehmender **Zahl von Risikofaktoren** im Einzelfall deutlich an! Bei Fehlen jeglicher Risikofaktoren in der **Schwangerschaft und bei der Geburt** betrug die **perinatale Mortalität** 0,31%, bei einem Risikofaktor in der Schwangerschaft 1,59, bei 2 Faktoren 3,07 und bei 3 Faktoren 7,57%! Alleinige **Geburtsrisiken** sind offenbar weniger folgenschwer: Die perinatale Mortalität dieses Kollektivs betrug 0,73%.

Das Geburtsrisiko ist ferner vom **Entbindungsort** abhängig: Während die Geburtsmortalität der Feten mit Gewichten von >2500 g in Kliniken 1992 0,2% betrug, erreichte sie bei Hausgeburten ein Mehrfaches davon. Selbst nach unauffälligem Verlauf der Schwangerschaft und normalem Befund bei Geburtsbeginn muß man sub partu mit etwa 12–20% unerwarteten Komplikationen rechnen.

Sekundäre Klinikeinweisung

Ergeben sich bei einer Hausgeburt **Abweichungen vom physiologischen Geburtsverlauf**, die nicht vorhersehbar waren, so sollte unverzüglich die Einweisung in eine größere Klinik erfolgen und nicht der Ehrgeiz entwickelt werden, die Geburtsschwierigkeiten mit unzureichenden Mitteln zu bewältigen. Die Vorbereitungen zum Transport bzw. die Maßnahmen während desselben sind in den einschlägigen Kapiteln aufgeführt (drohende Uterusruptur, Placenta praevia, vorzeitige Lösung, relatives Mißverhältnis, Eklampsie, gestörtes Fetalbefinden). Bei derartigen Noteinweisungen ist die Klinik vorsorglich und frühzeitig zu informieren.

8.2 Geburtsmechanisch bedingte Störungen bei Schädellagen

Eine Störung des normalen Geburtsverlaufes bei Schädellagen kann durch folgende Ursachen hervorgerufen werden:

- **Anomalien des Geburtskanals** (Becken)
- **Anomalien des Geburtsobjektes**
- **Störungen der Anpassung**

Beckenanomalien

Der Geburtskanal, wie er oben beschrieben wurde, kann in folgender Hinsicht verändert sein:

- Bezüglich Größe und Form
- Durch Hindernisse

Größe

Ein **allgemein verengtes (verkleinertes) Becken** findet sich mitunter bei grazilen oder infantil wirkenden Frauen. Es wird nur dann bedeutsam, wenn normal oder übernormal große Kinder passieren sollen. Je nach Fall kann es zur Komplikation im Beckeneingang, in Beckenmitte oder im Beckenausgang kommen. Der Kopf versucht das Raumdefizit durch eine **verstärkte Beugung** zu kompensieren, da damit der effektive Kopfumfang innerhalb des Geburtskanals reduziert werden kann (s. Abb. 7.7).

Formal abnorme Becken

Beckenvarianten

Die Beckeneingangsformen bei der Frau sind schon physiologischerweise recht vielfältig. Man kann folgende Grundtypen herausstellen (Abb. 8.1):

- **Typisch weibliches Becken** (ca. 55%)
- **Androide Variante** (15–20%)
- **Anthropoide Variante** (15–30%)

Während die Anpassung des Geburtsobjektes an die Gegebenheiten des Geburtskanals beim »typisch weiblichen Becken« unproblematisch zu sein scheint, können beim **androiden Becken** dorsoposteriore Ein-

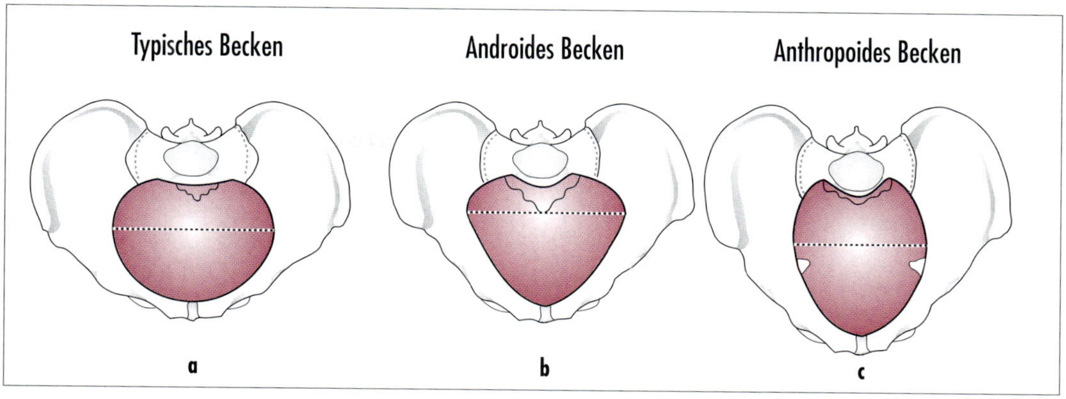

Abb. 8.1 Die typische Beckeneingangsform (a) und die beiden häufigsten Varianten (b u. c).

stellungen (Abb. 8.2) und beim **anthropoiden Becken** ein hoher Gradstand begünstigt bzw. provoziert werden. Neben diesen Beckeneingangskomplikationen sind auch noch geburtsmechanische Schwierigkeiten in Beckenmitte und im Beckenausgang zu erwarten, da die abnorme Beckeneingangsform der genannten Varianten mit formalen Abweichungen in anderen Ebenen vergesellschaftet sein kann.

Langes Becken

Nicht selten kommt es durch Störung der normalen Entwicklung des Beckens und der Wirbelsäule zu einer funktionellen oder anatomisch fixierten **Miteinbeziehung des untersten Lumbalwirbels** in die Kreuzbeinflucht und gelegentlich noch zum zusätzlichen Ausbleiben der Kreuzbeinkrümmung. Das Ergebnis einer solchen gestörten Entwicklung bezeichnet man wegen der funktionellen Sakrumverlängerung (6 Segmente) als langes Becken (Kirchhoff) mit speziell definierbaren **Grundtypen**:

- Übergangsbecken
- Einfaches langes Becken
- Kanalbecken

Diese sind natürlich nur besonders prägnante Erscheinungsformen, zwischen denen es fließende Übergänge gibt.

Das geburtsmechanisch Wichtige am langen Becken ergibt sich aus zwei Tatbeständen (Abb. 8.3):

- Hochstehendes Promontorium, d.h. steiler Beckeneingang
- Beckenmittenverengung im geraden Durchmesser (beim Kanalbecken)

Infolge des steilen Beckeneingangs verfehlt der von oben kommende Kopf seinen normalen Weg und sitzt statt dessen der Symphyse auf (Abb. 8.4). Der Kopf bleibt also über dem Beckeneingang. Wir registrieren ein relatives Mißverhältnis unter dem Bilde der **Beckeneingangskomplikation**. Im einzelnen kann es zur hinteren Scheitelbeineinstellung kommen (Abb. 8.4) oder, da von dem steilen Beckeneingang keine Adaptationsimpulse ausgehen, zum hohen Gradstand.

Beim **Kanalbecken** fehlt infolge der gestreckten Kreuzbeinform der Toleranzraum in Beckenmitte. Es kommt deshalb häufig zur **Beckenmittenkomplika-**

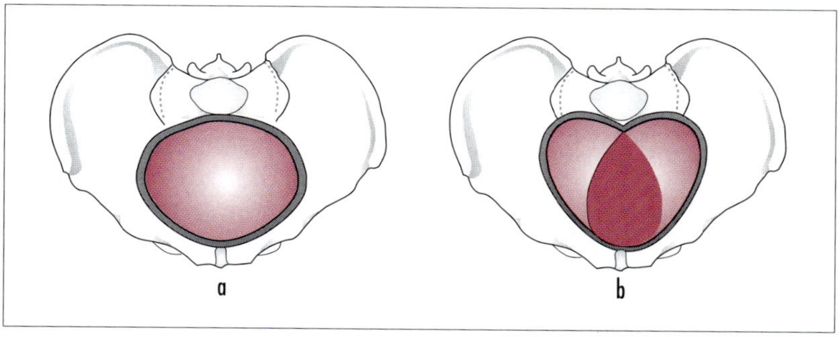

Abb. 8.2
a Idealeinstellung des Kopfes bei querovalem Becken.
b Adaptationsversuch des elliptischen Kopfes bei einem android geformten Beckeneingang.

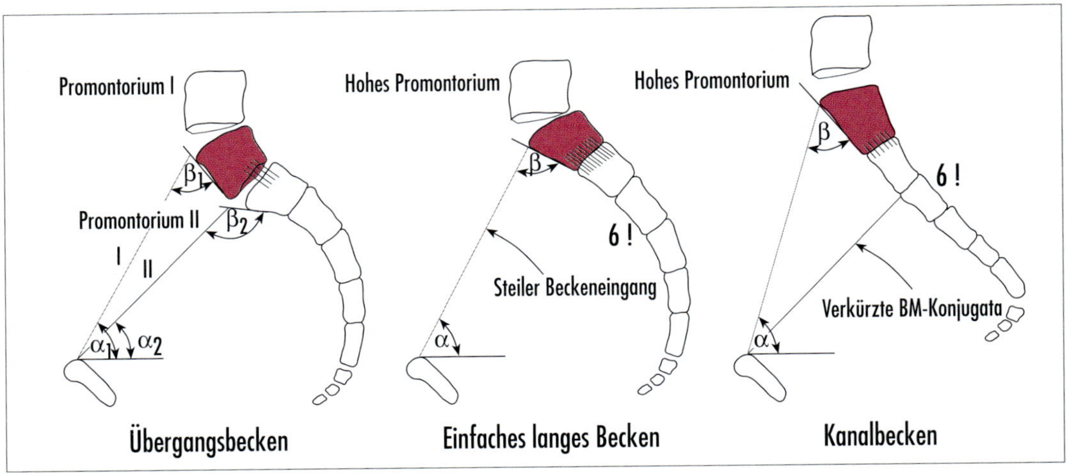

Abb. 8.3 Die drei Grundtypen des langen Beckens nach Kirchhoff.

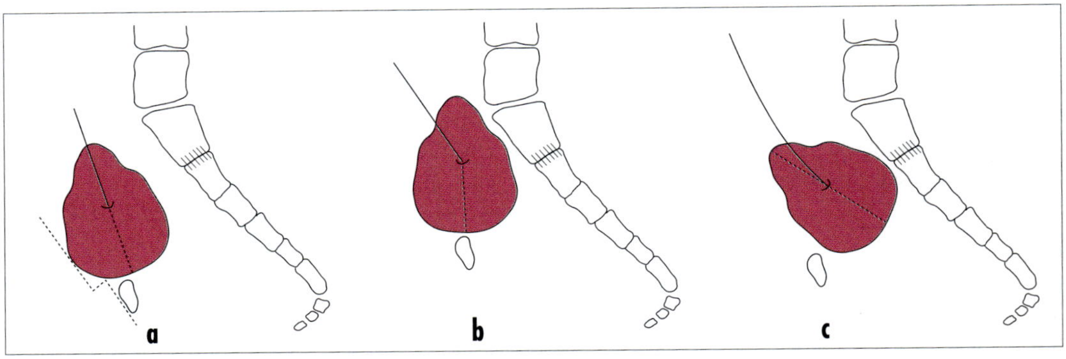

Abb. 8.4 Beckeneingangskomplikationen bei langen Becken: Der Kopf reitet auf der Symphyse (**a**), hintere Scheitelbeineinstellung, Überragen der Symphyse (pathologischer Zangemeister-Befund). Die Einstellungsanomalie kann sich verstärken (**b**) oder zur Anpassung führen (**c**).

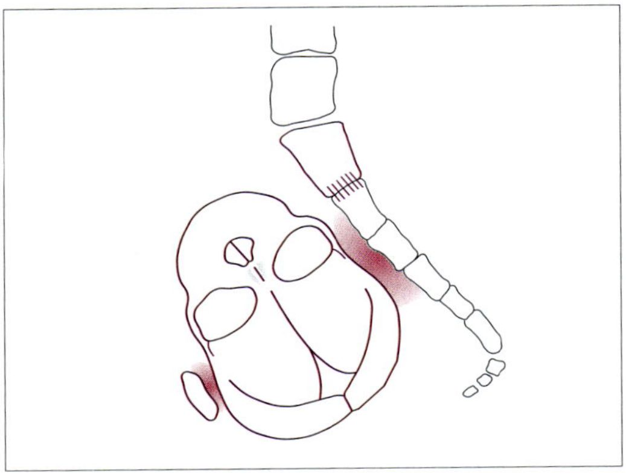

Abb. 8.5 Beckenmittenquerstand beim Kanalbecken.

tion. Dabei findet sich meist ein Beckenmittenquerstand (Abb. 8.5). Schließlich ist der Schambogen beim langen Becken oft spitzwinklig, so daß auch noch **Beckenausgangskomplikationen** vorkommen können.

Rachitisches Becken

Von den zahlreichen pathologischen Becken, wie sie als monströse Folge von Traumen, Knochenerweichung (Osteomalazie), krankhafter Knochenbrüchigkeit (Osteopsatyrosis) usw. beschrieben werden, hat lediglich das rachitische Becken praktische Bedeutung. Im Zusammenhang mit der charakteristischen Stoffwechselstörung ist es zu einer **Deformierung** des Beckens gekommen, wobei vor allem der **Beckeneingang** betroffen wird (Abb. 8.6). Letzterer ist durch Einsinken des Promontoriums im geraden Durchmesser verkürzt und im queren Durchmesser mitunter verbreitert. In Beckenmitte und Beckenausgang wirken sich die Deformierungen weniger aus. Geburtshilflich wird das rachitische Becken also unter dem Bilde der **Beckeneingangskomplikationen** auffällig werden.

Wichtig ist es, daß die durchgemachte Rachitis sich meist auch an anderen Körpererscheinungen ablesen läßt, so an der kleinen, aber kräftig-gedrungenen Statur, dem kräftigen Knochenbau, Zahnveränderungen und der deformierten Michaelis-Raute.

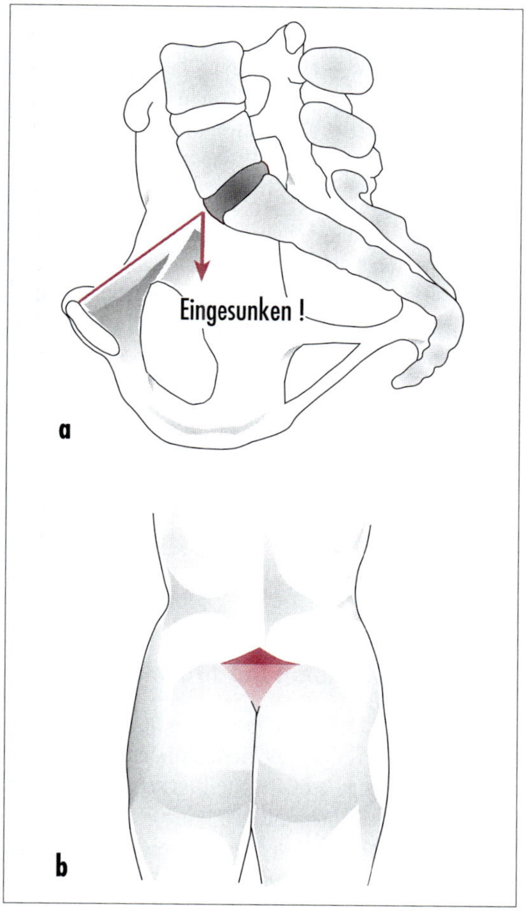

Abb. 8.6 Rachitisches Becken.
a Verkürzung des Beckeneingangs im geraden Durchmesser
b Michaelis-Raute bei Rachitis

Beckenausgangsverengung

Der Schambogen, der den Beckenausgang nach vorn zu begrenzt, ist im Idealfall weit ausladend (Abb. 8.7a) und ermöglicht dem austretenden Kopf eine ideale Ausnutzung des Raumes. Der Damm wird nicht überlastet, da der Kopf schon ventral reichlich Platz findet. Bei einem Teil der Becken ist der Schambogen jedoch spitz und damit eng. Der Kopf kann den Raum nicht nutzen und muß nach dorsal ausweichen. Dies bedeutet erhebliche **Dammbelastung** und **evtl. Geburtsstillstand** auf dem Beckenboden (Abb. 8.7)

Diese **Beckenausgangsanomalie** kann isoliert, aber auch mit anderen pathologischen Merkmalen kombiniert vorkommen (z.B. bei langem Becken).

Hindernisse im Geburtskanal

Der Geburtskanal kann auch noch durch andere, allerdings seltene Hindernisse eingeengt oder verlegt sein. Dies sind:

- Placenta praevia partialis oder totalis (s. S. 239)
- Tumoren (Ovarialtumoren, Myome, Osteome)
- Postoperative Narbenstrikturen im Zervikal- oder Vaginalbereich
- Scheidensepten.

Seitens des Kindes:

- Armvorfall

Dieser kann zum ernsten Geburtshindernis werden. Diagnose und Therapie ergeben sich aus den genannten Tatbeständen von selbst.

Anomalien des Geburtsobjektes

Geburtsmechanische Besonderheiten seitens des Geburtsobjektes sind meistens durch den **Kopf** bestimmt und charakterisiert durch:

- **Absolute Vergrößerung des Kopfes**
- **Anomalien der Haltung und Einstellung**
- **Fehlbildung oder kindliche Tumoren**

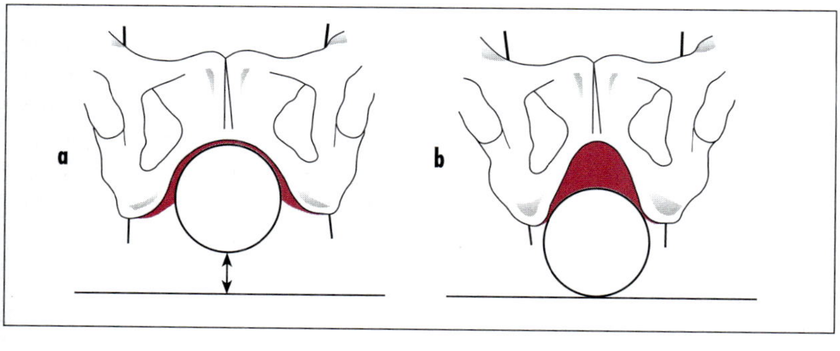

Abb. 8.7
Raumnutzung des Schambogens durch den kindlichen Kopf.
a Bei normaler Form
b Bei spitzem Schambogen

Größe des Kopfes

Auch bei einem gesunden Kind kann der Kopf sehr groß und für das Becken zu groß sein. Das resultierende relative Mißverhältnis im Beckeneingang wird dabei selten extreme Ausmaße annehmen, aber durchaus therapeutische Konsequenzen haben können (s. Beckeneingangskomplikationen, S. 229).
Beim **Hydrozephalus**, dem krankhaft vergrößerten Schädel, ist das Mißverhältnis wesentlich ausgeprägter. Die Verdachtsdiagnose ergibt sich schon aus dem äußeren Aspekt: Der Kopf wirkt kugelig vergrößert und überragt deutlich die Symphyse. Bei vaginaler Untersuchung tastet man weit klaffende Nähte und Fontanellen und bestätigt damit die Verdachtsdiagnose (Abb. 8.8). Zur genaueren Beurteilung des Befundes und der dann notwendigen geburtshilflichen Maßnahmen (s. S. 230) sind spezielle sonographische Untersuchungen erforderlich.

Deflexionslagen (Haltungsanomalien)

In Abb. 7.7 u. 7.10 war gezeigt worden, daß das geburtshilflich wichtige Durchtrittsplanum des kindlichen Kopfes bei der Beugehaltung am kleinsten ist. Bei der Deflexion stellt sich ein wesentlich **größeres Durchtrittsplanum** zur Geburt. Es folgen zwangsläufig eine zusätzliche Beanspruchung der Dehnungselastizität der weichen Geburtswege **(Widerstandserhöhung)** und ein **vermehrter Raumbedarf im Geburtskanal** in Abhängigkeit von der Art der Deflexion (Stirnhaltung > Gesichtshaltung > Vorderhauptshaltung).
Bei Deflexionshaltungen pflegt sich der Rücken sub partu nach hinten zu drehen, die Geburt erfolgt aus **dorsoposteriorer Stellung**. Nur bei der Gesichtshaltung kann sich sowohl eine dorsoposteriore (»**mentoanteriore**«) als auch dorsoanteriore (»**mentoposteriore**«) Lage entwickeln.

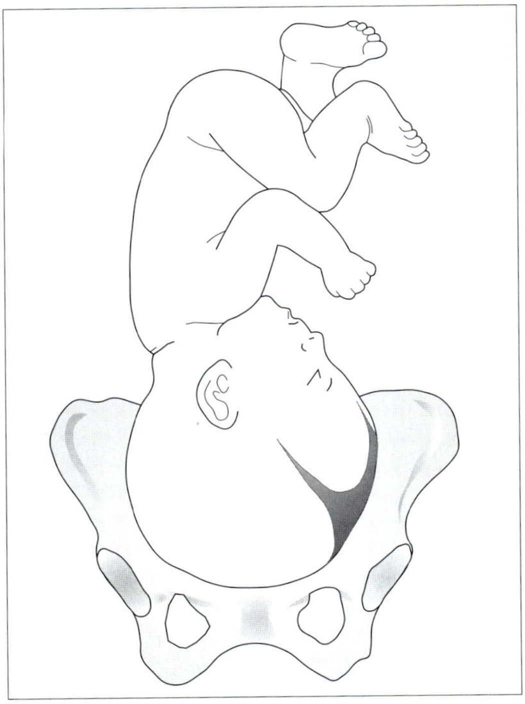

Abb. 8.8 Hydrozephalus. Weit klaffende Schädelnähte.

! Alle Haltungsanomalien sind meist nicht zufällig, sondern ihrerseits bereits Ausdruck von Form- oder Größenabweichungen an Geburtskanal oder -objekt. Die Feststellung einer Deflexionslage muß unverzüglich zur Krankenhauseinweisung Veranlassung geben.
Vorderhauptslage, Stirnlage und mentoanteriore Gesichtslage können, bei günstigen räumlichen Gegebenheiten, eine spontane oder operative vaginale Entbindung zulassen. Eine **mentoposteriore** Gesichtslage gilt demgegenüber als **geburtsunmöglich**.

Sonstige Anomalien der Frucht

Nur selten wird eine Geburt dadurch pathologisch, daß ein anderer Teil als der Kopf zum Störfaktor wird. In Frage kommen größere **Steißteratome**, die nach einem zunächst unauffälligen Geburtsverlauf zum Steckenbleiben des schon partiell geborenen Kindes führen können.

Störungen der Anpassung (Einstellungsanomalien)

Der Geburtsvorgang ist ein Adaptationsphänomen. Der Kopf muß den ihm gebotenen Raum optimal zu nutzen verstehen. Bleibt diese Anpassung aus, so kann es auch bei normalen Maßen von Kopf bzw. Geburtskanal zu einem Stillstand der Geburt kommen In diesem Sinne sind vor allem zwei typische Besonderheiten erwähnenswert:

- **Hoher Gradstand**
- **Tiefer Querstand**

Beim **hohen Gradstand** – einer Beckeneingangskomplikation – steht der Kopf mit der Pfeilnaht im geraden Durchmesser des Beckeneingangs, also senkrecht zu der optimalen normalen Einstellung. Dies kann Zufall oder bereits Folge einer Beckenanomalie (z. B. langes Becken, rachitisches Becken) oder eines Hindernisses sein. Der hohe Gradstand kann persistieren (und macht dann die Schnittentbindung nötig) oder durch Nachholen der Anpassung, also Drehung in den Beckeneingang hinein, zur Normalgeburt führen. Gelegentlich kann ein kleiner Kopf den Geburtskanal vom Beckeneingang bis zum Beckenausgang im geraden Durchmesser passieren.

Der **tiefe Querstand** ist eine Beckenausgangskomplikation. Die Rotation des Hinterhauptes nach vorn ist ausgeblieben, die Pfeilnaht steht auf dem Beckenboden quer. In dieser Position kann der Kopf nicht durch den gradovalen Beckenausgang geboren werden. Über therapeutische Maßnahmen s. S. 231, 271!

Es sei noch ergänzt, daß, wenn auch selten, die **hintere Scheitelbeineinstellung** (s. Abb. 8.4) sowie die **mentoposteriore Gesichtseinstellung** (-lage) als Geburtskomplikation bedeutsam werden können. Beide Konstellationen zwingen zur Schnittentbindung.

Klinische Manifestation gestörter Geburtsmechanik

Die verschiedenen oben beschriebenen Anomalien von Geburtskanal, Geburtsobjekt und Anpassung können sich sub partu in einer z. T. identischen Weise manifestieren. Es kann zum **Geburtsstillstand** und/oder mitunter zu einer **Störung des kindlichen Befindens** kommen.

Der Geburtsstillstand kann in jeder Ebene des Geburtskanals aufteten. Wir unterscheiden demnach:

- **Beckeneingangskomplikationen**
- **Beckenmittenkomplikationen**
- **Beckenausgangskomplikationen**

Das klinische Handeln wird vornehmlich durch diese Unterschiede bestimmt und nur bedingt von der jeweiligen Ursache des Geburtsstillstandes. Wir geben nachfolgend eine Zusammenstellung der praktisch wichtigen Grundsätze ärztlichen Handelns. Von der Darstellung sind Querlagen, Beckenendlagen und Komplikationen durch Placenta praevia ausgenommen, da sie spezieller Berücksichtigung bedürfen.

Beckeneingangskomplikationen

▶ Befunde

Normalerweise ist **bei Geburtsbeginn der Kopf bei der Erstgebärenden eingetreten**, d.h. die Leitstelle in der unteren Schoßfugenrandebene tastbar. Bei Mehrgebärenden sollte der Kopf bei guter Wehentätigkeit (!) zumindest im Beckeneingang zentriert sein und »**aufsitzen**«. Ausgesprochen pathologisch und Ausdruck eines **relativen Mißverhältnisses** sind folgende Tatbestände, besonders dann, wenn sie auch bei guter Wehentätigkeit längere Zeit persistieren (Abb. 8.9):

- Hochstand des Kopfes
- Auffallende Beweglichkeit
- Vorspringen des Schädels über die Symphyse

Die genannten Befunde zeigen, daß der Kopf nicht in den Geburtskanal eingetreten ist bzw. nicht eintreten kann.

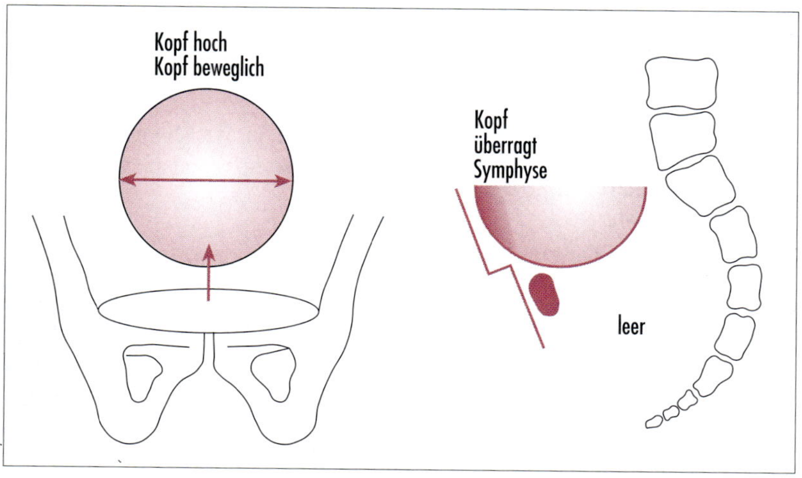

Abb. 8.9 Hinweise auf ein relatives Mißverhältnis im Beckeneingang.

▶ **Ursachen**

Ursachen dieser Beckeneingangsschwierigkeit können sein:

- **Kopf absolut zu groß:**
  - Riesenkind
  - Hydrozephalus
- **Becken für den Kopf zu klein:**
  - allgemein verengtes Becken
  - rachitisches Becken
- **Hindernis im kleinen Becken:**
  - Tumoren (Zervixmyom, Ovarialtumor, Osteome)
  - vorliegender oder vorgefallener Arm
  - Placenta praevia
- **Adaptationsstörungen:**
  - Einstellungsanomalien, z.B. hoher Gradstand (ca. 1,5%), dorsoposteriore Einstellung, hintere Scheitelbeineinstellung

Eine Störung der Anpassung des Geburtsobjektes an den Geburtskanal bei an sich normalen Maßen wird begünstigt bei:

- Beckenformvarianten (androides bzw. anthropoides Becken)
- Steilem Beckeneingang (langes Becken!)
- Deflexionslagen

> ! Der Verdacht auf eine Beckeneingangskomplikation muß bei Haus- oder Praxisentbindung die **sofortige Einweisung der Kreißenden** in ein Krankenhaus zur Folge haben, da Kind und evtl. auch Mutter gefährdet sind. Letzterer droht unter Umständen die Uterusruptur!

▶ **Diagnose**

Das klinische Vorgehen hat nach sicherem Ausschluß einer Wehenschwäche zunächst eine **Abklärung der Ursache** zum Ziel. Da äußere Palpation und innere Untersuchung nur in Extremfällen zur sicheren Diagnose führen (z.B. Nachweis breit klaffender Schädelnähte beim Hydrozephalus), müssen **weitere Untersuchungsmethoden** eingesetzt werden, sofern der Zustand des Kindes, der bei Beckeneingangskomplikationen häufig frühzeitig auffällig erscheint, nicht schon seinerseits zur Schnittentbindung zwingt:

- Sonographie
- Computertomographie (»Topogramm«)
- Kernspintomographie

Die konventionelle Röntgendiagnostik (Abb. 7.12) ist überholt und nur als Notbehelf akzeptabel.

▶ **Therapie**

Die Therapie richtet sich nach dem Ergebnis der verschiedenen Untersuchungen. Ergibt sich kein Anhalt für ein tatsächliches räumliches Mißverhältnis, so kann unter Anregung einer guten Wehentätigkeit bis zum Blasensprung eine Änderung des Befundes abgewartet werden, sofern die laufende Überwachung des Kindes von dieser Seite her keine vorherige Indikation zur Geburtsbeendigung abgibt.

> ! Bei Persistenz der Beckeneingangskomplikation, ausgesprochen ungünstigen Tatbeständen oder Störungen des kindlichen Befindens muß die **Schnittentbindung** erfolgen.

Beckenmittenkomplikationen

▶ **Befunde**

Auch bei guter Wehentätigkeit kann es zum Geburtsstillstand in Beckenmitte kommen.

▶ **Ursachen**

- **Beckenanomalien**, vor allem das Kanalbecken, bei dem die Kreuzbeinwölbung fehlt und dadurch eine Verkürzung des geraden Beckenmittendurchmessers resultiert
- **Haltungsanomalien**, z. B. Deflexion des Kopfes
- **Einstellungsanomalien** im Sinne einer Rotation des Hinterhauptes nach hinten

▶ **Diagnose**

Einige Ursachen (Haltungs- oder Einstellungsanomalie) lassen sich bereits durch vaginale Tastuntersuchung definieren. Ansonsten werden die genannten Spezialmethoden zur konkreten Abklärung herangezogen (s. S. 283), falls dies therapeutische Alternativen erwarten läßt!

> ! Der Geburtsstillstand in Beckenmitte muß die **Krankenhauseinweisung** veranlassen.

▶ **Therapie**

Nach Information über die räumlichen Gegebenheiten und die Haltung bzw. Einstellung des Kopfes wird unter Berücksichtigung der Parität, der Wehentätigkeit, der Geburtsdauer und des kindlichen Befindens entschieden, ob ein weiteres **Abwarten** (Wehenmittelgabe bei Wehenschwäche) gerechtfertigt oder eine **operative Entbindung** zweckmäßig ist. (s. S. 271).

Beckenausgangskomplikationen

Nach bisher unauffälligem Geburtsverlauf kann es noch im Beckenausgang zu einer Verzögerung der Geburt oder zum **Stillstand** kommen.

▶ **Ursachen**

- Wehenschwäche
- Rigide Weichteile
- Abnormes Gebärverhalten der Kreißenden (s. S. 219)
- Spitzer Schambogen
- Stark vorspringendes, unnachgiebiges Steißbein
- Ungünstige Kopfhaltung (Deflexion)
- Dorsoposteriore Einstellung bei Hinterhauptslage
- Tiefer Querstand

Eine Komplikation besonderer Art ist die sog. **Schulterdystokie**, bei der **nach der Geburt des Kopfes** die weitere Entwicklung des Kindes auf Schwierigkeiten stößt. Schuld sind eine relativ zu große Schulterbreite (großes Kind), eine Beckenanomalie oder ein tumoröses Hindernis, welche den Durchtritt der Schulter hemmen.

▶ **Diagnose**

Die Diagnose ist durch Beobachtung (Wehenqualität) und die geburtshilflichen Untersuchungen zu stellen.

▶ **Therapie**

Die Therapie erfolgt je nach Ursache. Bei insuffizienter Wehentätigkeit **Wehenregulierung**.
Bei **tiefem Querstand** bzw. bei Tendenz zur dorsoposterioren HHL **Seitenlagerung** (zur Seite der kleinen Fontanelle). Mitunter folgen Drehung und Spontangeburt, ggf. **operative Geburtsbeendigung** mittels Zange (s. S. 272) oder, bei Mehrgebärenden und normaler Einstellung, evtl. Vakuumextraktion nach ausgiebiger lateraler Episiotomie.
Bei der **Schulterdystokie** ist therapeutisch eine Verlängerung der Episiotomie geboten, evtl. auch ein Drehungsversuch der Schulter notwendig.

8.3 Lageanomalien

> ! Schräg-, Quer- und Beckenendlage stellen unter der Geburt einen pathologischen Tatbestand dar. Während die **Querlage** eine absolut geburtsunmögliche Lage ist, kann das Kind bei einer Beckenendlage durchaus per vias naturales geboren werden.
> Jede Beckenendlage, Schräglage und Querlage muß **primär** ins Krankenhaus eingewiesen werden.

Beckenendlage

In 3,5–4% der Geburten stellt sich das Kind in Beckenendlage (BEL) zur Geburt. Je nach vorangehendem Teil unterscheiden wir dabei:

- **Fußlage** (Rumpfumfang etwa 24 cm)
- **Steiß-Fuß-Lage** (Umfang etwa 32 cm, selten)
- **Steißlage** (Umfang etwa 27 cm, häufigste Art)

Bei der Fußlage kann man noch die unvollkommene (ein Fuß führt, der zweite ist hochgezogen oder hochgeschlagen) von der vollkommenen Fußlage unterscheiden.

Die geburtshilflich ungünstige Bedeutung der Beckenendlage ergibt sich aus verschiedenen Tatbeständen:
Der vorangehende **Steiß bzw. die Füße sind als Dilatator** ungeeignet, zumindest weniger geeignet als der rundlich-glatte, unnachgiebige Schädel. Die Dehnung des Geburtskanals wird erschwert und bleibt, hinsichtlich des erreichten Lumendurchmessers, unvollständig.

> ! Von einem bestimmten Moment an wird durch die umgebenden Geburtskanalweichteile bzw. den nachfolgenden Kopf zwangsläufig die **Nabelschnur komprimiert**. Dies bedeutet Einschränkung der fetalen Blutzirkulation und damit **Gefährdung des Feten**. Daraus ergibt sich die Notwendigkeit, von diesem Gefährdungsaugenblick an das Kind innerhalb kürzester Frist, d.h. optimal in 20–60 Sek., zu entwickeln.
> Die erwähnte schnelle Entwicklungsnotwendigkeit des kindlichen Kopfes steht jedoch im Widerspruch zu der bis dahin unzureichenden Vordehnung des Geburtskanals. Der Kopf muß also in kurzer Frist gegen einen erhöhten Widerstand

! durch den Geburtskanal gezogen werden. Dies bedeutet eine erhebliche Belastung jener kindlichen Organstrukturen, die den Zug auf den Kopf übertragen (Wirbelsäule, Hals), sowie eine **erhebliche Druckbelastung** des Kopfes selbst.

Die Zahl **neurologisch auffälliger Kinder** ist nach Beckenendlagengeburten am größten und liegt deutlich höher als bei Kindern, die mittels Schnittentbindung, Forzeps oder Vakuumextraktor geboren worden sind.
Der Tatbestand einer Beckenendlagenschwangerschaft ist mit einer erhöhten Häufigkeit von Hüftgelenksdysplasien verbunden.

▶ **Diagnose**

Die Diagnose ergibt sich aus dem typischen Befund: mit dem 3. Leopold-Handgriff fühlt man einen weichen vorangehenden Teil, während der Kopf im Fundus tastbar ist. Bei vaginaler Untersuchung stößt man auf die Sitzbeinknochen und, je nach Fall, auf die Füße bzw. Zehen. Die Herztöne sind in Nabelhöhe oder darüber am besten hörbar. Nach dem Blasensprung wird beim Tiefertreten des Steißes Mekonium ausgepreßt. Seltene Zweifel beseitigt die Sonographie.

▶ **Therapie**

! Alle Kreißenden mit einer Beckenendlage gehören ins Krankenhaus.

Der Versuch, das in BEL befindliche Kind durch äußere, manuelle Manipulation in Schädellage zu bringen **(äußere Wendung)**, ist nicht sehr aussichtsreich und auch nicht ungefährlich, verlangt also strenge Indikationsstellung sowie optimale Rahmenbedingungen. Er ist nur in Sectiobereitschaft (inkl. Leitungsanästhesie), unter Tokolyse sowie Ultraschallkontrolle zulässig.
Bei der **Erstgebärenden** wird im Hinblick auf die besonders große Gefährdung des Kindes (hohe Weichteilwiderstände) zumeist (also nicht ausschließlich!) die primäre **Schnittentbindung** bevorzugt.
Bei **Mehrgebärenden** ist durch die vorausgegangene Geburt (»Probegeburt«) der Geburtskanal bereits vorgedehnt, ferner erwiesen, daß er räumlich für die Geburt eines Kindes ausreicht. Sofern allerdings das erste Kind sehr klein war oder die Geburt sehr protrahiert erfolgte, ist auch bei der Mehrgebärenden zunächst abzuklären, wie groß das jetzige Kind etwa sein wird (Sonographie) und ob die räumlichen Gegebenheiten für eine Beckenendlagengeburt ausreichend sind (s. S. 283, Abb. 9.5 b). Wenn bei günstigen Primärkonstellationen auch der Geburtsverlauf unauffällig bleibt, wird das Kind mittels der sog. **Manualhilfe** per vias naturales entwickelt (s. S. 277).
Bei diesem expektativen Vorgehen mit dem Ziel der vaginalen Geburt ist ganz besondere Aufmerksamkeit notwendig (Risikogeburt!) und die Reanimation vorzubereiten.
Bei den folgenden ungünstigen Konstellationen wird man auch bei der Mehrgebärenden die **primäre Sectio** bevorzugen:

- Frühgeburt vor der 36. Woche
- Relativ großes Kind
- Fußlage
- Gefährdetes Kind (z. B. Rh-Inkompatibilität, Wachstumsretardierung)
- Vorzeitiger Blasensprung (besonders bei Infektionsanzeichen)

Im letzteren Fall kann sich bei voll eröffnetem MM die manuelle Extraktion als Alternative anbieten.
Eine **sekundäre Sectio** ist zu erwägen bei:

- Frühzeitigem Blasensprung (drohender Nabelschnurvorfall)
- Schleppendem Geburtsfortschritt
- Zeichen gestörten Fetalbefindens

Die Sectiofrequenz bei der BEL schwankt insgesamt zwischen 50 und 80%.

Querlage

Bei 0,5–1% aller Geburten befindet sich das Kind bei Geburtsbeginn in Quer- bzw. Schräglage. Ursächlich zu berücksichtigen sind:

- Anomalien des Geburtsobjektes (abnorm kleine Kinder, Gemini)
- Anomalien des Fruchthalters (Schlaffheit, Überdehnung, Hydramnion)
- Anomalien des Geburtskanals (enges Becken, steiler Beckeneingang)
- Placenta praevia

Wir unterscheiden die **einfache Querlage**, bei der, bei fehlender oder noch geringer Wehentätigkeit, noch keine unmittelbaren Gefahren drohen, von der **verschleppten Querlage**.

Einfache Querlage

▶ **Diagnose**

Die frühzeitige Vermutungsdiagnose »Querlage« ist einfach:

- Fundus uteri steht niedriger als erwartet
- Uterus lädt beiderseits weit aus
- Kleines Becken ist leer (Abb. 8.10)
- Der Kopf läßt sich in einer Seite des Uterus palpieren.

Die Sicherung der Diagnose erfolgt durch die Ultraschalldiagnostik.

▶ Therapie

! Sofortige Krankenhauseinweisung. Therapeutisch ist in der Regel die **primäre Schnittentbindung** obligatorisch.

Die eigentliche **Gefahr für Mutter und Kind** setzt erst mit dem **Blasensprung** ein. Um Zeit für vorbereitende Maßnahmen (Transport, Op.-Vorbereitung) zu gewinnen, muß daher alles getan werden, um diesen Blasensprung zu vermeiden bzw. aufzuschieben:

- Wehenhemmung (Buphenin oder Fenoterol i. v.)
- Vermeidung körperlicher Belastung (z.B. beim Transport)
- Beckenhochlagerung
- Vorsicht bei der Untersuchung

Der Versuch, das Kind durch manuelle Manipulation von außen in eine geburtsmögliche Längslage zu bringen **(äußere Wendung),** ist nicht ungefährlich und sollte nur bei spezieller Erfahrung und in Operationsbereitschaft erfolgen.

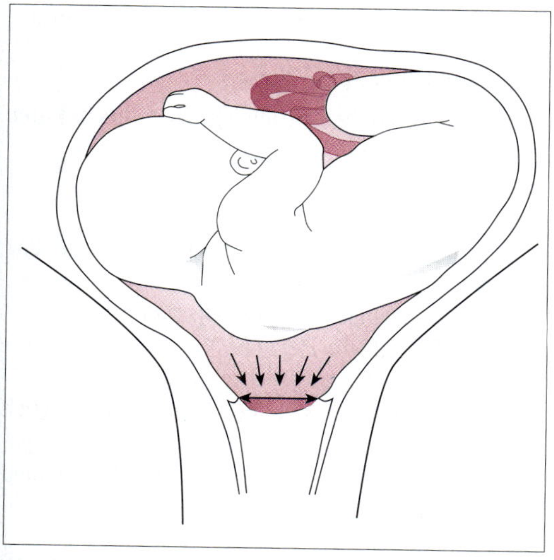

Abb. 8.10 Zweite dorsoinferiore Querlage. Unvollständige Muttermundseröffnung, ungehemmte Druckentfaltung am unteren Eipol mit Tendenz zum frühzeitigen Blasensprung.

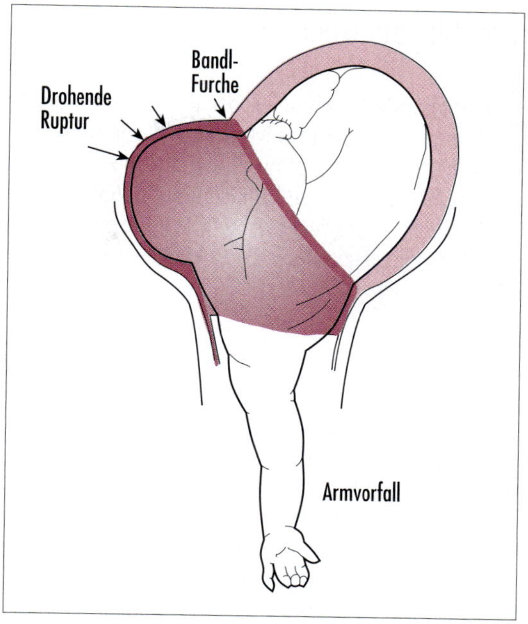

Abb. 8.11 Verschleppte Querlage. Zustand nach Blasensprung. Armvorfall. Drohende Ruptur.

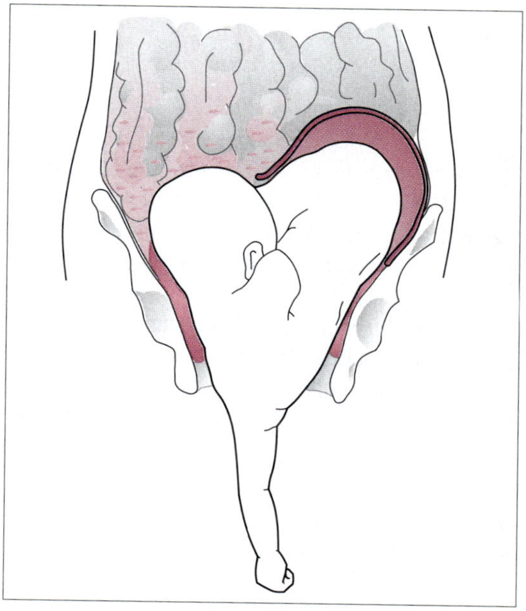

Abb. 8.12 Uterusruptur bei verschleppter Querlage.

Bei Zwillingsgeburten, bei denen sich das zweite Kind in Querlage befindet, ist bei dem weit offenen MM ein Fassen der Füße und, unterstützt durch äußeres Hochdrücken des Kopfes, eine Drehung des meist kleinen Kindes in BEL möglich (**innere, kombinierte Wendung**); ihr folgt die Extraktion.

Verschleppte Querlage

> ! **Unbehandelt** kommt es bei der Querlage nach einer meist zögernden Muttermunderöffnung und nach dem Blasensprung (Abb. 8.10) zum Armvorfall und/oder zum Einkeilen der Schulter, zum Abknicken der Frucht (Abb. 8.11) und damit zum Tatbestand der äußerst bedrohlichen verschleppten Querlage.

▶ Symptome

Die Wehentätigkeit wird zunehmend stärker und schmerzhafter, die Einzelwehe länger, bis zur Dauerkontraktur. Unter zunehmender **Unruhe** der Kreißenden drohen schließlich **Uterusruptur** (Abb. 8.12), Schock und Verblutung.
Das Kind ist meist schon vorher abgestorben, entweder durch den bei der Querlage häufigen Nabelschnurvorfall beim Blasensprung oder später unter dem Eindruck der unphysiologisch angreifenden Geburtskräfte.

▶ Diagnose

Die Diagnose »verschleppte Querlage« und »drohende Uterusruptur« ergibt sich, wenn **zusätzlich zur Querlagendiagnose** folgende Tatbestände gegeben sind:

- Blasensprung liegt länger zurück
- Kind ist unbeweglich
- Evtl. Armvorfall, Schultereinkeilung
- Zunahme schmerzhafter Wehen
- Zunehmende Druckempfindlichkeit des unteren Uterussegmentes
- Zunehmende Unruhe der Kreißenden

▶ Therapie

> ! Bei gesicherter Diagnose wird die sofortige **Laparotomie** nötig. **Tokolyse!** Jeder Wendungsversuch ist unzulässig!

Durch eine i.v. Tokolyse läßt sich die bedrohliche Wehentätigkeit hemmen; damit wird Zeit für den Transport bzw. die Vorbereitung zur Laparotomie gewonnen.

8.4 Uterusruptur

> Unter Uterusruptur versteht man die Zerreißung der Uteruswand. Sie kann **komplett** oder **inkomplett** sein (Serosaüberzug des Uterus ist noch intakt), im korporalen Bereich oder im unteren Uterinsegment auftreten.
> Ursächlich handelt es sich stets um ein **Mißverhältnis zwischen Wandbelastbarkeit und definitiver Belastung**.

Vom Zeitpunkt bzw. von den Begleitumständen her haben wir zu unterscheiden:

- Ruptur des wehenlosen Uterus
- Ruptur unter der Geburt

Ruptur des wehenlosen Uterus

Die Ruptur der wehenlosen Gebärmutter, d.h. also die **Ruptur während der Schwangerschaft**, ist – sieht man von schweren Unfällen ab – nur bei einer **Vorschädigung der Uteruswand** zu erwarten. In diesem Sinne sind zu berücksichtigen:

- Vorausgegangene Schnittentbindungen
- Myomenukleation
- Operative Eingriffe bei Uterusmißbildungen
- Zustand nach manueller Lösung der Plazenta

Nach derartigen Eingriffen kann es bei späterer Schwangerschaft bereits unter dem Einfluß der Dehnungsvorgänge oder bei leichten Traumen zur Ruptur kommen.

▶ Symptome, Befunde und Diagnose

Die Diagnose ergibt sich im typischen, **hochakuten** Fall aus folgenden Erscheinungen:

- Plötzlicher abdominaler Schmerz
- Druckempfindlichkeit des Uterus
- Zunehmende Schocksymptome (traumatischer und hämorrhagischer Schock)
- Typische Anamnese (frühere Operationen)
- Fehlende kindliche Herztöne

Gelegentlich können sich die Erscheinungen auch **subakut** entwickeln, vor allen bei inkompletter, gedeckter Ruptur und im Bereich der Hinterwand (**»stille Ruptur«**).

▶ Therapie

Bei geringstem Verdacht sofortige Noteinweisung ins Krankenhaus. Vorher Anlegen einer Infusion, Verständigung des Krankenhauses. Dort wird nach Diagnosesicherung und Schockbekämpfung unverzüglich laparotomiert.

Ruptur sub partu (unter Weheneinfluß)

Die Geburtskräfte und andere mechanische Tatbestände werden sich naturgemäß bei einem vorgeschädigten, wandgeschwächten Uterus (s. o.) anders auswirken als bei einem gesunden Uterus. Dies ist zu beachten.

Bei gesundem Uterus

Der normale Uterus rupturiert nur bei **extremer Krafteinwirkung**. Derartig pathologisch gesteigerte Wehen finden sich bei:

- Extremer Wehenmittelüberdosierung
- Als Reaktion bei geburtsmechanischen Schwierigkeiten

In solchen Fällen versucht der Uterus, das »Hindernis« durch immer stärkere Kraftentfaltung zu überwinden. Bei folgenden Tatbeständen ist dies jedoch nicht möglich:

- Querlage
- Hydrozephalus
- Mentoposteriore Gesichtslage
- Zu enges Becken
- Hindernis im Geburtskanal (Tumor u. a. m.)

Nach einer Phase deutlicher Prodromalerscheinungen **(drohende Ruptur)** kommt es dann zwangsläufig zur **Uterusruptur** (Abb. 8.12). Schließlich kann es bei geburtshilflichen Eingriffen (Zange, Wendung) zu Uterusverletzungen im Sinne einer Ruptur kommen **(violente Ruptur)**.

▶ Symptome und Befunde

Drohende Ruptur: Hinweise auf eine drohende Ruptur (s. a. Tab. 8.1) sind folgende Symptome:

- Verstärkung der Wehentätigkeit
- Schmerzempfindlichkeit auch in der Wehenpause (!)
- Druckempfindlichkeit im unteren Uterinsegment
- Hochsteigen der Bandl-Furche (s. Abb. 8.11)
- Unruhe der Kreißenden
- Störung des kindlichen Befindens

Ruptur: Die Zerreißung selbst geht mit folgenden Erscheinungen einher:

- Vernichtender, akuter abdominaler Schmerz
- Befunde des akuten Abdomens
- Schock (traumatisch + hämorrhagisch)
- Abruptes Sistieren der Wehentätigkeit (Entlastung)
- Keine kindlichen Lebensäußerungen mehr.

▶ Diagnose

Die Diagnose ist im typischen Fall (geburtsmechanische Komplikationen, Wehensturm, Zeichen der drohenden Uterusruptur) leicht zu stellen. Demgegenüber können Rupturen anläßlich geburtshilflicher vaginaler Operationen infolge der dabei vorhandenen Narkose zunächst unerkannt bleiben. Erst die sich entwickelnden Schocksymptome deuten auf die Möglichkeit einer derartigen Verletzung hin.

▶ Therapie

Bei drohender Ruptur:

- Sofort die Wehenhemmer Buphenin (Dilatol) oder Fenoterol (Partusisten) i. v.
- Narkoseeinleitung
- »Eilsectio«

Tab. 8.1 Reaktion des gesunden Uterus und des vorgeschädigten Uterus.

Disposition	**Wirksame, gefährdende Kräfte**
Gesunder Uterus: keine primäre Disposition	Uterine Hyperaktivität Wehensturm, d. h. bei **Wehenmittelmißbrauch oder geburtsunmöglichen Situationen:** – Querlage – mentoposteriore Gesichtslage – Hydrozephalus – enges Becken – Tumoren im Geburtskanal – Armvorfall Schweres äußeres Trauma Geburtshilfliche Operation (Zange, Wendung)
Vorschädigung des Uterus: Sectio Myomoperation Mißbildungsoperation Manuelle Lösung	**Die Ruptur ist auch ohne die oben erwähnten Voraussetzungen möglich!** Es genügen: – Dehnung in graviditate – Trauma, evtl. minimal – normale Geburtswehen Geburtshilfliche Operation (Zange, Wendung)

Diese Maßnahmen dienen dazu, der Ruptur mit all ihren Gefahren noch zuvorzukommen. Bei **erfolgter Ruptur** müssen Schockbekämpfung und Laparotomie Hand in Hand gehen.

Bei vorgeschädigtem Uterus

Einerseits kann die Ruptur unter den gleichen Erscheinungen, wie oben für den gesunden Uterus beschrieben, auftreten. Andererseits kann es auch bei einer sonst unauffälligen Geburt ohne jegliche Prodromalerscheinungen zu einer **unerwarteten** Ruptur kommen (Narbenruptur).

Die beachtenswerten Unterschiede zwischen der Reaktion des gesunden und des vorgeschädigten Uterus sind in Tab. 8.1 zusammengestellt.

▶ Symptome

Die Ruptur kann sich **unübersehbar** durch einen plötzlich eintretenden abdominalen Schmerz und nachfolgende Schocksymptome äußern, aber auch zunächst unbemerkt bleiben **(stille Ruptur)**. Verglichen mit der Ruptur des gesunden Uterus sind die klinischen Symptome wesentlich geringer. Um so aufmerksamer muß die Entbindung nach früheren Eingriffen am Uterus durchgeführt werden, sie ist a priori als **Risikogeburt** anzusehen.

▶ Therapie

Wie oben.

8.5 Anomalien der Wehentätigkeit

Von der bereits beschriebenen normalen Wehentätigkeit gibt es drei grundsätzliche Abweichungen (Abb. 8.13):

- Hypotone bzw. normotone (»echte«) Wehenschwäche
- Hypertone Motilität (»Pseudowehenschwäche«)
- Uterine Hyperaktivität (»Wehensturm«)

Hypotone bzw. normotone Wehenschwäche

Man spricht zu Recht von Wehenschwäche, wenn die Wehen unter der Geburt **zu selten, zu kurz und/oder zu schwach** (niedrige Amplitude) sind. Dabei ist der Ruhe- oder Basistonus normal oder ebenfalls abgeschwächt (vgl. Abb. 8.13).

Die hypotone Wehenschwäche kann von Geburtsbeginn an ausgeprägt sein (**primäre Wehenschwäche**, »slow starter«) oder sich erst im Verlauf einer Geburt entwickeln (**sekundäre Wehenschwäche**, Ermüdungsschwäche), wobei individuelle Gegebenheiten (Alter, Multiparität, Hydramnion, Gemini usw.) oder geburtsmechanische Fakten bedeutsam sind (Deflexionslagen, großes Kind, erhöhte Widerstände usw.).

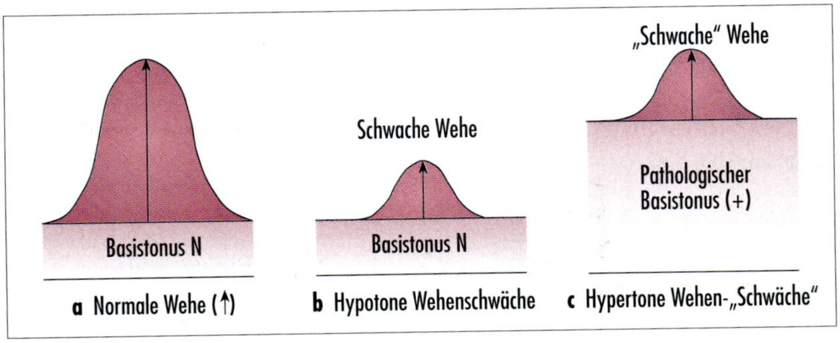

Abb. 8.13 Wehentypen.
a Normale, kräftige Wehe bei normalem Basistonus
b Schwache Wehe bei normalem Basistonus
c Schwache rhythmische Kontraktion bei pathologisch gesteigertem Basistonus

! Infolge der abgeschwächten Wehentätigkeit kommt es zwangläufig zur **Geburtsverzögerung**. Das Kind ist in der Eröffnungsphase nicht gefährdet. Erst in der Austreibungsphase kommt es durch die Protrahierung zu einem gewissen Risiko, dem man therapeutisch entgegenzuwirken hat.

▶ Diagnose

Die Diagnose ergibt sich aus der laufenden Beobachtung der Kreißenden. In idealer Weise kann die Wehentätigkeit mittels der modernen **Tokographie** (evtl. interne Wehendruckmessung) analysiert werden. Die wichtige Abgrenzung der hypertonen Motilität ist durch Uteruspalpation in der Wehenpause möglich.

▶ Therapie

Vor der Behandlung jeder Wehenschwäche sind zunächst stärkere Mißverhältnisse zwischen Geburtsobjekt und Geburtskanal sowie ein Mißbefinden des Kindes (HT?) auszuschließen. Als Maßnahme zur Beseitigung der hypotonen und normotonen Wehenschwäche kommen in Frage:

- Abführmaßnahmen (Einlauf)
- Blasenentleerung (die Blasenfüllung wirkt wehenhemmend!)
- Wärme
- Ggf. Ermöglichung einer Schlaf- bzw. Ruhepause oder
- Gabe von Wehenmitteln

Schlaf- oder Ruhepause: Die Schlaf- oder Ruhepause kommt nur bei erschöpften Kreißenden und auch nur dann in Frage, wenn der Muttermund noch nicht weiter als 5 cm und das Befinden des Kindes ungestört ist. Man gibt Pethidin, evtl. in Verbindung mit Promethazin. Besser ist das Anlegen einer Periduralanästhesie, die der Schwangeren eine vollkommene Schmerzfreiheit und damit die Möglichkeit zur Schlaf- und Ruhepause schafft.

Wehenmittel und ihre Dosierung: Der physiologische Wirkstoff zur Wehenanregung ist das vom Hypophysenhinterlappen gebildete **Oxytozin**. Es wird in synthetischer, reiner Form verwendet (Syntocinon) und nach Voegtlin-Einheiten (VE) standardisiert. Die Dosierung des Oxytozins hängt u. a. von der Applikationsart ab!

- Die **intravenöse** Applikation von Oxytozin mittels Infusionspumpe ist heute als Methode der Wahl anzusehen. Sie ist nur unter kontinuierlicher und sehr sorgfältiger Überwachung von Mutter und Kind zulässig.
- Die **intramuskuläre** Applikationsart dürfte nur noch selten in Frage kommen. Man appliziert 0,25–0,5–1 VE i.m. Diese Dosis kann, je nach Effekt, in halbstündigen Intervallen wiederholt werden.
- Es besteht die Tendenz, anstelle der Oxytozininfusion **Prostaglandine** vaginal zu applizieren.
- Schließlich kann, bei bereits eröffnetem Muttermund, auch eine **Blasensprengung** Wehenanreize auslösen.

Bei Beckenendlage und Zwillingsentbindung ist besondere Behutsamkeit bei der Dosierung angezeigt.

! Oxytozingaben sind unter folgenden Umständen kontraindiziert:

- Beeinträchtigung des kindlichen Befindens (schlechte Herztöne usw.)
- Bei Verdacht auf Nabelschnurkomplikation
- Nachweisbares eindeutiges Mißverhältnis bzw. Querlage

Die in der Nachgeburtsperiode und im Wochenbett gebräuchlichen Kontraktionsmittel der **Secale-Gruppe** sind vor der Geburt des Kindes absolut kontraindiziert!

Hypertone Motilität (hypertone »Wehenschwäche«)

In diesen Fällen ist die myometriale Aktivität nur scheinbar »schwach«, nämlich am geburtshilflichen Effekt gemessen. In Wirklichkeit ist der **Ruhe- oder Basistonus permanent erhöht** (Abb. 8.13).

Die zusätzliche rhythmische Kontraktion, die Wehe, kann also nur noch gering sein (deshalb die Einordnung als »Wehenschwäche«!).

▶ Symptome

Die MM-Eröffnung ist träge, oft ziehen sich MM bzw. unteres Uterinsegment sogar während der Wehen zusammen. Die Koordination der verschiedenen Myometriumbereiche ist offensichtlich gestört. Infolge des permanent erhöhten Druckes ist das **Kind** in utero einer ständigen zusätzlichen Belastung ausgesetzt und durch die verminderte Durchblutung des intervillösen Raumes von Anfang an **gefährdet**.

▶ **Diagnose**

Die Diagnose ist unschwer aus den genannten Besonderheiten der Wehe und dem während der Wehenpause erhöhten Ruhetonus (Uterus wird nicht richtig weich!) zu stellen, ggf. mittels intrauteriner Wehendruckmessung.

▶ **Therapie**

! Bei hypertoner Uterusmotilität (der Begriff Wehenschwäche ist mißverständlich!) sind Oxytozinpräparate kontraindiziert.

Statt dessen muß eine **Senkung des erhöhten Grundtonus** angestrebt werden:
- Typische Tokolyse mittels β-Mimetika (z.B. Fenoterol, Buphenin; Nebenwirkungen s. S. 250), evtl. zugleich Magnesiumgabe
- Periduralanästhesie

Uterine Hyperaktivität (»Wehensturm«)

Während eine mäßig verstärkte Wehentätigkeit unter Umständen durchaus günstige Wirkungen haben kann, entwickeln sich mit zunehmender Wehenstärke, Dauer und Häufigkeit **Gefahren für Mutter und Kind** und erreichen schnell ein bedrohliches Ausmaß. Eine erhebliche reaktive Verstärkung der Wehentätigkeit ist vornehmlich in folgenden Fällen zu erwarten:
- Bei Wehenmittelüberdosierung
- Bei erheblichem Mißverhältnis, geburtsunmöglichen Lagen und hohen Widerständen im Geburtskanal

Im letzteren Fall bemüht sich der Uterus, den erhöhten Widerstand mit Gewalt zu überwinden.

Das Auftreten pathologisch verstärkter Wehen verlangt deshalb umgehende und sorgfältigste Kontrolle der geburtsmechanischen Gegebenheiten. Zum sicheren Ausschluß von geburtsunmöglichen Lagen bzw. Geburtshindernissen müssen alle diagnostischen Möglichkeiten eingesetzt werden (s. S. 282 ff.). Ferner bedarf das Kind sorgfältiger, kontinuierlicher Überwachung.

▶ **Therapie**

Bei **geburtsmechanischen Komplikationen:** operative Entbindung.
Bei **kindlicher Gefährdung:** operative Entbindung.
Als **Sofortmaßnahme:** Tokolyseeinleitung. Je nach Dringlichkeit entweder Fenoterol-Inhalationsspray (Berotec) mit nachfolgender Bupheninfusion bzw. sehr langsame Direktinjektion von einer Ampulle Buphenin i.v. oder gleich Anästhesieeinleitung bei Op.-Indikation.

8.6 Regelwidrige Geburtsdauer

Im Zusammenhang mit der Abhandlung der normalen Geburt wurde auch die typische Dauer der Geburt bei Erst- und Mehrgebärenden genannt. Abweichungen davon können im Sinne einer extrem schnellen Geburt sowie einer Verzögerung aufteten.
Die **Beschleunigung** kann für das Kind gefährlich werden, wenn es, z.B. bei zu starker Wehentätigkeit, mechanischen Belastungen unzuträglicher Art und Stärke ausgesetzt wird. Das Kind nach einer abnorm schnellen Geburt ist als Risikokind zu betrachten.
Eine **verzögerte Geburt** ist immer als deutliches **fetales Risiko** anzusehen. Die Verzögerung hat Ursachen, die häufig eine abnorme mechanische Belastung des Feten implizieren (Beckenanomalie; großes Kind; Haltungs- oder Einstellungsanomalien u.a.). Auch die straffe Umschließung des Kopfes durch das untere Uterinsegment nach dem Blasensprung setzt den Feten bei Passageverzögerung, z.B. bei Wehenschwäche, einer mit zunehmender Dauer inadäquaten Belastung aus, um so mehr, je tiefer der Kopf zum Zeitpunkt der Verzögerung steht. Mit der Verlängerung der Austreibungsperiode steigt die Häufigkeit pathologischer CTG-Verläufe und **Azidosen**, also die Zeichen kindlicher Gefährdung (s. S. 258 ff.). Einzelheiten s. im Zusammenhang.

8.7 Plazentabedingte Komplikationen

Folgende Besonderheiten der Plazenta können Schwangerschaft und Geburt beeinflussen:
- **Placenta praevia**
- **Vorzeitige Lösung der normalsitzenden Plazenta**
- **Plazentainsuffizienz** (im weitesten Sinne)

Placenta praevia

Bei etwa 0,2–0,5% sitzt die Plazenta nicht – wie normal – im oberen und mittleren Teil des Corpus uteri, sondern inseriert tiefer und **reicht in zervikale Bereiche und damit in den Geburtsweg hinein**.
Da bei einer zu tief (»im Wege«) sitzenden, partiell gelösten Plazenta das Blut direkt durch den Muttermund abfließen kann, bestehen **keine Schmerzsymptome**.

Je nach dem Ausmaß der Dystopie unterscheidet man am Ende der Schwangerschaft folgende Schweregrade (Abb. 8.14):
- Placenta praevia totalis 20%
- Placenta praevia partialis 30%
- Placenta praevia marginalis } 50%
- Tiefer Sitz der Plazenta } 50%

Die Placenta praevia marginalis, die mit dem Rand an den Muttermund heranreicht, läßt sich klinisch schlecht vom sog. tiefen Sitz der Plazenta abgrenzen.

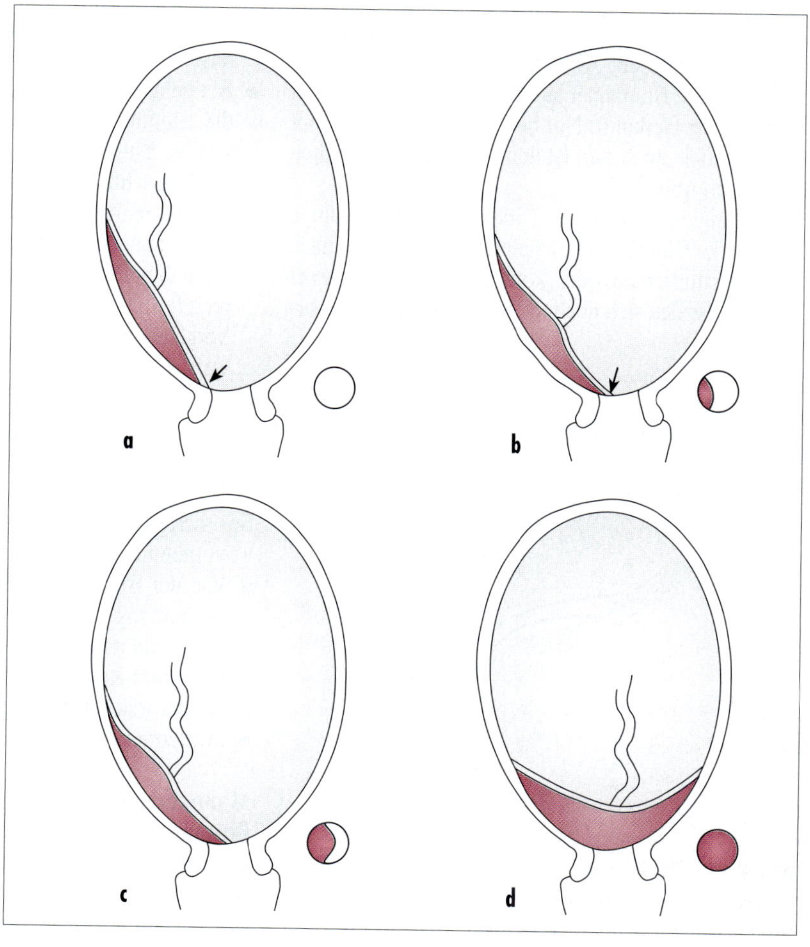

Abb. 8.14 **a** Tiefer Sitz der Plazenta. **b** Placenta praevia marginalis. **c** Placenta praevia partialis. **d** Placenta praevia totalis centralis

Die **Gefahren** der Placenta praevia sind vielfältig:

- Gefährdung der **Mutter** durch Blutungen ante partum, sub partu und in der Nachgeburtsperiode
- Gefährdung des **Kindes** durch Verminderung der plazentaren Austauschfläche sowie durch sekundäre Zirkulationsstörungen und, evtl., eigenen Blutverlust
- **Verlegung des Geburtsweges** bei Placenta »praevia« totalis, z.T. auch bei Placenta praevia partialis

Bei Placenta praevia beträgt die kindliche Mortalität 10%, die mütterliche liegt unter 1%.

Symptome

> ! Das typische Leitsymptom ist die **schmerzlose Blutung** im letzten Schwangerschaftsdrittel oder unter der Geburt.

Die Erklärung dafür ist einfach: Da die Placenta praevia zumindest partiell einem uterinen Bereich aufsitzt, der sich unter ihr gegen Schwangerschaftsende immer mehr ausdehnt (unteres Uterinsegment), kommt es zu Schichtverschiebungen und damit zur **Abscherung** und **schmerzlosen Ablösung gewisser Plazentabereiche**, die Blutungen auslöst. Das Blut ist zumeist mütterlicher Herkunft. Nur bei Zottenabrissen kommt es zusätzlich noch zur Blutung aus dem kindlichen Kreislauf (Abb. 8.15).

Die Blutungen können als Schmierblutung, mäßige oder starke Blutung in Erscheinung treten und je nach Fall intermittierend oder konstant sein. Bei starker Blutung werden sich noch die Symptome des Blutverlustes bei der Mutter (und evtl. auch bei dem Kind) äußern.

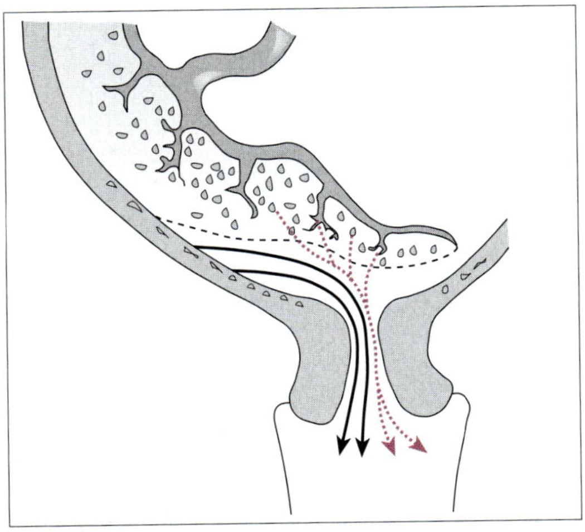

Abb. 8.15 Placenta praevia. Blutungsherkunft. Mütterliche Blutung im Ablösungsbereich (schwarze Linien) sowie – sicher seltener – kindliche Blutung aus verletzten Zottengefäßen.

> ! **Jede Blutung im letzten Schwangerschaftsdrittel** muß bei dem hohen Wahrscheinlichkeitsgrad einer Placenta praevia zur sofortigen **Klinikeinweisung** Veranlassung geben. Vorher keine Spekulumuntersuchung! Keine innere Untersuchung! Bei starker Blutung Krankenhaus verständigen, Infusion anlegen und den Transport begleiten.

Befunde und Diagnose

Das Allgemeinbefinden der Schwangeren steht mit der Stärke der Blutung in direkter Beziehung. Bei leichter bis mittlerer Blutungsstärke werden keinerlei Beschwerden geäußert, das Befinden ist ungestört.

- Der **äußere Tastbefund ist unauffällig**. Der durch die Placenta praevia z.T. erzwungene Hochstand des vorangehenden Teils wird nur bei Terminnähe-rung oder unter der Geburt als bemerkenswert registriert werden.
- Die kindlichen **Herztöne** sind bei leichten bis mittelschweren Fällen meistens gut.
- Bei behutsamer **Spekulumuntersuchung** läßt sich die Blutung ex ore objektivieren und eine anderweitige Blutungsursache (Karzinom, Ektopie, Varizen) ausschließen. Bei eröffnetem Muttermund ist evtl. Plazentagewebe sichtbar.
- Eine vaginale **Touchieruntersuchung** ist nur in Ausnahmefällen und in Operationsbereitschaft gerechtfertigt, wenn das vaginale oder abdominale Vorgehen bei Placenta praevia partialis entschieden werden soll.
- Durch **Ultraschall** läßt sich die Verdachtsdiagnose sichern und das Ausmaß der Dystopie feststellen.

Therapie

Das therapeutische Vorgehen nach Diagnosesicherung ist vornehmlich von folgenden Faktoren abhängig:

- Von der Blutungsstärke und damit von der akuten Gefährdung von Mutter und Kind. Erst in zweiter Linie sind noch bedeutsam:
- Erreichter Reifegrad des Kindes
- Art der Placenta praevia
- Muttermundweite, Dehnbarkeit, Parität

Maßnahmen bei starker, lebensbedrohlicher Blutung

Bei primärer starker Blutung oder einer massiven Verstärkung einer zunächst schwachen und exspektativ behandelten Blutung kommen ohne Rücksicht auf

eine evtl. Unreife des Kindes nur folgende Maßnahmen in Frage:
- Anlegen von i.v. Infusionen, **Schockprophylaxe bzw. -therapie**
- Abdominale **Schnittentbindung**, Transfusion

Maßnahmen bei leichter bis mittelstarker Blutung
Das therapeutische Vorgehen hängt sehr davon ab, ob die Blutung weit vor dem errechneten Geburtstermin auftritt oder am Ende der Schwangerschaft.

Vor der 36. Woche: Im Hinblick auf den oft schon sehr frühen Zeitpunkt der ersten Symptome (Kind noch unreif!) wird bei strenger Bettruhe abgewartet. Ein abwartendes Verhalten ist nur so lange zulässig, wie eine sorgfältige Überwachung des Kindes dessen Wohlbefinden erkennen läßt.

Die Gabe sedierender und uterusrelaxierender Medikamente trägt zum baldigen Sistieren oder zur Verminderung der Blutung bei. Buphenin oder Fenoterol werden obligatorisch, wenn eine Kontraktionsbereitschaft erwiesen ist. Bei 2/3 aller Fälle gelingt es, auf diese Weise Zeit zu gewinnen.

Es sollte möglichst versucht werden, wenigstens die 36.–37. Woche zu erreichen. Je näher der Geburtstermin heranrückt, um so eher wird man sich unter Berücksichtigung der Blutungsstärke zum aktiven Vorgehen entscheiden können.

In Terminnähe bzw. sub partu: Zwingt der Termin zur Entscheidung über die Geburtseinleitung oder setzen Wehen ein, so ist das geburtshilfliche Vorgehen vornehmlich vom Sitz der Placenta praevia abhängig.

Bei einer **Placenta praevia totalis** kommt nur die Schnittentbindung in Frage.

Bei der **Placenta praevia marginalis** wird man eine Entbindung per vias naturales anstreben: Ist der Muttermund bereits in Eröffnung, so wird die Fruchtblase behutsam instrumentell gesprengt, eine Oxytozininfusion angelegt und in Operationsbereitschaft abgewartet. Meist hat das Tiefertreten des kindlichen Kopfes eine Kompression des abgelösten Plazentalappens und damit eine Hämostase zur Folge.

Das Schwinden der Blutung darf nicht darüber hinwegtäuschen, daß noch immer eine Gefährdung des Kindes besteht. Man bedenke die eingeschränkte Plazentafunktion, d.h. die verminderte Anpassungsreserve des Feten bei erhöhter Belastung sub partu.

Bei der **Placenta praevia partialis** hängt das Vorgehen im Einzelfall ausschließlich davon ab, wie sich der abgelöste Plazentalappen bei der weiteren Muttermunderöffnung verhält und ob die Blutung bzw. das kindliche Befinden ein abwartendes Verhalten rechtfertigt.

Betreuung des Kindes post partum

Das Placenta-praevia-Kind ist auch post partum noch als **Risikokind** anzusehen. Es war de facto einer Plazentainsuffizienz ausgesetzt, ist evtl. zu früh geboren und kann im Falle von Zotteneinrissen eigenes Blut verloren haben, also anämisch sein.

Nachgeburtsperiode

In der Nachgeburtsperiode können folgende Störungen auftreten:
- Lösungsstörung der Plazenta
- Nachblutung

Letztere wird dadurch begünstigt, daß die Plazentahaftfläche in den muskelarmen, also kontraktionsschwachen, zervikalen Uterusbereich herabreicht. Die postpartale Hämostase kann insuffizient sein.

Vorzeitige Plazentalösung

Im Gegensatz zur schmerzlosen Placenta praevia handelt es sich bei der sog. »vorzeitigen Lösung« um die präpartal oder sub partu erfolgende partielle oder totale **schmerzhafte** Ablösung einer **normal sitzenden** Plazenta.

▶ Ursachen

Im einzelnen sind folgende Ursachen für eine vorzeitige Lösung der an normaler Stelle sitzender Plazenta denkbar:
- Schweres äußeres Trauma (sicher sehr selten)
- Inneres Trauma: Zug an der Nabelschnur bei zu kurzer Nabelschnur oder mehrfacher Umschlingung
- Gewebliche Veränderung an der uteroplazentaren Grenzfläche und den Gefäßen, häufig in Verbindung mit:
- SIH/HES/HELLP-Syndrom (Spätgestose)
- Plötzlicher intrauteriner Druckentlastung (Blasensprung; Geburt des 1. Zwillings)
- Akuter venöser Stauung (Vena-cava-Syndrom)

Die Häufigkeit einer vorzeitigen Lösung der Plazenta wird, in Abhängigkeit von den Beurteilungskriterien, mit 0,1–0,5–1 % aller Geburten angegeben. Ältere und Mehrgebärende sind besonders betroffen.

Etwa 40 % der vorzeitigen Lösungen erfolgen unbemerkt. Sie werden erst p.p. bei der Betrachtung der Plazenta registriert (okkulte Fälle). Nachfolgend wird nur auf die klinischen Fälle eingegangen.

▶ **Symptome**

> Das Leitsymptom ist (im Gegensatz zur Placenta-praevia-Symptomatik) ein **plötzlicher uterin-abdomineller Schmerz**, dem ein **Dauerschmerz** folgt.

Diese Erscheinungen sind Folge der partiellen Plazentaablösung (akute Symptome) und der an gleicher Stelle einsetzenden Entwicklung eines **uteroplazentaren Hämatoms** (Dauersymptom). In Extremfällen (5–10%) kann die gesamte Uteruswandung von Blutungen durchsetzt und schwer alteriert sein (**uteroplazentare Apoplexie, Couvelaire-Uterus**).
Bei 75% der Fälle kommt es, in Abhängigkeit vom Sitz der Lösung, durch den Expansionsdruck des Hämatoms zum Abheben der Eihäute von der Dezidua und zur Kommunikation nach außen. Diese dann sichtbare Blutung nach außen ist weder obligatorisch noch ein sicherer Gradmesser für das Ausmaß der vorzeitigen Lösung, der inneren Blutung und der mütterlichen sowie kindlichen Gefährdung.

> Je größer die Ablösungsfläche und je plötzlicher und massiver die Blutung in den uteroplazentaren Raum ist, um so ausgeprägter sind die primären **Schocksymptome** und weiteren Folgen wie **Plazentainsuffizienz, Gefährdung des Feten** und **Koagulopathie.**

▶ **Befunde**

Die Befunde hängen im wesentlichen von dem Ausmaß der vorzeitigen Lösung ab (Abb 8.16, 8.17).

Leichte Fälle (ca. 60%)

Wenn nur ein kleiner Anteil der Plazenta gelöst ist, bleibt das Allgemeinbefinden bis auf die Schmerzempfindungen ungestört.
Bei der Außenpalpation fällt meist die nur **umschriebene Druckempfindlichkeit** auf, deren Lokalisation und Ausdehnung der Grenze des retroplazentaren Hämatoms entsprechen. Letzteres läßt sich auch sonographisch nachweisen. Sofern es sich um eine Hinterwandplazenta handelt, ist der Ablösungsbereich naturgemäß von außen nicht zugänglich, so daß man hier einen völlig normalen Tastbefund erhebt.
Das kindliche Befinden kann noch ungestört sein oder bereits Zeichen einer **Plazentainsuffizienz** erkennen lassen. Eine laufende Überwachung ist ratsam. Das Gerinnungssystem ist unauffällig.

Mittelschwere und schwere Fälle

Im Zusammenhang mit einer ausgedehnten oder totalen Ablösung der Plazenta und der damit verbundenen,

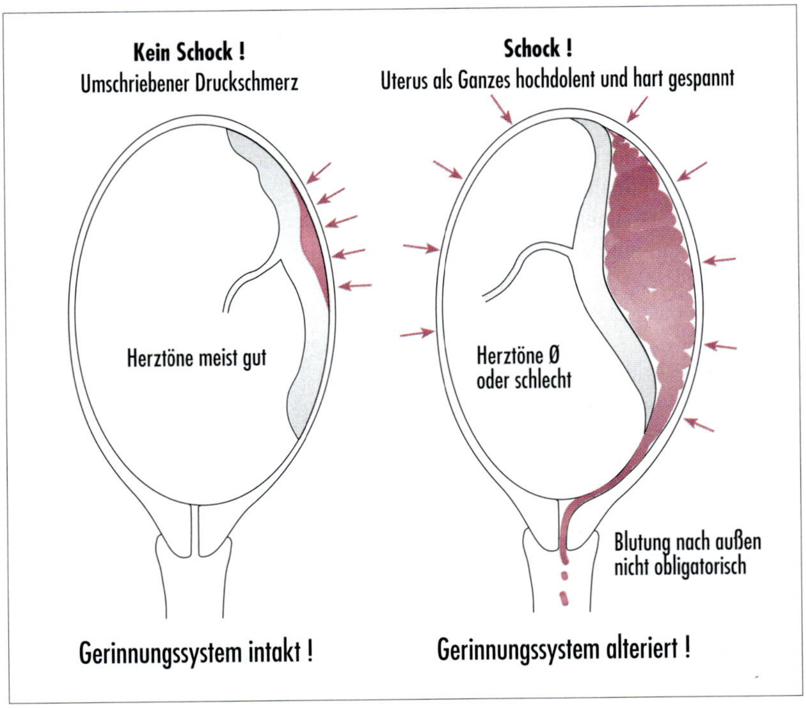

Abb. 8.16 Vorzeitige Lösung der Plazenta. Unterschiedliche Befunde und Symptome bei verschiedenen Graden der vorzeitigen Plazentalösung.

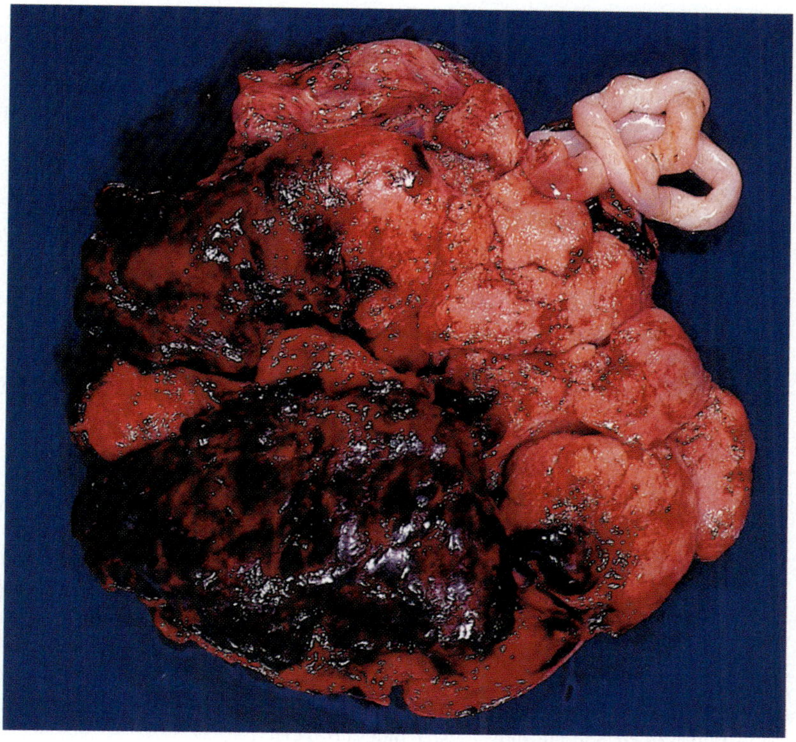

Abb. 8.17 Plazenta bei vorzeitiger Lösung. Die pathologische Lösungsfläche ist durch Koagel gekennzeichnet.

quantitativ überwiegend inneren Blutung ist das **Allgemeinbefinden stark alteriert**. Auffallend sind primäre **Schockerscheinungen** (Blutdruck, Puls, Bewußtsein und Urinausscheidung).

Bei der Außenpalpation läßt sich eine **Druckempfindlichkeit des gesamten Uterus** nachweisen sowie, bei Beachtung der Konsistenz, eine hypertone, frequente Wehentätigkeit bzw. eine Dauerkontraktur des Uterus. Im Zusammenhang mit der Plazentalösung kommt es zur **akuten Plazentainsuffizienz** (s. S. 244) und damit zur **Gefährdung des Feten**. Die Mortalität erreicht pauschal etwa 30%. Eine Ablösung von >40% der Haftfläche ist nicht mehr mit dem Überleben des Kindes vereinbar.

Nach etwa 4–8 Std. muß man mit der Entwicklung einer **hämorrhagischen Diathese** im Sinne einer Verlust- und Verbrauchskoagulopathie rechnen (s. S. 267), evtl. gefolgt von einer reaktiven Fibrinolyse.

Blutverlust und Koagulopathie bedeuten eine erhebliche Gefährdung der Mutter.

▶ Diagnose

Diese ergibt sich aus folgenden Befunden:

- Symptomatik
- Ätiologische Hinweise (Spätgestose!)
- Klinische Befunde
- Nachweis der Plazentaablösung im Ultraschallbild

Die typischen Befunde einer Verbrauchskoagulopathie können erst später erwartet werden.

Differentialdiagnostisch sind die Placenta praevia, die Uterusruptur (nach früheren Operationen am Uterus) sowie andere Ursachen des sog. **»akuten Abdomens«** zu berücksichtigen.

!

- Bei der vorzeitigen Lösung sind **Schmerzen als Leitsymptom** anzusehen, bei Placenta praevia bestehen keinerlei Schmerzen.
- Bei der vorzeitigen Lösung kann ein erhebliches **Mißverhältnis zwischen dem Blutverlust nach außen und dem Allgemeinzustand** bestehen, bei der Placenta praevia steht das Allgemeinbefinden in eindeutiger Beziehung zu dem objektivierbaren Blutverlust.

Schon der leiseste Verdacht auf eine Lösung macht die **sofortige Einweisung in ein Krankenhaus** erforderlich. Bei Schocksymptomen ist schon vor dem Transport eine Infusion anzulegen.

Therapie

Ähnlich wie bei der Placenta praevia wird das therapeutische Vorgehen vom **Schweregrad** bestimmt:
- Grad der mütterlichen Gefährdung
- Fetalzustand (Lebenszeichen vorhanden/nicht mehr vorhanden)
- Geburtshilflicher Befund und Parität (Muttermundweite, Dehnbarkeit)

Die Analyse des gegebenen Status ist also dringlich, eine Intensivüberwachung ist, auch bei den zunächst undramatisch wirkenden Fällen, obligatorisch.
Seitens der Mutter müssen Kreislauf (RR, ZVD), Nierenfunktion (Dauerkatheter usw.) und Gerinnungsstatus überprüft werden.
Der entscheidende Faktor für die Strategie der Therapie ist der **Fetalzustand**. Der Nachweis fetaler Lebenszeichen durch Auskultation ist oft unmöglich, deshalb CTG oder ggf. Sonographie nötig.

Noch lebender Fet

> ! Bei der hochgradigen potentiellen oder sich schon offenbarenden Gefährdung des Kindes (CTG; Mikro-Fetalblutanalyse) ist eine umgehende Entleerung des Uterus anzustreben.
> Bei Erstgebärenden oder im Falle noch sehr unreifer Feten kommt nur die **Schnittentbindung** in Frage.

Sofern bereits ein **Schockzustand** besteht, sollte die Operation erst nach einer zumindest partiellen Beseitigung oder Milderung der Schocksymptome (RR, Volumensubstitution) beginnen.
Falls sich schon eine **Gerinnungsstörung** manifestiert hat (5–35%), muß parallel zu dem oben Gesagten bereits mit der Korrektur begonnen werden:
Fibrinogen sollte 100 mg%, die Thrombozytenzahl 50000–70000/mm^3 erreichen. Dazu Substitution mit Frischblut, Erythrozytenkonzentrat, Thrombozytenkonzentrat, Fibrinogen. Bei hämostaseologisch schwerwiegender reaktiver Fibrinolyse, und nur dann (!), Aprotinin (z.B. Trasylol) 500000 E initial, dann, je nach Bedarf und Zulässigkeit (Nierenfunktion intakt?), evtl. 200000 E stündlich. Kein Heparin. Keine ε-Aminocapronsäure o.ä.
In seltenen Fällen (Mehrgebärende mit optimaler Geburtsreife und Weichteildehnbarkeit; kein Schockzustand, Hämostase intakt; Fet reif; guter, stabiler Zustand) kann in Sectiobereitschaft eine **vaginale Entbindung** eingeleitet werden:
- Blasensprung
- Muttermunddehnung
- Kontraktionsmittel
- Vakuumextraktion bzw. Forzeps

Fet abgestorben

In diesem Fall sollte eine **vaginale Entbindung** angestrebt werden. Nur bei Persistenz eines mütterlichen Gefahrenzustandes trotz aller Therapiemaßnahmen kann mitunter die Schnittentbindung unvermeidbar werden.

Komplikationen post partum

> ! Vor allem bei den mittelschweren und schweren Fällen, die zur schnellen Entbindung zwingen, muß damit gerechnet werden, daß es, trotz momentan noch normaler Gerinnungsverhältnisse, **nach der Entbindung** zur Manifestation der **hämorrhagischen Diathese** kommen kann.

Das Allgemeinbefinden der Patientin, die Nachblutung, Uteruskontraktion und Urinausscheidung müssen deshalb noch über Stunden sorgfältig kontrolliert werden.
Im Wochenbett besteht bei überschießenden Umkehrtendenzen der Thrombinzeit zur Norm eine erhöhte Disposition zu thromboembolischen Komplikationen, der man jetzt mit einer **Heparin-Thromboembolieprophylaxe** begegnen muß.

Plazentainsuffizienz

Der gebräuchliche Begriff »Plazentainsuffizienz« ist, funktionell gesehen, unvollständig, denn die Ernährungs- und Stoffaustauschbilanz des Feten ist von mehreren Faktoren abhängig:
- Von der Funktion der **mütterlichen Zirkulation**, speziell der Uterusdurchblutung (Durchblutung des intervillösen Raumes)
- Vom **normalen Plazentaaufbau**
- Von der **Funktion des fetalen Kreislaufes** und der Nabelschnurdurchgängigkeit (Durchblutung der Plazenta selbst)

Betrachtet man die genannten Dinge als funktionelle Einheit, so wird deren vielfältige Anfälligkeit gegenüber Störungen deutlich. Daß es in praxi so selten zur Manifestation einer Insuffizienz kommt, beruht auf der erheblichen Überschußfunktion und Reservekapazität von Plazenta, mütterlichem und kindlichem

Kreislauf. Erst bei erheblicher Insuffizienz einer Funktion oder bei der Kombination mehrerer Störungen, z. B. sub partu, wird die Schadensmanifestation unausweichlich. Störungen und Manifestation können, je nach Ursache, folgendermaßen in Erscheinung treten:

- Akut (in Minuten oder Stunden)
- Subakut (in Tagen)
- Chronisch (in Wochen)

Mütterliche Zirkulationsstörungen und Uterusmangeldurchblutung

Seitens der mütterlichen Zirkulation, speziell der Durchblutung von Uterus und intervillösem Raum, können folgende Erscheinungen von schwerwiegender Bedeutung für Plazentafunktion und Fetus sein:

- Verminderte Vaskularisation des Uterus (z. B. bei Hypoplasie oder Mißbildung des Uterus)
- Evtl. unzureichende Vaskularisation der Plazentabasis bei dystoper Plazentalokalisation (Placenta praevia) oder über Myomen
- Verminderte arterielle Durchblutung (kardial, Spasmen, Angiopathie, Hydramnion)
- Ausgeprägte Hypertonie
- Ausgeprägte Hypotonie
- Venöse Stauung
- Langwährende, schwere Anämie (<8–10 g%)
- Anomalien im Substratgehalt des Blutes
- Respiratorisch bedingte Störung der Sauerstoffsättigung (Asthma bronchiale)

Und zusätzlich, sub partu:

- Hypertone Wehentätigkeit
- Protrahierte Geburt

Jederzeit möglich und akut:

- Vena-cava-Syndrom

Störungen der Plazentafunktion

In der Plazenta lassen sich bei etwa 2–5% morphologische Veränderungen beschreiben, die mit einer geordneten Stoffaustauschfunktion schwer vereinbar sind und die Aussage »Plazentainsuffizienz« rechtfertigen. Es handelt sich um eine **sekundäre Reduzierung der Zottenzahl oder der Zottenvaskularisation**. Auch Synzytialmembran und Zottenstroma können degenerative Veränderungen zeigen. Die Insuffizienz kann, statt durch sekundäre Degeneration, auch **primär entstanden** sein, indem die typische Ausreifung ausgeblieben ist.

Normalerweise beträgt die **Austauschfläche** etwa 11–14 m^2. Wenn sie unter 4,5 m^2 absinkt, kommt es zum Absterben des Feten.

▶ Ursachen

Die Ursachen für die geweblich-degenerativ bedingte oder funktionelle Plazentainsuffizienz sind nur sehr unvollkommen bekannt. Im einzelnen werden angeschuldigt:

- Mütterliche Stoffwechselerkrankungen, z. B. Diabetes
- Infektionen und Intoxikationen
- Rh-Inkompatibilität
- Hypertonie (Spätgestose: SIH/HES)
- Ausgeprägte Hypotonie
- Chronische Niereninsuffizienz
- Nikotinabusus, Alkoholabusus
- Chronischer Sauerstoffmangel; schwere Anämie
- Uterus myomatosus
- Übertragung (Funktion der Zeit)

Disponierend scheinen zu sein:

- Viele vorausgegangene Schwangerschaften
- Schwangerschaften in schneller Folge
- Mehrlingsschwangerschaften
- Schwangerschaftsabbrüche
- Höheres Alter, extrem niedriges Alter (<18 J.)
- Schlechte soziale Verhältnisse (Ernährung!)
- Ovarialinsuffizienz
- Eiweißdefizit in der Ernährung

Naturgemäß kommt es auch zur Plazentainsuffizienz, wenn sich **Teile der Plazenta ablösen**, also für den Stoffaustausch ausfallen. Hierzu zählen:

- Vorzeitige Lösung der Plazenta
- Placenta praevia

Fetalseitige Zirkulationsstörungen

Auch vom Fetus aus kann die Funktion der Plazenta durch eine **Störung der fetalseitigen Durchblutung** beeinträchtigt werden.
In **chronischer** Weise kann dies in folgenden Fällen aufteten:

- Bei angeborenen Herzfehlern
- Anomalien der Nabelschnur
- Insertio velamentosa
- Bei eineiigen Zwillingen über plazentare Anastomosen: fetofetales Transfusionssyndrom (fetale Anämie-Polyglobulie)

In **akuter** Weise wird die fetalseitige Durchblutung und damit die Funktion der Plazenta gefährdet, wenn es zur plötzlichen Einschränkung oder Unterbrechung des Nabelschnurdurchflusses kommt (s. Nabelschnurkomplikationen, S. 247). Dies ist der Fall bei:

- Nabelschnurumschlingungen oder -knoten
- Vorliegen oder Vorfall der Nabelschnur

Eine **akute Notfallsituation** liegt vor bei:

- Blutung bei Insertio velamentosa (= fetaler Blutverlust)

Manifestationsarten

Chronische Insuffizienz der uteroplazentaren Einheit

> ! Die frühzeitige Erkennung einer Insuffizienz der Ernährungs- und Stoffaustauschfunktionen sowie die sorgfältige Überwachung einschlägiger Fälle gehören zu den wichtigsten Aufgaben der modernen Geburtshilfe im Hinblick auf eine Verringerung der perinatalen Sterblichkeit.
> Die typische Manifestation einer lang anhaltenden Insuffizienz der uteroplazentaren Ernährungs- und Stoffaustauscheinheit ist ein **retardierendes fetales Wachstum**.

Nachdem zunächst eine Übereinstimmung von Uterusgröße (Fundusstand) und errechneter Schwangerschaftsdauer bestand, zeigt sich mit fortschreitender Schwangerschaft – meist im letzten Schwangerschaftsdrittel – ein **zunehmendes Wachstumsdefizit**. Eine derartige Feststellung muß, unter Ausschluß eines Terminberechnungsfehlers, zur Einweisung in eine geburtshilfliche Klinik Veranlassung geben, da der Tatbestand einer fetalen Gefährdung gegeben ist. Im einzelnen sind – je nach Ausmaß der Insuffizienz – zu befürchten:

- **Geburt eines hypotrophen Kindes** (»small for date baby«)
- **Auftreten einer akuten Asphyxie** unter der zusätzlichen Belastung sub partu
- **Intrauteriner Fruchttod** ante partum (bei etwa 5–10% der hypotrophen Kinder)

▶ Diagnose

Beim Verdacht auf Plazentainsuffizienz versucht man das Ausmaß der fetalen Gefährdung zu definieren, um daraus therapeutische Folgerungen ziehen zu können. Ein objektiver Anhalt ist der **sonographische Nachweis eines verzögerten Wachstums** (s. S. 281). Hypotrophe Kinder finden sich bei 1–3% aller Geburten. Die Abgrenzung gegenüber der echten Frühgeburt ist aus pädiatrisch-therapeutischen Gründen bedeutsam.
Einen mäßig brauchbaren indirekten Überblick über die Funktion der fetoplazentaren Leistungseinheit gewinnt man durch laufende **Östriolbestimmung** im Blut (RIA, s. Abb. 9.7). Die Tageswerte steigen gegen Schwangerschaftsende stetig an. Ein Stillstand oder gar Abfall unter gewisse Grenzwerte zeigt eine kritische Situation für den Feten an.
Andere Methoden versuchen auf direktem Wege, Aufschlüsse über eine Beeinträchtigung des fetalen Befindens zu erhalten. Hier dominiert die **kardiotokographische Überwachung**. Bei Hypoxie resultieren frühzeitig markante Abweichungen im Kardiotokogramm, besonders bei gewisser Belastung der fetoplazentaren Einheit durch spontane oder bewußt im Sinne einer Testung ausgelöste Uteruskontraktionen (Oxytozin-Belastungstest).
Mittels **Doppler-Sonographie** läßt sich die Perfusion der Gefäße messen.

▶ Therapie

Der Wert durchblutungsfördernder oder uterusrelaxierender **Medikamente** ist noch umstritten. Gleiches gilt für Heparin. Sofern bei der Mutter krankhafte Befunde vorliegen (s. Aufstellung S. 245), ist deren Behandlung als kausale Therapie zu werten.
Das gewisse Substratdefizit für den Feten hat man durch ein Überangebot zu kompensieren versucht, also durch **Glukose- und Aminosäureinfusionen**.
Wie Funktionsprüfungen zeigen, wirkt sich **Bettruhe** günstig auf die Zirkulation und Plazentafunktion aus.
Ergeben sich bei der laufenden Kontrolle des kindlichen Befindens (Kardiographie) keine Hinweise auf fetale Gefährdung, so wird abgewartet und die Geburt zu einem zulässigen Termin bei entsprechenden Voraussetzungen (Zervix geburtsreif) eingeleitet.

> ! Zeigen sich **Zeichen fetaler Gefährdung, so muß die Schwangerschaft unverzüglich beendet werden.** Die Geburt bei Plazentainsuffizienz ist eine **Risikogeburt**.

Subakute Störungen

Mäßige Funktionseinschränkungen während einiger Tage, z.B. bei der Übertragung, können unbemerkt bleiben. Es kann jedoch zur plötzlichen Manifestation kommen, wenn eine zusätzliche Belastung auftritt (z.B. Geburt).

Akute Störungen

Eine akute Störung der Ernährungs- und Stoffaustauschfunktion der utero-plazento-fetalen Einheit äußert sich, in graduell unterschiedlicher Weise, folgendermaßen:

- Akute Störungen des fetalen Befindens
- Kurzfristiger intrauteriner Fruchttod

▶ Therapie

S. Vorzeitige Plazentalösung, S. 241; Placenta praevia, S. 239; Nabelschnurkomplikationen, S. 247; Kindliche Gefahrenzustände unter der Geburt, S. 258; ferner Vena-cava-Syndrom, S. 175.

8.8 Nabelschnurkomplikationen

Im Rahmen der zirkulatorisch-plazentaren Insuffizienz der fetalen Versorgung spielen die Nabelschnurkomplikationen eine große Rolle. Im einzelnen sind zu beachten:

- Vorliegen der Nabelschnur
- Vorfall der Nabelschnur
- Umschlingungen
- Knoten
- Insertio velamentosa

Bis auf die Insertio velamentosa, die eine spezielle Symptomatik hat, äußern sie sich als **Zirkulationsstörungen**, hervorgerufen durch Kompression oder Zug.

Vorliegen der Nabelschnur

Man spricht vom Vorliegen der Nabelschnur, wenn bei **stehender Fruchtblase** ein Teil der Nabelschnur vor dem führenden Kindsteil liegt (Abb. 8.18).

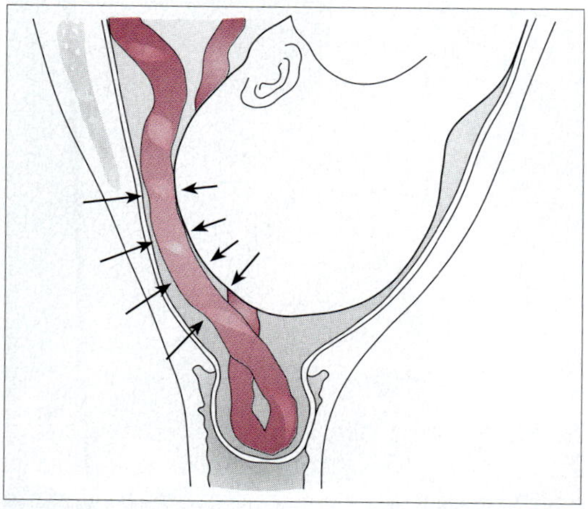

Abb. 8.18 Vorliegen der Nabelschnur bei Schädellage. Haltungs- und wehentätige Kompression durch den kindlichen Kopf.

▶ Symptome

Unter der mechanischen Belastung der Geburt, besonders bei zusätzlichen intensiven Kindsbewegungen, kann die Zirkulation in der vorliegenden Nabelschnurschlinge in unterschiedlichem Maße beeinträchtigt sein. Dies äußert sich in **Änderungen des fetalen Herzfrequenzmusters**. Gelegentlich können alle Symptome fehlen.

▶ Diagnose

Die Vermutungsdiagnose »Nabelschnurkomplikation« ergibt sich mitunter aus der teils wehensynchronen, teils davon unabhängigen, mit Kindsbewegungen assoziierten **Herztonalteration** (s. **variable Dezeleration**, S. 287). Die Diagnosesicherung ist z.T. durch behutsame Palpation, Spekulumeinstellung oder Amnioskopie möglich.

▶ Therapie

Therapeutisch ist folgendes zu veranlassen:

- Sofortige Beckenhochlagerung; hierbei zieht sich die Nabelschnur häufig wieder zurück und gibt den Geburtsweg frei
- Seitenlagerung
- Wehenhemmung (Buphenin oder Fenoterol i. v.)
- Sofortige Herstellung der Operationsbereitschaft
- Kontinuierliche Überwachung des fetalen Befindens

Vorfall der Nabelschnur

Wir sprechen vom Nabelschnurvorfall, wenn **während des Blasensprunges oder danach** eine Nabelschnurschlinge vor dem vorangehenden Kindsteil herausfällt.

Ein Nabelschnurvorfall kommt nur bei <0,5% der Geburten vor. Diese, bei der Beweglichkeit der Nabelschnur auffällige Seltenheit ist dadurch zu erklären, daß bei Schädellagen der Kopf den Geburtskanal in der Regel derart abdichtet, daß ein Vorbeirutschen der Nabelschnur unmöglich ist. Ein Versagen dieser Abdichtung und damit eine Disposition zum Nabelschnurvorfall ist leicht verständlich und vorhersehbar bei:

- Hochstand des vorangehenden Teiles
- Einstellungsanomalie
- Lageanomalie, also Querlage und Beckenendlage (speziell Fußlage)
- Vorzeitigem Blasensprung; Frühgeburt

▶ Symptome

Beim Nabelschnurvorfall ist mit einer unmittelbaren und meist erheblichen Einschränkung der Nabelschnurdurchblutung zu rechnen. Das Kind gerät in akute Gefahr, die sich an der meist ganz **erheblichen Herzfrequenzalteration** zu erkennen gibt.

▶ Diagnose

Der Tastbefund bestätigt die Vermutungsdiagnose.

▶ Therapie

! Die Therapie dieser für das Kind lebensbedrohlichen Situation besteht in der **sofortigen Entbindung**. (s. S. 270 ff.).

Bis dahin sind folgende **Palliativmaßnahmen** ratsam:

- Buphenin bzw. Fenoterol, also Dilatol oder Partusisten i.v., evtl. anschließend Narkoseeinleitung; O_2-Gaben
- Steile Beckenhochlagerung
- Abschieben des vorangehenden Teiles (Nabelschnurentlastung)

Ein Repositionsversuch an der vorgefallenen Nabelschnur ist meist erfolglos und bedeutet nur bedrohlichen Zeitverlust.

Nabelschnurumschlingung

Bei etwa 15–20% aller Kinder findet sich bei der Geburt eine Nabelschnurumschlingung. Diese wirkt sich jedoch nur bei etwa 10% dieser Fälle in Form einer Zirkulationsstörung und fetalen Gefährdung aus, erkennbar an einer teils mit kindlichen Bewegungen, teils mit Wehen assoziierten **Herztonalteration** und einer zunehmenden **Azidose** (Mikroblutuntersuchung).

▶ Therapie

Das geburtshilfliche Vorgehen ergibt sich aus den Grundsätzen, die im Abschn. »Überwachung des Fetalzustandes« (S. 285) dargestellt sind.

Nabelschnurknoten

Bei 1–2% aller Geburten finden sich Nabelschnurknoten. Diese gewinnen nur dann zirkulationsbehindernde Bedeutung, wenn der **Knoten zugezogen** wird. Dies kann sowohl während der Schwangerschaft als auch unter der Geburt geschehen. Die Auswirkungen entsprechen denen des Nabelschnurvorfalles.
Während der Schwangerschaft kann die Knotenanspannung weder erkannt noch schnell genug behandelt werden, die Kinder sterben in utero ab. Unter der Geburt würde man das Zuziehen des Knotens an der akuten **Verschlechterung des kindlichen Befindens** registrieren und umgehende Maßnahmen veranlassen können (S. 270).

Insertio velamentosa

Insertio velamentosa bedeutet, daß die Plazentagefäße sich nicht auf der Chorionplatte

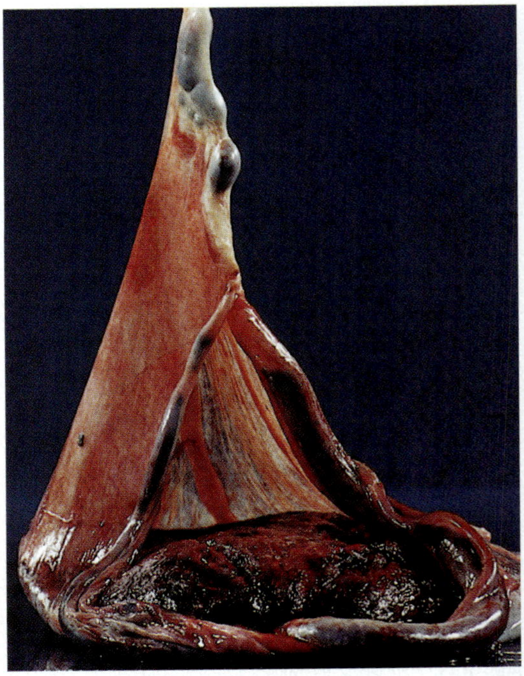

Abb. 8.19 Insertio velamentosa.

(Abb. 4.6), sondern erst auf den Eihäuten zur Nabelschnur vereinigen (Abb. 8.19).

Es ergeben sich typische Gefahren:
- Frühzeitige Störungen in der Embryonalzeit mit der Möglichkeit von Mißbildungen
- Spätere Störungen der fetoplazentaren Zirkulation unter dem Bild der Plazentainsuffizienz
- Blutung aus dem fetalen Kreislauf, wenn es beim Blasensprung zum Einriß der zur Nabelschnur ziehenden Gefäße kommt

Nur die letztgenannte Störung bedarf besonderer Erörterung.

▶ **Symptome**

Im Moment des Blasensprungs setzt eine Blutung ein, die sich von früheren Befunden (z.B. dem »Zeichnen«) abgrenzen läßt. Gleichzeitig verschlechtern sich die kindlichen Herztöne.

▶ **Therapie**

Falls irgend möglich, unverzügliche vaginale Entbindung in Abhängigkeit vom Muttermundsbefund, ansonsten sofortige Sectio sowie Information des Pädiaters zur Schockbehandlung des Kindes (Kap. 10).

8.9 Vorzeitiger Blasensprung

Ein Blasensprung **vor** Einsetzen der Geburtswehen wird als vorzeitig bezeichnet.

▶ **Ursachen**

- Zervixinsuffizienz
- Mangelhafte Abdichtung des unteren Eipols, z.B. bei Querlage, Fußlage, Vorliegen des Armes
- Vaginale/zervikale Infektionen
- Vorzeitige Kontraktionen
- Hydramnion

Die möglichen Folgen sind:
- Je nach Zeitpunkt evtl. **Frühgeburt** mit allen Risiken
- **Infektion** und Gefährdung des Feten im Falle einer Infektion von Vagina und/oder Zervix

Die Einzelheiten sind jeweils im Zusammenhang erwähnt.

8.10 Abweichungen vom normalen Geburtszeitpunkt

Frühgeburt

Der Begriff »Frühgeburt« ist zeitlich definiert: Es handelt sich um Geburten, die im Zeitraum der 22. bis zur Vollendung der 36. Schwangerschaftswoche stattfinden.

Die Bedeutung der Frühgeburtlichkeit besteht vor allem darin, daß 60–70 % der perinatalen **Todesfälle** – in Abhängigkeit von der jeweiligen Tragzeit – zu Lasten der Frühgeburt gehen. Ferner: Von den überlebenden Frühgeburten tragen ca. 7 % **Spätschäden** davon.

Die Bestimmung der Häufigkeit müßte sich eigentlich ausschließlich an der jeweiligen **Tragzeit** orientieren. Da diese mitunter bei unklaren Terminangaben nicht exakt zu bestimmen ist, hat man häufig einfach und unkorrekt alle Kinder mit einem **Geburtsgewicht <2500 g** als »Frühgeborene« registriert. In diesem Kollektiv sind jedoch zahlreiche Kinder miterfaßt, deren geringes Geburtsgewicht nicht durch eine Verkürzung der Tragzeit (Frühgeburt), sondern durch eine Plazentainsuffizienz o.ä. bedingt ist. Man hat deshalb diese Grenzziehung nach Gewicht als Kriterium der »Frühgeburtlichkeit« kritisiert. Auf die vermutliche Tragzeit bezogen enden 7 % der Schwangerschaften vor der 37. Woche.

▶ **Ursachen**

Der Frühgeburt liegt sicher ein multifaktorielles Geschehen zugrunde. Die disponierenden Faktoren kombinieren sich z.T.:

Psychosoziale Merkmale, Beruf u.ä.:
- Alter <18 Jahre
- Berufs- bzw. Mehrfachbelastung der Schwangeren physischer Art, Dekompensation

- Seelischer Streß, Konflikte, Partnerschaftsprobleme
- Nikotin-, Alkohol- und Drogenabhängigkeit
- Niedriger Sozialstatus, fehlende Ausbildung
- Ledige oder geschiedene Schwangere
- Mangelnde Motivation zur Mutterschaft

Gynäkologische Besonderheiten:
- Ovarialinsuffizienz
- Genitalmißbildung
- Uterus myomatosus; Op. am Uterus
- Zustand nach Konisation

Geburtshilfliche Anamnese:
- Zustand nach Sterilitätsbehandlung
- Mehrere Aborte oder Abbrüche
- Frühgeburt
- Totgeburt

Jetzige Schwangerschaft:
- Disposition zum vorzeitigen Blasensprung (s. S. 249)
- Aktuelle mütterliche Erkrankung
- Disposition zur Plazentainsuffizienz (s. S. 245)

> Die Auswirkung der genannten Konstellationen im Sinne der Frühgeburt manifestiert sich als vorzeitige Wehentätigkeit, die entweder primär einsetzt oder reaktiv nach vorzeitigem Blasensprung.

▶ Symptome

> ! Bei folgenden Initialsymptomen muß mit einer Frühgeburt gerechnet werden:
> - Wenn sich die normalerweise 3 cm lange Zervix (Palpation, Sonographie) zunehmend verkürzt, weicher wird und sich zentriert
> - Wenn sich der Muttermund öffnet und ggf. die Fruchtblase sichtbar wird
> - Wenn die Patientin während eines Tages >5–10 schmerzhafte Kontraktionen registriert
> - Wenn kardiotokographisch >3–6 Kontraktionen/Std. nachweisbar sind
> - Wenn vor Ende der 37. Woche ein vorzeitiger Blasensprung erfolgt
>
> In der Zeit von der 30. bis zur 32. Woche besteht physiologischerweise eine geringfügig gesteigerte Kontraktionshäufigkeit.

Man sollte, auch im Hinblick auf die Ursachenklärung, folgende Unterscheidung beachten:
- Die Frühgeburt beginnt mit **Wehen**.
- Die Frühgeburt beginnt mit einem **Blasensprung**.

Sofern die Frühgeburt mit einem Blasensprung beginnt, liegt immer der Verdacht auf eine Zervixinsuffizienz bzw. eine Eipolinfektion vor. Letztere beinhaltet bereits bei Symptomlosigkeit ein fetales Infektionsrisiko; bedrohlich wird sie, wenn sich das Vollbild des **Amnioninfektionssyndroms** entwickelt (s. S. 267):

▶ Therapie

> ! Bei den geringsten Anzeichen für eine drohende Frühgeburt ist die Schwangere unverzüglich der nächsten Klinik zuzuführen, falls möglich einem Zentrum mit **integrierter Neonatologie-Intensivabteilung**. Beim Transport Beckenhochlagerung. Das klinische Vorgehen richtet sich danach, ob nur Wehen bestehen (ca. 30%) oder bereits ein Blasensprung erfolgt ist.

Frühgeburtsbeginn mit Wehen

> ! Das therapeutische Ziel ist die umgehende **Beseitigung der Wehentätigkeit**, falls die 36. Woche noch nicht erreicht ist.

Dies gelingt z.T. durch folgende Maßnahmen:
- Strenge **Bettruhe** und **Seitenlagerung**
- **Medikamentöse Wehenhemmung**

Die wirkungsvollsten Medikamente sind Betamimetika wie Fenoterol (Partusisten), Ritodrine (Pre-Par) und Hexoprenalin, deren Applikation in Anpassung an die Wehentätigkeit nach einem bestimmten Schema erfolgt, das mit i.v. Gaben beginnt (Bolus, Infusion). Bei peroraler Gabe scheint Spiropent besonders wirksam zu sein.
Die genannten Wehenhemmer sind, besonders bei hoher Dosierung (i.v.!), **nicht ohne kardiovaskuläre Nebenwirkungen**, die ggf. durch zusätzliche Gabe von β-Blockern (z.B. Beloc) gemindert werden können. Dies bedeutet, daß die Indikation zu ihrer Anwendung streng gestellt werden muß. Nach der 36. Woche ist Zurückhaltung geboten. Sie verbieten sich ferner bei schweren Herzvitien, Herzrhythmusstörungen, extremen Blutdruckverhältnissen (+/–), Hyperthyreose, Niereninsuffizienz, Lungenleiden und schwer einstellbarem Diabetes. Vor Langzeitgaben sollten EKG und Blutzucker überprüft werden. Die Dosierung darf das Unvermeidbare nicht übersteigen!

Generell ist, dosisabhängig, mit folgenden Reaktionen zu rechnen: Subjektiv mit Herzklopfen, Schwindel, Nausea, Tremor. Objektiv mit Wasserretention, Steigerung der Herzfrequenz, Senkung des arteriellen

Mitteldruckes, des peripheren Widerstandes, Senkung der ST-Strecke und Abflachung der T-Zacke im EKG, Absinken des Serumkaliums (cave Darmatonie), Anstieg des Blutzuckers, evtl. azidotische Tendenz. In seltenen Fällen Lungenödem, vermutlich z.T. unter dem Einfluß erhöhter Flüssigkeitszufuhr und gleichzeitiger Kortikoidgabe. Die Thrombozytenaggregation scheint vermindert. An den ersten Therapietagen ist bei hoher Dosierung Kalium zuzuführen.

Vor der 33.–35. Woche ist, da trotz Therapie eine Frühgeburt nicht auszuschließen ist, umgehend eine **Atemnotsyndrom-Prophylaxe** einzuleiten.

Frühgeburtsbeginn mit primärem Blasensprung

! Ist erst die Fruchtblase gesprungen, so kommt es ohne weitere Maßnahmen in kurzer Zeit auch zum Einsetzen der Wehentätigkeit und damit zur Frühgeburt. Der vorzeitige Blasensprung beinhaltet auch selbst gewisse Gefahren (**aufsteigende Infektion** und Schädigung des Kindes, besonders bei B-Streptokokken). Es ist deshalb kritisch zu entscheiden, ob im Einzelfall die Frühgeburt hingenommen oder, unter Antibiotikagabe und Wehenhemmern, ein **Zeitgewinn** zur weiteren Ausreifung notwendig erscheint. Jenseits der 36. Woche wird die baldige Entbindung angestrebt.

Bestehen Zweifel an der Diagnose Blasensprung, so kann man ihn chemisch (Lackmuspapier, pH >7), makroskopisch (Lanugohaare, Hautschuppen) oder auch sonographisch nachweisen.
Entscheidet man sich für **»Abwarten«** (meist vor Ende der 35. Woche), so muß folgendes beachtet werden:

- Vermeidung weiteren Fruchtwasserabganges durch strenge **Bettruhe**. Evtl. Beckenhochlagerung, in Sonderfällen frühzeitigster MM-Verschluß
- **Keimbekämpfung** in der Vagina (Desinfektionsmittel)
- Ggf. prophylaktische **Antibiotikagaben** (Cephalosporine, Clindamycin u.ä.), Früherkennung einer aufsteigenden Infektion (Zervixabstriche, Leukozytenkontrolle)
- **Tokolytika**, um zumindest Zeit für die Atemnotsyndrom-Prophylaxe zu gewinnen (48 Std.). Evtl. aber auch Langzeittokolyse
- **Kontrolle des kindlichen Befindens**
- In der Zeit vor der 33. (–35.) Woche **Kortikoide**, z.B. 2× Betamethason 8 mg als Prophylaxe hinsichtlich eines späteren **Atemnotsyndroms** bei einer vermutlich nicht lange aufhaltbaren Frühgeburt

Bei schwerer Gestose, schwerer Plazentainsuffizienz und schwerem Diabetes mellitus sollte die Betamethasongabe vermieden werden, da nachteilige Auswirkungen auf diese Tatbestände denkbar sind.
Bei ersten **Anzeichen einer aufsteigenden Infektion**, meist einer Alteration der kindlichen Herzaktion (mütterliche Befunde sind Spätbefunde), ist das abwartende Verhalten aufzugeben und die **Geburt baldmöglichst einzuleiten**, um einer zusätzlichen Gefährdung des Kindes zuvorzukommen.

Besonderheiten der Frühgeburt

Nur etwa 65–70% der Frühgeburten erfolgen aus normaler Hinterhauptslage. Infolge der Kleinheit der Kinder und des fehlenden Anpassungszwanges an die Gegebenheiten des Geburtskanals sind **Einstellungs-, Haltungs-** und **Lageanomalien** sowie **Nabelschnurkomplikationen außerordentlich häufig**. Die Belastung sub partu übersteigt oft die Toleranz des Feten; intrakranielle Blutungen sind gehäuft, besonders bei Beckenendlagen, aber auch bei Schädellagen im Falle früher Frühgeburt (Feten <1500 g).

Geburtsleitung

Bei der Leitung einer Frühgeburt ist die besondere Empfindlichkeit und Gefährdung des Frühgeborenen zu beachten, z.B. funktionelle Unreife, Regulationsstörungen, Infektionsanfälligkeit, Risiko intrakranieller Blutungen. Deshalb:

- Schaffung optimaler Rahmenbedingungen (Pädiater, Reanimationseinrichtung, Inkubator, kurze Wege)
- Schnittentbindung bei der häufigen Beckenendlage und anderen Sonderfällen, z.B. frühe Frühgeburt
- Ggf. Versuch einer Spontanentbindung (dabei Intensivüberwachung, Behutsamkeit!)

! Das Schicksal des Frühgeborenen wird von der Geburtsleitung und den Maßnahmen in den ersten Lebensminuten und -stunden bestimmt (s. S. 290).

Prognose

Naturgemäß hängt die Prognose, abgesehen von den Rahmenbedingungen (Blasensprung? Infektionsmöglichkeit? Mütterliche Erkrankung? Neonatologische Intensivstation?), vornehmlich vom **Zeitpunkt** und von **Größe** und **Gewicht** ab (s. Abb. 8.20). Die **Tragzeit** ist wichtig. Weibliche Feten haben etwas bessere Überlebenschancen als männliche.

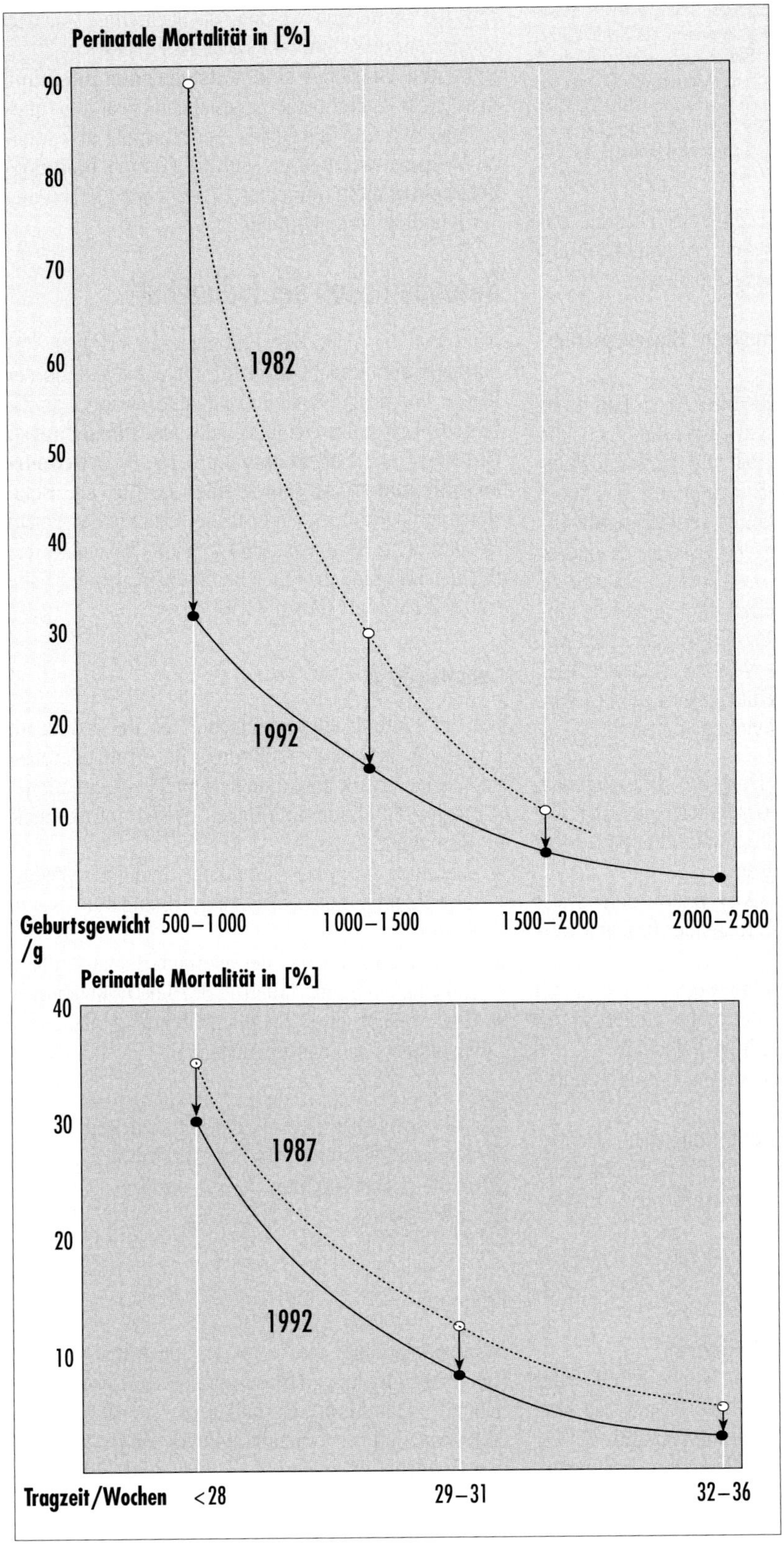

Abb. 8.20
Abhängigkeit der perinatalen Mortalität Frühgeborener <2500 g (ca. 7% der Geburten) vom Gewicht (oben) bzw. von der Tragzeit (unten). Geburtenhäufigkeit vor der 29.–31. Woche 1,2%, vor der 36. Woche 7,4%. Der Vergleich der neuen Daten (jeweils untere Kurve) mit den früheren zeigt den Fortschritt der Neonatologie. Die Ergebnisse werden natürlich in hohem Maße von den jeweiligen Rahmenbedingungen bestimmt und beziehen sich auf Entbindungszentren.

Je früher die Geburt, um so größer die Gefahr von **Hirnblutungen** mit allen Folgen (Tod; Dauerschaden). Bei bis zu 30% der »frühen« Frühgeborenen wird man mit Folgen der Frühgeburtlichkeit rechnen müssen (neurologische Schäden, körperliche und geistige Entwicklungsstörung bzw. Retardierung, Seh- bzw. Hörstörungen).

Terminüberschreitung (Übertragung)

»**Übertragung**« ist ein alter, zeitbezogener Begriff, der beim Überschreiten des errechneten Geburtstermins um 14 Tage und mehr zur Anwendung kommt (2,5–10% der Geburten). Im Zeitraum vom 280.–293. Tag spricht man statt dessen von **verlängerter Tragzeit**.

Die Bedeutung der Übertragung ist grundsätzlich durch die Tatsache erwiesen, daß die perinatale Sterblichkeit vom 294.–298. Tag an relativ steil ansteigt. Die offensichtliche Gefährdung des »übertragenen« Kindes beruht auf der bei Terminüberschreitung einsetzenden bzw. stärker und »irgendwann« kritisch werdenden **Plazentainsuffizienz**.

Da regressive Veränderungen an der Plazenta keineswegs exakt mit der Tragzeit korrelieren, darf sich das ärztliche Vorgehen nicht ausschließlich am Zeitbegriff orientieren (z.B.: »Am 10. Tag wird eingeleitet!«). Der Arzt sollte vielmehr die Zeichen der Plazentainsuffizienz erkennen oder, wesentlich besser, der Plazentainsuffizienz zuvorkommen und die **Geburt einleiten**. Die Einleitung ihrerseits verspricht jedoch nur dann erfolgreich und für das Kind optimal zu sein, wenn bestimmte Voraussetzungen erfüllt sind, die man als **Geburtsreife** zusammenfaßt (Muttermund zentriert und weich, Zervix »aufgebraucht«).

Überwachung

Die Überwachung der fraglichen Übertragung sollte nur in einer dazu eingerichteten Praxis (CTG, Amnioskopiemöglichkeit) oder, besser, im Krankenhaus erfolgen. Der angegebene Termin ist unter Einbeziehung aller früheren Befunde auf seine Richtigkeit zu überprüfen.

Falls der Termin sicher erreicht, überschritten oder überhaupt nicht exakt zu errechnen ist, müssen Hinweise auf eine Plazentainsuffizienz oder ein gestörtes Befinden des Kindes durch laufende Kontrolle frühzeitig gesucht und erkannt werden. Als Methoden bieten sich an:

- Amnioskopie (s. S. 285)
- Jeden 2. Tag Kardiotokographie (s. S. 286), evtl. Oxytozin-Belastungstest
- Ultraschallkontrollen: Beurteilung der Fruchtwassermenge; Doppler-Sonographie

Weniger objektive, jedoch klinisch verwertbare Zeichen bei laufenden Kontrollen sind ferner:

- Gewichtsabnahme der Schwangeren
- Abnahme des Leibesumfanges

Geburtseinleitung

Bei Hinweisen auf **beginnende Plazentainsuffizienz** bzw. **Störungen des fetalen Befindens** muß die Geburt eingeleitet werden. Fehlen Hinweise auf eine Gefährdung des Feten, ist aber der exakt errechnete **Geburtstermin um >2 Wochen überschritten** und die Geburtsreife erwiesen (s. S. 213), so erfolgt die prophylaktische Geburtseinleitung.

Zur Einleitung selbst konkurrieren vier Methoden, die auch kombiniert werden können:

- Konventionelle, gut nach Effekt steuerbare i.v. Oxytozininfusion (Infusionspumpe)
- Intravaginale Applikation von Prostaglandintabletten (Minprostin-E_2), nicht steuerbar
- Endozervikale Instillation von Prostaglandin-E_2-Gel, rasch wirkend, nicht steuerbar
- Prostaglandin i.v. (Minprostin-E_2), steuerbar, aber Nebenwirkungen

Die **endozervikale Prostaglandininstillation** ist – ausschließlich oder zusätzlich – auch indiziert, wenn bei gesicherter Übertragung die Zervix noch nicht geburtsreif, d.h. erweicht und verkürzt ist.

Alles ist nur bei behutsamer Dosierung und unter kontinuierlicher Überwachung der Kreißenden und des Feten zulässig.

Das Ingangkommen der Geburt erzwingen zu wollen, kann problematisch sein. Eine mitunter praktizierte **Blasensprengung** ist nur zulässig, wenn die Geburtsreife eindeutig erwiesen und der Kopf fest ins Becken eingetreten ist, den Geburtskanal allseits abdichtet und bereits Wehen einsetzen.

Bei Vergeblichkeit der Wehenstimulation sollte die Indikation zur Geburtseinleitung nochmals überprüft werden. Ist sie zwingend und eilig, bleibt mitunter nur die abdominale Schnittentbindung.

8.11 Mehrlingsschwangerschaft und -geburt

Man rechnete früher eine Zwillingsschwangerschaft auf 85 Geburten, und eine Drillingsschwangerschaft auf 85^2 Geburten. Im Zusammenhang mit der modernen Sterilitätsbehandlung (Kap. 3) ist die Häufigkeit nicht unerheblich gestiegen. Von der Entstehung her unterscheiden wir **eineiige** und **zweieiige** Zwillinge.

Eineiige Zwillinge (25 %): Bei diesen hat sich ein befruchtetes Ei vor dem 11.–13. Tag post ovulationem geteilt und zwei jeweils entwicklungsfähige Anteile entstehen lassen. **Eineiigkeit bedingt Gleichgeschlechtlichkeit und Erbgleichheit**.

Erfolgt die Zweiteilung im Morulastadium, so vollziehen sich Eiwanderung und Implantation der Teilungsprodukte unabhängig voneinander. Plazenten und Eihäute haben keine primäre Beziehung.

Erfolgt die Trennung im Blastozytenstadium, also vor der Ausbildung einer Amnionhöhle, so sind Plazenta und Chorion einheitlich, die Amnien jedoch getrennt.

Teilt sich die Embryonalanlage nach Bildung der Amnionhöhle, so entwickeln sich beide Früchte innerhalb einer gemeinsamen Eihöhle. Bei den beiden letzten Konstellationen besteht ein sog. »dritter Kreislauf«, d.h. eine Anastomosierung zwischen den Plazentakreisläufen (Abb. 8.21)

Zweieiige Zwillinge (75 %): Sie entstammen einer zweifachen Ovulation oder der Ovulation eines Zwillingsfollikels mit nachfolgender Befruchtung jedes Eies. Im Grunde handelt es sich um eine **primär unabhängige, nur zufällig gleichzeitige Entwicklung von zwei Anlagen**.

Die Implantationen erfolgen getrennt. Dementsprechend sind auch Plazenten und Eihäute primär getrennt und selbständig; bei gewisser Nachbarschaft der Implantationsorte können sie allerdings sekundär miteinander verschmelzen und Eineiigkeit vortäuschen. In diesen Fällen fehlen jedoch – bis auf extrem seltene Ausnahmen – die Gefäßanastomosen zwischen den beiden Plazentaanteilen (3. Kreislauf).

Schwangerschaft

▶ Diagnostik

Die Verdachtsdiagnose »Mehrlingsschwangerschaft« taucht meist bereits bei der **1. Ultraschalluntersuchung** auf, ferner dann, wenn der **Uterus für die Tragzeit zu groß** ist. Dieser Verdacht wird bei laufenden, palpatorischen Kontrollen erstmals im 4. Monat auftauchen.

Ist die Schwangerschaft weiter entwickelt, so lassen sich zwei (oder mehr) Herztonzentren mit verschiedener Frequenz nachweisen sowie bei der Palpation mindestens drei große Teile an verschiedenen Seiten tasten. Subjektiv berichtet die Patientin über ubiquitäre Kindsbewegungen. Ante partum ist eine Abklärung der jeweiligen Lagebeziehung der Mehrlinge zueinander erforderlich

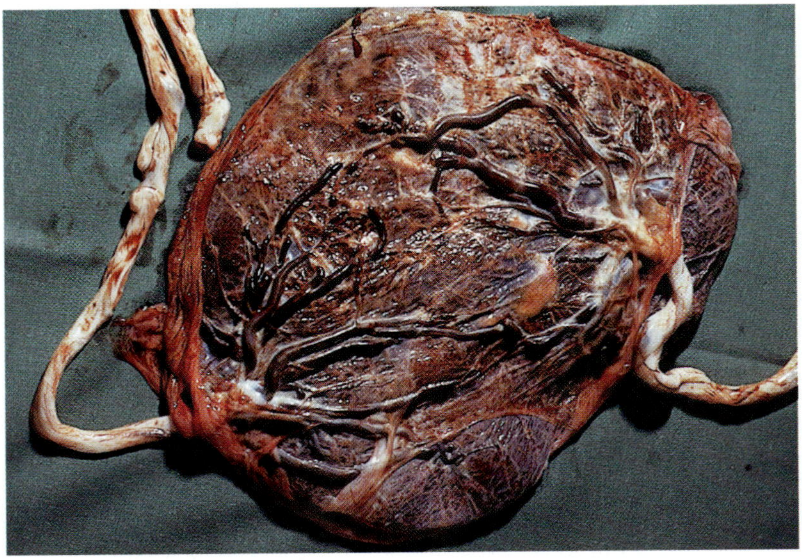

Abb. 8.21 Plazenta bei eineiigen Zwillingen. Gefäßanastomosen, sog. »dritter Kreislauf«.

Besonderheiten in der Schwangerschaft

Die Zwillingsschwangerschaft stellt besondere Leistungsansprüche an die Anpassungsfähigkeit des mütterlichen Organismus. Dementsprechend sind Adaptationsstörungen in Form von **Gestosen** häufig:

- Hyperemesis
- Spätgestose/SIH/HES (s. S. 169)

Die Schwangerenbetreuung muß besonders sorgfältig sein und subtile Kontrollen wie sonographische Messungen, CTG sowie prophylaktische Maßnahmen, wie z.B. Vitamin-, Kalzium- und Eisengaben, beinhalten. Die Berufstätigkeit sollte 12 Wochen vor dem errechneten Geburtstermin aufgegeben werden.
Weitere Besonderheiten der Mehrlingsschwangerschaft:

- Erhöhte Neigung zur **Zervixinsuffizienz** (25 %) sowie Zervixinfektion und damit zur **Frühgeburtlichkeit**
- **Plazentainsuffizienz** und, damit korrelierend, **intrauterine Wachstumsretardierung**

Bei etwa 6 % der Mehrlingsschwangerschaften kommt es zum Absterben eines Mehrlings bis zur 30. Woche. Die Prognose für eine weitere Fortführung der Schwangerschaft ist relativ gut.

Geburt

Geburtstermin

Die **Zwillingsschwangerschaft endet erfahrungsgemäß vorzeitig**: 35 % der Mehrlingsgeburten erfolgen vor der 37. Woche; 54 % der Kinder wiegen <2500 g.
Eine folgenschwere, extreme Frühgeburt kann ggf. durch folgende **Präventionsmaßnahmen** verhindert werden:

- Cerclage (umstritten)
- Schonung bzw. Hospitalisierung
- Tokolyse
- Präventive Maßnahmen gegen Vaginal-, Zervix- und Eipolinfektionen

Andererseits sollte die Entbindung wegen der Gefahr zunehmender Plazentainsuffizienz bis zum Ende der 38. Woche erfolgt sein.

Geburtsprobleme

Unter der Geburt sind folgende **Gefahren** zu erwarten:

- Auswirkung einer Plazentainsuffizienz
- Frühgeburtlichkeit
- Präeklampsie bzw. Eklampsie
- Primäre Komplikationen durch Lageanomalien
- Geburtsmechanische Komplikationen
- Intrauterine Asphyxie des 2. Zwillings
- Störungen der Nachgeburtsperiode, Atonie

Nachfolgend wird nur auf die Entbindung von Zwillingen eingegangen. Bei höheren Mehrlingen dominiert die primäre Sectio.

Geburtsleitung des 1. Zwillings

Bei Geburtsbeginn sind zunächst sonographisch Größe und Lage der Zwillinge festzustellen. Zu erwarten sind:

- Weniger problematisch:
  - Zweifache Schädellage (ca. 40 %)
  - Zweifache Beckenendlage (ca. 10 %)
- Problematisch:
  - Beckenendlage/Schädellage (ca. 40 %)
  - Längslage/Querlage (ca. 9 %)
  - Zweifache Querlage (ca. 1 %)

Zweifache Schädellage: Die Geburt des 1. Zwillings ist wie eine Einlingsgeburt zu leiten. Selbstverständlich müssen die Herztöne beider Kinder kontrolliert werden. Selten ergibt sich eine Indikation zur vorzeitigen operativen Geburtsbeendigung wegen Herztonalteration des 2. Zwillings vor der Geburt des 1. Kindes.
Zweifache Beckenendlage: Auch hierbei folgt man den bei der Einlingsgeburt aus Beckenendlage beschriebenen Grundsätzen, d.h. primäre Schnittentbindung bei Erstgebärenden, evtl. Abwarten einer Geburt per vias naturales bei der Mehrgebärenden.
Schädellage (1.)/Beckenendlage (2.): Hier sind meist keine Besonderheiten zu erwarten.
Beckenendlage (1.)/Schädellage (2.): Da hier eine sog. Verhakung der Zwillinge sub partu erfolgen kann, ist die primäre Sectio indiziert (s. Abb. 8.22).
Längslage/Querlage: Wenn sich das in Längslage befindliche Kind nicht zur Geburt stellt, dann Sectio. Sonst evtl. Spontangeburt des 1. Zwillings, dann innere Wendung und manuelle Extraktion (s. S. 277) des 2. Zwillings.
Querlage/Querlage: Sectio.

Je früher eine Zwillingsgeburt einsetzt, d.h. je unreifer die Feten sind, um so eindeutiger ist die Indikation zur Sectio. Insgesamt werden etwa 50 % der Mehrlingsschwangerschaften durch Sectio beendet.

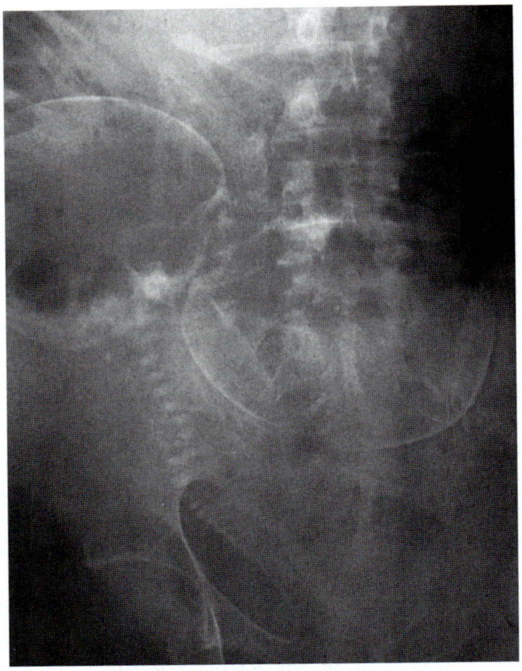

Abb. 8.22 »Verhakte Zwillinge«. Der im Bild links sichtbare Zwilling liegt in Beckenendlage, der Steiß steht im Beckeneingang. Der zweite Zwilling (Mitte rechts im Bild) befindet sich in Schädellage, wobei der Kopf tiefer steht als der des in Steißlage befindlichen ersten Zwillings. Er verhindert dessen Tiefertreten. Geburtsunmögliche Situation. Sectio.

Verhalten nach Geburt des 1. Zwillings

Unmittelbar nach der Geburt des 1. Zwillings per vias naturales und dem Abnabeln sind folgende Maßnahmen bzw. Kontrollen obligatorisch:

- Herztöne des 2. Zwillings ? CTG
- Lagekontrolle: Längslage? Querlage? Ggf. Sonographie
- Blutung?

Bei **akuter Gefahr** (Blutung, absinkende Herzfrequenz) umgehend aktive Maßnahmen zur **Geburtsbeendigung** (s. S. 270 ff.). Bei **fehlenden Alarmzeichen** zunächst nur **Oxytozinzufuhr**.

Wenn sich bei Längslage der vorangehende Teil im Beckeneingang zentriert und den MM abdichtet, sollte die **Blasensprengung** zur Geburtsbeschleunigung erfolgen.

Befindet sich das **2. Kind in Querlage**, wird äußerlich gewendet oder umgehend die Blase gesprengt und die kombinierte, **»innere« Wendung** und **Extraktion** durchgeführt. Diese ist beim 2. (nicht zu großen Zwilling) zumeist einfach und ohne große Belastung durchführbar, da die Geburtswege optimal vorgedehnt sind und der Zwilling meistens klein ist. Die Geburt des 2. Zwillings ist um so einfacher und ungefährlicher, je schneller sie der ersten folgt; 10–15 Minuten sollten nicht überschritten werden, da längeres Zuwarten Gefahren impliziert: Die zunächst weiten Geburtswege verengen sich wieder, die Plazenta kann sich lösen. Im Mittel wird der 2. Zwilling 6 Minuten nach dem ersten geboren, in 15 Minuten sind es 90 %.

! Die geborenen Mehrlinge sind als Risikokinder zu betrachten. Sie bedürfen der Intensivüberwachung.

Nachgeburtsperiode

Üblicherweise lösen sich beide Plazenten erst nach der Geburt der Kinder. Wegen der drohenden Gefahr der Atonie ist prophylaktisch ein Wehen- bzw. Kontraktionsmittel zu geben.

Perinatale Mortalität

Die perinatale Mortalität von Zwillingen liegt, in gewisser Abhängigkeit von den Rahmenbedingungen, bis zu fünfmal höher als bei Einlingen. Dabei spielt die Frühgeburtlichkeit eine große Rolle. Der 2. Zwilling ist besonders gefährdet.

8.12 Intrauteriner Fruchttod und Totgeburt

Als intrauterinen Fruchttod bezeichnet man das intrauterine Absterben des Feten ab Beginn der 28. (22.) Woche.

Gefahren

! Bei 2- bis 3wöchiger Retention eines Infans mortuus kann sich eine **hämorrhagische Diathese** (»Dead-fetus«-Syndrom) entwickeln, so daß vor der Geburt eine Überprüfung des Gerinnungsstatus erfolgen muß.

Im typischen Fall findet man eine Fibrinogenverminderung, teils mit diskreter Thrombozytopenie, sowie eine Hyperfibrinolyse (s. S. 287).
Es bieten sich drei ärztliche Probleme:
- Sicherer Nachweis des intrauterinen Fruchttodes
- Geburtseinleitung und Geburt
- Ursachenabklärung und Beratung

Klinisches Vorgehen

Diagnose

Die Verdachtsdiagnose ergibt sich aus der Angabe der Schwangeren, **keine Kindsbewegungen** mehr zu verspüren. Mitunter geht dieser Beobachtung die Feststellung abnorm starker Bewegungen voraus (z.B. bei Nabelschnurkomplikationen).
Diese subjektiven Angaben genügen nicht, um den Tatbestand des Kindstodes als erwiesen anzusehen. Es sind objektive Hinweise erforderlich:
- Kindliche Herzaktionen auch bei mehrfacher Kontrolle und Einsatz moderner Geräte nicht nachweisbar
- Im Ultraschallbild keine Bewegungen

Geburtseinleitung und Geburt
Bei einem Großteil kommt es 1–2 Wochen nach dem Absterben des Kindes zu Spontanwehen. Will man der Schwangeren diese seelisch bedrückende Wartezeit nicht zumuten, oder bleiben Spontanwehen aus, so ist die Geburtseinleitung notwendig. Ein längeres Abwarten bringt zudem die Gefahr der hämorrhagischen Diathese mit sich.
Zur **Wehenanregung** sind häufig extrem hohe Oxytozin- oder Prostaglandingaben erforderlich. Die **Blasensprengung** sollte nur bei Geburtsreife und Wehenbereitschaft erfolgen.

! Sofern bereits Anomalien am Gerinnungssystem nachweisbar sind, sollte die Geburtseinleitung erst nach Normalisierung vorgenommen werden. Post partum Dauertropf mit Oxytozin und Methergin bzw. i.v. zulässigen Prostaglandinen (z.B. Nalador).

Wegen der erwähnten Probleme und der Gefahr des hämorrhagischen Syndroms ist die Geburt eines Infans mortuus nur in der Klinik durchzuführen.
Auch nach der Geburt des toten Kindes muß noch mit der Möglichkeit einer Koagulopathie gerechnet werden. Sorgfältige Überwachung ist nötig.
Totgeburten >500 g sind meldepflichtig.
Das geborene Kind zeigt **Mazerationserscheinungen**, deren Ausmaß von der Zeit der Retention des abgestorbenen Kindes abhängt.
Mazeration I. Grades: Haut weiß-grau, z.T. durch Mekonium verfärbt. Andeutung von Sukkulenz (= Kind in den letzten Stunden abgestorben).
Mazeration II. Grades: Großflächige Epidermisdefekte wechseln mit blasiger Abhebung. Hautfarbe braun-rötlich. Fruchtwasser rot-braun bis schwärzlich (= Kind vor mehr als 24–28 Std. abgestorben).
Mazeration III. Grades: Zusätzlicher Konsistenzverlust von Rumpf und Schädel. Das Abdomen ist aufgetrieben und schwappend. Die Organe befinden sich in autolytischem Zerfall bis zur Verflüssigung (= Kind vor mehr als einer Woche abgestorben).

Ursachen

Die Ursachenklärung ist dringlich, um die Eltern beraten und ggf. bei erneuter Schwangerschaft ähnliche Störungen vermeiden zu können. Es sind zu berücksichtigen:
- Plazentainsuffizienz (häufigste Ursache): histologische Untersuchung
- Nabelschnurkomplikationen: bei Geburt sichtbar
- Rh-Inkompatibilität: Aspekt; Sektion; Blutgruppe der Eltern, Antikörper
- Diabetes: Aspekt; Blutzuckeruntersuchung
- Infekte: Anamnese; serologische bzw. bakteriologische Untersuchung bei Kind (Fruchtwasser, Mekonium, Blut) und Mutter (Zervixabstrich, Blut)
- Fetaler Blutverlust bei Placenta praevia: Anamnese; klinische Befunde
- Mißbildungen: Aspekt; Sektion

8.13 Kindliche Gefahrenzustände unter der Geburt

! Die Geburt darf nicht nur als geburtsmechanisches oder wehenphysiologisches Problem betrachtet werden. Es muß vor allem ein gesundes, ungeschädigtes Kind geboren werden. Eine **Gefährdung des Kindes** kann in dreifacher Weise zustande kommen:

- Durch eine **mechanische Alteration** (Druck, Zug, verzögerte Geburt)
- Durch **Blutverlust** (z.B. bei Insertio-velamentosa-Blutung und, selten, auch bei Placenta praevia
- **Störung des Stoffaustausches**, speziell der Sauerstoffaufnahme und der Kohlensäureabgabe

▶ Ursachen

Die geburtsmechanische Belastung ist bei den verschiedenen Geburtsbesonderheiten mehrfach erörtert worden. Gleiches gilt für den kindlichen Blutverlust.

Eine Störung des Sauerstoffaustausches und damit eine mehr oder minder große Gefährdung des Kindes ist in folgenden Fällen gegeben:

- Störung der mütterlichen Zirkulation bzw. Sauerstoffsättigung (s. S. 245)
- Störung auf kindlicher Seite (z.B. Vitium cordis, Anämie, Intoxikation, Nabelschnurkomplikation; s. S. 245)
- Funktionell insuffiziente Plazenta (s. S. 245), vorzeitige Lösung, Placenta praevia, HES

In manchen Fällen ist die Ursachenzuweisung unklar, z.B. bei verzögerter Geburt oder verlängerter Austreibung.

▶ Auswirkungen

Die Auswirkungen einer Funktionseinschränkung hängt ab:

- Vom Ausmaß der Störung
- Vom Bedarf des Feten
- Von gewissen Kompensationsmöglichkeiten

! Jede defizitäre Störung des Stoffaustausches hat ein **Absinken der O_2-Spannung** im kindlichen Blut und eine Stimulierung anaerober, glykolytischer Stoffwechselvorgänge (mit Verbrauch von Glykogenreserven) zur Folge. Es kommt zur **metabolischen Azidose**.

! In Fällen, bei denen auch die CO_2-Abgabe eingeschränkt ist, tritt eine **respiratorische Azidose** hinzu. Sauerstoffmangel und Azidose sind die Hauptgefahren für das Kind sub partu. Werden sie übersehen oder wird ihnen nicht rechtzeitig und konsequent entgegengewirkt, so resultiert ein **Absterben des Kindes** sub partu oder, relativ selten, eine **lebenslängliche Schädigung**, bedingt durch einen hypoxischen Hirnschaden.

Den Zustand der defizitären Stoffwechselbilanz mit den Folgen der Hypoxie, der CO_2-Anreicherung und der metabolischen Azidose hat man, nicht ganz korrekt, als **intrauterine Asphyxie** bezeichnet.

▶ Diagnostik

Gewisse Warnhinweise auf die Möglichkeit intrapartaler Probleme können sich schon ergeben aus der

- **Anamnese** sowie Vorbefunden aus der Schwangerschaft (Erkrankung von Mutter oder Fet, Gestose, Plazentainsuffizienz u.a.).

Die konkrete fetale Betroffenheit und Gefährdung ergibt sich aus folgenden Merkmalen, die Gegenstand der fetalen Überwachung sub partu sind:

- **Fetale Herzaktionen atypisch**
- **Pathologische Veränderungen am fetalen Blut** (pH, pO_2, pCO_2, Standardbikarbonat)

Über die Methodeninterpretation s. S. 286 ff.

Fetale Herzaktion

Die fetale Herzaktion (Herzfrequenz; FHF) ist ein Spiegel zirkulatorischer Versorgung des Feten, mechanischer Einwirkungen (Schädelkompression) und fetaler Gesundheit, Vitalität und Anpassungsfähigkeit. Die vielfältigen Reaktions- und Ausdrucksarten lassen sich nur zum kleinen Teil mit sporadisch-konventioneller **Auskultation** erfassen. Das gesamte Spektrum wird lediglich durch eine kontinuierliche Registrierung der FHF zugänglich, also durch **Kardiographie** bzw. **Kardiotokographie (CTG)**. Zur speziellen Methodik und ihren Interpretationskriterien s. S. 286 ff. Insbesondere sind für die Beurteilung des kindlichen Befindens aufschlußreich:

- **Basale Herzfrequenz**
- **Fluktuation** der Herzfrequenz/Min.

- **Frequenzakzelerationen** bei Kindsbewegungen, Wehe, Belastung als Ausdruck normaler Reagibilität des Fetalkreislaufs
- **Frequenzdezelerationen** komplexer Art, deren kardiotokographisches Erscheinungsbild differenzierte Interpretationen erlaubt

Fruchtwasseraussehen
Hier ist bei Schädellagen eine **Grünfärbung** durch Mekoniumabgang als Alarmzeichen zu werten. Die Verfärbung ist entweder bei stehender Blase durch Amnioskopie zu erkennen oder anläßlich des Blasensprunges und danach. Sie geht mit 3- bis 5facher Erhöhung der kindlichen Morbidität und Mortalität einher.

Fetalblutwerte
Störungen im kindlichen Befinden im Sinne einer momentanen Hypoxie gehen mit einer dem Ausmaß der Störung proportionalen Azidose einher. Die nach dem Blasensprung mögliche Fetalblutanalyse (Mikroblutuntersuchung [MBU]: pH, pO_2, pCO_2, Standardbikarbonat) erlaubt die objektive qualitative und quantitative Einschätzung einer evtl. gegebenen Gefährdung (Details s. S. 288).

► Konsequenzen

Das Ziel der Überwachung sub partu ist die ständige Information über des Befinden des Kindes und ggf. die Beantwortung der Alternativfrage: **Darf man abwarten? Oder muß die Geburt umgehend beendet werden?**

Bei der Zustandsbewertung sollten Herzaktion und MBU-Befund berücksichtigt werden. Es scheint, daß die Toleranz des Feten gegenüber leichten Asphyxien größer ist als bisher angenommen,
Die Art der Geburtsbeendigung, d.h. die Wahl der Methode (Wehenmittelgabe; Sectio; Vakuumextraktion, Forzeps [s. S. 269 ff.]), hängt bei gegebener Entbindungsindikation naturgemäß von den sonstigen Umständen (MM-Weite, Leitstellenstand) und der noch vorhandenen **Zeitreserve** ab.
In Grenzsituationen bzw. zum Zwecke des zur Operationsvorbereitung notwendigen Zeitgewinns kommt eine **»intrauterine Reanimation«** zur Anwendung, die folgende Maßnahmen beinhaltet:

- **Links-Seitenlagerung** der Kreißenden (zur Verbesserung der Hämodynamik und Beseitigung eines evtl. Vena-cava-Okklusionssyndroms)
- **Betamimetika**, z.B. Fenoterol (Partusisten), langsam i.v. zur Uterusrelaxierung und damit zur Verbesserung der uterinen und uteroplazentaren Durchblutung
- **Volumenauffüllung** bei denkbarer oder erwiesener Hypovolämie und Hypotonie
- **Sauerstoffgabe** an die Mutter

8.14 Pathologie der Nachgeburtsperiode

Vor Ausstoßung der Plazenta

Verstärkte Lösungsblutung, Ausbleiben der kompletten Spontanlösung

Mitunter löst sich die Plazenta nur partiell. Die Lösungsblutung persistiert, da der Uterus sich nicht vollständig kontrahiert, solange noch Plazentareste haften. Um den Blutverlust in Grenzen zu halten, ist man mitunter gezwungen, aktiv vorzugehen, statt die endgültige Spontanlösung der Plazenta abzuwarten, die zudem in einigen Fällen ohnehin ausbleibt (Placenta adhaerens, accreta und increta).

Primäres Vorgehen

- Entleeren der Harnblase
- Kombination von Oxytozin und Secale (Syntometrin) i.v.
- Anlegen einer i.v. Infusion
- **Versuch einer Extraktion** (sanfter Nabelschnurzug bei Abstützen des Fundus uteri)

Gelingt es mit diesen einfachen Mitteln nicht, die Plazenta zur vollständigen Ablösung und Ausstoßung zu bringen, so ergibt sich der – allerdings nur selten berechtigte – Verdacht auf das Vorliegen einer **Placenta accreta** oder **increta**. Die weitere Maßnahmen (s.u.) sollten nur in der Klinik durchgeführt werden. Ggf. also umgehende Einweisung bei laufender Infusion. Klinik verständigen.

Weiteres, klinisches Vorgehen

- Narkose
- Wiederholung des Extraktions- oder Expressionsversuches (Credé); falls erfolglos:
- **Manuelle Lösung der Plazenta**
- 30 VE Oxytozin im schnellen Dauertropf, Volumenersatz; Prostaglandine (Nalador)
- Bei erwiesener Unmöglichkeit manueller Lösung (Placenta increta) umgehende Laparotomie und Uterusexstirpation. Schockprophylaxe. Transfusion bereitstellen.

Keine Blutung, aber Ausbleiben der Plazentalösung

Die frühere Empfehlung, 2 Std. zu warten, hat Nachteile. Falls sich die Plazenta auch dann nicht gelöst hat, muß man unter wesentlich ungünstigeren Bedingungen handeln, da sich der Muttermund inzwischen schon weitgehend wieder geschlossen hat. Eine manuelle Lösung wäre jetzt ungleich schwerer als 1-1½ Std. vorher. Deshalb schon nach 15–30 Min. so verfahren wie oben erwähnt.

Nach Ausstoßung der Plazenta

Die häufigste postpartale Komplikation ist die **Nachblutung**. Ursächlich kommen in Frage:

- **Plazentareste im Uterus** (Plazenta war nicht vollständig, Nebenplazenta wurde übersehen)
- **Atonie**, also Ausbleiben der notwendigen Kontraktion, die ihrerseits Voraussetzung der Hämostase ist
- **Rißblutung** (Zervix, Vagina); Ruptur
- **Störung der Hämostase**

▶ Differentialdiagnose und Therapie

- **Nachkontrolle der Plazenta: »Wirklich vollständig?«** Falls unvollständig oder fraglich, behutsame Nachtastung bzw. Kürettage mit großer, stumpfer Kürette. Gegebenenfalls Transfusion vorbereiten.
- **Falls Plazenta o. B.: Frage »Atonie?«** Ein Griff zum Uterus gibt Aufschluß über Größe und Kontraktionszustand. Ist er groß und weich, so unverzüglich Entleerung der Blase, behutsame Expression des angesammelten Blutes unter gleichzeitiger i.v. Injektion einer Oxytozin-Secale-Kombination (Syntometrin). Infusion mit 10–30 VE Oxytozin einlaufen lassen. Plasmaexpander. Eisbeutel, Sandsack. Sorgfältigste Kontrolle. Falls Effekt unzureichend, umgehend geeignete Prostaglandinpräparate i. v. (Minprostin-$F_{2\alpha}$ Nalador-500) oder Minprostin-$F_{2\alpha}$ intramyometrial bzw. intrakavitär.
- **Falls Uterus o. B.: Frage »Rißblutung?«** Spekulumeinstellung. Nach Vaginal- bzw. Zervixriß suchen. Falls Rißverletzung mit eindeutiger Blutung, sofortige Versorgung bzw., bei laufender Infusion, schnellste Krankenhauseinlieferung.
- **Falls Spekulumbefund auch o. B.: Frage »Gerinnungsstörung?«** Ist auch keine Rißblutung erkennbar oder fällt schon primär die Ungerinnbarkeit des abfließenden Blutes auf, so ist eine echte Hämostasestörung wahrscheinlich. Diese kann Folge einer Verbrauchskoagulopathie bzw. Ausdruck einer echten präexistenten hämorrhagischen Diathese (müßte eigentlich bekannt sein) oder einer Hyperfibrinolyse sein. Ist bereits ein erheblicher Blutverlust manifest, so kann sich in dessen Folge auch eine Verlustkoagulopathie entwickelt haben, die nun die Situation ihrerseits bestimmt.

Bei Verdacht auf Gerinnungsstörungen Gerinnungsanalysen oder/und, als Bed-side-Methode, Ansetzen des **Clot-observation-Tests** (s. S. 267).
Während der für den Test bzw. die anderen Spezialuntersuchungen benötigten Zeit werden als symptomatische und unspezifische Therapie die oben bei der Atonie beschriebenen Maßnahmen durchgeführt. Es folgen dann die bei Verbrauchskoagulopathie und/oder Hyperfibrinolyse notwendigen speziellen therapeutischen Konsequenzen (s. S. 268).

Als **Notlösung** bei einer mit den oben genannten Methoden nicht beherrschbaren Blutung:

- Bimanuelle Kompression des Uterus. Oder:
- Aortenkompression
- Ultima ratio: Uterusexstirpation, falls keine andere Wahl besteht und die Gerinnungsverhältnisse den Eingriff zulassen

Die erwähnten Komplikationen können in gewissen Grenzen vorhergesehen werden, da typische Dispositionen bekannt sind:

- **Atonie** ist bei primärer und sekundärer Wehenschwäche zu erwarten, bei Vielgebärenden, Hydramnion, Riesenkindern, Zwillingen, Uterus myomatosus. Ferner bei traumatisierender operativer Entbindung. Schließlich bei Rothaarigen.
- **Rißbildung** ist meist Folge einer abnormen Geburtsbelastung (großes Kind, Forzeps u.ä.) oder abnorm geringer Dehnbarkeit (Rigidität bei alten Erstgebärenden oder nach früheren Operationen).
- Eine **Verbrauchskoagulopathie** pflegt nur im Zusammenhang mit vorzeitiger Plazentalösung,

Fruchtwasserembolie (z.B. Sectio), Infans mortuus, septischen Zuständen und Präeklampsie/Eklampsie (HELLP-Syndrom) aufzutreten. Bei schwerem Blutverlust beliebiger Ursache kommt es schließlich zu einer **Verlustkoagulopathie**.

! Es ist dringliche Aufgabe des verantwortlichen Arztes, alle anamnestischen Hinweise und Dispositionsfaktoren sorgfältig zu beachten und schon prophylaktische Vorbereitungen für die evtl. notwendige Therapie zu treffen. Im Ernstfall besteht meist nicht mehr viel Zeit. Jeder akute Blutverlust über 500–800 ml kann, auch unabhängig von der Ursache, einen **Schockzustand** zur Folge haben. Eine im Privathaus entbundene Patientin mit derartigem Blutverlust sollte deshalb stets sekundär ins Krankenhaus verlegt werden.

Verletzungen

Bei der starken Blutung post partum ist neben der Atonie und dem hohen Vaginalriß vor allen der **Zervixriß** differentialdiagnostisch zu berücksichtigen. Bei gut kontrahiertem Uterus ist der Muttermund im Spekulum einzustellen, mit flachen, weichen Klemmen zu fassen und auf Risse zu überprüfen. Letztere sitzen fast stets seitlich!

Die Zervixrisse bluten meist sehr stark. Sie sind ohne Assistenz, Übung und gute Beleuchtung nur schlecht zu versorgen. Deshalb in derartigen Fällen bei Hausgeburt besser provisorisches Vorgehen:

- Die beiden Ränder des Risses werden bis an den oberen Wundwinkel heran (!) mit einer Klemme abgeklemmt (Abb. 8.23). Die Blutung steht bei richtigem Klemmensitz sofort. Beide Klemmen bleiben liegen.
- Infusion zum Auffüllen der Kreislaufs!
- Verlegen der Patientin in die Klinik. Dort Naht unter optimierten Bedingungen.

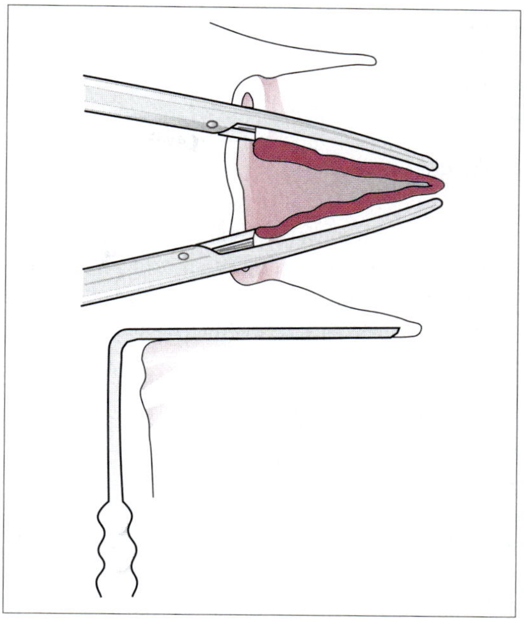

Abb. 8.23 Notversorgung blutender Zervixrisse.

Blutungsschock

! Bei einem Blutverlust von mehr als 500–800 ml droht ein sekundärer Schock. Man muß nicht nur an die sichtbare Blutung nach außen, sondern auch an einen Blutverlust nach innen denken (Hämatome, vollgeblutetes Corpus uteri, intraabdominelle Blutung). Der Schock ist ein **Volumenmangelschock!**

▶ Prophylaxe

- Auftretende Blutungen sind baldmöglichst zum Stehen zu bringen
- Frühzeitig i.v. Infusion anlegen
- Blutverlust umgehend mit kolloidalen Blutersatzmitteln ersetzen. Oder:
- Bluttransfusion, falls Verlust >1000 ml beträgt

Man bedenke, daß die Kreißende zumeist a priori ein gewisses Flüssigkeitsdefizit aufweist (sparsames Trinken, Erbrechen, Schwitzen), für weitere Flüssigkeits-(Volumen-)Verluste also besonders anfällig ist!

▶ Symptome und Befunde

Das Ausmaß des Schocks steht in direkter Beziehung zur Stärke des Blutverlustes!

Erste Anzeichen:
- Pulsanstieg >100/Min.
- Blutdruckabfall <100 mmHg
- Verkleinerung der Amplitude
- Periphere Blässe
- Oligurie
- »Zentralisation« des Kreislaufs

Ausgeprägter Schock:
- Pulsfrequenz >140/Min.
- RR systolisch <80 mm Hg
- Verkleinerung der Amplitude

- Kalte, blasse Akren
- Oligurie → Anurie
- Azidose (metabolische Azidose)
- Bewußtseinseintrübung

► **Therapie**

! Falls bei einer Hausentbindung ein Blutungsschock droht oder manifest ist, **sofortige Krankenhauseinweisung**. Vorher Infusion anlegen, kolloidale Blutersatzmittel. Autotransfusion, Transport begleiten!

Die **klinischen Maßnahmen** sind stereotyp:
- Blutungsquelle versorgen
- Anlegen mehrerer Infusionskanülen
- Ggf. zentrale Venendruckmessung
- Organisation einer Intensivüberwachung (s. S. 172)
- Infusion mit Plasmaersatzlösungen, Plasmakonserven, Humanalbumin
- Maßnahmen zur Besserung der Mikrozirkulation, falls erforderlich! (Rheo-Makrodex, Hydergin)
- Bluttransfusionen (Frischblut oder frische Konserven)
- Sauerstoffgabe
- Azidosebehandlung mit Pufferlösungen, falls nötig
- Bei Oligurie (trotz Volumensubstitution) Versuch der Diureseanregung mit Mannit

! Im Falle eines nicht bald substituierten starken Blutverlustes kann sich eine Verlustkoagulopathie, infolge der Mikrozirkulationsstörung eine diskrete Verbrauchskoagulopathie oder eine Hyperfibrinolyse entwickeln, so daß mit einer **sekundären Blutung durch Hämostaseinsuffizienz** zu rechnen ist (Abb. 8.24)
Ferner droht das **sekundäre Nierenversagen**.
Ein starker Blutverlust kann schließlich auch die Entwicklung eines **Sheehan-Syndroms** zur Folge haben (Hypophysenvorderlappeninsuffizienz, S. 59).

Traumatischer Schock

Ein traumatischer, neurogener Schock ist selten, aber nach folgenden Ereignissen denkbar:
- Traumareiche Entbindung (schwere Zangenentbindung, usw.)
- Uterusruptur, Perforation u.ä.
- Vorzeitige Lösung, manuelle Lösung
- Manuelle Uterusalteration (Credé, Kristellern)

► **Symptome**

Diese Schockform ist gekennzeichnet durch:
- Vagusdysregulation
- Bradykardie
- Gefäßdilatation
- Blutverteilungsstörung

Die Verlagerung von Blut in die erweiterten Gefäßbereiche führt zu einer Verminderung des effektiv zirkulierenden Blutes und damit zu einem Mißverhältnis zwischen Herzzeitvolumen und peripherem Bedarf. Auch dieser Schock ist in seiner reinen Form, funktionell gesehen, ein **Volumenmangelschock**.

► **Therapie**

Der neurogene Schock als solcher ist meist vorübergehender Art und schon durch Hochlagern der Beine u.ä. Maßnahmen zu beheben. Man muß aber bedenken, daß die genannten Ereignisse ihrerseits meist mit einem Blutverlust und evtl. sogar noch einer Einschwemmung thromboplastischen Materials verbunden sein können. Man hat es unter Umständen also mit einem **kombinierten Schock** zu tun. Bei einer derartigen Summation von Störungen kann sich z.B. ein Blutverlust von 500–800 ml wesentlich stärker auswirken als bei ausschließlicher, isolierter Blutung. Er bedarf der Volumensubstitution per infusionem, **Kreislaufmittel sind kontraindiziert**.
Sofern sich ein ursprünglich als traumatisch (neurogen) angesehener Schock nicht schnell nach entsprechenden Maßnahmen bessert, muß man weitere Schockfaktoren berücksichtigen.

Fruchtwasserembolie

Das Krankheitsbild der Fruchtwasserembolie wird durch Einstrom von Fruchtwasser in den mütterlichen Kreislauf ausgelöst, also durch eine **Fruchtwasserinfusion**.

► **Ursachen**

Die Voraussetzung für eine Fruchtwasserembolie ist eine direkte Kommunikation zwischen der Fruchthöhle bzw. dem Fruchtwasser und dem mütterlichen Venensystem. Eine solche ist nur möglich, wenn im mütterlichen Genitaltrakt **Verletzungen** entstanden sind (hoher Scheidenriß, Zervixriß, Schnittentbin-

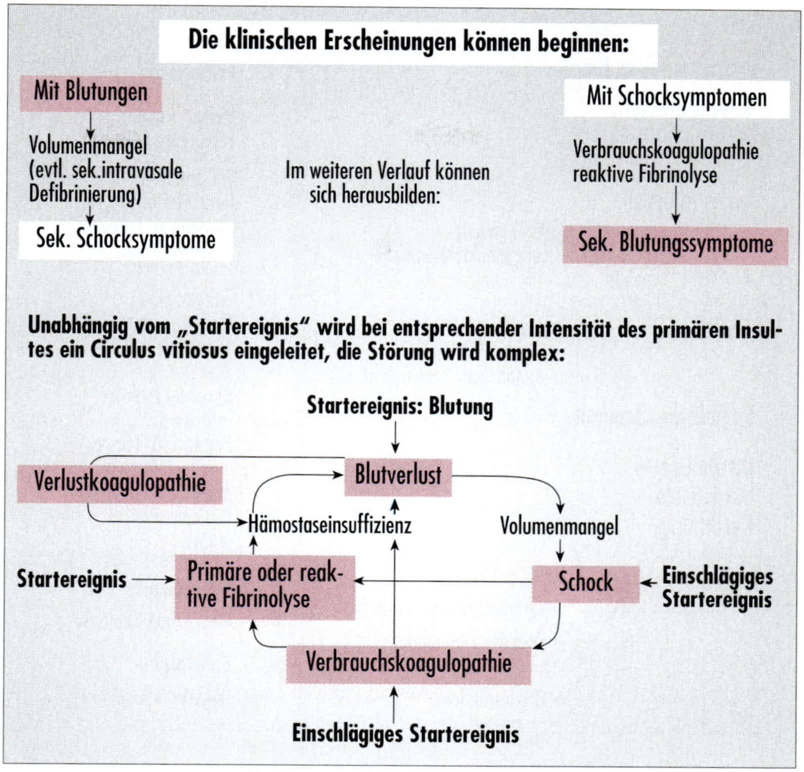

Abb. 8.24 Die Beziehung zwischen Blutung und Schock.

dung, Uterusruptur) bzw. eine partielle Plazentalösung oder Verletzung erfolgt ist, und wenn das Fruchtwasser unter gewissem Druck steht (Wehenmittelmißbrauch oder bei gewaltsamem »Mitpressen« durch Hilfskräfte in Form eines Druckes auf den Fundus [»Kristellern«]).
Die Folgen eines solchen Fruchtwassereinstroms sind durch besondere Eigenschaften des Fruchtwassers bestimmt:

- Fruchtwasser ist thromboplastisch aktiv
- Fruchtwasser enthält korpuskuläre Beimengungen
- Fruchtwasser kann antigenen Charakter haben

Man nimmt an, daß die **Thromboplastinaktivität des Fruchtwassers** nach dessen Einstrom in das mütterliche Blut dort die Entwicklung von Fibrinaggregaten induziert (**intravasale Gerinnung**). Letztere werden in der terminalen Strombahn des Lungenkreislaufes abgefangen und stören die Mikrozirkulation. Gleichzeitig können die korpuskulären Fruchtwasseranteile, nach einer Oberflächen-Kontaktaktivierung der Gerinnung, mit dem gebildeten Fibrin verklumpen und zu dem »embolischen« Insult führen. Schließlich können Fruchtwasseranteile Antigeneffekte im Sinne eines **anaphylaktischen Schocks** auslösen.

Mit gewisser Latenz setzen **Sekundärreaktionen** ein: Einerseits dürfte eine **reaktive Fibrinolyse** induziert werden, die eine Rekanalisierung der Mikrostrombahn begünstigt. Andererseits kommt es zur erheblichen **Vasokonstriktion** im Lungen- und vielleicht auch im Koronarkreislauf. Eine akute **Rechtherzbelastung** ist die Folge, der bei Insuffizienz auch die Linksherzinsuffizienz folgt.
Sofern die Frühphase überlebt wird, manifestiert sich nach weiterer Latenzzeit eine **hämorrhagische Diathese**. Sie ist Folge der disseminierten intravasalen Gerinnungsvorgänge und der reaktiv ausgelösten Hyperfibrinolyse.

► Symptome und Befunde

Die klinischen Erscheinungen sind aus dem oben erwähnten Mechanismus relativ leicht abzuleiten (Abb. 8.25).

Frühphase

Dem 2 Min. bis 4 Std. nach dem Fruchtwassereinstrom auftetenden **Leitsymptom Schock ohne erkennbare Ursache** folgen dann Dyspnoe und Rechtsherzinsuffizienz (pulmokardiale Symptomatik).

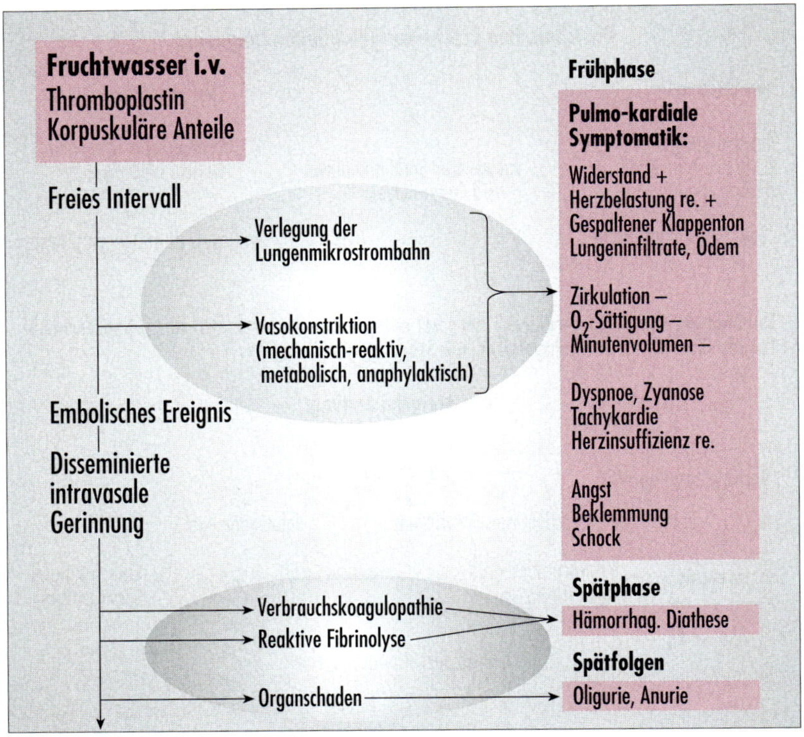

Abb. 8.25 Fruchtwasserembolie. Links: chronologischer Ablauf. Rechts: klinische Erscheinungen.

Die objektiven Befunde entsprechen der Pathogenese: Zyanose, diffuse Lungeninfiltrate, Lungenödem, zunehmende Tachykardie, Stauungserscheinungen, absinkender Blutdruck.

Sofern die Frühphase nicht überlebt wird, pflegt der Exitus durchschnittlich nach 2 Std. unter dem Bilde des akuten bzw. subakuten **Herzversagens** einzutreten.

Spätphase

Durch die intravasale Defibrinierung entwickelt sich eine diskrete **Verbrauchskoagulopathie,** erfaßbar durch einen Rückgang der Thrombozytenzahlen und des Fibrinogens. Die sich anschließende **reaktive Fibrinolyse** kann ihrerseits fibrinolytische Blutungen induzieren. Ferner wirken die bei dem Fibrinabbau entstehenden Abbauprodukte als Antithrombine, greifen also hemmend in eine evtl. notwendige Hämostase ein (**Lysekoagulopathie**). Alle drei Mechanismen manifestieren sich als **hämorrhagische Diathese**.

Es kann zu verstärkten Blutungen aus dem Genitaltrakt bzw. aus Operationsgebieten kommen.

Die hämorrhagische Diathese pflegt sich mit einer Latenzzeit von ½ bis zu 12 Std. zu manifestieren.

Spätfolgen

Als Spätfolgen von intravasaler Gerinnung und Schock drohen **schwere Nierenschäden**, die ihrerseits zum Tode führen können.

▶ Diagnose

Die Verdachtsdiagnose ist eine klinische. die sich allmählich manifestierenden Veränderungen am Gerinnungssystem werden mit den auf S. 268 beschriebenen Methoden erfaßt.

Differentialdiagnostisch sind die echte Lungenembolie, ein Spontanpneumothorax oder ein akutes Herzversagen anderer Genese zu bedenken.

▶ Therapie

Frühphase

Bei den geringsten Anzeichen:

- **Intensivüberwachung**, Zentralvenenkatheter, weitere i.v. Zugänge, Frischblutkonserven besorgen; Intubation
- **Heparingabe** 5 000–10 000 E i.v., falls nur diskrete Vermutungshinweise einer Fruchtwasserembolie vorliegen; sonst nicht

Ferner:

- **O_2-Überdruckbeatmung** zur Kompensation eines O_2-Defizits

- **Orciprenalin** (Alupent) langsam i.v. zwecks Erweiterung der Lungenstrombahn
- **Volumensubstitution** in Abhängigkeit vom Venendruck
- **Elektrolytüberwachung**, Azidosebekämpfung
- **Kortison** (Solu-Decortin, Urbason solub.) oder Antihistaminika (Tavegil) langsam i.v.
- **Herzglykoside** (cave: Rechtsherzinsuffizienz)
- **Antibiotika**
- Urinausscheidungskontrolle, ggf. Stimulation

Spätphase

Werden die Erscheinungen der Frühphase überlebt, muß, mit unterschiedlicher Latenzzeit, mit der Manifestation der **hämorrhagische Diathese** gerechnet werden. Therapeutische Maßnahmen sollten erst erfolgen, wenn tatsächlich Blutungen auftreten. Es ist zu bedenken, daß die reaktive Fibrinolyse eine Rekanalisierung der Lungenstrombahn herbeiführt, also einen erwünschten Effekt hat. Im Falle bedrohlich scheinender Hämostaseinsuffizienz erfolgen, je nach Konstellation, Spezialmaßnahmen (s. S. 268).

Bakterieller Schock

Der bakterielle Schock kann bei mehr oder weniger fiebernden Patienten und ohne vorherigen Blutverlust auftreten, wenn bestimmte **Voraussetzungen** gegeben sind:

- Infektion mit bestimmten toxinbildenden Erregern
- Einschleusung der Erreger ins Blut. Oder:
- Toxineinbruch ins Blut
- Gesteigerte Reaktionsbereitschaft des Organismus in Form einer Überproduktion der Zytokine IL-1 und TNF

▶ Ursachen

Der Tatbestand der Gefährdung ist gegeben bei:

- **Harnwegsinfektion** (in der Gravidität häufig!)
- **Uterinen Infekten** (z.B. fieberhafter Abort)
- **Infektion des Fruchtwassers**, der Eihäute sowie der Plazenta (Chorionamnionitis, Amnioninfektsyndrom) nach vorzeitigem Blasensprung und/oder Infektion der Zervix und des unteren Eipols. Cerclage begünstigt!

Als Erreger kommen Kolibakterien, Enterokokken, Staphylokokken, Streptokokken, Anaerobier, Mykoplasmen u.a.m. in Frage.

Die Einschleusung von Erregern oder Toxinen ins Blut wird provoziert durch:

- Abortvorgänge
- Geburtsvorgänge
- Diagnostisch-therapeutische Manipulationen

Die gesteigerte Reaktionsbereitschaft kann schon durch die Schwangerschaft selbst geschaffen sein.

▶ Klinisches Bild

Allgemeine Tatbestände:

- Schwangerschaft (evtl. vorzeitiger Blasensprung)
- Fieber; Zeichen der intrauterinen Infektion
- Abort- bzw. Geburtsvorgänge oder Manipulationen
- **Schock ohne vorherigen Blutverlust**

Die einzelnen Symptome und Befunde hängen von individuellen Gegebenheiten und dem Stadium des Schocks ab (Abb. 8.26).

Frühphase

Die Frühphase ist, wenn man vom Fieber absieht, vornehmlich durch komplexe Schockerscheinungen gekennzeichnet: Beginnend mit **Schüttelfrost**, Mikrozirkulationsstörungen und uncharakteristischen Muskelschmerzzuständen entwickelt sich eine typische **Zentralisation** des Kreislaufes (kalte Akren). Bald kommt es zum Pulsanstieg und Blutdruckabfall. Durch den Toxineinstrom direkt ausgelöst (evtl. unter Beteiligung der Thrombozyten) oder infolge einer Endothelschädigung mit »Entblößung« der Basalmembran oder als Reaktion auf die Mikrozirkulationsstörung (lokale Ischämie) setzt eine intravasale, **disseminierte Defibrinierung** ein, die als weiterer (vielleicht entscheidender) Schockfaktor wirkt: Sie verschlechtert die Zirkulationsverhältnisse. **Oligurie** bzw. **Anurie** zeigen den zunehmenden Ausfall der Nierenfunktion, **Bewußtseinsstörungen** lassen die Beteiligung des ZNS erkennen. Im Blut entwickelt sich eine vornehmlich metabolisch bedingte Azidose. Der Tod in der Frühphase ist ein Tod im akuten oder subakuten **Kreislaufversagen**.

Spätphase

Wird die Frühphase überstanden, so kann sich eine **hämorrhagische Diathese** manifestieren. Diese ist komplexer Art: Eine unterschiedlich ausgeprägte vaskuläre, toxisch bedingte Purpura kombiniert sich mit einer Verbrauchskoagulopathie und einer reaktiven Fibrinolyse. Diese letztere ist beim septischen Abort meist nur gering, bei entsprechenden Zuständen sub partu jedoch z.T. stark ausgeprägt.

Spätfolgen

Sofern die Patientinnen die Früh- und Spätphase überleben, droht die Gefahr der **Niereninsuffizienz**. Die

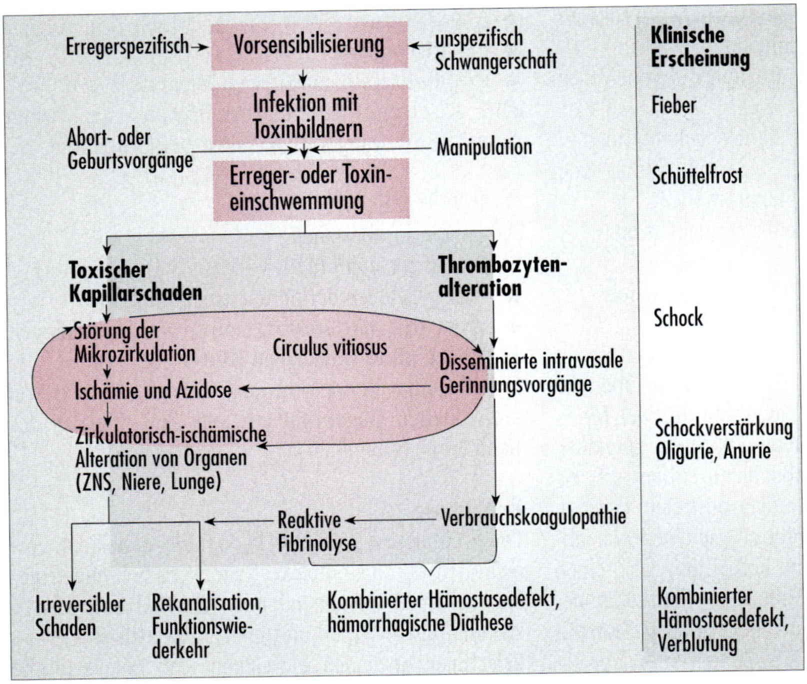

Abb. 8.26 Bakterieller Schock. Links: chronologischer Ablauf. Rechts: klinische Erscheinungen.

Zirkulationsbedingungen während des Schocks, die Mikrothrombosierung sowie die Toxinwirkungen führen zu einer Nierenrindennekrose, der die Patientin später erliegen kann.

▶ Diagnose

Die Vermutungsdiagnose ist bei der oben erwähnten Konstellation leicht zu stellen. Der bakteriologische Beweis wird aus praktisch-klinischen Gründen nicht möglich sein oder nicht abgewartet werden können.
Intravasale Defibrinierung und der sich sekundär entwickelnde **Hämostasedefekt** sind leichter faßbar. Es finden sich:

- Thrombozytenabfall
- Hyperfibrinogenämie
- Verminderung der Gerinnungsfaktoren II und V
- Hyperfibrinolyse (TEG, Thrombinzeitverlängerung)

▶ Therapie

Die Betreuung der Patientin erfolgt nach den Grundsätzen der **Intensivüberwachung** (s. S. 172). Aus ihr ergeben sich auch die Ansätze für gezielte Maßnahmen, insbesondere Korrektur der Elektrolyte und des Blutvolumens, für O_2-Gaben usw.
Die frühestmögliche Therapie versucht die verschiedenen Komponenten des Krankheitsbildes zu berücksichtigen.

Infekt: Hochdosierte Antibiotikagaben (s. Anhang) mit vornehmlich bakteriostatischem Effekt.
Primäre Hyperkoagulabilität: Prophylaktisch, oder falls frühzeitig (!) ein entsprechender Verdacht berechtigt scheint, Heparin 2500 E initial, 10000 bis 20000 E/24 Std. Bei bereits ausgeprägtem Krankheitsbild kein Heparin geben!
Herdsanierung: Operative Ausräumung, wenn notwendig und möglich (z.B. Abort, S. 159).
Schock, Intoxikation: Prednisolon initial i.v., nicht ohne Vorbehalt. Aprotinin (Trasylol) als Antikinin (0,5–2 Mio. E/24 Std.). Katecholamine. Bei **Schocklunge** (respiratorische Insuffizienz): O_2, notfalls Intubation.
Hämorrhagische Diathese der Spätphase: Maßnahmen s. S. 268.
Kreislaufstörung: Da beim bakteriellen Schock eine Blutverteilungsstörung vorliegt (Dilatation), ist **Volumenauffüllung** nötig: Blut, Humanalbumin, PPL, Plasmaexpander in Abhängigkeit vom zentralen Venendruck. Rheo-Makrodex soll die Mikrozirkulation bessern. **Kardiaka** wegen des erhöhten Herzzeitvolumens.
Azidose: Entsprechende Puffergaben.
Oligurie: Mannit 10% 100 ml/30 Min.
Bleiben alle therapeutischen Maßnahmen erfolglos, hält der Schock unvermindert an und kommt die Urinausscheidung nicht wieder in Gang, so wird unter

Umständen die operative Entfernung des Infektionsherdes zu diskutieren sein.

Koagulopathien in der Geburtshilfe

Es sind grundsätzlich zu unterscheiden:
- Primär vorhandene Koagulopathien der verschiedenen Art (s. Innere Medizin)
- Reaktiv sich entwickelnde Störungen

Letztere begegnen uns als:
- **Verbrauchskoagulopathie**
- **Verlustkoagulopathie**
- **Hyperfibrinolyse** mit **sekundärer Lysekoagulopathie**

▶ Ursachen

Auf die Entstehungsmechanismen ist eingegangen worden (s. S. 262 ff.). Hier wird nur noch eine zusammenfassende Übersicht der ursächlich bedeutsamen geburtshilflichen Konstellationen gegeben, bei denen man mit der Möglichkeit einer assoziierten oder reaktiven Gerinnungsstörung rechnen muß:
- **Vorzeitige Lösung der Plazenta** (manuelle Lösung?)
- **Schwere Entbindungen** mit Gewebetraumatisierungen, Hämatomen
- **Infektiöse Zustände** (Harnwegsinfektion, fieberhafter Abort, Amnionitis) mit septischen Erscheinungen in Verbindung mit geburtshilflichen Aktionen (Abort, Geburt) oder ärztlichen Manipulationen am Uterus
- Geburtshilfliche Tatbestände oder Manipulationen, bei denen **Fruchtwasser** in Venen eindringen kann (Sectio; Geburtsvorgänge bei Zervixriß, hohem Scheidenriß, Wehenmittelmißbrauch, Kristellern)
- **Präeklampsie/Eklampsie/HELLP-Syndrom**
- Längere Retention eines **Infans mortuus** kann eine diskrete Verbrauchskoagulopathie induzieren, meist dominiert aber eine Hyperfibrinolyse

Bei den bisher genannten Zuständen werden vornehmlich **Verbrauchskoagulopathien** induziert. Alle Verbrauchskoagulopathien können eine teils nützliche (Eröffnung der terminalen Strombahn), teils schädliche **sekundäre Hyperfibrinolyse** auslösen (Verstärkung der Blutungen), die Berücksichtigung verlangt. Schließlich wird jede Hyperfibrinolyse Abbauprodukte des Fibrins/Fibrinogens entstehen lassen, die durch den Antithrombineffekt ihrerseits eine **Lysekoagulopathie** zur Folge haben und die Hämostaseinsuffizienz verstärken. Terminal hat man es immer mit sehr komplexen Störungen der Hämostase zu tun (s. Abb. 8.25).

- **Schwerer Blutverlust** beliebiger Ursache kann Schock sowie **Verlustkoagulopathie** zur Folge haben.

▶ Diagnostik

! Blutung bei Auschluß von Plazentaresten, Atonie oder Riß deuten ebenso wie das Ausbleiben der Gerinnung des abgeflossenen Blutes (Bett, Fußboden) auf den Tatbestand der substantiell bedingten Hämostasestörung hin.

Zur näheren Analyse der vermuteten, denkbaren oder schon manifesten Störung kommen folgende Methoden in Frage:
- Clot-observation-Test (Abb. 8.27) als Bed-side-Methode (Koagulopathie? Hyperfibrinolyse?)

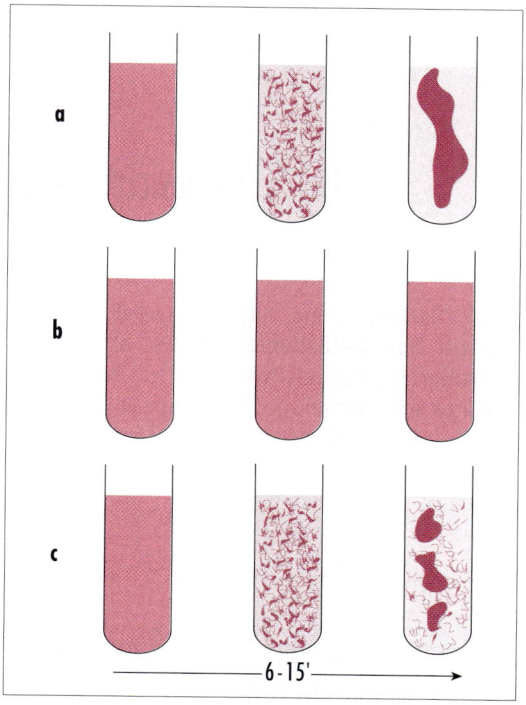

Abb. 8.27 Clot-observation-Test.
a Normale Gerinnung
b Ausbleibende Gerinnung bei Verbrauchs- bzw. Verlustkoagulopathie
c Primäre Gerinnung, sekundäre Auflockerung bzw. Lyse des Gerinnsels bei Hyperfibrinolyse

- Fibrinogenbestimmung (<100 mg% alarmierend)
- Bestimmung von Fibrin bzw. Fibrinogenabbauprodukten (z. B. D-Dimer ≥5 µg/ml)
- Hämolysenachweis (HELLP-Syndrom)?

▶ **Therapie**

Entsprechend den unterschiedlichen Mechanismen der Störung sind neben den pauschalen, symptomatischen Maßnahmen sehr spezielle angezeigt:

Allgemeines
- Falls noch unentbunden (vorzeitige Lösung; HELLP-Syndrom): **Sectio**
- **Reduzierung des Blutverlustes**, soweit möglich
  - subtile operative Wundversorgung
  - Uteruskontraktionsanregung (Syntometrin direkt i.v., Oxytozin 10–30 IE in Langzeitinfusion): oder, falls unzureichend, Minprostin $F_{2\alpha}$ i. v. (50–150 µg/Min.). Auch Minprostin 2–5 mg intrakavitär
  - manuelle Uteruskompression/(Aortenkompression)
  - feuchte Tamponade bei Rißsickerblutungen
  - bei Extremsituation bei noch bestehender Operabilität: Ligatur der Aa. iliacae int.
- **Schockprophylaxe bzw. -therapie:**
  - Volumenersatz, Plasmaexpander; Verbesserung der Mirkozirkulation (Rheo-Makrodex u. ä.)
  - bei Oligurie: Dialyse
- **Blutersatz**, falls erforderlich:
  - Frischblut, notfalls Erythrozytenkonzentrat oder Konserven

Spezielle Gerinnungsnormalisierung
- **Verbrauchskoagulopathie** (Fibrinogen <100 mg%/ D-Dimer >5 µg/ml):
  - Frischblut; Fibrinogen, Thrombozytenkonzentrate
- **Verlustkoagulopathie** (D-Dimer <5 µg/ml/Thrombozyten <80000/mm^3):
  - Thrombozytenkonzentrat; Fibrinogen; Frischblut
- **Hyperfibrinolyse** nur bei bedrohlichem Ausmaß von Blutungen:
  - Fibrinolysehemmer (z. B. Anvitoff, Ugurol)

Eine begleitende Intensivüberwachung ist selbstverständlich.

Da nach der Normalisierung der Hämostase eine reaktive Hyperkoagulabilität zu erwarten ist, muß nach Normalisierung aller Laborwerte mit einer **Thromboembolieprophylaxe** begonnen werden.

8.15 Übersicht der geburtshilflichen Notfälle

Im Zusammenhang mit der Geburt können **akute Notfallsituationen** auftreten, die von der **Mutter** ausgehen und vor der Geburt des Kindes dieses sekundär mit in Gefahr bringen. Andererseits können Notsituationen vom **Kind,** d. h. von seinem aktuellen Zustand und Befinden, bestimmt werden.

Primär mütterliche Notfallsituationen

Schocksymptome im Anschluß an eine offensichtliche Alteration

Vor und **unter** der Geburt bei:
- Placenta praevia (s. S. 239)
- Vorzeitiger Lösung der Plazenta (s. S. 241)
- Uterusruptur (s. S. 234)

Nach der Geburt des Kindes und damit ausschließlich mit mütterlicher Gefährdung:
- Blutungen in der Nachgeburtsperiode (s. S. 259)

Allen bisher genannten Komplikationen ist gemeinsam, daß sie **mit Blutverlust** vergesellschaftet sind und einen
- **Blutungsschock** (s. S. 261)

nach sich ziehen können.

Schocksymptome können gelegentlich auch einmal **ohne Blutverlust** auftreten, wenn ein
- **schweres Trauma**

vorausging (traumatischer, neurogener Schock, s. S. 262).

In den genannten Fällen steht das Ausmaß der Schocksymptome zumeist in einer angemessenen Relation zu dem vorausgegangenen Ereignis. Man möchte deshalb von einem **sekundären Schock** sprechen.

Unerwartete Schocksymptome

Im Gegensatz zu den zuvor genannten Fällen treten einige Schockzustände völlig unerwartet auf. Sie sind, gemessen an den sonstigen Umständen, scheinbar unerklärlich. Man kann hier von einem **primären Schock** sprechen, obwohl auch hier natürlich ein pathologischer Vorgang vorausging, der allerdings erst retrospektiv zu diagnostizieren ist. Diesbezüglich sind zu nennen:

- **Fruchtwasserembolie** bzw. -infusion (s. S. 262)
- **Bakterieller Schock** (Amnioninfektsyndrom, Chorionamnionitis; s. S. 265)
- **Koagulopathien**, sub partu oder post partum (s. S. 267)

Den drei Tatbeständen ist gemeinsam, daß bei ihnen komplexe Veränderungen am Gerinnungssystem ablaufen, die ihrerseits zu mehr oder weniger generalisierten **Störungen der Mikrozirkulation**, zu **Schock** und **Exitus** führen können. Die Letalität liegt zwischen 50 und 80%, wenn man die nur angedeuteten, rechtzeitig und zweckmäßig behandelten Frühfälle ausschließt.

Schließlich können noch folgende Fälle mit **Schocksymptomen** einhergehen:

- **Vena-cava-Okklusionssyndrom** (s. S. 175)
- **Krampfanfall** (Eklampsie, Epilepsie; s. S. 171)

Letzterer kann vor, unter oder nach der Geburt auftreten und ist als bedrohliche Komplikation umgehend zu behandeln.

Ungeachtet der im allgemeinen verständlichen Tendenz, alle Auffälligkeiten sub partu geburtshilflich erklären zu wollen, muß man auch daran denken, daß einige **mütterliche Erkrankungen** Erscheinungen auslösen können, die in manchem den Symptomen den genannten Krankheitsbildern ähneln. Hierzu gehören:

- **Akutes Herzversagen**
- **Lungenembolie**

! Berücksichtigt man, daß jede der Erscheinungen eine umgehende, dabei spezielle Therapie verlangt, akute Gefahr besteht und desolate Ausgänge möglich sind, muß man von jedem Arzt Grundkenntnisse der Zusammenhänge und der Differentialdiagnostik erwarten.

Beim Kind denkbare Notfallsituationen

Sie ergeben sich z.T. aus:

- **Fetalen Erkrankungen** (z.B. Infektion)
- **Frühgeburt**
- **Geburtsmechanischen Komplikationen** (s. S. 244 ff.)
- **Störungen der notwendigen Blut- bzw. Sauerstoffversorgung**

Erkennbar sind die letztgenannten Punkte am:

- Pathologischen Kardiotokogramm
- Azidosenachweis (Fetalblutanalyse; s. S. 288)

8.16 Operative Entbindung

Im Interesse von Mutter und Kind ist die **Spontangeburt** als das Wünschenswerte anzusehen, ungeachtet einiger erschreckender Statistiken aus dem Ausland, die von Operationsfrequenzen von >50% sprechen. Jede operative Entbindung bedarf der **Indikation**. Es sei jedoch nicht in Abrede gestellt, daß die während der letzten Jahrzehnte abnehmende Gefahr operativer Eingriffe eine großzügigere Indikationsstellung rechtfertigt.

Indikation

Die Indikation zur operativen Entbindung ist grundsätzlich dann gegeben, wenn ein weiteres

Abwarten mit dem Ziel einer Spontangeburt **Risiken für Mutter und/oder Kind** mit sich bringen würde. Die Risiken sind in der modernen Geburtshilfe durchaus kalkulierbar.

Wir unterscheiden, in gewisser Weise etwas gewaltsam (da Überschneidungen häufig sind):

- **Geburtsmechanische** Indikationen
- **Kindliche** Indikationen
- **Mütterliche** Indikationen
- **Gemischte** Indikationen

Geburtsmechanische Indikationen

Jeder **Geburtsstillstand bei guter Wehentätigkeit** stellt eine Indikation zur operativen Entbindung dar. Man sollte nicht erst abwarten, bis sich das kindliche Befinden (gemessen an der Herzaktion und am pH des Blutes) unter dem Eindruck der permanenten, gesteigerten Geburtsbelastung verschlechtert. Hinter dem zumeist die Sectio erfordernden Geburtsstillstand stehen vornehmlich:

- Mißverhältnisse zwischen Kopf und Becken
- Hindernisse im Geburtsweg (Tumoren)
- Geburtsunmögliche Tatbestände:
  - Querlage
  - Mentoposteriore Gesichtslage
  - Armvorfall

Eine Sectio erfordern können ferner:

- Bestimmte Mehrlingskonstellationen (s. S. 255)

Aktives Vorgehen wird von einem bestimmten Zeitpunkt an erforderlich bei:

- Beckenendlage (s. S. 231)

Kindliche Indikationen

Eine absolute kindliche Indikation zur umgehenden Geburtsbeendigung ist gegeben, wenn das **Kind gefährdet** oder **alteriert** ist. Kriterien für eine solche Beurteilung:

- Nabelschnurvorfall; Insertio-velamentosa-Blutung
- Anomalien der Herzfunktion: Anhaltend verlangsamte Herztöne bei konventioneller Auskultation oder pathologische, kardiotokographische Befunde, besonders späte Dezelerationen (s. S. 287), prolongierte Dezelerationen, silenter Oszillationstyp
- Pathologische Werte bei der Mikroblutuntersuchung (Azidose, pH <7,2)
- Mekoniumabgang bei Schädellagen

Während diese Indikationen sich aus der momentanen Befindlichkeit des Feten im Sinne einer **Notfallindikation** ergeben und nur die **Geburtsbeendigung** als solche betreffen (also keine bestimmte Op.-Methode), gibt es weitere Indikationen, die in sich die **Entbindung per Kaiserschnitt** implizieren. Dies gilt im **prophylaktischen** Sinne für manche Fälle vorzeitiger Entbindungsnotwendigkeit bei:

- Schwerer Plazentainsuffizienz
- Rh-Inkompatibilität
- Diabetes der Mutter
- Frühgeburt, besonders bei Beckenendlage

Ferner muß eine Sectio vorgenommen werden bei:

- Frischer Herpes-genitalis-Infektion

Eine noch diskutierte Indikation zur Sectio ist die

- HIV-Infektion

Sofern der Fetus nicht schon intrauterin angesteckt worden ist (intrauterin, diaplazentar), kann man ihm durch die Sectio stärkere Belastungen mit Mikrotraumen ersparen und das definitive Risiko evtl. vermindern. Es deutet sich an, daß man zukünftig durch die Applikation neuer, antiviraler Wirkstoffe ante partum, sub partu und post partum das Ansteckungsrisiko des Kindes deutlich reduzieren kann.

Mütterliche Indikationen

Mütterlicherseits ist eine Indikation zur operativen Entbindung bzw. zur Verkürzung der Geburt gegeben, wenn folgende Tatbestände vorliegen:

- Schwere Allgemeinerkrankung
- Herz- oder Lungenerkrankung (falls Mitpressen unerwünscht)
- Höheres Fieber
- Erschöpfung
- Psychotische Reaktionen

Gemischte Indikationen

Eine **absolute** Indikation zur Sectio ist gegeben bei:

- Drohender oder erfolgter Uterusruptur

Bei den nachfolgenden Fällen muß bei ebenfalls gemischter Indikation eine **operative Entbindung diskutiert** werden:

- Placenta praevia
- Vorzeitige Lösung
- Präeklampsie bzw. Eklampsie
- Therapieresistente Wehenschwäche, protrahierte Geburt
- Schwere Stoffwechselerkrankung (Diabetes)
- Zustand nach früherer Schnittentbindung

Die genannten Tatbestände stellen keine absoluten Indikationen dar! In jedem Fall sollte sorgfältig geprüft werden, ob die operative Entbindung wirklich der schonendste und für beide Teile zweckmäßigste Weg ist oder nicht.

Operationsmethoden

Wenn die **Indikation** zur operativen Entbindung gestellt ist, kommt dann zumeist noch (Ausnahmen s.o.) die Diskussion über die zu wählende Methode. Entscheidend für die **Wahl der Methode** ist die mitunter komplexe individuelle Konstellation, die oft von einer

Vielzahl geburtshilflicher Tatbestände abhängig ist:

- Indikation
- Stand des vorangehenden Teiles (Leitstelle; Abb. 8.28) und der Pfeilnahtstand
- Muttermundweite
- Nachgiebigkeit der Geburtswege
- Lage, Haltung und Größe des Kindes sowie, ggf. seine Schonungsbedürftigkeit
- Tragzeit
- Eile bzw. Dringlichkeit

Nachfolgend wird das Vorgehen bei den typischen Konstellationen und gegebener Entbindungsindikation beschrieben:

Schädellage, Leitstelle oberhalb und in der Interspinalebene:
Hier kommt bei Entbindungszwang nur die **Schnittentbindung** in Frage. Versuche, einen hochstehenden Kopf mit dem Vakuumextraktor herunterzuziehen und dadurch »zangengerecht« zu machen oder bei unvollständigem Muttermund dessen Eröffnung durch Zug am kindlichen Kopf zu erzwingen, stehen im Widerspruch zu einer dem späteren kindlichen Schicksal verpflichteten Geburtshilfe. Die Geburt würde in diesen Fällen zwar per vias naturales erzwungen, aber häufig mit einem bleibenden zerebralen Schaden des Kindes erkauft.

Schädellage, Leitstelle zwischen der Beckenmitten-Interspinalebene und dem Beckenboden:
Bei unvollständigem Muttermund wird ebenfalls die **Schnittentbindung** vorgenommen, wobei unter Umständen der Kopf auf vaginalem Wege hochgeschoben werden muß. Bei vollständigem Muttermund kann der Erfahrene eine **Zangenentbindung** vornehmen, wenn ihm dieser Weg einfacher und, bei akuter Verschlechterung des kindlichen Befindens, wegen der Zeitersparnis unumgänglich erscheint. In geburtsmechanisch schwierigen Situationen wird man aber durch Buphenin- oder Fenoterolgaben i.v., Lagerung und O_2-Gaben mitunter Zeit gewinnen, um die Sectio vorzubereiten und durchführen zu können.

Schädellage, Leitstelle am Beckenboden (cave: Verwechslung mit einer großen Kopfgeschwulst):
Jetzt konkurrieren drei Methoden miteinander: die sog. **Beckenausgangszange**, die **Vakuumextraktion** und die **große Episiotomie**. Das »Kristellern« (d.h. der massive, abwärts gerichtete Druck auf den Fundus uteri) sollte möglichst vermieden werden.

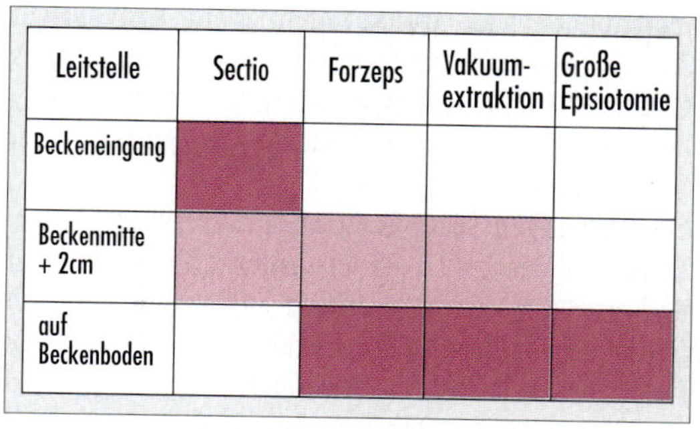

Abb. 8.28 Methodenauswahl bei gegebener Indikation zur operativen Entbindung in Abhängigkeit vom Stand der Leitstelle.

Die Frage, was »besser« ist, Forzepsentbindung oder Vakuumextraktion, ist falsch gestellt. Hier muß vielmehr nach der **Indikationsstellung** gefragt werden. Vakuumextraktionen sind bei unreifen Feten, bei hohem Geburtswiderstand sowie bei Deflektionshaltungen und hinterer Hinterhauptslage unzweckmäßig und riskant; hier ist die Zangenextraktion besser.

Tiefstehende Beckenendlage:
Hier kommt die **manuelle Extraktion** nach ausgiebiger Episiotomie in Betracht.

Querlage:
Sectio, falls die äußere Wendung mißlingt. – Beim 2. Zwilling innere Wendung und Extraktion.

Schnittentbindung (Sectio)

> ! Eine Schnittentbindung beinhaltet für die Mutter auch bei perioperativer Antibiotika-Kurzzeitprophylaxe eine 4- bis 10mal höhere Morbidität als die Spontangeburt. Die rein Op.-bedingte Mortalität beträgt 0,02–0,1 %.

▶ Indikationen

Der Eingriff bedarf der Indikation und kann nicht nur »auf Wunsch«, aus mißverstandener Gefälligkeit oder aus forensisch induzierten Motiven des Selbstschutzes vorgenommen werden. In jedem Fall sind **Nutzen** (für Mutter und Kind) und **Gefahren** sorgsam gegeneinander abzuwägen.

Im Zusammenhang mit den verbesserten Möglichkeiten einer Fetalüberwachung und der frühzeitigen Ermittlung drohender Risiken haben sich zusätzlich zu den klassischen, oft geburtsmechanischen Sekundärindikationen neue **Indikationen mehr präventiver Art** ergeben (z.B. bei Diabetes, Plazentainsuffizienz, CTG-Auffälligkeiten, Beckenendlage, hoher Unreife des Feten, Rh-Inkompatibilität, Zustand nach früherer Sectio usw.).

Die derzeitigen Sectiofrequenzen (Mittelwerte in den USA 25%; bei uns 15–18%) werden z.T. als untragbar und zu >40% als unberechtigt angesehen. Dies gilt besonders für den Automatismus bei Beckenendlage (90% bei I.-Parae), nach früherer Sectio und bei Andeutung fetalen Mißbefindens ohne kritische Indikationsprüfung durch Mikroblutuntersuchung.

Ob eine spätere, erneute Schwangerschaft wieder durch Sectio beendet werden muß, hängt naturgemäß von der Indikation zur ersten Schnittentbindung ab. Im Falle rein fetaler Indikation kann man bei der nächsten Geburt durchaus mit einer Spontangeburt rechnen. Die Geburt muß lediglich wegen der Möglichkeit einer Uterusruptur (0,6%) speziell überwacht und der Uterus post partum manuell ausgetastet werden, um die Intaktheit der Wandung prüfen zu können. Etwa 50% der Geburten nach früherer Sectio erfolgen vaginal.

▶ Technik

- In Periduralanästhesie bzw. unmittelbar nach Intubation wird das Abdomen mittels Querschnitt eröffnet, die Blase vom unteren Uterinsegment abgeschoben und letzteres meist quer eröffnet.
- Der vorangehende Kindsteil wird manuell (oder auch mittels Vakuumsaugglocke) aus der Öffnung herausgeleitet, das Kind dann weiter entwickelt und abgenabelt.
- Übergabe an Pädiater oder andere geeignete Helfer
- Kontraktionsmittelgabe
- Manuelle Lösung der Plazenta (ggf. Kürettage bei fraglicher Vollständigkeit)
- Muttermundkontrolle, ggf. Dilatation
- Verschluß der Uteruswunde, Deckung, Verschluß des Abdomens

Gebräuchlich ist eine perioperative Antibiotikaprophylaxe (Cefoxitin, Mezlocillin, Ampicillin o.ä.), besonders bei länger zurückliegendem Blasensprung.

Zangenentbindung

▶ Indikation und Voraussetzungen

Im Falle einer Asphyxie sub partu oder sonstiger Zwischenfälle während der Austreibungsperiode kann die umgehende Entbindung nötig werden. Sofern die Indikation zwingend ist (s. S. 270), muß noch festgestellt werden, ob auch die **Voraussetzungen zur Zangenentbindung** gegeben sind. Diese werden z.T. (!) für den Ungeübten anders sein als für den Erfahrenen:

- Die **Leitstelle** sollte bei der Extraktion durch einen Ungeübten auf dem Beckenboden stehen, d.h. sichtbar sein. Der Erfahrene wird bei strenger Indikation auch bei höherem Leitstellenstand extrahieren.
- Es sollte sich um eine normale, **vordere Hinterhauptslage** handeln. Im Falle einer Haltungs- oder Einstellungsanomalie hat der Ungeübte mit erheblichen Schwierigkeiten zu rechnen.
- Der **Muttermund muß vollständig geöffnet** sein (dies ist bei einem Leitstellenstand auf dem Beckenboden naturgemäß der Fall).
- Es darf **kein offensichtliches Mißverhältnis** zwischen Kopf und Becken bestehen. Der Kopf darf aber auch nicht zu klein sein.

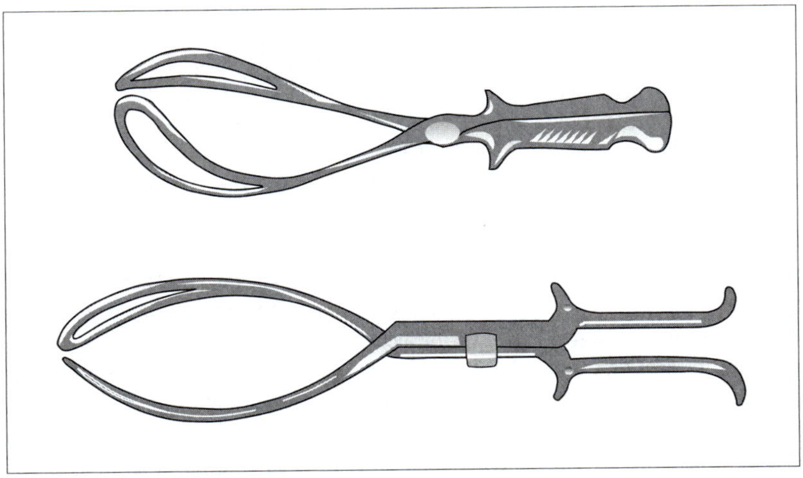

Abb. 8.29 Zwei typische Zangenmodelle. Oben: Naegele-Zange. Unten: Kjelland-Zange.

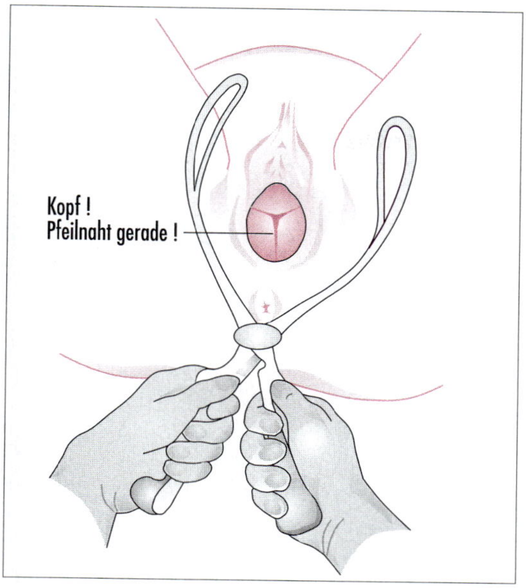

Abb. 8.30 Situationsgerechtes Anlegen der Zange vor dem Einführen unter Berücksichtigung des Pfeilnahtbefundes.

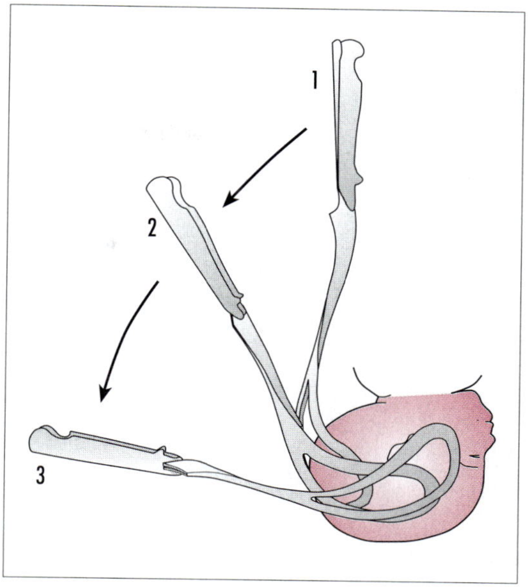

Abb. 8.32 Senken des Zangengriffes beim Einführen des Löffels und Umwandern des Kopfes.

- Die Fruchtblase muß gesprungen bzw. gesprengt worden sein.

▶ **Vorbereitung**
- Wirksame Anästhesie
- Entleerung der Blase
- Desinfektion

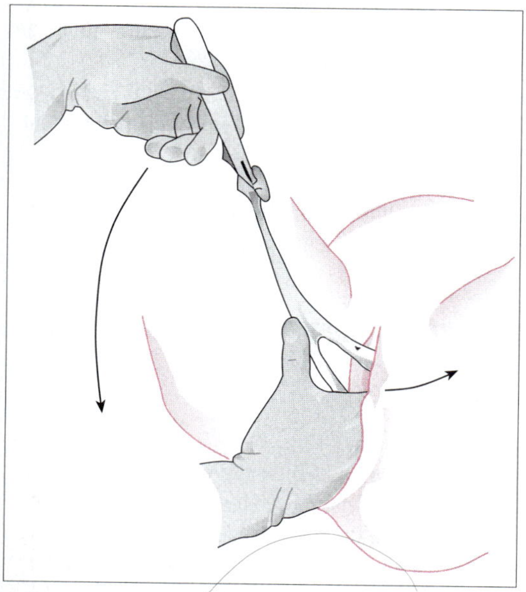

Abb. 8.31 Einführen des linken Löffels.

▶ **Technik**
- Die geschlossene Zange (Abb. 8.29) wird so vor die Vulva gehalten, wie sie später am Kopf des Kindes liegen soll (Abb. 8.30). Die Zangenlöffel sollen biparietal am kindlichen Kopf liegen, bei normaler Schädelstellung im Beckenausgang (Pfeilnaht im geraden Durchmesser) also im queren Durchmesser.
- Nun wird der **linke Löffel** eingelegt: Zunächst führt der Operateur die flache rechte Hand zwischen Kopf und Scheidenwand ein, um so den in senkrechter Haltung eingelegten, dann, bei weiterem Einführen, bis zur Waagerechten gesenkten Löffel leiten und Verletzungen der Scheidenwand ausschließen zu können (Abb. 8.31 u. 8.32).
- Dann wird die linke Hand in gleicher Weise eingeführt und der **rechte Löffel** eingelegt.
- Es folgt das **Schließen** der Zange: Die Griffe müssen sich ohne Gewalt zusammenfügen lassen (Abb. 8.33).
- Ein **Nachtasten** zwischen liegender Zange und Scheidenwand soll gewährleisten, daß keine Weichteile eingeklemmt sind.
- Die Zangengriffe werden nun **mit beiden Händen umfaßt** (Abb. 8.34). Dabei ist zu beachten, daß der Kopf nicht durch ein zu festes Zusammendrücken der Griffe komprimiert wird. Ggf. Finger oder Tupfer zwischen die Griffe legen. Sind die Weichteile bereits leicht über der Zange angespannt, wird jetzt die laterale **Episiotomie** vorgenommen.

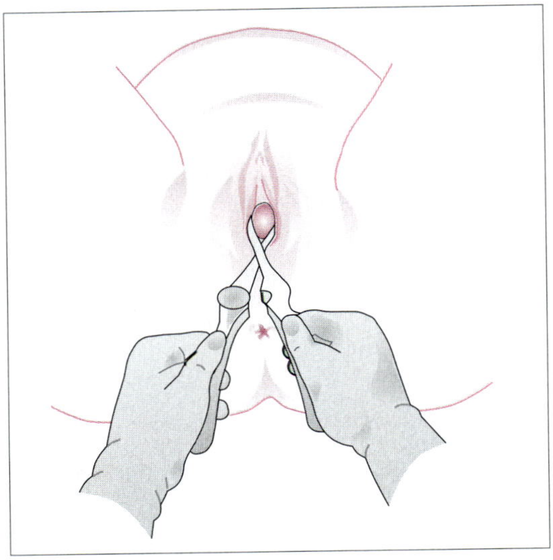

Abb. 8.33 Schließen der Zange.

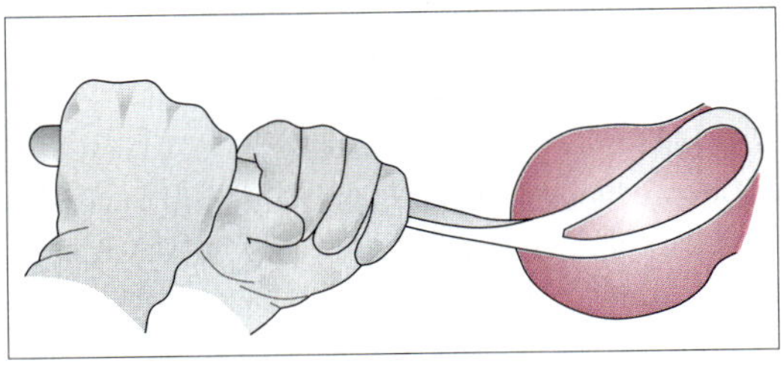

Abb. 8.34 Fassen der angelegten Zange.

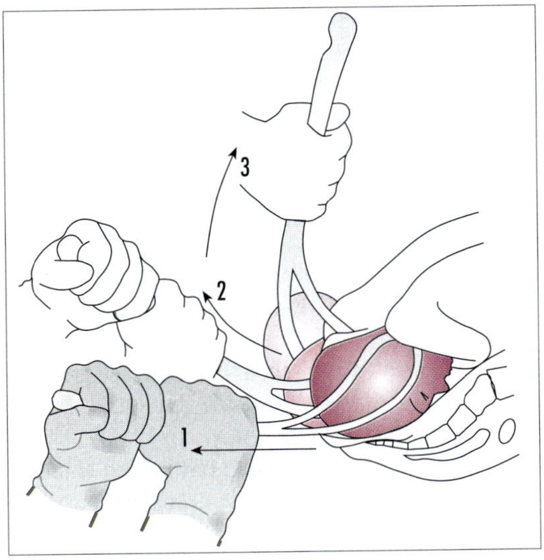

Abb. 8.35 Extraktion. Schematische Darstellung der verschiedenen Zugrichtungen (1–3) in Abhängigkeit vom Entwicklungsstand des Kopfes.

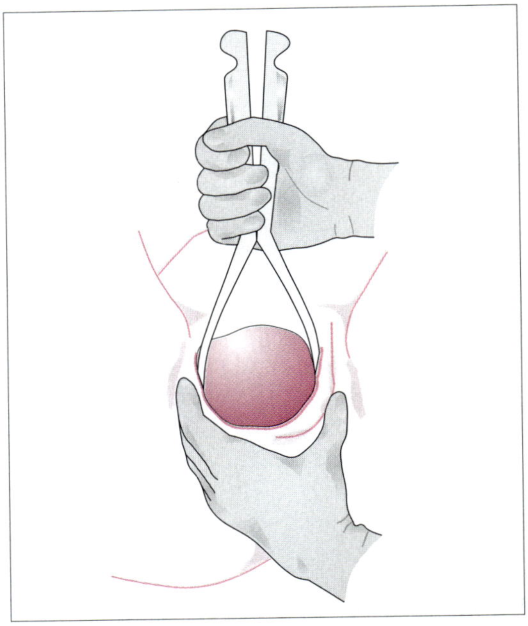

Abb. 8.36 Fassen der Zange am Schluß der Extraktion.

- Die **Extraktion** hat zunächst auf den Operateur hin zu erfolgen (Abb. 8.35)! Sofern die Pfeilnaht noch nicht im geraden Durchmesser stand, wird gleichzeitig die noch fehlende Drehung nachgeholt.
- Stemmt sich die Nacken-Haar-Grenze des kindlichen Kopfes gegen die Symphysenkante an, wird umgegriffen, d.h. die Zange wird nur noch mit einer Hand im **Obergriff** gefaßt. Dann werden die Griffe langsam gehoben, um den Kopf unter langsamer **Deflexion** über den Damm zu leiten (Abb. 8.36).
- Sobald der Kopf entwickelt ist, wird die Zange abgenommen und das Kind in üblicher Weise entwickelt.

Bei der anschließenden Betreuung (s. S. 292) ist besonders auf evtl. Geburtsschäden zu achten.

Vakuumextraktion

▶ Voraussetzungen

> ! Die Wahl der Vakuumextraktion bei gegebener Indikation zur Geburtsbeendigung ist nur berechtigt, wenn die Extraktion weder die Überwindung größerer Weichteilwiderstände noch Dreheffekte verlangt.

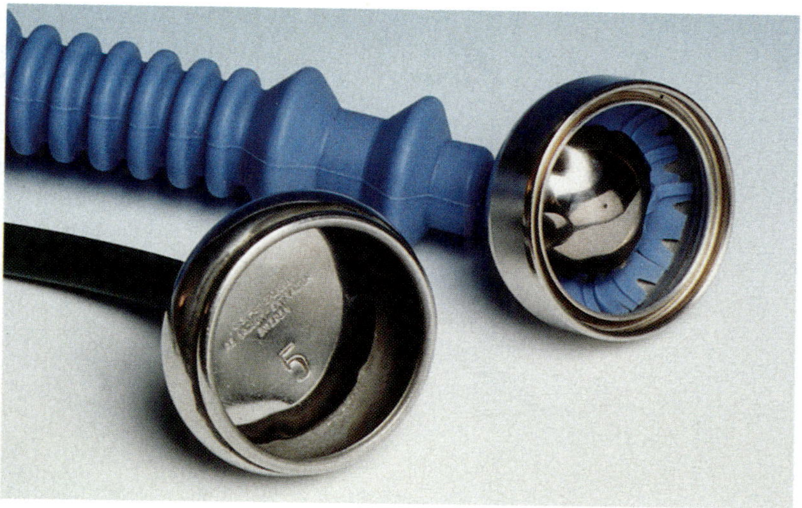

Abb. 8.37 Zwei Saugglocken für die Vakuumextraktion.

Die **Voraussetzungen** entsprechen im übrigen den beim Forzeps beschriebenen.

▶ Technik

Bei der Vakuumextraktion bei **Schädellage** setzt man dem vorangehenden, zugänglichen Schädelteil eine flache, runde Metallglocke auf, die man dadurch zu einer mäßig festen Haftung bringt, daß man zwischen ihrer Konkavität und der Kopfschwarte ein Vakuum erzeugt (0,7–0,8 kg/cm^2). Die Kraftübertragung bei der Extraktion erfolgt mittels einer an der Glocke befestigten Kette (Abb. 8.37).

Durch die nur begrenzte Belastbarkeit der Vakuumhaftung ist die Vakuumextraktion bei hohen Geburtswiderständen ungeeignet und wegen der Gefahr des Abreißens der Glocke vom Kopf risikobehaftet. Auch Drehungen eines nicht normal eingestellten Schädels sind problematisch. Ansonsten entspricht die sich dem Geburtskanal anpassende, während der Extraktion sich ändernde Zugrichtung der Zangentechnik (Abb. 8.38).

Bei **Beckenendlagengeburten** kann man mit der an der vorderen Gesäßbacke angesetzten Glocke (ohne dabei zu ziehen) den während einer Preßwehe erreichten Fortschritt der Austreibung fixieren.

Manualhilfe bei Beckenendlage

! Die Entbindung bei Beckenendlage sollte stets in einer Klinik erfolgen.

! Falls man sich bei den gegebenen individuellen Verhältnissen für eine Geburt per vias naturales entscheidet, muß die manuelle Aktion einsetzen, wenn der Steiß über den Damm getreten und so weit hochgestiegen ist, daß der untere Schulterblattwinkel sichtbar oder tastbar wird. Von diesem Moment an wird die Nabelschnur komprimiert, das Kind gerät in **akute Gefahr**.

▶ Vorbereitungen

S. Zangenentbindung

▶ Technik

- Wenn der Steiß mit der hinteren Gesäßhälfte über den Damm geht und hochzusteigen beginnt, erfolgt die laterale **Episiotomie**. Dabei muß das Kind durch die eingeführten Finger des Operateurs vor Verletzungen geschützt werden.
- Wenn der untere Schulterblattrand sichtbar bzw. tastbar ist, wird der kaudale Teil der Fruchtwalze umfaßt (Abb. 8.39) und das Kind, ohne zu ziehen, um die Symphyse gehebelt. Bei dieser **Entwicklung nach Bracht** fallen erst die Arme heraus, dann folgt der Kopf. Dabei ist das Vorgehen zu verlangsamen, damit der Austritt des Kopfes schonend erfolgt.

Gelingt diese Entwicklung nicht, bleiben also Arme und Schulter hängen und verhindern sie die weitere Entwicklung, so muß schnell auf eine andere Methode übergegangen werden:

- Die Füße des Kindes werden mit der bauchseitigen Hand des Operateurs gefaßt und kräftig angehoben, so daß die hintere Schulter »Luft« bekommt (Abb. 8.40).

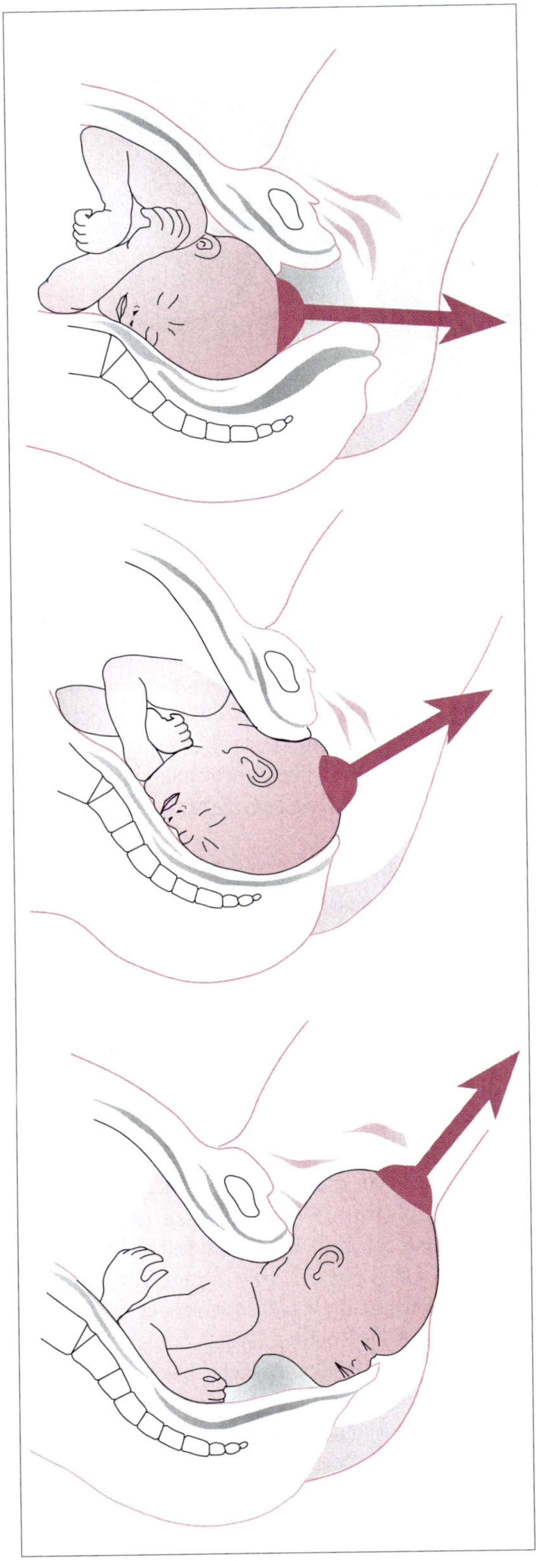

Abb. 8.38 Prinzip der Vakuumextraktion.

- Vom Rücken her kommend streift man nun den hinteren Arm vor dem Gesicht bzw. dem Brustkorb des Kindes heraus **(klassische Lösung)**.
- Danach genügt zumeist ein Senken des Kindes, um auch den vorderen Arm herausstreifen zu können **(Armlösung nach Müller)**. Oft fällt er von selbst heraus. Bei diesem Vorgehen werden also klassische Lösung (hinterer Arm) und Lösung nach Müller (vorderer Arm) kombiniert.

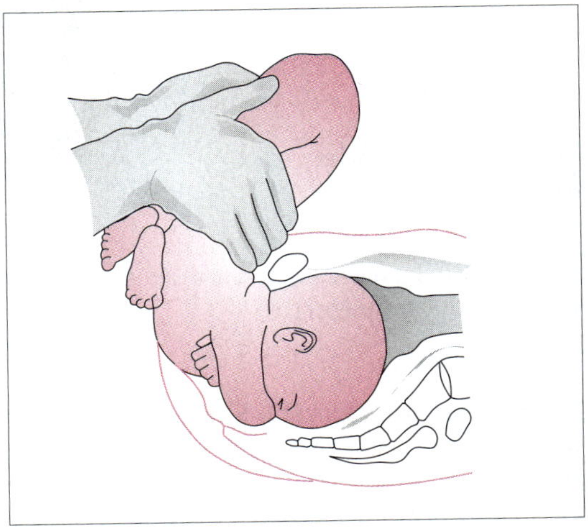

Abb. 8.39 Manualhilfe nach Bracht. Aktion des Operateurs. Zusätzlich wird durch eine Hilfsperson von oben ein leichter Druck auf den kindlichen Kopf in Richtung Geburtskanal ausgeübt.

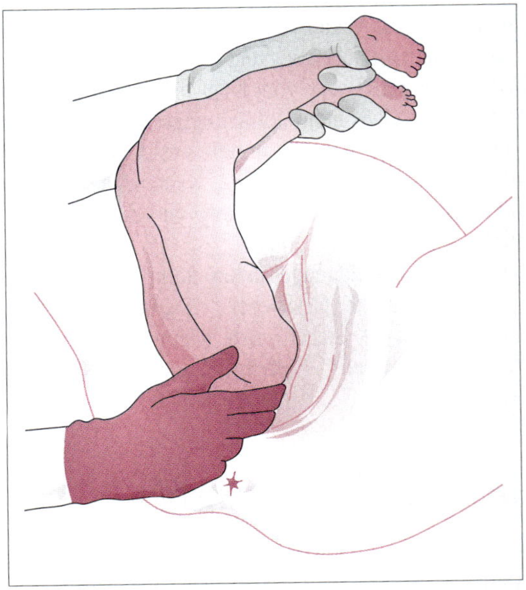

Abb. 8.40 Manualhilfe beim Versagen des Handgriffes nach Bracht: Entwickeln des hinteren Armes im Sinne der »klassischen Armlösung«.

- Der nachfolgende Kopf wird nach der **Methode von Veit-Smellie** entwickelt: Man führt einen Zeigefinger in den nach sakral gerichteten Mund des Kindes ein, versucht den Kopf leicht zu beugen und läßt das Kind auf dem Unterarm »reiten« (Abb. 8.41 a). Mit der anderen Hand umgreift man die Schultern und hebelt nun durch kombinierten Zug den gebeugten Kopf um die Symphyse herum (Abb. 8.41 b).

Nach der Entwicklung des Kindes ist eine peinlich genaue Untersuchung hinsichtlich etwaiger Schäden an den Armen, Schultern und am Kiefer notwendig. Verlegung des Kindes auf eine Intensivstation.

Manuelle Extraktion bei Beckenendlage

Die zuvor erwähnte **Manualhilfe** setzt erst ein, wenn das Kind bereits bis zum unteren Schulterblattwinkel spontan geboren worden ist, also vorher keine Veranlassung zur Beschleunigung der Geburt bestand. Ergibt sich bei einer Beckenendlagengeburt aber bei eröffnetem Muttermund eine Indikation zur sofortigen Geburtsbeendigung, **bevor** die genannten Voraussetzungen für die Manualhilfe erfüllt sind, wird die **manuelle Extraktion** nötig. Dabei wird das Kind je nach dessen Haltung am Steiß oder Fuß gefaßt und soweit extrahiert, bis die für die Manualhilfe beschriebene Position erreicht ist. Fortsetzung dann wie bei der Manualhilfe beschrieben; der Handgriff nach Bracht ist allerdings meist nicht praktikabel (Arme häufig hochgeschlagen), so daß man gleich die anderen Techniken bevorzugt. Der Eingriff setzt größere Erfahrung voraus und ist auch unter klinischen Gegebenheiten **risikoreich**.

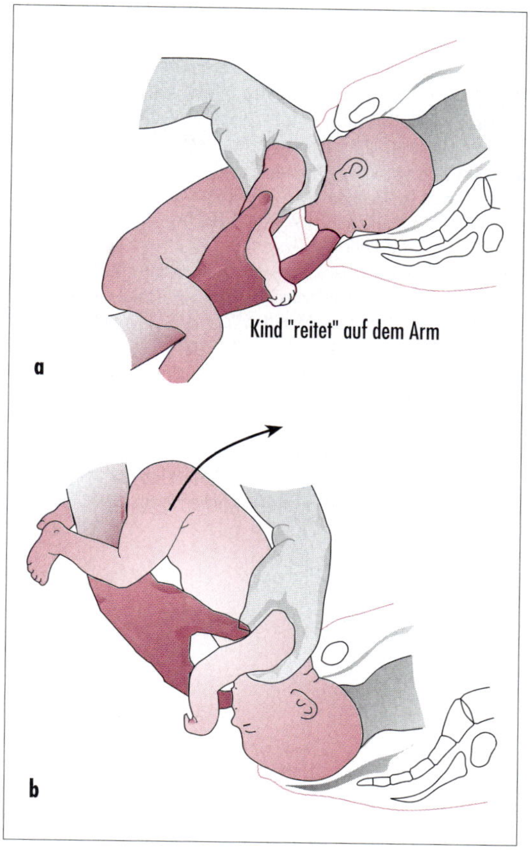

Abb. 8.41 Entwickeln des Kopfes nach Veit-Smellie.
a Flektieren des Kopfes
b Entwickeln des gebeugten Kopfes über den Damm

Spätere kindliche Entwicklungsschäden

> ! Nach operativer Geburt ist die Zahl späterer zerebraler Schäden höher als bei Normalgeburten. Dies ist in der Mehrzahl der Fälle nicht als direkte Folge des Eingriffs anzusehen, sondern besonders bei »kindlicher Indikation« durch die **primäre Störung des Geburtsverlaufs** (z.B. Asphyxie) bedingt, die ihrerseits die operative Entbindung nötig machte!

Als Eingriff bzw. Geburtsart ist die Entwicklung aus Beckenendlage am meisten mit kindlichen Spätschäden belastet. Die Schadensmanifestation nach Zangenentbindung ist minimal bei mütterlichen Indikationen, höher bei kindlichen Indikationen (primäre Asphyxie!) oder geburtsmechanischen Schwierigkeiten.

Literatur

Dick W, Fiedberg V, Lanz E. Geburtshilfliche Regionalanaesthesie. Stuttgart: Wissenschaftliche Verlagsgesellschaft 1988.

Diener. Das Schmerzbuch. München: Urban & Schwarzenberg 1996.

Dudenhausen JW. Praxis der Perinatalmedizin. Stuttgart: Thieme 1984.

Egarter C, Husslein P. Geburtseinleitung. In: Geburt I. Bd 6. Klinik der Frauenheilkunde und Geburtshilfe. 3. Aufl. Künzel W, Wulf KH (Hrsg). München: Urban & Schwarzenberg 1996.

Fendel H, Sohn C. Doppler-Sonographie in der Geburtshilfe. Berlin, Heidelberg, New York: Springer 1989.

Gille J. Schwangerschaftsinduzierte Hypertonie. In: Schwangerschaft II. Bd 6. Klinik der Frauenheilkunde und Geburtshilfe. Künzel W, Wulf KH (Hrsg). München: Urban & Schwarzenberg 1994.

Kaulhausen H, Schneider J. Schwangerschaftsbedingte Hypertonie. Stuttgart: Thieme 1983.

Kirschbaum M et al. Beckenendlage, Quer- und Schräglage. In: Geburt I. Bd 6. Klinik der Frauenheilkunde und Geburtshilfe. 3. Aufl. Künzel W, Wulf KH (Hrsg). München: Urban & Schwarzenberg 1996.

Kranzfelder D. Nachgeburtsperiode. In: Geburt I. Bd 6. Klinik der Frauenheilkunde und Geburtshilfe. 3. Aufl. Künzel W, Wulf KH (Hrsg). München: Urban & Schwarzenberg 1996.

Kranzfelder D. Wochenbett. In: Geburt I. Bd 6. Klinik der Frauenheilkunde und Geburtshilfe. 3. Aufl. Künzel W, Wulf KH (Hrsg). München: Urban & Schwarzenberg 1996.

Künzel W.: Überwachung, Diagnostik und Therapie des Feten während der Geburt. In: Geburt I. Bd 6. Klinik der Frauenheilkunde und Geburtshilfe. 3. Aufl. Künzel W, Wulf KH (Hrsg). München: Urban & Schwarzenberg 1996.

Künzel W, Jovanovic V. Überwachung des Feten durch Kardiotokographie und Doppler-Sonographie. In: Schwangerschaft I. Bd 4. Klinik der Frauenheilkunde und Geburtshilfe. 3. Aufl. Künzel W, Wulf KH (Hrsg). München: Urban & Schwarzenberg 1992.

Künzel W, Wulf KH. Geburt I. Bd 6. Klinik der Frauenheilkunde und Geburtshilfe. 3. Aufl. München: Urban & Schwarzenberg 1996.

Künzel W, Wulf KH. Operative Entbindungsverfahren. In: Geburt I. Bd 6. Klinik der Frauenheilkunde und Geburtshilfe. 3. Aufl. Künzel W, Wulf KH (Hrsg). München: Urban & Schwarzenberg 1996.

Martius G. Geburtshilflich-perinatologische Operationen. Stuttgart: Thieme 1986.

Merz E. Sonographische Diagnostik in Gynäkologie und Geburtshilfe. Geburtshilfe. Bd. 2. 2. Aufl. Stuttgart: Thieme 1997.

Petersen E. Infektionen in Gynäkologie und Geburtshilfe. 3. Aufl. Stuttgart: Thieme 1997.

Pschyrembel W, Dudenhausen JW. Praktische Geburtshilfe mit geburtshilflichen Operationen. Berlin, New York: de Gruyter 1994.

Rath W. Fortschritte in der medikamentösen Geburtseinleitung. 2. Aufl. Mülheim: HUF-Verlag 1996.

Roemer VM, Menton M. Geburtshilfliche Aspekte der Mehrlingsschwangerschaft und -geburt. Der Frauenarzt 35, 1994: 73.

Schmidt-Matthiesen H. Die fibrinolytische Aktivität von Endometrium und Myometrium, Dezidua und Plazenta, Kollum- und Korpuskarzinomen. Basel, New York: Karger 1967.

Simon C, Stille W. Antibiotika-Therapie. 9. Aufl. Stuttgart: Schattauer 1996.

Wulf KH. Die Bedeutung der Risikofaktoren für den Verlauf von Schwangerschaft und Geburt. In: Aktuelle Probleme in Geburtshilfe und Gynäkologie. Beck L et al. (Hrsg). Heidelberg: Springer 1986.

Zahradnik HP. Blutungen, erworbene Koagulopathien und Schock unter der Geburt. In: Geburt II. Bd 7. Klinik der Frauenheilkunde und Geburtshilfe. 3. Aufl. Künzel W, Wulf KH (Hrsg). München: Urban & Schwarzenberg 1997.

9

Geburtshilfliche Untersuchungsmethoden

H. Schmidt-Matthiesen

9.1 Feststellung der Schwangerschaft

Sofern **klinische Untersuchungen** nicht ausreichen, um das Bestehen einer Schwangerschaft oder deren Intaktheit zweifelsfrei nachzuweisen, ist der Einsatz eines **immunologischen Schwangerschaftsnachweises** angezeigt (s. auch Abschn. 6.2, S. 188 ff.):

- Standardmethode ist der **Choriongonadotropin-(HCG-)Nachweis im Urin** (Schnelltest), der, bei mittlerer Empfindlichkeit, bei >1000 E/l positiv ausfällt, d.h. etwa **8–10 Tage nach Ausbleiben der regulär zu erwartetenden Men-**

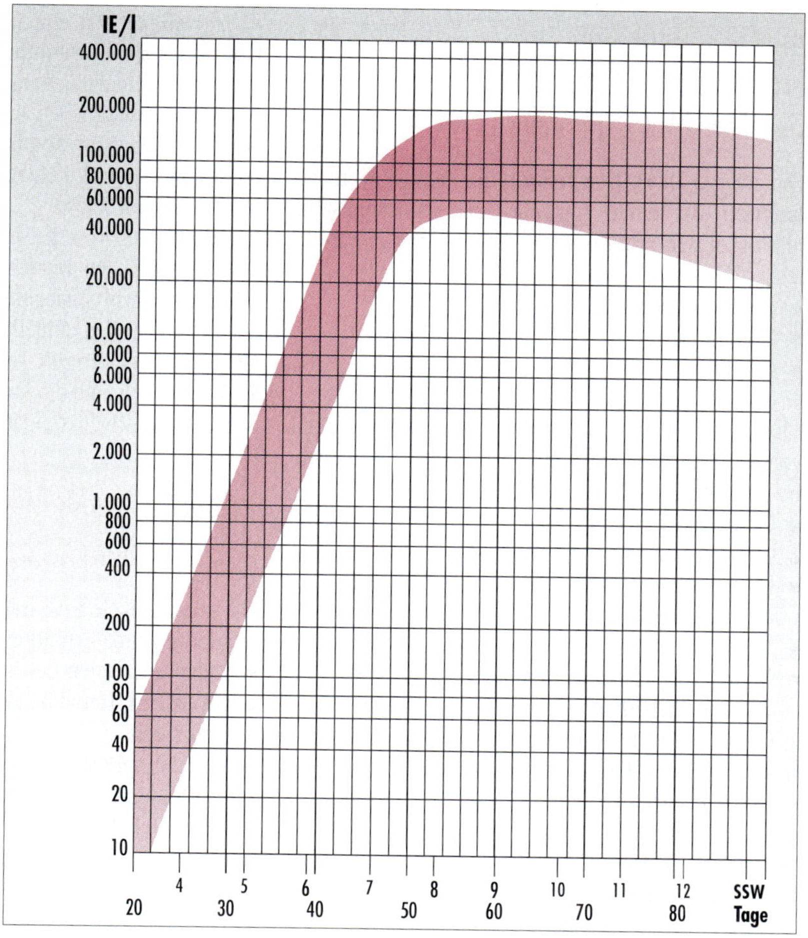

Abb. 9.1 HCG-Werte im Serum (bei Erstlingsschwangerschaft). RIA. (Abteilung für gynäkologische Endokrinologie des Zentrums der Frauenheilkunde und Geburtshilfe, Frankfurt)

struation. Man verwendet möglichst Morgenurin, da in ihm die HCG-Konzentration am höchsten ist.
- Der aufwendigere, bei spezieller Indikation frühestmögliche Schwangerschaftsnachweis ist die **HCG-Bestimmung im Serum**; diese ist wesentlich empfindlicher und fällt bei 5–10 E/l bereits positiv aus, d. h. **schon 9–10 Tage nach erfolgter Konzeption**.

Die sich ergebenden Normalwerte als Funktion der Schwangerschaftsdauer sind in der Abb. 9.1 ersichtlich. In den ersten Wochen müssen sich die HCG-Werte bei Einlingsschwangerschaften alle 2,5 Tage verdoppeln.

9.2 Spezielle präpartale Diagnostik

Eine wesentliche ärztliche Aufgabe besteht darin, **frühzeitig** Fehlanlagen oder Erkrankungen von Embryo bzw. Fet aufzudecken. Hierbei kommen zum Einsatz:
- Fruchtwasser, Chorion- und Fetalblutuntersuchungen
- Ultraschalluntersuchungen

Invasive Methoden: Fruchtwasser-, Chorionzotten- und Fetalblutuntersuchungen

Die einzige **Direktbeurteilung der fetalen Konstellationen** ist durch zytogenetische, biochemische, mikroskopische oder optische Untersuchungen an fetalem Material möglich:
- **Fruchtwasser**
- **Chorionzotten**
- **Fetalblut**

Methodenwahl und Zeitpunkt sind in Abhängigkeit von der Fragestellung vom Spezialisten festzulegen. Im einzelnen lassen sich ermitteln:
- Geschlecht
- Chromosomenaberrationen
- Enzymdefekte, Stoffwechselanomalien (z.B. Galaktosämie, Lipidose)
- Muskeldystrophie
- Neuralrohr- oder Bauchwanddefekte (s. S. 303, mit 70%iger Sicherheit faßbar [α-Fetoprotein])
- Gefährdung bei Rh-Inkompatibilität (s. S. 153)
- Thalassämie, Hämoglobinopathie
- Fetale Infektionen
- Lungenreife (s. S. 251)

Die Frage nach der Lungenreife wird relevant, wenn bei vorzeitiger Beendigung der Schwangerschaft das Risiko eines Membransyndroms (s. S. 251) zu ermitteln ist.

Fruchtwasser kann ab der 14. Woche durch transabdominelle Punktion **(Amniozentese)** gewonnen werden. Neben den zytogenetischen und biochemischen Befunden ist auch die **Farbe** informativ: **Gelbfärbung** deutet auf Morbus haemolyticus fetalis hin, **Rotbraunfärbung** auf Tod und Mazeration des Feten. Auch die Oberflächenspannung und der Kreatiningehalt sind informativ. Die Amniozentese ist nicht völlig ungefährlich (Stichverletzungsgefahr, Abortinduktion <1 %), verlangt also eine klare Indikation.

Chorion- bzw. **Plazentabiopsien** durch transzervikale oder, zunehmend, transabdominelle Punktion und Aspiration ermöglichen schon ab der 11.–12. Woche, also sehr früh, **karyotypische Untersuchungen**. Die Induktionsrate von Fehlgeburten ist etwas höher als bei der Amniozentese.

Fetalblut kann von der 18. Woche an durch **Cordocentese** gewonnen werden. Hierdurch wird u.a. eine schnelle **Karyotypisierung** möglich, auch die Informationen über den aktuellen Zustand des Kindes **(O_2, CO_2, pH)** sind wertvoll. Auf gleichem Weg ist, je nach Sachlage, auch eine direkte **pränatale Therapie** möglich, z.B. bei Rh-Inkompatibilität und Infektionen.

Nichtinvasive Methoden: Ultraschalluntersuchungen (Sonographie)

Die transvaginale bzw. transabdominelle Sonographie erlaubt folgende Ermittlungen:
- Nachweis fetalen Lebens (Herzaktion)
- Größe bzw. Entwicklung des Feten
- Geschlecht
- Mehrlingserkennung
- Fehlbildungsdiagnostik (ab 8.–14. Woche), ggf. zusätzliche Fetoskopie (16.–18. Woche)
- Plazentalokalisation und -entwicklung
- Fruchtwassermenge (Oligo-, Polyhydramnie)
- Überwachung des aktuellen Fetalbefindens

Ermittlung von Größe, Wachstum und Alter der Frucht

Eine **Einzeluntersuchung**, gleichgültig mit welcher Methode, erlaubt lediglich den Vergleich zwischen der rechnungsmäßig erwarteten und der objektiv bestimmten momentanen Größe. **Laufende Kontrollen** gestatten hingegen exakte Aussagen über den fetalen Wachstumszuwachs im Untersuchungsintervall, d. h. über die eigentliche Wachstumstendenz. Es kommen zwei Methoden zum Einsatz:

- Palpatorische Methode
- Ultraschallmessung

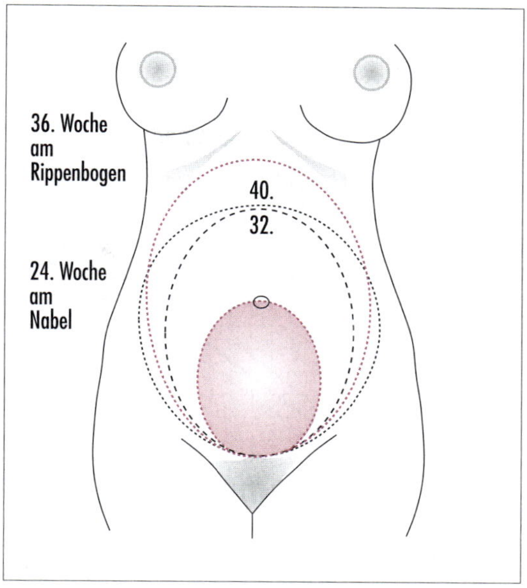

Abb. 9.2 Fundusstand während der verschiedenen Schwangerschaftswochen. Markant sind die Befunde am Ende der 24. und 36. Woche.

Palpatorische Methode

Mit dem **1. Handgriff nach Leopold** (s. Abb. 9.4) wird – etwa ab der 22.–24. Woche – der Fundusstand als Maß für die Uterusgröße bestimmt. Der Rückschluß auf die Kindsgröße selbst kann durch Vermehrung oder Verminderung des Fruchtwassers, durch Lageanomalie des Kindes sowie durch Adipositas beeinflußt, erschwert oder unmöglich gemacht werden. Man merke sich die in der Abb. 9.2 gezeigten markanten Fundusstände in der 24., 32., 36. und 40. Schwangerschaftswoche.

Sonographische Biometrie

Bei einer frühen **transvaginalen Sonographie** lassen sich neben mehr grundsätzlichen Feststellungen (Embryonalentwicklung, Lebenszeichen [ab 6. Woche p. m., sicher ab 7.–8. Woche] Lokalisation, Mehrlinge u. a.) auch die Scheitel-Steiß-Länge und der Amniondurchmesser bestimmen. Frühzeitig ermittelt, erlauben diese Werte einen zuverlässigen Rückschluß auf das Alter der Frucht und damit auf den voraussichtlichen Geburtstermin (± 6 Tage). Dies ist verbindlicher als der Rückschluß aus den nachfolgend beschriebenen Messungen.

Die späteren **transabdominalen Sonographiekontrollen** gestatten bei bekanntem Schwangerschaftsalter u. a. eine zuverlässige **Beurteilung der Größenentwicklung** des Feten (Abb. 9.3). Man bestimmt den biparietalen Schädeldurchmesser (BPD), den abdominotransversalen Durchmesser (ATD) sowie die Femurlänge und prüft deren Zeitkonformität. Eine zunehmende **Retardierung**, d. h. ein Zurückbleiben hinter dem erwarteten Wachstum, deutet auf eine **Plazentainsuffizienz** hin und ist ein Merkmal fetaler Gefährdung.

9.3 Geburtshilfliche Untersuchungen

Äußere Palpation

Diese ist in den letzten Schwangerschaftsmonaten und speziell sub partu sinnvoll und obligatorisch. Fundusstand, Lage des Kindes (Schädellage, Beckenendlage, Querlage) und die Beziehung des vorangehenden Teiles zum Beckeneingang lassen sich durch die **4 Leopold-Handgriffe** ermitteln (Abb. 9.4).

- Der **1. Handgriff** zur Feststellung des **Fundusstandes** (Abb. 9.4/1) bedarf kaum eines Kommentars. Man beachte die markanten Sollbefunde: Ende der 24. Woche soll der Fundus am Nabel stehen,

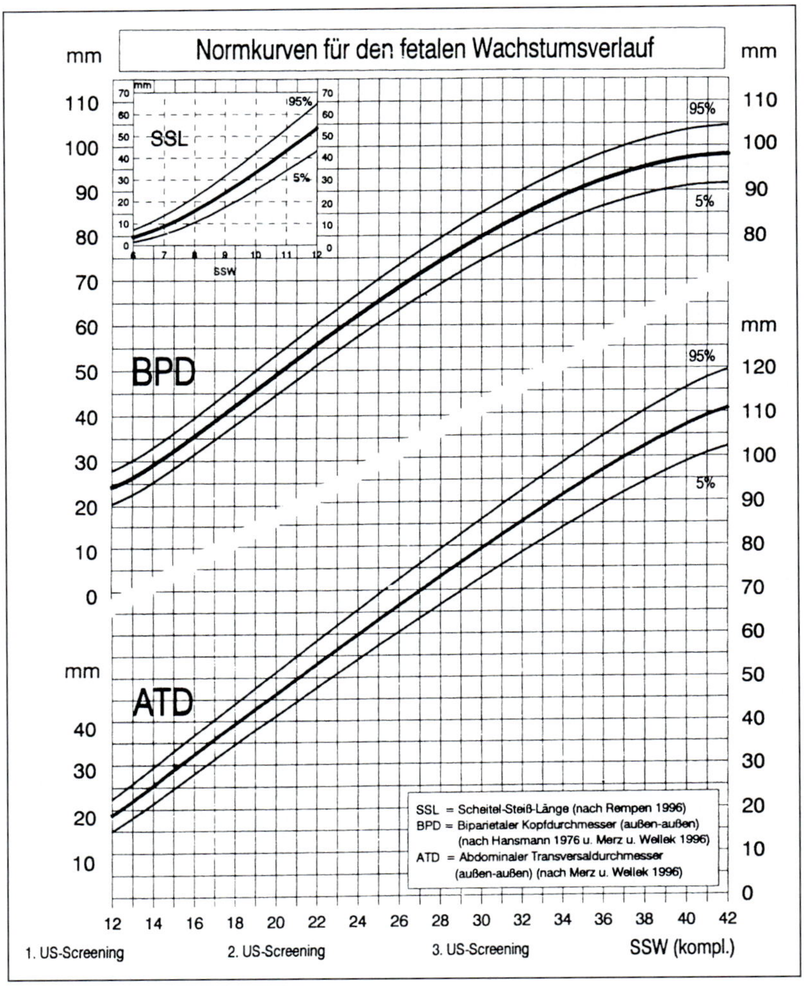

Abb. 9.3 Der biparietale Durchmesser (oben) und der abdominotransversale Durchmesser (unten) des Fetus in Abhängigkeit von der Schwangerschaftsdauer. (Aus dem offiziellen Mutterpaß des Bundesausschusses der Ärzte und Krankenkassen)

Ende der 36. Woche am Rippenbogen (s. auch Abb. 9.4/2).

- Mit dem **2. Handgriff** lassen sich die **Lage** (Längslage, Querlage) und die **Stellung** des Rückens (I, II, a, b), feststellen.
- Der **3. Handgriff** erlaubt die Unterscheidung zwischen Schädel- und Beckenendlage. Im Fall der Schädellage prüft man die **Beweglichkeit des Kopfes** im Beckeneingang, das sog. **Ballottement**. Je höher der Kopf steht, bzw. je geräumiger der Beckeneingang ist, um so eher läßt sich das Ballottement auslösen (Abb. 9.4/3).
- Mit dem **4. Handgriff** läßt sich die **räumliche Beziehung zwischen Kopf und Beckeneingang** beurteilen.

Gegen Ende der Schwangerschaft interessiert auch die Klärung der Frage, ob der Beckeneingang für den jeweiligen Kopf groß genug ist. Dies läßt sich durch den **Zangemeister-Handgriff** abschätzen: Man legt eine Hand auf die Symphyse und die andere, flächenparallel dazu, auf den dahinter und darüber fühlbaren Kopf. Im Normalfall stellt man eine Stufe im Sinne der Abb. 7.12 fest. Fehlt die Niveaudifferenz oder springt der Kopf sogar vor (Abb. 8.9), ist ein Mißverhältnis zu befürchten.

Beckendiagnostik

Äußere Beckenmessung

Messung und Interpretation sind mit vielen Unsicherheiten belastet, so daß diese Messungen (Distantia spinarum, Distantia cristarum; Conjugata externa) keine praktische Bedeutung mehr haben.

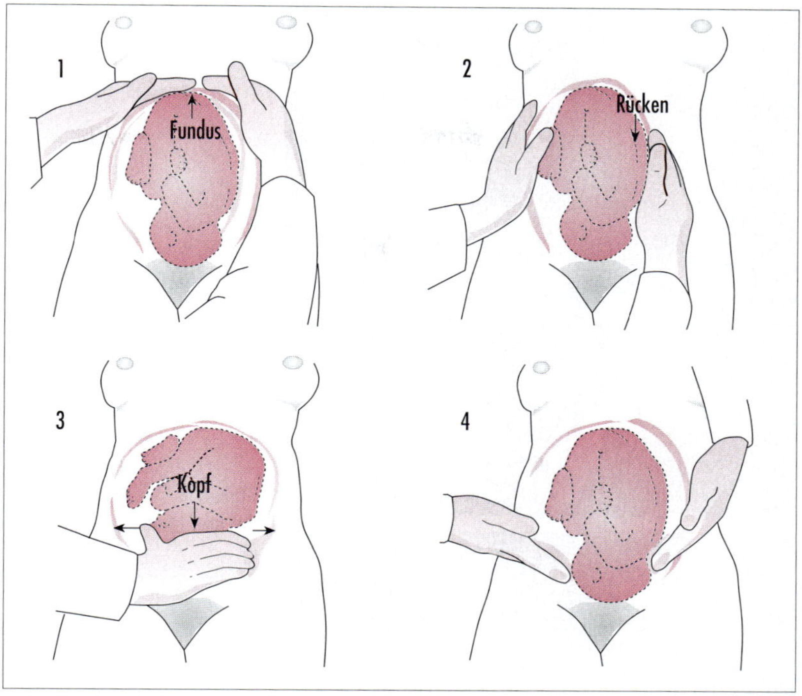

Abb. 9.4
Die Leopold-Handgriffe 1–4.

Sonographie

Mit dieser Methode läßt sich die **Conjugata vera obstetrica** (Abb. 7.1) exakt ausmessen, die einen wichtigen Parameter für die Beckeneingangsbeurteilung darstellt und in Extremfällen die Geburtsunmöglichkeit per vias naturales zu ermitteln hilft. Unter der Geburt bietet die Sonographie noch die Möglichkeit, eine geburtsunmögliche Situation durch die gleichzeitige **Ausmessung des kindlichen Kopfes** und dessen Verhältnis zum Becken zumindest partiell beurteilen zu können.

Innere Austastung

Wenn man, bei normaler Fingerlänge, bei vaginaler Austastung das Promontorium erreicht, darf man eine nicht unerhebliche Beckeneingangsverengung im geraden Durchmesser **(Conjugata diagonalis)** annehmen. Man kann ferner die Kreuzbeinkrümmung (in Grenzen) beurteilen.

Betrachtung der Michaelis-Raute

Bei rückwärtiger Betrachtung der Lumbosakralregion zeigt sich bei seitlicher Beleuchtung eine rautenförmige Figur, die **Michaelis-Raute**. Ihre Form erlaubt gewisse **Rückschlüsse auf die Beckenform** (s. Abb. 8.6):

- Gleichseitigkeit der Raute: typischer, normaler Befund
- Abflachung des oberen Dreiecksteils (Drachenform): Verdacht auf platt-rachitisches Becken
- Asymmetrische Deformierung: Verdacht auf asymmetrische Veränderung des Beckens, speziell wirksam im Beckeneingang
- Extrem schlank wirkende Raute: Langes Becken? Allgemein verengtes Becken?

Röntgendiagnostik, Computertomographie, Kernspintomographie

Die geburtshilfliche Röntgendiagnostik wurde früher bei vielen Fragestellungen herangezogen. Heute wird die Indikation aus Gründen der Strahlenbelastungsvermeidung immer strenger und damit seltener gestellt Wenn zur Entscheidungsfindung für das geburtshilfliche Handeln spezielle Informationen über das Becken unverzichtbar sind (fragliches Mißverhältnis, Geburtswegdeformierung?) und die Sonographie nicht ausreicht, muß, soweit möglich, die **Computertomographie** anstelle der Röntgendiagnostik eingesetzt werden. Auch sie sollte baldmöglichst durch die ohne Strahlenbelastung mögliche **Kernspintomographie** ersetzt werden (Abb. 9.5), die u.a. auch die geburtsrelevanten **Weichteilgrenzen** der Geburts-

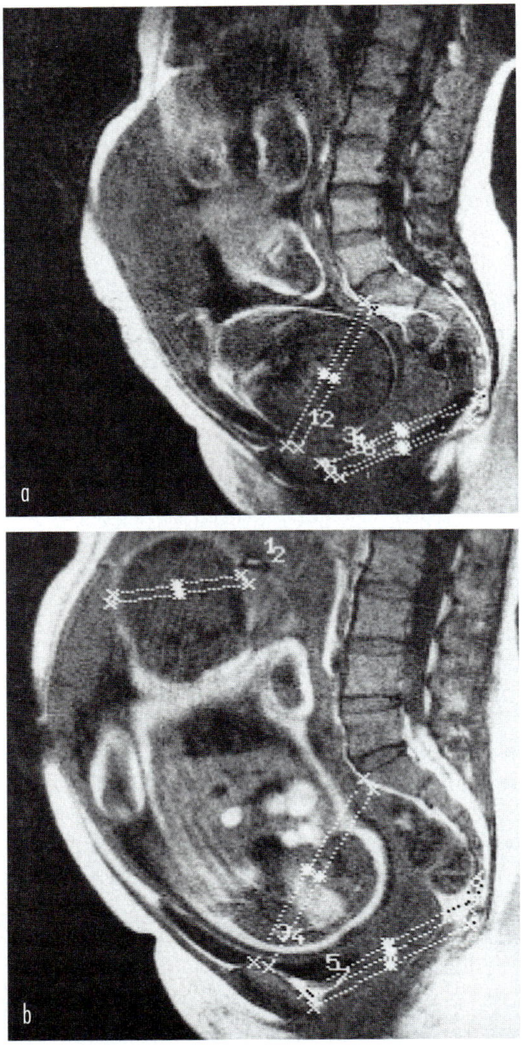

Abb. 9.5 Kernspintomographie.
a Sagittalaufnahme bei Schädellage, Leitstelle in Beckenmitte. Vorderwandplazenta
b Sagittalaufnahme bei Beckenendlage
Jeweils Einzeichnung der knöchernen und Weichteil-Meßstrecken (Beckeneingang, Beckenausgang; Schädel). (Mit freundlicher Genehmigung von M. Kühnert, Zentrum der Frauenheilkunde und Geburtshilfe, Frankfurt)

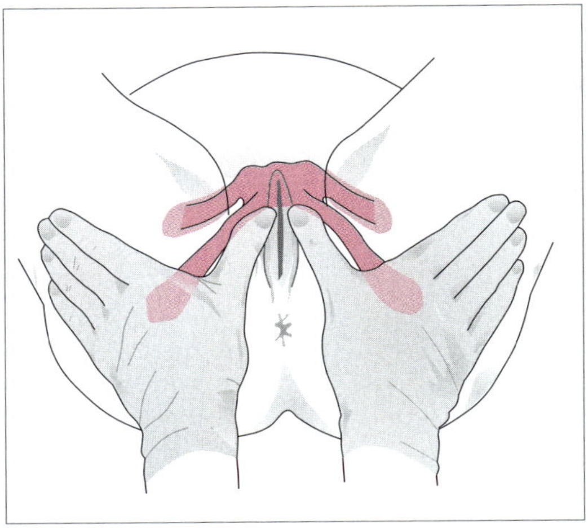

Abb. 9.6 Bestimmung der Weite des Schambogens zur Beurteilung der räumlichen Gegebenheiten im Beckenausgang.

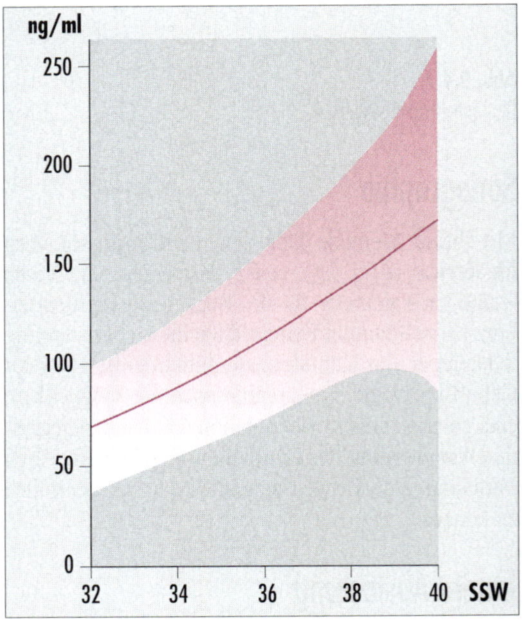

Abb. 9.7 Östriolnormwerte im Serum (RIA) in Abhängigkeit von der Schwangerschaftswoche. (Abteilung für gynäkologische Endokrinologie des Zentrums der Frauenheilkunde und Geburtshilfe, Frankfurt)

wege miterfaßt und die cephalopelvinen Maßverhältnisse optimal und anschaulich darstellt.

Prüfung der Schambogenweite

Diese Maßnahme (Abb. 9.6) erlaubt prognostische Rückschlüsse auf evtl. Schwierigkeiten in der letzten Phase der Geburt. Ein mehr spitzwinkeliger Schambogen kann den Austritt des kindlichen Kopfes erheblich erschweren.

Nachweis von Plazentainsuffizienz

Die Plazentainsuffizienz ist ein großer Risikofaktor für den Feten (s. S. 244). Sie pflegt sich vor allem im 3. Trimenon zu manifestieren.

Zu ihrer Erkennung und Schweregradbeurteilung bieten sich folgende Methoden an:
- Fortlaufende **Wachstumskontrollen** des Feten mittels Ultraschallmessungen. Ein zunehmendes Defizit ist verdächtig.
- **Östriolbestimmungen** im Serum (RIA). Ein ausbleibender oder reduzierter Anstieg gegen Schwangerschaftsende (Normalwerte Abb. 9.7) deutet auf eine Insuffizienz der fetoplazentaren Einheit (s. S. 246) hin, ist aber ohne absolute Aussagekraft.
- **Kardiographische, echokardiographische** und **Doppler-sonographische Untersuchungen**. Diese können die Auswirkung einer Plazentainsuffizienz auf das Fetalbefinden zeigen.
- **Oxytozin-Belastungstest** (s. S. 287)

9.4 Überwachung des Fetalzustandes

Hier bieten sich grundsätzlich zwei eben schon beschriebene Methoden an:
- Direkte, invasive Fruchtwasser-, Chorion- oder Fetalblutuntersuchungen (s. o.)
- Sonographie zur Größenbestimmung bzw. Wachstums- und Entwicklungskontrolle

Ferner, teils präpartal und sub partu, teils nur sub partu:
- Optische Beurteilung des Fruchtwassers
- Echokardiographie und Doppler-Sonographie
- Laufende Kontrolle der fetalen Herzaktion
- Mikroblutuntersuchung (MBU) bei spezieller Indikation sub partu

Optische Beurteilung des Fruchtwassers

Das Fruchtwasser soll farblos trüb sein und außer einer Beimengung von Vernix-caseosa-Flocken keine makroskopisch erkennbaren Partikel enthalten. Die Beschaffenheit des Fruchtwassers läßt sich vor dem Blasensprung durch **Amnioskopie** (Abb. 9.8) bzw. nach dem Blasensprung durch **direkte Beobachtung** des sukzessive abgehenden Wassers überprüfen.

Die Indikation zur Amnioskopie ist gegeben bei Terminüberschreitung (Übertragung), Disposition zur Plazentainsuffizienz (Diabetes, EPH-Gestose) und Rh-Inkompatibilität.

Grünfärbung bedeutet Mekoniumabgang und signalisiert gewisse vorausgegangene (passagere?) Hypoxien des Feten. **Gelbfärbung** spricht für einen Morbus haemolyticus fetalis (s. S. 153). **Rotfärbung** findet sich, nach gewisser Latenzzeit, bei intrauterinem Fruchttod.

Echokardiographie und Doppler-Sonographie

Mit der **Echokardiographie** läßt sich der mechanische Ablauf der Herzaktion erfassen, mit der **Doppler-Sonographie** Blutgeschwindigkeit und Blutflußmenge ermitteln und damit die hämodynamische Auswirkung eventueller Störungen beurteilen, so vor allem eine Reduzierung der Perfusion, was als Alarmzeichen zu werten ist.

Indikationen sind Verdacht auf Wachstumsretardierung, Fehlbildung oder Fetopathie, Mehrlinge, Herzfrequenzauffälligkeiten, HES bzw. SIH.

Kontrolle der fetalen Herzaktion

Zur Erfassung der Herzaktion werden fünf Methoden eingesetzt:
- Konventionelle sporadische Auskultation mit Auszählen der Herzschläge
  ferner zur kontinuierlichen und aufschlußreichen Überwachung

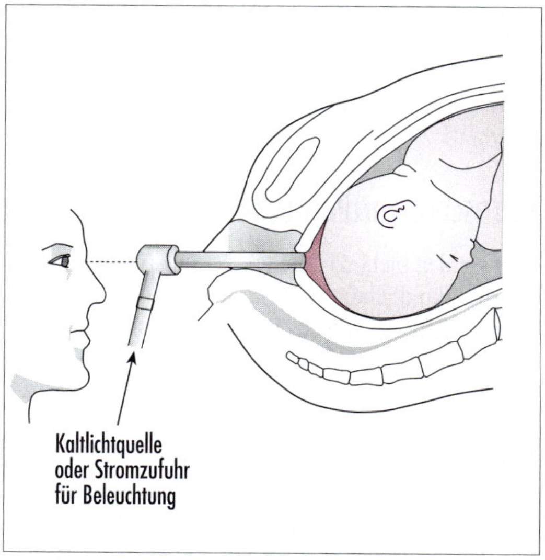

Abb. 9.8 Amnioskopie nach Saling: Betrachtung des unteren Eipols und des Vorwassers durch ein beleuchtetes Röhrenspekulum.

- Phonokardiographie
- Ultraschallkardiographie
- Elektrokardiographie
- Kardiotokographie

Auskultation

Bei dieser, früher ausschließlich gebräuchlichen Methode wird **alle 15 Min. während der Eröffnungsphase bzw. nach jeder Wehe in der Austreibungsphase** die **Schlagfrequenz** gezählt (15 Sek. lang). Deutliche Bradykardien (<100/Min.) werden als Alarmzeichen gewertet. Feinere Eigentümlichkeiten der Schlagfolge, z. B. die Fluktuation innerhalb der Zeiteinheit, bleiben unbemerkt. Ferner bleibt es dem Zufall überlassen, ob man gewisse, nur temporär vorhandene, aber schwerwiegende Veränderungen erfaßt oder nicht.
Die **Auskultationsstelle** für die Herztöne ist von der Kindslage abhängig: Bei Schädellagen wird man die Herztöne auf der Seite des kindlichen Rückens unterhalb des Nabels, bei Beckenendlagen oberhalb des Nabels suchen. Die Töne werden gelegentlich durch mütterliche Pulsgeräusche überlagert. Die Methode ist, ungeachtet einer derzeitigen Aufwertung (!), für Risikogeburten oder bei unzureichender personeller Kreißsaalbesetzung ungeeignet und abzulehnen.

Phonokardiographie

Hier werden die Herztöne auf akustischem Wege apparativ registriert. Nebengeräusche wirken sich naturgemäß störend aus, das auf der Bauchdecke fixierte Mikrofon behindert ferner die Kreißende ganz erheblich und verbietet einen häufigen Lagewechsel. Überholt!

Ultraschallkardiographie

Hier werden nicht die Herztöne, sondern die Pulsationen des kindlichen Herzens unter Anwendung des Doppler-Effektes erfaßt und fortlaufend registriert. Die Belästigung der Patientin ist die gleiche wie oben erwähnt.

Fetales Elektrokardiogramm

Von Störgeräuschen unabhängig. Die Ableitung erfolgt entweder indirekt über **Bauchdeckenelektroden** oder, nach dem Blasensprung, direkt vom kindlichen Kopf durch Anlegen einer sogenannten **Skalp-Elektrode**. Die Methode ist nicht nur absolut zuverlässig, sie erlaubt auch Lageveränderungen der Kreißenden. Nach dem Blasensprung ist die Elektrokardiographie die Methode der Wahl. Die Signale können auch drahtlos übermittelt werden, was der Kreißenden das Umhergehen erlaubt.

Kardiotokographie (CTG)

Wenn man die Registrierung der kindlichen Herzaktion mit einer **Aufzeichnung der Wehentätigkeit** kombiniert, gewinnt man neben der Information über die Wehentätigkeit auch Informationen über die **Auswirkung der Wehentätigkeit auf die kindliche Herzaktion**, und damit indirekt über das **Befinden des Feten** selbst.
Die Registrierung der Wehen kann extern, d. h. von der Bauchdecke her, erfolgen oder, nach Einführen eines entsprechenden Rezeptors in die Uterushöhle, intern herbeigeführt werden.

Parameter der kardiotokographischen Beurteilung

Im Gegensatz zur einfachen Herzschlagauskultation mit 15-Sekunden-Frequenzermittlung liefert die Kardiotokographie (CTG) zahlreiche Informationen, von denen jede zur Beurteilung des aktuellen Fetalbefindens aufschlußreich ist und das geburtshilfliche Handeln bestimmen kann.

- **Basale Herzfrequenz**, d. h. fetale Herzfrequenz pro Min. (FHF) über längere Zeit außerhalb der Wehe (Basisfrequenz, Baseline, Mittelwertslinie, Niveau):
  Normal:
  - (100)–120–140–(150)

  Pathologisch und Alarmzeichen:
  - >150 (Tachykardie) sowie langsames Absinken <100 (Bradykardie)
- **Fluktuation der FHF** (Amplitude, Bandbreite, Oszillationstyp). Die FHF unterliegt normalerweise charakteristischen Kurzzeitschwankungen um die Basislinie. Man unterscheidet, mit jeweils zugeordneter Bedeutung (Abb. 9.9)
  Normal:
  - saltatorische FHF: Bandbreite über 25 Schläge/Min. (Spm) (Oszillationstyp III)
  - undulatorische FHF: Bandbreite 10–25 Spm (Oszillationstyp II)

  Cave:
  - eingeschränkt undulatorische FHF: Bandbreite 5–10 Spm (Oszillationstyp I)

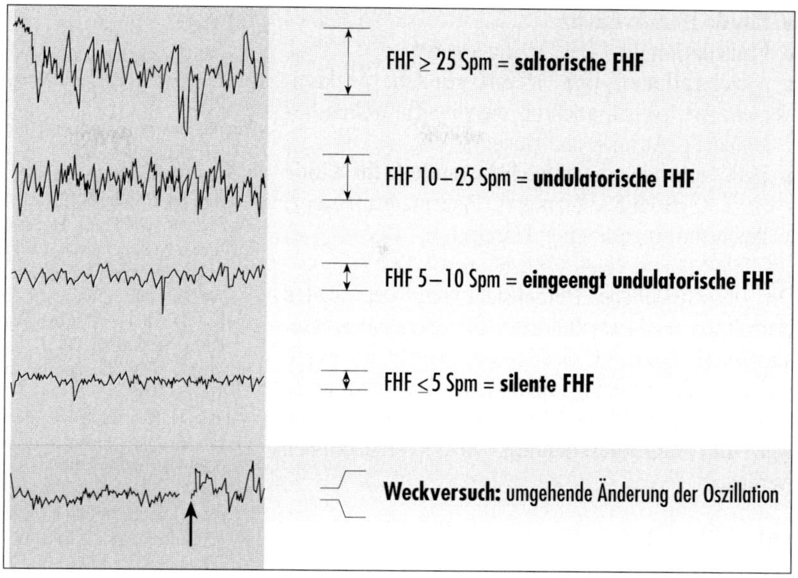

Abb. 9.9 Kardiographie. Oszillationstypen der fetalen Herzfrequenz. Bedeutung s. Text. Beispiel für die Änderung des Oszillationstyps eines schlafenden Feten beim Weckversuch.

Hochpathologisch:
- silente FHF: Bandbreite unter 5 Spm (Oszillationstyp 0)

Es ist zu beachten, daß man eingeschränkte oder silente Frequenzmuster auch bei schlafenden oder stark sedierten Feten findet, ohne daß dies dann pathologisch ist. Eine Abklärung erfolgt durch den **Weckversuch**: Normalerweise müßte der Fet daraufhin mit einer kurzzeitigen Akzeleration oder einer Vergrößerung der Oszillationsbandbreite antworten (s. Abb. 9.9). Ein negativer Ausfall des Weckversuchs ist als pathologisch zu werten.

- **Akzelerationen:**
  Normal:
  - wehenunabhängige, spontane Akzelerationen, z.B. bei kindlichen Bewegungen, äußeren Manipulationen (Untersuchung!) usw.
  - wehenabhängige Akzelerationen

  Pathologisch:
  - Das Fehlen jeglicher Akzelerationen, selbst bei äußeren Reizen, ist als Verlust der fetalen Regulationsfähigkeit und somit als Warnzeichen zu werten (s. Weckversuch)
- **Dezelerationen:** Akute Herzfrequenzabfälle unter das Niveau der Basalfrequenz (s.o.) sind, als Zeichen eines **Sauerstoffmangels**, als pathologisch anzusehen. Sie können sein:
  - wehenunabhängig (z.B. beim Vena-cava-Syndrom; s. S. 175)
  - wehenabhängig: synchron, variabel, verzögert (Warnzeichen!)

Wenn **Dezelerationen bereits bei leichten Wehen** auftreten, ist dies ein besonderes **Warnzeichen**. Ferner: Je später nach der Wehe sie einsetzen, je intensiver sie sind und je länger sie anhalten, um so ernster sind sie.
Mitunter kommt es nach dem Wiederanstieg der FHF nach Dezeleration zu einer vorübergehenden Tachykardie, die man als reaktiv, als kompensatorisch, also als relativ günstig ansehen darf.

Zustandsbewertung des Feten:

Die o. e. **pathologischen Besonderheiten der fetalen Herzaktion** sind vornehmlich Ausdruck von **Hypoxien**. Bei deren Entstehung sind mütterliche, plazentare und fetale Faktoren in unterschiedlicher Weise beteiligt. Zu beachten sind Vena-cava-Syndrom, wehenbedingte Verminderung der Uterusdurchblutung, Durchblutungseinschränkungen der Nabelschnurgefäße und Plazentainsuffizienz.
In der Wehe wird die Reservekapazität der Plazenta offenbar: Veränderungen, die bereits bei leichten Wehen auftreten, sind besonders ernst. Dies sucht man beim **Oxytozin-Belastungstest** zu nutzen (Prüfung des Effektes leichter, künstlich induzierter Wehen).
Die **Bewertung pathologischer Befunde** ist nur durch Berücksichtigung aller Parameter möglich:

- **Basale Herzfrequenz**
- **Fluktuation** der FHF, Oszillationstyp
- **Akzelerationen und Dezelerationen:** Vorkommen, Art (wehensynchron, verzögert); Wehenstärkenbezug, Ausmaß und Dauer
- Evtl. vorhandene **sonstige belastende Tatbestände** (z. B. SIH/HES; Diabetes; Plazentainsuffizienz; Wachstumsretardierung; Unreife)

Die ausschließliche Berücksichtigung der fetalen Herzaktion reicht als Indikator für operative Konsequenzen (Forzeps, VE, Sectio) jedoch nicht aus, es gilt vielmehr, die aktuelle funktionelle **Auswirkung** zu erfassen – die **Azidose**. Falls möglich, muß also noch eine **Mikroblutuntersuchung** (MBU) vorgenommen werden.

Mikroblutuntersuchung (MBU)

Im Gegensatz zu den nur indirekten Hinweisen des CTG liefert die MBU durch die pH-Bestimmung im Fetalblut **objektive Informationen**, die jedoch auch nur für den Augenblick repräsentativ sind. Das Ausmaß der Azidose zeigt den Grad der fetalen Gefährdung und damit die Dringlichkeit der Entbindung an. Die Blutgewinnung sub partu für die MBU ist möglich, wenn die Fruchtblase gesprungen ist (oder gesprengt werden kann) und die Kopfhaut für die Blutentnahme mittels Stichinzision und Kapillare unmittelbar zugängig ist. Die Bewertung der Ergebnisse ist relativ einfach:

pH ≥7,30	=	normal
pH 7,29–7,25	=	reduziert
pH 7,24–7,20	=	Präazidose: latente Gefährdung, Kontrollen!
pH 7,19–7,15	=	leichte Azidose: zunehmende Gefährdung, cave!
pH 7,14–7,10	=	mittelgradige Azidose: bei sinkender Tendenz Entbindung!
pH 7,09–7,00	=	fortgeschrittene Azidose: höchste Gefahr!
pH ≤6,99	=	schwere Azidose

Literatur

Berg D. Schwangerschaftsberatung und Perinatologie. Moderne Betreuung des Feten und Neugeborenen. 3. Aufl. Stuttgart: Thieme 1988.

Bonilla-Musoles F. Geburtshilfliche Diagnostik für die Praxis. Stuttgart: Schattauer 1985.

Bourne TH et al. Transvaginal Coulour Doppler. Heidelberg, Berlin, New York: Springer 1995.

Dudenhausen JW. Praxis der Perinatalmedizin. Stuttgart: Thieme 1984.

Fuhrmann W et al. Pränatale Diagnostik. In: Schwangerschaft I. Bd 4. Klinik der Frauenheilkunde und Geburtshilfe. 3. Aufl. Künzel W, Wulf KH (Hrsg). München: Urban & Schwarzenberg 1992.

Grabow D, Straube W. Sonographischer Wegweiser für Frauenärzte. Berlin: De Gruyter 1995.

Hofer, M. SONO-Grundkurs. Arbeitsbuch für Studenten. Stuttgart: Thieme 1995.

Kühnert M, Kühnert A. Use of magnetic resonance imaging (MRI) in pelvimetry. In: Problems of the Pelvic Passageway. Langnickel D. (Hrsg). Heidelberg, Berlin, New York: Springer 1987.

Künzel W. Überwachung, Diagnostik und Therapie des Feten während der Geburt. In: Geburt I. Bd. 6. Klinik der Frauenheilkunde und Geburtshilfe. 3. Aufl. Künzel W, Wulf KH (Hrsg). München: Urban & Schwarzenberg 1996.

Merz E. Sonographische Diagnostik in Gynäkologie und Geburtshilfe. Bd. 1. Gynäkologie. 2. Aufl. Stuttgart: Thieme 1997.

Rotte K, Kühnert M. Röntgendiagnostik und Kernspintomographie in der Geburtshilfe. In: Schwangerschaft I. Bd 4. Klinik der Frauenheilkunde und Geburtshilfe. 3. Aufl. Künzel W, Wulf KH (Hrsg). München: Urban & Schwarzenberg 1992.

Schlensker KH. Ultraschall-Screening. In: Schwangerschaft I. Bd 4. Klinik der Frauenheilkunde und Geburtshilfe. 3. Aufl. Künzel W, Wulf KH (Hrsg). München: Urban & Schwarzenberg 1992.

Schillinger H. Atlas der Ultraschalldiagnostik in der Schwangerschaft. Stuttgart: Schattauer 1984.

Sohn CH, Holzgreve W. Ultraschall in Gynäkologie und Geburtshilfe. Heidelberg, Berlin, New York: Springer 1994.

Sohn CH, Bastert G. Dreidimensionale Utraschalldiagnostik. Heidelberg, Berlin, New York: Springer 1994.

10

Das Neugeborene

V. v. Loewenich

10.1 Adaptation des Neugeborenen und ihre Störungen

Atmung und Kreislauf

Mit dem ersten Atemzug setzt innerhalb von Sekunden bis Minuten die Umstellung auf das extrauterine Leben ein.

Die vor der Geburt – unter nahezu anaeroben Bedingungen – eng gestellten **Lungenarterienäste erweitern sich** plötzlich, sobald sie mit Sauerstoff aus der Einatemluft in Berührung kommen. Damit bricht der hohe Strömungswiderstand der Lungenstrombahn zusammen, der vor der Geburt das Ausweichen des Blutes über den Ductus arteriosus Botalli von rechts nach links bewirkt hatte. Während vor der Geburt nur ein sehr kleiner Teil des Kreislaufvolumens die Lunge passiert hatte, fließt jetzt plötzlich fast alles Blut durch die Lungen und wird dort oxygeniert. Es gelangt dann in den großen Kreislauf und damit auch in die **Nabelarterien**, die umgekehrt wie die Lungenarterien reagieren: sie **kontrahieren** sich unter dem Einfluß von Sauerstoff. Damit entfällt das große »Niederdruckgebiet Plazenta«. Der verbleibende Kreislauf des Kindes bekommt damit einen kleineren Querschnitt, d.h. einen höheren Strömungswiderstand, wodurch bei etwa gleich bleibendem Herzschlagvolumen der Druck im Körperkreislauf steigt. Dies wiederum führt zu einer zeitweiligen Umkehr der fetalen Kreislaufkurzschlüsse (Foramen ovale und Ductus arteriosus Botalli) von ursprünglich rechts → links zu links → rechts, entsprechend dem neuen Druckgefälle, und dann zu deren Verschwinden. Nach einigen Tagen verschließen sich die fetalen Shunts dann auch anatomisch.
Seit man weiß, daß sich die Nabelarterien unter dem Einfluß eines postnatal angestiegenen pO_2 verschließen, hat die alte Diskussion um frühes oder spätes Abnabeln an Interesse verloren. Dennoch sollte man eventuelle Volumenverschiebungen aufgrund eines erheblichen Niveau-Unterschiedes zwischen Kind und Plazenta vermeiden. So kann es z.B. gefährlich werden, ein noch nicht abgenabeltes Kind, das noch keine stabile Eigenatmung zeigt, bäuchlings auf den Bauch der Mutter zu legen. Das früher empfohlene Ausmelken der Nabelschnur zum Kind ist ebenfalls eher nachteilig.
Störungen der Kreislaufumstellung sind immer dann zu erwarten, wenn die Lungenatmung nicht oder nur ungenügend zustande kommt. Dies kann in einen Circulus vitiosus münden: Die Kreislaufumstellung funktioniert nicht, da eine Oxygenierung über die Lunge nicht zustande kommt, und wegen des Ausbleibens der Kreislaufumstellung erfolgt kein Gasaustausch in den Lungen. Man spricht dann von einer **persistierenden pulmonalen Hypertension des Neugeborenen** (»**PPHN**«), die erhebliche intensivmedizinische Probleme aufwerfen kann.

Thermoregulation

Vor der Geburt ist diese nicht erforderlich, aber bereits vorbereitet. Neugeborene haben eine zitterfreie Thermogenese: Um die Wirbelsäule herum liegt **braunes Fettgewebe**, das zur Aufrechterhaltung der Körpertemperatur verbrannt werden kann. Da dieses braune Fett das Wärmezentrum des Zervikalmarkes umgibt, zittern Neugeborene bei Auskühlung nicht, was aber keineswegs heißt, daß sie nicht dennoch gefährlich auskühlen können, und zwar um so schneller, je kleine sie sind (Früh- und Mangelgeborene!).

! Unter normalen Umgebungsbedingungen müssen Neugeborene deshalb gewärmt werden, insbesondere bei der Erstversorgung.

Energiehaushalt

Termingeborene eutrophe Neugeborene haben in ihrer Leber einen Glykogenvorrat, mit dem sie etwa acht Stunden lang ihren Blutzuckerspiegel und ihren Glukoseverbrauch aufrechterhalten können. Wie lange der Vorrat reicht, weiß man im Einzelfall aber nie. Man achte deshalb auf die Reaktionen des Kindes: Neugeborene, die nach Nahrung verlangen (s. Abb. 10.5), brauchen offenbar Energieträger – man darf sie deshalb keinesfalls hungern oder dursten lassen. Die Mobilisierung körpereigener Fettreserven wird erst während der ersten Lebenstage induziert.

! Früh- und Mangelgeborene haben weder ausreichend Glykogen- noch Fettreserven. Hier ist eine alsbaldige Energiezufuhr, ggf. auch parenteral, unverzichtbar.

Das asphyktische Neugeborene

Unter Asphyxie versteht man heute eine **Depression von Vitalfunktionen**, in der Regel bedingt durch eine Störung des Gasaustausches vor, während oder nach der Geburt. Eine Quantifizierung der Asphyxie erfolgt mit dem **Apgar-Score**, der 1, 5 und 10 Minuten nach der Geburt erhoben wird (Tab. 10.1).

Tab. 10.1 Apgar-Schema.

Note	0	1	2
Herzaktion	keine	<100/min	>100/min
Atmung	keine	unregelmäßig	regelmäßig
Kolorit	grau	nicht rosig, nicht graublau	rosig
Motorik	keine, Tonus fehlt	träge Spontanbewegungen, Tonus reduziert	normaler Muskeltonus, lebhafte Spontanmotorik
Irritabilität beim Absaugen	keine	träge Abwehr	Abwehrbewegungen, Schreien

Die 5 und 10 Minuten nach der Geburt erhobenen Werte beschreiben den Zustand des Kindes sehr gut: Apgar-Werte <8 sind auffällig, bei <4 besteht eine schwere Asphyxie. Der 1-Minuten-Wert wird heute nicht mehr dokumentiert, da er oft nur episodisch ist. Wichtiger ist vielmehr, daß dieser Wert nach 5 Minuten normalisiert ist.
Die Erhebung des Apgar-Scores wird ergänzt durch die **pH-Wert-Messung der Nabelschnurarterie**. Ein pH <7,15 bedeutet eine relevante Azidose.
Da das Apgar-Schema recht grob ist und unterschiedlich bedeutsame Befunde ohne Wichtung zählt, hat man bessere Schemata kreiert (z.B. nach Saling oder Wulf). Diese in der Tat besseren Scores konnten sich jedoch nicht einführen, deshalb wendet sie fast niemand an.
Die Geburt eines asphyktischen Kindes ist meist **vorhersehbar,** s. S. 258:

- Asphyxiezeichen sub partu
- Frühgeburt
- Mehrlingsgeburt
- Schwere operative Entbindung
- Beckenendlage-Geburt

Man muß in solchen Fällen rechtzeitig genügend kompetente Kräfte mobilisieren und Reanimationsmaßnahmen vorbereiten. In ein perinatal-medizinisches Zentrum gehören alle Geburten, bei denen ein Frühgeborenes von weniger als 33 postmenstruellen Wochen, höhere Mehrlinge oder Kinder mit absehbaren postnatalen Problemen zu erwarten sind (Empfehlung der Deutschen Gesellschaft für Perinatale Medizin vom 7. Juli 1986). In einem solchen Zentrum kooperieren Geburtshilfe und Neonatologie räumlich und funktionell eng miteinander. Transporte schwer gefährdeter Neugeborener sind, wo immer möglich, zu vermeiden, denn es gibt heute keinen vernünftigen Zweifel mehr daran, daß gerade kleine Frühgeborene eine wesentlich höhere Mortalität und Morbidität aufweisen, wenn sie nicht in einem Perinatalzentrum geboren wurden. Daher muß es heute als Kunstfehler bezeichnet werden, wenn man Risikokinder nicht rechtzeitig in utero in das nächstgelegene Perinatalzentrum verlegt.
Aber auch **unerwartete Asphyxien** kommen vor.

! Daher gilt: Überall, wo Geburtshilfe betrieben wird, muß sich immer eine für die unverzügliche Reanimation eines Neugeborenen kompetente Person bereithalten. Funktionierendes Material zur Reanimation hat stets greifbar zu sein.

Reanimation

▶ Voraussetzungen

Personell: Pro Kind (man denke an Mehrlinge!) ein Arzt, möglichst ein Neonatologe, und eine Pflegekraft, möglichst eine einschlägig erfahrene Kinderkrankenschwester oder Hebamme.

Apparativ: Für die Neugeborenenversorgung zugelassener Wärmestrahler, Reanimationsbett, Absaugeinrichtung, Sauerstoffquelle, Baby-Beatmungsbeutel mit Masken (Gr. 0 u. 1), Tubi (von 2–3,5 mm Innendurchmesser), Laryngoskop mit geraden Spateln für Neugeborene und Frühgeborene, Baby-Magill-Zange. Zweckmäßig ist ein Pulsoxymeter.

▶ Vorgehen

Wie in jedem Lebensalter nach dem **A-B-C-D-Schema.**

A »Atemwege frei machen«:

- Absaugen von Rachen und Nase. Nicht zuviel Zeit verbrauchen! Bei der Intubation muß die Sicht auf den Larynx frei sein.

Ist Mekonium im Rachen, dann auch Trachea absaugen:

- Intubieren, Tubus unter Sog herausziehen und wegwerfen, mit neuem Tubus intubieren.

B »Beatmen«:

- Falls das Kind schon geschrien hat, mit **Maske,** sonst nur so lange, bis der Tubus ausgepackt ist: Unterkiefer vorziehen, Kopf reklinieren, Maske aufpressen. Nicht mit dem Finger auf den Nervus vagus drücken, sonst bleibt das Kind bradykard!
- Die **Intubation** ist indiziert, wenn das Kind auf Maskenbeatmung nicht reagiert, wenn eine Dauerbeatmung abzusehen ist, oder wenn das Kind bradykard und schlaff ist. Für einen anschließenden Transport, aber auch für eine Dauerbeatmung, intubiert man am besten nasotracheal wegen der besseren Fixierung des Tubus. Der Larynx muß mit dem Laryngoskop sichtbar eingestellt sein, sonst geht der Tubus immer in den Ösophagus.
- Die **Tubuslage** wird folgendermaßen kontrolliert: Rasch beatmen (hechelnd), dabei Thorax beiderseits seitlich auskultieren, immer auch den linken Oberbauch – der Tubus bläst dort hin, wo das Atemgeräusch scharf (»ohrnah«) klingt. Bei zu tiefer Intubation klingt die rechte Lunge ohrnah, die linke ohrfern: Tubus unter Auskultation der seitlichen linken Thoraxhälfte und unter gleichzeitiger schneller Beatmung millimeterweise zurückziehen, bis der Geräuschcharakter umspringt von »ohrfern« auf »ohrnah«, dann noch ca. 2 mm weiter. Bei intubierten Kindern soll man den Beutel nur mit Daumen und 1–2 Finger betätigen, mit der ganzen Hand nur, wenn der Thorax sich nicht heben sollte.

C »Circulation herstellen«:

- Eine Asystolie ist selten. Wurden die Lungen nicht beatmet, hört man die Herztöne mitunter nicht an typischer Stelle. Bradykardie kann dem eiligen Reanimateur eine Asystolie vortäuschen: erst beatmen, dann nochmals hören.

Wird das Kind nicht rosig und fehlen Herztöne wirklich, dann ist externe **Herzmassage** angebracht:

- Zweimal pro Sekunde drückt man die Sternummitte ein. Man umgreift dazu mit den Händen den Thorax und drückt stoßartig mit beiden Daumen.
- Nicht auf das untere Sternumdrittel drücken, sonst rupturiert die Leber.
- Nach je 5 Massagehüben gibt man einen Beatmungszug, sonst nützt die Herzmassage nichts.

Bei jeder Asystolie kommt es zu einer schweren metabolische Azidose, die das Herz refraktär gegen körpereigene sowie zugeführte Katecholamine macht. Daher sollte eine **Pufferung** erfolgen (s. D »Drugs«).

D »Drugs«:

- Pufferung mit Natriumbicarbonat: Man infundiert 2–4 ml der 8,4 %igen Stammlösung pro kg Körpergewicht über einen streng aseptisch einzuführenden Nabelvenenkatheter (cave Nabelarterie!) innerhalb von 5 Minuten nach der Uhr (!); eine schnelle Pufferung provoziert u. U. Hirnblutungen. Man macht es sich leichter, wenn man das Natriumbicarbonat 1:1 mit Aq. dest. oder mit 5 %iger Glukoselösung verdünnt.
- Achtung: Luftembolie über Nabelvenenkatheter vermeiden; falls Luft angesaugt wird, drücke man sofort kräftig auf den Bauch des Kindes, dann kommen Luft und Flüssigkeit zurück.
- Bei ausbleibendem Erfolg der Pufferung Suprarenin: 0,1 ml der 1:1000-Stammlösung auf 1 ml verdünnt über die Nabelvene, ggf. statt dessen doppelte Dosis über den Trachealtubus.
- Intrakardiale Injektionen sollten wegen der Gefahr einer Koronararterienverletzung dem äußersten Notfall vorbehalten bleiben.

! Nochmals: Auskühlung verhindern!

Erfolglose Reanimation

Bei ausbleibendem Reanimationserfolg sind folgende Prüfungen vorzunehmen:

- Sauerstoffquelle angeschlossen? Funktioniert sie?
- Tubuslage? Prüfung s. o.

- Pneumothorax? Verdächtig ist eine Verschlechterung nach anfänglicher Besserung. Eventuell sieht man eine zunehmende Vorwölbung des Oberbauches. Die Diagnose vor Ort erfolgt durch Transillumination des Thorax mit einer Kaltlichtquelle: Leuchtet der Thorax auf (Lampioneffekt)? Falls dies nicht möglich ist, wird eine Probepunktion des Thorax mit einer Spritze vorgenommen, die luftfrei mit etwas steriler Flüssigkeit gefüllt ist. Der Pneumothorax sitzt häufiger rechts als links.
- Drainage: Im 4. Interkostalraum in der vorderen Axillarlinie (cave Mamille!) oberflächlicher Hautschnitt, dann mit spitzem Scherchen durch rippenparallele Spreizung Thorax öffnen, sterilen Katheter in Richtung Thorax-Vorderwand einführen (Dicke des Katheters etwa wie die des Beatmungstubus). Der Katheter kann unter Beatmung zunächst offen bleiben; er wird mit einer Naht gesichert.
- Schwere Azidose? Sie behindert die Öffnung der Lungenstrombahn: Pufferung s. D »Drugs«.
- Asystolie? Vorgehen s. C »Circulation«.

Opiatwirkung auf das Neugeborene

Kurz vor der Geburt gegebene Opiate können zu einer Atemdepression des Kindes führen. Typisch ist das zunächst gute Aussehen des schlaffen Neugeborenen, das dann aber gar nicht oder nur nach energischer Stimulation atmet.

Fentanyl, und noch mehr Alfentanyl, können zu einer krampfartigen Thoraxstarre der Kindes führen, die selbst eine Beatmung erschwert.

Abhilfe schafft hier die Maskenbeatmung, dann die Gabe von Naloxon i.v. 0,01 mg/kg Körpergewicht, z.B. 0,5 ml Narcanti neonatal/kg (nicht mit dem 20fach höher konzentrierten Narcanti zu verwechseln!).

10.2 Versorgung des Neugeborenen

Nabel

Die Nabelschnur wird ca. 1 cm vom Hautnabel ligiert oder mit einer sterilen Plastikklemme abgeklemmt, der distale Rest steril abgeschnitten. Der am Kind verbliebene Rest der Nabelschnur fault in den folgenden Tagen ab. Gegen das Baden des Kindes vor Abfallen des Nabelschnurrestes bestehen keinerlei Bedenken. Nach dem Baden trocknet man den Nabel, eventuell mit etwas 70%igem Ethanol, und läßt ihn dann außerhalb der Windelhose.

Nabelinfektionen: Jeder Nabel kolonisiert sich unmittelbar bei und nach der Geburt mit Bakterien, die sich auf dem Nabelschnurrest vermehren. Diese Vermehrung wird erheblich gesteigert, wenn man den Nabel pudert und verbindet, wie früher üblich, und damit geradezu ideale Wachstumsbedingungen für Bakterien schafft. Eine Nabelinfektion bzw. Nabelsepsis ist an einer Rötung in der Umgebung des Nabels erkennbar, eine ringförmige Rötung des Hautnabels am Übergang zum Nabelschnurrest ist dagegen harmlos.

Harmlos ist ein **Nabelgranulom**, das durch die Organisierung unvollständig abgestoßenen Nabelschnurgewebes entsteht. Zwecks Vermeidung einer knopfartigen Narbe betupft man das Nabelgranulom mit Silbernitrat, worauf es innerhalb einer Woche verschwindet.

Credé-Prophylaxe

Die Einträufelung von 1%iger Silbernitratlösung in den Bindehautsack wurde schon im 18. Jahrhundert eingeführt, lange vor der Publikation von Carl Sigismund Franz Credé. Sie dient zur Prophylaxe gegen die **Ophthalmoblenorrhö**, die durch Gonokokken hervorgerufen wird. $AgNO_3$ wirkt ausgezeichnet gegen diese Bakterien, die heute nur noch eine untergeordnete Rolle spielen, aber kaum gegen die weit verbreiteten Chlamydien. Deshalb hat man vorgeschlagen, Erythromycin oder ein Tetracyclin vorzuziehen. Kontrollierte Studien haben aber gezeigt, daß auch diese Substanzen nicht völlig überzeugen. Dennoch bietet eine Prophylaxe immer noch etwas mehr Sicherheit als gar keine.

Verabreichung von Vitamin K

Es gibt einen angeborenen Vitamin-K-Mangel, der aufgrund ungenügender Synthese der Vitamin-K-abhängigen Gerinnungsfaktoren zur Ursache lebensbedrohlicher Blutungen werden kann: **Morbus haemorrhagicus neonatorum** oder, wegen der schwarzen Blutstühle, auch als **Melaena (»Schwärze«)** bezeichnet. Diese Krankheit war in den 70er Jahren praktisch verschwunden; in den 80er Jahren trat sie wieder auf,

vorzugsweise in Form von ca. 4 Wochen nach der Geburt entstehenden intrazerebralen Blutungen. Wichtigster Grund war das Wiederaufkommen des Stillens; da menschliche Milch im Gegensatz zur Kuhmilch sehr wenig Vitamin K enthält, traten die zerebralen Blutungen nur bei voll gestillten Kindern auf, bei denen eine intramuskuläre Vitamin-K-Prophylaxe nicht erfolgt war.
Da die intramuskuläre Vitamin-K-Prophylaxe eine Zeitlang für ein vermehrtes Auftreten maligner Erkrankungen verantwortlich gemacht wurde – was heute mehrfach widerlegt ist –, empfahl die Ernährungskommision der deutschen Gesellschaft für Kinderheilkunde eine **orale Prophylaxe**, die aber bei Resorptionsstörungen nicht hinreichend wirken kann. Die ursprüngliche Empfehlung von 3 × je 1 mg per os (1. und 5. Tag sowie nach 4 Wochen) wurde wegen einiger Mißerfolge auf 3 × 2 mg per os gesteigert, während man z. B. in den USA bei der bewährten intramuskulären Prophylaxe blieb (1 × 0,5–1 mg i.m. sind derzeit dort empfohlen; 0,1–0,2 mg müßten aber genügen).

Ernährung des Neugeborenen

> Nahrungsmittel der ersten Wahl ist die Muttermilch, Fütterungsmethode der ersten Wahl ist das Stillen.

Es soll immer dann gefüttert werden, wenn das Kind danach verlangt (s. Abb. 10.5). Nur bei zu früh geborenen Kindern kommt es vor, daß Hunger verschlafen wird. Solchen Kindern sollte man spätestens alle vier Stunden Nahrung anbieten. Reife Kinder wählen selbst, wann und wieviel sie trinken wollen. Das erste Anlegen des Kindes an die Brust kann unmittelbar nach der Geburt erfolgen, wenn das Kind dies will.

Zufütterung

Da der Glykogenvorrat in der Leber des Neugeborenen nur begrenzte Zeit ausreicht, um den Blutzuckerspiegel zu regeln, erfolgt die Glukoneogenese nach kurzer Zeit aus Aminosäuren, d. h. aus körpereigenem Eiweiß. Kommt der Milcheinschuß spät, z. B. nach einem Kaiserschnitt erst nach Tagen, müssen **Glukose** und **Wasser** so lange ersetzt werden.
Läßt die Muttermilch länger auf sich warten oder ist die Produktion den Bedürfnissen des Kindes nicht angemessen, dann muß eine **Milchnahrung** zugefüttert werden. Da punktuelles Zufüttern eines artfremden Eiweißes das Entstehen einer Allergie gegen dieses Eiweiß fördert und bei familiär disponierten Kindern auch das spätere Auftreten atopischer Erkrankungen, sollen nach aktuellem Wissen Neugeborene und jüngere Säuglinge, wenn überhaupt, nur mit einer Hydrolysatnahrung nachgefüttert werden. Bei diesen Präparaten sind die Proteine zu Peptiden abgebaut und haben dadurch ihre antigenen Eigenschaften praktisch gänzlich verloren. Man spricht von hypoallergenen oder **HA-Nahrungen.**
Die in manchen Stillgruppen mitunter verbreitete Botschaft, Nachfüttern sei stillfeindlich und stillhindernd, ist sachlich falsch. Auch wochenlang künstlich und dann mit Flasche ernährte Frühgeborene kann man an die Brust gewöhnen. Es ist daher weder zu verantworten noch stillfördernd, Kinder hungern oder dursten zu lassen. Der hierdurch erzeugte Streß ist im Gegenteil stillhindernd, wie inzwischen in zwei kontrollierten Studien (Tönz, Luzern; Folkens, Offenburg) nachgewiesen wurde. Je entspannter das Stillen begonnen wird, desto besser funktioniert es. Die Aufgabe der Stillberatung ist es, zu ermutigen, Fehler, wie z. B. zu langes Anlegen, vermeiden zu helfen, das Kind nicht vor Hunger und Durst schreien zu lassen und Gelassenheit zu vermitteln. Wiegen vor und nach der Mahlzeit zwecks Feststellung der Trinkmenge ist nachweislich ungenau und beunruhigt oft nur die Mütter. Tägliches einmaliges Wiegen in der Geburtsklinik und zu Hause alle 3–4 Tage ist völlig ausreichend.

Gewichtszunahme

> Gewichtszunahme im ersten Trimenon: je nach Längenwachstum individuell sehr verschieden, s. das Längen-Gewichts-Diagramm im Vorsorgeheft, nie jedoch < 150 g/Woche.
> Gewichtszunahme im zweiten Trimenon: wöchentlich mindestens 120 g.

Postnataler Gewichtsverlust

Nahezu alle Kinder nehmen **nach der Geburt vorübergehend an Gewicht ab,** gestillte wie flaschenernährte. Als tolerabel gilt ein Gewichtsverlust von maximal 10% des Geburtsgewichtes, das nach ca. 1½ Wochen wieder erreicht sein muß. Diese Regel gilt nicht für primär untergewichtige Kinder, die bei adäquater Ernährung häufig gar nicht abnehmen und sich übrigens fast immer als besonders hungrig erweisen. Das früher als nahezu normal akzeptierte **»Durstfieber«** darf nicht zugelassen werden, beweist es doch den Zusammenhang zwischen Thermoregulation und Wassermangel.

Rooming-in

Neudeutsches Wort für die gemeinsame Unterbringung von Mutter und Kind Seite an Seite. In den ersten Tagen nach der Geburt besteht bei der Mutter eine sensible Phase für ihre Prägung auf das Kind. Diese Phase ist außerordentlich kostbar, besteht nur begrenzte Zeit und darf deshalb im Interesse der späteren familiären Harmonie nicht oder nur aus zwingenden Gründen gestört werden.
Ob das Rooming-in auch während des Nachtschlafes der Mutter durchgehalten werden soll oder nicht, ist umstritten. Mindestens ist zu bedenken, daß Zwischenfälle beim Kind (Atemstörungen, Krampfanfälle – etwas, was wir in den ersten Lebenstagen auch bei scheinbar »gesunden« Kindern erlebt haben) von der schlafenden Mutter nicht bemerkt werden, in einem mit einer Schwester besetzten Kinderzimmer aber eher auffallen. Zum nächtlichen Füttern sollte das Kind aber immer zur Mutter gebracht oder diese zum Kind geholt werden.

10.3 Routineuntersuchung des Neugeborenen

Vorgeschrieben sind die Untersuchungen **U 1** und **U 2**. Sie werden im gelben Vorsorgeheft des Kindes dokumentiert.

Die **U 1** besteht aus der Feststellung der Vitalität des Kindes und seiner Untersuchung auf Auffälligkeiten. Schwangerschaftsdauer, Körpermaße und Apgar-Werte sind die wichtigsten Dokumentationen. Wesentlich ist der Eintrag der Körpermaße in die Wachstumsdiagramme des Vorsorgeheftes.
Da bei immerhin einem von 2500 Lebendgeborenen mit einer **Ösophagusatresie** gerechnet werden muß, sollte möglichst bald nach der Geburt die **Magensondenprobe** durchgeführt werden. Hierzu wird mit einer dünnen Magensonde, wie sie zur Ernährung Frühgeborener verwendet wird, die Durchgängigkeit von Choanen und Ösophagus geprüft: Man schiebt den dünnen Magenschlauch durch einen unteren Nasengang; fast immer findet er dann alleine den Weg in den Magen (Länge: Distanz Nasenspitze–Ohr–Mittelbauch). Mittels einer 2-ml-Spritze (nicht größer!) wird dann unter Auskultation des Magens Luft injiziert; deren Hörbarkeit beweist die freie Passage.
Die kinderärztliche Untersuchung **U 2** beinhaltet eine komplette körperliche Untersuchung zwischen dem 3. und 10. Lebenstag.
Dieses Raster ist allerdings sehr grob. Um Krankheiten festzustellen, die alsbaldige Konsequenzen nach sich ziehen, sollte man möglichst bald nach der Geburt, d.h. am gleichen oder nächsten Tag, und dann noch einmal vor der Entlassung aus der Geburtsklinik untersuchen.

Besichtigung

Eine Vergrößerung des Brustdrüsenkörpers, eventuell verbunden mit einer diskreten Milchsekretion, ist normal. Gefahr ist in Verzug, wenn sich eine Rötung um die Mamillen bildet: Hier ist an eine zur Einschmelzung neigende **Mastitis** des Neugeborenen zu denken, weshalb unverzüglich mit einem staphylokokkenwirksamen Antibiotikum behandelt werden muß.
Rissige Haut, Waschfrauenhände und ein nichtrosiges Kolorit sind Zeichen einer intrauterinen Mangelversorgung, z.B. bei Übertragung. Bei ausgetragenen und übertragenen Kindern, nie aber bei Frühgeborenen, findet sich ein sog. **Neugeborenenexanthem**, grundlos auch als toxisches Exanthem bezeichnet. Typisch ist das rasch wechselnde Aussehen. Man findet rote Flecken, darinnen oder auch isoliert sehr kleine harte Pusteln, die sich sandkornartig anfühlen. Selten werden diese Effloreszenzen wirklich pustulös und sind dann von einer **Pyodermie** durch Staphylokokken schwer zu unterscheiden. Im Zweifelsfall öffnet man eine Pustel und mikroskopiert den mit einer üblichen Blutfärbung behandelten Inhalt. Finden sich vorzugsweise eosinophile Granulozyten, dann liegt das harmlose und nicht behandlungsbedürftige Neugeborenenexanthem vor (Abb. 10.1).

Herz

Ein am 1. oder 2. Lebenstag hörbares Herzgeräusch verschwindet meistens wieder. Falls keine weiteren Symptome vorliegen, die an ein Vitium cordis denken lassen, sollte man die Eltern nicht mit einer Mitteilung beunruhigen, die man zwei Tage später vielleicht widerrufen muß!

Man kontrolliere vielmehr täglich den Befund. Frühsymptome eines schweren Herzfehlers sind **Tachypnoe** ohne Dyspnoe und **fahles Aussehen**; eine für jedermann sichtbare Zyanose ist die große Ausnahme. Geräusche, die ab dem 4. Lebenstag persistieren, haben immer eine organische Ursache und müssen eine kinderkardiologische Diagnostik induzieren. Die immer wieder propagierte Palpation der Femoralispulse ist wenig hilfreich: bei der gefährlichen infantilen (= präduktalen) Form der **Aortenisthmusstenose** (Coarctatio aortae) wird die untere Körperhälfte meist über den Ductus arteriosus mit guten Pulsationen versorgt. Hier hilft am ehesten die vergleichende Pulsoxymetrie am rechten Arm und an einem Bein.

Atmung

Die Auskultation der Atmung ist beim Neugeborenen in der Regel wenig ergiebig, eine Perkussion des kleinen Thorax ist sinnlos. Wichtiger ist die Beobachtung der Atmung: Atemfrequenz in Ruhe um 40/Min.; keine inspiratorischen Einziehungen der Thoraxwand, kein exspiratorisches Stöhnen. Bei jeder Störung der Atemtätigkeit ist das Hinzuziehen eines neonatologisch versierten Kinderarztes angebracht, da sich hinter einer Auffälligkeit der Atmung u. a. eine **Sepsis**, eine **Pneumonie**, bei Frühgeborenen ein **Atemnotsyndrom**, oder eine äußerlich nicht sichtbare **Mißbildung** verbergen kann.
Der Grund kann aber auch ganz banal sein: durch die mechanische Belastung bei der Geburt kann die **Nase** des Kindes längere Zeit kräftig gedrückt und auch verformt worden sein. Die Folge ist dann mitunter eine Schwellung der Nasenschleimhaut, die die Nasenatmung erheblich behindern kann; da Neugeborene obligate Nasenatmer sind, kann eine solche Schwellung den Gasaustausch ernsthaft behindern; das Trinken behindert sie immer, da der Säugling alternierend mit dem Mund saugt und durch die Nase atmet.

Abdomen

Da das Neugeborene sich nicht auf Aufforderung zu entspannen pflegt, greift man am besten die Beine und hebt sie nach kranial und »verkürzt« so gewissermaßen den ventralen Rumpf. Dann lassen sich der

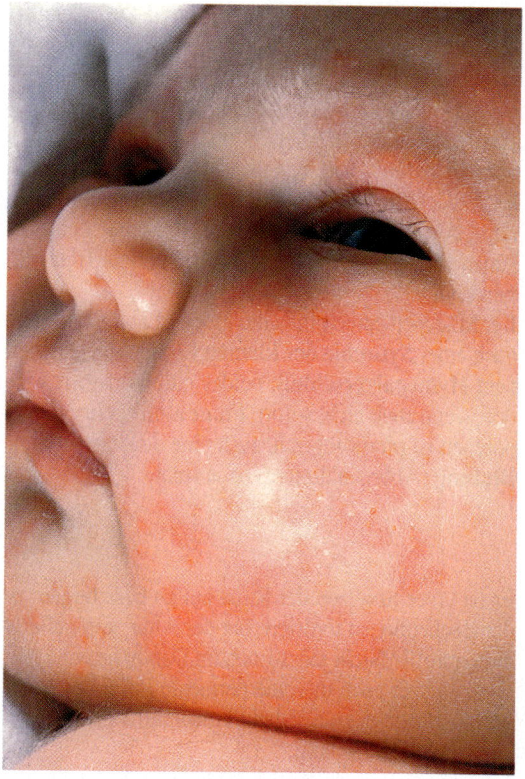

Abb. 10.1 Neugeborenenexanthem.

Leberrand und oft auch die Nieren gut palpieren. Der **Leberrand** steht 1–2 cm unter dem Rippenbogen. Die **Nierengröße** ist nur bei gröbsten Abweichungen für den palpierenden Finger auffällig; eine Sonographie der Nieren sollte deshalb jede Neugeborenenuntersuchung ergänzen, da Fehlbildungen der ableitenden Harnwege nicht selten sind. Die **Milz** ist normalerweise nicht zu tasten. Eine Splenomegalie ist verdächtig auf eine angeborene Infektion oder auf einen Morbus haemolyticus neonatorum.

Genitale

Fehlbildungen des **Penis** sind nicht zu übersehen: Hypospadie, sehr selten Epispadie. Eine sogenannte Rüsselphimose ist physiologisch, sie korrigiert sich so gut wie immer selbst und ist keine Indikation zu einer Zirkumzision; bei der Hypospadie ist die Zirkumzision streng kontraindiziert. Die sogenannte Lösung der Vorhaut ist unsinnig und ohne Anästhesie barbarisch.
Den Deszensus der **Testes** prüft man bimanuell, indem der Mittelfinger der einen Hand der Richtung des Leistenkanals folgend den Hoden in das Skrotum

schiebt, während die andere Hand mit Pinzettengriff den Testis sucht. Wird nur letztgenannter Griff angewandt, schlüpft der Hoden nach oben. Jede Fehllage eines Hodens ist zu registrieren und den Eltern mitzuteilen; Behandlungsbeginn im 2. Halbjahr ist erforderlich. Jede dunkle Verfärbung einer Skrotumhälfte ist verdächtig auf eine **Hodentorsion**, die sofort operativ korrigiert werden muß. **Hydrozelen** bedürfen keiner Behandlung; man erkennt sie mittels Transillumination.

Bei Mädchen spreizt man die großen Labien und sieht nach einer **Synechie der kleinen Labien** und nach einem **Hymenalverschluß**; beides muß korrigiert werden, wenn auch nicht sofort. **Fluor albus** beim Neugeborenen ist physiologisch, auch eine diskrete vaginale **Blutung** (Abbruchblutung) ist normal.

Anus

Er ist unter Spreizen der Rima ani zu besichtigen: ist der Beckenboden tonisiert, hat der After sein radiäres Faltenprofil? Nicht jedes Loch im Damm ist ein After: Es kann sich auch um eine perineale Fistel bei **Analatresie** handeln, eine alsbald kinderchirurgisch zu behandelnde Fehlbildung.

Mekonium in der Windel schließt eine Analatresie nicht aus: der Stuhl kann aus der erwähnten Fistel, aber auch aus der Vagina oder Urethra kommen, da bei dieser Kloakenmißbildung Verbindungen zwischen Enddarm, dem Harntrakt und auch dem weiblichen Genitaltrakt bestehen können.

Neurologische Untersuchung

Bimanuelle Prüfung des **Fußgreifreflexes** und des **Plantarreflexes** (Auslösung wie bei Babinski-Reflex). Prüfung des **Handgreifreflexes,** des **Schulterzugreflexes** (Kind spannt bei Zug an den reflektorisch greifenden Händen die Oberarmbeuger an) und des **Recoilment** (Rückschlagphänomen: beim plötzlichen Loslassen der Hände schlagen Arme zurück). An das Recoilment schließt sich dann stets der **Moro-Reflex** an: Auseinanderreißen der Arme und dann wieder Zusammenführen wie eine Klammerbewegung. Hierbei kommt es darauf an, ob diese Reaktionen absolut seitengleich ausfallen. Da auch beim Neugeborenen schon der asymmetrisch tonische **Nackenreflex** interferieren kann, führt man diese Reaktionen bei mittiger Lage des kindlichen Kopfes durch oder, falls dies nicht gelingt, einmal mit Blick nach rechts und einmal nach links. Einseitiger Ausfall dieser vier Reaktionen weist auf eine Schonhaltung bei Claviculafraktur, auf eine Parese des Plexus brachialis (s. Abb. 10.12) oder auf eine sonstige Verletzung des Armes hin.

Die phasischen Eigenreflexe **(Sehnenreflexe)** werden wie bei jedem älteren Kind ausgelöst, wobei man mit einen kleinen Reflexhammer zweckmäßigerweise nicht direkt auf die mitunter schwer zu treffende Sehne klopft, sondern dies über den tastenden Daumen der Untersucherhand macht. Beklopfen der Nasenwurzel mit dem Finger führt zum Blinzeln **(Glabella-Lid-Reflex)**; ein Überspringen dieser Reaktion auf Arme und Rumpf zeigt eine Hyperexzitabilität an, die der Klärung bedarf. Weitergehende neurologische Prüfungen sind Sache des Spezialisten.

Skelett

Ein **Klumpfuß** (Pes equinovarus) ist manuell nicht auszugleichen, er bedarf alsbaldiger orthopädischer Behandlung. Häufig sieht man **Supinationsfüße** und **Hackenfüße**, beides lagebedingte Zwangshaltungen, die sich meist von alleine korrigieren. Hierbei ist eine krankengymnastische Behandlung hilfreich.

Die Wirbelsäule des Neugeborenen ist in allen Ebenen gerade. Verbiegungen sind selten, müssen aber erkannt und behandelt werden.

Kopf

Ein **Caput succedaneum** (Geburtsgeschwulst) ist eine schnell reversible teigig-ödematöse Schwellung der Kopfschwarte (Abb. 10.2a links). Ein meist erst am 2. Lebenstag auftretendes **Kephalhämatom** ist eine Blutung unter das Periost und deshalb immer durch die Knochenränder, d.h. die Schädelnähte, begrenzt (Abb. 10.2a rechts u. 10.2b). Dieses harmlose Hämatom bildet sich nach wenigen Wochen zurück und sollte absolut in Ruhe gelassen werden. Gefährlich ist das schwappende **Galeahämatom**, s. Abb. 10.12.

Verletzungen durch Kopfschwartenelektroden sind in der Regel harmlos und infizieren sich so gut wie nie. Eine Infektion ist potentiell gefährlich, da eine Ausbreitung bis hin zur Durchwanderungsmeningitis möglich ist.

Bei schweren Geburten kann es durch Druck des kindlichen Kopfes auf den Beckenring der Mutter oder durch Druck einer Zange (insbesondere der Kjelland-Zange) zu einer **Kalottenfraktur** kommen, häufig in Form einer Impression, die bei dichtem Haar leicht übersehen werden kann (Abb. 10.3). Diese Frakturen müssen gehoben werden. Nicht selten springt das Knochenimprimat beim Anheben regelrecht zurück (»Ping-Pong-Fraktur«). Mitunter muß aber das Impri-

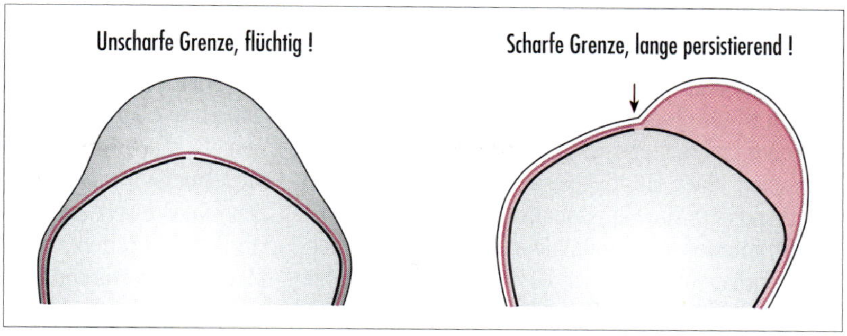

Abb. 10.2a Links: Geburtsgeschwulst. Stets im Bereich der Leitstelle, also individuell unterschiedlich, meist asymmetrisch sitzendes Ödem der Kopfhaut. Periost rot. Rechts: Kephalhämatom, subperiostale Lokalisation (rot).

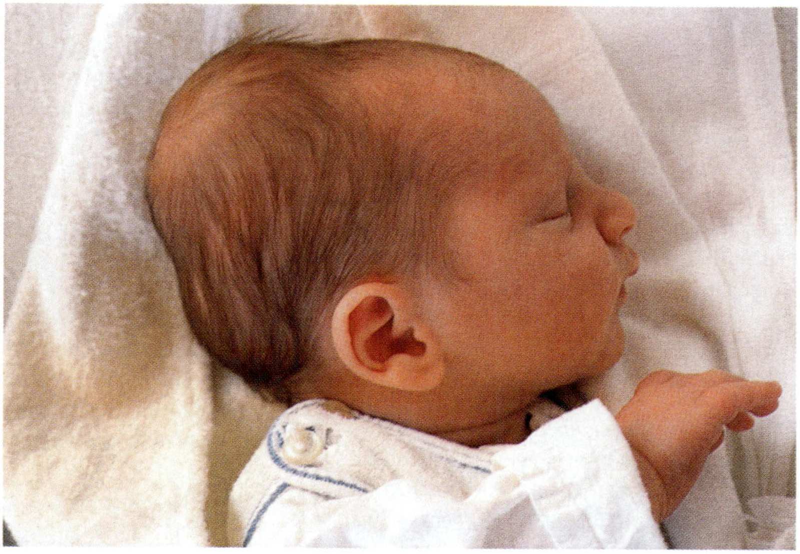

Abb. 10.2b Neugeborenes mit Kephalhämatom.

mat als osteoplastischer Knochendeckel herausgenommen, regelrecht ausgebeult und wieder eingesetzt werden. Bestehenlassen des Imprimats würde das darunter liegende Hirnareal schädigen.

Am Schädel achte man auf isolierte Spalten des Gaumens, die man leicht übersehen kann; ggf. untersucht man den Gaumen zartfühlend mit dem Kleinfinger. Mediane Spalten können gefährlich sein, s. S. 303

Hüftgelenke

Besteht eine **Abduktionssperre**? Die Abduzierbarkeit ändert sich mit jedem Tag. Nach der Geburt müssen die Oberschenkel 90° abduzierbar sein, nach einer Woche wenigstens 70°.

Seit Hüftgelenke Neugeborener routinemäßig mit **Ultraschall** dargestellt und vermessen werden, wissen wir, daß die manuelle Untersuchung der Hüftgelenke ziemlich unzuverlässig ist und nur bei gröbsten Befunden etwas aussagt; sie ist ungeeignet, leichtere Hüft-

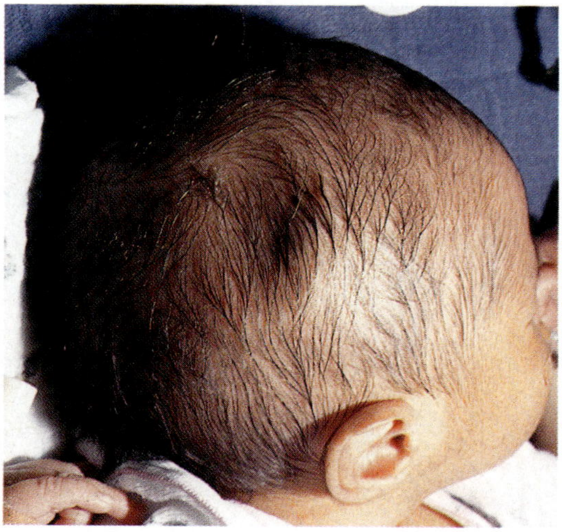

Abb. 10.3 Impressionsfraktur des Schädels. Häufigste Ursache ist der Druck durch eine Kjelland-Zange. Im vorliegenden Fall war bei Spontangeburt offensichtlich der Druck auf den mütterlichen Beckenknochen die Ursache.

gelenksdysplasien auszuschließen. Umgekehrt sollte man sich bei auffälligem klinischen und unauffälligem sonographischen Befund keineswegs zufriedengeben, sondern Kontrolluntersuchungen veranlassen, da auch die Sonographie nicht mit letzter Sicherheit vor dem Übersehen einer Hüftdysplasie schützt. Beckenendlage disponiert zur Hüftgelenksdysplasie. Das **Ortolani-Phänomen** (Ausrenkphänomen) ist, falls überhaupt vorhanden, nach der Geburt auch ohne echte Luxation auslösbar. Am Ende der ersten Lebenswoche ist es kaum noch auszulösen, auch bei Vorliegen einer Hüftgelenksdysplasie!

Augen

Die Augen müssen meist manuell geöffnet werden. Man achte darauf, ob die brechenden Medien klar sind: Angeborene **Katarakte** sind selten, bedürfen aber der raschen Korrektur, da sonst eine Amblyopie (Sehschwäche) irreversibel zurückbleibt. **Fehlbildungen**, z.B. Kolobome, sind selten. **Blutungen** in die Konjunktiva sind nicht selten, aber harmlos.

Laboruntersuchungen

> ! Da immer wieder überraschende und nicht vermutete Normabweichungen vorkommen, empfiehlt es sich, bei jedem Neugeborenen nach der Geburt, z.B. am folgenden Morgen, routinemäßig die Hämoglobinkonzentration (Hb) oder den Hämatokrit (Hkt) sowie den Blutzuckerspiegel (BZ) zu messen.

Hämoglobin

Anämien können auf einen Blutverlust oder auf eine Hämolyse hinweisen; eine Polyglobulie führt zur Viskositätserhöhung und damit zu einer Einschränkung der Sauerstofftransportkapazität, was Schäden am Zentralnervensystem bewirken kann. Der normale Hb-Wert des reifen Neugeborenen beträgt etwa 17 bis 21 g/dl; eine **Hämodilution** kann notwendig werden bei einem Hb >24 g/dl bzw. einem Hämatokrit >70%. Bei Hb-Werten <12 g/dl wird man in der Regel transfundieren, obwohl hierüber keine zweifelsfrei fundierten Meinungen existieren. Anämien und Polyglobulien sind den Kindern nicht ohne weiteres anzusehen, am ehesten noch im Falle einer **fetofetalen Transfusion** bei Zwillingen, deren unterschiedliches Kolorit häufig auffällt (Abb. 10.4).

Hypoglykämie

> ! Besonders hypoglykämiegefährdet sind Kinder von **diabetischen Müttern**, und zwar schon 30–60 Minuten post partum. Eine Unterzuckerung kann am Gehirn ähnliche Schäden hervorrufen wie ein Sauerstoffmangel.

Diese Neugeborenen gehören deshalb prinzipiell sogleich in kinderklinische Behandlung, wo man ihnen Glukose je nach Blutzuckerspiegel infundiert, ggf. erniedrigte Ca- und Mg-Spiegel korrigiert und für einen schnellen Nahrungsaufbau sorgt (Abb. 10.5). Gefähr-

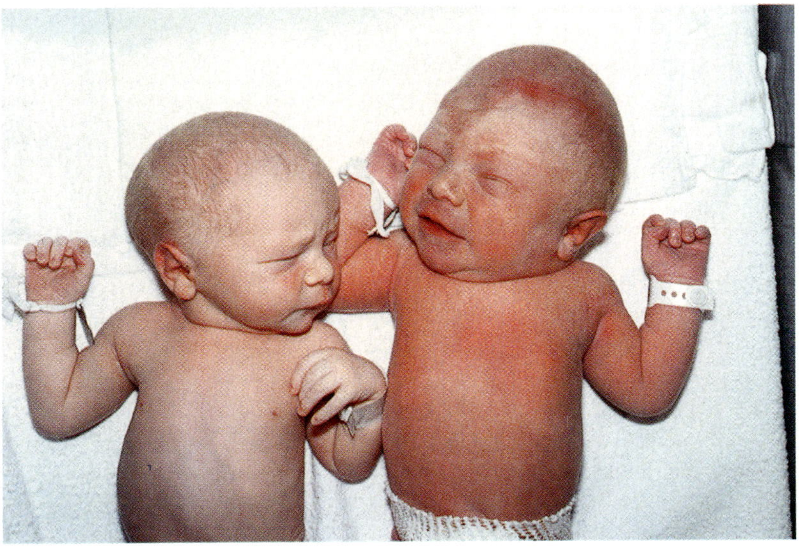

Abb. 10.4 Fetofetale Transfusion bei eineiigen Zwillingen: blasser Spender, plethorischer Empfänger (»Schneeweißchen-und-Rosenrot«-Syndrom).

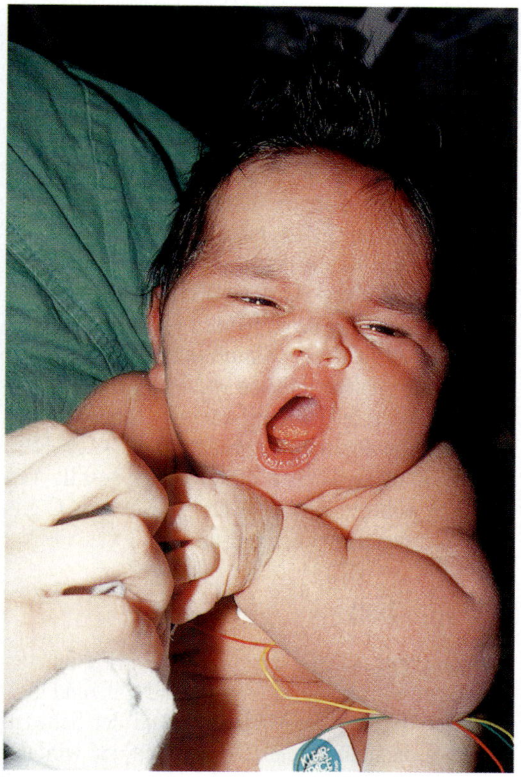

Abb. 10.5 Kind einer diabetischen Mutter. Geburtsgewicht 5500 g. Das Kind ist offensichtlich hungrig (Suchbewegung).

det sind aber auch Kinder mit Übergewicht, Kinder adipöser Mütter, Mangelgeborene und Frühgeborene. Es herrscht heute in der Literatur darin Übereinstimmung, daß Blutzuckerspiegel <40 mg/dl (2,2 mmol/l) behandlungsbedürftig sind. Beste Prophylaxe gegen eine Hypoglykämie ist eine frühe Fütterung.

Mukoviszidose-Screening

Der **BM-Test** (BM = Boehringer Mannheim) als Screeningtest auf Mukoviszidose beruht auf einem Eiweißnachweis im Mekonium. Dieser Test ist allerdings recht unzuverlässig und wird deshalb heute nur noch von wenigen Fachleuten empfohlen. Besser, aber teurer und auch nicht absolut verläßlich, ist die Messung des **immunreaktiven Trypsins** im Blut (kombinierbar mit dem PKU-Test).

PKU-Test

Hierbei handelt es sich um ein Screening auf **Phenylketonurie** (Phenylbrenztraubensäure-Schwachsinn): Um einen erhöhten Phenylalaninspiegel im Blut nachzuweisen, wird eine Probe auf Spezialpapier aufgefangen und eingesandt. Voraussetzung für einen validen Test ist, daß das Kind bereits genügend Milch getrunken hat, weshalb die klassische Empfehlung lautete, diesen Test am 5. bis 6. Lebenstag abzunehmen. Unter dem Druck kürzerer Liegezeiten im Wochenbett wird inzwischen konzidiert, den Test auch schon vom 3. postnatalen Tag an abzunehmen, was jedoch die Zuverlässigkeit der Untersuchung einschränkt. Der bei der PKU zu erwartende zerebrale Abbau (Schwachsinn, Krampfanfälle) kann durch eine rechtzeitig einsetzende phenylalaninarme Diät vermieden werden.

Hypothyreose-Screening

TSH-Test: Dieser dient dem Ausschluß einer ebenfalls gut behandelbaren angeborenen Hypothyreose. Er wird in der Regel mit dem PKU-Test kombiniert, kann aber schon vom 2. Lebenstag an durchgeführt werden.

Galaktosämie-Screening

Wird ebenfalls mit dem PKU-Test kombiniert und setzt wie dieser eine quantitativ ausreichende Milchaufnahme voraus. Abnahme vorzugsweise eine Stunde nach einer Milchmahlzeit.

Weitere Tests

Je nach Screeningprogramm werden auch noch weitere Tests durchgeführt, z.B. auf **Glukose-6-phosphatdehydrogenase-Mangel** (G-6-PD-Mangel) und auf **Biotinidasemangel**.

Im Interesse der Sicherheit ist es wünschenswert, wenn alle diese Tests noch in der Geburtsklinik abgenommen werden, damit auf keinen Fall Tests vergessen werden oder ein ggf. pathologisches Ergebnis verlorengeht.

Bei ambulanten Geburten und bei frühzeitiger Entlassung empfiehlt es sich, die Mütter auf die Notwendigkeit eines alsbaldigen Besuches beim Kinderarzt hinzuweisen.

10.4 Wichtige Erkrankungen und Fehlbildungen des Neugeborenen

Frühgeburt

Frühgeburt ist nach WHO-Definition jede Geburt <37 Wochen p. m.

Probleme sind zu erwarten bei Kindern von <34 Wochen post menstruationem. Vorzugsweise drohen Atemstörungen aufgrund einer Unreife der Lungen: Es fehlt das oberflächenaktive System (»Surfactant«) in den Alveolen, so daß es zum **Atemnotsyndrom** kommt. Dieses erfordert neonatologisch-intensivmedizinische Behandlung und gehört in die Hände des Neugeborenenspezialisten. Beim Atemnotsyndrom ersetzt man heute Surfactant routinemäßig. Ist ein längerer Transport zu erwarten, dann gibt man Surfactant zweckmäßigerweise noch am Ort der Geburt.
Bei Neugeborenen <28 Wochen steigen mit jeder fehlenden Woche Mortalität und Morbidität an, nicht zuletzt auch die Spätmorbidität (Hirnblutungen, eventuell mit posthämorrhagischem Hydrozephalus, Retinopathie, zerebrale Bewegungsstörungen).

Infektionen

Septische Infektionen

Sie kommen zeitlebens nie mehr so häufig vor wie im Neugeborenenalter und sind nicht selten vergesellschaftet mit einer konnatalen **Pneumonie**, weniger häufig mit einer **Meningitis**; bei letzterer fehlen die in späterem Alter typischen Symptome. Erreger sind Streptokokken der Gruppe B, Enterobacteriaceae (E. coli, Klebsiellen), seltener Staphylokokken oder Keime der Enterobacter-Gruppe oder Pilze der Candida-Gruppe. Leitsymptom ist ein diskret schlechteres Aussehen des Kindes, gefolgt von Störungen der Atmung (exspiratorisches Stöhnen, inspiratorische Einziehungen, Tachypnoe >60/Min.). Hinweise sind ein CRP-Anstieg im Serum, der allerdings bei einer B-Streptokokkensepsis dem Geschehen nachhinken kann, eine Leukozytopenie und eine Linksverschiebung der Granulozyten. Fieber tritt in diesem Lebensalter normalerweise nicht auf.

! Wichtig ist es, immer an die Möglichkeit einer Sepsis zu denken, da der Behandlungserfolg wesentlich vom **frühen Behandlungsbeginn** abhängt.

Hepatitis-B-Exposition

Kinder HBsAg-positiver Mütter können sich bei der Geburt infizieren. Es ist daher geboten, Schwangere auf Hepatitis B zu untersuchen. Da eine im Neugeborenenalter erworbene Hepatitis B in besonderem Maße zur Chronifizierung neigt, müssen alle Neugeborenen dieser Mütter durch eine **Simultanimpfung** geschützt werden: intravenöse Infusion von Hepatitis-B-Hyperimmunglobulin, gleichzeitig intramuskuläre Impfung mit gentechnologisch hergestelltem HBsAg. Nach Simultanimpfung können diese Kinder gestillt werden, was wohlgemerkt nicht für die Hepatitis C gilt, gegen die man nicht impfen kann.

HIV-Infektion

Die Erkrankungshäufigkeit von Kindern HIV-infizierter Mütter wird heute in Deutschland mit rund 20% angesetzt. Werden die Mütter während der Schwangerschaft chemotherapeutisch behandelt und wird das Kind außerdem durch Kaiserschnitt geboren, läßt sich die Erkrankungswahrscheinlichkeit derzeit auf etwa 8% senken. Die Kinder werden heute in Spezialsprechstunden einiger großer Kinderkliniken engmaschig überwacht. HIV-infizierte Mütter dürfen nicht stillen, da Infektionen über die Muttermilch beschrieben worden sind.

Drogenabhängigkeit der Mutter

Diesen Kindern droht immer ein **Entzugssyndrom**, das sich unbehandelt bis zu schweren generalisierten Krampfanfällen steigern kann. Alle Kinder drogenkonsumierender Frauen gehören daher ausnahmslos in kinderklinische Behandlung.

Hypoglykämie

S. Laboruntersuchungen

Hyperbilirubinämie

! Ein am 1. Lebenstag sichtbarer Ikterus beruht immer, ein am 2. Lebenstag auftretender fast immer auf einer **Blutgruppeninkompatibilität**.

Am gravierendsten ist eine **Rhesusinkompatibilität**: Die Mutter ist rh-negativ (genauer: d), das Kind Rh-positiv (D). Es gibt allerdings auch mütterliche Antikörper gegen die übrigen Rhesusgruppen C, c, E und e; Unverträglichkeiten sind aber sehr viel seltener als bei d-D. Der Faktor d hat als einziger keine antigenen Eigenschaften. Ein positiver direkter Coombs-Test beweist die Fixierung inkompletter (d.h. IgG-)Antikörper der Mutter an die kindlichen Erythrozyten. Die Folge ist eine **Hämolyse** mit vermehrtem Anfall von Bilirubin und eine Anämisierung. Letztere kann fehlen, ersterer findet sich fast immer. In besonders schweren Fällen kann es, wahrscheinlich aufgrund der intrauterinen Anämie, zur Ausbildung eines **Hydrops universalis** kommen, der prognostisch quoad vitam ungünstig ist. Um diese Komplikation zu vermeiden, führt man seit etwa zwei Jahrzehnten pränatale Transfusionen durch. Allerdings gibt es auch einen Hydrops universalis ohne Blutgruppenunverträglichkeit, z.B. aufgrund einer aplastischen Anämie des Feten bei Parvovirus-Infektion (Ringelröteln) über die Mutter, oder bei dem gar nicht so seltenen angeborenen Hydrothorax, der sich postnatal in der Regel als Chylothorax erweist.

Aber auch gegen kindliche A- oder B-Erythrozyten können Mütter mit der Blutgruppe 0 Antikörper liefern, die eine Hämolyse erzeugen (**»AB0-Inkompatibilität«**). Hier ist der direkte Coombs-Test negativ oder allenfalls schwach positiv, obwohl er im Prinzip selbstverständlich positiv sein müßte: da aber die antigenen Epitope A und B noch weniger stark exprimiert sind als z.B. D, werden weniger Antikörper gebunden und die Agglutination im Coombs-Test wird makroskopisch nicht sichtbar. Auch die Hämolyse ist dementsprechend nicht so schwer wie bei einer D-Inkompatibilität.

Ein **physiologischer Ikterus** wird nicht vor dem 3. Lebenstag sichtbar. Bei einem Ikterus, der die erste Lebenswoche überdauert (»Icterus prolongatus«), muß man differenzieren zwischen einer **indirekten Hyperbilirubinämie**, d.h. das Bilirubin liegt nicht glukuronidiert (alte Bezeichnung »indirektes Bilirubin«) vor, und einer **direkten**. Letztere weist dringend auf einen Gallenwegsverschluß hin, der wegen der schnell und dann irreversibel entstehenden biliären Leberzirrhose der raschen Klärung und, soweit möglich, der Therapie bedarf. Bei nicht weichenden indirekten Hyperbilirubinämien denke man immer an eine Hypothyreose, an eine Galaktosämie oder an eine hämolytische Anämie wie die Kugelzellenanämie, eine Thalassämie, die Sichelzellanämie, oder, bei entsprechender Medikamentenexposition (Antipyretika!), an einen Glucose-6-phosphat-dehydrogenase-Mangel (G-6-PD-Mangel).

Eine Ausschlußdiagnose stellt der harmlose **Muttermilchikterus** dar: Substanzen in der Muttermilch, die bis heute nicht sicher identifiziert sind, können mit dem Bilirubin um die Ausscheidung via Gukuronidierung konkurrieren.

Bei welchen Bilirubinspiegeln es zu einer Bilirubinenzephalopathie (**»Kernikterus«**) kommt, ist nicht zu definieren, da dies von vielen Konditionen abhängig ist. Disponierend wirken nach heutiger Meinung eine schwere Azidose sowie eine erhebliche Unreife aufgrund einer Frühgeburt. Angeblich disponiere auch eine schwere Blutgruppenunverträglichkeit zur Bilirubinenzephalopathie. Gefährlich sind **Medikamente**, die das indirekte Bilirubin aus seiner Bindung an das Plasmaalbumin verdrängen, denn das ungebundene indirekte Bilirubin ist enzephalotoxisch und penetriert sehr leicht die Blut-Hirn-Schranke: Verdrängend wirken in besonderem Maße Sulfonamide (z.B. enthalten im Cotrimoxazol) und Salizylate, die deshalb auf einer Neugeborenenstation nichts zu suchen haben, aber auch einige gängige Antibiotika wie Oxacilline, Cefoperazon, Cefamandol und Ceftriaxon.

► Therapie

Sie besteht heute vorzugsweise in einer **Phototherapie**. In schweren Fällen, fast nur bei Rhesusgruppen-Inkompatibilitäten, muß auf die **Austauschtransfusion** zurückgegriffen werden. Diese gilt heute als neonatologisch-intensivmedizinische Maßnahme. Zur Indikationsstellung herangezogene Grenzwerte des Bilirubinspiegels sind alle willkürlich und besonders dadurch problematisch, daß die Bilirubinanalytik beim Neugeborenen nicht standardisiert ist. Jede Institution muß sich daher ihre eigenen Indikationsdiagramme auswählen. Allgemeine Empfehlungen sind kritisch zu betrachten, soweit sie nicht auf eine klar definierte Analytik bezogen sind.

Herzfehler

Wie bei Infektionen steht auch hier häufig ein schlechtes Aussehen des Kindes im Vordergrund. Verwechslungen mit einer Sepsis kommen vor. Wie bei letzterer sind auch hier kinderklinische Diagnostik und Behandlung alsbald erforderlich. Das Fehlen eines Herzgeräusches sagt nichts. Eine tiefe Zyanose ist die große Ausnahme. Charakteristisch ist ein **grau-blasses Aussehen**. S. a. S. 295 u. 302.

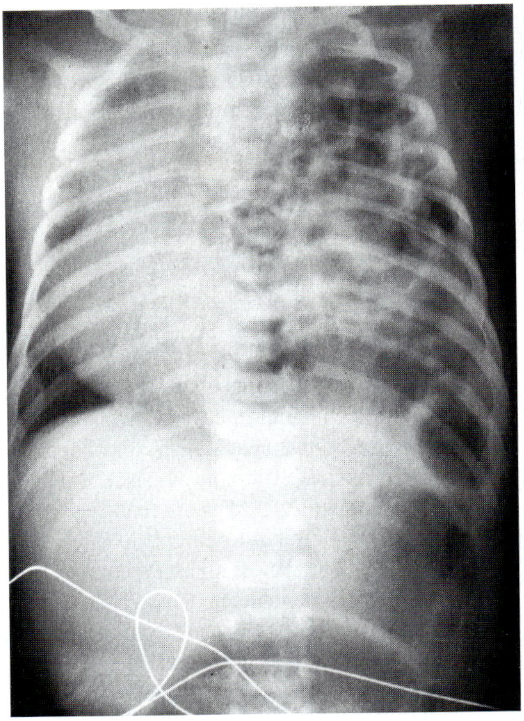

Abb. 10.6 Enterothorax bei Zwerchfellhernie links. Der linke Hemithorax ist mit Darmschlingen gefüllt, das Herz ist nach rechts verlagert, die Lungen sind komprimiert bzw. hypoplastisch.

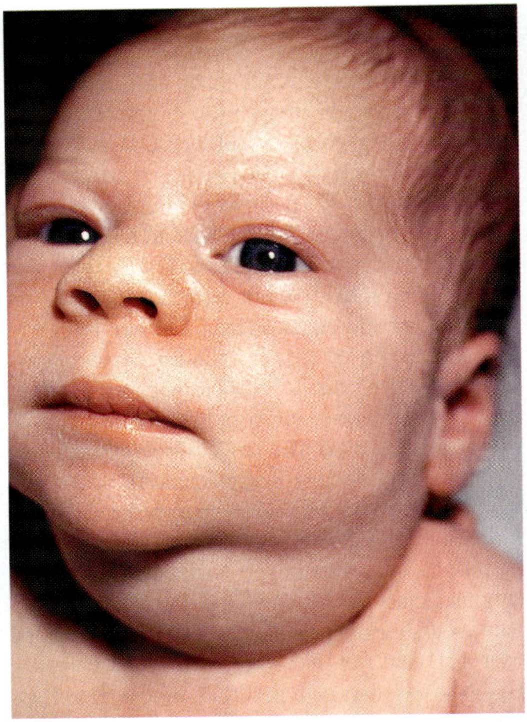

Abb. 10.7 Lymphoma colli (angeborenes Halslymphom).

Zwerchfellhernien

Meist fallen die Kinder unmittelbar nach der Geburt durch schwere Atemstörungen auf, die sich durch Beatmung nicht oder nur unzureichend bessern lassen. Mitunter treten die ersten Symptome aber erst nach Stunden auf. Ein Enterothorax findet sich meist links, selten rechts. Leitsymptome sind eine **Dyspnoe** und eine **Verschiebung der Herztöne**. Das Atemgeräusch kann über der betroffenen Thoraxseite fehlen, muß es aber nicht. »Grobblasige Rasselgeräusche« über dem linken Hemithorax können in Wirklichkeit Darmgeräusche sein. Das Röntgenbild klärt auf Anhieb die Diagnose (Abb. 10.6). Sofortige Verlegung in eine neonatologische Intensivstation ist angebracht.

Halslymphome

Weiche Auswüchse des Halses, in der Regel lateral (Abb. 10.7). Da diese an sich benignen Lymphome zwischen die Halsweichteile wuchern, können sie rasch zum Atemhindernis werden. Die Therapie ist chirurgisch.

Angeborene Struma

Auch sie kann zum Atemhindernis werden. Sie bedarf der konservativen kinderklinischen Behandlung.

Spaltbildungen

Lippen-Kiefer-Gaumen-Spalten

Man unterscheidet **laterale** Spalten, die auch beidseitig bestehen können, und **mediane** Spalten. Letztere sind, abgesehen von der Pierre-Robin-Sequenz (s. u.), immer verdächtig auf multiple Mißbildungen in der Mittellinie (besonders Hirnmißbildungen wie Holoprosenzephalie oder Balkenmangel), vor allem auch im Rahmen einer Trisomie 13. Laterale Spalten sehen zwar eindrucksvoll aus, sind aber gut korrigierbar, sofern dies in einer dafür spezialisierten Kieferchirurgie erfolgt. Erste Maßnahme nach der Geburt ist die Einpassung einer Gaumenplatte durch einen Kieferorthopäden. Das Kind kann dann bei der Mutter bleiben und auch an der Brust trinken. Der erste Schritt der operativen Korrektur erfolgt im Alter von 3 Monaten.

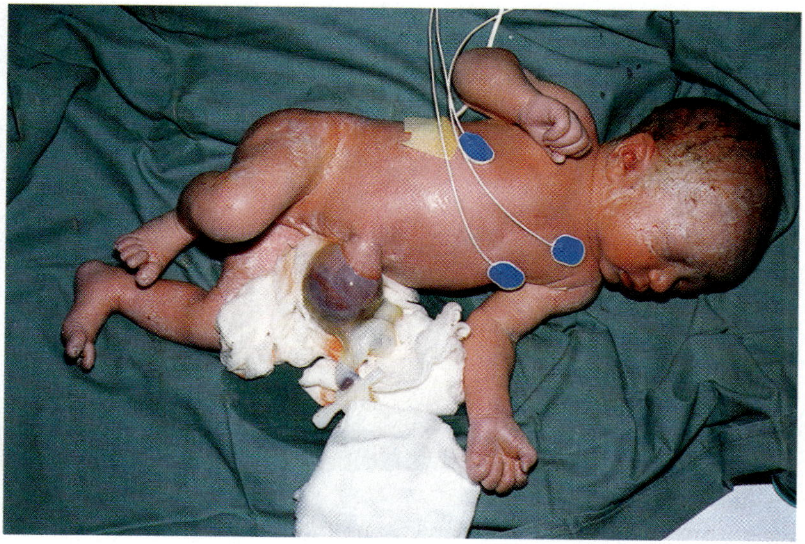

Abb. 10.8 Omphalozele. Man beachte die Seitenlagerung und die Unterpolsterung der Zele, um eine Abknickung der Mesenterialgefäße zu vermeiden.

Pierre-Robin-Sequenz

Zu kurzer Unterkiefer, kombiniert mit einer isolierten medianen Gaumenspalte. Die Zunge ist von normaler Größe. Da sie nicht genügend Platz im Mund findet, blockiert sie den Mesopharynx, besonders dann, wenn das Kind sie in die mediane Gaumenspalte steckt. Auf diese Weise kann das Neugeborene ersticken. Solange das Kind schreit, passiert dies nicht, sondern erst, wenn es friedlich schläft. Deshalb ist diese Fehlbildung so tückisch. Die erste Hilfe ist äußerst einfach: Man schiebt einen Beatmungstubus durch einen unteren Nasengang bis in den Hypopharynx; eine – im übrigen bei diesen Kindern in der Regel extrem schwierige – tracheale Intubation ist nicht nötig.

Omphalozele

Hernie der Baucheingeweide in die Nabelschnur hinein (Abb. 10.8). Kann mit anderen Mißbildungen vergesellschaftet sein und mit Chromosomenaberrationen zusammenhängen, daher muß immer eine humangenetische Untersuchung erfolgen. Die Therapie ist kinderchirurgisch.

Erstversorgung: Kind auf die Seite legen, damit die Blutversorgung der in der Zele liegenden Eingeweide nicht abgeklemmt wird, denn der weiche Zelensack hängt immer nach einer Seite. Einpacken in feuchte sterile Kompressen. Dann steckt man das Kind vor der Verlegung zweckmäßigerweise bis zum Thorax in einen dafür speziell gefertigten sterilen Kunststoffsack.

Da diese Fehlbildung heute meist schon pränatal entdeckt wird, ist die Verlegung in utero in ein entsprechend eingerichtetes Zentrum indiziert. Um eine Traumatisierung zu vermeiden, erfolgt die Entbindung durch Kaiserschnitt. Auch bei bereits rupturierter Zele ist die Behandlung die gleiche.

Bauchspalten

Bei der **Gastroschisis** hängen Baucheingeweide aus einer neben dem Nabel gelegenen Spalte aus dem Abdomen heraus. Die Behandlung ist die gleiche wie bei der Omphalozele.

Die **Blasenexstrophie** ist ebenfalls eine Variante einer Bauchspalte. Hier liegt die Harnblase als Platte in der vorderen Bauchwand. Man bemüht sich heute um eine möglichst weitgehende Rekonstruktion, da die Bildung von Ersatzblasen zu keinen befriedigenden Ergebnissen führt.

Dysraphien

Hierunter versteht man alle Spaltbildungen des Zentralnervensystems. Am häufigsten ist die **Meningomyelozele** (MMC), bei der die Neuralplatte am Rücken offenliegt, mitunter gedeckt durch einen Sack aus Rückenmarkshäuten. Die MMC wird häufig pränatal indirekt entdeckt anhand eines Hydrocephalus internus (Abb. 10.9 a u. b). Um eine Traumatisierung des Rückenmarks zu vermeiden und wegen des Hydrozephalus wird meist eine Sectio caesarea durchgeführt. Es schließt sich die neurochirurgische Versor-

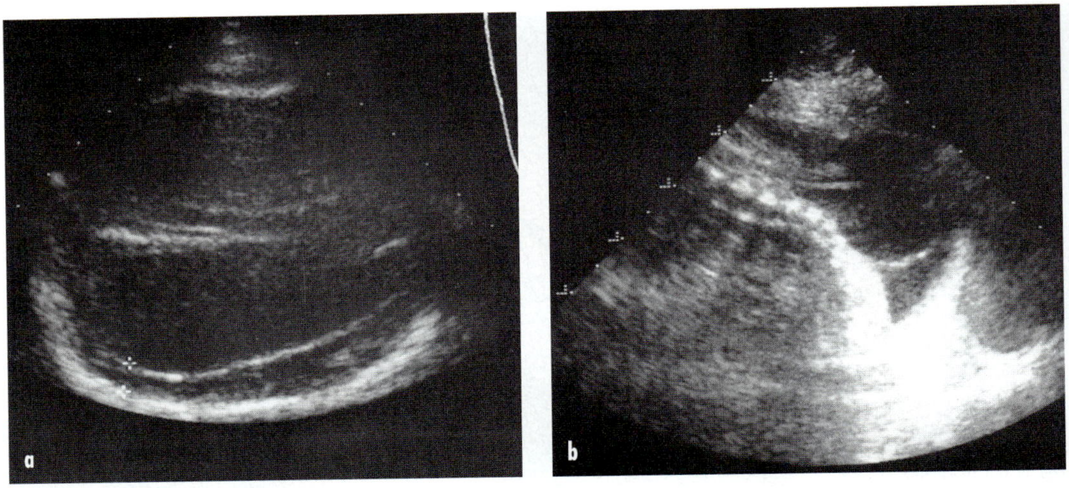

Abb. 10.9 Pränatale Ultraschallbilder.
a Hydrozephalus. Transversalschnitt. Die Hirnmanteldicke beträgt 6,8 mm!
b Lumbosakrale Zele. Das Kind liegt mit dem Rücken nach oben, links = kranial. Man sieht teilweise den Umriß der kugelförmigen Zele oberhalb des kaudalen Endes der Wirbelsäule.
Beim Neugeborenen wurde die Zele gedeckt, der Hydrozephalus durch Shunt entlastet. Das Kind ist intellektuell unbeeinträchtigt, es hat eine Lähmung von Beckenboden- und Unterschenkelmulkulatur.

gung der MMC und des Hydrozephalus (Ventilimplantation) an. Es besteht immer eine **Querschnittslähmung** entsprechend der Höhe des Defekts. Die Prognose hängt von der Höhe des Sitzes der Zele ab. Schlechter ist die Prognose von **Enzephalozelen**, die meistens mit gröbsten Hirnmißbildungen vergesellschaftet sind. Sie sind im Ultraschallbild sichtbar.

Verschlüsse des Magen-Darm-Traktes

Prinzipiell fallen Darmverschlüsse um so eher durch **Erbrechen** auf, je höher sie sitzen, und durch **Stuhlverhaltung**, je tiefer sie liegen. Da sich nach der Geburt der Darm von oral nach aboral mit Luft füllt, hat man ein ideales Röntgenkontrastmittel: Schon in der Abdomenleeraufnahme sieht man an der Luftverteilung, wo der Verschluß etwa lokalisiert ist.

Ösophagusatresie

Diese sollte schon bei der Erstuntersuchung U 1 durch die **Magensonden-Probe** (s. S. 294) ausgeschlossen werden. Leitsymptom sind Spucken und schaumiger Speichel vor dem Mund. In etwa 5% liegt eine isolierte Atresie Typ I nach Voigt vor. Etwa 90% haben eine Verbindung zwischen unterem Ösophagusstumpf und Trachea, so daß nach der Geburt Magensaft in die Lungen gelangt (Typ III b nach Voigt). Zur radiologischen Diagnose genügt die Einführung eines schattengebenden Schlauches; cave Kontrastmittel! Therapie ist die alsbaldige Operation.

Duodenalatresie

Auch die Duodenalatresie wird häufig vor der Geburt im Ultraschallbild gesehen: zwei große Flüssigkeitsräume im Oberbauch, keine Füllung des restlichen Darmes (**»Double-bubble-Phänomen«**). Die Kinder fallen durch zunehmendes Erbrechen auf. Es gibt membranöse Verschlüsse, narbige Strikturen und eine Kompression von außen durch ein Pancreas annulare. Hierbei handelt es sich um eine Fehlbildung der Anlage des Pankreaskopfes, der das Duodenum ringförmig umgibt und stranguliert. Diese Fehlbildung findet man überzufällig häufig beim Down-Syndrom (Mongolismus, d. h. Trisomie 21 und deren Varianten). Postnatal wird die Diagnose durch eine Abdomenleeraufnahme gestellt: Man sieht zwei große Luftdepots, Magen und oralen Teil des Duodenums, bei sonst luftleerem Abdomen (»double bubble«).

Darmatresien

Tiefere Darmatresien können in jedem beliebigen Darmabschnitt sitzen. Sie kommen nicht selten multi-

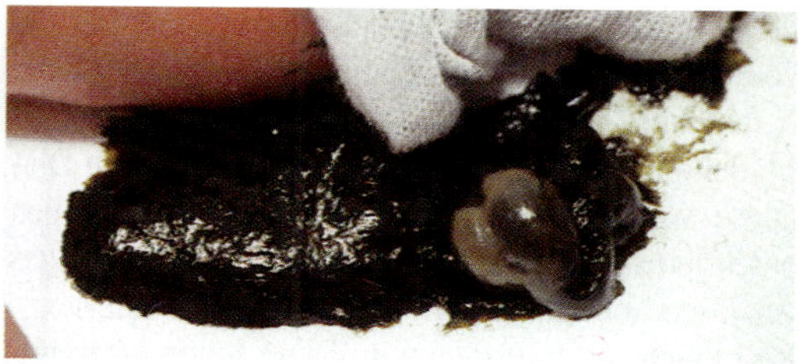

Abb. 10.10 Mekoniumpfropf. Zunächst Ileussymptomatik. Nach Ausspülen des grün-glasigen Pfropfes massive Entleerung von Mekonium.

pel vor, woran der Operateur denken muß. Die Abdomenleeraufnahme zeigt je nach Höhe des Verschlusses mehrere oder wenigere Spiegel.
Funktionell einem Darmverschluß fast gleich kommt die Aganglionose, die **Hirschsprung-Krankheit**, auch als **Megacolon congenitum** bezeichnet. Gerade beim Neugeborenen fehlt in der Regel noch das »Megacolon«, eine Aufweitung proximal des mangels Ganglien peristaltiklosen Darmabschnittes, der immer bis zum Anus reicht und meist im Kolon, selten schon im Dünndarm beginnt. Stuhlverhaltungen in einem Megakolon können rasch lebensbedrohlich werden, weshalb eine chirurgische Entlastung meist bald vorgenommen werden muß.
Ein Sonderfall ist der **Mekoniumileus**, eine Frühmanifestation der Mukoviszidose. Hier ist das Ileum durch harte Mekoniummassen ausgestopft, die chirurgisch entfernt werden müssen. Man sieht im Bereich des Dünndarms eine »schaumige« Luftverteilung. Das Kolon ist leer und dünn, zu sehen anhand eines Kontrastmitteleinlaufes. Der Mekoniumileus hat nichts zu tun mit dem sog. **Mekoniumpropf-Syndrom**: Hier sitzt in der Ampulla recti ein harter Schleimpfropf, der die Stuhlentleerung verhindert. Man spült ihn heraus und das Problem ist gelöst (Abb. 10.10)

Analatresie

S. Analatresie, S. 296.

Nierenfehlbildungen

Am häufigsten sind Aufweitungen des Nierenbeckens (Hydronephrose), die man im Ultraschallbild bereits pränatal entdeckt, während man nur die gröbsten Befunde auch palpatorisch erfaßt. Ursachen sind entweder Ureter-Abgangsstenosen, eine Ureterozele am Blaseneingang oder ein vesikoureteraler Reflux. Da diese Fehlbildungen häufig sind, empfiehlt sich bei jedem Neugeborenen ein Ultraschall-Screening der Harnorgane.

Steißteratom

Es handelt sich um Geschwülste in der Regio coccygea, die riesige Ausmaße haben können. In der Regel setzt sich der Tumor über eine schmale Brücke in einen intraabdominellen Tumor fort. Es handelt sich um einen Mißbildungstumor aus allen drei Keimblättern, der häufig maligne Anteile enthält und zur malignen Entartung neigt. Kann ein Geburtshindernis sein.

Geburtsverletzungen

Sie sind in den letzten Jahrzehnten deutlich seltenener geworden, was mit der breiteren Indikationsstellung zur Sectio caesarea zusammenhängen dürfte.

Schädelfrakturen und Kephalhämatom

S. Kopf, S. 296.

Galeahämatom

Selten, wenig bekannt und hochgefährlich: Ein schwappendes Hämatom über der ganzen Schädelkonvexität, das in den ersten Stunden der Geburt aufläuft und bis zu ⅓ des Blutvolumens enthalten kann (Abb. 10.11). Die Folge ist ein schwerer Volumenmangelschock, der zum Tod oder zu schweren Zerebralschäden führen kann. Die Diagnose wird durch einfaches Befühlen des Kopfes gestellt. Therapie: sofortiger Volumenersatz.

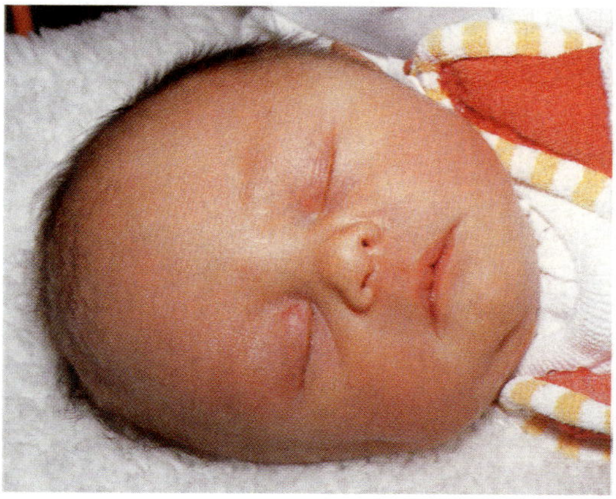

Abb. 10.11 Neugeborenes mit Galeahämatom nach Volumenersatz.

Klavikulafraktur

Häufigste Geburtsverletzung überhaupt. Wenn die vordere Schulter im Schambogen hängenbleibt, bricht das Schlüsselbein nicht selten, wodurch die Schulter nach kaudal klappt und dann meist den Schambogen passiert. Man könnte fast von einer Sollbruchstelle sprechen. Unmittelbar nach der Geburt fühlt man die Krepitation, doch in den nächsten Stunden wegen des Frakturhämatoms meist nicht mehr und dann erst wieder nach etwa 2 Tagen. Eine Therapie ist nicht erforderlich, man weise aber die Eltern auf den bereits nach einer Woche tastbaren derben Kallus hin. Anfangs beobachtet man nicht selten eine Schonhaltung des gleichseitigen Armes, die aber nach 2–3 Tagen verschwunden sein muß, sonst handelt es sich nämlich um eine **Plexuslähmung**.

Lähmung des Armplexus (»Erb-Lähmung«)

Man unterscheidet die obere Plexuslähmung (**Typ Erb-Duchenne**; Abb. 10.12) von der weitaus selteneren unteren (**Typ Klumpke**). Auch hier ist die Ursache meist eine Schulterdystokie (Hängenbleiben der vorderen Schulter). Am häufigsten betroffen ist der N. axillaris; das Resultat ist dann eine Lähmung des M. deltoideus, d.h. eine Armhebeschwäche. Die Diagnose wird am sichersten gestellt durch das oben beschriebene Untersuchungsmanöver: beidseitiges Auslösen von Handgreifreflex – Schulterzugreflex – Recoilment – Moro-Reaktion. Diese Lähmungen bilden sich innerhalb von Monaten fast immer zurück, mitunter allerdings nicht vollständig. Die Therapie besteht in einer Physiotherapie mit dem Ziel, Gelenkkontrakturen zu vermeiden. Gelegentlich findet sich bei der unteren Plexuslähmung auch ein **Horner-Syndrom** (Miosis, Ptosis, Enophthalmus), Zeichen einer Schädigung des Ganglion stellatum. Man achte ferner darauf, ob nicht auch noch zusätzlich eine Phrenikusparese besteht, die zu ernsteren Atemstörungen Anlaß geben kann: hinweisend sind einseitige Thoraxexkursionen; die Zwerchfellbewegungen können übrigens sonographisch gut kontrolliert werden.

Fazialisparese

Soll gehäuft nach Zangenentbindungen und nach Geburt aus Beckenendlage auftreten, wurde aber auch

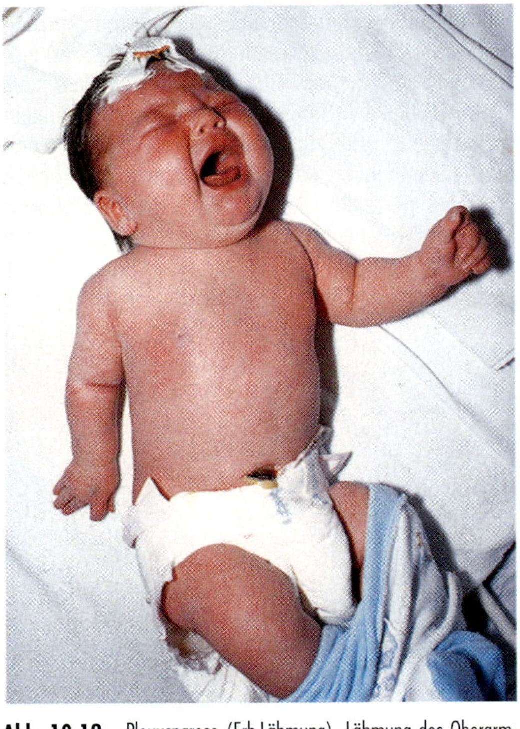

Abb. 10.12 Plexusparese (Erb-Lähmung). Lähmung des Oberarmplexus rechts (Typ Erb-Duchenne).

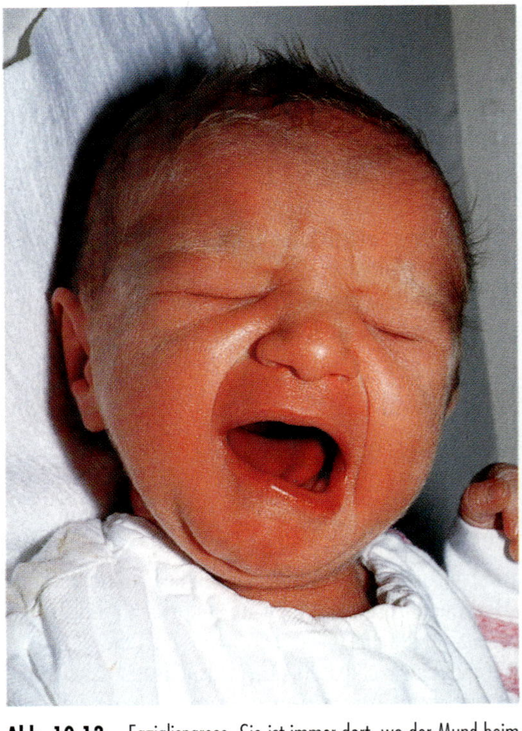

Abb. 10.13 Fazialisparese. Sie ist immer dort, wo der Mund beim Schreien weniger weit geöffnet wird.

nach unauffälligen Geburten aus Schädellage und nach Kaiserschnitt von uns gesehen (Abb. 10.13). Sehr gute Rückbildungsfähigkeit. Bei mangelhaftem Lidschluß muß das Auge abgedeckt werden, sonst trocknet die Cornea aus (Augensalbe, Uhrglasverband).

Frakturen peripherer Knochen

Sie sind selten und nicht zu übersehen. Die Behandlung folgt chirurgischen Prinzipien. Extrem selten sind heute die in der Regel fatalen Frakturen der Halswirbelsäule.

10.5 Beratung bei der Entlassung

Ernährung

Hier vermittle man die gleichen Grundsätze, die schon auf S. 293 für die Ernährung des Kindes nach der Geburt dargelegt wurden. Es ist hilfreich für die Mutter, wenn man ihr erklärt, daß sie als Stillende nicht alles entbehren muß, was schmeckt. Es gibt auf diesem Gebiet unglaublich viele und sehr irrationale Meinungen.

> Wo immer möglich, sollte ein Säugling sechs Monate lang voll **gestillt** werden. Erst dann ist nach heutiger Ansicht das Zufüttern sogenannter **Beikost** angebracht.

Man beginnt dann mit einer Gemüsemahlzeit, ggf. mit passiertem Fleisch, d.h. mit etwas, was das Kind bislang nicht bekam. Einen Monat später folgt dann z.B. ein Obstbrei. Erst einen weiteren Monat später ist dann der so beliebte Milchbrei an der Reihe, der häufig zu früh gegeben wird (Gefahr der Kohlenhydratmast!).

Körperpflege

Baden kann man das Kind, wann immer es nötig ist, es gibt hier keine Gesetze. Wasser und Babyseife genügen, Eincremen ist nur perianal sinnvoll, und zwar mit einer haftfähigen Paste. Alle übrigen Hautpflegemittel sind entbehrlich und lassen die Haut eher ungünstiger aussehen. Da die Kinder meistens gegen Ende einer Mahlzeit defäkieren, wickelt man zweckmäßigerweise nach der Nahrungsaufnahme, sonst gibt es eine Windeldermatitis. Wickeln nur in warmen Räumen.

Lagerung des Kindes

Sie sollte in **Rückenlage** erfolgen. Neben dem disponierenden Alter (Häufigkeitsgipfel 2–4 Monate) sind Bauchlage und Zigarettenrauchexposition die einzigen gesicherten Risikofaktoren für den **plötzlichen Säuglingstod (SIDS = sudden infant death syndrome)**. Frische Luft ist nicht so wichtig wie im Volksmund betont; man muß ein Kind nicht unbedingt spazierenfahren. Wichtig ist es, sich mit seinem Kind zu beschäftigen, es geistig zu wecken, allerdings ohne es zu überfordern.

Impfberatung

Die BCG-Impfung gegen **Tuberkulose** ist bereits beim Neugeborenen möglich. BCG heißt Bacillus Calmette-Guérin; es handelt sich um abgeschwächte Tuberkulosebakterien. Die Impfung ist derzeit hierzulande nicht generell empfohlen, lediglich bei der Annahme eines erhöhten Risikos. Möglicherweise wird diese Empfehlung wieder geändert werden müssen. Die BCG-Impfung schützt gegen septische Formen der Tuberkulose, z.B. Meningitis tuberculosa, nicht aber gegen tertiäre Lungentuberkulose, die auch ein Immunisierter bei genügend massiver aerogener Infektion erwerben kann. Nebenwirkungen: Bei ca. 1:1000 Geimpfte kommt es zu einem regionalen Lymphknotenabszeß, bei ca. 1:80000 tritt eine Osteomyelitis mit den Impfkeimen auf (»angeimpfte Knochentuberkulose«), die tuberkulostatisch behandelt werden muß.

Ebenfalls bereits beim Neugeborenen möglich ist die Impfung gegen **Hepatitis B**, wie dies in Ostasien seit 1½ Jahrzehnten bereits praktiziert wird (Booster-Impfungen nach 6 Wochen und 6 Monaten).

Mitteilung gravierender Diagnosen

> ! Wichtigste Voraussetzung: Man muß sich seiner Diagnose sicher sein.

Es hat keinen Zweck, Eltern eine schwerwiegende Diagnose vorzuenthalten; insbesondere Mütter merken sogleich, ob man ihnen etwas verheimlicht.

Verharmlosungen sind nicht hilfreich. Es ist besser, den Eltern zu vermitteln, daß auch der Arzt die Schwere eines Schicksals begreift, daß er Trauer und Verzweiflung der Betroffenen versteht. Sodann ist es aber wichtig, den Eltern **Zukunftsperspektiven** aufzuzeigen, auch dort, wo die Ausgangslage noch so beklagenswert ist. Man kann mit einem gedämpften Optimismus beraten, sollte es aber vermeiden, Illusionen zu wecken. Ein vorsichtiger Optimismus hilft zu verhüten, daß sich die Eltern von einem schwer behinderten oder kranken Kind innerlich abwenden, mit dem sie dann aber leben müssen bzw. das Kind mit ihnen.

Umgang mit Eltern perinatal verstorbener Kinder

Der Verlust eines Kindes ist die größte Katastrophe, die Eltern treffen kann. Dies gilt auch für Kinder, die man noch gar nicht richtig gekannt hat. Wenn Kinder vor der Geburt oder unmittelbar danach sterben, also nicht mehr von Mutter und Vater am Krankenlager besucht und betreut werden konnten, dann ist es außerordentlich wichtig, daß die Eltern ihr totes Kind sehen, anfassen und in den Arm nehmen können, daß man ihnen Zeit gewährt, von diesem Kind **Abschied** zu nehmen. Man darf keine Hemmungen haben, auch erheblich fehlgebildete Kinder zu zeigen. Selbstverständlich wird man auf den Anblick eines solchen Kindes vorbereiten. Aber immer wieder erlebt man, daß Eltern auch von entstellenden Fehlbildungen gar nicht sehr beeindruckt sind, vielmehr hauptsächlich »ihr Kind« sehen. Wohlmeinend ein fehlgebildetes oder ein extrem unreifes Kind diskret verschwinden zu lassen, ist für die Eltern keine Hilfe oder Erleichterung. Wie man heute weiß, ist dies vielmehr grundfalsch. Eltern, die ihr Kind nie gesehen haben, leiden zeitlebens unter den Selbstvorwürfen, ihr Kind im Stich gelassen zu haben. Das Erleben vehementen Schmerzes beim Anblick des verstorbenen Kindes wird auf die Dauer wesentlich besser verkraftet als das Fühlen und Wissen, das eigene Kind, auch als totes Kind, nicht angenommen zu haben.

Literatur

Robertson NRC Robertson (ed). Textbook of Neonatology. 2nd ed. (3rd ed. in press). Edingburgh: Churchill Livingstone 1992 /1993.

Obladen M. Neugeborenen-Intensivpflege. Grundlagen und Richtlinien. 5. Aufl. Berlin, Heidelberg, New York: Springer 1995.

Anschütz F. Anamnese-Erhebung und allgemeine Krankenuntersuchung. 5. Aufl. Berlin, Heidelberg, New York: Springer 1992.

11

Normales Wochenbett

H. Schmidt-Matthiesen

11.1 Umstellungsprobleme und Rückbildungsvorgänge

Als Wochenbett (Puerperium) wird jene Zeit post partum bezeichnet, in der sich der Körper und die Psyche wieder aus dem Zustand der Schwangerschaft auf den Normalzustand umstellen. Diese Phase wird neurohormonal gesteuert und dauert insgesamt 6–8 Wochen.

Das Wochenbett ist durch folgende Vorgänge charakterisiert:

- Innere Einstellung auf die **Realität Mutterschaft**
- Abrupter Ausfall der Plazentahormone und **endokrine Umstellungen**
- **Rückbildungsvorgänge** am Genitale, speziell am Uterus
- Ingangkommen und Erhaltung der **Laktation** (s. S. 310)

Durch **Wochenbettgymnastik** unterstützt, kommt es zur **Retonisierung** der Becken-, Bauchwand- und Rückenmuskulatur.
Im **Mutterschutzgesetz** verankerte Rechte haben auch für die Wochenbettphase Gültigkeit (s. S. 202).

Psychische Umstellung

Bei der Erstgebärenden ist mit der Geburt des Kindes die Mutterschaft zur Realität geworden. Dies verlangt Akzeptanz des Kindes, Bereitschaft für Fürsorgepflichten und eventuell Umstellungen in der Partnerschaft und im Beruf. Zukunftsängste, Insuffizienzgefühle und soziale Probleme können auftauchen. Dies alles erklärt die häufige **Stimmungslabilität** im Wochenbett.

Endokrine Umstellung

Nach Ausstoßung der Plazenta kommt es im mütterlichen Organismus zum raschen **Schwinden der Plazentahormone**, Östrogene und Progesteron fallen ab, so daß die Hemmung der hypophysären Gonadotropine entfällt. Es kommt zum **Anstieg der hypophysären Gonadotropine**, insbesondere des **Prolaktins** und damit zur **Induktion der Milchbildung**.
Bei voller Stilleistung findet sich durch Hemmung der hypophysären Gonadotropinfunktion bzw. durch die Hyperprolaktinämie eine **Laktationsamenorrhö**. Dennoch entspricht die Stillphase keiner absoluten Sterilität, was bei antikonzeptioneller Beratung im Wochenbett zu berücksichtigen ist.
Die **erste Menstruation** – sei es nach ca. 6 Wochen p. p. im Falle primär unterdrückten Stillens oder nach Reduzierung einer längeren Stillaktivität – entspricht in der Regel einer Abbruchblutung (anovulatorischer Zyklus).

Rückbildungsvorgänge am Uterus

Die Rückbildung (Involution) des Uterus wird im wesentlichen durch den Wegfall der Plazentahormone bewirkt. Der dadurch bedingte Rückgang der Uterusdurchblutung führt zum **Gewebsabbau**. Diese Involution wird durch Dauerkontraktionen (auch **Nachwehen**) unterstützt. Die Kontraktionen werden z.T. durch Oxytozin aus dem Hypophysenhinterlappen – besonders während der Stilltätigkeit (»Bauchschmerz« beim Anlegen der Kindes) – sowie durch körperliche Bewegung unterstützt.
Die Rückbildung des Uterus geht mit einer erheblichen Absonderung von Blut und Exsudat einher, dem

sog. **Wochenfluß** (Lochialsekret, Lochien). In der 1. Woche sind die Lochien blutig **(Lochia rubra)**, in der 2. Woche rotbraun **(Lochia fusca)**. Wochenfluß ist immer bakterienhaltig und daher infektiös. Am Ende der 3. Woche sollten die Lochien wäßrig serös sein **(Lochia alba)**.

Die Rückbildung des Uterus ist durch äußere Untersuchung des Fundusstandes festzustellen.

Post partum:

- Fundus uteri zwischen Nabel und Symphyse

Am 1. Tag p. p.:

- Fundus in Nabelhöhe oder 1–2 Querfinger unterhalb des Nabels

Am 4. Tag:

- Fundus zwischen Nabel und Symphyse

Nach einer Woche:

- Fundus 2 Querfinger oberhalb der Symphyse

Nach 9–10 Tagen:

- Der Uterus ist äußerlich nicht mehr tastbar

Vier bis sechs Wochen nach der Geburt sollte die Rückbildung abgeschlossen sein und der Uterus seine normale Größe und Konsistenz erreicht haben. Bei Vielgebärenden, nach Mehrlingsgeburten oder nach Schnittentbindung kann die Involution des Uterus verzögert verlaufen.

11.2 Laktation

Der **Milcheinschuß**, d. h. eine der Wöchnerin auffallende, hormonal (Prolaktin) induzierte, relativ plötzliche Veränderung der Mammae erfolgt am 2. bis 4. Wochenbettag. Das volle **Ingangkommen der Laktation** und Milchabgabe dauert insgesamt etwa 10 Tage. In dieser Phase sind die Brüste prall und dadurch z. T. schmerzhaft. Mitunter dauert es einige Tage p. p., bis die Entleerung der Brüste durch Anlegen oder Abpumpen vollständig erfolgen kann und damit Spannung und Schmerzen schwinden. Die Milchabgabe wird durch den beim Saugakt reflektorisch ausgeschütteten Hypophysenwirkstoff **Oxytozin** gefördert. Letzteres begünstigt zugleich die puerperale Involution des Uterus. Eine erschwerte »Gängigkeit« der Brust läßt sich z. T. durch Oxytozinapplikation (Syntocinon-Nasenspray) verbessern,

Gesunde Neugeborene werden sofort post partum im Kreißsaal zum erstenmal angelegt. Der frühzeitige Saugreiz ist für das Ingangkommen der Laktation von entscheidender Bedeutung.

Zusammensetzung der Muttermilch

Zunächst wird **Kolostrum**, dann die sog. **transitorische Muttermilch** abgegeben, bevor nach etwa 14 Tagen die typische, **»reife« Muttermilch** produziert wird. Diese enthält 7 % Zucker, 3,8 % Eiweiß und 4,5 % Fett, ferner Vitamine, Hormone, Spurenelemente und Immunkörper.

Abstillen

Der Stillwille ist aus guten Gründen (s. Kap. Pathologisches Wochenbett) zu unterstützen. Zum primären oder sekundären Abstillen sollten also klare Indikationen bestehen. **Indikationen zum primären Abstillen** sind:

- Späte Fehlgeburt
- Extreme Frühgeburt
- Totgeburt
- Verstorbenes Neugeborenes
- Mißbildungen des Nasen-Rachen-Raumes

Ferner:

- Allgemeinerkrankungen der Mutter (z. B. Tbc, HIV-Infektion, Hepatitis C)
- Schwere vorangegangene Brustentzündungen
- Mikromastie
- Wunsch der Patientin

Das **primäre Abstillen** erfolgt unmittelbar post partum mit Bromocriptin (Pravidel) – in den USA wegen vermuteter Gefahren verboten –, Lisurid (Dopergin) oder Metergolin (Liserdol) per os.

Das **sekundäre Abstillen** »auf Wunsch« kann erschwert sein. Auch hier ist ein Versuch mit den oben genannten Präparaten sinnvoll. Als Zusatzmaßnahmen haben sich bewährt: Hochbinden der Brust, Alkohol- oder Eisauflagen, Flüssigkeitseinschränkung und stetig zunehmende, der Brustbeschaffenheit angepaßte Reduktion des Anlegens. Ein abruptes Absetzen würde zu überaus schmerzhaftem **Milchstau** führen.

11.3 Prophylaktische Maßnahmen

Anti-D-Prophylaxe

Rh-negativen Müttern sollte, wenn das Neugeborene Rh-positiv ist, innerhalb der ersten 72 Std. p.p. ein Anti-D-Immunglobulin injiziert werden.

Thromboseprophylaxe

Bei gefährdeten Frauen ist, sofern nicht schon intra partum begonnen, eine Thromboseprophylaxe angezeigt (s. Kap. 16). Die beste Prophylaxe ist die Frühmobilisierung.

Rötelnprophylaxe

Haben die früheren Untersuchungen ein Fehlen von Immunität ergeben, sollte man die postpartale Phase für eine Impfung nutzen.

Wochenbettgymnastik

Sie hat mehrere Ziele: allgemeine Mobilisierung, Thromboseprophylaxe, Bauchdecken- und, vor allem, Beckenbodentonisierung, um einem Deszensus und damit einer Harninkontinenz vorzubeugen.

Ärztliche Aufgaben und Beratung

Während des Wochenbettes hat der Arzt folgende Aufgaben sorgfältig wahrzunehmen:

- Veranlassung des Frühaufstehens (Thromboseprophylaxe!)
- Hinweise zur Wochenbettgymnastik (für Bauchdecke, Beckenboden)
- Überwachung der normalen Rückbildungsvorgänge
- Kontrolle des Wochenflusses
- Überwachung der Blasen- und Darmentleerung
- Puls- und Temperaturkontrolle
- Hb-Kontrolle
- Überwachung hinsichtlich Thrombophlebitis und Thrombose
- Ggf. medikamentöse Thromboseprophylaxe
- Beratung über Stilltätigkeit

Nach Abschluß der direkten klinischen Betreuung erfolgt eine Beratung der Wöchnerin hinsichtlich ihres Verhaltens:

Komplikationsmöglichkeiten: Stillende Patientinnen sind über die Symptome einer **Mastitis** zu informieren. Im übrigen Beratung entsprechend den individuellen Gegebenheiten.

Pädiater: Die Mutter sollte bald einen Pädiater oder einen entsprechend erfahrenen praktischen Arzt aufsuchen, um das Kind bekannt zu machen, die terminmäßige Vorsorgeuntersuchung vornehmen zu lassen und Fragen der zukünftigen Impfung besprechen zu können.

Ernährung: Die Ernährung ist nach der 1. Woche beliebig. Es ist aber auf eine reichliche Zufuhr von vollwertigem **Eiweiß** zu achten. Sofern gestillt wird, muß auf genügende **Kalkzufuhr** geachtet werden. Kann der Kalkverlust nicht durch reichliche Milchzufuhr ausgeglichen werden (Antipathie), müssen Kalkpräparate verabfolgt werden (Cal-C-Vita, Macalvit, Calcium-Sandoz usw.), um ein ernstes Defizit zu vermeiden.

Duschen und Baden: Die Wöchnerin darf selbstverständlich ohne Einschränkung duschen. Ebenfalls sind Sitzbäder zulässig, im Falle von sekundär heilenden Dammwunden sogar angezeigt. Wannenvollbäder sollten nicht vor der 3.–4. Woche erfolgen, im Einzelfall in Abhängigkeit von Menge und Qualität des Lochialflusses. Je reichlicher und blutiger der Wochenfluß ist, um so länger sollte das warme Vollbad zurückgestellt werden.

Sexualverkehr: Wenn der Lochialfluß völlig geschwunden ist oder bereits die erste Menstruation einen gewissen Abschluß der Rückbildungsvorgänge anzeigt, ist gegen eine Wiederaufnahme des Verkehrs nichts einzuwenden.

Menstruation: Bei der nicht stillenden Frau tritt die 1. Menstruation ca. 6–9 Wochen nach der Entbindung auf, bei der Stillenden ist dies nicht sicher vorherzusagen und vor allem von der Stillintensität abhängig.

Konzeptionsmöglichkeit: Eine Konzeption im Spätwochenbett ist grundsätzlich möglich. Die Patientinnen sind darauf hinzuweisen, daß auch das Stillen keine absolute Sicherheit gegen eine Konzeption bietet. Ovulationshemmer sollten erst nach der ersten Menstruation p. p. genommen werden. Nur so ist es möglich, den regulären Ablauf der endokrinen Umstellung überhaupt beurteilen zu können.

Arbeitsfähigkeit: Bei Frühgeburten sowie nach Mehrlingsgeburt kann die gesetzliche Mutterschutzfrist bis zu 12 Wochen verlängert werden. Auch Patientinnen mit besonderen Komplikationen (Thrombose!) müssen individuell beraten werden.

Körperliche Schonung, Deszensusprophylaxe: Jede Überlastung des Beckenbodens in den ersten 6 bis 12 Wochen, z. B. durch Heben und Tragen schwerer Lasten (ältere Kinder!), muß zur Vermeidung einer Deszensusbegünstigung unbedingt vermieden werden. Auch unbehandelte Obstipation und chronischer Husten können sich ungünstig auswirken. Durch Beckenbodengymnastik kann einem späteren Deszensus entgegengewirkt werden.

Krebsvorsorge: Die Patientin sollte die übliche Abschlußkontrolle mit der ersten postpartalen Krebsvorsorgeuntersuchung (inkl. Zytologieabstrich) verbinden.

Erziehungsurlaub: Im Anschluß an die Mutterschutzfrist von 8 Wochen können wahlweise bzw. abwechselnd Mutter und Vater bei Kündigungsschutz 18 Monate lang Erziehungsurlaub erhalten.

Erziehungsgeld: Bei Erfüllung bestimmter Voraussetzungen (u. a. keine Erwerbstätigkeit oder Wochenarbeitszeit <19 Stunden) wird von der Geburt an bis zur Vollendung des 18. Lebensmonats des Kindes ein Erziehungsgeld von monatlich 600 DM gezahlt, wobei das anfänglich fällige Mutterschutzgeld angerechnet wird. Ab 7. Lebensmonat gelten Einkommensgrenzen.

12

Pathologisches Wochenbett

H. Schmidt-Matthiesen, H. Hepp

Im Wochenbett muß man vornehmlich mit folgenden **Komplikationen** rechnen:

Genitalspezifisch:

- Störungen der Wundheilung (Episiotomie, Risse)
- Störungen der Uterusrückbildung (afebril, febril)
- Störungen des Lochialflusses (afebril, febril)
- Endometritis; Endomyometritis
- Blutungen
- Aszendierende Infekte; Sepsis puerperalis
- Harnwegsinfekt

Die bisher genannten Komplikationen treten häufig in kombinierter Form auf.

Ferner möglich:

- Mastitis
- Beckenringlockerung: Symphysenschaden
- Typische postoperativ mögliche Komplikationen im Falle von Sectio

Unspezifisch, aber wochenbettbegünstigt:

- Thrombophlebitis; Thrombose, Embolie

Wundheilungsstörungen

Eventuelle **Geburtsverletzungen** (Zervixriß, Scheidenriß, Dammriß) bzw. Episiotomiewunden heilen im allgemeinen außerordentlich schnell. Störungen sind zu erwarten, wenn es im Wundbereich zur **Hämatombildung** und/oder **Infektion** kommt. Die Wunden werden dehiszent und heilen sekundär oder müssen erneut operativ versorgt werden. Die Infektion eines Zervixrisses kann eine **Parametritis** zur Folge haben.

Störung der Uterusrückbildung

Asymptomatische Störung

▶ Befund

Der weiche Uterus steht höher, als es dem Wochenbettag nach zu erwarten ist. Evtl. verstärkt blutige Lochien.

▶ Therapie

Kontraktionsmittel der Secale-Gruppe: **Methergin**, **Gynergen**. Durch prophylaktische Gabe dieser Präparate vom 2. Wochenbettag an läßt sich die Zahl der uterinen Komplikationen signifikant vermindern.

Fieberhafte Rückbildungsstörung

▶ Befunde

Bei einer Stauung des Lochialsekrets, einer **Lochiometra**, ist der Uterus vergrößert, weich und druckempfindlich. Die Verhaltung geht in der Regel mit einer **Endometritis** einher, selten mit einer **Endomyometritis**. Vorrangig handelt es sich um eine Infektion durch Streptokokken, anaerobe Staphylokokken und E. coli.

▶ Therapie

Infusionen mit **Oxytozin**, evtl. zusätzlich **Spasmolytika**.

Bei Verdacht oder Nachweis einer **Endometritis** (Uterus vergrößert, druckempfindlich, Lochien vermehrt, blutig und fötide riechend, Temperatur um 38 °C) Secale-Präparate, Östrogene (3 × 1 Tabl. Progynon C für 10 Tage) und nachfolgend Östrogen-Gestagen (3 × 1 Tabl. Primosiston, 10 Tage), Eisblase.

Bei Verdacht auf eine mit erheblichen Blutungen und Hyperfibrinolyse einhergehende **Endomyometritis** ist darüber hinaus eine **Antibiotikatherapie** indiziert. Diese Therapie sollte nach Bakteriogramm aus dem Lochialsekret hochdosiert über 5–6 Tage durchgeführt werden. Ziel ist die Verhinderung aszendierender Infekte.

Bei jeder stärkeren **Blutung** ist die Differentialdiagnostik bedeutsam (s. S. 260), vor allem auch ein **Plazentarest** als Ursache der Blutung auszuschließen. Sofern die Annahme eines Plazentarestes ganz unwahrscheinlich ist, sollte zunächst konservativ vorgegangen werden (s.o.). Die **Kürettage** im Wochenbett sollte nur beim Versagen der konservativen Maßnahmen als Ultima ratio zur Verwendung kommen, da die Gefahr besteht, daß auch bei behutsamer Kürettage die Regenerationsinseln des Endometriums zerstört werden und damit eine uterine Amenorrhö oder Hypomenorrhö bzw. die Entstehung von Synechien heraufbeschworen wird.

Aszendierende Infekte

Aus einer Endo- bzw. Endomyometritis kann sich, meist kanalikulär, eine **Salpingitis** und im Extremfall eine **Pelveoperitonitis** entwickeln. Darüber hinaus begünstigen alle puerperalen Infektionen die Entstehung von Beckenvenenthrombosen. Differentialdiagnostisch ist stets eine Appendizitis auszuschließen. Zur Therapie s. Kap. 13.

Sepsis puerperalis

Diese seltene Komplikation stellt die generalisierte Form des **Kindbettfiebers** dar und ist stets lebensbedrohlich. Sie ist oft die Folge einer Ausschabung oder Uterusperforation bei bestehender Endomyometritis oder sie entwickelt sich aus einer Thrombophlebitis im kleinen Becken (selten Ovarialvenenthrombose).
Therapiegrundsätze s. Anhang. Die Schwerpunkte liegen auf hochdosierter **Breitbandantibiotikagabe, Intensivüberwachung** und **Schockprophylaxe**.

Harnwegsinfektionen

Durch den erweiterten Introitus sowie die häufig infizierten Lochien wird im Wochenbett die Entstehung von Harnwegsinfektionen begünstigt. Die **Zystitis** ist kein seltenes Ereignis. Als Erreger überwiegen E. coli, Enterokokken, Pseudomonaden, Staphylokokken und Proteus.
Symptomatik, Nachweis und Therapie unterscheiden sich nicht von der Zystitis außerhalb des Wochenbettes.

Mastitis puerperalis

Die Mastitis entwickelt sich meistens einseitig. Nur in 20–25% sind beide Brüste befallen. Sie tritt gewöhnlich zwischen dem 8. und 12. Tag post partum auf – d.h. sehr oft nach der Entlassung der Wöchnerin aus der Klinik.

Infektionsweg

Erreger ist überwiegend Staphylococcus aureus, seltener Streptococcus (meist die typischen Klinikkeime), Pyocyaneus, Proteus und E. coli. Die Keime sind zwar ubiquitär, ihre Übertragung im Falle der Mastitis erfolgt jedoch vornehmlich über den **Nasopharynx des Neugeborenen**. Die Keime gelangen beim Saugen durch die dabei entstehenden Schrunden und Risse (Rhagaden) in die mütterliche Brustdrüse. Eine dortige Ausbreitung auf dem Lymphweg führt zur **interstitiellen Mastitis**, die Infektion auf dem kanalikulären Weg zur **parenchymatösen Mastitis**. Letztere ist selten. Gleiches gilt für eine hämatogene Ausbreitung.

Beginnende Mastitis

▶ Symptome und Befunde

Schmerz, hypertherme Schwellung oder infiltrative Verhärtung, plötzlicher Temperaturanstieg bis 40 °C.

▶ Therapie

Nach einmaligem, behutsamen Leerpumpen erfolgt **Ruhigstellung** der betroffenen Mamma durch Hochbinden, **Kühlung** durch kalte Alkoholumschläge, eventuell Eisblase, Flüssigkeitseinschränkung. Antibiotika sollten bei beginnender Mastitis vermieden werden, da sie Mikroabszesse stimulieren können. Hilfreich in diesem Stadium ist der Einsatz von **Laktationshemmern** (s. S. 310).
Kommt es es innerhalb der folgenden 24 Std. nicht zur Besserung (Infiltrat, Schmerz, Fieber), so wendet man hochdosierte **Antibiotika** an, die nicht routinemäßig in der Klinik verwendet werden (z.B. Dicloxacillin [Stapenor]).

Fortgeschrittene Mastitis bei beginnender Abszedierung

▶ Symptome und Befunde

Die zuvor genannten Symptome sind ausgedehnter, die Haut ist hochrot und meist in der Tiefe mit zentraler Fluktuation verbunden. Schwellungen der regionalen Lymphknoten.

▶ Therapie

Abstillen! Antibiotika sind in diesem Stadium (bei schon bestehender Abszedierung) in der Regel nicht mehr effektiv. Unterstützung der Einschmelzung durch **Überwärmung** des Entzündungsbezirks mit

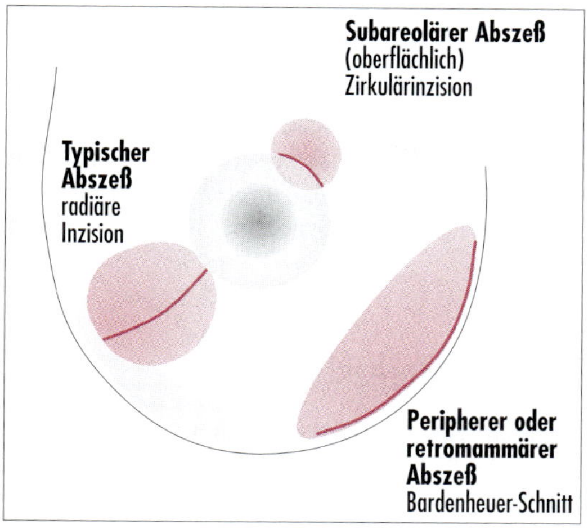

Abb. 12.1 Lokalisation und Inszisionsführung bei mastitischen Abszessen.

Rotlicht oder Kurzwellen. Bei »ausgereifter« Abszedierung erfolgt die **Inzision** unter Berücksichtigung kosmetischer Gesichtspunkte (Abb. 12.1).
Bei hartnäckiger Therapieresistenz ohne Rückgang der Einschmelzung muß man an die Möglichkeit eines Mammakarzinoms denken, das unter dem Bilde einer **Mastitis carcinomatosa** auftreten kann (Kap. 14).

Beckenringlockerung

Während der Schwangerschaft kommt es zur Auflockerung des Bindegewebes im Bereich der Knochenverbindungen und Gelenke. Dies äußert sich in Form von Kreuzschmerzen, leichter Ermüdbarkeit usw. In seltenen Fällen kann die Auflockerung der Knochenverbindungen im Bereich des Beckenringes (Symphyse, Sakroiliakalfugen) ein derartiges Ausmaß annehmen, daß die **statische Integrität des Beckenringes eingeschränkt** oder aufgehoben ist. Diese Beckenringlockerung kann sich bereits in der Schwangerschaft andeuten, meistens führt jedoch erst die zusätzliche Belastung sub partu zur Manifestation der Störung im Wochenbett.

▶ Symptome

Die Schmerzsymptome werden ausgelöst, wenn es im Symphysenbereich zur Entwicklung von Scherkräften kommt. In leichten Fällen bestehen nur beim Gehen und Treppensteigen Schmerzen im Bereich der Symphyse bzw. der Sakroiliakalgelenke und führen zum Watschelgang. In schweren Fällen ist das Aufstehen und speziell das Gehen, d.h. das wechselseitige Belasten, unmöglich.

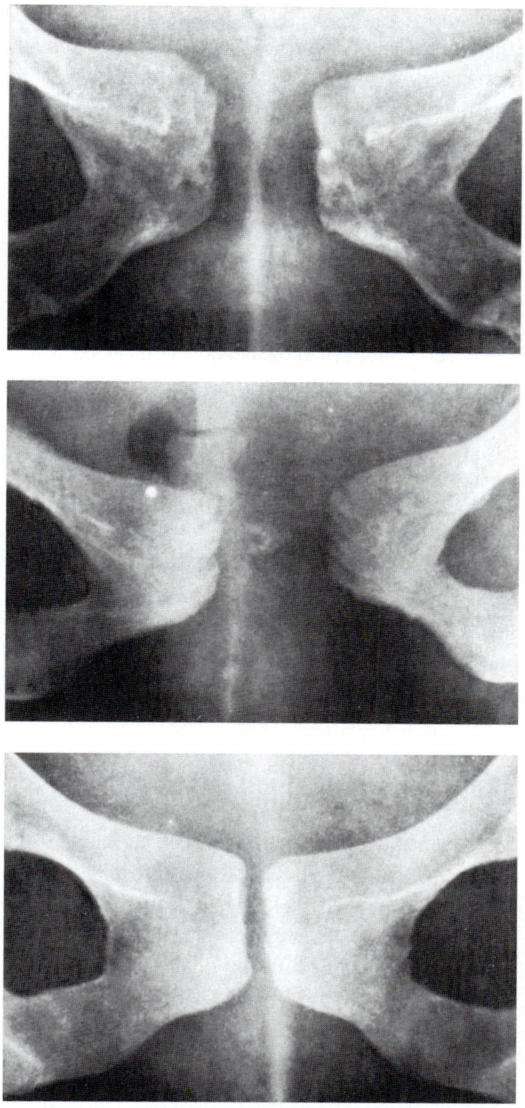

Abb. 12.2 Symphysenschaden post partum. Drei Fälle mit relativ gleicher Symtomatik. Demgegenüber sehr unterschiedliche Röntgenbefunde (Kräubig). Man beachte neben der unterschiedlichen Weite des Symphysenspaltes die Verschiebung der Schambeine gegeneinander.

▶ Befunde

Bei Kompression des Beckenringes durch Druck auf die beiden Beckenkämme bzw. durch wechselseitigen Druck auf die Schambeine wird ein Schmerz im Symphysenbereich ausgelöst. Die liegende Patientin ist außerstande, ein Bein selbständig anzuheben. Wird es passiv angehoben und losgelassen, fällt es sofort wieder herab. Mitunter besteht ein retrosymphysäres Hämatom. Die Röntgendiagnostik ist häufig unergiebig oder zweideutig (Abb. 12.2).

▶ **Therapie**
Immobilisierung der Beckenringanteile durch Schlaufenverband, Bettruhe. Später festes Stützkorsett mit Trochanterpelotten.

Thrombophlebitis, Thrombose

Die Disposition der Wöchnerin ist erhöht, deshalb, besonders bei individuellem Zusatzrisiko (Anamnese; Adipositas, Diabetes; schwere Entbindung u.a.), **Heparinprophylaxe, Frühmobilisierung**. Beim Auftreten der Störungen umgehende Therapie nach den bekannten Gesichtspunkten.

Wochenbettpsychose

Bei **Frühpsychosen** kommt es in der 1. Woche post partum zu Verwirrtheit, Stupor und manischen Reaktionen. Die Prognose ist gut. Die **Spätpsychosen** (jenseits des 10. Wochenbettages) haben eine ungünstigere Prognose und bedürfen psychiatrischer Begleitung und Therapie (Suizidgefahr).

Differentialdiagostische Probleme

Blutungen im Wochenbett

Blutungen im Wochenbett sind noch in einem Zeitraum von mehreren Wochen post partum möglich. Die Symptomatik kann von der langwierigen **Schmierblutung** bis zur akut einsetzenden, massiven und **lebensbedrohlichen Blutung** reichen. Differentialdiagnostisch kommen in Frage:

- Zurückgebliebener Plazentarest
- Insuffiziente Naht von Geburtsverletzungen
- Hämatomabfluß
- Endometritis
- Endometritis mit gewebsgebundener Fibrinolyse
- Verzögerte Regeneration im endometrialen Bereich
- Blutungen bei Verbrauchskoagulopathie

Die Symptome und Befunde der genannten Störungen sind bereits beschrieben.

Bei der berechtigten Annahme eines **Plazentarestes** muß nachgetastet und ggf. behutsam mit großer Kürette abradiert werden. Auch bei behutsamer Kürettage besteht die Gefahr, daß die Regenerationsinseln des Endometriums zerstört werden und damit eine uterine Amenorrhö oder Hypomenorrhö bzw. die Entstehung von Synechien heraufbeschworen wird.

Fieber im Wochenbett

Fieber im Wochenbett ist das häufigste pathologische Symptom. Sieht man von den seltenen fieberhaften Erkrankungen ab, die nichts mit der Schwangerschaft und Geburt zu tun haben (Angina, grippale Infekte, Appendizitis, Cholezystitis), so sind folgende Tatbestände oder Erkrankungen zu berücksichtigen:

2.–4. Tag:

- Milcheinschuß

2.–10. Tag:

- Endometritis
- Endomyometritis
- Lochiometra
- Salpingitis

Jenseits des 5.–6. Tages:

- Thrombophlebitis, Thrombose
- Harnwegsinfektionen
- Postoperative Komplikationen (Wundinfektion, Hämatom)

Die Differentialdiagnose berücksichtigt den **Zeitpunkt des Fiebereintritts** und die **Fieberhöhe** (Lochiometra, Pyelitis und Mastitis zeigen einen hochfieberhaften Beginn; Endometritis, Thrombophlebitis und Zystitis sind meist nur mit geringen Temperaturanstiegen verbunden). **Palpation** (Uterus, Nieren, Mammae, untere Extremitäten), **Urinstatus** und **Lochialkontrolle** ergänzen die Diagnostik.
Man beachte: Die BSG ist auch bei völlig normalem Wochenbett extrem erhöht (bis 50/100), sie ist diagnostisch wertlos.

13

Gutartige gynäkologische Organerkrankungen

H. Schmidt-Matthiesen

13.1 Vulva

Der **Normalbefund** ist in Abb. 13.1 dargestellt. Als Varianten sind die verschiedenen Ausbildungsarten des Hymens und Größenunterschiede der Klitoris erwähnenswert. Eine Klitorisvergrößerung (Abb. 1.10b) deutet auf den längeren Einfluß von Androgenen hin und verlangt entsprechende Diagnostik (s. S. 15). Die Hymenalatresie wird auf S. 17 beschrieben.

Als pathologische Erscheinungen begegnen uns:

- **Dystrophien** (inkl. Dermatosen)
- **Dysplasien**
- **Entzündliche Veränderungen**
- **Tumoren** (hierzu s. Kap. 14)

Dystrophien

Mit Dystrophien werden die **nichtentzündlichen** und **nichttumorösen Veränderungen im Epithelaufbau** (und teils im Korium) bezeichnet, wobei allerdings fließende Übergänge zu anderen Krankheitsgruppen oder Mischungen vorkommen.
Zu den Dystrophien werden gezählt:

- **Lichen sclerosus**
- **Atypiefreie Plattenepithelhyperplasien**
- **Dermatosen**

Die atypiehaltigen Veränderungen werden bei den Dysplasien geführt (s. S. 356).
Die dystrophischen Veränderungen entwickeln sich langsam und sind vornehmlich, wenn auch nicht ausschließlich, bei postmenopausalen älteren oder alten Frauen anzutreffen. Sie sind als pathologisch ausgeformte **Rückbildungserscheinungen** zu verstehen.

▶ Symptome

Die Erscheinungen sind sehr variabel, besonders hinsichtlich des subjektiven Stellenwerts. Eine große Rolle spielt dabei eine unterschiedlich starke Irritation der Nervenendigungen des Koriums. Man registriert:

- Pruritus als häufigstes und beständigstes Symptom
- Brennen, Mißempfindungen, Schmerzen
- Schrumpfung des Introitus
- Dyspareunie (als Folge der Gewebsveränderung)
- Ggf. Auswirkungen entzündlicher Begleiterscheinungen

▶ Befunde

Meist zeigen sich verschiedene Auffälligkeiten:

- Partielle oder diffuse Atrophie

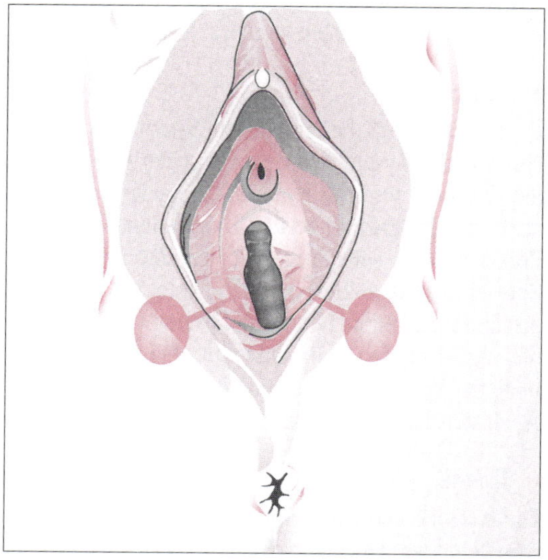

Abb. 13.1 Normale Anatomie der Vulva der erwachsenen Frau. Die Lage der Gl. vestibularis major nebst Ausführungsgang ist angedeutet.

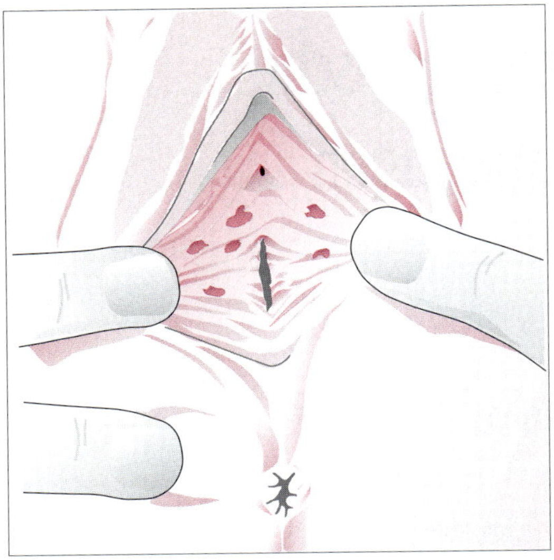

Abb. 13.2 Schrumpfung der Vulva bei Dystrophie (Lichen sclerosus). Andeutung von multiplen Epithelläsionen.

- Zirkumskripte, multiple oder diffuse Leukoplakie
- Verstreichen des Vulvareliefs, Schwund der Labien
- Schrumpfung des Introitus (Abb. 13.2)
- Verminderung des Hautturgors, Elastizitätsschwund
- Zunahme der Vulnerabilität
- Infekte nebst Folgen

Die Infekte sind durch die Hautveränderungen und durch das vom Pruritus induzierte Kratzen begünstigt. Die Rötungen kontrastieren mitunter deutlich zu den Bereichen eines Pigmentverlustes.

► Diagnostik

Bei der eingangs beschriebenen Symptomatik, dem chronischen Verlauf und dem typischen Aussehen ist die Diagnose zumeist einfach. In Sonderfällen kann aber die **Abgrenzung zu den Dysplasien**, speziell zu Präkanzerosen, schwierig sein. Bei Zweifeln ist ein Spezialist hinzuzuziehen, der Zytologie, kolposkopische Lupenbetrachtung, Vitalfärbung (1% Toluidin) und ggf. Biopsien zum Ausschluß prämaligner oder maligner Veränderungen einsetzen wird.
Auch stets nach Infekten fahnden (Kultur!).

► Therapie

Die typische und langfristige Therapie darf erst dann eingeleitet werden, wenn man eine Präkanzerose oder ein Karzinom mit Sicherheit ausschließen kann.

- Ggf. initial Beseitigung von Begleitinfekten.
- Testosteronpropionatsalbe (2%) zur initialen oder intermittierend wiederholten Therapie. Bei Dauerbehandlung sind Androgennebenwirkungen möglich.
- Lokale Kortikoidapplikationen wirken symptomatisch. Da sie Atrophien verursachen bzw. verstärken können, sollte man auch sie nur intermittierend anwenden: Spray, Schaum, Creme, Salbe.

Nach Stabilisierung des initialen Effektes muß auf andere, indifferente Maßnahmen übergegangen werden. Vor allem

- Haupflegemittel, Fettsalben, Hautöle
- Mitunter sind auch Antihistaminika lokal oder systemisch wirksam
- Als Ultima ratio subfokale Injektion von 96%igem Äthylalkohol

Dysplasien

> Im Gegensatz zu den mehr regressiv imponierenden Epithel- und Koriumveränderungen der Dystrophien liegt den Dysplasien eine **Ausreifungsstörung** von durchaus teilungsaktiven und z.T. anisomorphen Zellelementen zugrunde.

Je nach dem Ausmaß der resultierenden Abweichungen vom schichtenförmig differenzierten Epithel und dem Anteil atypischer Zellen unterscheidet man, wie bei der Portio, **leichte, mittelschwere und schwere Dysplasien**. Letztere rechnen zu den **Präkanzerosen** (Einzelheiten s. S. 356).

Entzündliche Veränderungen

Vulvitis

Die Vulva ist, nicht zuletzt durch ihre topographische Disposition (Vagina, Harnröhre, Anus, Schritt), mehr als die sonstige Haut von entzündlichen Veränderungen betroffen. Ähnlich wie bei der Kolpitis (s. S. 322 f.) sind hier verschiedene Faktoren beteiligt, die Genese ist keineswegs einheitlich (Abb. 13.3). Wir können endogene Faktoren, exogene Einflüsse und deszendierende Störfaktoren unterscheiden.

► Symptome

Brennende Schmerzen, Störungen beim Gehen, Kohabitationsbeschwerden, Miktionsbeschwerden; häufig sekundärer Pruritus vulvae.

▶ Befund

Vulva gerötet, Haut sukkulent verdickt; im akuten Stadium meist vermehrt durchfeuchtet, im chronischen Stadium mitunter trocken. Gelegentlich ekzematöse Bereiche oder umschriebene Sekundäreffloreszenzen. Bläschen bzw. sekundäre Epitheldefekte bei Herpesinfektion (Abb. 13.4). Schmerzhaftigkeit bei der Untersuchung.

▶ Diagnostik

Die Feststellung der Vulvitis ist eine Frage der Inspektion. Die Diagnose ist in dieser Form aber unvoll-

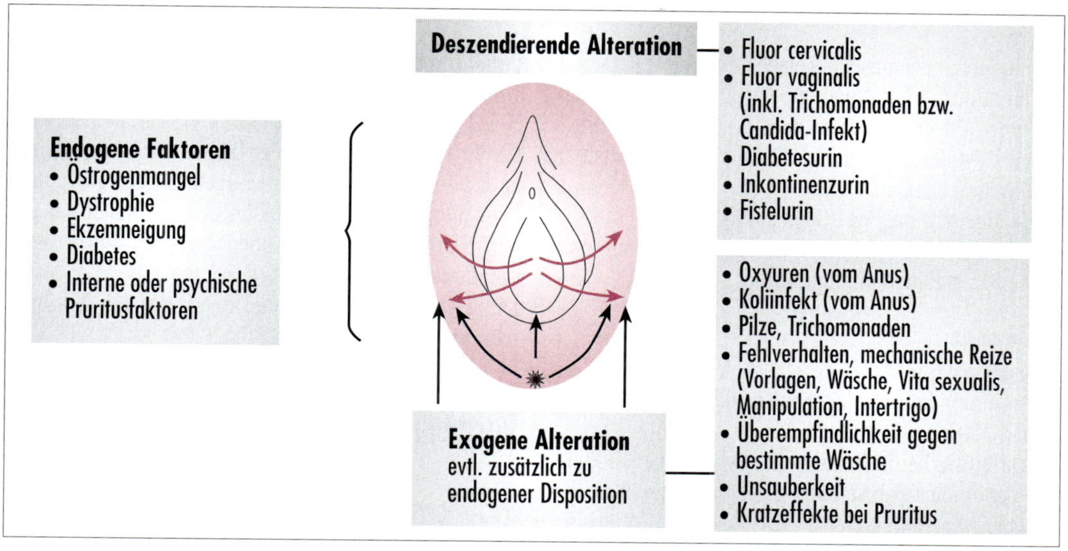

Abb. 13.3 Ursachenübersicht der Vulvitis: endogene Faktoren, deszendierende und exogene Alteration. Der unter endogene Faktoren aufgeführte Östrogenmangel disponiert zur Kolpitis, wird also letztlich im Rahmen deszendierender Faktoren wirksam.

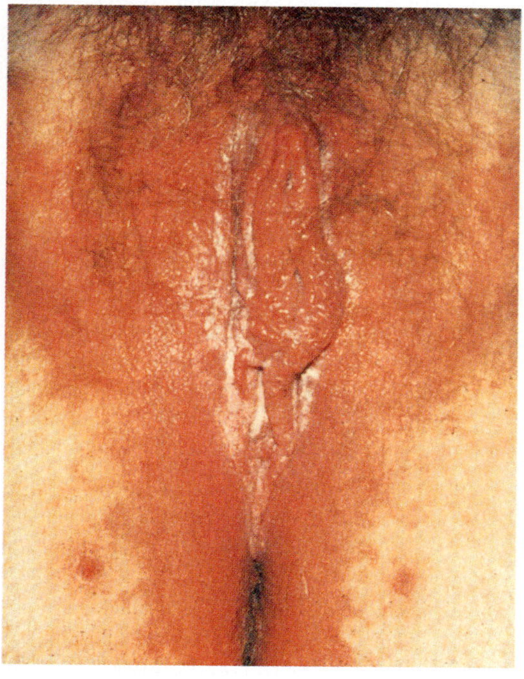

Abb. 13.4 a Candidamykose der Vulva.

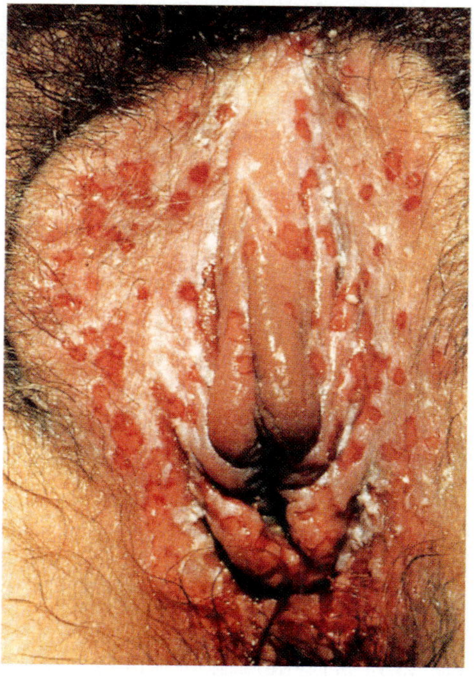

b Herpes genitalis

ständig, solange die **Genese** nicht geklärt ist. Unter Berücksichtigung der in Abb. 13.3 aufgeführten Faktoren ist wie folgt vorzugehen:
Wenn die Vulvitis ausschließlich Folge eines Fluors aus den höheren Abschnitten ist, so sind dessen Abklärung und Therapie obligatorisch **(sekundäre Vulvitis)**.
Sind Zervix und Vagina ohne Befund, so handelt es sich um eine **primäre Vulvitis**. Es sind dann abzuklären:

- Exogene mechanische Reize? (Anamnese)
- Infektion? Vielfältiges Spektrum von Bakterien, Viren, Pilzen und Parasiten. Bei starkem Pruritus meist Mykose (Candida albicans [Soor]). Auch an Oxyuren denken.
- Endogene Ursachen? (Diabetes?)

Die Behandlung verbindet kausale und symptomatische Maßnahmen miteinander.

▶ Therapie

Kausaltherapie:

- Sanierung höher gelegener Krankheitsherde (S. 323 und 330)
- Antibiotische Lokaltherapie (Mykosebehandlung, Trichomonadenbehandlung, Beseitigung unspezifischer Mischinfekte, s. S. 324)
- Diabeteseinstellung
- Abstellung exogener Reizfaktoren

Symptomatische Therapie:
Bei einer Reizvulvitis und Ausschluß spezieller mikrobieller Genese sowie zur Nachbehandlung der infektiösen Vulvitis sind folgende Maßnahmen angezeigt:
Kamillen-Sitzbäder oder, bei trockener Vulvitis, Puderbehandlung. Kurzfristige Applikation von Kortisonspray- oder -schaumpräparaten bzw. -lotio (Ficortril, Jellin, Ultralanmilch, Volonimat) oder später Fettsalben. Versuch mit Hautöl.

Vulvitis beim Kind

Bei der nicht seltenen Kindervulvitis ist wie bei der der Erwachsenen zu unterscheiden zwischen primär an der Vulva lokalisierten, exogenen Affektionen und der sekundären Vulvitis als Folge einer höher gelegenen Störung (zervikaler oder vaginaler Fluor; »deszendierende Störfaktoren«).
Die Therapie ist kausal und entspricht der Vulvitistherapie der Erwachsenen.

Bartholini-Zyste und Bartholinitis

Die Glandula Bartholini (Gl. vestibularis major) kann bei einer, meist entzündlichen Verlegung des Ausführungsganges zu einer kleinhühnereigroßen Zyste anschwellen (Sekretretention!), den Introitus verlegen und das betreffende Labienpaar vorwölben (Abb. 13.5).

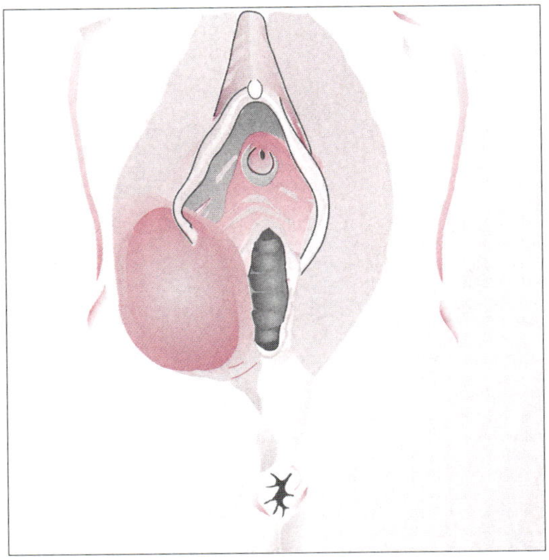

Abb. 13.5 Rechtsseitige Bartholini-Zyste. Der Befund der Bartholinitis ist formal identisch (s. Text).

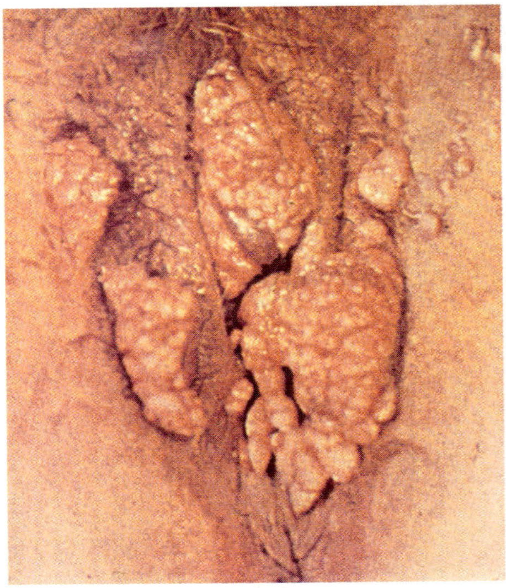

Abb. 13.6 Spitze Kondylome der Vulva. Man beachte die Multiplizität der Befunde, die man beim Vulvakarzinom nicht in dieser Form findet.

▶ Symptome

Schwellung, Spannung, Introituseinengung bzw. -verlegung, Sitzschwierigkeiten.
Bei sekundärer Infektion einer Bartholini-Zyste oder durch primäre Infektion des Gangsystems entsteht das Bild der hochakuten Bartholinitis: Formal gleicht der Befund der Bartholini-Zyste, die Haut ist aber hochrot, der Befund hochschmerzhaft. Die frühere Annahme einer ausschließlich gonorrhoischen Genese ist nicht haltbar.

▶ Therapie

Bei einfacher Zyste Marsupialisation, d.h. Inzision und Vernähung des Außenhautschnittrandes mit dem Schnittrand der eröffneten Zystenwand. Bei Bartholinitis Inzision oder Marsupialisation. Kultur (Gonorrhö?). Nur Antibiotika, falls Kultur auf Go positiv.

Infektinduzierte Wucherungen

Spitze Kondylome

Die **Condylomata acuminata** (Abb.13.6) sind papillomatöse, in Gruppen aufschießende blumenkohlartige Wucherungen, die durch **Papillomaviren** (meist HPV 6 bzw. 11) angeregt worden sind, wobei vermutlich auch eine gewisse örtliche Disposition durch langfristige Fluorreize aus höheren Bereichen gegeben sein muß.

▶ Therapie

Die Gebilde werden elektrochirurgisch abgetragen oder mittels Laser vernichtet. Rezidive sind möglich.
Eine histologische Untersuchung ist stets unerläßlich, da Kondylome Atypien sowie gehäufte Mitosen aufweisen können. Sie müssen dann zu den **Präkanzerosen** gerechnet und entsprechend behandelt und kontrolliert werden.
Eine nichtoperative Therapie durch Betupfen mit Podophyllin-Lösung (schmerzhaft!) oder 50% Trichloracetat kommt nur für kleine, flache Befunde in Frage.

! Beseitigung eines Fluors aus den höheren Genitalbereichen! Ggf. Mykosetherapie.

Breite Kondylome

Die **Condylomata lata** sind syphilitischer Genese und für das 2. Stadium charakteristisch.

Es handelt sich um multiple, beetartig auftretende nässende Papeln, die sich etwa 6 Wochen nach dem Auftreten des Primäraffektes (Ulcus durum mit inguinaler LK-Schwellung) entwickeln.

Pruritus vulvae

Der äußerst quälende Pruritus vulvae, der sich vor allem bei Wärme verstärkt (im Bett, ferner durch Hyperämisierung nach Alkoholgenuß), kommt in vielfacher Weise vor:

- Als Teilsymptom der Vulvitis
- Bei Dystrophien, Dysplasien, Präkanzerosen und Karzinomen
- Als Begleiterscheinung interner Krankheiten (Blutkrankheiten, Retikulosen, Lebererkrankungen, Nieren- und Stoffwechselkrankheiten [Diabetes], Allergien)
- Mit psychischer Genese (sexuelle Konfliktstoffe)

Die Therapie sollte, soweit möglich, kausal sein.

! Bei Pruritus jeglicher Genese sind **Sekundäreffekte**, wie Epithelläsionen, Ekzeme, Follikulitiden und Pyodermien, zu erwarten. Heilen die damit verbundenen Gewebsdefekte nicht unter entsprechender Therapie ab, muß stets an die Möglichkeit einer umschriebenen **karzinomatösen Veränderung** gedacht und eine entsprechende Diagnostik veranlaßt werden.

Literatur

Hartmann AA, Martius J. Gutartige Erkrankungen der Vulva. In: Gutartige gynäkologische Erkrankungen I. Bd 8. Klinik der Frauenheilkunde und Geburtshilfe. 3. Aufl. Bender HG (Hrsg). München: Urban & Schwarzenberg 1995.
Wilkinson EJ. Atlas of Vulva Disease. Baltimore: Williams and Wilkins 1995.
Thomas C et al. Weibliches Genitale. Stuttgart: Schattauer 1993.
Wolf A, Esser-Mittag, J. Kinder- und Jugendgynäkologie. Stuttgart: Schattauer 1996.
Zander J, Baltzer J. Erkrankungen der Vulva. München: Urban & Schwarzenberg 1986.

13.2 Vagina

Allgemeines

Histologie

Die Vaginalhaut ist von **Plattenepithel** bedeckt, analog der Portio uteri. Die Oberfläche ist physiologischerweise von Flüssigkeit benetzt, die als Transsudat der Vaginalhaut aufzufassen ist und in der abgeschilferte Deckzellen und die Produkte bakterieller Zytolyse enthalten sind (Abb. 13.7).
Epithelhöhe und -aufbau sind östrogen- und gestagenabhängig, also auch altersspezifisch:

- Krankheitsanfällig präpuberal, sowie im Klimakterium und Senium
- Resistent in der Geschlechtsreife

Mikrobiologischer Schutzmechanismus

Während der **hormonalen Ruhephase** (3. Woche post partum bis zum 8.–10. Lebensjahr) ist das Vaginalmilieu neutral (pH 7). Erst mit zunehmendem **Östrogeneinfluß** entwickelt sich der als physiologisch anzusehende, konstante Säuregrad des Vaginalsekretes: pH 4–4,5.

> Die **saure Reaktion** ist Voraussetzung für die Resistenz der Vagina gegenüber Infektionen. Solange das Scheidenmilieu normal und das Vaginalepithel hoch aufgebaut ist (wie in der Geschlechtsreife!), bleibt auch eine massive Zufuhr von Erregern lange irrelevant. Erst die Kombination von **primärer Milieustörung mit Infektion** oder **massive Infektion mit sekundärer Milieustörung** führt zur manifesten Erkrankung.

Das saure Vaginalmilieu bewahrt indirekt alle höher gelegenen Genitalbereiche vor aszendierenden Infektionen! An Entstehung und Konstanz des sauren pH sind verschiedene Faktoren beteiligt (Abb. 13.7): Hormonimpulse, Glykogenbildung und die ungestörte Tätigkeit einer speziellen Keimflora (Döderlein-Stäbchen).
Eine Störung des sauren pH und damit eine Begünstigung von Störungen vielfältiger Art kann auf verschiedene Weise erfolgen (Abb. 13.8):

- Endogen
- Iatrogen
- Deszendierend (aus Zervix bzw. Korpus)
- Exogen, aszendierend

Kolpitis und Fluor vaginalis

> Jede **Störung des Vaginalmilieus** – besonders in Verbindung mit Östrogenmangel – beeinträchtigt die Integrität der Vagina und steigert die Anfälligkeit gegenüber mechanischen Reizen und Infektionen. Das Substrat der manifesten Erkrankung ist die **Kolpitis** (Scheidenentzündung).

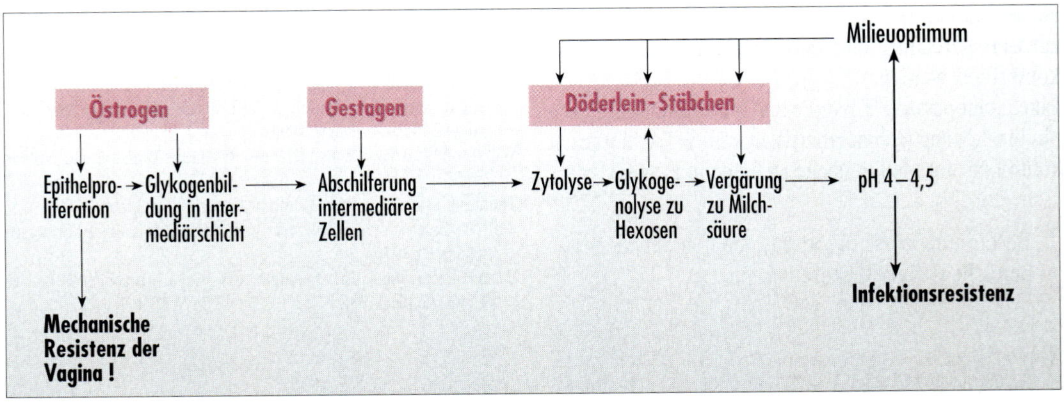

Abb. 13.7 Die Voraussetzungen für die Gewährleistung der Resistenz der Vagina gegen mechanische Reize und Infektionen. Bedeutung der Hormoneinwirkung zur Schaffung des physiologischen pH.

Die entzündliche Reaktion der Vaginalhaut kann trocken beginnen bzw. ablaufen, meist ist sie jedoch mit einer deutlichen Absonderung verbunden. Der **Fluor vaginalis** ist also ein typisches Leitsymptom.
Auch dann, wenn die Kolpitis primär nicht bakteriell ausgelöst worden ist (mechanische oder chemische Reize), kommt es sekundär doch meist zur pathologischen Keimbesiedlung, teils durch Sexualverkehr vermittelt (STD, s. S. 350), teils unabhängig davon.

▶ Symptome

Die Symptome sind nicht einheitlich. Sie werden verursacht durch:

- Besonderheiten der Infektart (z. B. Pruritus bei Mykose)
- Reaktion der Vaginalhaut (Brennen, Schmerzen, Kohabitationsbeschwerden)
- Begleitfluor (nässender Effekt, Geruch), Blutungen (selten)
- Sekundärvulvitis (häufig)
- Begleiturethritis und/oder -zystitis (Miktionsbeschwerden)

▶ Befunde

Je nach akutem Verlauf und Infektionsart findet man:

- Eine unterschiedlich starke und nicht immer der Symptomatik adäquat scheinende **Rötung der Vaginalhaut**, die teils diffus, teils fleckig oder, besonders bei älteren Frauen, punktförmig akzentuiert ist (Colpitis granularis).
- **Fluor vaginalis**, der vom zervikalen Fluor abzugrenzen ist. Nur selten wirkt die Vaginalhaut trocken.

▶ Diagnostik

Die Diagnose Kolpitis läßt sich bei der Spekulumuntersuchung zumeist leicht feststellen. Es gibt aber auch Symptome ohne ersichtliche Kolpitis.
Zur **Ursachenklärung** sind erforderlich:

- Genaue Anamnese (Spülungen? Vita sexualis?)
- Erfassung oder Ausschluß anderer Krankheiten (Ektopie? Karzinom? Östrogenmangel? Diabetes?)
- Erregernachweis im Scheidensekret (s. Untersuchungsmethoden, Tab. 17.1) als wichtigster Therapieansatz

Von der Systematik her kann man – wenn auch mit Vorbehalt wegen der häufigen Kombination verschiedener Infekte – je nach Keimdominanz verschiedene Infektionen unterscheiden (Tab. 13.1).
Weitaus am häufigsten sind **Chlamydieninfektion** und **bakterielle Vaginose**, eine Mischinfektion

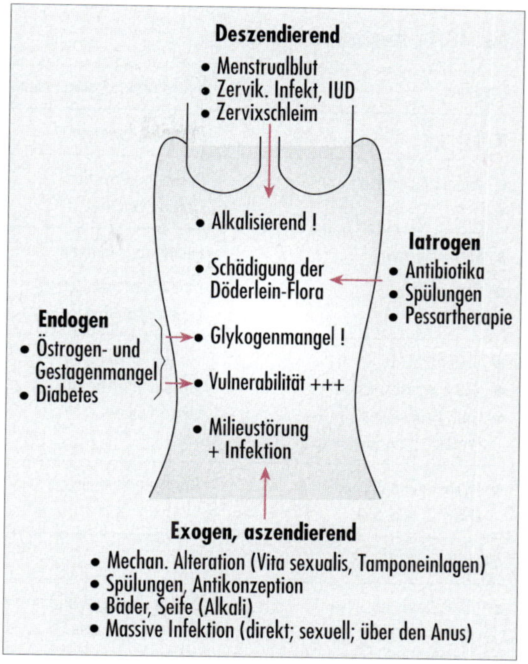

Abb. 13.8 Die Ursachen von Kolpitis und Fluor vaginalis: endogene, exogene und iatrogene Faktoren (z.B. Penicilline, Cephalosporine, Tetracycline), deszendierende Reize. Besonders beachtenswert ist der schädliche Einfluß nichtindizierter Scheidenspülungen.

(»Aminkolpitis«). Letztere ist für 30–60% der Kolpitissymptome verantwortlich; 5–15% der sexuell aktiven Frauen sind davon betroffen, der dünnflüssige Fluor ist oft auch für die Induktion sekundärer Vulvitiden verantwortlich.
In den meisten Fällen ist ein reduzierter Säuregrad (pH >4,5) in der Vagina nachweisbar. Stets sollte eine zervikale Herkunft des Fluors ausgeschlossen werden (s. S. 330), da in einem solchen Fall die vaginale Therapie wirkungslos bliebe.

▶ Therapie

Beseitigung der Ursache:

- Abstellen von Spülungen oder anderen schädigenden Praktiken
- Bei der Menstruation sollten bis zur Ausheilung keine Vaginaltampons benutzt werden (Reizfaktor!)
- Bei jungen Mädchen und älteren Frauen (Colpitis senilis) muß ein evtl. bedeutsames Östrogendefizit beseitigt werden, z.B. durch Östriol
- Sanierung der Cervix uteri bei primär zervikalem Fluor
- Erregerbeseitigung im Falle eines Infektes

Tab. 13.1 Infektionen bei Kolpitis.

Erreger	Symptome, Besonderheiten	Befunde
● Pilze	Pruritus >Brennen	Bröckliger, krümeliger gelber Fluor, Beläge
● Trichomonaden	Brennen >Pruritus Urethra beteiligt	Übelriechender, schaumiger Fluor; Colpitis follicularis, macularis, granularis
● Mykoplasmen ● Chlamydien	Fakultativ pathogen Infektreservoir: Zervix! Urethra beteiligt	Zervikaler, klebriger, gelber Fluor; oft keine Kolpitis
● Streptokokken ● Staphylokokken ● Coli, Klebsiellen, Proteus, Enterobakterien	Vor allem im Senium vorkommend	Mißfarbener Fluor
● Herpes genitalis (HSV 2. u. a. m.)	Brennen, Schmerzen	Bläschen, winzige Ulzera
● HPV 6, 11, 16, 18		Kondylome; Dysplasien
● (Gonokokken)	Nur bei Kindern und im Senium in Vagina existent	Zervikaler Fluor; Vagina sekundär betroffen
● Bakterielle Vaginose (Aminkolpitis) Mischinfekt mit – Gardnerella vaginalis, – Anaerobiern (Vibrionen) und Bacteroidesarten, oft vergesellschaftet mit – Kokken, Coli, Fusobakterien, Chlamydien, Trichomonaden, Mykoplasmen, Gonokokken u. a. m.	Inkonstante Symptome (Ø – +++) »Nässegefühl«	Fluor dünnflüssig, Fischgeruch verstärkt unter KOH-Einwirkung (Amintest) und bei Spermakontakt; pH >4,5; Schlüsselzellen im Nativabstrich

Je nach Keimart und Medikament wird lokal oder systemisch behandelt. Bei der häufigsten bakteriellen Vaginose dominieren bei Nichtschwangeren z.B. Metronidazol oder Clindamycin oral; ggf. Clindamycincreme lokal. Trichomonaden und Chlamydien sollten wegen der häufigen Mitbeteiligung des Zervikalkanals systemisch behandelt werden. Einzelheiten s. Tab. A.7.

Bei den vornehmlich sexuell übertragenen oder übertragbaren Infekten (Go, Pilze, Chlamydien, Trichomonaden) auch **Partnerbehandlung**, obligat bei Go und Pilzinfekt, sonst zumindest beim Rezidiv.

Fluor und Kolpitis können bei längerem Bestehen eine erhebliche Belastung für Ehe bzw. Partnerschaft sein. Die konsequente Therapie ist dringlich. Umgekehrt muß die Erfolglosigkeit einer »an sich« richtigen Therapie an die Möglichkeit denken lassen, daß es sich primär um eine Störung psychosexueller Beziehungen handelt, die ihrerseits Fluor bzw. Kolpitis induziert (s. S. 462).

Kolpitis und Fluor beim Kind

Der Fluor ist der häufigste Anlaß zur Konsultation des Gynäkologen (60–75%), wenn man die Blutungsstörungen der Jugendlichen außer acht läßt. Er verlangt sorgfältige diagnostische und therapeutische Beachtung.

▶ Ursachen

Hormonale Ursachen kommen nur in der Neugeborenen- und der Reifungsphase in Betracht.

Fremdkörper lösen nicht nur einfachen Fluor aus, sondern bieten zumeist folgendes Bild: Fluor, Fäulnisgeruch, Blutungen, Schmerzen; Erfolglosigkeit üblicher Therapiemaßnahmen bei Zurücklassung des nicht erkannten Fremdkörpers.

Tumoren von Vagina und Uterus führen ebenfalls meistens zu blutigem Fluor. Letzterer muß durch Inspektion der Vagina und weitere Untersuchungen abgeklärt werden.
Harnwegsinfekte führen häufig zur Sekundärinfektion der Vagina (und umgekehrt).
Bei **Vaginalinfekten** finden sich meist Mykosen (vornehmlich im Reifungsalter, dann 40–60%), Keime des Magen-Darm-Traktes, Streptokokken (bei Scharlach); selten Trichomonaden, Chlamydien oder Gonokokken (die nur beim Kind und im Senium in der Vagina existieren können). Falls beim Kind Pilze oder Trichomonaden nachgewiesen werden, findet man sie bis zu 75% auch bei der Mutter.

► **Therapie**

Die **Fremdkörper** werden durch behutsame Sondierung der Vagina mit einem schlanken Katheter, mittels Vaginoskops oder rektaler Untersuchung nachgewiesen. Man sollte diese Manipulationen sowie die Entfernung der Fremdkörper Erfahrenen überlassen.
Die infektionsspezifische **Antibiotikagabe** steht im Vordergrund, die – falls möglich – lokal (Instillationen, Styli) oder lokal und systemisch erfolgen sollte. Bei gonorrhoischer Infektion ist die parenterale Therapie geboten.
Die Begleitvulvitis wird durch Sitzbäder (Kamille), peinliche Sauberkeit, sorgfältiges Trocknen, Wäschewechsel und ggf. durch Salbenbehandlung zur schnelleren Heilung gebracht.
Bei Therapieresistenz ist an Diabetes zu denken und der Reinigungsmodus nach der Defäkation zu überprüfen. Die Darmkeime werden oft nach dem Stuhlgang in den Vulvabereich geschmiert.

Zysten

Diese entwickeln sich aus den Resten des Gartner-(Wolff-)Ganges (Abb. E.1) und buckeln die seitliche Scheidenwand vor.

Kondylome

Spitze Kondylome sind in der Vagina wesentlich seltener als im Vulvabereich (s. S. 321).

Ulzera

Ulzera in der Vaginalwand findet man häufig bei langzeitiger **Pessartherapie**. Ohne derartige »Erklärung« besteht stets dringender Verdacht auf **karzinomatöse Natur**. Tuberkulose, Lues sowie infektiöse Ulzera anderer Genese sind seltener. Selbst bei anscheinend eindeutiger Ätiologie des Ulkus bei Pessarträgerinnen kann zusätzlich ein Karzinom vorliegen (sekundäres Pessar-Ulkus-Karzinom).

> ! Zu Beginn der Diagnostik stets zytologische Abstriche anfertigen und ein Karzinom, evtl. auch durch Gewebsentnahme, ausschließen!

Literatur

Petersen E. Infektionen in Gynäkologie und Geburtshilfe. Stuttgart: Thieme 1988.
Martius J, Würfel W. Gutartige Erkrankungen der Vagina. In: Gutartige gynäkologische Erkrankungen I. Bd 8. Klinik der Frauenheilkunde und Geburtshilfe. 3. Aufl. Bender HG (Hrsg). München: Urban & Schwarzenberg 1995.

13.3 Uterus

> Der Uterus, ein vornehmlich aus glatter Muskulatur (Myozyten) bestehendes, relativ derbes Hohlorgan, gliedert sich in zwei Bereiche (Abb. 13.9):
> - **Cervix uteri**
> - **Corpus uteri** mit Myo- und Endometrium
>
> Der in die Scheide reichende Teil der Cervix uteri wird bezeichnet als:
> - **Portio vaginalis** uteri oder einfach als »Portio« (Abb. 13.9, hellrot)
>
> Den Hohlraum des Corpus nennt man:
> - **Cavum uteri**

Allgemeines

Anatomie

Der **normal große** Uterus ist etwa 8,5 cm lang, seine Lumenlänge (= Sondenlänge) beträgt bei der Nullipara 7–7,5 cm. Kleinere Uteri werden als **hypoplastisch** bezeichnet. Während sich beim normal großen Uterus die Zervixlänge zur Korpuslänge wie 1:2 verhält, ist diese Relation beim hypoplastischen Uterus umgekehrt. Da der Uterus aus einer Teilverschmelzung der Müller-Gänge entstanden ist, deren unverei-

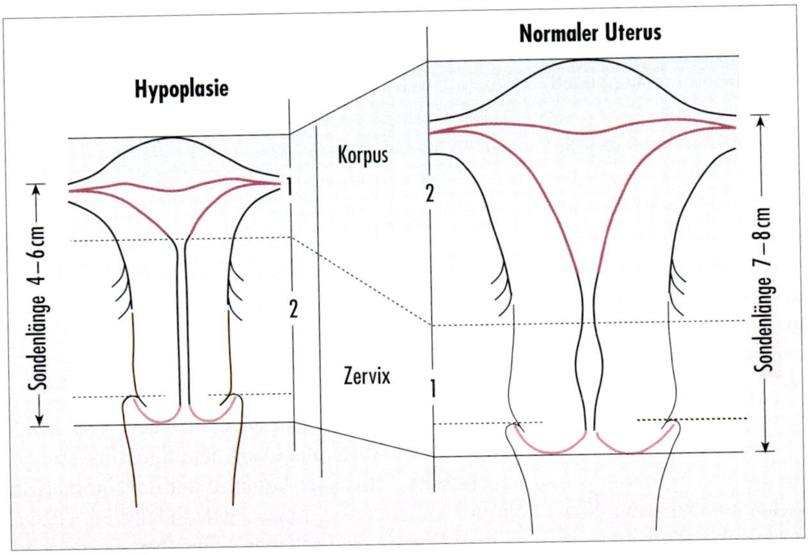

Abb. 13.9 Hypoplastischer und normaler Uterus. Größe, Relation Korpus: Zervix, Epithelgrenzen. Rot = Korpusendometrium, schwarz = spezifische Schleimhaut des Zervikalkanals, hellrot = Oberfläche der Portio vaginalis uteri (normalerweise Plattenepithel).

nigte Teile die Eileiter bilden, findet man bei hypoplastischen Uteri abnorm lange Eileiter und damit eine Disposition zur Tubargravidität.

Eine abnorme Kleinheit des **Cavum uteri** kann, besonders in Verbindung mit einer Endometriuminsuffizienz, Infertilität oder Sterilität bedingen.

Histologie

Der Hohlraum des Corpus uteri, das Cavum uteri, ist mit einer hochdifferenzierten Schleimhaut, dem **Endometrium**, ausgekleidet (Abb. 13.9) und als eigentlicher Brutraum für eine evtl. Schwangerschaft anzusehen. Der Zervikalkanal ist von einer ebenfalls ortstypischen **Schleimhaut** ausgekleidet. Die Portio (Portio vaginalis uteri) ist von **Plattenepithel** bedeckt. Der in die Bauchhöhle ragende Teil des Uterus, also vornehmlich das Corpus uteri, ist abdomenwärts von **Serosa** bedeckt.

Formanomalien

Formabweichungen können angeboren oder erworben sein.

Angeborene Deformitäten sind meist Folge einer unvollkommenen Verschmelzung der Müller-Gänge. Die verschiedenen Möglichkeiten sind auf S. 2 dargestellt.

Erworbene Deformierungen sind meist durch **Myome** bedingt. Sie können den gesamten Uterus oder Teilbereiche betreffen, evtl. auch das Cavum uteri in Mitleidenschaft ziehen. Letzteres gilt auch für intrakavitäre Verwachsungen, sog. **Synechien**, die sich als Folge schwerer entzündlicher oder traumatischer Affektionen des Endometriums entwickeln können.

Alle genannten Anomalien der Außen- und Innenform können sich nachteilig auf die Fertilität auswirken und habituelle Aborte zur Folge haben. Ihre Diagnose erfolgt sonographisch oder hysteroskopisch.

Lageanomalien

Normalerweise liegt der Uterus als Ganzes antevertiert und ist in sich zusätzlich noch nach ventral abgeknickt (anteflektiert, Abb. 13.10a)

Retroflexio uteri

Die Retroflexio uteri ist eine typische, bei etwa 10% nachweisbare Lageanomalie. Die Rückwärtsknickung kann aufrichtbar **(Retroflexio uteri mobilis)** oder durch Verwachsungen fixiert sein (**Retroflexio uteri fixata**) (Abb. 13.10).

Die Retroflexio uteri ist meist als ein bedeutungsloser Nebenbefund anzusehen. Nur selten ist sie für Kreuzschmerzen, Kohabitationsschmerzen, Dysmenorrhö, verstärkte Menstruation, Sterilität oder Infertilität verantwortlich zu machen, wobei die veränderte Beweglichkeit, eine durch Stauungen abnorme Durchblutung und nervöse Irritationen eine Rolle spielen können.

Bezüglich derartiger Kausalverknüpfungen ist größte Reserve seitens des Arztes angezeigt. Demgegenüber verlangt die Retroflexio uteri während der Schwangerschaft sorgfältige Beachtung.

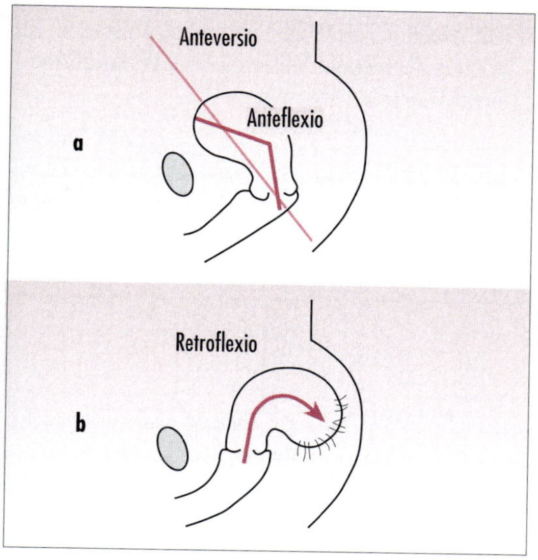

Abb. 13.10 a Normale Lage und Abknickung des Uterus.
b Befund bei Retroflexio uteri fixata.

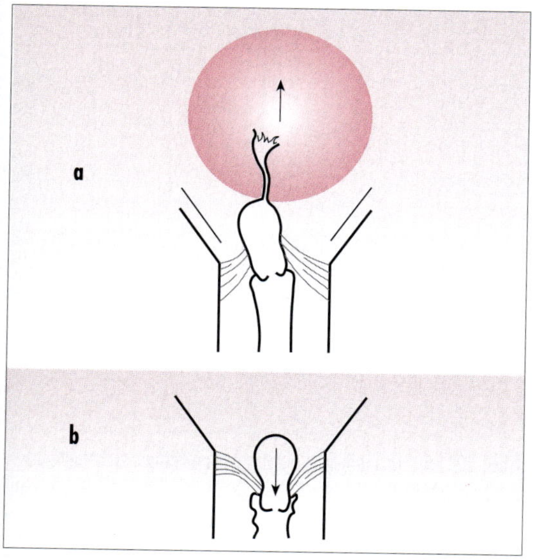

Abb. 13.11 Positionsabweichungen des Uterus in vertikaler Richtung.
a Elevatio uteri, durch großen Ovarialtumor hervorgerufen.
b Descensus uteri.

Positionsanomalien in vertikaler Richtung

Eine **Elevatio uteri**, d. h. ein abnormer Hochstand des Uterus, findet sich bei sehr großen Ovarialtumoren, die den Uterus aus dem kleinen Becken herausziehen (Abb. 13.11a); sie ist ferner gelegentlich als individuelle Besonderheit anzutreffen.

Descensus und **Prolapsus uteri** repräsentieren verschiedene Grade der sog. »Senkung« des Uterus (Abb. 13.11b), wie sie sich bei Beckenbodenerschlaffung oder traumatischer Beckenbodenschädigung, also meist nach Geburten, findet (s. S. 410).

Cervix uteri

Normalbefunde und Altersabhängigkeit

Die Cervix uteri grenzt vorn an die Blase, hinten bildet sie die Vorderwand des Douglas-Raumes. Seitlich sowie nach vorn und hinten vermittelt sie über die Parametrien die bindegewebige, elastische Fixierung des Uterus im kleinen Becken. Die Parametrien enthalten Nerven, Gefäße und die der Zervix entstammenden Lymphbahnen.

Die **Portio** (vaginalis cervicis) ist von Plattenepithel bedeckt (Abb. 13.12, rot), der **Zervikalkanal** von zylindrischem, schleimbildendem Epithel ausgekleidet, das sich in Form verzweigter Drüsen auch in das Zervixbindegewebe einsenkt (Abb. 13.12, schwarz).

Der **Muttermund**, der Eingang in den Zervikalkanal, ist bei der Nullipara typischerweise grübchenförmig (Abb. 13.14 a). Nach Entbindungen bleibt er zumeist lippenförmig quergespalten (Abb. 13.14 b u. 13.16b).

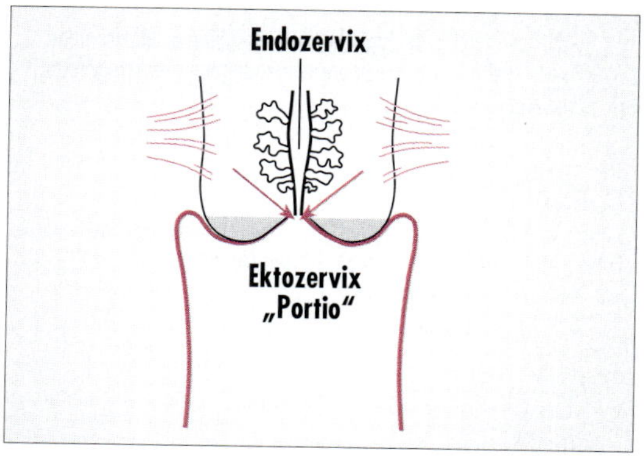

Abb. 13.12 Anatomie und Histologie der Cervix uteri. Schwarz = Endozervix, Zylinder-Schleimepithel; rot = Ektozervix, normalerweise Plattenepithel, der Vagina ähnlich; Pfeile = Epithelgrenze, im typischen Fall am äußeren Muttermund gelegen.

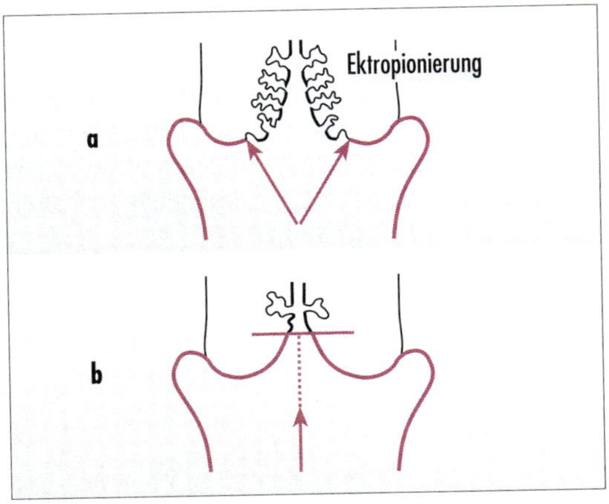

Abb. 13.13 Unterschiedliche Lage der Epithelgrenzen an der Cervix uteri.
a Ektropionierung (häufiger bei jüngeren Frauen), die Epithelgrenzen sind sichtbar!
b Die Epithelgrenzen liegen relativ hoch (häufig bei älteren Frauen), sie sind nicht direkt sichtbar!

Die **Grenze** zwischen äußerem Plattenepithel und innerem Zylinderepithel (Abb. 13.12 u. 13.13) ist nicht konstant, sondern ändert sich in Abhängigkeit von Alter, Parität und individuellen Gegebenheiten. **In der Geschlechtsreife** liegt die Grenze bzw. die Übergangszone häufig ektopisch (Abb. 13.13a), sie ist also sichtbar und für diagnostische Maßnahmen zugänglich. Bei der **älteren Frau** rückt die Grenze verschieden hoch in den Zervikalkanal hinein. Sie ist nicht mehr direkt, sondern nur noch indirekt durch intrazervikale Manipulation zu erreichen (Intrazervikalzytologie, Kürettage; Abb. 13.13b).

> ! Die Kenntnis der Epithelgrenzenlokalisation ist wichtig, da hier die Mehrzahl der **Zervixkarzinome** entsteht.

Einen ektropionierten, sichtbaren Teil der Zervikalkanalschleimhaut bezeichnet man als **Ektopie** (Abb. 13.13a; 13.16b), fälschlich oft auch als **Erosio**.

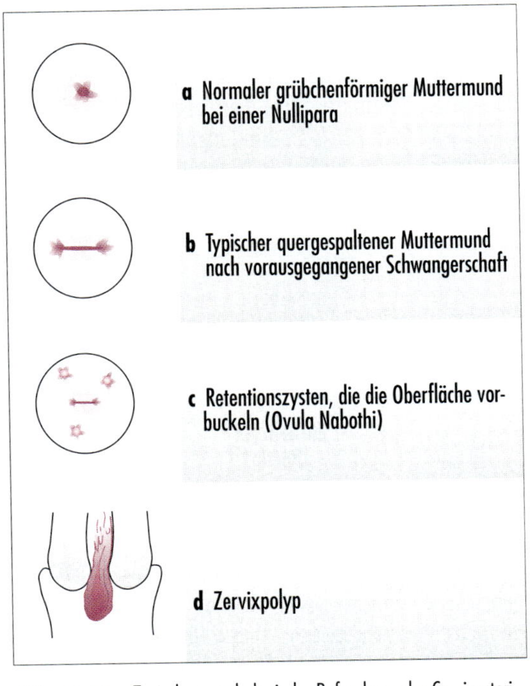

Abb. 13.14 Typische morphologische Befunde an der Cervix uteri.

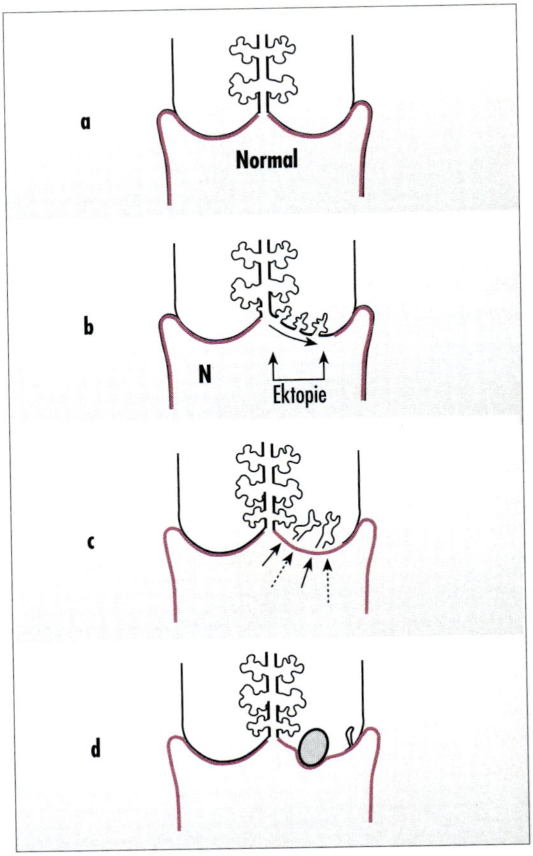

Abb. 13.15 Das mögliche Schicksal einer Ektopie (schematisch).
a Normalbefund.
b Hier sind Normalbefund (links) und Ektopie (rechts) einander gegenübergestellt.
c Ektopisches Schleimepithel (schwarz) ist durch Plattenepithel (rot) ersetzt. Dabei sind Drüsen überdeckt und verschlossen worden (↑).
d Durch Schleimretention in einer überhäuteten Drüse entsteht ein sog. Ovulum Nabothi.

Dieser Bereich ist dunkler als das Portio-Plattenepithel und von papillär-traubenartiger Oberfläche. Unter dem Einfluß des sauren Vaginal-pH kommt es dort z. T., ausgehend von sog. Reservezellen, zur inselförmigen metaplastischen Neubildung von Plattenepithel und/oder zur Überwucherung durch das angrenzende Plattenepithel. Diese **Transformation** (Abb. 13.15c; 13.16c) führt mitunter zu unruhigen Bildern.

Sofern bei der Transformation Drüsenausführungsgänge vom Plattenepithel überwachsen werden (Abb. 13.15 c), kommt es zur Sekretretention und zur Bildung sog. **Ovula Nabothi** (Abb. 13.14c; 13.15d).

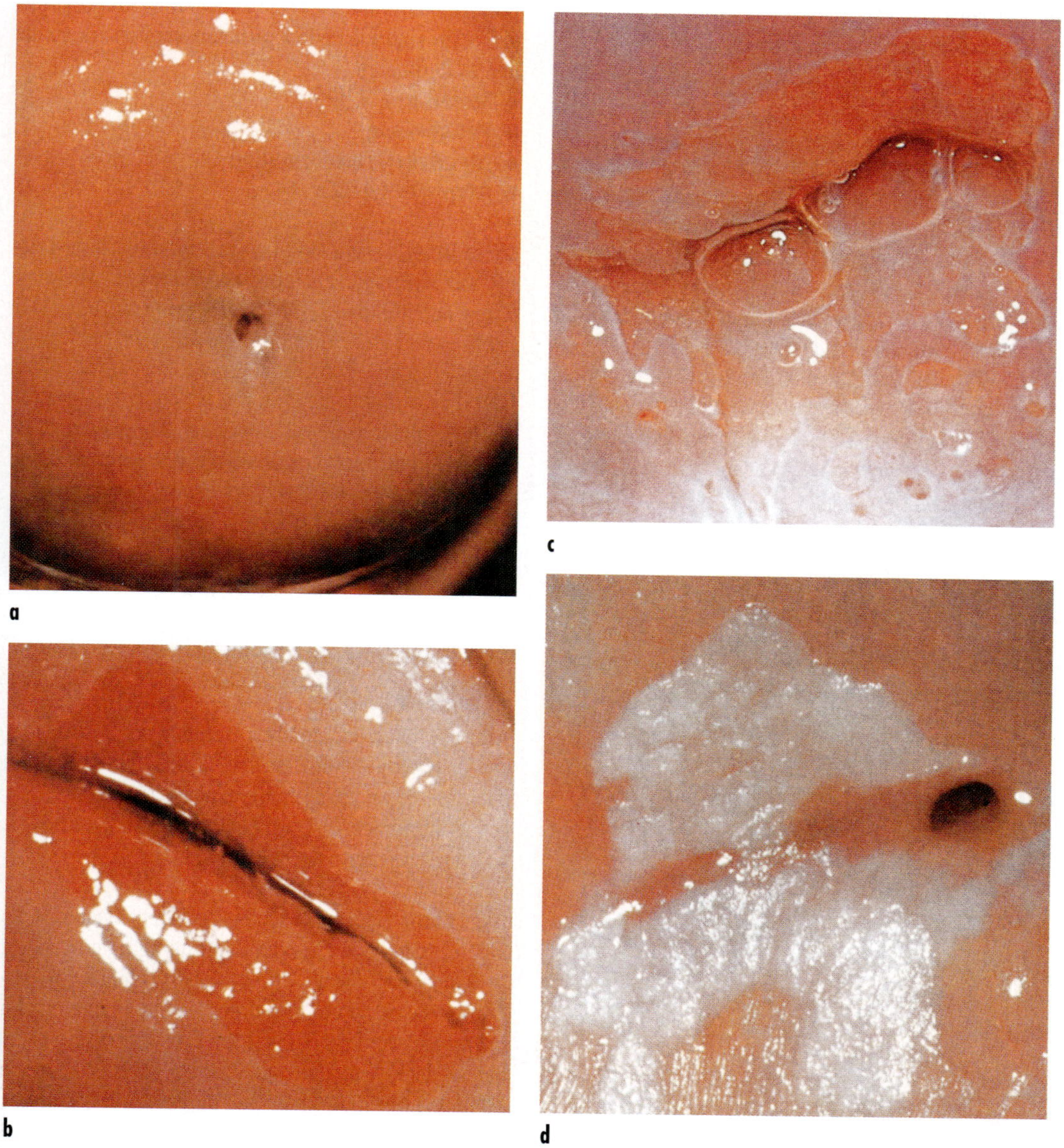

Abb. 13.16 Kolposkopische Portiobefunde. (Aus: Bauer, Farbatlas der Kolposkopie)

a Normaler Portiobefund bei einer Nullipara. Originäres Epithel. Die weißen Flecke sind Lichtreflexe.

b Ektopie: Zirkuläres Sichtbarwerden des träubchenförmigen Zylinderepithels. Scharfrandige Abgrenzung zum Plattenepithel. Physiologischer Befund.

c Auf der vorderen Muttermundlippe noch vorwiegend ektopisches Zylinderepithel. Auf der hinteren Muttermundlippe vollzieht sich eine »Umwandlung«: Das ektopische Zylinderepithel ist schon zum großen Teil vom Plattenepithel überdeckt. Unverdächtiger Befund.

d Leukoplakie. Abklärung nötig: Zytologie, ggf. Biopsie. Histologisch Hyperkeratose.

Die beschriebenen Befundvarianten sind noch als normal anzusehen.

Krankhafte Befunde

Hier sind zunächst die leicht erkennbaren zu nennen:

- Erosio vera
- Zervizitis
- Zervixpolypen
- Muttermundrisse u. a. Besonderheiten der Muttermundform (s. S. 327)

Bei der **Erosio vera** handelt es sich um einen zentralzirkulären, vornehmlich entzündlich entstandenen Epitheldefekt; hier liegt das Bindegewebe frei zutage. Der Befund disponiert seinerseits, ebenso wie die Zervixpolypen, zu Infektion, Hypersekretion und mitunter zu prä- bzw. postmenstruellen Schmierblutungen oder Kontaktblutungen.
Die **Zervizitis**, durch den Abgang schleimig-eitrigen oder dünnflüssig-übelriechenden Fluors erkennbar, ist zumeist Folge einer Chlamydien- oder Gonokokkeninfektion. Sie beinhaltet die Gefahr der Keimaszension (s. S. 342).

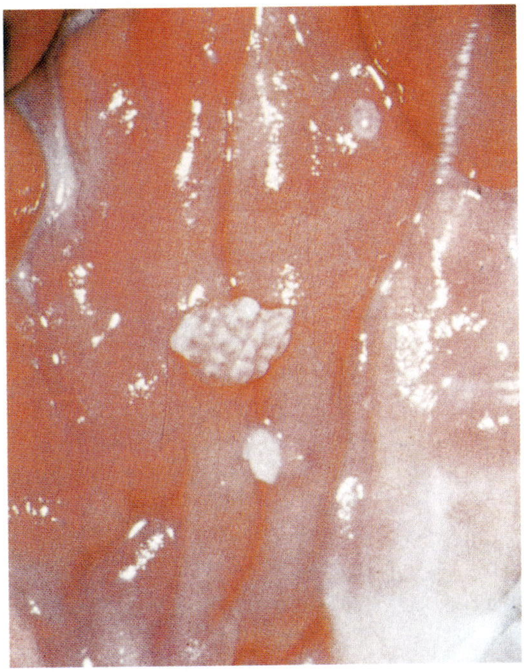

Abb. 13.16e Kolposkopische Portiobefunde. Flaches Kondylom. (Aus: Bauer, Farbatlas der Kolposkopie).

Leicht erkennbar sind **Leukoplakien** der Portio (Abb. 13.16.d), **Hyperkeratosen,** die hinsichtlich ihrer dubiösen Bewertung zur nächsten Gruppe überleiten, sowie **flache Kondylome** der Portio (Abb. 13.16e), die eine Einwirkung von Papillomaviren signalisieren (s. S. 362).

Zum Teil nur mittels Lupenbetrachtung (Kolposkopie, s. S. 425) sind folgende **Epithelanomalien** erkennbar und zu definieren:

- **Mosaike** (s. S. 426)
- **Punktierung**
- **Atypische Transformation**
- **Atypische Gefäße**

Diese Begriffe sind lediglich makroskopisch-deskriptiv, sie widerspiegeln aber subepitheliale Vorgänge wie Zapfenbildung, Gefäßverlagerungen u. a. Den genannten Erscheinungen können sehr vielfältige mikroskopische Befunde zugrunde liegen: Vor allem sind dies, neben bedeutungslosen Veränderungen, zu 30–80% **präkanzeröse Prozesse** (Dysplasien, CIN I–III), mitunter gar **frühinvasive Karzinome**, deren Beschreibung im Onkologiekapitel erfolgt (s. S. 362 ff.).
Zu dieser Gruppe karzinomverdächtiger Befunde gehören auch:

- Erhabenheiten und Exophyten (Abb. 14.7)

Sowie deren Gegenteil:

- Gewebsdefekte, Ulzera, Krater (Abb. 17.11)

▶ Symptome

Alle erwähnten krankhaften Befunde der Zervix können, je nach individueller Sachlage, symptomlos sein oder mit folgenden Symptomen einhergehen:

- Fluor und/oder
- Blutungssymptome

Der **Fluor** ist teils schleimig-fadenziehend, teils klebrig (Chlamydien) oder dünnflüssig. Die Farbe ist hellgelb oder glasig. Er ist zumeist **Folge von Infektionen**, die durch die o.e. Gewebsveränderungen begünstigt werden oder, wie die Erosio vera, ihrerseits bereits deren Ursache sind. Zervikaler Fluor kann die Vagina mitbeeinflussen und durch seine alkalische Reaktion deren Abwehrkräfte reduzieren. Umgekehrt kann er seinerseits die Folge einer Aszension vaginaler Infekte sein (s. Tab. 13.1).
Gelegentlich findet sich Fluor auch bei völlig normal scheinenden organischen Befunden. Dann ist nach Ausschluß einer Chlamydieninfektion an eine **Psychogenese** zu denken. Teils ist der Fluor als Abwehrsymbol aufzufassen, teils gegenteilig – der

Lubrikation beim Sexualakt vergleichbar – als Bereitstellungsreflex, als frustrane libidinöse Strebung anzusehen. Letzteres kann auch bei langwährender Anorgasmie zutreffen.
Die **Blutungen** sind teils als solche erkennbar, teils nur als dunkle oder blutige Verfärbung des Fluors angedeutet. Sie können als prä- bzw. postmenstruelle Schmierblutungen auftreten, als Zwischenblutung, als Kontaktblutungen nach Kohabitationen oder postmenopausal in verschiedener Form beunruhigen (s. Differentialdiagnostik, S. 438). Jede Blutung oder dunkle Verfärbung des Fluors deutet auf das Vorliegen eines organischen und vielleicht ernsten Befundes hin.

▶ Diagnostik

Neben der primären Befunderkennung bei der normalen **Spekulumuntersuchung** trägt vor allem die **Kolposkopie**, d.h. die Lupenbetrachtung bei 6- bis 40facher Vergrößerung, zur Differenzierung der Epithelveränderungen bei, unterstützt durch **Essigsäure-** und **Jod-Probe** (s. S. 425; Abb. 17.2). Essigweiße und jodnegative Bereiche bedürfen besonderer Aufmerksamkeit.
Bei allen nicht ganz eindeutig harmlosen Befunden muß die Frage nach einer evtl. prämalignen oder malignen Natur durch **Abstrichzytologie** und ggf. durch **Gewebsentnahmen** geklärt werden, wie an anderer Stelle beschrieben (s. S. 426 ff., Abb. 17.3, 17.4).
Bei den prominenten, oft vulnerablen und an sich karzinomverdächtigen Veränderungen ist bei negativer Zytologie auch an eine mögliche **syphilitische Genese** zu denken (s. S. 350). Dies gilt ebenso für die ulzerösen Befunde.
Im Falle von entzündlichen Veränderungen oder starkem zervikalem Fluor ist ein **Keimnachweis** im hinteren Scheidengewölbe und im Zervikalkanal anzustreben (Ausstrich, Kultur, Amintest, s. S. 324) und auch die Vagina als Ganzes sowie die Urethra in die Diagnostik einzubeziehen. Es dominieren Chlamydien, Gonokokken, Mischinfekte (bakterielle Vaginose), Trichomonaden und Pilze. Auch an Herpesviren und HPV ist zu denken, vor allem bei den Epithelanomalien.

▶ Therapie

Die Therapie zervikaler Veränderungen oder Symptome sollte, wenn möglich, kausal sein.
Ektopien werden bei starker Fluorsymptomatik oder Schmierblutungen mit Albothyl behandelt oder schonend elektrokoaguliert bzw. lasertherapiert. Bei Therapieresistenz kann eine Elektrokonisation notwendig werden (s. Abb. 14.13).
Für die **Erosio vera** gilt das gleiche, zusätzlich ggf. Östrogene lokal.
Die o. e. unklaren und suspekten **Epithelanomalien** werden der zytologisch-histologischen Klärung zugeführt und dann angemessen behandelt (s. Kap. 14, S. 366 ff.).
Blutende Veränderungen bedürfen ebenfalls zunächst der zytologisch-histologischen Kontrolle, d.h. des Ausschlusses oder der Sicherung einer prämalignen oder malignen Veränderung; die Therapie ist dem Ergebnis anzupassen. Bei Unklarheit der Blutungsquelle muß u.U. auch eine Abrasio erfolgen.
Nervös-vasomotorischer Fluor bei **Psychogenese** läßt eine behutsame Ätzung oder Koagulation des Zervikalkanals erwägen. Ggf. Psychotherapie.
Zervixpolypen (Abb. 13.14d) werden abgetragen.
Entzündliche Befunde bedürfen der adäquaten Behandlung entsprechend der Keimanalyse (s. Tab. A.7). Bei einem Östrogendefizit Älterer ist mitunter eine zusätzliche lokale Östrogengabe hilfreich.
Muttermundrisse, die Symptome auslösen, können operativ versorgt werden.

Literatur

Bauer H. Farbatlas der Kolposkopie. 4. Aufl. Stuttgart, New York: Schattauer 1993.
Mosny DS, Bender HG. Gutartige Erkrankungen der Cervix uteri. In: Gutartige gynäkologische Erkrankungen I. Bd 8. Klinik der Frauenheilkunde und Geburtshilfe. 3. Aufl. Bender HG (Hrsg). München: Urban & Schwarzenberg 1995.

Corpus uteri, Myometrium

Das Myometrium ist die von spiralig angeordneter Muskulatur gebildete kräftige Mittelschicht im Corpus uteri.

Myome

Myome sind **gutartige Gewächse des Myometriums**. Sie bestehen normalerweise aus Myozyten, zusätzlich können fibrozytäre Zellelemente vorkommen. Das expansive Wachstum führt zur Bildung von peripher-zirkulären »Kapsel«-Strukturen.
Je nach primärem Sitz des proliferierenden Myomkerns und seiner bevorzugten Wachstumsrichtung entstehen schließlich Myome von sehr unterschiedlichem Charakter: **Subseröse, intramurale, submuköse** und **intraligamentäre**

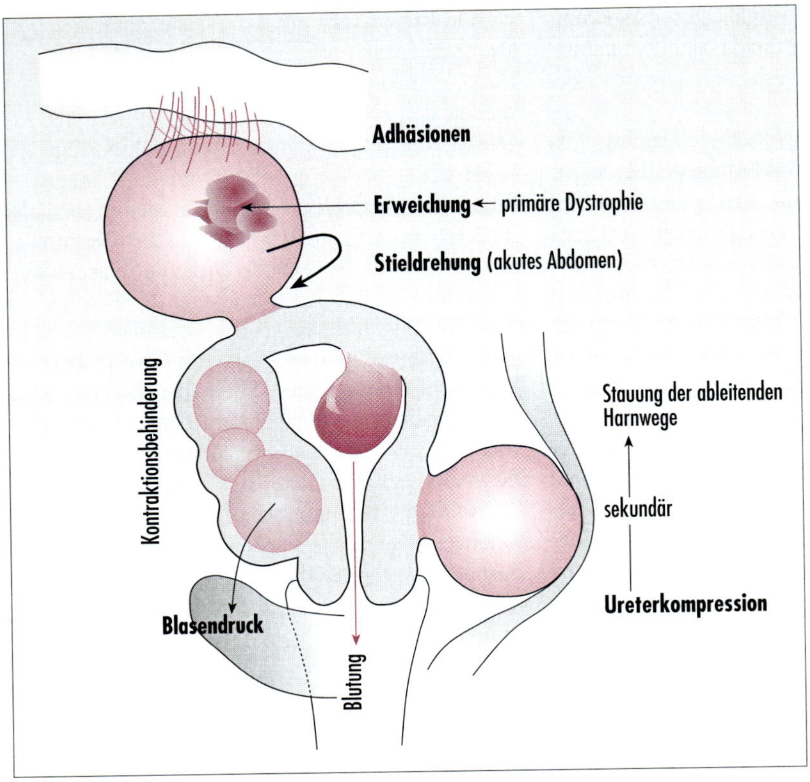

Abb. 13.17 Die verschiedenen Arten der Myomentwicklung und ihre Symptome.

Myome (Abb. 13.17). Schließlich kann eine Myomentwicklung auch einmal zu einer scheinbar gleichförmigen, diffusen Uterusvergrößerung führen.

Die Myome sind relativ derb und in ihrer Konsistenz dem nichtgraviden Uterus entsprechend. Sie entwickeln sich vornehmlich im 4. und 5. Dezennium. Bei einer ungenügenden Ernährung (mangelhafte Vaskularisierung, Stieldrehung) können sie jedoch degenerieren, d.h. erweichen und zerfallen (zum Teil unter gleichzeitiger Verjauchung) oder verkalken.
Östrogene scheinen in Abhängigkeit vom Rezeptorgehalt der Myome, der höher als der des normalen Myometriums ist, eine begünstigende Rolle beim Myomwachstum zu spielen. Von ihrer therapeutischen Anwendung ohne gleichzeitige Gestagengaben sollte beim Vorhandensein eines Myoms möglichst Abstand genommen werden.
Mit Nachlassen der endogenen Östrogenproduktion sistiert das Myomwachstum, die Myome beginnen zu schrumpfen.

► Symptome

Die klinischen Symptome und Befunde sind abhängig von folgenden Faktoren:
- Art bzw. Wachstumsrichtung der Myome (subserös, intramural usw.)
- Lokalisation der Myome (dorsal, ventral, lateral)
- Größe bzw. Multiplizität der Myome

Es gibt also kein eigentliches »Myomsymptom«. Lediglich die häufige Korrelation von Myomvorkommen und verspätetem Eintritt der Menopause **(Climax tarda)** scheint für alle Myomarten zuzutreffen.
Die **individuellen Symptome** lassen sich unschwer aus topographisch-anatomischen Gegebenheiten ableiten (Abb. 13.17). Man hat sich nur vorzustellen, welche Auswirkungen auf den Uterus bzw. auf die Nachbarschaft denkbar sind und welche geweblichen Veränderungen im Myom ablaufen können. Aus dem Gesagten und den Abb. 13.17 u. 13.18 lassen sich dann die typischen Gesetzmäßigkeiten der Symptomatik ableiten:
Subseröse Myome sind meist symptomlos. Lediglich dann, wenn die Verbindung mit dem übrigen Uterus außerordentlich dünn ist (gestielte Myome), können

sie durch Stieldrehung zum Bild eines »akuten Abdomens« führen. Wird nicht schnell operiert, entwickeln sich Nekrosen bzw. Gewebsdegenerationen, die dann Adhäsionen mit Darm oder Netz zur Folge haben. Begleitbefunde sind ansteigende BSG und ansteigende Temperaturen.

Intramurale Myome können je nach Größe und Wachstumsrichtung Druckerscheinungen auf Blase bzw. Rektum ausüben, also häufigen Harndrang ohne Schmerzen bei der Miktion bzw. erschwerte Defäkation zur Folge haben. Durch Kontraktionsbehinderung kann die uterine Hämostase beeinträchtigt und die Menstruationsblutung verstärkt (und verlängert) sein. In Abhängigkeit vom Ausmaß der sekundären Deformierung des Uterus können Aborte provoziert werden.

Submuköse Myome wirken sich vornehmlich auf Menstruationsdauer und -stärke aus; ferner können auch regellose Zwischenblutungen auftreten, da die Regeneration des endometrialen Belags über dem Myom erschwert ist. Wehenartige Schmerzen deuten auf eine beginnende Austreibung des Myoms aus dem Cavum uteri. Die Fertilität kann durch die Kavumdeformierung erheblich beeinträchtigt sein.

Intraligamentäre Myome können den Ureter verdrängen oder komprimieren (Abb. 13.17). Die Folge kann eine Stauung in den ableitenden Harnwegen sein. Bei großen Myomen können auch Beckenwandelemente (Gefäße, Nerven) vom Druck betroffen sein. Alle Myome können **degenerieren, erweichen, zerfallen** und **verjauchen**. Dies kann, teils akut, teils chronisch, Schmerzen im uterinen Bereich, BSG-Anstieg und subfebrile Temperaturen auslösen. Ferner ist die Kombination Myom und Anämie häufig.

▶ Befunde, Diagnostik und Differentialdiagnostik

Subseröse Myome sind meist schon durch die Palpation eindeutig zu diagnostizieren: mäßig bis gut bewegliche, rundliche und derbe Tumoren, die eine eindeutige Verbindung mit dem Uterus erkennen lassen. **Differentialdiagnostisch** ist ein **Ovarialtumor** manchmal nicht auszuschließen, so daß Sonographie, Narkoseuntersuchung und evtl. Laparoskopie zur Abklärung herangezogen werden müssen. Im Fall der Myomverkalkung kann auch das Röntgenbild aufschlußreich sein.

Intramurale Myome sind meist gut palpierbar: derbe, diffuse oder umschrieben knotige Auftreibungen des Uterus. Gelegentlich registriert man nur die derbe Vergrößerung des gesamten Uterus. **Differentialdiagnostisch** ist bei relativ diffus vergrößertem Uterus eine **Gravidität** zu berücksichtigen und durch

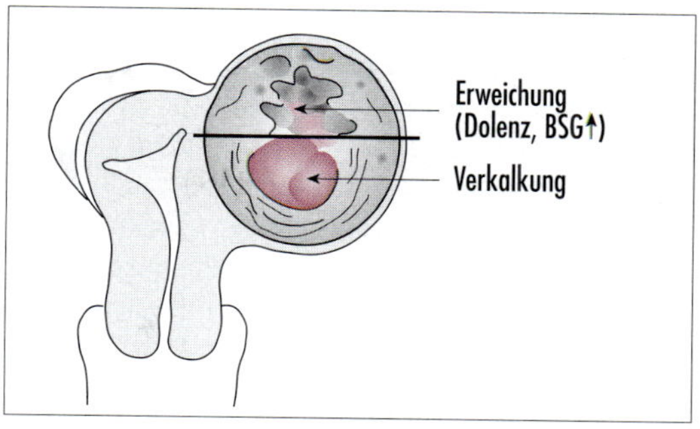

Abb. 13.18 Mögliche sekundäre Veränderungen in großen subserösen und intramuralen Myomen: Erweichung bzw. Verkalkung.

Schwangerschaftstest auszuschließen. Sehr selten kann einmal eine **Pyometra** eine diffus-pralle Vergrößerung zur Folge haben; der Befund pflegt dann aber weicher zu sein. In der Vorgeschichte findet man zumeist eine Kontakt-Radiatio erwähnt.

Submuköse Myome sind der Palpation und Inspektion nur dann direkt zugängig, wenn sie in statu nascendi, d.h. im Muttermund, palpabel oder sichtbar sind. Submuköse Myome zeigen z.T. eine gesteigerte fibrinolytische Gewebsaktivität, d.h. eine geweblich bedingte, örtliche Störung der Hämostase. Auch eine generalisierte Fibrinolyse wurde beschrieben. Bei Verdacht auf submuköse Myome also Überprüfung des Gerinnungsstatus inkl. der fibrinolytischen Aktivität. Hier ergeben sich dann auch therapeutische Ansatzpunkte. **Differentialdiagnostisch** kommen alle Endometriumaffektionen inkl. **Karzinome** in Frage. Die diagnostische Sicherung eines submukösen Myoms und die differentialdiagnostische Abgrenzung erfolgen durch Sonographie, Hysteroskopie sowie Abrasio (Palpation mit der Kürette und Karzinomausschluß).

Intraligamentäre Myome sind durch Palpation festzustellen. Besonders typisch ist die geringe Beweglichkeit der derben, dem Uterus seitlich anliegenden Resistenzen. **Differentialdiagnostisch** sind vor allem intraligamentär entwickelte Ovarialtumoren oder, generell, **Ovarialkarzinome** zu berücksichtigen, ferner große entzündliche Adnexprozesse, die infolge ihrer geringen Beweglichkeit als intraligamentär imponieren, in Wirklichkeit aber als »pseudointraligamentär« zu kennzeichnen sind. Selten gibt eine Beckenniere Anlaß zur Verwechslung. Die Auswirkung intraligamentärer Myome auf die ableitenden Harnwege muß überprüft werden. Mitunter sind die »Myomsymptome« ausschließlich vom Harnsystem bestimmt!

> ! Kleine symptomlose Myome bedürfen keiner Therapie. Es ist aber folgendes zu beachten: Myome sind an sich gutartig, können jedoch **sarkomatös entarten** (0,2–0,5%) oder mit einem primären Sarkom verwechselt werden. Alle Myomträgerinnen müssen deshalb regelmäßig untersucht werden, damit man Aufschluß über die Wachstumstendenz gewinnt. Als Untersuchungsintervalle werden, je nach Lage des Falles, 6–12 Monate empfohlen.

▶ Therapie

Operative Therapie: Eine operative Therapienotwendigkeit bei Myomen besteht nur unter folgenden Voraussetzungen:

- Erhebliche Größe des myomatösen Uterus
- Schnelles Wachstum als Hinweis auf Bösartigkeit
- Ungeklärte Differentialdiagnose Myom-Ovarialtumor
- Beschwerden. Letztere sind in vielfacher Weise zu erwarten:
  - Stieldrehungssymptome: akutes Abdomen
  - Erweichungssymptome: Dolenz, verminderte Konsistenz, ansteigende BSG, subfebrile Temperaturen, evtl. Verwachsungsbeschwerden durch Adhäsion zwischen Darm und Myomoberfläche
  - Nachbarschaftsbeschwerden: Druck- und Dislokationserscheinungen seitens der Blase, der Ureteren oder des Rektums
  - Blutungsstörungen

Je nach Myomgröße und -zahl, Beschwerden, eventuellem Kinderwunsch und Alter der Patientin kann eine organerhaltende **Palliativoperation per laparoscopiam** versucht werden, eine **suprazervikale Amputation** per laparoscopiam erfolgen oder eine **Uterustotalexstirpation** indiziert sein (abdominal, vaginal, kombiniert vaginal/endoskopisch). Vor der Operation ist, sofern es sich nicht um gestielte oder verkalkte Myome handelt, ggf. eine 2- bis 3monatige medikamentöse **GnRH-Agonistentherapie** zu erwägen, die wegen des Menstruationsausfalles eine Anämietherapie begünstigt, eine Myomrückbildung erwarten läßt und den Eingriff häufig reduzieren hilft. Diese Therapie ist abzubrechen, wenn sich kein Effekt zeigt.

Konservative Therapie: Wenn das myombedingte Beschwerdebild ausschließlich **Blutungen** betrifft (verstärkte und verlängerte Menstruationen, Nachschmieren), kann vor einer Operation – nach Ausschluß eines Korpuskarzinoms (Abrasio!) – der Versuch einer konservativen Therapie gemacht werden. Dieser ist um so mehr gerechtfertigt, je näher sich die Patientin der vermutlichen Menopause befindet, da man dann mit einem baldigen Sistieren des Wachstums und der Blutungsstörungen sowie einer Myomrückbildung rechnen kann. Da die Blutungen – wenn auch myombedingt – meist endometrialer Herkunft sind, gilt auch die unter »verstärkte Menstruationen« aufgeführte **hormonale Therapie** (s. S. 336).

In den seltenen Fällen, wo nach Schwund des Endometriums über Myomknoten letztere direkt und endokrinresistent bluten, kommen neben meist erfolglosen Kontraktionsmitteln (Methergin) u. U., bei Beachtung der Kontraindikationen, kurzfristig auch **Antifibrinolytika** (z. B. Cyklokapron, Ugurol) in Frage. Neuerdings wird auch versucht, die östrogenstimulierten Myome durch eine 4- bis 6monatige **GnRH-Agonistengabe** direkt zu beeinflussen. Eine Verkleinerung ist bei 40–50% zu erwarten. Während der Therapiezeit kommt es durch den medikamentös induzierten Hypoöstrogenismus auch zur Amenorrhö, was ein Schwinden der häufigen Blutungsanämie begünstigt. Leider verbietet sich eine Langzeittherapie wegen der sonstigen Begleiterscheinungen des künstlichen Östrogenmangels.

Myome und Gravidität

Myome können typische Auswirkungen auf eine bestehende Schwangerschaft haben (s. S. 284).

Myom und Ovulationshemmer

Man hat unter der Gabe von Ovulationshemmern Wachstumszunahme, Wachstumsstillstand sowie Rückbildung beobachtet. Da dies im Einzelfall nicht vorhersehbar ist, sollte man die Patientinnen kurzfristiger kontrollieren und die Medikation beim ersten Anzeichen gesteigerten Wachstums absetzen.

Myom und Korpuskarzinom (Endometriumkarzinom)

Die Koinzidenz von Myom und Korpuskarzinom ist häufiger, als es der Erwartung entspricht (Abb. 13.19). Bei suspekten uterinen Blutungen dürfen diese also nicht einfach als »wohl myombedingt« angesehen werden. Man muß stets abradieren!

Myom und Alter

Wenn bei einer Frau über 55–60 Jahre ein »Uterus myomatosus« festgestellt wird, so ist diese Diagnose nur dann als verbindlich und beruhigend anzusehen, wenn dieser Tatbestand schon Jahre zuvor ermittelt und registriert wurde. Ggf. Rückfrage bei früher konsultierten Ärzten.
Im Hinblick auf die Erfahrung, daß Myome sich nach der Menopause zurückbilden, muß man auch in diesem Falle einen kleineren Prozeß als den früher beschriebenen erwarten.
Ist dies nicht der Fall oder liegen von früher her keine klaren Befunde eines großen Uterus myomatosus vor, muß man an sarkomatöse Veränderungen oder an einen ovariellen Prozeß, auch an ein **Ovarialkarzinom** denken und sonographieren, ggf. laparoskopieren oder laparotomieren.

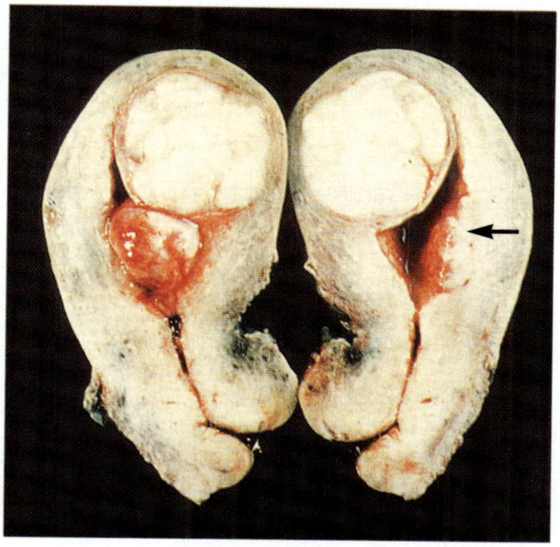

Abb. 13.19 Uterus myomatosus (intramural-submuköses Myom) sowie ein in das Myometrium infiltrierendes Endometriumkarzinom (s. Pfeil).

Corpus uteri, Endometrium

Das Myometrium ist kavumwärts von einer uterusspezifischen, außerordentlich differenzierten Schleimhaut bedeckt, dem **Endometrium**. Dieses ist in vierfacher Hinsicht für den Arzt bedeutsam:

- Als Nidationsort und damit als potentieller Störfaktor der Fertilität
- Als gewebliches Substrat des Menstruationsvorganges einschl. seiner Anomalien
- Als Indikator und zugleich Manifestationsort zahlreicher funktioneller Störungen der hormonalen Regulation
- Als Entstehungsort eines recht häufigen Karzinoms

Aufbau und Funktion des Endometriums sind von dem Einfluß der **Ovarialhormone** abhängig. Bis zur Pubertät ist das Endometrium ein ruhendes, fast atrophisches Gewebe. Erst unter dem Einfluß steigender Östrogenmengen kommt es zur Proliferation und schließlich zur ersten Blutung **(Menarche)**, die als anovulatorische Blutung zu kennzeichnen ist. Allmählich setzt dann mit der aufeinander abgestimmten, zyklischen Östrogen- und Gestagenwirkung die für die Geschlechtsreife charakteristische, biphasische endometriale Reaktion ein (s. S. 43 ff.). Nachfolgend werden die Abweichungen von derselben behandelt.

Abnorme Menstruation

Abnorme, d.h. eindeutig vom Bild der normalen Menstruation (s. S. 42 ff.) abweichende Blutungen sind das eigentliche Leitsymptom funktioneller und organischer Störungen im endometrialen Bereich. Im einzelnen sind folgende Blutungstypen zu beachten (s. S. 49; s. Abb. 13.20):

- Abnorme Menstruationsintervalle (weniger als 25 bzw. mehr als 31 Tage)
- Abnormer Blutungscharakter bei der Menstruation.

Abnorme Menstruationsintervalle (Zyklus-Tempoanomalien)

Hierbei handelt es sich um **endokrin bedingte Störungen** der Stimulation. Diagnose und Therapie sind in Kapitel 1 dargestellt.

Abnormer Blutungscharakter bei normalem Menstruationsintervall

Hierzu zählen (Abb. 13.20):

- **»Zu schwache« Menstruation**: Die zu schwache Menstruation kann Ausdruck einer ungenügenden hormonalen Stimulation, also funktionell bedingt sein. Als organische Ursache findet man gelegentlich eine Uterushypoplasie, oder man hat Anlaß, an eine partielle Zerstörung von Endometrium zu denken (s. Synechie, S. 326).

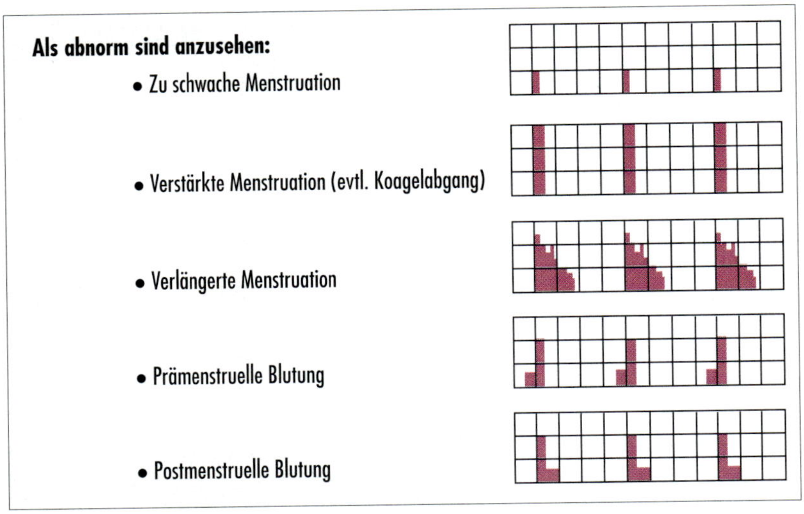

Abb. 13.20 Abnormer Blutungscharakter bei normalem Menstruationsintervall.

- **»Zu starke« Menstruation** und **»zu lange« Menstruation** (Menorrhagie)
- **Post- oder prämenstruelle Schmierblutungen**

Die genannten Störungen können die gleichen Ursachen haben und miteinander vergesellschaftet sein. Ursächlich kommen abnorme hormonale Einflüsse (s. S. 53) sowie vielfältige organische Ursachen in Frage. In praxi sollte man aus Sicherheitsgründen zunächst immer alle organischen Ursachen ausschließen, bevor man die Störungen als funktionell ansieht und eine entsprechende Therapie veranlaßt.

▶ Ursachen und Diagnostik

Organische Ursachen: Zur abnormen Menstruation können folgende organische Ursachen führen:

- Uterusgrößen-, -form- und -lageanomalien
- Myome, speziell submuköse
- Endometritis; Adnexentzündung (Hyperämie)
- Intrauterinpessar-Reiz
- Uterine Endometriose (Adenomyosis uteri)
- Karzinom, Polypen oder Adenome des Endometriums. Ferner, infolge sekundärer Auswirkung:
- Hypertonus. Vitium cordis; Thrombozytopenien u.ä.

Es ist schließlich zu berücksichtigen, daß die über das Typische hinausgehende Blutung nicht aus dem endometrialen Bereich stammen muß, sondern der Zervix oder Vagina entstammen kann. Hier können sich entzündliche Affektionen oder **Präkanzerosen** bzw. **Karzinome** finden, deren Blutungsbereitschaft zum Menstruationszeitraum gesteigert wird (Steigerung der Gefäßfragilität bei absinkendem Östrogenspiegel!)

Endokrine Ursachen: Finden sich keine organischen oder extragenitalen Ursachen der abnormen »Menstruation«, so ist durch Vaginalzytologie und Basaltemperaturmessung nach endokrinen Störungen zu suchen (s. dysfunktionelle Blutung, S. 48). Bei einer kleinen Zahl von Patientinnen läßt sich keine Ursache auffinden, obwohl eine offensichtlich abnorme Menstruation vorliegt.

▶ Therapie

Die **kausale Therapie** der letztgenannten Blutungsstörungen ist nach den jeweils zutreffenden Grundsätzen vorzunehmen, soweit sie überhaupt möglich ist. Die **symptomatische Therapie** wird erforderlich, wenn das kausale Vorgehen nicht möglich bzw. nicht erwünscht (z.B. Operation!) oder eine Ursache nicht faßbar ist. Die Behandlung kann schon vor oder erst während der Menstruation einsetzen.

- **Beeinflussung des Endometriums ante menstruationem:**
  - Östrogen-Gestagen-Kombination vom 17. bis 26. Zyklustag, z.B. tgl. 1 Tabl. Prosiston oder 2 Tabl. Menova
  - Einphasen-Ovulationshemmer, die als Nebeneffekt eine Reduzierung der Blutungsstärke bewirken
- **Direkte Begünstigung der endometrialen Hämostase:**
  - Hemmung der gesteigerten endometrialen Fibrinolyse durch Antifibrinolytika, z.B. Cyklo-

kapron, Ugurol während der Blutung (Kontraindikationen beachten)
- Kontraktionsanregung: vom 3. Zyklustag bis zum Blutungsstopp Secale (Ergotren, Methergin o.ä.)

- **Förderung der Endometriumregeneration:** Östrogene, vom 2.–7. Zyklustag (evtl. noch länger), z.B. täglich 2 Progynon-C-Tabletten

Versagt die symptomatische Therapie, oder wird sie, da sie häufig in jedem Zyklus wiederholt werden muß, als lästig oder unzumutbar empfunden, so ist bei entsprechender Auswirkung der Menstruationsstörung – z.B. einer sekundären Anämie erheblichen Ausmaßes – die **Uterusexstirpation** zu diskutieren.

Menstruationsunabhängige »endometriale« Blutungen (Metrorrhagien)

> ! Neben den genannten, zeitlich an die Menstruation gebundenen Blutungsauffälligkeiten gibt es auch solche, die außerhalb der Menstruation auftreten (Abb. 13.21). Man muß hier immer an eine **karzinomatöse Genese** denken und ferner die Frage stellen, ob diese Blutungssymptome überhaupt endometrialer Herkunft sind (s. S. 437).

Regelmäßige Zwischenblutungen zur Zyklusmitte

Diese Störung ist den **dysfunktionellen Blutungen** zuzuordnen und auf S. 53 erläutert. Diese Annahme ist jedoch nur zulässig, wenn exakte Aufzeichnungen über die Blutungstermine vorliegen und die »Regelmäßigkeit« damit beweisbar wird. Ein gewisser Vorbehalt ist ratsam.

Unregelmäßige Zwischenblutungen

Unregelmäßige Zwischenblutungen sind fast ausschließlich **organisch bedingt**. Sie verlangen größte Aufmerksamkeit, da sie ein Symptom folgender Krankheiten sein können:

- Korpuskarzinom
- Submuköse Myome
- Korpuspolypen
- Endometritis (auch E. tuberculosa)

Schließlich kann man die endometrialen Blutungen vom Symptom her nicht von zervikalen Blutungen abgrenzen, muß also auch folgende Ursachen in die diagnostischen Überlegungen miteinbeziehen:

- Zervixkarzinom
- Andere organische Veränderungen der Zervix
- Vaginalkarzinom

Einzelheiten in den verschiedenen Kapiteln sowie auf S. 437 ff.

Blutungen nach der Menopause

Ursächlich kann es sich hier um eine nochmalige »verspätete Menstruation«, eine durch exogene Hormonzufuhr (Medikamente) oder endogene Bildung (hormonaktiver Tumor) induzierte oder eine organisch bedingte Blutung handeln.

> ! Wegen der Möglichkeit eines **Korpuskarzinoms** muß beim Ausschluß einer vaginalen oder zervikalen Ursache stets eine Abrasio zur Klärung erfolgen.

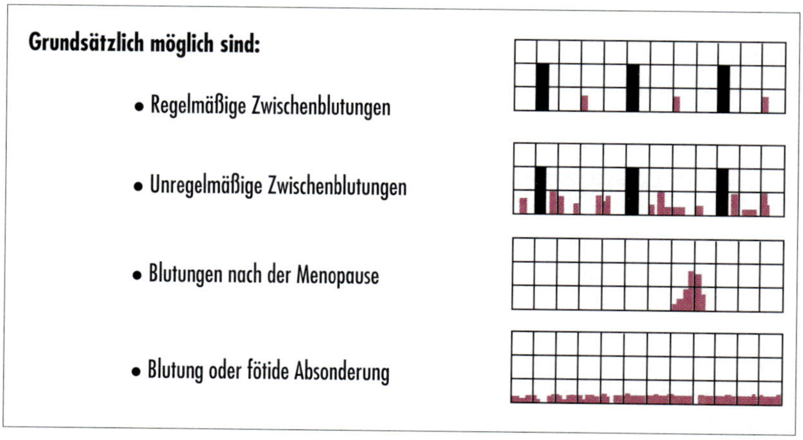

Abb. 13.21 Menstruationsunabhängige Blutungen.

Die Erwartungswahrscheinlichkeit eines malignen Prozesses steigt, in Abhängigkeit vom zunehmenden Postmenopausenalter, von ca. 15 auf 60%. Korpuskarzinome dominieren ab ca. 55 Jahren.
Sofern die histologische Untersuchung eine hormonale Ursache aufdeckt (glandulär-zystische Hyperplasie), ist nach den auf S. 48 ff. angegebenen Grundsätzen zu verfahren (Ausschluß eines hormonaktiven Tumors, hormonale Prophylaxe).

Endometritis

Die Endometritis ist eine infektiös entstandene lymphozytär-plasmozytäre **Entzündung des Endometriums**, die sich bei längerem Bestehen auch in der Basalis etabliert und damit die menstruelle Abstoßung überdauert.

Ursachen

Die Infektion entsteht folgendermaßen:
- Aszendierend (meistens)
- Deszendierend von Salpingitiden aus (bei Tbc?)
- Hämatogen (bei Tbc)

Wie bei der Salpingitis sind auch für die aszendierende Entstehung der Endometritis gewisse Voraussetzungen als **Dispositionsfaktoren** notwendig. Als solche gelten der Zustand nach:
- Menstruation
- Abort
- Geburt
- intrauterinen Eingriffen

Als begünstigende Faktoren bzw. **Infektionsvermittler** sind ferner zu nennen:
- Zervixpolypen
- Zervixrisse
- Infektiöser zervikaler Fluor
- Submuköse Myome, Korpuspolypen
- Intrauterinpessar (IUP)

Symptome

Die typischen Leitsymptome sind Abweichungen im Charakter der menstruellen Blutung sowie azyklische Blutungen (s. S. 337 u. 437).
Abgesehen von diesen lästigen und auch bei Karzinomen vorkommenden, deshalb beunruhigenden Symptomen kann die Endometritis eine **Salpingitis** vermitteln. Bei Älteren kann sich aus der Endometritis eine **Pyometra** entwickeln: Bei engem Zervikalkanal kommt es zur Retention von eitrigem Exsudat.

Diagnostik

Ohne Histologie, d.h. ohne Abrasio, ist die Diagnose »Endometritis« nur dann zulässig, wenn ein disponierendes Ereignis unmittelbar zurückliegt (Abort, Entbindung, intrauteriner Eingriff) oder bereits eine andere Infektionsfolge, nämlich die Salpingitis, nachweisbar ist.

! In allen anderen Fällen muß bei der oben erwähnten Blutungssymptomatik zum Ausschluß eines Zervixkarzinoms die **Zervikalzytologie** eingesetzt und, vor allem bei Frauen >40 Jahren, zum Ausschluß des Korpuskarzinoms **abradiert** werden.

Therapie

Eine spezielle Therapie erübrigt sich, wenn bei gleichzeitiger Adnexentzündung letztere behandelt wird. Gleiches gilt für die Endometritis tuberculosa, da hier die Grundkrankheit therapeutische Konsequenzen verlangt.
Bei alleiniger nichttuberkulöser Endometritis werden Östrogene zur Regenerationsförderung in Verbindung mit Antibiotika verabfolgt, während einer verstärkten Blutung Secalepräparate.

Korpuspolypen

Die Korpuspolypen sind polypöse Adenome des Korpusendometriums von unterschiedlicher Größe, die sich bevorzugt während der Zeit des Klimakteriums entwickeln. Die Symptome sind die gleichen wie bei Endometritis und beim Korpuskarzinom.

Diagnose und Therapie

Die Symptomatik als solche verlangt schon a priori eine fraktionierte Abrasio. Die Diagnose »Korpuspolyp« ist eine sekundäre und von der histologischen Untersuchung abhängig.
Da die Koinzidenz von Korpuspolypen mit endometrialen Präkanzerosen und Karzinomen nicht selten ist, ist nicht nur die sorgsame Beurteilung des Abradates geboten, sondern auch erhöhte Aufmerksamkeit in der Folgezeit.

Literatur

Dallenbach-Hellweg G. Endometrium. Heidelberg: Springer 1970.
Dallenbach-Hellweg G. Histopathologie des Endometriums. Berlin, Heidelberg, New York: Springer 1985.
Dallenbach-Hellweg G, Poulsen H. Atlas of Endometrial Histopathology. 2nd ed. Heidelberg, New York: Springer 1996.
Schmidt-Matthiesen H. Das normale menschliche Endometrium. Stuttgart: Thieme 1963.

Somville T. Gutartige Erkrankungen des Corpus uteri. In: Gutartige gynäkologische Erkrankungen. Bd 8. Klinik der Frauenheilkunde und Geburtshilfe. 3. Aufl. Bender HG (Hrsg). München: Urban & Schwarzenberg 1995.

Endometriose

Unter Endometriose verstehen wir das Vorkommen von endometriumähnlichem Gewebe außerhalb des Cavum uteri.

Der Lokalisation entsprechend unterscheidet man (Abb. 13.22):

- **Endometriosis genitalis interna:**
  - Endometriosis uteri interna (Adenomyosis uteri)
  - Endometriosis tubae
- **Endometriosis genitalis externa** (55–60%):
  - Endometriosis ovarii
  - Endometriosis retrocervicalis (Douglas-Endometriose)
  - Endometriose der Ligg. sacrouterina. Ferner:
- **Endometriosis extragenitalis** (etwa 5–10% der Endometriosen), die an jeder sonstigen Stelle außerhalb des Genitales vorkommen kann

Für die Entstehung der dystopen Herde ist vornehmlich eine retrograde Menstruation, d.h. eine Verschleppung desquamierter Endometriumanteile über die Tuben verantwortlich zu machen, evtl. auch eine lymphogene Ausbreitung sowie eine metaplastische Herdbildung.

Auswirkungen

Die Auswirkungen der Endometriose und die Symptomatik sind durch folgende Tatsachen verständlich: Die gewebliche Aktivität der Endometriose ist zu 70–80%, ebenso wie die des Endometriums, von der hormonalen Stimulation abhängig und **so lange effektiv, wie hormonale Impulse erfolgen**. Die Maxima klinischer Relevanz liegen im Alter zwischen 25 und 36 Jahren. Nach der Menopause schwinden die Symptome und allmählich auch die Befunde.

Bei der geschlechtsreifen Frau machen die Endometrioseherde zyklische, dem Endometrium ähnliche Veränderungen durch. Es treten **zyklische Schmerzen** auf, die der Menstruation meist um 1–3 Tage vorausgehen und mit ihrem Höhepunkt abklingen (**erworbene Dysmenorrhö**, s. S. 54).

Die **fehlende Abflußmöglichkeit** für den Gewebszerfall und die Blutung kann folgende Auswirkungen haben:

- Bei eingeschlossenen Herden (Myometrium, Ovar, Tube) **zystische Organauftreibungen**, die mit dem schokoladenfarbigen Reaktionsprodukt gefüllt sind
- Falls sich die zyklischen Vorgänge auf Oberflächen abspielen, **Verwachsungen**, fibröse Organisationen und schwielige Resistenzen

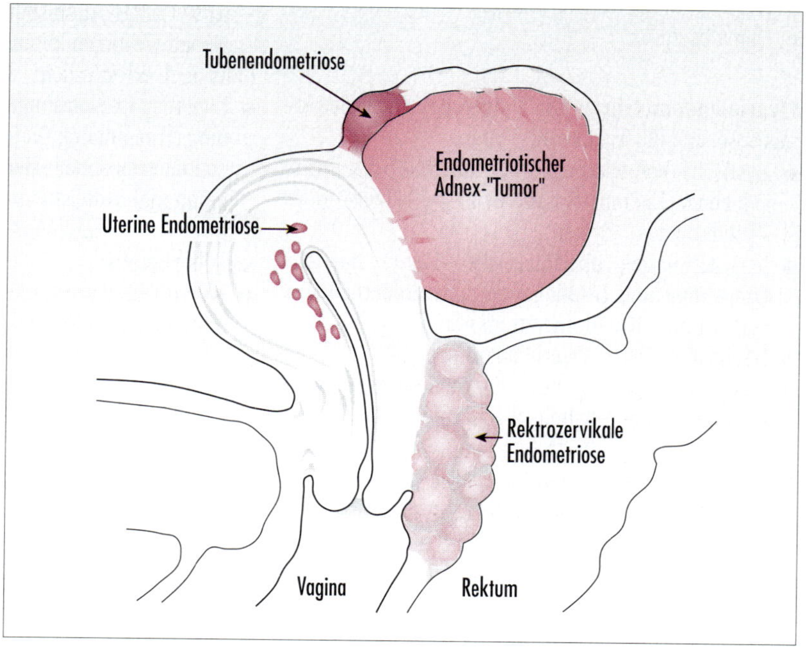

Abb. 13.22 Die verschiedenen Arten der Endometriosis genitalis (uterin, tubar, ovariell, retrozervikal).

Diese Befunde sind tastbar und infolge ihrer geweblichen Aktivitäten und chronischen Irritation druckempfindlich. Von Auftreibungen oder Verwachsungen können auch Dauerschmerzen ausgelöst werden.

▶ Befunde und Symptome

Je nach Lokalisation der Endometriose sind die speziellen Befunde (Abb. 13.22) und Folgen verschieden.

Endometriosis uteri interna (Adenomyosis uteri): Die Endometrioseherde sitzen meistens multilokulär in der Muskularis des Uterus. Reaktiv kommt es zur Hypertrophie der letzteren, also zur zusätzlichen Verdickung der Uteruswandung und Vergrößerung des Uterus. Die Symptome können gering sein, da diese Endometrioseherde vornehmlich Basalischarakter haben. In typischen Fällen sind jedoch zwei Symptome offensichtlich:

- Erworbene und mit der Zeit immer mehr zunehmende Dysmenorrhö
- Verstärkte und zum Teil auch verlängerte Menstruation

Tubenendometriose: Hier sind vor allem die proximalen Anteile betroffen und können sich zu einer knotigen Auftreibung des Tubenabganges verwandeln. Häufige Folgen:

- Lumenverlegung und Sterilität
- Disposition zur Tubargravidität
- Hämatosalpinx

Ovarialendometriose: Die Folgen der Ovarialendometriose sind eindrucksvoll:

- Zystische Veränderungen bei innerhalb des Ovars gelegenen Endometrioseherden (sog. »Teer«- oder »Schokoladen«-Zysten)
- Verwachsungen oberflächlicher Herde mit der Umgebung und Bildung von außerordentlich fest verbackenen Konglomerattumoren
- Begünstigung von Ovarialabszessen
- Fertilitätsminderung bzw. Disposition zur Extrauteringravidität möglich

Retrozervikale Endometriose: Hier kommt es zur Bildung sehr derber, dabei überaus empfindlicher, knotiger Resistenzen im Douglas, die zu einer schwieligen Verwachsung von Uterus und Rektum führen. Folgen:

- Dysmenorrhö
- Kohabitationsschmerzen, leichte Dauerschmerzen, Kreuzschmerzen
- Evtl. Symptome seitens des Rektums

Extragenitale Endometriose: Sofern die Herde nicht sichtbar sind, läßt lediglich der mit der Menstruation zeitlich korrespondierende Schmerz des betreffenden Bereiches an eine Endometriose denken.

▶ Diagnostik

Die Diagnose ergibt sich zumeist aus der **zyklusabhängigen Schmerzsymptomatik** (erworbene Dysmenorrhö) und aus dem **schmerzhaften Tastbefund**. Differentialdiagnostisch sind chronische Adnexentzündungen, myomatöse Prozesse, Ovarialtumoren, Douglasmetastasen (indolent!) und Rektumkarzinome zu berücksichtigen. Bei gegebenem Verdacht Laparoskopie und histologische Sicherung.

▶ Therapie

Je nach Schweregrad ein-, zwei- oder dreiphasiges Vorgehen:

- Medikamentöse Therapie für 3–6–9 Monate: in einfachen Fällen Gestagene (5–20 mg/tgl.), bei schweren Danazol (600 mg/tgl.) bzw. GnRH-Agonisten (Zoladex-Gyn- oder Enantone-Gyn-Monatsdepot: in 70–90% aller Fälle erfolgreich). Die Therapiedauer ist durch die Nebenwirkungen begrenzt: Gestagene können Menstruationsstörungen bewirken, Danazol und GnRH-Agonisten bei bis zu 85% aller Fälle zu Östrogenmangelerscheinungen führen. Die zeitweilige Bevorzugung von Danazol bzw. GnRH-Agonisten ist im Hinblick auf deren Nebenwirkungen momentan umstritten.

Falls noch erforderlich:

- Laparoskopie oder notfalls Laparotomie: Vernichtung (Koagulation, Vaporisation) bzw. Ausräumung endometriotischer Herde bei möglicher Organerhaltung. Adhäsiolyse. Wenn nötig medikamentöse Nachbehandlung (s.o.).

Gegebenenfalls:

- Kontroll-Laparoskopie nach 3–6 Monaten mit Sanierung von Restbefunden oder Rezidiven.

Literatur

Dietler W. Endometriose. In: Gutartige gynäkologische Erkrankungen. Klinik der Frauenheilkunde und Geburtshilfe. Bd 8. 3. Aufl. Bender HG (Hrsg). München: Urban & Schwarzenberg 1995.

Schweppe KW. Morphologie und Klinik der Endometriose. Stuttgart: Schattauer 1984.

13.4 Adnexe

Unter dem Begriff »Adnexe« werden **Eileiter** (Tuben) und **Ovarien** zusammengefaßt.

Eileiter

Die Eileiter werden von den kranialen, paarigen Anteilen der Müller-Gänge gebildet. Der kaudale Teil dieser Gänge verschmilzt zum Uterus. Daraus ergibt sich folgende Gesetzmäßigkeit:

- Normal großer Uterus = normale Eileiterlänge
- Hypoplastischer Uterus = verlängerte Eileiter

Am Eileiter unterscheidet man folgende Bereiche (Abb. E.1):

- Enger, intramuraler oder interstitieller Teil
- Isthmischer, mittlerer Teil
- Weiter ampullärer Teil mit dem Fimbrientrichter

Die Tuben haben in mehrerer Hinsicht klinische Bedeutung: Die Aszension der Spermien, ihre funktionelle Reifung und die Wanderung des befruchteten Eies sind an die normale Anatomie und funktionelle Integrität der Tuben gebunden. Organische oder funktionelle Alterationen können folgende Auswirkungen haben:

- Sterilität bzw. Infertilität
- Begünstigung von Tubargraviditäten
- Reaktionsort und Passageweg von Infekten (Näheres s. S. 342).

Primäre maligne Erkrankungen sind außerordentlich selten. Häufiger wird die Tube bei Neoplasien des Corpus uteri oder der Ovarien sekundär mitbetroffen.

Ovarien

Die Ovarien haben folgende Funktionen:

- Endokrin-vegetative
- Generative (Eireifung und Ovulation)

Beide Funktionen sind an normale Anlage und Entwicklung sowie typische Stimulation seitens der übergeordneten Zentren gebunden.

Anatomie und Funktion

Die normalen Ovarien sind während der Geschlechtsreife etwa pflaumengroß. Die Hülle wird vom Deckepithel und der darunter liegenden fibrillären Tunica albuginea gebildet. Im Stroma finden sich 400000–500000 **Ova**, die von Zellen umgeben sind, mit denen sie funktionelle Einheiten bilden (**Primärfollikel**), ferner die Zwischen- und Endprodukte der phasenhaften Reifungsvorgänge. Schließlich sind die am Hilus konzentrierten sog. **Hiluszellen** zu erwähnen.

Die Primärfollikel machen während der Geschlechtsreife, vornehmlich unter dem Einfluß der Gonadotropine, typische Veränderungen durch, die man als **Follikelreifung** bezeichnet (s. S. 38; Abb. 1.21). Im zeitlichen Zusammenhang mit dem charakteristischen Anstieg des LH in der Mitte des Zyklus erfolgt die **Ovulation** des sprungreifen, sog. **Graaf-Follikels**. Durch Beeinflussung enzymatischer Vorgänge kommt es zur Ruptur der Follikelwand und Ausstoßung des Eies. Das Fimbrienende des Eileiters lagert sich zu diesem Zeitpunkt dem Follikel an und kann so das Ei aufnehmen.

Nach der Ovulation erfolgt die Umbildung des kollabierten Follikels in das **Corpus luteum**. Diese Umwandlung in ein effektiv neues endokrines Organ geschieht mit überraschender Schnelligkeit. Gleichzeitig erfolgt eine Umstellung der Steroidsynthese. Bleibt die anhaltende, einer Empfängnis folgende Stimulierung des Corpus luteum aus, so bildet es sich nach etwa 12 Tagen zurück: es wird allmählich zum **Corpus albicans** (s. Abb. 1.21).

In der **Postmenopause atrophieren die Ovarien** (~20 g → ~5 g), sie sind schließlich **nicht mehr palpabel!**

Disposition zu Krankheiten

Der funktionsspezifische Aufbau des Ovars – speziell die zyklische Folge von Proliferation, Follikelwachstum und Ovulation sowie der Kontakt mit dem offenen Fimbrientrichter der Tube – macht die typischen organischen Erkrankungen der Ovarien verständlich (Abb. 13.23). Diese sind folgendermaßen gekennzeichnet:

- Retentionserscheinungen (→ Zystenbildung; s. S. 384 ff.)
- Proliferationsvorgänge (→ Blastome; s. S. 381 ff.)
- Entzündliche Affektionen (→ Ovarialabszesse, Pyovar)
- Sekundäre adhäsive Miteinbeziehung bei benachbarten Entzündungen (s. S. 346)
- Einbeziehung bei Endometriose (s. S. 339).

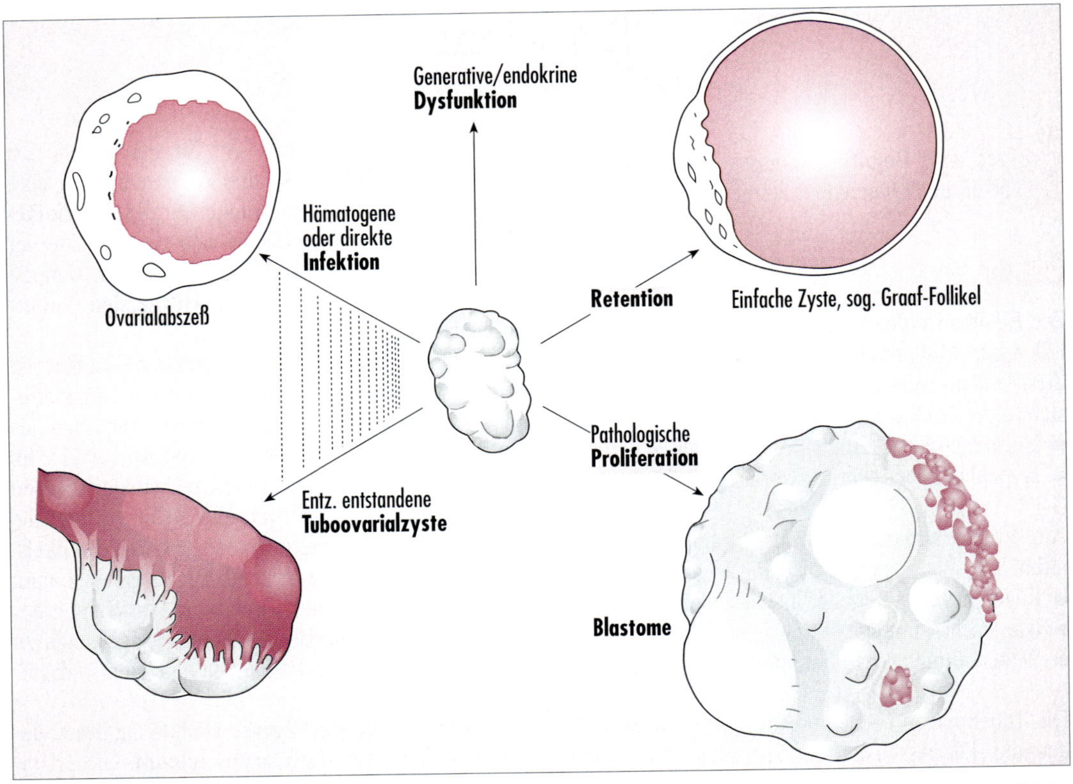

Abb. 13.23 Die häufigsten vom Ovar ausgehenden Krankheiten, bedingt durch die funktionelle Eigenart des Ovars: generativ-endokrine Dysfunktion, Flüssigkeitsretention, blastomatöse Veränderung, Miteinbeziehung in entzündliche Prozesse.

Entzündliche Adnexerkrankungen

Genese und Art dieser vornehmlich infektiös induzierten Entzündungen sind sehr vielfältig. Bei ca. 95% sind die Eileiter als erstes von der Infektion betroffen (**Salpingitis**). Ovar und sonstige Umgebung werden, wenn überhaupt, zumeist erst sekundär einbezogen. Die Infektion kann unterschiedlich zustande kommen:

- **Aszendierend,** d.h. über Vagina und Uterus (meistens)
- **Von der Umgebung** her (Appendix, perityphlitische Abszesse, Ulkusperforation u.ä.)
- **Hämatogen** induziert (Tuberkulose 5–10%; Typhus, Viren)

Aszendierende unspezifische Infektion

Die aszendierende Entzündung via Genitalkanal kommt praktisch nur in der **Zeit der Geschlechtsreife** vor. Voraussetzungen für die Entstehung sind:

- Pathogene Erreger im Genitaltrakt
- Möglichkeiten zur Keimvermehrung (Milieustörung!)
- Aszensionsmöglichkeit

Man schätzt, daß 10–15% aller Frauen in der Geschlechtsreife von einer Aszension betroffen werden.

Das **Vorkommen pathogener Keime** in Vagina bzw. Zervix (s. S. 324) ist naturgemäß von exogenen Einwirkungen, u.a. auch der sexuellen Aktivität, abhängig. Bei einer Virgo dürfte eine Aszension als Ursache einer entzündlichen Unterbaucherkrankung extrem selten sein. Ein entsprechender Befund muß deshalb an eine hämatogene Entstehung (Tuberkulose) denken lassen.

Als **Erreger** kommen in Frage: Aerobe und fakultativ anaerobe Bakterien wie Staphylokokken, Streptokokken, Gonokokken (bei ca. 5–12%), Enterobakterien und, selten, Proteus. Ferner anaerobe und mikroaerophile Keime: Bacteroidesarten, Peptokokken und Peptostreptokokken, Fusobakterien. Schließlich Chlamydien (25–50%) und (?) Mykoplasmen.

Die **Keimvermehrung** in der Vagina wird normalerweise durch das saure Milieu gehemmt. Eine Störung dieses Milieus hat Infektionsanfälligkeit zur Folge (s. S. 322).

Die **Aszension** durch Vagina, Zervikalkanal und Uteruskavum wird durch bestimmte Gegebenheiten begünstigt, z.B.:

- Intra bzw. post menstruationem
- Post abortum; nach Schwangerschaftsabbruch (bis 3%)
- Post partum
- Intrauterine Eingriffe, speziell bei fehlerhaftem Vorgehen
- Intrauterinpessare (bei 3–5% klinisch relevant, besonders bei Nulliparen)

Daneben gibt es aber – vielleicht sogar überwiegend – Aszension ohne erkennbare Disposition. Möglicherweise sind auch sog. »Unterleibserkältungen« oder Ovarialinsuffizienz bedeutsam.

Die häufigste primäre Manifestation des Infektes ist die Eileiterentzündung, die **Salpingitis**. Die Aszension der pathogenen Keime in die Eileiter löst dort eine entzündliche Schleimhautreaktion aus, die serösen, serofibrinösen oder leukozytär-eitrigen Charakter aufweist. Frühzeitig kann es zum reaktiven **Verschluß** der Tubenenden kommen (Abb. 13.24). Die schon durch entzündliche Wandschwellung verdickten Tuben werden zusätzlich durch Exsudatansammlung im Lumen kolbig aufgetrieben. Im typischen Fall der eitrigen Entzündung spricht man nun von einer **Pyosalpinx**.

Da die Infektion oder zumindest die entzündliche Reaktion auch die mittleren und äußeren Wandschichten der Tuben mitergreift, wird auch die Umgebung in den Prozeß miteinbezogen; man spricht nun von der **Perisalpingitis**.

Es entwickeln sich Adhäsionen zwischen Tuben und Darm, Netz, Ovarien und Beckenwand. Das Adhäsionsprodukt aus Tube und Ovar kann, teils durch Flüssigkeitsansammlung in Verklebungshöhlen oder kleinzystische Bildungen im Ovar verstärkt, bei längerem Bestehen sehr voluminös werden und dann die Bezeichnung **Tuboovarialzyste** rechtfertigen.

Der eigentliche infektiöse Prozeß bleibt meist lokalisiert. Nur gelegentlich kommt es vorübergehend zur diffusen Ausbreitung der Erreger im kleinen Becken und damit zur **Pelveoperitonitis**. In deren Folge kann sich ein **Douglas-Abszeß** entwickeln (Abb. 13.24).

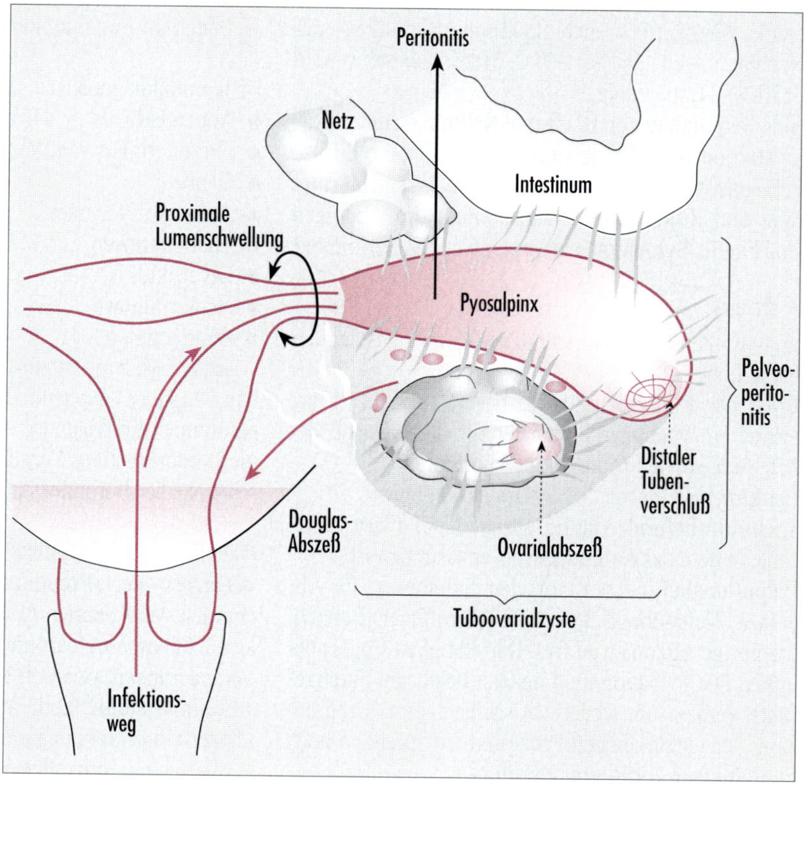

Abb. 13.24 Ablauf der typischen aszendierenden Adnexentzündung. Infektionsweg, Tubenverschluß, Miteinbeziehung der Umgebung.

Sehr selten überschreitet die Infektion die Grenzen des kleinen Beckens nach oben und führt dann zur **Peritonitis**.
Soweit eine Übersicht des chronologischen Verlaufes, der im Einzelfall durch die Keimart und die individuelle Reaktion modifiziert sein kann.
Klinisch haben wir also vier verschiedene Ausbreitungsstadien steigender Gefährlichkeit zu erwarten:

isolierte Salpingitis
+ **Perisalpingitis** (selten mit Tuboovarialabszeß)
+ **Pelveoperitonitis** (evtl. mit Douglas-Abszeß)
+ **Peritonitis**

} 10–30%

Solche Komplexität rechtfertigt die Tatsache, daß man im angloamerikanischen Schrifttum nicht von Salpingitis, sondern von **pelvic inflammatory disease** spricht.

▶ Symptome

Die aszendierende Adnexentzündung tritt meistens akut, seltener subakut auf. Im typischen, akuten Fall kommt es teils bei gegebener Disposition (s.o.), teils bei völlig leerer Anamnese zu Unterbauchschmerzen, verbunden mit Fieber (bei ca. 40% >38 °C). Obwohl der Krankheitsprozeß meist beide Tuben befällt, überwiegt mitunter eine Seite und bestimmt die Symptomatik. Bei ca. 30% auch azyklische Blutungen oder Nachblutungen (s. S. 337), Miktionsbeschwerden (<20%), Dyspareunie.
Eine Beteiligung von Blase und Rektum (schmerzhafte Miktion bzw. Defäkation) deutet auf eine diffuse Pelveoperitonitis hin. Erbrechen, Pulsverschlechterung und diffuse Schmerzausbreitung im Abdomen sind bereits Symptome der generalisierten Peritonitis!

▶ Befunde

Im typischen Fall entspricht der Allgemeinzustand der Fieberhöhe.
BSG: Die Blutsenkung steigt bei >60% deutlich an. Sie ist ein wichtiger Parameter für das Ausmaß der Affektion sowie für die Verlaufskontrolle.
Leukozytose: bei ca. 50% stark ausgeprägt.
Spekulumbefund: Häufig eitrig-fötider Fluor cervicalis, in dem der Keimnachweis anzustreben ist.
Palpationsbefund bei einfacher Salpingitis: Im Abdomen Tiefendruckschmerz im betroffenen Bereich, das übrige Abdomen ist frei. Darmtätigkeit träge, aber intakt. Die Palpation muß äußerst behutsam durchgeführt werden, um weder Verwachsungen (= Abgrenzung des entzündlichen Prozesses) zu sprengen noch Pyosalpingen zur Ruptur zu bringen.
»Bewegungsschmerz« bei der Uteruspalpation, ferner Nachweis von weichen, hochempfindlichen Eileiterverdickungen. Der Douglas-Raum ist empfindlich, eine Resistenz ist dort jedoch nur tastbar, wenn die Adnexe in den Douglas geschlagen sind.
Sind bei vaginaler bzw. rektaler Untersuchung auch Beckenwand und sonstige Organe des kleinen Beckens bewegungs- bzw. druckschmerzhaft, so spricht dies zumindest für eine **Pelveoperitonitis**.
Abwehrspannung im gesamten Abdomen, Meteorismus, Darmatonie und trockene Zunge zwingen zur Ergänzungsdiagnose peritoneale Reizung bzw. **Peritonitis**.

▶ Diagnostik

Die Diagnose ergibt sich aus der typischen Anamnese, dem Tastbefund, BSG und Leukozytenzahl. Ist keiner dieser Dispositionsfaktoren gegeben oder sind die Laborwerte normal, so muß an der Richtigkeit der Diagnose gezweifelt und ggf. **laparoskopiert** werden. Dabei kann auch intraperitoneal Material zur Keimbestimmung gewonnen werden.

> ! Bei laparoskopischer Kontrolle läßt sich die klinische Diagnose »Adnexentzündung« nur bei ca. 50–60% bestätigen! Statt dessen zeigen sich andere Erkrankungen, Endometriosen, postoperative Adhäsionen, Allen-Masters-Syndrom, Divertikulitiden u.a.m.; mitunter negative Befunde!

Differentialdiagnostisch sind abzugrenzen:

- Appendizitis (s. S. 445)
- Extrauteringravidität (s. S. 444)
- Ovarie
- Adhäsive Prozesse
- Endometriosen
- Divertikulitis
- Nephrolithiasis
- Ovarialtumoren (s. S. 445); Stieldrehung; nekrotischer Zerfall mit entzündlichen Begleiterscheinungen

Die Diagnose »Appendizitis« bedeutet sofortige Laparotomie, die Diagnose »Adnexentzündung« jedoch meist konservatives Vorgehen, oft aber erst nach laparoskopischer Befundbestätigung.

Die Druckempfindlichkeit der Ovarien, die sog. **»Ovarie«** oder **»Pseudoadnexentzündung«** (Dolenz der nicht vergrößerten Adnexe bei normaler BSG und leerer Anamnese), darf nicht mit echten entzündlichen Veränderungen verwechselt werden. Oft handelt es sich um vegetativ labile Asthenikerinnen, für die eine »Unterleibserkrankung« mit einem typischen »Krankheitsgewinn« verbunden ist. Häufig findet man Partnerkonflikte, auffallende Fixierung an die Eltern oder Störungen der Umweltbeziehung (s. Kap. 19).

▶ Therapie

Je eher eine konsequente Therapie einsetzt, um so geringer sind die Spätfolgen. Deshalb sollte bei eindeutiger Kasuistik die sofortige stationäre Behandlung angestrebt werden, besonders bei jungen Patientinnen.

Akutes Stadium: Hier sind folgende Maßnahmen zu beachten:

- Ergänzende Diagnostik: Vor der antibiotischen Therapie Zervixabstrich zur Keimbestimmung (Färbung, Kultur; Gonorrhö? Dann Meldepflicht!)
- Erregerbekämpfung: Breitbandantibiotika (s. Anhang), ohne das Kulturergebnis abzuwarten. Anaerobier mitberücksichtigen, beispielsweise also Mezlocillin + Metronidazol bzw. Clindamycin i.v. Später ggf. Therapieänderung je nach Kulturergebnis
- »Ruhe«:
  - ggf. Ziehen des Intrauterinpessars
  - Bettruhe
  - Eisblase auf den betroffenen Bereich, ggf. auf beide Unterbauchseiten
  - leichte Kost, milde Abführmaßnahmen
- Antiphlogistika, Analgetika: Benzydamin (Tantum), Nifluminsäure (Actol), Indometacin (Amuno) o. ä. (cave Kontraindikationen)
- »Resistenzsteigerung« der Genitalorgane: Östrogene in kleiner Dosis (tägl. 1 Tabl. Progynon C) oder, bei Zykluslabilität, Östrogen-Gestagen-Kombination (Progylut)

Übergangsstadium: Im typischen Falle klingen die akut-entzündlichen Symptome unter optimaler Therapie in 4–8 Tagen ab. In gleichem Maße ändert sich die Therapie. Nach einigen Tagen, während derer die oben erwähnten Medikamentdosen langsam abgebaut werden und die Eisblase durch Umschläge ersetzt wird (feuchte Wärme), erfolgt der Übergang auf die für Spätstadien und chronische Stadien indizierte »resorptive Therapie«.

Spätstadien, chronische Stadien: Die nach Abklingen oder bei Nichtvorhandensein akuter Erscheinungen notwendigen Maßnahmen verfolgen den Zweck, Exsudate und Flüssigkeitsansammlungen zur Resorption zu bringen und Adhäsionen zu erweichen bzw. zu lösen. Dies sucht man durch **Hyperämisierung** zu erreichen. Als Methoden bieten sich Kurzwellenbestrahlungen und Moorpackungen an. Bestrahlungen und Packungen sind je 6- bis 12mal in 2- bis 3tägigen Abständen unter laufender Kontrolle von Temperatur, BSG, Leukozyten und Allgemeinbefinden vorzunehmen.

Die Behandlung muß als angenehm empfunden werden. Neue Schmerzen, BSG-Anstieg oder Fieberrückfälle deuten darauf hin, daß zu früh auf eine Wärmebehandlung übergegangen wurde.

Der Therapieeffekt muß durch gynäkologische Kontrolluntersuchungen überprüft werden. Erst nach Normalisierung aller Befunde ist die Krankheit als abgelaufen anzusehen.

▶ Besondere Verlaufsformen

> ! Eine Befundvergrößerung unter sachgerechter Therapie oder die Persistenz hohen Fiebers oder Verdacht auf Ruptur eines Abszesses macht eine **operative Revision** nötig (ca. 10%, selten mehr).

Häufig findet man dann eine sekundäre Miteinbeziehung des Ovars im Sinne eines **Tuboovarial-** oder **Ovarialabszesses** oder anderweitige voluminöse Eiteransammlungen.

Die Entwicklung einer schmerzhaften, prallen Resistenz im Douglas, septische Temperaturverläufe und zunehmende Defäkationsschmerzen deuten auf die Entstehung eines **Douglas-Abszesses** hin. Hier ist die Punktion mit Entleerung von der Vagina aus notwendig.

Entwickelt sich nach Feststellung eines eindeutigen entzündlichen Genitalbefundes eine diffuse **Peritonitis** (s. S. 344), ist einerseits an eine primär erweiterte Aszension bzw. Durchwanderung zu denken, andererseits an eine iatrogene Genese der Adnexentzündung, z. B. an eine Perforation, Darmverletzung und dergleichen. Sofortige stationäre Einweisung. Eine operative Revision ist obligat.

Ausnahme: Bei sicher **gonorrhoischer Genese** einer Adnexentzündung wird auch bei peritonealen Symptomen nicht laparotomiert. Einleitung der spezifischen Antibiotikatherapie.

Von der Umgebung induzierte Entzündungen

Die von den Nachbarorganen auf die Eileiter oder das Ovar übergeleiteten entzündlichen Prozesse werden meist nicht als solche erkannt, da die Primärerkrankung, z. B. der **perityphlitische Abszeß** oder die **Appendizitis**, im Vordergrund steht. Der Arzt registriert meist erst die Folgen (Adhäsionen, Tuboovarialzysten, Tubenverschlüsse einschl. Sterilität) und kann sie retrospektiv mit bestimmten Besonderheiten der Anamnese in Beziehung setzen. So kann die Bedeu-

tung der akuten Appendizitis für die weibliche Sterilität gar nicht hoch genug bewertet werden.
Die Therapie wird im Frühstadium von der Primärerkrankung bestimmt, im Spätstadium entspricht sie der oben bei der chronischen Adnexentzündung beschriebenen Behandlung.

Hämatogen entstandene Entzündungen

Durch hämatogene Zufuhr von Erregern und Ansiedlung derselben in Tube oder Ovar können hinsichtlich Befund und Beschwerden typische Adnexentzündungen entstehen. Dieser Infektionsweg ist charakteristisch für:

- Viren (z. B. Influenza)
- Tuberkulose

Die **Virus-Adnexentzündungen** sind meist flüchtig, ungeachtet anfänglich unverkennbarer Befunde. Die Kombination mit den typischen grippalen Symptomen erleichtert die Diagnose. Die Therapie kann sich auf symptomatische Maßnahmen beschränken, nur bei Unklarheit der Diagnose ist das oben erwähnte Schema anzuwenden.
Die **Genitaltuberkulose** ist die wichtigste und häufigste hämatogen entstandene Erkrankung der Adnexe (s. S. 347). Von den chronisch-entzündlichen Adnexbefunden sind etwa 5–10 % als tuberkulös anzusehen.

Entzündungen nichtinfektiöser Genese

Selten einmal können die Adnexe in einen entzündlichen Reizzustand versetzt werden, ohne daß infektiöse Prozesse daran auslösend beteiligt sind. Dies kann »aszendierend« erfolgen, z. B. bei der Einspritzung von Seifenlösung und anderen chemisch differenten Lösungen in das Cavum uteri mit Übertritt in die Eileiter (krimineller Abort). Ferner können die Adnexe von der Umgebung, vom Abdomen her, irritiert werden, z. B. bei eiweißreichem Aszites oder Reizexsudat sowie infolge einer Installation radioaktiver Substanzen ins Abdomen (s. Therapie des Ovarialkarzinoms).

Spätfolgen entzündlicher Adnexerkrankungen

Die typische aszendierende Adnexentzündung geht mit der Ausbildung von **Verwachsungen** zwischen Genitale und umgebenden Organen einher. Die bei ca. 10–30 % zu erwartenden Spätfolgen sind deshalb leicht aus den topographischen Gegebenheiten abzuleiten. Im einzelnen sind zu erwarten:

- »Echte« Rezidive, bei 10–25 % (»chronische Adnexentzündungen«)
- Uncharakteristische Unterbauchschmerzen als Folge der Verwachsungen (10–20 %)
- Kohabitationsschmerzen, ebenfalls verwachsungsbedingt
- Kreuzschmerzen
- Retroflexio uteri fixata mit oder ohne Beschwerden
- Sterilität bei einmaliger Erkrankung (5–20 %), bei häufigen Rezidiven (35 %, bei Chlamydien bis 75 %) bzw. Neigung zu Tubargravidität
- Fluor
- Dysmenorrhö
- Mitunter verstärkte Menstruation
- Psychische, psychosoziale und psychosexuelle Auswirkungen und Wechselwirkungen

Die Auswirkung der Spätfolgen für Arbeitsfähigkeit, Befinden und Vita sexualis der Patientin ist hochgradig von psychischen Faktoren abhängig. Bisher latente Konflikte am Arbeitsplatz oder in der Partnerschaft können durch die ständigen Beschwerden oder die Erkenntnis einer Sterilität offenkundig werden und den behandelnden Arzt vor schwere Probleme stellen. Andererseits kann eine einmal durchgemachte »Unterleibsentzündung« als Legitimation für vielfältiges Versagen mißbraucht werden.

▶ Therapie

Die Aufwendigkeit der Therapie macht es notwendig, sich bei den oft verwaschenen Beschwerdebildern nicht auf eine Vermutungsdiagnose zu stützen, sondern durch **Laparoskopie** die tatsächlichen Gegebenheiten abzuklären. Je nach Ergebnis kommen dann in Frage:

- Kurmäßige Wiederholung der intensiven resorptiven Maßnahmen in Praxis, Krankenhaus oder Badeort
- Operative Revision des Abdomens als Ultima ratio Beseitigung von Adhäsionen, gegebenenfalls Exstirpation krankhaft veränderter Organe
- Bei eileiterbedingter Sterilität mikrochirurgische Wiederherstellungsoperation (bei 40–70% erfolgreich, aber erhöhtes Risiko von Extrauteringraviditäten) oder In-vitro-Fertilisation (s. S. 131)
- Supportive psychotherapeutische Maßnahmen, gegebenenfalls Arbeitsplatzwechsel, Adoption eines Kindes bei unbeeinflußbarer Sterilität usw.

Literatur

Herendael B van. Operative gynäkologische Endoskopie. Stuttgart: Schattauer 1996.

Krause W, Weidner W. Sexuell übertragbare Krankheiten. Stuttgart: Enke 1988.

Maaßen V. Gutartige, nichtentzündliche Erkrankungen der Adnexe. In: Gutartige gynäkologische Erkrankungen. Bd 8. Klinik der Frauenheilkunde und Geburtshilfe. 3. Aufl. Bender HG (Hrsg). München: Urban & Schwarzenberg 1995.

Martius G. Differentialdiagnose. Bd 2. Gynäkologie. Stuttgart: Thieme 1987.

Martius J. Entzündliche Erkrankungen der Adnexe mit Beteiligung der Nachbarorgane. In: Gutartige gynäkologische Erkrankungen. Bd 8. Klinik der Frauenheilkunde und Geburtshilfe. 3. Aufl. Bender HG (Hrsg). München: Urban & Schwarzenberg 1995.

Petersen EE. Infektionen in Gynäkologie und Geburtshilfe. Stuttgart: Thieme 1988.

Semm K. Pelviskopie und Hysteroskopie. Stuttgart: Schattauer 1977.

Simon C, Stille W. Antibiotika-Therapie. 9. Aufl. Stuttgart: Schattauer 1997.

13.5 Parametrien

Parametritis

> Beiderseits der Gebärmutter verlaufen bindegewebige Strukturen bis zur seitlichen Beckenwand, die Parametrien (Beckenbindegewebe). Sie haben wesentlichen Anteil an der Aufhängung des Uterus im kleinen Becken.

Die heute relativ seltene entzündliche Veränderung der Parametrien spielte früher eine wesentlich größere Rolle. Voraussetzung ist die Anwesenheit von pathogenen Keimen im Zervikalbereich und das Vorhandensein einer für die Erreger zugänglichen Eintrittspforte in das zervikale Bindegewebe. Diese Gegebenheiten sind nur unter folgenden Umständen vorhanden:

- Nach brüsken Dilatationen der Zervix und mangelhaft sterilem Vorgehen (Abrasionen, Aborte)
- Bei instrumentellen Direktläsionen von Zervix und Parametrium (z. B. bei Perforationen)
- Bei intrazervikalen Manipulationen beim Zervixkarzinom (Radiumeinlagen)
- Nach Konisation (s. Abb. 14.13)
- Bei Entbindungen mit Zervixrissen und sekundärer Infektion

Meist erfaßt man nicht das akute Stadium, sondern den Spätzustand, einen schwartigen Parametriumbefund. Differentialdiagnostisch ist stets ein **Zervixkarzinom** sorgfältig auszuschließen.

Die Therapie einer chronischen schmerzhaften Parametritis entspricht derjenigen der chronischen Adnexentzündung.

13.6 Spezifische Infektionen

Genitaltuberkulose

> Bei der Genitaltuberkulose handelt es sich nicht um eine »Geschlechtskrankheit«, sondern um eine **Sekundärtuberkulose**. Die Primärerkrankung wird sich anamnestisch (Rippenfellentzündung, »Lungenspitzenkatarrh« usw.) oder röntgenologisch nachweisen lassen. Mit einer Genital-Tbc ist bei etwa 3–4 % der Tbc-Kranken zu rechnen.

Die **Pleuritis** ist eine besonders häufige anamnestische Angabe (bei 70 %), ebenso die **Peritonealtuberkulose**. Bei zahlreichen Patientinnen mit einer Genitaltuberkulose ist der Primärherd noch als klinisch manifest anzusehen. Bei etwa 9 % findet man als weiteres Zeichen einer sekundären Tuberkulose eine spezifische **Harnwegsinfektion**.

Multiple Lokalisationen der Genitaltuberkulose können gemeinsame Folge der hämatogenen Streuung sein, evtl. aber auch einer direkten Infektfortleitung von Nachbarbefunden entstammen:

Primärkomplex → hämatogene Streuung
→ sek. Lungen-Tbc
→ Peritoneal-Tbc
↓ ↑
→ **Salpingitis tbc.**
↓
→ **Endometritis tbc.**
→ Ovar-Tbc

Bei der Genitaltuberkulose sind die **Tuben** in 85–90 % befallen, das **Endometrium** in 60–70 % und die

Ovarien in etwa 10%. Die typische Genitaltuberkulose tritt vornehmlich im 3. und 4. Dezennium auf. Bei älteren Frauen findet sich die Genitaltuberkulose häufiger als isolierte Endometritis tuberculosa ohne Beteiligung der Adnexe. Eine Genitalhypoplasie scheint die Manifestation einer Genitaltuberkulose zu begünstigen.

▶ Symptome

Die Genitaltuberkulose verläuft meist schleichend und **häufig symptomlos**. Die manchmal bestehenden subfebrilen Temperaturen werden kaum wahrgenommen. Nicht die Entzündung selbst, sondern eine der Folgen, die **Sterilität**, führt die Patientin gewöhnlich zum Arzt. Auch **Zyklusstörungen**, wie sie häufig mit der tuberkuloseanfälligen Hypoplasie vergesellschaftet sind, veranlassen die erste gynäkologische Konsultation.

▶ Befunde

Die Auswirkungen der Erkrankung an den Tuben und ihrer Umgebung entsprechen im wesentlichen den bei der aszendierenden Adnexentzündung beschriebenen:

- Entzündliche Verdickung beider Tuben
- Z.T. starke Auftreibung durch endosalpingitische Exsudate (tuberkulöse Pyosalpinx) bzw. eingedickte »Käsemassen«
- Entwicklung von Verwachsungen mit Ovar, Netz, Darm usw.

Die resultierenden **Konglomerattumoren** sind derb, im Gegensatz zur unspezifischen Salpingitis auffällig **indolent** und wenig beweglich. Einzelheiten sind meist nicht herauszutasten.

▶ Diagnostik

Die Vermutungsdiagnose »Genitaltuberkulose« kann, besonders bei ganz oder nahezu beschwerdefreien Patientinnen, nach folgenden Befunden gestellt werden:

- Wenn bei positivem Tuberkulintest bei einer Virgo eindeutige doppelseitige Adnexbefunde tastbar sind.
- Wenn man bei tuberkulosepositiver Anamnese doppelseitige, derbe Adnexbefunde bzw. Konglomerattumoren findet, die auffallend indolent sind und deren Entstehung der Patientin nicht bewußt wurde (Gegensatz zur aszendierenden Adnexentzündung).
- Wenn bei tuberkulosepositiver und gynäkologisch negativer Anamnese (kein Abort, keine Adnexentzündung, keine Appendizitis) tubare Sterilität besteht, evtl. verbunden mit tuberkulosetypischen Salpingographiebefunden.

Gesichert wird die Diagnose durch folgende Maßnahmen:

- Menstrualblutuntersuchungen (Kultur, Tierversuch): Nur ein 2- bis 3mal negatives Ergebnis spricht sicher gegen die Annahme einer Genitaltuberkulose.
- Untersuchung von Abstrichen, die anläßlich einer Operation aus einem verdächtigen Adnexbefund entnommen wurden
- Histologische Untersuchung von Abradaten (Endometritis tuberculosa, meist ein Zufallsbefund) oder Operationspräparaten
- Laparoskopie

Bei Verdacht auf Genitaltuberkulose oder Sicherung dieser Diagnose stets auch den Urin auf Tuberkulose untersuchen lassen.

▶ Therapie

Konservative Maßnahmen: Ebenso wie die Lungentuberkulose wird auch die Genitaltuberkulose mit Tuberkulostatika behandelt.

Operative Maßnahmen: Eine operative Therapie ist nur dann indiziert, wenn therapieresistente große Adnexbefunde vorliegen oder wenn trotz optimaler konservativer Therapie keine Beschwerdefreiheit erzielt werden kann.

Gonorrhö

Als Gonorrhö bezeichnet man die durch Neisserien bzw. Gonokokken hervorgerufenen entzündlichen Erkrankungen. Neisserien sind gramnegative Diplokokken mit einem Wachstumsoptimum bei pH 7,2.

Die Keime sind nur auf Oberflächen von Schleimhäuten lebensfähig, das Plattenepithel von Vagina und Portio wird nur ausnahmsweise bei Kindern, in der Gravidität und im Senium befallen. Beim Erwachsenen wird die Infektion nahezu ausschließlich durch **Geschlechtsverkehr** übertragen.

Die gonorrhoische Infektion, deren Inkubation 3 bis 5 Tage beträgt, verläuft unter zwei Erscheinungsbildern (Abb. 13.25):

- **Untere Gonorrhö:** Hier sind nur die Bereiche unterhalb des inneren Muttermundes befallen.
- **Obere Gonorrhö:** zusätzliche Aszension in die Eileiter usw.

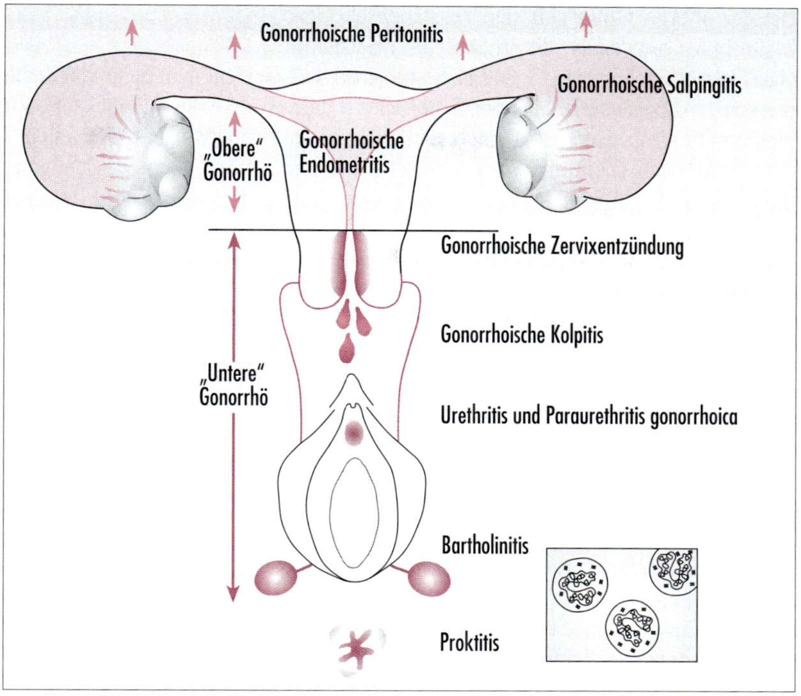

Abb. 13.25 Gonorrhö. Typische Befunde bei der unteren sowie der oberen Go. Im Ausschnitt: typisches Bild im mikroskopischen Sekretausstrich: Gonokokken (Diplokokken) in Leukozyten.

Untere Gonorrhö

Zunächst werden Urethra (90%), Introitus (mitunter inkl. Glandulae Bartholini), Cervix uteri (80–90%; zervikaler Fluor) und gelegentlich auch das Rektum betroffen. Diese »untere« Gonorrhö verläuft **symptomarm**!

! Die Zervixinfektion stellt den potentiellen Ausgangspunkt für die schwere, aszendierende Infektion dar.

Obere Gonorrhö

Vom zervikalen Herd aus kann die Infektion über das Endometrium als Vermittler (flüchtige Endometritis) in die Eileiter aufsteigen (~10–20%) und dort z.T. sehr heftige Erscheinungen im Sinne der Salpingitis, Pelveoperitonitis oder auch Peritonitis auslösen. Die obere Gonorrhö verläuft **symptomreich**!

Der Verlauf der Salpingitis sowie die Komplikationsmöglichkeiten sind im Abschn. »Entzündliche Adnexerkrankungen«, S. 342 ff. abgehandelt. Im typischen Fall tritt die klinische Symptomatik 6–8 Tage nach Menstruationsbeginn, Abrasio, Abort oder Geburt auf. Der gonorrhoische Infekt zieht als »Schrittmacher« mitunter andere Keime nach (Anaerobier, Chlamydien), so daß ein **Mischinfekt** resultiert.

Als Folge einer gonorrhoischer Aszension ist, in Abhängigkeit von der Therapie, bei ca. 15% mit einer Verklebung der Tubenlumina, also mit **Sterilität** zu rechnen. Abszedierung ist seltener als bei unspezifischen Infekten.

▶ Diagnostik

Die Diagnose ergibt sich aus Symptomatik und Befund. Beweisend ist aber nur der **Keimnachweis** (s. S. 427).

Bei Unsicherheiten des Nachweises, aber starkem klinischen Verdacht, sowie zur sicheren Kontrolle des Therapieerfolges sind die Abstriche nach einer sog. **Provokation** vorzunehmen, welche die Erreger aus Krypten hervorlockt. Als Provokation gelten die Menstruation (Abstriche am 2.–3. Tag) sowie Schleimhautreize mittels Lugol-Lösung. Die Abstriche sind 1–2 Tage nach der lokalen Reizung vorzunehmen.

▶ Therapie

Die Therapie der Wahl ist die Einzeittherapie mit der Kombination Penicillin + Probenecid. Bei Verdacht auf Penicillinallergie oder auch im Hinblick auf zunehmende Penicillinresistenz (4–17%) Favorisierung der Cephalosporine oder der Fluorochinolone.

Bei der **oberen Gonorrhö** sind zusätzlich alle jene Maßnahmen notwendig, die im Abschn. »Entzündliche Adnexerkrankungen«, S. 342 ff. beschrieben worden sind. Als Besonderheit der gonorrhoischen Salpingitis und Pelveoperitonitis ist das schnelle Abklingen der akut-dramatischen Initialsymptome zu erwähnen. Stets nach Syphilis fahnden. Informations- und Meldepflicht: s. u.
Nach Abschluß der klinischen Behandlung sind 3 bis 6 **Abstrichkontrollen** erforderlich, von denen mindestens eine nach vorheriger Provokation erfolgen sollte. Alle Abstriche müssen negativ ausfallen. Bei positivem Ausfall trotz Behandlung ist auch eine Reinfektion zu bedenken (Partnerbehandlung?).

Syphilis

Erreger: Spirochaeta pallida/Treponema pallidum. Infektionsvoraussetzungen: Keimanwesenheit und Haut- oder Schleimhautläsion.
Spezielle Einzelheiten über die Syphilis sind den Lehrbüchern der Dermatologie und Hygiene zu entnehmen.

► Befunde

Ein **Primäraffekt** imponiert als solitäres **Ulcus durum** am Introitus, in der Vagina oder an der Portio, begleitet von einer Anschwellung regionärer Lymphknoten. Inkubationszeit ca. 3 Wochen.
Im **Sekundärstadium** (nach ca. 9 Wochen) im Genitalbereich nässende, beetartige Papeln oder **Condylomata lata**. Selten an der Portio in Form rundlicher, rotbrauner Prominenzen.
Im **Tertiärstadium** nur selten gynäkologische Befunde: **Gummen**, kugelige, weiche und oft ulzerierende Befunde, die gegen ein Karzinom abgegrenzt werden müssen. Können in Bläschenform an der Vulva, in der Vagina oder an der Portio auftreten; später schmierige **Ulzera**. Fluor, Brennen, Juckreiz. Sekundärinfektion häufig. Einzelheiten dazu s. Vulvitis S. 318, Kolpitis S. 322, Zervizitis S. 330.

► Diagnostik

- Syphilitische Veränderungen vorhanden?
- Erregernachweis
- TPHA-Test wird 1–2 Wochen nach Auftreten eines Primäraffektes positiv. Zur Bestätigung bei positivem Ausfall noch FTA-Test, IgM-Test.

► Therapie

Bei frischer Infektion Penicillin G 2,4 ME i.m. als Einzeittherapie oder 14 Tage lang tgl. 1 ME Benzylpenicillin-Clemizol.

Sexually transmitted diseases (STD)

Geht man nicht von der adnexbezogenen Manifestation eines Infektes aus, sondern vom Tatbestand einer überwiegend **sexuellen Übertragung einer Infektion**, dann werden unter dem Begriff STD neben den »klassischen Geschlechtskrankheiten« (Gonorrhö, Syphilis, Ulcus molle, Lymphogranuloma inguinale) folgende Krankheiten aufgeführt:

- Candidamykose
- Chlamydieninfektion
- Trichomoniasis
- Mykoplasmainfektion
- Herpes genitalis (HSV 2 u. a.)
- HPV-Infektionen (speziell 6, 11, 16, 18)

Einzelheiten dazu s. Vulvitis S. 318, Kolpitis S. 322, Zervizitis S. 330, Adnexentzündung S. 342 und Präkanzerosen S. 362).
Wegen der Möglichkeit sexueller Übertragung sind hier auch noch folgende Krankheiten zu nennen:

- Hepatitis-Virus-Infektion
- AIDS

Diese Krankheiten manifestieren sich jedoch nicht am Genitale selbst.

AIDS (Acquired Immune Deficiency Syndrome)

Diese Erkrankung muß hier erwähnt werden, da sie u. a. sexuell übertragen werden kann. In Industrieländern sind Frauen weniger als Männer betroffen: Unter den an AIDS Erkrankten der Bundesrepublik waren 1990 nur 9,7% Frauen. Dieser Anteil steigt an. Bei den HIV-positiven Personen schätzt man ihn heute auf ca. 20%. Bis 1996 verstarben in der BRD etwa 9600 Personen an AIDS.
Ungeachtet des erwähnten sexuellen Infektionsweges manifestiert sich die Erkrankung aber nicht morphologisch an den Genitalorganen, so daß sich hier eine weitere Darstellung erübrigt und statt dessen hinsichtlich der Infektologie und des Krankheitsverlaufs auf die einschlägigen Fachdisziplinen und ihre Lehrinhalte verwiesen werden kann. Für die Geburtshilfe ergeben sich wichtige Besonderheiten (s. Kap. 8.16).
Wegen eines möglichen Zusammenhanges mit der Immunschwäche sollte bei folgenden gynäkologischen Krankheiten u. a. auch ein HIV-Test angestrebt werden: Toxoplasmose, Candidiasis, Herpes simplex und Zervixkarzinom.

Ärztliche Meldepflicht

Die klassischen, ansteckenden Geschlechtskrankheiten wie Gonorrhö, Syphilis, Ulcus molle sowie Lymphogranuloma inguinale sind umgehend ohne Namensnennung oder Adressenangabe durch den behandelnden Arzt beim Gesundheitsamt zu melden. Bei Therapieverweigerung ist die namentliche Meldung Pflicht.
Die nicht sexuell übertragene Genitaltuberkulose ist als seuchenhygienisch »offene Tuberkulose« meldepflichtig.
AIDS ist bisher nicht meldepflichtig.

Literatur

Martius J, Hartmann AA. Sexuell übertragene Krankheiten. In: Gutartige gynäkologische Erkrankungen. Bd 8. Klinik der Frauenheilkunde und Geburtshilfe. 3. Aufl. Bender HG (Hrsg). München: Urban & Schwarzenberg 1995.
Petersen E. Infektionen in Gynäkologie und Geburtshilfe. 3. Aufl. Stuttgart: Thieme 1997.
Simon C, Stille W. Antibiotika-Therapie. 9. Aufl. Stuttgart: Schattauer 1996.
Steigleder GK et al. AIDS. Zug: Aesopus-Verlag 1987.

13.7 Mamma

Allgemeines

Entwicklung

Die Entwicklung der Brust beginnt etwa zwischen dem 10. und 11. Lebensjahr (**Thelarche**) und findet mit etwa 17 Jahren ihren Abschluß.
Nach dem Wachstumsabschluß setzen zusätzlich zyklische, **prämenstruelle Reaktionen** ein, die z. T. als »Schwellung« registriert und als schmerzhaft empfunden werden. Schließlich kommt es während der **Schwangerschaft** zur funktionsvorbereitenden Hypertrophie.

Fehlentwicklung und Anomalien

Überschüssige **dystope Entwicklungen** im Verlauf der Milchleiste (der ursprünglichen multiplen Anlage) können lediglich die Mamillenanlage betreffen (**Polythelie**) oder die gesamte Mammaanlage in verkleinerter Form zur Ausbildung bringen (**Polymastie**).
Den außerhalb der Milchleiste lokalisierten versprengten Bildungen ohne Mamille (**Mamma aberrata**) scheint eine gewisse Disposition zur Karzinomentstehung innezuwohnen.

Hyperplasie

Eine pathologische Vergrößerung der Brüste kann bei schwerer Belästigung operative Maßnahmen rechtfertigen.

Hypoplasie

Die abnorme Kleinheit der Mamma ist meist konstitutionell fixiert und durch Hormongaben wenig oder nur kurzfristig zu beeinflussen. Im Hinblick auf denkbare psychosoziale und psychosexuelle Auswirkungen einer solchen Unterentwicklung kann eine operative Vergrößerung, eine sog. **Augmentation,** diskutiert werden. Dabei werden weiche Prothesen, deren Konsistenz und Form derjenigen der Mamma entspricht, von kleinen Inzisionen her unter die Brustdrüse oder den M. pectoralis maj. plaziert.

Ungleiche Entwicklung der Brüste

Diese kann anlage- bzw. entwicklungsbedingt sein. Eine krankhafte Bedeutung kommt dieser **primären** Anomalie (>20%) nicht zu. Demgegenüber muß eine spätere, **sekundär** sich entwickelnde Ungleichheit stets ernst bewertet werden und an eine **karzinomatöse Genese** denken lassen.

Gutartige Tumoren

In der Mamma können sich umschriebene, abgrenzbare Tumoren entwickeln, die teils dem **Drüsenepithel** entstammen, teils dem **Bindegewebe** angehören oder schließlich durch Beteiligung beider Gewebe entstehen:

- **Vom Epithel ausgehend:** Adenome; Milchgangspapillome (solitär, multipel)
- **Epithelial-mesenchymal:** Fibroadenome, bereits bei jungen Frauen; Cystosarcoma phylloides, die zu

sehr großen Tumoren heranwachsen (gutartig/Borderline cases/maligne)
- **Mesenchymale Tumoren:** Fibrome, Lipome usw.

Die gutartigen Tumoren sind nur dadurch bedeutsam, daß sie stets die diagnostische Abgrenzung vom Karzinom erforderlich machen. Beschwerden bestehen meistens nicht.

▶ Therapie

Exstirpation und histologische Untersuchung.

Mastopathie (Mastopathia fibrocystica)

Im Gegensatz zu den erwähnten gutartigen Tumoren handelt es sich bei der Mastopathie nicht um isolierte Neubildungen, sondern um **Gewebsveränderungen**, die mehr oder weniger große Bereiche der Brustdrüsen erfassen und sie umgestalten. Die in Abb. 13.26 schematisch dargestellten Veränderungen betreffen das Epithel, die Lumina und das Bindegewebe in einem individuell hochgradig unterschiedlichen Ausmaß und in wechselnder Kombination. Es resultieren also sehr verschiedenartige Endzustände, in denen mal fibröse Partien, mal die Zystenbildung oder die Epithelproliferationen dominieren.

Ungeachtet der histologisch uneinheitlichen Bilder wird das Krankheitsbild summarisch als **Mastopathia chronica** bezeichnet. Gelegentlich sucht man den Einzelfall durch ergänzende Zusätze, wie Mastopathia chronica **cystica** bzw. **fibrosa,** näher zu definieren, ohne daß dies klinisch von Belang ist. Die Mastopathie bzw. Dysplasie ist u.a. vermutlich Folge einer gestörten Östrogen-Gestagen-Relation und entwickelt sich dementsprechend meist im 4.–5. Lebensjahrzehnt. Nach der Menopause pflegt es zur Rückbildung zu kommen. In den genannten Dezennien sind etwa 30–50% der Frauen mehr oder weniger betroffen.

Lokalisation

Die Veränderungen können einseitig oder, häufiger, doppelseitig vorkommen. Sie bevorzugen den äußeren, oberen Quadranten der Mamma und den axillarwärts ziehenden, lappigen Ausläufer.

Bedeutung der Mastopathie

- Subjektiv: z.T. Schmerzen
- Objektiv: palpatorisch mitunter schwierige Abgrenzung vom Karzinom
- Prognostisch: Bei der Sonderform der proliferierenden Mastopathie mit Atypien ist das spätere Karzinomrisiko um das vierfache erhöht

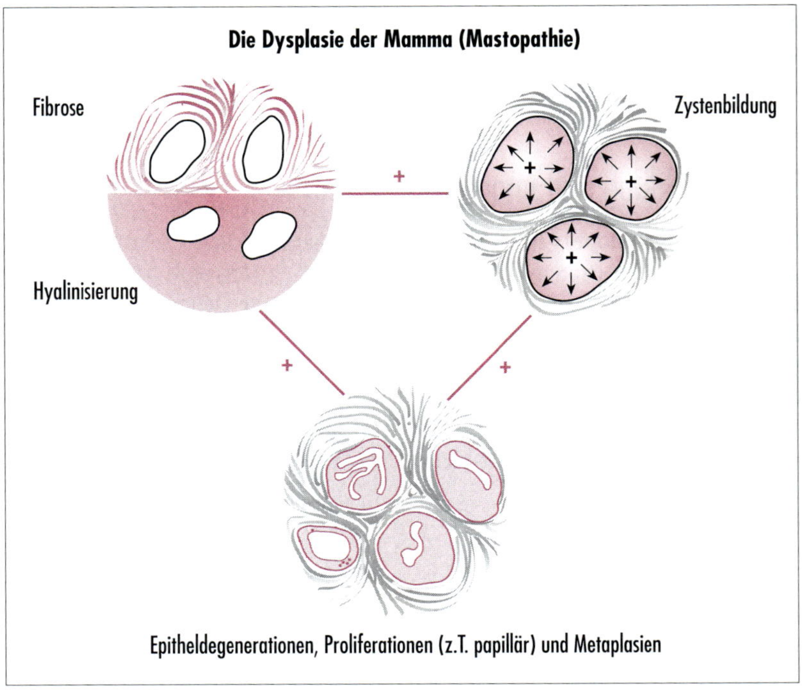

Abb. 13.26 Die drei charakteristischen Befunde bei der Mastopathie. Im Einzelfall unterschiedliche Kombinationen.

Klinik

▶ Symptome

Hier sind hauptsächlich zu nennen:

- Druckempfindlichkeit der oft multiplen knotigen Veränderungen
- Spontanschmerzen, die häufiger prämenstruell als kontinuierlich empfunden werden **(Mastodynie)**

▶ Befunde

Je nach Fall tastet man unterschiedlich ausgedehnte schmerzhafte Verdichtungen des Drüsengewebes und/oder solitäre oder multiple knotige Befunde. Mitunter wird der zystische Charakter dieser Knoten deutlich.

▶ Diagnostik

Die Verdachtsdiagnose läßt sich leicht aus dem Tastbefund, dem typischen Alter der Patientinnen und der häufigen Zyklusabhängigkeit der Brustschmerzen stellen.

Mammographie, **Sonographie** und ggf. die **Punktion** einer genügend großen Zyste (mit zytologischer Kontrolle des Punktates) bestätigen die Vermutungsdiagnose. Diese Bestätigung ist notwendig, da mitunter die Abgrenzung fibrozystischer Veränderungen gegen ein Karzinom palpatorisch unsicher ist oder man, bei eindeutiger Mastopathie, evtl. eingelagerte karzinomatöse Herde verkennen kann.

In Zweifelsfällen muß man die Diagnose »einfache Mastopathie« histologisch bestätigen bzw. das **Karzinom** oder präkanzeröse Veränderungen ausschließen (s. S. 393).

▶ Therapie

Falls keine Hinweise für ein Karzinom vorliegen, kann bei Beschwerden seitens der Mastopathie der Versuch einer konservativen Therapie gemacht werden. Dafür kommen in Frage:

- Mastodynon-Tropfen (homöopathisches Präparat)
- Gestagene perkutan: Progestogel

Ferner bei prämenstrueller Symptomatik:

- Norgestagene vom 17.–26. Zyklustag, tgl. 5–10 mg per os

Bei Dauerschmerz und Erscheinungen der Sekretion oder des prämenstruellen Syndroms:

- Antiöstrogen Tamoxifen (Nolvadex 10 mg/Tag 5.–28 Zyklustag)

Als Ultima ratio:

- Bromocriptin (Pravidel 2,5–5 mg/Tag 14.–28. Tag) oder Gonadotropinhemmer Danazol (Winobanin tgl. 200–400 mg) für 6 Monate

Die **proliferierende Mastopathie mit Atypien** (**Mastopathie Grad III**, <10% der Mastopathien), die nur histologisch zu verifizieren ist, bildet ein gewisses potentielles Risiko, dem man bei einer vielknotigen Brust auch durch mehrfache Gewebsentnahmen nicht zuverlässig begegnen kann: Es bleibt stets die Frage, ob man wirklich an der am stärksten veränderten Stelle biopsiert hat. Manche empfehlen heute deshalb bei ausgeprägten Fällen – und nur dann (entspr. Mammographiebefund und/oder histologischer Nachweis erheblicher Proliferationstendenz mit Atypien) – aus Sicherheitsgründen die **subkutane Mastektomie** oder, bei Beschränkung der Veränderung auf einen Teilbereich der Brust, die **Quadrantenresektion**. Histologische Aufarbeitung! An die subkutane Mastektomie kann ein Wiederaufbau der Brust durch Einlage eines der Brustkonsistenz ähnlichen **Inlays** angeschlossen werden.

Mastodynie

Den Begriff Mastodynie sollte man ausschließlich als Symptomenbeschreibung, nicht aber als Diagnose begreifen. Dem oft charakteristischen, zumeist prämenstruellen Spannungsgefühl bzw. den teils diffusen, teils umschriebenen Schmerzen in der Brust liegen ganz unterschiedliche Mechanismen zugrunde, die vom psychogen, endokrin-vegetativ (Steroide, Prolaktin) und vaskulär ausgelösten Ödem (als Teil des prämenstruellen Syndroms) über die Mastopathie bis zum Karzinom reichen.

Mastitis

Klassischerweise handelt es sich dabei um eine **postpartale Erkrankung** (s. Kap. 12). Es gibt aber auch eine sog. **non-puerperale Mastitis**, die subchronisch oder chronisch verläuft, hartnäckig ist und zu rezidivierenden Abszessen und Fistelbildungen neigt. Als Nebenbefund bzw. primäre Symptomatik ist oft eine Galaktorrhö bzw. Sekretstauung in den Milchgängen zu ermitteln. Von kausaler Bedeutung dürfte eine **Hyperprolaktinämie** sein, deren Nachweis und Ursachenermittlung obligatorisch sind. Therapeutisch steht die Kombination des Prolaktinhemmers Bromocriptin mit Antibiotika im Vordergrund. Gelegentlich muß auch operativ interveniert werden.

Das diagnostische Hauptproblem ist die Abgrenzung der non-puerperalen Mastitis vom **»inflammatorischen Mammakarzinom«** (s. S. 393 u. 398).

Mamillenabsonderung (Galaktorrhö)

Bei etwa 1% der Frauen zwischen 20 und 40 Jahren besteht außerhalb von Schwangerschaft und Stillzeit eine Absonderung aus der Brust; bei >20% kann man durch Kompression kleine Sekretmengen ausdrücken. Wesentlich ist die Frage nach **Einseitigkeit** (mit dem Alter zunehmend) oder **Doppelseitigkeit** (mit dem Alter abnehmend, ab 60 Jahre fehlend).

Bei doppelseitiger, meist leicht milchiger Sekretion handelt es sich überwiegend, aber nicht ausschließlich um eine endokrine zentrale Ursache, eine **Hyperprolaktinämie**, die meist mit Zyklusstörungen assoziiert ist. Seltener auch mastopathische Befunde.

Einseitige Absonderung, die häufig auch bräunlich oder blutig sein kann, ist auf lokale, **pathologische Veränderungen** zurückzuführen: überwiegend Papillome und Karzinome, ferner Fibroadenome, Entzündungen. Abklärungszwang!

Literatur

Bässler R. Pathologie der Brustdrüse. In: Spezielle pathologische Anatomie. Bd 11. Uehlinger E (Hrsg). Berlin, Heidelberg, New York: Springer 1978.

Barth V, Prechtel K. Atlas der Brustdrüse und ihrer Erkrankungen. 2. Aufl. Stuttgart: Enke 1990.

Frischbier HJ. Die Erkrankungen der weiblichen Brustdrüse. Stuttgart, New York: Thieme 1982.

Mosny DS, Bender HG. Gutartige Erkrankungen und formkorrigierende Operationen der Mamma. In: Gutartige gynäkologische Erkrankungen. Bd 8. Klinik der Frauenheilkunde und Geburtshilfe. 3. Aufl. Bender HG (Hrsg). München: Urban & Schwarzenberg 1995.

Peters F. Gutartige Erkrankungen der Brust. Stuttgart: Schattauer 1992.

14

Gynäkologische Onkologie

H. Schmidt-Matthiesen, D. v. Fournier

Allgemeines

Tumorarten und Häufigkeit

Jede 4. Frau erkrankt an Krebs, jede 5. stirbt an Krebs. Die Krebserkrankungen betreffen zu

- 19% den Genitalkrebs
- 22% das Mammakarzinom
- 14% Kolon- und Rektumkarzinome

Der genannte Krebsanteil der Genitalorgane verteilt sich in Europa auf die verschiedenen Organe etwa wie folgt:

- Vulva (inkl. Melanome) 5%
- Vagina 1–2%
- Zervix 20–30% (abnehmend)
- Korpus 30–40% (zunehmend)
- Ovarien 15–30% (zunehmend)
- Tuben 0,3%

Die **Heilungsergebnisse** sind bei den verschiedenen Erkrankungen aufgeführt. Pauschal gesehen sind sie trotz aller therapeutischen Bemühungen noch unbefriedigend. Dies liegt vornehmlich daran, daß oft, besonders beim Ovarialkarzinom, schon bei der Erstdiagnose ein fortgeschrittenes Stadium vorliegt. Die Heilungsaussichten sind naturgemäß um so schlechter, je ausgedehnter das Leiden ist. Eine Verbesserung der Heilungsquoten kann nur von einer **Frühdiagnose** erwartet werden. Im Falle sichtbarer bzw. diagnostisch leicht zugänglicher Bereiche (Vulva, Zervix) sollten bereits die Vorstadien erfaßt werden.

Früherkennung setzt zweierlei voraus:

- Bereitschaft der Frauen, sich einer regelmäßigen Kontrolle zu unterziehen.
- Aufmerksamkeit der Ärzte hinsichtlich Symptom und Befund.

Die Bereitschaft der Frauen zur **Kontrolluntersuchung** ist trotz Aufklärungsmaßnahmen und der Möglichkeit kostenloser Kontrollen gering: Weniger als 30% gehen zur Untersuchung! Selbst dann, wenn eindrucksvolle Befunde vorliegen, wird der Arztbesuch hinausgeschoben, das Leiden verschleppt und die Chance zur Heilung verspielt.

Auch **ärztlicherseits** kann die Verschleppung eines Krebsleidens begünstigt werden. Die häufigsten Fehler sind, daß bei einer anderweitig motivierten Arztkonsultation nicht nach den typischen Warnzeichen (s. u.) gefragt wird und geäußerte Frühsymptome nicht genügend beachtet oder bagatellisiert werden. Oft wird gar nicht entsprechend untersucht (Unterlassung der gynäkologischen Untersuchung, der Spekulumuntersuchung oder der Zytologie), auch an sich typische Befunde werden verkannt. Bei Unterlassung einer kausalen Klärung von Symptomen wird mitunter mit einer symptomatischen Therapie wertvolle Zeit verloren. Dabei ist die Frühdiagnose – abgesehen vom Ovarialkarzinom – in den meisten Fällen möglich.

> ! Die Kenntnis der **Warnzeichen** und **Frühsymptome** muß ebenso wie die gründliche Information über Aussehen und Tastbefund maligner oder prämaligner Veränderungen zum **Basiswissen** jedes Arztes gehören. Von der Lebensbedrohung aus gesehen, sind Erkennung und Behandlung des Krebses die zentralen Aufgaben der Gynäkologie!

Ärztliche Aufgaben bei Malignomverdacht/Malignom

Die folgende Darstellung kann als allgemeingültig und als Grundlage des Vorgehens angesehen werden.

- **Sicherung der Basisdiagnose:** Malignom ja/nein
- **Bei Malignität Ermittlung der individuellen Parameter.**
  Objektive Tatbestände:
  - Stadium TNM? (später pTNM). Palpation, Sonographie (CT, MRT; Röntgendiagnostik Pulmo, Mamma usw., je nach Sachlage)

- LK Beteiligung? (Palpation, Punktion, CT)
- histologisch-biochemische Differenzierung: Typ, Grading (G I-III), Polymorphie, Diploidie, Aneuploidie, Rezeptoren (ER, PR, AR, Aromatase), Marker
- vermutliche Prognose
- Therapiemöglichkeiten (Priorität, Alternativen)

Subjektive Konstellationen:
- Alter, Gesundheitszustand
- somatische und psychische Belastbarkeit
- Einstellung zur Krankheit und zum Leben; Erwartungen, Lebenswille
- familiär-sozialer Hintergrund
- Bereitschaftsumfang zur Therapie; Präferenzen?

- **Aussprache. Information über Krankheit und Therapiemöglichkeiten:**
  - Therapie der Wahl aus ärztlicher Sicht
  - Alternativen; Vorteile, Nachteile
  - Therapieentscheidung
- **Therapie**

Dieses Konzept muß nun lediglich auf die konkreten Gegebenheiten bei den verschiedenen Tumorarten angepaßt werden.

Literatur

Erbar P. Onkologie. 2. Aufl. Stuttgart: Schattauer 1993.
Schmidt-Matthiesen H, Bastert G. Gynäkologische Onkologie. 5 Aufl. Stuttgart: Schattauer 1994.
Schmidt-Matthiesen H. Allgemeine gynäkologische Onkologie. 3. Aufl. Bd 10. Klinik der Frauenheilkunde und Geburtshilfe. München: Urban & Schwarzenberg 1991.

14.1 Malignome der Vulva

Dysplasien und Präkanzerosen

Im Vulvabereich ist die scharfe Abgrenzung von Dystrophien, noch harmlosen Dysplasien und eindeutigen Präkanzerosen schwierig, da einerseits **fließende Übergänge** bestehen, die Veränderungen andererseits kombiniert auftreten können.

Die **Dystrophien** (s. S. 317) der neuen Definition (ausschließlich ohne Atypien) sind keine Präkanzerosen. Es sei aber betont, daß sich >25% der Vulvakarzinome auf dem Boden einer atypiefreien Dystrophie entwickeln. Es ist also erhöhte Aufmerksamkeit geboten.

Die **Dysplasien**, d.h. Ausreifungsstörungen von teilungsaktiven und z.T. anisomorphen Zellen (**»Atypien«**) und andere gleichrangige Epithelveränderungen werden heute als **vulväre intraepitheliale Neoplasien (VIN)** bezeichnet. Diese werden, je nach Atypiegrad, in drei Grade unterschiedlichen präkanzerösen Charakters und Risikos eingeteilt:

- VIN I = leichte Dysplasie
- VIN II = mäßige Dysplasie
- VIN III = schwere Dysplasie; ferner Carcinoma in situ, Bowen-Krankheit, Paget-Krankheit, Erythroplasia Queyrat

Schließlich sind hier gleichsinnig, wenn auch mit eigenem Erscheinungsbild, zu nennen:

- Atypische Kondylome
- Prämaligne Melanozytose (Melanoma in situ)

VIN III sowie das **Melanoma in situ** sind die eigentlichen **Vorstadien der Malignität.**

▶ Befunde

Die genannten Veränderungen sind zumeist durch farbliche, meist scharf abgrenzbare Abweichungen vom Normalen (rötlich, braun, schwärzlich) und ihre plaqueartige, mitunter psoriasiforme Erscheinung auffällig.

▶ Diagnostik

Die Befunddifferenzierung ist schwierig. Zum Einsatz kommen:

- Zytologie (unsicher)
- Kolposkopische Lupenbetrachtung
- Vitalfärbung mit Toluidin. Die Toluidin-positiven Bereiche einer Dystrophie/Dysplasie sind als verdächtig anzusehen und abklärungsbedürftig.

! Eine verläßliche Abklärung ist nur **histologisch** möglich, verlangt also, soweit möglich, die Exzision im Gesunden oder, bei ausgedehnten Veränderungen, multiple Probeexzisionen oder Stanzbiopsien.

▶ Therapie

Im Falle einer **Präkanzerose-Exzision im Gesunden** ist damit die Therapie abgeschlossen.

Bei ausgedehnten präkanzerösen Veränderungen, Multizentrizität und gesicherter VIN III kann eine die gesamte Vulva betreffende **Hautresektion** nötig werden (Skinning vulvectomy).
Bei ausschließlicher VIN I–II ist eine **Lasertherapie** diskutabel. Eine »blinde« Laserbehandlung ohne zuvor klärende Biopsie, z. B. bei einer nur vermuteten VIN I–II, ist wegen des Risikos einer irrtümlichen Einschätzung unzulässig.

! Diagnostik und Therapie nur durch Spezialisten.

Karzinome

Häufigkeit und Altersverteilung

Das Vulvakarzinom stellt etwa 5 % der Genitalkarzinome.
Es ist vornehmlich eine Erkrankung des höheren Lebensalters. Das Durchschnittsalter liegt bei etwa 65 Jahren. Aber: Etwa 5 % der Patientinnen sind 40 Jahre und jünger.

Karzinogenese

Eine multifaktorielle Genese ist wahrscheinlich. Bei einem Teil der Fälle, vor allem bei jüngeren Altersgruppen, scheinen **Papillomaviren (HPV)** von Bedeutung zu sein.

Histologie

Es handelt sich vornehmlich um **verhornende Plattenepithelkarzinome**.
Eine Sonderstellung innerhalb der Karzinome nehmen die **Basalzellenkarzinome** ein (ca. 5 %), da sie nicht zur Metastasierung neigen.
Karzinome der **Bartholin-Drüse** sowie primäre **Urethralkarzinome** sind selten.

Metastasierung

! Die Vulvakarzinome, vor allem die unreifen, **streuen sehr frühzeitig** in die inguinofemoralen und anschließend in die pelvinen Lymphknoten (selten direkt). Die Streuung beginnt bei Invasionstiefen von 1–1,5 mm! Bei nur 3,1–5 mm Invasionstiefe sind die Lymphknoten schon bei ca. 25 % befallen. Hämatogene Streuung ist extrem selten.

Klinik

Symptome

Wenn vorhanden, können die Symptome sehr vielfältig sein; mitunter kann jedes Symptom fehlen, z. B. bei den Frühfällen.

- **Pruritus!** Dieser ist meist nicht durch das Karzinom selbst, sondern die oft mit ihm vergesellschaftete Dystrophie bedingt.
- **Fötide Absonderungen, Wundgefühl.** Die Absonderungen entstammen einem primär ulzerierenden Wachstum oder einem sekundären Zerfall von Exophyten, sind also kein Frühsymptom! Häufige Folge: Infektion, Vulvitis.
- **Schmerzen!** Beim Vulvakarzinom werden auffallend frühzeitig und häufig Schmerzen registriert, vermutlich infolge der Lokalisation und der frühen Sekundärinfektion.
- **Blutungen (selten).** Diese sind kein Frühsymptom, sondern erst bei großen Tumoren zu erwarten.

Befunde

Verdachtsfall, Frühfall: Im Gegensatz zu dem unverkennbaren Bild des ausgeprägten Karzinoms sind die Frühbefunde uncharakteristisch und werden oft übersehen:

- Rötliche oder weiße, angedeutet erhabene Flecken
- Kleine erosive Defekte
- Diskrete Verhärtungen, die als »Narbe« oder »Warze« mißdeutet werden
- Bei zirkumskripten, dunkelbraun-schwärzlichen Veränderungen ist auch das Melanom zu berücksichtigen.

Klinisches Karzinom: (Abb. 14.1):

- Papillär-blumenkohlartige Prominenzen
- Breitflächige, zentral ulzerierte Infiltrationen mit derbem Rand
- Doppelseitigkeit möglich (Abklatschmetastasen, Abb. 14.1 a)
- Im Falle einer Metastasierung auffälliger Tastbefund im Areal der inguinofemoralen Lymphknoten (vergrößerte LK, Verhärtung)

Diagnostik

Die **Frühfälle** können sehr uncharakteristisch sein. Hier gilt folgendes:

! Jede fleckige Vulvaveränderung, jede Verhärtung, Prominenz oder nicht abheilende »Wunde« ist

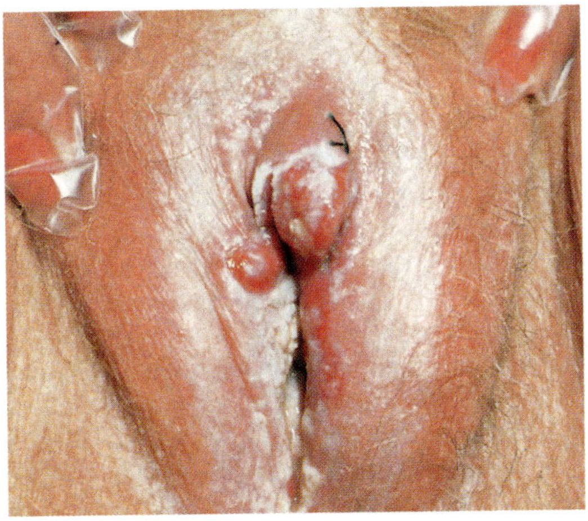

Abb. 14.1a Klitoriskarzinom, kleine »Abklatsch«-Metastase (rechter Introitussaum). Auf dem Boden einer Dystrophie mit hyperkeratotischen Anteilen entstanden.

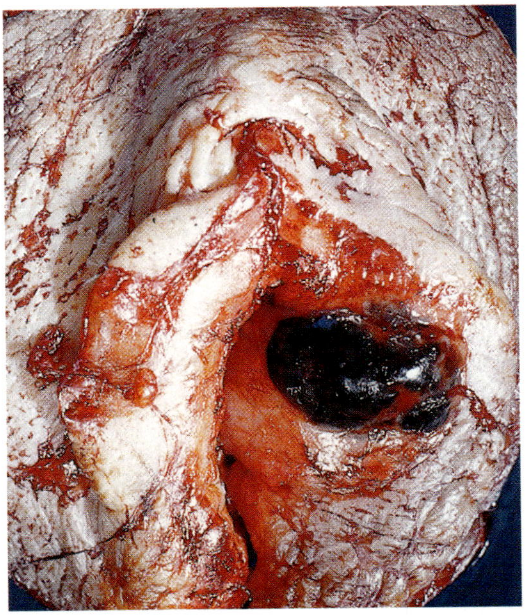

Abb. 14.1b Typisches noduläres malignes Melanom rechts. Mit ausgedehnter Streuung verbunden.

> ! karzinomverdächtig und muß unverzüglich durch einen Spezialisten abgeklärt werden. Methode der Wahl im Verdachtsfall ist die **Exstirpation** der Veränderung im Gesunden, oder, bei multizentrischen Befunden, die multiple **Stanzbiopsie**.

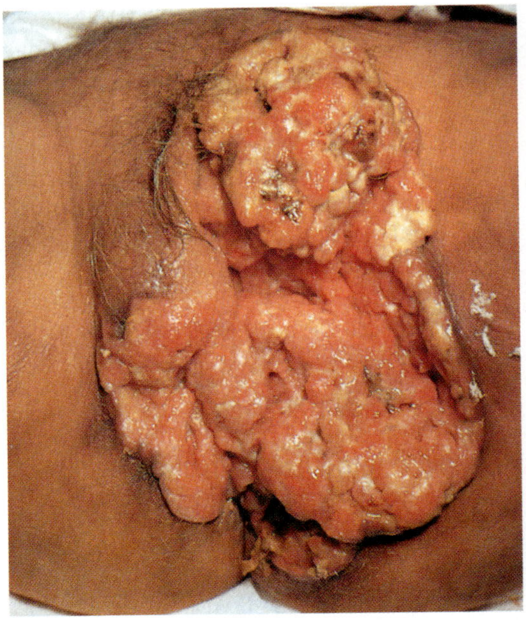

Abb. 14.1c Extrem fortgeschrittenes Vulvakarzinom bei der ersten ärztlichen Konsultation. Schwere Schmerzzustände bei vielfältiger Infektion.

Die Abstrichzytologie hat an der Vulva nicht den gleichen Stellenwert wie an der Zervix. Sie ist, ebenso wie der Einsatz der kolposkopischen Betrachtung und Vitalfärbung (Collins-Test), an die spezielle Qualifikation des Untersuchers gebunden.

Meistens kommen die Vulvakarzinome leider erst in einem fortgeschrittenen Stadium zur klinischen Behandlung. An der oft unbegreiflichen Verschleppung sind nicht nur die Patientinnen, sondern auch Ärzte beteiligt.

Das **ausgeprägte Karzinom** läßt sich mühelos durch die Knipsbiopsie sichern. Differentialdiagnostisch ist die Syphilis zu berücksichtigen.

▶ Therapie

Operative Therapie

Die bevorzugte operative Therapie des Vulvakarzinoms erstreckt sich bis auf Ausnahmen (s.u.) auf das Gebiet des **Primärtumors** und die **Leistenlymphknoten**. Im erweiterten Sinn sind auch die iliakalen Lymphknoten noch als mögliche Streubereiche aufzufassen, falls die Inguinallymphknoten befallen sind und eine Ausbreitung signalisieren.

Hinsichtlich der **Therapieauswahl** orientiert man sich zunehmend an den **individuellen Gegebenheiten**, also am Lokalbefund, an der Streuung, dem Alter und damit auch an der Belastbarkeit der Betroffenen.

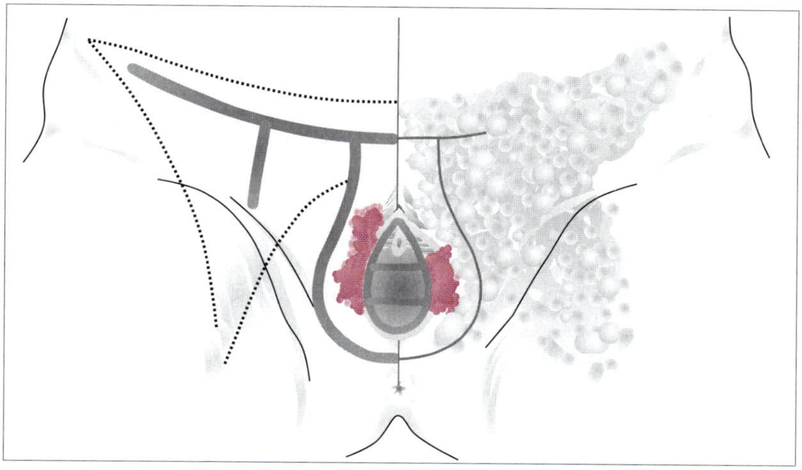

Abb. 14.2 Radikaloperation beim größeren Vulvakarzinom. Links: Schnittführungsvarianten —/··· Rechts: Andeutung des bei der Operation zu entfernenden Gewebes (Fettgewebe und Lymphknoten der Leiste sowie des Femoralisdreiecks).

Frühveränderungen: Präkanzerosen und beginnende karzinomatöse Veränderungen werden sorgfältig im Gesunden **exzidiert** und histologisch analysiert. Erreicht im Falle eines Karzinoms die Infiltration nicht mehr als 1 mm Tiefe **(Stadium Ia)**, kann man sich evtl. auf diesen Eingriff beschränken. Bei größeren Invasionstiefen steigt das Risiko, so daß ausgiebigere Exzisionen vorgenommen werden müssen. Teils aus diagnostischen, teils aus kurativen Gründen sollen auch die inguinalen (bzw. inguinofemoralen) Lymphknoten der befallenen bzw. beider Seiten exstirpiert werden.

Operable Karzinome mittlerer Größenordnung: Die Standardtherapie der typischen klinischen Karzinome **(Stadium Ib–II, III früh)** besteht in der **radikalen Vulvektomie** mit En-bloc-Resektion des gesamten inguinofemoralen Lymphknotenfettgewebes und der dazugehörigen Hautareale (s. Abb. 14.2, punktiert). Bei ausgiebigem Befall dieser Lymphknoten wird man je nach Sachlage (Befund, Alter, Belastbarkeit) entscheiden müssen, ob man es bei diesem Eingriff bewenden lassen will oder auch die gefährdeten **pelvinen Lymphknoten** exstirpiert bzw. sie stattdessen einer Hochvoltbestrahlung zuführt. Wird die radikale Vulvektomie bei jüngeren Frauen erforderlich, sollte man sie mit plastischen Operationen verbinden, um eine Funktionserhaltung des Vulvovaginalbereiches zu erreichen.

Verschleppte Vulvakarzinome (Abb. 14.1c): Hier wird, falls die Größe des befallenen Areals eine Deckung mit Haut (sei es direkt oder mittels plastischer Operationen) nicht mehr erlaubt, die **elektrochirurgische Resektion** des Tumors und die nachfolgende Elektrokoagulation des Wundbettes empfohlen. Der Defekt wird nicht vernäht, so daß eine große, nach der Koagulation schwärzliche Wunde verbleibt. Diese granuliert nur langsam zu. Im typischen Falle resultiert eine vollständige Heilung mit nur geringer Narbenbildung. Mit dieser Methode sind gute Ergebnisse erzielt worden (5-Jahres-Überlebenszeit ~50%). Falls möglich werden zur Deckung plastische Hautverschiebungen vorgenommen. Die Behandlung wird durch die Bestrahlung der Leistenfelder ergänzt, falls dies noch aussichtsreich erscheint.

Man kann auch zunächst adäquat bestrahlen und dann im Rahmen des Möglichen und Notwendigen operieren.

Strahlentherapie

Eine **ausschließliche Strahlentherapie** ist primär nicht indiziert, besonders nicht in den Stadien I u. II. Selbst in ungünstigen Fällen wird man die Radiatio mit einer Operation kombinieren (s.o.).

Die Bestrahlung erfolgt mit schnellen Elektronen über Stehfelder, wobei ein steiler Dosisabfall in der Tiefe die Schonung von Blase und Rektum recht gut ermöglicht.

Nach typischer radikaler Vulvektomie mit primärem Wundverschluß ist eine Bestrahlung dann indiziert, wenn die Resektion bis unmittelbar an den Tumor ging. Eine Elektronenbestrahlung nur dieser Region wird großzügig durchgeführt.

Bei **ausgedehnten Tumoren**, bei denen eine lokale operative Sanierung fraglich oder unwahrscheinlich ist, kann bei offenen Wundverhältnissen das granulierende Gewebe direkt mit Elektronen in einer Dosis von 50–60 Gy postoperativ nachbestrahlt werden.

Die Leistenlymphknoten bzw. ihre Areale werden (bei Befall) mit Halbtiefen-Therapie (Kobalt-60-Gammastrahlen oder 4- bis 6-MeV-Photonen) in einer Dosis von 50 (bis 60) Gy bestrahlt.
Zeigt eine Lymphonodektomie einen **Tumorbefall der pelvinen Lymphabflußregion** an, ist eine Strahlentherapie der Becken-Lymphabflußregion bis hoch zum Promontorium mit ultraharten Röntgenstrahlen in einer Dosis von 50 Gy angezeigt. Die Bestrahlung scheint der alleinigen operativen Lymphonodektomie überlegen zu sein.
Nebenwirkungen der Elektronenbestrahlung sind vor allem Strahlenulzera und Strikturen der Urethra. Die Elektronenbestrahlung auf das offengelassene Wundbett nach Vulvektomie führt dagegen nicht zu Heilungsstörungen, sondern erlaubt im Regelfall nach 3–5 Monaten eine Defektdeckung durch Granulation mit überwachsendem glatten Epithel.

Behandlung der Rezidive

Rezidive sollen so großzügig wie möglich operativ exzidiert und, im Regelfall, durch **Schwenklappen** gedeckt werden. **Inoperable Rezidive** werden nach möglichst ausgedehnter Tumorreduktion mit einer Elektronenbestrahlung auf das dann offene Wundbett und die Umgebung behandelt. Die Dosierung richtet sich nach der vorausgegangenen Strahlenbelastung und soll mindestens 45 Gy betragen.

Heilungsaussichten

Die Heilungserwartung hängt – bei einer 5-Jahres-Überlebensrate von 50–55 % –, im Einzelfall von der Größe und der Masse des Primärtumors (Ausbreitungsstadium) und der Lymphknotenbeteiligung ab. Bei nicht in die Lymphknoten metastasierenden Tumoren beträgt die 5-Jahres-Überlebenszeit über 80 %, bei Lymphknotenbefall 40 %. Spätere Rezidive nach 5 und 10 Jahren sind durchaus möglich.

Maligne Melanome

Neoplasien, die sich aus der prämalignen Melanozytose entwickeln, sind im Vulvabereich nicht selten. Sie metastasieren extrem früh. Die Therapie besteht in der operativen Entfernung unter Beachtung fallspezifischer (Level, Größe) Sicherheitsabstände. Lymphonodektomien stehen zur Diskussion. Zukünftig werden auch Interferon-α- sowie Gentherapie zu beachten sein.

Literatur

Schmidt-Matthiesen H, Bastert G. Gynäkologische Onkologie. 5. Aufl. Stuttgart: Schattauer 1994.

Bender, HG. Gynäkologische Onkologie. 2. Aufl. Stuttgart: Thieme 1990.

Hillemanns HG et al. Präneoplasien und Neoplasien der Vulva. Bd 11. Klinik der Frauenheilkunde und Geburtshilfe. 3. Aufl. München: Urban & Schwarzenberg 1991.

Nauth H. Vulvazytologie. Stuttgart: Thieme-Hippokrates 1986.

Zander J, Baltzer J. Erkrankungen der Vulva. München: Urban & Schwarzenberg 1986.

14.2 Malignome der Vagina

Karzinome

Genese und Häufigkeit

Ein Teil der in der Vagina auftretenden Karzinome ist dort **primär entstanden** (eigentliche Vaginalkarzinome). Innerhalb der Genitalkarzinome repräsentieren sie 1–2 %.
Ein anderer Teil der »Vaginalkarzinome« ist **metastatischer Genese** und meist einem Korpus-, Vulva-, Urethra- oder Zervixkarzinom zugehörig.

Histologie

Plattenepithelkarzinome überwiegen; der Nachweis eines **Adenokarzinoms** deutet auf eine wahrscheinlich metastatische Natur hin.

Klinik

▶ Symptome

Fluor, irreguläre Blutung, besonders post cohabitationem.

▶ Befunde

Teils knotig-derbe oder vulnerable, prominente Resistenzen, teils flächenhafte, indurative Befunde oder Ulzera. Meist unverkennbar.

▶ Diagnostik

Zytologie, Biopsie.

▶ Therapie

Bis auf seltene Ausnahmen (portionahe oder weit distale Lokalisationen) ist die **Strahlentherapie** die Methode der Wahl.

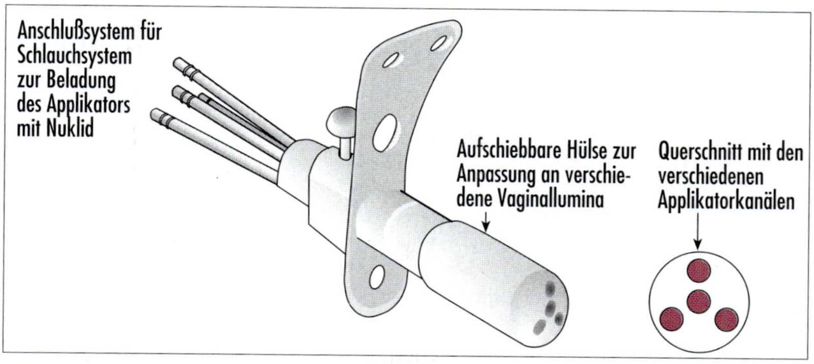

Abb. 14.3 Applikatorsystem zur Kontaktbestrahlung der Vagina. Durch die variable Ladungsmöglichkeit eines zentralen Kanals und dreier exzentrischer Kanäle ist eine optimale Anpassung der lokalen Dosis an die jeweiligen Befunde möglich.

Sofern sichergestellt ist, daß es sich um ein **primäres Scheidenkarzinom** handelt, erfolgt die Therapie durch **lokale Applikation** von Radionukliden. Das früher benutzte Radium wird mit der Einführung des Afterloading-Verfahrens (s. S. 490) durch Radiokobalt, Caesium oder Iridium ersetzt. Die strahlende Substanz wird in walzenförmige, dem jeweiligen Vaginallumen angepaßte Applikatoren eingebracht (Abb. 14.3), entweder in einem Zentralkanal, einem exzentrisch gelegenen oder in mehreren Kanälen, je nach Größe und Lage des karzinomatösen Befundes.

Die angestrebte **Gesamtdosis** wird in mehrere Fraktionen aufgeteilt. Dabei ist zu beachten, daß die Toleranzgrenze der Vagina im oberen Drittel hoch ist (bis 90 Gy), aber nur in der Größenordnung von 60 Gy liegt, falls sie in ganzer Länge bestrahlt wird und daß wegen des dünnen Gewebspolsters im Spatium rektovaginale Rektumscheidenfisteln eine gar nicht so seltene, in manchen Fällen unvermeidbare Folge sind. Bei hochsitzenden, der Portio benachbarten Karzinomen wird auch eine zusätzliche intrazervikale Einlage vorgenommen.

Die meist notwendige **perkutane Zusatzbestrahlung** kann bei Scheidenkarzinomen, die sich nur auf die obere Vagina erstrecken, in gleicher Weise durchgeführt werden wie eine Homogenbestrahlung beim Zervixkarzinom.

Bei Befall des unteren Scheidendrittels ist zu berücksichtigen, daß hier auch die **inguinalen Lymphknoten** in die Bestrahlungsfelder miteinbezogen und evtl. noch isoliert weiterbestrahlt werden müssen. Scheidenmetastasen anderer Genitalkarzinome werden im allgemeinen gleichartig behandelt wie das Scheidenkarzinom – vorausgesetzt, daß keine allgemeine Metastasierung vorliegt und begründete Aussicht besteht, noch eine Ausheilung zu erzielen. Dies gilt besonders für die Scheidenmetastasen des Korpus- und Zervixkarzinoms.

Heilungsaussichten

Stadienabhängig. 5-Jahres-Überlebenszeit pauschal etwa 40%.

Sarkome

Von den seltenen Sarkomen ist vor allem das während der ersten 5 Lebensjahre auftretende **Rhabdomyosarkom** (»Traubensarkom«) erwähnenswert. Im Frühstadium kann ein solcher, äußerst bösartiger Tumor als Vaginalpolyp mißdeutet werden.

Literatur

Bender HG. Gynäkologische Onkologie für die Praxis. 2. Aufl. Stuttgart: Thieme 1990.

Schmidt-Matthiesen H. Bastert G. Gynäkologische Onkologie. 5. Aufl. Stuttgart, New York: Schattauer 1994.

Fournier v D. Präneoplasien und Neoplasien der Vagina. In: Klinik der Frauenheilkunde und Geburtshilfe. Bd. 11. Spezielle gynäkologische Onkologie I. 3. Aufl. Schmidt-Matthiesen H (Hrsg). München: Urban & Schwarzenberg 1991.

14.3 Präkanzerosen und Karzinome der Cervix uteri

Allgemeines

Häufigkeit und Altersverteilung

Innerhalb der Krebserkrankungen der Genitalorgane entfallen ca. 20–30% auf die Zervixkarzinome. Sie dürften bei den heutigen Möglichkeiten der Vorsorge eigentlich überhaupt nicht mehr vorkommen, da man schon die präinvasiven Stadien erkennen und behandeln kann. Der Häufigkeitsgipfel für die Manifestation der **Dysplasien** (s.u.) liegt bei 28 J., der **Carcinomata in situ** (s.u.) bei 35 J. und der **Karzinome** bei 59 J. (Plattenepithelkarzinome) bzw. 55 J. (Adenokarzinome).

Karzinogenese

Die Annahme, daß die Entstehung obligatorisch an **sexuelle Aktivität** gebunden ist, gilt als gesichert. Dabei scheint das Risiko um so größer zu sein, je früher regelmäßige sexuelle Beziehungen aufgenommen werden; der Risikofaktor bei sexueller Aktivität im Adoleszentenalter beträgt etwa 2,5. Risikosteigernd wirkt sich auch **Promiskuität** aus.

Es geht um die Exposition der Zervix gegenüber örtlich wirksamen kanzerogenen oder kokanzerogenen **Noxen**. Als solche wurden früher Smegmaanteile (Risikominderung bei Beschneidung), mangelnde Sexualhygiene und Abbauprodukte der Sperma-DNS angesehen. Heute steht die Beachtung von **Infektionen** im Vordergrund. Vorübergehend wurde das HSV II angeschuldigt, dem man jetzt (ebenso wie Nikotin) nur die Rolle eines mutagenen Kofaktors beimißt. Es gilt als wahrscheinlich, daß die **Papillomaviren** HPV 6, 11, 16, 18, 31 und 33 von größerer Bedeutung sind. HPV 6 und 11 macht man mehr für die weniger gewichtigen und meist reversiblen Dysplasien verantwortlich, HPV 16 und 18 (vor allem die letzteren) aber für die höheren Atypiegrade mit geringer oder fehlender Reversibilität (höhere maligne Potenz). Die Latenzzeit zwischen Infektion und der Karzinomentwicklung kann ≥20 Jahre betragen. Bis zu 90% der Zervixkarzinome sind HPV-positiv.

Die **»Pille«** als solche hat keinen direkten Einfluß auf die Kanzerisierung, wohl aber im Sinne einer Veränderung des Sexualverhaltens bei Jugendlichen im Sinne gesteigerten Risikos. Die Dysplasien und Präkanzerosen (s. u.) treten immer häufiger in jüngeren Lebensjahren auf.

Die Inzidenz des Zervixkarzinoms ist außer von den genannten Faktoren noch hochgradig von geographischen, rassischen und sozioökonomischen Faktoren abhängig.

Histologie

Etwa 85% der Zervixkarzinome sind **Plattenepithelkarzinome**, die übrigen **Adenokarzinome** und **»other epithelial lesions«**, von denen ein kleiner Teil auch metastatisch sein kann.

Dysplasien, Präkanzerosen

Die Portio uteri ist normalerweise von einem mehrreihigen, nichtverhornenden **Plattenepithel** bedeckt, dessen Schichten sich in morphologischer und histochemischer Hinsicht erheblich unterscheiden (s. Abb. 14.4a). Das Epithel ist überall scharf gegen das Bindegewebe abgegrenzt.

Die typische Differenzierung kann, von der Basis aus, in zunehmendem Maße verlorengehen, die **Entdifferenzierung** immer höhere, oberflächennahe Schichten miteinbeziehen. Zugleich treten atypische Zellelemente auf.

Die Abweichungen von der stereotypen Ordnung der schichtbezogenen Differenzierung werden als **Dysplasien** bezeichnet.

In Abhängigkeit vom Ausmaß dieser krankhaften Entdifferenzierungsvorgänge sowie der zellulären Atypien und Mitosen unterscheidet man leichte, mittelschwere und schwere Dysplasien. Falls die gesamte Epitheldicke betroffen ist und nur noch aus teilungsaktiven Zellen besteht, spricht man vom **Carcinoma in situ** (Abb. 14.4b).

Die genannten Veränderungen werden auch als **cervicale intraepitheliale Neoplasien (CIN)** bezeichnet.

Bei der derzeitigen Terminologie ergeben sich nun folgende Zuordnungen:

- CIN I = leichte Dysplasie
- CIN II = mittelschwere Dysplasie
- CIN III = schwere Dysplasie sowie Carcinoma in situ

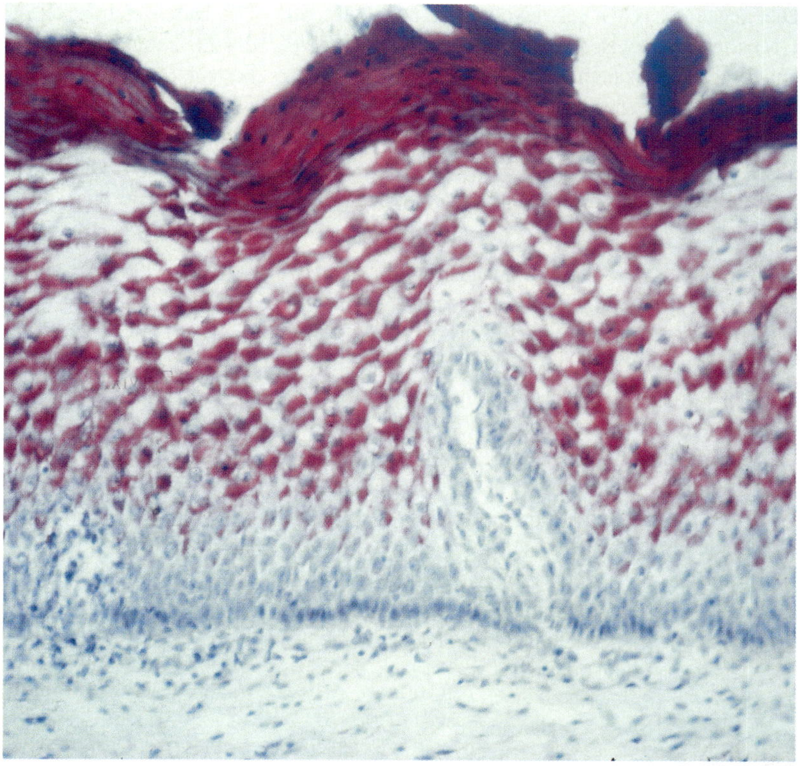

a

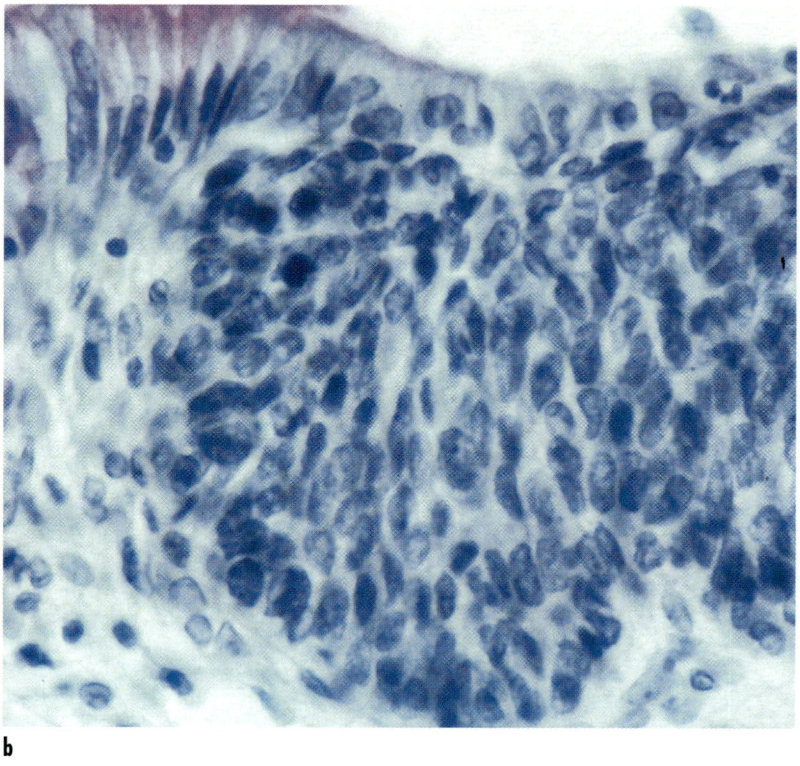

b

Abb. 14.4 Formale Entwicklung des Karzinoms.
a Portio-Normalepithel mit typischer Schichtendifferenzierung und Glykogenreichtum.
b Schichtenverlust, Atypien. Carcinoma in situ (CIN III). Grenzbereich zum zervikalen Schleimepithel.

Die genannten CIN entwickeln sich bevorzugt **im Grenzbereich** zwischen Plattenepithel und zervikalem (intrazervikalem) Schleimepithel (Abb. 14.4 b). Im Zusammenhang mit der Zellvermehrung der CIN III kann es zum **Einwachsen** in benachbarte Drüsenhohlräume kommen (Abb. 14.4 c), was nicht mit karzinomatöser Invasion zu verwechseln ist.

Während die CIN I und II noch rückbildungsfähig sind, ist dies beim CIN III, also bei der **schweren Dysplasie** und dem **Carcinoma in situ**, bei zunehmenden zellulären Atypien und Mitosen kaum noch zu erwarten. Diese Veränderungen werden als **obligate Präkanzerosen** eingestuft.
Die Präkanzerose ist noch kein Krebs! Sie unterscheidet sich vom »echten« Krebs dadurch, daß nur die epithelialen Kriterien der Bösartigkeit vorhanden sind (Anisozytose, Polymorphie, Hyperchromasie, Mitosereichtum usw.). **Das invasive Wachstum ins Bindegewebe fehlt noch!** In diesem Stadium erkannt und behandelt, ist eine 100%ige Heilung möglich.

Das Durchschnittsalter der Betroffenen liegt bei etwa 28–35 Jahren, wobei eine Tendenz zur Vorverlegung besteht.
Die genannten Veränderungen entwickeln sich zumeist aus dem seinerseits metaplastisch entstandenen Plattenepithel im Grenzbereich von originärem Plattenepithel und zervikalem Schleimepithel.

Karzinome

Das Zervixkarzinom unterscheidet sich durch folgende Eigenschaften von den Präkanzerosen: **Die Grenze gegen das Bindegewebe ist durchbrochen!** Die Epitheleinheiten wachsen invasiv (Abb. 14.4 d, 14.5, 14.6). Bei zunehmender Ausdehnung des Karzinoms kann es schließlich zur **Metastasierung** kommen!

Im **Frühstadium** ist die karzinomatöse Natur nur mikroskopisch zu entdecken. Derartige Fälle werden als **präklinische Karzinome (Stadium Ia)** bezeichnet.

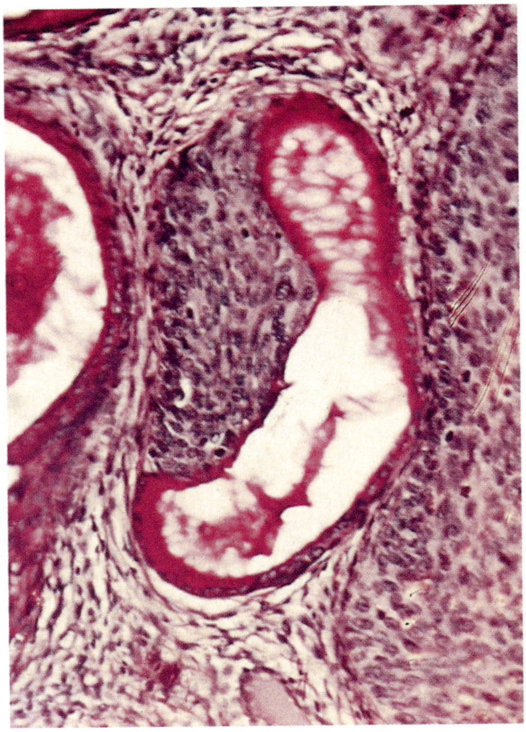

c

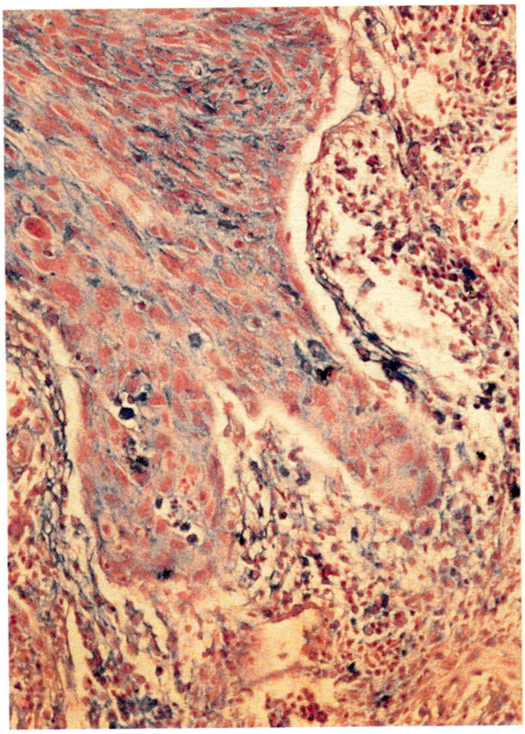

d

Abb. 14.4 Formale Entwicklung des Karzinoms.
c Einwachsen des Carcinoma in situ in Drüsenhohlräume. **d** Eben beginnende, »frühe« Invasion. Man beachte den Differenzierungsunterschied im oberen Bereich (noch Carcinoma in situ) und der Destruktionsknospe.

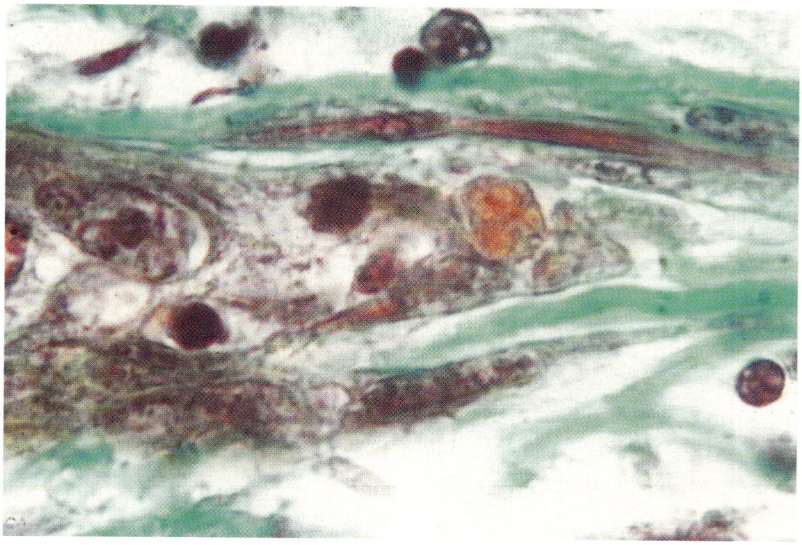

a

Abb. 14.5 Zervixkarzinom.
a Infiltrationssproß zwischen Kollagenfasern
b Invasion mit »entzündlicher« Stromainfiltration
c Invasionssprossen in einem nahezu reaktionslosen Stroma

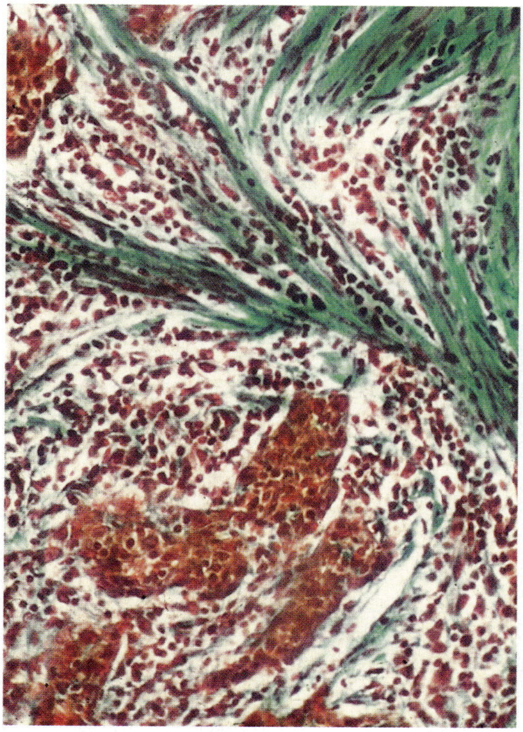

b

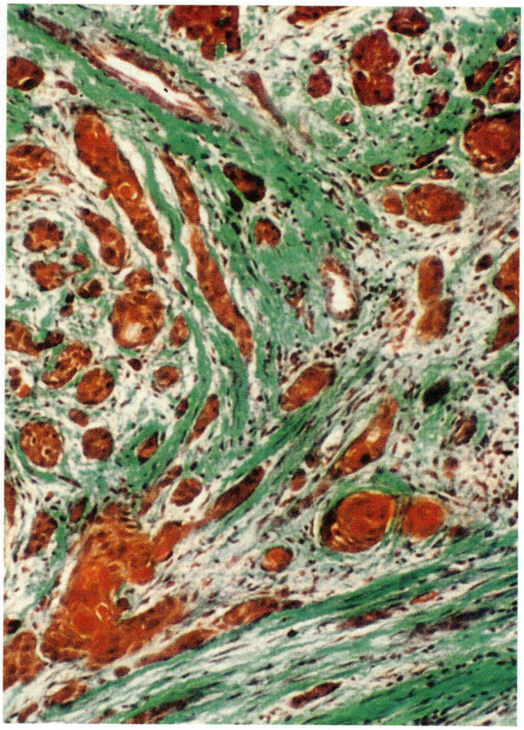

c

Extrem frühe Phasen definiert man auch als beginnende, **frühe Stromainvasion** (Abb. 14.4 d). Sofern die Ausdehnung der karzinomatösen Veränderung 5 mm Tiefenwachstum und 7 mm Breite nicht überschreitet, pflegt man von einem **Mikrokarzinom** zu sprechen. Dies ist als histologischer Begriff zu verstehen.

Überschreitet das Karzinom eine bestimmte Größe und wird es somit erkennbar, so bezeichnet man es als **klinisches Karzinom**. Bei den größeren klinischen Karzinomen ist noch zu unterscheiden zwischen **Exophyten, Endophyten** und **Zervixhöhlenkarzinomen** (Abb. 14.7).

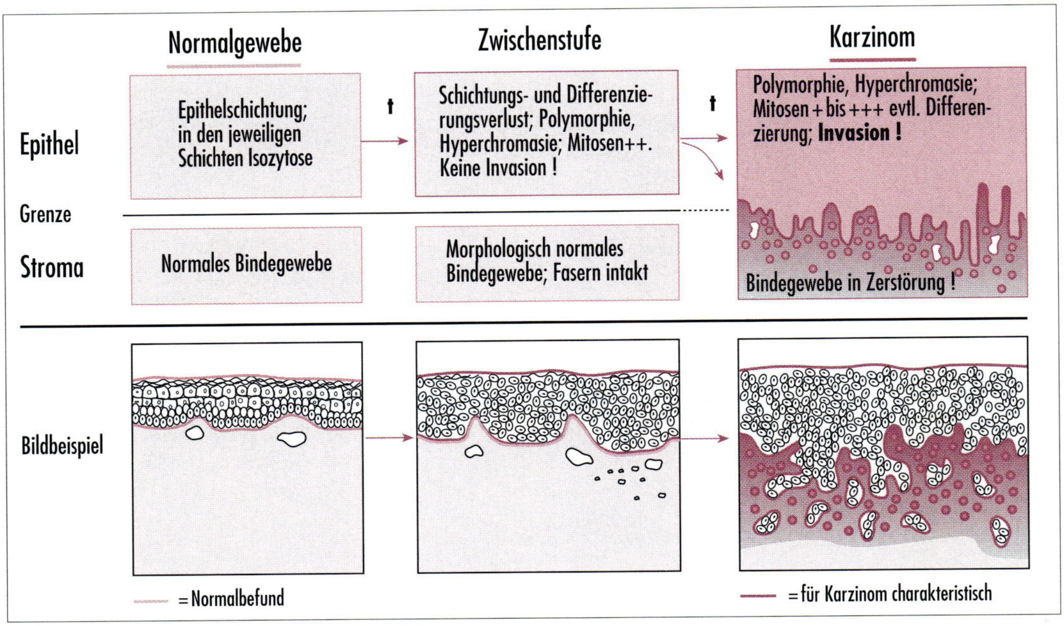

Abb. 14.6 Übersicht über die Entwicklung des Zervixkarzinoms. Links: Normalbefund. **Mitte:** Zwischenstufe. Präkanzerose, Veränderungen im Epithel. Rechts: infiltrierendes Wachstum. Veränderungen im Epithel und im Bindegewebe. Ausreifungstendenz im invasiven Bereich.

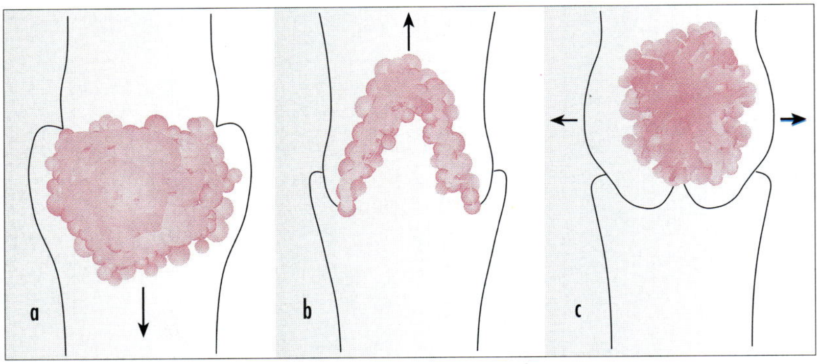

Abb. 14.7 Die verschiedenen Erscheinungsformen des ausgeprägten klinischen Karzinoms.
a Exophyt
b Endophyt mit Kraterbildung
c Zervixhöhlenkarzinom (»tiefer Knoten«) mit tonnenförmiger Auftreibung der Zervix

Ausbreitung, Metastasierung

Bei weiterer Progredienz kann das Zervixkarzinom einerseits **kontinuierlich** in die Umgebung wachsen, wobei angrenzende Vaginalbereiche, Blase, Rektum und vor allem die Bandstrukturen des Beckenbindegewebes (seitliches Parametrium, Sakrouterinbänder) betroffen werden (Abb. 14.8).

Andererseits spielt die häufigere und meist früher erfolgende **diskontinuierliche Ausbreitung** (Metastasierung) **auf dem Lymphwege** eine wesentliche und für die Kurabilität entscheidende Rolle. Den Lymphverbindungen entsprechend ist folgende metastatische Ausbreitung als typisch anzusehen (Abb. 14.9):

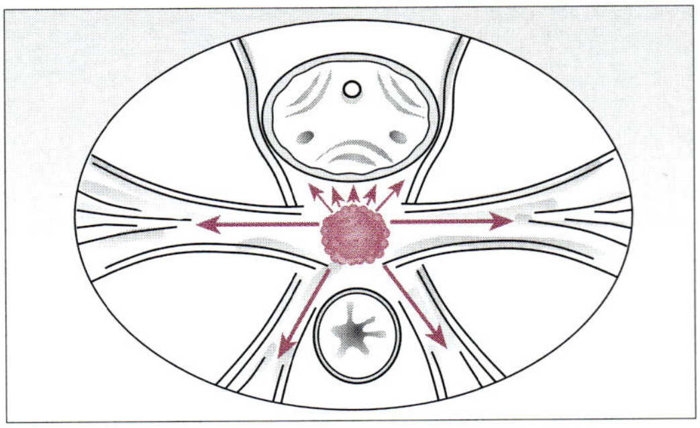

Abb. 14.8 Zervixkarzinom. Wege der kontinuierlichen Ausbreitung des Krebses.

Zervix
→ parametrane Lymphwege
→ Beckenwand
→ iliakale und paraaortale Lymphknoten
Die Beckenwandlymphknoten können bereits befallen sein, wenn das Parametrium noch palpatorisch »frei« ist und auch bei histologischer Untersuchung keine Karzinominseln nachzuweisen sind.
Offenbar ist also die **diskontinuierliche lymphogene Ausbreitung der primäre und häufigere Weg**; die parametrane Infiltration folgt zu einem späteren Zeitpunkt.
Die **Streuung** hängt von den histomorphologischen Merkmalen (Abb. 14.5), der Invasionstiefe, der Wachstumsrichtung (Abb. 14.7) und dem Tumorvolumen ab. Bei Mikrokarzinomen ist mit einer Metastasierungsrate von max. 1–3% zu rechnen. Im Stadium Ib sind die pelvinen Lymphknoten in 20–40% befallen, im Stadium II in 30–60%. Die entsprechenden Zahlen für den Befall der paraaortalen Lymphknoten sind 4–6% und etwa 5–20%.
Die **diskontinuierliche hämatogene Metastasierung** ist relativ selten. Sie tritt – wenn überhaupt – erst im Terminalstadium auf (Stadium IV) und führt zu Knochen-, Leber- bzw. Lungenmetastasen (3–5%).

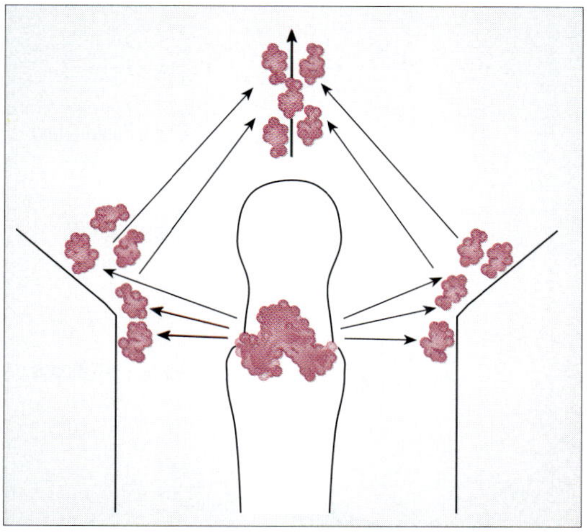

Abb. 14.9 Zervixkarzinom. Diskontinuierliche Ausbreitung des Karzinoms auf dem Lymphwege. Beckenlymphknoten und paraaortale Lymphknoten. Schematisch.

Klinik

Aus praktischen Gründen unterscheiden wir:
- **Verdachtsfälle** (evtl. Präkanzerosen oder frühinvasive Veränderungen)
- **Klinische Karzinome**

Verdachtsfälle

Diese Fälle begegnen uns wegen der überwiegenden Symptomlosigkeit zumeist bei **Vorsorgeuntersuchungen** oder zufällig bei anderen Anlässen. Charakteristisch sind:
- Selten **Symptome:** zyklusunabhängige Schmierblutungen, Kontaktblutungen
- **Auffälliger Aspekt:** Das **visuelle Erscheinungsbild** der Präkanzerosen und frühinvasiven Veränderungen ist uneinheitlich und nicht a priori eindeutig. Auffällig und kontrollbedürftig sind unruhige Portiooberfläche, Erythroplakie, Leukoplakie und jodnegative Areale (Abb. 17.2 a u. b); ferner die kolposkopischen Befunde Mosaik (Abb. 14.10a), Punktierung, atypische Transformation und atypische Gefäßbilder. Unauffälligkeit der Portio schließt Veränderungen im nicht einsehbaren Zervikalkanal nicht aus (s. Abb. 14.13).
- **Verdächtige Zytologiebefunde:** Papanicolaou III–V (s. S. 426)
- **Unauffälliger Tastbefund**

Mittels wiederholter **Zytologieabstriche** von der Portio (Abb. 14.11) und aus dem Zervikalkanal (s. S. 427) sowie der **Kolposkopie** (s. S. 425f) läßt sich mit 80- bis 95%iger Sicherheit zwischen unverdächtigem Befund, Kontrollbedürftigkeit, vermutlicher Präkanzerose und Karzinomverdacht unterscheiden.

Abklärungsgang

Falls noch keine zuverlässigen bzw. eindeutigen Zytologiebefunde vorliegen, werden **weitere Zytologieabstriche** entnommen (Abb. 14.12).

! Falls **alle Abstriche unverdächtig** sind (Papanicolaou Gruppe I–II, s. Abb. 14.11 links), so ist an sich nicht mit bedeutsamen Epithelveränderungen im Zervixbereich zu rechnen. Man bedenke aber die Möglichkeit falschnegativer Abstriche (5–20%)!
Sofern Zytologie und Kolposkopie unverdächtige Befunde liefern und keine auffälligen Symptome vorliegen, besteht keine Veranlassung zu weiteren Explorationen. Werden jedoch **verdächtige Symptome** geäußert (Zwischenblutungen, blutige Absonderungen, prä- oder postmenstruelle Blutungen u. a. m.), so muß, auch bei unverdächtigem Abstrich (!), bei Frauen über 40 Jahren noch das Korpuskarzinom durch **Abrasio** ausgeschlossen werden.

Merke: Die Aussagefähigkeit von Zytologie und Kolposkopie ist auf die Cervix uteri beschränkt!

Falls mehrfach Abstriche als »zweifelhaft verdächtig« (Papanicolaou III D) beurteilt werden, muß man zu ca. 65% mit leichten und mittelschweren Dysplasien und in ca. 35% mit schweren Dysplasien bzw. Carcinoma in situ rechnen. Mit zunehmend höherer zytologischer Einstufung (»unklar«: Pap. III; »verdächtig«: Pap. IVa, IVb, V) steigt der wahrscheinliche Anteil karzinomatöser Veränderungen von etwa 6 auf >80%.

In allen zytologischen oder kolposkopischen Verdachtsfällen muß die **zervikale Gewebsgewinnung** zum Zwecke der histologischen Befundung angeschlossen werden.

Die operative Gewebsgewinnung erfolgt bei Verdacht auf **CIN III** meist mittels sog. **Konisation** (Abb. 14.13). Beim Konisationspräparat sind folgende Fragen zu beantworten:

- Präkanzerose?
- Beginnende Invasion, Mikrokarzinom?

Ferner:

- **Ausdehnung** der Präkanzerose bzw. des evtl. Mikrokarzinoms? Multizentrizität?
- Ist die genannte Veränderung **im Gesunden entfernt?**

Handelt es sich um **Präkanzerosen, die im Gesunden abgesetzt sind**, oder um eben beginnende **»frühe« Stromainvasion** (»beginnend invasives Karzinom«; Abb. 14.4d) bzw. ein Mikrokarzinom von einer Invasionstiefe von <3 mm (Stadium Ia1), so ist die diagnostische Gewebsgewinnung gleichzeitig als vollständige Therapie anzusehen. Die Patientin wird lediglich weiterhin zytologisch überwacht.

Im Falle eines **»Mikrokarzinoms«** mit einer Invasionstiefe von 3,1–5 mm (Stadium Ia2) ist die Entscheidung weiterer Maßnahmen schwieriger. Bei **Low-risk-Typen** (geringe Ausdehnung, günstiges Grading, plumpe Wachstumsform, keine Einbrüche in Lymphbahnen) neigt man wegen des äußerst geringen Metastasierungsrisikos (1–max. 3%) dazu, sich mit kleinen therapeutischen Eingriffen zufriedenzugeben, je nach Sachlage z.B. mit der Konisation selbst oder einer einfachen **Uterusexstirpation**.

Bei der Erwartung noch geringgradiger Veränderungen **(CIN I/II)** und ausschließlicher Lokalisation auf der Portiooberfläche versucht man heute die Konisation

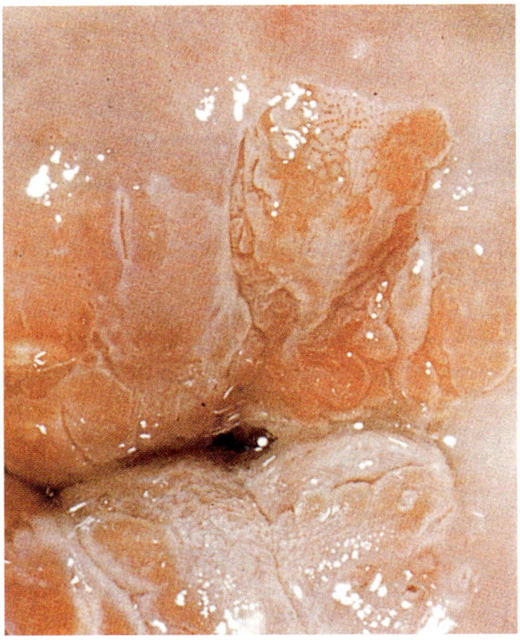

a

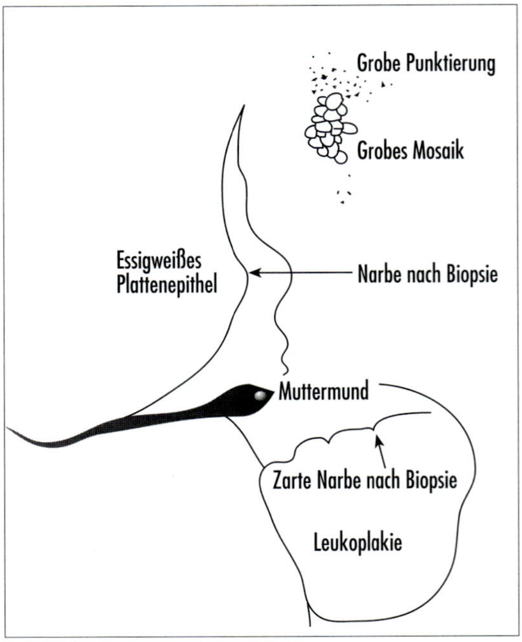

b

Abb. 14.10a Visuelles Erscheinungsbild einer Präkanzerose der Cervix uteri. Kolposkopiebefund.
b Übersichtszeichnung. (Aus: Bauer, Farbatlas der Kolposkopie)

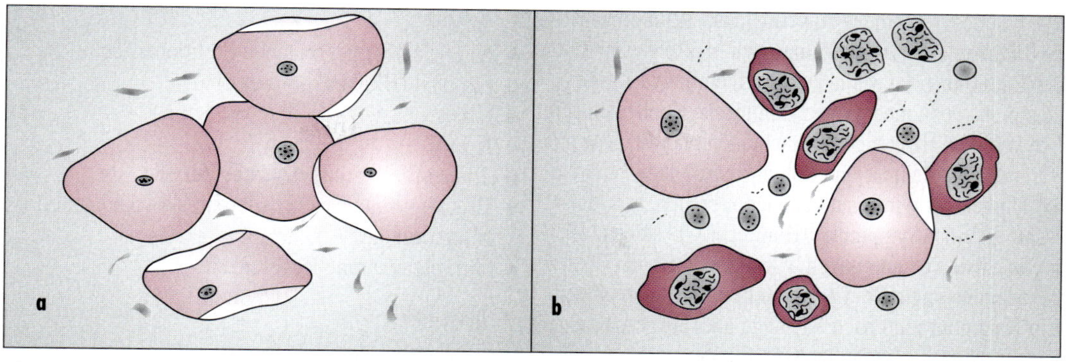

Abb. 14.11 Zytologische Abstriche von der Portiooberfläche. Links: unverdächtiger Abstrich. Rechts: eindeutig verdächtiger Abstrich bei einem abklärungsbedürftigen Befund. Schematisch.

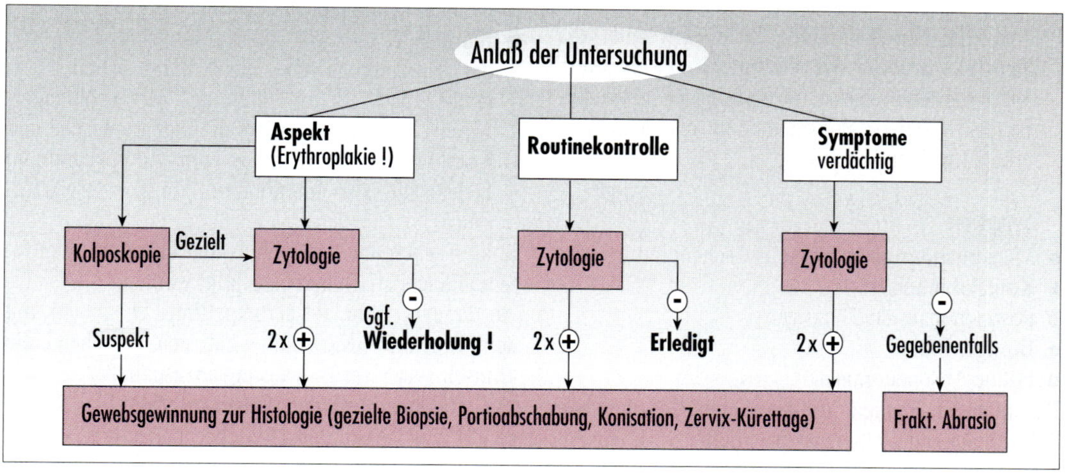

Abb. 14.12 Untersuchungsgang bei der Abklärung verdächtiger Zervixbefunde. Die 2malige Abstrichkontrolle gilt für Pap.III D. Bei III oder IV–V evtl. sofort biopsieren.

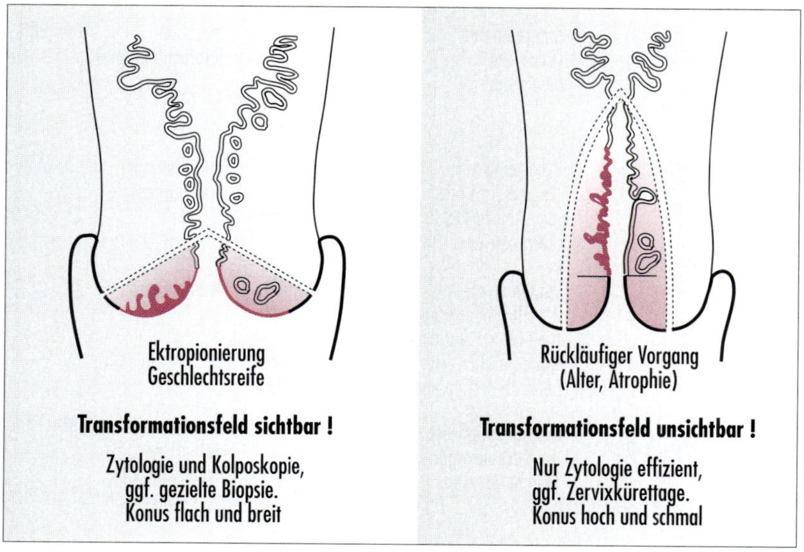

Abb. 14.13 CIN-Lokalisation in Abhängigkeit vom Lebensalter. Adaptive Schnittführung bei der Konisation.

v. a. bei jüngeren Frauen zu vermeiden, sie durch gezielte **Biopsien** oder Abschabungen zu ersetzen oder statt der Entfernung das veränderte Epithel mittels **Laser** zu zerstören, wenn mehrfache zytologische Kontrollen den Schweregrad III D nicht überschreiten und die gesamte Veränderung sichtbar und kolposkopisch kontrollierbar ist. Umgekehrt wird man bei älteren Frauen, v. a. dann, wenn uterine Symptome (Blutungen) bestehen oder myomatöse Veränderungen vorliegen, statt der Konisation eine **vaginale Uterusexstirpation** vornehmen. Ein Karzinom muß nach Sachlage aber ausgeschlossen werden können (Zytologie, Kolposkopie).

Klinische Karzinome

Als klinische Karzinome bezeichnet man die **Zervixkarzinome der Gruppe Ib–IV** (s. Abb. 14.14), die zumeist schon bei den üblichen einfachen Untersuchungsmethoden als Karzinom erkannt werden können.

▶ Symptome

- Menstruationsunabhängige Zwischenblutungen
- Kontaktblutungen
- Postmenopausale Blutungen
- Blutiger Fluor
- Fötide Absonderungen

Bei höheren Stadien können Schmerzen und/oder Schwellungen der unteren Extremitäten vorkommen.

▶ Befunde

- Knotig-höckrige, blutende Portiooberfläche
- Exophyt (Blumenkohltumor)
- Ulkus
- Krater
- Tonnenförmig aufgetriebene Zervix
- Bröcklig-blutendes Gewebe im Zervikalkanal bzw. Muttermund
- Ggf. parametrane Resistenzen

▶ Diagnostik

Die Sicherung der Diagnose des »klinischen« Karzinoms ist relativ einfach:

- **Probeexzision** oder
- **Bröckelentnahme** aus dem meist leicht erkennbaren karzinomatösen Gewebe.
- **Kürettage**, falls der äußere Muttermund eng und das Karzinomgewebe nicht ohne weiteres erreichbar ist, z.B. im Falle eines Zervixhöhlenkarzinoms. Hier ist besonders die topographische und histologische Abgrenzung vom Korpuskarzinom bedeutsam (also fraktionierte Abrasio Zervix/Kavum).

Relativ selten müssen Syphilis und Tuberkulose differentialdiagnostisch berücksichtigt werden.

An die evtl. ambulant herbeigeführte Diagnostik mit dem Ergebnis »Karzinom« hat sich umgehend die klinisch-stationäre Einweisung anzuschließen.

Zur therapierelevanten Analyse des Einzelfalles gehört vor allem die klinische, palpatorische **Sta-**

Stadieneinteilung	Befund	Klinische Definition	Häufige Begleitkomplikationen	Therapie	5-Jahres-Heilung (%)
Ib/T1b	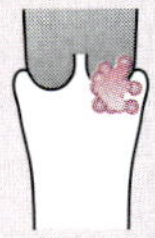	Karzinom auf Cervix uteri beschränkt	—	Operation (Strahlentherapie)	75–90%
II/T2	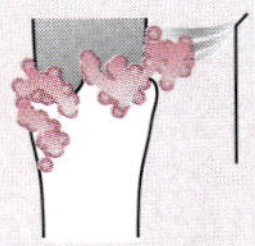	Übergang auf Vagina (IIa) oder den Anfangsteil des Parametriums (IIb)	(Eventuell Harnweg-komplikationen)	Operation oder Strahlentherapie	50–75%
III/T3	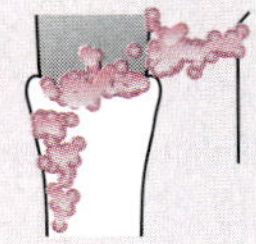	Vagina zu mehr als 2/3 (IIIa) oder Parametrien bis zur Beckenwand befallen (IIIb) auch: Hydronephrose	Harnwegaffekt., Stauung, Gefäß- und Nervendruck, Neuralgien und Ödeme unt. Extr.	Strahlentherapie	30–35%
IV/T4	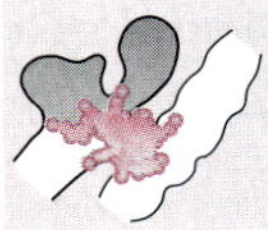	Karzinomeinbruch in die Nachbarorgane, Fernmetastasen	Wie unter III, ferner direkte Organsymptome (Blase, Rektum)	Symptomatische Maßnahmen, z.T. Strahlentherapie, z.T. Exenteration	0–12%

Abb. 14.14 Klassische Stadieneinteilung des Zervixkarzinoms, bei der die prognostisch entscheidende Lymphknotenbeteiligung leider nicht mitberücksichtigt wird. Stadienspezifische Therapie und Prognose. Als Stadium III werden auch jene Fälle registriert, bei denen die aufgeführten palpatorischen Kriterien zwar fehlen, das i.v. Pyelogramm aber schon eine Abflußbehinderung zeigt.

dieneinteilung (Abb. 14.14). Während die vaginale Untersuchung Art und Umfang des Primärbefundes erkennen läßt, erlaubt die rektale Untersuchung die Beurteilung von Parametrien, Parakolpium und Beckenwand. Sonographie, CT und MRT können ergänzende Informationen liefern, auch über evtl. LK-Befall.
Weitere wichtige Fragestellungen betreffen die mögliche Metastasierung, die Harnwege, Rektum und Sigma sowie den internistischen Status.
Die Höhe der **BSG** geht häufig, aber nicht immer, der Ausdehnung des Karzinoms parallel. Eine extrem hohe BSG deutet auf erhebliche Ausdehnung des Karzinoms und/oder auf Alteration der ableitenden Harnwege hin.
Im Hinblick auf die spätere Verlaufskontrolle sind die Marker SCC und CEA zu prüfen.

▶ Therapie

Nach Vorliegen aller Befunde wird der individuelle **Therapieplan** aufgestellt, wobei auch Alter, Allgemeinzustand und persönliche Einstellung der Patientin (Strahlenangst, Operationsfurcht) so weit wie möglich berücksichtigt werden. Wichtigstes Kriterium für die Wahl der Primärtherapie ist das jeweilige Stadium (Abb. 14.14 und 14.15).
Da dieses klinisch nur unzuverlässig bestimmt werden kann, wird mehr und mehr empfohlen, in jedem zumutbaren Fall zunächst eine **Staging-Laparotomie** vorzunehmen und die Therapieart erst nach entsprechend subtiler Exploration festzulegen.

Operation

! Bei gut operablen Patientinnen ist im Stadium Ib und IIa, z. T. auch IIb, die Operation die Methode der Wahl. Man **exstirpiert den Uterus inkl. der Parametrien und einer Scheidenmanschette** abdominal (Technik nach Wertheim, Meigs, Okabayashi u. a.). Diesen Eingriff verbindet man mit der pelvinen und, ggf. auch einer paraaortalen **Lymphonodektomie**. Die Entfernung der Adnexe ist nicht zwingend.

Beim Stadium IIb (Übergang auf Parametrien) gilt die Strahlentherapie als Alternative.
Indikationen zur Operation in den Stadien III und IV sind selten, die Palliativeingriffe nach Chemotherapie oder Exenteration an spezielle Zentren gebunden.
Durch präoperative **Cisplatin-/Carboplatin-Chemotherapie** kann die Effizienz der operativen Eingriffe verbessert und die Indikation zur Palliativoperation weiter gestellt werden.

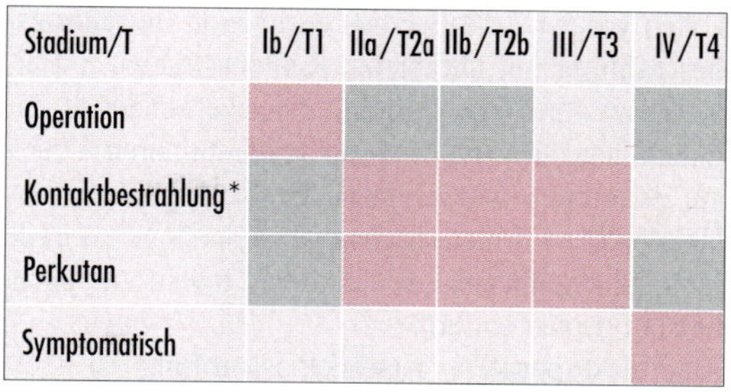

Abb. 14.15 Therapie des Zervixkarzinoms in Abhängigkeit von der Ausdehnung. Angabe des Stadiums (I–IV) bzw. der entsprechenden T-Klassifikation (TNM-System). Rote Felder = typisches Vorgehen; graue Felder = gelegentliches Vorgehen; * = statt Radium heute Afterloading-Verfahren mit ^{60}Co, ^{137}Cs oder ^{192}Jr.

Strahlentherapie

! Für das Zervixkarzinom gilt die Grunderkenntnis jeder Strahlentherapie: Je höher die Dosis ist, um so größer ist die Aussicht auf lokales Ansprechen und Heilung, aber auch die Wahrscheinlichkeit für **unerwünschte Strahlenfolgen** an Blase, Darm, Knochen und Haut.

Postoperative Bestrahlung: Eine **postoperative, perkutane »Nachbestrahlung«** ist sinnvoll, wenn anzunehmen oder nachgewiesen ist, daß Tumorzellverbände oder Tumorreste im Beckenbereich verblieben sind. Diese Nachbestrahlung ist bei folgenden Situationen indiziert:

- Ausgedehnter Becken-Lymphknoten-Befall
- Befall der Operationspräparate bis zur Schnittgrenze

Die Verbesserung der lokalen Rezidivfreiheit im Becken ist insbesondere für aggressive und schnell wachsende Karzinomtypen (G III) nachgewiesen, eine Verbesserung der Gesamtüberlebensrate jedoch nicht.
Nach Operation wird das **kleine Becken** durch perkutane Teletherapie mit 50 (maximal 60 Gy) über 5–6 Wochen Dauer belastet. Durch eine **»Pendelbestrahlung«** um 2 Achsen, die in 8 cm Abstand voneinander in das Becken projiziert werden, oder durch »Boxtechnik« (4 Eintrittsfelder) kann eine Strahlenschonung des gesunden äußeren Bauchwandgewebes und eine weitgehende Schonung von Blase und Rektum erzielt werden.
Eine **paraaortale Bestrahlung** wird erwogen, wenn anläßlich einer Laparotomie oder durch bildgebende Verfahren (MRT) ein dortiger Lymphknotenbefall erwiesen oder wahrscheinlich ist. Die Lymphknoten-

ketten vor der Aorta werden durch eine **Bewegungsbestrahlung** mit ultraharten Röntgenstrahlen mit einer Dosis von 50 Gy bestrahlt. Dies vermindert Komplikationen durch große Lymphknotentumoren (Druck auf die großen Bauchgefäße, die Nierengefäße). Das Überleben wird nicht nachweislich verlängert. Große Lymphknotenmetastasen werden, soweit möglich, besser operativ entfernt.

Eine **postoperative Kontaktbestrahlung** ist indiziert, wenn Tumorreste im Scheidenstumpf angenommen werden müssen.

Bei **Kurzzeitbestrahlung** werden 3mal 6 Gy im Abstand von einer Woche in 1 cm Gewebetiefe angestrebt. Bei **Langzeitbestrahlung** wird die Scheidenoberfläche mit 50-70 Gy in einer Sitzung (24 Std.) belastet.

Intraoperative Strahlentherapie: s. S. 374.

Primäre Strahlentherapie: Die **alleinige Strahlentherapie** mit kurativem Ziel ist die Methode der Wahl bei **nichtoperablen Karzinomen des Stadiums IIb sowie bei den Stadium-III-Fällen**. Eine weitere Zielgruppe betrifft die aus internistischen oder anderen nichtonkologischen Gründen **inoperablen Frauen mit Stadium Ib und IIa**. Bei dieser Gruppe lassen sich etwa gleiche Ergebnisse wie bei operativem Vorgehen erreichen. Beim **Stadium IV** ist nur mit palliativen Effekten zu rechnen. Diese lassen sich verbessern, wenn vorher durch eine Cisplatin- oder Carboplatin-Chemotherapie eine Verkleinerung der Tumoren herbeigeführt wird (Radio-Chemotherapie). Die Ansprechraten (Voll- oder Teilremission) liegen bei 70%, die Verlängerung des Lebens ist noch nicht gesichert.

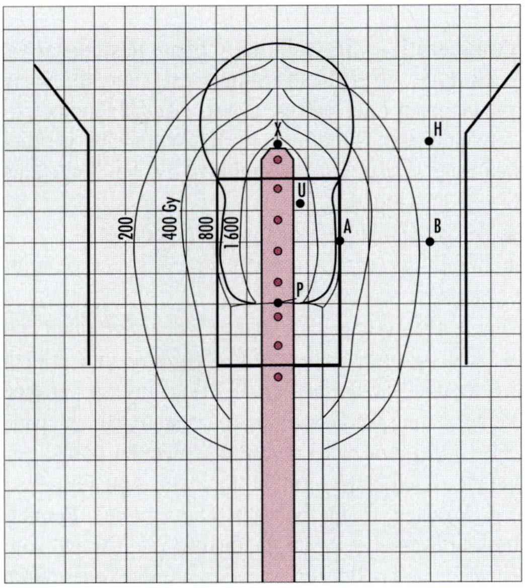

Abb. 14.16 Intrazervikale Kontaktbestrahlung (Afterloading-Methode). Mit zunehmendem Abstand von der zentralen Strahlenquelle Richtung Beckenwand sinkt die Wirkdosis sehr schnell ab und unterschreitet weit vor der Beckenwand die kurative Grenzdosis. Bezugspunkte für die Dosisberechnung: P = äußerer Muttermund; A = 2 cm seitlich und kranial von P, etwa an der Kreuzungsstelle von A. uterina und Ureter; B = 3 cm seitlich von A (Beckenwandhöhe). (Aus: Schmidt-Matthiesen u. Kühnle)

Die **typische kombinierte Strahlentherapie** besteht aus einer **Kontakttherapie** (Portio, Zervikalkanal, angrenzendes Kavum) und einer **Teletherapie,** d.h. einer perkutanen Bestrahlung angrenzender, gefährdeter Bereiche.

Die **Kontaktbestrahlung** (Abb. 14.16 und 14.17), d.h. die Einlage von Strahlenträgern in die Gebärmutter und vor die Portio wird heute statt mit Radium weitgehend mit ^{60}Co-, ^{137}Cs- und ^{192}Ir-Strahlenquellen mittels Nachladetechnik **(Afterloading)** durchgeführt: Zunächst werden leere Strahlen-Trägerrohre in den Zervikalkanal und kreisförmig vor die Portio appliziert. Unter Strahlenschutz werden dann die Strahlenquellen in Form von Kügelchen (beim dargestellten Gerät »Selectron« mittels Luftdruck [^{137}Cs] oder mechanisch [^{192}Ir]) eingeführt. Der »Röhrenapplikator« bestrahlt die Gebärmutter in der gesamten Länge von innen, der »ringförmige Applikator« bestrahlt den Portiotumor, die Parametrien und das obere Scheidengewölbe.

Wie in Abb. 14.16 mit einem Radium-Strahlenträger dargestellt, sind an der Strahleroberfläche Dosen zwischen 265 und 360 Gy anzustreben, welche den Tumor sicher vernichten können. Ab 2 cm von der Mittellinie entfernt (Punkt A in Abb. 14.16) sinkt die Dosis auf 60 Gy und fällt dann sehr steil im Bereich gefährdeter Nachbarorgane bis zur Beckenwand (5 cm, Punkt B) auf 16 Gy ab. Hier wird durch aktuelle Messung in Blase und Rektum bei jeder Kontakteinlage gesichert, daß die Toleranzgrenze dieser Organe von ca. 60 Gy als Summe aller Einzelsitzungen nicht überschritten wird. Die sehr hohen Dosen, die durch den »Kontakt« des Strahlenträgers auf den Tumor gegeben werden, sind die Ursache für die gute Wirksamkeit der Kontaktbestrahlung beim Zervixkarzinom.

Langzeitbestrahlung mit Niedrigdosisrate (LDR = low dose rate; s. Anhang): Die Strahlenträger werden mit einer geringen Aktivität (vergleichsweise 150 mg Radium) beladen. Die Liegezeit beträgt 24 Std. und mehr. Im Abstand von je 2 Wochen werden 3mal Kontaktbestrahlungen durchgeführt, wodurch die in Abb. 14.16 für Radium genannten sehr hohen Gesamtdosen im Tumorgebiet erzielt werden.

Kurzzeitbestrahlung (HDR = high dose rate): Die Strahlenträger werden mit einer 20- bis 60fach höheren Aktivität beladen (3–9 Ci). Hierdurch wird ein vergleichbarer strahlenbiologischer Effekt erzielt, wenn die Liegezeit nur 10–30 Minuten beträgt (»Kurzzeitbestrahlung«; s. Anhang). Es müssen mindestens 6 Einzelsitzungen, im Abstand von je einer Woche gegeben werden. Die Dosis in 1 cm Gewebetiefe darf 7,5 Gy nicht überschreiten, die Gesamtdosis nicht 45 Gy.

Die ergänzende **perkutane Teletherapie** ist erforderlich, weil bei der Kontaktbestrahlung die Dosis mit zu-

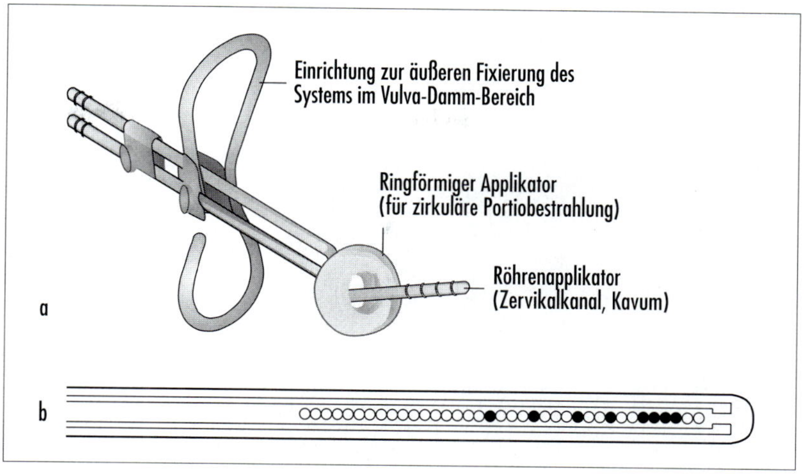

Abb. 14.17a Die Intrazervikal-Intrauterin-Hülse ist durch eine ringförmige Applikationshülse ergänzt, die vor allem zur optimalen Strahlenapplikation im Portiobereich vorgesehen ist.
b Prinzip der »Ladung« der Applikatoren mit strahlender Substanz. Im vorliegenden Fall Ladung mit Strahlern in Kugelform (je 2,5 mm Ø) wobei man wahlweise und in Anpassung an den jeweiligen Befund aktive Kugeln (schwarz) und inaktive Leerkugeln kombinieren kann (Gerät »Selectron«).

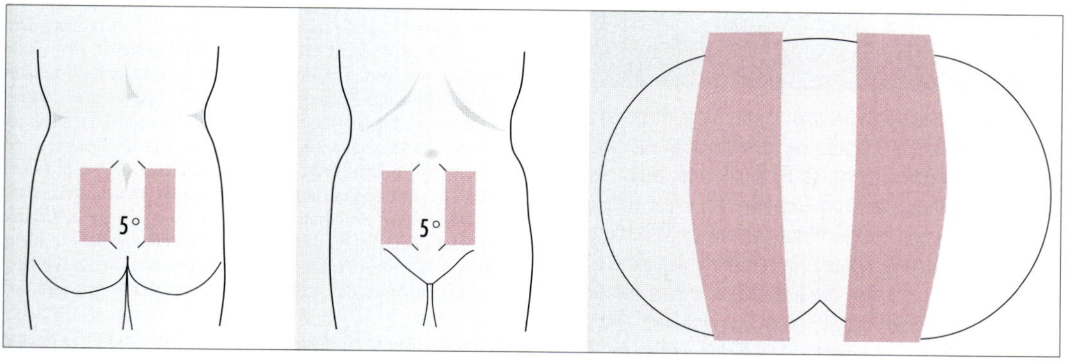

Abb. 14.18 Lage der Bestrahlungsfelder auf der Haut bei typischer Stehfeldbestrahlung der Parametrien. Darstellung des Strahlenkegels im Körperquerschnitt (Paraffinphantom).

nehmender Entfernung vom Strahlenträger sehr steil abnimmt (s. Abb. 14.16). Ab Mitte der Parametrien ist bis zur Beckenwand eine Dosisaufsättigung durch die äußere Bestrahlung auf max. 60 Gy erforderlich. Diese Auffüllung erfolgt mit vorderen und hinteren Stehfeldern (Abb. 14.18) unter Aussparung des schon genügend hoch bestrahlten Beckenzentrums.

Die äußere Bestrahlung wird mit Hochvoltbestrahlung (Kobalt-60-Gammastrahlen oder Photonen-Bestrahlung eines Beschleunigers; s. Anhang) an 5 Tagen in der Woche über 5 Wochen (25 Bestrahlungen) durchgeführt. Die einzelne Bestrahlung dauert 1–3 Min., die Einzeldosis beträgt 2 Gy, die Gesamtdosis 50 Gy.

Radio-Chemotherapie progredienter Fälle: Bei Plattenepithelkarzinomen läßt sich durch 1–2 cisplatinhaltige Chemotherapien im Abstand von 3 Wochen eine deutliche Verkleinerung des Tumors erreichen. Bei nachfolgender Strahlentherapie addiert sich die Wirksamkeit der Chemotherapie mit der Strahlentherapie, während Nebenwirkungen sich nur teilweise addieren. Durch die insgesamt höhere tumortoxische Wirkung bei tolerablen Nebenwirkungen wird in den fortgeschrittenen Stadien III und IV bei ca. 70% eine vollständige oder partielle Remission erreicht. Dagegen wird durch alleinige Bestrahlung im Stadium III nur in 35%, im Stadium IV nur in maximal 10% eine örtlich vollständige Remission erzielt. Eine Aussage über die Lebensverlängerung ist derzeit noch nicht möglich.
Neben der Chemotherapie kann statt der Kontaktbestrahlung eine **Spickbestrahlung** erfolgen (Abb. 14.19).

Akzelerierte und hyperfraktionierte Strahlentherapie: Bei der postoperativen Bestrahlung nach Vaginal-, Korpus- und Zervixkarzinom werden üblicherweise 1 × täglich 2 Gy an 5 Wochentagen, also insgesamt eine 10-Gy-Dosis im Zielvolumen pro Woche erreicht. Die

Wirksamkeit der Strahlentherapie kann verstärkt werden, indem 2× täglich beispielsweise 1,6 Gy an 3 Wochentagen verabreicht werden sowie zusätzlich 1 × 2 Gy am 4. Wochentag, also 11,6 Gy äußere Bestrahlung pro Woche auf das Tumorzielvolumen im Becken. Am 5. Wochentag wird dann beim Zervixkarzinom die **Afterloading-Brachytherapie**, üblicherweise mit 7 Gy in 1 cm Gewebetiefe, durchgeführt. Durch dieses Vorgehen kommt es zu einer **Verkürzung der Gesamtbestrahlungszeit**. Die biologische Wirkung auf den Tumor ist deutlich stärker, als wenn diese Dosis innerhalb von 11 Wochen gegeben werden würde. Eine besonders genaue Bestrahlungsplanung zur Vermeidung von Nebenwirkungen auf gesunde Nachbarorgane ist erforderlich. Mit Magnetresonanz-Querschnittsbildern der Tumorregion läßt sich die Tumorrückbildung und die Reaktion der angrenzenden Weichteile direkt verfolgen.

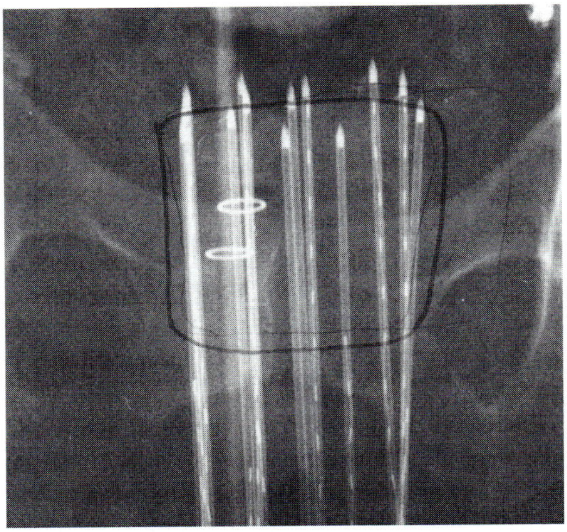

Abb. 14.19 Interstitielle Bestrahlung eines fortgeschrittenen Zervixkarzinoms (Stadium IIIb). Nach zwei Chemotherapien und gleichzeitiger Ganzbeckenbestrahlung mit 45 Gy ist der zuvor rechts und links bis auf die Beckenwand reichende Tumor nur noch zentral nachweisbar. Durch die Parametrien und den Uterus werden vom Beckenboden aus starre Nadeln (Template-Methode) in definiertem Abstand durch den palpablen Tumor gestochen. Die Nadelspitzen werden bei offenem Abdomen (Laparotomie) mittels Auflage von gestieltem Netz gegen Darm und Umgebung abgedeckt. In die Nadeln werden die aktiven Quellen für eine Langzeitbestrahlung von 24 Std. eingebracht (LDR = low dose rate).

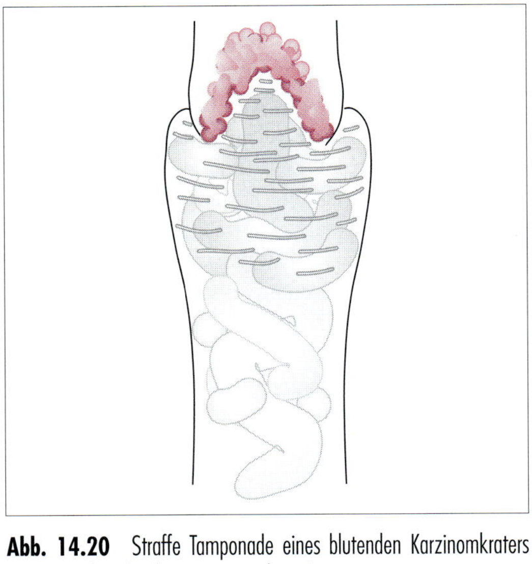

Abb. 14.20 Straffe Tamponade eines blutenden Karzinomkraters mit einer Fibrinolysehemmer-getränkten Gaze.

Intraoperative Strahlentherapie: Diese wird angewendet, wenn sich während einer Karzinomoperation im Becken oder bei der Lymphonodektomie zeigt, daß an einer Stelle wegen Fehleinschätzung im präoperativen Staging ein Tumor von der Unterlage (Beckenwand, Beckenboden, Lymphknotenpakete entlang der iliakalen oder paraaortalen Gefäße) chirurgisch makroskopisch oder mikroskopisch nicht vollständig entfernt werden kann. In diesem Fall kann die narkotisierte Patientin in einen hierfür ausgestatteten »Strahlenoperationsraum« gefahren werden; am offenen Abdomen wird die betroffene Region dann mit einem Elektronentubus in einer einmaligen Sitzung mit einer Oberflächendosis von 14–17 Gy in 2 cm Gewebetiefe bestrahlt. Biologisch entspricht diese gegenüber der üblichen Tagesdosis von 2 Gy bedeutend höhere »Einschlagdosis« einer effektiven Dosis von 22–30 Gy. Die Feldgröße sollte je nach Befund 6–12 cm betragen. Der sterile Tubus wird direkt auf das Bestrahlungsgebiet in das offene Abdomen eingeführt. Die Bestrahlungszeit beträgt, je nach Geräteleistung, nur wenige Minuten. Die gesunden Nachbarorgane (Darm) können durch Tamponade aus dem Bestrahlungsfeld entfernt, zu schonende Strukturen (der Ureter) können durch sterile Bleiabdeckung geschützt werden. Dann kann, auch bei Vorbelastung, noch nach Wundheilung eine **äußere Bestrahlung** angeschlossen werden, welche mit 38–40 Gy zu einer effektiven Gesamtdosis von 60–70 Gy am Ort des Resttumors führt. Hier resultiert also eine **Überhöhung der Strahlendosis**, welche in dieser Höhe meist tumorvernichtend ist. Zu beachten sind die Grenzdosen, die zu Schäden des benachbarten gesunden Gewebes führen.

Wenn schon präoperativ durch bildgebende Methoden (MRT) erkannt wird, daß der Tumor an einer Stelle möglicherweise nicht vollständig operabel ist, sollte die Operation schon von vornherein in einem Strahlenoperationsraum durchgeführt werden.

Eine zweite Methode der intraoperativen Bestrahlung ist das **Einlegen mehrerer Afterloading-Schläuche** auf die Oberfläche des Tumorrestes, so daß die gesamte zu bestrahlende Fläche abgedeckt wird. Die Afterloading-Schläuche werden durch die Vagina herausgeleitet und an der vorderen Bauchdecke mit ihren Enden fixiert. Nach primärer Wundheilung kann ab dem 5. postoperativen Tag in mehreren Sitzungen eine Afterloading-Bestrahlung erfolgen.

Bestrahlung der Rezidive: Wenn postoperativ keine Bestrahlung erfolgt ist, kann ein umschriebenes Rezidiv am Scheidenpol oder ein »Spina-Rezidiv« noch **kurativ** bestrahlt werden.

Eine Bestrahlung nach vorausgegangener Strahlentherapie ist meist nur zu **palliativen** Zwecken gerechtfertigt.

Symptomatische Therapie

Im Stadium IV wird mitunter, speziell bei multiplen Fernmetastasen, keine typische Therapie mehr möglich sein. Die Chemotherapie beginnt nach Einführung der platinhaltigen Zytostatika einen neuen, noch nicht ganz absehbaren Stellenwert zu erhalten. Priorität hat die Beseitigung der im Vordergrund stehenden Auswirkungen des Karzinoms. Meist handelt es sich dabei um Harnwegskomplikationen sowie um Schmerzen.

Hormongaben bei Ausfallerscheinungen
Gegen Östrogen- bzw. kombinierte Östrogen-Gestagen-Gaben bestehen keine Bedenken.

Notfälle

Beim Zervixkarzinom können ganz akute, profuse Blutungen auftreten, die eine Soforttherapie im Sinne einer Notfallmaßnahme erforderlich machen. Besonders beim endophytisch wachsenden Zervixkarzinom (Kraterbildung) können, durch Alteration der verletzlichen Stromagefäße und lokale Hyperfibrinolyse bedingt, bedrohliche Blutungen auftreten.
Sofortmaßnahmen: Straffe Tamponade des blutenden Kraters mit Gaze, die vorher mit einem **Fibrinolysehemmer** getränkt wurde (1 Amp. ε-Aminokapronsäure, Ugurol, Anvitoff oder Cyklokapron; Abb. 14.20). Dann sofortige **klinische Einweisung**. Die Tamponade kann nach 4–12 Std. vorsichtig gezogen werden. Keine Umstechungsversuche.

Tab. 14.1 Die möglichen Folgen von Zervixkarzinomen, operativer und radiologischer Behandlung. Die erwähnten Therapiefolgen sind keineswegs generell, sondern nur bei einem kleinen Teil der Behandelten zu erwarten. Die genannten Komplikationen müssen im Hinblick auf die erstrebte Heilung vom Krebs meist in Kauf genommen werden.

Karzinom + Strahlentherapie →

Therapeutisches Ziel ist der **Zerfall des Karzinomgewebes,** dem eine Fibrosierung unterschiedlichen Ausmaßes folgt. Diese Erscheinungen können auch die Nachbarorgane bzw. -gewebe in gewissen Grenzen betreffen.

Mögliche Folge:

- Radiologisch bedingte **Fistelbildung** in Nachbarorganen
- **Blutungen** aus Blase, (Cystitis radiologica) und Rektum (hämorrhagische Entzündung)
- Induration der Harnleiterumgebung und damit **Einengung** mit Rückstauung des Urins
- Indurative, sekundäre Einengung von Sigma bzw. Rektum
- **Verschwartung** alter Karzinombefunde (Parametrium, Beckenwand) mit Auswirkung auf die eingeschlossenen Gefäße, Lymphbahnen und Nerven
- **Begünstigung thromboembolischer Komplikationen**

Operationsfolgen →

- Postoperative Narben, Strikturen und Kompressionen sowie Denervierung von Organen können **funktionelle Störungen** zur Folge haben (Blasen- und Darmatonie, hohe Restharnmengen, aufsteigender Harnwegsinfekt, Pyelonephritis).
- Ferner sind **Verletzungen von Nachbarorganen** oder trophische Gewebsschäden durch notwendige Gefäßligaturen möglich (Fistelbildung).
- **Begünstigung thromboembolischer Affektionen**

Karzinomrezidiv, progredientes Wachstum →

- **Verdrängung von Organen** mit funktionellen Störungen; karzinomatöse Infiltration von Blase und Rektum mit Einbruch in das Lumen: Blutungen, Fistelbildung
- **Karzinomkompression** von Gefäßen, Lymphbahnen, Nerven und Ureteren; Alteration der abführenden Harnwege, Stauung, Infektion, Pyelonephritis
- **Begünstigung thromboembolischer Komplikationen**

→ **Also gemeinsame, stereotype Folgenmanifestation an**

Ureter + Niere
Blase
Rektum und Sigma
Beckenwand mit Nerven, Venen und Lymphbahnen
BSG-Anstieg
(Schmerzen)

← **Beckenvenenthrombose als Differentialdiagnose**

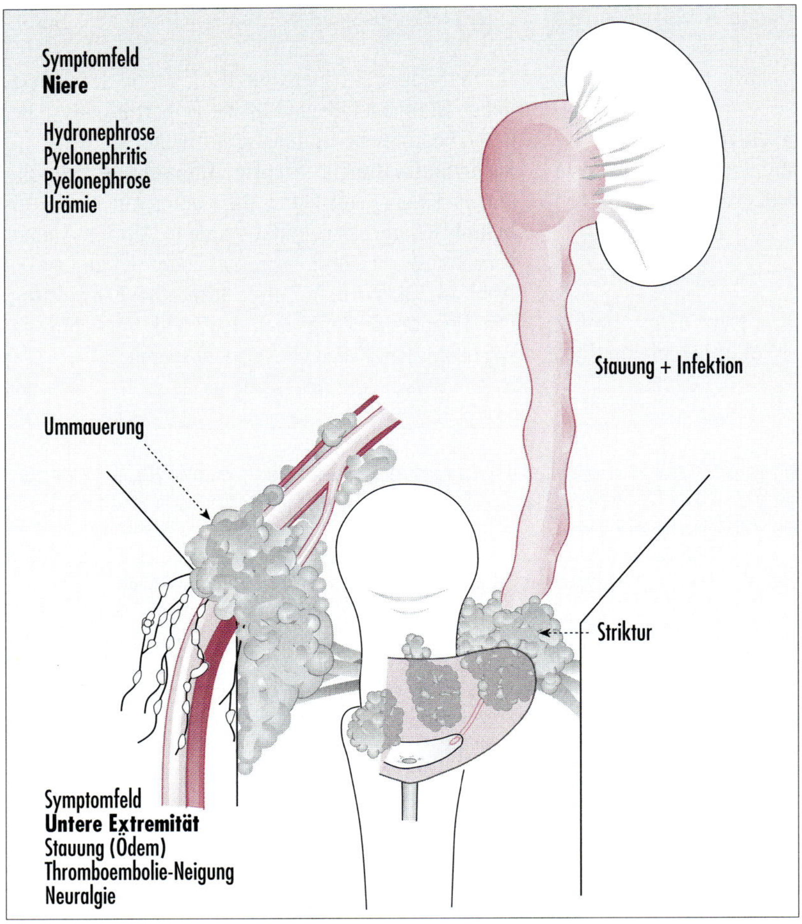

Abb. 14.21 Typische Komplikationsbereiche beim Zervixkarzinom (Beckenwand, Ureter) und ihre Symptome. Die Symptome können Ausdruck progredienten Wachstums oder durch die Therapie bedingt sein.

Nachsorge

Die Probleme der Beratung, ambulanten Nachsorge und Kontrolle sind auf S. 402ff für alle Karzinome zusammengestellt. Für den Spezialfall des Zervixkarzinoms sind, zusätzlich zu dem dort Gesagten, folgende Besonderheiten zu beachten:

- **Therapiefolgen** sowie **progressives Wachstum** (»Rezidiv«) können sich mit den **gleichen Erscheinungen** äußern (Tab. 14.1).
- Wenn im Rahmen der **Radikaloperation** mehr als 2 cm von der Vagina mitentfernt wurden, können sich Störungen der **Blasenfunktion** entwickeln (Restharn, Sensibilitätsstörungen).
- Auch im Falle der **Strahlentherapie** bedürfen **Blase** und **Rektum** besonderer Aufmerksamkeit (Cystitis radiologica, Proctitis radiologica; Blutungen; Fisteln). Radiogene Affektionen und unabhängig davon auftretende Entzündungen sind vom Rezidiv abzugrenzen!
- Unabhängig von der Art der Therapie sind die **ableitenden Harnwege** sowie die anatomischen **Substrate der Beckenwand besonders gefährdet** (Abb. 14.21). Von ihnen gehen, teils therapie-, teils karzinombedingt, die meisten und z.T. lebensbedrohlichen Komplikationen aus (Ureterstrikturen, Urämie; Abflußstörungen der unteren Extremitäten; Nervenreizungen).
- Als **Marker für eine Verlaufskontrolle** können – mit Vorbehalt – beim Plattenepithelkarzinom SCC- und beim Adenokarzinom CEA-Marker eingesetzt werden.

Heilungsaussichten

Die 5-Jahres-Überlebensraten sind in Abb. 14.14 angegeben; sie sind naturgemäß nicht nur vom Stadium, sondern auch von histomorphologischen Merkmalen und, vor allem, vom Lymphknotenbefall abhängig.

Literatur

Bauer HK. Farbatlas der Kolposkopie. 4. Aufl. Stuttgart, New York: Schattauer 1993.
Beck L, Bender HG. Intra- und postoperative Komplikationen in der Gynäkologie und Geburtshilfe. 2. Aufl. Stuttgart: Thieme 1996.
Bender HG. Gynäkologische Onkologie in der Praxis. 2. Aufl. Stuttgart: Thieme 1990.
Bender HG. Beck L. Cancer of the uterine cervix. Stuttgart, New York: Fischer 1985.
Hepp H, Scheidel P, Monaghan JM. Lymphonodektomie in der gynäkologischen Onkologie. Stuttgart: Thieme 1988.
Hirsch HA, Käser O, Ikle F. Atlas der gynäkologischen Operationen. 5. Aufl. Stuttgart: Thieme 1995.
Naujoks H. Vorsorge und Früherkennung. In: Spezielle gynäkologische Onkologie I. Bd 11. Klinik der Frauenheilkunde und Geburtshilfe. 3. Aufl. Schmidt-Matthiesen H (Hrsg). München: Urban & Schwarzenberg 1991.
Pfreundschuh M. Onkologische Therapie. Stuttgart: Thieme 1996.
Richter E, Feyerabend T. Grundlagen der Strahlentherapie. Berlin, Heidelberg, New York: Springer 1996.
Schmidt-Matthiesen H. Präneoplasien und Neoplasien der Cervix uteri. In: Spezielle gynäkologische Onkologie I. Bd 11. Klinik der Frauenheilkunde und Geburtshilfe. 3. Aufl. Ders (Hrsg). München: Urban & Schwarzenberg 1991.
Schmidt-Matthiesen H, Bastert G. Gynäkologische Onkologie. 5. Aufl. Stuttgart, New York: Schattauer 1994.
Stegner HE. Pathologie der weiblichen Genitalorgane. Berlin, Heidelberg, New York: Springer 1994.
Zander J, Graeff H. Gynäkologische Operationen. 3. Aufl. Berlin, Heidelberg: Springer 1991.

14.4 Endometriumkarzinome

Allgemeines

Häufigkeit und Altersverteilung

Der Anteil des Endometriumkarzinoms (= »Korpuskarzinom«) am Genitalkrebs der Frau liegt bei 30–40%. Die relative und absolute Häufigkeit steigt an, vor allem bei Älteren >60 J. Die Inzidenz stieg in den letzten Jahrzehnten um etwa 40%. Das Karzinom tritt vornehmlich jenseits des 5. Dezenniums auf, der Gipfel des Vorkommens liegt bei etwa 60 Jahren.
Aber: Ca. 15% der Betroffenen sind jünger als 50 Jahre, 5% unter 40 Jahre.

Dispositionsfaktoren bzw. typische Korrelationen

Die Mehrzahl der Patientinnen mit einem Korpuskarzinom (70%) zeigt in signifikanter Weise andere Auffälligkeiten wie Diabetes, Adipositas, Hyperlipidämie und Hypertonus (»Korpuskarzinom-Syndrom«). Bei der Entstehung dieses **Karzinomtyps A** scheint u.a. auch ein langfristiger Östrogeneinfluß ohne beigeordnete Gestagenwirkung bedeutsam zu sein (anovulatorische Zyklen; reine Östrogen-Substitutionstherapie, z.B. postmenopausal). Die Einphasenpille wirkt protektiv. Das **Karzinom vom Typ A ist überwiegend hormonabhängig** (s. S. 379).

Ein zweiter, seltener **Typ B** läßt die zuvor genannten Korrelationen vermissen, ist überwiegend entdifferenziert, **hormontaub und von schlechter Prognose**.

Präkanzerosen

Die **adenomatösen Hyperplasien mit Atypien** gelten als Präkanzerosen, sie entwickeln sich zu etwa 30% zu Karzinomen. Da sie häufig die Endometriumoberfläche nicht erreichen und selbst dann nicht mit Standardmethoden der Vorsorge erfaßbar sind, haben sie in der Früherkennung nicht die praktische Bedeutung der Zervikalpräkanzerosen. Je nach Befund hochdosierte Gestagentherapie oder Uterusentfernung ratsam.
Die typische **glandulär-zystische Hyperplasie** (s. S. 53) ist keine Präkanzerose.

Karzinome

Histologie

Bei >90% dominieren Adenokarzinome unterschiedlicher Reife- und Malignitätsgrades (G I–III).

Rezeptoren

In Abhängigkeit vom histologischen Typ und Grading finden sich, in unterschiedlichem Maße, entweder ausschließlich Östrogenrezeptoren (5%), Progesteronrezeptoren (12%), beide (53%) oder keinerlei Rezeptoren (30%). Der individuelle Status ist für Prognoseeinschätzungen und Therapie von hoher Relevanz.

Metastasierung

Eine **diskontinuierliche Ausbreitung** ist vor allem bei den G-III-Adenokarzinomen, Clear-cell- und adenosquamösen Karzinomen sowie bei aneuploiden, rezeptornegativen Karzinomen zu fürchten. Sie betrifft die pelvinen und paraaortalen Lymphknoten. Typisch ist auch der Befall der Ovarien, der vorderen Vaginalwand und – selten – des Inguinalbereiches (via Lig. rotundum). Am Vaginalende können sich postoperativ **Implantationsmetastasen** als Rezidiv präsentieren.

Prognoseparameter

Als günstig gelten in abfallender Bedeutung:
- Beschränkung des Karzinoms auf Endometrium oder inneres Myometriumdrittel; oder, erweitert, Stadium I.
- Hoher Gehalt an Progesteronrezeptoren (65–70 %)
- Günstige Differenzierung (G I [G II]); Diploidie
- Hoher Gehalt an Östrogenrezeptoren

Klinik

► Symptome

! Folgende Symptome sind auf ein Korpuskarzinom verdächtig (Abb. 14.22):

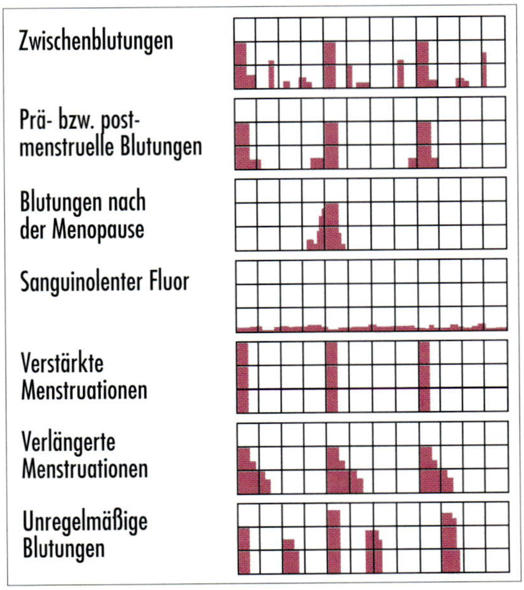

Abb. 14.22 Blutungssymptome bei Korpuskarzinom.

!
- Irreguläre Zwischenblutungen bei Frauen über 40 Jahren
- Prä- oder postmenstruelle Schmierblutungen bei Frauen über 40 Jahren
- Blutungen nach der Menopause (dabei 15–35 [–60]% Korpuskarzinome)
- Auftreten eines früher nicht bekannten dunklen oder fötid riechenden uterinen Fluors

Sofern sie bisher ungewohnt waren, geben auch folgende Erscheinungen Anlaß zu besonderer Aufmerksamkeit:
- Ungewohnt starke Menstruationen bzw.
- verlängerte Menstruationen sowie
- zu häufige, unregelmäßige »Menstruationen«.

Bei den letzteren kann es mitunter unmöglich sein, Menstruation und Zwischenblutung gegeneinander abzugrenzen. Man beachte, daß es auch **symptomlose Karzinome** gibt.

► Diagnostik

! Jedes der oben erwähnten Symptome macht die diagnostische, **fraktionierte Abrasio** notwendig. Die Diagnose kann nur **histologisch** gestellt werden. Eine vorherige Hysteroskopie zur Befunddifferenzierung ist zu empfehlen. Die Zytologie ist im Falle des Korpuskarzinoms als Suchmethode der Praxis wenig geeignet.
Mittels der Endosonographie (Messung der Endometriumdicke) gelingt es z. T., auch symptomlose postmenopausale Endometriumkarzinome aufzudecken bzw. die Infiltrationstiefe präoperativ festzustellen.

Stadien
Je nach Ausbreitung des Korpuskarzinoms unterscheidet man vier Stadien:
- **Stadium I (= pT1)**, ca. 65–70 %: Karzinom auf das Corpus uteri beschränkt.
  a: nur Endometrium befallen
  b: <50% des Myometriums befallen
  c: >50 %
- **Stadium II (= pT2)**, ca. 20 %: Karzinom auf die Cervix uteri übergegangen.
- **Stadium III (= pT3)**, 8–10 %: Karzinom auf andere Organe des kleinen Beckens bzw. auf die Serosa übergreifend oder Tumorzellennachweis in der Peritonealflüssigkeit/Lavage. IIIc, wenn Beckenmetastasen bzw. paraaortaler LK-Befall.

- **Stadium IV (= pT4)**, 3–5%: Einbruch in Blase oder Rektum (IV a) bzw. Fernmetastasen (IV b).

Bei der Stadienzuweisung bleibt der (primär ja unbekannte) LK-Status unberücksichtigt. Beim Stadium I muß man, je nach Reifegrad und Tumorgröße, bei etwa 10% mit pelvinem LK-Befall rechnen, beim Stadium II mit 25–35%.

▶ Therapie

Grundsätzlich kommen je nach Fall und therapeutischen Möglichkeiten folgende Vorgehensweisen in Frage:

- Operative, individualisierte Maßnahmen als Primärtherapie, ggf. durch Strahlentherapie ergänzt
- Ausschließliche Strahlentherapie (selten)
- Endokrine oder zytostatische Maßnahmen (bei progredienten Fällen)

Operation

> ! Bei dem anzustrebenden primär operativen Vorgehen werden im günstigen Standardfall **Uterus und Adnexe entfernt**.
> Bei sehr unreifen Karzinomen (G III) oder tiefer Myometriuminfiltration ist eine pelvine (und evtl. paraaortale) **Lymphonodektomie** angezeigt. Je nach Sachlage wird auch eine **obere Kolpektomie** vorgenommen.

Die Operation wurde im Hinblick auf den betroffenen, durchweg älteren Personenkreis früher gern vaginal durchgeführt. Heute ist die **abdominale Operation** die Methode der Wahl (ca. 85%), da hier der Uterus schonender behandelt wird, der Lymphknotenstatus und eine eventuelle peritoneale Aussaat (Zytologie!) ermittelt werden kann und, bei einer Lymphknotenbeteiligung, jederzeit eine Ausweitung der Operation möglich ist.

Strahlentherapie

Postoperative Strahlentherapie: Die postoperative **perkutane Bestrahlung** des gesamten Beckens ist indiziert, wenn mit gewisser Wahrscheinlichkeit mit einer **Tumorzellaussaat im verbliebenen Beckenbindegewebe oder den Lymphknoten** zu rechnen ist – konkret bei erwiesener Myometriuminfiltration von >50%, Befall der Beckenlymphknoten und/oder der Ovarien, besonders bei G-III-Karzinomen. Die Nachbestrahlung vermindert die Lokalrezidivrate, insbesondere beim unreifen Adenokarzinom G III. Eine Verbesserung der Überlebensrate ist nicht schlüssig bewiesen. Bei der Nachbestrahlung werden 50–60 Gy auf das Becken (unter Einbeziehung der oberen Hälfte des Vaginalstumpfes) appliziert.

Eine vorbeugende Bestrahlung des Scheidenstumpfes mit **Kontakttherapie** soll die in 12–18% beobachteten **Scheidenstumpfmetastasen** verhindern, wenn es sich um ein unreifes (G-III-)Karzinom handelt und bei der Operation die Mitnahme einer Vaginalmanschette unterblieb oder unzureichend durchgeführt wurde. Diese Scheidenstumpfbestrahlung mit Afterloading-Technik wird mit einer Oberflächendosis der Scheidenhaut von 50–60 Gy durchgeführt.

Ausschließliche Strahlentherapie: Das Adenokarzinom des Endometriums ist weniger strahlensensibel als das Plattenepithelkarzinom der Zervix, weshalb bei alleiniger Bestrahlung immer Strahlendosen bis zur Toleranzgrenze der gesunden Nachbarorgane angestrebt werden. Der Nutzen einer Kombination mit Chemotherapie im Sinne einer Radio-Chemotherapie, wie beim Plattenepithelkarzinom, ist nicht nachgewiesen.

Die **intrakavitäre Kontakttherapie** wird heute per Afterloading durchgeführt. Dabei wird ein Bündel sehr schmaler Strahlenträger mit hochaktivem ^{192}Ir in das Cavum eingeführt und dort schirmartig ausgespreizt (^{192}Ir = HDR = high dose rate; 6 Kontakttherapien im Abstand von je einer Woche).

Wegen der nur mäßigen Strahlensensibilität ist auch bei sehr alten Frauen, wenn möglich, die **Operation** vorzuziehen.

Hormonale und zytostatische Therapie

Bei ausgedehnten und inkurablen Stadien, bei inkurablen Rezidiven und bei multiplen Metastasen (insbesondere Knochen und Lunge) kann eine relativ hochdosierte **Gestagen-Dauertherapie** (MPA, z.B. Clinovir, Farlutal, >200 mg tgl.) oder 160 mg Megestrolacetat (z.B. Megestat) zu Remissionen führen. Die Ansprechrate beträgt pauschal 30%. Bei hochpositivem Progesteronrezeptor erreicht sie >60%. Bei negativen Fällen läßt sich mit aggressiver **Chemotherapie** in 20–30% eine zeitbegrenzte Remission erzielen. Diese Therapie ist sorgfältig gegen die Nebenwirkungen abzuwägen und zur Zeit noch in Erprobung.

Hormongaben bei Ausfallerscheinungen

Gegen einen Therapieversuch mit Gestagenen bestehen keine Bedenken. Eine Östrogenzugabe bei unzureichendem Effekt ist nur bei prognostisch sehr günstigen Fällen sowie, mit Vorbehalten, den G-III-Fällen zulässig (meist Rezeptor-negativ).

Nachsorge

Diesbezüglich gilt das auf S. 402 Ausgeführte.

Heilungsaussichten

Die 5-Jahres-Heilung der im Stadium I optimal behandelten Korpuskarzinome schwankt (in Abhängigkeit von den Prognosefaktoren) zwischen 65–90% und liegt im Mittel bei 75%. Mit fortschreitendem Stadium nehmen die Aussichten schnell ab: Stadium II 55–65% 5-Jahres-Heilung, Stadium III 25–35%. Die 5-Jahres-Überlebenszeit beim Stadium IV beträgt >10%. Als bester Prognoseparameter ist die Reife des Karzinoms zu werten, bzw. das damit meist korrelierende geringe Ausmaß der Myometriuminfiltration sowie ein günstiger Lymphknotenstatus.

Literatur

Baltzer J. Präneoplasien und Neoplasien des Corpus uteri. Spezielle gynäkologische Onkologie I. In: Klinik der Frauenheilkunde und Geburtshilfe. Bd. 11. 3. Aufl. Schmidt-Matthiesen H (Hrsg). München: Urban & Schwarzenberg 1991.

Kleine W et al. Therapie des Endometriumkarzinoms. Heidelberg: Springer 1991.

Schmidt-Matthiesen H, Bastert G. Gynäkologische Onkologie. 5. Aufl. Stuttgart: Schattauer 1994.

14.5 Mesonephrogene Karzinome

Im Kindesalter können sich, wenn auch selten, im Uterus maligne Tumoren entwickeln: Meist sind es dann mesonephrogene Karzinome (Gartner-Gang-Karzinome), die an den seitlichen Kanten lokalisiert sind.

14.6 Uterussarkome

80% der an sich seltenen Genitalsarkome (2–3% der Malignome) gehören dem Uterus an. Hier wiederum dominieren die hinsichtlich des Malignitätsgrades sehr differenten **Leiomyosarkome.** Diese entwickeln sich z.T. in Myomen, z.T. unabhängig davon. Die klinische Abgrenzung von den harmlosen Myomen ist nicht immer einfach, aber möglich (schnelleres Wachstum, weichere Konsistenz; Sonographie, CT, MRT).

Therapeutisch ist eine subtile Radikaloperation anzustreben. Bei vornehmlich hämatogener Streuung hat die Lymphonodektomie einen geringeren Stellenwert. Fernmetastasensuche obligatorisch, ggf. Chemotherapie.

Literatur

Leppien G. Sarkome der weiblichen Genitalorgane. In: Spezielle gynäkologische Onkologie I. Bd 11. Klinik der Frauenheilkunde und Geburtshilfe. 3. Aufl. Schmidt-Matthiesen H (Hrsg). München: Urban & Schwarzenberg 1991.

14.7 Ovarialtumoren

Allgemeines

Definition, Terminologie, Histologie

Der Tumorbegriff verlangt im Falle der Ovarialtumoren eine Ausweitung: Üblicherweise versteht man im klinischen Sprachgebrauch unter »Tumor« eine durch Proliferation entstandene **Geschwulst** und kennzeichnet diese mit dem Begriff **Blastom**. Die Organvergrößerung beim Ovar kann aber auch durch Flüssigkeitsretention, also ohne Zellproliferation, zustande kommen. Aus klinischen Gründen (Unsicherheit der rein palpatorischen »Diagnose«) muß man auch diese **Retentionsprodukte** als »Tumoren« mitberücksichtigen. Schließlich imponieren auch die **entzündlichen Adnexbefunde** z.T. als »Tumoren«, besonders die postinflammatorischen Tuboovarialzysten (s. Abschn. »Adnexentzündung«, Abb. 13.24). Das differentialdiagnostische Spektrum ist also groß, ebenso auch die Gefahr irrtümlicher Verkennung nichtovarieller Befunde als »Ovarialtumor« (s. Abb. 14.24a).

Bei den **Blastomen** haben wir grundsätzlich drei Gruppen zu unterscheiden (Tab. 14.2):

- Gutartige Blastome
- »Borderline«-Tumoren (LMP-Tumoren, low malignant potency)
- Maligne, invasive Tumoren

Die **Borderline-Tumoren** weisen alle zytologischen Kennzeichen der Malignität auf, lassen aber invasives Wachstum vermissen. Sie sind überwiegend diploid. Zum Teil finden sich scheinbare Metastasen im Netz, in LK und auf dem Peritoneum; in Wirklichkeit handelt es sich dabei um eigenständige papillär-seröse Proliferationen von Endosalpingioseherden. Diese können auch ohne gleichzeitigen Ovarialtumor vorkommen (**»extraovarielle« LMP-Tumoren**). Bei aneuploiden, muzinösen LMP-Tumoren scheint ein Übergang zu eindeutig karzinomatösen Formen möglich zu sein.
Die **invasiven Malignome** sind von unterschiedlichem Malignitätsgrad. Relativ günstig sind die hoch- und mittelgradig differenzierten, muzinösen und endometrioiden Adenokarzinome; ferner Granulosazelltumoren und Dysgerminome (Tab. 14.2).
Ungünstig und mit einer sehr frühen Ausbreitung im Abdomen vergesellschaftet sind die **undifferenzierten** und **polymorphzelligen Karzinome**, besonders die serösen und hellzelligen.

Altersverteilung und Häufigkeit

! Die Feststellung eines Ovarialtumors ist gleichbedeutend mit dem Verdacht auf Vorliegen eines Karzinoms: etwa 20–30% aller Ovarialtumoren sind bösartig und häufig schon bei der Ersterkennung inkurabel: 60–70% sind bereits im Stadium der intraabdominellen Ausbreitung.
Dabei gibt es keine sichere Möglichkeit, a priori die Bösartigkeit eines Ovarialtumors auszuschließen. **Jeder Ovarialtumor ist deshalb so lange als maligne anzusehen, bis das Gegenteil bewiesen ist.**

Auch das Alter gibt keine Hinweise. Maligne Ovarialtumoren können in jeder Altersgruppe auftreten, auch im Kindesalter, in dem etwa 15% aller Ovarialtumoren bösartig sind! Das Häufigkeitsmaximum der Karzinome liegt zwischen 50 und 70 J., das der LMP-Tumoren wesentlich früher, bei etwa 40 J. Insgesamt repräsentieren die Ovarialmalignome 15–30% der Genitalmalignome. Die langfristige Einnahme der Pille soll – ebenso wie langes Stillen – protektive Wirkung haben!

Ausbreitung bei Malignität

Vor allem bei den zuvor erwähnten ungünstigen Tumoren sind grundsätzlich alle pelvinen und, relativ frühzeitig, auch die abdominellen Strukturen durch direkten Übergang (Uterusserosa, Tuben), durch Kontakt (Douglas, Darm, Peritoneum, Netz) oder über das Medium der Peritonealflüssigkeit gefährdet (Peritoneum, Netz, Leber, Zwerchfellkuppel).
Während man früher nur die **paraaortalen Lymphknoten** als regionäre LK betrachtete, sind heute auch die ebenfalls gefährdeten **pelvinen LK** in Diagnostik und Therapie miteinbezogen.
Hämatogene Fernmetastasen sind extrem selten.

Klinik

► Symptomatik

Die Symptomatik der Ovarialtumoren inkl. der malignen Arten ist uncharakteristisch; für die Symptome und ihre Unterschiedlichkeit sind weniger histologische Merkmale als sonstige, allgemeine Tatbestände verantwortlich:

- **Größe des Tumors** (Abb. 14.23): Umfangzunahme, Fremdkörpergefühl, Verdrängung von Nachbarorganen.
- **Beweglichkeit** (Abb. 14.23): uncharakteristische Schmerzen, Peritonealreize, evtl. Stieldrehungserscheinungen mit den Zeichen eines akuten Abdomens, (s.d.); 10–20% der operierten Ovarialtumoren zeigen Stieldrehungserscheinungen.
- **Lage** (Abb. 14.23): Lage vor dem Uterus induziert Blasenbeschwerden; Lage im Douglas Defäkationsschmerzen, Kreuzschmerzen; intraligamentäre Lage evtl. Harnwegsaffektion, Uterusverdrängung, Fremdkörpergefühl, Schmerzen.
- **Verletzlichkeit zystischer Ovarialtumoren** (Abb. 14.23): in Frage kommen Spontanrupturen unter

dem Bild des akuten Abdomens, ferner iatrogene Rupturen bei Palpation.

- **Vitalitätsgrad** (Abb. 14.23): Störungen der Tumorvitalität haben sekundäre Verwachsungen mit den Nachbarorganen, speziell dem Intestinum, zur Folge, inkl. der damit einhergehenden Beschwerden.
- **Genitale Blutungen:** bei ~25% der malignen Ovarialtumoren nachweisbar!
- **Hormonale Effekte** bei einigen Ovarialtumoren (Abb. 14.23):
  - unerwartete Östrogenaktivität in Kindheit und Jugend (»Pubertas praecox«, juvenile »Makromastie«) sowie im Alter.
  - androgene Effekte, plötzlich einsetzende Virilisierungserscheinungen. Die Ausscheidung der 17-Keto-Steroide ist erhöht.
  - selten: Hyperthyreosesymptome beim »Struma-ovarii«-Teratom
- **Aszites** (Abb. 14.23):
  - beim Karzinom mit Peritonealkarzinose
  - bei gutartigen Ovarialtumoren gelegentlich als Reizexsudat (Meigs-Syndrom: Ovarialfibrom, Aszites, Pleuraerguß)
- **Metastasensymptome** im Falle eines Malignoms (Abb. 14.23):
  - im Uterus: Blutungen
  - im Peritonealraum: Aszites
  - in der Lunge: Lungensymptome, Röntgenbefunde
  - im Knochen: Schmerzen
- **Kachexie:** Eine solche findet sich nicht nur beim Karzinom, sondern auch bei großen, eiweißspeichernden gutartigen Ovarialtumoren.

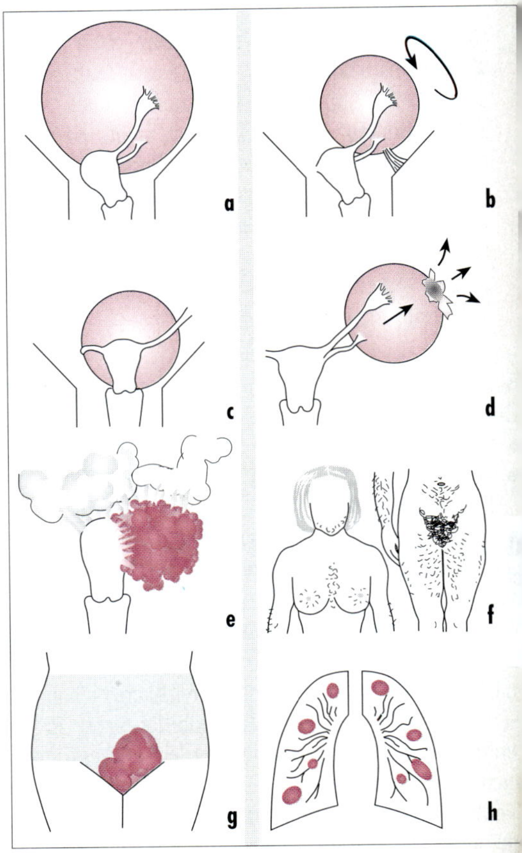

Abb. 14.23 Symptome der Ovarialtumoren inkl. der Ovarialkarzinome (s. Text).

▶ Befunde und Differentialdiagnostik

Die Diagnose des Ovarialtumors ist bei dem häufigen Fehlen von charakteristischen Symptomen oft eine Zufallsdiagnose, indem die Patientin aus anderen Gründen den Arzt konsultiert oder einfach eine »Krebsvorsorgeuntersuchung« erbittet.

Die palpatorische Erstdiagnose ist meist nur eine **Verdachtsdiagnose.**

Die konkrete Diagnosestellung »Ovarialtumor« kann unter Praxisbedingungen bzw. ohne Zuhilfenahme von Spezialmethoden je nach Einzelfall einfach, schwierig oder auch unmöglich sein. Dies ergibt sich aus der gestaltlichen Vielfalt und palpatorisch unterschiedlichen Konsistenz der Ovarialtumoren (weichlich, derb; glatt, knotig; zystisch, solide; einkammerig, mehrkammerig; mobil, fixiert; alle Größen) und dem großen Spektrum **differentialdiagnostischer Verwechslungsmöglichkeiten**.

Bei **kleinen** und **mittelgroßen** Befunden sind zu erörtern:

- Subseröse Myome (Abb. 14.24a), intraligamentäre Myome
- Uterusmißbildungen
- Schwangerschaft bei Uterusmißbildung
- Alte Tubargravidität
- Flüchtige, endokrin bedingte Flüssigkeitsretention (Abb. 14.24b); Clomipheneffekt
- Luteinzysten bei Blasenmole
- Entzündliche Adnextumoren
- Endometriose
- Sigmatumoren
- Beckenniere, Zystenniere
- Intestinalmetastasen im Douglas-Raum
- Lymphome
- Neurinome

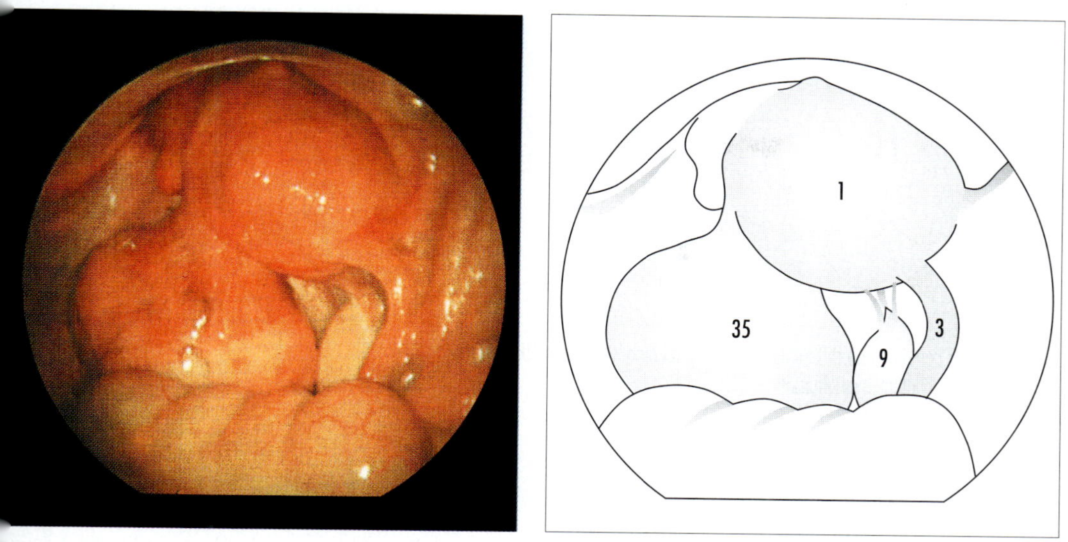

Abb. 14.24 a Laparoskopie bei unklarem Befund: subseröses Myom, kein Ovarialtumor. 1 = Corpus uteri; 3 = Tuba Fallopii rechts; 9 = Ovarium rechts; 35 = Myom (subserös). (Aus: Semm)

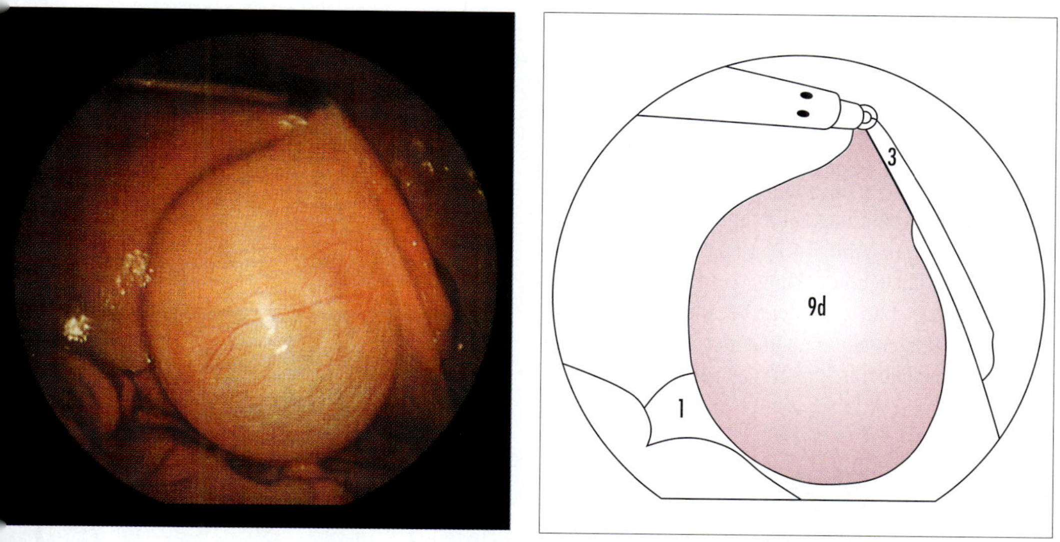

Abb. 14.24 b Laparoskopie bei »Ovarialtumor«. Einfache Retentionszyste, die durch laparoskopische Punktion entleert wird (keine Laparotomie). 1 = Corpus uteri; 3 = Tuba Fallopii rechts; 9d = Retentionszyste. (Aus: Semm).

Die **großen Ovarialtumoren** können derartige Größe erreichen, daß sie aus dem kleinen Becken heraussteigen und nun das Abdomen weitgehend ausfüllen. Man registriert lediglich die Auftreibung des Abdomens. Nur zum Teil lassen sich derbe Anteile des großen Tumors durch die Bauchdecken hindurch tasten. Typisch ist stets der auffällige Hochstand des hochgezogenen Uterus (Elevatio uteri, Abb. 13.11). Bei solchen Konstellationen sind zu bedenken:

- Aszites
- Aszites bei Ovarialtumor
- Gravidität im fortgeschrittenen Stadium
- Großer Uterus myomatosus

Ein Teil der genannten differentialdiagnostischen Möglichkeiten läßt sich leicht abklären (Aszites [durch Perkussion, Abb. 14.25]; Schwangerschaftsprozesse). Zumeist wird aber doch eine systematische, aufwendige Diagnostik nötig werden.

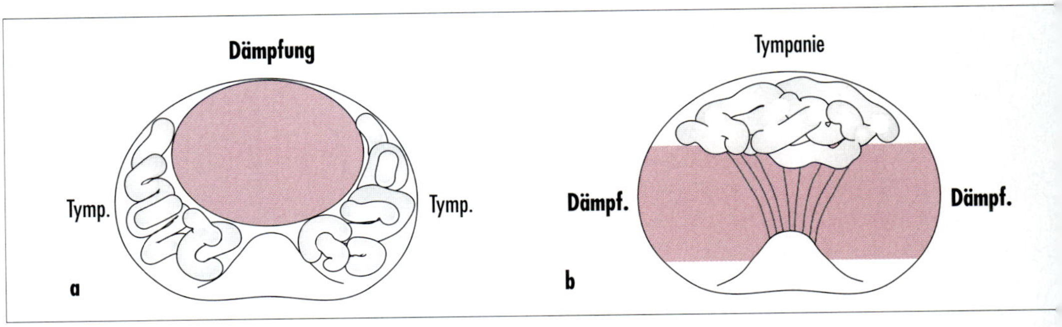

Abb. 14.25 Perkutorische Differentialdiagnostik bei aufgetriebenem Abdomen.
a Befund bei größerem Ovarialtumor
b Befund bei freiem Aszites

Das **diagnostische Routinevorgehen** orientiert sich an drei Grundfragen:

- Handelt es sich bei der fraglichen Resistenz um einen ovariellen Befund (Abb. 14.24a u. 18.5)?
- Wird im Falle ovarieller Herkunft die Vergrößerung bzw. Verformung durch eine sog. »Retentionszyste« (Abb. 14.24b), einen postinflammatorischen Prozeß (s. Abb. 13.24) oder durch einen blastomatösen Prozeß hervorgerufen?
- Ist im Falle eines offenbar blastomatösen Befundes mit Gutartigkeit oder mit Malignität zu rechnen?

Nachstehend werden die wichtigsten **Methoden** zu einer derartigen Abklärung aufgeführt:

- Sonographie (s. Abb. 14.26a): Diese ist insbesondere zur frühen Entdeckung von Ovarveränderungen geeignet und vor allem bei kleinen Befunden und bei Fragen der Dignität der Palpation überlegen, ohne dabei irrtumsfrei zu sein.
- Laparoskopie: Sie liefert, bei spezieller Zusatzindikation, weitere Informationen zur vermutlichen Natur der Resistenz (spezielle Zusatzindikation).

Nach Ergebnis dieser Diagnostik können dann, je nach Einzelfall, noch weitere Untersuchungsmethoden indiziert sein:

- CT
- MRT (s. Abb. 14.26b)
- Röntgen

Zur Ermittlung der Auswirkungen eines Ovarialtumors auf die **Umgebung**:

- Sonographie der ableitenden Harnwege
- Urographie
- Koloskopie
- Rektoskopie

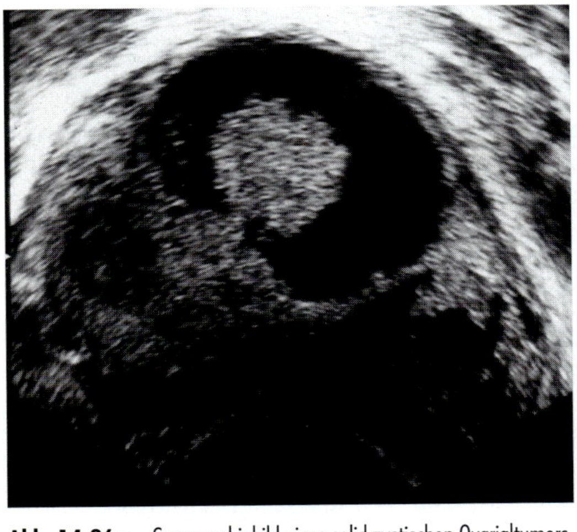

Abb. 14.26a Sonographiebild eines solid-zystischen Ovarialtumors.

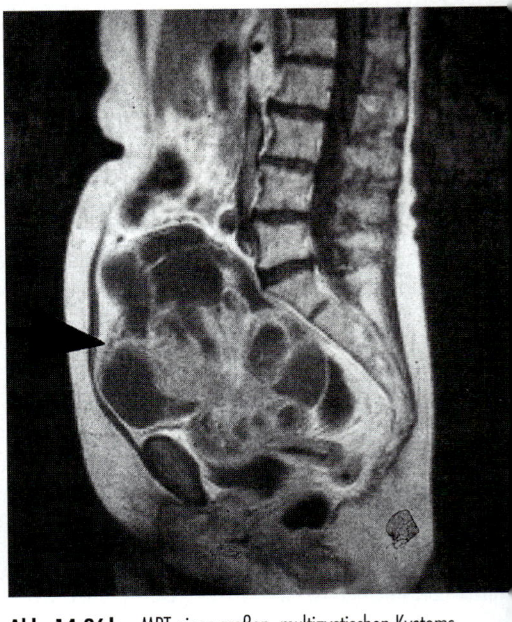

Abb. 14.26b MRT eines großen, multizystischen Kystoms.

Tab. 14.2 Blastomatöse Ovarialtumoren und ihre Dignität. Die Prozentangabe bezieht sich auf den Anteil des jeweiligen Malignoms an den gesamten malignen Ovarialtumoren. Ganz rechts: Relation von LMP-Tumor zu Karzinom.

Epitheliale Tumoren (ca. 70 % aller Ovarialtumoren)			
Seröse Tumoren	gutartige Zystadenome (seröse »Kystome«)		
	LMP-Zystadenome und Zystadenofibrome		
	Zystadenokarzinome (GI–GIII)[1]	(40 %)	1:3
Muzinöse Tumoren	gutartige Zystadenome (muzinöse »Kystome«)		
	LMP-Zystadenome und Zystadenofibrome		
	Zystadenokarzinome (GI–GIII)	(10–15 %)	1:2
Endometrioide Tumore	Ovarendometriose (»Teerzysten« u. ä.)		
	LMP-Tumoren (sehr selten);		
	endometrioide Adenokarzinome[2] (GI–GIII)	(10–20 %)	
Gemischte epitheliale Tumoren	gutartige, LMP sowie maligne Tumoren		
Brenner-Tumoren	gutartige, LMP sowie maligne Tumoren (alle sehr selten)	(1 %)	
Hellzellige Tumoren	gutartige, LMP (selten) sowie maligne Tumoren	(ca. 6 %)	
Sonstige	unklassifizierbare epitheliale Tumoren		
	undifferenzierte Karzinome	(10 %)	
Stromatumoren (ca. 4 % aller Ovarialtumoren)			
Granulosazelltumoren[3], Theka-Zelltumoren	Malignität undefinierbarer Art; östrogenbildend[2]	(3–4 %)	
Androblastome[3] (Sertoli-Leydig-Zelltumoren)	differenzierte Tumoren, teils androgenbildend		
	LMP-Tumoren sowie		
	sarkomatoide Formen		
Gynandroblastome	Kombinationen der oben genannten 4 Zell- und Tumortypen; z. T. hormonbildend (s. o) (sehr selten)		
Unklassifizierbare Tumoren			
Keimzellentumoren (ca. 15 % aller Ovarialtumoren			
Dysgerminome	maligne	(5 %)	
Endodermale Sinustumoren	maligne, meist einseitig		
Embryonale Karzinome			
Teratome	reife, benigne Tumoren (meist Dermoide)		
	solide, zystisch monodermale u.a. Sonderformen		
	unreife, maligne Teratome (G I–G III)		40:1
Chorionkarzinome			
Bindegewebstumoren (nicht ovarspezifisch)			
	Fibrome (z. T. mit Ergüssen verbunden)		
	Sarkome (auch anteilig in Mischtumoren)		
Metastatische Malignome		(6–10 %)	

[1] Die serösen Kystadenokarzinome sind die häufigsten und zugleich bösartigsten Ovarialkarzinome.

[2] oft mit Endometriumkarzinom korrelierend

[3] Die klinisch-biologische Eigenart dieser Tumoren (gutartig/bösartig) ist histologisch schwer zu definieren.

Im Kindesalter dominieren reife, zystische Teratome und andere zystische Tumoren. Daneben finden sich Dysgerminome, Granulosa- und Thekazelltumoren, also z. T. hormonaktive Tumoren.

Zur weiteren Abklärung des **Malignitätsverdachts**:

- Ggf. Punktion von Aszites und zytologische Untersuchung
- Marker-Bestimmung (CA 125, CA 19-9, AFP, HCG)
- Metastasensuche (Leber, Lunge)

Eine Diagnostik durch **direkte Punktion** eines suspekten Befundes und nachfolgende Zytodiagnostik ist zumeist kontraindiziert. Die Methode ist diagnostisch unsicher (Mehrkammerigkeit von Tumoren) und gefährlich (Aussaat von Tumorzellen).

▶ Therapie

Einkammerige, glattwandige Zysten

Es handelt sich bei prämenopausalen Befunden überwiegend um eine dysfunktionell entstandene Vermehrung und Retention von Follikelflüssigkeit bei ausgebliebenem Follikelsprung. Derartige einkammerige Gebilde werden selten größer als 5–7 cm.

Erscheint die Diagnose Einkammerigkeit und Glattwandigkeit sonographisch gesichert und damit die Gutartigkeit wahrscheinlich (Malignitätsrisiko 0,3%), so wird zunächst abgewartet und in 8 Wochen kontrolliert. Mit der Rückbildung erübrigen sich weitere Maßnahmen. Bei Persistenz kann dann eine laparoskopische Kontrolle, Entleerung und zytologische Untersuchung des Punktates vorgenommen werden, sofern der Befund auch laparoskopisch unverdächtig ist. Ggf. kann eine Zyste auch laparoskopisch entfernt werden. Bei **prämenopausalen Zysten** über 8–12 cm Ø ist das Malignitätsrisiko etwa 9%, so daß hier umgehende Laparotomie geboten ist. Gleiches gilt für **postmenopausale »Zysten«**, wenn sie 3 cm Ø überschreiten.

Ovarialtumoren

> ! Jeder palpatorische/sonographische Verdacht auf einen soliden oder solid-zystischen Ovarialtumor zwingt zu aktiv-operativem Vorgehen. Einerseits sind zahlreiche Ovarialtumoren **maligne** (bei Älteren >30%), andererseits drohen auch **Stieldrehung** und **Ruptur** (s. S. 388).

Maligne Tumoren müssen schonend in toto und ohne jede Kontamination der Umgebung entfernt werden. Dies zwingt grundsätzlich zur **Laparotomie**. Da ferner die Dignität nur z. T. visuell beurteilbar ist, bleibt auch bei den **»wahrscheinlich« gutartigen Tumoren** der Einsatz der **operativen Laparoskopie** begrenzt. Das laparoskopische Anoperieren eines sich später als maligne herausstellenden Tumors ist risikohaltig und kann die Prognose durch intraperitoneale Zellverschleppung verschlechtern. Das Vorgehen muß also individualisiert werden.

1. Sicher gutartige Ovarialtumoren: Hier kann, sofern technisch praktikabel (Größe, Beweglichkeit!) laparoskopisch operiert werden. Zum Teil wird die Erhaltung eines Ovarrestes möglich sein.

2. Fraglich maligne Ovarialtumoren: Behutsame Exstirpation des Tumors. Ein Platzen ist wegen der möglichen Aussaat evtl. maligner Zellen sorgsam zu vermeiden. **Schnellschnitt.** Sofern die Bösartigkeit

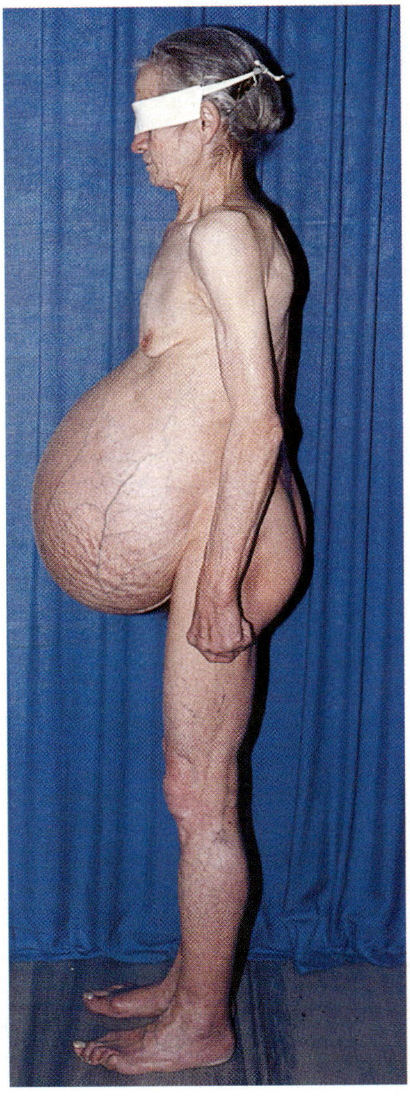

Abb. 14.27a Patientin mit verschlepptem riesigen Ovarialtum... Gelegentlich Herzsensationen wie beim Vena-cava-Syndrom.

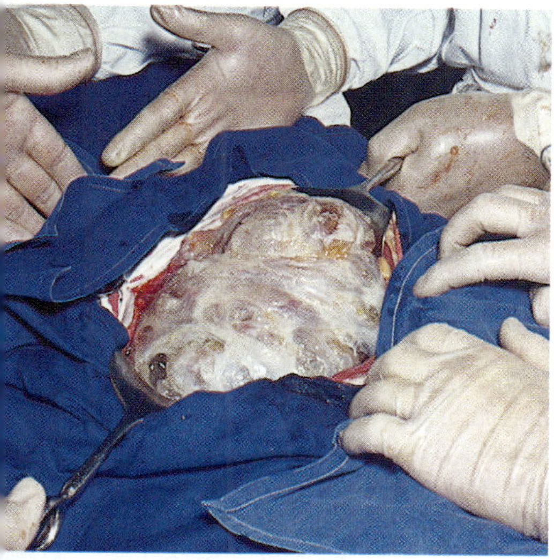

Abb. 14.27b Operationssitus. Die Hände markieren den palpablen Rand des multizystisch-soliden Tumors.

damit nicht sicher zu beweisen ist, aber möglich oder wahrscheinlich bleibt, ist radikal zu operieren, sofern man dies vorher mit der Patientin besprochen hat (Abb. 14.27). Andernfalls ist die endgültige histologische Aufarbeitung und Diagnostik abzuwarten und erst dann erneut zu operieren. Dieses abwartende Verhalten ist vor allem bei jüngeren Frauen mit Kinderwunsch empfehlenswert, da es sich bei dem Tumor um einen »borderline case« (LMP-Tumor, low malignant potency) handeln kann (s. S. 381 u. Tab. 14.2), bei dem unter Umständen ein konservatives Vorgehen diskutabel ist.

3. Vermutlich maligne Ovarialtumoren:

> ! Diagnosestellung inkl. Staging sowie die Beurteilung von Prognose und Therapiemöglichkeiten sind nur anläßlich einer **Laparotomie** in zuverlässiger Weise möglich. Verdacht auf Malignität bedeutet: Laparotomie mittels Längsschnitt.
> Das weitere Vorgehen beim Nachweis der Malignität richtet sich nach dem vorgefundenen Befund.

Je nach Ausbreitung unterscheidet man folgende Stadien:

- **Stadium I (a, b, c):** Karzinom auf Ovar/Ovarien beschränkt
- **Stadium II (a, b, c):** Ausdehnung im kleinen Becken
- **Stadium III (a, b, c):** Intraperitoneale Metastasierung außerhalb des kleinen Beckens und/oder LK-Befall
- **Stadium IV:** Fernmetastasen; Leberparenchymmetastasen. Pleuraerguß

Einen hohen Stellenwert hinsichtlich ungünstiger Prognose hat bei allen Stadien das zusätzliche Vorkommen von Karzinomzellen in der freien Peritonealflüssigkeit (Stadium Ic, IIc).

a. Therapie operabler Ovarialkarzinome: Die **Operation** ist stets die Methode der Wahl. Man pflegt beide Adnexe, den Uterus und das große Netz zu exstirpieren, da in über 50% der Fälle auch das andere Ovar befallen ist und auch im Uterus und Netz häufig Metastasen anzutreffen sind (Abb. 14.28). Die Zweck-

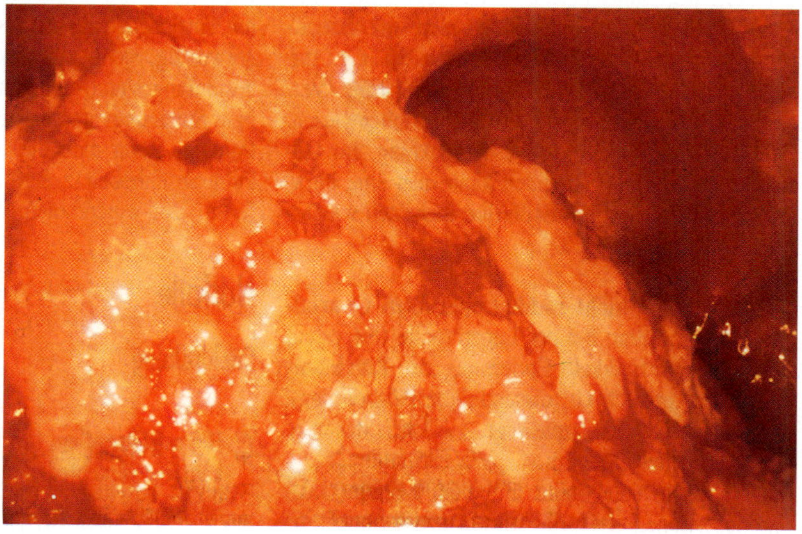

Abb. 14.28 Metastatisch befallenes Omentum majus bei Ovarialneoplasma. Laparoskopiebefund. (Aus Semm)

mäßigkeit einer pelvinen (und evtl. paraaortalen) Lymphonodektomie wird zunehmend anerkannt. Im Abdomen erfolgen zahlreiche Biopsien und Abstriche. Ausnahmsweise kann man sich bei jungen Frauen bei eindeutig einseitigem, intrakapsulärem Wachstum eines Tumors von geringer maligner Potenz (LMP; **Borderline-Tumor**) sowie einiger anderer Sonderformen (z. B. **Dysgerminome**) auf die Exstirpation dieses Tumors im Sinne einer einseitigen Ovariektomie, eine einseitige Lymphonodektomie und ein subtiles, bioptisches Staging beschränken. Dieses Vorgehen muß nach Vorliegen subtiler histologischer Befunde unter Umständen durch ergänzende Eingriffe korrigiert werden.

In Abhängigkeit von der Konstellation (Stadium, Grading, Alter u. a.) sind unter Umständen **zusätzliche postoperative Maßnahmen** indiziert.

Zytostatika: In Fällen, bei denen auch nur der geringste Verdacht auf Streuung oder Karzinomkontakt mit der intraperitonealen Umgebung besteht, oder auch generell (»adjuvant«) bei entdifferenzierten Malignomen (G III) wird umgehend mit einer Zytostatikatherapie begonnen.

Adjuvante Perkutanbestrahlung: Diese ist nach makroskopisch vollständig entferntem Ovarialkarzinom zugunsten einer adjuvanten Chemotherapie weitgehend aufgegeben.

Intraperitoneale Applikation von Wirkstoffen: Bei Nachweis einer nur mikroskopischen Zellaussaat (Netzbefall, Peritoneum, positive Intraperitonealzytologie) wird an einigen Zentren eine intraperitoneale Bestrahlung mit kolloidal gelösten **Radionukliden** versucht (Radiogold, Radiophosphor, Radioyttrium). Mit dieser Strahlung wird also nur die Oberfläche des Peritonealraums bestrahlt, während tiefere Gewebeschichten der gesunden Organe im Bauchraum geschont werden. Die Therapie ist z. T. mit massiven Darmverwachsungen belastet. Eine Verbesserung der Überlebensrate ist nicht nachgewiesen, jedoch eine verzögerte Aszitesentwicklung. Im Gegensatz zu den Radionukliden kann man eine intraperitoneale **Zytostatikainstillation** mehrfach wiederholen.

b. Therapie bei nicht radikal operablen Ovarialkarzinomen: Wenn bei der Laparotomie festgestellt wird, daß eine radikale Entfernung des Karzinoms nicht mehr möglich ist (disseminierte Ausbreitung), bieten sich **zwei Therapiewege**, zwischen denen je nach Bedarf gewählt wird:

Falls möglich, sucht man mit allen Mitteln (inkl. Darmresektionen u. ä.) die **Tumormasse** soweit **zu vermindern**, daß die Restbefunde nicht mehr größer als 0,5 (2) cm sind (zytoreduktive Therapie, debulking). Damit sind günstige Voraussetzungen für eine Nachbehandlung (Zytostatika; Radiatio) und eine verbesserte Kurzzeitprognose geschaffen (Remission 50–80 %).

Bei der sich anschließenden **Zytostatikatherapie** werden neben Cyclophosphamid zunehmend platinhaltige Kombinationen (Cisplatin, Carboplatin) eingesetzt. Mitunter ist eine **Second-look-Laparotomie** zu erwägen, um bei progressiven Fällen den Effekt der Chemotherapie bzw. den Nutzen operativer Ergänzungsmaßnahmen beurteilen zu können. Wenn eine mehrmonatige Behandlung zu einer erwiesenen Remission geführt hat, kann man ggf. eine **perkutane Strahlenbehandlung** im Sinne der Großfeldtechnik anschließen. Dabei werden das kleine Becken mit 50 Gy und der Oberbauch mit 25 Gy bestrahlt. Mitunter läßt sich damit die zytostatisch erreichte Remission stabilisieren oder doch verlängern. Falls nach der Chemotherapie nur noch mikroskopische Reste des Karzinoms vorhanden sind, können bei G-I-Karzinomen etwa 100%, bei G-III-Tumoren ca. 80% mit einer Überlebenszeit von ≥5 Jahren rechnen.

Wenn sich bei der primären Laparotomie zeigt, daß der Befund inoperabel und selbst eine zytoreduktive Operation im oben genannten Umfang undurchführbar oder sinnlos ist (Befall von Mesenterium, Leber, Oberbauch) bzw. schon Fernmetastasen bestehen, bleibt nur noch der wenig aussichtsreiche Versuch einer **alleinigen systemischen Zytostatikatherapie** (Remissionserwartung 30%, selten mehr; meist nur kurzfristig) und/oder der Einsatz des neuen Wirkstoffes **Paclitaxel (Taxol)**.

Die Progredienz der Ovarialmalignome geht zumeist mit einer **Aszitesbildung** einher. Punktionen werden notwendig, wenn aszitesbedingte Zunahme des Leibesumfanges und, damit zusammenhängend, Dyspnoe bzw. Spannungsschmerzen zu beobachten sind. An die Punktion kann man die Instillation eines Zytostatikums anschließen (z. B. Cisplatin, Mitoxantron [Interferon]) und wiederholen.

Notfälle

Stieldrehung

> Bei **mittelgroßen, beweglichen Ovarialtumoren** kann bei verschiedenen Anlässen (z. B. Körperdrehung) eine Stieldrehung erfolgen (Abb. 14.29).

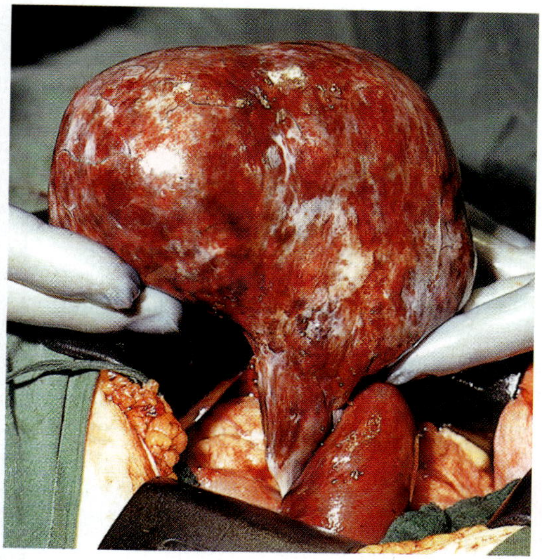

Abb. 14.29 Akutes Abdomen bei Stieldrehung eines mittelgroßen Ovarialtumors. Hämorrhagische Infarzierung von Tumor und Tube.

▶ **Symptome**

Ganz plötzlicher, heftiger »peritonealer« Schmerz; meist einseitige Lokalisation. Subakute bzw. intermittierende Schmerzen ähnlichen Charakters sind seltener.

▶ **Befunde**

- Peritonismus und Schock
- Tumor im Unterbauch (Abb. 14.23, Abb. 14.29)
- Normale Temperaturen, anamnestisch kein Anhalt für entzündliche Vorgänge oder Perforation

▶ **Therapie**

Sofortige Laparoskopie bzw. Laparotomie. Bei Verzögerung dieser Maßnahme drohen Nekrose des Tumors (BSG-Anstieg, evtl. Fieber), Verwachsungen, Subileus.

Ruptur eines zystischen Tumors

Die z.T. dünnwandigen Ovarialtumoren können bei plötzlicher Druckbelastung (z.B. bei der Palpation, bei Unfällen) leicht platzen.

▶ **Symptome**

Bei kleinen Retentionszysten häufig **symptomlos**. In anderen Fällen **plötzlicher, peritonealer Schmerz**, erst halbseitig, dann meistens diffus, bald abklingend. Mitunter Schulterschmerz.

▶ **Befunde**

- Evtl. leichter, flüchtiger, diffuser Peritonismus.
- Gynäkologischer Tastbefund meist o.B. Tumor kollabiert!
- Mittels Sonographie kann Flüssigkeit im Douglas und evtl. ein solider Tumorrest nachgewiesen werden.
- Normale Temperatur, BSG evtl. o.B.

Sofern man nicht kurz vorher einen zystischen Tumor getastet hat, ist die Diagnose nur eine Vermutungsdiagnose.

▶ **Therapie**

! Überwachung. Ggf. Klinikeinweisung. Abwarten unter strenger Bettruhe und Beobachtung (Puls? Hinweis auf innere Blutung? Temperatur?). Bei anhaltend peritonealem Bild oder genereller Verschlechterung des Befindens Laparoskopie und ggf. Laparotomie.
Stieldrehung und Ruptur können miteinander kombiniert auftreten!

Mögliche Ruptur-Spätfolgen: Platzt ein muzinöses Kystom spontan oder auch unter der Operation, und ergießt sich der zellhaltige Inhalt in die Bauchhöhle, so kann es zur Implantation der schleimproduzierenden Zellen im gesamten Bauchraum und, im Lauf der Zeit, zum sog. **Gallertbauch** (Pseudomyxoma peritonei) kommen. Neben dieser Genese scheint es auch eine eigenständige, multizentrische und pseudomyxomatöse Proliferation des Peritoneums zu geben.

Nachsorge

Hier gelten die auf S. 402 gemachten Ausführungen sinngemäß. Zusätzlich ist der Bauchumfang zu kontrollieren (Aszitesbildung?) und die Häufigkeit von Leber-, Lungen- und Knochenmetastasen zu beachten (Ultraschall, Röntgenkontrollen, Szintigraphie, Computertomographie). Markerkontrolle, falls relevant.

Heilungsaussichten

Die 5-Jahres-Überlebenszeit aller Ovarialkarzinome beträgt nur 30–35%. Dabei muß man berücksichtigen, daß das Kollektiv der malignen Ovarialtumoren außerordentlich heterogen und die histologisch definierbare Grenze zwischen Gut- und Bösartigkeit besonders unscharf ist. Deshalb ist auch die Vergleichbarkeit verschiedener Statistiken recht fragwürdig.

Die therapeutisch relativ günstigen Stadien I und II sind leider im Krankengut selten anzutreffen.

Tubenkarzinome

Tubenkarzinome, meist Adenokarzinome, sind extrem selten (0,3% der gynäkologischen Karzinome). Symptome (tubarer Fluor; Blutungen; Schmerzen) sind uncharakteristisch oder fehlen. Eine Diagnose früher Veränderungen ist oft zufällig; größere Befunde sind gegen entzündliche oder endometriotische Prozesse sowie Ovarialtumoren abzugrenzen. Die Therapie entspricht der des Ovarialkarzinoms.

Literatur

Beaufort F, Schünemann H. Malignomtherapie. München, Bern: Zuckschwerdt 1987.

Bender HG. Gynäkologische Onkologie für die Praxis. 2. Aufl. Stuttgart: Thieme 1990.

Bruhn HD. Zytostatika-Fibel. Stuttgart: Schattauer 1985.

Gladisch R. Praxis der abdominellen Ultraschalldiagnostik. 2. Aufl. Stuttgart: Schattauer 1992.

Merz E. Sonographische Diagnostik in Gynäkologie und Geburtshilfe. Stuttgart: Thieme 1988.

Pfleiderer A. Ovarialmalignome. In: Spezielle gynäkologische Onkologie II. Bd 12. Klinik der Frauenheilkunde und Geburtshilfe. 3. Aufl. Bastert G (Hrsg). München: Urban & Schwarzenberg 1996.

Schmidt-Matthiesen H, Bastert G. Gynäkologische Onkologie. 5. Aufl. Stuttgart, New York: Schattauer 1994.

Schmoll HJ, Peters HG, Fink U. Kompendium der Internistischen Onkologie. Bd. I u. II. Berlin, Heidelberg: Springer 1986 u. 1987.

14.8 Mammakarzinom

Allgemeines

Von den Krebserkrankungen der Frau entfallen zur Zeit 19–22% auf das Mammakarzinom. Die Morbidität befindet sich offenbar in Zunahme.

Dabei sind erhebliche geographische, rassische und andere Unterschiede feststellbar. Die Bedeutung der **Pille** für die Genese ist, bei widersprüchlichen Aussagen, bisher noch nicht verbindlich geklärt. Auch die Annahme, daß die heute weit verbreitete postmenopausale **Östrogen**-Langzeitapplikation bedeutsam sei, konnte bisher nicht absolut sicher bewiesen werden. Die Tatsache, daß in den Anamnesen des Karzinomkollektivs häufig Hinweise über Zykluslabilität bzw. monophasische Zyklen auftauchen, hat aber zu der Annahme geführt, daß das Fehlen eines zyklisch wiederkehrenden und ausreichenden **Gestageneinflusses** bedeutsam ist und erst dadurch die Voraussetzung für den ungünstigen Effekt eines kontinuierlichen Östrogeneinflusses schafft.

Die Auffassung, daß **frühe Heirat, frühe Schwangerschaft** und **Multiparität** einen Präventiveffekt hinsichtlich der Mammakarzinomentwicklung haben, wird in dieser einfachen Formulierung nicht mehr akzeptiert. Lediglich das Austragen von Schwangerschaften vor dem 20. Lebensjahr scheint hemmende Auswirkung zu haben. Häufiges **Stillen** schützt nur vor einer Erkrankung in jüngerem Alter und nicht generell. Die Angaben der Literatur zum Thema sind äußerst widersprüchlich. Demgegenüber darf es als erwiesen gelten, daß bei den **proliferierenden Formen der Mastopathie** mit Atypien das Erkrankungsrisiko erhöht ist, was bei den Vorsorgeuntersuchungen und der Indikationsstellung für die Mammographie zu beachten ist.

Eine eindeutige, aber kausal unklare Rolle spielen **Ernährungsgewohnheiten**, speziell die erhöhte Fettzufuhr in den Industrieländern. Auch **Adipositas** und **Diabetes** sind, wie beim Korpuskarzinom, als risikosteigernde Faktoren bekannt. Letzteres gilt auch für das **Rauchen**.

Der größte Risikofaktor ist die **familiäre Belastung** (BRCA-Gene): Eine schon prämenopausale Mammakarzinomerkrankung der Mutter erhöht das Risiko der Tochter um das 2- bis 3fache.

Das Mammakarzinom gilt als »hormonabhängiges« Karzinom. Dies trifft nur auf jene Tumoren zu, die Östrogen- und/oder Progesteronrezeptoren besitzen.

Altersverteilung

Berücksichtigt man die Absterbeordnung, so ergibt sich eine mit dem Alter zunehmende Häufigkeit. Im 5. Jahrzehnt werden die meisten Mammakarzinome entdeckt. Der Anteil der Frauen unter 40 Jahren scheint zuzunehmen, er beträgt z. Zt. etwa 35%!

Histologie

Als **Präkanzerose** gilt das sich häufig multizentrisch und bilateral entwickelnde **Carcinoma lobulare in situ (CLIS),** das aber nur partiell und dann mit großer Latenzzeit karzinomatös wird.

Das **duktale Carcinoma in situ (DCIS)** ist demgegenüber als eine vor der Invasion stehende Veränderung anzusehen (Abb. 14.30a), deren sichere histologische Einordnung problematisch ist, da, vor allem bei größeren Befunden von >2,5 cm, erste Invasionssprossen übersehen werden können.

Bei den bereits **invasiven Befunden** unterscheidet man sinngemäß **duktale** (80%) und **lobuläre Karzinome** (10%), ferner die prognostisch relativ günstigen **muzinösen** und **medullären** Karzinome sowie solche mit ungewöhnlicher Differenzierung. Schließlich ist das **Paget-Karzinom** als Sonderform zu nennen: Hier zeigen sich ekzematös imponierende Begleitveränderungen an Mamille und Areole.

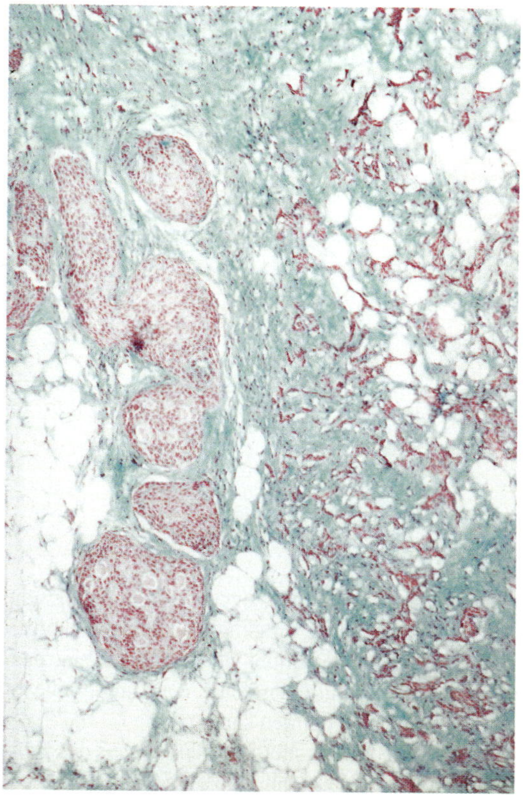

Abb. 14.30a Links: duktales (intraduktales) Carcinoma in situ (DCIS). Rechts: feingliedrig-netzförmig infiltrierendes Karzinom.

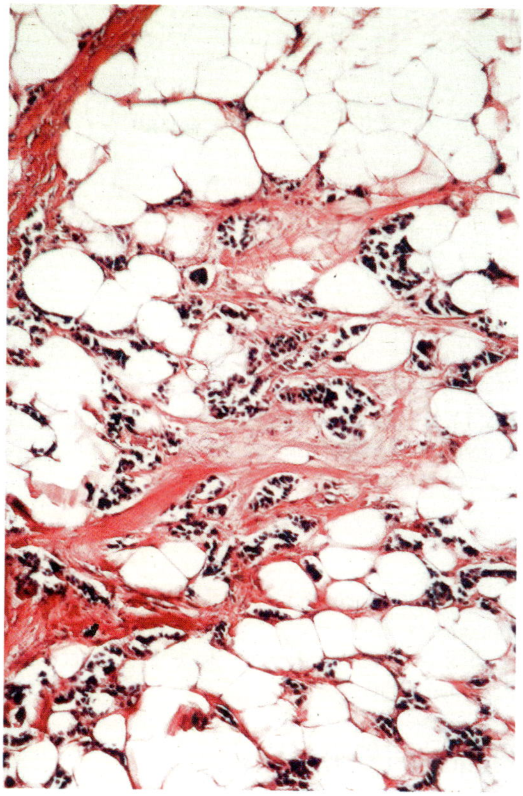

Abb. 14.30b Feingliedrig ausgebreitetes Mammakarzinom innerhalb einer Mastopathia fibrocystica.

Lokalisation

Von den **Vorstufen** ist das nur partiell und dann mit großer Latenzzeit invasiv werdende CLIS zu 70% multizentrisch und zu 20–60% bilateral angelegt. Auch das DCIS kann, wenn auch deutlich seltener, multizentrisch und bilateral vorkommen.

Die Häufigkeit der verschiedenen Lokalisationen **solitärer Mammakarzinome** in % ist in Abb. 14.31a skizziert. Eine Besonderheit des Mammakarzinoms ist sein häufig **multilokuläres Vorkommen:** Außer dem erfaßten Knoten muß man, je nach Typ, ggf. mit momentan noch klinisch okkulten, weiteren Herden rechnen (13–70%), bei denen es sich zu etwa ²/₃ noch um präinvasive Veränderungen handelt. Gallert- und Medullärkarzinome pflegen solitär aufzutreten.

Doppelseitiger gleichzeitiger Befall findet sich bei >1% der Primärfälle, im Laufe der Zeit kommt es aber bei ca. 3,5% zur Erkrankung der zweiten Brust, teils metastatisch, teils als eigenständiges, neues Krankheitsbild.

Metastasierungswege und Organbefall

! Das Mammakarzinom kann sich **kanalikulär** und **lymphogen** innerhalb der **Mamma** ausbreiten. So entsteht ein Teil der multiplen Herde. Es kann ferner auf dem Lymphwege in die regionären **Lymphknoten** streuen (Abb. 14.31b) oder auch unvorhersehbar irregulär metastasieren (z.B. auf die Gegenseite). Der LK-Status der Axilla wird dennoch als weitgehend repräsentativ für die Beurteilung einer »Streuung« angesehen. Schließlich und schicksalsentscheidend metastasiert das Mammakarzinom **hämatogen**. Selbst beim vermeintlichen »Frühfall« können schon okkulte **Fernmetastasen** bestehen.

Die **Erstmanifestation** der Metastasierung findet man am häufigsten im Knochensystem. Es folgen mit etwa gleicher Häufigkeit Pulmo bzw. Pleura und der lokoregionale Bereich (Thoraxwand). Weniger häufig zeigen

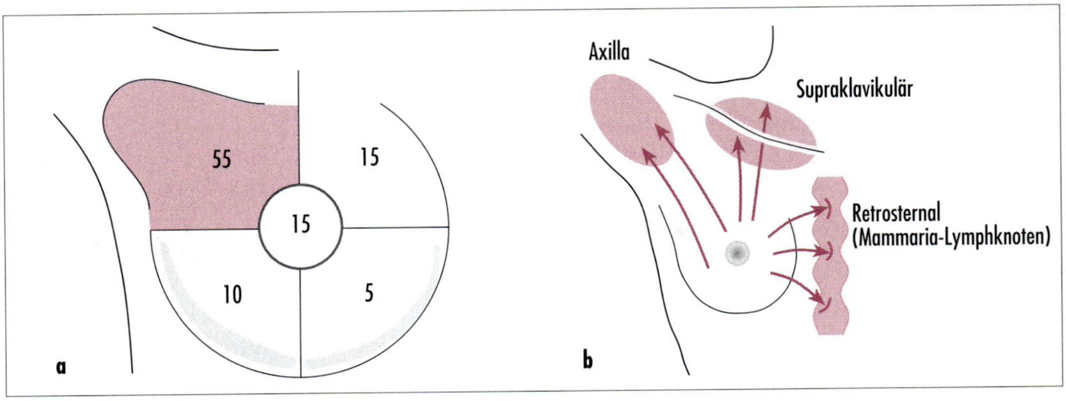

Abb. 14.31 Mammakarzinom.
a Lokalisationshäufigkeit in den verschiedenen Quadranten
b Metastasierungswege

sich die Metastasen erstmals in der Leber, in den Ovarien oder im ZNS.
Mit Fortschreiten der Krankheit werden immer mehr Regionen befallen.

Prognose-(Risiko-)Merkmale

Die Prognose des Mammakarzinoms ist unberechenbar. Einerseits ist die Metastasierung oft irregulär und bei Therapiebeginn nicht definierbar, andererseits ist das biologische Verhalten mancher Karzinome merkwürdig: Im Kollektiv der »unbehandelten Fälle« erreichen 15% der Patientinnen die 5-Jahres-Grenze!
Ungeachtet dieser grundsätzlichen Vorbehalte gibt es allerdings doch gewisse prognostische Kriterien bzw. Risikomerkmale:

- Größe des Primärtumors
- Histologische Merkmale
- Evtl. Multizentrizität
- Steroidrezeptoren
- Axillarmetastasen
- Fernmetastasierung
- Alter

Größe des Primärtumors: Bei einer Tumorgröße von 6–10 mm Durchmesser findet man bei 10–25% axilläre Lymphknotenmetastasen; bei größeren von 16–20 mm Ø ist dies bei 40–60%, bei Tumoren von >5 cm Ø und darüber bei 75% der Fall. Die Größe von 2–3 cm findet sich noch am häufigsten, die Zahl der bereits im Stadium T1 entdeckten Karzinome (≤2 cm) nimmt aber stetig zu (momentan etwa 35%).
Die Risikoabhängigkeit von der Tumorgröße ist nicht absolut. Sie kann durch besondere histopathologische Konstellationen (Typ, Grading, Lymphbahneinbruch u.a.m.) erheblich beeinflußt werden, so daß eine ausschließliche Fallbeurteilung nach der Tumorgröße zu Fehleinschätzungen führen kann.
Histologische Merkmale: Der Versuch, aus der Typisierung der Karzinome auf die Prognose zu schließen, ist nur bedingt praktikabel, da es kaum »typenreine« Karzinome gibt, sondern meist Mischformen vorliegen. Andere Kriterien, z.B. das Grading (G I–III; Differenzierung, Kernpolymorphie, Mitoserate), Ploidie, Nachweis von p53-Mutationen sowie Lymph- bzw. Gefäßeinbruch (0/+) sind aussagefähiger. Die sog. »inflammatorischen« Karzinome (2%) haben pauschal eine ungünstige Prognose. Bei lobulären Karzinomen oder ausgedehnten intraduktalen Anteilen (Komedokarzinome) muß mit Multizentrizität gerechnet werden.
Steroidrezeptoren: Im Tumorgewebe lassen sich – in allerdings sehr unterschiedlicher Menge – bei 25% Östrogen- und Progesteronrezeptoren nachweisen (ERz+/PrRz+); bei weiteren 25% finden sich nur ERz, bei 8% nur PrRz. Die restlichen Fälle sind rezeptornegativ. Ein Vorhandensein ist Voraussetzung für eine effektive endokrine adjuvante oder palliative Therapie (s. S. 400). Es liegen Hinweise vor, daß die rezeptorreichen Karzinome eine günstigere Prognose haben (»Low-risk«-Fälle).
Axillarmetastasen: Der Nachweis von Axillarmetastasen (besonders bei >3) läßt a priori eine ungünstige Prognose stellen. Der Tastbefund allein ist unzuverlässig: Bei »negativem« Befund lassen sich histologisch bei 20–50% Metastasen nachweisen.

Fernmetastasierung: Nach der klinischen Manifestation von Fernmetastasen überleben 50% noch 1–2 Jahre, 30% noch 2–3 Jahre und 20% der Patientinnen 3–4 Jahre.
Alter: Das prognostische Risiko ist bei den Frauen unter 35 J. größer als bei Älteren.

Klinik

▶ Symptome

Sehr selten vorhanden!

- **Schmerzen** in der Brust werden nur von ca. 5–10% der Kranken angegeben, sie sind weder als Hinweis- noch als Ausschlußzeichen zu werten.
- **Absonderungen** finden sich nur bei 5–10% der Karzinomfälle. Es handelt sich also um eine unspezifische, aber abklärungsbedürftige Symptomatik, besonders bei Einseitigkeit und blutigem Charakter.

▶ Befunde und Stellenwert

Inspektion

Folgende Beobachtungen der Patientin bzw. ärztliche Inspektionsbefunde sind suspekt und, im Falle eines Karzinoms, leider zumeist bereits Ausdruck eines fortgeschrittenen Stadiums (Abb. 14.32 u. 14.33):

- **Größen- oder Formungleichheit** der Brüste, sofern dies nicht seit jeher bekannt ist
- **Asymmetrisches Verhalten** der Brüste beim Heben und Senken der Arme (ggf. Fixierung der erkrankten Brust auf der Pektoralisunterlage)
- Umschriebene **Einziehung** der Haut
- **Einziehung einer Mamille**
- **Perimamilläre ekzematöse Hautveränderungen** (auf Paget-Krankheit verdächtig und mit einem distalen Milchgangskarzinom vergesellschaftet)
- **Apfelsinenhaut** (Verdickung der Haut mit großen Poren über einem Karzinom)
- **Ulzera** (Ausdruck eines Karzinomdurchbruches der Haut). Evtl. auch exophytische Proliferation
- **Disseminierte Fleckigkeit** (evtl. Lymphangiosis carcinomatosa) oder **umschriebene Rötung** (»inflammatorisches Karzinom«; cave: Verwechslung mit Mastitis!)

Palpation

Verdächtig sind:

- **Knoten** bzw. weniger scharf abgrenzbare **Verhärtungen** in der Brust, vor allem bei solitärem Vorkommen und eingeschränkter Verschieblichkeit
- **Plateauphänomen** (s. Abb. 14.33 II c, d)
- **Knoten in der Axilla** oder supraklavikulär
- **Konsistenzveränderungen**, die, in Verbindung mit der Hautrötung, als regional begrenzte **»Entzündung«** erscheinen (»inflammatorisches« Karzinom)
- **Änderung** eines bekannten, bisher als gutartig angesehenen Knotens (»Fibrom«, »Mastopathie«)

Im Stadium I werden ca. 70% der Tumoren palpatorisch entdeckt. Manche Vorstufen (DCIS, CLIS) und Frühveränderungen sind nicht palpabel.

Marker

- **Ein positiver Markerbefund** (CA 15-3, CEA, 12H12) ist sowohl vom Typ als auch von einem gewissen Tumorvolumen abhängig. Deutlich erhöhte Werte finden sich vor allem bei Metastasierung.

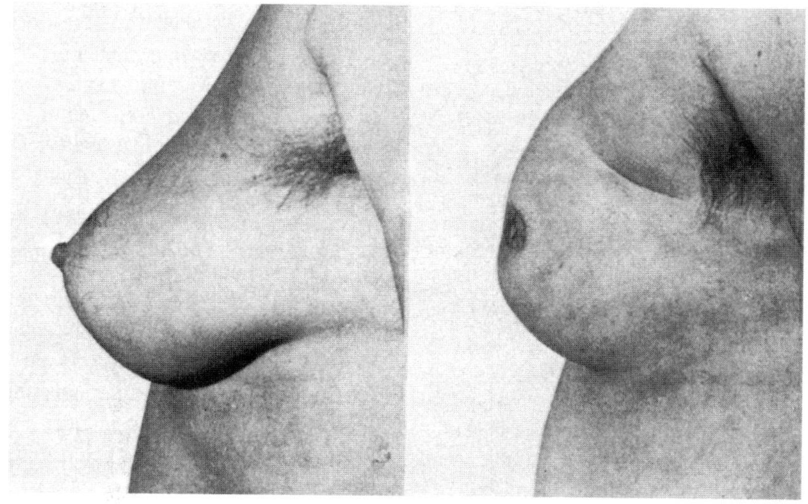

Abb. 14.32 Mammakarzinom. Links: gesunde Brust. Rechts: die karzinomatöse Brust der gleichen Patientin. Die Aufnahme ist zur besseren Vergleichbarkeit seitenverkehrt dargestellt. Man beachte: Mamilleneinziehung, supramamilläre Vorwölbung, seitliche Hauteinziehung und Brustdeformierung.

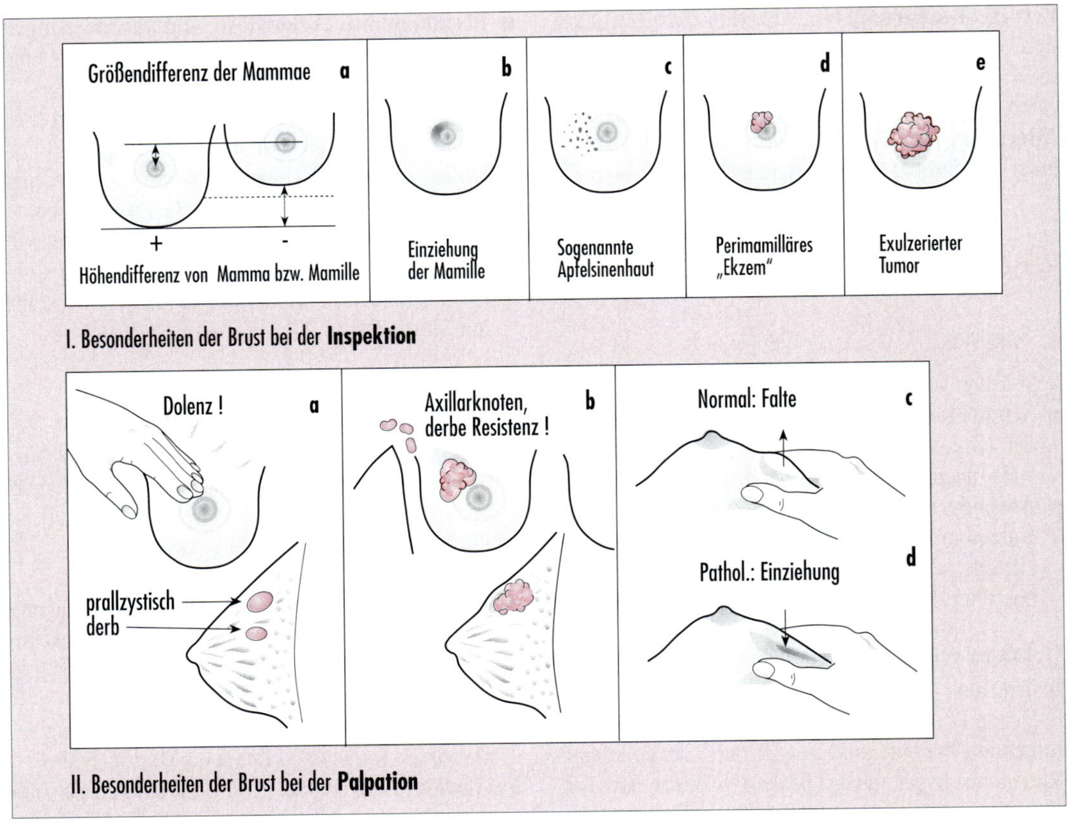

Abb. 14.33 Sichtbare und tastbare Hinweiszeichen auf ein Mammakarzinom.

Verdachtsabklärung

> ! Beim geringsten Verdacht auf neoplastische Veränderungen, der sich aus den o. e. Symptomen und Befunden (s. auch S. 431) ableitet, ist die umgehende Abklärung durch einen Spezialisten nötig.

Dabei kommen je nach Sachlage, meist multipel, zusätzlich zum Einsatz (Abb. 14.34):

- Mammographie, Xerographie
- Duktographie (Galaktographie)
- Sonographie
- Punktion mit zytologischer Auswertung. In Sonderfällen (s. u.) Drillbiopsie oder Stanzbiopsie
- Evtl. MRT

Mammographie

Die Mammographie, ein röntgenologisches Verfahren (Abb. 14.35), hat sich als Standardmethode durchgesetzt. Malignitätskriterien sind Verdichtungen mit auslaufenden, strahligen Rändern. Ferner gruppierte, polymorphe Mikrokalzifikationen als Ausdruck intraduktaler Wachstumsprozesse (Frühdiagnose!). Die Treffsicherheit der Mammographie im Stadium I liegt bei >90%. Sofern eine einseitige Absonderung aus der Mamille vorliegt, kann die Mammographie durch vorherige Kontrastfüllung der Milchgänge hinsichtlich der Aussagefähigkeit ergänzt werden (**Dukto-** bzw. **Galaktographie**). Zukünftig wird in ausgewählten Fällen die **MR-Mammographie** wegen fehlender Strahlenbelastung und ihrer – mit Ausnahme des Mikrokalks – höheren Sensibilität und der Differenzierungsfähigkeit zwischen gutartigen und malignen Befunden als zusätzliche Methode bedeutsam werden, vor allem bei Jüngeren.

Sonographie

Die **einfache Sonographie** erlaubt die Unterscheidung von Zysten und soliden Tumoren und erreicht bei Karzinomen von >1 cm zunehmende Treffsicherheit. Die **Doppler-Sonographie**, besonders die farbkodierte Technik, kann auch Frühveränderungen aufdecken und wird beim Screening zunehmend an Bedeutung gewinnen.

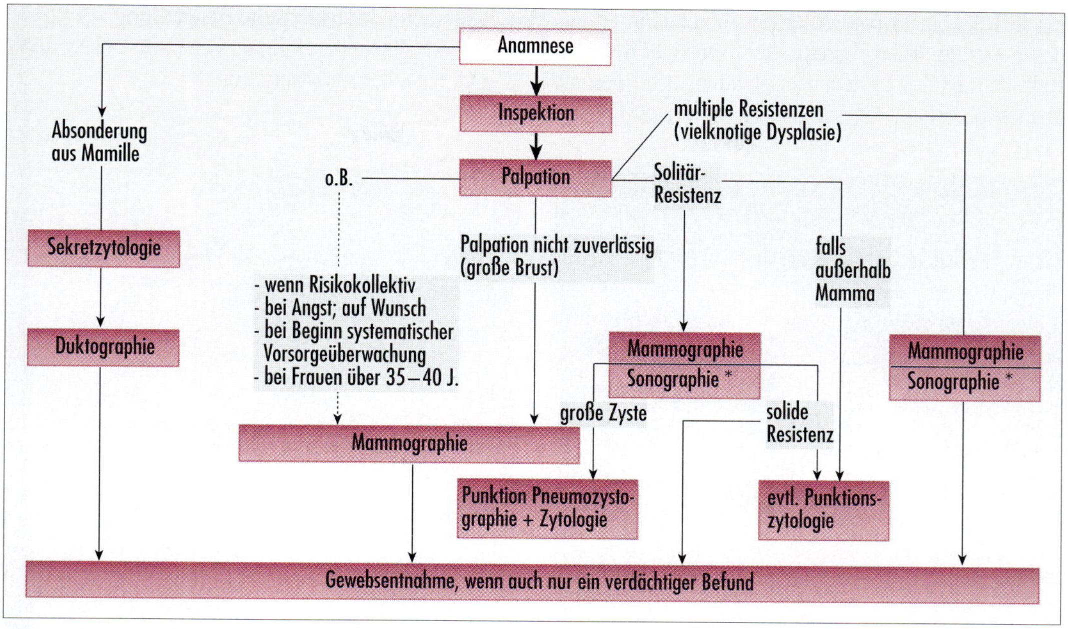

Abb. 14.34 Untersuchungsgang bei der Kontrolle der weiblichen Brust. *Die Sonographie hat um so mehr Vorrang, je jünger die Patientin (<30 J.), je weniger suspekt die Veränderung ist und je wahrscheinlicher fibrozystische Befunde sind.

Zytologische Diagnostik

Die zytologische Untersuchung von **Absonderungen aus der Mamille** erbringt nur selten aufschlußreiche Ergebnisse. Demgegenüber stellen **Punktion** und **Zellaspiration** aus einem palpablen Tumor eine Bereicherung der Diagnostik dar. Es kann zwischen Zysten und soliden Tumoren differenziert werden. Das gewonnene Zellmaterial läßt bei zytologischer Auswertung mit hoher Treffsicherheit (97 %) eine Aussage über die Dignität des Befundes zu.

Gewebsentnahme

> ! Liefert auch nur eine der genannten Methoden einen **Hinweis auf mögliche Malignität**, so muß in der Regel die Sicherung oder der Ausschluß des Verdachtes durch **gezielte Gewebsentnahme** und gründliche histologische Untersuchung erfolgen.

Die Art der Gewebsentnahme muß den individuellen Gegebenheiten angepaßt werden: bei tastbaren Solitärresistenzen ist die **Exstirpation** unproblematisch; die verdächtigen Knoten sollen nicht angeschnitten, sondern als Ganzes **weit im Gesunden** exstirpiert werden. Handelt es sich um Veränderungen, die nur durch Mammographie, Xerographie, Duktographie oder Thermographie nachweisbar, also nicht palpatorisch lokalisierbar sind, so muß wegen der Unsicherheit der Abgrenzung ein relativ großer Gewebsbereich exstirpiert werden. Ausschließlich bei großen Tumoren bieten **Drill-** oder **Stanzbiopsien** einfache Möglichkeiten zur prätherapeutischen zuverlässigen Diagnostik.

Histologie, Staging

Die histologische Untersuchung soll folgende Differenzierung erlauben:

- **Gutartigkeit** – oder
- **Disposition zur malignen Entartung** (z. B. proliferierende Mastopathie mit Atypien) – oder
- **Präkanzerose Carcinoma lobulare in situ** (CLIS) – oder
- **Präinvasives duktales Carcinoma in situ** (DCIS) – oder
- **invasives Karzinom** (Art, Größe, Abgrenzung, Ausbreitung). In diesem Fall:
- **Low-risk-** oder **High-risk-Karzinom** (s. S. 392ff)?

Die Diagnose DCIS (d.h. noch nicht invasiv!) ist unsicher, da erste Invasionssprossen oft der Untersuchung entgehen. Bei Befunden über 2,5 cm muß in hohem Maße mit ihrem Vorkommen gerechnet werden. Der histologische Befund bestimmt die Therapienotwendigkeit als solche. Die Art hängt von der globalen individuellen Konstellation ab (TNM-Status, histologische Risikomerkmale, Alter, persönliche Einstellung der Patientin, Risikobereitschaft, sonstige Befunde, Belastbarkeit u.a.m. Zur Entscheidung sind deshalb noch erforderlich:

- **Allgemeine internistische Beurteilung**
- **Metastasensuche** (Pulmo, Leber, Knochen, evtl. inkl. Knochenmarkaspiration)

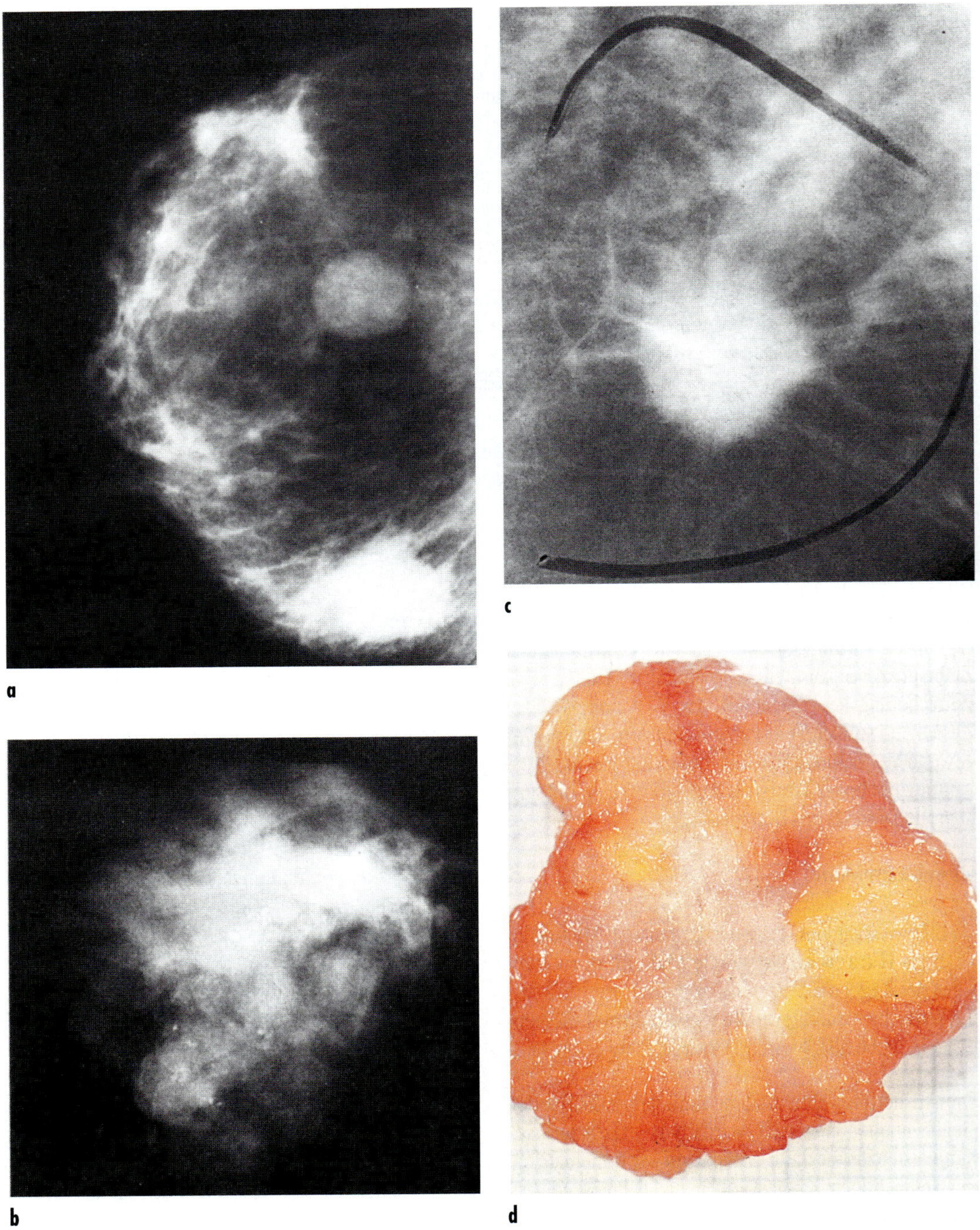

Abb. 14.35a Mammographie: im Zentrum ein glattrandiger, gutartiger Befund (Zyste), unten ein unscharfer, maligner Prozeß. **b** Röntgenaufnahme eines Gewebsexzisates mit polymorphen Mikrokalzifikationen bei unauffälligem Tastbefund. Histologie: ausgedehntes intraduktales Karzinom. **c** Mammographiebild bei strahligem Mammakarzinom. **d** Tylektomiepräparat des Befundes von (c).

- **Vorläufige Stadieneinteilung:**
  Stadium I/T1: Tumor <2 cm Ø
  Stadium II/T2: Tumor 2,1–5 cm Ø
  Stadium III/T3: Tumor >5 cm Ø
  Stadium IV/T4: Tumor infiltriert Haut oder Thoraxwand
  N–/N+: LK-Status (frei/befallen)
  M–/M+: Metastasen (0/+).
- Intensive **Information der Patientin und Aussprache**

▶ Therapie

Noch nicht invasive Veränderungen

Findet sich bei einer z. B. wegen Mikrokalzifikationen (Abb. 14.35b) oder auffälligem Doppler-Sonographiebefund vorgenommenen Gewebsentnahme nur ein sicher im Gesunden entferntes DCIS unter 2,5 cm Ø, so entfallen weitere Eingriffe. Bei ausgedehnteren Befunden kann jedoch eine Nachbestrahlung oder, besonders bei Verdacht auf Multizentrizität, eine Ablatio nötig werden (s. u.).

Beim CLIS erlauben nur kleine (<2,5 cm) und sicher solitäre Befunde organerhaltendes Vorgehen, ansonsten zwingen extrem häufige Multizentrizität und Doppelseitigkeit zu größeren und evtl. bilateralen Eingriffen (z. B. s.c. Mastektomie).

Karzinome

> ! Das Mammakarzinom bietet einige bedeutsame Besonderheiten. So entsteht und entwickelt es sich nicht selten **multizentrisch**, ohne daß man dies klinisch, – d.h. ohne histologische Untersuchung – vorhersehen kann. Ferner **streut es sehr früh**, sowohl auf lymphatischem Wege als auch hämatogen. Das Schicksal der Behandelten wird also weniger vom lokalen Geschehen als von der zum Zeitpunkt der Erstbehandlung schon vorhandenen Streuung bestimmt. Dies alles muß in die therapeutischen Konzepte eingebracht werden.

Die Einordnung des Mammakarzinoms als **»systemische Erkrankung«** erklärt, daß Variationen der operativen Therapie nur in Grenzen von Bedeutung sein können.

Operative Primärtherapie

Anstelle der früheren stereotypen Radikaloperation (Ablatio mammae, Mitnahme der Pektoralismuskulatur, aggressive Lymphonodektomie) wird heute **individuell** vorgegangen, wobei man sich am jeweiligen prospektiven Risiko orientiert (s. Prognose). Die Operation sollte in der 2. Zyklushälfte vorgenommen werden.

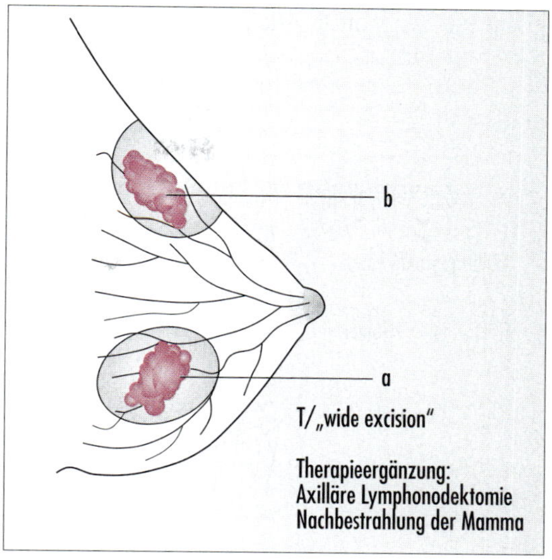

Abb. 14.36 Kleines Low-risk-Mammakarzinom. Brusterhaltende Therapie.
a = einfache Tylektomie/»wide excision« bei tiefliegendem Karzinom
b = Tylektomie mit Hautresektion bei oberflächlicher Tumorlokalisation

Low-risk-Tumoren: Bei Tumoren, die vermutlich nicht größer als 2–3 cm sind, wird zunächst, meist im Zusammenhang mit der Primärabklärung, nur eine

- **Tylektomie** (Abb. 14.35d u. 14.36), d.h. die Exstirpation des Tumors »weit im Gesunden« durchgeführt, bei oberflächlicher Lage einschließlich des darüberliegenden Hautareals.

Ein weiteres **brusterhaltendes Vorgehen** ist nach histopathologischer Untersuchung des Tumors und Karzinombestätigung unter folgenden Voraussetzungen zu verantworten:

- Tumorgröße ≤3 cm
- Exstirpation sicher weit im Gesunden
- Keine offensichtlichen morphologischen High-risk-Kriterien
- Multizentrizität unwahrscheinlich
- Ausschluß eines zusätzlichen ausgedehnten intraduktalen Karzinoms
- Gutes kosmetisches Ergebnis zu erwarten (ausreichend große Brust)

Bei der gegebenen Konstellation würde eine Ablatio die Prognose nicht verbessern. Der bisherige Eingriff bedarf aber einer **Therapieergänzung**:

- **Axilläre Lymphonodektomie** (im Level I und II)
- **Nachbestrahlung** der belassenen Brust

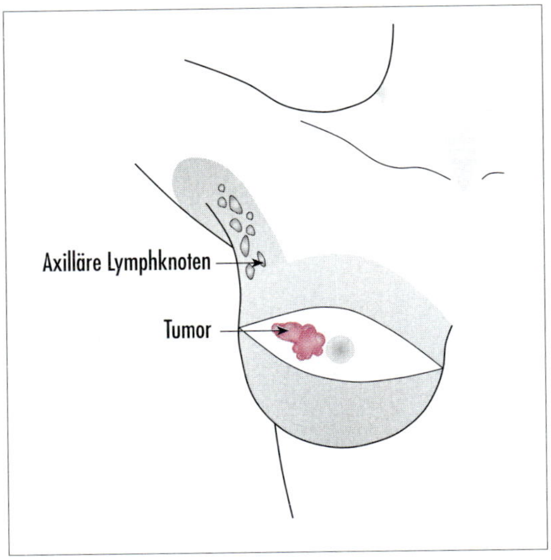

Abb. 14.37 Größeres Mammakarzinom. Modifiziert radikale Mastektomie mit Ausräumung der axillären Lymphknoten (Level I u. II). Möglichst horizontale Hautumschneidung, falls Tumorlage dies zuläßt. Grau= Ausdehnung der s.c. Ausräumung.

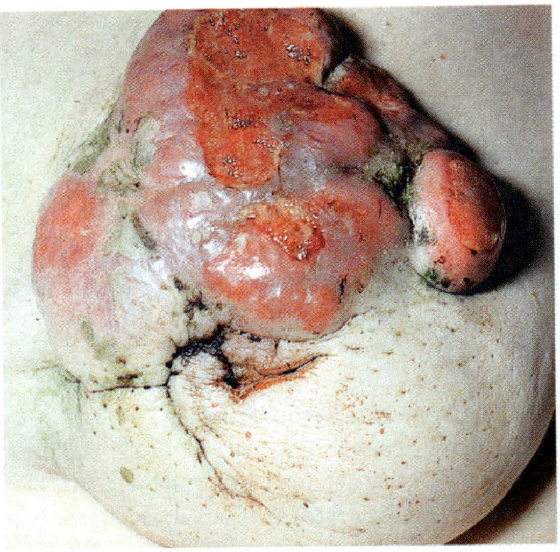

Abb. 14.38 Verschlepptes Mammakarzinom rechts. Schrumpfende Einziehung, Orangenhaut und massiver Durchbruch durch die Haut.

Dies soll verhindern, daß evtl. doch vorhandene multizentrische, okkulte Herde Bedeutung gewinnen. Unterbleibt die Nachbestrahlung, ist mit einer 5- bis 6fach erhöhten Lokalrezidivquote zu rechnen.

Es muß sichergestellt sein, daß die Patientin sich mit dem reduzierten Vorgehen identifiziert und auch spätere kurzfristige Kontrollen akzeptiert.

High-risk-Tumoren: Dominieren die High-risk-Kriterien (s. o.) im primären Exzisat, ist der Befund nicht im Gesunden entfernt, ist mit Multizentrizität zu rechnen (s. Ca-Typ; Mammographiebefund), sind ausgedehnte intraduktale Proliferationen nachweisbar oder ist der Tumor für die gegebene Brustgröße »zu groß«, so wird meist wie folgt vorgegangen:

- **Modifiziert-radikale Mastektomie** (einfache Ablatio [Abb. 14.37] inkl. Pektoralisfaszie bei Belassung der Pektoralismuskeln)
- **Axilläre Lymphonodektomie**
- **Adjuvante medikamentöse Nachbehandlung**

Nach einer Ablatio kann grundsätzlich ein **plastischer »Wiederaufbau« der Brust** erfolgen (Aug-

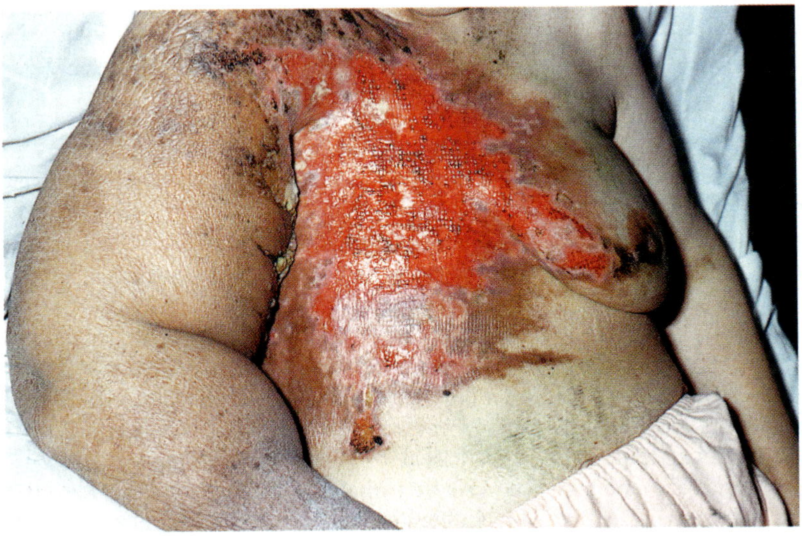

Abb. 14.39 Verschlepptes, nicht operativ behandeltes Mammakarzinom mit gewaltigem Lymphstau des Armes. Systemische Therapie.

mentation). Dies sollte mit der Patientin besprochen sein.

Bei **verschleppten, ausgedehnten Karzinomen** (Abb. 14.38, 14.39) wird auch eine ausgedehnte Operation am Schicksal der Betroffenen nichts mehr ändern, die Therapie wird nunmehr wieder eingeschränkt erfolgen und nur palliativen und symptomatischen Charakter haben, z.B. die Beseitigung ausgedehnter Exulzerationen anstreben, im übrigen evtl. noch radiologische oder systemische Methoden einsetzen.

Nachbestrahlung bei brusterhaltender Therapie

(Abb. 14.40)

Nach brusterhaltender operativer Therapie (s.o.) ist eine Nachbestrahlung der belassenen Brust mit mindestens 50 Gy, und im Bereich des Quadranten des vormaligen Tumorsitzes mit zusätzlich 10 Gy (also

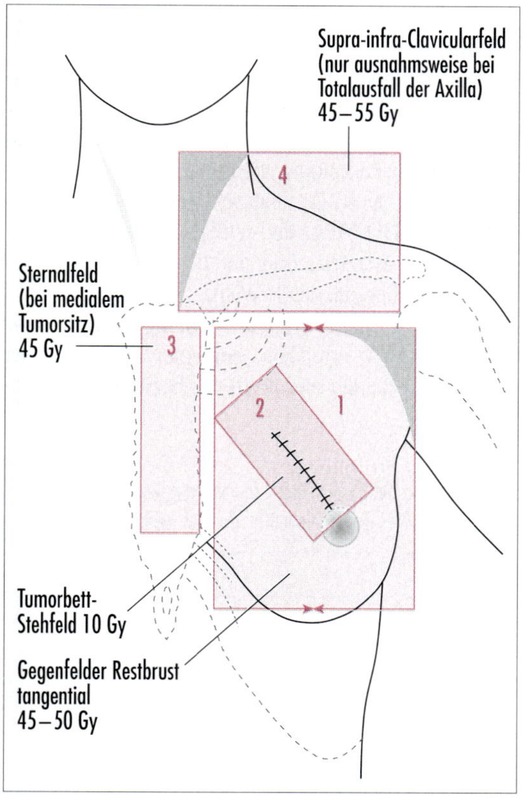

Abb. 14.40 Feldanordnung bei Strahlentherapie nach operiertem Mammakarzinom. Feld 1: Bestrahlung der Restbrust (bzw. der Thoraxwand) mit Gegenfeldern. Feld 2: Tumorbettfeld (bei Organerhaltung). Feld 3: sternales Feld. Feld 4: supra-infraklavikuläres Lymphknotenfeld unter Einschluß der Lymphknotengruppe III der Axilla. Schraffiert = Ausblendung der zu schützenden Organe.

60 Gy) erforderlich. Bei Verzicht auf Nachbestrahlung kommt es in 30–40% (je nach Histologie und Tumorgröße) zu Lokalrezidiven innerhalb von 5 Jahren. Je großzügiger operiert wurde (Quadrantenresektion), um so zurückhaltender kann man mit der zusätzlichen Boost-Dosis sein.

Nachbestrahlung trotz Ablatio und Lymphonodektomie

Wenn im Ablatiopräparat Tumoranteile histologisch bis zum Absetzungsrand reichen, wenn ein ausgedehnt inflammatorischer Karzinomtyp oder ausgedehnte Multizentrizität bei einem großen Tumor (T3, T4) vorliegt und Fernmetastasierung noch nicht evident ist, ist eine Indikation zur Nachbestrahlung der Thoraxwand mit 60 Gy (Hochvoltbestrahlung mit Kobalt-60- oder Beschleunigerphotonen) bzw. 48 Gy (schnelle Elektronen) indiziert. Diese Situation ist selten, standardmäßig wird nach Ablatio die Thoraxwand nicht bestrahlt.

Eine Nachbestrahlung der Axilla ist nur dann indiziert, wenn ein massiver Befall vorliegt und/oder das axilläre Fettgewebe karzinomatös infiltriert ist. Dosis 50 Gy. In seltenen Fällen wird dann auch der supraklavikuläre Bereich miteinbezogen.

Bei medialem Sitz eines High-risk-Tumors kann eine Bestrahlung der retrosternalen Lymphknoten diskutiert werden.

Kombinierte Therapie beim primär inoperablen oder inflammatorischen Mammakarzinom

Bei primär ausgedehnt oder gar inoperabel scheinenden Tumoren wird, sofern zumutbar, zunächst eine **präoperative »neoadjuvante« Chemotherapie** durchgeführt. Die damit erreichbare Größenreduktion des Tumors gibt zugleich einen Anhalt für dessen individuelle Sensibilität gegen Zytostatika, was für die Prognostik und auch eine evtl. später nötige, weitere Therapiewahl wichtig ist. Im Falle einer Tumorrückbildung kann nun sekundär eine **Operation** unter günstigeren Konditionen vorgenommen werden. Die Chemotherapie kann auch mit einer **Radiatio** kombiniert oder durch letztere ersetzt werden.

Adjuvante medikamentöse Therapie

Im Gegensatz zu den örtlich begrenzt ansetzenden operativen und radiologischen Maßnahmen versucht die adjuvante medikamentöse Therapie, die zum Zeitpunkt der Primärbehandlung mit gewisser statistischer Wahrscheinlichkeit schon vorhandenen **okkulten Streuherde** wirksam zu beeinflussen. Bei etwa 15–40% der gezielt Behandelten gelingt es, das rezi-

divfreie Intervall zu verlängern. In gewissen Untergruppen scheint auch eine Verlängerung der Überlebenszeit bzw. eine Verbesserung der Heilungsrate möglich zu sein.
Die **Indikation** zur adjuvanten Therapie ergibt sich aus dem erhöhten Risiko, also individuell. Als Kriterien gelten entsprechende Größe des Primärtumors, bestimmte histologische Risikomerkmale (Differenzierung, Typ, Einbruch in Lymphbahnen und Gefäße) und, vor allem und verbindlich (!), erwiesener Befall der axillären Lymphknoten. Bei **prämenopausalen Frauen** ist bei gegebener Indikation (pN+ und/oder andere High-risk-Faktoren) die adjuvante Chemotherapie für sechs Monate gebräuchlich, bei **postmenopausalen Patientinnen** die mehrjährige Antiöstrogen-Therapie, sofern die Tumoren Steroidrezeptor (ERz/PRz)-positiv sind. Ansonsten Chemotherapie, falls zumutbar (Tab. 14.3).

Behandlung des metastasierten Mammakarzinoms
Das Mammakarzinom weist von allen Neoplasien unseres Fachgebietes die höchste Tendenz zu früher und vielseitiger Fernmetastasierung auf. Diese kann sich zunächst auf eine Region bzw. Gewebsart beschränken (Lunge oder Knochen oder Haut usw.) oder gleich »gemischt« in Erscheinung treten, wobei letzteres prognostisch ernst zu werten ist.
Die Therapie einer **Solitärmetastase** oder benachbarter Herde kann u. U. noch **radiologisch** oder **operativ** erfolgen. Zumeist aber wird die **Multiplizität** nur **systemische Maßnahmen** zulassen.
Für die **Auswahl** der systemischen Therapie sind individuelle Parameter entscheidend:

- Alter und Belastbarkeit der Patientin
- Intervall zwischen Ersttherapie und Rezidiv (großes Intervall begünstigt endokrine Therapie)
- Tumormasse (geringes Volumen begünstigt endokrine Therapie)
- Art des Tumors (low risk, high risk, Rezeptor 0/+)
- Metastasierungstyp (günstig: Haut oder Knochen, ungünstig: viszeral, gemischt)
- Erfolgseile (keine Symptome/bedrohliche Symptome bzw. Befunde)

Der Einsatz aggressiver Therapien setzt ein angemessenes Verhältnis zum Benefit voraus.
Prämenopause: Therapie der Wahl ist die moderate Chemotherapie. Nur bei sehr günstiger Konstellation kann eine endokrine First-line-Therapie versucht (!) werden: GnRH-Agonisten bzw. Ovariektomie, gefolgt von Antiöstrogenen (Tamoxifen), Aromatasehemmern (Aminoglutethimid) und hochdosierten Gestagenen (HD-MPA). Bei Erfolglosigkeit dann sekundäre Chemotherapie. Auch Versuche mit Paclitaxel (Taxol).
Postmenopause: Hier wird bei der häufigen Rezeptorpositivität die Antiöstrogen-Gabe (Tamoxifen) bevorzugt, ungeachtet des Risikos, die Entwicklung eines Korpuskarzinoms damit zu begünstigen. Folgetherapien sind Aromatasehemmer, hochdosierte Gestagene (HD-MPA) und schließlich, falls zumutbar, Zytostatika. Letztere sind nur bei rezeptornegativen Fällen die Therapie der 1. Wahl.
Die **Remissionsraten** unter **Chemotherapie** können max. 55% erreichen, bei einer Dauer von ca. 9 Monaten. Bei der **endokrinen Therapie** hängen die

Tab. 14.3 Adjuvante, risiko- und befundabhängige medikamentöse Therapie beim Mammakarzinom (Empfehlung Konsensuskonferenz 1995). ER: Östrogenrezeptoren. PR: Progesteronrezeptoren. Für die Bewertung »high risk« genügt ein entsprechendes Merkmal.

	N0			N+	
	low risk: T <1 cm; ER/PR+ GI	mittl. Risiko: T 1–2 cm; ER/PR+ GI–II	high risk: T >2cm; ER/PR– GII–III	high risk durch N+ ER/PR–	ER/PR+
Prämenopause	/	Tamoxifen	Chemotherapie	Chemotherapie	Chemotherapie + Ovariektomie bzw. LH-RH- Analoga
Postmenopause	/	Tamoxifen	Chemotherapie	Chemotherapie	Tamoxifen (+ Chemotherapie)
Senium	/	Tamoxifen	falls möglich, Chemoth., sonst Tamoxifen	falls möglich, Chemoth., sonst Tamoxifen	Tamoxifen

Ergebnisse vom Alter und von den Rezeptorbefunden ab:

- Bei **Aminoglutethimid** liegen die Remissionsraten pauschal bei 20–30%, bei ERz+-Fällen bei >40%.
- Mit **Gestagenen** werden pauschal 30–35% Remissionen erzielt, bei PrRz+-Fällen >50%, bei einer Dauer von ca. 13 Monaten.
- **Tamoxifen** ist bei prämenopausalen Frauen nur bei etwa 25% erfolgreich, bei postmenopausalen in etwa 40%. Betrachtet man nur die ERz- und PrRz-positiven Fälle, liegen deren Remissionsraten bei 50–60%.

Zukünftig werden auch die zu erwartenden Möglichkeiten einer wirksamen **Immuntherapie** zu beachten sein.

Nachsorge

Grundsätzliches zur Nachsorge ist auf S. 402ff. ausgeführt und gilt sinngemäß. Darüber hinaus sind folgende Besonderheiten des Mammakarzinoms zu beachten (s. auch S. 406).

> ! Auch bei kleinen Karzinomen kann schon zum Zeitpunkt der Primärtherapie eine **okkulte Metastasierung** erfolgt sein. Diese zumeist als »günstig« eingeschätzten Fälle bedürfen also, wie die »fortgeschrittenen« Fälle, laufender Kontrolle. Das Mammakarzinom metastasiert vornehmlich in die Knochen, die Lungen und die Haut. Hier ist auf Hinweise einer klinischen Manifestation von Metastasierung zu achten! Jeder »Kreuzschmerz«, jede »Neuralgie« kann erstes Symptom von **Knochenmetastasen** sein, jede Dyspnoe, jeder »Husten« auf **Lungenmetastasen** hindeuten. Jede umschriebene **Hautveränderung** ist verdächtig. Hinter »entzündlichen« oder »ekzematösen« Befunden verbergen sich oft metastatische Prozesse (Lymphangiosis carcinomatosa).
>
> Thoraxwand, Supraklavikularregion und Hals sind sorgfältig auf **Knotenbildung** zu untersuchen, die so lange als metastatisch anzusehen ist, bis das Gegenteil bewiesen ist (Histologie!)

Bei endokrinen, postmenopausalen Ausfallerscheinungen kann bei Rezidivfreiheit und fehlender Indikation zu spezieller, onkostatischer endokriner Therapie (z. B. GnRH) eine **Hormonsubstitution** erfolgen, deren Auswahl sich an der individuellen Konstellation orientieren sollte (Rz-Status; N–/+):

- Rz negativ, N–: Östrogen-Gestagen-Kombination zulässig
- Rz negativ, N+: wie oben
- Rz positiv, N–: Gestagene zulässig, nach zwei Jahren auch Kombinationen
- Rz positiv, N+: nur Tamoxifen zulässig

Heilungsaussichten

Wie stets, ist auch hier die Prognose vom Ausbreitungsgrad bei Therapiebeginn abhängig. Bei freier Axilla beträgt die 5-Jahres-Überlebensrate 85–80%, die 10-Jahres-Überlebensrate ca. 75%. Bei 1–3 positiven Lymphknoten sinken die Zahlen auf 60 bzw. 45%. Mit zunehmender Frühdiagnostik ist mit einer Besserung der Ergebnisse zu rechnen. Bei richtiger Indikationsstellung sind die Ergebnisse nach brusterhaltendem Vorgehen nicht schlechter.

Literatur

Barth V. Prechtel K. Atlas der Brustdrüse und ihrer Erkrankungen. 2. Aufl. Stuttgart: Enke 1990.

Bässler R. Pathologie der Brustdrüse. Berlin, Heidelberg, New York: Springer 1978.

Bastert G: Mammakarzinom. In: Spezielle gynäkologische Onkologie II. Bd 12. Klinik der Frauenheilkunde und Geburtshilfe. 3. Aufl. Ders (Hrsg). München: Urban & Schwarzenberg 1996.

Beck T et al. Das Mammakarzinom, interdisziplinäre Diagnostik, Therapie und Nachsorge. Bücherei des Frauenarztes. Bd 46. Stuttgart: Enke 1994.

Bender HG. Gynäkologische Onkologie für die Praxis. 2. Aufl. Stuttgart: Thieme 1990.

Bohmert H. Brustkrebs. Organerhaltung und Rekonstruktion. Stuttgart: Thieme 1989.

Bohmert H. Plastische und rekonstruktive Chirurgie der Brust. Stuttgart: Thieme 1995.

Herfarth Ch. Das Mammakarzinom. Beiträge zur Onkologie. Basel: Karger 1985.

Heywang-Köbrunner S, Schreer I. Bildgebende Mammadiagnostik. Stuttgart: Thieme 1995.

Kaufmann M. Das primäre Mammakarzinom. Therapievorschläge. Konsensuskonferenz 1995 St. Gallen. Frauenarzt 37, 1996: 68.

Madjar H. Dopplersonographie in der Differentialdiagnostik von Mammatumoren. Stuttgart: Thieme 1995.

Meuret G. Mammakarzinom. Stuttgart: Thieme 1995.

Nagel GA. Mammakarzinome. Neue Perspektiven. Heidelberg: Springer 1986.

Pfreundschuh M. Onkologische Therapie. Stuttgart: Thieme 1996.

Sauer H. Zytostatika, Hormone, Zytokine. Stuttgart: Thieme 1995.

Schmidt-Matthiesen H, Bastert G. Gynäkologische Onkologie. 5. Aufl. Stuttgart, New York: Schattauer 1994.

Schöndorf H. Die Aspirationszytologie der Brustdrüse. Stuttgart, New York: Schattauer 1977.

14.9 Nachsorge

Krankheits- und Therapiefolgen

Die Folgen einer bösartigen Erkrankung sind ärztlicherseits in zweifacher Weise beachtenswert: Einerseits ist ihre Kenntnis notwendig, um begreifen zu können, womit sich die betroffene Patientin auseinandersetzen muß. Andererseits kann es notwendig werden, die an sich naturgemäßen krankheits- und therapiebedingten Folgen gegen Symptome der Progredienz oder Metastasierung oder gänzlich andere, eigenständige Erkrankungen abzugrenzen.

Die Folgen von Erkrankung und Therapie betreffen den somatischen Bereich, endokrine Funktionen und psychische, psychosoziale und psychosexuelle Belange. Die verschiedenen Erscheinungen sind eng miteinander verknüpft. Während die somatischen Folgen überschaubar und krankheitsspezifisch sind, lassen die übrigen eine Abhängigkeit von der Persönlichkeitsstruktur, den psychosozialen Gegebenheiten, dem Alter u. a. m. erkennen.

Alle genannten **Folgen der Krebserkrankung sind um so schwerwiegender, je größer der Eingriff und je schlechter die ärztliche Information, die psychische Führung und die therapeutische Nachsorge sind.** Es ist zu beachten, daß zwischen der psychischen Befindlichkeit und Immunparametern Korrelationen bestehen, der psychische »Aufbau« also auch objektive Auswirkungen haben kann.

Somatischer Insult

Bei den meisten Fällen ist mit einer krankheits- und/oder therapiebedingten Schädigung zu rechnen, die Berücksichtigung verlangt. Sie betrifft im einzelnen:

- **Direkte Operationsfolgen, Traumatisierung:** Die geweblich-funktionellen Auswirkungen hängen einerseits von der Karzinomart ab (Zervix, Vulva usw.), andererseits vom Stadium und dem Umfang operativer Maßnahmen (s. Spezialkapitel).
- **Strahleninsult:** Hier ist der organische, objektivierbare Insult im Strahlenbereich (Blase, Ureter [!], Rektum, Darm usw.), der zu Frühreaktionen (entzündlich-funktionelle Reizungen) und zu Spätfolgen (z. B. Functio laesa, Fibrosen, Lymphstau, Fistel) führen kann, von der harmlosen Erscheinung des Strahlen-»Katers« abzugrenzen, der allerdings bei etwa 30% der Bestrahlten die Leistungsfähigkeit für 4–12 Wochen einschränkt.
- **Anämie und Eiweißmangel:** Hier summieren sich die Krankheits- und Therapiefolgen. Es resultiert eine gewisse »Schwäche« sowie eine Infektanfälligkeit.
- **Schmerzen:** Schmerzen können therapiebedingt sein (Strahlenfibrose; postoperativ). Problematischer sind diejenigen, die das progressive Krebswachstum begleiten und terminal oft das Leiden bestimmen.

Die analgetische Therapie muß dem jeweiligen Schweregrad angemessen sein und hinsichtlich der Zulässigkeit, z.B. Suchtgefahr, die Lebenserwartung beachten.

Es ist ferner zu berücksichtigen, daß sich Erwartungsängste und Depressionen schmerzverstärkend auswirken. Hier läßt sich ggf. durch intensive menschliche Zuwendung, durch Antidepressiva oder Neuroleptika bereits eine Senkung der Schmerzempfindlichkeit herbeiführen.

- **Krankheitsfolgen progressiven Wachstums:** In Fällen, in denen eine Heilung zweifelhaft ist, muß noch mit den Symptomen der früher oder später erfolgenden Progression gerechnet werden. Letztere kann im Bereich der Primärerkrankung lokalisiert sein (»lokales Rezidiv«) und macht dann Symptome, die den Therapiefolgen vergleichbar sind (Tab. 14.1). Anders bei den Fernmetastasen: Hier tritt eine völlig neue, »organfremde« Symptomatik auf, die keineswegs stets als metastatisch erkennbar sein muß. Man beachte deshalb: Findet sich in der Anamnese eine Krebserkrankung, so müssen alle neuen Krankheitssymptome kritisch als mögliche Ausdrucksformen einer **Metastasierung** betrachtet und einer subtilen Diagnostik zugeführt werden.

Endokrine Auswirkungen

Da im Zusammenhang mit der Karzinomtherapie häufig die Ovarien operativ entfernt oder radiologisch ausgeschaltet werden, ist bei den Patientinnen unter 45 bis 50 Jahren mit akuten und chronischen Auswirkungen des hormonalen Defizits zu rechnen (s. Kap. 1), evtl. noch ergänzt durch ein psychisches Kastrationstrauma.

Psychischer Insult

Dieser ergibt sich zwangsläufig und durchaus verständlich aus dem Bewußtsein der Erkrankung und ihren Folgen. Dabei sind verschiedene Faktoren erkennbar (Tab. 14.4):

- Die Tatsache der Lebensbedrohung
- Das Bewußtsein verminderter Leistungsfähigkeit
- Leiden am Organverlust bzw. Funktionsausfall

Der Stellenwert körperlicher Unversehrtheit im sexuellen Bereich im weitesten Sinne ist von erheblicher Relevanz für die Frau. Man hat den mit der Therapie verbundenen Organverlust nicht nur funktionell-biologisch, also objektiv zu sehen, sondern ihn nach dem Ausmaß der von der Patientin empfundenen Beeinträchtigung zu werten. Diese Wertung ist vom Alter der Patientin und von der Art des betroffenen Organs abhängig. Der Verlust einer Brust stellt für die Betroffene, vor allem die jüngere, einen äußerst schweren Eingriff in ihre körperliche und sexuelle Integrität dar, der erotische Bindungen gefährden und das **Selbstwertgefühl mindern** kann. Die nicht sichtbare(!) Entfernung des Uterus wird weitaus eher toleriert (auch von jüngeren, noch kinderlosen Frauen), für die Organerhaltung weniger heftig gekämpft.

- Angst vor Störung der Vita sexualis

Tab. 14.4 Psychische Belastungsart und Häufigkeit bei Krebskranken. Ergebnisse einer Studie an Frauen mit Ovarialkarzinomen 1993. Nur Erfassung mittelstarker bzw. starker Ausprägung

Belastungen	
Angst vor Krebsanzeichen	50%
Angst vor frühem Tod	42%
Angst vor Hilflosigkeit	42%
Anspannung, Nervosität, Depression	63%
Druck durch körperliche Symptome	38%
Sexuelles Interesse ↓	47%
Leistungsfähigkeit ↓	46%
Ausdauer ↓	57%
Schlafstörungen	42%
Grübeln, Niedergeschlagenheit	36%
Partnerprobleme	28%
Isolierung	8–22%
Erwartungen der Frauen	
Ärztliche Betreuung	100%
Körperlich-seelische Stabilisierung	100%
Ablenkung	90%
Information, Aufklärung	87%
Gruppengespräche	82%
Lebensveränderung	82%

Die Bewältigung der Krebs- und -folgeängste wird auf sehr verschiedenen Wegen versucht:

- Ablenkung und Selbstaufbau
- Bagatellisieren und Wunschdenken (Selbsttäuschung)
- Sinnsuche (auch in der Religiosität)
- Aktivität

Dem steht das **negative Verhalten** gegenüber:

- Depression, Hadern, Teilnahmslosigkeit, Selbstmitleid, Resignation und Selbstaufgabe.

Vita sexualis

Eine wesentliche Begleiterscheinung der Genitalkarzinomerkrankung ist die Furcht der Betroffenen vor Auswirkungen der Krankheit auf sexuellem Sektor. Diese Sorge ist nur z. T. objektiv berechtigt, kann aber in jedem Fall ihrerseits zum selbständigen, folgenschweren Störfaktor werden (s. S. 583ff.).

Das Problem ist sehr komplex und bedarf auf jeden Fall spezieller Berücksichtigung im Gespräch mit der Patientin. Im einzelnen sind zu bedenken:

- **Objektive Veränderungen an der Vulva und Vagina:** Beim Vulvakarzinom führt die Therapie oft zu erheblichen **Deformierungen**, die normale Kohabitationen unmöglich machen.
  Beim Vaginalkarzinom führt die Radiumbehandlung meist zur **Verklebung** des Lumens. Gleiches gilt für das obere Scheidendrittel im Falle einer Radiumtherapie des Zervixkarzinoms. Schließlich führt die operative Behandlung des letzteren zu einer echten **Verkürzung** der Vagina, die aber meist keine Probleme schafft oder mit der Zeit schwindet (Dehnung!).
  Im Zusammenhang mit der Strahlentherapie im Bereich des kleinen Beckens kann eine verminderte Durchfeuchtung von Vulva und Vagina resultieren, die zur **Dyspareunie** führt. Hier ist eine lokale Östrogentherapie aussichtsreich oder die Applikation von Gleitmitteln geboten.
- **Ausfall der Ovarialhormone:** Libido und Orgasmusfähigkeit sind keineswegs der Östrogenbildung proportional. Durch den Ausfall der Ovarialhormone muß es also nicht automatisch zur Einschränkung sexueller Erlebnisfähigkeit kommen. Andere Faktoren sind ebenso bedeutsam (s.u.). Der Östrogenmangel kann allerdings zu Trockenheit und Vulnerabilität der Vagina bzw. zur Kolpitisanfälligkeit führen und dadurch eine Dyspareunie bewirken.
- **Psychosexuelle Auswirkung der Krankheit:** Auf die verschiedenen Gesichtspunkte wurde schon hingewiesen. Sie sind Ausdruck einer Erwartungsangst vor möglichen Störungen der Sexualfunktion, wobei unzureichende ärztliche Information, Überbewertung oder Fehlinterpretation eines Organverlustes die Hauptrolle spielen (als Partnerin »uninteressant«, nicht mehr »vollwertig«, »steril«,

»ansteckend« usw.). Bedauerlicherweise werden solche Vorstellungen oft erst durch Äußerungen oder unangemessenes Verhalten des Partners induziert.

Umgang mit Krebskranken

Die ärztliche Betreuung von Krebskranken verlangt eine besonders **hohe Sachqualifikation**. Die individuellen Tumorkonstellationen müssen korrekt erkannt werden und die für diesen Fall zur Verfügung stehenden therapeutischen Möglichkeiten bekannt sein.

Doch dies genügt nicht. Wenn man die akute oder latente Angst der Krebskranken bedenkt, die körperlichen und psychischen Krankheits- und Therapiefolgen (s. o.), ferner die oft extreme Verunsicherung sowie die häufige Isolation und soziale Bedrängnis, dann wird deutlich, daß die Betreuenden vor allem auch der **Einfühlungsfähigkeit** bedürfen, der Behutsamkeit und des Wissens um die Folgen jedes unbedachten Wortes. Dies alles setzt innere Bereitschaft voraus, Engagement, mitmenschliche Zuwendung. Doch selbst diese Eigenschaften sind nicht immer imstande, optimales Verhalten zu garantieren; auch die Unterschiedlichkeit in Verfassung und Reaktion der Kranken muß bedacht werden. Es gibt leider keinen Standard im mitmenschlichen Umgang.

Das Wichtigste ist die Schaffung eines **Vertrauensverhältnisses** zwischen der Patientin und den Betreuenden. Dieses resultiert vor allem aus der Aufrichtigkeit der letzteren und ihrer Bereitschaft, zuhören zu können und die Kranke verstehen zu wollen. Dies muß bereits bei der ersten Konsultation deutlich werden.

Vertrauen setzt auch voraus, daß sich die Patientin jederzeit auf die **ärztliche Hilfe** verlassen kann. Der Satz »ich bin immer für Sie da…« darf keine Floskel sein. Dies gilt ebenso für die Ansprechbarkeit bei Sorgen wie für aktives therapeutisches Handeln.

Eine **schonende Mitteilung der Diagnose** »Malignität« ist oft schwierig. Der Umfang der Information muß soweit gehen, daß die Kranke imstande ist, Notwendigkeit und Ausmaß der ihr vorgeschlagenen Therapie zu verstehen und sich entscheiden zu können.

In Gesprächen ist das Betonen aller vorliegenden **positiven Fakten** besonders wichtig. Dies kann im gegebenen Fall die tatsächliche Heilbarkeit oder zumindest relativ günstige Perspektiven betreffen (Organerhaltung, wenig Nebenwirkungen, Erhaltung der Leistungsfähigkeit usw.).

In **prognostisch ungünstigen Fällen** können, je nach Persönlichkeit der Kranken, Aufrichtigkeit und wahrhaftige Information wegen denkbarer nachteiliger Wirkungen problematisch werden und eine gewisse **Zurückhaltung** rechtfertigen (nicht jedoch die bewußte Fehlinformation).

Negative Informationen sollten zumindest, wenn irgend möglich, relativiert oder mit gewissen, meist irgendwie vorhandenen Aspekten der Hoffnung oder des Trostes verbunden werden: Dies kann sich auf eine in Aussicht gestellte Symptomdämpfung (z.B. Schmerzmilderung) beziehen oder eine Lebensverlängerung betreffen. Zu sagen, »wir können nichts mehr tun…« mag objektiv und aus onkologischer Sicht richtig sein, menschlich-ärztlich ist es falsch. Mit dem Verzicht auf jegliche weitere Maßnahme würden wir die Kranken demonstrativ aufgeben und ihre **Selbstaufgabe** bewirken, die ihrerseits erfahrungsgemäß eine Symptomenverstärkung zur Folge hat, von der seelischen Not ganz zu schweigen.

Bei einer **Malignomprogredienz** bzw. **Metastasierung** wurde die Therapiewahl längere Zeit ausschließlich von der statistischen Erreichbarkeit objektiver **Remissionen** bestimmt. Dies bedeutete meist die Wahl aggressiver Methoden. Die subjektiven Auswirkungen wurden oft mißachtet. »Salus aegroti« ist aber nicht nur organisch zu verstehen, sondern muß das gesamte **Befinden** umfassen. Heute wird man z. B. einen No-change-Effekt bei zufriedenstellender Lebensqualität u. U. höher einstufen als eine nur unter schweren subjektiven Belastungen erreichte (und ohnehin nur zeitbegrenzte) Remission. Es gilt also sorgsam abzuwägen, ob man der Krebskranken mit moderaten Therapien nicht besser hilft als mit aggressiven Maßnahmen. Auch diese Einschätzung verlangt neben Sachkunde Einfühlung, ein Begreifen der Lebensinhalte und der inneren und äußeren Bedürfnisse der Kranken, setzt also menschliche Kontakte und Geduld voraus.

Man hüte sich vor konkreten Voraussagen hinsichtlich der zu erwartenden **Überlebenszeit**. Die Irrtumswahrscheinlichkeit ist zu groß.

Spezielle Beratung

Die nach klinischer Behandlung zu entlassende Patientin bedarf einer besonders intensiven und individualisierten Beratung, die mehrere Punkte berücksichtigen muß:

- **Behutsame Information** über die Krankheit und die getroffenen Maßnahmen, ihre objektiven Folgen und evtl. Komplikationen (Warnzeichen, s. S. 406).
- **Vermeidung bzw. Beseitigung von Fehlinformationen** und Fehlinterpretationen: Immer wieder muß, falls in Grenzen berechtigt, die **Heilbarkeit**

der Krankheit betont werden, um der Patientin Zuversicht zu vermitteln.

- **Psychosexuelle Beratung:** Es kommt vornehmlich darauf an, der häufigen Befürchtung der Patientin, sexuell »minderwertig« geworden oder ansteckend krank zu sein, mit aller Überzeugungskraft entgegenzuwirken. Es besteht keinerlei Veranlassung, nach der Entlassung sexuelle Abstinenz zu empfehlen, sofern dies nicht in speziell gelagerten Fällen nötig wird. Nach intrazervikaler oder intravaginaler Kontaktbestrahlung sollte im Gegenteil der Verkehr frühzeitig wieder aufgenommen werden, um es gar nicht erst zum Verkleben der Vaginalwände kommen zu lassen.

Ggf. ist auch ein Gespräch mit dem Partner zweckmäßig, um ein evtl. folgenschweres Fehlverhalten zu verhindern.

- **Arbeitsfähigkeit, zukünftige Berufstätigkeit, Rehabilitation, Berentung:** Es stehen verschiedene Möglichkeiten zur Diskussion:
  - Lediglich **Krankschreibung** für mindestens 8–16 Wochen, maximal bis zur Ausnutzung des äußersten Spielraums, den die jeweilige Versicherungsart bietet. Besonders die Strahlenpatientinnen erholen sich häufig nur langsam!
  - Bei zu erwartender längerer, schwerer körperlicher Behinderung kann eine **zeitlich begrenzte**, d. h. auf den voraussichtlichen Krankheitsverlauf abgestimmte **Berufs- oder Erwerbsunfähigkeitsrente** beantragt werden (»Rente auf Zeit«).
  - Ist auf Dauer mit einer Einschränkung der bisherigen Erwerbsfähigkeit zu rechnen, kann das Ausmaß derselben beim zuständigen **Versorgungsamt** festgestellt und bescheinigt werden. Daraus ergeben sich wesentliche Konsequenzen für die weitere Berufstätigkeit, für Förderungen und Vergünstigungen verschiedener Art.
  - Ist nach Lage der Dinge eine dauernde Erwerbsunfähigkeit anzunehmen – wobei auch andere präexistente Leiden mitzuberücksichtigen sind – kann schon **vor Erreichen der Altersgrenze eine Erwerbsunfähigkeitsrente** beantragt werden.

> ! So sehr auch alle Krankheits- und Therapiefolgen ernstzunehmen sind, sollte doch die Arbeitsunfähigkeit bzw. Berentung ärztlicherseits nicht starr und prognosebezogen (wie früher) festgelegt, sondern, im Gegenteil – unter Berücksichtigung von Beruf, Belastung, Leistungsfähigkeit und psychischer Einstellung zur Arbeit -, individuell beurteilt und entschieden werden. Eine sachlich nicht zwingende Invalidisierung »sicherheitshalber« kann dem Gesundungsprozeß mitunter abträglicher sein als eine wohlüberlegte dosierte Arbeitsaufnahme.

So ist bei Patientinnen, die auf eine wahrscheinlich völlige Wiederherstellung rechnen können (günstige Stadien, guter AZ usw.), bei verzögerter Rekonvaleszenz (z.B. nach Strahlentherapie) die Verlängerung der Krankschreibung aus psychologischen und wirtschaftlichen Gründen besser als eine passagere Invalidisierung. Demgegenüber ist bei progressiven Fällen bzw. bei Älteren, die noch weitere gesundheitliche Schäden aufweisen, bei gegebenen Beschwerden die endgültige Invalidisierung absolut berechtigt und zweckmäßig. Eine schlechte Prognose als solche ist für die Invalidisierung nicht relevant.

- **Medikamentöse Nachbehandlung**: Man beachte die Behandlungsbedürftigkeit von Harnwegsinfekten, Anämie u.a., ferner die Fortsetzung einer klinisch als notwendig angesehenen und bereits eingeleiteten Chemo- oder Hormontherapie. Bei den zahllosen »alternativen Krebsmitteln« läßt sich im Falle der Mistellektine ein gewisser immunmodulierender Effekt nachweisen.
- **Hautschonung und Pflege:** Nach einer Strahlentherapie müssen die meist in einem Informationsblatt niedergelegten Empfehlungen streng beachtet werden, um vermeidbaren Schäden vorzubeugen.
- **Ernährung:** Eine »krebsfeindliche« Diät gibt es bisher noch nicht, alle entsprechenden Empfehlungen sind rein spekulativ.

Die Kost soll kalorisch ausreichend sein. Eine Überernährung ist ebenso zu vermeiden wie ein Defizit. Es ist auf ausreichende Zufuhr hochwertiger, fettarmer Eiweißträger zu achten. Eine Überflutung mit Kohlehydraten, speziell Rohrzucker, sowie Fett soll vermieden werden.

- **Information über Kontrollnotwendigkeit und -intervalle**

Kontrolluntersuchungen

Die in nahezu jedem Fall gegebene Möglichkeit, daß sich ernste **Therapiefolgen** manifestieren oder ein **Rezidiv** auftritt, zwingt zu sorgfältigen und kurzfristigen Kontrolluntersuchungen. Je früher eine Komplikation oder ein Rezidiv erkannt wird, um so größer ist die Wahrscheinlichkeit, daß der Patientin noch geholfen werden kann.

Fragestellung

Die Fragestellungen der Nachsorgeuntersuchungen lauten:
- Rezidivfreiheit? Rezidivverdacht? Sicheres Rezidiv?
- Bestehen Therapiefolgen (Operation, Bestrahlung, Zytostatika)?
- Ist eine ergänzende Diagnostik nötig?
- Ist eine therapeutische Maßnahme nötig?
- Liegt eine sonstige Erkrankung vor (z.B. Zweitkarzinom)?
- Bestehen spezielle psychosoziale oder psychosexuelle Probleme?

Kontrollintervalle

Die Kontrolluntersuchungen sollen, je nach individuellem Risiko, im 1. Jahr nach der Therapie alle 2–4 Monate, im 2. Jahr alle 3–6 Monate, im 3. Jahr alle 6 Monate und später alle 6–12 Monate erfolgen. Bei High-risk-Fällen bzw. bei den geringsten Verdachtsmomenten (s. Alarmzeichen) sind natürlich kürzere Intervalle zwingend.

Arztwahl

In Frage kommt nur ein mit den Problemen der **Karzinomnachsorge** vertrauter Arzt, am besten ein Gynäkologe. Der Arzt, der die Kontrolle durchführt, muß auch die volle Verantwortung für deren Vollständigkeit und das Einhalten der Intervalle übernehmen. Der Hausarzt kann durch seinen meist häufigeren Kontakt mit der Kranken allerdings oftmals als erster die Frühzeichen eines Rezidivs oder einer Komplikation erfassen.

Alarmzeichen in Anamnese, Symptom und Befund

! **Therapiefolgen und Rezidive können unter den gleichen Erscheinungen auftreten.** Letztere lassen sich als »Alarmzeichen« relativ leicht definieren. Es sind:
- Gewichtsabnahme, bei Ovarialkarziom evtl. -zunahme (Aszites)
- Zunehmende Beschleunigung der Blutsenkung, Anstieg eines relevanten Markers
- Appetitlosigkeit, Erbrechen (Progredienz, Ileus, Strahlenfolge?)
- Schwellung der unteren Extremitäten beim Zervixkarzinom
- Schwellung des Armes nach Behandlung eines Mammakarzinoms
- Auftreibung des Abdomens bei Ovarialkarzinompatientinnen (Aszites?)
- Husten, Dyspnoe (Lungenmetastasen?)
- Harnwegskomplikationen (vor allem beim Zervixkarzinom)
- Diarrhöen (Strahlenfolge, Dysbakterie?)
- Blutabgang aus Harnwegen, Vagina oder Rektum (Strahlenfolge, Rezidiv?)
- Neue neuralgiforme Beschwerden (Knochenmetastasen? Osteoporose?)
- Knotenbildung (Haut, regionäre Lymphknoten)
- Fleckig-disseminierte Hautveränderungen (Lymphangiosis carcinomatosa?)

Untersuchungen

Die normale **Routinekontrolle** muß umfassen:
- Gynäkologische Untersuchung, inkl. rektaler Kontrolle (Douglas, Parametrium) und Zytologieabstriche
- Kontrolle der Brust und der regionären Lymphknoten
- Gewichtsbestimmung und -vergleich (Abnahme?)
- Blutsenkung (Zunahme?). Cave: Der 1-Stunden-Normalwert steigt mit zunehmendem Alter an. Schließlich Alter/3 +10.
- Ggf. Hb-Kontrolle (Anämie?)
- Markerkontrolle, wenn ein fallspezifischer Marker bekannt ist
- Leberpalpation

Beim **Zervix- bzw. Korpuskarzinom zusätzlich:**
- Harnwegskontrolle (Sonographie, ggf. Urographie) in den ersten 2 Jahren

Beim **Ovarialkarzinom zusätzlich:**
- Messung des Bauchumfanges (Zunahme bei Aszites!)
- Sonographie

Beim **Mammakarzinom zusätzlich und hauptsächlich:**
- Untersuchung des Thorax – speziell der verbliebenen Brust bei organerhaltender Operation –, der Axillen, der Schultern und seitlichen Halspartien (Knoten? Stauungen?). Ferner:

- Mammographie der evtl. verbliebenen und der kontralateralen Brust in 12monatigen Abständen (Zweitkarzinom möglich!)
- Messung der Armumfänge

Zusätzliche Untersuchungen (Rö, CT u.a.) zur Suche evtl. Metastasen sind nur bei einschlägigen **Verdachtshinweisen** (Symptome Pulmo, Knochen, Abdomen; Laborbefunde) oder, mit Vorbehalt, bei **Hochrisikopatientinnen** indiziert. Eine routinemäßige, aufwendige Suche bei Symptomfreiheit ist nicht gerechtfertigt, da der Zeitpunkt einer Aufdeckung von Metastasen für die Überlebensdauer offenbar ohne entscheidende Bedeutung ist.

! Sollten sich anamnestische Alarmzeichen oder verdächtige Befunde ergeben, so muß unverzüglich eine **klinische Abklärung** veranlaßt werden.

Für alle Karzinomkranken und ihre betreuenden Ärzte gilt schließlich:

! Ca. 5% der Kranken müssen (speziell nach Mamma-, Korpus- und Ovarialkarzinom) noch mit einer zweiten Karzinomerkrankung rechnen! Das bedeutet, daß man sich bei der Nachsorge nicht nur mit dem bisher bekannten Karzinom und seinen Nachsorgeproblemen befassen darf, sondern auch allen anderen, vielleicht noch so diskreten Symptomen und Befunden Aufmerksamkeit widmen muß!

Soziale Hilfen

Im Falle der Karzinomerkrankung muß man im allgemeinen mit langwieriger Behandlung, langdauernder Rekonvaleszenz und, in ungünstigem Falle, mit langfristigem Siechtum rechnen. Die wirtschaftlichen und sozialen Auswirkungen sind z. T. gewaltig und können für den einzelnen untragbar werden. Es ist für den Arzt und den Patienten wichtig zu wissen, welche Hilfsmöglichkeiten seitens der gesetzlichen Krankenversicherung, der Rentenversicherung und des Sozialamtes gegeben sind und in Anspruch genommen werden können. Grundsätzlich sind zu nennen:

- Krankschreibung und Krankengeld für 78 Wochen innerhalb von 3 Jahren
- Nachsorgekuren (»Festigungskuren«) bzw. Anschlußheilbehandlung dreimal innerhalb von 3 Jahren
- Haushalts- bzw. Familienhilfe während der Abwesenheit anläßlich Krankenhausbehandlung
- Häusliche Pflege in Sonderfällen
- Berufsförderung, Rehabilitation
- Ggf. Schwerbehinderteneinstufung mit verschiedenen Vorteilen (Steuer, öffentliche Verkehrsmittel, Kündigungsschutz u. a.)

Literatur

Bender HG. Gynäkologische Onkologie für die Praxis. 2. Aufl. Stuttgart: Thieme 1990.

Fournier D v, Junkermann H. Nachsorge. Rehabilitation. In: Klinik der Frauenheilkunde und Geburtshilfe. Bd. 10. Allgemeine gynäkologische Onkologie. 3. Aufl. Schmidt-Matthiesen H (Hrsg). München: Urban & Schwarzenberg 1991.

Schmidt-Matthiesen H. Der Umgang mit Krebskranken. In: Allgemeine gynäkologische Onkologie. Klinik der Frauenheilkunde und Geburtshilfe. Bd. 10. 3. Aufl. Schmidt-Matthiesen, H (Hrsg). München: Urban & Schwarzenberg 1991.

Schmidt-Matthiesen H, Bastert G. Gynäkologische Onkologie. 5. Aufl. Stuttgart, New York: Schattauer 1994.

Schulz KH. Der Krebspatient in seiner Familie. Stuttgart: Schattauer 1997.

Ziegler K et al. Krankheitsverarbeitung bei Tumorpatienten. Stuttgart: Enke 1990.

15

Lageveränderungen der Genitalorgane, Harninkontinenz, Entleerungsstörungen

H. Schmidt-Matthiesen

15.1 Normale Topographie und Funktion

Die weiblichen Genitalorgane (Abb. E.1 u. 15.1) sowie partiell auch Blase und Enddarm sind mittels **bindegewebiger Bandstrukturen** im kleinen Becken verankert (Abb. 15.1). Die »Fixierung« darf nicht zu starr sein, sondern muß die zwanglose Beweglichkeit der Organe in gewissen Grenzen ermöglichen. Andererseits darf die Aufhängung nicht zu schlaff sein, da dann die Dislokation, vor allem in vertikaler Richtung, begünstigt würde (»Senkung«).

Neben den Bandstrukturen kommt den **muskulären Anteilen** des Beckenbodens eine wesentliche Bedeutung für die Gewährleistung normaler topographischer Verhältnisse und normaler Belastbarkeit zu. Der **M. levator ani** (Abb. 7.23 u. 15.2) garantiert im Normalfall durch seine Großflächigkeit einen sicheren Abschluß des Beckenraumes nach unten (Abb. 15.2). Die zwischen seinen Schenkeln noch klaffende Lücke wird durch das z. T. muskuläre **Diaphragma urogenitale** weitgehend geschlossen. Es verbleiben schließlich nur die Passagen für Urethra, Vagina und Rektum.

Normaler Blasenverschluß

Die Blase und ihre Verschlußeinrichtungen sind in vielfältiger Weise von gynäkologischen Erkrankungen betroffen. Die Zusammenhänge sind einerseits von der Topographie, andererseits von der Konstruktion der Verschlußmechanismen her verständlich.

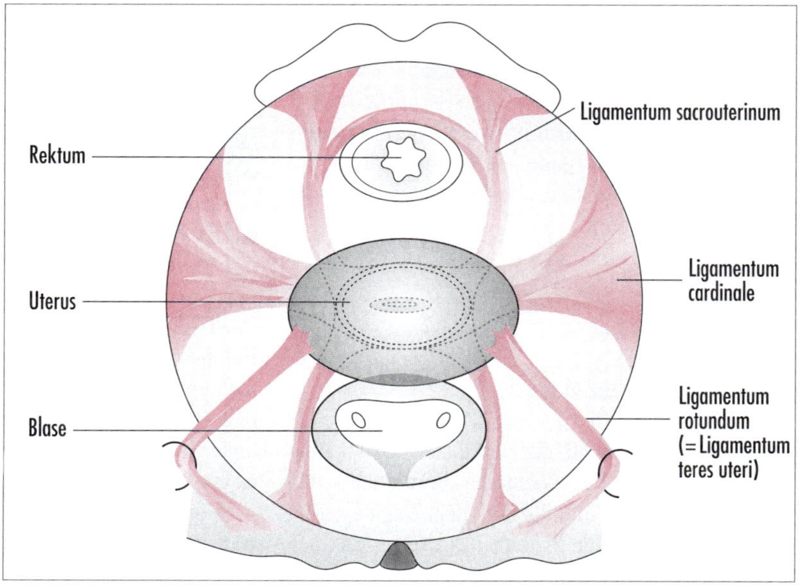

Abb. 15.1 Bandstrukturen im kleinen Becken, die für die Uterusposition und damit u. a. auch für die funktionelle Integrität der mit ihm verbundenen Organe (Blase, Rektum) bedeutsam sind. Schematisch vereinfacht.

Eine konkret-anatomisch als Sphinkter definierbare Struktur gibt es nicht. Die Verschlußmechanismen erstrecken sich vielmehr fast auf die gesamte Länge der Urethra. Am Verschlußeffekt sind beteiligt:

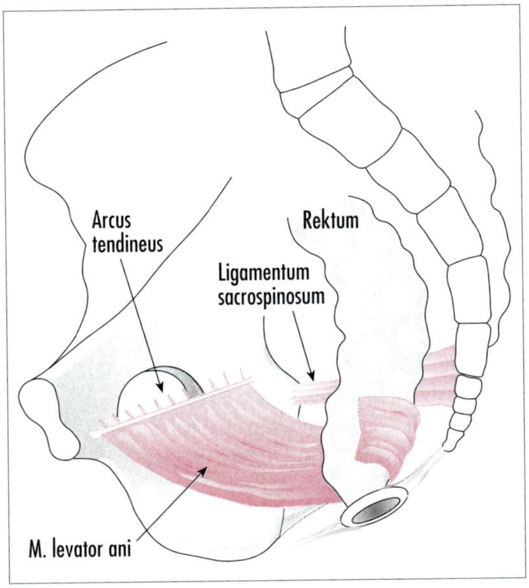

Abb. 15.2 M. levator ani, der zusammen mit Bandstrukturen für die Belastbarkeit des Beckenbodens verantwortlich ist (vgl. a. Abb. 7.23)

- **Glatte Muskelfasern**, die aus der Blasenmuskulatur (Detrusor) in die Urethra übergehen.
- **Quergestreifte Muskelfasern**, die dem Diaphragma urogenitale entstammen.
- **Periurethrale kavernöse**, longitudinal angeordnete **venöse Schwellpolster**.

Das gesamte System wird schließlich durch bindegewebige Faserstrukturen elastisch in situ gehalten.

> Der **urethrale Verschlußdruck ist keine Konstante**. Er muß bei direkter oder indirekter Steigerung des intravesikalen Druckes (z.B. bei intraabdomineller Drucksteigerung) synchron in gleicher Weise zunehmen (Drucktransmission) und stets höher als der intraabdominal-vesikale Druck bleiben.

Normale Blasenentleerung

Die normale, willkürliche Blasenentleerung beruht auf der Koordination einer über den Parasympathikus ausgelösten **Detrusoraktion** (Steigerung des intravesikalen Druckes) mit einer synchronen Erschlaffung der oben erwähnten Verschlußmechanismen (N. sympathicus; N. pudendus).

15.2 Deszensus und Prolaps

> Die zunehmende funktionelle Insuffizienz der Haltestrukturen im kleinen Becken und des Beckenbodens hat relativ typische Folgen: Es kommt zu einer vornehmlich **vertikalen Verlagerung der Beckenorgane**, die sowohl isoliert als auch gemeinsam (wenn auch unterschiedlich stark) deszendieren.

Als typisch finden sich:

- **Descensus vaginae**
- **Descensus uteri**
- **Descensus vaginae et uteri**

Bei stärkerem Ausmaß der vertikalen Dislokation kann es zum Sichtbarwerden der Portio uteri und schließlich, unter Ausstülpung der Vagina, zum **subtotalen** oder **totalen Prolaps des Uterus** kommen (s. Abb. 15.3).

Infolge der strukturellen Verbindung von Uterus und Vagina mit der Blase (Blasenboden und Blasenhinterwand) und der Scheidenhinterwand mit dem Rektum werden die genannten Organe beim Deszensus zumeist »mitgenommen« (Abb. 15.3a):

- Der Deszensus der vorderen Scheidenwand führt zur Bildung einer **Zystozele**.
- Der Deszensus der Scheidenhinterwand führt zur Entwicklung einer **Rektozele**.

► Ursachen

Bei Senkungserscheinungen finden sich fast immer mehrere der folgenden Kennzeichen in der Anamnese bzw. bei der Untersuchung und werden damit als ursächliche Faktoren wahrscheinlich:

- Übergewichtigkeit, schlaffes, fettreiches Abdomen (Hängeleib)
- Körperliche Überforderung (großer Haushalt, Beruf, Landwirtschaft)

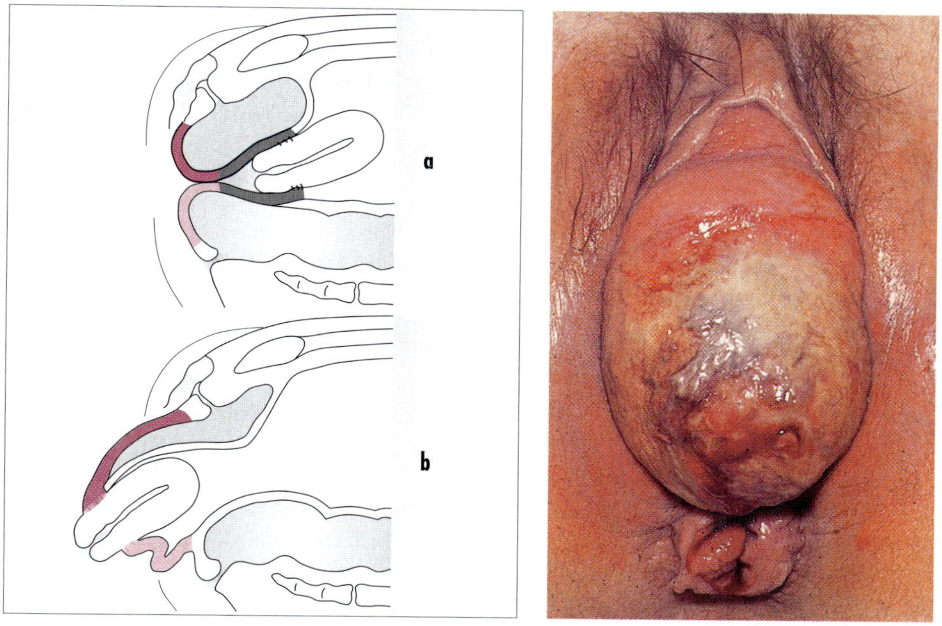

Abb. 15.3 Die verschiedenen Grade der sog. Senkung.
a Descensus vaginae et uteri.
b Totalprolaps des Uterus. Rot = prolabierter Anteil der vorderen Scheidenwand; hellrot = prolabierter Anteil der hinteren Scheidenwand.
c Totalprolaps mit Drucknekrosen an der Scheidenvorderwand als Folge langfristiger Pessartherapie.

- Konstitutionelle Bindegewebsschwäche; Varicosis; Alterungsprozeß
- Vorausgegangene Geburten

Die Gravidität wirkt sich einerseits durch die hormonal bedingte Auflockerung von Gelenkverbindungen und sonstigen bindegewebigen Strukturen, andererseits durch die körperliche Überbelastung und die Dehnungsvorgänge ungünstig aus. Schließlich können geburtstraumatische Alterationen des Beckenbodens langanhaltende Folgen haben.

Auf einen vereinfachten Nenner gebracht, kann man Senkungserscheinungen und ihre Folgen als Ausdruck eines **Mißverhältnisses zwischen Belastung und Belastbarkeit** ansehen.

Damit ergeben sich von selbst die Ansatzpunkte für eine Prophylaxe:

- Vermeidung von Überbelastung
- Schonung und krankengymnastische Übungen im Wochenbett
- Bekämpfung der Obstipation (Pressen vermeiden)

▶ Symptomatik

Die Beschwerden bzw. Symptome der im gynäkologischen Bereich lokalisierten Gewebsinsuffizienz mit Deszensusfolge sind teils uncharakteristisch und mit einigen nichtgynäkologischen Symptomen vergleichbar, teils recht spezifisch durch die Miteinbeziehung von Blase und Rektum in den Senkungsprozeß.

Uncharakteristisch:

- Diffuse Kreuz- und Rückenschmerzen (vor allem bei schwerer körperlicher Arbeit, beim Heben und Pressen)
- Diffuse, teils gürtelförmige Schmerzen im mittleren Unterbauch, besonders auch als Druckgefühl nach unten empfunden

Typisch im Blasenbereich:

- Druckgefühl
- Vermehrter Harndrang
- Harninkontinenz
- Ischuria paradoxa
- Anfälligkeit für Zystitiden, Pyelitiden

Im Rektumbereich:

- Erschwerung der Entleerung des Enddarmes
- Schmerzen beim Stuhlgang
- Begünstigung von Hämorrhoidenbildung und Blutungen

Man beachte, daß die Störungen der Funktion keineswegs dem Ausmaß der Senkung und Organverlagerung proportional sein müssen. Oft vermißt man trotz eines Totalprolapses jegliche Miktionsbeschwerden, oder umgekehrt, bei typischer Symptomatik, einen adäquat erscheinenden Deszensus.

▶ Befunde

Siehe oben, ferner Abb. 15.3. Das eigentliche Ausmaß des Deszensus wird erst deutlich, wenn man die Patientin stark pressen läßt oder zusätzliche diagnostische Methoden wie die **Urethrozystographie** einsetzt.

▶ Differentialdiagnostik und Therapie

! Sofern die uncharakteristischen Beschwerden dominieren, z.B. Kreuzschmerzen, der Deszensus nicht sehr ausgeprägt ist und die Inkontinenz fehlt, muß zunächst die **Abgrenzung orthopädischer und anderer Ursachen** erfolgen, da ggf. diese Störungen für das Beschwerdebild verantwortlich sind und somit eine gynäkologische Behandlung erfolglos bleiben würde.

Insbesondere sind auszuschließen:
- Körperliche Überbelastung, Übergewicht; Schwangerschaft
- Osteochondrose, Osteoporose, Osteomalazie spez. im LWS-Bereich
- Arthrosen, Arthritis
- Bandscheibenschaden, Wurzelreizsyndrom
- Haltungsschäden, Zwangshaltungen, Myogelosen
- Bauchdeckenschwäche, Fetthängeleib
- Knochenmetastasen
- Scheuermann-Krankheit; Tbc
- Beckenringlockerung; Spondylolisthesis
- Lumbalisation, Sakralisation
- Kokzygodynie
- Variköse Erweiterung der Beckenvenen
- Pyelonephritis
- Neurologische Erkrankungen
- Psychogene Störungen

In solchen Fällen sollte vor einer gynäkologischen Therapie stets der **Orthopäde** konsultiert und um eine Stellungnahme zur Wertigkeit der verschiedenen Befunde für das Krankheitsbild gebeten werden.

Abgesehen von den eben erwähnten nichtgynäkologischen Affektionen und der Schwangerschaft sind auch noch einige **gynäkologische Schmerzursachen** abzugrenzen und speziell zu behandeln:
- Retroflexio uteri fixata (selten)
- Größerer, nach dorsal entwickelter Uterus myomatosus
- Ovarialtumoren
- Zervixkarzinom Stadium III–IV
- Entzündliche Prozesse im kleinen Becken
- Postinflammatorische Adhäsionen
- Endometriose
- Allen-Masters-Syndrom (traumatische Schäden im Beckenbindegewebe)

Die verbleibenden Fälle mit ausgeprägtem oder symptomrelevantem Deszensus bedürfen einer konsequenten gynäkologischen Therapie, zumeist einer **Operation**. Diese wird evtl. auch die mit der Senkung oft korrespondierende Harninkontinenz beseitigen oder bessern. In schweren Fällen können allerdings zusätzliche Eingriffe notwendig sein (s. »Harninkontinenz«, S. 415). Bei Prolaps nach Uterusexstirpation kann eine **Sacropexie** des Vaginalstumpfes erfolgen.

15.3 Harninkontinenz

Eine Harninkontinenz (»Blasenschwäche«) findet sich bei 35% aller Frauen. Bei den Älteren steigt der Anteil bis zu 60%. Der unfreiwillige Harnabgang ist Folge einer Mißbildung oder einer Fistelbildung – also ausschließlich **organischer Ursache** – oder durch Störungen der funktionellen Koordination bedingt. Der dafür benutzte Begriff **»funktionelle« Harninkontinenz** darf nicht darüber hinwegtäuschen, daß hier u.a. auch organische Faktoren beteiligt sind.

Funktionelle Harninkontinenz

Man unterscheidet, in Abhängigkeit von dem dominierenden Störungsmechanismus, folgende Arten:
- Streß- oder Belastungsinkontinenz (30–70% der Inkontinenzfälle)
- Urge- oder Dranginkontinenz (15–50% der Inkontinenzen)
- Kombinationsformen (15–30%)
- Reflexinkontinenz
- Überlaufinkontinenz

Streßinkontinenz

Diese Inkontinenz ist Folge eines Mißverhältnisses zwischen der Belastbarkeit der Verschlußmechanismen (s. S. 409) und der tatsächlichen Belastung. Sie ist eine **verschlußbedingte Inkontinenz!** Der Detrusor ist nicht aktiv beteiligt. Der Urinabgang wird **nicht von einem Harndranggefühl begleitet**. Belastung und Urinabgang fallen zeitlich zusammen.

Beim Husten, Niesen, Lachen oder ebenso auch bei körperlicher Belastung kommt es zur passageren Steigerung des intraabdominellen Druckes und damit auch zur Steigerung des intravesikalen Druckes (s. Abb. 15.4b). Dieser passive Druckanstieg müßte eigentlich von einer synchronen und adäquaten Steigerung des urethralen Verschlußdruckes begleitet sein (s. S. 410). Bei einem insuffizienten Verschlußapparat reicht diese Reaktion aber nicht aus, um den unwillkürlichen Abfluß kleiner Urinmengen zu verhindern. Die Symptomatik des Urinabganges bei stärkerer Belastung bezeichnet man als **relative Harninkontinenz I. Grades**.

Bei stärkerer Schädigung der Verschlußmechanismen genügen schon leichte Belastungen oder Erschütterungen, wie Laufen, Treppensteigen oder wechselnder Druck eines Tumors, um Inkontinenzerscheinungen auszulösen **(relative Harninkontinenz II. Grades)**.

In extrem seltenen Fällen geht im Stehen nahezu ständig Urin ab, ohne daß es sonstiger Belastungsereignisse bedarf: **absolute Harninkontinenz (Inkontinenz III. Grades)**

▶ Ursachen

Die Wirksamkeit der Verschlußmechanismen kann durch folgende Faktoren beeinträchtigt sein:

- Traumen (Operationen, schwere Geburten oder Unfälle mit Schädigung funktionswichtiger Strukturen)
- Verlagerung von Blase und Urethra mit einer Vergrößerung des urethrovesikalen Winkels und anderen Auswirkungen (Deszensus, Beckenbodeninsuffizienz, Verdrängung, Verziehung) (s. Abb. 15.4a)
- Absinkende Östrogenbildung in höherem Alter
- Übergewichtigkeit ist als ein generell disponierender Faktor anzusehen

▶ Befunde

Im typischen Fall läßt sich bereits bei der gynäkologischen Untersuchung ein Deszensus nachweisen (s. Abb. 15.3). Dessen eigentliches Ausmaß wird erst dann deutlich, wenn man die Patientin stärker **pressen** läßt.

Ferner ergeben **Urethrozystometrie** sowie **Urethrozystographie** charakteristische Befunde. Die letztere macht den Deszensus und die Vergrößerung des urethrovesikalen Winkels bei Belastung bzw. im Stehen besonders anschaulich (Abb. 15.4a rechts). Zur Zeit gewinnt die **perineale Sonographie** zunehmend Bedeutung für die Diagnostik.

▶ Diagnostik

Die Diagnose ergibt sich aus der charakteristischen Anamnese des **zeitlichen Zusammenhanges von Belastung und Harnabgang bei sonstiger Symptomenfreiheit** sowie aus den Befunden (Deszensus; Urethrozystometrie [Verschlußinsuffizienz], Urethrozystographie [Deszensus, Verstreichen des urethrovesikalen Winkels; s. Abb. 15.4]). Sind die Befunde uncharakteristisch, muß eine neurologische Ursache bedacht werden.

Da die Inkontinenz auch vom Ausmaß der Blasenfüllung beeinflußt wird, versuchen ihr manche Patientinnen durch häufige Blasenentleerung bewußt vorzubeugen. Man darf dies nicht mit einer zwanghaften Pollakisurie verwechseln (s. »Urge- bzw. Dranginkontinenz«, S. 415).

▶ Therapie

Die Therapie versucht natürlich kausal zu sein: Sie soll in der Regel die Verlagerung von Blase und Urethra beseitigen und die Beckenbodenstrukturen wiederherstellen. Man verkenne aber nicht, daß die **Operation** nur die anatomischen Faktoren, nicht aber die sonstigen möglichen Einflüsse korrigieren kann (s. »Urge- bzw. Dranginkontinenz«, S. 415).

Beckenbodengymnastik

Die Beckenbodengymnastik hat als Therapie bei der relativen Harninkontinenz besonders günstige Erfolgsaussichten und Berechtigung, wenn es sich um einen Zustand unmittelbar post partum handelt. Aber auch unabhängig davon kann ein konsequentes Training erfolgreich sein (pelvic re-education), ggf. kombiniert mit Elektrotherapie.

Östrogensubstitutionstherapie

Bei peri- und postmenopausalen Patientinnen bewirkt die Östrogengabe mitunter eine Besserung der Symptomatik, so daß sich weitere, operative Maßnahmen erübrigen.

Pessarbehandlung

Die Therapie mit Schalen- oder Würfelpessaren sollte heute nur noch in Ausnahmefällen, also bei inoperablen Patientinnen, empfohlen werden, da sie häufig Nebenwirkungen hat (ständiger Reiz der Vagina, Druckstellen, Fluor) und ärztliche Kontrollen in 8- bis 12wöchigen Abständen erfordert (Wirkungsmechanismus s. Abb. 15.5).

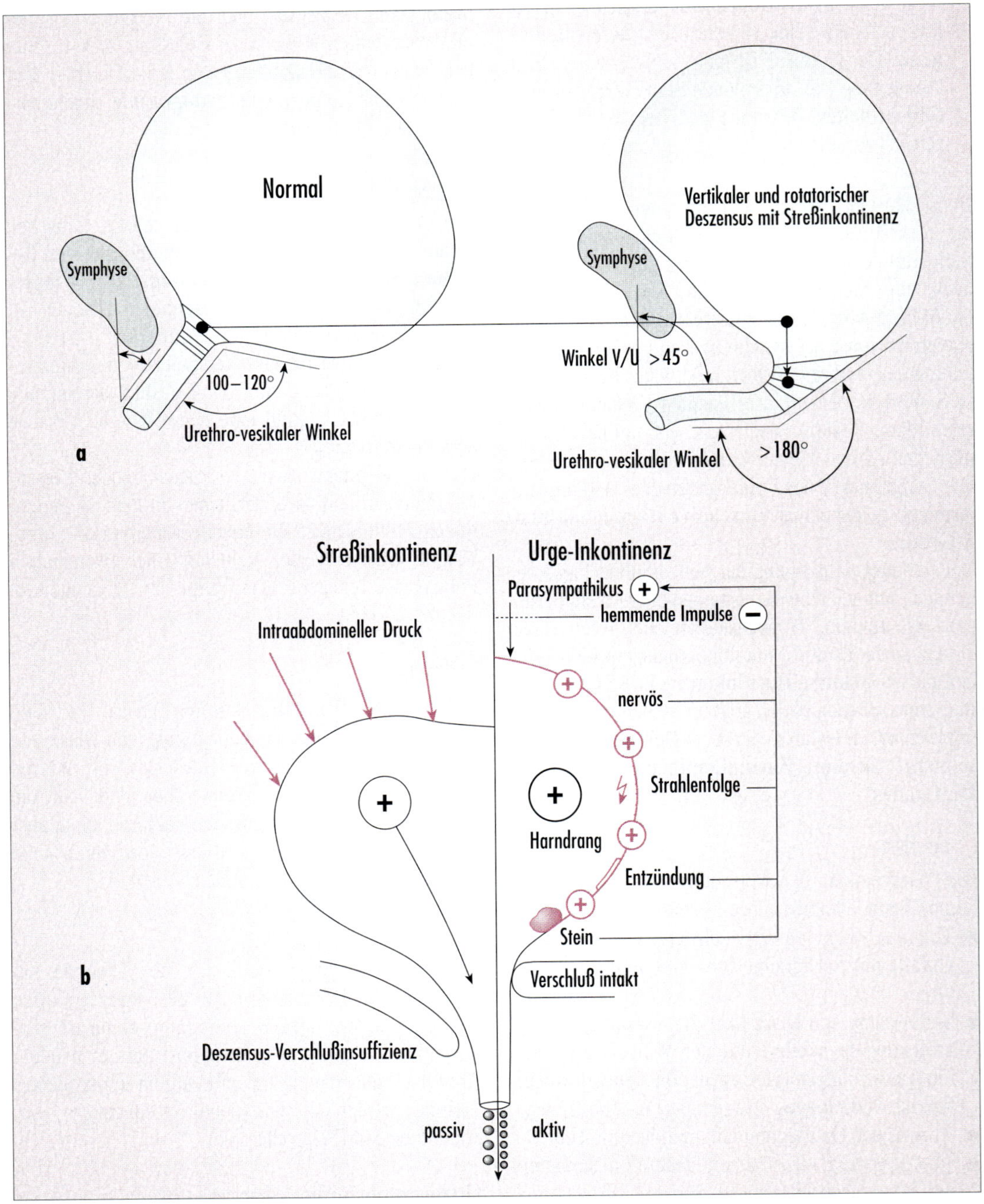

Abb. 15.4 a Urethra- und Blasenprofil unter normalen Bedingungen (links) und bei vertikalem und rotatorischem Deszensus mit Streßinkontinenz (rechts), analog den Befunden der Urethrozystographie. Man beachte die auf die Symphyse bezogene Topographie des Urethraabganges (Punkt), den urethrovesikalen Winkel sowie die Rotation der Urethra bezogen auf die Vertikale V (Winkel über 45°).
b Harninkontinenz unter Streßbedingungen bei Verschlußinsuffizienz (links), Mechanismus der Urge-Inkontinenz (rechts).

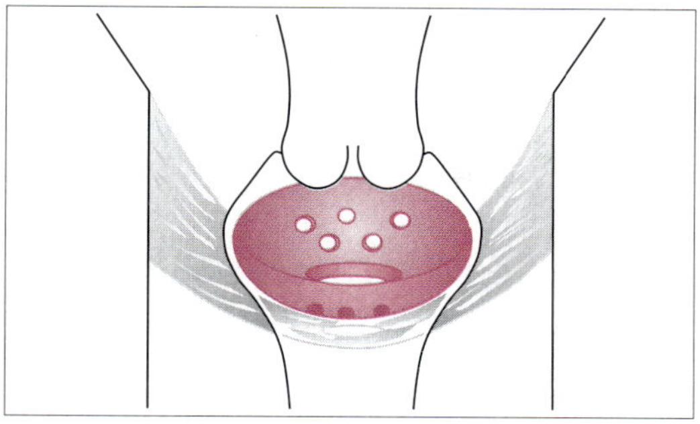

Abb. 15.5 Pessartherapie beim Deszensus uteri: Das der Levatorschlinge aufliegende Schalenpessar strafft den hinteren Scheidenteil, hebt die Vagina an und trägt den Uterus. Voraussetzung: intakte Levatorstrukturen.

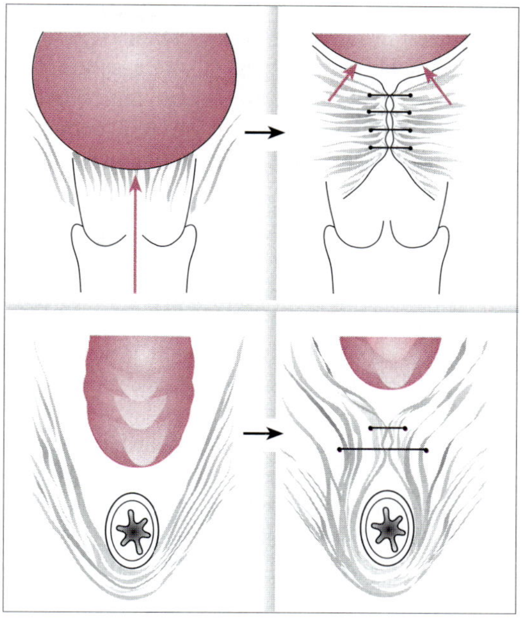

Abb. 15.6 Grundprinzip der Operation beim typischen Descensus vaginae mit Zystozele und Rektozele. Oben: Die große Zystozele (links, rot) wird mobilisiert, hochgeschoben, dann durch Raffung paravesikalen Bindegewebes unterstützt und in normaler Lage stabilisiert (Suppositi-on). Unten: Nach Mobilisierung der Rektozele (rot) werden die Levatorschenkel in einer an sich unphysiologischen Weise zwischen Vagina und Rektum miteinander vereint. Im zentralen Bereich (ohne Abb.) werden durch die Uterusexstirpation dessen seitliche Aufhängestrukturen (Parametrien, Lig. rotunda) frei und erlauben, durch mediane Vereinigung, die Schaffung einer straffen Gewebsbrücke von Beckenwand zu Beckenwand, an der dann das Vaginalende in suspendierter Lage fixiert wird.

Operation

Bei allen Frauen, bei denen nicht mehr mit Schwangerschaften gerechnet wird und die weder mit Beckenbodengymnastik noch Östrogengaben symptomarm oder -frei werden, ist die Operation die Methode der Wahl.

Am gebräuchlichsten sind bei offensichtlichem Deszensus die **»vordere und hintere Plastik«** (**Kolporrhaphia anterior** [Raffung des Diaphragma urogenitale] und **Kolpoperineoplastik** [Levatorplastik]; Abb. 15.6), die üblicherweise mit der **vaginalen Uterusexstirpation** kombiniert werden.

Bei einer vornehmlich am Blasenhals lokalisierten Störung sowie auch nach postoperativen Rezidiven kann der urethrovesikale Winkel durch sog. »Schlingen«-Operationen oder andere **Elevationsoperationen** rekonstruiert werden, z.B. vom Abdomen her (Op. nach Marshall-Marchetti, Burch: Kolposuspension, Urethrovesikopexie), auch oft als Zusatzeingriff bei anderweitig indizierter Laparotomie. Falls eine Kombination der Streß- mit einer Urge-Inkontinenz (s.u.) vorliegt, sollte vor einer Operation der Effekt einer medikamentösen Therapie geprüft werden (s. S. 416).

Etwa 8–12 Wochen nach der Operation sind die Patientinnen wieder voll belastbar, sofern nicht eine extreme habituelle Bindegewebsschwäche vorliegt. Bei der Nachbehandlung achte man auf die häufig symptomlosen postoperativen Bakteriurien.

Die operativen Dauererfolge hängen von den individuellen Gegebenheiten und der Operationstechnik ab. Eine sachgemäße Operation beseitigt 75–80% der Streßinkontinenzen I. Grades, 70% derjenigen II. Grades und nur maximal 50% beim III. Grad. Die Ergebnisse werden durch Übergewichtigkeit und/oder körperlich-berufliche Überbelastung (auch durch chronischen Husten oder erschwerte Darmentleerung [Pressen!]) sowie durch rezidivierende Harnwegsinfekte in Frage gestellt.

Urge- bzw. Dranginkontinenz

Der Urinabgang ist hier nicht Folge einer Verschlußschwäche, sondern Ausdruck einer kurzen unwillkürlichen und nicht unterdrückbaren **Detrusoraktion** bei verminderten Hemmungsimpulsen, also **aktiver Natur und blasenbedingt (motorische Form)** oder **Folge der Auswirkung gestörter Koordination und Verschlußreaktion** (instabile Urethra, **sensorische Form**). Charakteristisch ist eine reduzierte Blasenkapazität, ein verfrüht vermitteltes Füllungsgefühl (Drang!) und – bei der motorischen Form – eine unwillkürliche, meßbare Detrusoraktivität (Abb. 15.4b).

Bei dieser Inkontinenzart **korrespondiert der unwillkürliche Harnabgang** – im Gegensatz zur Streßinkontinenz – **mit einem imperativen Harndrang**. Das Geschehen ist bei klassischen Fällen **unabhängig von Belastungen**.

In Ausnahmefällen löst die Belastung oder auch nur Erschütterung eine hyperreflektorische, kurze Detrusorkontraktion mit den Folgen eines Urinabganges aus. Im Gegensatz zur Streßinkontinenz erfolgt der Harnabgang dann nicht synchron mit dem äußeren Ereignis, sondern sukzessiv, mit meßbarer Verzögerung.
Naturgemäß gibt es auch **Kombinationsformen** von Streß- und Dranginkontinenz. Es ist evident, daß die erwähnten Drangimpulse um so eher zum unwillkürlichen Harnabgang führen, je geringer der Harnröhrenverschlußdruck, je schlechter also die Verschlußfunktion ist.
Hinsichtlich der Ätiologie der Dranginkontinenz unterscheidet man:

- Primäre, idiopathische Formen
- Sekundäre, symptomatische Formen

»Idiopathische« Urge-Inkontinenz
Hier findet man weder im neurologischen Bereich noch am Harnwegsystem pathologische Befunde. Es ist lediglich einzuräumen, daß die Feststellung »Urin steril« mitunter unzutreffend ist und es lediglich der Verwendung spezieller, weniger gebräuchlicher Nachweismethoden bedurft hätte, um doch einen **Infekt** und damit die symptomatische Natur der Störung nachzuweisen (Chlamydien, Mykoplasmen, Trichomonaden; s. Kolpitis, S. 324). Davon abgesehen sind auch psychische Faktoren erfaßbar: Angstneurosen, unbewältigte sexuelle Probleme, Affektüberladungen, verleugnete Depressionen u. a. m.

»Symptomatische« Urge-Inkontinenz
Hier lassen sich pathologische Befunde an Blase und Urethra nachweisen: Zystitiden, Blasensteine, Strahlenfolgen, Tumoren, auch Widerstandserhöhungen der Urethra (mit kompensatorischer Detrusoraktivierung). Zum Teil bestehen Beziehungen zu den Kolpitisbefunden (s. S. 324, Aminkolpitis, Chlamydien, Mykoplasmen, Trichomonaden) und zu »zuviel« oder »zuwenig« Hygiene im Genitalbereich.

Die Bedeutung des **Östrogenmangels** läßt sich beiden Gruppen zuordnen.

Das Krankheitsbild der Urge-Inkontinenz ist unscharf und zeigt Beziehungen zu anderen vagen Begriffen wie »Reizblase«, »instabile Blase«, »irritable bladder«, »Urethralsyndrom« u. a.

▶ Diagnostik

Anamnestisch typisch ist der **imperative Harndrang** unmittelbar vor dem unwillkürlichen Abgang kleiner Mengen von Urin. Bei der sekundären, symptomatischen Urge-Inkontinenz werden entsprechend der Grundkrankheit zumeist auch **Pollakisurie** und **Nykturie** angegeben.
Den wichtigsten Beweis für die Richtigkeit der Annahme Urge-Inkontinenz liefert die **Zystometrie**, d. h. die Messung des Innendruckes bei steigender Füllung und Provokation (Husten, Pressen). Es kommt entweder schon bei der Füllung der Blase oder aber bei der Provokation zu einer reaktiven Detrusoraktion mit entsprechender Druckwelle. Häufig findet man nicht nur eine Hyperreflexie, sondern auch einen generellen Hypertonus des Detrusors. Ferner läßt sich eine Senkung des funktionell-dynamischen Urethral-Verschlußdruckes und eine Erschlaffung der Beckenbodenmuskulatur nachweisen.
Zur Ermittlung der Grundkrankheit ist die **kulturelle Urinuntersuchung** (Infekt?) und eine **Zystoskopie** (Entzündung, Strahlenfolge, Stein usw.) erforderlich. Bei der Blasenfüllung zur Zystoskopie wird ein frühzeitiger Harndrang geäußert. Auch die maximale Blasenkapazität pflegt erniedrigt zu sein (nur ca. 300–350 statt 450–500 ml). Ggf. muß eine neurologische Untersuchung der Genese veranlaßt werden.

▶ Therapie

Bei Erkennbarkeit der organischen Kausalfaktoren: Je nach Sachlage

- Infektbehandlung: Harnwege sowie Vulva und Vagina
- Steinbeseitigung; ggf. Meatuserweiterung, Urethrabougierung

Beim Fehlen von Kausalfaktoren (idiopathische Form): Angreifen an der gestörten Blasenfunktion

- Anticholinergika: Trospium-Cl (Spasmo-Urgenin), Propiverin (Mictonorm), Oxybutynin (Dridase)
- Relaxanzien: Flavoxat (Spasuret)

Ferner, je nach Persönlichkeit, Alter u. a.:

- Thymoleptika (z. B. Tofranil), Neuroleptika (Haloperidol), Tranquilizer
- Östrogene, z. B. Östriol

Erfahrungsgemäß auch bei Problemfällen wirksam:

- Instillation von Lokalanästhetika (Lidocain-Gel u. ä.)

Reflexinkontinenz

Hier sind die **Verschlußmechanismen intakt**. Als Folge einer Störung spinal-nervöser Funktionen, z. B. bei Querschnittslähmung, bleibt aber das Harndranggefühl, also die Information über den Füllungszustand der Blase, aus. Die Blase entleert sich reflektorisch-selbsttätig.

Überlaufinkontinenz

Der unwillkürliche Harnabgang ist hierbei nicht Folge einer Sphinkterinsuffizienz, sondern durch die Unfähigkeit der Patientin bedingt, die Blase regulär und vollständig zu entleeren.

Die Blase ist übervoll und überdehnt, ihr Innendruck steigt, die Blase »läuft über«: teils ständig, teils nur bei bestimmten Anlässen oder Bewegungen. Es handelt sich also eigentlich gar nicht um eine »Inkontinenz«.

Extraurethrale Inkontinenz

Harnwegsfisteln

Bei Harnwegsfisteln besteht fast immer eine **Inkontinenz 3. Grades**, also eine absolute, auch in Ruhe ausgeprägte Inkontinenz.
Geht der gesamte Urin unwillkürlich ab, so handelt es sich vermutlich um eine größere **Blasen-Scheiden-Fistel**. Wenn andererseits, ungeachtet des ständigen Urinabganges, auch noch die Blase in typischer Weise entleert werden muß, ist die Annahme einer kleinen Blasen-Scheiden-Fistel oder, typischer, einer **Ureter-Scheiden-Fistel** gerechtfertigt: Der ständige Urinabgang stammt von der geschädigten Seite, die Blasenfüllung von der intakten Seite. Die Harnwegsfisteln sind meistens erworben. Kausal stehen schwere Entbindungen, Operationen und strahlentherapeutische Maßnahmen im Vordergrund. Auch ein Karzinomdurchbruch hat schließlich eine Fistel zur Folge.

! Im Hinblick auf die Gefährdung der Nieren durch aszendierende Infekte müssen Fisteln so bald als möglich operiert werden.

Urinabgang bei Mißbildungen

Da der unwillkürliche Urinabgang bei Mißbildungen der Harnwege zumeist schon während der Jugend operativ behandelt wurde, wird der Gynäkologe nur ausnahmsweise mit derartigen Fällen konfrontiert.

Folgen der Harninkontinenz

Die Bedeutung der Harninkontinenz und damit der meisten Senkungsbefunde kann bei der Häufigkeit (30–60% der Älteren, je nach Kriterien) gar nicht hoch genug eingeschätzt werden. Einerseits ist die **Belastbarkeit** – d.h. in großem Umfang auch die **Arbeitsfähigkeit – stark eingeschränkt**, andererseits bewirkt die Inkontinenz, daß sich die Betroffenen aus der Öffentlichkeit und jeglicher Geselligkeit zurückziehen (müssen). Diese erzwungene **Vereinsamung** wiegt besonders schwer. Schließlich ist sie häufig auch noch mit **Störungen der Vita sexualis** vergesellschaftet: teils fühlen sich die Frauen befangen, teils ziehen sich die Partner zurück. Schließlich haben alle Störungen der Blasenentleerung, sowohl Harninkontinenz als auch Harnverhaltung, eine erhebliche und gefährliche Disposition zur Infektion der Harnwege und damit der Nieren zur Folge. Ärztlicherseits ist stets der erhebliche Leidensdruck der Betroffenen zu beachten und alles zur Abhilfe zu tun.

15.4 Entleerungsstörungen der Harnblase

Die Entleerung der Blase kann durch mechanische bzw. funktionelle Abflußbehinderung oder auch infolge mangelhafter Austreibungskräfte gestört sein.

Mechanische Störung

Eine Verengung des Abflußweges kann folgende Ursachen haben:

- Operationen (Schlingenoperationen)
- Urethralvernarbung oder Verziehung (nach Strahlentherapie, nach bestimmten Operationen [Vulvektomie, Versorgung schwerer Geburtsverletzungen])

- Prolaps (Quetschhahnmechanismus)
- Meatusstenose u.a.
- Progredientes Tumorwachstum im Bereich der Urethra und des Blasenbodens (Vulvakarzinom, Blasen- und Urethrakarzinom, tiefsitzendes Vaginalkarzinom)

Ferner:

- Tumoren im kleinen Becken: Zervixmyome, intraligamentäre Myome, dorsale Myome, eingeklemmte Ovarialtumoren
- Retroflexio uteri bei vergrößertem und wachsendem Uterus (Gravidität, Myom)
- Obturation der Urethra durch Blasenstein, ferner durch Koagel bei Makrohämaturie (Nierentumor, Blasenkarzinom, Karzinompenetration, Zustand nach Bestrahlung [hämorrhagische Strahlenreaktion])
- Lokale Alteration der Urethra, z.B. nach vergeblichem, falschem Katheterismus mit der Folge des Zuschwellens der Urethra.

Die Therapie muß kausal sein, d.h. die normalen Abflußverhältnisse wiederherstellen oder andere Entlastungen schaffen.

Funktionelle Störungen

Hier sind zwei verschiedene Mechanismen zu beobachten:

- **Dyssynergie:** Die Effizienz normaler oder auch gesteigerter Detrusoraktionen wird durch eine gleichzeitige, paradoxe bzw. dyssynerge Aktivierung der Verschlußmechanismen behindert. Die dyssynerge Störung kann postoperativ auftreten oder idiopathischer, psychogener oder neurologischer Natur sein.
- **Detrusorschwäche:** Die Detrusoraktionen sind primär zu schwach. Ihre Effekte sind auch bei ganz normalen Entleerungswiderständen unzureichend. Die primäre Detrusorschwäche ist habituell oder hat psychogene oder neurologische Ursachen. Eine Detrusorschwäche kann auch sekundär bei mechanischen infravesikalen Obstruktionen entstehen, als Erschöpfungsreaktion auf permanent-erhöhte Austreibungswiderstände.

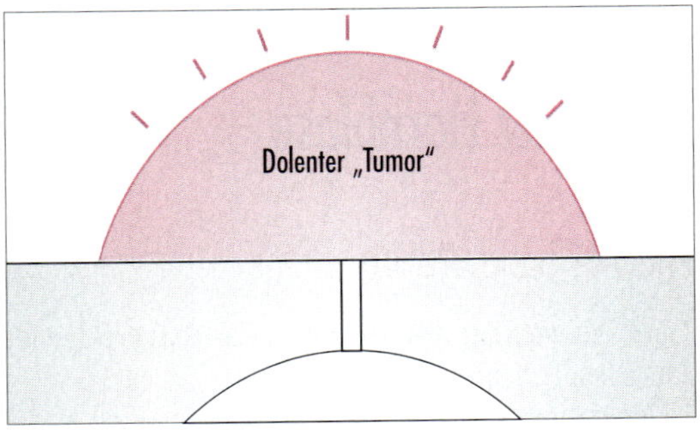

Abb. 15.7 Typischer Befund bei einer Harnverhaltung: dolenter, weichlicher und schlecht abgrenzbarer »Tumor« über der Symphyse. Anamnese!

Die Auswirkung der gestörten Entleerung kann sich in zweifacher Hinsicht manifestieren: **chronisch** im Sinne einer erheblich gesteigerten Kapazität, Überfüllung, Restharnbildung und Überlauf-»Inkontinenz« (s.o.), oder als **akute Harnverhaltung**. In diesem letzteren Fall kann die Blase überhaupt nicht mehr willkürlich entleert werden, auch nicht partiell. Beim ersten derartigen Ereignis kommt es, in Unkenntnis des Tatbestandes und vor dem Einsatz prophylaktisch-therapeutischer Maßnahmen, zu einem ganz akuten Bild: zunehmend quälender Schmerz im mittleren Unterbauch, verbunden mit einer hochgradigen Druckempfindlichkeit des suprasymphysären Abdomenbereiches.

▶ Diagnostik

Anamnese: Wann war die letzte Miktion?
Palpation: Druckempfindlicher »Tumor« vor dem Uterus und oberhalb der Symphyse, auffallende suprasymphysäre Druckempfindlichkeit des Abdomens (Abb. 15.7).

▶ Initialmaßnahmen

Katheterismus! Wegen der evtl. Dislokation der Urethra und der Blase sind äußerste Behutsamkeit und Vorsicht notwendig! Abgang von großen Harnmengen, etwa 750–2000 ml, vor allem bei vorausgehender chronischer Harnverhaltung. In manchen Fällen muß suprapubisch punktiert werden.

▶ Ursachenklärung

An die Feststellung der Harnverhaltung und an die Blasenentleerung durch Katheterismus bzw. suprapubische Ableitung muß unbedingt die Ursachenklärung durch den Spezialisten angeschlossen werden.

▶ Therapie

Im Falle mechanischer Obstruktion wird die Therapie kausal sein müssen: Es gilt, das Hindernis zu beseitigen und die normalen Abflußverhältnisse wiederherzustellen.
Bei den primär funktionellen Störungen muß der neurologische Mechanismus medikamentös korrigiert werden. Dies geschieht, je nach Sachverhalt, im Sinne einer Verschlußrelaxierung mittels α-Blockern oder

als Detrusoraktivierung mit Parasympathikomimetika (Doryl u. ä.)

Postoperative Entleerungsstörungen

Nach gynäkologischen Operationen ist oft mit vorübergehenden Entleerungsstörungen der Blase zu rechnen. Der frühere Brauch einer generellen präventiven, längeren Dauerkathetereinlage ist wegen der damit verbundenen Infektionshäufigkeit verlassen. Falls mit mehrtägiger Entleerungsstörung zu rechnen ist, wird statt dessen heute eine **suprapubische Katheterdrainage** angelegt, die beim Ingangkommen der normalen Miktion entfernt wird.

Folgen der Entleerungsstörungen

Die unverkennbare **akute** Harnverhaltung wird im allgemeinen durch die Erstmaßnahmen und die klinische, falls möglich kausale Folgetherapie behoben. Notfalls Dauerkatheterismus.

Die **chronische,** relative Abflußbehinderung bleibt demgegenüber häufig unerkannt und führt durch ihre Persistenz zu schweren Folgen: Während Hypertrophie des Detrusors mit Trabekelbildung (»Balkenblase«) noch Ausdruck der Anpassung ist, kennzeichnet die zunehmende Restharnbildung und Überdehnung der Blasenwand die Dekompensation. Es folgen durch Rückstau Hydroureter- und Hydronephrosen-Entwicklung, ggf. mit Infektion und schließlich funktioneller Insuffizienz. Nur bei frühzeitiger Erkennung der Störung und Wiederherstellung der Blasenfunktion sind die desolaten Spätfolgen zu vermeiden.

Literatur

Bender HG. Gutartige gynäkologische Erkrankungen II. 3. Aufl. Klinik der Frauenheilkunde und Geburtshilfe. Bd. 9. München: Urban & Schwarzenberg 1997.

Friedberg V, Thomsen K. Spezielle Gynäkologie. Gynäkologie und Geburtshilfe. Bd. III. Teil 1. Stuttgart: Thieme 1988.

Hirsch HA, Käser O, Iklé F. Atlas gynäkologischer Operationen. 5. Aufl. Stuttgart: Thieme 1995.

Petri E. Gynäkologische Urologie. Stuttgart: Thieme 1983.

Steffens IH. Konservative Behandlung der Harninkontinenz der Frau. Stuttgart: Thieme 1995.

16

Thromboembolische Komplikationen

H. Schmidt-Matthiesen

Variköser Symptomenkomplex, Thrombose und Embolie stellen einen gewissen Anteil der mütterlichen Morbiditäts- und Mortalitätsfaktoren in der Geburtshilfe dar. Auch im gynäkologischen Bereich können diese Störungen bedeutsam werden, z. B. postoperativ, sowie bei Karzinomkranken. Schließlich sind derartige anamnestische oder gegenwärtige Tatbestände bei der Auswahl antikonzeptioneller Methoden zu berücksichtigen (Bedenken gegenüber bestimmten Ovulationshemmern s. S. 94 u. 99). Auf die pathologisch-anatomischen und pathophysiologischen Grundlagen ist in diesem Rahmen nicht einzugehen. Hier interessieren lediglich Gefährdung und Prophylaxe.

Gefährdung

Die Kenntnis der potentiellen Gefährdung ist wichtig, um ggf. gezielt prophylaktische Maßnahmen einsetzen und dem einschlägigen Fall ganz besondere Aufmerksamkeit zuwenden zu können.

Fachbezogene Disposition

- **Schwangerschaft** (+), bes. bei Spätgestosen (++)
- **Wochenbett**, bes. nach Schnittentbindung (+++)
- **Postoperative Phase**
- **Erzwungene Immobilisierung**, z. B. bei Kontaktbestrahlung
- **Karzinomerkrankung**
- **Strahlentherapie** und **Zytostatikatherapie** bei fehlender Prophylaxe. Der ^{191}J-Fibrinogentest offenbart bei ca. 20–40% thrombotische Prozesse!

Zusätzliche, allgemeine Disposition

- Längere Bettlägerigkeit!
- Kreislaufstörungen, Herzinsuffizienz
- Diabetes, Nierenerkrankungen
- Übergewichtigkeit
- Höheres Alter
- Nikotinabusus
- Bindegewebsschwäche, Varicosis
- Infektionen

Je mehr eine gynäkologisch-geburtshilfliche Disposition mit zusätzlichen individuellen Belastungen verbunden ist, um so mehr muß mit erhöhtem Risiko einer Erkrankungsmanifestation gerechnet werden. Dies ist bei prophylaktischen Maßnahmen zu berücksichtigen.

Klinische Manifestation

Der typische Zeitpunkt für das Auftreten thromboembolischer Komplikationen ist der 1.–6. Tag nach Radium- oder ^{60}Co-, ^{137}Cs-, ^{192}Ir-Einlagen bzw. der 4.–10. Tag nach der Operation oder Entbindung.
Typisch sind:

- Oberflächliche Extremitätenthrombosen/ Thrombophlebitiden
- Tiefe, subfasziale Thrombosen
- Beckenvenenthrombosen
- Lungenembolie (selten)

Hinsichtlich der einschlägigen Krankheitsbilder, ihrer Diagnostik und Therapie wird auf die Lehrbücher der Inneren Medizin verwiesen.

Prophylaxe

Bei der Thromboembolieprophylaxe sollte man zwischen den **Routinemaßnahmen** für den weniger gefährdeten »Normalfall« und der **gezielten Prophylaxe** bei den mehrfach gefährdeten Patientinnen (s. o.) unterscheiden. Je größer die Gefährdung, um so wirksamer müssen die Maßnahmen sein. Im Interesse einer maximalen Wirksamkeit wird man auch gewisse Gefahren der medikamentösen Prophylaxe in Kauf nehmen.

Postoperative bzw. postpartale Maßnahmen

Routinemäßig

- **Nur immobilisieren, wenn unvermeidbar;** keine Stunde länger als nötig
- Bereits **am 1. Tag aufstehen lassen**
- Aktive und passive **Bewegungsübungen** (Krankengymnastik)
- Evtl. **Schräglagerung** (5–10°)
- Ggf. **Wickeln der Beine** bzw. elastische Strümpfe bei Varicosis
- Bei Thrombophlebitiden evtl. **Heparin-PUR-Sprühgel**

Bei erhöhter Gefährdung

»Low-dose«-Heparinprophylaxe: Im Gegensatz zu der klassischen Heparin- bzw. Heparin-Kumarin-Prophylaxe mit Dosierungen von 20 000 und mehr Einheiten/24 Std., die wegen Nachblutungen und anderer Gefahren viele Kontraindikationen aufwies, empfiehlt man heute eine niedrigdosierte Heparinprophylaxe, die schon präoperativ begonnen und ca. 6–10 Tage durchgeführt wird: **tgl. 2× (selten 3×) 5000 E Heparin s.c. oder 1× äquivalente Mengen niedermolekularen Heparins.**
Diese geringen Mengen genügen offensichtlich zur wirkungsvollen Aktivierung des Antithrombins III und erhalten ungeachtet des Operationstraumas eine Eukoagulabilität.
Eine Zugabe von **Dihydroergotamin** steigert vermutlich den Effekt; dies erlaubt – bei gleicher Effizienz – eine Reduzierung des Heparinanteils und damit eine **Verminderung der Nachblutungsgefahr: z.B. tgl. 1× (!) Embolex NM (niedermolekulares Heparin + DHE) s.c.**
Die »Low-dose«-Heparinprophylaxe kann man heute als Methode der Wahl ansehen.
Auch **Dextraninfusionen** sollen Präventiveffekte haben.

Literatur

Bruhn H. Niedrig dosiertes Heparin. 8. Aufl. Stuttgart: Schattauer 1996.
Koller F. Thrombose und Embolie. Stuttgart: Schattauer 1983.
Spannagel U, Wolf H. Niedermolekulare Heparine in der Prävention und Behandlung postoperativer Thromboembolien. Stuttgart: Thieme 1996.

17

Gynäkologische Untersuchungsmethoden

H. Schmidt-Matthiesen

Allgemeines

Patientinnen mit gynäkologischer Fragestellung suchen aus zwei Motiven heraus ärztlichen Rat:

- Die Patientin ist krank oder fühlt sich krank. Sie erwartet Abklärung und Behandlung der Beschwerden.
- Die Patientin fühlt sich gesund. Sie wünscht lediglich eine Kontrolluntersuchung (»Krebsfrüherkennungsuntersuchung«).

Diese Unterscheidung sollte keine grundsätzliche Bedeutung haben: Einerseits ist auch bei der »Krebsuntersuchung« auf andere Besonderheiten zu achten, andererseits muß bei jeder speziellen »Krankheitssuche« auch nach Hinweisen auf eine evtl. bösartige Erkrankung gefahndet werden. Der praktische Untersuchungsgang sollte also hinsichtlich der **Grunduntersuchung** (Anamnese, Inspektion, Palpation, Zytologie) gleich sein.

Konsultation

Bei der Begegnung mit der Hilfe suchenden Patientin sollten folgende evtl. unterschiedlich kombinierten **Krankheitsfaktoren** beachtet werden:

- Organische Krankheit
- Persönlichkeit (geistig, psychisch, somatisch)
- Endokrin-neurovegetative Konstellation
- Sozialfeld (Intimbereich, nähere Umwelt, Beruf, Rollenvorstellung und Wirklichkeit, Medienpostulate u. a.)

Von der Richtigkeit der graduellen Wertung dieser Faktoren hängen Diagnose und Therapieerfolg ab. Darüber hinaus ist das **Gespräch** aufschlußreich. **Wie** werden die Beschwerden geschildert? Zögernd, verhalten, eher unsicher in der Darstellung? Oder blumenreich, theatralisch, übertrieben wirkend? Mit einfließenden Bemerkungen über ursächliche Faktoren des persönlichen Umfeldes? Mit Äußerungen über frühere Ärzte?

> ! Die aufmerksame Beobachtung der Patientin beim Gespräch (und später bei der Untersuchung) deckt häufig mehr Probleme auf, als die Patientin von sich aus anspricht oder überhaupt als existent empfindet.

Anamnese

Die **Anamnese** ist ein Hauptteil der Diagnostik. Gut erhoben, läßt sie nur noch differentialdiagnostische Erwägungen offen. Ein Schema läßt sich nur ungefähr geben.

Man beherzige folgenden Grundsatz: **Die Kranke hat ein Leiden. Sie will sich und ihr Leiden ernstgenommen sehen. Ihr dieses Gefühl zu vermitteln ist die erste Voraussetzung ärztlicher Effektivität.**

> ! Nach Registrierung der Personalangaben lasse man die Patientin zuerst über ihr **eigentliches Anliegen** mit eigenen Worten berichten. Es muß die Ratsuchende verstimmen, wenn statt dessen erst über Kinderkrankheiten, Zyklusablauf, Geburten usw. gesprochen wird. Nachdem das Beschwerdebild von der Patientin grob umrissen ist, muß der Tatbestand durch planvolle **Fragen** ergänzt werden.

- **Anlaß des Kommens?** Man läßt die Patientin frei sprechen.
- **Beschwerden?** Jetzt fragt man gezielt. Einfach fragen. Keine Fremdworte. Verständlich und präzise fragen. Keine Suggestivfragen: War das so und so…? Sie haben doch sicher…? Freundlich und geduldig fragen.

- **Art** der Beschwerden?
- **Seit wann** bestehen die Beschwerden?
- **Unter welchen Umständen** treten Beschwerden auf? (Abhängigkeit von bestimmten Tageszeiten, von der Arbeit, vom Zyklus, von nervösen Reizen, Konfliktsituationen usw.?)

Hat man den Eindruck, daß gewisse Anliegen verschwiegen oder übergangen werden (Vita sexualis, Kinderwunsch usw.), so läßt man es zunächst dabei bewenden. Nach Festigung des Kontaktes mit der Patientin wird man später auf diese Probleme gezielt zurückkommen können (s. Kap. 19).

- **Erläuternde Zusatzfragen:** Gewichtsänderung? (Karzinom; endokrine Störung) Fieber? (Entzündung)
  - Fragen zur Funktion: Menarche?
  - Menstruationszyklus? (Intervall, Regelmäßigkeit)
  - Menstruationsablauf? (Stärke, Länge, Schmerzen)
  - Schwangerschaften? (Verlauf, Komplikationen)
  - Miktion? Kontinenz?
  - Darmtätigkeit?
- **Registrierung früherer Krankheiten:**
  - gynäkologische Operationen?
  - sonstige gynäkologische Krankheiten?
  - nichtgynäkologische Operationen?
  - nichtgynäkologische Krankheiten?
- **Frühsymptome eines Genitalkarzinoms:** Warnzeichen s. S. 433.
- **Medikamenteneinnahme:** Besonders Hormone, Psychopharmaka, Schlafmittel, u. ä.

Gefahren für Unerfahrene

- Ihnen **fehlen oft die Sachkenntnisse** zu einer klaren Anamneseerhebung sowie zur schnellen Assoziation differentialdiagnostischer Möglichkeiten.
- Die Fragenden **interpretieren das Gehörte sehr subjektiv** und primär gutgläubig. Es sollte aber klar sein,
  - daß Fragen nicht immer einwandfrei verstanden werden,
  - daß manche Frau keineswegs über Allgemeinkenntnisse ihrer Krankheit verfügen muß,
  - daß Fremdworte, die den Fragern »einfach« erscheinen, oft nicht bekannt sind, die Patientinnen dies aber nicht erkennen lassen,
  - daß Ärztin/Arzt und Patientin keineswegs immer dasselbe unter einem Begriff verstehen (z.B. »normal«),
  - daß die Patientinnen keineswegs von selbst alles Wichtige sagen (sie wissen oft gar nicht, was wichtig ist!).
- Die Fragenden geben sich mit ganz allgemein gehaltenen Antworten zufrieden und interpretieren sie ihrer Erwartung gemäß (z.B. »lange«, »viel«, »stark«). Man muß stets eine **präzise Erläuterung** solcher Begriffe verlangen.
- Man denkt irrtümlich, eine vollständige Antwort erhalten zu haben. Schüchterne Patientinnen bedürfen aber oft erst der **Ermunterung**.
- Man glaubt meist, eine richtige Angabe erhalten zu haben und geht daraufhin oft von **falschen Voraussetzungen** aus. Dies gilt besonders dann, wenn die Patientinnen über Vorinformationen durch andere Ärzte berichten. Es gibt zahlreiche Erklärungen für solche tatsächlichen oder scheinbaren Fehl-»Informationen«:
  - Die Patientin wurde mit einem mehrdeutigen Begriff informiert (z. B. »Nierenentzündung«: Nephritis oder Pyelonephritis?).
  - Sie hat frühere Informationen vergessen und gibt an, »nie etwas davon gehört zu haben…«.
  - Sie hat etwas falsch verstanden.
  - Die Patientin referiert unbewußt falsch, dichtet dazu (Zeitfaktor!).
  - Sie ist tatsächlich falsch informiert worden: entweder bewußt (z.B. bei Krebs) oder aufgrund einer Fehldiagnose.

Man tut gut daran, mit früheren Betreuern Kontakt aufzunehmen und die subjektiven Äußerungen der Frauen durch objektive Angaben zu ergänzen.
Da die Therapie von der richtigen Diagnose, diese u. a. von einer guten Anamnese abhängig ist, muß letztere mit allen Mitteln optimal erhoben werden. Dazu gehört neben Sachkenntnis auch die Kenntnis der Irrtumsmöglichkeiten.
Die gynäkologische Untersuchung sollte erst dann beginnen, wenn man über das Anliegen der Patientin und die vermutliche Art der Erkrankung genügend Aufschlüsse erlangt hat. Über die Möglichkeit psychosomatischer Zusammenhänge s. S. 455.

Gynäkologische Untersuchung

Die gynäkologische Untersuchung sollte bei männlichen Untersuchern stets nur in Anwesenheit einer weiteren weiblichen Person durchgeführt werden; bei einer Ärztin ist dies nicht nötig. Vor der Untersuchung läßt man die Blase entleeren, den Urin für evtl. Untersuchungen zurückstellen. Die Lagerung auf dem gynäkologischen Untersuchungsstuhl sollte bequem sein, um Verkrampfungen zu vermeiden.

Äußere Inspektion

- **Abdomen:** Straff/schlaff? »Adipös«/mager? Unempfindlich/druckempfindlich/umschriebener Schmerz? Weich/gespannt? Einsenkungen/aufgetrieben? Im letzteren Fall: Meteorismus? Adeps? Gravidität? Aszites? Großer Tumor? Zur Unterscheidung der letzten beiden Erscheinungen Perkussion (s. Abb. 14.25)
- **Leisten:** Lymphome? Falls ja: derb oder weich, indolent oder dolent?
- **Sekundäre Geschlechtsmerkmale, Behaarungstyp:** Normal/infantiler Status/virile Variante/Hirsutismus?
- **Vulva:** Entzündliche Reizung/ekzematöse oder trophische Veränderungen/Kratzeffekte/Ulzera/Tumor?

Nach Abschluß der Vulvainspektion wird die Patientin aufgefordert, kräftig zu pressen. Dabei wird unter Umständen eine Zystozele oder Rektozele als Ausdruck eines Deszensus erkennbar. In extremen Fällen zeigt sich beim Pressen ein Prolaps des Uterus. Mitunter ist Urinabgang zu beobachten (Inkontinenz).

Spekulumuntersuchung

Nach Spreizen des Introitus (Abb. 17.1, 1., Pfeile) wird das hintere Rinnenspekulum zunächst schräg eingesetzt (2.), dann unter Drehung (3.) und Vorschieben in Normallage gebracht (4.).

Das vordere Spekulum läßt sich nun leicht einsetzen. Durch Anheben des letzteren entfaltet sich die Vagina, die Portio wird sichtbar.

- **Inspektion der Vaginalwand:** Entzündung, Ulcera, Tumor?
- **Inspektion der Portio.** Hier sind zu registrieren:
  - Muttermundbeschaffenheit
  - Ektopie
  - vermehrte Absonderung
  - entzündliche Reizung
  - Erosio vera
  - Leukoplakie; Polypen
  - Exophyt, Ulkus oder Krater als Hinweise auf ein Karzinom
- **Kolposkopie** (Abb. 17.2): Die Befunderhebung mit bloßem Auge sollte durch eine 6- bis 40fache Lupenvergrößerung unter optimaler Beleuchtung ergänzt werden. Dabei sind die Hinweise auf evtl. gewichtige **Epithelanomalien** zu ermitteln, die auf ein CIN hinweisen:
  - Mosaik (Abb. 17.2a)
  - Punktierung
  - atypische Transformation
  - atypische Gefäßmuster
- **Ergänzende Maßnahmen:**
  - **Zytologieabstriche** (s. u.); anschließend zur weiteren Differenzierung auffälliger Befunde:
  - **Essigprobe:** Durch Betupfen der Portio mit 2- bis 3%iger Essigsäure werden die o.e. Oberflächenveränderungen besser sichtbar (Abb. 17.2a).
  - **Jodprobe** (Abb. 17.2b): Nach dem Betupfen der Portio mit Jod-Jodkalium-Lösung färbt sie sich infolge des Glykogengehaltes des normalen Plattenepithels braun. Scharfrandige Aussparungen innerhalb des jodpositiven Bereichs deuten auf umschriebene Epithelanomalien hin. Hier ist besondere Aufmerksamkeit notwendig!

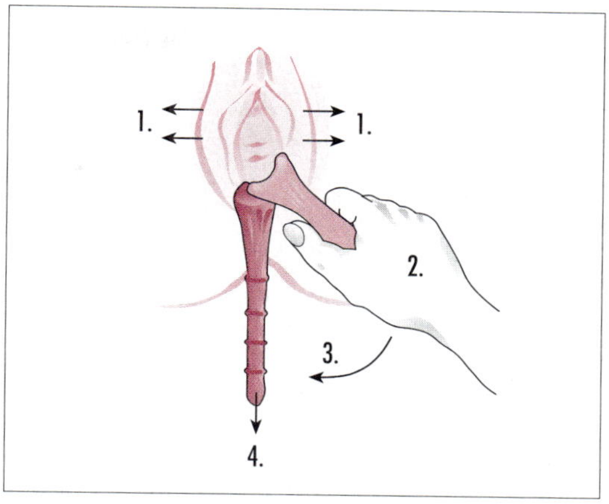

Abb. 17.1 Spekulumuntersuchung. Einführen des hinteren Spekulums.

Nach diesen Proben jeweils nochmals:

- **Kolposkopie**
- Ggf. **Biopsie** o. ä. (s. S. 370).

Sekretuntersuchungen

Sofern vermehrter oder störender Fluor besteht, oder Juckreiz, Brennen u. ä., sind Sekretuntersuchungen erforderlich (Tab. 17.1).

Normalerweise wird das **Zervix-** und **Scheidensekret** entnommen. Bei Verdacht auf Gonorrhö erfolgt zusätzlich noch ein Abstrich aus der Urethra.

Abb. 17.2a Kolposkopischer Portiobefund nach Essigprobe: sog. »Mosaik« auf der vorderen Muttermundlippe, nach Betupfen mit Essigsäure weiß. Zytologische und kolposkopische Überwachung geboten.

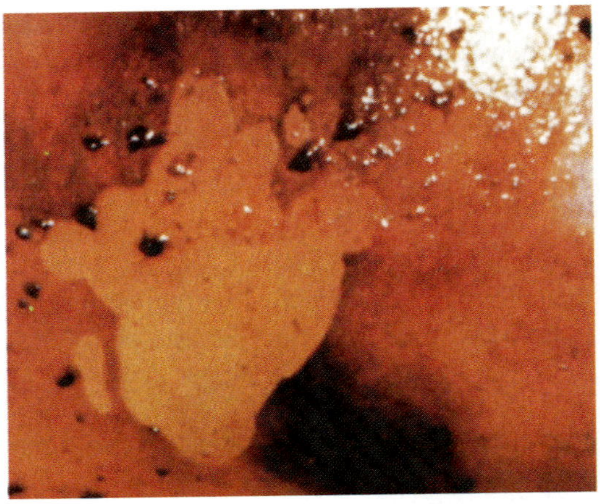

Abb. 17.2b Befund wie bei (a), jedoch nach Betupfen mit Jodlösung: Der veränderte Bereich bleibt »jodnegativ«, was ein Fehlen der typischen Epitheldifferenzierung bei Glykogenmangel anzeigt. (Aus: Bauer, Farbatlas der Kolposkopie)

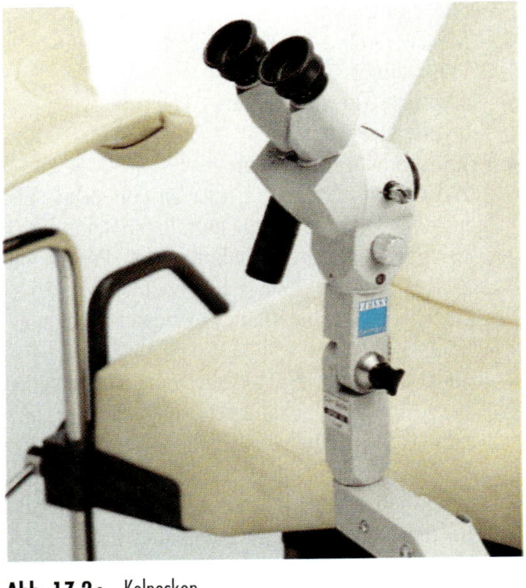

Abb. 17.2c Kolposkop

Zytologieabstriche

Die erwähnten Zytologieabstriche sind einerseits bei auffälligen Befunden angezeigt, andererseits obligatorischer Teil der Krebsvorsorgeuntersuchung.

Technik: Nach behutsamem Abtupfen von größeren Schleimmengen (sonst Abtupfen unterlassen!) wird zunächst die **Portiooberfläche** mit einem Watteträger abgestrichen (Abb. 17.3). Das Zellmaterial ist unverzüglich auf einen Objektträger zu übertragen und zu fixieren. (Flüssig: Alkohol/Äther āā, oder mit Fixierspray: Merckofix).

Es folgt der **intrazervikale Abstrich** durch das Drehen eines in den Zervixkanal hochgeschobenen Watteträgers (Abb. 17.4). Ausrollen des Zellmaterials auf dem Objektträger und Fixieren wie oben. Man kann auch beide Abstriche auf einen Objektträger übertragen. Markierung der Herkunft (Portio, Zervixkanal) und der Fixierungsart. Bei ca. 20% ist das Eindringen nicht optimal (völlig unzureichendes Material, ggf. falschnegative Befunde), bei 4% gar nicht möglich. Dann ist ein schlankes Bürstchen (Cytobrush) für den Intrazervikalabstrich zu benutzen (nur 1,5% unzureichende Befunde).

Die **zytologische Auswertung** liefert wichtige Informationen und determiniert das weitere Vorgehen (s. S. 367). Die Bedeutung der benutzten Gruppierung muß bekannt sein (Münchner Nomenklatur). Läßt man die speziellen Aussagemöglichkeiten über degenerative und entzündliche Zellveränderungen (inkl. HPV-Wirkungen) außer acht und beschränkt man sich auf die **onkologische Aussage**, so ergeben sich folgende Erläuterungen:

!
- **Gruppe I/II:** unverdächtig, »negativ«
- **Gruppe IIID:** Hinweis auf Dysplasie (s. S. 362) leichten bis mäßigen Grades, kontrollbedürftig in 3monatigen Intervallen
- **Gruppe IV a:** Hinweis auf schwere Dysplasie bzw. Ca in situ (CIN III, S. 367); histologische Abklärung

Tab. 17.1 Untersuchungsmethoden und Erregernachweis bei Kolpitis/Zervizitis (s. Kolpitis, S. 322).

Untersuchungsart und Technik	Nachweis
Nativpräparat: Ein Sekrettropfen auf dem Objektträger mit einem Tropfen physiologischer Kochsalzlösung vermischen und mikroskopieren.	• Keimflora • Leukozyten • Pilze (Pseudomyzel) • Trichomonaden (beweglich)
Nativpräparat + 10%iger KOH:	• Fischgeruch bei Aminkolpitis • Pilzfäden-Visualisierung
Direktausstrich, Färbung mit Methylenblau:	• Pilze
Methylenblau, Gramfärbung:	• Gonokokken (unsicher)
Kulturelle Untersuchung: Je nach Art des gesuchten Keimes sind spezielle Kulturmedien erforderlich.	• Gonokokken • Andere pathogene Keime • Pilze

! • **Gruppe V:** Hinweis auf malignen Tumor
Besondere Beachtung und Vorsicht gebietet eine mitunter irrtümlich als unbedeutend eingeschätzte Abstricheinordnung in die
• **Gruppe III: Unklare Konstellation**, bei der schwere entzündliche oder degenerative Veränderungen, aber auch maligne Prozesse vorliegen können. Der Anteil der letzteren ist relativ groß. Deshalb umgehend histologische Abklärung.

Die sehr differenzierte »prospektive Aussage« des Zytologen ist an eine hohe spezielle Qualifikation gebunden.

! Man muß mit 5–20% falschnegativen Abstrichergebnissen rechnen. Also **keine absolute Zuverlässigkeit** erwarten! Die Fehlerquote kann durch ergänzende kolposkopische Untersuchung vermindert werden. Ferner: Der zytologische Abstrich erlaubt lediglich Aussagen über den Epithelzustand der Zervix. **Korpuskarzinome** lassen sich mit diesen Abstrichen meist nicht erfassen, also auch nicht ausschließen (Abb. 17.4).

Sofern eine Abklärung des Zyklusablaufes erwünscht ist (Ovulationstermin? Hormoneffekt?), wird noch ein **weiterer Abstrich** von der **seitlichen Scheidenwand** abgenommen (Abb. 17.5). Bei der Einsendung an den Zytologen ist die spezielle Fragestellung zu vermerken.

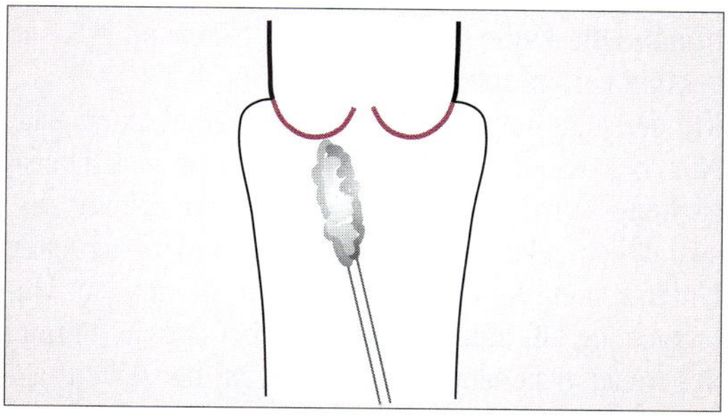

Abb. 17.3 Zytologische Abstrichuntersuchung. Abstrich von der Portiooberfläche.

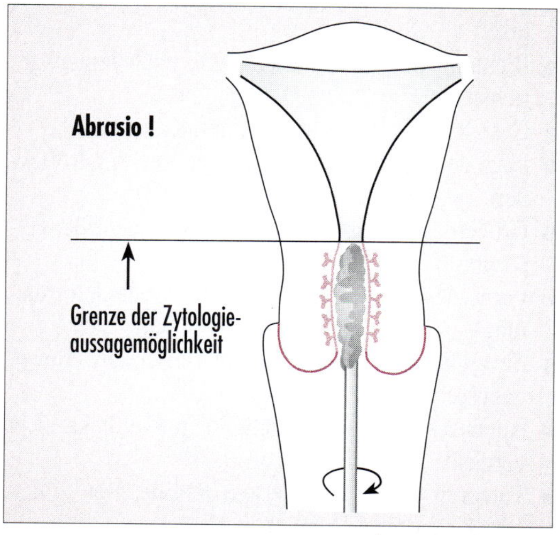

Abb. 17.4 Zytologische Abstrichuntersuchung. Intrazervikalabstrich (hellrot). Die Aussagefähigkeit zytologischer Abstriche endet am inneren Muttermund.

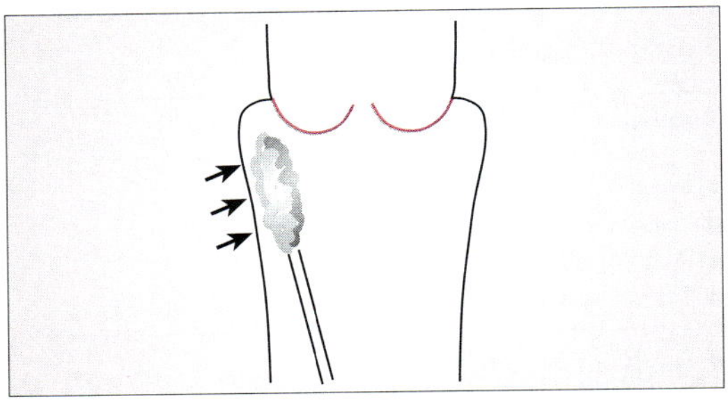

Abb. 17.5 Zytologische Abstrichuntersuchung. Abstrich von der seitlichen Scheidenwand zur Beurteilung der Hormoneffekte am Scheidenepithel.

Palpation

Nach der Inspektion und Abstrichuntersuchung von Vagina und Portio folgen die **innere Touchieruntersuchung** von Vagina und Portio sowie die typische **bimanuelle Untersuchung** (Abb. 17.6) und ggf. die **rektale Untersuchung**.

Mit der sog. »inneren« Hand wird vaginal untersucht. Nur bei Kindern, Virgines oder sonstigen Untersuchungsschwierigkeiten wird die Untersuchung ausschließlich rektal vorgenommen. Vor der vaginalen Untersuchung Spreizung der Labien. Bei rektaler Untersuchung läßt man die Patientin bei der Einführung des untersuchenden Fingers gegen denselben anpressen.

Die **vaginale Untersuchung** gibt als Standarduntersuchung Aufschluß über:

- Beschaffenheit von Introitus und Vagina
- Stand der Portio (hoch, tief; vorn, hinten; rechts, links)
- Richtung der Portio (nach vorn, nach hinten gerichtet)
- Gestalt der Portio (Riß, Exophyt, Krater usw.)
- Lage des Uterus (anteflektiert, gestreckt, retroflektiert, verzogen)
- Größe des Uterus (Hypoplasie, Normalgröße, Hyperplasie)
- Form des Uterus (Fehlbildung, Myomdeformierung)
- Beweglichkeit des Uterus (mobil; fixiert, Bewegungsschmerz)
- Adnexzustand (dolent, nicht dolent; verdickt, nicht verdickt)
- Tumoren im kleinen Becken (Größe, Beweglichkeit, Konsistenz, Dolenz)

Die innere Hand kann darüber hinaus noch den Zustand der Beckenbodenmuskulatur überprüfen (M. levator ani, M. bulbocavernosus).

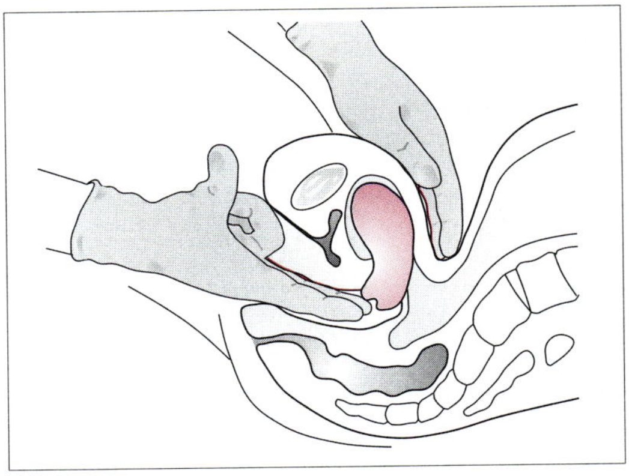

Abb. 17.6a Gynäkologische bimanuelle Untersuchung des Uterus. Die äußere Hand darf erst im Verlauf der Untersuchung derart gekrümmt und tief eingedrückt werden, anfänglich muß sie flach und eher durchgebogen aufgelegt werden.

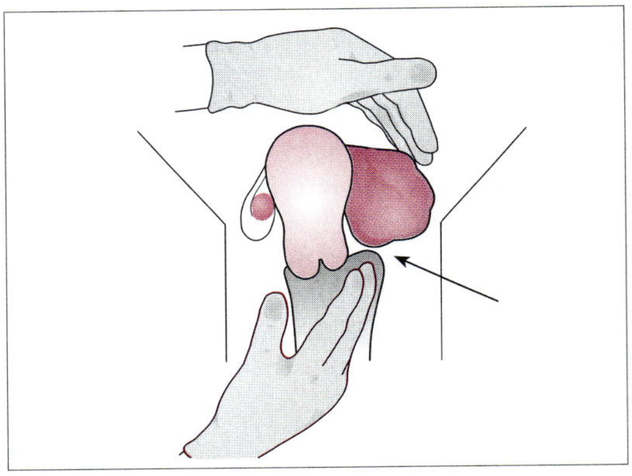

Abb. 17.6b Gynäkologische bimanuelle Untersuchung. Beurteilung der Adnexe. Wichtig: Die untersuchenden Finger der inneren Hand müssen in das seitliche Vaginalgewölbe wandern und dort Kontakt mit den Adnexen suchen (s. Pfeil).

Bei **rektaler Untersuchung** ergeben sich zusätzliche Informationen über:

- Zustand des Rektums (Tumor, Strikturen)
- Beschaffenheit der Parametrien (weich, derb; glatt, knotig; indolent, dolent)
- Form der Uterushinterwand (Myom)
- Anwesenheit pathologischer Resistenzen im Douglas-Raum (Extrauteringravidität, Douglas-Abszeß, Knoten bei Karzinommetastasierung [Ovar, Intestinum] bzw. retrozervikaler Endometriose)
- Veränderungen an der Beckenwand (Resistenz, Dolenz)
- Dolenz im Appendixbereich
- Funktion des Analsphinkters

Ergänzende allgemeine Untersuchungen

- **BSG:**
  - bei Tumorsuche
  - bei fraglicher Entzündung (Salpingitis usw.)
  - als Therapieverlaufskontrolle bei Entzündungen bzw. Karzinomtherapie
- **Leukozyten:**
  - bei Verdacht auf Entzündungen
  - zur Verlaufskontrolle bei Entzündungen
  - bei Zytostatikatherapie
- **Hämoglobin:**
  - bei angeblich starker Menstruation
  - bei Myomen
  - bei »Schwächezuständen«
  - nach Krebstherapie bzw. Operation, nach Schwangerschaft
  - bei der Schwangerenberatung
- **Urinbefund:**
  - bei Zystitissymptomen bzw. Verdacht auf chronische Harnwegsinfektion Teststreifen-Untersuchung (Uricult), bei Bakteriurie in 60–90% positiv.
  - im Rahmen der gynäkologischen Krebsfrüherkennungsuntersuchung sowie im Rahmen der Schwangerenberatung erforderlich (Teststäbchen, inkl. Nachweis von okkultem Blut; evtl. Uricult)
- **Marker:** Im Rahmen onkologischer Fragestellungen wertvoll, vor allem zur Verlaufskontrolle. Nur relevant, wenn die individuelle »Spezifität« auch erwiesen ist (z. B. Abfall der Werte nach erfolgter Therapie). In Frage kommen HCG (Chorionkarzinom), CA 125 (seröse Adenokarzinome und undifferenzierte Karzinome des Ovars), CA 15-3 (Mammakarzinom), SCC (Zervixkarzinom) und CEA (vielfältige Indikation).
- **Gewicht:**
  - bei Verlaufskontrollen bei Karzinomkranken
  - bei Verdacht auf endokrine Störung
- **Basaltemperatur:**
  - bei Zyklustempoanomalien, Sterilität, Infertilität
- **Schwangerschaftstest:**
  - zur Sicherung der Vermutungsdiagnose Schwangerschaft
  - zur Überprüfung der Intaktheit einer Schwangerschaft
  - Ausschluß einer Schwangerschaft, z.B. bei vergrößertem Uterus, bei schmerzhaftem Tubenbefund (Tubargravidität?)

Spezielle Untersuchungsmethoden

- **Kolposkopie:** Betrachtung von Vulva-, Vaginal- und Portioveränderungen unter optimaler Beleuchtung bei 6- bis 40facher Vergrößerung (einfache K.) bzw. nach Gewebsvorbehandlung mit Farbstoff, 2- bis 3%iger Essigsäure oder Jodlösung (erweiterte K.); s. Abb. 17.2.
- **Probeexzision:** Gewebsgewinnung beim klinischen Karzinom.
- **Konisation:** Methode der Gewebsgewinnung zur histologischen Untersuchung bei Verdacht auf Präkanzerosen oder frühkarzinomatöse Veränderungen (Abb. 14.13).
- **Punktion zur Zytodiagnostik:** Aus suspekten Resistenzen (Mamma, Parametrium, Lymphknoten u.a.) lassen sich mit speziellen Punktionsgeräten Zellen oder Gewebe aspirieren und zytologisch, mitunter auch histologisch untersuchen.
- **Strichkürettage:** Methode zur Gewinnung eines Endometriumstreifens zur histologischen Zyklusdiagnostik. Indiziert z.B. bei unklaren Sterilitäten.
- **Vollkürettage (Abrasio):** Ausschabung der gesamten Funktionalis zur histologischen Untersuchung bei Karzinomverdacht oder schweren Blutungen (Abb. 17.7). Kavum und Zervikalkanal werden getrennt kürettiert (fraktionierte Abrasio).
- **Douglas-Punktion:** Punktion des Douglas-Raumes vom hinteren Scheidengewölbe aus. Methode zum Nachweis von intraabdominellen Blutungen (Extrauteringravidität) bzw. zur Diagnostik und Therapie eines Douglas-Abszesses.
- **Pertubation:** Prüfung der Tubendurchgängigkeit durch Pertubation mit Kohlensäuregas, das von einem Portioadapter aus unter Druck insuffliert wird. Registrierung der Durchgängigkeit durch Auskultation (unsicher) bzw. durch manometrische Kontrolle (Druckabfall beim Ausströmen des Gases durch die Tube ins Abdomen) (s. Abb. 3.4).
- **Hystero-Salpingographie:** Darstellung des Uteruskavums und der Tuben mittels Röntgenkontrastlösung. Prüfung der Kavumverhältnisse und der Eileiterdurchgängigkeit (s. Abb. 3.5).
- **Hysteroskopie:** Betrachtung des durch CO_2-Gasinsufflation entfalteten Cavum uteri mittels einer Optik.
- **Laparoskopie:** Inspektion des Abdomens durch eine Röhrenoptik, die, nach Auffüllung des Abdomens mit 2–3 l CO_2, durch eine Trokarhülse eingeführt wird. Indikation: Abklärung unklarer Adnexbefunde und Tubensterilitäten, Differential-

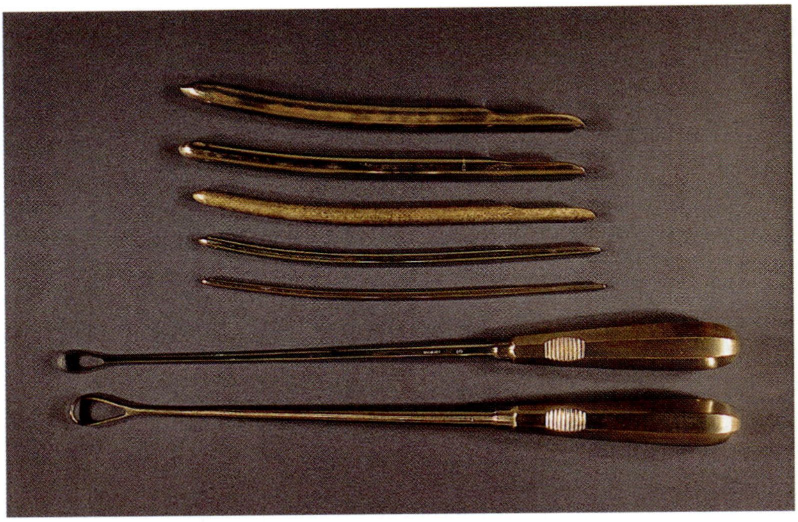

Abb. 17.7 Abrasionsbesteck. Oben: Kürette zur Schleimhautgewinnung. Unten: Dilatoren zur Erweiterung des Zervixkanals.

diagnose Myom/Ovarialtumor usw. (Abb. 17.8). Ermöglicht ferner kleine intraabdominelle Eingriffe (Sterilisation, Biopsie, Zystektomie u. ä.).

- **Ultraschalldiagnostik:** Die Sonographie erlaubt Befunderkennung bzw. -ergänzungen bei pathologischen Resistenzen, speziell der Adnexe (Entzündungen, Zysten, Tumoren, EU), ferner Messung der Endometriumdicke sowie der Infiltrationstiefe von Karzinomen. Sie ermöglicht die Abgrenzung von Mammazysten gegenüber soliden Tumoren und, mittels der modernen Doppler-Sonographie, die Früherkennung proliferativer Prozesse.
- **Computertomographie (CT), Magnetresonanztomographie (MRT):** Diese aufwendigen Methoden können bei bestimmten unklaren Resistenzen berechtigt sein; ferner zur Ergänzung des onkologischen Stagings, oder zur weiteren Differenzierung unsicherer Sonographiebefunde.
- **Rektoskopie:** Zur Betrachtung und Beurteilung des Rektums (bis zu etwa 15–19 cm Höhe), z.B. zum Ausschluß von Karzinomeinbruch, radiogener Schädigung, Fisteln u. a. m.
- **Zystoskopie:** Zur Diagnostik des Blasenzustandes (Entzündung, Tumor, Stein) und, nach i.v. Injektion von Indigokarmin, zur Prüfung der Nierenausscheidungsfunktion. Die Blaulösung muß normalerweise nach 4–6 Min. in kräftigem, rhythmischem Strahl in die Blase ausgeschieden werden. Seitendifferenz deutet auf einseitige Ausscheidungsverzögerung bzw. Abflußbehinderung hin. Derartige Befunde müssen durch i. v. Urographie ergänzt und abgeklärt werden.
- **Urethrozystographie:** Ermöglicht, nach Blasenauffüllung mit einem Röntgenkontrastmittel und Aufnahme im seitlichen Strahlengang im Stehen, die Objektivierung von Senkungen bzw. Änderungen des urethrovesikalen Winkels und der Urethralage (Abb. 15.4).

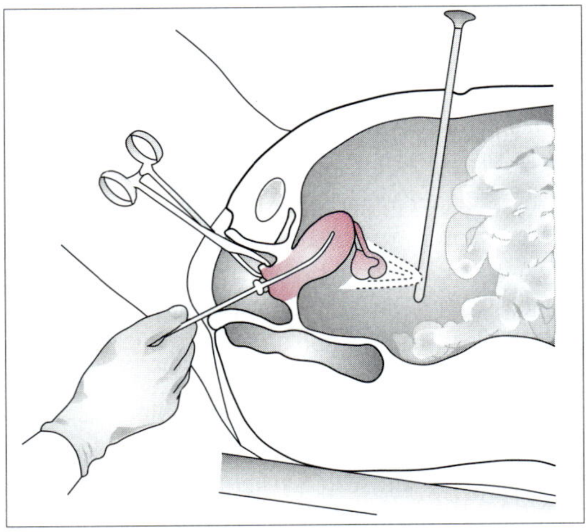

Abb. 17.8 Gynäkologische Laparoskopie. Um die Übersicht zu verbessern, läßt man den Uterus durch Uterussonde und Kugelzange bewegen, kippen oder verschieben. Die Sonde kann auch durch ein Salpingographiegerät ersetzt werden, wenn die Tubendurchgängigkeit zu prüfen ist. Durch zusätzliches Einführen von Instrumenten in die Bauchhöhle können unter Sicht u. a. Gewebsproben entnommen, Verwachsungsstränge durchtrennt, Eileiter zum Zwecke der Sterilisierung koaguliert bzw. durchtrennt werden u. a. m.

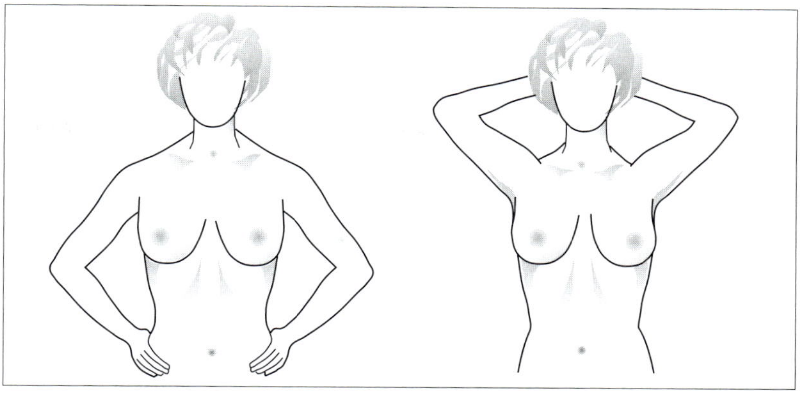

Abb. 17.9 Armhaltung der Patientin bei der Inspektion.

Abb. 17.10 Selbstuntersuchung der Mammae, Palpation zur Erkennung von Knoten oder Verhärtungen (links) sowie Austastung der Axilla im Liegen.

- **Urethrozystotonometrie u.a. Spezialmethoden:** Die sehr aufwendigen Methoden ermöglichen die simultane Druckmessung in Urethra, Blase und Rektum unter verschiedenen Bedingungen. Ihr Ziel ist die Abgrenzung der Blasendysfunktionen von der Urethralinsuffizienz sowie die Quantifizierung der Störungen und die Aussage über die zweckmäßige Therapie.
- **Fisteldiagnostik:** Beim Verdacht auf eine Fistel sind noch Zystoskopie (Blasen-Scheiden-Fistel), Prüfung der Indigokarmin-Ausscheidung (Ausscheidungsdefizit als Hinweis auf Ureteraffektion), Blasenprallprüfung mit Blaulösung (Kommunikation mit der Vagina?) und i.v. Urogramm (Ureteranomalie, Fistel) notwendig. Auch die Sonographie kann Hinweise bieten (gestautes Pyelon bei Ureterfistel).
- **Endokrinologische Untersuchungen:** s. Kap. 1.

Untersuchung der Mammae

! Bei der offenbar zunehmenden Häufigkeit des Mammakarzinoms ist es unerläßlich, jede gynäkologische Untersuchung mit einer Kontrolle des Mammabefundes zu verbinden. Ebenso sollten die Frauen zur **Selbstuntersuchung** angehalten werden, ergänzt durch die Untersuchung der Brust im Bad (Abb. 17.9 u. 17.10). Als Zeitpunkt der Untersuchung ist der 5.–6. Tag p. m. (Abschluß der Menstruation) am besten geeignet (Schwund der prämenstruellen Spannung).

60–85% der Karzinome werden von den Frauen selbst entdeckt. Die anläßlich ärztlicher Vorsorgeuntersuchung entdeckten Karzinome weisen aber einen wesentlich größeren Anteil kleiner Karzinome auf, eine axilläre Streuung findet sich weniger häufig als bei den selbstentdeckten Tumoren (>60%).

Inspektion

Die Patientin entblößt den Oberkörper und nimmt eine entspannte Haltung ein. Die Inspektion erfolgt (Abb. 17.9):

- bei herabhängenden, locker in die Hüfte gestützten Armen
- bei über den Kopf erhobenen Armen
- bei Vorbeugung des Rumpfes

Zu beobachten sind: Größe und Symmetrie der Brüste, Form und Höhengleichstand der Mamillen sowie Hautbeschaffenheit, ferner Prüfung des Brustverhaltens beim Hochheben der Arme. Ein asymmetrisches »Mitgehen« erweckt Verdacht auf karzinomatöse Fixierung einer Brust. Verdachtshinweise s. S. 393 u. Abb. 14.32.

Palpation

- **Suche nach Resistenzen im Drüsenkörper**, die sich durch ihre Konsistenz vom umgebenden Gewebe abgrenzen lassen: Bei der Selbstuntersuchung der Frau sollte sie sich hinlegen und ein Kissen unter die Schulter der zu untersuchenden Seite legen (Abb. 17.10). Verhärtungen knotiger oder flächenhafter Art sind verdächtig. Bei der Suche nach Knoten oder unscharf begrenzten Verhärtungen müssen systematisch alle vier Quadranten abgetastet werden. Gelegentlich muß man die schmerzhaften, geröteten Verhärtungen eines »inflammatorischen Mammakarzinoms« gegen eine Mastitis abgrenzen. Cave!
- **Prüfung der Verschieblichkeit einer Resistenz** und der darüberliegenden Haut: Versucht man, die Haut über dem fraglichen Tumor zu falten (Abb. 14.32), so wölbt sie sich normalerweise vor; zieht sie sich ein, so besteht dringender Verdacht auf Karzinom (Plateauphänomen). Umgekehrt spricht die Faltenbildung nicht absolut gegen den Karzinomverdacht. Auch Karzinome können verschieblich sein.
- **Austasten beider Axillae sowie der Supra- und Infraklavikulargruben:** Lymphknoten palpabel?
- Falls Brustsekretion angegeben wird, **vorsichtige Expression** und Anfertigung eines zytologischen Ausstriches.

! Wenn auch nur eines der genannten Warnzeichen vorliegt, ist die unverzügliche **klinische Abklärung** (Mammographie [s. S. 394, 434], Sonographie, Punktions-Aspirationszytologie, ggf. Gewebsentnahme und Histologie) zu veranlassen! Unterbleibt die histologische Abklärung (z. B. bei negativem Ausfall aller »Suchmethoden«), so ist der auffällige Befund kurzfristig (!) zu kontrollieren und dabei zu berücksichtigen, daß die Suchmethoden in 5–8% falschnegative Ergebnisse liefern!

Diagnosefindung und Aussprache

Nach Anamneseerhebung, Untersuchung und, ggf., einer Ergänzung durch weitere speziellere Untersuchungsmethoden und/oder interdisziplinäre Beratung gilt es, alle Informationen und Ermittlungen zu dem primären Anliegen der Patientin in Relation zu bringen und in Therapie oder, allgemeiner gesagt, in »Hilfe« umzusetzen.

Organischer Befund

Sind die Beschwerden durch einen offensichtlichen organischen Befund erklärt oder spielt dieser zumindest eine partielle Rolle in einem komplexeren Krankheitsbild, so stehen folgende Schritte an:

- Konsequente organische Therapie (s. Organkapitel)
- Eingehende und verständliche Information der Patientin
- Anhörung der Patientin; Therapieentscheidung

Man bedenke, daß einerseits das Informationsbedürfnis der »mündigen Patientin« erheblich gestiegen und zugleich das blinde Vertrauen in die Ärzteschaft geschwunden ist. Jedes ärztliche Tun muß letzteres neu rechtfertigen.

Über das besondere Gespräch bei Krebskranken s. Abschn. »Nachsorge«, S. 402.

Psychosomatische und psychosexuelle Faktoren

Sind die Beschwerden weniger aus dem Organbefund als aus der besonderen **Persönlichkeit** (Primärgegebenheiten, Erziehung, Reifung, Erlebnisverarbeitung) oder der körperlich-psychischen, sexuellen und sozialen Belastung her verständlich (s. Kap. 19), so ist diesen Faktoren im Sinne psychosomatischer Beziehung eine besondere diagnostische und therapeutische Beachtung zu schenken:

- Alle aktiven, nicht kausalen Maßnahmen sind zu vermeiden (keine Operation!).
- Vermeidung von kränkenden oder abwertenden Äußerungen bei der Diskussion über Art und evtl. Ursachen der Beschwerden; nicht an den »guten Willen« appellieren.
- Aussondern jener Fälle, bei denen die unangemessen wirkenden Krankheitserscheinungen mit einem offensichtlichen Krankheitsgewinn verbunden sind (am Arbeitsplatz; in der Ehe; Beachtung durch die Umwelt, Umsorgtwerden, Schonung). Die Zusammenhänge sind hier relativ leicht aufzudecken.

Die Therapie läuft z. T. auf eine Milieusanierung hinaus, ihr Erfolg ist je nach Gegebenheiten begrenzt.

Nicht selten wird irrtümlich ein vordergründiger Tatbestand als eigenständig angesehen und isoliert therapiert. Tatsächlich sind bei bestimmten einschlägigen Krankheitsbildern aber **psychosomatische Grundstörungen** – oft im Sinne unbewältigter Partnerschaftskonflikte – disponierend oder gar auslösend wirksam. Diese Möglichkeit ist zu bedenken bei folgenden Befunden:

- Amenorrhö, Zyklustempoanomalien, Sterilität; Menopausensyndrom
- Pruritus vulvae, Fluorbeschwerden, Adnexentzündungen
- Frigidität, Anorgasmie, Vaginismus, Dyspareunie, Dysmenorrhö

Dies bedeutet, daß bei bestimmten Krankheitsbildern das bewußte Ansprechen psychosomatischer und/oder psychosexueller Gegebenheiten zur Selbstverständlichkeit werden muß (s. Abschn. »Psychosomatische Zusammenhänge«, S. 455ff. und »Sexualität«, S. 459ff. Sexuelle Störungen stellen meist eine eigenständige, den Spezialisten fordernde Problematik dar).

- »Wechseljahrsbeschwerden«: hier stellt der Hormonmangel oft nur einen Konditional- oder Teilfaktor dar; dies erklärt das nicht seltene Versagen der üblichen Östrogen-»Therapie«.

Schließlich sind **unspezifische Krankheitsfaktoren** aus der alltäglichen Umwelt zu beachten, Einflüsse, die sich aus konventionellen oder modernen Rollenvorstellungen ergeben, sich gemeinsam mit psychosozialen Konflikten vertiefen und zu vielfältigen Beschwerden führen, die, ohne »Krankheit« zu sein, doch zur Arztkonsultation führen. Als Leitsymptome sind anzusehen:

- Niedergeschlagenheit, Verstimmung, mangelnder Antrieb, Müdigkeit
- Reizbarkeit, Nervosität, Schlafstörungen
- Schmerzen ständig wechselnder Art, Obstipation wechselnder Stärke
- Kreislaufstörungen, Kopfschmerzen ohne Befund

Bei den übrigen Fällen werden die Zusammenhänge selten derart klar sein, daß bereits wenige Gespräche ausreichen, um die Psychogenese zu analysieren, die verdrängten Affekte zu verbalisieren und damit zu entschärfen. Meist wird die Überweisung an speziell Geschulte nötig sein.

! Auch bei psychischer Auslösung oder Akzentuierung haben wir es mit einer »Kranken« zu tun, die Befreiung von ihren Symptomen erwartet und ihre Klagen ernstgenommen sehen möchte. Psychogenese ist nicht mit Simulation identisch!
Die Diagnose »psychogen« darf nicht automatisch und ausschließlich aus dem negativen Ausfall körperlicher Untersuchungen abgeleitet werden. Fehlen, bei anscheinend körperlich normalem Befund, alle aus Persönlichkeit und Schicksal ableitbaren Erklärungen für die Beschwerden, müssen sich vielmehr folgende Verdachtspunkte ergeben:

- **Die wirksame organische Ursache ist noch nicht erfaßt!** Man muß weitersuchen, Nachbardisziplinen einschalten und sich nicht mit der resignierend-gleichgültigen Annahme »nur nervös« zufriedengeben.
- Die uncharakteristischen Allgemeinbeschwerden können **Frühsymptom einer endogenen Depression** sein und psychiatrischer Behandlung bedürfen.

Vorsorgeuntersuchung

Die Vorsorgeuntersuchung, die der **Krebsfrüherkennung** dient, wird der Frau mit Beginn des 20. Lebensjahres als kassenpflichtige Leistung angeboten, leider nur sehr unzureichend genutzt.
Die anläßlich der Vorsorge entdeckten Malignome sind in einer prognostisch erheblich günstigeren Größenordnung als diejenigen, die erst bei entsprechenden Symptomen oder zufällig entdeckt werden. Mit zunehmender Vernachlässigung der Vorsorge ab etwa 60–70 Jahren nimmt deshalb der Anteil der verschleppten Fälle rasant zu.

Untersuchungsintervalle

Sofern keine auffälligen Symptome auftreten und der letzte Untersuchungsbefund normal war, sieht man Kontrolluntersuchungen in **jährlichen Intervallen** als ausreichend an.

Anamnestische Warnzeichen

! Folgende Angaben müssen als Hinweis auf eine mögliche Krebserkrankung gewertet werden:
Vaginaluterine Symptome:

- Zwischenblutungen, Vor-und Nachblutungen
- Unregelmäßige Blutungen

!
- Kohabitationsblutungen
- Blutungen nach der Menopause, sanguinolenter Fluor

Genitale, Darm, Harnwege, Brust betreffende Symptome:
- Hautveränderungen im Vulvabereich, Juckreiz
- Fötid riechende Absonderungen
- Bräunlich-blutige Absonderungen
- Blutabgänge

Am Körper:
- Entstehung von Verhärtungen, Knoten, Ulzera oder schwärzlichen Flecken
- Zunahme des Leibesumfanges
- Schmerzlose Schwellung eines Beines (Zervixkarzinom?) oder eines Armes (Mammakarzinom?)
- Auffällige Zunahme (Aszites?) oder Abnahme des Gewichtes
- Auffällige Knochenschmerzen

Neben diesen typischen Warnzeichen gynäkologischer oder benachbarter Krebse verlangen auch die **Warnzeichen sonstiger Karzinome** Beachtung, also:
- Langanhaltende Heiserkeit, Husten (Lunge, Kehlkopf)
- Schluckbeschwerden (Ösophagus)

Da die Patientinnen diese Angaben meist nicht von selbst machen (da sie ihre Bedeutung nicht kennen), **muß man danach fragen**!

Obligatorischer Untersuchungsumfang

Ab Beginn des 20. Lebensjahres:
- Gezielte Anamnese (s.o.)
- Inspektion der Haut (Melanom)
- Inspektion der Vulva
- Spekulumuntersuchung, Portio- und Intrazervikalabstriche zur Zytologie (s. S. 426)
- Bimanuelle gynäkologische Untersuchung (s. S. 428)

Zusätzlich ab Beginn des 30. Lebensjahres:
- Untersuchung der Mammae und der regionären Lymphknotengebiete (s. S. 393)
- Anleitung zur Selbstuntersuchung der Mammae

Zusätzlich ab Beginn des 45. Lebensjahres:
- Austastung des Rektums
- Test auf okkultes Blut im Stuhl

Die Ermittlungen sind in **spezielle Formblätter** einzutragen.

Nicht im gesetzlichen Krebsfrüherkennungsprogramm, doch wünschenswert sind noch:
- Kolposkopie (s. S. 425; Abb. 17.2)
- Urinkontrolle
- Blutdruckmessung
- Intervall-Mammographie (s.u.)

Warnzeichen bei der Befunderhebung

Diesbezüglich sei auf Abb. 17.11 sowie die einschlägigen Texte im Kapitel »Gynäkologische Onkologie« verwiesen (s. S. 393ff.).

Mammographie

Der Einsatz der Mammographie (bzw. Xerographie) im Rahmen der Vorsorgeuntersuchung ist naturgemäß berechtigt, wenn sich abklärungsbedürftige, suspekte Befunde ergeben haben (s.o.). Da der eigentliche Nutzen der Mammographie aber gerade darin zu sehen ist, die Entdeckung kleiner, klinisch noch okkulter Befunde zu ermöglichen, muß ihre Verwendung auch bei klinisch unauffälligem Befund erwogen, müssen Nutzen und Nachteile (Kosten, Strahlenbelastung) gegeneinander abgewogen werden. Zur Zeit wird die Mammographie im Rahmen der Vorsorgeuntersuchung bei folgenden Tatbeständen als indiziert angesehen:
- **Bei erhöhter Karzinomgefährdung:** vorausgegangene Krebserkrankung einer Brust; familiäre Belastung durch Mammakarzinome; Vorliegen einer stärker proliferierenden Mastopathie (durch Gewebszunahme bewiesen); dubiöser Befund bei früherer Mammographie.
- **Wenn die Palpation erschwert und unsicher ist:** große Mammae; knotige Mammae; Narben nach früheren Gewebsentnahmen.
- **Wenn ängstliche Patientinnen unbedingt auf der Untersuchung bestehen.**
- Natürlich im Rahmen der **Nachsorge** (s. S. 406).

Wird die Mammographie ohne Vorliegen verdächtiger Symptome oder Befunde als **Screening-Methode** eingesetzt (bisher nicht im Vorsorgeprogramm), so einmal im 4. Jahrzehnt als »Basis-Mammographie«, dann vom 40.–50. J. etwa jährlich, danach alle 2 Jahre. Die Häufigkeit falschnegativer Befunde liegt bei der Mammographie bei <10%, bei der klinisch-palpatorischen Untersuchung bei 10–18%.

Sonographie

Die Sonographie wurde lange als zweitrangig eingestuft und auf die Abgrenzung zystischer Befunde

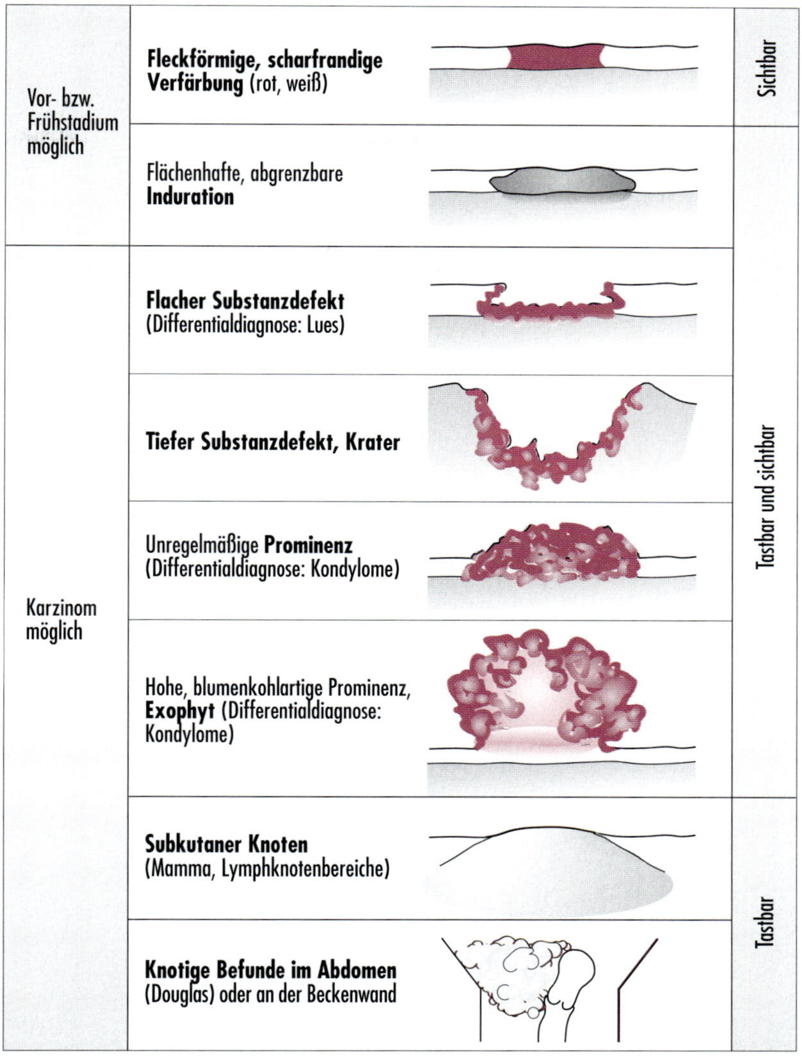

Abb. 17.11 Mögliche Erscheinungsformen präkanzeröser und karzinomatöser Prozesse.

von soliden beschränkt. Neue Techniken, besonders die farbkodierte **Doppler-Sonographie** erlauben zunehmend eine effizientere Frühdiagnostik und ergänzen die Mammographie. Bei jungen Frauen können sie sogar überlegen sein. Die Sonographie ist bislang nicht im offiziellen Vorsorgeprogramm enthalten, bedarf also einer **speziellen Indikation**.

Literatur

Bauer HK. Farbatlas der Kolposkopie. 4. Aufl. Stuttgart, New York: Schattauer 1993.

Burghardt E. Colposcopy and Cervical Pathology. 2. Aufl. Stuttgart: Thieme 1991.

Dahmer J. Anamnese und Befund. Grundlagen klinischer Diagnostik. 6. Aufl. Stuttgart: Thieme 1988.

Frischbier HJ et al. Mammographie in der Krebsfrüherkennung. Stuttgart: Enke 1994.

Grabow D, Straube W. Sonographischer Wegweiser für Frauenärzte. Berlin, New York: de Gruyter 1994.

Hofer M. Sono-Grundkurs. Arbeitsbuch für Studenten. Stuttgart: Thieme 1995.

Leucht D. Lehratlas der Mammasonographie. Stuttgart: Thieme 1995.

Martius G. Differentialdiagnose Gynäkologie. 2. Aufl. Stuttgart: Thieme 1987.

Merz E. Sonographische Diagnostik in Gynäkologie und Geburtshilfe. Stuttgart: Thieme 1988.

Merz E. Sonographische Diagnostik in Gynäkologie und Geburtshilfe. Bd. 1. Gynäkologie. Stuttgart: Thieme 1997.

Naujoks H. Gynäkologische Zytologie. Vorsorge und Früherkennung. In: Allgemeine und spezielle gynäkologische Onkologie. Bd. 10 u. 11. Klinik der Frauenheilkunde und Geburtshilfe. 3. Aufl. Schmidt-Matthiesen H (Hrsg). München: Urban & Schwarzenberg 1991.

Schmidt-Matthiesen H, Bastert G. Gynäkologische Onkologie. 5. Aufl. Stuttgart, New York: Schattauer 1995.

Schneider ML. Gynäkologische Zytologie. Stuttgart: Schattauer 1995.

Semm K. Pelviskopie und Hysteroskopie. Stuttgart, New York: Schattauer 1976.

18

Differentialdiagnostische Probleme

H. Schmidt-Matthiesen

Der Student ist im allgemeinen gewohnt, in **systematischen Kategorien** zu denken: Er lernt die zum Organ gehörenden Symptome und Befunde.
In praxi ist die Konfrontation aber umgekehrt: Aus Symptom oder Befund heraus sollen das betroffenen Organ und die jeweilige Affektion diagnostiziert werden. Da dieses Umdenken, diese **Anpassung an die Wirklichkeit**, erfahrungsgemäß Schwierigkeiten macht, sind nachfolgend einige Übersichten gegeben, die am Beispiel typischer Symptome bzw. Befunderhebungen den Grundsatz differentialdiagnostischer Denkweise erläutern sollen. Sie sind zugleich Zusammenfassung und Wiederholung früherer Einzeldarstellungen.

Irreguläre genitale Blutungen

Als irreguläre, pathologische Blutung wollen wir jede Genitalblutung bezeichnen, die nicht an den individualtypischen Zyklus gebunden ist (Zwischenblutungen) oder deren Charakter von der individuell üblichen Menstruationsblutung offensichtlich abweicht (prä- bzw. postmenstruelle Blutungen, ungewohnt verstärkte bzw. verlängerte Blutungen). Ferner alle Blutungen und dunkelblutige Absonderungen nach der Menopause.

Irreguläre Genitalblutungen sind häufig. Aus der Angabe der Patientin ist jedoch nicht ersichtlich, woher die Blutung stammt. Bei der Vielfalt der möglichen Ursachen und deren unterschiedlicher Bedeutung muß deshalb in jedem Fall eine gründliche **Differentialdiagnostik** betrieben werden. In Abb. 18.1 u. 18.2 werden derartige Übersichten gegeben. In praxi wird man bei der Ursachenvielfalt so vorgehen, daß man zunächst im leicht zugänglichen, **unteren Bereich** diagnostiziert und an Vulva, Vagina und Portio evtl. vorhandene Blutungsursachen abklärt (Inspektion, Probeentnahme, Zytologie).

! Die wichtigste diagnostische Suchmethode im **Zervixbereich** ist, neben der **Spekulumuntersuchung**, die **Portio-** und **Intrazervikalzytologie**!

Bleibt die Behandlung einer im Sichtbereich liegenden, zunächst für die Blutung verantwortlich gemachten Veränderung (Ektopie, Kolpitis) ohne Erfolg, oder findet man a priori überhaupt keine Auffälligkeit, so muß die Diagnostik auf die **höher gelegenen Anteile** des Genitalbereiches übergehen, also nochmals den Zervikalkanal und vor allem das Corpus uteri miteinbeziehen (Tab. 18.1).

! Veränderungen im **Corpus uteri** sind nicht durch die Zytologie, sondern nur durch die **Abrasio** zuverlässig zu erfassen, die mit einer Kürettage des Zervikalkanals verbunden wird (**fraktionierte Abrasio**).

Letztere ist deshalb bei irregulären uterinen Blutungen, auch bei normalem Zytologiebefund, obligatorisch, besonders jenseits des 40. Lebensjahres. Gelegentlich lassen Histologie bzw. Zytologie zugleich Rückschlüsse auf speziell endokrine Ursachen der Blutung zu (hormonaktiver Tumor). Der Abrasio kann ggf. eine **Endosonographie, Hysterographie** (Abb. 3.5) oder **Hysteroskopie** vorausgeschickt werden (s. S. 429).
Sind auch die Befunde im Corpus uteri normal und bietet der Adnexbefund keine Besonderheiten (Adnexentzündung?), so sind schließlich **Herz** und **Kreislauf** (Hypertonie, Stauung, Gefäßfragilität) sowie **Gerinnungsstatus** (hämorrhagische Diathese) zu überprüfen, da auch hier die Ursache einer irregulären Blutung liegen kann.

! Die **aszendierend-diagnostizierenden Maßnahmen** dürfen nicht eher eingestellt werden, als die

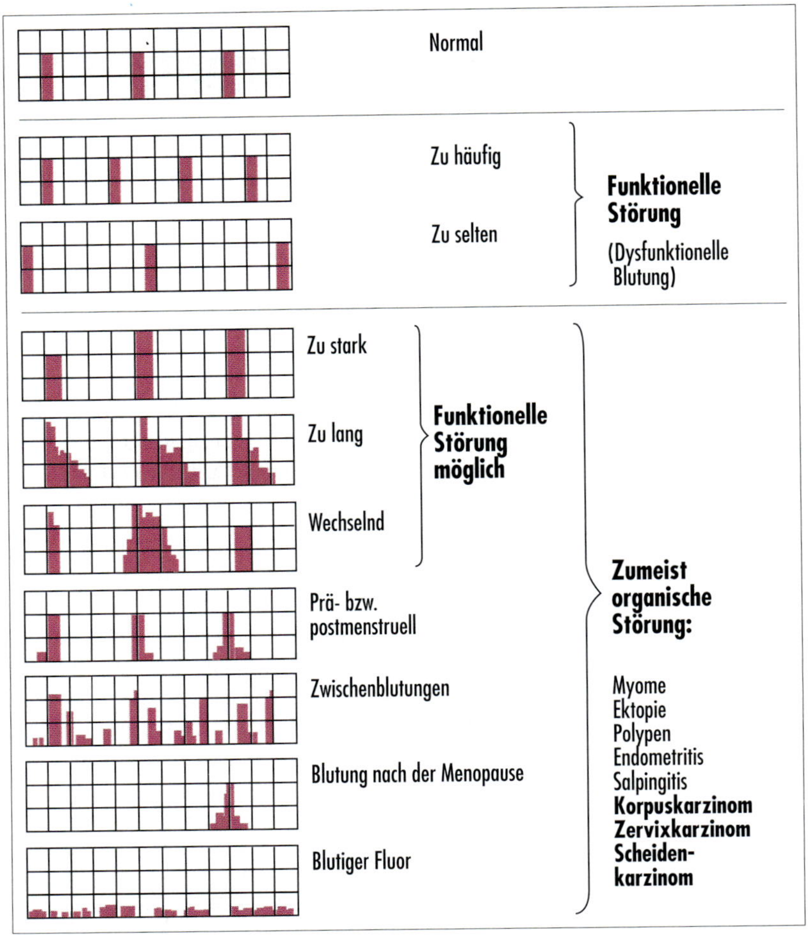

Abb. 18.1 Beurteilungsgrundsätze bei uterinen Blutungen.

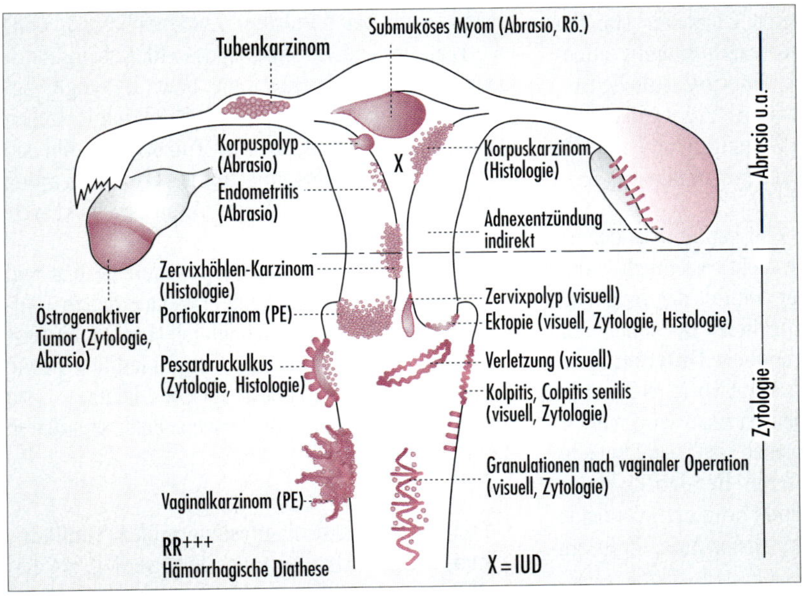

Abb. 18.2 Ursachen für irreguläre Genitalblutungen (ausgenommen schwangerschaftsbedingte Blutungen). Die jeweiligen diagnostischen Methoden sind in Klammern angegeben. PE: Probeexzision.

! Ursache der Blutung erkannt und beseitigt ist, oder, bei überall negativen Befunden, die irreguläre Blutung geschwunden und nicht wiedergekehrt ist.

Genitaler Fluor

Die Übersicht über die Ursachen des häufigen Fluor genitalis (15–40%) zeigt deren Mannigfaltigkeit und gleichzeitig die Leichtfertigkeit und Unsinnigkeit, bei Fluor ohne vorherige Diagnostik lediglich ein Vaginaladstringens zu verordnen, wie dies oft geschieht. Zunächst muß die spezielle Ursache eruiert und ein maligner Prozeß ausgeschlossen werden (Abb. 18.3 u. Tab. 18.2).

! Im Falle des Fluor genitalis ist eine **deszendierende Diagnostik** ratsam, die im Zervikalkanal beginnt. Es ist zu bedenken, daß die tieferen Abschnitte des Genitalkanals stets sekundär in Mitleidenschaft gezogen werden und eine am falschen Ort, also unterhalb des eigentlichen Krankheitsherdes angesetzte Therapie erfolglos bleiben muß.

Die speziellen, diagnostischen Methoden und auch die einschlägigen kausalen Therapiemaßnahmen sind in den entsprechenden Kapiteln abgehandelt.

! Findet sich im zervikalen und vaginalen Bereich keine eindeutige Ursache, oder bleibt eine dortige Therapie ohne Effekt, so muß man einen **korporalen Fluor** annehmen und, vor allem bei älteren Patientinnen, eine Abrasio zum Ausschluß eines Karzinoms veranlassen.

Tab. 18.1 Methoden der aszendierenden Diagnostik.

Organ	Diagnostische Methode
Vagina	Inspektion Bakterieller Abstrich PE Zytologie (Hormonaktiviatät)
Portio	Inspektion Kolposkopie Zytologie PE (Konisation)
Zervikalkanal	Zytologie Abrasio (Konisation) Bakterieller Abstrich
Cavum uteri	Abrasio Hysteroskopie Hysterographie Endosonographie

Bei diesem Eingriff werden auch Pyometra und Myome erfaßt. Bei generell negativen Befunden ist eine **Psychogenese** zu erwägen (s. S. 330, 457, 462).

Tab. 18.2 Am häufigsten anzutreffende zervikale und vaginale Ursachen des genitalen Fluors und entsprechende diagnostische Maßnahmen.

Organ	Ursache	Aspekt bzw. Diagnose	Diagnostische Hinweise
Zervix	Funktionelle Irritation	Hypersekretion der Cervix uteri	Anamnestische Hinweise, Abhängigkeit von Erregungen, usw.
	Organisch	Portioektopie, Zervixpolyp, Riß Karzinom	Visuelle bzw. kolposkopische Diagnostik Zytologie, PE
	Entzündlicher Prozeß	Eitriger, fötider Fluor	Zervixabstriche: Go? Sonstige pathologische Keime?
Vagina	Östrogenmangel	Kolpitisdisposition Atrophie, Colpitis senilis	Alter, Anamnese, (Spätmenarche? Zyklus?) Aussehen, Zytologie?
	Entzündung in der Vagina	Akute Kolpitis, Fluor vaginalis	Sekretuntersuchung (s. S. 425)
	Fehlverhalten	Spülungen, abnorme antikonzeptive Maßnahmen?	Anamnese

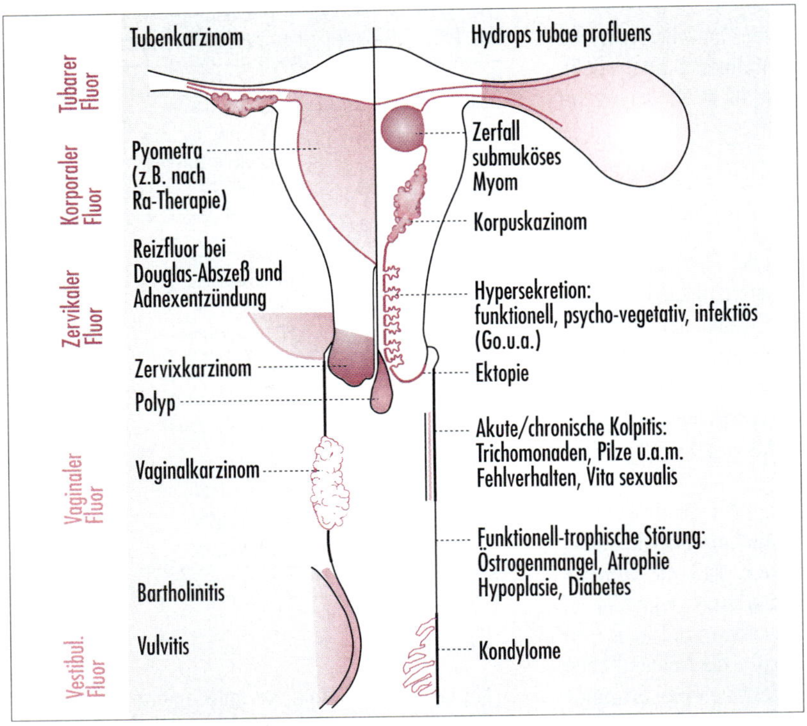

Abb. 18.3 Genitaler Fluor. Herkunftsbereich und Ursache.

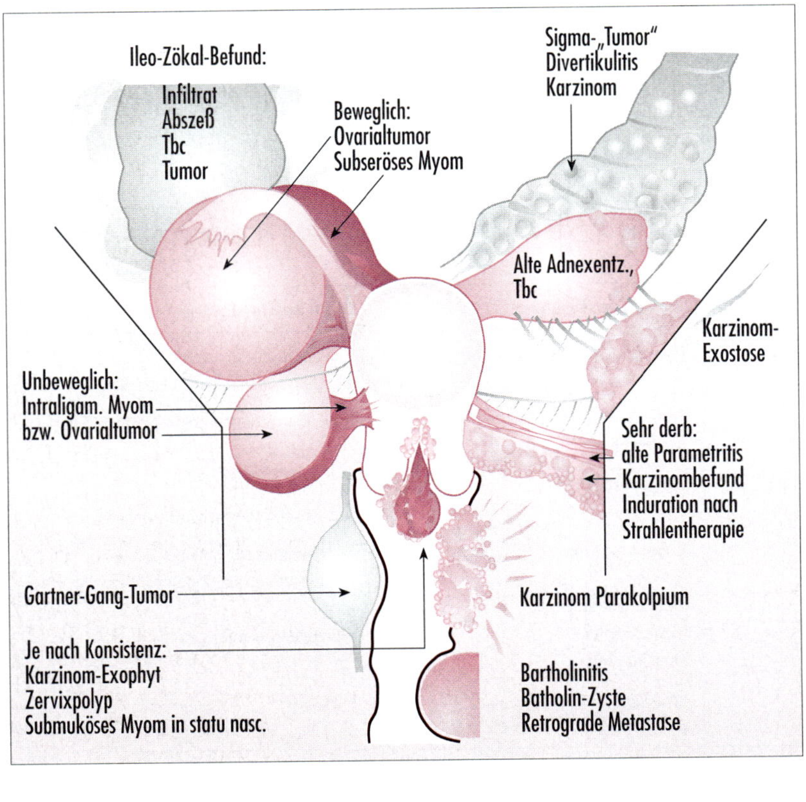

Abb. 18.4 Pathologische Resistenzen im kleinen Becken. Hellrot = Ovarialtumoren, Adnexentzündungen, Karzinome; Rot = Myome, Polypen; Grau = Intestinalbefunde, Sonstiges.

Pathologische Resistenzen im kleinen Becken

Pathologische Resistenzen im kleinen Becken bereiten oft differentialdiagnostische Schwierigkeiten. Im Hinblick auf die teils akute, teils latente oder potentielle Gefahr derartiger Prozesse ist eine baldige Klärung jedoch dringlich. Dafür ist ein folgerichtiges Vorgehen unerläßlich.

Tab. 18.3 Die Differentialdiagnostik pathologischer Resistenzen im kleinen Becken.

Zu beachten	Fragestellung bzw. Folgerung
Anamnese	Hinweis auf frühere Unterbauchentzündungen? Hinweis auf tuberkulöse Erkrankung? Frühere Karzinombehandlung? Operation? Bestrahlung? Hinweis auf Endometriose? Existieren frühere ärztliche Aussagen über Myome, Zysten u. a. m.? über gastrointestinale Störungen, Befunde?
Gegenwärtige Tatbestände	Bestehen Beschwerden? Schmerzen? Wo? Wann? Bestehen Störungen der Darmentleerung? Blutungen? Kann eine Frühgravidität vorliegen? Hinweise auf Fieberschübe? Gewichtsabnahme? Umfangszunahme?
Laborbefunde BSG usw.	Grundfragen: entzündliches Bild? normale Befunde? Gravidität?
Palpation Lage und Abgrenzbarkeit	S. Abb. 18.4. Grundlage der Organzuordnung ist die Kenntnis topographischer Tatbestände, der möglichen Organdeformitäten und Dislokalisationen.
Beweglichkeit der Resistenz	**Sehr bewegliche Befunde:** Ovarialtumoren Typische gestielte subseröse Myome Tubargravidität Sigmatumor **Wenig beweglich oder unbeweglich:** Intraligamentäre Ovarialtumoren Intraligamentäre Myome Entz. alte Adnexprozesse Endometriosen Z. T. Ovarialkarzinome Beckenniere Karzinom an der Beckenwand bzw. im Parametrium Ileococeal-Tumoren
Konsistenz der Resistenz	**Zystisch:** Ovarialzysten, partiell zyst. Tumoren (auch karzinomatöse) **Teigig:** Entzündungen, Sigmaprozesse, Zökalbefunde **Derb-knotig:** Myome, Karzinome, Endometriosen **Derb-glatt:** Myome, Fibrome, Dermoide
Dolenz? Gleichzeitig Beachtung des febrilen oder afebrilen Zustandes	**Afebriles Bild** **Schmerzlos, schmerzarm:** Myome, Karzinome, alte Hydro- oder Hämatosalpinx, schwartige Restbefunde alter Entzündungen, Genital-Tbc, Ovarialtumoren, Sigmatumoren, Beckenniere, z. T. Endometriose (zeitweilig) **Schmerzhaft:** Stielgedrehte Myome oder Ovarialtumoren; erweichte Myome; chron. Adnexentzündungen; adhäsive Prozesse; pralle Zyste; Tubargravidität; Endometriose (vor allem prämenstruell) **Febriles/subfebriles Bild** **Schmerzlos, schmerzarm:** Genital-Tbc, zerfallende Karzinome **Schmerzhaft:** Z. T. stielgedrehte Myome oder Ovarialtumoren, erweichte Myome; akute Adnexentzündungen; Ovarialabszeß, Pyovar; infizierte EU; Douglas-Abszeß

Primär klinische Ermittlungen

Die initialen Überlegungen, Untersuchungen und Interpretationen sind in Tab. 18.3 zusammengestellt.

Ergänzende Diagnostik

Falls die genannten Ermittlungen nicht zur eindeutigen Klärung führen, müssen weitere, aufwendigere Methoden hinzugezogen werden. Dies sind:

- Sonographie (perkutan, intravaginal, intravesikal, transrektal)
- Computertomographie, MRT (strenge Indikation)
- Laparoskopie
- Explorativlaparotomie (gelegentlich, bei hoher Dringlichkeit)

Akutes Abdomen

Der Begriff »akutes Abdomen« ist ein klinischer. Er bezeichnet ein Erscheinungsbild, das durch folgende **Tatbestände** charakterisiert ist:

- Akuter Beginn
- Stark schmerzbetonte Symptomatik mit abdominaler Lokalisation

Dazu, in einer je nach Ursache, betroffener Struktur und Entwicklungsphase unterschiedlichen Weise:

- Functio laesa der Abdominalorgane, speziell Intestinaltraktalteration (Peristaltik, Tonus)
- Abwehrspannung, lokalisiert oder generell
- Beeinträchtigung des Allgemeinzustandes (bis zum Schock)
- Übelkeit, Brechreiz, Erbrechen

Die genannten Tatbestände haben keine einheitliche Ursache, sondern können von ganz wesensverschiedenen Störungen hervorgerufen sein. Als Ursachengruppen sind zu nennen:

- **Entzündung** von Abdominalorganen mit Übergang auf das Peritoneum
- **Perforation, Ruptur** oder **Stieldrehung** von Abdominalorganen
- **Lumenverlegung von Organen** (Ureter, Darm, Ductus choledochus, Abdominalgefäße)
- **Innere Blutung**
- **Vaskuläre Reaktion**

Da ein Teil dieser Ursachen lebensbedrohliche Bedeutung hat und schnelle therapeutische Maßnahmen verlangt, ist die schnelle Differentialdiagnostik von entscheidender Wichtigkeit, vor allem wegen der sehr unterschiedlichen Therapie: Mitunter muß eine sofortige Laparotomie erfolgen, in anderen Fällen sind aktive Maßnahmen kontraindiziert.

Im **Initialstadium** läßt sich meist noch eine gewisse Lokalisierung von Symptom und Befund vornehmen. Daraus können sich wichtigste Hinweise auf die Or-

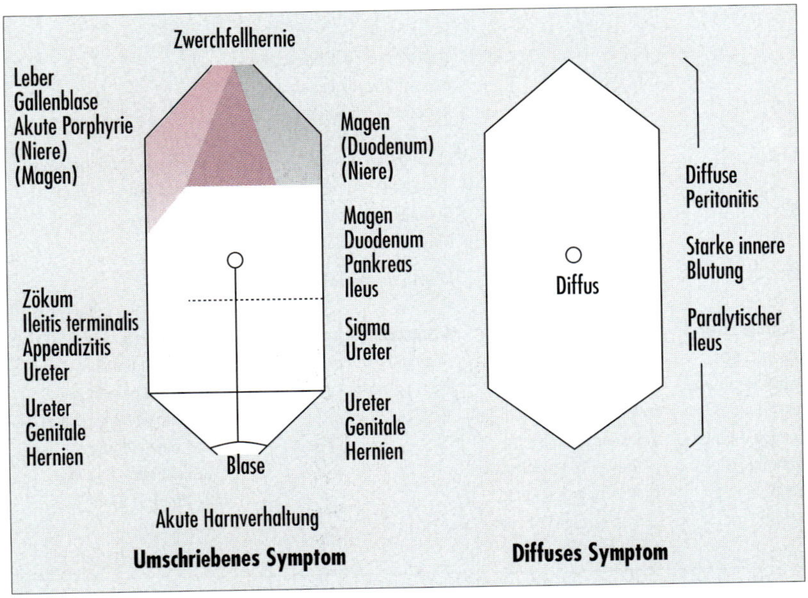

Abb. 18.5 Akutes Abdomen. Beziehung zwischen Symptomenlokalisation, betroffenem Organ und Schweregrad der Affektion (s. Text).

ganbezogenheit oder Ausdehnungstendenz der Krankheit ergeben (Abb. 18.5).

> ! Je mehr schon zu Beginn das Allgemeinbefinden einschließlich Kreislauf beeinträchtigt ist, je weniger Schmerz und Abdominalbefund abgrenzbar sind und je höher das Fieber ist, um so ernster ist die Krankheit zu werten und um so wahrscheinlicher ist die Diagnose **Peritonitis**.
> Es ist eine Besonderheit abdominaler Insulte, daß relativ bald **Sekundärsymptome** auftreten, die das anfangs lokalisierte Bild verwischen. Das Abdomen ist als funktionelle Einheit zu werten. Unabhängig vom Primärereignis rücken schließlich die Peritonitis und der paralytische **Ileus** in den Mittelpunkt des Geschehens, sofern nicht rechtzeitig therapiert wird.

Die Kausalverknüpfung von Primärinsult und Sekundärereignis ist in Abb. 18.6 schematisch zusammengestellt.

▶ Differentialdiagnostik

In Geburtshilfe und Gynäkologie gibt es nur wenige, aber **typische Krankheitsbilder**, die unter dem Eindruck »akutes Abdomen« auftreten. Die Krankheiten sind an entsprechender Stelle im einzelnen beschrieben, es stellt sich jetzt lediglich die Frage der Differentialdiagnostik. Letztere wird relativ einfach, wenn man die folgenden Fragen zu beantworten sucht, die eine systematische Gruppierung unterschiedlicher Krankheitsbilder ermöglichen.

Die den **Befund** betreffenden Fragen lauten:

- Haben wir es mit einem (zumindest anfangs) **afebrilen, nichtentzündlichen oder mit einem primär-febrilen, entzündlichen** Geschehen zu tun?
- Besteht eine **Schwangerschaft** oder ist sie auszuschließen?
- Besteht ein Anhalt für das Vorliegen einer **inneren Blutung**?

Ergänzend sind anamnestische Fragen zu klären:

- Ist ein **Trauma** vorausgegangen? Eine **Strahlentherapie**? Eine **Laparotomie**?
- Bestehen im Falle einer Spätschwangerschaft Hinweise auf eine frühere **Operation am Uterus** oder auf eine **Spättoxikose**?
- Steht der Beginn der Erkrankung mit **Menstruation, Abort** oder **Entbindung** in zeitlichem Zusammenhang?

Die sich aus diesen Fragen ergebende differentialdiagnostische Ordnung ist einschließlich der verschiedenen zugehörigen Ursachen in Abb. 18.7 zusammengestellt. Hier noch einige spezielle Ergänzungen:

1. Nichtentzündliches Bild, keine Gravidität, Verdacht auf innere Blutung

> ! Bei einer akuten Blutung findet sich anfangs ein normaler Hämoglobinwert!

Wenn die innere Blutung aufgrund des Aspektes, des Puls- und Blutdruckverhaltens und weiterer Sym-

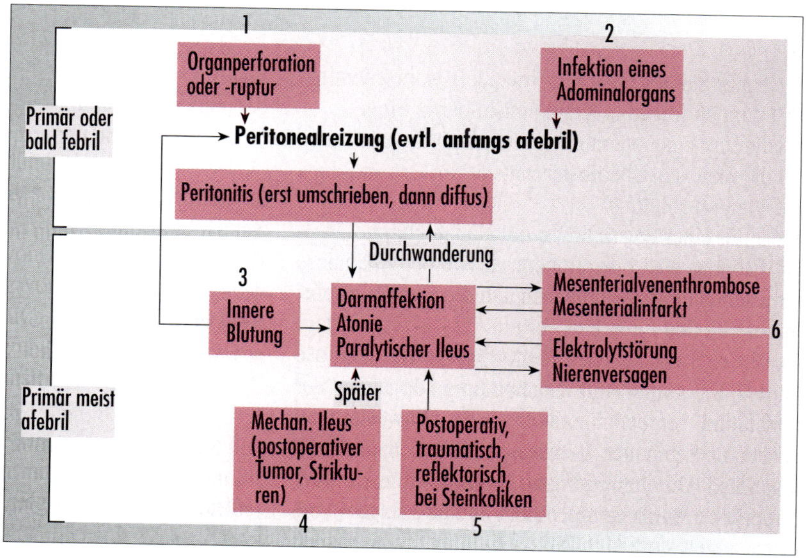

Abb. 18.6 Akutes Abdomen. Übersicht der Primärursachen (1–6). Sekundärreaktion. Symptomverknüpfung.

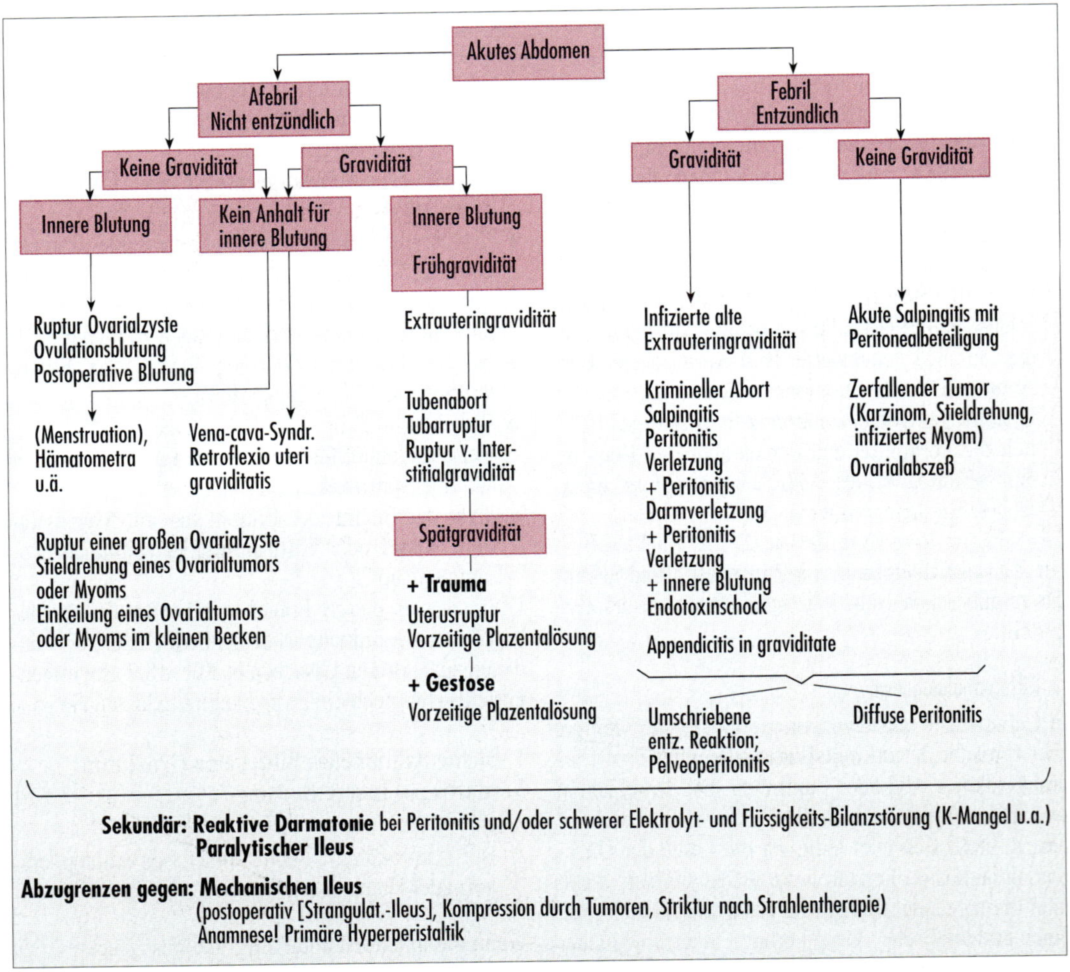

Abb. 18.7 Akutes Abdomen in Gynäkologie und Geburtshilfe. Differentialdiagnostik (s. Text).

ptome (Schulterschmerz, Schwindel) wahrscheinlich ist, kommen folgende Krankheitsbilder in Frage:

- Blutung post operationem (Nahtdehiszenz, Antikoagulanzien-Überdosierung)
- Ovulationsblutung
- Ruptur einer Ovarialzyste mit Nachblutung

Die Blutung post operationem ist von der Anamnese her wahrscheinlich zu machen und die Ovulationsblutung durch den typischen Termin (12.–14. Zyklustag) charakteristisch. Schwierigkeiten macht die Diagnose einer Zystenruptur mit Nachblutung, da einen der Tastbefund hierbei im Stich läßt. Hinweise sind lediglich bei genauer Anamnese möglich, indem z.B. besondere Drehbewegungen, Erschütterungen oder körperliche Anstrengungen dem akuten Ereignis vorausgegangen sind. Ggf. läßt sich mittels Sonographie Flüssigkeit im Abdomen nachweisen. Der Tatbestand der inneren Blutung macht, unabhängig von der Grundursache, die Laparotomie notwendig.

2. Nichtentzündliches Bild, Schwangerschaft, Verdacht auf innere Blutung

Bei diesem Leitbild ist an folgende Krankheiten zu denken:

Bei Frühgravidität an

- Extrauteringravidität

Bei Spätgravidität an

- Uterusruptur
- Vorzeitige Lösung der Plazenta

Anamnese und Symptomatik der **Extrauteringravidität** sind meistens typisch (Abb. 5.6). Die Abgrenzung des Tastbefundes zu dem palpatorisch sehr ähnlichen Befund der **akuten Salpingitis** ist durch das Fehlen der entzündlichen Begleiterscheinungen und den meist positiven Test leicht möglich. Sicherung der Diagnose durch Sonographie, Douglas-Punktion und/oder Laparoskopie. Abgesehen von ganz ungewöhnlichen Krafteinwirkungen ist eine spontane **Uterusruptur** vor dem Eintritt von Geburtsvorgängen nur dann zu diskutieren, wenn Operationen am Uterus vorausgegangen sind (Kap. 8.4). Anamnese und Befund der **vorzeitigen Lösung der Plazenta** sind außerordentlich typisch: plötzlicher Beginn mit heftigem, teils lokalisierbarem Schmerz an der Stelle des Plazentaablösungsvorganges, teils mit generell uterinem Palpationsschmerz (Kap. 8.7).

3. Nichtentzündliches Bild, keine innere Blutung
Bei diesen Leitbefunden sind bei Ausschluß einer Schwangerschaft folgende Ursachen zu diskutieren:
- Abdominalsensationen bei der ersten Menstruation
- Abnorm starke Molimina menstrualia bei einer Gynatresie mit Bildung einer Hämatometra usw.
- Ovarielles Überstimulierungssyndrom

In diesen Fällen sind Anamnese und Befund eindeutig. Unabhängig von einer Schwangerschaft:
- Ruptur einer großen Ovarialzyste
- Stieldrehung eines Ovarialtumors oder eines subserösen Myoms
- Einkeilung eines Tumors im kleinen Becken (Ovarialtumor, Myom, Retroflexio eines vergrößerten Uterus [Gravidität, Myom])
- Ileus (s. u.)

Die **Ruptur** einer Zyste ist schwer zu diagnostizieren, da man keinen Tumor mehr tastet. Im allgemeinen pflegen die akuten Erscheinungen aber binnen weniger Stunden völlig zu verschwinden, sofern keine innere Blutung hinzutritt. Eine Verwechslung mit einer **Harnleitersteinkolik** ist bei dem negativen Tastbefund möglich (Sediment!). Die Zystenflüssigkeit ist je nach Menge evtl. sonographisch darstellbar.
Die Diagnose einer **Stieldrehung** eines Ovarialtumors oder eines gestielten Myoms ist relativ leicht, wenn man die Symptomatik und den Tastbefund berücksichtigt (s. S. 388).
Die **Einkeilung** eines vergrößerten Uterus oder eines Ovarialtumors im kleinen Becken äußert sich in der Verlegung der Rektumpassage und evtl. der Urethra. Harnverhaltung bzw. mechanischer Ileus können die Folge sein. Die Diagnose ist durch den gynäkologischen Tastbefund leicht zu klären.
In der Spätschwangerschaft kann das sog. **Vena-cava-Syndrom** als akutes Abdomen mißdeutet werden.

4. Febril entzündliches Bild, Frühgravidität
Hier kommen in Frage:
- Infizierte Extrauteringravidität
- Krimineller Abort, fieberhafter Spontanabort
- Appendicitis in graviditate

Eine genaue Anamnese sowie der uterine Befund inkl. Sonographie ermöglichen meist die richtige Diagnosestellung. Diagnostische Schwierigkeiten treten dann auf, wenn bei einer schon länger zurückliegenden Schwangerschaftsstörung (intra- oder extrauterin) der Schwangerschaftstest bereits negativ geworden ist.

5. Entzündlich-febriles Bild, kein Anhalt für Gravidität
Hier sind vornehmlich zu bedenken:
- Akute, aszendierende Adnexentzündung
- Zerfallender Tumor, zerfallendes Myom
- Appendizitis
- Ileus (s. u.)

Die Abgrenzung ist besonders wichtig, da teils eine operative Therapie notwendig ist, teils konservativ behandelt wird. Die Diagnose Appendizitis erweist sich bei etwa 1/3 der jüngeren Patientinnen als Fehldiagnose.
Zur Unterscheidung sind wichtig:
Temperaturhöhe: Bei einer akuten Salpingitis, die mit abdominalen Symptomen, also einer peritonealen Reizung, vergesellschaftet ist, sind Temperaturen von >38 °C zu erwarten, im Gegensatz zur Appendizitis.
Lokalisation: Je tiefer dieser Druckpunkt unterhalb des McBurney-Punktes liegt, um so wahrscheinlicher ist die Salpingitis.
Zeitpunkt der Affektion: Eine akute Salpingitis pflegt nicht ohne weiteres, sondern meist im Zusammenhang mit einer Menstruation, einer Fehlgeburt, einer Entbindung oder einem intrauterinem Eingriff aufzutreten. Eine Ausnahme machen lediglich die flüchtigen Reizzustände, die man mitunter im Zusammenhang mit grippalen Infekten erlebt.
Sonstiges: Bei dem Vorliegen eines virginellen Genitales ist die Annahme einer aszendierenden Infektion außerordentlich unwahrscheinlich.
Die differentialdiagnostische Abgrenzung einer Salpingitis gegenüber einem zerfallenden, stielgedrehten kleinen Ovarialtumor oder einem zerfallenden Myom wird meistens, ggf. sonographisch, möglich sein, ansonsten Laparoskopie.
Bei der typischen Salpingitis ist das Krankheitsbild lokalisiert, der Allgemeinzustand relativ gut. Verschlechterung des letzteren sowie eine diffuse Ausweitung der Symptome deuten bei zuverlässiger Diagnose einer Salpingitis auf eine Keimdurchwanderung oder die Ruptur einer Pyosalpinx hin.

▶ Therapie

Die Therapie des akuten Abdomens richtet sich nach der Grundursache und dem Ausmaß der inzwischen eingetretenen Sekundärstörungen (z. B. Ileus!). Die Behandlung der Primärerkrankungen ist bei den einzelnen Kapiteln beschrieben.

> ! Grundsätzlich gilt: Schon der Verdacht auf ein akutes Abdomen muß die Einweisung in ein Krankenhaus veranlassen.

Ileus

> Üblicherweise unterscheidet man zwischen dem **funktionellen** und dem **mechanischen Ileus**. Beim funktionellen Ileus ist das Darmlumen durchgängig; Tonus und Funktion liegen darnieder. Beim mechanischen Ileus ist das Darmlumen von innen oder außen her verlegt (Strang, Obturation, Kompression).

Eine **Darmatonie** bzw. ein **funktioneller Ileus** kann jedem schweren abdominalen Insult folgen (Stieldrehung, Uterusruptur, Trauma), vor allem aber der stärkeren inneren Blutung sowie der Peritonitis. Auch der **postoperative Ileus** kann primär funktioneller Art sein. Schließlich geht auch ein nicht rechtzeitig behandelter mechanischer Ileus in einen funktionellen Ileus über. Disponierend wirken sich Kalium- und Eiweißverlust sowie Schmerzen aus.

▶ Diagnose

Der funktionelle Ileus ist eine **Sekundärerkrankung**. Zumeist besteht bereits ein Krankheitsbild, das a priori mit der Entwicklung eines funktionellen Ileus rechnen läßt. Man kann also frühzeitig auf folgende Symptome achten.

- **Verlust der Peristaltik, Stuhl- und Windverhaltung, Verlust des Gesamttonus** mit den Folgen:
  - Sistieren der Resorption
  - zunehmender Meteorismus im gesamten Abdomen (Tympanie!), Völlegefühl, Auftreibung des Abdomens
  - schmerzhafte Spannung im gesamten Abdomen
- **Verluste der Darmgeräusche:** auskultatorisch »Totenstille«!
- **Zeichen des Flüssigkeitsverlustes** in das Darmlumen.
  - trockene Zunge, Durst
  - Hypovolämie mit sekundärer Tachykardie, verminderter Urinausscheidung bei normaler Flüssigkeitszufuhr
  - Laborbefund: ansteigender Hämatokritwert
- **Zunehmende Zeichen der Hypokaliämie** (durch Verlust in das Darmlumen):
  - Schwäche, Muskelschmerzen, muskuläre Dyspnoe, Tachykardie, Absinken des Blutdruckes
  - Laborbefund: Der Kaliumverlust ist durch Serumelektrolytanalyse nur bedingt zu erfassen
  - EKG: hier mitunter typische Hinweise: QT-Zeit verlängert, ST-Senkung, T-Abflachung
- **Temperaturanstieg bei Peritonitis:** primär oder sekundär; nach Durchwanderung
- **Erbrechen:** nicht obligatorisch, z. T. abhängig von der Primärstörung, spez. ihrer Lokalisation
- **Röntgenologischer Beweis:** Spiegelbildung im Abdomen

▶ Therapie

- **Therapie des Primärleidens:** Peritonitis, Stieldrehung, Blutung.
- **Entlastung des überdehnten und mit Flüssigkeit überfüllten Darmes:** Sonde, Laparotomie.
- **Exakte Flüssigkeits- und Elektrolytbilanzierung:** Registrierung von Ausscheidung (Dauerkatheter!), Erbrochenem u. a., Hämatokrit? Substitution von Flüssigkeit, Kalium und ggf. Berücksichtigung des Flüssigkeitsbedarfes bei Fieber (pro °C über 37° etwa 500 ml/Tag), Korrektur des Säure-Basen-Haushaltes.
- **Anämiebehandlung**; Substitution bei Eiweißmangel
- **Pantothengaben**
- **Sympathikolytische Therapie**, sekundär dann ggf.
- **Prostigmingaben** und/oder **Ceruletid** (Takus)
- **Aldactone** (Aldosteronantagonist) i. v. 200 bis 600 mg/Tag, sofern sicher keine Hypovolämie mehr vorliegt

Der **mechanische Ileus** kann schleichend postoperativ entstehen, bei malignen Tumoren durch Lumenverlegung (Obturation oder Kompression) allmählich zustande kommen, nach typischer gynäkologischer Strahlentherapie auftreten sowie mitunter durch Einkeilung von Myomen oder Ovarialtumoren im kleinen Becken mit totaler Lumenkompression des Rektums. Sieht man vom postoperativen mechanischen Ileus ab, sind akute Formen von mechanischem Ileus in der Gynäkologie selten.

Flüssigkeits- und Elektrolythaushalt

Zahlreiche Insulte, die zu dem Bild eines akuten Abdomens inkl. Ileus führen, beeinflussen auch die Nierenfunktion, teils durch Minderdurchblutung, teils reflektorisch. Wasser und Natrium werden vermindert, Kalium wird vermehrt ausgeschieden. Aldosteron steigert diese krankhafte Tendenz. Der **Kaliumverlust** wirkt ungünstig auf den Darm ein und kann im Extremfall seinerseits einen paralytischen Ileus zur Folge haben. Auch beim anderweitig ausgelösten paralytischen Ileus kommt es zum Kaliumverlust in das Darmlumen. Bei jeder Form des akuten Abdomens ist deshalb (ebenso wie postoperativ) auf eine exakte Flüssigkeitsbilanz von Einfuhr und Ausfuhr zu achten sowie gegebenenfalls für Kaliumsubstitution Sorge zu tragen. Auch die Gabe des Aldosteronantagonisten Aldactone kann ein Entgleisen des Elektrolythaushaltes und damit eine Begünstigung des paralytischen Ileus verhindern.

Harnwegsinfektionen

Die Harnwege, deren allgemeine Probleme hier nicht zu erörtern sind, werden von gynäkologischen Affektionen oft mitbetroffen (Tab. 18.4).

Bei allen hartnäckigen Erkrankungen der Harnwege sollte neben der urologischen auch stets die ausgiebige gynäkologische Untersuchung veranlaßt werden.

Leitsymptom: Fieber

Typische gynäkologische Ursachen:

- Zystitis
- Salpingitis (mit Folgen)
- Douglas-Abszeß
- Stielgedrehte Tumoren mit Latenzzeit
- Schnellwachsende, zerfallende Karzinome
- Verschleppte oder infizierte Hämatome (Extrauteringravidität, p. op.)

Typische geburtshilfliche Ursachen:

- Mastitis puerperalis
- Abortus febrilis
- Endometritis p. p. oder Lochiometra

Sind diese Zusammenhänge nicht evident, müssen andere fieberhafte und mitunter keineswegs offenkundige Erkrankungen bedacht und im Konsilium abgeklärt werden:

- **Extragenitale Infektionen** (40–70%): Viren, Bakterien, Chlamydien, Mykoplasmen, Pilze, Parasiten
- **Kollagenosen** (10–15%): Rheumatisches Fieber, rheumatische Arthritis, LE, Vaskulitiden
- **Tumoren** (10–30%): Hodgkin, Non-Hodgkin-Lymphome, Leukämien, Hypernephron (Metastasen)
- **Sonstiges** (20–30%):
  - Leberaffektionen
  - Lunge: z.B. rezidivierende Embolien
  - Darm: Divertikulitis, Crohn-Krankheit
  - Stoffwechselerkrankungen
  - vegetativ-psychogen, medikamentös
  - Beckenvenenthrombose, auch klinisch okkult

Diagnostisch ist es mitunter wichtig, den Fiebertypus zu ermitteln: **Kontinua** (±1°), **remittierendes** Fieber (±1–2°), **intermittierendes** Fieber (±2–3°).

Tab. 18.4 Harnwege und gynäkologische Erkrankungen.

Blase	**Trigoniumzystitis**	Östrogenmangel in Verbindung mit anderen Dispositionen (s. u.)
	Zystitis	Häufig bei Deszensus und Prolaps, Genitalkarzinom, gynäkologische Operationen (Dauerkatheter), Resturinbildung (Miktionsstörungen), Cyclophosphamidtherapie
	Fibrinös-hämorrhagische Zystitis	Häufig nach Strahlentherapie, speziell beim Zervixkarzinom
	Fisteln	Postoperativ, karzinomatös, radiologisch, traumatisch
	Karzinom	Bei Einbruch eines Zervixkarzinoms in die Blase
Urethra	**Urethritis**	Go.-Infektion, infektiöse Vulvitis und Kolpitis (Trichomonaden und Chlamydien), Deszensus und Prolaps (Exposition der Urethra), Vulvakarzinom, Abnorme sexuelle Praktiken
Ureter	**Atonie, Striktur, Abflußverzögerung**	Häufig beim Zervixkarzinom, auch als Therapiefolge, bei intraligamentären Tumoren, hochsitzenden Lymphknotenmetastasen am Ureter, Ureterstein
	Fisteln	Postoperativ, karzinomatös, radiologisch
Niere	**Pyelonephritis**	Bei Schwangerschaft, bei Harnwegsfisteln (s. d.)
	Urämie	Abflußbehinderung durch karzinomatöse, radiologische oder postoperative Ureterstrikturen

Leitsymptom: Abdomineller bzw. pelviner Schmerz

Abdominelle Schmerzzustände sind häufig. Dabei wird der Nichtgynäkologe meist vornehmlich internistische oder chirurgische Ursachen vermuten und weniger an die Möglichkeit einer gynäkologischen oder schwangerschaftsbedingten Ätiologie denken. Deshalb sind nachfolgend die diesbezüglichen Möglichkeiten aufgeführt, deren spezielle Erscheinungsformen in den einschlägigen Kapiteln dargestellt sind.

Objektive gynäkologische Ursachen

- **Entzündungen** (akut, subakut). Salpingitis, Pelveoperitonitis, Peritonitis. Leitsymptom: Fieber
- **Entzündungsfolgen** (Verwachsungen, Hydrosalpinx). Kein Fieber! Anamnese. Laparoskopie!
- **Endometriose.** Leitsymptom: zyklische Schmerzen!
- **Tumoren.** Leitbefund: Tumor im Abdomen
  - Verdrängung, Raumforderung
  - Stieldrehung Ovarialtumor/Myom
  - Ruptur eines zystischen Ovarialtumors (auch unter dem Bild des akuten Abdomens vorkommend)
  - Druck auf Nerven, Umwachsungen, Infiltration
  - Manifestation der Auswirkung mitunter am Intestinaltrakt oder an den Harnwegen (Abflußstauung)

Objektive geburtshilfliche Ursachen

- **Frühgravidität** (6.–9. Woche): Tubargravidität. Leitsymptom: einseitige Schmerzen bei pos. HCG-Test
- **2. Trimenon:** Einklemmung des Uterus bei Retroflexio. Leitsymptome: akute Schmerzen, Harnverhaltung
- **3. Trimenon:** vorzeitige Lösung der Plazenta. Leitsymptom: akute Schmerzen. Dolenter Uterus.

Organisch nicht objektivierbare Schmerzgenese

- **Reifungsstörungen** (Dysmenorrhö u. a.)
- **Situationsbedingte Schmerzempfindung** (sexuelle Konflikte, Sexualangst, Empfängnisangst)

Leitsymptom: Kreuzschmerzen

Im Vordergrund stehen naturgemäß:

- **Orthopädische und neurologische Ursachen** vielfältigster Art (s. S. 412).

Es sind aber auch spezifisch gynäkologisch-geburtshilfliche Faktoren zu berücksichtigen:

- **Schwangerschaftsbedingte passagere Beschwerden:** Gewebsauflockerung, Gewichtszunahme, Tubargravidität, Fehlgeburt, vorzeitige Wehen
- **Prämenstruelles Syndrom; Dysmenorrhö**
- **Douglas-Abszeß**
- **Parametritis**
- **Postinflammatorische Verwachsungen**
- **Endometriose**
- **Deszensus**
- **Stau** in den ableitenden Harnwegen, Pyelitis
- **Retroflexio uteri** (selten! Kausalitätsannahme durch Aufrichtung und Pessar prüfen)
- **Größere Tumoren**; auch **großer Uterus myomatosus**
- **Wirbelsäulen-Metastasen** (!)
- Psychosexuelle Faktoren

Abklärung und Therapie sind oft eine multidisziplinäre Aufgabe.

Literatur

Beger HG, Kern E. Akutes Abdomen. Stuttgart: Thieme 1987.
Martius G. Differentialdiagnose Gynäkologie. 2. Aufl. Stuttgart: Thieme 1987.

19

Frau und Gesellschaft

H. Schmidt-Matthiesen

19.1 Rolle der Frau in der Gesellschaft

Viele Frauen mittleren und höheren Alters klagen über uncharakteristische, oft vegetative Beschwerden, wie Müdigkeit, Niedergeschlagenheit, mangelnden Antrieb, depressive Verstimmung, nervöse Reizbarkeit, Schlafstörungen und uncharakteristische Schmerzen im Abdomen, Kreuz oder Rücken. Jüngere berichten darüber hinaus über Zyklusstörungen, Dysmenorrhö, Fluor, Dyspareunie, Sterilität u.a.m. Häufig findet man, selbst bei Einschaltung aller differentialdiagnostischer Möglichkeiten, keine eigentliche Krankheit und keinen Organbezug. Falls letzterer angedeutet ist, reicht das organische Korrelat oft nicht zur Erklärung aus. Die genannten Symptome können Ausdruck **psychosomatischer** oder **psychosexueller Probleme** sein, die ihrerseits oft mit **psychosozialen Konflikten** verbunden sind. Letztere begreift man leichter, wenn man die Situation der Frau in der heutigen Gesellschaft berücksichtigt. Dabei sind vor allem bedeutsam:

- **Rollenkonflikte, Identitäts- und Entscheidungskrisen im Verlauf der Lebensplanung**, inkl. der beruflichen Sphäre
- **Psychische und psychophysische Überforderung**

Dazu einige wertungsfreie Informationen. Man sollte sie durch ähnliche Informationen über Existenz, Verhalten und Rollenkonflikte des Mannes zu ergänzen suchen.

Wertungsdogmen und Rollenkonflikte

Nur ein Teil des menschlichen Verhaltens, Wertens und Reagierens ist biologisch vorgegeben. Daneben spielen exogene Faktoren und Einflüsse, z.B. Erziehung, Gewohnheit und, vor allem, festverwurzelte und überlieferte Vorstellungen über ein angeblich naturgegebenes **Normverhalten** ein entscheidende Rolle. Daß solche der Konvention, Kultur, Religion usw. entstammenden Wertmaßstäbe auch hinsichtlich der »spezifisch männlichen« und »spezifisch weiblichen Rolle« in gewissen Grenzen willkürlich und nicht naturgegeben sind, beweisen die Unterschiede in verschiedenen Kulturkreisen und Zeitepochen. Dessenungeachtet sind diese Rollenklischees den ihnen ausgesetzten Menschen lange Zeit als Realität, als Orientierungs- und Verhaltenszwang erschienen.

Die alte Zielprojektion für das heranwachsende Mädchen beinhaltete Heirat und Familie, nicht aber berufliche Entwicklung, Ehrgeizentfaltung, Aktivität usw. Das Rollenbild deutete zugleich die Einengung, ja die bewußte Unterdrückung freier sexueller Aktivität der Frau an.

Die alten Rollenbilder müssen heute als weitgehend korrekturbedürfig oder überholt angesehen werden: Hinsichtlich der Institution **Ehe** zeigt sich bei den Jüngeren zunehmende Skepsis: 40% eines befragten Kollektivs halten die traditionelle Ehe für überlebt. 20% sind der Auffassung, es gäbe keine glücklichen Ehen, das freie, angenehme Leben wäre mit der Eheschließung vorbei (43%). Individualismus (und wohl auch Egoismus) verdrängen offensichtlich den Stellenwert der Gemeinsamkeiten. Die Rate der Eheschließungen hat sich seit 1951 um 40% reduziert, die der Ehescheidungen ist seit 1970 um 70% gestiegen, sie liegt z.Zt. bei ca. 30%. 1991 waren in Deutschland insgesamt nur 48% aller Frauen verheiratet, in der höheren Altersgruppe von 50–55 Jahren 80%.

12% der Befragten sind heute gegen die **Familie**, 17% daran desinteressiert; weitere 17% äußern die Forderung nach auch weiterhin vollkommener Freiheit der Partner (Urlaub, Sexualität). Nur 16% empfinden

Familien mit Kindern als ideal. 41% der Frauen äußern konkrete Skepsis gegenüber Kindern. Demgegenüber erstreben 75% der Frauen und 85% der Männer häusliche Gemeinschaften. 4% halten eine »Versorgungsehe« für diskutabel. Weitverbreitet ist eine »Haushaltsverdrossenheit« (75%).
Für die Mehrheit der jüngeren Frauen erscheint heute ein **neues Rollenbild** adäquat: Das der sich selbstverwirklichenden, aktiv am Berufsleben teilnehmenden Frau, die auch die Maßstäbe ihrer Lebensgestaltung und ihrer Sexualität selbst setzt. Auch dieses Rollenbild muß gelernt und erprobt werden. Dies setzt schrittweise Wandlungen voraus.

Die heutige Frau lebt nun im ungewissen Bereich zwischen traditioneller »weiblicher« bzw. »mütterlicher« Rolle und der Emanzipation. Sie glaubt zunehmend, allem entsprechen zu können oder zu müssen. Diese gewisse Unvereinbarkeit an sich und in der alltäglichen Realität, »neue« Belastungen und Zwänge sowie die im Lauf des Lebens wechselnde Gewichtung der Bedürfnisse führen aber zwangsläufig zu Instabilität, Inkongruenz und sog. **Statusunsicherheit**. Letztere hat für jedes Lebensalter und für jede Bildungsschicht ein eigenes Gesicht.

Probleme der Jugendlichen

Entwicklung, Verständigung und sexuelle Reifung der Jugendlichen verlaufen wesentlich schneller als früher (**Akzeleration**). Die Vorstellung, bis zur eigenen Erwerbstätigkeit an voller Selbstentfaltung behindert zu sein – abhängig zu sein – wird besonders dann belastend, wenn sich das Mädchen berechtigt glaubt, die Zuständigkeit eines ihr nur noch äußerlich verbundenen Elternhauses abzulehnen. Wenn sie sich, neuen Vorstellungen folgend, oppositionell orientiert und sexuell emanzipiert – was sich (nicht zuletzt durch die »Pille« begünstigt) in zunehmenden Maße abzeichnet –, wird sie sich dadurch mitunter innere und äußere Konflikte einhandeln.
Jedenfalls spannt sich von der Reifezeit bis zur beruflichen Selbständigkeit ein Zeitraum, in dem viele Jugendliche an dem **Mißverhältnis zwischen biologischer und sozialer Adoleszenz** leiden. Diese Statusunsicherheit währt, in Abhängigkeit von Ausbildung und Ausbildungsdauer, unterschiedlich lange. Der Wunsch, sie abzukürzen oder ihr vorzeitig zu entgehen, ist z.T. für die Vernachlässigung oder den vorzeitigen Abbruch einer qualifizierten Ausbildung verantwortlich.

Situation der Frau jungen und mittleren Alters

Versucht man die gegenwärtige Situation dieser Frauen zu systematisieren und vereinfacht man die Dinge bis zur Grenze des Zulässigen, dann lassen sich verschiedene Kollektive herausstellen:

- Frauen, die aus Veranlagung und Neigung heraus und bei gegebenen optimalen Partnerschafts- und Umweltverhältnissen in Ehe, Haushalt und Familie ihre beste Selbstverwirklichung sehen und, bei aller Relativierung auch finden **(»Hausmuttertyp«).**
- Frauen, die ebenfalls ausschließlich ihrer Familie leben, ohne sich dabei aber ausgefüllt zu fühlen.
- Frauen, die neben ihrem Tätigkeitsbereich in Haushalt und Familie zusätzlich erwerbstätig sind, ohne in dieser Erwerbstätigkeit Selbstverwirklichung und Selbstbestätigung zu erwarten und zu finden **(»eingeschränkter Hausmuttertyp«).**
- Alleinstehende Frauen, die berufstätig sind, dies aber als Notlösung und nicht als persönliche Erfüllung ansehen.
- Frauen, die Freude an ihrer beruflichen Tätigkeit und den damit verbundenen menschlichen Kontakten haben und die Möglichkeit zur Selbstverwirklichung vornehmlich auf beruflichem Sektor sehen und suchen. Für sie sind Ehe, Kind und Familie gleich- oder nachgeordnete Bereiche, auf die sie zum Teil ganz verzichten. Die diesbezüglich unterschiedliche Gewichtung kommt in den Begriffen **»familienzugewandte«** und **»familienentfremdete Berufsfrau«** zum Ausdruck, die in einer Studie des Bundestages benutzt wurden.

Dieses Kollektiv der »Berufsfrauen« ist hinsichtlich Ausrichtung, Lebensart und Ziel sehr uneinheitlich: dies betrifft das soziologische Herkunftsmilieu sowie Schwerpunktsetzung in der Lebensführung (Hedonismus, Freizeitbezogenheit, Arbeitsethos; aufstiegsorientiert, konsumorientiert, alternativ u.a.m.).
Es hat den Anschein, als ob die Motivation zur Berufstätigkeit bei den Frauen mit höherer Bildung und höherem Sozialstatus stärker ausgeprägt und die Alternative Beruf und Familie für sie belastender ist.

Probleme der Hausfrau und Mutter

Zum Begriff »innere Bejahung«
Der Begriff ist nur z.T. vorbehaltlos berechtigt: bei den Frauen vom »Hausmuttertyp«, denen die Familie a priori als Lebensraum vorschwebt und die noch dazu

das Glück haben, ihre Erwartungen permanent bestätigt zu sehen und adäquate Möglichkeiten der Selbstentfaltung finden. Ihre Zufriedenheit ist weniger durch den Status an sich als durch die zufällig optimalen Tatbestände innerhalb der Familie gewährleistet. In dem Maße, in dem das alte Rollenbild öffentlich abwertend in Frage gestellt und durch ein neues der Emanzipation ersetzt wird, kann allerdings auch die konventionelle »Hausfrau« von außen her statusverunsichert werden und in einen Rollenkonflikt geraten: »… ich bin nur Hausfrau …«.

Viele Frauen bejahen zwar den rollenkonformen Status der ausschließlichen Hausfrau und Mutter, aber eigentlich nur unbewußt als Ersatz für ein anderes Feld der Selbstverwirklichung, zu dem ihnen der Zugang versagt blieb (sei es durch äußere Gegebenheiten, sei es durch eigene Unzulänglichkeit). Diese Frauen übertragen ihren nicht selbst verwirklichten Ehrgeiz auf Mann und Kinder. Letztere müssen ihnen, gewissermaßen stellvertretend, zur **Selbstbestätigung** verhelfen. Sie werden zum Erfüllungswerkzeug für die frustrierten Ambitionen der Frau und Mutter (Richter). Dem Mann gegenüber wird dies mitunter schon bei der Partnerwahl deutlich: Man heiratet einen Mann, der das eigene Entwicklungsideal substituiert. Seine Erfolge werden als die eigenen empfunden. Mißlingt die Realisierung dieser Wunschvorstellungen, z.B. beim Versagen des Partners, resultieren verstärkte **Minderwertigkeitsgefühle**, verbunden mit einem ausgesprochenen Kränkungsgefühl gegenüber dem »trotz ihrer Opfer« erfolglosen Mann. Gleiches gilt dann, wenn bei Entfremdung eines erfolgreichen Partners die Erfolge innerlich nicht mehr als gemeinsam empfunden werden können. Die Folge wird eine neurotische Depression oder ein psychosomatisches Äquivalent sein, dem der demonstrative Charakter des Leidens innewohnt: ein als **Schuldvorwurf** zu verstehender Appell an den Mann. Schließlich können sich **Aggressionen** entwickeln.

Den **Kindern** gegenüber besteht bei der Frau, die sich ausschließlich diesem Bereich widmet, die Gefahr einer übertriebenen Gefühlserwartung als Ersatz für sonstige frustrierte Ansprüche an das Leben. Die häufig erkennbare Anklammerungshaltung entspricht einer Furcht vor Liebesverlust. Zur Kompensation eigener Minderwertigkeitskomplexe werden die Kinder mitunter zu übertriebenem Ehrgeiz angehalten. Die überforderten Kinder reagieren ihrerseit eines Tages ebenfalls krankhaft, entziehen sich der Mutter und ihr damit noch den Rest der erwarteten Befriedigung. Auch die Tatsache, daß die heranwachsenden Kinder in immer größerem Maße früh ausziehen und Kommunikationen im außerfamiliären Bereich entfalten, verringert die Möglichkeit der Mutter, an den Kindern ersatzweise ihre Wirkungs- und Resonanzbedürfnisse auszuleben.

Zur Beständigkeit häuslich-familiärer Erfüllung. Das Altern. Das Klimakterium.

Viele auf Haushalt und Familie beschränkte Frauen täuschen sich hinsichtlich der Dauer und des Umfangs der Kommunikation mit ihren Kindern, von der sie emotionelle Erfüllung erwarten. Mit dem Verlust der konkreten Aufgabe der Kindererziehung, also etwa zwischen dem 40. und 45. Jahr, droht diesen Frauen die zunehmende Isolierung und **Vereinsamung**. Dieser können nur jene Frauen entgehen, die auf anderen, beständigen Daseinsbereichen Kommunikationen, Aufgaben und Befriedigung finden (geistig-künstlerische Tätigkeit, menschliche Bindungen, karitative Arbeiten, Anteil am Berufsleben des Mannes). Wie viele können dies aber? Die häufige Depression der 40- bis 50jährigen, erhöhte Müdigkeit, Erschöpfung, Herz- und Kreislaufstörungen u. a. m. sind nicht nur Folge eines endokrinen Defizits, sondern zugleich Konsequenz einer inneren und äußeren **Isolation**, gegen die Östrogengaben wirkungslos bleiben müssen. Die Intensität der Störung ist der habituellen und emotionellen Labilität angemessen, und schließlich auch beeinflußt von Fehlvorstellungen, wie der des »zwangsläufigen« Libidoverlustes nach den Wechseljahren.

Probleme der vornehmlich berufstätigen Frau

Das Kollektiv der »Berufsfrau« (s.a. Abschn. »Berufstätigkeit), sei sie nun »familienzugewandt« oder »familienentfremdet«, steht in gewissem Gegensatz zum alten Rollenbild. Es repräsentiert manche modernen Bestrebungen im Sinne der **Emanzipation**. Etliche Frauen, die diesen Weg gehen wollen, werden sich dadurch benachteiligt sehen, daß ihre **Ausbildung** aus verschiedenen Gründen (s.u.) nicht optimal war und den adäquat erscheinenden Zugang zum Berufsleben nicht erlaubt. Darüber hinaus begegnen diese Frauen, in einem allerdings abnehmenden Maß, gewissen **Vorurteilen**, die der Verwirklichung ihrer Absichten hinderlich sind. Dies gilt hinsichtlich beruflicher Anerkennung, beruflichen Fortkommens und der Einschätzung ihrer sexuellen Vollwertigkeit. Besonders bei erfolgreichen Frauen wird die letztere mitunter herabmindernd in Zweifel gezogen. Andererseits sind diese Frauen tatsächlich einer gewissen Gefahr ausgesetzt: Wenn sie am Beruf hängen und ihr Leben

nach der Eheschließung zunächst weiter an ihm ausrichten – z. B. um bestimmte Ziele zu erreichen –, lassen sie mitunter die **Phase der biologisch begrenzten Fertilität** ungenutzt verstreichen. Sie unterliegen oft dem Irrtum, daß »dies ja Zeit habe«. Sie erscheinen schließlich – zu spät – in der Sterilitätssprechstunde.
Zusätzliche Konflikte können sich ergeben, wenn die vornehmlich berufstätige Frau Familie hat. Viele Frauen meinen, die »legitimen« Erwartungen der Familie dann nicht mehr erfüllen zu können. Dies kann sich bei sensiblen, ihren Familien innerlich verbundenen Frauen in **Schuldgefühlen** ausdrücken (s. Überforderung, S. 454). Man bedenke, daß 1991 4,65 Millionen erwerbstätige Frauen Kinder unter 15 J., und davon 2 Millionen Kinder unter 6 J. hatten.
Besondere reale Schwierigkeiten und Rollenkonflikte ergeben sich für die **alleinerziehenden** und zu 64% berufstätigen Mütter von 25–45 Jahren. Sie sehen sich der oft nur schwer lösbaren Aufgaben gegenüber, Erwerbstätigkeit und Sorgepflicht für ihre Kinder miteinander zu vereinbaren. Zugleich müssen die alleinerziehenden Mütter auch heute noch Vorurteilen und Äußerungen verminderter sozialer Achtung widerstehen und sich vor Resignation und Verbitterung bewahren. Gesetzgeberische Maßnahmen sind bestenfalls geeignet, äußerliche Dinge zu regeln. Die Anerkennung der alleinerziehenden Mutter muß nicht nur verstandesgemäß, sondern auch mit dem Herzen vollzogen werden. Die menschliche Begegnung bedarf der unbefangenen Natürlichkeit, um diese Frauen in die Gesellschaft zu integrieren. Es muß aber auch andererseits bedacht werden, daß das Kind ohne Vater aufwachsen muß, der, wie neuere Untersuchungen zunehmend zeigen, für die Entwicklung von sehr spezifischer Bedeutung ist.

Künstliche Rollenkonflikte

Im Zusammenhang mit Rollenkonflikten darf ein weiteres Rollen-»Vorbild« nicht vergessen werden: das von einigen Massenmedien angebotene Bild des harten, sexualstarken Supermannes und der ausschließlich erotisch fixierten, lockenden Verführerin. Diese mit menschlicher Wirklichkeit unvereinbaren Bilder stehen im Gegensatz zu den Bemühungen, Mann und Frau von untragbaren Rollenzwängen zu befreien. Sie bewirken das Gegenteil: Sie verführen zu falschen Normvorstellungen, induzieren Sexualängste und Versagensfurcht. Damit schaffen sie z. T. die Voraussetzung für Impotenz, Anorgasmie usw.

Die Frau im höheren Alter

Jenseits des 55.–60. Lebensjahres scheinen sich die Grenzen zwischen den »Nur«-Hausfrauen und den Erwerbstätigen zu verwischen. Der Anteil der über 60jährigen am Erwerbsleben sank von 18% (1979) auf 11% (1985). Die Erwerbstätigkeit endet, für beide Kollektive bleibt nur noch der private Bereich. Dennoch ergeben sich Unterschiede zum Nachteil der Erwerbstätigen: Für sie erfolgt der Übergang ins Alter plötzlich, er ist äußerlich markiert. Die folgende Zeit ist häufig durch Krisen im Befinden, funktionelle Störungen und depressive Verstimmungen gekennzeichnet, deren zentraler Ausdruck **Isolation** und **Frustration** sind.
Über 60% der Frauen über 65 Jahre leben allein! Von den über 75jährigen sind es 84%. Die Gefahr der Vereinsamung ist für sie besonders groß, das Gefühl der Sinnentleerung ihres Daseins verständlich. Für jede alternde Frau gilt es deshalb, eine **neue Singgebung** zu finden. Gesellschaft und Staat beginnen sich erst allmählich dieses Problems als Aufgabe bewußt zu werden.
Als Krankheitsfaktor kann man die beschriebenen Erscheinungen gar nicht hoch genug bewerten.

Berufstätigkeit der Frau

1992 waren von den 41 Millionen Erwerbstätigen in Deutschland 17,2 Millionen weiblich (42%). Man beachte dabei die Verteilung auf die verschiedenen Lebensalter (Abb. 19.1), den Familienstand der Erwerbstätigen, den Anteil der Mütter sowie die Tatsache, daß der Frauenanteil in den neuen Bundesländern zeitweilig etwa 20% höher als in der alten BRD lag.

Ausbildung

Die **Möglichkeit** einer dem Mann vergleichbaren Berufsausbildung steht heute jedem Mädchen und jeder Frau offen. Tatsächlich wurden aber diese Möglichkeiten lange nicht genügend genutzt. Die Verhältnisse bessern sich aber stetig: 1972 gingen 11,8% der Mädchen mit der Hochschulreife ab. 1997 stellten sie unter den Abiturienten >50%.
Der Anteil der Frauen an den Universitätsstudierenden stieg von 14% 1950 auf 44,5% 1991. 45,2% der Medizinstudierenden waren weiblich (gegenüber 29% 1975).
Dieser fast ausgewogen erscheinende Anteil der Frauen am Studium täuscht aber etwas. Dies zeigt sich u. a. an der geringeren Quote absolvierter **Abschlußprüfungen** an den Universitäten (Frauen 37%, Männer 63%), am Promotions- (28/72%) und Habilitationsverhalten (10/90% in der Medizin, 18/82% bei Sprachen und kulturellen Fächern). Lediglich bei den Lehramtsprüfungen dominieren die Frauen mit 67%.

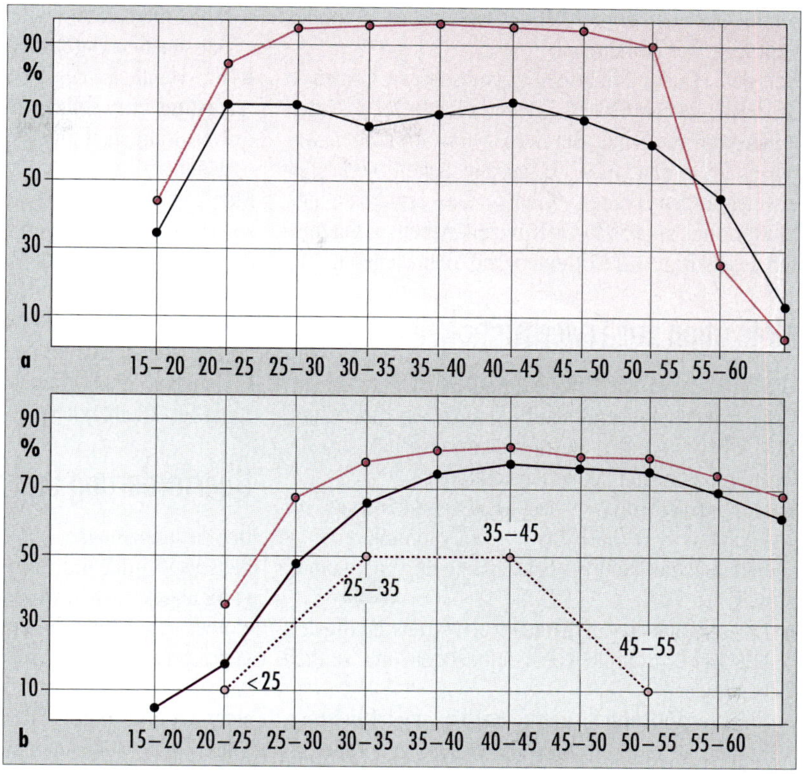

Abb. 19.1 a Anteil (%) der erwerbstätigen Frauen im Kollektiv aller Frauen bestimmter Altersgruppen 1992. Schwarz: alte Bundesländer. Rot: neue Bundesländer und Ostberlin.
b Anteil der Verheirateten unter den erwerbstätigen Frauen. Anteil der Frauen mit Kind(ern) unter 15 J. (schwarze Punktlinie; BRD 1992).

Noch ungünstiger liegen die Dinge außerhalb der universitären Bildung: Während die Quoten auf den Berufsschulen 1990 etwa identisch waren, betrug der Anteil der Frauen auf den Fachhochschulen nur 32%. Unter den Diplomprüfungsabsolventen u. ä. sind 37% Frauen.

Berufschancen

Es wird häufig über die verminderten Berufsaussichten der Frauen berichtet und dies mit Zahlen belegt (frühere Bundesrepublik):

Etwa viermal soviel Männer wie Frauen sind in selbständiger Position. Beim Beamtenstatus ist das Verhältnis ähnlich.

Von den Universitäts-Lehramtsstellen sind 5,3% von Frauen besetzt. Nur bei den Angestellten überwiegen Frauen mit 56%.

Die Verdienste betrugen 1990, im Vergleich zu den männlichen Arbeitnehmern, bei den Arbeiterinnen nur 70% (1969: 59%), in Industrie und Handel 65%.

In der Gruppe des Nettoeinkommens von 1200 bis 1800 DM sind Männer und Frauen noch gleich vertreten. Bezüge über 4000 DM erhalten aber 16,5% der Männer und nur 2,7% der Frauen.

Die reinen Daten besagen aber nichts über die Gründe dieser Unterschiede. Tatsächlich sind sie komplex: Vorurteile, Konvention und männliches Konkurrenzdenken auf der einen Seite, Doppelbelastung durch Beruf und Haushalt und dadurch verminderter Einsatz auf der anderen.

An einer Fortbildung zum Zwecke beruflichen Aufstiegs beteiligen sich doppelt soviel Männer wie Frauen. Generell stellen Frauen 38% der Weiterbildungsteilnehmer.

Frauen sind in erhöhtem Maße von Arbeitslosigkeit betroffen. Studentinnen wählen häufig bereits überfüllte Berufsrichtungen.

1991 erhielten ca. 20% mehr Frauen als Männer Sozialhilfe.

Ehe, Familie und Berufstätigkeit

Die Zahl der Eheschließungen nahm von 1960 bis 1985 um 42% ab! Die Scheidungsrate steigt seit 1965 stetig an. Die Geburtenzahl in den alten Bundesländern lag 1990 mit 632 700 um etwa 40% unter derjenigen von 1965 und um ca. 9% unterhalb der Zahl der im gleichen Zeitraum Verstorbenen. Das Durch-

schnittsalter der Mutter bei der Geburt des 1. Kindes liegt z. Zt. bei 26 Jahren.
Von den 15- bis 24jährigen erwerbstätigen Frauen in der BRD waren 1991 15,7% verheiratet, 7,2% hatten mindestens ein Kind. Bei den 35- bis 44jährigen waren es 76% bzw. 62%. Insgesamt hatten 47% aller erwerbstätigen Frauen Kinder. Die erwerbstätigen Mütter sind zu >50% in Kurzzeit-Arbeitsverhältnissen beschäftigt. 1,2 Millionen sind alleinstehend.

Motivation zur Erwerbstätigkeit

Die Motivation zur Erwerbstätigkeit ist unterschiedlich, dementsprechend natürlich auch die Einstellung zur Arbeit und der Befriedigungsanspruch an sie. Grundsätzlich sind zu berücksichtigen:

- Das **»Not-Motiv«** oder **»Existenz-Motiv«:** bei Ledigen, z. B. bei Verwitweten, dominierend; in Fällen echter Not, bei Erkrankung des Ehemannes, usw.
- Das sogenannte **»Aufbau-Motiv«** (das häufigste): Die Erwerbstätigkeit ist zielbezogen und zeitlich begrenzt.
- **Selbstentfaltung** und **Selbstverwirklichung**, Freude an der selbstgewählten Tätigkeit (etwa 1/3 der Frauen)
- Streben nach **Unabhängigkeit**

Berufliche Möglichkeiten der Frau mit Familie

Die beruflichen Möglichkeiten der erwerbstätigen Mutter sind, verglichen mit denen der Ledigen und der Kinderlosen, **eingeschränkt**. Dies kann zum Trauma werden und das Selbstwertgefühl erheblich belasten. Im einzelnen deuten sich verschiedene Gründe an:

- Die **Ausbildung** ist häufiger als bei den anderen Kollektiven **unzureichend** und **unvollständig**.
- Die berufliche Tätigkeit wird kurzfristig (Schwangerschaft, Wochenbett) oder für längere Zeit (Kindererziehung) **unterbrochen** und damit die Möglichkeit eines an Kontinuität gebundenen Aufstieges beschränkt. Der Anteil dieser Frauen an Tätigkeiten, die nicht der Ausbildung adäquat sind, ist dreimal so hoch wie sonst üblich.
- Durch **Doppelbelastung** in Beruf und Familie ergeben sich weitere Probleme, die einerseits die negative Einschätzung der Leistungsfähigkeit betreffen (»fehlt oft«, »hat wenig Interesse an der Arbeit«), andererseits die oft tatsächlich verminderte Einsatzbereitschaft dieser Frauen. Die Erwerbstätige mit Kindern unter 14 Jahren fehlt häufiger als der sonstige Durchschnitt.
- Ein Handicap der Frauen ist auch der zeitweilige **Zwang zur Teilzeitarbeit** (1989: 18,4% der erwerbstätigen Frauen arbeiten <21h/Woche [bei Männern 1,6%]).

Man sucht heute den vielfältigen Problemen aktiv zu begegnen: durch geschlechtsunspezifische Stellenausschreibungen, durch Verlängerung von Erziehungsurlaub und -geld, arbeitsrechtliche Gleichstellung von Teilzeitarbeit und Vollbeschäftigung, mögliche Verlängerung von an sich befristeten Arbeitsverhältnissen bei Erziehungs- und Pflegepflichten, durch Steuerentlastung für Alleinerziehende u. a. m.

Überforderung und ihre Folgen

Im Zusammenhang mit der Frage nach der Krankheitsdisposition der Frau muß auch die **Überforderung** angesprochen werden. Hier hat man zu differenzieren: z. T. sind die Frauen tatsächlich quantitativ überfordert, physisch und psychisch überlastet. Daneben gibt es aber andere, die sich statt dessen nur hinsichtlich ihrer Bereitschaft überfordert betrachten. Sie sehen sich außerstande, einem Leistungsanspruch nachzukommen, den sie innerlich nicht anerkennen und mit dessen Inhalt sie sich nicht identifizieren können. Für diese Art von Überforderung sind Arbeitsplatz, Motivation zur Arbeit und Persönlichkeit entscheidender als das Arbeitsvolumen. Im Grunde verlangt jeder Einzelfall eine eigene Betrachtungsweise.
Die **Folgen der Überforderung** der Frau sind, bedingt durch differente Belastungsart und Belastbarkeit, sehr unterschiedlich:

- Die **physische Überlastung** kann sich an Skelett und Muskulatur als **Belastungsschaden** manifestieren oder z. B. Varicosis begünstigen. In manchen Erwerbszweigen scheinen **Spätaborte** und **Frühgeburten** gefördert zu werden; die Zusammenhänge sind aber sehr komplex. Möglicherweise ist – abgesehen von Schwerstarbeit – weniger das Arbeitsvolumen als vielmehr der psychophysische Streß und das Sozialgefüge (Status, Partnerschaft) entscheidend. Die Begleitumstände der Arbeit (Unruhe und Hektik, Arbeitsweg, unzureichendes Kantinenessen u. a.) scheinen auch, mehr als die Arbeit selbst, dafür verantwortlich zu sein, daß **Plazentainsuffizienz** und **hypotrophe Kinder** (s. d.) bei Erwerbstätigen bestimmter Gruppen (Selbstständige, Ledige, Frauen ohne Berufsausbildung) häufiger sind als bei Hausfrauen.

- Besonders schädlich dürfte sich die äußere **Störung endogener Rhythmen** auswirken, wie sie mit manchen Berufen zwangsläufig verbunden ist. Als Beispiel seien hier Schichtdienst-Arbeitnehmerinnen sowie Stewardessen genannt. Bei diesen finden sich häufiger Zyklustempostörungen (bis zur Amenorrhö), Sterilität oder Infertilität.
- **Psychophysische Überlastung**, also die Vergesellschaftung der Arbeit mit Hetze, zwanghafter Dauerkonzentration (Maschinen), Monotonie (Fließband), Lärm usw., kann bei Disponierten **neurovaskuläre, neuromuskuläre** und **neurosekretorische Störungen** auslösen.
- Mitunter zeigen sich, vor allem bei mangelhafter innerer Beziehung zur Arbeit, häufig **Antriebsschwäche, Reizbarkeit** und **Erschöpfung** und damit Erscheinungen, die nicht ohne Rückwirkungen auf Familienatmosphäre und persönliche Zufriedenheit bleiben können.
- Schließlich können auch bislang unterschwellige, somatische Affektionen wieder spürbar werden und Krankheitswert erhalten.
- Im psychischen Bereich können sich **Schuldgefühle** gegenüber den vermeintlich oder tatsächlich zuwenig betreuten Kindern entwickeln. Schließlich wirkt sich die häufige **Unzufriedenheit mit dem jeweiligen Berufsstatus** und seinen beschränkten Möglichkeiten zur Selbstentfaltung negativ aus. Bei vielen dominiert das Gefühl, auf allen Bereichen insuffizient zu sein und nirgends die gewünschte Resonanz zu finden. Es wird als **persönliches Versagen** verarbeitet und mit **depressiver Verstimmung** beantwortet, was eigentlich mehr den widrigen Umständen anzulasten ist.

Lösungen und ihre Problematik

Geht man von dem Faktum der häufigen Überlastung der Frau aus und dem Wunsch, den Frauen bei der Selbstverwirklichung zu helfen, so gibt es keine einheitliche Lösung. Die eine Frau würde einer **Befreiung von außerfamiliären Belastungen** bedürfen, die andere umgekehrt der **häuslichen Entlastung**, um sich vorbehaltloser und effektiver anderweitig einsetzen und entfalten zu können. Man muß beides sehen und als legitim anerkennen.

Ferner: Die **Welt der Erwerbstätigen** beinhaltet ihrerseits spezifische Konfliktstoffe, die qualitativ und quantitativ gesehen und beachtet werden müssen, wenn man Wertungen vornimmt und neue, adäquate Lebensräume für die Frau sucht, die ihr Selbstentfaltung ermöglichen und Frustration ersparen sollen. Den Konflikten des Berufsalltags wird die Frau auch bei Schaffung eines neuen Rollenbildes zum größten Teil nicht entgehen. Frustration gibt es auch beim Mann, obwohl er in die Berufswelt hineinerzogen wurde und es für ihn nicht das Handicap fehlender Gleichberechtigung gibt. Man sollte die Möglichkeiten der Frau hinsichtlich der beruflichen Befriedigung nicht pauschal überschätzen. Zugleich muß man sich gegen die Abwertung der Mutterschaft und der familienzugewandten Lebensweise wehren.

Der Arzt hat den Menschen als Individuum mit eigenen Anlagen, Bedürfnissen und Wünschen zu betrachten. Er muß ihn aber zugleich im Spannungs- und Einflußfeld der Gesellschaft sehen lernen. Nur so kann ihm Verstehen und Begreifen erwachsen

Das Einzelwesen hat seine eigenen Gesetze. Es leidet und reagiert individuell. Man soll ihm den Weg zur Selbstverwirklichung seiner Bedürfnisse erleichtern, ihn verstehen, aber nicht zu manipulieren suchen. Weder durch ein altes, noch durch ein neues Klischee.

Literatur

Einzelermittlungen des Statistischen Bundesamtes, Wiesbaden 1989–92.

Grund- und Strukturdaten 1992/93, Bundesminister Bildung und Wissenschaft. Bad Honnef: Bock 1992.

Statistisches Bundesamt: Frauen in Familie, Beruf und Gesellschaft. Mainz: Kohlhammer 1987.

19.2 Psychosomatische Zusammenhänge

Allgemeines

Sieht man von der präventiven Kontrolluntersuchung ab, so wird der Arzt zumeist wegen bestimmter Beschwerden konsultiert. Nach deren Schilderung und genauer Erhebung des organischen Befundes wird er sich folgende Frage stellen:

Sind die **Beschwerden eindeutig und zwingend durch den organischen Befund zu erklären**?

Erscheint diese Kausalverknüpfung zweifelhaft, so sind Störungen auf anderen Fachgebieten **differentialdiagnostisch** zu berücksichtigen und/oder **psychische Faktoren** zu erwägen.

Der Verdacht auf **Psychogenese** ergibt sich:

- Wenn Art und Ausdruck der Beschwerdenschilderung auffällig sind (theatralische, blumenreiche, aber unpräzise Schilderungen; wechselhafte Angaben; Ausweichen vor gezielten Fragen).
- Wenn die Symptome ungewöhnlich und mit ärztlicher Erfahrung unvereinbar sind.
- Wenn die Symptome zeitlich an bestimmte Umweltkonstellationen und die damit verbundenen Affekte gebunden sind.
- Wenn unter der Therapie ein Symptomwechsel erfolgt.
- Wenn bei der Befunderhebung zunächst heftigste Schmerzen angegeben werden (»... es tut überall weh...«), die bei Ablenkung (fragen und reden lassen) verschwinden.
- Wenn bei behutsamer Untersuchung Vaginismus oder andere Formen der Abwehr offenbar werden.
- Wenn ein offensichtliches Mißverhältnis zwischen Beschwerden und Organbefund besteht und therapeutische Maßnahmen erfolglos bleiben.

Psychische Faktoren findet man bei zahlreichen gynäkologischen Beschwerden, teils ausschließlich, teils als Symptom-»Verstärker« eines an sich unbedeutenden organischen Befundes.

Die Erfahrung zeigt, daß sich die Störungen zumeist auf ungelöste Partnerschaftskonflikte, Reifungsstörungen und Rollenkonflikte zurückführen lassen. Dies erklärt die Einschränkung der nachfolgenden Darstellung auf diese Bereiche.

Psychische Insulte werden sich besonders leicht auswirken können, wenn **gewisse Dispositionen** vorliegen, z.B.:

- Organanfälligkeit (Hypoplasie, Vorschädigung durch Erkrankungen)
- Allgemeine konstitutionelle neurovegetative Labilität
- Abnorme Persönlichkeitsstruktur
- Frühere, verdrängte psychische Traumen
- Allgemeine Belastungen im Sozialfeld
- Spezielle »Rollenkonflikte« alter oder neuer Art
- Allgemein konsumierende Erkrankungen, Erschöpfungszustände
- Perimenopausale Umstellung

Psychogenese ist sowohl bei verschiedenen funktionellen Störungen als auch bei Schmerzzuständen denkbar.

Die Manifestation psychischer Faktoren erfolgt über nervös-endokrin induzierte funktionelle Störungen, die mitunter auch noch mit Schmerzerscheinungen korrelieren.

Schmerz kann als psychisch induzierte oder überwertig »empfundene« Erscheinung nur dann verstanden werden, wenn man berücksichtigt, daß er definitiv aus zwei Komponenten besteht:

- Aus dem **peripheren Reiz (perzeptorische Komponente)**
- Aus der übergeordneten **zentralen, thymopathischen Komponente**, die für den **affektiven Gehalt** und die »Stärke« des Schmerzes entscheidend ist (Schmerz-»Gefühl«, Schmerz-»Erlebnis«)

In dieser zweiten Instanz werden konstitutionelle Faktoren und die feinsten Nuancen der persönlichen Einstellung, der Ängste und Erwartungen, also **assoziative psychische Komponenten**, determinierend wirksam, ebenso wie jene Gedanken, die speziell um Anlaß, Entstehung und Folgen eines »schmerzhaften« Ereignisses kreisen sowie Vergangenes und Künftiges dem Augenblick hinzufügen. Je nach der Sinngebung, die die obengenannten Faktoren einem Schmerzreiz (oder schlechthin einem Ereignis) verleihen und ihn damit an bestimmte Affekte binden (Freude, Erfüllung/Abwehr), können Reize unwirksam bleiben oder inadäquat gesteigert erlebt werden **(Psychalgie)**, wobei u.a. Erinnerungen an frühere Schmerzen und Angst vor künftigen Schmerzen mitwirken. Man bedenke schließlich, daß der Begriff »Schmerz« in unserer Sprache für den seelischen und den körperlichen Bereich benutzt wird und eine Übertragung naheliegt. Bevor man nach der Art der psychischen Krankheitsfaktoren im gynäkologischen Krankengut fragt, hat man zu überlegen, welchen **biologischen Sinngehalt** die verschiedenen physiologischen Genitalfunktionen haben und welche Wertung man der gestörten Genitalfunktion geben kann (Tab. 19.1).

Es besteht kein Zweifel, daß man Erscheinungen wie die genannten in der oben erwähnten Weise werten kann. Schwieriger ist die Frage, ob auch die Umkehrung zulässig ist: ob man die funktionell-somatischen, links aufgeführten Störungen als sekundär, als **Ausdrucksymbol**, also als Folge der psychischen Fehlhaltung, interpretieren darf. Die einschlägige Kasuistik zeigt, daß derartige Zusammenhänge offensichtlich möglich sind. Sie sind aber weder obligatorisch noch ausschließlich in der vorgenommenen Verknüpfung zu erwarten.

Tab. 19.1 Biologischer Sinngehalt und Wertung der physiologischen Genitalfunktion

Genitalfunktion	Wertung
• Menstruation und Libido	→ Ausdruck der vollwertigen erwachsenen Weiblichkeit (+)
• Spätmenarche, Amenorrhö • Zyklusstörungen • Dysmenorrhö	→ Ausdruck einer funktionellen Insuffizienz und eventuell einer Verneinung der weiblichen Körperlichkeit (–)
• Klimakterium bzw. Menopause	→ Fertilitätsverlust, Verlust weiblicher Vollwertigkeit (–)
• Fertilität • Normale Graviditätsverläufe • Stillfähigkeit	→ Ausdruck normaler generativer Potenz und, evtl., Ausdruck der Mutterschaftsbereitschaft (+)
• Sterilität bzw. Infertilität • Phobische Konzeptionsangst • Hyperemesis, Frühgeburten • Geburtsschmerz, Agalaktie • p. p. Depression usw.	→ Somatische bzw. psychische Versagensäußerungen hinsichtlich Mutterschaft (–)
• Normale Sexualität • Intakte Ehe /Partnerschaft	→ Volle Bereitschaft zum Partner und zur Ehe/Partnerschaft (+)
• Libidomangel (Alibidimie) • Anorgasmie • Dyspareunie • Vaginismus, Fluor • Parametropathie u. ä.	→ Fehlen sexueller Bereitschaft (–)

Letzteres läßt sich leicht am Beispiel der **Dysmenorrhö** deutlich machen: Sie kann, statt Ausdruck der Negation der Weiblichkeit zu sein, auch im Gegenteil Folge eines äußerst intensiven, aber nicht erfüllten Kinderwunsches sein; die Menstruation macht die Nichterfüllung des Wunsches offenbar, das Ereignis wird »schmerzlich« registriert.

Wo liegen nun aber die Wurzeln der oben erwähnten psychischen Fehlhaltungen hinsichtlich weiblicher biologischer Funktion? Verlassen wir hier einmal die ohnehin unterschiedlichen Einteilungsprinzipien der Neuroselehre und wenden uns den besonderen Gegebenheiten unseres Faches zu, so sind vor allem zwei Problemkreise zu beachten: der **gestörte Reifungsvorgang** und die **Erlebnis-Fehlreaktion**. Soweit Vergangenes. Daneben können sich aber noch in der Gegenwart verankerte **situationsbedingte Konflikte** hinter Krankheitserscheinungen verbergen, vor allem im Falle der **gestörten Sexualität** (Dyspareunie, Anorgasmie, Frigidität).

Der Reifungsprozeß und seine Störungen

Sprechen wir von »Reifung«, so muß auch das **Reifungsziel** definiert werden. Ziele des Reifungsvorganges sind die **Bejahung der femininen Leiblichkeit** und normaler Vollzug der Triebbedürfnisse ohne inneren Konflikt sowie, bei Schwangerschaft, eine positive Einstellung zur Mutterschaft.

Man darf erwarten, daß die **Ablehnung der femininen Leiblichkeit** zwangsläufig zu einem **Konflikt mit den weiblich-körperlichen Funktionsabläufen** führt.

Die vorbehaltlose Bereitschaft zur Weiblichkeit, Sexualität und Mutterschaft ist nicht a priori vorhanden, sondern das Ergebnis eines somatischen und psychischen Reifungsvorganges, der **Zeit** braucht (auch beim Fehlen hemmender Einflüsse mancher Kulturen oder Gesellschaftsformen) und **Leitbilder** benötigt (die bewußt oder unbewußt bejaht werden).

Nun wirken sich aber nicht nur die Impressionen von Leitbildern aus, sondern zusätzlich eine Vielfalt von weniger personalen Umweltreizen und Wertungsdogmen sowie, in Form der **Erziehung**, ganz bewußt gezielte Außeneinflüsse. Schließlich sollte eine Übereinstimmung von Erwartungen und eigener Erfahrung gegeben sein.

Alle Einflüsse haben naturgemäß keine absolut determinierende Bedeutung, sondern werden je nach anlagemäßigen somatischen und psychischen Gegebenheiten unterschiedlich effektiv.

Die gegebene Darstellung der »Reifung« geht davon aus, daß letztere »normalerweise« zur **Bejahung** der spezifisch femininen Leiblichkeit und ihrer Funktionen führen muß, zur Identifizierung mit den somatischen Gegebenheiten und ihren Möglichkeiten (und Lasten). Dies Ziel mag biologisch und ärztlich wünschenswert, ja unausweichlich erscheinen, wird aber heute von vielen Frauen nicht mehr toleriert. Von ihnen wird das Faktum der angeborenen Feminität geradezu als Zwang, als Einengung und Benachteiligung empfunden, gegen die ihnen Auflehnung angebracht erscheint.
Diese Ablehnung auf somatische Bereiche zu übertragen (Körperform, Menstruationszyklus, Sexualfunktion u.a.m.) scheint jedoch wenig logisch, da sich die Frau den gegebenen Fakten letztlich nicht entziehen kann.
Die ungewollte Mutterschaft dürfte beim heutigen Stand antikonzeptioneller Möglichkeiten eigentlich nicht mehr als »biologischer Zwang« dargestellt, empfunden und gefürchtet werden.
Auch an einer anderen Erscheinung kann man nicht vorübergehen, wenn man den Reifungsvorgang am Ziel definieren will: Gegenwärtig zeigt sich die Tendenz, die als leiblich-seelische Einheit verstandene »wärmende Liebe« durch die »lieblose Sexualität« zu ersetzen, die frei von Verantwortung und personaler Bezogenheit ist. Bei den Betreffenden werden sich zwangsläufig andere Konfliktstoffe mit psychosomatischer Auswirkung ergeben als bei jenen, denen Liebe und Sexualität als zusammengehörig erscheint. »Ihre Liebesfähigkeit kann durch Übung liebloser Sexualität mit der Zeit korrumpiert werden« (Bochnik).

Zeitfaktor

Die Bedeutung des Zeitfaktors für die Reifung ist nicht nur somatisch, sondern auch psychisch evident: Die Entdeckung der geschlechtsspezifischen Leiblichkeit und der Sexualität sowie die persönliche Auseinandersetzung damit können nur schrittweise erfolgen. Obwohl somatische und psychosexuelle Reifung synchronisiert progressiv verlaufen können, wird doch zumeist der somatische Reifungsvorgang eher zum Abschluß kommen. Nicht diese, innerhalb gewisser Grenzen noch normale Divergenz innerhalb der Reifung ist pathologisch, sondern nur die **ausgeprägte Retardierung der psychosexuellen Reifung** oder das **Stehenbleiben auf einer niedrigen Reifungsstufe**.
Beides kann zur Fehlhaltung bzw. zu Konflikten führen, wenn es zu einer – gemessen am erreichten Reifegrad – vorzeitigen Konfrontation mit spezifisch gynäkologischen bzw. sexuellen Problemen kommt (Kohabitation, Gravidität).

Leitbilder

Die Leitbilder werden zumeist der Umwelt entlehnt. Vor dem Hintergrund von konventionellen Wertungsdogmen (Religion, Kulturnormen) sowie neuen Rollenvorstellungen (s. o.) spielen neben irrealen Idolen (Film! Gewisse Literatur!) vor allem die Eltern und die Familie als Ganzes (»Familienmatrix«) eine vielschichtige Rolle:

- Der **Vater** repräsentiert nicht nur das Väterliche, sondern gleichzeitig den **»Mann«** schlechthin.
- Die **Mutter** repräsentiert das Mütterliche und das **»Weibliche«**.
- Beide sind Beispiel für **Ehe** und **Partnerschaft**.

Es ist leicht vorstellbar, daß in dem heranwachsenden Mädchen, je nach Anerkennung oder Ablehnung eines oder beider Elternteile hinsichtlich der oben erwähnten, in gewisser Hinsicht einseitigen Repräsentanz, Bereitschaft oder Hemmung gegenüber eigener Weiblichkeit, Sexualität, Partnerschaft und Mutterschaft induziert wird.

In praxi wird man beachten müssen, daß Reifung bzw. Einstellung im Hinblick auf Sexualität keineswegs mit der Reifung hinsichtlich Mutterschaftbereitschaft und Mütterlichkeit übereinstimmen muß. In gewissen Grenzen kann man hier von z.T. getrennten Daseinsinhalten sprechen, die man auch als solche bewußt anerkennen muß.

Die Bedeutung negativer Vorbilder ist klar: Sie schaffen Vorbehalte und psychosexuelle Hemmungen (s.u.). Andererseits kann sich aber auch ein – aus der kindlich-jugendlichen Perspektive heraus – als ideal empfundenes Vorbild ungünstig auswirken, falls die Bindung derart fixiert ist, daß die »Ablösung« und Verselbständigung blockiert wird. Dies kann durch falsche Erziehung und Beharren des Verhältnisses auf der Ebene elterlich-kindlicher Beziehung hervorgerufen sein.

Erwartung und Wirklichkeit

Der Reifungsprozeß kann auch später, unabhängig vom Elternhaus, aufgehalten oder zerstört werden, wenn die Wirklichkeit eigenen ersten sexuellen Erlebens nicht den Erwartungen entspricht (s.a. Erlebnisreaktionen).
Für die Auswirkung ist es zunächst ohne Belang, ob diese Inkongruenz durch falsche Erwartungen (Erziehung, Fehlinformation, Filmidole usw.) oder durch konfliktauslösendes Verhalten des Partners zustande gekommen ist.
Primäre Reifungsstörungen oder sekundäre, reaktive Regression können sich – abgesehen von der funktionell-somatischen Manifestation – u.a. in infantilem Verhalten äußern (Kleidung, Spiel), in der Milieugestaltung (Bilder, Puppen, Stofftiere, usw.), in einer infantilen Elternbindung oder – in anderer Weise

extrem – in demonstrativer Negation weiblichen Wesens: in virilem Gehabe.

Erlebnisreaktionen und Fehlreaktionen

> Ein einmal erreichter normaler oder unvollständiger Reifungsgrad (inkl. der Einstellung zur eigenen femininen Leiblichkeit) ist kein starres Faktum, sondern innerhalb der von der Persönlichkeitsstruktur gegebenen Grenzen modifizierbar. Hierbei werden vor allem jene Erlebnisse wirksam, die **äußere** und **innere Konflikte** schaffen und denen, in subjektiver Sicht, eine negative Bilanz eigen ist: tatsächliche oder eingebildete Gegensätze zwischen Wollen und Können, Vorsatz und tatsächlicher Haltung, Hoffnung und enttäuschender Wirklichkeit, Vertrauen und Wirklichkeit, oder Widersprüche wie Anerkennungsstreben und Ablehnung (was kränkt, macht krank).

Die Divergenz kann sich als Selbstwertverlust, als reaktive Depression, Schuldgefühl, Erwartungsangst u. ä. niederschlagen. Das Negative wird verdrängt, im Unbewußten aber, je nach Persönlichkeit und Erlebnisinhalt, assoziativ identifiziert mit:

- dem Erlebnisvorgang (Funktions- bzw. Organbezug!)
- dem Erlebnispartner (persönlich oder als »Mann«)
- der eigenen Existenz

Für unsere Betrachtung sind vor allem jene Erlebnisse bedeutsam, in denen die Frau »als Frau« betroffen wird. Sie werden Bereitschaft bzw. Hemmung dem Mann gegenüber wesentlich beeinflussen.

Die definitive Auswirkung eines Erlebnisses kann sehr unterschiedlich sein: Die Reaktion kann sinnvoll motiviert, also dem Erleben adäquat sein; dies wäre das Normale. Nur bei entsprechender Wertigkeit des Erlebens wird ein dauernder Schaden resultieren können (z. B. bei Vergewaltigung eines Mädchens). Die Erlebnisreaktion kann aber auch in überwertiger Weise gesteigert oder verzeichnet ablaufen und, unangemessen, als latenter Störfaktor perpetuiert werden.

Die durch Erlebnisreaktionen induzierten Störungen körperlich-seelischer Funktionen sind häufig schon anamnestisch durch die **zeitliche Zäsur im Befinden** erkennbar: Das Erlebnis teilt das Leben in ein »Vorher« und »Nachher«. Es gilt dann, das Symptom hinsichtlich seines Sinngehaltes, seines Ausdrucks zu entschlüsseln. Diesbezüglich sei nochmals auf unsere frühere Gegenüberstellung verwiesen (Tab. 19.1).

Ärztliche Konsequenzen

S. Abschn. »Diagnosefindung. Abschließende Aussprache« (s. S. 432).

19.3 Sexualität

Normale sexuelle Reaktion

Masters und Johnson haben die körperliche, sexuelle Reaktion erstmals exakt unter »Versuchsbedingungen« analysiert. Vage Vermutungen und Hypothesen können nunmehr durch Befunde ersetzt werden, denen eine gewisse Allgemeingültigkeit zuzukommen scheint.

Den Gesamtablauf einer vollständigen sexuellen Reaktion unterteilen Masters und Johnson in vier Phasen:

- Erregungsphase
- Plateauphase
- Orgasmusphase
- Rückbildungsphase

Es konnte gezeigt werden, daß der Normalablauf der körperlichen Reaktion relativ stereotyp und unabhängig von der Art der sexuellen Stimulierung ist.

Erregungsphase

Die erste Reaktion auf eine sexuelle Stimulation beliebiger Art ist die sog. **Lubrikation**, eine Flüssigkeitstranssudation der Vaginalhaut, die vermutlich durch eine Vasokongestion ausgelöst wird. Es folgt eine **Klitorisschwellung**; die Schnelligkeit dieser Reaktion ist der Reiznähe proportional. Die zunehmende Hyperämisierung wirkt sich weiterhin in einer **Brust- und Mamillenschwellung** sowie einer Labienschwellung (mit sekundärer Vulvaöffnung) aus. Die Vagina unterliegt erheblichen Veränderungen: Man fand eine Lumenerweiterung und eine Verlängerung (durch Elevation des Uterus).

Plateauphase

In dieser Phase werden allgemein-körperliche Reaktionen deutlich: Der Anstieg von Puls, Blutdruck und Atemfrequenz geht bei einer großen Zahl von Frauen mit einer hyperämischen Hautreaktion einher, dem **»Sexflush«**. – Im Genitalbereich kommt es zur Sekretabgabe aus den Bartholin-Drüsen, zu weiterer Elevation und Vergrößerung des Uterus. Schließlich setzt eine Lumenverengung des äußeren Vaginaldrittels auf die Hälfte ein (**»Orgastische Manschette«**). Die Klitoris retrahiert sich. – Die Areolen schwellen und täuschen eine Mamillenverkleinerung vor.

Orgasmusphase

Nach einem initialen Vaginalspasmus treten 3–12 rhythmische Kontraktionen auf, die jenseits der Menopause als schmerzhaft empfunden werden können. Blutdruck, Puls und Atmung erreichen ein Maximum. Auch die Skelettmuskulatur kann sich in wechselndem Ausmaß in Form tonischer Kontraktionen beteiligen.

Rückbildungsphase

Der geschilderten komplexen Aktivierung folgen nun, relativ schnell, die muskuläre Entspannung und die Rückbildung der extremen Blutkongestion. Dieser Rückgang äußert sich im Abschwellen der Areolen (die Mamillen treten vorübergehend wieder hervor), in der Rückbildung des Uterus und einer Lumennormalisierung der Vagina. Häufig setzt in der Rückbildungsphase eine den ganzen Körper betreffende Transpiration ein.
Während sich an die Rückbildungsphase beim Mann eine unterschiedlich lange Zeit sexueller Erregungsunfähigkeit anschließt, gibt es eine solche Refraktärzeit bei der Frau nicht.

Masters und Johnson untersuchten auch die sexuelle Reaktionen **während der Schwangerschaft**. Bei den meisten Frauen ist das sexuelle Bedürfnis zunächst unbeeinträchtigt, im zweiten Trimenon sogar gesteigert. Andere Autoren bestätigen dies nur für 24%. Im dritten Trimenon läßt das sexuelle Interesse im allgemeinen nach. In der Orgasmusphase kommt es offenbar meist nicht zu rhythmischen Uteruskontraktionen, sondern zu einer Dauerkontraktion, die sich beim Kind in einer vorübergehenden Herztonverlangsamung bemerkbar macht. Daraus ergeben sich unter Umständen Empfehlungen zur sexuellen Abstinenz in der Schwangerschaft (s. Kap. 6.2).
Das Stillen ist bei vielen Frauen mit sexuellen Empfindungen verbunden; es soll ferner ein frühzeitiges Erwecken sexueller Bedürfnisse für die Stillende zur Folge haben.

Der oben erwähnte Ablauf der »sexuellen Reaktion« gilt für den physiologischen Akt. Die **Fähigkeit** zu einer derartigen, kompletten Reaktion ist keineswegs a priori vorhanden, sondern u.a. das Ergebnis eines ungestörten psychosexuellen Reifungsvorganges, der, auch bei optimalen Voraussetzungen, Zeit benötigt: **»Sexuelles Verhalten muß erlernt werden«**. Je nach Stimulation und Reaktionsbereitschaft wird zunächst nur die 1. und 2. Phase erreicht (Abb. 19.2). In diesen Fällen ist die Rückbildungsphase extrem lang, was psychische und somatische Störungen zur Folge haben kann.

Die Notwendigkeit der sexuellen Reifungszeit geht auch aus der Tatsache hervor, daß 60% der 19jährigen eine konstante Anorgasmie angeben und nur 40% der 22jährigen. Im 1. Ehejahr kommen 25% der Frauen nie zum Orgasmus! Nach mehreren Ehejahren sinken diese Zahlen stetig ab und werden schließlich nur noch mit maximal 15% angegeben. Mit der Zeit sexuellen Verkehrs verringert sich auch das Ausmaß der Stimulationsnotwendigkeit.

Störungen der sexuellen Erlebnisfähigkeit

Die von Masters und Johnson sehr akzentuiert vorgetragene Feststellung, daß der Ablauf der somatischen sexuellen Reaktion stereotyp und unabhängig vom Reiz sei (gedankliche, visuelle Vorstellungen; Petting, Kohabitation, Masturbation), darf nicht zu dem Fehlschluß führen, daß ein solcher Ablauf bei jeder geschlechts»reifen« Frau selbstverständlich sei und daß, auf die Dauer gesehen, Erlebnis, Wertung und psychosexuelle Auswirkung vom Anlaß und seinen Begleiterscheinungen unabhängig sind. »Vollgültige Sexualität ist letztlich durch eine Sinnfindung charakterisiert, in der körperliches Miteinandersein, innerweltliche und umweltliche Situationen eingeschlossen sind« (Prill).
Die Konditionalfaktoren sexueller Betätigung können zur Reifung bzw. Steigerung der sexuellen Erlebnisfähigkeit beitragen oder, im umgekehrten Falle, zu Störungen führen.
Man gewinnt Verständnis für die Genese solcher Störungen, wenn man zunächst die **orgasmusfördernden Faktoren** zu definieren sucht. Hier sind zu nennen:

- Das Fehlen von allgemeinen psychosexuellen Hemmungen (s.u.).
- Rahmenbedingungen ohne Störfaktoren
- Ein Maximum an psychischer Bereitschaft dem Partner gegenüber

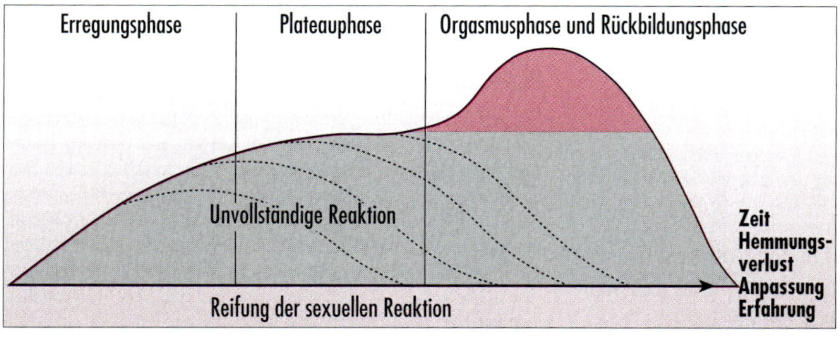

Abb. 19.2 Phasen der sexuellen Reaktion (nach der Definition von Masters und Johnson). Die komplette Reaktion als Folge eines Reifungsvorganges.

- Qualitativ und zeitlich adäquate Stimulierung durch den Partner sowie wechselseitige, einfühlsame Anpassung

Libidodysfunktion und Orgasmusstörungen

Die Parameter normaler Sexualität sind Geschlechtstrieb (Libido) und Orgasmusfähigkeit, die sinnentsprechenden Störungen also Libidomangel oder -verlust (Alibidimie) und Oligo- oder Anorgasmie.

Man hat Libidoverlust, der häufig mit reduzierter Reizbarkeit einhergeht (s. Erregungsphase), auf Abwehr und/oder Verdrängung der Sexualität zurückgeführt. Er kann den Charakter von Abscheu und Ekel annehmen und evtl. mit Beklemmungen, Kreislaufstörungen und anderen somatischen Symptomen einhergehen.
Den Orgasmusstörungen liegt eine mangelnde Hingabefähigkeit an die sexuelle Lust, den Mann »an sich« bzw. den speziellen Partner zugrunde. Die Anorgasmie kann primär oder sekundär, absolut oder konditional, d.h. situativ bedingt sein.
Die psychosexuelle Hemmung, die beiden Störungen als wesentliches Merkmal innewohnt, ist im Einzelfall naturgemäß unterschiedlich und kausal wie konditional individuell strukturiert. Sie kann auch organische Hintergründe haben oder mit Antikonzeption, Sterilisierung oder Operationen zusammenhängen (z.B. Ablatio). Nachfolgend kann nur das Grundsätzliche angesprochen werden.

Hemmung aus Angst, Furcht oder Befangenheit
- **Auf den sexuellen Akt bezogen:** erziehungsbedingt; durch negative Leitbilder im Reifungsprozeß (Eltern, »Familienmatrix«); durch religiöse Gründe oder durch Moralverirrungen induziert; durch frühe psychosexuelle Traumen bedingt; infolge von Schwangerschaftsangst; Verletzungsangst (Erziehung; Rücksichtslosigkeit des Partners); organisch bedingte Algopareunie.
- **Umweltbezogen, situativ:** Mitunter sind real erlebte oder nur eingebildete, befürchtete Störungen oder Überraschungen beim Sexualakt (Kinder, Personal u.a.) Anlaß zu schwerer, nachhaltiger Hemmung.
- **Versagensangst** vor dem Hintergrund abwegiger Normvorstellungen, wie sie von einigen Massenmedien verbreitet werden (Supersex).

Partnerbezogene psychosexuelle Hemmung
Hier sind Abwehr- oder Fluchtimpulse verschiedener Art manifest geworden.
- Manche maskulin-aktiven, krankhaft selbstbezogene Frauen blockieren unbewußt Erregbarkeit und Orgasmus, um sich ihre **»Überlegenheit«** dem Mann gegenüber zu beweisen (Brunhilde-Typ). Eine ähnliche Folge kann es haben, wenn eine an sich völlig natürliche Frau gegen die Überlegenheitsanmaßung ihres Partners unbewußt revoltiert.
- Häufiger anzutreffen ist eine **verminderte Bereitschaft** dem Partner gegenüber, sei es infolge neurotischer Bindung an andere, z.B. an die Eltern (Vater) oder zu geringer Bindung an den Partner selbst (mangelnde Zuneigung, voreilige Heirat, ungenügende Harmonie, Heirat aus Zwang oder Berechnung, große Altersdifferenz, Achtungsverlust).
- Schließlich finden sich **aggressive Tendenzen** infolge tatsächlicher oder vermuteter, eingebildeter Schuld des Mannes (Kränkungen, mangelnde Solidarität bei Gravidität bzw. post partum, außereheliche Beziehungen, Versagen von Kinderwunsch, Nötigung zur Sterilisation) oder unbewußter Ablehnung wegen abstoßender Gewohnheiten des Partners (Körpergeruch, Alkoholismus, Unsauberkeit usw.).

Selbstbedingte bzw. selbstbezogene Hemmung
- Eine selbstbedingte Hemmung kann auf **Schuldgefühlen** basieren, die vielfältiger Natur sind (Schuldgefühl dem Partner gegenüber; Schuldgefühl bei mangelndem Kinderwunsch; nach Schwangerschaftsabbruch, nach Sterilisation; Schuldempfindung wegen vermeintlicher Verletzung irgendwelcher anerzogener Normen; Schuldkomplex aus der Vergangenheit; Masturbation).

Hier ist auch die Möglichkeit folgender Wechselwirkung zu bedenken: Ein **vermeintliches »Versagen«**, an dem die Frau evtl. sogar schuldlos ist (z.B. bei fehlerhaftem Verhalten des Partners; Kinderlosigkeit), kann bei einer selbstunsicheren, sich beobachtenden Frau über Insuffizienzgefühle zu schweren psychosexuellen Störungen führen, um so mehr, als derartige Persönlichkeiten von sich aus nicht zu einer freimütigen, klärenden Aussprache bereit sind (Abb. 19.3). Eine depressive Grundhaltung begünstigt diese Möglichkeiten.

Postpartaler Libidomangel
Nicht selten tritt Alibidimie erstmals post partum in Erscheinung. Die Ursache dürfte hier in einer **überstarken Hinwendung** der Mutter zum Kind zu suchen

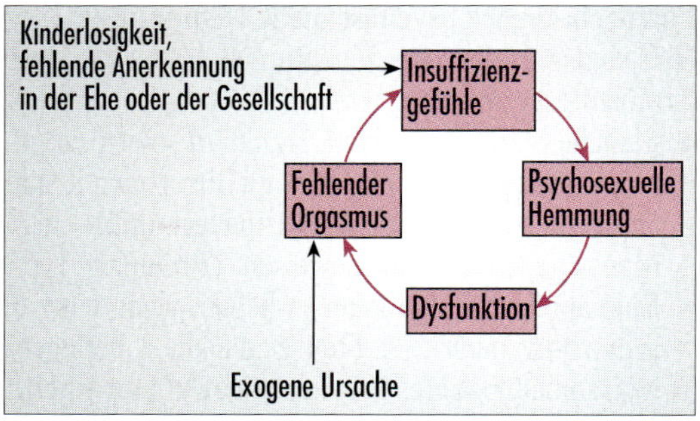

Abb. 19.3 Circulus vitiosus im Zusammenhang mit Anorgasmie.

sein, in einer Verlagerung der Daseinsinhalte, einer Distanzierung vom Partner. Die Störung pflegt innerhalb von 2–3 Monaten wieder von selbst zu schwinden.

Einfluß von Krankheiten

Auch bei einer ursprünglich psychosexuell intakten Partnerbeziehung können Libido und Orgasmusfähigkeit gestört sein, wenn bestimmte Krankheiten auftreten, die somatische oder psychische Auswirkungen haben. Dies sind z.B. im extragenitalen Bereich schwerer Diabetes, Addison-Krankheit, Hypothyreose, hypothalamische Tumoren, konsumierende Erkrankungen und streßbedingte Erschöpfungszustände sowie Depressionen. Im Genitalbereich können, in Abhängigkeit von der Persönlichkeitsstruktur, der ärztlichen Information (!) und dem Umweltverhalten, störende Folgen nach Uterusentfernung, Karzinombehandlung und, ganz besonders, nach Ablatio mammae auftreten (s. S. 464).

Störungen (Anorgasmie) durch inadäquates Sexualverhalten sub actu

Während die oben genannten Störungen bzw. Konstellationen sowohl für Frigidität als auch Anorgasmie verantwortlich gemacht werden können, kann die alleinige Anorgasmie in einigen Fällen durch ein inadäquates Sexualverhalten sub actu bedingt sein. Letzterem liegt oft eine Unkenntnis physiologischer Gegebenheiten zugrunde:

Auch ohne Vorhandensein der oben erwähnten psychosexuellen Hemmungen ist die sexuelle Erregbarkeit und Reaktion bei Mann und Frau sehr unterschiedlich. Der Mann ist durch visuelle Eindrücke stärker beeinflußbar, die Ejakulationsschwelle läßt sich wesentlich leichter und schneller erreichen als die Orgasmusschwelle der Frau. Diese Unterschiede müssen sub actu ausgeglichen werden: Eine zu starke Stimulierung des männlichen Partners oder eine zu geringe der Frau hat zwangsläufig eine zeitliche Dissoziation der Höhepunkte zur Folge; für die Frau bedeutet dies zumeist, daß sie nicht zum Orgasmus gelangt.

Sofern die Partner einsichtig und anpassungswillig sind, kann diese Art von Anorgasmie leicht durch Aufklärung der Zusammenhänge und sexualtechnische Beratung beseitigt werden. Ergänzend kann eine Gleitsalben- oder Gelapplikation oder ein Oberflächenanästhetikum empfohlen werden, um mechanisch induzierte Erregungsreize des männlichen Partners zu vermindern.

Es ist wichtig, diese **»Pseudoanorgasmie«** möglichst schnell zu beheben, da sonst im Laufe der Zeit aus dem anfangs sexualtechnischen Problem eine echte psychosexuelle Hemmung und echte Anorgasmie wird, verbunden mit schweren Störungen der Selbstwertgefühle oder mit Aggressionstendenzen.

Folgen langdauernder Anorgasmie

Die psychisch-menschlichen Folgen langdauernder Anorgasmie sind je nach der Strukturierung der Persönlichkeit und der Störung sehr unterschiedlich: sie reichen von **Gleichgültigkeit** gegenüber sexuellem Kontakt bis zu aggressivem **Haß** auf den Partner, von einer **»mütterlichen« Umwertung** der Beziehung bis zu resignationsbestimmter **Selbstunsicherheit** und zwischenmenschlicher Kontaktstörung. Im organischen Bereich kann als Folge ungestörter Erregungen und chronischer Vasokongestion bei entsprechender vegetativer oder neurotischer Disposition eine vegetativ-muskulär-vaskuläre Dystonie im kleinen Becken auftreten, die dann als »statische Insuffizienz« (Kreuzschmerz), »Adnexentzündung«, »Parametropathie« oder »chronischer Fluor« somatisch mißverstanden wird.

Auch der männliche Partner wird ernsthaft mitbetroffen: Je nach Einsicht, Veranlagung und Zuneigung wird er seinerseits Insuffizienzgefühle und Störungen des Selbstbewußtseins entwickeln (»Versagen«), durch Vorwürfe das Eheleben gefährden oder außerehelich »einfachere« Partnerinnen suchen, deren Befriedigung das in Frage gestellte Selbstbewußtsein restaurieren hilft.

Vaginismus

Als Vaginismus bezeichnet man eine spastische Reaktion von Dammuskulatur und unterem Vaginaldrittel, die durch taktile Fremdreize ausgelöst und durch Verlegung von Introitus und Vagina zum **Kohabitationshindernis** wird.

Als Ursache sind Potenzstörungen des Partners, starke generelle psychosexuelle Hemmung oder rein personelle Abwehrimpulse bei der Frau, Angst (Verletzung, Schwangerschaft) sowie frühere psychosexuelle Traumen zu nennen. Hier sei auf S. 461 verwiesen. Schließlich kann Vaginismus auch eine verständliche Abwehrreaktion bei permanenter Dyspareunie sein (s. u.). Im letzteren Falle ist die Störung noch am leichtesten zu beheben, sofern organische Prozesse vorliegen. Vaginismus ist bei ca. 5% der über gestörte sexuelle Beziehungen klagenden Frauen nachweisbar.

Organisch bedingte Dyspareunie

Schmerzhaften Geschlechtsverkehr bezeichnet man als **Dyspareunie**, oder, eindeutiger, als **Algopareunie**. Die Ursache kann **psychosexueller** bzw. **funktioneller Art** sein, z.B. bei abwehrbedingter Anspannung der Levatoren, oder, vor allem, bei ungenügender Lubrikation (s. S. 459), die ihrerseits durch ungenügende Erregbarkeit oder unzureichende Stimulation zu erklären ist. Häufiger dürfte die Ursache im **organischen Bereich** liegen.

Organisch ernsthaft zu werten und therapeutisch zu berücksichtigen sind:

- **Trophische Störungen im Vulvo-Vaginalbereich** (Dystrophie, Zustand nach Radiatio, Östrogenmangel), vor allem bei postmenopausalen Frauen bedeutsam
- **Gewebeschäden** nach Geburten oder Operationen (Narben im Introitus, in der Vagina, im Beckenboden oder Beckenbindegewebe; Bindegewebsdefekte [Allen-Masters-Syndrom])
- **Entzündliche Erkrankungen** an Vulva, Vagina, Uterus und Adnexen sowie den Nachbarorganen (Blase, Rektum, Ileozökalbereich)
- **Endometriosen**, evtl. Verwachsungen, z.T. auch Retroflexio uteri fixata
- **Varikozelen** im kleinen Becken

Bei einer **sekundären Dyspareunie**, deren Beginn schon länger zurückliegt, wird man auch bei unauffälligem Befund nach früheren Krankheiten der oben genannten Art fahnden müssen. Es ist durchaus denkbar, daß eine frühere, damals wirklich organisch bedingte Erfahrung schmerzhafter Kohabitation zu einer **bleibenden Gedankenassoziation** geworden ist (der Verkehr tut weh...), obwohl die damalige Störung längst geschwunden ist. Aus der organischen wurde die psychische Störung im Sinne einer **Erwartungsneurose**: »Der Schmerz geht vorüber, aber Schmerz gehabt zu haben, niemals« (Bloy). Aus diesem Grunde sollte man nach Operationen auch ein zeitlich sinnvolles Kohabitationsverbot aussprechen, etwa 4–8 Wochen je nach Operation. Nach dieser Zeit dürften in der Regel keine Kohabitationsschmerzen mehr auftreten, wenn man die auf S. 403 u. 462 aufgeführten Tatbestände ausschließt.

Bei manchen therapieresistenten Krankheiten im Genitalbereich muß man sich mitunter fragen, ob diese »Krankheit« nicht ihrerseits sekundär ist, d. h. somatischer Ausdruck einer sexuellen Abwehr ist und als Legitimation sexueller Abstinenz benutzt wird. Diesbezüglich sind verdächtig: zervikale Hypersekretion, chronische Kolpitiden, speziell Kohabitationsschmerzen bei »Unterleibsentzündung«, Pruritus u. ä.

Vergewaltigung

Wird man im Zusammenhang mit einer Vergewaltigung konsultiert, so ist nach einer exakten, auch zeitlich differenzierten Anamnese bei der anschließenden Untersuchung auf Verletzung des Genitales zu achten, sowie mittels Sekretentnahme und Abstrichen ein eventuelles Vorhandensein von Spermien im Genitaltrakt zu ermitteln.

Psychosexuelle Folgen von Operationen

Sterilisierung

Nach einer auf Wunsch, bei stabiler Partnerschaftsbeziehung und nach sachkundiger Aufklärung durchgeführten Sterilisierung sind 85–95% der Frauen mit dem Eingriff zufrieden. Ihr Sexualleben erlitt keine Einbußen oder veränderte sich sogar positiv: Bei 15–20% kam es zur Steigerung der Libido bzw. Orgasmusfähigkeit. Man wird dies auf die Beseitigung von Schwangerschaftsängsten zurückführen dürfen. Demgegenüber äußern etwa 5–15% eine Beeinträchtigung. Man wird diese weniger mit direkten Operationsfolgen als vielmehr mit **psychischen Auswirkungen** erklären müssen. Mit dem Eingriff ist eine bewußte Beschränkung auf rein sexuellen Lustgewinn herbeigeführt worden, die zwar rational, nicht immer jedoch auch emotional und im Unterbewußtsein bejaht wird und sogar **Schuldgefühle** unterhalten kann (Identifizierungskrise; s. Wertungsdogmen und Rollenkonflikte, S. 449ff.). Ferner kann der Fertilitätsverlust als Selbstwertverlust im spezifisch weiblichen Bereich erlebt werden, verstärkt durch das Bewußtsein der Unwiederbringbarkeit. Etwas »nicht mehr wollen« ist nicht gleichbedeutend mit »es nicht mehr können«.

Analysen zeigen, daß sich die negativen Auswirkungen im sexuellen Bereich vornehmlich bei jenen Frauen manifestieren, deren Partnerschaftsverhältnis schon vorher nicht optimal war (Konflikte, Libidodysfunktion), die zur Sterilisierung gedrängt wurden und ambivalent blieben, und/oder deren Persönlichkeitsstruktur durch Labilität, psychopathisch-neurotische Züge und Selbstunsicherheit zu charakterisieren ist. Dies hat man bei der Beratung und Entscheidungshilfe zu beachten. Zunehmendes Alter und abgeschlossenes Familienbild vermindern das Risiko.

Exstirpation des Uterus

Die Exstirpation wird von jenen Frauen, die ständig durch uterine Krankheitssymptome belästigt werden, deren Familienplanung abgeschlossen ist und denen die Antikonzeption Probleme bietet, verständlicherweise meist positiv erlebt und oft mit einer Steigerung der sexuellen Erlebnisfähigkeit beantwortet (**»Befreiung«**). Bei anderen kann die Operation psychosexuelle und existentielle Krisen zur Folge haben: leicht einfühlbar bei jungen, noch kinderlosen Frauen. Im übrigen muß man sich die Bedeutung klarmachen, die dem Uterus von den Frauen (und ihren Männern) beigemessen wird: Als spezifisch weibliches Erfolgsorgan (Schwangerschaftsempfänger, -träger, Geburtsorgan) ist er wesentlicher **Teil des fraulichen Selbstwertgefühls**, er beinhaltet, generativ verstanden, potentielle Unsterblichkeit, indem er die Vergänglichkeit in der Fortpflanzungsfunktion aufzuheben scheint.

Der Uterusverlust wird von manchen Frauen als **Verlust ihrer sexuellen Identität** gewertet, als gleich-

bedeutend mit der Aufgabe der sexuellen Erlebnisfähigkeit. In anderen Fällen ist es der Partner, der die Frau nicht mehr als »sexuell vollwertig« betrachtet und es sie fühlen läßt! Zu diesen Vorstellungen kommen noch andere, die teils einer Mythifizierung, teils einfacher Unkenntnis entstammen und zwangsläufig ganz konkrete Erwartungsängste auslösen. So wird z. B. die Exstirpation des Uterus im Sinngehalt mit der Menopause gleichgesetzt, als Kastration mißverstanden, als Verlust eines für die »Entgiftung« des Körpers notwendigen Organs. Als Pragmatiker möchte man solchen Fehlinformationen und beängstigenden Erwartungen zumindest den gleichen Stellenwert zubilligen wie den tiefenpsychologischen Aspekten. Dies wäre praktisch bedeutsam, würde es doch heißen, daß man mit sinnvoller Information einen Großteil der Folgen vermeiden kann. Es ist aufschlußreich, daß man an manchen Kollektiven bei 30–50% der Operierten Einschränkungen der sexuellen Erlebnisfähigkeit ermittelt hat, dazu noch Depressionen bei 10%, während andere Autoren, die ganz akzentuiert die Notwendigkeit des prä- und postoperativen Gespräches mit der Patientin und ihrem Partner (!) betonen, solche Folgen als die Ausnahme darstellen.
Neben solcher Information (für die man sich Zeit nehmen muß), ist eine **sorgsame Indikationsstellung** zwingend; nur dann kann man der Patientin Sinn und Notwendigkeit des Eingriffs verständlich machen und ihn unter Umständen als Gewinn empfinden lassen. Besondere Zurückhaltung ist bei jenen Frauen angebracht, die bereits im Zusammenhang mit der Sterilisation als anfällig charakterisiert wurden. Bei ihnen wird auch eine optimale Information nicht immer ausreichen, negative Auswirkungen zu verhindern.

Ablatio mammae

Besonders schwerwiegende Folgen für das weibliche Identitätsbewußtsein, das Gefühl der Unversehrheit und die sexuelle Unbeschwertheit (als Voraussetzung für die ungestörte Erlebnisfähigkeit) hat die Ablatio mammae. Man kann dieses Problem durchaus getrennt von dem der existentiellen Bedrohung durch das Karzinom betrachten. Die Brust wird traditionell und gegenwärtig ganz besonders als Symbol der Weiblichkeit, als **Identitätsmerkmal** und sexuelles Reizorgan empfunden und der Verlust entsprechend erlebt, ganz abgesehen vom Ästhetischen. Die tägliche Sichtbarkeit des Verlustes (im Gegensatz zur Uterusentfernung) macht die Verarbeitung fast unmöglich. Man hat bei 33–70% der Frauen eine Reduzierung ihrer sexuellen Bereitschaft und Erlebnisfähigkeit ermittelt. Diese Folgen sind offenbar schon als Erwartung und Überzeugung vorfixiert: Viele Frauen scheinen die Tatsache der karzinomatösen Erkrankung leichter zu akzeptieren als die Ablatio! Dieses Wissen soll die Bereitschaft fördern, sich dem Problem im Gespräch zu stellen, die Zulässigkeit brusterhaltender Operationen zu erwägen und auch Fragen des möglichen Wiederaufbaus anzusprechen. Schon dies mindert manche Ängste.

Sexualfunktion und Alter

Die Libido nimmt bis zum 35. Lebensalter zu, und bleibt dann für sehr lange Zeit konstant.
Es ist wissenswert, daß das sexuelle Bedürfnis des Mannes mit zunehmendem Alter schneller nachläßt als dasjenige der Frau. Im Gegensatz zur allgemeinen Annahme soll die Menopause keine obligate Zäsur der sexuellen Erlebnisfähigkeit darstellen. Bei über 50% der 60- bis 80jährigen konnte noch sexuelle Aktivität nachgewiesen werden. Untersuchungen in Deutschland haben jedoch ergeben, daß nach der Menopause ein Nachlassen von Libido und Orgasmusfähigkeit zu erwarten ist (Prill).
Der absinkende Hormonspiegel kann sich organisch auswirken: Die Lubrikation tritt infolge der Vaginalatrophie wesentlich langsamer ein und kann mitunter ungenügend sein. Manchmal können auch die orgastischen Uteruskontraktionen als schmerzhaft empfunden werden.
Die sexuelle Erlebnisfähigkeit im Alter ist von der Regelmäßigkeit und Häufigkeit sexueller Beziehungen abhängig.
Die Vorstellung vom »Verbrauch« sexueller Energien ist unrichtig, eine bewußte Zurückhaltung begünstigt im Gegenteil ein Nachlassen sexueller Spannkraft und Erlebnisfähigkeit. Man verkenne aber auch nicht, daß die zwischenmenschlichen Beziehungen und die Kongruenz der Erwartungen und Wünsche zunehmend belastet sein können, sei es durch Altersunterschiede, durch unterschiedlichen Abbau körperlicher und/oder geistiger Funktionen, Starrsinn usw. Im Hinblick auf die objektivierte, teils erhebliche Aktivierung des Kreislaufs sub actu sind Herzkranke speziell zu beraten.

Diagnostik und Therapie

Meist werden sexuelle Schwierigkeiten nur beiläufig oder nur auf Befragen während einer Konsultation offenbar. Der Arzt sollte diesem Problem nicht primär ausweichen, sondern zumindest gewisse **Grundfragen** abklären:

Grundfrage an die Patientin: Kommen Sie von selbst oder auf Veranlassung Ihres Mannes?
Die Antwort auf diese Frage kann mitunter ein Hinweis sein, welcher der beiden Partner von der Störung mehr betroffen ist bzw. sie höher wertet. Wenn die Patientin von ihrem Mann geschickt wird, so besteht der Verdacht, daß es seinerseits am Verständnis für die Problematik fehlt: Er stellt sich a priori außerhalb des Kausalzusammenhanges. Mitunter soll auch eine von ihm verschuldete oder mitunter mitverschuldete Störung verschleiert und die sexuelle Problematik der Patientin als »organisch« angelastet werden.

Besteht ein krankhafter Organbefund?
Falls ja, ist er zu behandeln. Im Falle von altersbedingten Störungen (Vaginalatrophie) ist die Applikation östrogenhaltiger Salben oder gelöser Präparate oder die Gabe von Östriol per os (tgl. 1 mg) empfehlenswert.

Besteht die sexuelle Störung schon seit der ersten sexuellen Beziehung (primäre Störung)?
Wird damit eine tiefer liegende psychosexuelle Störung (Hemmung) wahrscheinlich, so ist die weitere Abklärung durch einen geschulten Psychoanalytiker zu veranlassen.

Besteht die sexuelle Störung erst seit Beginn der Partnerschaft?
Wird dies bejaht, so ist zunächst durch Exploration der Sexualgewohnheiten und -techniken zu prüfen, ob die Störungen durch inadäquates Verhalten sub actu bedingt sind (s.d.). In diesen Fällen können einfache Aufklärung des Ehepartners, sexualtechnische Beratung und Lokalbehandlung erfolgreich sein.

Sind die sexuellen Störungen erst von einem bestimmten Zeitpunkt an aufgetreten?
Falls ja, läßt sich eine Korrelation mit bestimmten Erlebnissen oder Konflikten nachweisen? Besteht eine schwere Konfliktsituation in der Partnerschaft, die Ursache und nicht etwa Folge sexueller Störungen ist? Bei einer derartigen »reaktiven« psychosexuellen Störung wird selbst der psychotherapeutisch geschulte Arzt ohne Änderung der Umweltverhältnisse wenig ausrichten können. Hormone sind sinnwidrig, Psychopharmaka können höchstens entspannend, nicht aber kausal wirken, es sei denn, der Konflikt ist durch Reizbarkeit der Frau bedingt oder aktiviert.
Scheidet die letzte der obenerwähnten Vermutungen aus und wird eine tiefer liegende psychosexuelle, partnerbezogene Hemmung offenbar, so ist zunächst zu klären, ob beiden Partnern an einer Lösung des Problems wirklich gelegen ist und ob beide zu weiteren Gesprächen bereit sind. Letztere sollten dann dem Erfahrenen vorbehalten bleiben.

Sind sekundär aufgetretene sexuelle Schwierigkeiten mit einer anderweitigen seelischen oder physischen Überforderung in Verbindung zu bringen?
Hier können familiäre bzw. berufliche Dinge bedeutend sein, ferner Krankheiten oder altersbedingte Änderungen der Vitalität. In den letztgenannten Fällen kann mitunter eine Hormontherapie sinnvoll werden, indem sie mit einer Hebung des Allgemeinbefindens zugleich eine Steigerung der sexuellen Appetenz bzw. Aktivität herbeiführt.

Werden oder wurden Hormone verabfolgt? Effekt? Bestehen Hinweise auf endokrine Störungen?
Die Formel Sexualität = Hormoneffekt ist in dieser Simplifizierung unrichtig. Die Sexualhormone repräsentieren nur einen Teilfaktor, der lediglich bei erheblicher Abweichung vom Normalen einen eigenen Krankheitswert bekommt. Eine stereotype Östrogentherapie bei »Frigidität« ist zumeist unsinnig und wirkungslos (Ausnahme evtl. bei vaginalatrophisch bedingter Algopareunie). Dessenungeachtet gibt es sicherlich Beziehungen zwischen sexuellem Erleben und den Steroiden, wie die Erfahrungen mit unterschiedlich zusammengesetzten Ovulationshemmern zeigen.

Mitunter ist eine »Fremdanamnese«, also die **Befragung des Partners**, aufschlußreich und liefert Ansätze zur Therapie.

> Störungen der sexuellen Erlebnisfähigkeit und Reaktion sind zu etwa 90% nicht organisch oder hormonal, sondern **psychisch bedingt** und Ausdruck einer gestörten Innenwelt-, Umwelt- oder Partnerbeziehung, die nicht durch Hormongaben oder Operation korrigiert werden kann.
> Auch andere, zunächst »organisch« imponierte Beschwerden im Genitalbereich müssen mitunter als Folge bzw. Ausdruck einer psychosexuellen Störung verstanden werden.
> Dennoch darf man organische Ursachen nicht völlig ignorieren!

Die Zusammenhänge sind in den entsprechenden Kapiteln abgehandelt.

Literatur

Ahrens S. Lehrbuch der psychotherapeutischen Medizin. Stuttgart: Schattauer 1997.

Buchheim P. Psychotherapie und Psychopharmaka. Stuttgart: Schattauer 1997.

Eicher W. Die sexuelle Erlebnisfähigkeit und die Sexualstörungen der Frau. Leitfaden für die ärztliche Praxis. 2. Aufl. Stuttgart: Fischer 1977.

Hertz DG, Molinski H. Psychosomatik der Frau. Berlin, Heidelberg, New York: Springer 1980.

Kaplan HS. Sexualtherapie. Stuttgart: Enke 1990.

Lauritzen Ch. Sexualität im Alter. In: Handbuch der Gerontologie. Platt D (Hrsg). Stuttgart: Fischer 1987.

Lauritzen Ch. Altersgynäkologie. Stuttgart: Thieme 1996.

Masters WH, Johnson VE. Die sexuelle Reaktion. Reinbek: Rowohlt 1970.

Masters WH, Johnson VE. Impotenz und Anorgasmie. Frankfurt: Goverts-Krüger-Stahlberg 1973.

Pasini W. Psychosomatik in Sexualität und Gynäkologie. Stuttgart: Hippokrates 1980.

Prill HJ. Psychosomatische Gynäkologie. München: Urban & Schwarzenberg 1964.

Uexküll T v et al. Psychosomatische Medizin in Praxis und Klinik. Stuttgart: Schattauer 1994.

Uexküll Th v, Adler RH, Herrmann JM, Köhle K, Schönecke OW, Wesiack W (Hrsg). Psychosomatische Medizin. 5. Aufl. München, Wien, Baltimore: Urban & Schwarzenberg 1996.

Wilk R et al. Weibliche Sexualität. In: Klinik der Frauenheilkunde und Geburtshilfe. Bd. 2. 3. Aufl. Wulf KH, Schmidt-Matthiesen H (Hrsg). München: Urban & Schwarzenberg 1996.

Anhang

Antibiotikatherapie in Geburtshilfe und Gynäkologie

H. A. Hirsch

Für eine wirksame und nebenwirkungsarme Antibiotikatherapie ist die Kenntnis der klinisch wichtigsten Eigenschaften der Antibiotika und Chemotherapeutika erforderlich. Allgemein klinisch relevante Einzelheiten über Chemie, Wirkungsspektrum und Wirkungsweise der Antibiotika und die Resistenz der Keime gegen Antibiotika finden sich in den einschlägigen, kurzfristig immer wieder aktualisierten Monographien.

Pharmakokinetik

Bei **Schwangeren** entstehen wegen des größeren Verteilungsvolumens und anderer physiologischer Veränderungen niedrigere Serum- und Gewebespiegel von Antibiotika, speziell von Ampicillin, als bei Nichtschwangeren. Deshalb müssen in der **Schwangerschaft höhere Antibiotikadosen** verabreicht werden, um therapeutisch wirksame Spiegel zu erreichen.
Bei ungenügender Ausscheidung infolge von **Niereninsuffizienz** (u. a. auch bei der Präeklampsie) oder infolge Unreife der Nierenfunktion (z. B. bei Frühgeborenen) können auch bei therapeutischer Antibiotikadosierung extrem hohe Blut- und Gewebsspiegel mit **toxischen Nebenwirkungen** entstehen. Ein typisches Beispiel ist das in der frühen Antibiotika-Ära beobachtete **Grey-Syndrom**, ein toxischer Kreislaufkollaps durch Kumulierung von Chloramphenicol bei Frühgeborenen. Ferner gehören zu den pharmakokinetischen Eigenschaften die Liquorgängigkeit, die Ausscheidung in der Galle sowie der Übertritt zum Feten und ins Fruchtwasser.

Toxikologie

Man kann allgemeine Nebenwirkungen der Antibiotika und spezielle Nebenwirkungen bei Schwangeren und in der Stillperiode unterscheiden.

Allgemeine Nebenwirkungen

(s. Tab. A.1)

- **Allergisch-toxische Reaktionen**
- **Veränderung der Körperflora**, insbesondere der Darm- und Vaginalflora: Breitspektrum-Antibiotika führen zu Meteorismus, Diarrhöen, manchmal zu einer Glossitis und in extremen Fällen zur gefürchteten pseudomembranösen Colitis (Erreger: C. difficile).
- **Auftreten von antibiotikaresistenten Keimen:** Durch Antibiotikabehandlung werden antibiotikaresistente Keime selektioniert und angereichert. Das hat epidemiologische Bedeutung (Hospitalismus), betrifft aber auch die gerade antibiotisch behandelte Patientin durch Änderung ihrer Körperflora: Erregerwechsel und, wahrscheinlich seltener, Resistenzentwicklung der Infektionskeime.
- **Verschleierung von Infektionssymptomen:** Durch die Antibiotikabehandlung werden Infektionen in ihrer Symptomatik verändert – meist mitigiert –, so daß daraus folgenschwere diagnostische Irrtümer entstehen können (z. B. Verkennung einer schleichenden Peritonitis).

Spezielle Nebenwirkungen

Schwangere

Praktisch alle Antibiotika treten in mehr oder weniger hohen Konzentrationen diaplazentar zum Kind und ins Fruchtwasser über. Deshalb sind in der Schwangerschaft sowohl **Nebenwirkungen bei der Mutter als auch beim Kind** zu beachten. Wie alle Arzneimittel sollten auch Antibiotika während der ersten

Tab. A.1 Toxische und allergische Nebenwirkungen der wichtigsten Antibiotika.

	Allergie	Neuro-toxizität	Niere	Leber	Blut	Magen/Darm
Penizilline	+++	+	–	–	–	+
Amoxicillin/Clavulansäure	+++	+	–	–	–	+
Cephalosporine	++	–	–	–	+	+
Imipenem	++	++	+	+	+	+
Erythromycin	+	–	–	+	–	++
Azithromycin	+	–	–	+	+	++
Clindamycin	+	–	–	+	–	++
Chloramphenicol	+	+	–	–	++	++
Tetrazykline	+	–	+	++	+	++
Aminoglykoside	+	++	++	–	–	–
Nitrofurantoin	++	++	–	+	+	–
Sulfonamide	+++	–	+	+	+	–
Co-trimoxazol	+++	–	+	+	+	–
Chinolone	+	++	–	–	–	+
Metronidazol	+	++	–	–	+	–
Fluconazol	+	+	–	+	–	++
Aciclovir	+	+	+	–	–	+

+++ = relativ häufig; ++ = gelegentlich/selten; + = sehr selten; – = keine Nebenwirkungen.

12 Schwangerschaftswochen nur mit strenger Indikation verwendet werden. Man weiß aber, daß Infektionen ihrerseits sowohl Fehlbildungen beim Kind als auch Aborte verursachen können. Deshalb ist bei entsprechender Indikation im mütterlichen und kindlichen Interesse eine Antibiotikabehandlung in der Schwangerschaft und auch während der Embryonalperiode angezeigt. Entscheidend ist die **Wahl eines geeigneten Antibiotikums**.

Als weitgehend unbedenklich gelten Penicilline, die meisten Cephalosporine, Erythromycin-Base und Ethambutol. Bei einigen neueren Cephalosporinen und Makroliden sowie bei der Kombination von Amoxicillin mit Clavulansäure oder Ampicillin mit Sulbactam, bei Imipenem, Vancomycin und anderen ist wegen der begrenzten Erfahrung die Sicherheit noch nicht erwiesen.

Chinolone (neue Gyrasehemmer wie Norfloxacin, Ofloxacin, Ciprofloxacin) verursachen bei jungen Hunden und Ratten Knorpelschäden an belasteten Gelenken. Beim Menschen wurden diese Veränderungen nicht beobachtet. Trotzdem sind Gyrasehemmer bei Kindern, Jugendlichen und in der Schwangerschaft kontraindiziert.

Nitrofurantoin kann bei Glucose-6-phosphat-dehydrogenase-Mangel eine hämolytische Anämie verursachen. Deshalb wird vor der Anwendung in der Schwangerschaft, insbesondere vor der Geburt, gewarnt.

Zweckmäßigerweise unterscheidet man zwischen Nebenwirkungen während der Embryonalperiode, der übrigen Schwangerschaft, dem Zeitraum während der Geburt und der Stillperiode (s.a. S. 153, S. 192f., Tab. 6.3).

Embryonalperiode

Während der Organogenese besteht die Gefahr der **Teratogenität**. Im Tierversuch können mit einer Reihe von Antibiotika **Mißbildungen** erzeugt werden. Eine entsprechende Wirkung beim Menschen ist bisher jedoch nicht bewiesen, obwohl einige Einzelbeobachtungen diese Möglichkeit nicht ganz ausschließen.

Als **bedenklich** oder zumeist nicht völlig unbedenklich werden eingestuft: Tetrazykline, Aminoglykoside, Clindamycin, Ketoconazol und andere Azole, Amphotericin B, als **potentiell teratogen** Aciclovir, Azidothymidin, Trimethoprim, Pyrimethamin, Gyrasehemmer, Rifampicin, Chloramphenicol, Sulfonamide und einige weitere kaum angewandte Substanzen.

Fetalperiode

Tetrazykline führen beim Feten zur Verfärbung der Milchzähne und zu Schmelzdefekten mit erhöhter Kariesanfälligkeit sowie zu reversiblen Wachstumsstörungen der langen Röhrenknochen. Bei der Mutter

können sie bei intravenöser Applikation in sehr hohen Dosen zu schweren Leberschäden mit Todesfolge führen. Tetrazykline sollten deshalb während der Schwangerschaft nicht verabreicht werden.
Streptomycin und andere Aminoglykoside (Gentamicin, Tobramycin, Amikacin) können bei Mutter und Kind Gehörschäden verursachen. Sie sollten nur bei strenger Indikation verwendet werden.
Als bedenklich wegen ihrer Nebenwirkungen gelten dieselben Antibiotika wie in der Embryonalperiode.

Zeitraum während der Geburt

Arzneimittel, die der Mutter unmittelbar vor Geburtsbeginn oder sub partu verabreicht werden, können evtl. nach der Geburt beim Kind Störungen oder Schäden verursachen, wenn sie infolge unzureichender Metabolisierungs- und Ausscheidungsmechanismen des Neugeborenen nicht adäquat eliminiert werden können.
Sulfonamide verdrängen Bilirubin aus seiner Albuminbindung und können dadurch beim Kind nach der Geburt die Entstehung eines Kernikterus fördern (Überlaufphänomen). Besonders gefährdet sind Frühgeborene, einerseits wegen ihres niedrigen Albuminspiegels, andererseits wegen ihrer unzureichenden Leber- und Nierenfunktion.

Stillperiode

Wie die meisten Arzneimittel, so treten auch Antibiotika in die Muttermilch über. Einige erreichen 50–100% des mütterlichen Serumspiegels (z.B. Erythromycin, Tetrazykline, Metronidazol, Sulfonamide, Trimethoprim, Chloramphenicol, Isoniazid), andere, wie Penicillin G, Ampicillin, Oxacillin, Aminoglykoside, Cephalosporine und Spectinomycin dagegen nur 2–20%. Die Dosen, die der Säugling bei den niedrigen Konzentrationen des Antibiotikums in der Muttermilch aufnehmen kann, liegen deshalb weit unter der Grenze pharmakologischer Wirksamkeit. Trotzdem ist eine toxische oder allergische Wirkung bei einigen Antibiotika nicht auszuschließen. Gefährdet sind am ehesten **Frühgeborene** und **Kinder mit erblichen Enzymdefekten**. Kontraindiziert in der Stillzeit sind Tetrazykline, Chloramphenicol, Trimethoprim-Sulfamethoxazol (Co-trimoxazol) und Chinolone. Als sicher gelten Penizilline, Cephalosporine und Erythromycin, ferner Gentamicin, Clindamycin und Spectinomycin. Einige der Breitspektrum-Antibiotika können Störungen der Darmflora des Neugeborenen verursachen. Bei den übrigen antibakteriellen Substanzen ist Vorsicht geboten. Nitrofurantoin kann bei Glucose-6-phosphat-dehydrogenase-Mangel beim Neugeborenen Hämolyse hervorrufen. Bei Metronidazol bekommt die Milch einen metallischen Geschmack.

Indikationen für die Antibiotikaanwendung

Antibiotikaprophylaxe

Die **perioperative Antibiotikaprophylaxe** zur Verhütung postoperativer Infektionen im Wundgebiet hat weite Verbreitung gefunden und wird vor allem bei Operationen mit hohem Infektionsrisiko angewendet (Tab. A.2). Postoperative Infektionen haben dadurch stark abgenommen.
Die Wahl des Antibiotikums richtet sich nach den zu erwartenden Infektionserregern; das sind in der Gynäkologie und Geburtshilfe Keime der Vaginal- und Darmflora. Bevorzugt werden **Cephalosporine der 1. und 2. Generation**, die wirksam, preisgünstig und für die therapeutische Anwendung weitgehend entbehrlich sind. Bei Darmoperationen hat sich die zusätzliche Gabe von Metronidazol gegen Anaerobier bewährt.
Die Antibiotikaprophylaxe muß **präoperativ**, spätestens intraoperativ verabreicht werden, damit das Antibiotikum zum Zeitpunkt der bakteriellen Kontamination, d.h. während der Operation, im Blut und im Gewebe bereits vorhanden ist. Bei den meisten Operationen hat sich eine Einmaldosis bewährt. Bei länger dauernden Operationen kann eine zweite und eine dritte Dosis intraoperativ verabreicht werden. Postoperativ ist die Fortsetzung der Antibiotikaprophylaxe, insbesondere über 24 Stunden hinaus, nicht nur unnötig, da der Infektionsschutz dadurch nicht erhöht

Tab. A.2 Indikationen zur perioperativen Antibiotikaprophylaxe.

- Vaginale Hysterektomie
- Abdominale Hysterektomie mit erhöhtem Infektionsrisiko
- Erweiterte Hysterektomie und andere ausgedehnte Karzinomoperationen
- Vulvektomie
- Abdominelle Schnittentbindung mit erhöhtem Infektionsrisiko
- Rekonstruktive Sterilitätsoperationen
- Aborte und Schwangerschaftsabbrüche mit erhöhtem Infektionsrisiko
- Mammaoperationen

wird, sondern wegen der Nebenwirkungen sogar ungünstig. Bei septischen Operationen, z.B. pelvinen Abszessen, stellt die zusätzliche Verabreichung von Antibiotika über mehrere Tage keine Prophylaxe, sondern eine notwendige Zusatztherapie dar.
In der **Geburtshilfe** wird die Antibiotikaprophylaxe beim Kaiserschnitt mit hohem Infektionsrisiko (Blasensprung, Wehen) und als Endokarditisprophylaxe unter vaginalen Geburten und Kaiserschnittentbindungen bei Frauen mit künstlichen Herzklappen und anderen schweren Herzfehlern empfohlen. Beim **Kaiserschnitt** werden Cephalosporine als Einzeldosis verabreicht. Bei Geburten mit hohem Infektionsrisiko, z.B. bei längerer Zeit zurückliegendem Blasensprung, kann evtl. eine 2. und 3. Dosis im Abstand von 6–8 Std. von Vorteil sein. Zur **Endokarditisprophylaxe** werden eine oder zwei Dosen von Ampicillin, 2 g i.m. oder i.v. und Gentamicin 1,5 mg/kg KG i.m. oder i.v. empfohlen. Beim vorzeitigen **Blasensprung** ist der Nutzen einer Antibiotikaprophylaxe immer noch nicht völlig geklärt. Erforderlich ist eine engmaschige Infektionsüberwachung der Schwangeren; bei ersten Anzeichen einer Infektion muß eine intensive Antibiotikabehandlung beginnen und die Patientin entbunden werden.

Antibiotikatherapie

Erreger und Antibiotikaempfindlichkeit

Die Kenntnis der Infektionserreger und ihre Antibiotikaempfindlichkeit ist die Voraussetzung für eine wirksame Antibiotikatherapie. Häufig ist es jedoch nötig, die Antibiotikatherapie ohne oder vor Kenntnis des bakteriologischen Befundes zu beginnen. Schwere gynäkologisch-geburtshilfliche Infektionen sind fast immer **Mischinfektionen aus aeroben und vor allem anaeroben Keimen**. Die Antibiotikaempfindlichkeit der wichtigsten Keime dieser Infektionen zeigt Tab. A.3.
Bei schweren Infektionen (Adnexitiden, postoperativen Infektionen nach Hysterektomien oder abdominalen Schnittentbindungen) haben sich die in Tab. A.4 zusammengestellten Kombinationen oder eine Monotherapie mit einigen neueren Breitspektrum-Antibiotika bewährt. Bei der Wahl des geeigneten Antibiotikums müssen aber nicht nur seine antibakterielle Wirksamkeit, sondern auch seine Nebenwirkungen, ggf. die Unbedenklichkeit in der Gravidität und der Zustand der Patientin berücksichtigt werden. Abszedierende Infektionen erfordern zusätzlich die Entleerung und Drainage des Infektionsherdes oder seine Entfernung.

Spezielle Chemotherapie

Schwangerschaft

Aus therapeutischen Gründen ist es zweckmäßig, während der Schwangerschaft und peripartal **extrauterine und uterinen Infektionen** zu unterscheiden (Tab. A.5). Außer diesen beiden Gruppen gibt es noch **Infektionen, die sowohl die Mutter als auch die Frucht** betreffen (Toxoplasmose, Listeriose, Lues, Sepsis und Virusinfektionen, vor allem Hepatitis B, HIV-Infektion, Zytomegalie, Röteln, Ringelröteln).

Tab. A.3 Antibiotikaempfindlichkeit der wichtigsten Erreger von gynäkologisch-geburtshilflichen Infektionen.

	Enterobakterien	B.-fragilis-Gruppe	Andere anaerobe Stäbchen und anaerobe Kokken
Penicillin G	–	–	+
Ampicillin	+/–	–	+
Mezlocillin	+/–	(+)	+
Piperacillin	+	+	+
Ampicillin/Sulbactam	(+)	+	+
Amoxicillin/Clavulansäure	(+)	+	+
Cefoxitin	+/–	+	+
Cefotaxim	+/–	+	+
Imipenem	+	+	+
Clindamycin	–	+	+
Metronidazol	–	+	(+)
Aminoglykoside	+	–	–
Chinolone	+	(+)	+

Extrauterine Infektionen werden nach den üblichen Richtlinien wie außerhalb der Schwangerschaft behandelt. Bei der Wahl der Antibiotika muß lediglich deren Verträglichkeit für die Schwangere und für die Frucht berücksichtigt werden (s.o.). Bei **intrauterinen Infektionen** ist dazu noch der Übertritt der Antibiotika auf die Frucht und ins Fruchtwasser in therapeutisch wirksamen Konzentrationen von entscheidender Bedeutung (Tab. A.6). Außerdem muß immer auch die Beendigung der Schwangerschaft in Betracht gezogen werden.

Vulvitis und Kolpitis

Fluor

Dieser ist in der Schwangerschaft besonders häufig, jedoch nicht immer infektionsbedingt und somit nicht in jedem Fall behandlungsbedürftig oder durch Behandlung nachhaltig beeinflußbar. In der Vagina Schwangerer werden dieselben Keime wie außerhalb der Schwangerschaft gefunden. Pilze (meist Candida albicans) und damit auch manifeste Genitalmykosen treten vermehrt auf. Die einzelnen Erregergruppen und die entsprechende Behandlung sind aus Tab. A.7 zu entnehmen. Fluormittel werden in der Schwangerschaft aus Sicherheitsgründen jedoch nur lokal appliziert.

Bakterielle Vaginose (BV)

Bei der bakteriellen Vaginose, einer Keimverschiebung der Vaginalflora mit **Zunahme anaerober Keime und Gardnerella vaginalis sowie Anstieg des pH-Wertes** kommt es gehäuft zu vorzeitigen Wehen, vorzeitigem Blasensprung, Frühgeburten und postpartaler Endomyometritis. Die BV findet man bei 15–20% schwangerer Frauen; sie ist symptomarm und fällt lediglich durch den grauweißlichen, fischig riechenden Fluor (Amingeruch) auf. Wegen der geburtshilflichen Komplikationen ist die Erfassung der BV in der Schwangerschaft und ihre Behandlung erforderlich. Zur Therapie eignet sich eine orale Behandlung mit Clindamycin.

Besiedelung mit Streptokokken der Gruppe B (B-Streptokokken)

Bei 5–30% gesunder asymptomatischer Schwangerer befinden sich in der Vaginalflora u.a. Streptokokken der Gruppe B. Sie können eine Kolpitis und eine Zervizitis verursachen und durch Aszension, vor allem nach einem (vorzeitigen) Blasensprung, ins Fruchtwasser gelangen und das Kind infizieren. Durch diese **intrauterine Infektion** mit fetaler Sepsis, Pneumonie und hoher Letalität sind vor allem Frühgeborene gefährdet. Neben der intrauterinen Infektion, die sich

Tab. A.4 Antibiotikabehandlung schwerer aerob-anaerober Mischinfektionen.

1. Kombinationstherapie
- Aminoglykosid (z. B. Gentamicin 3–5 mg/kg Körpergewicht) oder Ampicillin (8–12 g)

\+ Clindamycin (2,4 g) oder Metronidazol (1,5 g)
- Aminoglykosid + Ampicillin + Clindamycin

2. Monotherapie
- Neue Penizilline (Mezlo-, Azlo-, Piperacillin)
- Neue Cephalosporine (Cefoxitin, Cefotaxim, Cefoperazon u.a.)
- Imipenem
- Ampicillin oder Amoxicillin mit Sulbactam oder Clavulansäure
- Piperacillin mit Tazobactam

Tab. A.5 Einteilung der wichtigsten Infektionen in der Schwangerschaft nach ihrer Lokalisation und die Häufigkeit ihres Vorkommens.

I. Extrauterine Infektionen:	
Pyelonephritis	2,0–3,0%
Asymptomatische Bakteriurie	5,0–10%
Tuberkulose (aktiv)	0,1–0,8%
Genitalmykosen	15,0–40,0%
Bakterielle Vaginose	15,0–20,0%
Andere Kolpitiden	10,0–30,0%
II. Uterine Infektionen:	
Febrile Aborte	3,5–15,0%[1]
Amnioninfektionssyndrom	1,5–3,3%
III. Extra- und intrauterine Infektionen:	
Virusinfektionen	?–30,0%
Toxoplasmose (Kind)	0,5%
Listeriose (Kind)	0,1%
Lues	0,1%
Sepsis u. a. generalisierte Infektionen	

[1] Nur auf Aborte bezogen

Tab. A.6 Kriterien für die Auswahl eines Antibiotikums zur Behandlung intrauteriner Infektionen.

	Therapeutisch wirksame Spiegel		Atoxizität
	Kind	Fruchtwasser	
Penicillin G	++	++	++
Ampicillin	++	++	++
Cephalosporine	++	++	++
Chloramphenicol	++	(+)	+
Tetrazykline	++	(+)	0
Aminoglykoside	++	(+)	0
Erythromycin	+	(+)	++
Clindamycin	+	+	(++)

Tab. A.7 Behandlung gynäkologischer Infektionen.

	Häufigste Erreger	Antimikrobielle Therapie	Applikation
Vulvitis/Kolpitis/ Vaginaler Fluor	Pilze	Nystatin, Azolderivate, z. B. Clotrimazol, Miconazol u. a. Ketoconazol, Fluconazol u. a.	lokal oral
	Trichomonaden	Metronidazol, Tinidazol	oral und/oder lokal
	Bakterielle Mischinfektionen mit Enterobakterien, Anaerobiern, Strepto- und Staphylokokken	Antiseptika (typische Fluormittel, z. B. PVP-Jod u. a.) Antibiotika und andere Chemotherapeutika	lokal bei hartnäckigen Infektionen am besten oral
	Herpes-simplex-Virus	Aciclovir	oral
Bakterielle Vaginose	Gardnerella vaginalis und Anaerobier	Metronidazol, Tinidazol oder Clindamycin	oral oder lokal
Zervizitis	Gonokokken	Penicillin (bei Allergie Erythromycin oder Breitspektrum-Antibiotika)	parenteral oral
	Chlamydien	Tetrazykline, Erythromycin und andere Makrolide	oral
	Bakterielle Mischinfektionen (s. o.)	Breitspektrum-Antibiotika (Tetrazykline, Ampicillin, Cephalosporine, Co-trimoxazol)	oral
	Herpes-simplex-Virus	Aciclovir	oral
Endometritis	Bakterielle Mischinfektionen (s. o.)	Breitspektrum-Antibiotika (s. o.)	oral
Adnexitis	Gonokokken	Penicillin oder Breitspektrum-Antibiotika	parenteral oral
	Chlamydien	Tetrazykline, Erythromycin und andere Makrolide	oral
	Bakterielle Mischinfektionen, Anaerobier	Breitspektrum-Antibiotika (s. o.)	oral parenteral

beim Neugeborenen als Frühform innerhalb der ersten Lebenswoche manifestiert (early onset), kann sich das Kind auch intra- und postpartal infizieren und erst später, dann meist an einer **Meningitis**, erkranken (late onset). Deshalb ist es erforderlich, bei vorzeitigem Blasensprung vor allem in der Frühgeburtsperiode nach B-Streptokokken zu suchen (sog. Schnelltests) und die Mutter umgehend prophylaktisch mit einem Breitspektrum-Penicillin (z. B. Ampicillin oder Amoxicillin) zu behandeln.

Chlamydieninfektionen

Chlamydieninfektionen der Zervix wurden bei 5–15 % der Schwangeren gefunden. Frisch erworbene Infektionen in der Schwangerschaft sind mit einem 3- bis 4fach erhöhten Frühgeburtsrisiko behaftet. Unter der vaginalen Geburt kommt es häufig zur Übertragung der Chlamydien auf das Kind; bei etwa 40 % entsteht eine **Einschlußkörperchenkonjunktivitis** und bei etwa 10 % eine **atypische Pneumonie**. In der Schwangerschaft wird die Chlamydieninfektion mit Erythromycin oral behandelt.

Herpes genitalis

Nur etwa 5–10% der Infektionen mit Herpes-simplex-Viren in der Schwangerschaft sind Primärinfektionen; die meisten sind chronisch-rezidivierende Formen. Bei der Primärinfektion können, wenn auch selten, in-

trauterine Manifestationen vorkommen, die zu Augen- und Gehirnschäden, Wachstumsretardierung, Früh- und Totgeburten führen. Durch Übertragung während der vaginalen Geburt entstehen bei 40–50% der Neugeborenen schwere, z.T. tödliche generalisierte Infektionen. Beim rezidivierenden Herpes beträgt das Übertragungsrisiko dagegen nur etwa 5%.
Bei herpesverdächtigen Läsionen an der Vulva und der Zervix sollte der **Virusnachweis durch Kultur oder ELISA** versucht werden. Bei nachgewiesenem Herpes oder im Zweifelsfall ist die abdominale Schnittentbindung zu empfehlen; beim vorzeitigen Blasensprung sollte sie möglichst innerhalb der ersten vier Stunden stattfinden, da später der Schutzeffekt der Sectio infolge der fortschreitenden Virusaszension immer mehr nachläßt.
Schwerverlaufende mütterliche Primärinfektionen in der Schwangerschaft werden mit Aciclovir (5×200 mg) behandelt. Durch die gleiche Behandlung von Genitalläsionen vor der Geburt sistiert die Virusausscheidung in wenigen Tagen, so daß eine vaginale Entbindung möglich ist.

Harnwegsinfektionen

Harnwegsinfektionen verlaufen in der Schwangerschaft zum größten Teil asymptomatisch. Aus diesen asymptomatischen Bakteriurien entstehen bei 20–40% der Schwangeren hochfieberhafte Pyelonephritiden mit der Gefahr von Frühgeburtswehen. Deshalb müssen auch asymptomatische Harnwegsinfektionen in der Schwangerschaft behandelt werden. In Abhängigkeit von der **Resistenzbestimmung** kommen vor allem Ampicillin, Amoxicillin oder Cephalosporine in Frage.

HIV-Infektion (AIDS)

Allen Schwangeren wird ein HIV-Test empfohlen. Eine Progression der HIV-Infektion scheint durch die Schwangerschaft im allgemeinen nicht stattzufinden. Bei der Betreuung dieser Schwangeren ist der Verlauf der absoluten **CD4-Zellzahl** besonders wichtig. Bei starkem Absinken der CD4-Werte ist mit einer Progression der Erkrankung und mit dem Auftreten opportunistischer Infektionen zu rechnen: Pneumocystis-carinii-Pneumonie, Candidiasis der Luftwege und des Ösophagus, Tuberkulose, Herpes genitalis, Zytomegalie u.a. Opportunistische Infektionen müssen rechtzeitig erfaßt und behandelt werden, da sie ihrerseits wieder den Krankheitsverlauf ungünstig beeinflussen.
Bei 15–30% der HIV-positiven Mütter wird die Infektion während der Schwangerschaft auf das Kind übertragen. Bei der Beratung der Schwangeren muß auch die Möglichkeit des Schwangerschaftsabruches besprochen werden. Durch prophylaktische Behandlung der Schwangeren mit Azidothymidin und durch **Kaiserschnittentbindung** scheint das Übertragungsrisiko der HIV-Infektion auf das Kind verringert zu sein.
Da die Übertragung auch durch Muttermilch erfolgen kann, ist vom **Stillen abzuraten**. Bei der Geburt und im Wochenbett sind Blut und alle Sekretionen, unabhängig vom HIV-Nachweis, als potentiell infektiös anzusehen und erfordern strikte Einhaltung der hygienischen Schutzmaßnahmen.

Mastitis

Die puerperale Mastitis wird fast ausschließlich durch **Staphylococcus aureus** verursacht. Die rasch fortschreitende Infektion ist nur im **Anfangsstadium** mit Antibiotika heilbar. Eine später einsetzende Antibiotikatherapie kann die Abszedierung nicht mehr verhindern; der meist verzweigte Abszeß muß dann eröffnet und drainiert werden. Zur Antibiotikabehandlung sind penicillinasefeste Penizilline (Oxacillin und Derivate), Cephalosporine und in zweiter Linie Erythromycin oder Clindamycin geeignet. Das Stillen muß während der Antibiotikabehandlung nicht unterbrochen werden.

Intrauterine Infektionen

Je nach Schwangerschaftszeitpunkt spricht man vom **febrilen Abort** (bis zur 24. Schwangerschaftswoche) oder vom **Amnioninfektionssyndrom (AIS)**.

Febriler Abort

Beim febrilen Abort, einer intrauterinen Infektion, die häufig das Cavum uteri und manchmal auch die Grenzen des Uterus überschreitet, geht es **therapeutisch ausschließlich um den Schutz der Mutter**. Die Schwangerschaft ist dabei ohnehin nicht zu erhalten und somit spielt die Frage der Nebenwirkungen der Behandlung auf die Frucht keine Rolle. Da die Antibiotikatherapie möglichst frühzeitig einsetzen muß, liegen für gewöhnlich bei Behandlungsbeginn noch keine bakteriologischen Befunde vor. Aufgrund der bei infizierten Aborten am häufigsten gefundenen Erreger – es handelt sich im wesentlichen um die Darmflora mit vorwiegend gramnegativen Stäbchen (Coli-Gruppe), Strepto- und Enterokokken, Staphylo-

kokken und Anaerobier (Clostridien, Bacteroides-Arten, anaerobe Kokken), – ist eine **Breitspektrum-Behandlung** angezeigt (Tab. A.4)
Die Antibiotika gelangen gewöhnlich nicht in das (nekrotische) Abortgewebe, das nicht mehr durchblutet ist. Deshalb ist es erforderlich, den Uterus möglichst bald zu entleeren.

Amnioninfektionssyndrom (AIS)
Beim AIS ist vor allem das **Kind gefährdet**. Durch Aszension von Vaginalkeimen, darunter auch die besonders gefürchteten B-Streptokokken, entsteht eine septische Infektion des Feten mit verschiedenen Organmanifestationen. Die wichtigsten prädisponierenden Faktoren für ein AIS sind der (vorzeitige) Blasensprung und Wehen. Auch bei erhaltener Fruchtblase kann es, besonders bei Wehen, zur intrauterinen Infektion kommen.
Da mütterliche Infektionszeichen, wie Fieber oder eine Leukozytose, in der Regel spät auftreten, ist die Diagnose oft schwierig. Das **C-reaktive Protein (CRP)** ist ein nützlicher Parameter zum frühzeitigen Erkennen einer Infektion. Häufig muß bereits bei Verdacht behandelt werden. Die Behandlung besteht in der ausreichend hochdosierten Antibiotikagabe und der baldigen Entbindung. Eine Schnittentbindung allein wegen eines AIS ist in der Regel nicht erforderlich.
Die **Therapie** muß folgende Anforderungen erfüllen:
- Wirksamkeit gegen ein breites Spektrum von Keimen einschließlich Enterobakterien, Enterokokken, Anaerobier und Mykoplasmen
- Therapeutisch ausreichend hohe Konzentrationen im fetalen Blut und im Fruchtwasser
- Unschädlichkeit für Mutter und Kind

Diese Anforderungen sind vor allem bei **Breitspektrum-Penizillinen** und **Cephalosporinen** gegeben (Tab. A.6). Bewährt haben sich:
- Ampicillin oder Amoxicillin als Antibiotika der ersten Wahl oder anaerobierwirksame Cephalosporine, wie z.B. Cefoxitin mit hoher Initialdosis und in Höchstdosierung
- Bei Penizillinallergie Gentamicin und Clindamycin
- Bei besonders schweren Infektionen eine Kombination von einem Breitspektrum-Penizillin, Gentamicin und Clindamycin

Gynäkologie

Im wesentlichen gelten die allgemeinen Regeln der Antibiotikatherapie. Folgende Besonderheiten sind von Interesse:

Spezifische Behandlung

Infektionen mit bestimmten Erregern, die eine spezifische Behandlung erfordern (Gonorrhö [s. S. 348], Syphilis [s. S. 350], Tuberkulose [s. S. 347], weiterhin Trichomoniasis, bakterielle Vaginose, Chlamydieninfektionen und Mykosen), müssen durch gezielte Diagnostik vor Behandlungsbeginn abgeklärt werden. Eine unspezifische Breitspektrum-Antibiotikabehandlung führt nicht zum Ziel oder ist unzweckmäßig (Nebenwirkungen! Kosten!).

Lokalbehandlung und ihre Grenzen

Infektionen von **Vulva** und **Vagina** können durch lokale Applikation von Antibiotika, anderen Chemotherapeutika und Antiseptika günstig beeinflußt werden. Das ist beim vaginalen Fluor meist eine adäquate Behandlung. Häufig sind jedoch die Erreger nicht auf das Lumen der Vagina beschränkt; sie befinden sich auch im **Zervikalkanal,** in der **Urethra** und in den Anhangsdrüsen, wohin das Chemotherapeutikum bei der Lokalbehandlung nicht gelangt. Deshalb ist die Behandlung der Trichomoniasis mit oral verabreichten Substanzen die Behandlung der Wahl. Auch bei zervikalen Infektionen (z.B. mit Chlamydien oder Gonokokken) ist eine systemische Behandlung erforderlich.

Behandlungsvorschläge

Die Behandlungsmöglichkeit für die verschiedenen Infektionen sind in Tab. A.7 zusammengestellt.

Literatur

Briggs GG, Freeman RK, Yaffe SJ. Drugs in pregnancy and lactation. Baltimore: Williams & Wilkins 1994.

Daschner F. Antibiotika am Krankenbett. 8. Aufl. Berlin, Heidelberg: Springer 1996/97.

Elsner P, Martius J. Vulvovaginitis. New York, Basel, Hongkong: Dekker 1993.

Enders G. Infektionen und Impfungen in der Schwangerschaft. 2. Aufl. München: Urban & Schwarzenberg 1991.

Hirsch HA. Antibiotikatherapie postoperativer Infektionen. Gynäkologische Praxis. 17, 1993: 489.

Hirsch HA. Perioperative Antibiotikaprophylaxe. Gynäkologie 26, 1993: 1.

Hirsch HA. Rationelle Diagnostik des genitalen Fluors. Deutsche Medizinische Wochenschrift. 122, 1997: 477.

Hirsch HA. Therapie des genitalen Fluors. Deutsche Medizinische Wochenschrift. 122, 1997: 513.

Kleinebrecht J, Fränz J, Windorfer A. Arzneimittel in der Schwangerschaft und Stillzeit. 4. Aufl. Stuttgart: Wissenschaftl. Verlagsgesellschaft 1995.

Milatovic D, Braveny I. Infektionen. Praktische Hinweise zur antimikrobiellen Therapie und Diagnostik. 5. Aufl. Braunschweig: Vieweg 1995.

Petersen EE. Infektionen in Gynäkologie und Geburtshilfe. 3. Aufl. Stuttgart, New York: Thieme 1997.

Remington JS, Klein JO (Hrsg). Infectious Diseases of the Fetus and Newborn Infant. 4. Aufl. Philadelphia, London, Toronto: W. B. Saunders Comp. 1995.

Simon C, Stille W. Antibiotikatherapie in Klinik und Praxis. 8. Aufl. Stuttgart, New York: Schattauer 1993.

Sweet RL, Gibbs RS. Infectious Diseases of the Female Genital Tract. 3. Aufl. Baltimore: Williams & Wilkins 1995.

Aufstellung häufig gebrauchter Hormonpräparate

H.-D. Taubert

Bei der therapeutischen Anwendung von Sexualsteroiden muß beachtet werden, daß die biologische Wirksamkeit verschiedener Präparate nicht nur durch ihre Struktur, sondern auch durch die galenische Zubereitung und die Art der Anwendung bedingt ist.

Östrogene

Das natürlich und biologisch wirksamste Östrogen Östradiol eignet sich nur in mikronisierter Form zur oralen Verabreichung. Seine therapeutische Wirksamkeit läßt sich durch Veresterung oder Alkylierung wesentlich verstärken (langsame Inaktivierung der Derivate in der Leber!). Bei oraler Anwendung sind **Äthinylöstradiol** und dessen 3-Methyläther **Mestranol** besonders wirksam (Abb. A.1).

Relative Wirksamkeit

In der Wirkungsstärke (Ovulationshemmung, Proliferation des Vaginalepithels und des Endometriums) unterscheiden sich Äthinylöstradiol und Mestranol nicht wesentlich. Bevor Mestranol jedoch im Organismus wirksam werden kann, muß die Methylgruppe von C_3 abgespalten werden.

Biologische Wirksamkeit

Zum Vergleich der biologischen Wirksamkeit von Östrogenen bestimmt man beim Menschen die sogenannte **Aufbaudosis**. Hierunter versteht man jene Dosis, die das atrophische Endometrium einer Frau ohne eigene Ovarialfunktion innerhalb von 14 Tagen in eine voll ausgebildete Proliferation überführt.

Hormonmimetika

Östrogenwirksame Substanzen, die keine Steroidstruktur besitzen, werden als Hormonmimetika bezeichnet. Hierzu gehört der Ovulationsauslöser **Clomiphen** (s. Kap. 1.5). Die östrogene Wirkung dieser Verbindung scheint auf der »steroidartigen« Molekülstruktur zu beruhen.

Gestagene

Synthetische Steroide mit **ähnlicher Wirkung wie Progesteron** werden »Gestagene« genannt (Abb. A.2). Dieser Terminus besagt, daß die betreffende Substanz die Schwangerschaft erhalten kann. Da nicht alle Gestagene diese Eigenschaft besitzen und sie überdies beim Menschen nur schwer nachweisbar ist, bezeichnet man in der Praxis ein Steroid als »gestagen« wirksam, wenn es die sekretorische Transformation eines proliferierten Endometriums zu bewirken vermag. Der wesentliche Vorteil von Gestagenen gegenüber Progesteron besteht in ihrer oralen Anwendbarkeit, denn Progesteron ist wegen seiner kurzen Halbwertszeit nicht wirksam genug. Präparate zur transdermalen Anwendung sind in Deutschland noch nicht erhältlich.

Bis heute wurde eine große Zahl von Gestagenen synthetisiert, die sich nach ihrer chemischen Struktur in die folgenden drei Hauptgruppen gliedern lassen.

Ester des 17α-Hydroxyprogesterons

Vom Diketon Progesteron lassen sich keine Derivate herstellen! Die 17α-Hydroxyprogesterone weisen am

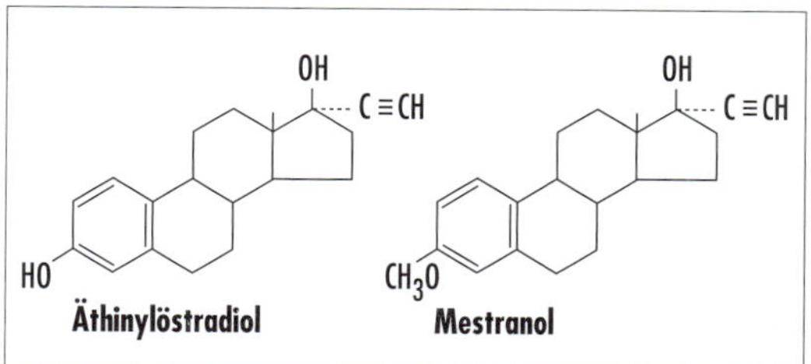

Abb. A.1 Östrogenderivate.

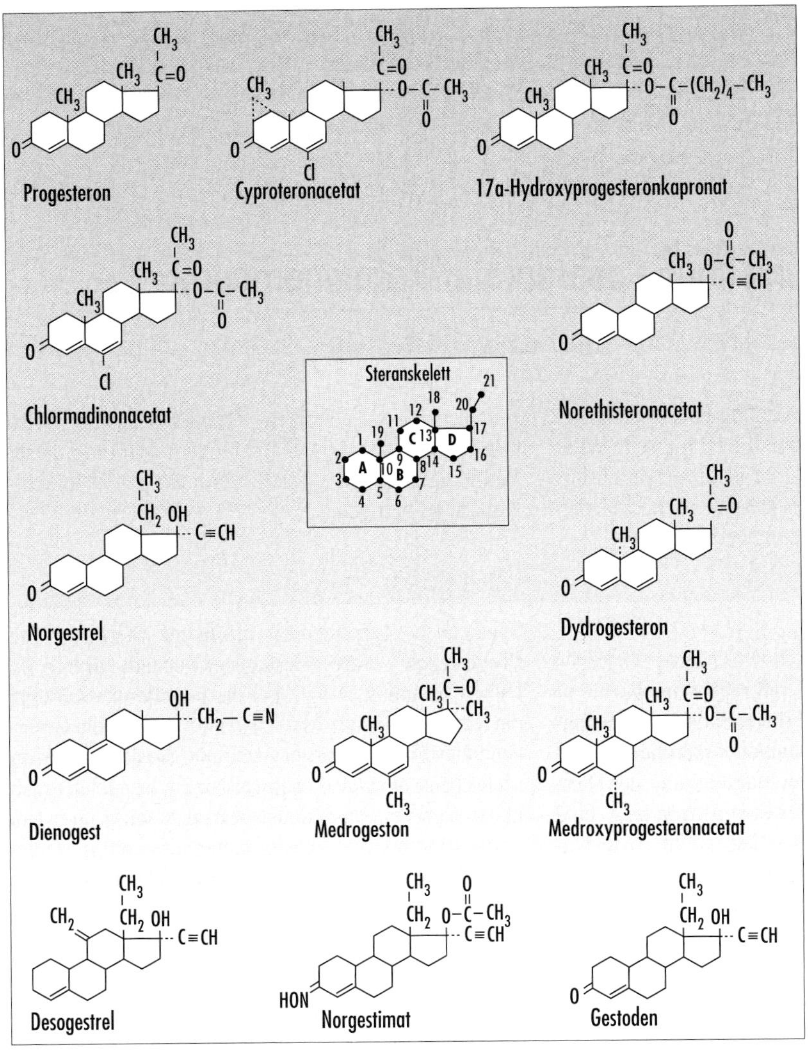

Abb. A.2 Struktur der klinisch genutzten Gestagene.

C-Atom 17 eine Estergruppe auf. Durch Substitution im Ring B und Einführung von Doppelbindungen läßt sich die Wirksamkeit dieser Derivate des natürlichen Progesterons variieren. Zu dieser Gruppe gehören:

- Chlormadinonacetat
- Cyproteronacetat
- Medrogeston
- Medroxyprogesteronacetat
- Megestrolacetat

Cyproteronacetat besitzt neben seiner stark gestagenen Wirkung eine ausgeprägte antiandrogene Komponente. Es eignet sich deshalb besonders zur Behandlung von Hirsutismus und anderen Manifestationen übermäßiger Androgeneinwirkung. Auch Chlormadinonacetat und Dienogest sind antiandrogen wirksam.

19-Nortestosteron-Derivate

Diese leiten sich nicht von Progesteron, sondern vom **Testosteron** ab. In ihrem Wirkungsspektrum unterscheiden sie sich beträchtlich von den Abkömmlingen des 17α-Hydroxyprogesterons. Wie diese bewirken sie die sekretorische Umwandlung des proliferativen Endometriums, erhalten aber (wenigstens bei Versuchstieren) die Schwangerschaft nicht und besitzen eine deutliche **östrogene Partialwirkung**. Da bestimmte 19-Nortestosteron-Derivate neben ihrer stark gestagenen eine gewisse, wenn auch schwache androgene Wirkung aufweisen, dürfen sie an Schwangere nicht verabreicht werden, da es sonst – wenigstens bei den früher üblichen höheren Dosierungen – zur Maskulinisierung weiblicher Feten kommen könnte. Von

größerer klinischer Relevanz ist die Tatsache, daß diese Präparate – vor allem das Norgestrel – im Serum den Anteil des freien Testosterons zu erhöhen vermögen, wodurch androgenetische Hautaffektionen ungünstig beeinflußt werden können.
Die gebräuchlichen 19-Nortestosteron-Derivate lassen sich wiederum in zwei Gruppen unterteilen:

- **Norethisteron** und Präparate, die im Organismus erst in Norethisteron umgewandelt werden müssen, bevor sie wirksam werden können, d.h.
  - Äthinylöstrenol (Lynestrenol)
  - Norethisteronacetat
  - Norethynodrel
- **Norgestrel** (d, l)
  - Levonorgestrel
  - Desogestrel
  - Norgestimat

Dazu kommt ein weiterer Abkömmling des Nortestosterons:
- Dienogest

Es weist eine deutliche antiandrogene Wirkung auf.

Retroprogesterone

Bei dieser Gruppe handelt es sich um **Stereoisomere des Progesterons**. Durch α-Stellung der Methylgruppe an C-Atom 10 wird eine starke Änderung der Molekularstruktur bewirkt. Diese Präparate haben keine androgene Partialwirkung und beeinflussen die Körpertemperatur kaum. Zu dieser Gruppe gehört:

- **Dydrogesteron**

Biologische Wirksamkeit

Zur Bestimmung der biologischen Wirksamkeit von Gestagenen wird eine Vielzahl von klinischen und tierexperimentellen Untersuchungsmethoden verwendet – unter anderem folgende:

- Menstruationsverschiebungstest
- Transformationstest
- Auslösung einer Abbruchblutung
- Hemmung der Ovulation
- Bindung an den Progesteronrezeptor im menschlichen Myometrium

Da sich die Aktivität der verschiedenen Gestagene bei den einzelnen Testverfahren erheblich unterscheiden und auch die Partialwirkungen (s. S. 91, Tab. 2.2) nicht einheitlich sind, erscheint es nicht sehr sinnvoll, einen Vergleich der gestagenen Wirksamkeit (»Potenz«) zwischen den einzelnen Gruppen anzustellen, wie es weithin üblich war.
Die Einteilung der Ovulationshemmer nach ihrem Gestagengehalt wird deshalb für jedes einzelne Präparat nach der jeweiligen Dosis vorgenommen.
Einfacher ist dagegen die Einteilung der Ovulationshemmer nach ihrem **Östrogengehalt**. Es sollten primär nur Präparate verordnet werden, die 20–35 μg Äthinylöstradiol enthalten, höhere Dosen nur bei Vorliegen einer spezifischen Indikation.
Eine Sonderstellung nimmt das **Danazol** ein. Obwohl es an den Androgen- und Progesteronrezeptor und, wenn auch sehr schwach, an den Östrogenrezeptor bindet, kann man es weder als Gestagen, Androgen oder Östrogen charakterisieren. Seine Bedeutung für die Therapie der Endometriose beruht auf der Eigenschaft, östrogenabhängige Gewebe in den Zustand der Atrophie zu führen.
Im Rahmen der folgenden Aufstellung konnte nur eine Auswahl gebräuchlicher Hormonpräparate berücksichtigt werden. Wenn bestimmte Präparate nicht in die Liste aufgenommen wurden, so soll dies nicht als ein Hinweis auf geringere Wirksamkeit verstanden werden.

Östrogene

Orale Applikationsform

Tabletten und Dragées

Präparat	Zusammensetzung	Dosierung (mg/Tabl.)
Estrifam (forte)	Östradiol	2,0/4,0
Progynon C	Äthinylöstradiol	0,02
Äthinylöstradiol-Jenapharm	"	0,025

Präparat	Zusammensetzung	Dosierung (mg/Tabl.)
Östro-Feminal	Konjugierte Östrogene	1,25
Presomen Transannon	" "	1,25 / 0,625
Presomen mite Transannon mite	" "	0,03
Progynova 21 Estradiol	Östradiolvalerat "	2,0
Progynova 21 mite	"	1,0
Neo-Östrogynal	" (+ 2 mg Östriol)	1,0
Gynäsan 1000 Ovestin Oekolp Synapause E Ovo-Vinces 2000	Östriol " " " "	1,0 2,0

Parenterale Applikationsform

Injektionen

Handelsname	Zusammensetzung	mg/Ampulle	Wahrscheinliche Wirkungsdauer einer Injektion
Progynon-Depot-10	Östradiolvalerat	10,0	12–14 Tage
Gynodian Depot	Östradiolvalerat + 200 mg Prasteron	4,0	ca. 30 Tage

Transdermale Anwendung

Handelsname	Zubereitung	Inhalt	Tägliche Abgabe pro 24 Std.
Dermestril 25, 50, 100	Transdermales Pflaster	2,4 oder 8 mg Östradiol	25, 50 oder 100 µg
Estraderm TTS 25, 50, 100	"	"	"
Evorel	"	3,1 mg Östradiol	?
Menorest 37,5, 50, 75	"	3,29, 4,33, 6,57 mg Östradiol	37,5, 50 oder 75 µg
Tradelia	"	2, 4, 8 mg Östradiol	25, 50 oder 100 µg
Cerella (100)	"	3 mg und 7,8 mg Östradiol	50 µg oder 100 µg
Estring	Vaginalring	2 mg Östradiol	7,5 µg
Estracomb	Membranpflaster	a) 4 mg Östradiol b) 10 mg Östradiol + 30 mg Norethisteronacetat	50 µg 50 µg Östradiol + 50 µg Norethisteronacetat

Gestagene

Orale Applikationsform

Tabletten

Präparat	Zusammensetzung	Dosierung (mg/Tabl.)
Orgametril	Äthinylöstrenol	5,0
Exlutona	"	0,5
Gestafortin	Chlormadinonacetat	2,0
Chlormadinon Jenapharm	"	"
Duphaston	Dydrogesteron	10,0
Clinofem	Medroxyprogesteronacetat	5,0
Farlutal	"	"
Prothil 5 (25)	Medrogeston	5,0/25,0
Micronovum	Micronovum	0,35
Norethisteron Jenapharm	"	5,0/10,0
Primolut Nor	Norethisteronacetat	5,0/10,0
Gestakadin	"	1,0
Sovel	"	"
Microlut	Levonorgestrel	0,03
Micro-Wyeth	"	"
28 mini	"	"

Parenterale Applikationsform

Injektionen und Gel

Präparat	Zusammensetzung	Dosierung (mg/Amp.)	Wahrscheinliche Wirkungsdauer einer Injektion
Proluton-Depot	Hydroxyprogesteroncapronat	250	8–10 Tage
Progesteron-Depot Jenapharm	"	"	"
Depo-Clinovir	Medroxyprogesteronacetat (mikrokristalline Suspension)	150	ca. 90 Tage
Noristerat	Norethisteronönanthat	200	8–12 Wochen
Progestogel	Progesteron	10 mg/g Gel	–

Östrogen-Gestagen-Kombinationspräparate

Orale Applikationsform

Tabletten

Kombinationspräparate	Östrogenanteil	Gestagenanteil
Diane 35	35 µg Äthinylöstradiol	2,0 mg Cyproteronacetat
Gestamestrol N	50 µg Mestranol	2,0 mg Chlormadinonacetat
Kliogest N	2,0 mg Östradiovalerat	1,0 mg Norethisteronacetat
Östro-Primolut	50 µg Äthinylöstradiol	4,0 mg Norethisteronacetat
Primosiston	10 µg Äthinylöstradiol	2,0 mg Norethisteronacetat
Prosiston	30 µg Äthinylöstradiol	6,0 mg Norethisteronacetat
Tetragynon	50 µg Äthinylöstradiol	0,25 mg Levonorgestrel

Zweiphasenpräparate	1. Phase	2. Phase
Cyclo-Progynova	2,0 mg Östradiolvalerat (21 Tage)	0,5 mg Norgestrel
Nuriphasic	50 µg Äthinylöstradiol (7 Tage)	0,125 mg Desogestrel (15 Tage) 50 µg Äthinylöstradiol
Presomen compositum Climen	1,25 mg konjugierte Östrogene (11 Tage) 2,0 mg Östradiolvalerat	5,0 mg Prothil 50 µg Äthinylöstradiol
Cyclo-Östrogynal	1,0 mg Östradiolvalerat (11 Tage) 2,0 mg Östriol	0,25 mg Levonorgestrel 1,0 mg Östradiolvalerat (10 Tage)
Cyclosa	50 µg Äthinylöstradiol (7 Tage)	0,125 mg Desogestrel (15 Tage) 50 µg Äthinylöstradiol
Klimonorm	2,0 mg Östradiolvalerat (9 Tage)	0,15 mg Levonorgestrel (12 Tage) 2,0 mg Östradiolvalerat
Östronara	2,0 mg Östradiolvalerat (16 Tage)	0,075 mg Levonorgestrel (12 Tage) 2,0 mg Östradiolvalerat
Osmil	2,0 mg Östradiolvalerat	5,0 mg Medroxyprogesteronacetat (12 Tage)
Procyclo Sisare	2,0 mg Östradiolvalerat	10,0 mg Medroxyprogesteronacetat 2,0 mg Östradiolvalerat

Dreiphasenpräparate			
Trisequens	1. Phase	2,0 mg Östradiolvalerat (12 Tage) 1,0 mg Östriol	(Trisequens forte 4,0 mg)
	2. Phase	2,0 mg Östradiolvalerat (10 Tage) 1,0 mg Östriol	(Trisequens forte 4,0 mg) (Trisequens forte 2,0 mg)
	3. Phase	1,0 mg Östradiolvalerat (6 Tage) 1,0 mg Östriol 1,0 mg Norethisteronacetat	
Triette Trinordiol 21, 28 Triquilar 21, 28	1. Phase (6 Tage)	50 µg Äthinylöstradiol 0,03 mg Levonorgestrel	

Trisiston	2. Phase (5 Tage)	40 µg Äthinlyöstradiol 0,075 mg Levonorgestrel
	3. Phase (10 Tage)	30 µg Äthinlyöstradiol 1,25 mg Levonorgestrel
Pramino	1. Phase (7 Tage)	35 µg Äthinylöstradiol 0,18 mg Norgestimat
	2. Phase (7 Tage)	35 µg Äthinylöstradiol 0,215 mg Norgestimat
	3. Phase (7 Tage)	35 µg Äthinylöstradiol 0,215 mg Norgestimat
Synphasec	1. Phase	35 µg Äthinylöstradiol 0,5 mg Norethisteron
	2. Phase	35 µg Äthinylöstradiol 1,0 mg Norethisteron
	3. Phase	35 µg Äthinylöstradiol 0,5 mg Norethisteron
Trisiston	1. Phase (6 Tage)	30 mg Äthinylöstradiol 0,05 mg Levonorgestrel
	2. Phase (9 Tage)	40 µg Äthinylöstradiol 0,075 mg Levonorgestrel
	3. Phase (6 Tage)	30 µg Äthinylöstradiol 0,125 mg Levonorgestrel
TriStep	1. Phase (6 Tage)	30 µg Äthinylöstradiol 0,05 mg Levonorgestrel
	2. Phase (5 Tage)	50 µg Äthinylöstradiol 50 mg Levonorgestrel
	3. Phase (10 Tage)	40 µg Äthinylöstradiol 0,125 mg Levonorgestrel

Parenterale Applikationsform

Injektionen

Präparat	Östrogenanteil	Gestagenanteil
Gravibion	5,0 mg Östradiolvalerat	250 mg Hydroxyprogesteroncapronat
Jephagynon	2,0 mg Östradiolbenzoat	20 mg Progesteron

Ovulationshemmer

Kombinationspräparate mit Norethisteron oder ähnlich wirkenden Gestagenen

Präparat	Östrogenanteil	Gestagenanteil
EVE20	20 μg Äthinylöstradiol	0,5 mg Norethisteron
Conceplan M	30 μg Äthinylöstradiol	0,5 mg Norethisteron
Ovysmen 0,5/35	35 μg Äthinylöstradiol	0,5 mg Norethisteron
Neorlest 21	30 μg Äthinylöstradiol	0,6 mg Norethisteronacetat
Ovoresta M	37,5 μg Äthinylöstradiol	1,0 mg Lynestrenol
Ovysmen 1/35	35 μg Äthinylöstradiol	1,0 mg Norethisteron
Yermonil	40 μg Äthinylöstradiol	2,0 mg Lynestrenol
Orlest 21	50 μg Äthinylöstradiol	1,0 mg Norethisteronacet
Anacyclin	50 μg Äthinylöstradiol	1,0 mg Lynestrenol
Pregnon L Ovoresta	37,5 μg Äthinylöstradiol	0,75 mg Lynestrenol
Nonovlon	50 μg Äthinylöstradiol	1,0 mg Norethisteronacetat
Ortho-Novum 1/50	50 μg Mestranol	2,0 mg Norethisteron
Etalontin 21	50 μg Äthinylöstradiol	2,5 mg Norethisteronacetat
Lyndiol	50 μg Äthinylöstradiol	2,5 mg Lynestrenol
Lyn.-ratiopharm	50 μg Äthinylöstradiol	2,5 mg Lynestrenol
Sinovula mikro	35 μg Äthinylöstradiol	0,5 mg Norethisteronacetat
Valette	30 μg Äthinylöstradiol	2,0 mg Dienogest

Kombinationspräparate mit Desogestrel oder ähnlich wirkenden Gestagenen

Präparat	Östrogenanteil	Gestagenanteil
Lovelle	20 μg Athinylöstradiol	0,15 mg Desogestrel
Marvellon	30 μg Athinylöstradiol	0,15 mg Desogestrel

Abgestufte Kombinationspräparate mit Norethisteron oder ähnlich wirkenden Gestagenen

Präparat	Östrogenanteil	Gestagenanteil
Sinovula	50 μg Athinylöstradiol 50 μg Athinylöstradiol	1,0 mg Norethisteronacetat (11 Tage) 2,0 mg Norethisteronacetat (10 Tage)
Trinovum	35 μg Athinylöstradiol 35 μg Athinylöstradiol 35 μg Athinylöstradiol	1,0 mg Norethisteron (7 Tage) 0,75 mg Norethisteron (7 Tage) 1,0 mg Norethisteron (7 Tage)
Synphasec	35 μg Athinylöstradiol 35 μg Athinylöstradiol 35 μg Athinylöstradiol	0,5 mg Norethisteron (7 Tage) 1,0 mg Norethisteron (7 Tage) 0,5 mg Norethisteron (7 Tage)

Sequentialpräparate mit Norethisteron oder ähnlich wirkenden Gestagenen

Präparat	Östrogenanteil	Gestagenanteil
Sequostat	50 µg Athinylöstradiol (6 Tage) 50 µg Athinylöstradiol	1,0 mg Norethisteronacetat (15 Tage)
Nuriphasic Ovanon (28) Lyn.-rathiopharm-Sequenz	50 µg Athinylöstradiol (7 Tage) 50 µg Athinylöstradiol	2,5 mg Lynestrenol (15 Tage)

Kombinationspräparate mit Norgestrel oder ähnlich wirkenden Gestagenen

Präparat	Östrogenanteil	Gestagenanteil
Leios Miranova	20 µg Äthinylöstradiol	0,1 mg Levonorgestrel
Femovan Minulet	30 µg Äthinylöstradiol	0,075 mg Gestoden
Microgynon (28) Stediril -30/-30/-28 Femranette mikro	30 µg Äthinylöstradiol	0,15 mg Levonorgestrel
Stediril-d	50 µg Äthinylöstradiol	0,25 mg Levonorgestrel
Stediril	50 µg Äthinylöstradiol	0,5 mg Norgestrel
Ediwal Gravistat Neo-Stediril	50 µg Äthinylöstradiol	0,125 mg Levonorgestrel
Neogynon (28)	50 µg Äthiylöstradiol	0,25 mg Levonorgestrel
Cilest	50 µg Äthinylöstradiol	0,25 mg Norgestimat

Kombinationspräparate mit Progesteronderivaten

Präparat	Östrogenanteil	Gestagenanteil
Diane 35	35 µg Äthinylöstradiol	2,0 mg Cyproteronacetat
Neo-Eunomin	50 µg Äthinylöstradiol	1,0 mg Chlormadinonacetat
Ovosiston	30 µg Äthinylöstradiol	2,0 mg Chlormadinonacetat

Reine Gestagene (Minipille)

Präparat	Gestagen und Dosis
Micronovum	0,35 mg Norethisteron
Exlutona	0,50 mg Lynestrenol
Microlut Micro-Wyeth 28mini	0,03 Levonorgestrel

Sequentialpräparate mit Desogestrel oder ähnlich wirkenden Gestagenen

Präparat	Zusammensetzung und Dosis
Oviol 22 (28)	50 µg Äthinylöstradiol (7 Tage) 50 µg Äthinylöstradiol 0,125 mg Desogestrel (15 Tage)
Biviol	40 µg Äthinylöstradiol (7 Tage) 0,125 mg Desogestrel (15 Tage) 30 µg Äthinylöstradiol

Ovulationsauslöser

Präparat	Chemische Bezeichnung	Dosis
Dyneric-Henning Pergotime Clomhexal 50 Clomifen-ratiopharm Clostilbegyt	Clomiphendihydrogenacetat	50 mg

Gonadotropine

Präparat	Chemische Bezeichnung	Dosis (IE/Amp.)
Choragon	Choriongonadotropin (HCG)	1500 5000
Pregnesin	"	2500 5000
Predalon	"	500 5000
Primogonyl	"	250 500 1000 5000
Menogon Humegon Pergonal	Menopausengonadotropin, human (HMG)	75 FSH + 75 LH
Fertinom HP 75/HP 1	Follitropin	75 FSH
Puregon	rekombinantes Follitropin beta	50, 100
Gonal-F 75/150	Follitropin alpha	75/150

Antiandrogene

Orale und parenterale Applikationsform

Präparat	Chemische Bezeichnung	Dosierung mg/Tabl.
Androcur 10	Cyproteronacetat	10
Androcur	"	50
Androcur-Depot	"	300/Amp.

Prolaktinhemmer

Präparat	Chemische Bezeichnung	Dosierung mg/Tabl.
Pravidel	Bromocriptin	2,5/5,0/10,0
Dopergin	Lisurid	0,2
Liserdol	Metergolin	4,0
Dostinex	Cabergolin	0,5
Norprolac	Quinagolid	0,075/0,15

Andere Steroide

Präparat	Chemische Bezeichnung	Dosierung mg/Kaps.
Winobanin 100/200 Danazol ratiopharm	Danazol	100/200

Releasing-Hormone

Präparat	Chemische Bezeichnung	mg/Amp.
LHRH-Ferring Relefact-LHRH	Gonadorelin	0,025/0,1
Lutrelef-0,8/3,2	Gonadorelinacetat	0,8/3,2
Suprecur	Buserelinacetat	15,75/10 ml Nasalspray
Decapeptyl-Depot	Triptorelinacetat	0,5/0,1
Enantone Gyn	Leuprorelinacetat	3,75

Literatur

Taubert H-D, Kuhl H. Sexualhormone und Kontrazeptiva. In: Klinische Pharmakologie. 3. Aufl. Rietbrock N, Staib AH, Loew, D (Hrsg). Darmstadt: Steinkopf 1996.

Anmerkungen zur gynäkologischen Strahlentherapie

D. v. Fournier

Hier sollen nur einige praktische Fragen der gynäkologischen Radiologie angesprochen werden, denen der Student und der Arzt in der Weiterbildung während seiner Ausbildung täglich begegnet.

Ionisierende Strahlen

Hierunter wird die physikalische Strahlung zusammengefaßt, deren Energie groß genug ist, um aus einem Atomverband ein Elektron abzutrennen und zu beschleunigen. Das abgetrennte Elektron bewirkt auf seiner Bahn zahlreiche weitere Ionisationen, wodurch es bei jeder Strahlung zu einer Streuung kommt.

Ultraharte Röntgenstrahlen

Ultraharte Röntgenstrahlen werden heute von Linearbeschleunigern, seltener von Kreisbeschleunigern geliefert, welche grundsätzlich nach dem Prinzip der Röntgenröhre funktionieren. Benutzt werden **Photonen** im Bereich von 4 Megavolt (MeV) bis 30 MeV. Abb. A.3 zeigt den Tiefendosisverlauf von 10-Me-V-Photonen im Vergleich zu Kobalt-60-Gammastrahlung.

Gammastrahlung

Gammastrahlung ist die Photonenstrahlung, die von **radioaktiven Isotopen**, gebräuchlich ist vor allem Kobalt-60 und Cäsium-137, ausgesendet wird. Energie von natürlichen Gammastrahlen ist fest definiert, während die Photonenenergie bei Beschleunigern wahlweise nach Bedarf bezüglich Eindringtiefe gewechselt werden kann.

Elektronenstrahlung

Elektronenstrahlung oder »schnelle Elektronen« werden aus Kreis- oder, mehrheitlich, Linearbeschleunigern gewonnen. Es handelt sich um eine Teilchenbestrahlung, die aus negativ oder positiv geladenen **Elektronen** besteht. Verwendet werden Elektronen im Energiebereich von 4–25 MeV.

Schwere Teilchen

Genutzt werden **Protonen** (Kerne des leichten Wasserstoffisotops) und **Neutronen**. Für Tumoren des Genitale und der Brust hat die Anwendung schwerer Teilchen bisher keine Vorteile gebracht, sie werden standardmäßig auch nicht angewendet.

Strahlendosis

Die Strahlendosis ist die Menge der absorbierten Strahlenenergie

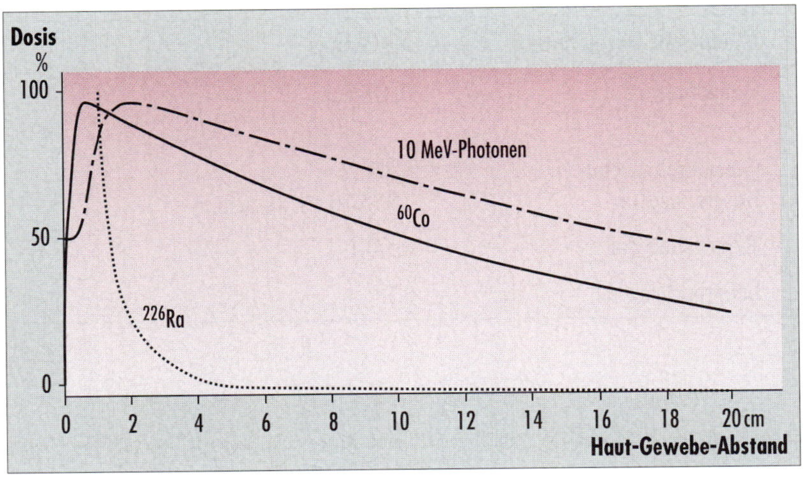

Abb. A.3 Vergleich von ^{60}Co-Strahlen mit 10-MeV-Photonenstrahlen: Die ^{60}Co-Strahlen haben einen Aufbaueffekt, der in ca. 7 mm die Maximaldosis erreicht. Die 10-Me-V-Photonen erreichen unter Schonung der oberflächlichen Hautschicht das Maximum erst nach 2 cm Gewebetiefe. In 10 cm Gewebetiefe, der üblichen Beckenmitte, ist die Dosis von 10-MeV-Photonen auch deutlich höher als bei ^{60}Co-Gammastrahlung. Letztere eignet sich besonders zur Halbtiefentherapie.

Der durchgestrahlte menschliche Körper im Beckenoder im Brustbereich enthält im wesentlichen Muskel-Fettgewebe, Muskulatur und Knochen. Wird, wie in Abb. A.4 dargestellt, dieses Gewebe bestrahlt, so kommt es durch unterschiedliches Absorptionsvermögen und unterschiedliches Elektronenbremsvermögen je nach betroffener Struktur zu **unterschiedlichen Strahlendosen**. Wie am Kegel schematisch dargestellt, erhält die Muskulatur die Strahlendosis 1, der Knochen im Verhältnis dazu 1,7. Dieser Unterschied ist bei schnellen Elektronen deutlich größer, weshalb sie sich auch nicht zur Bestrahlung im kleinen Becken eignen, sondern zur Bestrahlung der Haut oder hautnahen Regionen (Vulvakarzinom, Hautmetastasen) angewendet werden.

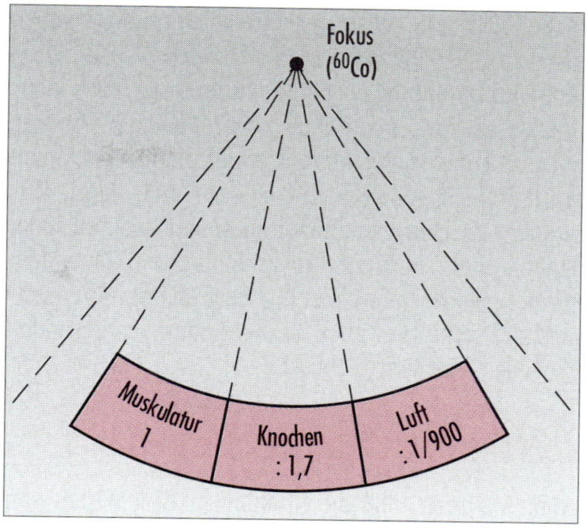

Abb. A.4 Unterschiedliche Absorption der Strahlung und damit unterschiedliche Strahlendosis in verschiedenen Organbezirken.

Maßeinheiten in der Radiologie

Ionendosis: Die Ionendosis ist die in einem Luftvolumen gemessene Strahlenmenge. Sie wird in den internationalen Einheiten angegeben durch **»Coulomb«**. Die Ionendosis spielt für die Beschreibung der Strahlenwirkung medizinisch keine besondere Rolle.

Energiedosis: Die Energiedosis ist die Strahlenmenge, die in einem definierten Gewebevolumen absorbiert ist. Sie wird international (SI-Einheit) in »Gray« = **Gy** = 1 Joule × kg^{-1} angegeben. Bei Umrechnung von Rad auf Gray entsprechen 100 rd = 1 Gy.

Radioaktivität: Die früher gültige Einheit »Curie« = Ci war auf Radium bezogen. Diese ist ersetzt durch die SI-Einheit »Becquerel« = **Bq** = 1 $Sek.^{-1}$; 1 Bq entspricht 1 Atomzerfall pro Sekunde.

Dosierungsbegriffe bei der Kontaktbestrahlung

Die früher angegebene Menge von Radium in Milligramm multipliziert mit der Bestrahlungszeit in Stunden (mgeh = Milligramm-Element-Stunden) ist verlassen worden. Wegen der großen empirischen Erfahrung über Jahrzehnte mit dieser Einheit wird häufig noch das **Äquivalent zu mgeh** angegeben, um neue Ergebnisse mit historischen Ergebnissen der Radiumtherapie vergleichen zu können. Die neue Dosisangabe erfolgt in Gy für interessierende Gewebepunkte oder Gewebeschalen (dreidimensionale Bestrahlungsplanung) im Abstand von der Strahlenquelle.

Toleranzdosis

Als Toleranzdosis wird die Gesamtdosis bezeichnet, die dem gesunden Nachbargewebe gegeben werden kann, ohne daß ein »Strahlenschaden« bleibt. Dagegen sind **Strahlenbegleitwirkungen** ein unvermeidbarer Vorgang bei der Strahlentherapie. Die Toleranzdosis hängt von folgenden Faktoren ab:

- **Bestrahltes Organ:** Blase, Rektum und Dünndarm sind die wichtigsten zu schonenden Organe im Becken.
- **Strahlenart und Strahlenqualität:** Elektronen haben eine höhere Nebenwirkung (höhere Absorption) = auf die mitbestrahlten Knochen als z. B. Photonen. Auch die Toleranz der Haut ist bei Elektronenbestrahlung geringer als bei einer gleich dosierten Photonenbestrahlung.
- **Feldgröße:** Je kleiner das Feld ist, desto höher ist die Toleranzgrenze.
- **Zeitraum:** Je länger der Zeitraum ist, über welchen sich die Gesamtdosis verteilt, desto höher ist die Toleranz.

Zeitliche Dosisverteilung

Fraktionierung (Unterteilung der Gesamtdosis in Einzeldosen): Bei äußerer Bestrahlung wird z. B. tägl. mit 2 Gy bestrahlt, wodurch nach 25 Fraktionen (25 Bestrahlungstagen) 50 Gy erreicht werden.

Protrahierung: Je länger der Zeitraum ist, in dem eine einzelne Strahlendosis gegeben wird, desto höher liegt die Toleranz. Deshalb kann man bei LDR

(s. S. 372ff. u. S. 490) eine höhere Gesamtdosis geben als bei HDR (hierbei nur 60–70% der Dosis durch Kontaktbestrahlung). Die Fraktionierung darf allerdings nicht soweit getrieben werden, daß die Wirkung auf den Tumor (»selektive Tumorwirkung«) verspielt wird. Bei zu geringen Einzeldosen und, damit verbunden, zu häufigen Einzelfraktionen kann sich der Tumor auch unter der Bestrahlung jeweils wieder erholen, wodurch das Ziel der Bestrahlung – Vernichtung des Tumorgewebes bei Schonung des gesunden Gewebes – nicht erreicht wird.

Zeitliche Phasen der Strahlenwirkung

Abb. A.5 zeigt, daß die Strahlen in Bruchteilen von Sekunden eine **chemische Wirkung** und gleich anschließend eine **biologische Wirkung** auf die Zellen entfalten. Die biologische Wirkung hält Monate bis Jahre an. Der beabsichtigte kurative Behandlungseffekt einer Bestrahlung kann erst Wochen bis Monate nach Abschluß der Bestrahlung (durch Tastbefund oder bildgebende Verfahren) beurteilt werden. Die heilende Wirkung kann erst in Zeiträumen von 5–10 Jahren bei Genitaltumoren und nach 10–20 Jahren bei Mammatumoren beurteilt werden.

Strahlenfolgen, Strahlenschäden

Strahlenfolgen sind alle typischen auftretenden Veränderungen von Haut und bestrahltem Gewebe während und nach der Bestrahlung, mit denen regelmäßig gerechnet werden muß (vergleichbar mit der unvermeidbaren Organentfernung und Narbenbildung durch die Operation). Strahlenfolgen oder Strahlenbegleitwirkungen sind manchmal auch in schwerwiegendem Ausmaß in Kauf zu nehmen, wenn eine Heilung oder eine wünschenswerte Palliation nur durch eine hohe Strahlendosis erreicht wird. Hierzu gehören: Strahlenulkus, Rektum-Scheiden-Fisteln, Osteoradionekrosen, Strikturen von Darm und

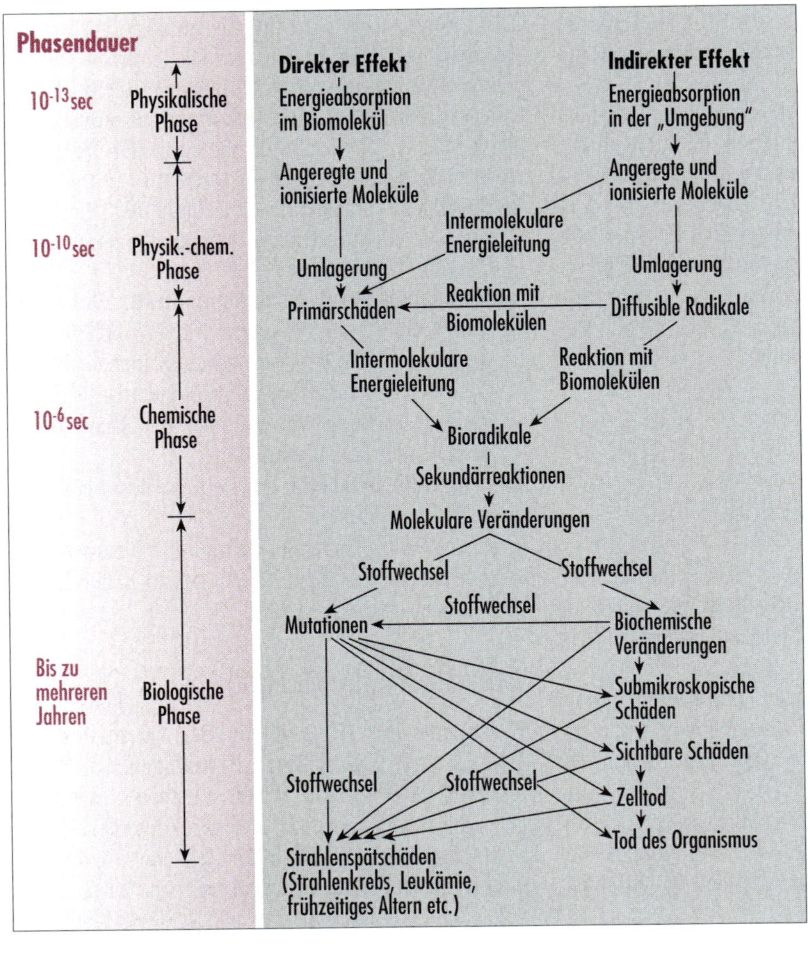

Abb. A.5 Die zeitlichen Phasen der Strahlenwirkung. (Nach Dertinger und Jung)

Ureter, Strahlenfibrosen von Haut, Fettgewebe und Muskel.
Der Ausdruck **»Strahlenschaden«** sollte ausschließlich solchen schweren Veränderungen vorbehalten bleiben, die durch mangelnde Präzision bei der Bestrahlungsplanung auftreten. Der Begriff, der mit einem Vorwurf behaftet ist, sollte nur vom erfahrenen Radiotherapeuten benutzt werden, da individuelle Besonderheiten (Diabetes, Raucherinnen) zu einer deutlich erniedrigten Strahlentoleranz des gesunden Gewebes führen können – auch bei einer Standarddosierung, die von einem durchschnittlichen Patienten ohne weiteres toleriert wird.

Strahlenquellen in der gynäkologischen Radiologie

Siehe Tab. A.8

Perkutane Strahlentherapie

Elektronenbeschleuniger: Benutzt werden **Kreisbeschleuniger** (Betatron) und die heute fast ausschließlich produzierten **Linearbeschleuniger**. Bei Linearbeschleunigern werden Elektronenstrahlen mit einer Energie von üblicherweise 4–25 MeV hoch beschleunigt und können durch ein Scanningverfahren oder durch Streufolien gleichmäßig auf eine gewünschte Feldgröße verteilt werden. Die Elektronen treffen auf eine Anode (Target), welche dann die **Photonenstrahlung** aussendet. Mittels Ausgleichskörpern wird eine Verteilung der Photonenenergie über das ganze Feld erzielt.

Telegammageräte: Bis heute sind **^{60}Co-Strahlenquellen**, die in einem bleigeschirmten Strahlerkopf untergebracht sind, in großem Umfang im Ausland in Benutzung; in Deutschland werden sie immer seltener eingesetzt.
Vorteile:
- Die Quelle, ein natürlich vorkommendes Isotop, strahlt gleichförmig. Veränderungen der Dosisleistung sind nicht möglich.
- Der Meßaufwand für die Aufstellung eines Strahlenplanes ist wegen der unveränderten physikalischen Strahlungseigenschaften vergleichsweise unkompliziert.
- Das Hautepithel wird geschont, weil das Dosismaximum unter der Haut liegt, die Strahlenabsorption von Knochenmuskel- und Weichteilgewebe ist wenig unterschiedlich.

Nachteile:
- Die radioaktive, ständig strahlende Quelle stellt bei möglicher Beschädigung des Strahlenkopfes ein Strahlenrisiko für die Umgebung dar.
- Der Verlust der Aktivität von 1 % pro Monat macht einen Quellenwechsel ca. alle 6 Jahre (HWZ 5,3 Jahre) sowie eine Korrektur der Bestrahlungszeit erforderlich.
- Bei großem Körperquerschnitt (adipöse Patientin) ist das Dosismaximum nur durch Bewegungsbestrahlung und nicht durch die übersichtlichere Gegenfeldbestrahlung zu erreichen.

Vergleich energiereicher Photonenbestrahlung gegenüber energieärmerer Kobalt-60-Gammastrahlung

Die energiereiche **Photonenbestrahlung** (z. B. C- und MeV-Photonen, Abb. A.3) hat einen Aufbaueffekt, welcher an der Hautoberfläche nur ca. 50% der Maximaldosis und erst in über 2 cm Tiefe die Maximaldosis erreicht. In 10 cm Tiefe (etwa Beckenmitte einer mittelschlanken Frau) ist die Dosis deutlich höher als bei ^{60}Co-Gammastrahlung. 10- bis 30-MeV-Photonen eignen sich also gut zur Bestrahlung von tief im Becken gelegenen Volumina unter Schonung der Körperoberfläche im Strahleneintrittsbereich, insbesondere der Haut (**Tiefentherapie**). Besonders bei Gegenfeldbestrahlung (gegenüberliegende Felder von ventral und dorsal) oder bei »Boxtechnik« (Strahleneintritt von ventral, dorsal und im 90°-Winkel von den Seiten) kann in der Tiefe des Beckens eine gleichförmige Dosisverteilung mit dem Dosismaximum unter deutlicher Entlastung oberflächlicher, gesunder Körperschichten im Bereich der 4 Eintrittsfelder aufgebaut werden.
Die **^{60}Co-Gammastrahlung** eignet sich besser für die **Halbtiefentherapie**: Bei Herdtiefen von 4–6 cm, wie bei der tangentialen Gegenfeldbestrahlung bei brusterhaltender Therapie, bildet sich eine Isodosenverteilung mit Schonung der Haut und einer gleichmäßigen Dosisverteilung im Bereich der zu bestrahlenden Brustdrüse. Bei diesen Herdtiefen wäre eine 10-MeV-Photonenbestrahlung mit Beschleunigerphotonen nachteiliger, weil durch das tiefergelegene Dosismaximum die hautnahen Drüsenanteile unterdosiert sind. Ebenso ist für die Bestrahlung der supra-/infraklavikularen, der inguinalen sowie axillaren Lymphknoten die energieärmere ^{60}Co-Gammastrahlung günstiger, weil hier die zu bestrahlenden Lymphknoten in einer Herdtiefe von 2–6 cm liegen (Halbtiefentherapie).

Tab. A.8 Für die gynäkologische Radiologie verwendete Isotope und Strahlenbereiche.

Strahlenquelle (Isotope)	Genutzte Strahlung
Für Perkutantherapie:	
Elektronenbeschleuniger (Linearbeschleuniger)	a) Elektronenstrahlen b) Röntgenstrahlen (Bremsstrahlen!) Energiebereich (a und b) heute bis etwa 42 MeV
Telecuriegeräte ^{60}Co (HWZ 5,3 Jahre)	Gammastrahlung Energiebereich 1,17 MeV u. 1,33 MeV
Für Kontakttherapie:	
^{226}Ra (HWZ 1620 Jahre)	a) Gammastrahlung Mehrere Energiebereiche, die vereinfachend etwa mit der Gammastrahlung des ^{60}Co verglichen werden können b) Betastrahlung (Effektive Reichweite im Gewebe etwa 4 mm, klinisch kaum noch genutzt)
^{60}Co (HWZ 5,3 Jahre)	Gammastrahlung (s. o.) (Tritt zunehmend gegenüber den folgenden Elementen ^{137}Cs und ^{192}Ir in den Hintergrund)
^{137}Cs	Gammastrahlung Energiebereich 0,66 MeV
^{192}Ir (HWZ 74,5 Tage)	Gammastrahlung Energiebereich 0,39 MeV (mittlere Energie) (^{137}Cs und ^{192}Ir erfordern wegen der geringen Gammaenergien nicht so aufwendige Strahlenschutzeinrichtungen wie Radium und Kobalt, sie sind auch im Falle einer Kontamination unbedenklicher als Radium. (S. a. »Afterloading«)
Für Intrakavitäre Instillationstherapie:	
^{198}Au (HWZ 2,7 Tage) in kolloidaler Lösung intraperitoneal und intrapleural (zunehmend durch ^{90}Y und, vor allem, ^{32}P ersetzt) als Seeds s. u.	a) Betastrahlung, Maximalenergie 0,96 MeV, effektive Reichweite im Gewebe 1–1,5 mm b) Gammastrahlung Energiebereich 0,41 MeV Bei intraperitonealer Anwendung ist der Bestrahlungseffekt in erster Linie der Bestrahlung zuzuschreiben. Die Gammastrahlung ermöglicht den Nachweis, wieweit sich die Aktivität verteilt hat.
^{90}Y (HWZ 64,5 Std.) intraperitoneal, interpleural	Bestrahlung Maximalenergie 2,26 MeV
^{32}P (HWZ 14,4 Tage) intraperitoneal, interpleural	Bestrahlung Maximalenergie 1,171 MeV

Von einem Beschleuniger erzeugte 4-MeV-Photonen können einer ^{60}Co-Gammastrahlung als gleichwertig gegenübergestellt werden.

Kontakttherapie

Bei einem an sich identischen strahlenphysikalischen Konzept unterscheidet man in methodischer Hinsicht die alte, mehr und mehr verschwindende **direkte Applikation strahlender Materie per Hand** (klassische Radiumtherapie) von der modernen **Nachladetechnik** (Abb. 14.17a).

Beim **Nachladeverfahren** wird aus Strahlenschutzgründen zunächst ein hohler Applikator in ein natürliches Hohlorgan (Scheide, Gebärmutterhals, Gebärmutterkörper) in Form einer »Kontakttherapie« eingeführt. Unter vollständigem Strahlenschutz wird dann mit Fernbedienung die Strahlenquelle in den Strahlenträger eingefahren. Die Nachladegeräte (Afterloading-Geräte) werden zum Zwecke des Ersatzes der Radiumtherapie vorwiegend mit ^{137}Cs (150–350 mCi) beladen.

Beim **Langzeitverfahren (Niedrigdosisverfahren = low dose rate [LDR])** wird bei jeweils 24–40 Std.

Liegezeit (Stockholmer, Münchner, Manchester-Methode) im Abstand von 2 Wochen durchschnittlich 3mal eine Kontaktbestrahlung durchgeführt. Hierdurch sind identische Ergebnisse und Nebenwirkungen wie bei der überholten Radiumtherapie zu erwarten.

Für die **Kurzzeitbestrahlung (Hochdosisverfahren = high dose rate [HDR])** werden in Afterloading-Geräten Strahlenquellen aus ^{192}IR (bis 10 Ci) oder ^{60}Co (bis 50 Ci) benutzt. Die Bestrahlungszeiten liegen bei 10–30 Min., je nach Beladung der Strahlenträger.

Vergleich der biologischen Wirksamkeit von LDR mit HDR Afterloading

Die biologische Wirksamkeit beim **LDR** entspricht derjenigen des Radiums.

Vorteile:

- Jahrzehntelange empirische **Erfahrung**.
- Gute **räumliche Kontrollierbarkeit** der zunächst nicht strahlenden »leeren« Strahlenträger unter Durchleuchtungsbedingungen. Die Strahlenträger werden in Ruhe so angeordnet, daß die Nachbarorgane beispielsweise durch Scheidentamponade genügend weit von der Strahlenquelle entfernt sind. Erst danach wird die Strahlenquelle eingefahren und aktuell in der Blase und im Rektum das Dosismaximum mit einer starren Meßsonde ausgemessen. Zusätzlich wird sowohl in Blase und Rektum während der gesamten Bestrahlungszeit eine Kette von 3–6 Strahlenmeßfiltern gelegt, so daß bei den langen Liegezeiten von 24 Std. und mehr die tatsächliche Belastung dieser Organe, hervorgerufen durch Bewegungen der Patientin, ausgemessen werden kann.
- Anwendung des **Isotops ^{137}Cs** als fast ideales Isotop für die Kontaktbestrahlung: Die Halbwertszeit (Mittelwert um 30 Jahre) ist günstig. Das Risiko einer Strahlenverseuchung (Kontamination) ist minimal, da das Isotop an eine Porzellanmasse gebunden ist, welche für Säuren oder Laugen unlöslich ist.
- **Große »therapeutische Breite«**, d.h. der Abstand zwischen letaler Schädigung von Krebszellen und letaler Schädigung des zu schonenden gesunden Gewebes ist größer als bei HDR.

Die Kurzzeitbestrahlung **(HDR)** hat eine höhere biologische Wirksamkeit sowohl auf Karzinomgewebe als auch auf gesundes Gewebe.

Vorteile:

- **Durchführung in wenigen Minuten** (10–30 Min.), weshalb die Bestrahlung auch in Lokalanästhesie oder Spinalanalgesie erfolgen kann bzw. im Bereich der Brustdrüse in Lokalanästhesie. Die Bestrahlung kann ambulant durchgeführt werden. Die Kurzzeitbestrahlung hat eine höhere biologische Wirksamkeit sowohl auf Karzinomgewebe wie auf gesundes Gewebe.

Nachteile:

- **Kurze Halbwertszeit von ^{192}Ir** (HWZ = 74,5 Tage), die alle 3–4 Monate einen **Quellenwechsel** erforderlich macht. Die biologische Effektivität des Strahlers ist bei Beginn der Nutzung mit der biologischen Effektivität nach 3 Monaten nicht mehr vergleichbar.
- Bei **^{60}Co** mit einer günstigeren Halbwertszeit von 5,3 Jahren ist eine **aufwendige Abschirmung** wegen der hohen Gammaenergie (Tab. A.8) von 1,3 MeV erforderlich. Pro Kontakttherapie soll die Dosis in 2 cm Abstand von der Strahlenquelle (Linie durch Punkt A neben der Zervix) von 7,5 Gy pro Sitzung nicht überschritten werden. Deshalb müssen **mehr Einzelsitzungen** (mindestens 6) im Abstand von einer Woche durchgeführt werden. Gleichzeitig muß die Gesamtdosis der Kontakttherapie dabei auf ca. 60–70% reduziert werden. Zum Teil wird dieses ausgeglichen durch eine höhere Dosierung der äußeren Bestrahlung in Beckenmitte.
- **Geringere »therapeutische Breite«** wegen der höheren biologischen Wirksamkeit auch auf gesundes Gewebe.

Trotzdem sind im klinischen Vergleich die Behandlungsergebnisse bezüglich der Überlebensrate bisher als etwa gleichwertig einzuschätzen, insbesondere wenn bei HDR mehr als 6 Einzelfraktionen mit einer niedrigeren Einzeldosis (höhere Fraktionierung) gegeben werden. Dieses bedeutet jedoch einen größeren Aufwand für das Personal und eine größere Belastung für die Patientin. Wenn beide Methoden zur Verfügung stehen, wird man für ausgedehnte Tumoren mit maximal erforderlichen Kontakttherapiedosen eher das LDR-Verfahren vorziehen, während man bei einer geringeren erforderlichen Gesamtdosis durch Kontakttherapie die Vorzüge der HDR-Methode (ambulante Bestrahlung, kurze Liegezeit) nutzt.

Die unterschiedliche Energie der Gammastrahlung ^{137}Cs, ^{60}Co und ^{192}Ir hat keinen nennenswerten Einfluß auf die Verteilung der Isodosen im kleinen Becken: Bei Kurzdistanz-Bestrahlung gilt nur das Abstands-Quadratgesetz.

Bestrahlungsplanung

Die strahlenphysikalische Therapieplanung beschreibt in den durch CT oder MRT gewonnenen Körperquerschnitten (Sagittalschnitte, Horizontalschnitte) die Verteilung der Dosis durch **Linien mit gleicher Dosis (Isodosen)**. Die 90%-Isodosen (d.h. 90% der gewünschten Referenz-Punkt-Dosis) soll das gesamte zu bestrahlende Volumen (»Zielvolumen«) umschließen. Dosenmaxima sollten möglichst nicht über 105% hinausgehen.

Die biologische Therapieplanung paßt die Fraktionierung und die Einzeldosis an die Reaktionen des individuellen Tumors und die kritischen Nachbarorgane an. Beispielsweise werden schnell proliferierende Tumoren z.T. zweimal täglich bestrahlt, langsam wachsende Tumoren einmal täglich mit einer höheren Einzeldosis. Die tägliche Einzeldosis liegt bei Teletherapie um 2 Gy, die Gesamtdosis in einem Zielvolumen, in dem gesunde Nachbarorgane mitenthalten sind, bei 50–60 Gy. Da die Wochendosis 10 Gy nicht überschreiten soll, wird diese Gesamtdosis durch Teletherapie in ca. 6 Wochen Bestrahlungszeit erreicht. Die Gesamtbestrahlungszeit verlängert sich, wenn 3 (LDR) oder 6 (HDR) Kontakttherapien mit der Teletherapie kombiniert werden.

Strahlenschutzgesetzgebung

Die Strahlenschutzvorschriften für den Bereich der Medizin sind einerseits in der **Strahlenschutzverordnung** in der Fassung vom 30. Juni 1989, andererseits in der **Röntgenverordnung** vom 8. Januar 1987 festgelegt. Ergänzt werden diese Gesetze durch Richtlinien der zuständigen Ministerien und durch **DIN-Vorschriften**. Hier ist festgelegt, welche Anforderungen an den Arzt gestellt werden, der ionisierende Strahlen anwendet (Fachkenntnis im Strahlenschutz bestehend aus Strahlenschutzkursen und praktischer Erfahrung), welche Voraussetzung vor Inbetriebnahme eines Röntgengerätes bzw. eines Strahlentherapiegerätes erfüllt sein müssen (Abnahmeprüfung durch Hersteller bzw. TÜV, Genehmigung durch Gewerbeaufsichtsamt) und welche regelmäßigen Überprüfungen erforderlich sind (z.B. monatliche Konstanzprüfung mit Aufnahme des Prüfkörpers, tägliche Kontrolle der Filmentwicklung bei Röntgendiagnostikgeräten). Hier ist auch festgelegt, welche Überwachungsmaßnahmen des Personals erforderlich sind (Personen-Dosimeter [Filmplakette] bzw. Stab-Dosimeter), falls das Personal sich im **Kontrollbereich** (mögliche Strahlenbelastung über 15 mSv/Jahr) aufhält. Bei der in gynäkologischen Praxen häufig durchgeführten Mammographie besteht z.B. während der Aufnahme ein Kontrollbereich bis zum Abstand von 1,5 Meter von der Röntgenröhre. Hinter der vor dem Auslösepult üblicherweise angebrachten Abschirmung (Bleiglasplatte) besteht kein Kontrollbereich. **Jugendliche unter 18 Jahren** dürfen den Kontrollbereich nur zu Ausbildungszwecken betreten.

Schwangere dürfen den Kontrollbereich nicht betreten, mit Ausnahme von Patientinnen, bei denen röntgendiagnostische bzw. röntgentherapeutische Maßnahmen medizinisch indiziert sind (siehe auch Tab. A.9). Obwohl Röntgenaufnahmen bei **Frauen im gebärfähigen Alte**r möglichst nicht in der zweiten Zyklushälfte durchgeführt werden sollten, um eine akzidentelle Strahlenbelastung in der Frühschwanger-

Tab. A.9 Strahlenschädigung des Embryos.

Effekt	Sensible Phase	Risikokoeffizient	Vergleichsrisiko
Absterben	–10 Tage	0,1% pro mGy*	–
Mißbildungen	10 Tage – 8.Woche	0,05% pro mGy*	6%
Schwere geistige Retardierung	8.–15. Woche	0,04% pro mGy*	0,8%
	10.–25. Woche	0,01% pro mGy*	
Maligne Erkrankungen <10Jahren		0,005% pro mGy*	0,01%
Vererbbare Defekte		0,0003 ♂	
		0,0001 ♀	

* Für diese Effekte muß ein Schwellenwert von 50 mGy angenommen werden. Nur die darüber hinausgehende Strahlenbelastung kann der Risikoberechnung zugrunde gelegt werden.

Beispiel: Eine Strahlenbelastung des Embryos von 70 mGy in der 6. SSW führt zu einer Erhöhung des Mißbildungsrisikos von 6 auf 7%.

schaft zu vermeiden, kommt es immer wieder vor, daß Röntgenaufnahmen notwendigerweise oder versehentlich in der Frühschwangerschaft durchgeführt wurden. Hier wird sich die besorgte Patientin meist zuerst an ihren Frauenarzt wenden, um eine Aufklärung über das Strahlenrisiko zu erhalten. Um unnötige Verängstigung zu vermeiden und bezüglich zu ergreifender Maßnahmen (eugenisch indizierter Schwangerschaftsabbruch) eine fundierte Beratung abgeben zu können, ist die Kenntnis einiger Grundlagen der Strahlenwirkung sowie der angewandten diagnostischen Maßnahmen erforderlich. Bei der Abschätzung des embryonalen bzw. fetalen Risikos sollte nach einem **Stufenplan** vorgegangen werden. Bei ca. 90% der Fälle liegt die Belastung des Embryos so niedrig, daß relevante Strahlenfolgen auszuschließen sind. In allen anderen Fällen muß mit Hilfe eines Medizinphysikers eine genaue Dosisabschätzung bzw. Berechnung evtl. sogar mit Messungen erfolgen, um eine bestmögliche **Abschätzung des Strahlenrisikos** zu erreichen.

Strahlen können verschiedene negative Einflüsse auf den Embryo bzw. Feten haben. In der **Präimplantationsphase** (10. Tag p. c.) gilt das Alles-oder-Nichts-Gesetz, der Embryo stirbt ab oder er entwickelt sich normal. In der anschließenden Phase der **Organogenese** (10. Tag–8. Woche p.c.) können Mißbildungen induziert werden. In der folgenden Phase der schnellen Hirnentwicklung (25. Woche p.c.) kann eine geistige Retardierung ausgelöst werden. Für diese drei Effekte kann eine Schwellendosis von mindestens 50 mGy angenommen werden, unterhalb derer diese Effekte nicht auftreten können. In Tab. A.9 sind für jeden Effekt die sensible Phase sowie der Risikoeffizient für die den Schwellenwert überschreitende Strahlenbelastung aufgeführt. Zur Risikobewertung ist gleichzeitig noch das Vergleichsrisiko eines nicht bestrahlten Kollektives angegeben. Bei den beiden Effekten der Induktion einer malignen Erkrankung im Kindesalter bzw. der Schädigung des Erbgutes kann nicht von einer Schwellendosis ausgegangen werden.

Im individuellen Fall der Ermittlung des Risikos einer Strahlenexposition in der Frühschwangerschaft ist zuerst der **Zeitpunkt der Strahlenbelastung** in bezug auf den Konzeptionstermin zu eruieren. Bei einer Strahlenexposition innerhalb der ersten 8 Tage post conceptionem ist eine weitere Berechnung nicht erforderlich. Es ist ein Protokoll anzufertigen und die Patientin aufzuklären. Da für die wichtigsten Wirkungen (Mißbildung, schwere geistige Retardierung) ein Schwellenwert von 50 mSv (entsprechend einer Bestrahlung mit 50 mGy Röntgenstrahlen) angenommen werden muß, wird nach einer Richtlinie der DRG und der DMPG (1990) empfohlen, in einer groben Abschätzung zu prüfen, ob eine Überschreitung des Grenzwertes von 20 mSv wahrscheinlich ist (Tab. A.10). Immer dann, wenn die Gebärmutter nicht im direkten Nutzstrahlenbündel liegt, kann eine Überschreitung dieses Grenzwertes bei röntgendiagnostischen Leistungen ausgeschlossen werden. Für die Nuklearmedizin gilt, daß die Ganzkörperdosis des Feten, außer bei der Schilddrüsentherapie mit Radio-Jod, unterhalb von 10 mGy liegt. Allerdings ist ab der 12. Woche eine Anreicherung von Jod in der fetalen Schilddrüse zu berücksichtigen, wenn Szintigramme (Schilddrüsenszintigramme, Nierenszintigramme ohne Schilddrüsenblockade) mit **radioaktivem Jod** durchgeführt wurden.

Tab. A.10 Strahlenbelastung bei diagnostischen Röntgenaufnahmen (Uterus in Strahlenfeld).

Aufnahme	Belastung
Übersicht	2,0–0,8 mSv
Bildverstärker	0,4–1,6 mSv
Zielaufnahme	3,0–12,0 mSV
Durchleuchtung	6,0–24,0 mSv
CT	31,0–86,0 mSv

Tab. A.11 Konsequenzen für die Schwangerschaft in Abhängigkeit von der Strahlenbelastung zwischen dem 10. Tag und der 25. Woche post conceptionem.

Strahlenbelastung	Konsequenz
<50 mSv	Keine Indikation zur Interruptio
50–200 mSv	Interruptio erwägen, in Abhängigkeit von der individuellen Bewertung der aufgeklärten Patientin
200 mSv	Interruptio zu empfehlen, in Abhängigkeit von der Einstellung der aufgeklärten Patientin

Ergibt die grobe Abschätzung einen Wert über 20 mSv, ist ein Medizinphysiker hinzuzuziehen, um eine genauere Berechnung der Uterusdosis zu erhalten. Ergibt sich hierbei, daß der Schwellenwert von 50 mSv nicht überschritten ist, so sind keine weiteren Maßnahmen erforderlich. Eine relevante Risikoerhöhung liegt nicht vor. Eine Abruptio ist nicht indiziert.

Bei einer Exposition zwischen 50 und 200 mSv sollte in Abhängigkeit vom Schwangerschaftsalter bei der

Exposition und der Risikoabschätzung mit Hilfe der in Tab. A.9 und A.11 gegebenen Risikokoeffizienten eine individuelle Beratung erfolgen, wobei der Wunsch der Patientin im Vordergrund steht. Ab einer Dosis von 200 mGy kann zu einer Abruptio geraten werden, wobei jedoch auch hier individuelle Gesichtspunkte zu berücksichtigen sind und die Patientin nach voller Aufklärung über das zu erwartende Risiko selbst über die Fortführung der Schwangerschaft entscheiden muß.

Literatur

Even K, Fibach BJO, Lauber-Altmann I. Zur Durchführung der Belehrung nach § 36 Röntgenverordnung. Stuttgart: Thieme 1988.

Pränatale Strahlenexposition aus medizinischer Indikation. Dosisermittlung, Folgerungen für Arzt und Schwangere. DGMP- und DRG-Bericht (Red. Leetz H) 1990.

Röntgenverordnung vom 8. Januar 1987. Bundesgesetzblatt. Teil 1. 1987.

Strahlenschutzverordnung vom 30. Juni 1989. Bundesgesetzblatt. Teil 1. 1989.

Sachregister

A

Abbruchblutung 48, 54
A-B-C-D-Reanimationsschema 291
Abdomen
– akutes 442 ff.
– – Blutung, innere 443 ff.
– – Differentialdiagnose 443 ff.
– – Elektrolythaushalt 447
– – febriles 445
– – Flüssigkeitshaushalt 447
– – in der Schwangerschaft 178 f.
– – nichtentzündliches 443 ff.
– – Plazentalösung, vorzeitige 242 f.
– – Schwangerschaft 444 f.
– – Symptomenlokalisation 442
– – Therapie 446
– – Tubarruptur 165
– – Uterusruptur 235
– aufgetriebenes, Differentialdiagnose, perkutorische 383 f.
– Untersuchung, Neugeborenes 295
– Veränderung, schwangerschaftsbedingte 142 f.
Abdominalgravidität 164, 167
AB0-Inkompatibilität, fetomaternale 153, 155 f., 301
– Risikoselektion 156
Ablatio mammae, psychosexuelle Folgen 464
Abort 156 ff.
– abgelaufener 158
– artifizieller 156
– Bläschenabgang 148
– Definition 156
– drohender 157 f.
– – Blutung, sistierende 157 f.
– – Initialbehandlung 198
– febriler 159
– – Antibiotikatherapie 473 f.
– – komplizierter 159
– habitueller 159 f., 192
– bei Hyperthyreose 180
– in Gang befindlicher s. Abortus incipiens
– krimineller 346
– Listeriose 186
– myombedingter 183
– Nachkürettage 158
– Ovarialinsuffizienz 182
– Rh-negative Frau 159
– bei Schilddrüsenfunktionsstörung 152
– septischer 159
– Stadien 1
– Terminologie 156
– Ursachenklärung 159 f.
– verhaltener 150, 158 f.
– – Blutung 196
– Zeitpunkt 160
Abortinduktion, medikamentöse 162
Abortivei 150, 160
– Trophoblast 147
Abortus
– completus 158
imminens s. Abort, drohender
– incipiens 157 f.
– incompletus 158
Abrasio (s. auch Kürettage) 149, 55, 429
– bei azyklischen Blutungen 338
– fraktionierte 370, 429, 437
– bei postmenopausaler Blutung unter Hormontherapie 84
– bei uteriner Blutung im Senium 84
Abrasionsbesteck 430
Abstillen 310
– primäres, Indikation 310
– sekundäres 310
Abstrichzytologie 331
Abszeß
– mastitischer 315
– perityphlitischer 345
Abszeßruptur 345
Abtreibungsversuch 159
Acetonurie 168, 181
– zweite Schwangerschaftshälfte 181
Achselhaare 23, 75
Aciclovir 473
Acquired immune deficiency syndrome s. AIDS
ACTH 39
Adenohypophyse, Genitalfunktionsregelung 29
Adenohypophysennekrose, postpartale 61
Adenohypophyse-Ovar-Nebennierenrinden-Verbindung 14
Adenokarzinom
– endometriales 377
– – Strahlentherapie 379
– ovarielles 381
– der Tube 390
– vaginales 360
Adenomatosis uteri 339 f.
Adhärenz 134 ff.
Adipositas
– Östrogenbildung, postmenopausale 80
– Syndrom der polyzystischen Ovarien 65
Adnexe 341 ff.
– Infektion
– – aszendierende 342 ff.
– – hämatogene 342 , 346
– Untersuchung, bimanuelle 428
Adnexentzündung 338, 342 ff.
– Antibiotikatherapie 472
– Diagnostik 344
– Differentialdiagnose 344
– gonorrhoische 345
– nichtinfektiöser Genese 346
– Palpationsbefund 344
– Spätfolgen 346
– Spekulumuntersuchungsbefund 344
– Therapie 345
– tuberkulöse 346
Adnexentzündung, von der Umgebung übergreifende 342
– viral bedingte 346
Adnexitis s. Adnexentzündung
Adnextumor, endometriotischer 339
Adoleszenz 27 f., 450
Adoption 132
Adrenogenitales Syndrom 12 ff., 24
– Diagnostik 17
– Fehlbildungen 13
– – Korrektur 17
– HLA-Assoziation 14
– kongenitales 12 ff., 75 f.
– kryptisches 14
– präpuberales 14
– Spätform 14, 17, 76
– Therapie 17
Äthinylöstradiol 79, 90, 475, 477, 480 ff.
– im Ovulationshemmer 90 f.
– Postkoitalpille 104
– Wirkung, vasomotorische 96
Äthinylöstrenol, Minipille 104
Afibrinogenämie 94
Afterloading-Verfahren 361, 372 f., 379, 490
Aganglionose 305
AGS s. Adrenogenitales Syndrom
Ahydramnie 201
AIDS 350 f.
– Therapie in der Schwangerschaft 473
AIS s. Amnioninfektionssyndrom
Akromegalie 62
Akutes Abdomen s. Abdomen, akutes
Akzeleration 450
Alfentanyl 292
Algopareunie 462
Alibidimie 461
Alkoholembryopathie 152
Alkoholfetopathie 153
Alkoholkonsum, Schwangerschaft 192
Alkoholsyndrom, embryofetales 152
Alleinerziehende 452
Allgemeinbefinden,
– – Ovulationshemmerwirkung 92 f.
Allgemeinerkrankung, Pubertas tarda 26
Allgemeinnarkose 221
Alopezie
– androgenetische 68, 74
– Hyperthecosis ovarii 68
Alvarez-Wehen 211
Amenorrhö 51, 58 ff.
– Abklärung 69 ff.
– Adoleszenz 28
– Anamnese 70
– Anomalie, primäre 58
– Anorexia nervosa 28, 60
– Begleitsymptome 69
– Clomiphen-Stimulationstest 72
– Definition 58
– Diagnostik 63
– dysgonadotrope 60

Amenorrhö, dysgonadotrope, Gestagentest 70
– extragenital-endokrin bedingte 58
– funktionelle 58 ff.
– Gestagentest 69 ff.
– Gonadotropinwert 58
– Gynatresie, distale 69
– Hemmungsfehlbildung 58
– HMG-Stimulationstest 71
– Hormonanalyse 58
– hyperandrogenämische 58
– hypergonadotrope 58, 63
– hyperprolaktinämische 58, 60 ff., 63, 72 f.
– – Therapie 73
– Hyperthecosis ovarii 68
– hypogonadotrope 28, 58, 60, 63
– – funktionelle Störung 60
– hypoöstrogene 58, 60
– hypophysäre 61
– hypothalamische s. Amenorrhö, zentrale
– LH-RH-Stimulationstest 72 f.
– mit Maskulinisierung 73
– normogonadotrope 58, 63
– – Gestagentest 70
– normoöstrogene 58, 60
– – Gestagentest 70
– Östrogendefizit 58
– Östrogen-Gestagen-Test 69 , 71
– Östrogenwirkung 37
– ovarielle 58 , 64 ff.
– pathologische 58
– physiologische 58
– postkontrazeptive 93, 100
– primäre 58
– – adrenogenitales Syndrom 14
– – Androgeninsensitivität 11 f.
– – Gonadendysgenesie 5 , 58
– – – gemischte 9
– – Hymenalatresie 19
– – Intersexualität 9
– – Kallmann-Syndrom 60
– – Mayer-Rokitansky-Küster-Syndrom 19
– – Triplo-XX-Frauen 9
– – Ullrich-Turner-Syndrom 7
– – XY-Gonadendysgenesie 7
– Prolaktinbestimmung im Serum 72
– Pseudohermaphroditismus femininus 58
– psychisch bedingte 28
– Regelkreisstörung 58
– sekundäre 58
– – Gestagentest, negativer 61
– Syndrom der polyzystischen Ovarien 65
– Therapie
– – Gestagentest-bezogene 70 f.
– – LH-RH-Test-bezogene 73
– Untersuchung
– – allgemeine 70
– – gynäkologische 70
– Ursache 58 f., 63
– uterine 58, 68 f.
– zentrale 58 ff.
– – Definition 59
– – funktionelle 60, 63
– – medikamentös bedingte 60
– – organisch bedingte 60
– – Ursache 60
Amenorrhö-Galaktorrhö-Syndrom, Therapie 62
Aminkolpitis 323
Aminoglutethimid 401
Amnion 138, 140
Amnionhöhle 140
Amnioninfektionssyndrom 473 f.
– Antibiotikatherapie 474
Amnioninfektionssyndrom, prädisponierende Faktoren 474
Amnioskopie 285
Amniozentese 280
– bei fetomaternaler Rh-Inkompatibilität 155
Anabolika 76
Anämie 198
– aplastische 94
– fetale 155
– Neugeborenes 298
– Schwangerschaft 176 f.
– tumorbedingte 402
Analatresie 296
Analgesie
– subpartale 215, 221
– bei Tumorschmerzen 402
Anamnese 423 f.
– Gefahren 424
– Warnzeichen 433 f.
Androgenaktivität, peripher erhöhte 76
Androgenbildung
– adrenale, vermehrte 75
– Nebennierenrindentumor 75 f.
– ovarielle 17, 34, 41
– – vermehrte 75
– tumorbedingte 17, 75 f.
– XX-Gonadendysgenesie 7
Androgene 38 ff., 129
– adrenale 22
– Bildungsorte 38
– Biosynthese 38 f.
– – adrenale 39
– – ovarielle 38 f.
– Einfluß auf den Haarwuchs 74
– Genitalentwicklung 5, 9 f.
– Hodenfunktion 129
– Serumspiegelbestimmung, immunologische 39 f.
– Wirkung 40
– – extragenitale 40
– – pathologische 40
– – sexspezifische 40
Androgeneinwirkung, intrauterine 12
Androgenhaltiges Depotpräparat 83
Androgeninsensitivität 11
Androgenisierungssymptome 65
Androgenproduktion
– Nachweis 39
– Ovarialtumor 64 f.
Androgenspiegel
– Amenorrhö 58
– erhöhter 74 f.
Androstandiol 39
Androstendion 38 f.
Anfall, eklamptischer 171
– Behandlung 172
Anfallsleiden, Ovulationshemmerwirkung 98
Anorexia nervosa 27 f.
– Amenorrhö 28, 60
– Hirsutismus 77
– Psychotherapie 60
Anorexie, Schwangerschaft 178
Anorgasmie 112, 460 ff.
– Folgen 462
Anosmie 60
Anovulation s. auch Zyklus, anovulatorischer
– Blutung, hormoninduzierte 44
– polyzystische Ovarien 65
– Therapie 123 ff.
– – kausale 54
Anteflexio uteri 327
Anteversio uteri 327
Antiandrogene 485
– bei Pubertas praecox 25
Antibiotika 467 ff
– bei Endomyometritis 313
Antibiotika, bei febrilem Abort 159
– Nebenwirkungen 467 ff.
– – allergische 467 f.
– – toxische 467 f.
– Pharmakokinetik 467
– bei Pyelonephritis gravidarum 178
– Teratogenität 468
– Toxikologie 467
– nach vorzeitigem Blasensprung 251
Antibiotikaempfindlichkeit von
– – Infektionserregern 470
Antibiotikaprophylaxe 469 f.
– perioperative, Indikation 469
– bei Sectio 272, 470
Antibiotikatherapie 467 ff.
– Indikation 470
Antibiotikatherapie, lokale 474
– Resistenzbestimmung 473
– in der Schwangerschaft 470 f.
Anticholinergika 416
Anti-D-Antikörper-Suchtest 191, 197
Anti-D-Prophylaxe 153, 155, 197
– post partum 311
– nach Schwangerschaftsabbruch 163
Antiepileptika 98
Antigestagen, Frühabortauslösung 162
Antihypertonika
– bei Eklampsie 173
– bei schwerer Gestose 172
Antikörpersuchtest, positiver 200 f.
Anti-Müller-Hormon 5, 10 f., 40
Antiöstrogen bei Mastopathie 353
Anti-Testosteron-Antikörper 40
Antriebsmangel, ovulationshemmerbedingter 93, 98
Anusinspektion, Neugeborenes 296
Aortenisthmusstenose 295
Aortenkompression 260
Apfelsinenhaut 393 f.
Apgar-Score 290
Aplasia uteri s. Uterusaplasie
Apoplexie, uteroplazentare 242
Appendix testis 4 f.
Appendizitis 345 f.
– in der Schwangerschaft 178, 197
Appetitsteigerung, ovulationshemmerbedingte 93, 97
Arbeitsfähigkeit
– maligne Erkrankung 405
– post partum 311
Armlösung bei Beckenendlage 276
Armplexuslähmung
– geburtstraumatische 306
– obere 306
– untere 306
Armvorfall 270
– bei verschleppter Querlage 233 f.
Aromataseaktivität, mangelnde 66
Arrhenoblastom 17, 64 f., 75
Arteria
– ovarica 1
– uterina, Topographie 1
Arthritis, Ovulationshemmerwirkung 98
Arzneimittel s. Medikamente
Asphyxie
– akute, sub partu 246
– intrauterine 258
– Neugeborenes 290
Assoziation, positive, Geburtsvorbereitung 220
Asthenozoospermie 130 f.
Asthma bronchiale, Schwangerschaft 177
Aszites
– Ovarialtumor 382 f.
– Perkussionsbefund 384
Aszitespunktion 388
Atemdepression, opiatbedingte, Neugeborenes 292

Atemnotsyndrom 295, 300
– Prophylaxe bei drohender Frühgeburt 250
Atemtechnik sub partu 220 f.
Atemwege freimachen, Neugeborenes 291
Atherosklerose 96
– Klimakterium 81 f.
– Senium 84
Atmung, Neugeborenes 289 , 295
Augendefekt, Rötelnembryopathie 151
Augenfehlbildung, Fetopathia toxoplasmotica 185
Augenuntersuchung, Neugeborenes 298
Augmentation der Mamma 351
– nach Ablatio 398
Ausbildung 452 ff.
Ausgetragenes Kind 141
Austauschtransfusion 301
Austreibungswehen 211
Axillaaustastung 431 f.
Axillarknoten 393
Axillarmetastasen 392
Azidose
– fetale 238, 258, 288
– – Nabelschnurumschlingung 248
– metabolische, fetale 258
– Neugeborenes 290
– respiratorische, fetale 258

B

Bakteriurie, asymptomatische 177
Balkenblase 419
Ballottement 282
Bandstrukturen im kleinen Becken 409 f.
Bartholin-Drüse 4
Bartholinitis 320 f.
– gonorrhoische 349
Bartholini-Zyste 320 f.
– Marsupialisation 321
Basaltemperatur 429
– erhöhte 38, 85
Basaltemperaturkurve 32, 38
– biphasische 42
– Dihydrogesteron-Wirkung 28
– Konzeptionsverhütung 111
– monophasische 50
– Sterilitätsdiagnostik 119 f.
Basis-Mammographie 434
Bauchspalte 303
BCG-Impfung, Neugeborenes 307
Becken 205 f.
– allgemein verengtes 224 , 230
– androides 224 f.
– anthropoides 224 f.
– Computertomographie 283
– Diagnostik 282 ff.
– einfaches langes 225 f.
– Kernspintomographie 283
– kleines
– – Pendelbestrahlung 371
– – Resistenz 441 f.
– langes 225 f.
– leeres 19
– rachitisches 226 f., 230
– – Michaelis-Rauten-Form 283
– Röntgendiagnostik 283
– Sonographie 283
– weibliches 224 f.
Beckenanomalie 224 ff., 270
– Geburtsverlaufstörung bei Schädellage 224 ff.
Beckenausgangsbegrenzung 206
Beckenausgangsebene, Querschnittsform 206
Beckenausgangskomplikation 226, 229, 231
Beckenausgangskonjugata 205 f.
Beckenausgangsverengung 227
Beckenausgangszange 271
Beckenaustastung, innere 283
Beckenboden 205 f.
– unter der Geburt 220
Beckenbodendehnung sub partu 210
Beckenbodenerschlaffung 327
Beckenbodengymnastik
– post partum 312
– bei Streßinkontinenz 413
Beckenbodenmuskulatur 409
– Anspannung 219
– Untersuchung, vaginale 428
Beckendeformierung 226
Beckenebenen 205 f.
Beckeneingangsebene 205
– Querschnittsform 206
Beckeneingangskomplikation 225 f., 229 f.
– Befund 229
– Diagnose 230
– Therapie 230
Beckeneingangskomplikation, Ursache 230
Beckeneingangsraum 205
Beckeneingangsverengung 283
Beckenendlage 209, 231 f., 248
– Armlösung
– – klassische 276
– – nach Müller 276
– Diagnose 232
– Entwicklung nach Bracht 275
– Erstgebärende 232
– Extraktion, manuelle 271, 277
– Frühgeburt 251
– Kernspintomographie 284
– Kopfentwicklung nach Veit-Smellie 277
– Manualhilfe 232, 275 ff.
– Mehrgebärende 232
– Nabelschnurkompression 231
– Sectio 232, 270, 272
– – primäre 232
– – sekundäre 232
– Therapie 232
– Vakuumextraktion 275
– Wendung, äußere 232
– Zwillinge 255
Beckenform, Michaelis-Raute 283
Beckengürtel, kindlicher, Umfang 208
Beckenhochlagerung
– Kreißende 233, 247 f.
– postkoitale 85
Becken-Lymphabflußregion, Bestrahlung 360
Beckenmaße 206
Beckenmessung, äußere 282
Beckenmitte 205
Beckenmittenkomplikation 225, 230
Beckenmittenquerstand 226
Beckenringlockerung, schwangerschaftsbedingte 315
Befinden
– kindliches 200 f.
– – Aufnahmeuntersuchung 214
– – Austreibungsperiode 217
– – Beckeneingangskomplikation 230
– – Diagnostik 258 f.
– – Indikation zur Geburtsbeendigung 270
– – Plazentalösung, vorzeitige 242 ff.
– mütterliches, Nachgeburtsperiode 218
Befruchtung 133 f.
– künstliche 130 ff.
Befruchtungort 133
Behaarungstyp, männlicher, beim Mädchen 75
Beikost 307
Bejahung
– der femininen Leiblichkeit 457 f.
– innere 450
Belastungsinkontinenz s. Streßinkontinenz
Belastungsschaden 454
Beratung
– der Mutter bei der Entlassung 307 f.
– nach Schwangerschaftsfeststellung 191 ff.
– Wöchnerin 202, 311 f.
– zweite Schwangerschaftshälfte 201 f.
Berufschancen 453
Berufsfrau
– familienentfremdete 450
– familienzugewandte 450
Berufstätigkeit 452 ff.
– maligne Erkrankung 405
Berufsunfähigkeitsrente 405
Bestrahlung s. auch Strahlentherapie
– interstitielle, Zervixkarzinom 374
– paraaortale 371
Bestrahlungsplanung 492
– dreidimensionale 487
Bevölkerungsentwicklung 86
Bewegungsapparat, Veränderung, schwangerschaftsbedingte 144
Bewegungsbestrahlung, paraaortale 372
Bildung, universitäre 452
Bilirubinenzephalopathie 301
Billings-Konzeptionsverhütungsmethode 111 f.
Bindegewebstumor, ovarieller 385
Biometrie, sonographische 281
Biotinidasemangel, Screening 299
Bläschenabgang bei Blutung 148
Blasenexstrophie 303
Blasenmole 147 f., 168
– destruierende 148 f.
– Therapie 148 f.
– Ultraschalluntersuchung 148
Blasenschwäche s. Harninkontinenz
Blasensprengung 237, 253
– nach intrauterinem Fruchttod 257
– 2. Zwilling 256
Blasensprung 198, 215
– Aufschiebung bei einfacher Querlage 233
– Blutung 249
– frühzeitiger 215
– vorzeitiger 215, 249 f.
– – Nabelschnurvorfall 248
– – Ursache 249
Blastogenesestörung 160
Blastom 381
– Definition 380
Blastopathie 150
Blastozyste 134
Blastozystenimplantation s. Implantation
Blut, Veränderung, schwangerschaftsbedingte 143
Blutdruck bei Ovulationshemmer-anwendung 95
Blutersatz 268
Blutgerinnungssystem, Veränderung, schwangerschaftsbedingte 143
Blutgruppenbestimmung, Schwangerschaft 191
Blutgruppeninkompatibilität, fetomaternale 300 f.
Blutkörperchen-Senkungsgeschwindigkeit 429
– Adnexentzündung 344
– Wochenbett 316
– Zervixkarzinom 371
Blutkrankheit, Ovulationshemmereinnahme 93 f.
Blutung s. auch Menstruation
– Abort, drohender 157 f.

Blutung s. auch Menstruation
– Abortivei 150
– anovulatorische 50, 52 ff., 335
– – Blutungsstillung 53
– – Diagnostik 50, 52 ff.
– – Follikelpersistenz 54 f.
– – Prophylaxe 53 f.
– – Symptome 50
– – Therapie 53 f.
– – Ursache 50
– – Zyklusregulierung 53 f.
– azyklische 338
– bei Blasensprung 249
– Chorionkarzinom 149
– dysfunktionelle 50, 52 ff., 336, 438
– – Adoleszenz 28
– – ovulatorische 55
– – Symptome 50
– endometriale, menstruationsunabhängige 337 f.
– bei Fruchtwasserembolie 264
– Gerinnungsstörung, sekundäre 262
– innere 261
– – akutes Abdomen 443 ff.
– – Extrauteringravidität 164 f.
– bei Insertio velamentosa 196, 246
– intrakranielle 95
– – Frühgeborenes 251
– intrazerebrale, beim voll gestillten Kind 293
– irreguläre 51
– – Differentialdiagnose 437 ff.
– – Ursache 438
– juvenile 28
– klimakterische 81
– bei Koagulopathie, Maßnahmen 268
– letztes Schwangerschaftsdrittel 240
– bei liegendem Intrauterinpessar 108
– Ovarialtumor 382
– Placenta praevia 240
– post partum 219, 313
– – Differentialdiagnose 316
postmenopausale 54, 337 f., 438
– – Endometriumkarzinom 378
– – unter Hormontherapie 84
– postmenstruelle 51, 55, 336, 438
– – Endometriumkarzinom 378
– prämenopausale 54
– prämenstruelle 51, 55, 336, 438
– – Endometriumkarzinom 378
– Schwangerschaftshälfte
– – erste 196
– – zweite 198
– unregelmäßige 51, 378
– – bei Gestagen-Depotinjektion 103
– – nach dem 35. Lebensjahr 102
– uterine
– – Beurteilungsgrundsätze 438
– – Senium 84
– vaginale
– – beim Kind 25
– – Neugeborenes 296
– zervikale 331, 337
– Zervixkarzinom 370, 374 f.
Blutungscharakteranomalie 50
Blutungsschock 261 f., 268
– Prophylaxe 261
– Therapie 262
Blutungsstillung
– Blutung, anovulatorische 53
– postpartale 211
Blutungsstörung, uterine, Klimakterium 80 f.
Bluntersuchung, Schwangerschaft 191
Blutverlust 268
– chronischer, bei liegendem Intrauterinpessar 108
– Koagulopathie, sekundäre 267
– Nachgeburtsperiode 218
Blutverlust, Plazentalösung, vorzeitige 243
– schockauslösender 261
Blutzuckerscreening 194
Borderline-Tumor, ovarieller 381
– Therapie 388
Bowen-Krankheit 356
Bracht-Manualhilfe bei Beckenendlage 275 f.
Brachymenorrhö 51
Bradykardie, fetale 201, 286
Bromocriptin 485
– Abstillen, primäres 310
– bei Amenorrhö-Galaktorrhö-Syndrom 62
– bei hyperprolaktinämischer Amenorrhö 73
– bei Mastopathie 353
Brustdrüse, Ovulationshemmerwirkung 94
Brustdrüsenerkrankung, benigne, Ovulationshemmerwirkung 94, 103
B-Streptokokken-Infektion, intrauterine, Antibiotikatherapie in der Schwangerschaft 471 f.
Bulimie, Psychotherapie 60
Buphenin 235, 238
Buserelin 25

C

Cabergolin 485
– bei Amenorrhö-Galaktorrhö-Syndrom 62
Cäsium-137 486, 491
Candidainfektion 199
Candidamykose
– HIV-Test 350
– Vulva 319
Caput succedaneum 296 f.
Carcinoma
– lobulare in situ 390, 395
– – Therapie 397
– in situ
– – duktales 390 f., 395
– – – Therapie 397
– – Portio vaginalis uteri 362 ff.
– – vulväres 356
Cavum uteri 325 f.
CD4-Zellzahl 473
Cephalosporine 349
Cerclage 197 f.
Cervix uteri (s. auch Zervix) 325 ff.
– Epithelanomalie 330 f.
– Epithelgrenzen 327 f.
– Gewebsentnahme 331
– Karzinom s. Zervixkarzinom
– Östrogenwirkung 36
– Präkanzerose 330, 362 ff.
– – Kolposkopiebefund 367 f.
– – Unterscheidung vom Karzinom 364
– Progesteronwirkung 38
– Spekulumuntersuchung 331
– Topographie 2
Chemotherapie s. auch Zytostatikatherapie
– neoadjuvante, Mammakarzinom 399
Chiari-Frommel-Syndrom 60
Chlamydieninfektion 199
– Antibiotikatherapie in der Schwangerschaft 472
– Kolpitis 323 f.
Chlamydien-Screening 191
Chlormadinonacetat 25, 91, 476
– Partialwirkung, antiandrogene 91
Chlormethiazol 173
Cholestase, Ovulationshemmer-bedingte 96
Cholesterin, Steroidbiosynthese, ovarielle 35
Cholezystitis in der Schwangerschaft 179
Cholezystokininausschüttung, Ovulationshemmerwirkung 96
Chorion 138, 140
Chorionaspirat 151
Chorionbiopsie 151, 280
Chorionepitheliom s. Chorionkarzinom
Chorionkarzinom 148 f.
– nichtmetastasierendes 149
– Therapie 149
– Verlaufskontrolle 149
Chorioretinitis 185
Chromolaparoskopie 122
Chromosomenanalyse 3 ff.
– bei Omphalozele 303
– bei Verdacht auf männliche Fertilitätsstörung 130
Chromosomenanomalie
– Abort 160
– Abortivei 150
Chromosomensatz
– diploider 3, 134
– haploider 3, 134, 150
Chromosomenzahlabweichung 150
CIN s. Neoplasie, intraepitheliale, cervicale
Climax tarda 332
Climcacterium praecox 79
Clinofem bei anovulatorischer Blutung 54
CLIS s. Carcinoma lobulare in situ
Clomiphen 54, 124 f., 475
– Nebenwirkungen 125
– Ovulationsauslösung 123 ff.
– bei Syndrom der polyzystischen Ovarien 68
Clomiphen-HCG-Kombination 124 f.
Clomiphen-Ovulationstest, positiver 72
Clomiphen-Stimulationstest 72
– negativer 72
– positiver 72
Clonidin, niedrigdosiertes 84
Clot-observation-Test 260, 267
Coitus interruptus 112
Colitis ulcerosa, Schwangerschaft 178
Collins-Test 358
Colpitis s. auch Kolpitis
– atrophicans 83 f.
– – Östrogentherapie 83 f.
– senilis 84, 323
Computertomographie 430
– Bestrahlungsplanung 492
– geburtshilfliche 283
– kranielle, bei Amenorrhö 62
– bei Pubertas praecox 25
– Resistenz, pathologische, im kleinen Becken 442
Condylomata
– acuminata s. Kondylome, spitze
– lata s. Kondylome, breite
Conjugata
– diagonalis 205 f., 283
– externa 206
– vera
– – anatomica 205 f.
– – obstetrica 205 f., 283
Coombs-Test
– direkter 301
– indirekter 200 f.
Corpus
– albicans 41, 341
– luteum 41, 341
– – graviditatis 41
– – Hormonbildung 37
– uteri 1, 325 f., 335 ff.
Corpus-luteum-Atresie 34

Corpus-luteum-Bildung 30, 34
Corpus-luteum-Insuffizienz
- Extrauteringravidität 164
- Infertilität 126
- Schmierblutung 55
Corpus-luteum-Phase 34, 37, 44
- Östradiol-Serumspiegel 36
- Progesteron-Serumspiegel 37
- Sterilitätsdiagnostik 119
Coulomb 487
Couvelair-Uterus 242
Cowper-Drüsen 4
Credré-Prophylaxe 292
CTG s. Kardiotokographie
Cubitus valgus 7
Cushing-Krankheit, Hirsutismus 76
Cyproteronacetat 25, 476
- Applikation, parenterale 79
- Partialwirkung, antiandrogene 91
Cyproteronacetat-Äthinylöstradiol-Kombination bei Hirsutismus 79, 103
Cystosarcoma phylloides 351

D

Damminfiltration, anästhesierende 221
Dammriß, Naht 218
Dammschnitt 216
- Versorgung 218
Dammschutz 216
Danazol 485
- bei Endometriose 340
Darmveränderung, schwangerschaftsbedingte 143
Darmatresie 304 f.
Darmgeräuschverlust 446
Darmstriktur, radiogene 488
Dauerblutung 55
DCIS s. Carcinoma in situ, duktales
Dead-fetus-Syndrom 257
Decidua capsularis 136
Deflexionslage, Geburtsverlaufstörung bei Schädellage 228
Dehydroepiandrosteron 38 f.
- Serumspiegel 39
Dehydroepiandrosteron-Sulfat 38 ff.
- Serumspiegel 39
Denver-System 3
Depo-Clinovir 103 f.
Depotpräparat, androgenhaltiges 83
Depression
- endogene 433
- prämenstruelle 57
Depressive Verstimmung, ovulationshemmerbedingte 93, 98
Descensus
- testis, Prüfung beim Neugeborenen 295
- uteri 327, 410 f.
- vaginae 410 f.
- - Operation 415
- - et uteri 410 f.
Desogestrel 91, 482
Deszensus 409 ff.
- Prophylaxe 411
- - post partum 312
- Symptome 411 f.
- Therapie 412
- Ursache 410 f.
Detrusor vesicae 410
Detrusorschwäche 418
Dexamethasonhemmtest 17
Dextraninfusion 422
Dezidua 136
Dezidualisation 47
DHEA (Dehydroepiandrosteron) 38 f.
DHEA-S (Dehydroepiandrosteron-Sulfat) 38 ff.
DHT (Dihydrotestosteron) 38 ff.
Diabetes mellitus 180 ff.
- Embryopathie 152
- Fetopathie 153
- Fruchttod, intrauteriner 257
- Hydramnion 201
- Neugeborenenhypoglykämie 298 f.
- Ovulationshemmerwirkung 97
- Schwangerschaft 180 ff.
- Screening 197
- Sectio 270
- zweite Schwangerschaftshälfte 198
Diagnostik
- aszendierende 437, 439
- deszendierende 439
- präpartale 280 f.
Diameter
- kindlicher Schädel 207
- obliquus 206
- transversalis 206
Diapedese, Austauschvorgänge, plazentare 138
Diaphragma urogenitale 410
Diarrhö bei Ovulationshemmeranwendung 96, 102
Dienogest 477
- Partialwirkung, antiandrogene 91
Diffusion, Austauschvorgänge, plazentare 137
Dihydroergotamin 175, 422
Dihydrogesteron 28
Dihydrotestosteron 38 ff.
- Serumspiegel 39
5α-Dihydrotestosteron 11
D-Norgestrel, Minipille 104
Döderlein-Stäbchen 322
Dopaminagonisten 62
- Ovulationsauslösung 123
Doppelbelastung 454
Doppler-Sonographie
- fetale 285
- Mamma 394
Double-bubble-Phänomen, sonographisches 304
Douglas-Abszeß 343 ff.
Douglas-Endometriose 339
Douglas-Punktion 429
Douglas-Raum, Untersuchung, rektale 428
Down-Syndrom s. Trisomie 21
Dranginkontinenz s. Urge-Inkontinenz
Dreimonatsspritze 90
Drillbiopsie, Mammatumor 395
Drillingsschwangerschaft 254
Drogenabhängigkeit der Mutter, Neugeborenes 300
Druck, intravesikaler 410
Ductus deferens 10
- Entwicklung 4 f.
Duodenalatresie 304
Duphaston 54
Durchblutung, Veränderung, schwangerschaftsbedingte 143
Durchblutungsstörung, zerebrale, ovulationshemmerbedingte 93
Durchbruchsblutung 55
- unter Ovulationshemmern 93
Durchmesser
- abdominotransversaler, fetaler 281
- biparietaler
- - Bestimmung, sonographische 201, 281
- - zu großer 201
- - zu kleiner 201
Durstfieber 294
Dysgerminom 7, 11, 65
- HCG-bildendes 25
- ovarielles 381
- - Therapie 388
Dysmatures Kind 153
Dysmenorrhö 56 ff.
- erworbene 339
- organisch bedingte 56
- Ovulationshemmerwirkung 93, 102
- primäre 56
- psychische Faktoren 56
- sekundäre 56 f.
- Therapie 57
Dysmorphie, kraniofaziale, Alkoholembryopathie 152
Dyspareunie 317 , 462 f.
- sekundäre 463
- strahlentherapiebedingte 403
Dysplasie 426
- Mamma 352
- olfaktogenitale 27, 60
- Portio vaginalis uteri 330, 362, 364
- Vulva 318, 356
Dyspnoe, Neugeborenes 302
Dysraphie 303
Dyssynergie, Harnblasenmuskulatur 418
Dystokie 223
Dystrophie 153
- bei mütterlichem Diabetes mellitus 181
- Vulva 317 f., 356
Dystrophisches Kind 153

E

Echokardiographie, fetale 285 f.
Ehe 449
Eientwicklung 134
EIFT (Embryo-in-Fallopian-tube-Transfer) 132
Eihäute 138
- ausgestoßene, Vollständigkeitsprüfung 218
- Entwicklung 140
Eileiter s. Tube
Eilsectio 235
Einphasen-Ovulationshemmer bei Menstruationsanomalie 336
Einstellung 209
Einstellungsanomalie 230, 248
Eipolinfektion 250
Eisenmangelanämie 94
- Schwangerschaft 176 f.
Eisensubstitution 176
Eiwanderung 133
Ejakulation 128
Eklampsie 169 , 171, 179
- Differentialdiagnose 171
Ektopie 328
- Kolposkopiebefund 329
- Therapie 331
Ekzem, perimamilläres 393 f.
Elektochirurgie, Vulvakarzinom 359
Elektrokardiogramm, fetales 286
Elektrokoagulationsfurche, Ovar 68
Elektrokonisation 331
Elektrolytbilanzierung 446
Elektrolythaushalt 447
Elektronenbeschleuniger 486, 489
Elektronenstrahlung 486 , 489
Elevatio uteri 327
Elevationsoperation 415
Eltern eines perinatal verstorbenen Kindes 308
Emanzipation 450 f.
Embryo 134 f.
- Strahlenschädigung 489
Embryoblast 134 f.
Embryo-in-Fallopian-tube-Transfer 132
Embryonalperiode 140
- Antibiotikanebenwirkungen 468
- Pharmakaeinwirkung 193

Embryonalperiode, Strahlenschädigung 492
Embryonaltod, früher, Dispositionsphasen 152
Embryopathia
- diabetica 152, 180 f.
- thyreotica 152
Embryopathie 150 ff.
- alkoholbedingte 152
- Stoffwechselerkrankung 152
- virusinfektionsbedingte 151, 186
Embryotoxische Substanzen 193
Embryotransfer 131 f.
Emesis 168, 181
Endokarditisprophylaxe 470
Endokrinium, Veränderung, schwangerschaftsbedingte 144
Endometriose 339 f.
- Behandlung 126
- extragenitale 339 f.
- Herdbeseitigung 340
- operativer Eingriff 128
- Ovulationshemmerwirkung 103
- retrozervikale 339 f.
- Therapie 340
- uterine 339 f.
Endometriosis genitalis
- externa 339
- interna 339 f.
Endometritis 338
- Antibiotikatherapie 472
- Dispositionsfaktoren 338
- gonorrhoische 349
- Infektionsvermittler 338
- Lochiometra 313
- tuberculosa 347 f.
Endometrium 326, 335 ff.
- Östrogenwirkung 36 f., 335
- Ovulationshemmerwirkung 91 f.
- Präkanzerose 377
- Progesteronwirkung 38
- Veränderung im Zyklus 32 , 44
Endometriumbiopsie, Sterilitätsdiagnostik 119
Endometriumdefekt, Amenorrhö 63
Endometrium-Funktionalis
- Ausreifung 134
- Umwandlung zur Dezidua 136
Endometriumhyperplasie 80
- adenomatöse 55, 83
- glandulär-zystische 55, 377
- - postmenopausale 80
- Ovulationshemmerwirkung 102
Endometriumkarzinom 333, 377 ff.
- Diagnostik 378
- Dispositionsfaktoren 377
- Häufigkeit 377
Endometriumkarzinom,
- Heilungsaussichten 380
- Histologie 377
- hormonabhängiges 377
- hormontaubes 377
- Hormontherapie 379
- inkurables 379
- Koinzidenz mit Korpuspolypen 338
- Metastasierung 378
- Operation 379
- Ovulationshemmerwirkung 97
- bei postmenopausaler Östrogensubstitution 83
- Prognoseparameter 378
- Rezeptoren 377 , 379
- Stadien 378 f.
- Strahlentherapie 379
- - postoperative 379
- Symptome 378
- Therapie 379
- TypA 377
- Zytostatikatherapie 379
Endometriumproliferation 44
Endometriumregeneration 337 f.
Endometriumtransformation, sekretorische 44
Endometriumzerstörung 69
Endomyometritis, Lochiometra 313
Endophyt, zervikaler, Karzinom 365 f.
β-Endorphin-Spiegel 57 , 65
Endosonographie 437
Endozervix 327
- Zytologieabstrich 426 f.
Energiedosis 487
Energiehaushalt, Neugeborenes 290
Energiezufuhr, Neugeborenes 290
Entbindung s. auch Geburt
- bei Gestose 173
- bei Herzfehler 174
- operative 269 ff.
- - Indikation 269 f.
- - - absolute 270
- - - geburtsmechanische 270
- - - gemischte 270
- - - kindliche 270
- - - mütterliche 270
- - kindlicher Entwicklungsschaden 277
- - Methodenwahl 270 f.
- Rahmenbedingungen 201
- vorzeitige, bei Diabetes mellitus 182
Entbindungseinrichtung 201
Entbindungsort, Risiko 224
Enterothorax 302
Entwässerung bei prämenstruellem Syndrom 58
Entwicklungsschaden, kindlicher, nach operativer Geburt 277
Entzugssyndrom, postnatales 300
Enzephalozele 304
EPH-Gestose 169
Epilation 79
Epilepsie
- Kontrazeption 98
- Schwangerschaft 179
Epiphysenfugenschluß 27
- vorzeitiger 23
- - Verhinderung 25
Episiotomie
- große 271
- laterale 216
- Manualhilfe bei Beckenendlage 275
- mediale 216
- - Naht 218
- mediolaterale 216
- Zangenentbindung 273
Epispadie 295
Erb-Duchenne-Lähmung 306
Erbrechen
- häufiges, in der Schwangerschaft 168 f.
- morgendliches 168
Erbrechen, Neugeborenen 304
- nach Ovulationshemmereinnahme 96, 102
Erfüllung, häuslich-familiäre 450 f.
Erlebnisfähigkeit, sexuelle, Störung 460, 465
Erlebnis-Fehlreaktion 457 , 459
Erlebnisreaktion 458 f.
Ernährung
- maligne Erkrankung 405
- Neugeborenes 293
- Schwangerschaft 191 f.
- Wöchnerin 311
Eröffnungswehen 211
Erosio vera 328, 330
- Therapie 331
Erwartungsneurose, Dyspareunie 463
Erwartung-Wirklichkeit-Inkongruenz 458
Erwerbstätigkeit, Motivation 454
Erwerbsunfähigkeitsrente 405
Erythroplasia Queyrat 356
Erziehung 457
Erziehungsgeld 312
Erziehungsurlaub 312
Essigsäure-Probe 331, 425 f., 429
Estrone 91
ET (Embryotransfer) 131 f.
Eumenorrhö 51
Exophyt 435
- zervikaler 365 f.
Explorativlaparoskopie, Resistenz, pathologische, im kleinen Becken 442
Extrauteringravidität 147, 163 ff., 197
- Absterben der Frucht 164
- akutes Abdomen 444
- Blutung 196
- bei Endometriose 340
- bei liegendem Intrauterinpessar 106, 108, 164
- Lokalisation 164
- nach operativer Sterilisation 115
- Rezidiv 167
- Therapie 167
- Ursache 163 f.
Extremitäten-Röntgenaufnahme bei Pubertas praecox 25

F

Faktor X (Anti-Müller-Hormon) 5, 10 f., 40
Faktor-V-Mutation 94 f.
- Analyseindikation 95
Familienhilfe 407
Familienplanung 85 ff.
Farnkrauttest 32
- negativer 60, 64
- positiver 37
Fazialisparese, geburtstraumatische 306
Feedback, negatives, Ovarialfunktion 40, 43
Fehlbildung
- adrenogenitales Syndrom 13
- Amenorrhö 58
- extragenitale
- - Mayer-Rokitansky-Küster-Syndrom 19
- - Trisomie 8
- - Ullrich-Turner-Syndrom 7 f.
- fetale 147
- genitale 18 ff.
- konnatale 301 ff.
Fehlgeburt s. Abort
Feminisierung, testikuläre 9, 11 f., 18
- Differentialdiagnose 8
- Häufigkeit 11
- inkomplette 11
- komplette 11
Femurlänge, fetale 281
Fenoterol 177, 235, 238
Fentanyl 292
Fertile Phase 85
- Basaltemperaturkurve 111
- Berechnung nach Ogino 111
Fertilisation 3
Fertilität 28
- biologische Begrenztheit 452
Fertilitätsstörung
- Endometriose 340
- männliche 128 ff.
- - genetisch bedingte 130
- - Therapie 130
Fertilitätsuntersuchung beim Mann 129
Fetalblut, pH-Wert 288
Fetalblutanalyse 215, 259, 280, 288

Fetalerkrankung, Dispositionsphasen 152
Fetalperiode 140
– Antibiotikanebenwirkungen 468 f.
– Pharmakaeinwirkung 193
Fetopathia diabetica 153, 180 f.
Fetopathia toxoplasmotica 185
Fetopathie 150, 152 ff.
– infektiös bedingte 153, 185 f., 199
– Listeriose 186
– luische 185
– virusinfektionsbedingte 186
Fettgewebe, braunes 289
Fetus
– Gewichtszunahme 141
– Längenberechnung 141
– Zustandsbewertung 287 f.
Fetusschädigung, hyperthermiebedingte 199
Fibrinolyse, reaktive 264
Fibroadenom 351
Fieber 447
– intermittierendes 447
– remittierendes 447
– im Wochenbett 316
Fisteldiagnostik 431
Flügelfell 7
Flüssigkeitsbilanzierung 446
Flüssigkeitshaushalt 447
Flüssigkeitsverlust, Ileus 446
Flüssigkeitszufuhr, Neugeborenes 290
Fluor
– albus, Neugeborenes 296
– Antibiotikatherapie in der Schwangerschaft 471
– blutiger 370
– cervicalis 323, 330 f.
– – Adnexentzündung 344
– – Keimnachweis 331
– – psychogenetischer 330 f., 439
– – – Therapie 331
– – Ursache 330, 439 f.
– Differentialdiagnose 439 f.
– beim Kind 324
– korporaler 439
vaginalis 323
– – Ursache 323, 439 f.
Fluorochinolone 349
Follikel
– dominanter 41
– reifer 41
Follikelatresie 40
Follikelpersistenz 54 f.
– Blutungsverlauf 54 f.
– Symptome 55
– Therapie 55
Follikelphase 34, 44
– Östradiol-Serumspiegel 36
– Progesteron-Serumspiegel 37
Follikelreifung 23, 30, 34, 40, 341
Follikelstimulierendes Hormon 29 ff.
– Ausscheidung im Harn 33
– Hodenfunktion 129
– Ovulationsauslösung 123, 125
– Plasmawert
– – erhöhter 8, 64
– – erniedrigter 27
– – Feedback, negatives 40
– – Östrogenspiegeleinfluß 43
– – postmenopausaler 43
– – prämenstrueller 40
Follikelstimulierendes Hormon,
– Produktionshemmung 40 f.
– Verhalten im Zyklus 31 f.
Follitropin s. Follikestimulierendes Hormon
Folsäuremangel 192
Fontanelle
– große 206 f.
Fontanelle, große, als Leitstelle 210
– kleine 206 f.
– – als Leitstelle 210
Forzepsentbindung s. Zangenentbindung
Fraktur
– geburtstraumatische 307
– osteoporosebedingte 82
Frau-zu-Mann-Angleichung, chirurgische 18
Fremdkörper, intravaginaler 324
Fremdkörperreaktion, Intrauterinpessar, kupferhaltiges 105
Fritsch-Lagerung 219
Fruchtblase, sichtbare 197 f.
Fruchtblasensprung s. Blasensprung
Fruchtentwicklung 140 ff.
Fruchtnachweis 190
Fruchttod, intrauteriner 246, 257
– – Fetopathia toxoplasmotica 185
– – Fruchtwasserfarbe 280, 285
– – Koagulopathie 257, 267
– – Listeriose 186
– – Ursache 257
– – virusinfektionsbedingter 186
Fruchtwasser 139 f.
– Beurteilung, optische 285
– Gelbfärbung 280, 285
– Grünfärbung 215, 259, 285
– Hämolysezeichen 155
– Rotbraunfärbung 280, 285
– Thromboplastiaktivität 263
Fruchtwasserembolie 262 ff., 268
– Frühphase 263 f.
– Sekundärreaktion 263
– Spätphase 264 f.
– Therapie 264 f.
– Ursache 262 f.
Fruchtwasserinfektion, Schock, bakterieller 265
Fruchtwasserinfusion 262
Fruchtwasseruntersuchung 140, 151, 200, 259, 280
– Aufnahmeuntersuchung 214
– bei fetomaternaler Rh-Inkompatibilität 155
Frühabort 150
– Auslösung 162
– – hyperthermiebedingte 199
– Blutung 196
– Definition 156
Frühgeburt 249 ff., 300
– Beginn
– – mit Blasensprung 250 f.
– – mit Wehen 250
– Definition 249
– bei Diabetes mellitus 181
– drohende 198
– – Initialbehandlung 198
– – Therapie 250
– Fetopathia toxoplasmotica 185
– Fetopathie, virusinfektionsbedingte 186
– Geburtsleitung 251
– bei Hyperthyreose 180
– Initialsymptome 250
– Listeriose 186
– Mehrlingsschwangerschaft 255
– Ovarialinsuffizienz 182
– bei physischer Überforderung 454
– Prävention bei Mehrlingsschwangerschaft 255
– Prognose 251 ff.
– Ursache 249 f.
Frühgeburtlichkeit 249
– Zwillingsschwangerschaft 255
Frühgeburtsneigung, myombedingte 183
Frühgestose 168 f.
Frühmobilisierung post partum 311, 316
Frühreife, sexuelle s. Pubertas praecox
Fruktosespiegel im Seminalplasma 130 f.
FSH s. Follikestimulierendes Hormon
Fundus uteri 1
Fundusstand
– Leopold-Handgriff 281
– post partum 310
– Querlage, einfache 233
– Schwangerschaftsdauer 281
– zu hoher 200
– zu niedriger 200
Fußgreifreflex 296
Fußlage 231, 248
– unvollkommene 231
Fußrückenödem, neonatales 8

G

Galaktorrhö 58, 60 f., 72, 354
– einseitige 354
– bei Ovulationshemmeranwendung 94
Galaktosämie-Screening 299
Galeahämatom 296 , 305
Gallertbauch 389
Gametentransfer 132
Gamet-in-Fallopian-tube-Transfer 132
Gametogenese 3 f.
Gametopathie 150 f.
– Diagnostik 151
Gammastrahlung 486
Gartner-Gang 1, 4 f.
Gartner-Gang-Karzinom 380
Gastroduodenalulkus, Schwangerschaft 178
Gastrointestinale Erkrankung, Ovulationshemmerwirkung 96
Gastroschisis 303
Gaumenspalte, mediane 303
Gebärverhalten 219
– abnormes 231
– koordiniertes 220
Geburt (s. auch Entbindung) 205 ff.
– Ablehnung 219
– Analgesie 215, 221
– Atemtechnik 220 f.
– Aufnahmeuntersuchung 213 f.
– Austreibungsperiode 210, 216 f.
– – Analgesie 221
– – Aufgaben
– – – der Hebamme 217
– – – des Arztes 217
– – verlängerte 238
– Beckenausgangskomplikation s. Beckenausgangskomplikation
– Beckeneingangskomplikation s. Beckeneingangskomplikation
– Beckenmittenkomplikation s. Beckenmittenkomplikation
– Bejahung 219
– beschleunigte 238
– Eröffnungsperiode 210, 214 f.
– – Analgesie 221
– – Dauer 215
– – Überwachung 215
– fördernde Kräfte 215
– Gefährdung des Kindes 258 f., 270
– hemmende Kräfte 215
– Hochstand des vorangehendes Teils 248
– Komplikation
– – plazentabedingte 239 ff.
– – postpartale 260
– Kopfentwicklung 216 f.
– Leitstelle 209 f.
– – Höhenstand 205, 214
– Preßdrang 216
– Preßperiode 216 f.
– regelwidrige 223 ff.

Geburt, Risikofaktoren 223 f.
– Schulterentwicklung 217
– Überwachung des Kindszustandes 217
– verzögerte, schmerzhafte, psychosomatische Zusammenhänge 220
– Warnzeichen 213
– Weichteilwiderstand 205 , 210
Geburtsbeendigung
– Analgesie 221
– bei kindlicher Gefährdung 259
Geburtsdauer, regelwidrige 238
Geburtseinleitung 200, 253
– nach intrauterinem Fruchttod 257
Geburtserleichterung 219 ff.
– medikamentöse 221
Geburtsgeschwulst 296
Geburtsgewicht 249
– Mortalität, perinatale 252
Geburtskanal 205 f.
– Dehnung 210
– Querschnittsformen 205 f.
Geburtskanalhindernis 270
– Geburtsverlaufstörung bei Schädellage 227
Geburtskräfte 205, 210 f.
Geburtsleitung
– bei HIV-Infektion 214
– des 1. Zwillings 255
Geburtsmechanik 205 ff., 211 ff.
– Komplikation 199
– Störung
– – klinische Manifestation 229 ff.
– – bei Schädllage 223 ff.
Geburtsmodalitäten 202
Geburtsobjekt 206 ff.
Geburtsobjektanomalie, Geburtsverlaufstörung bei Schädellage 227 f.
Geburtsphasen 214 ff.
Geburtsreife, fehlende 214
Geburtsreife-Score 213
Geburtsrisiko 213
Geburtsschmerz 219 ff.
Geburtsstillstand
– am Beckenausgang 231
– in Beckenmitte 230
– bei guter Wehentätigkeit 230, 270
Geburtstermin 213
– Abweichung 249 ff.
– Berechnung 190
– Mehrlingsschwangerschaft 255
– Unklarheit 199
Geburtsterminüberschreitung 199 f.
Geburtsterminüberschreitung s. Übertragung
Geburtsverlauf 211 ff.
– bei Ovarialinsuffizienz 183
Geburtsverletzung 305 f.
Geburtsverzögerung 238
– Wehenschwäche 237
Geburtsvoraussetzungen 205 ff.
Geburtsvorbereitung, psychosomatische 219 ff.
Geburtsvorzeichen 213
Geburtswehen 211
Geburtswiderstand 210
Gefäßerkrankung, Klimakterium 80 f.
Gefäßsystem, Ovulationshemmerwirkung 95 f.
Gelbkörper s. Corpus luteum
Genitalatrophie
– Klimakterium 80 f.
– Senium 84
Genitale
– äußeres, Differenzierung 9
– inneres
– – Entwicklung 4 f., 9
– – – inkretorische Gonadenfunktion 5, 9
Genitale, inneres, Entzündungsprozeß 2
– – raumfordernder Prozeß 2
– – Topographie 1
– – Vaskularisation 2
Genitale, Neugeborenes 295 f.
– Veränderung, schwangerschaftsbedingte 145
– weibliches, Fehlbildung 18 ff.
Genitalfunktion
– biologischer Sinngehalt 456 f.
– Regelung 29 ff.
Genitalorgane, Topographie 409 f.
Genitalstrang 5
– Kanalisierung, ausbleibende 19
Genitaltrakt, Ovulationshemmerwirkung 94
Genitaltuberkulose 346 ff.
– Diagnostik 348
– Therapie 348
Genopathie 150
Gerinnung, intravasale, Fruchtwasserembolie 263
Gerinnungsstatus bei Schwangerschaft 177
Gerinnungsstörung
– Nachblutung post partum 260
– Schock, bakterieller 266
– sekundäre 262
– Therapie 244
Gerinnungssystem, Ovulationshemmerwirkung 94 f.
Geschlecht
– chromosomales 3 , 5
– – Untersuchung 8
– gonadales 3, 5
– phänotypisches 5
Geschlechtsbestimmung 9
Geschlechtsdifferenzierung
– pränatale 3 ff.
– – Sexualsteroideinfluß 9 f.
– psychische 5
Geschlechtsdifferenzierungsstörung
– chromosomalbedingte 5 ff.
– sexualsteroidbedingte 9 ff.
Geschlechtsentwicklung 21 ff.
– Ruhestadium 22
– Stadien 21
Geschlechtskrankheit, Meldepflicht, ärztliche 351
Geschlechtsorgane, Hypoplasie 7
Geschlechtsreife 21 f., 28
Geschlechtsverkehr
– Abstinenz, periodische 88, 111
– – – Persona-System 111 f.
– – – Rhythmusmethode 111
– – – Temperaturmethode 111
– Wiederaufnahme post partum 111
Gesichtseinstellung 210
Gesichtshaltung 209, 228
– Kopfumfang 208
Gesichtslage
– mentoanteriore 228
– mentoposteriore 228 f., 270
Gestafortin 54
Gestagen-Dauertherapie bei
– – Endometriumkarzinom 379
Gestagene 475 ff., 479
– bei anovulatorischer Blutung 53 f.
– Applikationsform
– – orale 479
– – parenterale 479
– Depotinjektion 103 f.
– bei Dysmenorrhö 57
– bei Endometriose 340
– Intrauterinpessar 105
– bei Mastopathie 353
– bei metastasierendem Mammakarzinom 401
– im Ovulationshemmer 91
Gestagene, Partialwirkungen 91
– – androgene 91
– – antiandrogene 91
– bei prämenstruellem Syndrom 57
– bei prämenstrueller Schmierblutung 55
– bei Pubertas praecox 25
Gestagensubstitution, zyklische 53 f., 70 f.
– – bei Syndrom der polyzystischen Ovarien 68
Gestagentest 37, 69 ff.
– Menstruationsstörung in der Adoleszenz 28
– negativer 70 ff., 74
– – bei sekundärer Amenorrhö 61
– positiver 70
Gestationshypertonie 169 f.
– proteinurische 169
Gestationsproteinurie 169 f.
Gestoden 91
Gestose 169 , 199
– bei Diabetes mellitus 180 f.
– Entbindung 173
– leichte 170 ff.
– – Maßnahmen 171 f.
– Nachsorge 173
– schwere 170 f.
– – Maßnahmen 172
– Sterblichkeit, perinatale 171
– Verlauf 173
– Zwillingsschwangerschaft 255
Gewichtsverlust, postnataler 293 f.
Gewichtszunahme, prämenstruelle 57
GIFT (Gamet-in-Fallopian-tube-Transfer) 132
Glabella-Lid-Reflex 296
Glaukom 99
Glucose-6-phosphat-dehydrogenase-Mangel 301
– Screening 299
Glukosetoleranztest, oraler 194
Glukosurie, schwangerschaftsbedingte 144
Glykogenvorrat, Neugeborenes 290
GnRH (Gonadotropin-releasing-Hormon) 23, 29
GnRH-Agonist 334
– bei Endometriose 340
Gonaden
– primordiale, Differenzierung 3
– rudimentäre 5
Gonadendysgenesie 5 ff., 26 f.
– Abdomenleeraufnahme 8
– Amenorrhö 58
– Diagnose 8
– Differentialdiagnose 8
– Entstehung 4
– gemischte 9
– Nierenuntersuchung 8
– reine 5 , 7, 27
– Therapie 8
Gonadenfunktion, inkretorische, Genitaleentwicklung 5
Gonadoblastom 7 f., 11, 65
Gonadostat 22
Gonadotropinausscheidung im Harn 33
– Bestimmung 33
– erhöhte 8
Gonadotropine 29 ff., 484
Einfluß auf die ovarielle Steroidbiosynthese 35
– Funktion 29 ff.
– Ovulationsauslösung 123, 125
– Verhalten im Zyklus 31 ff.
Gonadotropinfreisetzung
– Hemmung, medikamentöse 25
– Klimakterium 80
– nach Konzeption 41
– Östrogenspiegeleinfluß 43

Gonadotropinfreisetzung, Pulsation 41
Gonadotropin-releasing-Hormon 23, 29
Gonadotropinrezeptoren, ovarielle 33
Gonadotropinwert
– Amenorrhö 58
– Anstieg post partum 309
Gonane 91
Gonorrhö 348 ff.
– Abstrichkontrolle 350
– Adnexentzündung 345
– Diagnostik 349
– Keimnachweis 349
– obere 348 ff.
– Therapie 349 f.
– untere 348 f.
Graaf-Follikel 341 f.
Gradstand, hoher 228 f.
Granulomatosis septica 186
Granulosa-Theka-Zelltumor 65
Granulosazellenproliferation 40
Granulosazelltumor 381
– östrogenproduzierender 25, 64
Gummen 350
Gy 487
Gynatresie, distale 69
Gynergen 313

H

Haaransatz, tiefer 7
Haarwuchs
– Androgeneinfluß 74
– Disposition
– – familiäre 75
– – rassische 75
– Hypophysenfunktion 75
– Östrogeneinfluß 74 f.
Schiddrüsenfunktion 75
Haarwurzelapparat,
Androgenhypersensitivität 75 ff.
Hackenfüße 296
Hämatokolpos 19, 69
Hämatom
– retroplazentares 217, 242
– retrosymphysäres 315
– uteroplazentares 242
Hämatometra 19 f., 69
Hämatosalpinx 19, 69
Hämatozele, retrouterine 165
Hämodilution, Neugeborenes 298
Hämoglobinbestimmung 197, 429
– Neugeborenes 298
Hämolyse, fetale 301
Hämorrhagische Diathese
– bei Fruchtwasserembolie 263 , 264 f.
– bei intrauterinem Fruchttod 257, 267
– Schwangerschaft 177
– bei vorzeitiger Plazentalösung 243 f.
Hämostase, endometriale 336
Hairles women 12
Halbtiefentherapie 489
Hals, kurzer 7
Halslymphom, angeborenes 302
Haltung des kindlichen Kopfes 207 ff.
HA-Nahrung 293
Handgreifreflex 296, 306
Handrückenödem, neonatales 8
Harnblase
– Entwicklung 5
– Katheterdrainage, suprapubische 419
– Topographie 1
Harnblasenentleerung 410
Harnblasenentleerungstörung 417 ff.
– funktionelle 418
– mechanische 417 f.
– postoperative 419
Harnblasenmuskulatur 410
– Dyssynergie 418
Harnblasenprofil 414
Harnblasen-Scheiden-Fistel 417
Harnblasenverschluß 409 f.
– Wirksamkeitsstörung 413
Harndrang, imperativer 416
Harninkontinenz 412 ff.
– absolute 413
– bei Deszensus 411, 413
– extraurethrale 417
– Folgen 417
– funktionelle 412 ff.
– mißbildungsbedingte 417
– relative 413
– verschlußbedingte 413
Harnleitersteinkolik 445
Harnorgane, Ultraschall-Screening beim Neugeborenen 305
Harnröhre, Entwicklung 5
Harnverhaltung
– akute 418
– Befund 418
– chronische 418
Harnwege, ableitende
– Fehlbildung 19
– Veränderung, schwangerschaftsbedingte 144
Harnwegserkrankung, Ovulationshemmerwirkung 98
Harnwegsfistel 417
Harnwegsinfektion 447
– Antibiotikatherapie in der Schwangerschaft 473
– puerperale 314
– Schock, bakterieller 265
– in der Schwangerschaft 180 f.
– tuberkulöse 347
Hausgeburt 202
– Blutungsschock 262
– Zervixriß 261
Hausmuttertyp 450
Hautkrankheit, Ovulationshemmerwirkung 98
Hautpflege nach Strahlentherapie 405
Hautveränderung, schwangerschaftsbedingte 144
HCG s. Human-Choriongonadotropin
Hebamme
– Aufgaben in der Austreibungsperiode 217
– Schwangerschaftskontrolle 202
HELLP-Syndrom 169 , 171
– Behandlung 173
– Therapieresistenz 173
Hemmung, psychosexuelle 461
Hemmungsfehlbildung, Amenorrhö 58
Heparin bei febrilem Abort 159
Heparin-Thromboembolieprophylaxe post partum 244, 316
Hepatitis-B-Exposition, Neugeborenes 300
Hepatitis-B-Impfung, Neugeborenes 300, 307
Hepatitis-B-Screening 197
Hepatopathie in der Schwangerschaft 179
Hepatosplenomegalie, Rötelnembryopathie 151
Hermaphroditismus verus 10 f., 27
– Differentialdiagnose 17
– Therapie 11
Herpes
– genitalis 319
– – Sectio 270
– – Therapie in der Schwangerschaft 472 f.
– simplex 191, 199
– – HIV-Test 350
Herzaktion, fetale 258 f.
– Auskultation 285 f.
Herzaktion, Kontrolle 285 f.
– nach Blasensprung 215
– Schwangerschaftshälfte
– – erste 195
– – zweite 200
Herzerkrankung, ischämische, postmenopausale 81
Herzfehler
– angeborener 295, 301 f.
– Schwangerschaft 174
Herzfrequenz, fetale 258 f., 286 f.
– abnorme 201, 258 f.
– Akzeleration 259, 287 f.
– – fehlende 287
– Auskultation 286
– basale 286
– Dezeleration 259, 287 f.
– eingeschränkt undulatorische 286 f.
– Fluktuation 258 f., 286 ff.
– Nabelschnurvorfall 248
– saltatorische 286 f.
– silente 287
Herzfrequenz, undulatorische 286 f.
– Vorliegen der Nabelschnur 247
Herzfunktion
– fetale, Indikation zur Geburtsbeendigung 270
– Ovulationshemmerwirkung 95 f.
Herzgeräusch, Neugeborenes 294 f.
Herz-Kreislauf-System, Veränderung, schwangerschaftsbedingte 143
Herzmassage, externe, Neugeborenes 291
Herzmißbildung
– Alkoholembryopathie 152
– Rötelnembryopathie 151
Herztöne
– fetale, Auskultationsstelle 286
– Verschiebung beim Neugeborenen 302
Herztonalteration, fetale 247
– Nabelschnurumschlingung 248
Herzversagen
– akutes 269
– post partum 264
HES s. Hypertensive Erkrankung in der Schwangerschaft
High-dose-rate-Kontaktbestrahlung 491
High-risk-Chorionkarzinom, metastasierendes 149
High-risk-Mammakarzinom 395
– Therapie, operative 398 f.
Hilfe, soziale, bei maligner Erkrankung 407
Hiluszellen 341
Hiluszelltumor 64 f.
Hinterhauptseinstellung 210
Hinterhauptshaltung 209
– Kopfquerschnitt im Geburtskanal 207
Hinterhauptslage
– Einstellung, dorsoposteriore 231
– vordere 210 ff.
Hirnblutung, Frühgeborenes 253
Hirnmißbildung 302
Hirnschaden, hypoxischer 258
Hirschsprung-Krankheit 305
Hirsutismus 73 ff.
– adrenaler 75 ff.
– – Therapie 78
– adrenogenitales Syndrom 13 f.
– anabolikabedingter 76
– Anamnese 78
– Androgenaktivität, peripher erhöhte 76
– Anorexia nervosa 77
– Cushing-Krankheit 76
– Diagnostik 77 f.
– Hyperthecosis ovarii 68
– iatrogener 76

Hirsutismus, konstitutioneller 76
– Laboranalytik 77 f.
– leichter 77
– lokalwirksame Maßnahmen 79
– mäßiger 77
– ovarieller 76 f.
– – Therapie 78
– Ovulationshemmerwirkung 103
– postmenopausaler 76 f.
– Prädilektionsstellen 73
– vor der Pubertät 75
– schwerer 77
– Syndrom der polyzystischen Ovarien 65
– Therapie 78 f., 103
– Ursache 75
HIV-Infektion 191
– Geburtsleitung 214
– Neugeborenes 300
– Sectio 270
– Therapie in der Schwangerschaft 473
HLA-Assoziation, adrenogenitales Syndrom 14
HMG (Human-Menopausen-Gonadotropin) 484
– Ovulationsauslösung 123, 125
HMG-HCG bei Syndrom der polyzystischen Ovarien 68
HMG/HCG-Stimulationstherapie 60
HMG-Stimulationstest 71
– negativer 64, 71
– positiver 71
Hochdosisbestrahlung 491
Hochdruck bei Ovulationshemmeranwendung 96
Hochleistungssport, Pubertas tarda 26
Hochwuchs
– Knochenalterbestimmung 23 f.
– primärer 23, 25
Hodenfunktion, Steuerung 129
Hodentorsion 296
Höchstarbeitszeit 204
Homosexualität 18
Hormon, follikelstimulierendes s. Follikestimulierendes Hormon
Hormonausscheidung 37
Hormonbestimmung, Blutentnahme 40
Hormonentzugsblutung 48
Hormoninaktivierung 37
Hormonmangelblutung 54
Hormonmimetika 475
Hormonpräparate 475 ff.
Hormonrezeptoren
– Endometriumkarzinom 377
– Mammakarzinom 392
Hormontherapie, Kaufmann-Schema 28, 54
Horner-Syndrom, Armplexuslähmung, geburtstraumatische 306
Hüftgelenkdysplasie 232, 298
Hüftgelenke
– Abduktionssperre 297
– Sonographie, postnatale 297
– Untersuchung beim Neugeborenen 297 f.
Huhner-Sims-Postkoitaltest 119
Human-Choriongonadotropin 31, 484
– bei Corpus-luteum-Insuffizienz 126
– Produktion im Trophoblasten 41
– Schwangerschaftstest 190, 279 f.
– Serumspiegel
– – abnorm hoher 148
– – Abort, verhaltener 158
– – Abortus imminens 157
– – Extrauteringravidität 167
– – Schwangerschaftsnachweis 280
– – Tubarabort 165 f.
– im Urin, Schwangerschaftstest 190, 279 f.
Human-Choriongonadotropin, Verlaufkontrolle maligner Trophoblasttumoren 149
Human-Menopausen-Gonadotropin s. HMG
HY-Antigen 4, 7
Hydramnion 139, 201
– Diabetes mellitus 181
Hydramnionpunktion, transabdominelle 201
Hydrolysatnahrung 293
Hydronephrose 419
– konnatale 305
Hydrops
– fetalis 186
– universalis 301
21-Hydroxylase-Defekt 14 ff.
17α-Hydroxylase-Defekt 15 f.
11β-Hydroxylase-Defekt 15 f.
17α-Hydroxyprogesteron-Derivat 91, 475 f.
Hydrozele 296
Hydrozephalus
– angeborener 303
– Geburtsverlaufstörung bei Schädellage 230
– Sonographie, pränatale 304
Hymen imperforatus 18 ff.
– Spaltung 20
Hymenalatresie 19 f., 58, 69
Hymenalverschluß 296
Hyperaktivität, uterine 236, 238
Hyperandrogenämie
– Hirsutismus 75
– Hormonbestimmungen 40
– Hyperthecosis ovarii 68, 76
Hyperandrogenämie, Nachweis, Indikation 77
– Nebennierenrindenüberfunktion 76
– Ovarialtumor 17, 64 f., 76
– Syndrom der polyzystischen Ovarien 65
Hyperbilirubinämie
– direkte 301
– indirekte 301
– Neugeborenes 300 f.
Hyperemesis 168 f.
– bei Diabetes mellitus 181
– Therapie 169
– Zwillingsschwangerschaft 255
Hyperfibrinolyse 267
– Therapie 268
Hyperglykämie 152
Hyperinsulinämie, Syndrom der polyzystischen Ovarien 65
Hyperkeratose, Portio vaginalis uteri 330
Hyperkoagulabilität 266
Hyperlipidämie, Ovulationshemmeranwendung 97
Hypermenorrhö 51
– Ovulationshemmerwirkung 93, 102
Hyperplasie, fokal-noduläre, der Leber, ovulationshemmerbedingte 96
Hyperprolaktinämie 27, 60 ff., 72
– Definition 62, 72
– Galaktorrhö 354
– Mastitis 353
– Ovulationshemmereinnahme 94
– Symptome 61
Hypertension, pulmonale, persistierende, des Neugeborenen 289
Hypertensive Erkrankung in der Schwangerschaft 170 ff., 199
– leichte 170
– Nachsorge 173
– Risiken 171
– schwere 170 f.
– Therapie 171 ff.
Hypertensive Erkrankung in der Schwangerschaft, Verlauf 173
Hyperthecosis ovarii 17, 40, 65, 68
– Hyperandrogenämie 68, 76
Hyperthermie
– Fetusschädigung 199
– Wehenauslösung 199
Hyperthyreose
– Abortrate 180
– angeborene 180
– Frühgeburtsrate 180
– Haarwuchs 75
– Mißbildungsrate 180
– Schwangerschaft 179 f.
– Therapie 180
Hypertonie, arterielle
– chronische
– – mit Pfropfpräeklampsie 170
– – Schangerschaft 170
– schwangerschaftsinduzierte 169 f.
Hypertrichose 74
Hypertrichosis lanuginosa 77
Hyperzoospermie 130
Hypoglykämie 152
– postnatale 298 f.
Hypogonadismus
– hypogonadotroper 27
– Kallmann-Syndrom 60
Hypokaliämie 446
Hypomenorrhö 51
Hypophysenerkrankung, Amenorrhö 61
Hypophysenfunktionstest bei Pubertas tarda 27
Hypophysenhinterlappen 29
Hypophyseninsuffizienz 63
– Haarwuchs 75
– Sheehan-Syndrom 61
Hypophysentumor, Amenorrhö 60 ff.
– Diagnostik 62
Hypophysenvorderlappen s. Adenohypophyse
Hypopituitarismus 27
Hypospadie 295
– perineale 11
Hypothalamo-hypophysäres System
– Eigenrhythmik 41
– Östrogensensitivität 22
– Ovarialfunktionssteuerung 41 f.
– – Feedback 40, 43
Hypothalamo-pituitäre Insuffizienz 63
– Therapie 73
Hypothalamus, Genitalfunktionsregelung 29
Hypothyreose 62
– Screening 299
Hypothyroxinämie, subklinische 126
Hypotonie
– essentielle 175
– Schwangerschaft 174 f.
– sekundäre 175
– Therapie 175
Hypotrophes Kind 153, 246
– bei mütterlicher physischer Überforderung 454
Hypoxie, fetale 258 f., 287
Hysterektomie, vaginale 115
Hysterographie 437
Hysterosalpingographie 122, 429
Hystero-Salpingo-Kontrastsonographie 21, 122
Hysteroskopie 55, 429, 437

I

ICSI (Intra-cytoplasmatic-sperm-Injektion) 132
Icterus
– e graviditate 179

Icterus, in graviditate 179
– prolongatus 301
Iea-Kontrazeptivum 109 f.
Ikterus
– cholestatischer 96
– neonataler
– – AB0-Inkompatibilität, fetomaternale 156
– – physiologischer 301
– in der Schwangerschaft 179
Ileus 446
– funktioneller 446
– mechanischer 446
– postoperativer 446
– in der Schwangerschaft 178, 446
Immunometrische Methode, Gonadotropinausscheidung im Harn 33
Immuntherapie 401
Impfberatung 307
Implantat, gestagenhaltiges 105
Implantation 134 ff.
– avaskuläre Frühphase 134
– extrauterine 163
– hämotrophe Phase 134 f.
– histiotrophe Phase 134 f.
– pathologische 147
– zervixnahe 134, 147
Implantationsphase, Sauerstoffmangel 136
Implantationsstörung 160
Impotencia
– coeundi 117
– generandi 117
Imprägnation 133 f.
Indifferenzhaltung 209
– Kopfquerschnitt im Geburtskanal 207
Indomethazin 57
Induration 435
Infans mortuus 257
– Fruchtwasserfarbe 280, 285
– Koagulopathie 257, 267
Infektion
– Abort 160
– aszendierende
– – Adnexerkrankung 342 ff.
Infektion, aszendierende, puerperale 314
– – nach vorzeitigem Blasensprung 249, 251
– diaplazentare 153
– – Toxoplasmose 185
– extrauterine, Schwangerschaft 470
– Fruchttod, intrauteriner 257
– hämatogene, Adnexerkrankung 342 ff.
– intrauterine, Antibiotikatherapie 471 ff.
– Koagulopathie 267
– bei liegendem Intrauterinpessar 109
– Neugeborenes 300
– Schwangerschaft 184 ff.
– septische, Neugeborenes 300
– sexuell übertragene 348 , 350
– spezifische 347 ff.
– – Antbiotikatherapie 474
– uterine
– – Schock, bakterieller 265
– – Schwangerschaft 470 f.
– vaginale 199
– vulväre 318
– zervikovaginale 186, 199
– zweite Schwangerschaftshälfte 199
Infektionskrankheit, hochfieberhafte 199
Infektionssymptome, Verschleierung, antibiotikabedingte 467
Infektionsweg 2
Infertilität 117 ff.
– Definition 117
Infertilität, Ursache 117
Inhibin 34, 40 f.
Inhibinspiegel, postmenopausaler 43
Innenohrschaden, Rötelnembryopathie 151
Insemination
– heterologe 131
– homologe 130 f.
– intrauterine 131
– intrazervikale 131
– präzervikale 131
Insertio
– marginalis 139
– velamentosa 134, 138 f., 147, 248 f.
– – Blutung 196, 246
– – Gefahren 249
Inspektion
– äußere 425
– Mammae 431 f.
Insuffizienz
– hypothalamo-pituitäre 63
– pluriglanduläre 61
Insulinresistenz, periphere, Syndrom der polyzystischen Ovarien 65
Insult
– psychischer 456
– zerebraler, Vorboten 95
Intersexualität 9 ff., 26
– Geschlechtszuordnung 11 f.
– psychische 18
– – chirurgische Angleichung 18
Interspinalebene 205
– Querschnittsform 206
Interzeption, postkoitale, Intrauterinpessar 106
Intimspray 48
Intoxikation, Abort 160
Intra-cytoplasmatic-sperm-Injektion 132
Intrauterinpessar 105 ff., 164
– Adnexentzündung 343, 345
– Anwendung 107 f.
– – post abortum 107
– – post partum 107
– Austausch 108
– gestagenhaltiges 105
– Indikation 106
– inertes 105
– Interzeption, postkoitale 106
– bei Jugendlichen 101
– Komplikation 108 f.
– Kontraindikation 106 f.
– – absolute 106 f.
Intrauterinpessar, kupferhaltiges 105
– Lagekontrolle, sonographische 108
– levonorgestrelhaltiges 105 , 109
– Lokalisierung, radiologische 105
– Nebenwirkung 108
– Risiken bei jungen Mädchen 106
– Typen 106
– Wirksamkeit 105 f.
– Wirkungsweise 105
Introitusschrumpfung 317 f.
Intubation, Neugeborenes 291
In-vitro-Fertilisation 131 f.
Ionendosis 487
Ischuria paradoxa 411
Isodosen 492
Isolation 451 f.
Isotope, radioaktive 486, 490 f.
IUP s. Intrauterinpessar
IVF (In-vitro-Fertilisation) 131 f.

J

Jodmangel, Prophylaxe 192
Jod-Probe 331, 425 f., 429

K

Kachexie 28
– Ovarialtumor 382
Kaffeekonsum 192
Kaiserschnitt s. Sectio
Kaliumverlust 447
Kalkzufuhr, Wöchnerin 311
Kallmann-Syndrom 27, 60
– Therapie 60
Kalottenfraktur, Neugeborenes 296
Kalzitonin 82
Kanalbecken 225 f.
Kardiographie, fetale 285 f.
Kardiotokographie 201, 258 f., 286 ff.
– externe 215
– interne 215
– Parameter 286 f.
– bei Plazentainsuffizienz 246
– bei Rh-Sensibilisierung 155
– bei Übertragung 253
– Weckversuch 287
– Zustandsbewertung des Feten 287 f.
Karyotypisierung 3 ff., 8, 280
Karzinom
– Blutungsbereitschaft 336
– Erscheinungsformen 435
– mesonephrogenes 380
– Schwangerschaft 183
Katheterdrainage, suprapubische 419
Katheterismus 418
Kaufmann-Hormontherapieschema 28, 54, 60, 64, 73
Keilwirbel 82
Keimaszension 343
Keime
– Antibiotikaempfindlichkeit 470
– antibiotikaresistente 467
Keimleiste 5 ff.
– Entfernung 7 ff.
– maligne Entartung 7 f.
– unilaterale 9
Keimzellen, fehlende 5
Keimzelltumor 385
Kephalhämatom 296 f.
Kerngeschlecht s. Geschlecht, chromosomales
Kernikterus 301
Kernspintomographie 430
– Bestrahlungsplanung 492
– geburtshilfliche 283 f.
– kranielle, bei Amenorrhö 62
– Ovarialtumor 384
20, 21-Ketodesmolase-Defekt 15 f.
Ketoprofen 57
Kind-Becken-Mißverhältnis 214
Kindervulvitis 320
Kinderwunsch
– Ambivalenz 123
– bei Amenorrhö mit positivem Gestagentest 71
– bei Syndrom der polyzystischen Ovarien 68
Kindliche Erkrankung 201
Kindsbewegungen 195, 200
– erste 197
– fehlende 257
– überfällige 200
– unzeitige 197
Kindsgröße 210 f.
– Bestimmung 200
Kindslage 208 f.
– Beurteilung, geburtsmechanische 200
– Leopold-Handgriff 281
Kindslageanomalie 209, 214, 231 ff., 248
– Nabelschnurvorfall 248
Kindstod, perinataler 308
Kjelland-Zange 272

Klavikulafraktur, geburtstraumatische 306
Kleinwuchs
– hypophysärbedingter, Differentialdiagnose 8
– Ullrich-Turner-Syndrom 5, 7
Klimakterisches Syndrom 79 ff.
– Diagnose 82
– Symptome 80
– Therapie 83
Klimakterium 79 ff.
– Blutungsstörung 80 f.
– Definition 79
– Gonadotropinfreisetzung 80
– Hautveränderungen 81
– Östrogenspiegel 80
– organisches Syndrom 81 f.
– psychisches Syndrom 80, 82
– Schleimhautveränderungen 81
– vegetativ-vasomotorische Störung 80 f.
Klinefelter-Syndrom 4, 130
Klitorishypertrophie 317
– adrenogenitales Syndrom 13, 16
– Feminisierung, testikuläre 11
– Gonadendysgenesie, gemischte 9
Klitoriskarzinom 358
Klitorisschwellung 459
Kloake 5
Klumpfuß 296
Klumpke-Lähmung 306
Knochenalter 23
– Pubertas praecox 25
Knochenmasse 82
– Ovulationshemmerwirkung 98
Knochenmetastasen 391, 401
Knoten
– intraabdomineller 435
– subkutaner 435
Koagulopathie 267 ff.
– Menstruationsstörung 28
– Plazentalösung, vorzeitige 242 f.
– Therapie 244, 268
Kobalt-60 486
Kobalt-60-Gammastrahlung 489
Kobalt-60-Strahlenquelle 489 f.
Kochsalzkonsum 192
Körperbehaarung
– Hormoneinfluß 74
– Schwangerschaft 76
– verstärkte s. auch Hirsutismus; s. auch Hypertrichose
– – nichtendokrine 77
Körperflora, Veränderung, antibiotikabedingte 467
Körpergewicht 429
– fetales, Schwangerschaftsdauer 141 f.
Körpergewichtszunahme
– ovulationshemmerbedingte 93, 97
Körpergewichtszunahme, schwangerschaftsbedingte 145, 197
Körperlänge, fetale 281
– Schwangerschaftsdauer 141 f.
Körperpflege
– Neugeborenes 307
– Wöchnerin 311
Körpertemperatur, Progesteronwirkung 38
Kohabitationsstörung 19, 131
Kohlenhydratstoffwechsel, Ovulationshemmerwirkung 96 f.
Kolostrum 310
Kolpektomie, obere 379
Kolpitis (s. auch Colpitis) 322 ff.
– Antibiotikatherapie 472, 474
– – in der Schwangerschaft 471 ff.
– Diagnostik 323, 427
– Erreger 323 f., 427
– – beim Kind 325
Kolpitis (s. auch Colpitis)
– gonorrhoische 349
– beim Kind 324 f.
– Partnerbehandlung 324
– Therapie 323 f.
– Ursache 323
Kolpoperineoplastik 415
Kolporrhaphia anterior 415
Kolposkopie 331, 425, 429
Kondom 110
– für die Frau 110
Kondylome
– atypische 356
– breite 321
– – Syphilis 350
– flache, Portio vaginalis uteri 330
– spitze 320 f.
– – vaginale 325
Konflikt
– psychosozialer 449
– situationsbedingter 457
Konfliktberatung vor Schwangerschaftsabbruch 161
Konisation 331, 368, 429
Konjugation 133 f.
– Östrogeninaktivierung 37
Konsultation 423
Kontaktbestrahlung 490 f.
– Afterloading-Verfahren 361, 372 f., 379, 490
– Dosierung 487
– Endometriumkarzinom 379
– intrazervikale 372
– Kurzzeitverfahren 372, 491
– Langzeitverfahren 372, 490 f.
– Nachladetechnik 490
– therapeutische Breite 491
– Vaginalkarzinom 361
– Wirksamkeit, biologische 491
– Zervixkarzinom 372
Kontaktblutung 370
Kontinua 447
Kontrazeption s. Konzeptionsverhütung
Kontrazeptiva, hormonale 89 ff.
Konzeption
– unter Dopaminagonistentherapie 62, 73
– Enometriumveränderung 47
– gewünschte 85
– Ovarialhormonspiegel 41
– im Spätwochenbett 311
– Verlustrate 156
Konzeptionsförderndes Verhalten 85
Konzeptionstermin, Geburtsterminberechnung 190
Konzeptionsverhütung 86 ff.
– Aufklärung bei Jugendlichen 101
– Billings-Methode 111 f.
– chemische 88, 110
– bei der Frau 87 f.
– hormonale 88
– Kostenerstattung 89
– beim Mann 88
Konzeptionsverhütung, mechanische 88
– – bei Jugendlichen 101
– Methode 88
– – Wahl 89
– – Zuverlässigkeitsgrad 88
– nichthormonale 105 ff.
– Persona-System 111 f.
– Raucherin 101
– Rhythmusmethode 111
– symptothermale Methode 112
– Temperaturmethode 111
– Versagerquote 89
– Wirksamkeit 88 f.
Kopf, kindlicher 206 f.
– auffallend beweglicher 229
– Ausmessung, sonographische 283
Kopf, Austritt 216 f.
– Ballottement 282
– Beweglichkeit, Leopold-Handgriff 282
– Beziehung zum Beckeneingang, Leopold-Handgriff 282
– Diameter 207
– Druckbelastung bei Geburt aus Beckenendlage 232
– durchschneidender 216
– einschneidender 216
– extrem deflektierter 210
– flektierter 209 f.
– Haltung 207 ff.
– Haltungsänderung sub partu 212 f., 215
– Haltungsanomalie 228, 230
– Hochstand 229
– Höhenstand 214
– Mißverhältnis zum mütterlichen Becken 228 f., 270
– Stellungsänderung sub partu 212 f.
– Tiefertreten 212 f., 216
– Umfang 207 f.
– Untersuchung, postnatale 296 f.
– Zirkumferenzen 207
– zu großer 230
Kopfentwicklung nach Veit-Smellie 277
Kopfschmerzen
– ovulationshemmerbedingte 93
– prämenstruelle 57
Koronarerkrankung bei Ovulationshemmeranwendung 95
Korpuskarzinom 54 f., 337, 427
– Blutung 337
– Koinzidenz mit Myom 334
– Kontrolluntersuchungen 406
Korpuspolyp 338
Kortikoide
– Applikation, lokale, bei Vulvitis 320
– Atemnotsyndrom-Prophylaxe 250
Kortisolbildung, Ausfall 14
Kortisonbildung, Ausfall 14
Kortisonsubstitution bei adrenogenitalem Syndrom 17
Krämpfe, tonisch-klonische 171
Krampfanfall, Schocksymptome 269
Kraniopharyngeom 60
Krankheitsfaktoren 423
– psychosexuelle 432 f.
– psychosomatische 432 f.
– unspezifische 433
Krankschreibung bei maligner Erkrankung 405, 407
Krebskranke, Umgang 404
Krebsleiden
– Verschleppung 355, 398 f.
– Warnzeichen 355
Krebsvorsorge 312, 355
Kreislauf, Neugeborenes 289
Kreißende
– ältere 223
– Beckenhochlagerung 233, 247 f.
– jugendliche 223
– Links-Seitenlagerung 259
Kreißende, Seitenlagerung 231
Kreuzbeinkrümmung 283
Kreuzschmerzen 448
Kristellern 263, 271
Kündigung 204
Kürettage s. auch Abrasio
– nach Abort 158
– Blasenmole 148
– nach Schwangerschaftsprodukt-Absaugung 162
– bei verhaltenem Abort 159
– im Wochenbett 314, 316
– Zervixkarzinom 370

Küstner-Zeichen 218
Kurzzeit-Kontaktbestrahlung 372, 491
Kystom, muzinöses 385
– – Ruptur 389

L

Labienfusion 13, 16
Labiensynechie, Neugeborenes 296
Labilität, psychovegetative 57
Längenwachstum, Ovulationshemmerwirkung 101
Längslage 208 f.
– Zwillinge 255
Lageanomalie, kindliche 199
Laktation 310
– Konzeptionschance 113
Laktationsamenorrhö 113, 309
Laktationshemmer 310
– bei beginnender Mastitis puerperalis 314
Laktogenese 31
Langhans-Zellschicht 136
Langzeit-Kontaktbestrahlung 372, 490 f.
Laparoskopie 429 f.
– Mayer-Rokitansky-Küster-Syndrom 19
– Ovarialtumor 384
– Ovarialtumor-Stieldrehung 389
– Resistenz, pathologische, im kleinen Becken 442
– Spätfolgen der Adnexentzündung 346
– Sterilitätsdiagnostik 122
– therapeutische, bei Endometriose 340
Laparotomie
– Ovarialtumor-Stieldrehung 389
– bei verschleppter Querlage 234
Lasertherapie, Neoplasie, intraepitheliale
– cervicale 370
– vulväre 357
Late-onset-AGS 14, 17
Leber, Veränderung, schwangerschaftsbedingte 143
Leberenzyminduktion, ovulationshemmerbedingte 96 f.
Leberrand, Neugeborenes 295
Leberstoffwechsel, Ovulationshemmerwirkung 96
Leberzelladenom, ovulationshemmerbedingtes 96 , 98
Leiblichkeit, feminine, Bejahung 457 f.
Leiomyosarkom, uterines 380
Leistenhernie 10
Leistenschmerzen, beidseitige 197
Leitbilder 457 f.
Leitungsanästhesie 221
Leopold-Handgriffe 213 , 281 ff.
Leukoplakie, Portio vaginalis uteri 329 f.
Leukozytenzahl 429
Levatorplastik 415
Levonorgestrel 91
– Intrauterinpessar 105
– Postkoitalpille 104
Leydig-Zwischenzellen-Insuffizienz 130
LH (Luteinisierungshormon) 29 ff.
– Hodenfunktion 129
LH-Ausscheidung im Harn 33
– Konzeptionsverhütung 111 f.
LH-Gipfel 32, 41
– fehlender 52
– im Urin, Ovulationsterminbestimmung 85
LH-Plasmawert
– erhöhter 8, 12, 64
– erniedrigter 27
– zyklische Veränderung 32 f.
LH-RH 29
– Ovulationsauslösung 123, 125
– Struktur 30
LH-RH-Agonisten, superaktive, bei Pubertas praecox 25
LH-RH-Stimulationstest 72 f.
– negativer 73
– positiver 72
– Reaktion, überschießende 64
Libidodysfunktion 461 ff.
Lichen sclerosus 317 f.
Ligamentum
– ovarii proprium 1
– rotundum 1, 4
Linearbeschleuniger 486, 489
Lipidstoffwechsel, Ovulationshemmerwirkung 97
Lippen-Kiefer-Gaumen-Spalte 302
Listeriose 185 f., 191
Lisurid 485
– Abstillen, primäres 310
– bei Amenorrhö-Galaktorrhö-Syndrom 62
LMP-Tumor
– extraovarieller 380
– ovarieller 381
– – Therapie 388
Lochia
– alba 310
– fusca 310
– rubra 310
– – verstärkte 313
Lochiometra 313, 316
Lösungsblutung 217 f.
– verstärkte 259
Lokalanästhesie 221
Low-dose-Heparinprophylaxe 422
Low-dose-rate-Kontaktbestrahlung 490 f.
Low-malignant-potency-Tumor s. LMP-Tumor
Low-risk-Chorionkarzinom, metastasierendes 149
Low-risk-Mammakarzinom 395
– Therapie, operative 397
– – – brusterhaltende 397
Lubrikation 459
– im Alter 464
Lues s. Syphilis
Lungenembolie 269
Lungenerkrankung, Schwangerschaft 177
Lungenfunktion, Veränderung, schwangerschaftsbedingte 144
Lungenmetastasen 391, 401
Lutealphase s. auch Corpus-luteum-Phase
Lutealphasen-Insuffizienz 80
– Blutung, hormoninduzierte 44
Luteinisierungshormon s. LH
Luteinisierungshormon-Releasing-Hormon s. LH-RH
Luteinzellen 41
Luteom, mütterliches 75
Lutropin s. LH (Luteinisierungshormon)
Lymphknoten, inguinale, Bestrahlung 360 f.
Lymphoma colli 302
Lymphonodektomie
– Endometriumkarzinom 379
– Mammakarzinom 397 f.
– Ovarialkarzinom 388
– Vulvakarzinom 358 ff.
– Zervixkarzinom 371
Lysekoagulopathie 264, 266

M

Magen, Veränderung, schwangerschaftsbedingte 143
Magen-Darm-Trakt-Verschluß, Neugeborenes 304 f.
Magensondenprobe beim Neugeborenen 294 , 304
Magersucht 28
Magnesiumaskorbinat 173
Magnesiummangel, Schwangerschaft 176, 179
Magnetresonanztomographie s. Kernspintomographie
Makromastie, juvenile 382
Makrosomie 181 f.
Malignom 355 ff.
– Arbeitsfähigkeit 405
– Beratung 404 f.
– – psychosexuelle 405
– Berentung 405
– Diagnosemitteilung 404
– endokrine Auswirkungen, therapiebedingte 402
– Ernährung 405
– Insult
– – psychischer 402 f.
– – somatischer 402
– Keimleistenentartung 7 ff.
– Kontrolluntersuchungen 405 f.
– – Arztwahl 406
– – Fragestellungen 406
– – Intervalle 406
– Krankheitsfolgen 402
– Metastasensuche 407
– Nachbehandlung, medikamentöse 405
– Nachsorge 402 ff.
– Operationsfolgen 402
– ovarielles s. Ovarialtumor, maligner; s. Ovarialkarzinom
– soziale Hilfen 407
– Strahleninsult 402
– Therapiefolgen 402
– – Alarmzeichen 406
– Vagina 360 f.
– Vita sexualis 403
– Wachstum, progressives 402
– Zytologieabstrich 427
Malignomverdacht 355 f.
Mamillenabsonderung 393
– zytologische Untersuchung 395
Mamilleneinziehung 393 f.
Mamillenschwellung 459
Mamma(-ae) 351 ff.
– aberrata 351
– asymmetrisches Verhalten 393 f.
– dystope 351
– Fleckigkeit, disseminierte 393
– Größendifferenz 351 , 393 f.
– Hauteinziehung 393 f.
– Inlay 353
– Konsistenzveränderung 393
– Östrogenwirkung 37
– Palpation 393 f., 431
– Plateauphänomen 393
– Präkanzerose 390, 395
– prämenstruelle Reaktion 351
– Progesteronwirkung 38
– Resistenzsuche 432
– Resistenzverschieblichkeit 432
– Rötung, umschriebene 393
– Selbstuntersuchung 432
– Untersuchung 431 f.
– Veränderung, schwangerschaftsbedingte 145
Mammaatrophie 13
Mammaaugmentation 351
– nach Ablatio 398
Mammadysplasie 352

Mammaentwicklung 22 f., 351
Mammafehlentwicklung 351
Mammahyperplasie 351
– Schwangerschaft 351
Mammahypoplasie 351
– Syndrom der polyzystischen Ovarien 65
Mammakarzinom 315, 390 ff.
– Alter der Patientin 393
– Altersverteilung 390
– Axillarmetastasen 392
– beidseitiges 391
– Chemotherapie, neoadjuvante 399
– Diagnostik 394 ff.
– – histologische 395
– – zytologische 395
– duktales 390
– Einflußfaktoren 390
– Exstirpation 397
– Fernmetastasen 391 ff.
– Gewebsentnahme 395
– Größe 392
– Heilungsaussichten 401
– Histologie 390, 392
– Hormoneinfluß 390
– inflammatorisches 353, 393
– – Therapie 399
– inoperables 399
– Inspektion 390 f.
– invasives 390 f., 395
– klinisch okkultes 391
– Kontrolluntersuchungen 406
– lobuläres 390
– Lokalisationshäufigkeit 392
– Mammographie 394 ff.
– Marker 393
– medulläres 390
– metastasierendes, Behandlung 400 f.
– Metastasierung 391 f.
– multilokuläres 391, 397
– muzinöses 390
– Nachbestrahlung 399
– – bei brusterhaltender Operation 397 ff.
– Nachsorge 401
– Ovulationshemmerwirkung 98
– Palpation 390 f.
– postmenopausale Patientin 400
– bei postmenopausaler Östrogensubstitution 83
– prämenopausale Patientin 400
– Primärtherapie, operative 397 ff.
– Prognosemerkmale 392 f.
– Schwangerschaft 184
– solitäres 391
– Stadieneinteilung 397
– Staging 395
– Steroidrezeptoren 392
– strahliges 396
– Symptome 393
– Therapie 397 ff.
– – endokrine 400
– – medikamentöse, adjuvante 398 ff.
– – – – Indikation 400
– – operative, brusterhaltende 397
– Verdachtsabklärung 394 ff.
– verschlepptes 398 f.
Mammaknoten 393 ff.
– Exstirpation 395
Mammaresistenz, Diagnostik 432
Mammasonographie 353, 394 f., 434 f.
Mammatumor
– Exstirpation 395
– exulzerierter 393 f.
– gutartiger 351 f.
Mammazyste 352 f.
– Punktion 353
Mammographie 353, 394, 432, 434
– Befund, falsch-negativer 434
– Indikation 434
Mann-zu-Frau-Angleichung, chirurgische 18
Manschette, orgastische 459
Manualhilfe bei Beckenendlage 232, 275 ff.
Maskulinisierung s. Virilisierung
Mastektomie
– modifiziert-radikale 398
– subkutane 353
Mastitis 353
– carcinomatosa 315
– interstitielle 314
– neonatale 294
– non-puerperale 353
– parenchymatöse 314
– puerperalis 311, 314 ff.
– – Abszedierung 314 f.
– – Antibiotikatherapie 473
– – beginnende 314
– – Infektionsweg 314
Mastodynie 353
– bei Ovulationshemmeranwendung 94
– prämenstruelle 57
Mastopathia
– chronica 352
– fibrocystica 391
Mastopathie 352 f.
– proliferierende, mit Atypien 352 f., 395
– Therapie 353
Mayer-Rokitansky-Küster-Syndrom 19
– Differentialdiagnose 8
Mazeration 257, 280
MBU s. Mikroblutuntersuchung
Medikamente
– Einfluß
– – auf die Ovulationshemmerwirkung 97
– – auf die Prolaktinsekretion 59
– embryotoxische 193
– fetotoxische 193
– Kernikterus-Risiko 301
– Neugeborenen-Reanimation 291
– psychovegetativ wirksame, bei prämenstruellem Syndrom 57
– risikohaltige 193
– in der Schwangerschaft 192 f.
– sub partu zu vermeidende 193
– wehenanregende 193
Medikamentengabe, peripartale 469
Medrogeston 91, 476
Medroxyprogesteronacetat 25, 91, 476
– Depotinjektion 103
Mefenaminsäure 57
Megacolon congenitum 305
Megestrolacetat 476
Mehrlingsgeburt 255 f.
– Gefahren 255
– Mortalität, perinatale 256
– Sectio 255 , 270
Mehrlingsschwangerschaft 199, 254 f.
– Absterben eines Fetus 255
– Frühgeburt 255
– – Prävention 255
– Frühgestose 168
– Geburtstermin 255
Meigs-Syndrom 382
Mekoniumabgang 215, 259, 285
– bei Schädellage 270
Mekoniumileus 305
Mekoniumpfropf-Syndrom 305
Melaena, neonatale 292
Melanom, malignes, vulväres 358
Melanoma in situ, Vulva 356
Melanozytose, prämaligne 356, 360
Meldepflicht, ärztliche 351
Menarche 21 f., 27
Menarchealter, mittleres 23
Meningitis, Neugeborenes 300
Meningo-Enzephalo-Myelitis 185
Meningomyelozele 303
Menopause 21 , 79 f.
– Definition 79
Menopausensyndrom s. Klimakterisches Syndrom
Menorrhagie 51, 336
Menstrualblut 48
– Untersuchung 348
Menstrualfunktion, Ovulationshemmerwirkung 93
Menstruation (s. auch Blutung) 44 ff.
– Auslösung 44
– Blutungscharakteranomalie 50, 335 ff.
– erste post partum 309, 311
– Hinausschieben, medikamentöses 49 f.
– letzte, Geburtsterminberechnung 190
– schmerzhafte s. Dysmenorrhö
– verlängerte 336
– Verschiebung, medikamentöse 48 ff.
– Vorverlegung, medikamentöse 48 f.
– zu schwache 335 f.
– zu starke 336
Menstruationsablaufstörung, Adoleszenz 27 f.
Menstruationsanomalie 50 ff., 335 ff.
– Endometriumkarzinom 378
– Therapie 336 f.
– Ursache
– – endokrine 336
– – organische 336
Menstruationsdauer 51
Menstruationshemmung 93, 103
Menstruationshygiene 48
Menstruationsrhythmik 51
Menstruationsrhythmikstörung 50 f., 335
– Adoleszenz 27
Menstruationsstärke 51
Menstruationsstörung
– Adoleszenz 27 f.
– Erscheinungsbild 50 f.
– Ursache 50
– Uterusfehlbildung 21
Menstruationstampon 48
Meprobamate 221
Mestranol 91, 475
Metastasensuche 407
Metergolin 485
– Abstillen, primäres 310
– bei Amenorrhö-Galaktorrhö-Syndrom 62
Methergin 313
Methotrexat bei Extrauteringravidität 167
Metrorrhagie 51, 337 f.
Michaelis-Raute 283
– asymmetrische 283
– deformierte 227, 283
– Drachenform 283
– Gleichseitigkeit 283
Mikroblutuntersuchung 259, 288
Mikrokalzifikationen 396 f.
Mikrokarzinom, zervikales 365, 368
Mikropille 90, 92
Mikroprolaktinom 61 , 72
Mikrotransfusion, fetomaternale 154
Mikrozephalie
– Alkoholembryopathie 152
– Rötelnembryopathie 151
Mikrozirkulationsstörung 262, 269
– Eklampsie 171
Milchbildung, Induktion 309 f.
Milcheinschuß 310

Milchgangspapillom 351
Milchnahrung 293
Milchstau 310
Miller-Kurzrock-Test 121
β-Mimetika 238, 259
Minderwuchs
– Alkoholfetopathie 153
– sekundärer 23, 25
Minipille 90, 104
– Wirkungsweise 104
Mischinfektion 349
– aerob-anaerobe 470 f.
– – Antibiotikatherapie 472
Missed abortion s. Abort, verhaltener
Mißbildung 201
– angeborene 295
Mißbildung, bei Diabetes mellitus 152, 180 f.
– Dispositionsphasen im Schwangerschaftsverlauf 152
– Fruchttod, intrauteriner 257
– Hydramnion 201
– bei Hyperthyreose 180
– in der Mittellinie 302
Mittelblutung 51, 55, 337
Mittelschmerz, Ovulationshemmerwirkung 102
Mola hydatidosa s. Blasenmole
Molimina menstrualia ohne Blutung 19
Mongolismus s. Trisomie 21
Monosmie 150
– gonosomale 6
Morbidität
– mütterliche, bei Sectio 271
– perinatale 187
Morbus haemolyticus fetalis 153 ff., 201
– AB0-Inkompatibilität 153 , 155 f.
– Diagnostik 155
– Fruchtwasserfarbe 280, 285
– Konditionalfaktoren 154
– Manifestation 154
– Pathogenese 153 f.
– Prophylaxe 153, 155
– Rh-Inkompatibilität 153 ff.
Morbus haemorrhagicus neonatorum 292
Moro-Reflex 296
Mortalität s. Sterblichkeit
Morula 134
Mosaik, chromosomales
– – Gonadendysgenesie, gemischte 9
– – Ullrich-Turner-Syndrom 5
MRT (Magnetresonanztomographie) s. Kernspintomographie
Müdigkeit, ovulationshemmerbedingte 93
Müller-Armlösung bei Beckenendlage 276
Müller-Gang 4 f., 9 f.
– Vereinigungsstörung 18
Müller-Hügel 5
Mütterberatung bei der Entlassung 307 f.
Mütterliche Erkrankung 152 , 168
– Schocksymptome 269
Mukoviszidose, Mekoniumileus 305
Mukoviszidose-Screening 299
Multiple Sklerose 98
Musculus levator ani 410
Muskulatur, Progesteronwirkung 38
Muttermilch 310
– Antibiotika 469
– HIV-Infektion 473
– reife 310
– transitorische 310
Muttermilchikterus 301
Muttermund 327 f.
– Befund
– – bei Abortus imminens 157
– – bei Abortus incipiens 157 f.
Muttermunderöffnung 198, 210, 214 f.
Muttermunderweiterung 197
Muttermundriß 331
Muttermundverschluß 195
Muttermundweite 213 f.
– Veränderung im Zyklus 32
Mutterpaß 191, 202
Mutterschaftshilfe 204
Mutterschaftsrichtlinien 187 ff.
– postpartale Kontrolle 202
– Untersuchungen durch die Hebamme 202
Mutterschutzfrist 204, 311 f.
Mutterschutzgesetz 187 , 203
Myasthenia gravis 98
Myokardinfarkt bei Ovulationshemmeranwendung 95
Myom 326 , 331 ff.
– im Alter 335
– Beschwerden, Ursache 334
– Differentialdiagnose 333
Myom, gestieltes 332
– intraligamentäres 333
– intramurales 333
– Koinzidenz mit Korpuskarzinom 334
– Operationsindikation 334
– Ovulationshemmerwirkung 97 , 334
– sarkomatöse Entartung 334
– Schwangerschaft 183
– Sekundärveränderung 333
– submuklöses 333
– subseröses 332 f.
– – Laparoskopiebefund 383
– Therapie 334
– Wachstumstendenz 334
Myomektomie bei Sterilität 128
Myomentwicklung 332
Myometrium 331
– Progesteronwirkung 38
Myometriumkontraktilität, gesteigerte 56

N

Nabelgranulom 292
Nabelinfektion 292
Nabelschnur 138 f.
– vorliegende 247
Nabelschnuransatz
– exzentrischer 139, 147
– zentraler 139
Nabelschnurarterien 138
– pH-Wert-Messung 290
– Verschluß, postnataler 289
Nabelschnurknoten 248
Nabelschnurkomplikation 201, 246 ff.
– Fruchttod, intrauteriner 257
Nabelschnurkompression bei Beckenendlage 231
Nabelschnurpunktion bei fetomaternaler Rh-Inkompatibilität 155
Nabelschnurrest 292
Nabelschnurumschlingung 248
Nabelschnurvorfall 247 f., 270
Nabelvenenkatheter 291
Nabelversorgung 292
Nachblutung 51, 336
– post partum 219, 260, 268
– Disposition 260
Nachgeburtsperiode 217 f.
– Blutverlust 218
– Mehrlingsgeburt 256
– Pathologie 259 ff.
– bei Placenta praevia 241
Nachgeburtswehen 211
Nachkürettage
– nach Abort 158
– nach Schwangerschaftsprodukt-Absaugung 162
Nachsorgekur 407
Nachwehen 211, 309
Nackenreflex 296
Naegele-Zange 272
Naloxon 292
Nase als Leitstelle 210
Natriumbicarbonat, Neugeborenen-Reanimation 291
Nebennierenrindenfunktion, Diagnostik bei anovulatorischem Zyklus 52
Nebennierenrindenhyperplasie 13 f.
– benigne 17
– kongenitale 12, 14, 76
– sekundäre 76
Nebennierenrindentumor 17
– Hirsutismus 75
– virilisierender 75 f.
Nebennierenrindenüberfunktion 40, 76
Nebenplazenta 138 f.
Neonatologie-Intensiv-Abteilung, integrierte 250
Neoplasie, intraepitheliale
– cervicale 362, 364
– – Lokalisation 369
– vulväre 356 f.
– – Therapie 356
Neovagina 18 f.
Nervosität, prämenstruelle 57
Nervus ischiadicus, Beschwerden in der Schwangerschaft 179
Netzhautdurchblutungsstörung 99
Neugeborenenexanthem 294 f.
Neugeborenes 289 ff.
– Abdomenuntersuchung 295
– Adaptation 289 ff.
– asphyktisches 290
– Atemwege freimachen 291
– Atmung 289 , 295
– Atmungsstörung 186
– Augenuntersuchung 298
– Austauschtransfusion 301
– BCG-Impfung 307
– Besichtigung 294
– Diagnose, gravierende, Mitteilung an die Eltern 307 f.
– Drogenabhängigkeit der Mutter 300
– Dyspnoe 302
– dystrophisches 153
– Energiehaushalt 290
– Erbrechen 304
– Ernährung 293, 307
– Fütterung, frühe 299
– Genitaluntersuchung 295 f.
– Gewichtszunahme 293
– Hämodilution 298
– Harnorgane, Ultraschall-Screening 305
– Hepatitis-B-Impfung 300, 307
– Herzfehler s. Herzfehler, angeborener
– Herzmassage, externe 291
– Herzuntersuchung 294 f.
– HIV-Infektion 300
– hormoneller Status 22
– Hüftgelenkuntersuchung 297 f.
– Hyperbilirubinämie 300 f.
– – Therapie 301
– Hypertension, pulmonale, persistierende 289
– Impfung 307
– Infektion 300
– – septische 300
– Intubation 291
– Körperpflege 307
– Kreislauf 289
– Laboruntersuchung 298 f.
– Lagerung 307
– Magen-Darm-Trakt-Verschluß 304 f.
– Opiatwirkung 292

Neugeborenes, Reanimation 290 ff.
– – erfolglose 291 f.
– – Medikamente 291
– Routineuntersuchung 294 ff.
– Skelettuntersuchung 296
– Thermoregulation 289
– Untersuchung, neurologische 296
– Verschiebung der Herztöne 302
– Versorgung 292 ff.
– Vitalfunktionen, Depression 290
– Vitamin-K-Verabreichung 292 f.
– Volumenmangelschock 305
– Zirkulation herstellen 291
– Zufütterung 293
Neuralgiforme Symptome in der Schwangerschaft 179
Neurohypophyse 29
Neurologische Erkrankung, Ovulationshemmerwirkung 98
Neurologische Störung durch Beckenendlagengeburt 232
Neurotransmitter 41
Neutronen 486
Niedrigdosisbestrahlung 490 f.
Niere, Veränderung, schwangerschaftsbedingte 143 f.
Nierenerkrankung, chronische, Schwangerschaft 170
Nierenfehlbildung
– fetale 201
– Gonadendysgenesie 7 f.
– konnatale 305
– bei Mayer-Rokitansky-Küster-Syndrom 19
Niereninsuffizienz
– Antibiotika-Pharmakokinetik 467
– nach bakteriellem Schock 265
– Schwangerschaft 170
Nierenschaden, Fruchtwasserembolie-bedingter 264
Nierensonographie, Neugeborenes 295
Nondisjunction, meiotische 8
Norethisteron 91, 477, 482
– Partialwirkungen 91
Norethisteronacetat, Minipille 104
Norethisteronönanthat, Depotinjektion 103
Norgestimat 91
Norgestrel 477
– Partialwirkungen 91
Noristerat 103
Normverhalten 449
Nortestosteron-Derivat 91, 476 f.
– östrogene Partialwirkung 476
Notfall, geburtshilflicher 268 f.
– beim Kind 269
– mütterlicher 268 f.
Nykturie 416

O

Ödeme
– ovulationshemmerbedingte 93
– Schwangerschaft 169 f.
Ödemneigung, prämenstruelle 57
Ösophagotrachealfistel 304
Ösophagusatresie 294, 304
Östradiol 34 f., 475, 477
– Postkoitalpille 104
– Sekretionsrate 36
Östradiolglukonurid-Ausscheidung im Harn, Konzeptionsverhütung 111 f.
Östradiol-Serumspiegel 33
– Bestimmung 33
– fetaler 22
– postmenopausaler 36
– Rückwirkung auf das hypothalamo-hypophysäre System 41 ff.
Östradiolsynthese, Granulosazellen 40
Östriol 34 f.
– Applikation, vaginale 83
Östriolwerte im Serum, Schwangerschaftsdauer 284 f.
Östrogenbildung
– ovarielle 34, 40 f.
– – postmenopausale 40
– nach Konzeption 41
Östrogendurchbruchsblutung 44
Östrogene 34 ff., 475, 477 ff.
– Applikationsform
– – orale 477 f.
– – parenterale 478
– – transdermale 478
– Biosynthese 35
– Chemie 34 f.
– Einfluß auf den Haarwuchs 74 f.
– Myomentwicklung 332
– Sekretionsrate 36
– Wirksamkeit 475
– Wirkung 36 f.
– – extragenitale 36 f.
– – permanente 36
– – vasomotorische 96
– – zyklische 36
Östrogene, Wirkungsorte 36
Östrogeneinfluß, permanenter 55
Östrogenentzugsblutung 44
– Neugeborenes 22
Östrogen-Gestagen-Kombination 480 f.
– bei anovulatorischer Blutung 53
– Applikationsform
– – orale 480
– – parenterale 481
– bei Menstruationsanomalie 336
– bei prämenstrueller Schmierblutung 55
– bei Syndrom der polyzystischen Ovarien 68
– bei Uterushypoplasie 126
Östrogen-Gestagen-Substitution
– klimakterische 83
– postmenopausale 80
Östrogen-Gestagen-Test 69, 71
– negativer 71
– positiver 71, 73
Östrogeninaktivierung 37
Östrogenmangel
– Amenorrhö 58, 60
– Fluor vaginalis 439
– Gonadendysgenesie 5, 7 f.
– Klimakterium 80 f.
– Pubertas tarda 26
– Urge-Inkontinenz 416
– Vaginalmilieustörung 322
Östrogen-Pflaster 83 f.
– niedrigdosiertes, bei prämenstruellem Syndrom 57
Östrogenrezeptoren
– Endometriumkarzinom 377
– Mammakarzinom 392
Östrogensekretion, Pubertätsbeginn 22
Östrogensensitivität, Hypothalamus-Hypophysen-System 22
Östrogenspiegel
– Klimakterium 80
– nach Konzeption 41
– Rückwirkung auf das hypothalamo-hypophysäre System 41 ff.
– Verhalten im Zyklus 32 f., 41
Östrogenstatus 37
Östrogensubstitution
– bei gemischter Gonadendysgenesie 9
– bei Gonadendysgenesie 8 f.
– bei Intersexualität 11 ff.
– bei Mittelblutung 55
Östrogensubstitution
– bei ovarieller Gesamtinsuffizienz 64
– postmenopausale 80 ff., 83
– – Blutung 84
– – Dauer 84
– – Wirkung auf die Streßinkontinenz 413
– bei Pubertas tarda 27
Östron 34 f.
Östronsynthese
– Granulosazellen 40
– postmenopausale 80
Oligo-Amenorrhö 58
– Hyperthecosis ovarii 68
Oligohydramnie 139, 201
Oligomenorrhö 51, 58
Oligozoospermie 130 f.
Omentum-majus-Metastasen 387
Omphalozele 303
Oogonien 3, 5
Oogenese 3
Oophorektomie bei Hyperthecosis ovarii 68
Oozyte
– imäre 3
– – Atresie 3, 5
– sekundäre 3
Operation
– geburtshilfliche, vaginale, Uterusruptur 235
– bei Ovulationshemmeranwendung 95
Ophthalmoblennorrhö, Prophylaxe 292
Ophthalmologische Erkrankung, Ovulationshemmerwirkung 99
Opiatwirkung, Neugeborenes 292
Orgametril 54
Organauftreibung, zystische 339
Organfunktion, Ovulationshemmerwirkung 92 ff.
Organogenese 152, 186
– Pharmakaeinwirkung 193
Orgasmus 460
– fördernde Faktoren 460
Ortolani-Phänomen 298
Osteodensitometrie 82
Osteoporose
– Einflußfaktoren 82
– Hormontherapie 83
– Klimakterium 80 ff.
– Ullrich-Turner-Syndrom 7
Osteoradionekrose 488
Otologische Erkrankung, Ovulationshemmerwirkung 99
Otosklerose 99
Ovar(ien) 341
– Anatomie 341
– Atrophie, postmenopausale 341
– Druckempfindlichkeit 344
– Elektrokoagulationsfurche 68
– Entwicklung 5
– – Pubertät 23
– Gesamtinsuffizienz 64
– gonadotropinresistente 27, 64
– Gonadotropinwirkung 34
– Keilresektion 68, 128
– Peptidhormonbildung 34
– polyzystische 17, 40, 63, 65 ff.
– – Diagnose 66
– – Gestagentestverlauf 70
– – Hormonanalyse 66
– – Keilresektion bei Sterilität 128
– – Symptome 65 f.
– – Therapie 68
– – Ultraschallbefund 67
– Steroidhormonbildung 34
– Teilinsuffizienz 65 ff.
– Vergrößerung 65
Ovarialabszeß 342, 343, 345
Ovarialbiopsie 64

Ovarialblastom 342
Ovarialendometriose 339 f.
Ovarialfunktion
– Feedback, negatives 40, 43
– generative 33
– Gesamtsubstitution 54, 73
– Impulsgebung, hypothalamo-hypophysäre 41 f.
inkretorische 33
Ovarialgravidität 164, 167
Ovarialhormonausfall durch Tumortherapie 403
Ovarialhypoplasie 64
Ovarialinsuffizienz 63 ff.
– Abort 182
– Amenorrhö 64
– Frühgeburt 182
– Geburtsverlaufstörung 183
– hyperandrogenämische 66 f.
– primäre 27
– Therapie 73
Ovarialkapselfibrose 65
Ovarialkarzinom 333, 335, 381 ff.
– Heilungsaussichten 389
– Kontrolluntersuchungen 406
– Nachsorge 389
– nicht radikal operables 388
– operables 387 f.
– Ovulationshemmerwirkung 98
– Perkutanbestrahlung, adjuvante 388
– polymorphzelliges 381
– Schwangerschaft 184
– Second-look-Laparotomie 388
– Stadien 387 f.
Ovarialkarzinom, Therapie 387 f.
– Tumormassenverminderung 388
– undifferenziertes 381
– Zytostatikatherapie 388
– – postoperative 388
Ovarialmetastase 385
Ovarialtumor 380 ff.
– Altersverteilung 381
– Amenorrhö 64
– androgenbildender 17, 64 f., 76
– Auswirkung auf die Umgebung 384
– Beweglichkeit 381
– blastomatöser, Dignität 385
– Definition 380 f.
– diagnostisches Vorgehen 384, 386
– Differentialdiagnose 382 ff.
– Einkeilung im kleinen Becken 445
– Größe 381
– großer 383 f.
– – Differentialdiagnose 383 f.
– – Perkussionsbefund 384
– Häufigkeit 381
– Hirsutismus 75 f.
– hormonale Effekte 382
– hormonbildender 17, 24 f., 64 f., 76
– hormonell inaktiver 64
– Kernspintomographie 384
– Lage 381
– Laparoskopie 384
– maligner 381 ff.
– – Ausbreitung 381
– – invasiver 381
– – Lymphknotenmetastasen 381
– – Metastasierungssymptome 382
– – Therapie 386 ff.
– Nachsorge 389
– Nekrose 389
– Notfall 388 f.
– östrogenbildender 25, 64
– Sonographie 386
– Stieldrehung 386 , 388 f., 445
– Symptomatik 381 f.
– Therapie 386 ff.
– Vitalitätsgrad 382
Ovarialtumor, zystischer
– – Ruptur 386 , 389
– – Verletzlichkeit 381
Ovarialzyklus 40 f.
– Dauer 48
– Feedback-Kontrolle 40 f.
– Rekrutierungsphase 40
– Sekretionsphase 40
Ovarialzyste(n) 342, 383
– funktionelle, Ovulationshemmerwirkung 103
– Malignitätsrisiko 386
– postmenopausale 386
– prämenopausale 386
– subkapsuläre 66
– Therapie 386
Ovarialzystenruptur 445
Ovarie 344
Ovarüberstimulation, HMG-bedingte 125
Oversuppression-Syndrom 93
Ovotestis 10 f.
Ovulation 3 , 30, 33, 41, 58, 341
– Konzeption, gewünschte 85
– Nachweis 85, 118 f.
Ovulationsauslöser 484
Ovulationsauslösung 123 ff.
– bei Syndrom der polyzystischen Ovarien 68
Ovulationsblutung 55
Ovulationshemmer 89 ff., 482 ff.
– Absetzen, Indikation 100
– Anwendung, therapeutische 102 f.
– Depotinjektion 103 f.
– – Indikation 103
– – Kontraindikation 103 f.
– bei dysfunktionellen Blutungen in der Adoleszenz 28
Ovulationshemmer, bei Dysmenorrhö 57
– Einnahmefehler 102
– Einphasenpräparat 89 f.
– – abgestuftes 90
– Entzugsblutung, ausbleibende 93
– Gestagenpräparat 90
– bei Hirsutismus 78 f.
– hochdosierter 91, 99
– Hormongehalt 90 f.
– Inaktivierung, beschleunigte 97
– Kombinationspräparat 89 f., 482 f.
– – Nebenwirkung 91
– – Wirkungsweise 91 f.
– Kontraindikation 99
– Nebenwirkungen 91 ff.
– – gestagenbedingte 93
– – östrogenbedingte 93
– niedrigdosierter 91, 99
– normophasisches Präparat 92
– bei prämenstruellem Syndrom 57
– Präparatumstellung 101
– Präparatwahl 99 f.
– Sequentialpräparat s. Ovulationshemmer, Zweiphasenpräparat
– bei Syndrom der polyzystischen Ovarien 68
– Verordnung
– – bei jungen Mädchen 101
– – – Rechtslage 101
– – nach dem 35. Lebensjahr 101 f.
– Verordnungsdauer 100
– – Begrenzung 100
– Wirksamkeit 88
– Wirkung
– – Medikamenteneinfluß 97
– – vasomotorische 96
– Wirkungsweise 91 f.
– Zusammensetzung 90 f.
– Zweiphasenpräparat 90, 483 f.
– – Wirkungsweise 92
Ovulationshemmer-Amenorrhö 93, 100
Ovulationshemmer-Dexamethason-Test 66
Ovulationshemmereinnahme
– Beginn 100
– Diarrhö 96, 102
– einnahmefreies Intervall 100
– – Verlängerung 102
– Erbrechen 96, 102
– Erstuntersuchung 99
– Gefäßerkrankungsrisikofaktoren 95
– Kontrolluntersuchungen 100
– Menstruationshinausschiebung 49
– Menstruationsvorverlegung 48
– Mortalität 93
– Mortalitätsrisiko, kumulatives 101
– Pharmakastoffwechsel 97
– Schwangerschaft 93
– unregelmäßige 102
Ovulationstermin
– Bestimmung 85
– Konzeption, gewünschte 85
Ovulum Nabothi 328 f.
Oxidation, Östrogeninaktivierung 37
Oxytozin 29, 210, 237
– Dosierung 237
– Kontraindikation 237 f.
– Milchabgabe 310
– Plazentalösung, manuelle 260
– bei Uterusrückbildungsstörung 313
Oxytozin-Belastungstest 285, 287
Oxytozin-Secale-Kombination 259

P

Paclitaxel 388
Paget-Karzinom, Mamma 390
Paget-Krankheit, Vulva 356
Palpation 428
– Mammae 432
Pankreatitis
– Äthinylöstradiol-bedingte 96
– akute, in der Schwangerschaft 179
Papillomaviren 321, 330, 357
Parästhesien in der Schwangerschaft 179
Parametritis 347
Parametrium 1
– Untersuchung, rektale 428
Parametropathia spastica 112
Paraurethritis gonorrhoica 349
Parvovirusinfektion 186
Pearl-Index 88 f.
Pelipathia vegetativa 112
Pelveoperitonitis 343 f.
– gonorrhoische 350
– postpartale 314
– puerperale 314
Pendelbestrahlung, Becken, kleines 371
Penicillin 349 f., 474
Penisfehlbidlung 295
Periduralanästhesie 221
– Sectio 272
– bei Wehenschwäche 237
Perinatal-medizinisches Zentrum 290
Perisalpingitis 343 f.
Peristaltikverlust 446
Peritonealkarzinose 382
Peritonealtuberkulose 347
Peritonitis 343 ff., 443
– gonorrhoische 349
Persönlichkeitsmerkmale, Gebärverhalten 219
Pertubation 121 f., 429
Pessartherapie 414 f.
– Vaginalwandulkus 325
Pessarulkus-Karzinom, sekundäres 325
Pethidin 221, 237

Pfeilnaht 206 f.
– als Leitstelle 210
Pfropfgestose 170
– bei Diabetes mellitus 180
Pfropfpräeklampsie 170
Phänotypus 5, 10
Phallus 10, 13, 16
Pharmaka s. Medikamente
Phenylketonurie, Screening 299
Phonokardiographie, fetale 286
Photonen 486
Photonenbestrahlung 489
Phototherapie 301
Phrenikusparese, Neugeborenes 306
Pierre-Robin-Sequenz 303
PIF (Prolaktin-Inhibierungs-Faktor) 31, 61 f.
Pigmentbildung, schwangerschaftsbedingte 144
Pillenpause 100
Pincus-Pille s. Ovulationshemmer, Einphasenpräparat
Pinozytose, Austauschvorgänge, plazentare 138
PKU-Test 299
Placenta s. auch Plazenta
– accreta 147, 259
– bipartita 138 f.
– increta 259 f.
– praevia 133 f., 147, 239 ff., 245, 268
– – Blutung 196, 240
– – – kindliche 240
– – – mütterliche 240
– – Fruchttod, intrauteriner 257
– – marginalis 239 f.
– – Mortalität, kindliche 240
– – Nachgeburtsperiode 241
– – partialis 239 f.
– – Symptome 240
– – Therapie 240 f.
– – totalis centralis 239 f.
Plantarreflex 296
Plattenepithel
– Portio vaginalis uteri 326 f., 362
vaginales 322
Plattenepithelhyperplasie, atypienfreie, vulväre 317
Plattenpithelkarzinom, vaginales 360
Plazenta (s. auch Placenta) 136 ff.
– Ausbildungsarten 139
– ausgestoßene 138
– – Vollständigkeitsprüfung 218, 260
– Ausreifung 136
– Austauschfläche 245
– Austauschvorgänge 136 ff.
– Bauprinzip 136 f.
– Entwicklung 136 f., 140
– Funktion 137 f.
– – Beurteilung 138
– – Störung 245
– produktive Leistung 137 f.
– reife 136 ff.
– Überschußfunktion 137 f.
Plazentabiopsie 280
Plazentadurchblutung 137
– Störung, hypotoniebedingte 174
Plazentaextraktion 259
Plazentainsuffizienz 138, 201, 244 ff.
– akute 247
– chronische 246
– Diabetes mellitus, mütterlicher 181
– Fruchttod, intrauteriner 257
– Gestose 171
– geweblich-degenerativ bedingte 245
– myombedingte 183
– Nachweis 284 f.
– bei physischer Überforderung 454
– Placenta praevia 240, 245
– Plazentalösung, vorzeitige 242, 245
Plazentainsuffizienz, Sectio 270
– subakute 246
– Übertragung 253
– Zwillingsschwangerschaft 255
Plazentalösung 211, 217 f.
– komplette, ausbleibende 259 f.
– manuelle 260
– unvollständige 260
– vorzeitige 171, 241 ff., 245, 268
– – Außenpalpationsbefund 242 f.
– – Blutung 196, 242
– – Diagnose 243
– – Differentialdiagnose 445
– – Fetalzustand 244
– – Koagulopathie 242 f., 267
– – Komplikation post partum 244
– – Mortalität, kindliche 243
– – Schmerzen 219, 241 f.
– – Statusanalyse 244
– – Therapie 244
– – Ursache 241
– Zeichen 217 f.
Plazentalösungsblutung s. Lösungsblutung
Plazentalösungsstörung 139, 147
Plazentarest 313, 316
Plazentaretention, pathologische 218
Plazentaseite
– fetale 138
– materne 138
Plazentasitz, tiefer 239
Plazentazotte, reife 136 f.
Plazentazottenoberfläche 137
Plazentazottenzahl, reduzierte 245
Plazentopathie 150
Pleuritis, tuberkulöse 347
Pluriglanduläre Insuffizienz 61
Pneumonie, Neugeborenes 295, 300
Polarisation 134 f.
– fehlende 134, 147
Polkörperchen 3
Pollakisurie 416
Polymastie 351
Polymenorrhö 51
Polythelie 351
Portio vaginalis uteri 326 f.
Portio vaginalis uteri, Carcinoma in situ 362 ff.
– Dysplasie 330, 362, 364
– Epithelanomalien 330 f., 362 ff., 425
– Epithelentdifferenzierung 362 f.
– Inspektion 425
– Kolposkopiebefund 329, 367, 425 f.
– Zytologieabstrich 367 ff., 426 f.
Portiokappe 109 f.
Postinseminationstest 119
Postkoitalpille 89 f., 104
– Kontraindikation 104
– Wirkungsweise 104
Postkoitaltest nach Huhner-Sims 119
Postmenopause 79 f.
– Definition 79
– Östradiol-Serumspiegel 36
Postmenopausenblutung 40
Potter-Syndrom 201
Präazidose 288
Präeklampsie 169 f.
– Maßnahmen 172
Präimplantationsphase, Sauerstoffmangel 136
Präkanzerose
– Blutungsbereitschaft 336
– Cervix uteri 330, 362 ff.
– endometriale 338, 377
– Exzision 356
– Erscheinungsformen 435
– Mamma 390, 395
– Vulva 318, 321
Prämenopause 79 f.
– Definition 79
Prämenstruelles Syndrom 57 f.
– Ovulationshemmerwirkung 103
– Therapie 57 f.
Pränataldiagnostik 280 f.
Präovulatorische Phase, Östradiol-Serumspiegel 36
Präpubertät 22
Praxisgeburt 202
Pregnandiol 37
Pregnandiol-Glukuronsäure-Konjugat, Ausscheidung 38
Pregnane 91
Preßwehen 211
Primäraffekt, luischer 350
Primärfollikel 3, 341
Primärkomplex, tuberkulöser 347
Primärzotten 136
Primordialfollikel 3, 5
Primulut-Nor 54
PRL s. Prolaktin
Probeexzision 429
Probenecid 349
Progesteron 37 f.
– Chemie 37
– bei drohendem Abort 157
– Wirkung 38
Progesteronbildung, ovarielle 34
Progesteronderivat, Partialwirkungen 91
Progesterondurchbruchsblutung 44
Progesteronrezeptoren
– Endometriumkarzinom 377, 379
– Mammakarzinom 392
– uterine 38
Progesteron-Serumspiegel 37
– Bestimmung 38
– fetaler 22
– nach Konzeption 41
– nach Ovulation 41
– Rückwirkung auf das hypothalamo-hypophysäre System 43
– Sterilitätsdiagnostik 119
– zyklische Veränderung 32 f., 41
– Zyklus, anovulatorischer 52
17α-Progesteron-Spiegel, erhöhter 68
Progesteronstatus 38
Proktitis, gonorrhoische 349
Prolaktin 29, 31
– Ausscheidung im Harn 33
– Verhalten im Zyklus 33
Prolaktinhemmer 62, 124 f., 485
Prolaktin-Inhibierungs-Faktor 31, 61 f.
Prolaktinom 27, 60 ff., 63
– Ovulationshemmereinnahme 94
– Therapie 62
Prolaktinsekretion
– Pharmakaeinfluß 59
– Regulation 62
– Rhythmik, zirkadiane 33, 62
Prolaktinspiegel
– Amenorrhö 58, 72
– Anstieg post partum 309
– erhöhter (s. auch Hyperprolaktinämie) 27, 60 ff.
Prolaps 410 f.
– Harnblasenentleerungstörung 418
Prolapsus uteri 327
Proliferationsphase, endometriale 45 f.
Promethazin 237
Promontorium
– hohes 226
– transvaginal tastbares 283
Propiverin 416
Prostaglandine 56
– Applikation
– – intravenöse 162, 253
– – vaginale 162, 237
– – – Geburtseinleitung 253

Prostaglandine, Frühabortauslösung 162
– Lokalinstillation bei Extrauteringravidität 167
– Spontanausstoßung des Schwangerschaftsprodukts 162
Prostaglandin-Gel-Applikation, intrazervikale 253
Prostaglandinsynthetasehemmer bei Dysmenorrhö 57
Prostata, Entwicklung 4
Protein, C-reaktives 474
Proteinurie, schwangerschaftsinduzierte 169 f.
Prothil 54
Protonen 486
Pruritus vulvae 317 f., 321
– Sekundäreffekte 321
– Vulvakarzinom 357
Pseudoadnexentzündung 344
Pseudoanorgasmie 462
Pseudohermaphroditismus
– femininus 9, 12 ff.
– – Amenorrhö 58
– – Diagnostik 17
– – erworbener 13
– – kongenitaler 12 ff.
– – Therapie 17
– masculinus 9, 11
Pseudomyxoma peritonei 389
Pseudowehenschwäche 236
Psychalgie 456
Psyche
– Östrogenwirkung 37
– Ovulationshemmerwirkung 98
– Veränderung, schwangerschaftsbedingte 144
Psychisches Syndrom, klimakterisches 82
Psychogenese 456
Psychogen-psychoreaktive Störung, Amenorrhö 60
Psychopharmaka 221
Psychose 144
– Schwangerschaft 179
Psychosexuelle Faktoren 432 f.
Psychosexuelle Probleme 449
– bei Genitaltumorerkrankung 403
– Sterilität 122
Psychosomatik 455 ff.
Psychosomatische Faktoren 432 f., 449
Pterygium colli 7
Pubarche 23
– verfrühte 25
Pubertät 23 f.
– Merkmale 24
Pubertätsablauf 23 f.
– Störung 24 ff.
Pubertas
– praecox 24 ff.
– – Diagnostik 25
– – heterosexuelle 24 f., 76
– – isosexuelle 24
– – konstitutionelle 24 f.
– – Ovarialtumor 382
– – Therapie 25
– – unvollständige 24
– – Ursache 24, 26
– – vollständige 24
– tarda 26 f.
– – diagnostisches Vorgehen 27
– – konstitutionelle 27
– – zentral bedingte 26 f.
Pudendusblock 221
Punktion
– Mammaknoten 395
– Zytodiagnostik 429
Pyelonephritis
– chronische 178
– gravidarum 177 f.
– – afibrile 178
Pyodermie 294
Pyometra 333, 338
Pyosalpinx 343

Q

Querlage 208, 232 ff., 248, 270
– Blasensprungaufschiebung 233
– einfache 232 f.
– Sectio 270
– verschleppte 233 f.
– Wendung
– – äußere 233
– – innere, beim 2. Zwilling 256
– zweite dorsoinferiore 233
– Zwillinge 255
Querschnittslähmung, angeborene 304
Querstand, tiefer 228 f., 231

R

Rachitis, Beckendeformierung 226 f.
Radioaktivität 487
Radio-Chemotherapie
– Endometriumkarzinom 379
– Mammakarzinom 399
– Zervixkarzinom 373
Radioimmunonachweis
– Gonadotropinausscheidung im Harn 33
– Östradiolserumspiegel 33
Radiologie, Maßeinheiten 487
Radionuklidapplikation, intraperitoneale 388
– lokale, Afterloading-Verfahren 361, 372 f., 379, 490
Radiumtherapie, klassische 490
Raucherin
– Ovulationshemmeranwendung 95 f., 101
– Schwangerschaft 192
Raum, intervillöser, Durchblutung 137
Reanimation
– A-B-C-D-Schema 291
– intrauterine 259
– Neugeborenes 290 ff.
Recoilment 296
5α-Reduktase-Aktivität, gesteigerte 76
5α-Reduktase-Mangel 11
Refertilisierung 115
Reflexinkontinenz 417
Reflux
– gastroösophagealer 178
– vesikoureteraler, Neugeborenes 305
Regelkreis, ovarieller 30
Reife, sexuelle
– verfrühte s. Pubertas praecox
– Verzögerung s. Pubertas tarda
Reifes Kind 141
Reifungsprozeß 457 ff.
– psychosexueller 460
– Stehenbleiben 458
– Zeitfaktor 458
Reifungsstörung 457 ff.
Reifungsteilung
– erste 3
– zweite 3
Reifungsziel 457
Reisen, Schwangerschaft 192
Rektoskopie 430
Rektozele 410
Rektum-Scheiden-Fistel, radiogene 488
Relaxanzien 416
Releasing-Hormone 485
Reproduktion, assistierte 130 ff.
Resistenz, pathologische, im kleinen Becken 441 f.
Restzelltumor, adrenaler 65
Retardierung
– funktionelle 181
– geistige 153
– psychosexuelle 458
– somatische 153
Retentionszyste, ovarielle 383
– – Therapie 386
Retroflexio uteri
– fixata 326 f.
– gravidi 195 f., 327
– mobilis 326
Retroprogesterone 477
Rhabdomyosarkom, vaginales 361
Rh-Inkompatibilität, fetomaternale 153 ff., 301
– Fruchttod, intrauteriner 257
– Schwangerschaftsbeendigung 155
– Sectio 270
Rh-negativ 153
Rh-positiv 153
Rhythmik, zirkadiane
– Androstendion-Serumspiegel 39
– Dehydroepiandrosteron-Sulfat-Serumspiegel 39
– Prolaktinsekretion 33, 62
– Testosteron-Serumspiegel 39
Rhythmus, endogener, Störung, überforderungsbedingte 455
Riesenkind 230
Risikogeburt
– fetomaternale Rh-Inkompatibilität 155
– Plazentainsuffizienz 246
Risikokind
– Diabetes mellitus 182
– Mehrlinge 256
– Placenta praevia 241
Risikoschwangerschaft 188
– Früherkennung 202
– Herzfehler 174, 188
– Konsequenzen 188
– liegendes Intrauterinpessar 108
Rißbildung sub partu
– Disposition 260
– Fruchtwasserinfusion 262
Rißblutung 260
– sub partu 196
Röntgendiagnostik
– geburtshilfliche 283
– Strahlenbelastung 493
Röntgenstrahlen, ultraharte 486
Röntgenverordnung 492
Röteln-HAH-Test 191
Rötelninfektion, Embryopathie 151
Rötelnkontakt bei Schwangerschaft 151
Rötelnprophylaxe post partum 311
Rollenbild 450
Rollenkonflikt 449
– künstlicher 452
Rooming-in 294
Rücken, kindlicher, Stellung 209
Rückenschmerzen 411
Rüsselphimose 295
Ruhepause bei Wehenschwäche 237
Rupturblutung 48

S

Säuglingsernährung 307
Säuglingsnahrung, hypoallergene 293
Säuglingstod, plötzlicher 307
Sakroiliakalgelenke, schmerzhafte 315
Saktosalpinx 127
– Hysterosalpingographie 122
Salpingitis 338, 342 ff.
– akute, Differentialdiagnose 445
– gonorrhoische 349 f.

Salpingitis, puerperale 314
– tuberkulöse 347
Salpingolyse, Schwangerschaftsrate 127
Salpingostomie, Schwangerschaftsrate 127
Salzverlustsyndrom 14
Samenblase, Entwicklung 4 f.
Samenwege, ableitende
– Aplasie 130
– Stenose 130
Sauerstoffmangel
– Abortivei 150
– fetaler 258
– – Kardiotokographie 287
– Implantationsphase 136
Saugglocken 275
Schädelfraktur, geburtstraumatische 296 f.
Schädellage 200, 209
– Anpassungsstörung 228 ff.
– Beckenanomalie 224 ff.
– Einstellungsanomalie 228 f.
– Entbindung, operative 271
– Geburtsmechanikstörung 223 ff.
– Geburtsobjektanomalie 227
– Hindernis im Geburtskanal 227
– Kernspintomographie 284
– Kopfbeweglichkeit, Leopold-Handgriff 282
– Sectio 228 ff., 271
– Vakuumextraktion 275
– Vorliegen der Nabelschnur 247
– Zwillinge 255
Schädelnähte 206 f.
– weit klaffende 228
Schädel-Röntgenaufnahme bei Pubertas praecox 25
Schambehaarung 23, 75
Schambogen, spitzer 227, 231
Schambogenweite 284
Schaumovulum 111
Scheide s. auch Vagina
Scheidendiaphragma 109 f.
Scheidenspülung 48
Scheidenstumpfmetastase 379
Scheinschwangerschaft, hormonelle 126
Scheitelbeineinstellung, hintere 229
Scheiteleinstellung 210
Scheitelhaltung, Kopfquerschnitt im Geburtskanal 207
Schenkelhalsfraktur, osteoporosebedingte 82
Schilddrüsenfunktion, Diagnostik bei anovulatorischem Zyklus 53
Schilddrüsenfunktionsstörung
– Embryopathie 152
– Gonadendysgenesie 7 f.
Schildthorax 7
Schmerzen
– abdominelle 448
– – erste Schwangerschaftshälfte 197, 448
– – plötzliche 389
– Extrauteringravidität 164
– bei liegendem Intrauterinpessar 108
– pelvine 448
– Psychogenese 456
– tumorbedingte 402
– uterin-abdominale 242
– Vulvakarzinom 357
– zyklische, Endometriose 339 f.
Schmierblutung 51, 55
– bei liegendem Intrauterinpessar 108
– post partum, Differentialdiagnose 316
– unter Ovulationshemmern 93
– postmenstruelle 51, 55, 336
– prämenstruelle 51, 55, 336
Schneegestöber-Sonogramm 148
Schnittentbindung s. Sectio Schock
– anaphylaktischer, Fruchtwasserembolie 263
– bakterieller 265 ff., 269
– – Abort, febriler 159
– – Spätphase 265
– – Therapie 266
– kombinierter 262
– Letalität 269
– nachblutungsbedingter 261
– Plazentalösung, vorzeitige 242 f.
– primärer 269
– sekundärer 268
– traumatischer 262, 268
– Tubarruptur 165, 167
– ohne vorherigen Blutverlust 265 , 268
Schocklunge 266
Schocksymptome, unerwartete 269
Schokoladenzyste 340
Schoßfugenrandebene
– obere 205
– – Querschnittsform 206
– untere 205
Schräglage 208
Schröder-Zeichen 217 f.
Schulterdystokie 231
Schultergürtel, Umfang 208
Schulterzugreflex 306
Schutzimpfung in der Schwangerschaft 194
Schwangere
– Aufnahmeuntersuchung 213 f.
– – Befundbewertung 214
– Beratung 191 ff., 201 f.
– – abschließende 202
– Ernährung 191 f.
– Höchstarbeitszeit 204
– Klinikeinweisung 188, 202, 213, 223
– – bei Beckeneingangskomplikation 230
– – bei Blutung im letzten Schwangerschaftsdrittel 240
– – bei drohender Frühgeburt 250
– – Indikation 213, 240
– – sekundäre 224
– – bei Verdacht auf vorzeitige Plazentalösung 243
– – vorzeitige, Indikation 188
– Rh-negative 153 f.
– – Abort 159
– – Schwangerschaftsabbruch 163
– – Sensibilisierung 154
– – – Prophylaxe 153, 155
– – – Therapie 155
– Schutzfrist 201, 204
– sekundär sub partu eingewiesene 202
– Überwachung 194
– – erste Schwangerschaftshälfte 194
– – zweite Schwangerschaftshälfte 197 ff.
– Untersuchung 190 f.
– Verhaltensempfehlungen 191 ff.
– Zusatzuntersuchungen 191
Schwangerenbetreuung
– Schwangerschaftshälfte
– – erste 194 ff.
– – zweite 197 ff.
– Zwillingsschwangerschaft 255
Schwangerengymnastik 201
Schwangerschaft 133 ff.
– Adaptationsstörung 168 ff.
– akutes Abdomen 444 f.
– Alkoholkonsum 152 f.
– Alles-oder-nichts-Gesetz 193
– Allgemeinerkrankung 173 ff.
– Anamnese 189 f.
– Antibiotikatherapie 470 f.
– – Nebenwirkungen 467 f.
– – Pharmakokinetik 467
Schwangerschaft, Anti-D-Prophylaxe 153
– Appendixverlagerung 178
– auffällig intensiv wachsende 148
– Bakteriurie, asymptomatische 177
– Betreuung, ärztliche 187 ff.
– Bettruhe, Indikation 246
– Blutungsursachen 196
– Bluntuntersuchung 191
– datenspezifische Fragen 201
– Deszensusbegünstigung 411
– bei Diabetes mellitus 180 ff., 198
– – Entbindung 182
– – Gefährdung
– – – kindliche 180 f.
– – – mütterliche 180
– – Klinikeinweisung, vorzeitige 188
– – Morbidität, perinatale 181
– – Mortalität, perinatale 181
– – Überwachung 181 f.
– – Verlauf 181
– Diabetes-mellitus-Therapie 181
– ektopische s. Extrauteringravidität
– Erstberatung 191 ff.
– Feststellung 189 ff., 279 f.
– Fruchtnachweis 190
– Harnwegsinfektion 180 f.
– HCG-Serumspiegel 279
– HIV-Infektion 191
– Hypertonie, arterielle 169 f.
– – chronische, präexistente 170
– Infektion 184 ff., 199
– Infektionsnachweis 191
– Karzinom 183
– Körperbehaarung 76
– Kolpitis, Antibiotikatherapie 471 ff.
– Kontrolle
– – postpartale 202
– – durch die Hebamme 202
– Kontrolluntersuchungen 202 f.
– bei liegendem Intrauterinpessar 108
– bei Mammakarzinom 184
– Medikamente, risikohaltige 193
– mütterliche Erkrankung 168 ff.
– neuralgiforme Symptome 179
– Nierenerkrankung, chronische, präexistente 170
– Niereninsuffizienz, präexistente 177
– Ödembildung 169 f.
– nach operativer Sterilisation 115
– bei Ovarialkarzinom 184
– bei Ovulationshemmeranwendung 93, 102
– Palpation, äußere 281 f.
– Palpationsbefund 191
– Pharmakaeinwirkung 192 f.
– Progesteronwirkung 38
– Pyelonephritis 177
– regelwidrige 147 ff.
– Reisen 192
– Risikoerkennung 188 f.
– Rötelnkontakt 151
– Schutzimpfung 194
– nach Sectio 272
– Sexualverhalten 192
– sexuelle Reaktion 460
– sozioökonomische Faktoren 188
– Stoffwechsellage, diabetische 194
– Strahlenexposition 192, 493
– Tuberkuloseexazerbation 177
– Überwachung des Kindes 200 ff.
– Ultraschalluntersuchung, routinemäßige 195
– Urinuntersuchung 194
– nach Uterusoperation 183
– Uterusruptur 234
– Uteruswachstum, sistierendes 158
– Veränderungen des mütterlichen Organismus 142 f.

Schwangerschaft, Vulvitis, Antibiotikatherapie 471 ff.
– bei Zervixkarzinom 184
Schwangerschaftsabbruch 160 ff.
– ärztliche Pflichten 161
– Beratung 161
– Durchführung 162
– fristbegrenzter, auf Wunsch 161 f.
– Frühkomplikation 162
– frühzeitiger, Induktion 162
– Gefahren 162 f.
– bei Herzfehler 174
– Indikation
– – bei Diabetes mellitus 182
– – kriminologische 161
– – medizinische 161
– Komplikation bei späterer Schwangerschaft 163
– Konfliktberatung 161
– medikamentöser 105
– psychische Auswirkungen 163
– Rechtslage 161
– Rh-negative Frau 163
– Sofortkomplikation 162
– Spätkomplikation 162
– Zeitpunkt 163
– bei Zervixkarzinom 183
Schwangerschaftsanämie 176 f.
Schwangerschaftsbeendigung
– bei Eklampsie 172
– bei fetomaternaler Rh-Inkompatibilität 155
Schwangerschaftsdauer 190
– Fundusstand 281
– Körpergewicht, fetales 141 f.
– Körperlänge, fetale 141 f., 200
– Östriolwerte im Serum 284 f.
– Uterusgröße 195, 200, 281
Schwangerschaftsentwicklung
– pathologische 142
– Überwachung 195 ff., 200
– ungestörte, Indikatoren 195
Schwangerschaftserbrechen 168 f.
Schwangerschaftsprodukt
– Absaugung 162
– Ausräumung, instrumentell-operative 162
– Spontanentleerung, Induktion 162
Schwangerschaftsrisiken 189
Schwangerschaftstest 429
– immunologischer 190, 279
Schwangerschaftsverhütung (s. auch Konzeptionsverhütung) 87
Schwangerschaftsverlauf, Uterusfehlbildung 21
Schwangerschaftswehen 211
Schwangerschaftszeichen
– sichere 190
– wahrscheinliche 145, 190
Schwerbehinderteneinstufung 407
Schwere Teilchen 486
Screening-Mammographie 434
Secale-Gruppe 237, 259, 313
Sectio 271 f.
– Antibiotikaprophylaxe 272, 470
– bei Beckeneingangskomplikation 230
– bei Beckenendlage 232, 272
– bei einfacher Querlage 233
– Fruchtwasserinfusion 262
Sectio, Indikation 271 f.
– – bei Geburt aus Schädellage 228 ff., 271
– – geburtsmechanische 270
– – kindliche 270
– – präventive 272
– – bei uteriner Hyperaktivität 238
– – bei Zwillingen 255
– bei Insertio velamentosa 184
– bei Omphalozele 303
Sectio, bei Placenta praevia 241
– primäre, bei HIV-Infektion 214
– Technik 272
– bei vorzeitiger Plazentalösung 244
– bei Zervixkarzinom 184
Sectiofrequenz 272
Sedierung
– bei Eklampsie 173
– bei schwerer Gestose 172
Sehnenreflexe 296
Sekretionsphase, endometriale 45 ff.
Sekretuntersuchung 425
Sekundärzotten 136
Selbstbestätigung 450 f., 454
Sella-Röntgenaufnahme bei Pubertas tarda 27
Seminalplasma, Fruktosespiegel 130 f.
Seminom 8
Senium 84
Senkung 409
Senkung s. Descensus; s. Deszensus
Senkwehen 211
Sepsis puerperalis 314
Septum
– urorectale 5
– vesicourethrale 5
Sexflush 459
Sexhormon-Bindungsglobulin 39
– Einflußfaktoren 39
– Serumspiegel 39
– – Syndrom der polyzystischen Ovarien 65
Sexualfunktion
– im Alter 464
– Hormoneinfluß 465
Sexualität 459 ff.
Sexually transmitted disease 350
Sexualverhalten
– inadäquates, sub actu 462, 465
– Ovulationshemmerwirkung 98
– in der Schwangerschaft 192
Sexuelle Reaktion 459 f.
– Erregungsphase 459
– Orgasmusphase 460
– Plateauphase 459
– Rückbildungsphase 460
– in der Schwangerschaft 460
– Störung 465
Sexuelle Störung 464 f.
– Grundfragen 464 f.
SHBG s. Sexhormon-Bindungsglobulin
Sheehan-Syndrom 61
Sichelzellanämie 93
SIDS (sudden infant death syndrome) 307
Silbernitrat 292
Sinus urogenitalis 4 f., 10
Skelettsystem, Ovulationshemmerwirkung 98
Skelettuntersuchung, Neugeborenes 296
Skene-Drüsen 4
Small for date baby 153, 246
Sodbrennen 178
Sonographie 430
– Aufnahmeuntersuchung 213
– Beckendiagnostik 283
– Biometrie 281
– Mamma 394 f., 434 f.
– Ovarialtumor 386
– perineale 412
– postnatale, Hüftgelenke 297
– pränatale 304
– Resistenz, pathologische, im kleinen Becken 442
Sonographie, Schwangerschaftsentwicklung 195, 200
– transabdominelle 280 f.
– transvaginale 280 f.
– Vorsorgeuntersuchung 434 f.
Sonographie, Wachstumsretardierung, fetale 246
– Zwillingsschwangerschaft 254
Spätabort
– Blutung 196
– Definition 156
– bei physischer Überforderung 454
– Uterusmißbildung 183
Spätgestose 168 ff.
– Zwillingsschwangerschaft 255
Spätpsychose, puerperale 316
Spaltbildung 302 f.
Spannungsschmerzen, Tubargravidität, ampulläre 165
Spasmoanalgetika 221
Spekulumuntersuchung 425
Spermaspender 131
Spermienantikörper 121
Spermienaszension 128, 133
Spermienaszensionsstörung 119
Spermiogenese 129
Spermiogenesehemmung 88
Spermiogramm 129 f.
Spermizid 110
Spickbestrahlung, Zervixkarzinom 373 f.
Spinae-ischiadicae-Distanz 206
Splenomegalie, Neugeborenes 295
Spontanabort 156
Spotting s. Schmierblutung
Stanzbiopsie, Mammatumor 395
Statusunsicherheit 450
STD (sexually transmitted disease) 350
Stein-Leventhal-Syndrom s. Ovarien, polyzystische
Steiß-Fuß-Lage 231
Steißlage 231
Steißteratom 228, 305
Stellung des kindlichen Rückens 209
– Leopold-Handgriff 281
Sterblichkeit
– mütterliche 187
– perinatale 187, 224
– – Geburtsgewicht 252
– – Mehrlingsgeburt 256
– – Tragzeit 252
– – Übertragung 253
Sterilisation 88 f., 114 f.
– Entscheidung 114
– bei der Frau 88, 115
– – Indikation 114
– Indikation 114
– beim Mann 88, 115
– – Indikation 114
– operative 114 f.
– – Komplikation 115
– psychosexuelle Folgen 463
– Rechtslage 114
Sterilität 117 ff.
– Adnexentzündung 346
– Amenorrhö-Galaktorrhö-Syndrom 61
– Anamnese 117 f.
– – beim Mann 129
– anovulatorische 123 ff.
– – Clomiphen-Einsatzmöglichkeiten 124
– Definition 117
– Eileiterbeschaffenheit 118, 121 f.
– Endometriumzustand 118 f.
– Gonadendysgenesie 5 ff.
– Infektion, gonorrhoische 349
– Partnerbefunde 118 f.
– Syndrom der polyzystischen Ovarien 65
– Ursache 117
– Ursachenklärung
– – bei der Frau 117 ff.
– – beim Mann 128 ff.

Sterilität, Uterusfehlbildung 21
– weibliche
– – Diagnostik 118 ff.
– – Therapie 123 ff.
– zervikale 119
– – Therapie 126
– Zervikalkanalbeschaffenheit 119
– Zyklusverhältnisse 118 f.
Sterilitätsbehandlung 123 ff.
– Mehrlingsschwangerschaft 254
Sterilitätsoperation 127 f.
– Schwangerschaftsrate 127
Steroidbiosynthese, ovarielle 35
– Gonadotropineinfluß 35
Steroidgenese, adrenale 15
– Enzymdefekt 15
Steroidhormonbildung, ovarielle 34
Stillberatung 293
Stillen 293, 390
– Amenorrhö 113, 309
– Dauer 307
Stillende, Ernährung 307
Stillperiode, Antibiotikanebenwirkungen 468 f.
Stimme, vertiefte, ovulationshemmerbedingte 99
Stimmungslabilität post partum 309
Stirnhaltung 209
– Kopfumfang 208
Stoffaustausch, plazentarer 136 f.
Stoffwechsel
– Diagnostik bei anovulatorischem Zyklus 53
– Veränderung, schwangerschaftsbedingte 144
Stoffwechselerkrankung, Embryopathie 152
Stoffwechsellage, diabetische, Schwangerschaft 194
Strahlen, ionisierende 486
Strahlenabsorption, organabhängige 487
Strahlenart 487
Strahlenbegleitwirkung 487 f.
Strahlendosis 486 f.
Strahlenexposition, Schwangerschaft 192
Strahlenfibrose 489
Strahlenfolgen 488
Strahlenqualität 487
Strahlenquelle 490
Strahlenrisiko 493
Strahlenschaden 489
Strahlenschutz
– Gesetzgebung 492 ff.
– Kontrollbereich 492
Strahlentherapie (s. auch Bestrahlung) 486 ff.
– Dosisverteilung, zeitliche 487 f.
– Endometriumkarzinom 379
– Feldgröße 487
– Folgen 375
– Fraktionierung 487 f.
– Hautpflege 405
– hyperfraktionierte 373 f.
– intraoperative 374
– kombinierte 372
– perkutane 489
– Protrahierung 487 f.
– thrombotischer Prozeß 421
– Toleranzdosis 487
– Tumorwirkung, selektive 488
– Vaginalkarzinom 360 f.
– Vulvakarzinom 359 f.
– Zeitraum 487
– Zervixkarzinom 371 ff.
Strahlentoleranz 487
– erniedrigte 489
Strahlenulkus 488
Strahlenwirkung, zeitliche Phasen 488
Strassmann-Operation 128
Streptomycin, Nebenwirkung, Fetalperiode 469
Streßinkontinenz 412 ff.
– Mechanismus 413 f.
Striae gravidarum 142 f.
Strichkürettage 429
Stromatumor, ovarieller 385
Struma, angeborene 302
Struma-ovarii-Tumor 382
Stufenkatheterismus 17
Stuhlverhaltung 446
Substanzdefekt 435
Sudden infant death syndrome 307
Supinationsfüße 296
Suprarenin, Neugeborenen-Reanimation 291
Swyer-Syndrom 5 , 7, 27
Sympathikotone Störung 175
Symphysenbereich, schmerzhafter 315
Symphysenschaden post partum 315
Syndrom
– der gonadotropininsensitiven Ovarien 64
– der polyzystischen Ovarien s. Ovarien, polyzystische
Synechien
– uterine 326
– der kleinen Labien 296
Synzytium 136
Syphilis 350
– Schwangerschaft 184 f.
– Therapie 185

T

Tachykardie, fetale 201
Tachypnoe, Neugeborenes 295
Tamoxifen 353
– bei metastasierendem Mammakarzinom 401
Tamponhygiene 48
Teerzyste 340
Teilzeitarbeit 454
Telegammagerät 489
Teratogene Substanzen 193
Teratogenität, Antibiotika 468
Tertiärzotten 136
Testisausbildung
– Feminisierung, testikuläre 11 f.
– Hermaphroditismus verus 10
– kontralaterale, bei unilateraler Keimleiste 9
– Pseudohermaphroditismus masculinus 11
Testis-determining-Faktor 4
Testisentfernung 9 , 11
Testosteron 38 ff.
– freies 39 f., 75
– – Gestagenwirkung 91
– – Serumspiegel 39
Testosteron-Bindungsglobulin s. Sexhormon-Bindungsglobulin
Testosteron-Clearance, verminderte 75
Testosteronfreisetzung, Ovarialtumor 64
Testosteronpropionatsalbe 318
Testosteron-Serumspiegel 39
– erhöhter 12, 17, 66
– – Hyperthecosis ovarii 68, 76
– – polyzystische Ovarien 66, 76
– postmenopausaler 39
– Tagesschwankungen 39
Tetragynon, Postkoitalpille 104
Tetrazykline, Nebenwirkung, Fetalperiode 468
Thalassämie 93
Theca
– externa 40
– interna 40
Thekazelltumor, östrogenproduzierender 25
Thekom 17
Thelarche 22
Theophyllin 177
Therapie, pränatale 280 f.
Thermoregulation, Neugeborenes 289
Thromboembolie 104, 421 f.
– Disposition 421
– bei Ovulationshemmeranwendung 94 f.
– post partum 244
– postoperative 95
Thromboembolie, Prophylaxe 421 f.
Thrombophilie 94
– Abort 160
Thrombophlebitis, puerperale 316
Thrombose, puerperale 316
Thromboseprophylaxe post partum 311
Thrombozytopenie 93
Thymoleptika 416
Thyrotropin 29
Tokographie 211, 237
Tokolyse 198, 238
– bei drohender Frühgeburt 251
Tokometrie, interne 211, 237
Toleranzdosis 487
Totgeburt 257
– Definition 156
Touchieruntersuchung 428
Toxoplasmose 185, 191
– HIV-Test 350
– Infektion, diaplazentare 185
– Organmanifestation 185
TPHA-Test 184, 191
Tränenproduktion, Ovulationshemmerwirkung 99
Tragzeit 141
– Frühgeburt 249
– Mortalität, perinatale 252
– verlängerte 253
Transfusion
– fetofetale 298
– intrauterine 155
Transfusionssyndrom, fetofetales 245
Transport, aktiver, Austauschvorgänge, plazentare 138
Transsexualität 18
Transvestismus 18
Trichomonadeninfektion, Kolpitis 324
Triple-Test 151
Triplo-X-Syndrom 8 f., 64
Trisomie 8, 150
– autosomale 150
– Diagnostik 151
Trisomie 13 302
Trisomie 21 150 f.
Diagnostik 151
Trophoblast 134
– Abortivei 147
– Aktivität, epithelial-synzytiale, gesteigerte 147
– Human-Choriongonadotropin-Produktion 41
Trophoblastanomalie 147 ff.
Trophoblasttumor 148 f.
Trophoblastwucherung, intrauterine, Therapie 149
Trophoblastzottendegeneration, blasenartige 147
Trophoblastzottentiefe 147
TSH (Thyrotropin) 29
TSH-Test, postnataler 299
Tubarabort 165

Tubargravidität 164 ff.
– ampulläre 164 ff.
– Diagnose 167
– HCG-Serumspiegel 165
– interstitielle 164 f.
– isthmische 164 f.
– Sonographiebefund 165
– Symptome 165
– Tastbefund 166
Tubarruptur 165
Tube 1, 341
– Entwicklung 5
– Östrogenwirkung 36
– Ovulationshemmerwirkung 91
Tubendurchgängigkeit 429
– Sterilitätsdiagnostik 121 f.
Tubendurchtrennung, abdominale 115
Tubenendenverschluß 343
Tubenendometriose 339 f.
Tubenexstirpation 167
Tubenimplantation 127
– Schwangerschaftsrate 127
Tubenkarzinom 390
Tubenkoagulation
– hysteroskopische 115
– laparoskopische 115
Tubenlänge 341
Tubenlumenverklebung 164
Tubensterilisation 115
– Mortalität 115
Tubensterilität, Behandlung, operative 127 f.
Tubenunterbindung
– abdominale 115
– vaginale 115
Tubenverschluß, interstitieller 127
– Hysterosalpingographie 122
Tubera-ischiadica-Distanz 206
Tuberkulose 347 f.
– Adnexentzündung 346
– Schutzimpfung, Neugeborenes 307
– Schwangerschaft 177
Tuboovarialabszeß 345
Tuboovarialgravidität 164, 167
Tuboovarialzyste 342 f.
Tumor 355 ff.
– androgenbildender, Suppressionstest 66
– Definition 380 f.
– Früherkennung 355
– gonadaler, maligner, Gonadendysgenesie, gemischte 9
– Häufigkeit 355
– Harnblasenentleerungsstörung 418
– Heilungsergebnis 355
– maligner s. Malignom
– virilisierender 13
– – Androgen-Serumwerte 77
– – mütterlicher 12
Tumorarten 355
Tumormarker 393, 429
Tumorwachstum
– Ovulationshemmerwirkung 97 f.
– progressives 402
Tylektomie 396 f.

U

Übelkeit
– morgendliche 168
– ovulationshemmerbedingte 93
Überforderung 449, 454
– physische 449, 454
– psychophysische 449, 455
Übergangsbecken 225 f.
Überlaufinkontinenz 417, 418
Übertragung 199 f., 253
– Geburtseinleitung 253
Überwachung post partum 218
Ulcus durum 350
Ullrich-Turner-Syndrom 5 ff., 64
– Diagnose 8
– Fehlbildungen 7
– Inzidenz 6
– Körperendgröße 7
Ultraschallkardiographie, fetale 286
Ultraschalluntersuchung 280, 430
– Schwangerschaftsentwicklung 195
– bei Übertragung 253
Unterkiefer, zu kurzer 303
Untersuchung
– allgemeine 429
– gynäkologische 423 ff.
– – bimanuelle 428
– Mammae 431 f.
– rektale 428
– vaginale, Aussagen 428
Untersuchungsintervalle 433
Untersuchungsumfang, obligatorischer, altersabhängiger 434
Ureter, Topographie 1 f.
Ureter-Abgangsstenose 305
Ureterkompression, myombedingte 332 f.
Ureterozele 305
Ureter-Scheiden-Fistel 417
Ureterstriktur, radiogene 489
Urethralvernarbung 417
Urethraobturation 418
Urethraprofil 414
Urethritis gonorrhoica 349
Urethrozystographie 412 ff., 430
Urethrozystometrie 413
Urethrozystotonometrie 431
Urge-Inkontinenz 415 f.
– Diagnostik 416
– idiopathische 416
– Mechanismus 414
– motorische 415
– sensorische 415
– symptomatische 416
– Therapie 416
Urinuntersuchung 429
– kulturelle 416
– Schwangerschaft 194
Uteroplazentare Einheit, Insuffizienz
– akute 247
– chronische 246
– subakute 246
Uterus 325 ff.
– Anatomie 325 f.
– arcuatus 20, 128
– bicornis unicollis 128
– biforis 21
– Durchblutungsstörung, hypotoniebedingte 174
– fehlender 11
– Größenzunahme, schwangerschaftsbedingte 195
– – – Nachweis 191
– Histologie 326
– myomatosus 335
– operierter, Schwangerschaft 183
– Position, Einflußfaktoren 2
– septus duplex cum vagina septa 21
– subseptus 21
– Topographie 1
– Untersuchung, bimanuelle 428
– vergrößerter, Einkeilung 445
– vorgeschädigter, Ruptur 234 f.
Uterusamputation, suprazervikale 334
Uterusaplasie 18 f., 58, 63, 69
Uterusatonie 218, 260
– Disposition 260
Uterusaufrichtung, manuelle 196
Uterusexstirpation 260, 334, 337
– abdominale 379
– psychosexuelle Folgen 463 f.
– vaginale 415
– bei zervikalem Mikrokarzinom 368
– bei Zervixkarzinom 371
Uterusfehlbildung 20 f.
Uterusformanomalie 326
Uterusgröße 325
– Abweichung vom erwarteten Befund 196, 200, 254
– Bestimmung 200, 281
Uterushypoplasie 7, 10, 64, 325 f.
– Behandlung 126
– Hysterosalpingographie 122
– Ovulationshemmerwirkung 102
Uteruskavumdeformation, Abort 160
Uteruskompression, bimanuelle 260
Uteruskontraktionsmittel 218
Uteruslageanomalie 326 f.
– Abort 160
– Schwangerschaftsentwicklung 195 f.
– Sterilität 128
Uterusmangeldurchblutung 245
Uterusmißbildung
– Schwangerschaft 183
– Sterilität 128
Uterusmotilität, hypertone 236 ff.
Uterusprolaps 410 f.
Uterusrückbildung, puerperale 309 f.
– Störung
– – asymptomatische 313
– – fieberhafte 313
Uterusruptur 234 ff., 268
– Differentialdiagnose 445
– drohende 214, 234 f., 270
– – Schmerzen 219
– – Therapie 235
– bei geburtshilflicher vaginaler Operation 235
– sub partu 235 f.
– während der Schwangerschaft 234
– – nach Sectio 272
– stille 234
– bei verschleppter Querlage 233 f.
Uterussarkom 380
Uterustumor beim Kind 325
Uterusvergrößerung
– Differentialdiagnose 333
– Myomentwicklung 332 f.
– schwangerschaftsbedingte, Nachweis 191
Utriculus prostaticus 4 f.

V

Vagina (s. auch Scheide) 322 ff.
– blind endende 11
– Dehnung 19
– Fehlbildung 18 ff.
– Histologie 322
– Östrogenwirkung 37, 322
– operative Bildung 18 f
– Progesteronwirkung 38, 322
– Schutzmechanismus, mikrobiologischer 322
Vaginalaplasie 12, 18 f., 58
Vaginalatrophie 464 f.
Vaginalgel, spermizides 110
– Applikation 109 f.
Vaginalkarzinom 325, 360 f.
– Therapie 360 f.
Vaginalkeime
– Adnexinfektion, aszendierende 342 f.
– pathogene 342

Vaginalmilieu 133, 322
– Neugeborenes 22
– Pubertät 23
– Schwangerschaft 199
– Störung 322
Vaginalpolyp 361
Vaginalring, gestagenhaltiger 105
Vaginalriß sub partu 260 f.
Vaginalsarkom 361
Vaginalschleimhaut, Proliferation 22
– Neugeborenes 22
Vaginalsekret 322
– pH-Wert 23, 133, 199, 322
– Untersuchung 425
Vaginalseptum 20 f.
Vaginalspülung post coitum 113
Vaginaltumor beim Kind 325
Vaginalverschluß, hochsitzender 20
Vaginalwand
– Inspektion 425
– Zytologieabstrich 427 f.
Vaginalwandulkus 325
Vaginalzäpfchen, spermizides 109, 111
Vaginalzytologie
– Befund im Zyklus 32
– Östrogenwirkung 37
– Progesteronwirkung 38
– Pubertas praecox 25
Vaginalzytologie, Sterilitätsdiagnostik 119
Vaginismus 462
Vaginose, bakterielle 199, 323
– Antibiotikatherapie 472
– – in der Schwangerschaft 471
Vagovasale Störung 175
Vakuumextraktion 271, 274 ff.
– Indikation 271
Varikosis, Schwangerschaft 176
Varikozele 130
Vasektomie 115
Vasopressin 29
Vegetativ-endokrines Syndrom 175
Vegetatives Syndrom, klimakterisches 81
Vegetativ-vasomotorische Störung, Klimakterium 80 f.
Veit-Smellie-Kopfentwicklung 277
Vena ovarica 1
Vena-cava-Syndrom 175, 245
– Schocksymptome 269
Verbrauchskoagulopathie 267
– Blutungsschock 262
– Fruchtwasserembolie 264
– Plazentalösung, vorzeitige 242 f.
– Therapie 268
– Ursache 260 f.
Vereinsamung 451
Vergewaltigung 463
Verhalten, infantiles 458
Verhütungsschwamm 111
Verkalkungen, intrakranielle 185
Verlustkoagulopathie 261 f., 267
– Therapie 268
Verschlußdruck, urethraler 410
Verschlußzoospermie 130
Verstimmung, depressive 455
Verwachsungen
– Endometriose 339
– periampulläre 164
VES (vegetativ-endokrines Syndrom) 175
Vestibulum vaginae, Entwicklung 5
Vielgebärende 223
VIN s. Neoplasie, intraepitheliale, vulväre
Virilisierung 73 f.
– adrenogenitales Syndrom 13 f., 16, 24
– bei Amenorrhö 73
Virilisierung, anabolikabedingte 76
– angeborene 14
– Definition 74
– Gonadendysgenesie, gemischte 9
– Hermaphroditismus verus 10
– Hyperthecosis ovarii 68
– Nebennierenrindentumor 75
– Ovarialtumor 382
– postnatale 14, 17
– – Differentialdiagnose 17
– XX-Gonadendysgenesie 7
Virus-Adnexentzündung 346
Virusinfektion
– Embryopathie 151
– Schwangerschaft 186
Vita sexualis, Genitalkarzinomerkrankung 403
Vitalfärbung 356, 358
Vitamin B1 192
Vitamin-K-Mangel, angeborener 292
Vitamin-K-Prophylaxe
– intramuskuläre, Neugeborenes 293
– orale, Neugeborenes 293
Vollkürettage s. Abrasio
Volumenmangelschock
– blutungsbedingter 261
– Neugeborenes 305
– traumatisch bedingter 262
Volumensubstitution 261 f., 266
– bei schwerer Gestose 172 f.
Vorangehender Teil, Stand 205
Vorblutung 51
Vorderhauptseinstellung 210
Vorsorgeuntersuchung 355, 433 f.
– Untersuchungsintervalle 434
– Untersuchungsumfang, obligatorischer, altersabhängiger 434
Vorwehen 211
Vulva 317 ff.
– Dysplasie 318, 356
– Hautresektion 357
– karzinomatöse Veränderung 321
– Präkanzerose 318, 356 f.
– Prominenz 357
– Verhärtung 357
– Wucherungen, infektinduzierte 321
Vulvadystrophie 317 f., 356
Vulvainfektion 318
Vulvakarzinom 357 ff.
– Diagnostik 357 f.
– Frühveränderung 357 ff.
– – Exstirpation 358 f.
– Heilungsaussichten 360
– Lymphknotenexstirpation 358 f.
– Metastasierung 357
– Radikaloperation 359
– Resektion, elektrochirurgische 359
– Rezidiv 360
– Strahlentherapie 359 f.
– Symptome 357
– Therapie 358 ff.
– ulzerierendes 357
– Verdachtsfall 357 f.
– Verschleppung 358
Vulvamalignom 356 ff.
Vulvaveränderung
– Exstirpation 358
– fleckige 356 f.
– Stanzbiopsie 358
Vulvektomie, radikale 359
– Nachbestrahlung 359
Vulvitis 318 ff.
– Antibiotikatherapie 472, 474
– – in der Schwangerschaft 471 ff.
– beim Kind 320
– primäre 320
Vulvitis, sekundäre 320
– Therapie 320
– Ursache 318 f.
Vulvovaginitis 94

W

Wachstum, fetales, Kontrolle 285
Wachstumsretardierung, fetale 174, 246, 281
– bei Diabetes mellitus 182
– Zwillinge 255
Wachstumsschub, pubertärer 23
Wachstumszuwachs, fetaler 281
– Sonographie 281
Warnzeichen, anamnestische 433 f.
Weckversuch bei Kardiotokographie 287
Wehe(n) 210 f.
– Basistonus 236
– – pathologischer 236 f.
– – Senkung 238
– fundale Dominanz 211
– Motilität, hypertone 236 ff.
– pathologisch gesteigerte 238
Wehenanregung nach intrauterinem Fruchttod 257
Wehenauslösung, hyperthermiebedingte 199
Wehenbereitschaft, vorzeitige 198
Wehendauer 210
Wehenhemmer
– bei drohendem Abort 157
– bei drohender Frühgeburt 250
– bei drohender Uterusruptur 235
– bei Hydramnion 201
– Kontraindikation 250
– Nebenwirkung, kardiovaskuläre 250 f.
Wehenhemmer, Schwangerschaftshälfte
– – erste 197
– – zweite 198
Wehenmittel 237
– Plazentalösung 218
– Überdosierung 235, 238
Wehenpause 210
– Uteruspalpation 237
Wehenphasen 210
Wehenschwäche 231, 236 ff.
– hypertone 237 f.
– hypotone 236 f.
– primäre 236
– Ruhepause 237
– sekundäre 236
– Therapie 237 f.
Wehenstärke 210
Wehensturm 236, 238
Wehentätigkeit
– Anomalie 236 ff.
– Auswirkung auf die kindliche Herzaktion 286
– hypertone 237 f., 245
– hypotone 236 f.
– Objektivierung 211
– Störung 223
Wehentypen 236
Wendung
– äußere
– – bei Beckenendlage 232
– – bei einfacher Querlage 233
– innere, bei Querlage des 2. Zwillings 256
Werlhof-Krankheit, Schwangerschaft 177
Willebrand-Jürgens-Syndrom 94
Windeldermatitis 307

Windverhaltung 446
Winkel, urethrovesikaler 412 f.
– Rekonstruktion, operative 415
Wirbelfraktur, osteoporosebedingte 82
Wirbelsäule, Veränderung, schwangerschaftsbedingte 144
Wochenbett 309 ff.
– ärztliche Aufgaben 311
– Blutkörperchen-Senkungsgeschwindigkeit 316
– Komplikation 311, 313 ff.
– pathologisches 313 ff.
– prophylaktische Maßnahmen 311 f.
– Umstellung
– – endokrine 309
– – psychische 309
– Uterusrückbildung 309 f.
Wochenbettgymnastik 311
Wochenbettpsychose 316
Wochenfluß 310
Wöchnerin
– Beratung 311 f.
– körperliche Schonung 312
– Körperpflege 311
Wolff-Gang 4 f., 9 f.
– Rudimente 4 f.
Wundheilungsstörung post partum 313

X

X-Chromosom 3 f.
– morphologische Störung 6
X-Chromosom-Trisomie 8
45/X-Karyotyp 6, 27
XX-Gonadendysgenesie 5 , 7 f.
– Diagnose 8
47/XXX-Karyotyp 9, 64
45/X-46/XX-Mosaik 6 f.
45/X-46/XY-Karyotyp 9
XY-Gonadendysgenesie 5 , 7 f.
– Abdomenleeraufnahme 8
– Diagnose 8
44/XY-Karyotyp 11
46/XY-Karyotyp 7 f., 27

Y

Y-Chromosom 3 f.
Y-Marker-Chromosom 7

Z

Zangemeister-Handgriff 213 , 282
Zangenentbindung 271 ff.
– Indikation 271
– Technik 273 f.
– Voraussetzungen 272
Zeichnen 213
Zele, lumbosakrale, Sonographie, pränatale 304
Zellaspiration, Mammaknoten 395
Zellbild, vaginales, atrophisches 7
Zentralnervensystem, Veränderung, schwangerschaftsbedingte 144
Zervikalkanal, Spermienpenetration 119
Zervikalkanalatresie 11
Zervikalkanalschleimhaut, Ektopie s. Ektopie
Zervikalkeime, pathogene 342
Zervikalzytologie 338, 426
Zervix s. auch Cervix uteri
Zervixbefund, verdächtiger, Abklärungsgang 367 ff.
Zervixdilatation 162
Zervixentfaltung, Eröffnungsperiode 215
Zervixentzündung s. Zervizitis
Zervixhöhlenkarzinom 365 f.
Zervixinsuffizienz 160, 192
– Frühgeburt 250
– Untersuchungsbefund 197 f.
– Zwillingsschwangerschaft 255
Zervixkarzinom 328, 362 ff.
– Ausbreitung 366 f.
– blutendes, Tamponade 374 f.
– Chemotherapie 374
– – präoperative 371
– Diagnostik 338, 367 f., 370 f.
– Endophyt 365 f.
– Entwicklung 362 ff., 366
– Exophyt 365 f.
– frühinvasives 330
– Frühstadium 364
– Gefäßkompression 375
– Gewebsgewinnung, operative 368
– Häufigkeit 362
– Harnwegsalteration 375
– Heilungsaussichten 376
– HIV-Test 350
– Hormongaben 375
– klinisches 365, 370 ff.
– Komplikation 375 f.
– Kontaktbestrahlung
– – postoperative 372
– – primäre 372
– Kontrolluntersuchungen 406
– Metastasierung
– – hämatogene 367
– – lymphogene 366 f.
– Nachsorge 376
– nichtoperables 372
– Notfall 375
Zervixkarzinom, Operation 371
– Operationsfolgen 375
– Organverdrängung 375
– präklinisches 364
– progredientes 375 f.
– Radikaloperation 371, 376
– Radio-Chemotherapie 373
– Rezidiv 375
– – Bestrahlung 374
– Schwangerschaft 183 f.
– Spickbestrahlung 373 f.
– Stadieneinteilung 370
– Strahlentherapie 371 ff.
– – hyperfraktionierte 373 f.
– – intraoperative 374
– – kombinierte 372
– – Nachsorge 376
– – palliative 374
– – perkutane 372 f.
– – postoperative 371 f.
– – primäre 372
– Strahlentherapiefolgen 375
– Stromainfiltration 365, 368
– Symptome 370
– Therapie 370 ff.
– – stadiumsabhängige 370 f.
– – symptomatische 374 f.
– Unterscheidung von der Präkanzerose 364
– Untersuchung
– – rektale 371
– – vaginale 370 f.
– Verdachtsfall 367
– Verlaufskontrolle, Marker 376
– Zytologie 367 f.
Zervixkonsistenz 213
Zervixlänge 213
Zervixpolyp 331
Zervixriß 260 f.
– Notversorgung 261
Zervixschleim
– Spinnbarkeit 32
– Veränderung im Zyklus 32
Zervixschleimbildung
– Konzeptionsverhütung 112
– Ovulationsterminbestimmung 85
Zervixsekret 133
– Östrogenwirkung 92
– Ovulationshemmerwirkung 91
– Progesteronwirkung 92
– Sterilitätsdiagnostik 119
– Untersuchung 425
Zervixveränderung, schwangerschaftsbedingte 197
Zervixverschlußoperation 197 f.
Zervizitis 94, 330
– Antibiotikatherapie 472
– Diagnostik 427
– Erregernachweis 427
– gonorrhoische 349
Zirkulation herstellen, Neugeborenes 291
Zirkulationsstörung
– fetalseitige 245 f.
– mütterliche 245
– Nabelschnurkomplikation 247
Zirkumferenzen, kindlicher Schädel 207
Zweitkarzinom 407
Zwerchfellhernie 302
Zwillinge
– eineiige 254
– verhakte 256
– zweieiige 254
Zwillingsgeburt
– Geburtsleitung des 1. Zwillings 255
– Gefahren 255
– Mortalität, perinatale 256
– Sectio 255
Zwillingsschwangerschaft 254 f.
– Adaptationsstörungen 255
– Betreuung 255
– Geburtstermin 255
– Kindsbewegungen, erste 195
– Kreislauf, dritter 254
– Ultraschalluntersuchung 254
Zwischenblutung 337, 438
– Endometriumkarzinom 378
– regelmäßige 337
– unregelmäßige 337
– Zervixkarzinom 370
– Zyklusmitte s. Mittelblutung
Zygote 3, 134
– monosomale 150
– trisomale 150
Zyklus
– anovulatorischer (s. auch Anovulation) 80, 309
– – Adoleszenz 27
– – Diagnostik 50, 52 f.
– – Differenzierung vom ovulatorischen Zyklus 52
– – Therapie 123 ff.
– endometrialer 45 ff.
– – Proliferationsphase 45 f.
– – Sekretionsphase 45 ff.
– Gonadotropine 31 ff.
– menstrueller, Dauer 44, 48, 58
– ovulatorischer, Blutung, hormoninduzierte 44
Zyklusregulierung bei anovulatorischer Blutung 53 f.
Zyklustempoanomalie 50, 335

Zyste
– ovarielle s. Ovarialzyste
– vaginale 325
Zystitis, puerperale 314
Zystoskopie 430
Zystozele 410
Zytodiagnostik, Punktion 429
Zytologieabstrich 425
Zytologieabstrich, Auswertung 426
– Befund, falsch-negativer 427
– intrazervikaler 426 f., 437
– Portio 426, 437
– vaginaler 427 f.
Zytomegalie 191
Zytostatikainstillation, intraperitoneale 388
Zytostatikatherapie
– bei Chorionkarzinom 149
– bei destruierender Blasenmole 149
– neoadjuvante, Mammakarzinom 399
– postoperative, bei Ovarialkarzinom 388
– thrombotischer Prozeß 421